Trailblazer
Winning Edge Series

रसायन विज्ञान

JEE MAIN

और सभी संयुक्त इंजिनियरिंग प्रवेश परीक्षा हेतु

डॉ. सन्त कुमार

प्रकाशक
यूनीकॉर्न बुक्स

F-2/16, अंसारी रोड, दरियागंज, नई दिल्ली-110002
☎ 23275434, 23262683 • Fax: 011-23257790
E-mail: info@unicornbooks.in • *Website:* www.unicornbooks.in

शाखा : मुम्बई

23-25, जाओबा वाड़ी, ठाकुरद्वार, मुम्बई-401002
☎ 022-22010941, 022-22053387
E-mail: rapidex@bom5.vsnl.net.in

ISBN: 978-81-7806-297-6
रसायन विज्ञान JEE Main

संस्करण : 2014

मुद्रकः परम ऑफसेटर्स, ओखला, नई दिल्ली-110020

अनुक्रम

खण्ड (क) : भौतिक रसायन

पाठ्यक्रम (AIEEE)

खण्ड (ख) : अकार्बनिक रसायन

खण्ड (ग) : कार्बनिक रसायन

AIEEE SYLLABUS
CHEMISTRY

SECTION A : PHYSICAL CHEMISTRY

UNIT 1: SOME BASIC CONCEPTS IN CHEMISTRY

Matter and its nature, Dalton's atomic theory; Concept of atom, molecule, element and compound; Physical quantities and their measurements in Chemistry, precision and accuracy, significant figures, S.I. Units, dimensional analysis; Laws of chemical combination; Atomic and molecular masses, mole concept, molar mass, percentage composition, empirical and molecular formulae; Chemical equations and stoichiometry.

UNIT 2: STATES OF MATTER

Classification of matter into solid, liquid and gaseous states.

Gaseous State:

Measurable properties of gases; Gas laws—Boyle's law, Charle's law, Graham's law of diffusion, Avogadro's law, Dalton's law of partial pressure; Concept of Absolute scale of temperature; Ideal gas equation; Kinetic theory of gases (only postulates); Concept of average, root mean square and most probable velocities; Real gases, deviation from ideal behaviour, compressibility factor and van der Waals equation.

Liquid State:

Properties of liquids—Vapour pressure, viscosity and surface tension and effect of temperature on them (qualitative treatment only).

Solid State:

Classification of solids: Molecular, ionic, covalent and metallic solids, amorphous and crystalline solids (elementary idea); Bragg's Law and its applications; Unit cell and lattices, packing in solids (fcc, bcc and hcp lattices), voids, calculations involving unit cell parameters, imperfection in solids; Electrical, magnetic and dielectric properties.

UNIT 3: ATOMIC STRUCTURE

Thomson and Rutherford atomic models and their limitations; Nature of electromagnetic radiation, photoelectric effect; Spectrum of hydrogen atom, Bohr model of hydrogen atom—its postulates, derivation of the relations for energy of the electron and radii of the different orbits, limitations of Bohr's model; Dual nature of matter, de-Broglie's relationship, Heisenberg uncertainty principle. Elementary ideas of quantum mechanics, quantum mechanical model of atom, its important features, ?? and ??2, concept of atomic orbitals as one electron wave functions; Variation of ?? and ??2 with r for 1s and 2s orbitals; various quantum numbers (principal, angular momentum and magnetic quantum numbers) and their significance; shapes of s, p and d-orbitals, electron spin and spin quantum number; Rules for filling electrons in orbitals – aufbau principle, Pauli's exclusion principle and Hund's rule, electronic configuration of elements, extra stability of half-filled and completely filled orbitals.

UNIT 4: CHEMICAL BONDING AND MOLECULAR STRUCTURE

Kossel-Lewis approach to chemical bond formation, concept of ionic and covalent bonds.

Ionic Bonding: Formation of ionic bonds, factors affecting the formation of ionic bonds; calculation of lattice enthalpy.

Covalent Bonding: Concept of electronegativity, Fajan's rule, dipole moment; Valence Shell Electron Pair Repulsion (VSEPR) theory and shapes of simple molecules.

Quantum mechanical approach to covalent bonding: Valence bond theory—Its important features, concept of hybridization involving s, p and d orbitals; Resonance.

Molecular Orbital Theory—Its important features, LCAOs, types of molecular orbitals (bonding, antibonding), sigma and pi-bonds, molecular orbital electronic configurations of homonuclear diatomic molecules, concept of bond order, bond length and bond energy.

Elementary idea of metallic bonding. Hydrogen bonding and its applications.

UNIT 5: CHEMICAL THERMODYNAMICS

Fundamentals of thermodynamics: System and surroundings, extensive and intensive properties, state functions, types of processes.

First law of thermodynamics—Concept of work, heat internal energy and enthalpy, heat capacity, molar heat capacity; Hess's law of constant heat summation; Enthalpies of bond dissociation, combustion, formation, atomization, sublimation, phase transition, hydration, ionization and solution.

Second law of thermodynamics; Spontaneity of processes; DS of the universe and DG of the system as criteria for spontaneity, Dgo (Standard Gibbs energy change) and equilibrium constant.

UNIT 6: SOLUTIONS

Different methods for expressing concentration of solution—molality, molarity, mole fraction, percentage (by volume and mass both), vapour pressure of solutions and Raoult's Law – Ideal and non-ideal solutions, vapour pressure—composition, plots for ideal and non-ideal solutions; Colligative properties of dilute solutions-relative lowering of vapour pressure, depression of freezing point, elevation of boiling point and osmotic pressure; Determination of molecular mass using colligative properties; Abnormal value of molar mass, van't Hoff factor and its significance.

UNIT 7: EQUILIBRIUM

Meaning of equilibrium, concept of dynamic equilibrium.

Equilibria involving physical processes: Solid -liquid, liquid -gas and solid – gas equilibria, Henry's law, general characteristics of equilibrium involving physical processes.

Equilibria involving chemical processes: Law of chemical equilibrium, equilibrium constants (Kp and Kc) and their significance, significance of DG and DGo in chemical equilibria, factors affecting equilibrium concentration, pressure, temperature, effect of catalyst; Le Chatelier's principle.

Ionic equilibrium: Weak and strong electrolytes, ionization of electrolytes, various concepts of acids and bases (Arrhenius, Br??nsted -Lowry and Lewis) and their ionization, acid -base equilibria (including multistage ionization) and ionization constants, ionization of water, pH scale, common ion effect, hydrolysis of salts and pH of their solutions, solubility of sparingly soluble salts and solubility products, buffer solutions.

UNIT 8: REDOX REACTIONS AND ELECTROCHEMISTRY

Electronic concepts of oxidation and reduction, redox reactions, oxidation number, rules for assigning oxidation number, balancing of redox reactions.

Electrolytic and metallic conduction, conductance in electrolytic solutions, specific and molar conductivities and their variation with concentration: Kohlrausch's law and its applications.

Electrochemical cells—Electrolytic and Galvanic cells, different types of electrodes, electrode potentials including standard electrode potential, half -cell and cell reactions, emf of a Galvanic cell and its measurement; Nernst equation and its applications; Relationship between cell potential and Gibbs' energy change; Dry cell and lead accumulator; Fuel cells.

UNIT 9 : CHEMICAL KINETICS

Rate of a chemical reaction, factors affecting the rate of reactions: concentration, temperature, pressure and catalyst; elementary and complex reactions, order and molecularity of reactions, rate law, rate constant and its units, differential and integral forms of zero and first order reactions, their characteristics and half-lives, effect of temperature on rate of reactions – Arrhenius theory, activation energy and its calculation, collision theory of bimolecular gaseous reactions (no derivation).

UNIT 10 : SURFACE CHEMISTRY

Adsorption—Physisorption and chemisorption and their characteristics, factors affecting adsorption of gases on solids – Freundlich and Langmuir adsorption isotherms, adsorption from solutions.

Colloidal state—Distinction among true solutions, colloids and suspensions, classification of colloids—lyophilic, lyophobic; multi-molecular, macromolecular and associated colloids (micelles), preparation and properties of colloids—Tyndall effect, Brownian movement, electrophoresis, dialysis, coagulation and flocculation; Emulsions and their characteristics.

SECTION B : INORGANIC CHEMISTRY

UNIT 11: CLASSIFICATON OF ELEMENTS AND PERIODICITY IN PROPERTIES

Modem periodic law and present form of the periodic table, s, p, d and f block elements, periodic trends in properties of elements atomic and ionic radii, ionization enthalpy, electron gain enthalpy, valence, oxidation states and chemical reactivity.

UNIT 12: GENERAL PRINCIPLES AND PROCESSES OF ISOLATION OF METALS

Modes of occurrence of elements in nature, minerals, ores; Steps involved in the extraction of metals–concentration, reduction (chemical and electrolytic methods) and refining with special reference to the extraction of Al, Cu, Zn and Fe; Thermodynamic and electrochemical principles involved in the extraction of metals.

UNIT 13: HYDROGEN

Position of hydrogen in periodic table, isotopes, preparation, properties and uses of hydrogen; Physical and chemical properties of water and heavy water; Structure, preparation, reactions and uses of hydrogen peroxide; Hydrogen as a fuel.

UNIT 14: S -BLOCK ELEMENTS (ALKALI AND ALKALINE EARTH METALS)

Group -1 and 2 Elements

General introduction, electronic configuration and general trends in physical and chemical properties of elements, anomalous properties of the first element of each group, diagonal relationships.

Preparation and properties of some important compounds-sodium carbonate and sodium hydroxide; Industrial uses of lime, limestone, Plaster of Paris and cement; Biological significance of Na, K, Mg and Ca.

UNIT 15: P -BLOCK ELEMENTS

Group -13 to Group 18 Elements

General Introduction: Electronic configuration and general trends in physical and chemical properties of elements across the periods and down the groups; unique behaviour of the first element in each group.

Groupwise study of the p – block elements

Group – 13

Preparation, properties and uses of boron and aluminium; properties of boric acid, diborane, boron trifluoride, aluminium chloride and alums.

Group – 14

Allotropes of carbon, tendency for catenation; Structure & properties of silicates, and zeolites.

Group – 15

Properties and uses of nitrogen and phosphorus; Allotrophic forms of phosphorus; Preparation, properties, structure and uses of ammonia, nitric acid, phosphine and phosphorus halides, (PCl3, PCl5); Structures of oxides and oxoacids of phosphorus.

Group – 16

Preparation, properties, structures and uses of ozone; Allotropic forms of sulphur; Preparation, properties, structures and uses of sulphuric acid (including its industrial preparation); Structures of oxoacids of sulphur.

Group – 17

Preparation, properties and uses of hydrochloric acid; Trends in the acidic nature of hydrogen halides; Structures of Interhalogen compounds and oxides and oxoacids of halogens.

Group –18

Occurrence and uses of noble gases; Structures of fluorides and oxides of xenon.

UNIT 16: d – and f – BLOCK ELEMENTS

Transition Elements

General introduction, electronic configuration, occurrence and characteristics, general trends in properties of the first row transition elements—physical properties, ionization enthalpy, oxidation states, atomic radii, colour, catalytic behaviour, magnetic properties, complex formation, interstitial compounds, alloy formation; Preparation, properties and uses of $K_2Cr_2O_7$and $KMnO_4$.

Inner Transition Elements

Lanthanoids—Electronic configuration, oxidation states and lanthanoid contraction. Actinoids—Electronic configuration and oxidation states.

UNIT 17: COORDINATION COMPOUNDS

Introduction to coordination compounds, Werner's theory; ligands, coordination number, denticity, chelation; IUPAC nomenclature of mononuclear coordination compounds, isomerism; Bonding-Valence bond approach and basic ideas of Crystal field theory, colour and magnetic properties; Importance of coordination compounds (in qualitative analysis, extraction of metals and in biological systems).

UNIT 18: ENVIRONMENTAL CHEMISTRY

Environmental pollution—Atmospheric, water and soil.

Atmospheric pollution—Tropospheric and Stratospheric

Tropospheric pollutants – Gaseous pollutants: Oxides of carbon, nitrogen and sulphur, hydrocarbons; their sources, harmful effects and prevention; Green house effect and Global warming; Acid rain;

Particulate pollutants: Smoke, dust, smog, fumes, mist; their sources, harmful effects and prevention.

Stratospheric pollution-Formation and breakdown of ozone, depletion of ozone layer—its mechanism and effects.

Water Pollution-Major pollutants such as pathogens, organic wastes and chemical pollutants; their harmful effects and prevention.

Soil pollution-Major pollutants such as Pesticides (insecticides herbicides and fungicides), their harmful effects and prevention.

Strategies to control environmental pollution.

SECTION C : ORGANIC CHEMISTRY

UNIT 19: PURIFICATION AND CHARACTERISATION OF ORGANIC COMPOUNDS

Purification—Crystallization, sublimation, distillation, differential extraction and chromatography—principles and their applications.

Qualitative analysis—Detection of nitrogen, sulphur, phosphorus and halogens.

Quantitative analysis (basic principles only)—Estimation of carbon, hydrogen, nitrogen, halogens, sulphur, phosphorus. Calculations of empirical formulae and molecular formulae; Numerical problems in organic quantitative analysis.

UNIT 20: SOME BASIC PRINCIPLES OF ORGANIC CHEMISTRY

Tetravalency of carbon; Shapes of simple molecules—hybridization (s and p); Classification of organic compounds based on functional groups: -C = C -, -C h C – and those containing halogens, oxygen, nitrogen and sulphur; Homologous series; Isomerism–structural and stereoisomerism.

Nomenclature (Trivial and IUPAC)

Covalent bond fission—Homolytic and heterolytic: free radicals, carbocations and carbanions; stability of carbocations and free radicals, electrophiles and nucleophiles.

Electronic displacement in a covalent bond—Inductive effect, electromeric effect, resonance and hyperconjugation.

UNIT 21: HYDROCARBONS

Classification, isomerism, IUPAC nomenclature, general methods of preparation, properties and reactions.

Alkanes - Conformations: Sawhorse and Newman projections (of ethane); Mechanism of halogenation of alkanes.

Alkenes - Geometrical isomerism; Mechanism of electrophilic addition: addition of hydrogen, halogens, water, hydrogen halides (Markownikoff's and peroxide effect); Ozonolysis and polymerization.

Alkynes - Acidic character; Addition of hydrogen, halogens, water and hydrogen halides; Polymerization.

Aromatic hydrocarbons—Nomenclature, benzene-structure and aromaticity; Mechanism of electrophilic substitution: halogenation, nitration, Friedel – Craft's alkylation and acylation, directive influence of functional group in mono-substituted benzene.

UNIT 22: ORGANIC COMPOUNDS CONTAINING HALOGENS

General methods of preparation, properties and reactions; Nature of C-X bond; Mechanisms of substitution reactions. Uses; Environmental effects of chloroform & iodoform.

UNIT 23: ORGANIC COMPOUNDS CONTAINING OXYGEN

General methods of preparation, properties, reactions and uses.

ALCOHOLS, PHENOLS AND ETHERS

Alcohols: Identification of primary, secondary and tertiary alcohols; mechanism of dehydration.

Phenols: Acidic nature, electrophilic substitution reactions: halogenation, nitration and sulphonation, Reimer-Tiemann reaction.

Ethers: Structure.

Aldehyde and Ketones: Nature of carbonyl group;Nucleophilic addition to >C=O group, relative reactivities of aldehydes and ketones; Important reactions such as Nucleophilic addition reactions (addition of HCN, NH_3 and its derivatives), Grignard reagent; oxidation; reduction (Wolff Kishner and Clemmensen); acidity of D -hydrogen, aldol condensation, Cannizzaro reaction, Haloform reaction; Chemical tests to distinguish between aldehydes and Ketones.

CARBOXYLIC ACIDS

Acidic strength and factors affecting it.

UNIT 24: ORGANIC COMPOUNDS CONTAINING NITROGEN

General methods of preparation, properties, reactions and uses.

Amines: Nomenclature, classification, structure, basic character and identification of primary, secondary and tertiary amines and their basic character.

Diazonium Salts: Importance in synthetic organic chemistry.

UNIT 25: POLYMERS

General introduction and classification of polymers, general methods of polymerization—addition and condensation, copolymerization;

Natural and synthetic rubber and vulcanization; some important polymers with emphasis on their monomers and uses - polythene, nylon, polyester and bakelite.

UNIT 26: BIOMOLECULES

General introduction and importance of biomolecules.

CARBOHYDRATES—Classification: aldoses and ketoses; monosaccharides (glucose and fructose) and constituent monosaccharides of oligosacchorides (sucrose, lactose and maltose).

PROTEINS—Elementary Idea of D—amino acids, peptide bond, polypeptides;

Proteins: primary, secondary, tertiary and quaternary structure (qualitative idea only), denaturation of proteins, enzymes.

VITAMINS—Classification and functions.

NUCLEIC ACIDS—Chemical constitution of DNA and RNA.

Biological functions of nucleic acids.

UNIT 27: CHEMISTRY IN EVERYDAY LIFE

Chemicals in medicines—Analgesics, tranquilizers, antiseptics, disinfectants, antimicrobials, antifertility drugs, antibiotics, antacids, antihistamins their meaning and common examples.

Chemicals in food—Preservatives, artificial sweetening agents—common examples. Cleansing agents -Soaps and detergents, cleansing action.

UNIT 28: PRINCIPLES RELATED TO PRACTICAL CHEMISTRY

- Detection of extra elements (N,S, halogens) in organic compounds; Detection of the following functional groups: hydroxyl (alcoholic and phenolic), carbonyl (aldehyde and ketone), carboxyl and amino groups in organic compounds.
- Chemistry involved in the preparation of the following:
  Inorganic compounds: Mohr's salt, potash alum.
  Organic compounds: Acetanilide, pnitroacetanilide, aniline yellow, iodoform.
- Chemistry involved in the titrimetric excercises-Acids bases and the use of indicators, oxalic acid vs $KMnO_4$, Mohr's salt vs $KMnO_4$.
- Chemical principles involved in the qualitative salt analysis:
  Cations -Pb_2+ , Cu_2+, Al_3+, Fe_3+, Zn_2+, Ni_2+, Ca_2+, Ba_2+, Mg_2+, NH_4+.
  Anions-CO_{32}–, S_{42}–, NO_2–, NO_3–, Cl–, Br, I.
  (Insoluble salts excluded).
- Chemical principles involved in the following experiments:
  1. Enthalpy of solution of $CuSO_4$
  2. Enthalpy of neutralization of strong acid and strong base.
  3. Preparation of lyophilic and lyophobic sols.
  4. Kinetic study of reaction of iodide ion with hydrogen peroxide at room temperature.

खण्ड-क

भौतिक रसायन
(Physical Chemistry)

1 Chapter
रसायन विज्ञान की कुछ मूल अवधारणाएँ
(Some Basic Concepts of Chemistry)

प्रकार-1

⇨ किसी यौगिक के दिये भार में अणुओं की संख्या

= मोलों की संख्या × एवोगैड्रो संख्या

$$= \frac{w}{M} \times N$$

⇨ किसी यौगिक के दिये भार में इलेक्ट्रोनों, प्रोट्रॉनों तथा न्यूट्रॉनों या परमाणुओं की संख्या

$$= \frac{w}{M} \times N \times x$$

$x = 1$ अणु में उपस्थित इलेक्ट्रोनों, प्रोटॉनों तथा न्यूट्रॉनों या परमाणुओं की संख्या

प्रकार-2

⇨ एक मोल अणु (6.023×10^{23} अणुओं का भार) = अणुभार (M)

$$\text{एक अणु का भार} = \frac{\text{अणु भार}}{6.023 \times 10^{23}} = M \times 1.66 \times 10^{-24}$$

$$x \text{ अणुओं का भार} = M \times 1.66 \times 10^{-24} \times x$$

प्रकार-3

⇨ किसी गैस के एक मोल का N.T.P. पर आयतन = 22.4 लीटर

यदि w ग्राम अज्ञात गैस का N.T.P. पर आयतन ज्ञात हो तब निम्न सूत्र का प्रयोग करते है।

$$\frac{w}{M} = \frac{V_{N.T.P.}\text{ (लीटर)}}{22.4}$$

प्रकार-4

⇨ किसी अज्ञात धातु का तुल्यांकी भार ऑक्साइड विधि से ज्ञात करते हैं। इस विधि में सबसे पहले w_1 ग्राम अज्ञात धातु को w_2 ग्राम ऑक्साइड में किसी भी तरीके से परिवर्तित करते है। धातु का तुल्यांकी भार

$$E = \frac{w_1 \times 8}{w_2 - w_1}$$

प्रकार-5

⇨ किसी अज्ञात धातु का तुल्यांकी भार क्लोराइड विधि द्वारा ज्ञात कर सकते है। इसमें w_1 ग्राम अज्ञात धातु को w_2 ग्राम क्लोराइड में परिवर्तित करते है, तब धातु का तुल्यांकी भार

$$E = \frac{w_1 \times 35.5}{w_2 - w_1}$$

क्लोराइड विधि द्वारा तुल्यांकी भार ज्ञात करने के बाद अज्ञात धातु की संयोजकता

$$x = \frac{2 \times \text{वाष्पघनत्व}}{E + 35.5}$$

प्रकार-6

⇨ **नॉर्मलता (Normality, N) :** जब विलेय की द्रव्यमान प्रतिशतता तथा विलयन का घनत्व ज्ञात हो, तब नॉर्मलता निम्न सूत्र से ज्ञात करते हैं।

$$N = \frac{\text{विलेय की द्रव्यमान प्रतिशतता} \times \text{घनत्व} \times 10}{\text{विलेय का तुल्यांकी भार}}$$

⇨ **मोलरता (Molarity, M) :** जब विलेय की द्रव्यमान प्रतिशतता तथा विलयन का घनत्व ज्ञात हो, तब मोलरता निम्न सूत्र से ज्ञात करते हैं।

$$M = \frac{\text{द्रव्यमान प्रतिशतता} \times \text{घनत्व} \times 10}{\text{विलेय का तुल्यांकी भार}}$$

प्रकार-7

⇨ **नॉर्मलता तथा मोलरता में सम्बन्ध**

- नॉर्मलता = संयोजकता कारक × मोलरता
  नॉर्मलता = मोलरता (अर्थात् संयोजकता कारक 1 है)
  $HCl, H_2BO_3, HNO_3, NaOH, KOH, NaHCO_3, H_3PO_2,$
- नॉर्मलता = 2 × मोलरता (अर्थात् संयोजकता कारक 2 है)
  $H_3PO_3, H_2C_2O_4, Ca(OH)_2, Ba(OH)_2, H_2SO_4$
- नॉर्मलता = 3 × मोलरता (अर्थात् संयोजकता कारक 3 है)
  $Na_3PO_4, Al(OH)_3, Cr(OH)_3, H_3PO_4$
- नॉर्मलता = 6 × मोलरता (अर्थात् संयोजकता कारक 6 है)
  $K_2Cr_2O_7, Ca_3(PO_4)_2, Al_2(SO_4)_3$

प्रकार-8

⇨ यदि x_1 ग्राम धातु नाइट्रेट को गर्म करके x_2 ग्राम धातु ऑक्साइड प्राप्त करते हैं, तब

$$\underset{x_1\text{ gram}}{M(NO_3)} \longrightarrow \underset{x_2\text{ gram}}{M_2(SO_4)_3}$$

$$\frac{x}{E+62} = \frac{x_2}{E+8}$$

$$x_1E + x_2E = x_1E + x_2\,62$$

$$x_1E - x_2E = x_2 62 - x_1 8$$

$$E = \frac{62x_2 - 8x_1}{x_1 - x_2}$$

प्रकार-9

⇨ यदि x_1 ग्राम धातु नाइट्रेट को x_2 ग्राम धातु सल्फेट में परिवर्तित करते हैं, तब अज्ञात धातु का तुल्यांकी भार निम्न तरीके से ज्ञात करते हैं।

$$\underset{x_1\,\text{gram}}{M(NO_3)_n} \longrightarrow \underset{x_2\,\text{gram}}{M_2(SO_4)_x}$$

इस प्रकार, $\frac{x_1}{E+62} = \frac{x_2}{E+48}$

प्रकार-10

⇨ ड्यूलांग तथा पेटिट की विधि (Dulong and Patit Method)

परमाणु भार (लगभग × विशिष्ट ऊष्मा = 6.4 (लगभग)

सही परमाणु भार = तुल्यांकी भार × संयोजकता

$$\text{संयाजोकता} = \frac{\text{लगभग परमाणु भार}}{\text{तुल्यांकी भार}}$$

यह नियम Be, B, C तथा Si को छोड़कर किसी भी ठोस पर लागू नहीं होता है।

प्रकार-11

⇨ **मोललता (Molality, *m*) :**

1 किलोग्राम विलायक में घुलित विलेय के मोलो की संख्या को मोललता कहते हैं।

$$m = \frac{\text{विलेय के ग्राम-अणुओं की संख्या}}{\text{विलायक का द्रव्यमान (किग्रा में)}}$$

$$m = \frac{w_A\,(\text{ग्राम में}) \times 1000}{m_A \times w_B\,(\text{ग्राम में})}$$

जहाँ, w_A = विलेय पदार्थ की मात्रा (ग्राम में)

w_B = विलायक की मात्रा (ग्राम में)

m_A = विलेय का अणुभार

⇨ यदि w_1 ग्राम विद्युत अन-अपघट्य को शुद्ध विलायक में घोला जाता है, तब विलायक का वाष्प दाब P_1 से P_2 हो जाता है।

$$\text{मोललता} = \frac{(P_1 - P_2) \times 1000}{P_2 \times \text{विलायक का अणुभार}}$$

विशेष

✍ विलयन की सान्द्रता, नॉर्मलता तथा मोलरता ताप बढ़ाने पर घट जाती है, क्योंकि ताप बढ़ाने पर आयतन बढ़ता है।

✍ मोललता तथा मोलप्रभाज ताप पर निर्भर नहीं करती।

प्रकार-12

⇨ **मोललता तथा मोलरता में सम्बन्ध :**

$$\frac{1}{m} = \frac{d}{M} - \frac{m_B}{1000}$$

जहाँ, M = मोलरता m = मोललता d = विलयन का घनत्व m_B = विलेय का अणुभार

प्रकार-13

⇨ यदि *xml* जल को V_1 अम्ल या क्षार में मिलाते है जिसकी नॉर्मलता N_1 होती है। जल मिलाने के बाद नॉर्मलता N_2 हो जाती है। ऐसी स्थिति में जल का आयतन निम्न सूत्र से ज्ञात करते हैं।

$$x_2 = \frac{V_1(N_1 - N_2)}{N_2}$$

प्रकार-14

⇨ $K_2Cr_2O_7$ का अम्लीय माध्यम में तुल्यांकी भार

$$\text{तुल्यांकी भार} = \frac{\text{अणुभार}}{6}$$

⇨ अम्लीय माध्यम में $KMnO_4$ $MnSO_4$ में परिवर्तित हो जाता है।

$$2K\overset{+7}{Mn}O_4 \longrightarrow \overset{+2}{Mn}SO_4$$

अतः तुल्यांकी भार

$$\text{तुल्यांकी भार} = \frac{\text{अणुभार}}{5}$$

उदासीन माध्यम में $KMnO_4$ MnO_2 में परिवर्तित हो जाता है।

$$2K\overset{+7}{Mn}O_4 \longrightarrow \overset{+4}{Mn}O_2$$

$$\text{तुल्यांकी भार} = \frac{\text{अणुभार}}{3}$$

क्षारीय माध्यम में $KMnO_4$ में परिवर्तित हो जाता है।

$$K\overset{+7}{Mn}O_4 \longrightarrow K_2\overset{+6}{Mn}O_4$$

तुल्यांकी भार = अणुभार

विशेष

✍ H_2SO_4 के एक नमूने में 86% H_2SO_4 भार की दृष्टि से उपस्थिति है तथा इस विलयन का घनत्व 1.747 है, तब मोलरता

$$\text{मोललता} = \frac{8.6 \times 1.787 \times 10}{98} = 15.68$$

✍ 6.9 MKOH विलयन में KOH की भार प्रतिशता 30% है, तब इस विलयन का घनत्व

$$M = \frac{d \times x \times 10}{m} \text{ के अनुसार,} \quad d = \frac{6.9 \times 56}{10 \times 30} = 1.288$$

अभ्यास के लिए प्रश्न

1. 558.5 ग्राम Fe (परमाणु भार = 55.85) में परमाणुओं की संख्या है-
(a) 60 ग्राम कार्बन में उपस्थित परमाणुओं से दो गुणी
(b) 6.023×10^{22}
(c) 8 ग्राम He में उपस्थित परमाणुओं से आधी
(d) $558.5 \times 6.023 \times 10^{23}$

2. निम्नलिखित में से कौन ताप बढ़ाने पर परिवर्तित हो जाता है?
(a) मोललता (Molarity)
(b) विलेय का प्रभाव (Weight fraction)
(c) जल में उपस्थित विलेय का प्रभाज
(d) मोल प्रभाज (Mole fraction)

3. एक यौगिक में C, H, N परमाणु भारात्मक रुप से 9 : 1 : 3.5 के अनुपात में हैं। यौगिक का अणुभार 108 है। इसका अणुसूत्र होगा–
(a) $C_2H_6N_2$ (b) C_3H_4N
(c) $C_6H_8N_2$ (d) $C_9H_{12}N_3$

4. बोरॉन ट्राइक्लोराइड़ के हाइड्रोजन द्वारा अपचयन द्वारा तात्विक बोरॉन (Elemental boron) के 21.6 ग्राम (परमाणु द्रव्यमान = 10.8) प्राप्त करने के लिए 273 K तथा 1 वायुमण्डल दाब पर हाइड्रोजन के कितने आयतन प्रयुक्त होंगे?
(a) 44.8 लीटर (b) 22.4 लीटर
(c) 89.6 लीटर (d) 67.2 लीटर

5. 25 मिली बेरियम हाइड्रॉक्साइड विलयन को 0.1 मोलर (molar) हाइड्रोक्लोरिक अम्ल के साथ अनुमापन कराने पर 35 मिली लगे तो बेरियम हाइड्रॉक्साइड की मोलरता होगी–
(a) 0.28 (b) 0.35
(c) 0.07 (d) 0.14

6. यूरिया के 6.02×10^{20} अणु 100 मिली विलयन में उपस्थित हैं। यूरिया विलयन की सान्द्रता है-
(a) 0.1 *M* (b) 0.01 *M*
(c) 0.02 *M* (d) 0.001 *M*

7. 0.1 *M* फॉस्फोरिक अम्ल के जलीय विलयन के 20 मिली को पूर्णत: उदासीन करने के लिए 0.1 M जलीय KOH विलयन की आवश्क मात्रा है–
(a) 60 मिली (b) 20 मिली
(c) 40 मिली (d) 10 मिली

8. एक पदार्थ (विद्युत अनअपघट्य) के दो विलयन आपस में निम्न विधि से मिलाए जाते हैं–
पहले विलयन 1.5 *M* के 480 मिली तथा दूसरे विलयन 1.2 *M* के 520 मिली। परिणामी विलयन की मोलरता क्या होगी?
(a) 1.20 *M* (b) 1.50 *M*
(c) 1.344 *M* (d) 2.70 *M*

9. यदि कार्बन परमाणु के $\frac{1}{12}$ वे भाग के स्थान पर $\frac{1}{6}$ को आपेक्षित परमाणवीय द्रव्यमान इकाई माना जाये तो किसी पदार्थ के 1 मोल के द्रव्यमान में निम्न परिवर्तन होगा–
(a) आधा रह जाएगा
(b) दोगुणा हो जाएगा
(c) अपरिवर्तित रहेगा
(d) तत्व के आण्विक द्रव्यमान का फलन होगा

10. मैग्नीशियम फॉस्फेट $Mg_3(PO_4)_2$ के कितने मोलों में ऑक्सीजन के 0.25 मोल होंगे?
(a) 2.5×10^{-2} (b) 0.02
(c) 2.125×10^{-2} (d) 1.25×10^{-2}

11. Ca^{2+} आयन के साथ ऑक्टाहेड्रल कॉम्पलेक्स बनाने के लिए EDTA (ईथाइलीन डाइएमीनटेट्राएसीटिक अम्ल) के कितने अणुओं की आवश्यकता होगी?
(a) दो (b) छ:
(c) तीन (d) एक

12. जल में ऐसीटिक अम्ल के 2.05 *M* विलयन का घनत्व 1.02 ग्राम/मिली है। विलयन की मोललता है-
(a) 0.44 मोल/किग्रा (b) 1.14 मोल/किग्रा
(c) 3.28 मोल/किग्रा (d) 2.28 मोल/किग्रा

13. इस अभिक्रिया में
$$2Al(s) + 6HCl(aq) \longrightarrow 2Al^{3+} + 6Cl^-(aq) + 3H_2(g)$$
(a) प्रत्येक 3 लीटर $H_2(g)$ के उत्पादन के लिए 6 लीटर $HCl(aq)$ प्रयुक्त होगा
(b) किसी ताप व दाब पर Al जो क्रिया करता है, का प्रत्येक मोल 33.6 लीटर $H_2(g)$ उत्पन्न करता है
(c) Al जो क्रिया करता है, का प्रत्येक मोल 67.2 लीटर $H_2(g)$ उत्पन्न करता है।
(d) STP पर HCl प्रत्येक मोल 11.2 लीटर $H_2(g)$ उत्पन्न करता है

14. 3.60 M सल्फ्यूरिक अम्ल के 29% विलयन का घनत्व होगा (H_2SO_4 का अणुभार = 9.8 ग्राम मोल$^{-1}$):
(a) 1.64 (b) 1.88
(c) 1.22 (d) 1.45

15. मैग्नीशियम के 0.004 ग्राम में इसके परमाणुओं की संख्या (लगभग) है–
(a) 6.023×10^{23} (b) 6.023×10^{20}
(c) 1×10^{20} (d) 3.0115×10^{20}

16. एक अंगूठी 1.97 ग्राम सोने से बनी हुई है। अंगूठी में सोने के के कितने परमाणु हैं–
(a) 10×10^2 (b) 6.023×10^{21}
(c) 6.023×10^{25} (d) 3.015×10^{21}

17. दो तत्वों *A* तथा *B* के परमाणु भार क्रमश: *x* तथा *y* है। वाष्पशील अणु AmBm की एक ग्राम वाष्प का NPT आयतन होगा–
(a) $22.4\,(A_n + B_m)$ लीटर (b) $\frac{22.4}{nx + my}$
(c) $\frac{22.4}{A_x + B_y}$ (d) $\frac{22.4}{A_n + B_m}$

18. एक यौगिक में तत्व X (परमाणु भार =10) के 50% तथा तत्व *B* (परमाणु भार 20) के 50% हैं। इस यौगिक का सरलतम सूत्र है-
(a) X_2Y (b) XY
(c) XY_2 (d) X_2Y_3

19. निम्न स्पीशीज के किस युग्म में कार्बन की प्रतिशतता समान है–
(a) CH_3COOH तथा C_2H_5OH
(b) CH_3COOH तथा $C_6H_{12}O_6$
(c) $HCOOCH_3$ तथा $C_{12}H_{22}O_{11}$
(d) $C_6H_{12}O_6$ तथा $C_{12}H_{22}O_{11}$

20. फ्लास्क '*A*' तथा '*B*' समान आकार के हैं तथा समान ताप पर इनमें 2 ग्राम H_2 तथा N_2 क्रमश: भरी हैं। फ्लास्क '*A*' में अणुओं की संख्या है–
(a) फ्लास्क *B* में अणुओं की संख्या से कम
(b) फ्लास्क *B* में अणुओं की संख्या के बराबर
(c) फ्लास्क *B* में अणुओं की संख्या से अधिक
(d) फ्लास्क *B* में अणुओं की संख्या का ठीक आधा

21. यदि 200 मिली ग्राम CO_2 में से इसके 10^{21} अणु हटा दिये जायें तो CO_2 के शेष मोलों की संख्या होगी–
(a) 2.88×10^{-3} (b) 1.66×10^{-3}
(c) 4.54×10^{-3} (d) 1.66×10^{-2}

22. मान लो कि फ्लोरीन का नाभिक 5×10^{-13} सेमी त्रिज्या का एक गोला है। नाभिक में द्रव्य का घनत्व क्या है–
(a) 6.02×10^{23} ग्राम मिली$^{-1}$ (b) 6.02×10^{13} ग्राम मिली$^{-1}$
(c) 12.02×10^{23} ग्राम मिली$^{-1}$ (d) 12.02×10^{23} ग्राम मिली$^{-1}$

23. एक गैस का N.T.P. पर आयतन 1.12×10^{-7} c.c. है। इसमें अणुओं की संख्या है–
(a) 3.01×10^{20} (b) 3.01×10^{12}
(c) 3.01×10^{23} (d) 3.01×10^{24}

24. लाल रक्त कणिकाओं से प्राप्त हीमोग्लोबिन में भारानुसार लगभग 0.33% आयरन होता है। हीमोग्लोबिन का अणुभार67200 है। हीमोग्लोबिन के प्रत्येक अणु में आयरन परमाणुओं की संख्या है–
(a) 3 (b) 4
(c) 6 (d) 2

25. समान दशाओं में ऑक्सीजन तथा नाइट्रोजन के समान द्रव्यमान लिए जाते हैं। इनके आयरनों का अनुपात होगा–
(a) 7 : 8 (b) 3 : 5
(c) 6 : 5 (d) 9 : 2

26. निम्न में से किसमें परमाणुओं की संख्या अधिकतम है–
(a) 6.023×10^{21} अणु CO_2 (b) STP पर CO_2 के 22.4 लीटर
(c) 0.44 ग्राम CO_2 (d) उपरोक्त में से कोई नहीं

27. 0.005 M $Ba(OH)_2$ विलयन के 0.3 लीटर में हाइड्रॉक्साइड (OH^-) आयनों के मोलों की संख्या है–
(a) 0.005 (b) 0.003
(c) 0.0015 (d) 4.00075

28. हाबर विधि में अभिक्रिया के लिये 30 लीटर डाइहाइड्रोजन तथा 30 लीटरडाइनाइट्रोजन ली गई जिनसे प्रतिफल की केवल 50% उपज (yield) मिली। क्रियान्त में उपरोक्त दशाओं में गैसीय मिश्रण का संगठन क्या होगा?
(a) 20 लीटर अमोनिया, 20 लीटर नाइट्रोजन, 20 लीटर हाइड्रोजन
(b) 10 लीटर अमोनिया, 25 लीटर नाइट्रोजन, 15 लीटर हाइड्रोजन
(c) 20 लीटर अमोनिया, 10 लीटर नाइट्रोजन, 30 लीटर हाइड्रोजन
(d) 20 लीटर अमोनिया, 25 लीटर नाइट्रोजन, 15 लीटर हाइड्रोजन

29. निम्न में अणुओं की अधिकतम संख्या उपस्थित है–
(a) 0.5 ग्राम H_2 गैस (b) 10 ग्राम O_2 गैस
(c) 15 *L* H_2 गैस (d) S.T.P. पर 5 *L* N_2 गैस

30. मानक दशाओं में वायु (जिसमें आयतनानुसार 21% ऑक्सीजन है) के 1 लीटर में ऑक्सीजन के मोलों की संख्या–
(a) 0.186 मोल (b) 0.21 मोल
(c) 1.10 मोल (d) 0.0093 मोल

31 एक वाष्पशील पदार्थ के 0.24 ग्राम ने वाष्पीकरण पर N.T.P. पर 45 मि०ली० वाष्प उत्पन्न की। पदार्थ का वाष्प घनत्व क्या होगा–
(a) 95.39 (b) 5.993
(c) 95.93 (d) 59.37

उत्तरमाला

1. (a)	**2.** (c)	**3.** (c)	**4.** (d)	**5.** (c)	**6.** (b)	**7.** (c)	**8.** (c)	**9.** (c)	**10.** (c)
11. (d)	**12.** (d)	**13.** (c)	**14.** (c)	**15.** (c)	**16.** (b)	**17.** (b)	**18.** (a)	**19.** (b)	**20.** (c)
21. (a)	**22.** (b)	**23.** (b)	**24.** (b)	**25.** (a)	**26.** (b)	**27.** (b)	**28.** (b)	**29.** (c)	**30.** (d)
31. (d)									

हल

1. (a) Fe के मोलों की संख्या $= \frac{55.8}{55.85} = 10$

C के मोलों की संख्या $= \frac{60}{12} = 5$

2. (c) जल का आयतन ताप बढ़ाने से बढ़ जाता है।

3. (c) $9 + 1 + 3.5 = 13.5$

$\therefore$ 13.5 ग्राम में $= \frac{9}{12}$ मोल

$\therefore$ 108 ग्राम में $= \frac{9 \times 108}{12 \times 13.5} = 6$ मोल कार्बन

अर्थात्, $C_6H_8N_2$

4. (d) $2\,BCl_3 + 3H_2 \longrightarrow 2\,B + 3\,HCl$

$\because$ 2×10.8 ग्राम बोरॉन $= 3 \times 22.4$ लीटर H_2

$\therefore$ 21.6 बोरॉन $= \frac{3 \times 22.4 \times 21.6}{2 \times 10.8} = 67.2$ लीटर H_2

5. (c) $Ba(OH)_2$ के मिली-तुल्यांक = HCl के मिली-तुल्यांक

$N \times 25 = 0.1 \times 35$

$\therefore \quad N_{Ba(OH)_2} = \frac{3.5}{25}$

$\therefore \quad M_{Ba(OH)_2} = \frac{3.5}{25} \times \frac{1}{2} = 0.07$

6. (b) $M = \frac{\text{यूरिया के मोल}}{\text{V लीटर में}} = \frac{6.02 \times 10^{20} \times 1000}{6.023 \times 10^{23} \times 100} = 10^{-2}$ M

7. (c) H_3PO_4 के मिली-तुल्याक = KOH के मिली-तुल्यांक

$20 \times 0.1 \times 2 = V \times 0.1$

$\therefore \quad V = 40$ मिली

8. (c) I के लिए $mM = 480 \times 1.5 = 720$

$\therefore \quad V = 40$ मिली

II के लिए $mM = 520 \times 1.2 = 624$

कुल मिली-मोल $= 720 \times 624 = 1344$

$\therefore M = \frac{1344}{480 + 520} = 1.344\,M$

9. (c) आवोगाद्रो संख्या भार परमाणु पैमाने के आधार पर निर्भर करती है।

$\because$ 12 ग्राम $C = 6.023 \times 10^{23}$ परमाणु

$\therefore$ 6 ग्राम $C = \frac{6.023 \times 10^{23} \times 6}{12}$

$= \frac{1}{2} \times 6.023 \times 10^{23}$ परमाणु = आवोगाद्रो संख्या

अथवा 1amu $= \frac{1}{N} = \frac{2}{6.023 \times 10^{23}} = 3.3 \times 10^{-24}$

माना एक तत्व का मोलर द्रव्यमान M amu है

तब M amu $= M \times 3.3 \times 10^{-24}$ ग्राम

$\therefore$ 1 मोल का द्रव्यमान $= M \times 3.3 \times 10^{-24} \times$ आवोगाद्रो संख्या

$= M \times 3.3 \times 10^{-24} \times \frac{1}{2} \times 6.023 \times 10^{23}$

$= M$ ग्राम

10. (c) 8 मोल $O \equiv 1$ मोल $Mg_3(PO_4)_2$

11. (d) EDTA का केवल 1 अणु प्रयोग में आता है।

12. (d) ऐसीटिक ऐसिड़ का द्रव्यमान $= 2.05 \times 60 = 123$ ग्राम

विलयन का द्रव्यमान $= 1000 \times 1.02 = 1020$ ग्राम

$\therefore$ जल का द्रव्यमान $= 1020 - 123 = 897$

$\therefore$ मोललता $= \frac{2.05 \times 1000}{897} = 2.285$

13. (c) $2Al(s) + 6HCl\,(aq) \rightarrow 2Al^{3+}\,(aq) + 6\,Cl^-(aq) + 3H_2(g)$

HCl के प्रत्येक मोल अभिक्रिया करके, STP पर 0.5 मोल H_2 गैस बनाते है।

STP पर आदर्श गैस के 1 मोल का आयतन 22.4 लीटर होता है।

$\therefore$ STP पर HCl के प्रत्येक मोल द्वारा बनी H_2 का आयतन = $22.4 \times 0.5 = 11.2$ लीटर।

14. (c) दिया है, H_2SO_4 का भार % = 29 %

$\therefore$ 100 ग्राम विलयन में 29 ग्राम H_2SO_4 है।

माना विलयन का घनत्व d है।

$\therefore \quad$ मोलरता $= \frac{H_2SO_4 \text{ के मोल}}{\text{विलयन का आयतन (मिली में)}} \times 1000$

$= \frac{29/98}{100/d} \times 1000 = 3.60$

घनत्व = 1.22 ग्राम/मिली

15. (c) 24 ग्राम (1 ग्राम परमाणु) Mg में परमाणुओं की संख्या $= 6 \times 10^{23}$

$\therefore$ 1 ग्राम Mg में परमाणुओं की संख्या $= \frac{6.0 \times 10^{23}}{24}$

$\therefore$ 0.04 ग्राम Mg में

परमाणुओं की संख्या $= \frac{6.0 \times 10^{23} \times 0.004}{24}$

$= 1 \times 10^{20}$

17. (b) यौगिक A_nB_m का अणुभार $= nx + my$

ऐवोगैड्रो के नियमानुसार,

यौगिक A_nB_m के $nx + my$ ग्राम का N.T.P. पर आयतन $= 22.4$ लीटर

यौगिक A_nB_m के 1 ग्राम का N.T.P. पर आयतन

$= \frac{22.4}{nx + my}$ लीटर

19. (b) $CH_2COOH(CH_2O)$ तथा $C_6H_{12}O_6\,(CH_2O)$ के सरलतम सूत्र समान हैं।

अत: CH_3COOH तथा $C_6H_{12}O_6$ में कार्बन की प्रतिशतता समान होगी।

20. (c) फ्लास्क 'A' में H_2 के मोलों की संख्या

$$= \frac{2 \text{ ग्राम}}{2 \text{ ग्राम मोल}^{-1}} = 1$$

फ्लास्क 'B' में N_2 के मोलों की संख्या

$$= \frac{2 \text{ ग्राम}}{28 \text{ ग्राम मोल}^{-1}} = 0.0714$$

अणुओं की संख्या α मोलों की संख्या

चूँकि H_2 के मोलों की संख्या N_2 की अपेक्षा अधिक है, अत: फ्लास्क 'A' में अणुओं की संख्या फ्लास्क 'B' की अपेक्षा अधिक है।

22. (b) 'F' परमाणु में न्यूक्लिऑनों का द्रव्यमान = 19 a.m.u.

$= 19 \times 1.66 \times 10^{-24}$ ग्राम

'F' नाभिक का आयतन $= \frac{4}{3} pr^3$

$$= \frac{4}{3} \times \frac{22}{7} \times (5 \times 10^{-13})^3 \text{ cm}^3$$

$$= 5.23 \times 10^{-37} \text{ cm}^3$$

'F' नाभिक में नाभिकय द्रव्य का घनत्व $= \frac{\text{नाभिक का भार}}{\text{नाभिक का आयतन}}$

$$= \frac{19 \times 1.66 \times 10^{-24} \text{ ग्राम}}{5.23 \times 10^{-37} \text{ सेमी}^3}$$

$$= 6.02 \times 10^{13} \text{ ग्राम सेमी}^{-3}$$

23. (b) गैस के मोलों की संख्या

$$= \frac{1.12 \times 10^{-7} \text{ सेमी}^3}{22400 \text{ सेमी}^3 \text{ मोल}^{-1}} = 5 \times 10^{-12} \text{ मोल}$$

अणुओं की संख्या = मोलों की संख्या × ऐवोगैड्रो संख्या

$= 5 \times 10^{-12}$ मोल $\times 6.023 \times 10^{23}$ मोल$^{-1}$

$= 3.0115 \times 10^{12}$

27. (b) 0.005 M $Ba(OH)_2$ के 0.3 लीटर विलयन में इसके मोलों की संख्या = लीटर में आयनन × मोलरता

$= 0.3 \times 0.005 = 1.5 \times 10^{-3}$

अब $Ba(OH)_2$ का एक मोल विलयन में आयनिक होकर 2 मोल OH^- आयन उत्पन्न करता है।

$\therefore 1.5 \times 10^{-3}$ मोल $Ba(OH)_2$ से उत्पन्न OH^- आयन क मोलों की संख्या $= 2 \times 1.5 \times 10^{-3} = 3 \times 10^{-3}$

$= 0.003$

28. (b)

$$\underset{\substack{1vol.\\10L}}{\overset{30L}{N_2(g)}} + \underset{\substack{3vol.\\30L}}{\overset{30L}{3H_2(g)}} \longrightarrow \underset{\substack{2vol.\\20L}}{\overset{0L}{2NH_3(g)}}$$

....प्रारम्भिक आयतन (ऊपर); ...सैद्धान्तिक उपज (नीचे)

प्रतिफल अमोनिया की प्रत्याशित उपज 20 लीटर है। लेकिन इसका केवल 50% प्राप्त होता है अर्थात् 10 लीटर NH_3 बनती है।

10L NH_3 के निर्माण के लिए H_2 का प्रयुक्त आयतन = 15L

10 L NH_3 के निमार्ण में प्रयुक्त N_2 का आयतन =5L

$\therefore N_2$ का अप्रयुक्त आयतन = 30L – 5L = 25L

H_2 का अप्रयुक्त आयतन = 30L – 15L = 15L

NH_3 का प्राप्त आयतन = 10L

29. (c) H_2 के मोलों की संख्या $= \frac{0.5 \text{ ग्राम}}{2 \text{ ग्राम मोल}^{-1}} = 0.25$

O_2 के मोलों की संख्या $= \frac{10 \text{ ग्राम}}{32 \text{ ग्राम मोल}^{-1}} = 0.312$

STP पर 15L H_2 में मोलों की संख्या

$$= \frac{15 \text{ ग्राम}}{22.4\text{L मोल}^{-1}} = 0.669$$

STP पर 5L N_2 में मोलों की संख्या

$$= \frac{5L}{22.4L \text{ मोल}^{-1}} = 0.223$$

$\because$ अणुओं की संख्या α मोलों की संख्या

$\therefore$ STP पर 15 L H_2 में मोलों की संख्या अधिकतम होने के कारण इसमें अणुओं की संख्या भी अधिकतम होगी।

30. (d) वायु के 1 लीटर में ऑक्सीजन का आयतन

$$= \frac{21}{100} \times 1000 = 210 \text{ मि॰ली॰}$$

N.T.P. पर ऑक्सीजन के 210 मिली में मोलों की संख्या

$$= \frac{210 \text{ मिली}}{22400 \text{ मिलीमोल}^{-1}} = 0.0093$$

□□□

2
Chapter

द्रव्य की अवस्थाएँ (गैसीय, ठोस एंव द्रव अवस्था)
(The States of Matter: Gaseous, Solid and Liquid State)

क्रिस्टल समुदाय (Crystal System) :

⇨ क्रिस्टलों की अक्ष और उनके मध्य कोण के आधार पर क्रिस्टलों को सात समुदाय में वर्गीकृत किया गया है।

- **घनीय समुदाय (Crystal System) :** इस समुदाय के क्रिस्टल की तीन अक्षों की भुजाएँ $a=b=c$ होती हैं तथा इन अक्षों के मध्य के कोण α, β तथा γ तीनों $90°$ के होते हैं।
- **विषमलम्बाक्ष समुदाय (Orthorhombic System) :** इस प्रकार के क्रिस्टल समुदाय में $a \neq b \neq c$, परन्तु α, β तथा γ तीनों $90°$ के होते हैं।
- **चतुष्कोणीय समुदाय (Tetragonal System) :** इस समुदाय में, $a=b \neq c$, तथा $\alpha=\beta=\gamma=90°$
- **एकनताक्ष समुदाय (Monoclinic System) :** इस समुदाय में तीनों भुजाएँ असमान $(a \neq b \neq c)$ तथा इनके दो अन्तरक्षीय कोण $\alpha=\gamma=90°$, लेकिन तीसरा कोण $\beta \neq 90°$ होता है।
- **त्रिनताक्ष समुदाय (Triclinic System) :** त्रिनताक्ष क्रिस्टल की तीनों भुजाएँ असमान तथा तीनो अन्तरक्षीय कोण $90°$ के नहीं होते है। अर्थात् $a \neq b \neq c$ तथा $\alpha \neq \beta \neq \gamma \neq 90°$
- **षटकोणीय समुदाय (Hexagonal System) :** इस क्रिस्टल की दो भुजाएँ a तथा b समान किन्तु तीसरी भुजा c असमान होती है। इनके दो अन्तरक्षीय कोण $\alpha=\gamma=90°$, लेकिन β का मान 120 होता है।
- **त्रिकोणीय समुदाय (Trigonal or Rhombohedral System) :** इस क्रिस्टल की तीनों भुजाएँ समान, अर्थात् $a=b=c$ तथा तीनों अन्तरक्षीय कोण समान होते हैं किन्तु कोई भी $90°$ का नहीं होता है।

संकुल गुणांक (Packing Fraction) :

⇨ किसी इकाई कोशिका में परमाणुओं द्वारा घिरा हुआ आयतन को संकुल गुणांक कहते हैं।

$$\text{संकुल गुणांक} = \frac{\text{परमाणुओं द्वारा घिरा हुआ आयतन}}{\text{इकाई कोशिका का आयतन}}$$

1. साधारण घनाकार इकाई कोशिका के लिए संकुल गुणांक

$$\frac{\left(\frac{4}{3}\pi r^3\right)}{8r^3} = \frac{\pi}{6} = .524$$

अर्थात् साधारण इकाई कोशिका में 52% भाग परमाणु या अणुओं द्वारा घिरा होता है तथा 48% भागरिक्त होता है।

2. अन्त: केन्द्रित घनाकार संगठन में संकुल गुणांक

$$= \frac{\frac{8}{3}\pi r^3}{\frac{64\,r^3}{3\sqrt{3}}} = 0.68$$

अर्थात् काय केन्द्रित घनीय कोष्ठिका में 68% भाग परमाणु या अणुओं द्वारा घिरा होता है तथा 32% भागरिक्त होता है।

3. फलक केन्द्रित घनाकार संगठन में संकुल गुणांक

$$= \frac{16\pi r^3/3}{32\,r^3/\sqrt{2}} = 0.74$$

अर्थात् फलक केन्द्रित घनीय कोष्ठिका में 74% भाग परमाणु या अणुओं द्वारा घिरा होता है तथा 26% भागरिक्त होता है।

घनाकार आकृति का घनत्व (Density of A Cubic Structure) :

⇨ घनाकार क्रिस्टल का घनत्व निम्न सूत्र से निकालते है।

$$d = \frac{nM}{a^3 N}$$

जहाँ $d=$ घनत्व n कोष्ठिका में परमाणुओं की संख्या m अणुभार या परमाणु भार a घनीय कोर की लम्बाई

⇨ यदि कोर की लम्बाई पिकोमीटर में दी है

$$d = \frac{Z \times M}{N \times a^3 \times 10^{-30}} \text{ g/cc}$$

⇨ यदि कोर की लम्बाई एंग्स्ट्राम में दी है

$$d = \frac{Z \times M}{N \times a^3 \times 10^{-24}} \text{ g/cc}$$

⇨ यदि कोर की लम्बाई नैनोमीटर में दी है

$$d = \frac{Z \times M}{N \times a^3 \times 10^{-21}} \text{ g/cc}$$

रिक्तियों के प्रकार (Type of Voids) :

⇨ **अष्टफलकीय रिक्ति (Octahedral Void) :**

- घन के केन्द्र पर एक अष्टफलकीय रिक्ति होती है और 12 अष्टफलकी रिक्तियाँ घन के 12 फलकों के केन्द्र पर होती हैं।
- लेकिन प्रत्येक रिक्ति कोर पर 4 एकक कोष्ठिकाओं द्वारा घिरी रहती है। अत: एकक कोष्ठिका में इसका योगदान $\frac{1}{4}$ है।

- ccp संरचना में, अष्टफलकीय रिक्तियों की प्रभावी संख्या

$$= 1 + 12 \times \frac{1}{4} = 1 + 3 = 4$$

⇨ **चतुष्फल्कीय रिक्ति (Tetrahedral Void) :** क्रिस्टल में वह रिक्त स्थान जो चार गोलों से घिरा होता है। चतुष्फलकीय रिक्ति कहलाता है। यदि गोले की त्रिज्या R तथा रिक्ति का आकार r हो, तब $r = 0.225\,R$

⇨ **अष्टफलकीय रिक्ति** यह रिक्ति स्थान छः गोलों से घिरा होता है।

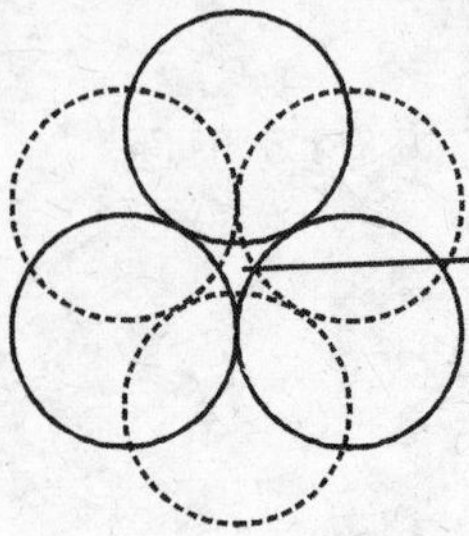

इनमे से चार गोले एक ही तल में एक-दूसरे को स्पर्श करते हुए इस प्रकार रखे रहते हैं कि उनके केन्द्र एक वर्ग के चारों कोनों पर पड़ते हैं। शेष दो गोलों में से एक इन चारों गोलों द्वारा निर्मित रिक्ति में ऊपर से रखा रहता है तथा दूसरा नीचे से इनको स्पर्श करता है।

— अष्टफलकीय रिक्ति की त्रिज्या = 0.414 R

- चतुष्फलकीय रिक्तियों की संख्या = सुसंकुलित संरचना में उपस्थित परमाणुओं की संख्या
- चतुष्फलकीय रिक्तियों की संख्या = $2 \times$ अष्टफलकीय रिक्तियों की संख्या = $2 \times$ परमाणुओं की संख्या

त्रिज्या अनुपात (Radius Ratio) :

⇨ यह नियम दिये हुए आकार के ठोस गोलों के संकुलन के लिए मान्य है।

⇨ धनायन तथा ऋणायन की त्रिज्याओं के अनुपात को त्रिज्या अनुपात कहते हैं। अर्थात्

$$\text{त्रिज्या अनुपात (Radius Ratio)} = \frac{\text{धनायन की त्रिज्या } (r_+)}{\text{ऋणायन की त्रिज्या } (r_-)}$$

⇨ त्रिज्या अनुपात जितना अधिक होगा, कैटायन का आकार उतना ही अधिक होगा और कोऑर्डिनेशन संख्या उतनी ही अधिक होगी।

त्रिज्या अनुपात	समन्वयन संख्या	संरचना व्याख्या
0 - 0.155	2	रेखीय
0.155 - 0.225	3	समतल त्रिकोणीय
0.225 - 0.414	4	चतुष्फलकीय
0.414 - 0.732	4	समतल वर्गीय
0.414 - 0.732	6	अष्टफलकीय
0.732 - 1.00	8	घनीय
1 से अधिक	12	बन्द संकुलित

कुछ सरल आयनिक क्रिस्टलों की संरचना (Structure of some Simpleionic Solids) :

⇨ **सोडियम क्लोराइड (NaCl) की संरचना, रॉक साल्ट संरचना (Structure of Sodium chloride, Rock-structure) :**

- सोडियम क्लोराइड की फलक केन्द्रिय घनीय संरचना (face-centred cubic) होती है। इसमें क्लोराइड आयन (Cl^-) बड़े आकार का होता है इसलिए ये सुसंकुचित व्यवस्था (cubic close packed) बनाते हैं।
- इस संरचना में क्लोराइड आयन 6 Na^+ से घिरा हुआ होता है तथा प्रत्येक सोडियम आयन छः क्लोराइड आयन से घिरा हुआ होता है इसलिए समन्वय अनुपात 6 : 6 होता है।
- सीजियम हैलाइड को छोड़कर सभी क्षार धातु के हैलाइड की संरचना NaCl के समान होती है। AgCl, AgF, AgBr, तथा अमोनियाम लवण की संरचना भी NaCl के सामान होती है।

⇨ **सीजियम क्लोराइड (CsCl) की संरचना (Structure of Caesium Chloride) :**

- सीजियम क्लोराइड की संरचना अन्तः केन्द्रीय घनीय (body centred cubic) होती है।
- इस संरचना में समन्वय अनुपात 8 : 8 होता है। Cl^- आयन के सभी आठ कोनों पर स्थित होते है तथा Cs^+ घन के केन्द्र में उपस्थित होते हैं।
- CsCl, CsBr, CsI, CsCN, TlX, TlCN की संरचना सीजियम क्लोराइड के समान होती है।

Note

✍ अधिक दाब पर NaCl संरचना CsCl संरचना में परिवर्तित हो जाती है तथा अधिक ताप पर सीजियम क्लोराइड संरचना NaCl संरचना में परिवर्तित हो जाती है।

$$\underset{\text{(6:6 coordination)}}{\text{NaCl Structure}} \underset{760\,K}{\overset{\text{Pressure}}{\rightleftharpoons}} \underset{\text{(8:8 coordination)}}{\text{CsCl Structure}}$$

⇨ **जिंक सल्फाइड या जिंक ब्लैण्डी (ZnS) की संरचना (Structure of Zinc Sulphide) :**

- जिंक ब्लैण्डी संरचना में, सल्फाइड आयन घनीय सुसंकुलित संरचना निर्मित करते हैं तथा सभी जिंक आयन चतुष्फलकीय रिक्तियों की आधी में स्थित होती है।
- इस प्रकार की क्रिस्टल व्यवस्था में समन्वय अनुपात 4 : 4 होता है।
- CuCl, CuBr, CuI तथा AgI के क्रिस्टलों की संरचना जिंक सल्फाइड के समान होती है।

⇨ **फ्लुओराइट (CaF_2) की संरचना (Structure of Fluorite) :**

- इस संरचना में प्रत्येक Ca^{2+} आयन आठ F^- आयनों के सम्पर्क में रहता है और प्रत्येक F^- आयन चार Ca^{2+} आयनों के सम्पर्क में रहता है। इस प्रकार Ca^{2+} आयन की कोऑर्डिनेशन संख्या 8 तथा F^- आयन की कोऑर्डिनेशन संख्या चार होती है।
- फ्लुओराइट में समन्वय अनुपात 8 : 4 होता है।
- BaF_2, $BaCl_2$, SrF_2, $SrCl_2$, CdF_2, PbF_2 इस संरचना के उदाहरण है।

⇨ **ऐन्टीफ्लुओराइट की संरचना (Structure of Antifluorite) :**

- ऑक्साइड आयन (O^{2-}) फलक केन्द्रित घनीय व्यवस्था बनाते हैं तथा Na^+ आयन सभी चतुष्फलकीय रिक्तियों में उपस्थित रहते हैं।
- ऑक्साइड आयन, आठ Na^+ आयनों से जबकि Na^+ आयन चार ऑक्साइड आयनों से घिरा होता है। इसलिए Na_2O का 4 : 8 कोऑर्डिनेशन होता है।

स्कॉटकी दोष (Schottky Defect) :

⇨ इस प्रकार के दोष में समान संख्या में धनायन तथा ऋणायन अपने स्थान को छोड़कर क्रिस्टल से बाहर निकल जाते है। जिससे क्रिस्टल का घनत्व कम हो जाता है परन्तु चालकता बढ़ जाती है।

इस प्रकार का दोष उन आयनिक यौगिकों में पाया जाता है जिसमें धनायन तथा ऋणायन का आकार लगभग समान होता है तथा समन्वय अनुपात अधिक होता है।

फ्रैन्कल दोष (Frenkel Defect) :

⇨ इस प्रकार के दोष में, जब कोई आयन अपने नियमित जालक बिन्दु से हटकर अन्तराकाशी स्थान में आ जाता है, तो यह दोष उत्पन्न होता है।

⇨ फ्रैन्कल दोष शुद्ध क्षारीय धातु हेलाइड में नहीं पाया जाता है। क्योंकि धनायनों का आकार बड़ा होता है और वे कोरों में नहीं समा पाते हैं।

⇨ यह दोष उन आयनिक क्रिस्टलों में उत्पन्न होता है जिनके धनायन तथा ऋणायन की त्रिज्याओं में अधिक अन्तर होता है, जिनमें आयनों की समन्वयन संख्या (coordination number) कम होती है, जैसे- ZnS, AgCl, तथा AgI आदि।

⇨ AgBr में दोंनों स्कॉटकी तथा फ्रैन्कल दोनों दोनों दोष पाये जाते हैं।

⇨ स्कॉटकी दोष के कारण समान संख्या में धनायन तथा ऋणायन त्रिविम जालक से अनुपस्थित पाये जाते हैं तथा उनकी स्थिति में कोटर बन जाते हैं।

⇨ फ्रैन्कल दोष के कारण आयन (सामान्यत: धनायन) अपनी सामान्य अवस्था को छोड़ देते हैं तथा जालक में ओर कहीं अपना स्थान बना लेते हैं।

⇨ क्षारीय घातु हैलाइड के धनायन बड़े आकार के होते हैं तथा आसानी से अन्त: क्षेत्र में स्थापित नहीं किये जा सकते हैं। इसलिए क्षारीय धातु के हैलाइडों में फ्रैन्कल दोष नहीं पाया जाता है।

⇨ $CdCl_2$ में AgCl का क्रिस्टल मिलाने पर स्कॉटकी दोष उत्पन्न हो जाता है, लेकिन यदि NaCl का क्रिस्टल मिलाये तो यह दोष उत्पन्न नहीं होता है।

⇨ **समन्वय संख्या (Coordination Number) :** परमाणुओं के क्रिस्टल जालक में संकुचन में प्रत्येक परमाणु के समीपस्थ गोलों की वह संख्या जिसके सम्पर्क में एक गोला होता है समन्वय संख्या कहलाती है।

- साधारण घनाकार संरचना के लिए समन्वय संख्या 6 है।
- अन्त: केन्द्रिय घनाकार संरचना के लिए समन्वय संख्या 8 है।
- फलक केन्द्रिय घनाकार संरचना के लिए समन्वय संख्या 12 है।

⇨ **प्रति एकक कोष्ठिका त्रिविम बिन्दुओं की संख्या (Number of Lattice Points (z) per Unit Cell) :**

- विभिन्न घनीय एकपरमाणवीय एकक कोष्ठिकाओं में त्रिविम बिन्दुओं की संख्या निम्न सूत्र से ज्ञात की जाती है

$$z = \frac{n_c}{8} + \frac{n_b}{1} + \frac{n_f}{2} + \frac{n_e}{4}$$

जहाँ, n_c = कोनो पर परमाणुओं की संख्या

n_b = अन्त: केन्द्र पर परमाणुओं की संख्या

n_f = फलक केन्द्र पर परमाणुओं की संख्या

n_e = कोनो के केन्द्र पर परमाणुओं की संख्या

- साधारण घनीय एकक कोष्ठिका

$$n_c = 8, n_b = n_f = n_e = 0.$$

अत: $z = \frac{8}{8} + \frac{0}{1} + \frac{0}{4} + \frac{0}{2} = 1$

इसलिए साधारण घनीय एकक कोष्ठिका में प्रति इकाई कोष्ठिका एक त्रिविम बिन्दु होता है।

- अन्त: केन्द्रित घन $n_c = 8, n_b = 1, n_f = n_e = 0$

अत: $z = \frac{8}{8} + \frac{1}{1} = 2$

इसलिए अन्त:केन्द्रित कोष्ठिका में प्रति इकाई कोष्ठिका दो त्रिविम बिन्दु होते हैं।

- फलक केन्द्रित घन

$$n_c = 8, n_b = 1, n_f = n_e = 0$$

अत: $z = \frac{8}{8} + \frac{6}{4} = 4$

इसलिए फलक केन्द्रित कोष्ठिका में प्रति इकाई कोष्ठिका चार त्रिविम बिन्दु होते हैं।

⇨ **ऋणायन रिक्ति के कारण धातु आधिक्य दोष** – इस प्रकार के दोष में ऋणायन (अधातु आयन) के अपने जालक बिन्दु से हट जाने से धनायन (धातु आयन) का आधिक्य हो जाता है। वे इलेक्ट्रॉन जो पहले ऋणायन के साथ थे, उन रिक्तियों में रह जाते हैं। इससे क्रिस्टल की विद्युत उदासीनता बनी रहती है। ऋणायन रिक्तियों में उपस्थित इलेक्ट्रॉन, *F*-केन्द्र (*F*-Centres) कहलाते है।

⇨ **अन्तराकाशी स्थानों में अतिरिक्त धनायन (Metal excess defect due to interstitial caions) :** यह दोष उन क्रिस्टलों द्वारा दर्शाया जाता है। जिनमें फ्रैन्कल दोष होने की सम्भावना होती है। इस दोष में अन्तराकाशी स्थान पर एक अतिरिक्त धनायन उपस्थित रहता है। विद्युत उदासीनता बनाये रखने के लिये अन्तराकाशी स्थान में इलेक्ट्रॉन भी उपहस्थित रहते हैं।

- किसी तत्व या यौगिक में अशुद्धि की अल्प मात्रा मिलाने की क्रिया को डोपिंग (doping) कहते हैं। डोपिंग से पदार्थों के गुणों में परिवर्तन हो जाता है।
- Si या Ge में समूह 15 के तत्वों की डोपिंग करने से *n*-टाइप अर्धचालक (semiconductor) प्राप्त होते हैं।
- Si या Ge में समूह 13 के तत्वों की डोपिंग करने से *p*-टाइप अर्धचालक बनता है।
- अर्धचालकों के तप में वृद्धि होने से उनकी विद्युत चालकता बढ़ती है।

अभ्यास के लिए प्रश्न

1. गैस नियतांक R का मान होता है-

(a) 0.082 लीटर वायुमण्डल (b) 0.987 कैलोरी मोल$^{-1}$ K^{-1}
(c) 8.3 जूल मोल$^{-1}$ K^{-1} (d) 83 अर्ग मोल$^{-1}K^{-1}$

2. गैसों के गतिज आण्विक सिद्धान्त से सिद्ध किया जा सकता है-

(a) केवल बॉयल का नियम (b) केवल चार्ल्स का नियम
(c) केवल अवगाद्रो का नियम (d) उपरोक्त सभी

3. किसी आदर्श गैस के 1 लीटर में मोलों की संख्या क्या होगी यदि इसका दाब P, गैस नियतांक R तथा ताप T है?

(a) $\frac{PT}{R}$ (b) PRT
(c) $\frac{P}{RT}$ (d) $\frac{RT}{P}$

4. Na तथा डह क्रमशः b.c.c. तथा f.c.c. के रूप में क्रिस्टलित होते हैं तब Na तथा Mg की उनकी इकाई सैलों में परमाणुओं की संख्या क्रमशः होगी-

(a) 4 तथा 2 (b) 9 तथा 14
(c) 14 तथा 9 (d) 2 तथा 4

5. गैसों के गतिज आण्विक सिद्धान्त के अनुसार, आदर्श गैस में, गैस का एक अणु दो क्रमागत टक्करों के बीच गति करता है-

(a) एक सीधी रेखा में
(b) एक त्वरित गति (accelerated) से
(c) एक वृत्तीय पथ पर
(d) एक तरंगाकार (wavy) पथ पर

6. घनीय आकार के एक आदर्श NaCl क्रिस्टल में, जिसका द्रव्यमान 1ग्राम है, कितनी इकाई सैल होगी?

(a) 1.28×10^{21} इकाई सैल
(b) 1.71×10^{21} इकाई सैल
(c) 2.57×10^{21} इकाई सैल
(d) 5.14×10^{21} इकाई सैल

7. जब ताप को 200°C से बढ़ाकर 40°C कर दिया जाता है, तो नियॉन की औसत गतिज ऊर्जा निम्न में से किस गुणांक द्वारा परिवर्तित होती है?

(a) 2 (b) $\sqrt{\frac{313}{293}}$
(c) $\frac{313}{293}$ (d) $\frac{1}{2}$

8. वान्डर वाल गैसीय समीकरण में, स्थिराँक b निम्नलिखित में से किसका है-

(a) प्रति इकाई आयतन अन्तराणुक संघट्ट (Collisions)
(b) अन्तराणुक आकर्षण बल
(c) अणुओं द्वारा घेरा गया आयतन
(d) अन्तराणुक प्रतिकर्षण बल

9. नीचे दिये गये चित्र में कौन-सा क्रिस्टल दोष है?

Na^+	Cl^-	Na^+	Cl^-	Na^+	Cl^-
Cl^-	□	Cl^-	Na^+	□	Cl^-
Na^+	Cl^-	□	Cl^-	Na^+	Cl^-
Cl^-	Na^+	Cl^-	Na^+	□	Na^+

(a) फ्रैंकल तथा स्कोट्की दोष
(b) स्कोट्की दोष
(c) अन्तरपरमाण्विक दोष (Intersitial defect)
(d) फ्रैंकल दोष

10. एक आयनिक यौगिक की इकाई सैल में A आयन शीर्षों पाये जाते हैं तथा B आयन पृष्ठों के केन्द्र पर पाये जाते है। इस यौगिक का अनुपाती सूत्र होगा-

(a) AB (b) A_2B
(c) A_3B (d) AB_3

11. निम्न में से कौन-सा कथन, आण्विक गतियों के वितरण पर ताप बढ़ाने के प्रभाव के बारे में सत्य नहीं है?

(a) प्रायिकता चाल बढ़ जाती है
(b) प्रायिकता चाल वाले अणओं का अंश बढ़ जाता है
(c) वितरण चौड़ा हो जाता है
(d) वितरण चक्र (distribution curve) द्वारा घेरा गया क्षेत्रफल उतना ही रहता है, जितना कि कम ताप पर

12. किसी धातु के पृष्ठ केन्द्रीय घनीय (f.c.c.) इकाई सैल में धातु के परमाणुओं का कुल आयतन क्या होगा? (जहाँ r परमाण्वीय त्रिज्या है)

(a) $\frac{16}{3}\pi r^3$ (b) $\frac{20}{3}\pi r^3$
(c) $\frac{24}{3}\pi r^3$ (d) $\frac{12}{3}\pi r^3$

13. एक यौगिक में, तत्व Y के परमाणु ccp जालक बनाते हैं तथा तत्व X के परमाणु चतुष्फलकीय रिक्तियों का 2/3 भाग घेरते हैं। यौगिक का सूत्र होगा-

(a) X_4Y_3 (b) X_2Y_3
(c) X_2Y (d) X_3Y_4

14. स्कोट्की (schottky) दोष क्रिस्टल में तब पाया जाता है, जब-

(a) क्रिस्टल का घनत्व बढ़ता है
(b) ऋणायनों तथा धनायनों की असमान संख्या अनुपस्थित हो
(c) कोई आयन क्रिस्टल जालक में अपना स्थन छोड़कर अन्तरपरमाण्विक स्थानों में चला जाता है
(d) धनायनों तथा ऋणायनों की समान संख्या जालक में अनुपस्थित हो

15. किसी धात्विक जालक (metallic lattice) की सघनतम बद्ध संरचना (closest packed structure) में, एक धात्विक परमाणु के निकटतम परमाणुओं की संख्या (nearst neighbours) (अर्थात्, संकल संख्या) होगी?

(a) 12 (b) 4
(c) 8 (d) 6

16. ग्रेफाइट एक कठिनता से द्रवित होने वाला कोमल स्नेहक (lubricant) है। ग्रेफाइट के इस असामान्य (anomalous) व्यवहार का कारण है-

(a) ग्रेफाइट एक अक्रिस्टलीय पदार्थ है
(b) डायमण्ड का एक अपररूप है

(c) अणु बहुलकों (polymers) की भांति चर (variable) द्रव्यमान वाले होते हैं

(d) कार्बन परमाणु रिंग की बनी बड़ी प्लेट्स के रूप में व्यवस्थित होते हैं, जिनमें प्लेट्स के बीच बन्ध कमजोर प्रकृति के होते हैं, जबकि कार्बन–कार्बन बन्ध प्रबल प्रकृति के होते हैं।

17. जिंक ब्लेंड की संरचना में, Zn^{2+} आयन कितने प्रतिशत चतुष्फलकीय रिक्तियों को घेरता है?

(a) 25% (b) 50%
(c) 100% (d) इनमें से कोई नहीं

18. एक यौगिक XY_2O_4 में ऑक्साइड आयन c.c.p. में व्यवस्थित है, जबकि धनायन X चतुष्फलकीय रिक्तियों में उपसिथत है। धनायन Y अष्टफलकीय (octahedral) तथा चतुष्फलकीय (tetrahedral) रिक्तियों में एकसमान रूप से वितरित हैं। अष्टफलकीय रिक्तियों का कितना अंश घिर हुआ है?

(a) $\frac{1}{2}$ (b) $\frac{1}{4}$
(c) $\frac{1}{8}$ (d) $\frac{1}{6}$

19. ताप पर निर्भर करते हुए एक धातु M (परमाणु भार 40.0), f.c.c. तथा b.c.c. संरचनाओं में से किसी में भी क्रिस्टलित हो सकता है, जिनकी विमाएँ 3.5 तथा 30Å होती है। f.c.c. तथा b.c.c. संरचनाओं में इसके घनत्वों का अनुपात क्या होगा?

(a) 1.259 (b) 2
(c) $\frac{8}{\sqrt{6}}$ (d) $\frac{17}{3\sqrt{6}}$

20. निम्नलिखित संरचना वाले क्रिस्टल में S द्वारा चिन्हित स्थान है–

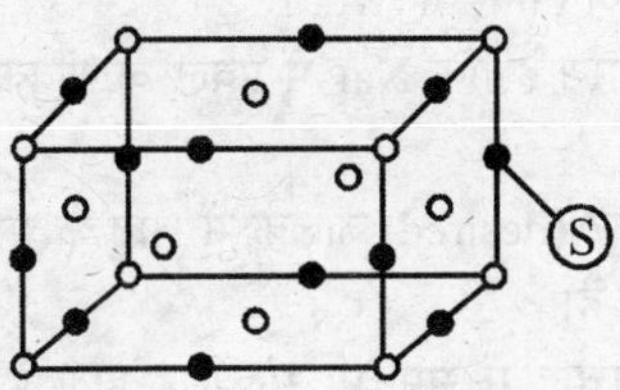

(a) चतुष्फलकीय रिक्ति (b) घनीय रिक्ति
(c) अष्टफलकीय रिक्ति (d) इनमें से कोई नहीं

21. अधिकांश क्रिस्टन आसानी से टूट जाते हैं, कि इनमें परमाणु, आयन तथा अणु होते हैं–

(a) दुर्बल बलों द्वारा संयोजित होते हैं
(b) प्रबल बन्धों द्वारा संयोजित होते हैं
(c) गोलीय रूप से सममित होते हैं
(d) समतल में व्यवस्थित होते हैं

22. घनीय सघन संरचना (c.c.p.) में बन्धे परमाणुओं में सघनता से जुड़े परमाणुओं तथा चतुष्फलकीय रिक्तियों में सिथ्तत परमाणुओं की संख्या में क्या अनुपात होता है–

(a) 1 : 1 (b) 1 : 2
(c) 1 : 3 (d) 2 : 1

23. RbBr का गलनांक 628°C है तथा NaBr का गलनांक 988°C है। NaF के गलनांक के RbBr से अधिक होने का मुख्य कारण है–

(a) दोनों क्रिस्टल समरूपी नहीं हैं
(b) NaF का मोलर द्रव्यमान RbBr से कम होता है
(c) RbBr के लिए अन्तरनाभिकीय दूरी $r_c + r_a$ NaF से अधिक होता है
(d) RbBr के बन्ध की प्रकृति, NaF के बन्ध की तुलना में अधिक सहसंयोजक होती है

24. यदि एक सैल की विमा a हो, तो निम्नलिखित में से सही सम्बन्ध क्या है–

(a) साधारण घनीय जालक के लिए, धातु आयन की त्रिज्या $\frac{a}{2}$
(b) b.c.c. जालक के लिए, धातु आयन की त्रिज्या $\frac{\sqrt{3}a}{4}$
(c) f.c.c. जालक के लिए, धातु आयन की त्रिज्या $\frac{a}{2\sqrt{2}}$
(d) उपरोक्त सभी

25. निम्नलिखित में से कौन–सा कथन असत्य है–

(a) CsCl क्रिस्टल में प्रत्येक आयन की संकुल संख्या 8 है
(b) एक धातु जो b.c.c. संरचना में क्रिस्टलित होता है, में संकुल संख्या 12 होती है।
(c) आयनिक क्रिस्टलों में इकाई सैल के कुछ आयन अन्य इकाई सैलों के साथ साझेदारी में होती है
(d) NaCl की एकक सैल में सैल की विमा 552 pm (r_{Na^+} = 95 pm, r_{Cl^-} = 181 pm)।

26. KBr का घनत्व 2.75 ग्राम/सेमी^{3} तथा इकाई सैल की विमा 654 है। K = 39, Br = 80 तब ठोस की प्रकृति के बारे में क्या सत्य है–

(a) ठोस की संरचना f.c.c. होती है तथा समन्वय संख्या 6 होती है
(b) ठोस की संरचना f.c.c. होगी तथा समन्वय संख्या 4 होगी
(c) ठोस की f.c.c. संरचना होगी तथा समन्वय संख्या 1 होगी
(d) इनमें से कोई नहीं

27. A तथा B के f.c.c. व्यवस्था में A परमाणु शीर्षों पर B परमाणु पृष्ठों के केन्द्रों पर स्थित है। एक A परमाणु एक शीर्ष से अनुपस्थित पाया जाता है। यौगिक का सरलतम सूत्र क्या होगा?

(a) A_7B_3 (b) AB_3
(c) A_7B_{24} (d) $A_{7/8}B_3$

28. एंटिफ्लोराइट (antifluorite) संरचना निम्न में से किसकी है?

(a) TiO_2 (b) Na_2O
(c) (a) तथा (b) दोनों (d) इनमें से कोई नहीं

29. वैनेडियम एक काय केन्द्रित घनीय क्रिस्टल के रूप में क्रिस्टलीय होता है, जिसकी विमा 3.011 Å होती है। परमाणवीय त्रिज्या तथा घनत्व की गणना कीजिए (V = 50.94)—

(a) 2.609 Å, 16.199 ग्राम/सेमी^{3}
(b) 1.303 Å, 16.99 ग्राम/सेमी^{3}
(c) 2.609 Å, 7.200 ग्राम/सेमी^{3}
(d) 1.303 Å, 6.199 ग्राम/सेमी^{3}

उत्तरमाला

1. (c)	**2.** (d)	**3.** (c)	**4.** (d)	**5.** (a)	**6.** (c)	**7.** (c)	**8.** (c)	**9.** (b)	**10.** (d)
11. (d)	**12.** (a)	**13.** (a)	**14.** (d)	**15.** (a)	**16.** (d)	**17.** (b)	**18.** (a)	**19.** (a)	**20.** (c)
21. (d)	**22.** (d)	**23.** (c)	**24.** (d)	**25.** (b)	**26.** (a)	**27.** (c)	**28.** (c)	**29.** (d)	

हल

1. (c) $R = 8.3$ जूल मोल$^{-1}$ केल्विन$^{-1}$ $= 2$ कैलोरी मोल$^{-1}$ केल्विन$^{-1}$
$= 8.314\times10^7$ अर्ग मोल$^{-1}$ केल्विन$^{-1}$
$= 0.082$ लीटर वायुमण्डल केल्विन$^{-1}$ मोल$^{-1}$

2. (d) गैसों के गतिज आण्विक सिद्धान्त पर आधारित गतिज समीकरण से सभी गैसीय नियमों को प्राप्त किया जा सकता हैं।

3. (c) $\frac{n}{V} = \frac{P}{RT}$ (आदर्श गैस समीकरण)

4. (d) b.c.c. तथा f.c.c. में परमाणुओं की संख्या क्रमशः 2 तथा 4 होती है।

5. (a) एक गतिज आण्विक सिद्धान्त की एक संकल्पना हैं।

6. (c) f.c.c. के लिए $n = 4$

एक ग्राम NaCl में परमाणुओं की संख्या $= \frac{6.023\times10^{23}}{58.5}$

$\therefore$ 1 ग्राम NaCl में उपस्थित इकाई सैलों की संख्या

$$= \frac{6.023\times10^{23}}{58.5\times4}$$

$$= 2.57\times10^{21} \text{ इकाई सैल}$$

7. (c) गतिज ऊर्जा/अणु$= \frac{3}{2}kT$(k वोल्टजमैन स्थिराँक)

$$E_1 = \frac{3}{2}\times k\times293$$

$$E_2 = \frac{3}{2}\times k\times313$$

$$E_2 = \frac{313}{293}\times E_1$$

8. (c) $b = 4\times N\times v$ अर्थात् गतिमान अवस्था में 1 मोल गैस के अणुओं द्वारा घेरा गया आयतन।

9. (b) ये दोष तब उत्पन्न होते हैं जब धनायन तथा ऋणायन अपने स्थानों से अनुपस्थित पाये जाते हैं।

10. (d) चूंकि A कोनों पर स्थित है अतः $A = \frac{8}{8} = 1$

चूंकि B पृष्ठीय केन्द्रों पर स्थित है अतः $B = \frac{1}{2}\times6 = 3$

अतः सूत्र AB_3 होगा।

11. (d) मैक्सवेल-बोल्ट्जमैन प्रायिकता वितरण वक्र देखें।

12. (a) f.c.c. में, $n = 4$

$\therefore$ घेरा गया आयतन $= 4\times V = 4\times\frac{4}{3}\pi r^3 = \frac{16}{3}\pi r^3$

13. (a) Y के परमाणु की संख्या $= 4$ (c.c.p. के लिए)

X के परमाणु की संख्या $= \frac{2}{3}\times8 = \frac{16}{3}$ (f.c.p. के लिए)

अतः यौगिक का सूत्र X_4Y_3 होगा।

19. (a) $\rho_1 = \frac{4\times \text{परमाणु भार}}{N_A\times a_1^3}$ (f.c.c.)

$\rho_2 = \frac{2\times \text{परमाणु भार}}{N_A\times a_2^3}$ (b.c.c.)

20. (c) यह अष्टफलकीय (octahedral) रिक्तियों को प्रदर्शित करता है, जो कि f.c.c. व्यवस्था में घनीय रिक्तियों का एक प्रकार होता है।

21. (d) भिन्न तलीय व्यवस्थाओं के कारण क्रिस्टल को इनके समानान्तर तोड़ना आसान होता है।

22. (d) प्रत्येक घटक में दो चतुष्फलकीय रिक्तियाँ होती हैं।
सघनन घनीय बद्धता (c.c.p.) में जालक बिन्दु

$$= 8\times\frac{1}{8} + 6\times\frac{1}{2} = 4$$

$\therefore$ चतुष्फलकीय रिक्तियाँ $= 4\times2 = 8$

$\therefore$ अनुपात $= 4:8::1:2$

23. (c) इसका कारण है, कि NaF में प्रबल कूलांबिक आकर्षण बल होते हैं।

24. (d) यह अभीष्ट (desired) जालक में धातु के परमाणु की त्रिज्या के लिए सूत्र है।

25. (b) b.c.c. संरचना में समन्वय संख्या 8 होती है।

26. (a) KBr की f.c.c. संरचना होती है, जिसमें समन्वय संख्या $6:6$ होती है।

27. (c) शीर्षों पर A परमाणुओं की संख्या$= \frac{7}{8}$; पृष्ठों पर B परमाणुओं की कुल संख्या $= 3$

अतः $A:B::\frac{7}{8}:3$ या $7:24$ अतः सूत्र A_7B_{24} होगा।

28. (c) Na_2O की एन्टिफ्लोराइट (antifluoruite) संरचना होती है।

29. (d) b.c.c. में परमाणु की त्रिज्या$= \frac{\sqrt{3}}{4}\times a = \frac{\sqrt{3}}{4}\times3.001 = 1.303$Å

$$\text{घनत्व}(\rho) = \frac{n\times \text{परमाणु द्रव्यमान}}{\text{ऐवोगेड्रो संख्या}\times a^3}$$

$$= \frac{2\times50.95}{6.023\times10^{23}\times(3.011\times10^{-8})^3}$$

$$= 6.198 \text{ ग्राम/सेमी}^3$$

□□□

3 Chapter

गैसीय अवस्था (Gaseous State)

गैसीय नियम (Gaseous Laws)

बॉयल का नियम (Boyle's Law) :

⇨ स्थिर ताप पर किसी गैस की निश्चित मात्रा का आयतन उसके दाब के व्युत्क्रमानुपाती होता है।

$$V \propto \frac{1}{P} \qquad \text{(स्थिर ताप पर)}$$

$$PV = K \qquad \text{(}K\text{ स्थिरांक है)}$$

इस नियमानुसार यदि स्थिर ताप पर किसी गैस की निश्चित मात्रा के आयतन (V) तथा दाब (P) का गुणनफल स्थिर होता है।

यदि निश्चित ताप पर किसी गैस की निश्चित मात्रा का P_1 दाब पर आयतन V_1 है तथा P_2 दाब पर आयतन V_2 है, तब

$$P_1V_1 = P_2V_2$$

⇨ **स्थिर ताप पर खींचे गए वक्रों की प्रकृति (Nature of curves at constant temperature) :**

- इस ग्राफ के अनुसार स्थिर ताप पर दाब बढ़ाने पर आयतन घटता है।

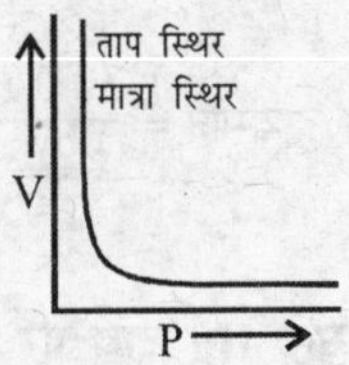

- यदि ताप में परिवर्तन किया जाये तो इस प्रकार का ग्राफ प्राप्त होता है।

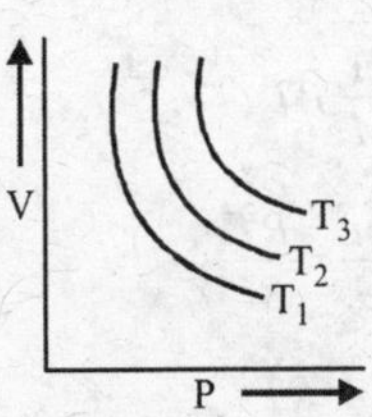

$T_3 > T_2 > T_1$

- यदि स्थिर ताप तथा स्थिर मात्रा पर V तथा $1/P$ के बीच ग्राफ बनाया जाता है, तब एक सीधी रेखा प्राप्त होती है। जो बॉयल के नियम का पालन करती है।

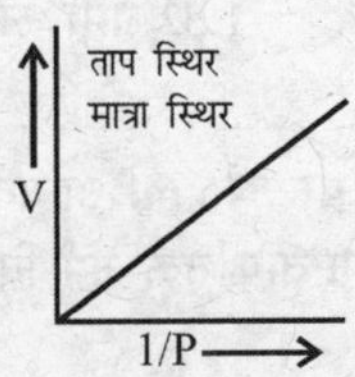

- स्थिर ताप पर गैस की निश्चित मात्रा के $P \times V$ तथा P में ग्राफ खींचने पर एक सीधी रेखा प्राप्त होती है जो P अक्ष के समान्तर होती है।

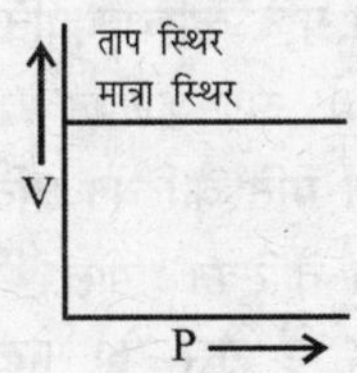

इस ग्राफ से प्रदर्शित होता है, कि स्थिर ताप पर दाब या आयतन में परिवर्तन करने पर दाब तथा आयतन का गुणनफल स्थिर रहता है। यदि ताप में परिवर्तन किया जाये तब निम्न प्रकार का ग्राफ प्राप्त होता है।

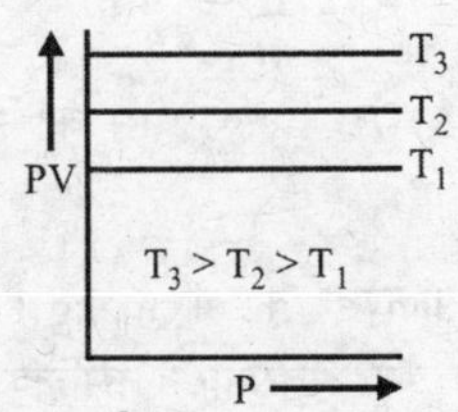

चार्ल्स का नियम (Charle's Law) :

⇨ स्थिर दाब पर किसी गैस की निश्चित मात्रा का आयतन, गैस के परम ताप के समानुपाती होता है।

$$V \propto T$$

$$V = KT \qquad \text{(जहाँ } K \text{ स्थिरांक है)}$$

यदि किसी गैस की निश्चित मात्रा का परम ताप T_1 पर आयतन V_1 और परम ताप T_2 पर आयतन V_2 है, तब

$$\frac{V_1}{T_1} = \frac{V_2}{T_2}$$

स्थिर ताप पर किसी गैस की निश्चित मात्रा के आयतन और सेन्टीग्रेड (°C) ताप में ग्राफ खींचने पर एक सीधी रेखा प्राप्त होती है।

Notes

✍ स्थिर ताप पर किसी गैस का घनत्व दाब के समानुपाती होता है, परन्तु स्थिर दाब पर किसी गैस का घनत्व ताप के व्युत्पक्रमानुपाती होती है। अत: किसी गैस का घनत्व अधिकतम रखने के लिए उच्च दाब तथा निम्न दाब की आवश्यकता होती है।

N.T.P. पर किसी गैस के एक मोल का आयतन 22.4 लीटर होता है। परन्तु एक बार तथा 25°C पर एक मोल का गैस का आयतन 22.7 लीटर होता है।

गैस समीकरण (Gas Equation) :

$$PV = RT$$

यदि गैस के V लीटर में n मोल उपस्थित हैं, तब गैस समीकरण

$$PV = nRT$$

या

$$P = \frac{n}{V}RT$$

विभिन्न इकाईयों में गैस स्थिरांक (*R*) का मान (Value of gas constant R indifferent units) :

- ***R* का मान लीटर-वायुमण्डल प्रति कैल्विन प्रति मोल में :**
  R का मान $= 0.0821$ लीटर-वायुमण्डल K^{-1} मोल$^{-1}$
- ***R* का मान अर्ग प्रति कैल्विन प्रति मोल में (CGS इकाई) :**
  $= 8.31 \times 10^7$ अर्ग-कैल्विन$^{-1}$ मोल$^{-1}$
- ***R* का मान जूल प्रति कैल्विन प्रति मोल में (*SI* इकाई) :**
  $= 8.31$ जूल-कैल्विन$^{-1}$ मोल$^{-1}$

एक बन्द सिलिण्डर में गैस के मोल तथा दाब में सम्बन्ध उदाहरण– (LPG सिलिण्डिर)

$PV = n \cdot RT$ के अनुसार, जब ताप तथा आयतन स्थिरों गैस का दाब मोल पर निर्भर करता है।

$$P \propto n \quad \text{(जब स्थिर ताप तथा आयतन पर)}$$

$$n = \frac{w}{m}$$

इसलिए, $P \propto w$ (गैस का भार)

Concept

एक खाली LPG सिलिण्डर का भार w_1 kg है तथा भरे हुए सिलिण्डर का भार w_2 kg है। इस अवस्था में सिलिण्डर के अन्दर दाब P_1 वायुमण्डल है।

$$P_1V = \frac{w_{gas}}{m}RT = \frac{(w_2 - w_1) \times 10^3}{m}RT \quad ...(i)$$

कुछ दिनों में गैस का प्रयोग करने पर सिलिण्डर का भार w_3 kg रह जाता है तथा इस अवस्था में सिलिण्डिर में दाब P_2 वायुमण्डल हो जाता है।

$$P_2V = \frac{w_3 - w_1}{m}RT \quad ...(ii)$$

P_1 तथा P_2 में सम्बन्ध–

$$\boxed{\frac{P_1}{P_2} = \frac{w_2 - w_1}{w_3 - w_1}}$$

उदाहरण:

50 लीटर शुष्क N_2 गैस को 27°C पर 36 ग्राम H_2O में प्रवाहित किया जाता है। गैस प्रवाहित करने के बाद जल में 1.50 ग्राम की कमी होती है। जल के वाष्प दाब (vapour pressure) की गणना कीजिये।

हल: जल की वाष्प N_2 गैस का आयतन ग्रहण करती है

$\therefore$ जल वाष्प के लिये $V = 50$ लीटर $w = 1.50$ g, $T = 300$ K, $m = 18$

$$\because \quad PV = \frac{w}{m}RT$$

या

$$P \times 50 = \frac{1.5}{18} \times 0.0821 \times 300$$

$$\therefore \quad P = 0.041 \text{ atm} = \mathbf{31.198 \text{ mm.}}$$

वाष्प घनत्व (Vapour Density)

The ratio of the mass of a certain volume of the gas to that of the same volume of hydrogen gas, under same temperature and pressure.

किसी वाष्पशील पदार्थ का वाष्प घनत्व निम्न सूत्र से ज्ञात किया जाता है।

$$\text{वाष्प घनत्व} = \frac{\text{वाष्पशील पदार्थ का द्रव्यमान}}{\text{N.T.P. पर वाष्प का आयतन} \times 0.00009}$$

तथा

$$\text{वाष्प घनत्व} = \frac{\text{गैस के 1 अणु का द्रव्यमान}}{\text{हाइड्रोजन के 1 अणु का द्रव्यमान}}$$

$$= \frac{1}{2}\,\frac{\text{गैस के 1 अणु का द्रव्यमान}}{\text{हाइड्रोजन के 1 परमाणु का द्रव्यमान}}$$

अतः पदार्थ का अणु द्रव्यमान $= 2 \times$ वाष्प घनत्व

उदाहरण:

नाइट्रोजन के एक अणुभार का द्रव्यमान 30 ग्राम है। N.T.P. पर इस ऑक्साइड का घनत्व (g/L) ज्ञात करना।

हल: $\because$ 22.4 L ऑक्साइड का द्रव्यमान = 30.0 g.

$\therefore$ 1.0 L ऑक्साइड का द्रव्यमान $= \frac{30.0\,g \times 1L}{22.4\,L} = \mathbf{1.34\ g/L}$

उदाहरण:

100°C तथा 800 मिमी0 Hg दाब पर कार्बन डाइऑक्साइड का ग्राम/लीटर में घनत्व क्या होगा?

हल: सामान्य गैस समीकरण के अनुसार,

$$PV = \frac{m}{M}RT$$

अथवा

$$P = \frac{m}{M} \times \frac{RT}{M}$$

$$P = d \times \frac{RT}{M} \qquad \left(\because \frac{m}{V} = \text{घनत्व } d\right)$$

$$d = \frac{PM}{RT} = \frac{800 \times 44}{760 \times 0.082 \times 373}$$

$$= \mathbf{1.52 \text{ ग्राम/लीटर}}$$

उदाहरण:

किसी गैस का 0°C पर 546 ml आयतन है। इसी दाब पर जब गैस को इसके दो गुणे ताप तक गर्म किया जाता है। इस गैस के

प्रारम्भिक व अन्तिम घनत्व के अनुपात की गणना कीजिये?

हल: क्योंकि स्थिर दाब पर,

$$d_1T_1 = d_2T_2$$

या $$\frac{d_2}{d_1} = \frac{T_1}{T_2} = \frac{273}{2\times 273} = \frac{1}{2}$$

$\therefore$ $$d_2 = \frac{1}{2}d_1$$

उदाहरण:

यदि d घनत्व वाली गैस को परम ताप स्केल पर जब गर्म करते हैं तो इसका ताप दुगुना व दाब 2/3 घट जाता है। इसका नया घनत्व क्या होगा?

हल: $P_1 = P \qquad P_2 = \frac{2}{3}P$

$T_1 = T \qquad T_2 = 2T$

$d_1 = d \qquad d_2 = ?$

$$\frac{d_1T_1}{P_1} = \frac{d_2T_2}{P_2}$$

$$\frac{d\times T}{P} = \frac{d_2\times 2T\times 3}{2P}$$

$$d_2 = \frac{2P\times d\times T}{P\times 3\times 2T} = \frac{d}{3}$$

गैसीय मिश्रण का घनत्व (Density of Mixture)

माना एक गैसीय मिश्रण में x% CO तथा $100-x$% CO_2 उपस्थित है, तब मिश्रण का अणुभार,

$$M_{\text{mixture}} = \frac{x\times \text{CO का अणुभार} + (100-x)\times CO_2 \text{ का अणुभार}}{100} \quad ...(i)$$

यदि मिश्रण का P दाब पर तथा T ताप पर घनत्व d है, तब मिश्रण का अणुभार,

$$M = \frac{d\times RT}{P} \quad ...(ii)$$

समीकरण (i) तथा (ii) के अनुसार,

$$\frac{d\times RT}{P} = \frac{x\times 28 + (100-x)\times 44}{100}$$

उपरोक्त समीकरण से दोनों गैस की प्रतिशतता ज्ञात की जा सकती है।

उदाहरण:

A_2O तथा AO के गैसीय मिश्रण का घनत्व 27° ताप पर तथा 760 mm of Hg दाब पर 1.7 g/l है। मिश्रण का संगठन ज्ञात कीजिय। (at wt. of A = 14, O = 16)

हल: $$P = \frac{dRT}{m} \text{ के अनुसार,}$$

मिश्रण का अणुभार

$$m = \frac{1.7\times 0.821\times 300}{1 \text{ atm}} \quad ...(i)$$

($\because$ $P = 760$ mm of Hg = 1 atm, $T = 300$ K, $R = 0.0821$)

माना मिश्रण में x% AO तथा $100-x$% A_2O उपस्थित है। तब मिश्रण का अणुभार]

$$m = \frac{x\times 30 + (100-x)\times 44}{100} \quad ...(ii)$$

समीकरण (i) तथा (ii) के अनुसार,

$$41.871 = \frac{30x + 4400 - 44x}{100}$$

$$4187.1 = -14x + 4400$$

$$-14x = -212.9$$

$$\Rightarrow \quad x = \mathbf{15.2}$$

AO की प्रतिशतता = **15.2**

तथा A_2O की प्रतिशतता = 100 – 15.2 = **84.8.**

उदाहरण:

एक गैसीय मिश्रण में N_2O तथा NO की प्रतिशतता 60% तथा 40% है 2atm दाब तथा 500 K पर मिश्रण का घनत्व ज्ञात कीजिए।

हल: यदि मिश्रण में गैसों की प्रतिशतता ज्ञात हो, तब मिश्रण का अणुभार,

$$m = \frac{x\times m_A + (100-x)\times m_B}{100}$$

$$= \frac{40\times 30 + 60\times 44}{100} = 38.4$$

अब, $P = \frac{d}{m}\cdot RT$ या $d = \frac{P\times m}{RT}$

$$d = \frac{2\times 38.4}{0.0821\times 500} = \mathbf{1.87\ g/L.}$$

उदाहरण:

CO तथा CO_2 के गैसीय मिश्रण का 30°C ताप तथा 730 torr दाब पर घनत्व 1.5 g/l^{-1} है। मिश्रण में दोनों गैसों की प्रतिशतता ज्ञात कीजिए।

हल: यदि मिश्रण का अणुभार M हो, तब

$$M = \frac{dRT}{P}$$

$$= \frac{1.5\times 0.0821\times 303\times 760}{730} = 38.85$$

माना CO का प्रतिशतता x तथा CO_2 की प्रतिशतता $100-x$ हो, तब

$$x\times 28 + (1-x)\times 44 = 38.85$$

$$x = 0.3218$$

CO की प्रतिशतता = **32.18**

तथा CO_2 की प्रतिशतता = **67.82.**

डाल्टन का आंशिक दाब का नियम (Dalton's Law of Partial Pressure)

⇨ स्थिर ताप पर यदि दो या दो से अधिक गैसें जो आपस में क्रिया नहीं करती है एक बन्द पात्र में एक साथ रखी जायें तो गैसों के मिश्रण का कुल दाब उन गैसों के आंशिक दाबों के योग के बराबर होता है।

⇨ यदि गैसीय मिश्रण का कुल दाब P तथा मिश्रण में उपस्थित विभिन्न गैसों के आंशिक दाब क्रमशः $p_1 + p_2 + p_3 + ...$ हैं,

तब, $P = p_1 + p_2 + p_3 + ...$

⇨ यह नियम उन गैसों के मिश्रणों पर लागू होता है जो आपस में क्रिया नहीं करती हैं।

⇨ यह नियम गैसों के उन मिश्रणों पर लागू नहीं होता है जिनमें गैसें परस्पर रासायनिक क्रिया करती हैं जैसे-

NH_3 तथा HCl का गैसीय मिश्रण,

NH_3 तथा HBr का गैसीय मिश्रण,

H_2 तथा Cl_2 का गैसीय मिश्रण,

NO तथा O_2 का गैसीय मिश्रण आदि।

⇨ **आंशिक दाब (Partial Pressure) :** जब गैसीय मिश्रण में से किसी एक गैस का उसी ताप तथा आयतन पर जो उसका अपना दाब होता है, वह उस गैस का आंशिक दाब कहलाता है।

आंशिक दाब = गैस का मोल प्रभाज × कुल दाब

⇨ **शुष्क गैस का दाब (Pressure of Dry Gas) :** आधिकांश गैसें जल के ऊपर एकत्रित की जाती हैं। इसलिए गैसों में कुछ जल वाष्प भी जल इन नम गैसों का दाब ज्ञात किया जाता है तो उसमें जल वाष्प का दाब भी आ जाता है।

नम गैस का दाब = शुष्क गैस का दाब + जल वाष्प का दाब

Notes

✍ यदि एक पात्र में x ग्राम जल रखा है तथा इसमें से P दाब तथा T ताप पर नाइट्रोजन गैस प्रवाहित की जाती है। तब यह w_1 ग्राम जल को अवशोषित कर लेती है। जिससे इसका दाब P- हो जाता है। दाब में यह बढ़ोतरी जल वाष्प के कारण होती है। जल वाष्प का दाब निम्न सूत्र से ज्ञात करते हैं।

$$P' - P = \frac{w_1 \times RT}{18 \times V}$$

☞ Concept

माना दो सिलिण्डर एक-दूसरे से स्टॉप कॉक से जुडे है जिनके आयतन क्रमशः V_1 तथा V_2 है तथा इनमें उपस्थित गैसों के दाब क्रमशः P_1 तथा P_2 है। यदि स्टॉप कॉक को खोला जाता है। तब,

कुल आयतन = $V_1 + V_2$

यदि कुल दाब P हो तथा गैसों के आंशिक दाब क्रमशः p_A तथा p_B हो तब बॉयल के नियम के अनुसार,

$$p_A(V_1 + V_2) = p_1V_1 \quad ...(i)$$

तथा $$p_B(V_1 + V_2) = p_2V_2 \quad ...(ii)$$

समीकरण (i) तथा (ii) के जोड़ने पर,

$$p_A + p_B = \frac{p_1V_1}{V_1+V_2} + \frac{p_2V_2}{V_1+V_2} = \frac{p_1V_1 + p_2V_2}{V_1+V_2}$$

या $$P = \frac{p_1V_1 + p_2V_2}{V_1+V_2}$$

उदाहरण:

दो बल्ब जो आपस में स्टॉप कॉक द्वारा जुडे है। जिनके आयतन क्रमशः 5 तथा 10 लीटर है। जिनमें गैसों के दाब क्रमशः 9 तथा 6 वायु मण्डल है। यदि स्टॉप कॉक को खोल दिया जाये तो कुल दाब ज्ञात कीजिए।

हल: प्रथम बल्ब के लिए, $p_1V_1 = n_1RT$

द्वितीय बल्ब के लिए, $p_2V_2 = n_2RT$

जोड़ने पर, $$p_1V_1 + p_2V_2 = (n_1 + n_2)RT \quad ...(i)$$

जब स्टॉक कॉक को जोड़ा जाता है, तब आयतन $(V_1 + V_2)$ तथा कुल मोल $(n_1 + n_2)$ हो जाते है। यदि कुल दाब P हो, तब

$$P(V_1 + V_2) = (n_1 + n_2)RT \quad ...(ii)$$

समीकरण (i) तथा (ii) के अनुसार,

$$p_1V_1 + p_2V_2 = P(V_1 + V_2)$$

ज्ञात है, $p_1 = 9$ atm,

$V_1 = 5$ L, $p_2 = 6$ atm, $V_2 = 10$ L

सभी मान रखने पर, $9 \times 5 + 6 \times 10 = P \times 15$

$$P = 7 \text{ atm.}$$

☞ Concept

माना एक गैसीय मिश्रण में दो गैसें A तथा B उपस्थित है जो आपस में क्रिया नहीं करती है। यदि दोनों गैसों के भार क्रमशः w_A तथा w_B मिश्रण का कुल दाब P है।

$$x_A = \frac{w_A / m_A}{\frac{w_A}{m_A} + \frac{w_B}{m_B}}$$

A का आंशिक दाब $= P_A = x_A \cdot P \quad ...(i)$

तथा B का आंशिक दाब $= P_B = x_B \cdot P \quad ...(ii)$

$$\frac{P_A}{P_B} = \frac{x_A}{x_B} = \frac{n_A}{n_B} = \frac{w_A}{w_B} \times \frac{m_B}{m_A}$$

$$\Rightarrow \quad \frac{m_B}{m_A} = \frac{P_A}{P_B} \times \frac{w_B}{w_A}$$

या $$\frac{m_A}{m_B} = \frac{w_A}{w_B} \times \frac{P_B}{P_A}$$

उदाहरण:

एक फ्लास्क में 2.0 g गैस A 25°C डालने पर दाब 1 atm पाया गया है यदि समान ताप पर दूसरी गैस B के 3 g को सिलिण्डर में डाला जाता है तब कुल दाब 1.5 atm हो जाता है दोनों गैसें आपस में क्रिया नहीं करती है तब गैसों के अणुभार में अनुपात बताइये।

हल: A के मोल $= \frac{2}{m_A}$, B के मोल $= \frac{3}{m_B}$

$$P_A = X_A \cdot P \quad ...(i)$$
$$P_B = X_B \cdot P \quad ...(ii)$$

इसलिए, $$\frac{P_A}{P_B} = \frac{x_A}{x_B} = \frac{n_A}{n_B} = \frac{w_A}{w_B} \times \frac{m_B}{m_A}$$

$$\frac{1}{0.5} = \frac{2}{3} \times \frac{m_B}{m_A}$$

या $$3 = \frac{m_B}{m_A}$$

इस प्रकार, $$\frac{m_A}{m_B} = \frac{1}{3}$$

Concept

यदि V litre शुष्क गैस को w g जल के ऊपर से 27°C ताप पर गुजारा जाता है तो जल में w_1 g की कमी आ जाती है तथा दाब P_1 से P_2 हो जाता है।

तब जल का वाष्प दाब $= P_2 - P_1$

जिसे हम निम्न सूत्र से ज्ञात करते है–

$$(P_2 - P_1) \times V = \frac{w_1}{18} \times RT$$

उदाहरण:

100 लीटर शुष्क N_2 गैस को 27°C पर 36 g H_2O में प्रवाहित किया जाता है। गैस प्रवाहित करने के बाद जल में 3 g की कमी होती है जल के वाष्प दाब (vapour pressure) की गणना कीजिए।

हल: दिया है, $V = 100$ litre, $w_1 = 3$ g, $T = 300$, $m = 18$

$$P \times 100 = \frac{3}{18} \times 0.0821 \times 300$$

$$P = \frac{3}{18} \times 0.0821 \times \frac{300}{100}$$

$$= 0.041 \text{atm.}$$

$$= 760 \times 0.041 \text{ atm.} = \mathbf{31.16 \text{ mm of Hg.}}$$

Concept

एक फ्लास्क में A_2 गैस तथा H_2O उपस्थित है। जब हम एक निर्जलीकारक पदार्थ $CaCl_2$ या CaO डालते है, उस समय उपकरण में दाब P_1 mm Hg होता है। कुछ समय पश्चात् उपकरण का दाब P_2 mm Hg हो जाता है।

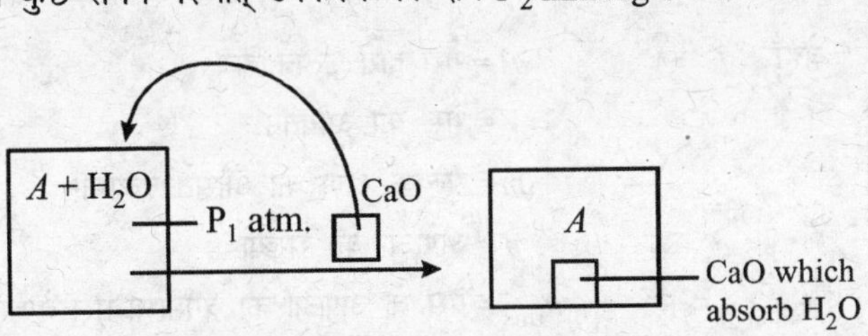

इस केश में निर्जलीकारक पदार्थ जलवाष्प को अवशोषित कर लेता है। जिसके कारण दाब घटकर P_2 mm Hg हो जाता है।

जल का वाष्प दाब $= P_1 - P_2$

A_2 के दाब $= P_2$ atm.

A_2 के मोल की प्रतिशतता $= A_2$ के दाब की प्रतिशतता

$$= \frac{P_2}{P_1} \times 100$$

H_2O के मोल की प्रतिशतता $= 100 - \frac{P_2}{P_1} \times 100$

उदाहरण:

एक फ्लास्क के अन्दर नाइट्रोजन तथा जलवाष्प उपस्थित है। यदि इस फ्लास्क में एक ठोस निर्जलकारक डाला जाता है, तब उस समय फ्लास्क में दाब 760 mm Hg होता है। कुछ घण्टे पश्चात् फ्लास्क में में दाब 745 mm Hg हो जाता है, तब–

(i) मूल मिश्रण में प्रत्येक अवयव की मोल प्रतिशतता बताइये।

(ii) इस परीक्षण में निर्जलीकारक का भार 0.15g बढ़ जाता है तथा यह परीक्षण 20°C पर किया जाता है, तब फ्लास्क का आयतन बताइये।

हल: (i) $$p_{N_2} + p_{H_2O} = 760 \text{mm}$$

$$p_{N_2} = 745 \text{mm}$$

$$p_{H_2O} = 760 - 745 = 15 \text{ mm}$$

N_2 मोल की प्रतिशतता $= N_2$ के दाब की प्रतिशतता

$$= \frac{745}{760} \times 100 = 98.03\%$$

$\therefore$ H_2O मोल की प्रतिशतता $= 100 - 98.03 = 1.975\ \%$

(ii) निर्जलीकारक का बढ़ा हुआ भार $= 0.15$ g

यह बढ़ा हुआ भार इसलिए होता है, कि निर्जलीकारक जल को अवशोषित कर लेता है।

H_2O का भार $= 0.15$ g

H_2O का अणुभार $= 18$

$\therefore$ H_2O के मोल $= \frac{0.15}{18}$

$$p_{H_2O} = 15 \text{ mm} = \frac{15}{760} \text{ atm.}$$

Applying $pV = nRT$ in the flaxk of volume V litres (say)

$$\frac{15}{760} \times V = \frac{0.15}{18} \times 0.082 \times (273 + 20)$$

$$V = \mathbf{10.28 \text{ litres}}$$

⇨ **ग्राहम का विसरण नियम (Grahm's Law of Diffusion) :** स्थिर ताप और दाब पर किसी गैस की विसरण दा उसके घनत्व के वर्गमूल के व्युत्क्रमानुपाती होती है।

$$t \propto \frac{1}{\sqrt{d}}$$

या $$r \propto \frac{1}{\sqrt{M}}$$

⇨ ताप तथा दाब की समान परिस्थिति में दो भिन्न-भिन्न गैसों के लिए विसरण दर

$$\frac{r_1}{r_2} = \sqrt{\frac{d_2}{d_1}} = \sqrt{\frac{M_2}{M_1}} \quad \text{(समान दाब व ताप पर)}$$

जहाँ, r_1 तथा r_2 भिन्न-भिन्न गैसों की विसरण दर, d_1 तथा d_2 गैसों के

घनत्व तथा M_1 व M_2 गैसों के अणुभार हैं।

⇨ विसरण दर (r) को निम्न प्रकार भी व्यक्त किया जा सकता है

- $r = \dfrac{\text{विसरित गैस का आयतन}}{\text{विसरण का समय}} = \dfrac{V}{t}$
- $r = \dfrac{\text{विसरित गैस के मोलों की संख्या}}{\text{विसरण का समय}} = \dfrac{n}{t}$
- $r = \dfrac{\text{विसरित गैस द्वारा चली गई दूरी}}{\text{विसरण का समय}} = \dfrac{x}{t}$

$$\frac{r_1}{r_2} = \frac{v_1}{t_1} \times \frac{t_2}{v_2} = \sqrt{\frac{d_2}{d_1}} = \sqrt{\frac{M_2}{M_1}}$$

$$\frac{r_1}{r_2} = \frac{n_1}{t_1} \times \frac{t_2}{n_2} = \sqrt{\frac{d_2}{d_1}} = \sqrt{\frac{M_2}{M_1}}$$

$$\frac{r_1}{r_2} = \frac{x_1}{t_1} \times \frac{t_2}{x_2} = \sqrt{\frac{d_2}{d_1}} = \sqrt{\frac{M_2}{M_1}}$$

नि:सरण (Effusion)

Movement of a gas through small hole is called effusion.

गैसीय अणुओं की सूक्ष्म छिद्र से गति नि:सरण कहलाती है। इसके विपरीत विसरण मुक्त माध्यम में होता है। उदाहरण के लिए किसी गुब्बारे के पंक्चर से जब गैस निकलती है, तो यह प्रक्रिया **नि:सरण** (Effusion) है, जबकि कमरे में अमोनिया के अणुओं का फैलना **विसरण** (Diffusion) है।

गैसों के विसरण की तरह गैसों का नि:सरण (मर्निपवद) भी स्थिर ताप तथा दाब पर गैसों के घनत्व पर निर्भर करता है। यदि दाब में परिवर्तन किया जाता है,

$$\frac{r_1}{r_2} = \sqrt{\frac{d_2}{d_1}} \times \frac{P_1}{P_2} = \sqrt{\frac{M_2}{M_1}} \times \frac{P_1}{P_2}$$

अत: जो सूत्र गैसों के विसरण के लिए प्रयोग किये जाते हैं वही सूत्र गैसों के नि:सरण के लिए बिल्कुल उसी प्रकार प्रयोग करते हैं।

$$\frac{r_1}{r_2} = \sqrt{\frac{d_2}{d_1}} \times \frac{P_1}{P_2} = \sqrt{\frac{M_2}{M_1}} \times \frac{P_1}{P_2}$$

अत: जो सूत्र गैसों के विसरण के लिए प्रयोग किये जाते हैं वही सूत्र गैसों के नि:सरण के लिए बिल्कुल उसी प्रकार प्रयोग करते हैं।

उदाहरण:

एक 200 cm लम्बी काँच की नली में दो सिरे A तथा B हैं। इस नली के A सिरे से HCl तथा B सिरे से NH_3 गैस प्रवाहित की जाती है। दोनों के प्रवाह समय समान है और समान दाब पर प्रवाहित की जाती हैं। नली में P बिन्दु पर सबसे पहले धुआँ बनता है। A से P की दूरी ज्ञात कीजिए।

हल:

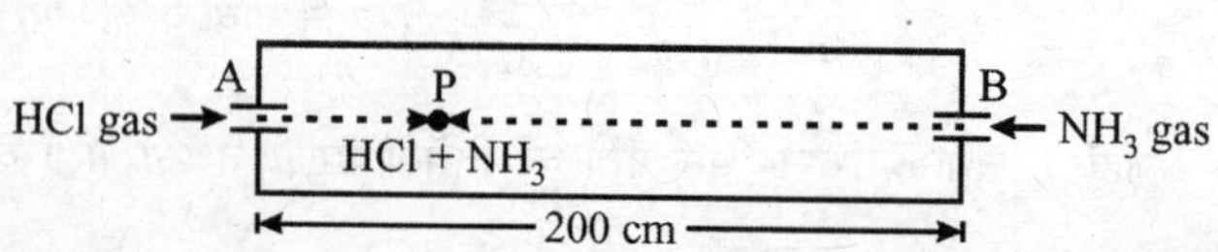

माना बिन्दु P से A की दूरी a cm है।

NH_3 और HCl समान दाब पर प्रवाहित होती है।

$$\frac{d_{NH_3}}{t_{NH_3}} \times \frac{t_{HCl}}{d_{HCl}} = \sqrt{\left[\frac{m_{HCl}}{M_{NH_3}}\right]}$$

$$\frac{200-a}{t} \times \frac{t}{a} = \sqrt{\left[\frac{36.5}{17}\right]}$$

(समय समान है)

$\therefore \qquad a = \mathbf{81.1\ cm}$

गैसों का अणु गतिज सिद्धान्त (Kinetic Molecular Theory of Gases) :

⇨ गैसों के सामान्य गुणों की व्याख्या करने के लिए गैसों का अणु गतिज सिद्धान्त दिया गया। इस सिद्धान्त के अनुसार,

- गैस का दाब गैस के अणुओं की पात्र की दीवारों से टक्करों के कारण होता है।
- गैस के अणुओं का वास्तविक आयतन गैस के पूरे आयतन की तुलना में उपेक्षणीय होता है।
- किसी गैसीय निकाय में अणुओं की गतियाँ भिन्न-भिन्न होने के कारण उनकी गतिज ऊर्जा भिन्न-भिन्न होती है। ताप बढ़ाने से अणुओं का वेग तथा उसकी औसत ऊर्जा बढ़ती है।
- औसत गतिज ऊर्जा, गैस की प्रकृति पर निर्भर नहीं करती है।
- गैस कणों पर गुरूत्व (gravity) का प्रभाव नगण्य होता है।
- गैस अणुओं की गतिज ऊर्जा, गैस के परम ताप के समानुपाती होती है, अर्थात्

$$\text{गतिज ऊर्जा} \propto T$$

अणुगति समीकरण (Kinetic gas equation)

अणु गति सिद्धान्त के आधार पर निम्नलिखित गैस समीकरण प्राप्त होता है।

$$PV = \frac{1}{3} mnu_{rms}^2$$

जहाँ, P = गैस द्वारा उत्पन्न दाब,

V = गैस का आयतन

m = प्रत्येक अणु का औसत द्रव्यमान

n = अणुओं की संख्या

u_{rms} = गैस के अणुओं का वर्गमाध्य मूल वेग है।

गतिज ऊर्जा की गणना (Calculation of kinetic energy)

हम जानते हैं, कि–

According to kinetic equation,

$$PV = \frac{1}{3} M c^2$$

$$RT = \frac{1}{3} M c^2$$

$$= \frac{2}{2} \times \frac{1}{3} M c^2 = \frac{2}{3} \times \frac{1}{2} M c^2 = \frac{2}{3} \times \text{K.E.}$$

1 मोल के लिए गतिज ऊर्जा

$$K.E. = \frac{3}{2} \times RT$$

n मोल के लिए गतिज ऊर्जा,

$$K.E. = \frac{3}{2} \times n \cdot RT$$

Note

- 1 मोल गैस की गतिज ऊर्जा $= \frac{3}{2}RT \quad (\because PV = RT)$

$$= \frac{3}{2} \times 8.314 \times T = 12.47\, T \text{ जूल}$$

- यह समीकरण प्रदर्शित करता है, कि गैसों की रूपान्तरित गतिज ऊर्जा परम तापक्रम पर निर्भर करती है। जो कि **मैक्सवेल के नियम** पर आधारित है। अतः औसत, K.E. $\propto T$.

यदि $T = 0$K (अर्थात् -273.15°C) तब औसत K.E. = 0. अतः परमाताप वह तापक्रम है जिस पर आण्विक गति रूक जाती है।

एक अणु की औसत गतिज ऊर्जा (Average kinetic energy per molecule)

औसत गतिज ऊर्जा प्रति अणु,

$$= \frac{\text{एक मोल की औसत गतिज ऊर्जा}}{N}$$

$$= \frac{3}{2}\frac{RT}{N} = \frac{3}{2}kT \quad [k = \text{बोल्टजमैन नियतांक}]$$

R/N अनुपात को Boltzmann constant कहते हैं। इसका आंकिक मान 1.38×10^{-16} erg K^{-1} molecule^{-1} है।

गैस अणुओं का वेग (Speed of the gas molecules) :

- **वर्ग माध्य मूल वेग (Root mean square velocity, u_{rms}) :**

$$u_{rms} = \sqrt{\frac{C_1^2 + C_2^2 + C_3^2 + ...}{n}}$$

u_{rms} का मान निम्न प्रकार से ज्ञात किया जात सकता है

$$u_{rms} = \sqrt{\frac{3RT}{M}}$$

- **प्रायिकतम वेग (Most Probable Velocity, u_{MPV}) :** गैसीय निकाय में उपस्थित अधिकांश अणुओं द्वारा धारित वेग को प्रायिकतम वेग कहते हैं।

$$u_{MPV} = \sqrt{\frac{2RT}{M}}$$

- **औसत वेग (Average Speed, u_{AV}) :** गैसीय निकाय में उपस्थित अणुओं की गतियों का औसत, गैसीय अणुओं का औसत वेग या गति कहलाता है।

$$u_{AV} = \frac{C_1 + C_2 + C_3 + ...}{n}$$

$$u_{AV} = \sqrt{\left[\frac{(8RT)}{\pi M}\right]}$$

Notes

- औसत वेग तथा वर्ग माध्यम मूल वेग में सम्बन्ध
  औसत वेग = 0.921 × वर्ग माध्यम मूल वेग
  वर्ग माध्यम मूल वेग = 1.085 × औसत वेग
- प्रायिकता वेग तथा वर्ग माध्यम मूल वेग में सम्बन्ध
  प्रायिकता वेग = 0.816 × वर्ग माध्यम मूल वेग
  वर्ग माध्यम मूल वेग = 1.225 × प्रायिकता वेग

Note

- T_1K ताप पर औसत वेग तथा T_2K पर अधिकतम प्रायिकता वेग समान है, तब $T_1 : T_2$ अनुपात ज्ञात कीजिए।

$$\sqrt{\frac{8RT_1}{\pi M}} = \sqrt{\frac{2RT_2}{M}}$$

$$\frac{4}{\pi}T_1 = T_2$$

$$\frac{T_1}{T_2} = \frac{\pi}{4}$$

$$T_1 = 0.785\, T_2$$

उदाहरण:

CO_2 गैस के लिए T_1 K ताप पर औसत वेग तथा T_2 K ताप पर अधिकतम प्रायिक वेग का मान 9×10^4 cm sec^{-1} है। T_1 तथा T_2 का मान ज्ञात कीजिए।

हल: $$u_{AV} = \sqrt{\left(\frac{8RT}{\pi M}\right)}, u_{MP} = \sqrt{\left(\frac{2RT}{M}\right)}$$

T_1 K पर औसत वेग = MP speed at T_2 K for CO_2

$$\sqrt{\left(\frac{8RT_1}{\pi M}\right)} = \sqrt{\left(\frac{2RT_2}{M}\right)}$$

$$\frac{T_1}{T_2} = \frac{\pi}{4} \quad ...(i)$$

दिया है, $$u_{MP} = \sqrt{\left(\frac{2RT}{M}\right)} = 9 \times 10^4$$

$$\therefore \sqrt{\left(\frac{2 \times 8.314 \times 10^7 \times T_2}{44}\right)} = 9 \times 10^4$$

$\therefore$ T_2 = **2143.37 K.**

समीकरण (i) के द्वारा T_1 = **1684.0 K.**

उदाहरण:

Relate the three speed with each other, i.e., u_{rms}, u_{AV} and u_{MP}.

हल:

$$u_{rms} = \sqrt{\left(\frac{3RT}{M}\right)}, u_{AV} = \sqrt{\left(\frac{8RT}{\pi M}\right)}, u_{MP} = \sqrt{\left(\frac{2RT}{M}\right)}$$

$\therefore \quad u_{rms} : u_{AV} : u_{MP} = 1 : \sqrt{\left(\frac{8}{3\pi}\right)} : \sqrt{\left(\frac{2}{3}\right)}$

$= \mathbf{1 : 0.9213 : 0.816.}$

Also, $u_{MP} : u_{AV} : u_{rms} = 1 : \sqrt{(4/\pi)} : \sqrt{(3/2)}$

$= \mathbf{1 : 1.128 : 1.224.}$

उदाहरण:

एक गैस अणु का औसत वेग 400 m/sec है। RMS velocity की समान ताप पर गणना कीजिए।

हल: $u_{AV} = \sqrt{\frac{8RT}{\pi M}}$ ...(i)

$u_{rms} = \sqrt{\frac{3RT}{M}}$ ...(ii)

उपरोक्त समीकरण के द्वारा,

$u_{rms} = u_{AV} \times \sqrt{\frac{3\pi}{8}}$

$= 400 \times \sqrt{\frac{3 \times 3.14}{8}} = \mathbf{434\ m/sec.}$

उदाहरण:

X गैस के अणु का भार Y गैस के अणु से दो गुना है। X की वर्ग-माध्य-मूल चाल Y से दो गुनी है। किसी गैसीय मिश्रण में X और Y के अणुओं की संख्या समान है तो समान आयतन के दो भिन्न-भिन्न मिश्रण में दाबों का क्या अनुपात होगा?

हल: दिया है, $m_X = 2\, m_Y$

$\therefore$ X का अणुभार $= 2 \times Y$ का अणुभार ...(i)

दिया है, v_{RMS} of $X = 2 \times v_{RMS}$ of Y ...(ii)

X के अणुओं की संख्या $= Y$ के अणुओं की संख्या ...(iii)

गैस X के लिए $P_X V_X = \frac{1}{3} M_X v^2_{RMS\,X}$

गैस Y के लिए $P_Y V_Y = \frac{1}{3} M_Y v^2_{RMS\,Y}$

$\therefore \quad \frac{P_X V_X}{P_Y V_Y} = \frac{M_X}{M_Y} \times \frac{v_X^2}{v_Y^2}$ ...(iv)

दिया है, $V_X = V_Y$ ...(v)

समीकरण (i), (ii), (iv) तथा (v) से,

$\frac{P_X}{P_Y} = 2 \times (2)^2 = 8$

$\therefore \quad \mathbf{P_X = 8\, P_Y.}$

Concept

यदि T_1 K ताप पर गैस A की v_{rms} तथा T_2 K ताप पर गैस B की v_{rms} समान है, तब T_1 तथा T_2 में सम्बन्ध

$\frac{3RT_1}{m_A} = \frac{3RT_2}{m_B}$

$\frac{T_1}{T_2} = \frac{m_A}{m_B}$

उदाहरण:

300 K ताप पर O_2 की v_{rms} तथा CO_2 की v_{rms} T K पर समान है, T का मान ज्ञात कीजिए

हल: O_2 की RMS = CO_2 की RMS

$\sqrt{\frac{3RT_1}{M_1}} = \sqrt{\frac{3RT_2}{M_2}}$

$\frac{300}{32} = \frac{T_2}{44}$

$T_2 = \frac{44 \times 300}{32} = \mathbf{412.5.}$

उदाहरण:

;fn T_1 K ताप पर CH_4 की v_{rms} तथा T_2 K ताप पर O_2 की v_{rms} समान हो, तब T_1 तथा T_2 का सम्बन्ध ज्ञात कीजिए।

हल: $\frac{T_1}{T_2} = \frac{16}{32} = \frac{1}{2}$

$T_1 = \frac{T_2}{2}.$

Concept

किसी गैस के लिए T_1 तथा T_2 ताप पर v_{rms} तथा v_{mp} समान है, तब–

$\frac{3RT_1}{M} = \frac{2RT_2}{N}$

$\frac{T_1}{T_2} = \frac{2}{3}$

$T_1 = 0.67 \times T_2$

$T_2 = 1.5 \times T_1$

$\therefore \quad T_2 > T_1$

किसी गैस के लिए T_1 तथा T_2 ताप पर v_{rms} तथा v_{av} समान है, तब–

$\sqrt{\frac{3RT_1}{M}} = \sqrt{\frac{8RT_2}{\pi M}}$

$3T_1 = \frac{8T_2}{\pi}$

$\frac{T_1}{T_2} = \frac{8}{\pi \times 3} = \frac{8}{3.14 \times 3} = 0.849$

$\therefore \quad T_1 = T_2 \times 0.84$

$T_2 = 1.78 \times T_1$

उदाहरण:

किस ताप पर O_2 की औसत गति ऊर्जा 27°C ताप पर v_{rms} के समान होगी।

हल: $v_{av} = v_{rms}$

$$\sqrt{\frac{8RT}{\pi M}} = \sqrt{\frac{3RT}{M}}$$

$$\frac{8RT}{\pi M} = \frac{3R \times 300}{M}$$

$$T = 353.57\,K = \mathbf{80.57°C.}$$

उदाहरण:

उस ताप का मान ज्ञात कीजिए, जिस पर H_2 का औसत वेग 300 K पर O_2 के औसत वेग के बराबर हो।

हल: हम जानते है, कि औसत वेग

$$v_{av}(O_2) = \sqrt{\frac{8RT}{\pi M}} = \left\{\frac{8R(320\,K)}{\pi(0.032 \text{ kg mol}^{-1})}\right\}^{1/2}$$

$$v_{av}(H_2) = \sqrt{\frac{8RT}{\pi M}} = \left\{\frac{8RT}{\pi(0.002 \text{ kg mol}^{-1})}\right\}^{1/2}$$

Since, $v_{av}(O_2) = v_{av}(H_2)$

$$\therefore \left\{\frac{8R(320\,K)}{\pi(0.032 \text{ kg mol}^{-1})}\right\}^{1/2} = \left\{\frac{8RT}{\pi(0.002 \text{ kg mol}^{-1})}\right\}^{1/2}$$

दिया है, $T = \mathbf{20\,K.}$

उदाहरण:

O_2 गैस के लिए T_1, T_2 तथा T_3 ताप पर v_{rms} औसत वेग तथा अधिकतम प्रायिक वेग 1.5×10^3 m s^{-1} है T_1, T_2 तथा T_3 ज्ञात कीजिए।

हल: T_1, T_2 तथा T_3 की गणना निम्नलिखित तरीके से कर सकते हैं–

$$v_{rms} = \sqrt{\frac{3RT_1}{M}} = 1.5 \times 10^3 \text{ m s}^{-1}$$

दिया है, $T_1 = (1.5 \times 10^3 \text{ m s}^{-1})^2 \dfrac{M}{3R}$

$$= \frac{(1.5\times10^3 \text{ m s}^{-1})^2(0.032 \text{ kg mol}^{-1})}{3(8.314 \text{ JK}^{-1} \text{ mol}^{-1})}$$

$= \mathbf{2887\,K.}$

$$v_{av} = \sqrt{\frac{8RT_2}{\pi M}} = 1.5 \times 10^3 \text{ m s}^{-1}$$

दिया है, $T_2 = (1.5 \times 10^3 \text{ m s}^{-1})^2 \left(\dfrac{\pi M}{8R}\right)$

$$= \frac{(1.5\times10^3 \text{ m s}^{-1})^2(3.14\times0.032 \text{ kg mol}^{-1})}{8(8.314 \text{ J K}^{-1} \text{ mol}^{-1})}$$

$= \mathbf{3399\,K.}$

$$v_{mp} = \sqrt{\frac{2RT_3}{M}} = 1.5 \times 10^3 \text{ m s}^{-1}$$

दिया है, $T_3 = \dfrac{(1.5\times10^3 \text{ m s}^{-1})^2(M)}{2R}$

$$= \frac{(1.5\times10^3 \text{ m s}^{-1})^2(0.032 \text{ kg mol}^{-1})}{2(8.314 \text{ J K}^{-1}\text{mol}^{-1})}$$

$= \mathbf{4330\,K.}$

Concept

प्रत्येक स्पीड ताप पर निर्भर करती है।

$$\frac{s_1}{s_2} = \sqrt{\frac{T_1}{T_2}}$$

यदि किसी गैस के लिए T_1, T_2 तथा T_3 पर v_{rms}, v_{AV} तथा v_{mp} समान हैं।

$$3T_1 = \frac{8T_2}{\pi} = 2T_3$$

अर्थात् $T_3 > T_2 > T_1$

उदाहरण:

Calculate the average and total kinetic energy of 0.5 mole of an ideal gas at 0°C.

हल: Average kinetic energy per molecule of the gas

$$= \frac{3}{2}\frac{R}{N}T = \frac{3}{2} \times \frac{8.314\times10^7}{6.023\times10^{23}} \times 273$$

$$= 5.65 \times 10^{-14} \text{ erg} = 5.65 \times 10^{-21} \text{ J}$$

Total kinetic energy of 0.5 mole of the gas

$$= \frac{3}{2}RT \times 0.5$$

$$= \frac{3}{2} \times 8.314 \times 10^7 \times 273 \times 0.5$$

$= 1.702 \times 10^{10}$ erg $= \mathbf{1.702\,kJ.}$

उदाहरण:

At what temperature will hydrogen molecules have the same root mean square speed as nitrogen molecules at 27°C ?

हल: $\sqrt{\dfrac{3RT}{M_H}} = \sqrt{\dfrac{3R \times 300}{M_N}}$

या $\dfrac{T}{M_H} = \dfrac{300}{M_N}$

या $T = \dfrac{300}{28} \times 2 = \mathbf{21.43\,K}$

आदर्श गैस (Ideal Gas or Perfect Gas) :

- जो गैस दाब तथा ताप की सभी परिस्थितियों में बॉयल के नियम, चार्ल्स के नियम तथा गैस समीकरण $PV = RT$ का पूर्ण रूप से पालन करती है उसे आदर्श गैस कहते हैं।
- वास्तव में ऐसी कोई भी गैस ज्ञात नहीं है जिसका व्यवहार पूर्ण रूप से आदर्श गैस जैसा हो। आदर्श गैस केवल एक काल्पनिक गैस है।

वास्तविक गैसें (Real Gases) :

- H_2, N_2, O_2, CH_4 आदि वास्तविक गैस है। ये सभी गैसे ताप तथा दाब

की सभी परिस्थितियों में बॉयल के नियम, चार्ल्स के नियम और गैस समीकरण PV = RT का पूरी तरह पालन नहीं करती आर्थात् वास्तविक गैस आदर्श गैस तरह व्यवहार करती हैं, जैसे -

- बॉयल के नियमानुसार, स्थिर ताप पर किसी गैस की निश्चित मात्रा के लिए PV का मान सदा स्थिर रहना चाहिए। परन्तु कोई भी वास्तविक गैस पूर्ण रूप से ऐसा व्यवहार नहीं करती हैं।
- चार्ल्स के नियमानुसार, किसी गैस का आयतन परम शून्य (–273°C) पर शून्य हो जाना चाहिए। परन्तु सभी वास्तविक गैसें इस ताप तक पहुँचने से पहले द्रवित हो जाती हैं।

Deviations of Real Gases from Ideal Behaviour

वास्तविक गैसे निम्न दाब तथा उच्च ताप पर $PV = RT$ का पालन करती है। उच्च दाब तथा निम्न ताप पर वास्तविक गैसे अधिकतम विचलन प्रदर्शित करती है।

अभी तक कोई ऐसे गैस ज्ञात नहीं है जो सभी ताप तथा दाब पर आदर्श गैस का पालन करती है। इसलिए आदर्श गैस को काल्पनिक गैस कहते हैं कोई भी गैस आदर्श गैस नहीं होती है। गैस के आदर्श व्यवहार से विचलित होने की सीमा को सम्पीड्तता गुणांक Z से प्रदर्शित करते है।

$$Z = \frac{PV}{nRT}$$

एक आदर्श गैस के लिए Z का मान एक होता है तथा यह ताप और दाब पर निर्भर नहीं करता।

सम्पीड्तता गुणांक Z तथा दाब के मध्य ग्राफ खींचने पर एक सीधी रेखा प्राप्त होती है।

वास्तविक गैसों के लिए PV का मान nRT के बराबर नहीं होता है।

$Z > 1$ या $Z < 1$ (वास्तविक गैसों के लिए)

आदर्श व्यवहार से वास्तविक गैस का विचलन ताप तथा दाब पर निर्भर करता है।

वास्तविक गैसों के विचलन पर दाब का प्रभाव (Effect of Pressure on the Deviation of Real Gases)

बहुत कम दाब पर सभी गैसों के लिए Z का मान लगभग एक के बराबर होता है। किन्तु बहुत अधिक दाब पर Z का मान एक से अधिक होता है।

बहुत अधिक दाब पर अणुओं के बीच में प्रतिकर्षण का बल कार्य करता है।

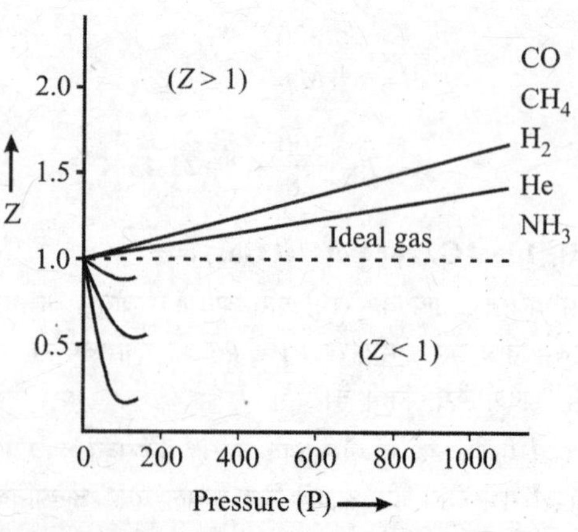

कम दाब पर CO, CH_4 तथा NH_3 के लिए PV का मान $(PV)_{ideal}$ की अपेक्षा कम होता है अर्थात्

$$\therefore \quad Z < 1$$

कम दाब पर अणुओं के बीच आकर्षण बल अधिक कार्य करते हैं तथा सम्पीड्यत को प्रेरित करते हैं।

सर्वप्रथम दाब के बढ़ने से सम्पीड्यता गुणांक का मान घटता है। इस स्थिति में $PV > (PV)_{ideal}$ अर्थात् $Z > 1$.

वान्डर वाल समीकरण (Vander Waal's Equation) :

➪ वास्तविक गैसों के व्यवहार की व्याख्या करने के लिए वान्डरवाल (vander Waals) ने गैस समीकरण $PV = RT$ में संशोधन किया।

संशोधित दाब $= P + p$

एक मूल के लिए संशोधित दाब का मान

$$p = \frac{a}{V^2}$$

जहाँ V = गैस का आयतन 'a' = आकर्षण के लिए वाण्डर वॉल्स स्थिरांक जिसका मान गैस की प्रकृति पर निर्भर करता है।

अब आयतन तथा दाब में संशोधन करके गैस समीकरण $PV = RT$ को नये रूप में लिखा जा सकता है।

इस प्रकार वास्तविक दाब $P_{ideal} = P_{obs} + \frac{a}{V^2}$

$$\left(P + \frac{a}{v^2}\right)(v - b) = RT \quad \text{(एक मोल गैस के लिए)}$$

$$\left(P + \frac{an^2}{v^2}\right)(v - nb) = nRT \quad \text{(n मोल गैस के लिए)}$$

जहाँ, 'a' तथा 'b' स्थिरांक हैं।

वाण्डर वॉल्स नियतांक के मात्रक (Unit of van der Waals' Constants)

'a' व 'b' के मात्रक निम्नलिखित हैं–

$\because \quad a = P \times V^2$

अतः 'a' का मात्रक = लीटर^2-वायुमण्डल मोल$^{-2}$

= सेमी^{4}-डाइन मोल$^{-2}$

= मी^{4}-न्यूटन मोल$^{-2}$

$\therefore \quad b = 4Nv$

अतः 'b' का मात्रक = लीटर मोल$^{-1}$

$(b = 4Nv)$ = सेमी^{3} मोल$^{-1}$

= मी^{3} मोल$^{-1}$

'a' के मान 10^{-0} से 10^{-2} के बीच होते हैं।

'b' के मान 10^{-2} से 10^{-3} के बीच होते हैं।

Notes

- 'a' का मान गैस अणुओं के बीच आकर्षण बलों का मापक है 'a' का मान जितना अधिक होता है। गैसों के अणुओं के बीच आकर्षण बल उतना अधिक होता है।
- किसी गैस के लिए वाण्डर वॉल्स नियतांक a का मान वाण्डर वॉल्स गैस नियतांक b से अधिक होता है।
- वे गैसे जिनके लिए 'a' का मान उच्च होता है आसानी से द्रवित हो

जाती हैं। H_2 व He के लिए 'a' का मान कम होता है। अत: ये आसानी से द्रवित नहीं होती हैं।

1. बहुत कम दाब पर (At Very Low Pressure)

बहुत कम दाब पर दाब में संशोधन $\frac{a}{V^2}$ का मान बहुत ही कम होता है। इसलिए इसको नगण्य मान लेते हैं। इसके साथ b को भी नगण्य मानते है। अत: वाण्डर वाल्स समीकरण के स्थान पर,

$PV = RT$ का प्रयोग करते है।

Result : बहुत कम दाब पर वास्तविक गैस आदर्श गैस की भाँति कार्य करती है।

2. कम दाब पर,

कम दाब पर $\frac{a}{V^2}$ नगण्य नहीं मानते किन्तु b को नगण्य मान लेते है।

$$\therefore \quad \left[P+\frac{a}{V^2}\right]\times V = RT$$

अर्थात् $\quad PV+\frac{a}{V}=RT \quad \Rightarrow \quad PV=RT-\frac{a}{V}$

तथा $\quad \frac{PV}{RT}=1-\frac{a}{RTV} \quad \Rightarrow \quad Z=1-\frac{a}{RTV}$

तथा $\quad Z<1$ स्थिर ताप पर

3. जैसे-जैसे दाब बढ़ता है आयतन घट जाता है। इसलिए $\frac{a}{RTV}$ का मान बढ़ जाता है।

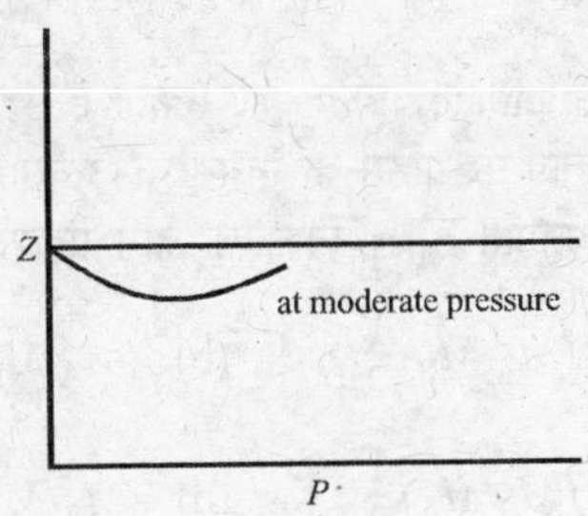

4. उच्च दाब पर,

- उच्च दाब पर P की अपेक्षा $\frac{a}{V^2}$ को नगण्य मानते है।
- किन्तु b का नगण्य नहीं मानते।

इसलिए, $\quad P(V-b)=RT$

$PV-Pb=RT \quad \Rightarrow \quad PV=RT+Pb$

अर्थात् $\quad \frac{PV}{RT}=1+\frac{Pb}{RT} \quad \Rightarrow \quad Z=1+\frac{Pb}{RT}$

i.e., $\quad Z>1.$

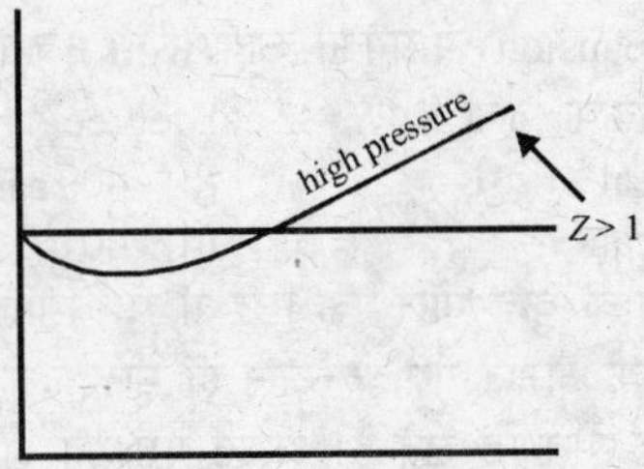

क्रान्तिक प्रकरण (Critical Phenomenon) :

⇨ **क्रान्तिक ताप (Critical Temperature, T_c) :** वह ताप जिससे अधिक ताप पर केवल दाब बढ़ाकर गैस को द्रवित नहीं किया जा सकता, उस गैस का क्रान्तिक ताप (critical temperature) कहलाता है। गैस को इससे अधिक क्रान्तिक ताप पर द्रवित नहीं किया जा सकता।

आदर्श गैस के लिए

$$T_c=\frac{8a}{27Rb}$$

⇨ **क्रान्तिक दाब (Critical Pressure, P_c) :** क्रान्तिक ताप पर रखी गैस को द्रवित करने के लिए आवश्यक दाब का न्यूनतम मान उस गैस का क्रान्तिक दाब कहलाता है।

$$P_c=\frac{a}{27b^2}$$

⇨ **क्रान्तिक आयतन (Critical Volume, V_c) :** क्रान्तिक ताप व क्रान्तिक दाब पर रखी गैस के एक मोल का आयतन उसका क्रान्तिक आयतन कहलाता है।

$$V_c=3b$$

$$R=\frac{8P_cV_c}{3T_c}$$

त्रिपरमाणुक गैसों के लिए – $\gamma=\frac{C_p}{C_v}=1.33$

अभ्यास के लिए प्रश्न

1. निम्नलिखित गैसों की विसरण गतियों का घटता हुआ क्रम है–
(a) $H_2 > CO > CO_2 > HCl$ (b) $H_2 > CO > HCl > CO_2$
(c) $CO_2 > HCl > CO > H_2$ (d) $HCl > H_2 > CO > CO_2$

2. स्थिर दाब पर एक वायुमण्डल पर किसी आदर्श गैस के एक मोल के प्रसार (expansion) में प्रयुक्त कार्य (work), जब उसे 0ºC से 200ºC तक गर्म किया जाता है ($R = 2$ cal degree^{-1} mol^{-1}) —
(a) 200 cal (b) 400 cal
(c) 100 cal (d) 40 cal

3. ऑक्सीजन के कुछ मोल एक छिद्र में से विसरित होने में 18 सेकेण्ड लेते है। एक अज्ञात गैस के उतने ही मोल उसी छिद्र में से विसरित होने में 45 सेकेण्ड लेते हैं। अज्ञात गैस का अणु भार है–
(a) $32 \times \frac{45^2}{18^2}$ (b) $32 \times \frac{18^2}{45^2}$
(c) $32^2 \times \frac{45}{18}$ (d) $32^2 \times \frac{18}{45}$

4. स्थिर दाब पर गैस की दी गई मात्रा का ताप 19ºC से 20ºC तक बढ़ाया जाता है। गैस का आयतन 'V' —
(a) बढ़कर $V \times \frac{20}{19}$ हो जाता है
(b) इसके 0ºC पर आयतन का 1/273·15 गुना बढ़ जाता है
(c) इसके शून्य कैल्विन पर आयतन का 1/273·15 गुना बढ़ जाता है
(d) 1/273·15 गुना बढ़ जाता है

5. वान्डर वॉल नियतांक 'b' बराबर होता है-
(a) 1 मोल गैस के आणविक आयतन के
(b) 1 मोल गैस के आणविक आयतन के दो गुने के
(c) 1 मोल गैस के अणविक आयतन के तीन गुने के
(d) 1 मोल गैस के आणविक आयतन के चार गुने के

6. किसी दिये गये ताप पर $u_{rms} : v_{av} : \alpha_{mp}$ का अनुपात है–
(a) $\sqrt{3} : \sqrt{56/22} : \sqrt{2}$ (b) $\sqrt{56/22} : \sqrt{2} : \sqrt{3}$
(c) $\sqrt{3} : \sqrt{2} : \sqrt{56/22}$ (d) $\sqrt{2} : \sqrt{56/22} : \sqrt{3}$

7. दो गैसों X तथा Y एक पात्र में 3 : 5 के मोल अनुपात में उपस्थित हैं। इनका कुल दाब 8 वायुमण्डल है। यदि गैस Y को हटा दिया जाते तो गैस X के कारण दाब होगा (ताप समान है)–
(a) 1 वायुमण्डल (b) 3 वायुमण्डल
(c) 8 वायुमण्डल (d) 5 वायुमण्डल

8. एक कोल्ड ड्रिंक की बोतल में 200 मिली विलयन है जिसमें CO_2 0.1 मोलर है। यदि CO_2 एक आदर्श गैस की भाँति व्यवहार करती है तो कोल्ड ड्रिंक के विलयन में CO_2 का S.T.P पर आयतन होगा–
(a) 0.224 लीटर (b) 0.448 लीटर
(c) 22.4 लीटर (d) 2.24 लीटर

9. दो गैसों A तथा B की विसरण गतियों का अनुपात 1 : 4 है तथा गैसों B तथा C की विसरण गतियाँ 1 : 3 के अनुपात में हैं। गैस C की गैस A के सापेक्ष विसरण गति है–
(a) $\frac{1}{12}$ (b) $\frac{12}{1}$
(c) 6 (d) 4

10. किसी पात्र में CO_2 गैस तथा हीलियम को T K पर p_1 तथा p_2 आंशिक दाबों पर रखा गया है। पात्र में एक छिद्र करने पर यह पाया गया है कि दोनों गैसें समान दर से विसरित होती हैं, अर्थात् इकाई समय में अणुओं की समान संख्या विसरित होती है। p_1 तथा p_2 का अनुपात है–
(a) 2 : 1 (b) 1 : 3.33
(c) 3.33 : 1 (d) 1 : 2

11. समान आयतन तथा समान भार के दो भिन्न पात्रों में समान ताप पर CH_4 तथा N_2 की समान मात्राएँ भरी है। निम्न में से कथन सही है–
(a) CH_4 के अणु अधिक होंगे
(b) N_2 के अणु अधिक होंगे
(c) नाइट्रोजन के परमाणु अधिक होंगे
(d) N_2 का CH_4 दाब से अधिक होगा

12. 100ºC तथा 1 वायुमण्डल दाब पर यदि द्रव जल का घनत्व 1.0 ग्राम सेमी$^{-3}$ तथा जल वाष्प का घनत्व 0.0006 ग्राम सेमी$^{-3}$ है तो उस ताप पर 1 लीटर भाप में उपस्थित जल के मोलों के द्वारा अधिकारित (occupied) आयतन है–
(a) 6 सेमी^{3} (b) 60 सेमी^{3}
(c) 0.6 सेमी^{3} (d) 0.06 सेमी^{3}

13. निम्नलिखित चार कथनों में से कौन-सा कथन असत्य है–
(a) ऐवोगैड्रो संख्या $= 6.023 \times 10^{21}$
(b) माध्य गति (average velocity) (v) तथा मूल माध्य वर्ग वेग (root mean square velocity) (u) में सम्बन्ध $v = 0.9213u$
(c) किसी आदर्श गैस की औसत गतिज ऊर्जा गैस के दाब से स्वतन्त्र होती है
(d) किसी गैस का मूल माध्य वर्ग (u) सूत्र $\sqrt{\frac{3RT}{M}}$ प्रयुक्त करके गणित्र (calculate) किया जा सकता है

14. एक दिये हुए ताप पर ग्राहम के नियम के अनुसार गैसों A तथा B के विसरण का अनुपात r_A/r_B निम्न के द्वारा प्रदर्शित किया जाता है–
(a) $(P_A/P_B)(M_A/M_B)\frac{1}{2}$ (b) $(M_A/M_B)(P_A/P_B)\frac{1}{2}$
(c) $(P_A/P_B)(M_B/M_A)\frac{1}{2}$ (d) $(M_A/M_B)(P_B/P_A)\frac{1}{2}$

15. हाइड्रोजन का rms वेग नाइट्रोजन के $\sqrt{7}$ वेग का गुना है। यदि गैस का ताप T है, तो –
(a) $T(H_2) = T(N_2)$ (b) $T(H_2) > T(N_2)$
(c) $T(H_2) < T(N_2)$ (d) $T(H_2) = \sqrt{7}\, T(N_2)$

16. यदि N_2 तथा O_2 के 4 : 1 मिश्रण में 1% ऑर्गन मिला दी जाये तो मिश्रित गैसों का वाष्प घनत्व–
(a) बढ़ जायेगी (b) घट जायेगी
(c) स्थिर रहेगी (d) पहले बढ़ेगी फिर घटेगी

17. दी गैसों, A तथा B जिनके अणुभार क्रमश: M_A तथा M_B हैं, के बारे में यह ज्ञात होता है, कि किसी ताप T पर, A की औसत चाल (u_{av}), की वर्ग माध्य मूल चाल B के बराबर है। (u_{rms}) की औसत चाल को A की औसत चाल के बराबर किया जा सकता है, यदि–
(a) A को ताप T पर तथा B को T पर किया जाये, जबकि $T > T$

(b) A का ताप $T_2 = \frac{8}{3\pi}T$ तक कम किया जाये, जबकि B को T पर रखा जाये–

(c) A तथा B दोनों का ताप बढ़ा दिया जाये

(d) A तथा B दोनों का ताप कम कर दिया जाये

18. एक आदर्श गैस के लिए ताप T_1 तथा T_2 पर दाब एवं घनत्व में ग्राफ इस प्रकार है

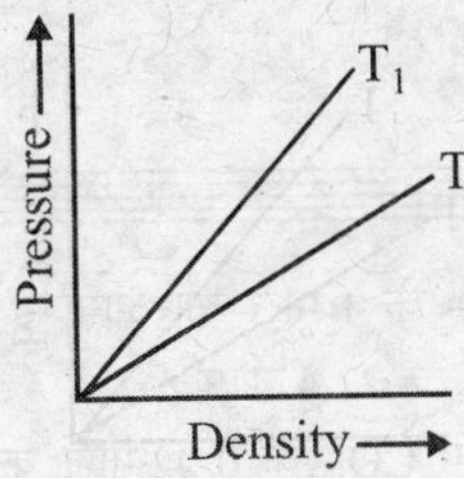

कौन-सा कथन सही है?

(a) $T_1 > T_2$ (b) $T_1 = T_2$

(c) $T_1 < T_2$ (d) इनमें से कोई नहीं

19. एक गैस खुले पात्र में 27°C से 127°C तक गर्म की जाती है। गैस की मूल मात्रा का कितना भाग पात्र में रह जायेगा?

(a) $\frac{3}{4}$ (b) $\frac{1}{4}$

(c) $\frac{1}{2}$ (d) $\frac{1}{8}$

20. एक V लीटर के फ्लास्क में गैस A भरी है तथा दूसरे $2V$ लीटर फ्लास्क में समान ताप पर गैस B भरी है। यदि गैस A का घनत्व 3.0 ग्राम/लीटर, तथा गैस B का घनत्व 1.5 ग्राम/लीटर तथा गैस A का अणुभार गैस B के अणुभार का आधा हो, तब गैसों द्वारा आरोपित दाबों का अनुपात P_A/P_B क्या होगा?

(a) 2 (b) 1

(c) 4 (d) 3

21. स्थिर ताप पर किसी गैस के आयतन में 5% कमी करने पर दाब में प्रतिशत वृद्धि क्या होगी?

(a) 5% (b) 10%

(c) 5.26% (d) 4.26%

22. वास्तविक गैस के लिए निम्नलिखित तापों का सही क्रम क्या होगा–

(I) बॉयल ताप (II) क्रांतिक ताप (III) व्युत्क्रमण ताप

(a) III > I > II (b) I > II > III

(c) II > I > III (d) I > III > II

23. समान दाब व ताप पर, गैसों का कौन-सा युग्म एक-समान गति से विसरित होने वाली गैसों को प्रदर्शित करता है–

(a) CO तथा N_2 (b) C_2H_4 तथा CO

(c) B_2H_6 तथा C_2H_4 (d) उपरोक्त सभी

24. निम्न में से कौन-सा कथन असत्य है?

(a) एक वास्तविक गैस के लिए व्युत्क्रमण ताप पर जूल-थॉमसन गुणांक शून्य होगा

(b) आदर्श गैस जूल-थॉमसन प्रभाव प्रदर्शित नहीं करती है

(c) H_2 तथा He का व्युत्क्रमण ताप बहुत कम होता है

(d) जूल-थॉमसन गुणांक $(\mu) = \left(\frac{\delta P}{\delta T}\right)$

25. कमरे के ताप पर, किसी द्विपरमाणुक गैस के अणुओं की वर्ग माध्यमूल चाल 1930 मीटर/सेकेण्ड पायी गयी है, गैस हो सकती है–

(a) H_2 (b) F_2

(c) O_2 (d) Cl_2

26. एक गैस को एक बन्द पात्र में 1°C तक गर्म किया जाता है, जिससे कि दाब 0.4% बढ़ जाता है, गैस का प्रारम्भिक ताप होगा–

(a) 250ºC (b) 100ºC

(c) −75ºC (d) −23ºC

27. दो पात्रों A तथा B के आयतन क्रमशः V तथा $4V$ हैं। दोनों पात्रों में कुछ जल हैं। पात्र A में जल के ऊपर के स्थान में दाब P_1 तथा B में उसी ताप T पर P_2 है, कौन-सा कथन सही है?

(a) $P_1 = P_2$ (b) $4P_1 = P_2$

(c) $P_1 = 4P_2$ (d) $P_1 = 16P_2$

28. कम दाब पर, वान्डर वॉल समीकरण निम्न में से किस में परिवर्तित हो जाती है?

(a) $Z = 1 - \frac{aP}{RT}$ (b) $Z = 1 + \frac{aP}{RT}$

(c) $Z = 1$ (d) $Z = 1 - \frac{a}{RT}$

29. यदि P तथा P_S क्रमशः जल का आंशिक दाब तथा जल की संतृप्त वाष्प का दाब हो, तो आपेक्षिक आर्द्रता के लिए व्यंजक होगा–

(a) $\frac{P_S + P}{P_S} \times 100$ (b) $\frac{P}{P_S} \times 100$

(c) $\frac{P_S}{P} \times 100$ (d) $(P + P_S) \times 100$

30. दो गैसें ऊष्मीय साम्यावस्था में है यदि P_a, P_b गैसों के दाब, V_a, V_b के आयतन तथा n_a, n_b गैसों के मोलों की संख्या हो तब, ऊष्मीय साम्यावस्था (thermal equilibrium) पर–

(a) $\frac{P_a V_a}{n_a} = \frac{P_b V_b}{n_b}$ (b) $P_a V_a = P_b V_b$

(c) $\frac{P_a}{V_a} = \frac{P_b}{V_b}$ (d) $P_a \neq P_b$ तथा $V_a \neq V_b$

31. स्थिर आयतन पर, किसी गैस के मोलों की निश्चित संख्या के लिए, ताप के साथ दाब बढ़ जाता है, क्योंकि–

(a) औसत आणविक गति में वृद्धि हो जाती है

(b) अणुओं में संघट्टों (collisions) की दर में वृद्धि हो जाती है

(c) आणविक आकर्षण में वृद्धि हो जाती है

(d) मुक्त माध्य पथ (mean free path) में कमी हो जाती है

32. दो एक-समान अणुभार वाली गैसों के घनत्व 1 : 2 के अनुपात में हैं तथा उनके ताप 2 : 1 के अनुपात में, तब उनके दाबों का अनुपात क्रमशः होगा–

(a) 1 : 1 (b) 1 : 2

(c) 2 : 1 (d) 4 : 1

उत्तरमाला

1. (b)	**2.** (b)	**3.** (a)	**4.** (b)	**5.** (d)	**6.** (a)	**7.** (b)	**8.** (b)	**9.** (b)	**10.** (c)
11. (a)	**12.** (c)	**13.** (a)	**14.** (c)	**15.** (c)	**16.** (a)	**17.** (b)	**18.** (b)	**19.** (a)	**20.** (c)
21. (c)	**22.** (c)	**23.** (d)	**24.** (d)	**25.** (a)	**26.** (d)	**27.** (c)	**28.** (c)	**29.** (b)	**30.** (a)
31. (b)	**32.** (a)								

हल

2. (b) 0°C व एक वायुमण्डल दाब पर किसी आदर्या गैस का आयतन

$= 22.4$ लीटर (V_1)

माना गैस के 1 मोल का 200°C (473 K) पर आयतन V_2 है। चार्ल्स के नियम से

$$\frac{V_1}{T_1} = \frac{V_2}{T_2};$$

$$\frac{22.4}{273} = \frac{V_2}{473}$$

अथवा $V_2 = \frac{473 \times 22.4}{273} = 38.8$ लीटर

गैस के 1 मोल के प्रसार में किया गया कार्य

$= P(V_2 - V_1)$

$= P(38.8 - 22.4)$

$= 1 \times 16.4$ लीटर वायुमण्डल

$= 16.4 \times 101.3$ जूल

$= \frac{16.4 \times 101.3}{4.18} = 397.44$ कैलोरी

≈ 400 कैलोरी

3. (a) माना ऑक्सीजन के 'n' मोल विसरित होते हैं। ऑक्सीजन विसरण दर $= n/18$

$= \frac{\text{मोलोकी संख्या}}{\text{विसरण में लगा समय}}$

अज्ञात गैस की विसरण दर $= n/45$

अब $\frac{r_{O_2}}{r_{gas}} = \sqrt{\frac{M_{gas}}{M_{O_2}}}$

या $\frac{n/18}{n/45} = \sqrt{\frac{M_{gas}}{32}}$

या $\frac{45}{18} = \sqrt{\frac{M_{gas}}{32}}$

या $M_{gas} = \frac{45^2}{18^2} \times 32$

8. (b) कोल्ड ड्रिंक 0.1 M के 200 मिली विलयन में CO_2 के

मोलों की संख्या $= \frac{0.1}{1000} \times 200 = 0.02$ मोल

S.T.P. पर CO_2 के 1 मोल का आयतन

$= 22.4$ लीटर

अत: S.T.P. पर CO_2 के 0.02 मोल का आयतन

$= 0.02 \times 22.4 = 0.448$ लीटर

9. (b) प्रश्नानुसार, $\frac{r_A}{r_B} = \frac{1}{4}$ ...(i)

$\frac{r_B}{r_C} = \frac{1}{3}$ ...(ii)

(i) व (ii) को गुणा करने पर

$\frac{r_A}{r_C} = \frac{1}{4} \times \frac{1}{3} = \frac{1}{12}$

या $\frac{r_C}{r_A} = \frac{12}{1}$

10. (c) सूत्र, $\frac{r_{CO_2}}{r_{He}} = \frac{P_{CO_2}}{P_{He}} \times \sqrt{\frac{M_{He}}{M_{CO_2}}}$ से

$\frac{1}{1} = \frac{p_1}{p_2} \times \sqrt{\frac{4}{44}}$

$\frac{1}{1} = \frac{p_1}{p_2} \times \sqrt{\frac{1}{11}}$

अथवा $\frac{p_1}{p_2} = \sqrt{11} = 3.31$

या $p_1 : p_2 = 3{\cdot}3 : 1$

16. (a) N_2 तथा O_2 के 4 : 1 मिश्रण का वाष्प घनत्व :

$= \frac{4 \times 14 + 1 + \times 16}{5}$

$= \frac{72}{5} = 14.4$

इस मिश्रण में 1% ऑर्गन मिलाने पर इसका वाष्प घनत्व

$= \frac{14.4 \times 100 + 20 \times 1}{101}$

[Ar का वा० घ० = 20]

$= 14.45$

17. (b) $(u_{av.})_A = \sqrt{\left[\frac{8RT}{\pi M_A}\right]}$; तथा $(u_{rms})_B = \sqrt{\left[\frac{3RT}{M_B}\right]}$

$\because \quad u_{av.-A} = u_{rms-B}$ प्रश्नानुसार

$\therefore \quad \frac{8}{3\pi} = \frac{M_A}{M_B}$

अब $(u_{av.})_A = \sqrt{\left[\frac{8RT_2}{\pi M_A}\right]}$; तथा $(u_{rms})_B = \sqrt{\left[\frac{8RT}{\pi M_B}\right]}$

तब $(u_{av.})_A = (u_{rms})_B$

$\therefore \quad \frac{T_2}{T} = \frac{M_A}{M_B} = \frac{8}{3\pi}$

$\therefore \quad T_2 = \frac{8}{3\pi} \cdot T$

18. (b) $PM = dRT$ का प्रयोग करें।

19. (a) स्थिर P तथा V पर $n_2T_2 = n_2T_2$

अथवा $n_1 \times 300 = n_2 \times 400$ $\therefore n_2 = \frac{3n_1}{4}$

$\therefore$ पात्र में शेष गैस $= \frac{n_2}{n_1} = \frac{3n_2}{4n_1} = \frac{3}{4}$

20. (c) $P = \frac{d}{m}RT$ से,

गैस A के लिए, $P_A = \frac{3}{M_A} \times RT$ तथा

गैस B के लिए, $P_B = \frac{1.5}{M_A} \times R \times T$

$\therefore \quad \frac{P_A}{P_B} = \frac{2 \times M_B}{M_A} = \frac{2 \times 2 \times M_A}{M_A} = 4$

21. (c) $V \propto \frac{1}{P}$ अथवा $\frac{P_1}{P_2} = \frac{T_1}{T_2}$ का प्रयोग करें

पुन: $V_2 = \left[V_1 - \frac{5V_1}{100}\right]$

P_2 की गणना करें तथा प्रतिशत परिवर्तन निकालें।

22. (c) $T_i = \frac{2a}{Rb}$, $T_c = \frac{8a}{27Rb}$, $T_b = \frac{a}{Rb}$

23. (d) गैसों के प्रत्येक युग्म (CO तथा N_2; C_2H_4 तथा CO, B_2H_6 तथा C_2H_4) का अणुभार एकसमान है।

24. (d) जूल-थॉमसन गुणांक $\mu_{JT} = \left(\frac{\delta T}{\delta P}\right)_H$;

व्युत्क्रमण ताप पर $\mu = 0$ पुन: आदर्श गैस जूल-थॉमसन प्रभाव प्रदर्शित नहीं करती है। H_2 तथा He के T_i के मान कम होते हैं तथा इस प्रकार यदि जूल-थॉमसन प्रयोग किया जाये तो मन्द ऊष्मन प्रभाव दिखता है।

25. (a) $u_{rms} = \sqrt{\frac{3RT}{M}} = \sqrt{\frac{3 \times 8.314 \times 300}{M}} = 1930$

26. (d) माना $T_1 = T$ तथा $P_1 = P$

$T_2 = T + 1$ तथा $P_2 = P + \frac{0.4P}{100} = \frac{100.4}{100}P$

$\frac{P_1V_1}{T_1} = \frac{P_2V_2}{T_2}$ का प्रयोग करते हुए

$\frac{PV}{T} = \frac{100.4P \times V}{100 \times (T+1)}$

$\therefore \quad T = 250\,K = -23^{\circ}C$

27. (c) $P_1 \times V = P_2 \times 4V$

$\therefore \quad P_1 = 4P_2$

28. (c) $\left[P + \frac{a}{V^2}\right][V - b] = RT$

निम्न P पर, V अधिक होता है। अत: $V - b \approx V$

$\therefore \left[P + \frac{a}{V^2}\right]V = RT$ अथवा $\frac{PV}{RT} + \frac{a}{RTV} = 1$

अथवा $Z = 1 - \frac{a}{RTV} = 1 - \frac{aP}{RT}$ $\left(V \propto \frac{1}{P}\right)$

29. (b) आपेक्षिक आर्द्रता $= \frac{\text{जल का वाष्पदाब} \times 100}{\text{संतृप्त वाष्प दाब}}$

30. (a) स्थिर ताप पर $PV = nRT$

अथवा $\frac{P_1V_1}{n_1} = \frac{P_2V_2}{n_2}$

32. (a) $PV = \frac{w}{M}RT$

$\Rightarrow \quad P = \frac{d}{M}RT$

$\Rightarrow \quad P_1 = \frac{d_1}{M_1}RT_1$

$\Rightarrow \quad P_2 = \frac{d_2}{M_2}RT_2$

$\therefore \quad \frac{P_1}{P_2} = \frac{d_1}{d_2} \times \frac{T_1}{T_2} = \frac{1}{2} \times \frac{2}{1} = 1$

□□□

Chapter 4

परमाणु संरचना (Atomic Structure)

लैंक का क्वाण्टम सिद्धान्त (Planck's Quantum Theory)

किसी वस्तु के द्वारा विकिरण ऊर्जा का शोषण (absorption) अथवा उत्सर्जन (emission) सतत् (contionuous) न होकर असतत् (discontinuous) होता है। ऊर्जा का शोषण या उत्सर्जन निश्चित ऊर्जा के पैकिटों (bundles) के रूप में होता है। ऊर्जा के प्रत्येक पैकिट (bundle) को **क्वाण्टा** (quanta) अथवा **फोटॉन** (photon) कहते हैं।

प्लांक के अनुसार उत्सर्जित होने वाली ऊर्जा का प्रत्येक क्वांटम विकिरण को आवृत्ति के समानुपाती होती है। यदि E उत्सर्जित होने वाली ऊर्जा तथा ν विकिरण की आवृत्ति है तो $E \infty \nu$

क्वाण्टम सिद्धान्त के अनुप्रयोग (Application of Quantum Theory)

Type-1. एक मोल फोटॉन की ऊर्जा :

$$E = \frac{6.023\times10^{23}\times6.6\times10^{-34}\times3\times10^{8}}{?}$$

$$= \frac{0.119}{?\,(\text{मीटर})} = \frac{0.12}{?\,(\text{मीटर})}$$

उदाहरण:

एक किलो जूल ऊर्जा प्राप्त करने के लिए कितने फोटॉनों की आवश्यकता होगी यदि फोटोन की तरंग दैर्ध्य 4000 Å है।

हल:

माना एक किलो जूल प्राप्त करने के लिए n की आवश्यकता होती है।

$$n \text{ फोटॉनो की ऊर्जा} = n \times \frac{hc}{\lambda}$$

$$\therefore \quad n = \frac{E\times\lambda}{hc}$$

$$= \frac{1\times10^{3}\times4\times10^{-7}}{6.6\times10^{-3}\times3\times10^{8}} = 2.02\times10^{21}$$

उदाहरण:

विकिरण में फोटॉन ($\lambda = 8000$ Å) की ऊर्जा E_1 है तथा दूसरी विकिरण के फोटॉन ($\lambda = 16000$ Å) की ऊर्जा E_2 है E_1 तथा E_2 में सम्बन्ध ज्ञात करो।

हल: $$E \propto \frac{1}{\lambda}$$

$$E_1 = \frac{1}{8000}; E_2 = \frac{1}{16000}$$

$$\frac{E_1}{E_2} = \frac{16000}{8000} = 2$$

$$\Rightarrow \quad \boldsymbol{E_1 = 2E_2}$$

Type-2. यदि एक गैस का अणु एक फोटॉन को अवशोषित करता है। जिसकी तरंग दैर्ध्य λ_1 है तथा दो फोटॉनों को उत्सर्जित करता है जिनकी तरंग दैर्ध्य क्रमशः λ_1 तथा λ_2 है, तब

$$E_{\text{अवशोषित}} = E_1 + E_2$$

$$\frac{hc}{?_1} = \frac{hc}{?_2} + \frac{hc}{?_3}$$

$$\frac{1}{?_1} = \frac{1}{?_2} + \frac{1}{?_3}$$

उदाहरण:

300 नेनोमीटर (nm) तरंग दैर्ध्य का एक फोटॉन एक ऐस द्वारा अवशोषित किया जाता है, तथा यह गैस दो फोटॉन को उत्सर्जित करती है। यदि इसमें से निकले एक फोटॉन की तरंग दैर्ध्य 496 nm है तो दूसरे निकले फोटॉन की ऊर्जा ज्ञात करो।

हल: अवशोषित फोटॉन की ऊर्जा

$$E = \frac{6.625\times10^{-34}\times3.0\times10^{8}}{300\times10^{-9}}$$

$$= 6.625\times10^{-19}\text{ J}$$

उत्सर्जित फोटॉन की ऊर्जा

$$E = \frac{6.625\times10^{-34}\times3.0\times10^{8}}{496\times10^{-9}}$$

$$= 4.0\times10^{-19}\text{ J}$$

$$\therefore \quad E_{\text{अवशोषित}} = E_{\text{I फोटॉन}} + E_{\text{II फोटॉन}}$$

$$\therefore \quad E_{\text{II फोटॉन}} = 6.625\times10^{-19} - 4.0\times10^{-19}$$

$$= \mathbf{2.625\times10^{-19}}\ \textbf{जूल}$$

Type-3. किसी अणु के बन्ध वियोजन में आवश्यक फोटॉनों की सख्या ज्ञात करना।

माना एक अणु के बन्ध को वियोजित करने के लिए n फोटॉन की आवश्यक बन्ध ऊर्जा (प्रति अणु) $= \frac{n\times hc}{\lambda}$

$$n = \frac{?_{\text{फोटॉन}}\times\text{B.E.}}{hc} = 5\times10^{24}\times\text{l(ehVj)}\times\text{B.E. (J)}$$

उदाहरण:

क्लोरीन अणु को वियोजित करने के लिए फोटॉन की तरंग-दैर्ध्य ज्ञात करो। यदि Cl – Cl अणु की बन्ध ऊर्जा 243 KJ प्रति मोल है।

हल: Cl — Cl बन्ध को वियोजित करने के लिए आवश्यक ऊर्जा

$$= \frac{\text{बन्ध ऊर्जा प्रतिमोल}}{\text{अवग्रादो संख्या}}$$

$$= \frac{243}{6.023\times10^{23}}\,\text{kJ}\;\frac{243\times10^3}{6.023\times10^{23}}\,\text{J}$$

यदि Cl — Cl अणु को वियोजित करने के लिए फोटॉन की तरंग-दैर्ध्य λ हो, तब

$$\lambda = \frac{hc}{E}$$

$$= \frac{6.6\times10^{-34}\times3\times10^8\times6.023\times10^{23}}{243\times10^3}$$

$$= 4.90\times10^{-7}\,m = \mathbf{490\ nm}$$

उदाहरण:

F_2 की बन्ध ऊर्जा 150 किलो जूल मोल$^{-1}$ है। उस फोटॉन की आवृत्ति ज्ञात करे, जो इस बन्ध को वियोजित सके।

हल: F_2 की बन्ध ऊर्जा = 150 किलो जूल/मोल

$$= \frac{150\times10^3}{6.02\times10^{23}}\ \text{जूल/अणु}$$

अत: $E = h\upsilon$,

$h = 6.626\times10^{-34}$ जूल सेकण्ड

$$E = \frac{150\times10^3}{6.02\times10^{23}}\ \text{जूल/अणु}$$

$$\upsilon = \frac{150\times10^3}{6.02\times10^{23}\times6.626\times10^{-34}}$$

$$= \mathbf{3.76\times10^{14}\ sec^{-1}}$$

उदाहरण:

वियोजन $I_2 \xrightarrow{h\nu} 2I$; ने एक अणु के वियोजन में एक फोटॉन की आवश्यकता होती है। इस फोटॉन की तरंग-दैर्ध्य 4995 Å एक किलो जूल प्रकाश ऊर्जा में I_2 अणुओं की संख्या ज्ञात करो।

हल: एक फोटॉन की ऊर्जा = $h\times\nu$

$$= h\times\frac{c}{\lambda} = \frac{6.626\times10^{-34}\times3\times10^8}{4995\times10^{-10}}$$

$$= 3.9795\times10^{-19}\ \text{जूल}$$

एक अणु के वियोजन की ऊर्जा 3.9795×10^{-16} जूल है। इस प्रकार एक किलो जूल प्रकाश ऊर्जा द्वारा वियोजित आयोडीन अणुओं की संख्या

$$= \frac{1000}{3.9795\times10^{-19}}$$

$$= 251.2878\times10^{19}\ \text{अणु}$$

$$= \frac{251.2878\times10^{19}}{6.023\times10^{23}}\ (I_2\ \text{के मोल})$$

$$= 41.7213\times10^{-4}\ \text{मोल}$$

$$= \mathbf{4.17213\times10^{-3}\ \text{मोल}}$$

उदाहरण:

H_2 की वियोजन (dissociation) ऊर्जा 430.53 kJ mol^{-1} है। यदि H_2 को 253.7 तरंग-दैर्ध्य वाले विद्युत्-चुम्बकीय विकिरण में रखा जाये, तो विकिरण की कितनी प्रतिशत ऊर्जा, गतिज ऊर्जा (K.E.) में परिवर्तित होगी?

हल: H – H बन्ध को वियोजित करने के लिए आवश्यक ऊर्जा

$$= \frac{430.53\times10^3}{6.023\times10^{23}}\ \text{जूल/अणु}$$

$$= 7.15\times10^{-19}\ \text{जूल/अणु}$$

इसके लिए फोटॉन की प्रयुक्त ऊर्जा $= \frac{hc}{\lambda}$

$$= \frac{6.626\times10^{-34}\times3.0\times10^8}{253.7\times10^{-9}}$$

$$= 7.83\times10^{-19}\ \text{जूल}$$

∴ बन्ध को वियोजित करने क पश्चात् बची ऊर्जा

$$= (7.83-7.15)\times10^{-19}$$

या गतिज ऊर्जा (K.E.) में परिवर्तित ऊर्जा = 0.68×10^{-19} जूल

∴ गतिज ऊर्जा में परिवर्तित ऊर्जा का प्रतिशत

$$= \frac{0.68\times10^{-19}}{7.83\times10^{-19}}\times100 = \mathbf{8.68\ \%.}$$

उदाहरण:

1 atm दाब तथा 298 K ताप पर 1 लीटर हाइड्रोजन गैस को प्रथम उत्तेजित अवस्था में लाने के लिये आवश्यक ऊर्जा की गणना करो। H – H बन्ध की वियोजन (dissociation) ऊर्जा 436 किलो-जूल/मोल है।

इस बन्ध को तोड़ने के लिये फोटॉन की न्यूनतम आवृत्ति की गणना भी करो।

हल: 1 लीटर में H_2 के उपस्थित मोल $= \frac{PV}{RT}$

$$= \frac{1\times1}{0.0821\times298} = 0.0409$$

अत: 0.0409 मोल हाइड्रोजन अणुओं को H परमाणुओं में वियोजित करने में आवश्यक ऊर्जा = 0.0409 × 436 = 17.83 किलो-जूल

∴ 1st से 2nd ऊर्जा स्तर में H परमाणुओं को उत्तेजित करने के लिये

$$\text{आवश्यक ऊर्जा} = 13.6\left[1-\frac{1}{4}\right]\text{eV} = 10.2\ \text{eV}$$

$$= 10.2\times1.6\times10^{-19}\ \text{जूल}$$

∴ $0.0409\times2\times6.02\times10^{23}$ हाइड्रोजन परमाणुओं को उत्तेजित करने के लिये आवश्यक ऊर्जा

$$= 10.2\times1.6\times10^{-19}\times0.0409\times2\times6.02\times10^{23}\ \text{जूल}$$

$= 80.36$ किलो-जूल

अतः आवश्यक कुल ऊर्जा $= 17.83 + 80.36 =$ **98.19 किलो-जूल**

H – H बन्ध को तोड़ने के लिये आवश्यक ऊर्जा $= \dfrac{436 \times 10^3}{6.023 \times 10^{23}}$ जूल

$\therefore \quad E = h\nu$

$\therefore \quad \dfrac{436 \times 10^3}{6.023 \times 10^{23}} = 6.626 \times 10^{-34} \times \nu$

$\nu = \mathbf{10.93 \times 10^{14}}$ **प्रति सेकण्ड या हर्ट्ज**

उदाहरण:

एक बल्ब 4500 Å के तरंग-दैर्ध्य का प्रकाश उत्सर्जित करता है। यदि यह बल्ब 150 वाट का है तथा 8% ऊर्जा प्रकाश के रूप में उत्सर्जित होती है। तो प्रति सेकण्ड उत्सर्जित होने वाले फोटॉन की संख्या ज्ञात करो।

हल: एक फोटॉन की ऊर्जा

$$(E) = \frac{hc}{\lambda} = \frac{6.626 \times 10^{-34} \times 3 \times 10^8}{4500 \times 10^{-10}}$$

$= 4.42 \times 10^{-19}$ जूल

बल्ब द्वारा उत्सर्जित ऊर्जा $= 150 \times \dfrac{8}{100}$ जूल

$\therefore \quad n \times 4.42 \times 10^{-19} = 150 \times \dfrac{8}{100}$ (जहाँ n फोटॉन की संख्या है)

$\therefore \quad n = \mathbf{27.2 \times 10^{18}}$

उदाहरण:

60 वॉट के सोडियम लैम्प ($\lambda = 5893$ Å) द्वारा 10 घण्टे में उत्सर्जित किये गये फोटॉन की संख्या की गणना करो।

हल: फोटॉन की ऊर्जा $= \dfrac{hc}{\lambda}$

$$\therefore \quad E = \frac{(6.625 \times 10^{-34})(3 \times 10^8)}{5893 \times 10^{-10}}$$

$= 3.374 \times 10^{-19}$ J

सोडियम लैम्प द्वारा प्रति सेकण्ड उत्सर्जित फोटॉन की संख्या

$$= \frac{60}{3.374 \times 10^{-19}}$$

$\therefore$ 10 घण्टे में उत्सर्जित फोटॉन की संख्या

$$= \frac{60 \times 3600 \times 10}{3.374 \times 10^{-19}}$$

$= \mathbf{6.40 \times 10^{24}}$

Type 4. प्रकाश-संश्लेषण अभिक्रिया में क्लोरोफिल एक प्रकाश के फोटॉन को अवशोषित करता है। जिसकी तरंग दैर्ध्य λ_1 है तथा ऊर्जा अवशोषित करने के पश्चात् फोटॉन को उत्सर्जित करता है। जिसकी तरंग-दैर्ध्य λ_2 होती है। क्लोरोफिल द्वारा अवशोषित ऊर्जा

$$\Delta E = E_1 - E_2$$

$$= \frac{hc}{\lambda_1} - \frac{hc}{\lambda_2} = hc\left(\frac{1}{\lambda_1} - \frac{1}{\lambda_2}\right)$$

$$= hc\left(\frac{\lambda_2 - \lambda_1}{\lambda_1 \cdot \lambda_2}\right)$$

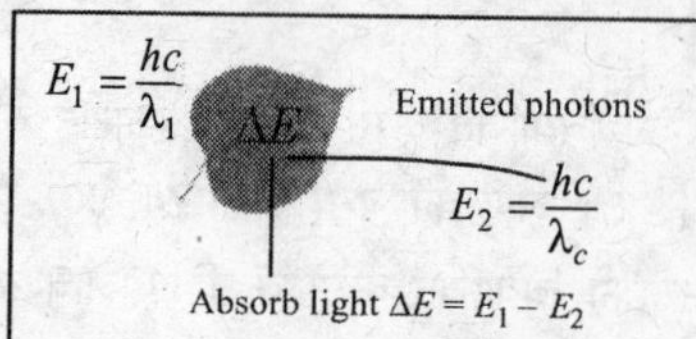

$$= hc\left(\frac{1}{\lambda_1} - \frac{1}{\lambda_2}\right)$$

$$= hc\left(\frac{\lambda_2 - \lambda_1}{\lambda_1 \cdot \lambda_2}\right)$$

उदाहरण:

प्रकाश-संश्लेषण अभिक्रिया में क्लोरोफिल-a प्रकाश के फोटॉन को अवशोषित करता है। जिसकी तरंग-दैर्ध्य 450 nm है तथा जिस फोटॉन को उत्सर्जित करता है। उसकी तरंग-दैर्ध्य 670 nm है। क्लोरोफिल द्वारा प्रकश-संश्लेषण की क्रिया में एक मोल फोटॉन द्वारा अवशोषित ऊर्जा की गणना कीजिय।

हल:

$$\Delta E = \left[\frac{Nhc}{\lambda}\right]_{absorbed} - \left[\frac{Nhc}{\lambda}\right]_{evolved}$$

$$= Nhc\left[\frac{1}{\lambda_{absorbed}} - \frac{1}{\lambda_{evolved}}\right]$$

$$= 6.023 \times 10^{23} \times 6.626 \times 10^{-34} \times 3 \times 10^8 \left[\frac{1}{440 \times 10^{-9}} - \frac{1}{670 \times 10^{-9}}\right]$$

$$= 0.1197\,[2.272 \times 10^6 - 1.492 \times 10^6]$$

$= 0.0933 \times 10^6$ J/mol $=$ **93.3 kJ/mol**

Type 5. जल पर प्रकाश का प्रभाव–

यदि w g जल का ताप प्रकाश की उपस्थिति में t_1 °C से t_2 °C हो जाता है। इस ताप वृद्धि में प्रकाश द्वारा आवश्यक ऊर्जा

$9 = \text{m.s.st}$ ...(i)

जहाँ $s =$ जल की विशिष्ट ऊष्मा

$\Delta t =$ ताप वृद्धि

इस ऊर्जा के प्रकाश की तरंग-दैर्ध्य λ_1 हो, तो तथा द फोटॉन इस ऊर्जा में प्रयोग होते, तब

ऊर्जा $= n \times \dfrac{hc}{\lambda}$ ...(ii)

समीकरण (i) तथा (ii) से

$$\text{m.s. } \Delta t = n \times \frac{hc}{\lambda}$$

$$n = \frac{(m.s.\Delta t) \times \lambda}{hc}$$

उदाहरण:

225 ग्राम जल का ताप 21° C से 96° C करने के लिए कितने फोटॉनों की आवश्यकता होगी। यदि जल की विशिष्ट ऊष्मा 4.18 $Jg^{-1}\,k^{-1}$ प्रकाश की आवृत्ति $= 2.45 \times 10^9\ s^{-1}$

हल: एक मोल फोटॉन की ऊर्जा

$= N_0 \times h \times v$
$= 6.02 \times 10^{23} \times 6.626 \times 10^{-34} \times 2.45 \times 10^9$
$= 97.727 \times 10^{-2}$ J mol^{-1}

225 ग्राम जल का ताप 75° C बढ़ाने के लिए आवश्यक ऊर्जा

$= m \times s \times t$
$= 225 \times 4.18 \times 75 = 70\,537.5$ J

आवश्यक फोटॉनों के मोलों की संख्या

$$= \frac{mst}{N_0 hv} = \frac{70537.5}{97.727 \times 10^{-2}}$$

$= \mathbf{7.22 \times 10^4}$ **mol**

उदाहरण:

आयोडीन अणु 4500 Å वाले प्रकाश को अवशोषित करके परमाणुओं में वियोजित हो जाता है। यदि अणु द्वारा विकिरण का एक क्वाण्टम अवशोषित होता है तो आयोडीन परमाणुओं की गतिज ऊर्जा(K.E.) की गणना कीजिये। I_2 की बन्धन ऊर्जा 240 kJ/mol है।

हल: I_2 अणु द्वारा अवशोषित ऊर्जा $(E) = \frac{hc}{\lambda}$

$\lambda = 4500 \times 10^{-10}$ मी०
$c = 3 \times 10^8$ मी०/से०
$h = 6.626 \times 10^{-34}$ J/sec

$$= \frac{6.626 \times 10^{-34} \times 3 \times 10^8}{4500 \times 10^{-10}}$$

$= 4.417 \times 10^{-19}$ जूल

I_2 अणु के वियोजन में प्रयुक्त ऊर्जा $= \frac{240 \times 10^3}{6.023 \times 10^{23}}$

I_2 अणु के वियोजन में प्रयुक्त ऊर्जा $= \frac{240 \times 10^3}{6.023 \times 10^{23}}$

$= 3.984 \times 10^{-19}$ जूल

$\therefore$ शेष बची ऊर्जा दोनों आयोडीन परमाणुओं द्वारा शोषित कर ली जाती है।

अत: दो आयोडीन परमाणुओं की गतिज ऊर्जा में प्रयुक्त ऊर्जा

$= [4.417 - 3.984] \times 10^{-19}$ J

$\therefore$ गतिज ऊर्जा/आयोडीन परमाणु $= [(4.417 - 3.984)/2] \times 10^{-19}$ J

$= \mathbf{0.216 \times 10^{-19}}$ **J**

उदाहरण:

242 nm तरंग-दैर्ध्य वाला विद्युत्-चुम्बकीय विकिरण सोडियम परमाणु के आयनीकरण (ionisation) के लिये यथोचित है। सोडियम की आयनीकरण ऊर्जा kJ mol^{-1} में ज्ञात कीजिये।

($c = 3 \times 10^8$ मी०/से०, $h = 6.626 \times 10^{-34}$ जूल-सेकण्ड)

हल: 242 nm के फोटॉन से जुड़ी ऊर्जा

$$= \frac{6.626 \times 10^{-34} \times 3 \times 10^8}{242 \times 10^{-9}}$$

$= 8.21 \times 10^{-19}$ जूल

$\because$ Na के एक परमाणु के लिये आयनीकरण $= 8.21 \times 10^{-19}$ जूल

$\therefore$ Na के 6.023×10^{23} परमाणुओं के लिये आयनीकरण

$= 8.21 \times 10^{-19} \times 6.023 \times 10^{23}$
$= 49.45 \times 10^4$ जूल
$=$ **494.5 किलो जूल/मोल**

प्रकाशीय-वैद्युत प्रभाव (Photoelectric Effect)

जब एक काफी अधिक आवृत्ति की प्रकाश की किरण शून्य में किसी धात्विक सतह से टकराती है तो उस सतह से इलेक्ट्रॉन निकलते हैं। यह प्रक्रिया प्रकाशीय वैद्युत प्रभाव (Photoelectric Effect) कहलाती है तथा इस क्रिया में निकलने वाले इलेक्ट्रॉन को प्रकाशीय इलेक्ट्रॉन कहलाते हैं। प्रकाशीय इलेक्ट्रॉन की ऊर्जा धात्विक सतहर से टकराने वाले किरणों की आवृत्ति के क्रमानुपाती होती है।

(a) वह न्यूनतम आवृत्ति जो इलेक्ट्रॉन को धातु की सतह से मुक्त कराने के लिए आवश्यक हो, देहली आवृत्ति (v_0) कहलाती है।

(b) वह न्यूनतम ऊर्जा जो इलेक्ट्रॉन को धातु की सतह से मुक्त कराने के लिए आवश्यक हो, उस धातु का कार्य फलन कहलाता है। $\Phi_0 = hv_0$

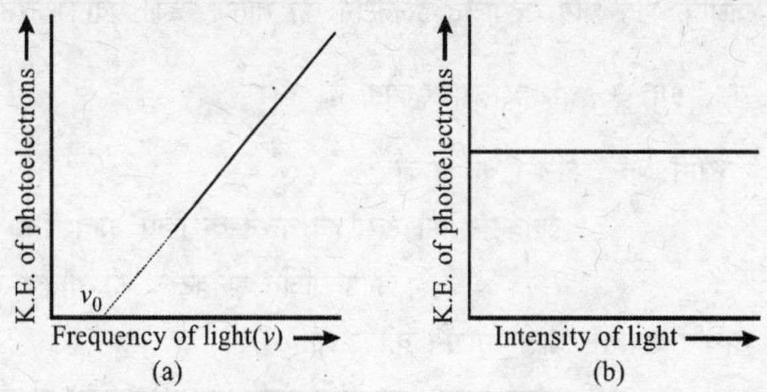

Plot of K.E. of photoelectrons against (a) frequency (b) intensity

(c) जब देहली आवृत्ति से ऊपर आवृत्ति के आपतित प्रकाश की तीव्रता (I) बढ़ाई जाती है तो उत्सर्जित फोटो इलेक्ट्रॉनों की संख्या में वृद्धि होती है।

(d) प्रकाशीय वैद्युत प्रभाव की क्वांटम थ्यौरी के आधार पर व्याख्या की जा सकती है। माना प्रकाश में द्रव्यमान रहित फोटॉन नामक कण होते हैं। प्लेंक के अनुसार प्रत्येक फोटॉन की ऊर्जा $E = hv$

जब यह फोटॉन धात्विक सतह से टकराता है, तो यह अपनी समस्त ऊर्जा इलेक्ट्रॉन को दे देता है। इलेक्ट्रॉन को मिली यह ऊर्जा इलेक्ट्रॉन और नाभिक के मध्य आकर्षण को समाप्त करके इलेक्ट्रॉन को परमाणु से दूर कर देती है। यदि यह ऊर्जा देहली आवृत्ति से कम होती है तो कोई इलेक्ट्रॉन नहीं निकलता, परन्तु जब यह देहली आवृत्ति से अधिक होती है। तो कुछ ऊर्जा इलेक्ट्रॉन को परमाणु से हटाने के लिये आवश्यक होती है और अतिरिक्ति ऊर्जा (देहली आवृत्ति से अधिक) इलेक्ट्रॉन को गतिज ऊर्जा देती है, यानि $\frac{1}{2}mv^2$। इस प्रकार

(a) आपतित फोटॉन की आवृत्ति (v) देहली आवृत्ति (v_0) से अधिक होनी चाहिए। ($v > v_0$) या आपतित फोटॉन की ऊर्जा, धातु के कार्यफलन से अधिक होनी चाहिए या आपतित फोटॉन की तरंग-दैर्ध्य (l) देहली तरंग-दैर्ध्य (λ_0) से कम होनी चाहिए।

(b) कार्यफलन w_0 व देहली आवृत्ति (v_0) में सम्बन्ध–

$$w_0 = hv_0$$

अर्थात् कार्यफलन = प्लांक नियतांक × देहली आवृत्ति

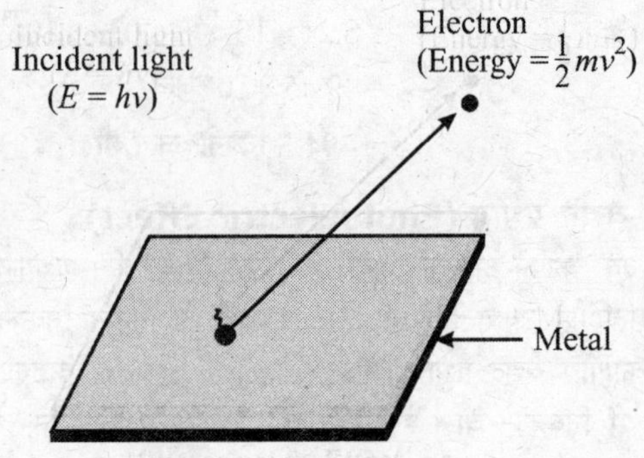

Photoelectric Effect

(c) जब प्रकाश की आवृत्ति देहली आवृत्ति से अधिक होती है। जब उपयुक्त (Optimum) ऊर्जा का फोटॉन किसी प्रकाश संवेदन पदार्थ पर आपतित होता है तो इसका एक भाग, जिसे कार्य फलन (Work Function) कहते हैं, इलेक्ट्रॉन को सतह से मुक्त कराने में काम आ जापता है जबकि शेष भाग उत्सर्जित इलेक्ट्रॉन को गतिज ऊर्जा प्रदान करता है। यह भाग $\frac{1}{2}mv^2$ के बराबर होता है।

टकराने वाले फोटॉन की ऊर्जा
= इलेक्ट्रॉन को उत्सर्जित करने के लिए आवश्यक ऊर्जा + उत्सर्जित इलेक्ट्रॉन की गतिज ऊर्जा

अर्थात् टकराने वाले फोटॉन की ऊर्जा
= कार्यफलन + उत्सर्जित इलेक्ट्रॉन की गतिज ऊर्जा

जैसे– $h\nu = W + \frac{1}{2}mv^2$

जहाँ, W को धातु की देहली ऊर्जा या कार्यफलन कहते हैं।

अत: $W = h\nu_0$

$$h\nu = h\nu_0 + \frac{1}{2}mv^2$$

या $$\frac{1}{2}mv^2 = h(\nu - \nu_0)$$

इस समीकरण को आइन्स्टीन की प्रकाश विद्युत समीकरण कहते हैं।

उदाहरण:

वह न्यूनतम ऊर्जा ज्ञात कीजिये, जो फोटोन में प्लेटिनम धातु पर प्रकाशीय वैद्युत प्रभाव उत्पन्न करने के लिये होनी चाहिये? प्लेटिनम की देहली आवृत्ति = 1.3×10^{25} सेकण्ड$^{-1}$।

हल: याद रखें कि देहली आवृत्ति (ν_0) न्यूनतम आवृत्ति है, जो फोटोन को प्रकाशीय वैद्युत प्रभाव उत्पन्न करने के लिये आवश्यक होती है। इस आवृत्ति के साथ वाली आवश्यक न्यूनतम ऊर्जा E है।

$$E = h\nu_0$$
$$= (6.626 \times 10^{-27} \text{ erg sec})(1.3 \times 10^5 \text{ sec}^{-1})$$
$$= \mathbf{8.6 \times 10^{-12} \text{ erg.}}$$

उदाहरण:

प्रकाश द्वारा धात्विक सतह से उत्सर्जित होने वाले इलेक्ट्रॉन की गतिज ऊर्जा की गणना कीजिये। प्रकाश की तरंग-दैर्ध्य = 5.5×10^{-8} cm। धातु की देहली आवृत्ति = $3.62 \times 10^{-12}\ \text{s}^{-1}$।

हल: $$\nu = \frac{c}{\lambda} = \frac{3\times10^{10}\ \text{cms}^{-1}}{5.5\times10^{-8}\ \text{cm}} = 5.5 \times 10^{-17}\ \text{s}^{-1}$$

$$\frac{1}{2}mv^2 = h\nu - w$$
$$= (6.6 \times 10^{-27} \text{ ergs})(5.5 \times 10^{17}\ \text{s}^{-1}) - 3.62 \times 10^{-12}\ \text{s}^{-1}$$
$$= 3.63 \times 10^{-9} - 3.62 \times 10^{-12} \text{ ergs}$$
$$= \mathbf{3.626 \times 10^{-9} \text{ ergs.}}$$

उदाहरण:

सिल्वर की सतह से इलेक्ट्रॉन उत्सर्जित करने के लिए न्यूनतम ऊर्जा 7.052×10^{-19} जूल है। यदि इलेक्ट्रॉन उत्सर्जित करने के लिए पराबैंगनी किरणें जिनकी तरंग-दैर्ध्य 360 Å तब इलेक्ट्रॉनों की अधिकतम गतिज ऊर्जा बताइये।

हल: आइन्स्टीन की प्रकाश विद्युत समीकरण के अनुसार,

$$h\nu = W + \frac{1}{2}mv^2$$

दी हुई समीकरण में,

W = धातु की सतह से इलेक्ट्रॉन उत्सर्जित करने के लिए न्यूनतम ऊर्जा
$= 7.52 \times 10^{-19}$ J
$\lambda = 360\ \text{Å} = 360 \times 10^{-10}$ m

$$\therefore \quad \nu = \frac{c}{\lambda} = \frac{3\times10^8}{360\times10^{-10}} = 8.33 \times 10^{-15}\ \text{s}^{-1}$$

अत: उत्सर्जित इलेक्ट्रॉनों की गतिज ऊर्जा

$$\frac{1}{2}mv^2 = h\nu - W$$
$$= 6.626 \times 10^{-34} \times 8.33 \times 10^{-15} - 7.52 \times 10^{-19}$$
$$= \mathbf{4.77 \times 10^{-18}} \textbf{ जूल}$$

उदाहरण:

प्रकाश विद्युत प्रभाव में देहली ऊर्जा ν_0। यदि एक निश्चित धातु के लिए इलेक्ट्रॉनों को उत्सर्जित करने के लिए जिनकी गतिज ऊर्जाएँ KE_1 तथा KE_2 के लिए आवश्यक प्रकाश की तरंग-दैर्ध्य क्रमश: $\lambda_1 = 2200$ Å तथा $\lambda_2 = 1900$ Å है। यदि $KE_2 = 2\,KE_1$ देहली आवृत्ति ν_0 तथा देहली तरंग-दैर्ध्य λ_0 का मान ज्ञात कीजिये।

हल:

फोटॉन की ऊर्जा = फोटो इलेक्ट्रॉन की गतिज ऊर्जा + देहली आवृत्ति

$$\therefore \quad h\nu_1 = KE_1 + h\nu_0 \quad \text{...(i)}$$

तथा $$h\nu_2 = KE_2 + h\nu_0 \quad \text{...(ii)}$$

समीकरण (i) को 2 से गुणा करने पर तथा समीकरण (ii) को घटने पर,

$$2h\nu_1 - h\nu_2 = h\nu_0 \quad [\because 2KE_1 = KE_2]$$

या $$\nu_0 = \left[\frac{2c}{\lambda_1} - \frac{c}{\lambda_2}\right]$$

$$= \frac{3\times10^8}{10^{-10}}\left[\frac{2}{2200} - \frac{1}{1900}\right] \quad (1\text{Å} = 10^{-10}\ \text{m})$$

$$v_0 = \mathbf{1.1483 \times 10^{15}\ sec^{-1}}$$

तथा $\lambda_0 = \frac{c}{v_0} = \frac{3\times10^8}{1.1483\times10^{15}}$

$= 2.6126\times10^{-7}\,\text{m} = \mathbf{2612.6\ Å}$

उदाहरण:

4000 ऑगस्ट्रॉम का प्रकाश एक धातु, जिसका कार्य फलन 2 इलेक्ट्रॉन वोल्ट है, पर आपतित है। उत्सर्जित फोटो इलेक्ट्रॉनों की अधिकतम सम्भावित गतिज ऊर्जा की गणना करें।

हल: आपतित प्रकाश की ऊर्जा $= \frac{hc}{\lambda}$

$$hv = \frac{6.6\times10^{-34}\times3\times10^8}{4000\times10^{-10}} = \frac{19.8\times10^{-19}}{4}\,\text{J}$$

या आपतित फोटॉन की ऊर्जा इलेक्ट्रॉन वोल्ट मे होगी

$= \frac{19.8\times10^{-19}}{4\times1.6\times10^{-19}} = 3.09$ इलेक्ट्रॉन वोल्ट

∴ उत्सर्जित इलेक्ट्रॉनों की गतिज ऊर्जा

$E_k = hv - W = (3.09 - 2.00)$

$= \mathbf{1.09}$ **इलेक्ट्रॉन वोल्ट**

⇨ **परमाणु का घनत्व :**

$$d = \frac{\text{द्रव्यमान}}{\text{आयतन}} = \frac{[\text{A}\times1.66\times10^{-24}\ \text{g}]}{\frac{4}{3}\times\pi\text{R}^3\text{cm}^3}$$

$$= 1.685\times10^{14}\ \text{g/cm}^3$$

नील बोहर का परमाणु मॉडल (Neils Bohr's Atomic Model) :

⇨ यह मॉडल प्लांक के विकिरण के क्वाण्टम सिद्धान्त पर आधारित है तथा यह भौतिक का classical सिद्धान्त है।

⇨ स्थिर कक्षा में
इलेक्ट्रॉन का कोणीय संवेग $= mvr$

$$\boxed{mvr = n\frac{h}{2\pi}}$$

⇨ **बोहर कक्ष की त्रिज्या :**

$$r = 0.529\times10^{-10}\ \frac{n^2}{z}\ \text{मीटर}$$

$$r_n = r_1\times\frac{n^2}{z}\ \text{Å}$$

Note

✎ यदि Li^{++} में n_1 कक्षक की त्रिज्या x Å है, तब He^+ कक्षक में n_2 कक्षक की त्रिज्या ज्ञात।

$$\frac{r_{n_1}}{r_{n_2}} = \frac{n_1^2}{n_2^2}\times\frac{z(\text{He})}{z(\text{Li})}$$

✎ एक इलेक्ट्रॉन तंत्र के लिए n_1 तथा n_2 कक्षक की त्रिज्या में सम्बन्ध

$$\frac{r_{n_1}}{r_{n_2}} = \frac{n_1^2}{n_2^2}$$

उदाहरण:

यदि He^+ के तृतीय कक्षक (orbit) की त्रिज्या x Å है। तब He^+ पंचम कक्षक की त्रिज्या कक्षक की त्रिज्या ज्ञात करो।

हल: $\frac{r_1}{r_2} = \frac{n_1^2}{n_2^2}\times\frac{Z_2}{Z_1}$

यहाँ, $Z_1 = Z_2$

$$\frac{x}{r_5}\times\frac{3^2}{5^2} = \frac{9}{25}$$

$$r_5 = \frac{25}{9}\ x\ \text{Å}$$

उदाहरण:

यदि हाइड्रोजन परमाणु के प्रथम, द्वितीय, तृतीय व चतुर्थ कोश की त्रिज्याएँ क्रमशः r_1, r_2, r_3 तथा r_4 हो, तो इनका बढ़ता क्रम होगा–

(a) $r_4 > r_3 > r_2 > r_1$ (b) $r_1 < r_2 < r_3 < r_4$
(c) $r_1 > r_2 < r_3 < r_4$ (d) सभी में समान

हल: (b) $r \propto n^2$

$$\boxed{r_1 < r_2 < r_3 < r_4}$$

उदाहरण:

यदि H, He^+, Li^{+2} तथा Be^{+3} के प्रथम कोश की त्रिज्याएँ r_1, r_2, r_3 तथा r_4 हो, तो इनका घटता क्रम होगा।

(a) $r_1 > r_2 > r_3 > r_4$ (b) $r_3 < r_2 < r_4 < r_1$
(c) $r_4 > r_2 < r_3 < r_1$ (d) सभी की समान त्रिज्याएँ

हल: (a) $r \propto \frac{1}{Z}$

$$\boxed{r_1 > r_2 > r_3 > r_4}$$

उदाहरण:

Li^{+2} के तीसरे व पाँचवें कोश की त्रिज्याओं का अनुपात होगा।

(a) 9:25 (b) 25:9
(c) 2:3 (d) 4:5

हल: (a) यहाँ पर Z स्थिरांक है, अत:

$$\frac{r_1}{r_2} = \frac{n_1^2}{n_2^2} = \frac{(3)^2}{(5)^2} = \mathbf{9:25}$$

उदाहरण:

He^+ व Li^{+2} के 5 वें कोश की त्रिज्याओं का अनुपात होगा।

(a) 2:3 (b) 3:2
(c) 4:1 (d) 5:3

हल: (b) यहाँ पर n नियतांक है।

अत: $\frac{r_1}{r_2} = \frac{Z_2}{Z_1} = \frac{3}{2} = \mathbf{3:2}$

उदाहरण:

यदि हाइड्रोजन परमाणु के प्रथम कक्ष की त्रिज्या x है तो चौथे कक्ष की त्रिज्या होगी।

(a) $4x$ (b) $\frac{x}{4}$

(c) $16x$ (d) $\frac{x}{16}$

हल: (c) सूत्र $=\frac{r_1}{r_2}=\frac{n_1^2}{n_2^2}$

$$r_2=\frac{r_1\times n_2^2}{n_1^2}$$

यहाँ, $r_1=x, \quad n_1=1, \quad r_2=?, \quad n_2=4$

$$=\frac{(4)^2\times x}{(1)^2}=16x$$

⇨ **बोहर कक्षा में इलेक्ट्रॉन की ऊर्जा**

- इलेक्ट्रॉन की गतिज ऊर्जा

$$k=\frac{Ze^2}{2r}$$

- इलेक्ट्रॉन की कुल ऊर्जा

$E=$ गतिज ऊर्जा + स्थितिज ऊर्जा

$$E=-\frac{2\pi^2k^2me^4z^2}{n^2h^2}$$

$$E=-2.18\times10^{-18}\times\frac{z^2}{n^2} \text{ जूल/परमाणु}$$

$$E=-\frac{13.6\times z^2}{n^2} \text{ eV/परमाणु}$$

$$E=-313.6\times\frac{z^2}{n^2} \text{ किलो-कैलोरी/मोल}$$

Note

✍ इलेक्ट्रॉन की स्थितिज ऊर्जा = 2 × गतिज ऊर्जा
इलेक्ट्रॉन की कुल ऊर्जा = गतिज ऊर्जा

- हाइड्रोजन परमाणु के लिए

$$E_n=\frac{E_1}{n^2}$$

- हाइड्रोजन परमाणु के पहले कोश में इलेक्ट्रॉन की ऊर्जा का मान

$$=-\frac{13.6}{1^2}\text{ eV/atom}=-13.6\text{ eV}$$

- हाइड्रोजन के द्वितीय कोश में ऊर्जा का मान

$$=-\frac{13.6}{2^2}=-3.4\text{ eV}$$

- हाइड्रोजन के तृतीय कोश में ऊर्जा का मान

$$=-\frac{13.6}{2^2}=-1.5\text{ eV}$$

- हाइड्रोजन के चतुर्थ कोश में ऊर्जा का मान

$$=-\frac{13.6}{4^2}=-0.85\text{ eV}$$

- हाइड्रोजन के अनन्त दूरी पर ऊर्जा का मान

$$=-\frac{13.6}{\infty^2}=\text{शून्य}$$

∴ हाइड्रोजन परमाणु में इलेक्ट्रॉन को प्रथम कोश से दूसरे कोश में कूदने के लिए आवश्यक ऊर्जा का मान अर्थात् प्रथम उत्तेजन ऊर्जा

$$=-3.4-(-13.6)=13.6-3.4=10.2\text{ eV}$$

$$E_n=E_1\times\frac{z^2}{n^2}$$

⇨ **आयनन ऊर्जा :** सामान्य अवस्था में किसी तत्व बाह्यतम् कक्षा से एक इलेक्ट्रॉन निकालकर उसे धनायन मे परिवर्तित करने के लिए आवश्यक ऊर्जा की मात्रा उसकी आयनन ऊर्जा कहलाती है।

आयनन ऊर्जा $=E_\infty-E_n$
$=0-E_1(\text{H})=13.6\text{ eV atom}^{-1}$
$=2.17\times10^{-18}\text{ J atom}^{-1}$

$$=\frac{z^2}{n^2}\times13.6\text{ eV}$$

$$\frac{I_1}{I_2}=\frac{z_1^2}{n_1^2}\times\frac{n_2^2}{z_2^2}$$

स्मरणीय बिन्दु

(i) इलेक्ट्रॉन की गतिज ऊर्जा $=\frac{1}{2}mv^2=\frac{Ze^2}{2r}$

(ii) इलेक्ट्रॉन की स्थितिज ऊर्जा $=-\frac{Ze^2}{r}$

स्थितिज ऊर्जा = – 2× गतिज ऊर्जा

(iii) इलेक्ट्रॉन की कुल ऊर्जा E_T

$$E_T=-\frac{ze^2}{r_n}+\frac{1}{2}\cdot\frac{ze^2}{r_n}=\frac{ze^2}{2r_n}$$

$$E_T=-\frac{2\pi^2me^4}{n^2h^2}$$

(iv) nth Bohr's orbit में इलेक्ट्रॉन की ऊर्जा

$$=\frac{-2.18\times10^{-18}}{n^2}\times z^2$$

(v) n_1 तथा n_2th orbit में इलेक्ट्रॉन की ऊर्जा में सम्बन्ध

$$\frac{E_1}{E_2}=\frac{n_2^2}{n_1^2}$$

विभिन्न परमाणु या आयनों के लिये : $\frac{E_A}{E_B}=\frac{n_2^2}{n_1^2}\times\frac{z_A^2}{z_B^2}$

Note

✍ कुल ऊर्जा तथा स्थितिज ऊर्जा का मान n के मान बढ़ने के साथ बढ़ता है। ऋणात्मक चिन्ह यह संकेत करता है कि इलेक्ट्रॉन तथा

नाभिक के मध्य आकर्षण होता है तथा किसी इलेक्ट्रॉन को इसकी साम्य स्थिति से हटाने के लिए कार्य करना पड़ता है।

✍ इससे स्पष्ट है, कि जो इलेक्ट्रॉन नाभिक के पास होगा उसकी ऊर्जा उतनी ही कम होगी, अर्थात् उतनी ही ज्यादा मजबूती से इलेक्ट्रॉन नाभिक से बंधा होगा तथा उतनी ही ज्यादा ऊर्जा इलेक्ट्रॉन को उस कक्ष से बाहर अर्थात् अनन्त (∞) में ले जाने के लिए लगेगी।

उदाहरण:

यदि हाइड्रोजन परमाणु के प्रथम, द्वितीय, तृतीय व चतुर्थ कोश की ऊर्जा क्रमशः E_1, E_2, E_3 तथा E_4 हो, तो ऊर्जा का बढ़ता क्रम होगा–

(a) $E_1 = E_2 = E_3 = E_4$ (b) $E_4 < E_3 < E_2 < E_1$
(c) $E_1 < E_2 < E_3 < E_4$ (d) $E_2 > E_3 > E_4 > E_1$

हल: (c) $E_1 < E_2 < E_3 < E_4$

क्योंकि, $E \propto -\frac{1}{n_2}$

उदाहरण:

He^+ के 3 व 5 वें कोश की ऊर्जाओं का अनुपात होगा।

(a) 25:9 (b) 5:3
(c) 16:9 (d) सभी गलत हैं

हल: (a) $\frac{E_1}{E_2} = \frac{n_2^2}{n_1^2} = \frac{(5)^2}{(3)^2} = \mathbf{25:9}$

उदाहरण:

यदि हाइड्रोजन के पहले कोश में इलेक्ट्रॉन की ऊर्जा – 800 eV हो, तो उस कोश की संख्या बताइये, जिसकी ऊर्जा – 50 eV हो।

(a) चतुर्थ कोश (b) दूसरा कोश
(c) तृतीय कोश (d) सभी गलत हैं

हल: (a) यहाँ पर Z नियतांक है।

अतः $\frac{E_1}{E_2} = \frac{n_2^2}{n_1^2}$

$$n_2^2 = \frac{E_1 \times n_1^2}{E_2} = \frac{-800 \times 1}{-50}$$

$$n_2^2 = 16, \quad n_2 = 4$$

उदाहरण:

H परमाणु के तीसरे कोश में उपस्थित इलेक्ट्रॉन की गतिज ऊर्जा व स्थितिज ऊर्जा होगी।

(a) – 1.5 eV, 3.0 eV (b) 1.5 eV, – 3.0 eV
(c) 1.5 eV (d) 3.0 eV, – 3.0 eV

हल: (b) H परमाणु के तीसरे कोश की कुल ऊर्जा

$$E = -\frac{Z^2}{n^2} \times 13.6$$

$$= -\frac{1}{9} \times 13.6 = -1.5\,\text{eV}$$

(1) गतिज ऊर्जा = – कुल ऊर्जा

$$= -(-1.5) = +1.5\,\text{eV}$$

(2) स्थितिज ऊर्जा = 2 × कुल ऊर्जा

$$2 \times -1.5 = -3.0\,\text{eV}$$

उदाहरण:

H, He^+ तथा Li^{+2} के कौन-से कोशों की ऊर्जाएँ समान होंगी?

(a) तीनों के दूसरे कोशों की
(b) H का प्रथम, He^+ का द्वितीयक व Li^{+2} का तृतीय कोश
(c) तीनों के तृतीय कोश की
(d) H का चतुर्थ, He^+ का प्रथम व Li^{+2} का पंचम कोश

हल: (b)

H का प्रथम कोश, He का द्वितीय कोश तथा Li^{+2} का तृतीय कोशों की ऊर्जाएँ समान होंगी।

उदाहरण:

H परमाणु की प्रथम व द्वितीय कक्षाओं की ऊर्जाओं का अन्तर तथा दूसरे व तीसरे कोशों की ऊर्जाओं के अन्तर का अनुपात होगा।

(a) $\frac{1}{3}$ (b) $\frac{27}{5}$
(c) $\frac{9}{4}$ (d) $\frac{4}{9}$

हल: (b)

H के प्रथम कोश की ऊर्जा

$$E_1 = \frac{-1}{1} \times 13.6 = -13.6\,\text{eV}$$

H के द्वितीयक कोश की ऊर्जा

$$E_2 = \frac{-1 \times 13.6}{4} = -3.4\,\text{eV}$$

H के तृतीय कोश की ऊर्जा

$$E_3 = \frac{-1 \times 13.6}{9} = -1.5\,\text{eV}$$

अतः $\frac{E_2 - E_1}{E_3 - E_2} = \frac{-3.4 - (-13.6)}{-1.5 - (-3.4)}$

$$\frac{+13.6 - 3.4}{+3.4 - 1.5} = \frac{10.2}{1.9} = 5.36 : 1$$

अर्थात् $\frac{27}{5}$

उदाहरण:

H परमाणु में यदि इलेक्ट्रॉन $n = 4$ से $n = 2$ कक्षा में कुदता है, तो उत्सर्जित ऊर्जा जूल में होगी।

(a) 4.04×10^{-19} जूल (b) 5.4×10^{-19} जूल
(c) 21.79×10^{-19} जूल (d) 3.2×10^{-19} जूल

हल: (a)

$$E_2 = -\frac{Z^2}{n_2} \times 21.79 \times 10^{-19}$$

$$= \frac{-21.79 \times 10^{-19}}{4} = -5.4 \times 10^{-19}\ \text{जूल}$$

$$E_4 = \frac{-21.79 \times 10^{-19}}{16} = -1.36 \times 10^{-19}$$

$$E_4 - E_2 = -1.36 \times 10^{-19} - (-5.4 \times 10^{-19})$$
$$= +5.4 \times 10^{-19} - 1.36 \times 10^{-19}$$
$$= \mathbf{4.04 \times 10^{-19}} \text{ जूल}$$

उदाहरण:

हाइड्रोजन परमाणु के प्रथम कोश की गतिज ऊर्जा होगी।

(a) $-13.6\,eV$ (b) $+6.8\,eV$
(c) $+13.6\,eV$ (d) $6.8\,eV$

हल: (c)

गतिज ऊर्जा $= -$ कुल ऊर्जा
$$= -(-13.6) = \mathbf{+13.6\,eV}$$

उदाहरण:

हाइड्रोजन परमाणु के द्वितीय बोर कक्ष में इलेक्ट्रॉन की ऊर्जा -328 किलोजूल मोल$^{-1}$ है। हाइड्रोजन परमाणु में चतुर्थ बोर कक्ष में इलेक्ट्रॉन की ऊर्जा ज्ञात कीजिये।

हल:

$$\frac{E_4}{E_2} = \frac{2^2}{4^2} = \frac{4}{16} = \frac{1}{4}$$

$$E_4 = \frac{E_2}{4} = \frac{-358}{4} = -82 \text{ किलोजूल/मोल}$$

उदाहरण:

यदि इलेक्ट्रॉन तृतीय कक्ष से द्वितीय कक्ष में जाता है। तब उत्सर्जित ऊर्जा का मान बताइये।

हल:

$$\Delta E = E_3 - E_2$$

$$= 13.6\left[\frac{1}{(2)^2} - \frac{1}{(3)^2}\right] = \mathbf{1.9\,eV}$$

उदाहरण:

हाइड्रोजन परमाणु की आयनन ऊर्जा 13.6 eV है। He^+ तथा Li^{2+} आयनों की आयनन ऊर्जा ज्ञात कीजिय।

हल:

He^+ के लिए = हाइड्रोजन की आयनन ऊर्जा $\times Z^2$
$$= 13.6 \times 4 = 54.4\,eV$$
Li^{2+} के लिए = हाइड्रोजन की आयनन ऊर्जा $\times Z^2$
$$= 13.6 \times 9 = 122.4\,eV$$

उदाहरण:

He^+ की आयनन ऊर्जा 19.6×10^{-18} J atom^{-1} है। Li^{2+} के लिए आयनन ऊर्जा ज्ञात कीजिये।

हल:

Li^{2+} के लिए = हाइड्रोजन की आयनन ऊर्जा $\times Z^2$
$$= E_1 \times 9$$

He^{2+} के लिए = हाइड्रोजन की आयनन ऊर्जा $\times Z^2$
$$= E_1 \times 4$$

$\therefore$ Li^{2+} के लिए = He^+ की आयनन ऊर्जा $\times \frac{9}{4}$
$$= 19.6 \times 10^{-18} \times \frac{9}{4}$$
$$= \mathbf{44.1 \times 10^{-18}\ J\ atom^{-1}}$$

हाइड्रोजन स्पेक्ट्रम में स्पक्ट्रमी रेखाओं की संख्या–

जब इलेक्ट्रॉन nth orbit से मूल orbit में कूदता है कुल स्पक्ट्रमों की संख्या $\frac{n(n-1)}{2}$ होती है।

जब इलेक्ट्रॉन n_2 से n_1 state में वापिस आता है। तब स्पेक्ट्रम में रेखाओं की संख्या

$$= \frac{(n_2 - n_1)(n_2 - n_1 + 1)}{2}$$

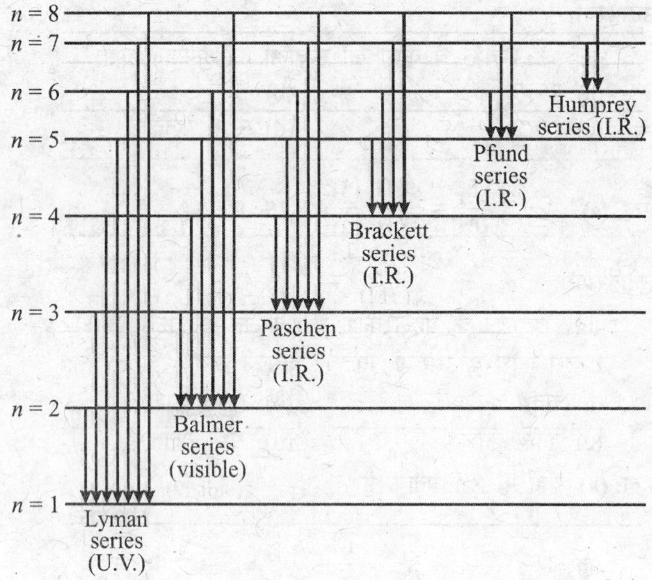

Electronic transitions producing different series in hydrogen spectrum

उदाहरण:

यदि कुल चार ऊर्जा स्तर हो, तो स्पेक्ट्रम में अधिकतम कितनी रेखाएँ दिखाई देगी?

(a) 4 (b) 6
(c) 2 (d) 3

हल: (b)

$$\text{अधिकतम संख्या का सूत्र} = \frac{n(n-1)}{2}$$

$$= \frac{4(4-1)}{2} = 6$$

उदाहरण:

हाइड्रोजन परमाणु में एक इलेक्ट्रॉन तीसरे कक्ष में उपस्थित है तो कुल कितनी उत्सर्जित स्पेक्ट्रमी रेखाएँ प्रदर्शित करेगा?

(a) 6 (b) 3

(c) 5 (d) 15

हल: (b)

$$\text{अधिकतम संख्या का सूत्र} = \frac{n(n-1)}{2}$$

$$= \frac{3(3-1)}{2} = \frac{6}{2} = 3$$

अधिकतम तरंग-दैर्ध्य (Longest Wavelength)

जब इलेक्ट्रॉन $n_2 = 2, 3, 4, 5$ से $n_1 = 1$ orbit में कूदता है।

$$\frac{1}{\lambda_{x\text{ line}}} = R\left[\frac{1}{n_1} - \frac{1}{(n_1+x)^2}\right]$$

जहाँ, ग [illegible] स्पेक्ट्रमी लाइनों की संख्या है।

उच्चतम तरंगदैर्ध्य के लिए

- लाइमन श्रेणी $n_1 = 1$ $n_2 = 2, 3, 4$
- बामर श्रेणी $n_1 = 2$ $n_2 = 3, 4, 5, 6$
- पाश्चन श्रेणी $n_1 = 3$ $n_2 = 4, 5, 6$
- ब्रेकेट श्रेणी $n_1 = 4$ $n_2 = 5, 6, 7$
- फुण्ड श्रेणी $n_1 = 5$ $n_2 = 6, 7, 8$

न्यूनतम तरंग-दैर्ध्य (Shortest Wavelength)

जब इलेक्ट्रॉन अनन्त से n_1 orbit में jump करता है। तब तरंग-दैर्ध्य न्यूनतम होती है।

$$\frac{1}{\lambda_{\text{shortest}}} = R\left[\frac{1}{n_1^2} - \frac{1}{\infty}\right]$$

$$\lambda_{\text{shortest}} = \frac{n_1^2}{R}$$

1. **उच्चतम तरंगदैर्ध्य :** जब इलेक्ट्रॉन, $n_1 = 1$ से $n_2 = 2, 3, 4, 5$ में कूदता है, तब x रेखा की तरंगदैर्ध्य–

$$\frac{1}{\lambda_{x\text{ line}}} = R\left[\frac{1}{n_1} - \frac{1}{(n_1+x)^2}\right]$$

जहाँ $x =$ स्पेक्ट्रम में रेखाओं की संख्या है

2. **निम्नतम तरंगदैर्ध्य :** निम्नतम तरंगदैर्ध्य ज्ञात करने के लिए, यदि $n_2 = 0$, तब

$$\frac{1}{\lambda_{\text{shortest}}} = R\left[\frac{1}{n_1^2} - \frac{1}{\infty}\right]$$

$$\frac{1}{\lambda_{\text{shortest}}} = \frac{n_1^2}{R}$$

उदाहरण:

हाइड्रोजन परमाणु में 4th अवस्था में इलेक्ट्रॉन के गिरने पर निकले हुए विकिरण की तरंग-दैर्ध्य (l) की गणना करो, जो लाइमन श्रेणी में एक रेखा (line) उत्पन्न करता है। ($R_H = 1.1 \times 10^7$ मीटर$^{-1}$)

हल: $\therefore$ $$\frac{1}{\lambda} = R_H\left[\frac{1}{n_1^2} - \frac{1}{n_2^2}\right]$$

दिया है, $R_H = 1.1 \times 10^7$, लाइमन श्रेणी के लिये, $n_1 = 1$ तथा $n_2 = 4$ (दिया है)

$$\therefore \quad \frac{1}{\lambda} = 1.1 \times 10^7\left[\frac{1}{1^2} - \frac{1}{4^2}\right]$$

$$\therefore \quad 1 = \mathbf{0.9696 \times 10^{-7}} \textbf{ मीटर}$$

उदाहरण:

हाइड्रोजन स्पेक्ट्रम में कौन-सी संक्रमण का तरंग-दैर्ध्य, He^+ स्पेक्ट्रम में $n = 4$ से $n = 2$, बामर संक्रमण के तरंग-दैर्ध्य के बराबर है।

हल: He^+ के लिये $$\frac{1}{\lambda} = R_H \cdot Z^2\left[\frac{1}{2^2} - \frac{1}{4^2}\right]$$

H के लिये $$\frac{1}{\lambda} = R_H\left[\frac{1}{n_1^2} - \frac{1}{n_2^2}\right]$$

चूँकि λ समान है, अत:

$$\therefore \quad Z^2\left[\frac{1}{2^2} - \frac{1}{4^2}\right] = \left[\frac{1}{n_1^2} - \frac{1}{n_2^2}\right]$$

$$\because \quad Z = 2$$

$$\therefore \quad \left[\frac{1}{1^2} - \frac{1}{2^2}\right] = \left[\frac{1}{n_1^2} - \frac{1}{n_2^2}\right]$$

$\therefore$ $n_1 = 1$ और $n_2 = 2$

गतिमान कण से सम्बद्ध डी–ब्रोगली तरंगदैर्ध्य

(i) डी-ब्रोगली के अनुसार एक सूक्ष्म गतिशील कण तरंगों के गुण प्रदर्शित करता है। इसलिए सूक्ष्म कण की तरंगदैर्ध्य

$$\lambda = \frac{h}{p} = \frac{h}{mv} = \frac{h}{\sqrt{2mE}}$$

यदि कण की गतिज ऊर्जा ज्ञात हो तब

$$E = \frac{1}{2}mv^2 = \frac{p^2}{2m}$$

कण का संवेग $p = mv = \sqrt{2mE}$

$$\lambda = \frac{h}{p} = \frac{h}{\sqrt{2mE}}$$

जहाँ $p =$ कण का संवेग

आवेशित कण से सम्बद्ध डी-ब्रोगली तरंगदैर्ध्य

(i) आवेशित कण की ऊर्जा, विभवान्तर V द्वारा त्वरित होती है

$$E = \frac{1}{2}mv^2 = qV$$

$q =$ कण पर आवेश

(ii) कण का संवेग $p = mv = \sqrt{2mE} = \sqrt{2mqV}$.

(iii) डी-ब्रोगली सिद्धान्त के अनुसार, आवेशित कण से सम्बद्ध तरंगदैर्ध्य

$$\lambda = \frac{h}{p} = \frac{h}{\sqrt{2mE}} = \frac{h}{\sqrt{2mqV}}$$

किसी इलेक्ट्रॉन के लिए

$m = 9.1 \times 10^{-31}$ kg

$q = 1.6 \times 10^{-19}$ coulomb,

$h = 6.62 \times 10^{-34}$ Joule-sec.

$$\therefore \quad \lambda = \frac{6.62 \times 10^{-34}}{\sqrt{2 \times 9.1 \times 10^{-31} \times 1.6 \times 10^{-19} V}}$$

$$\lambda = \frac{12.27}{\sqrt{V}} \text{ Å}$$

उदाहरणः

दो कण A और B गति में हैं। कण B का संवेग (momentum), A के संवेग का आधा है। यदि कण A की तरंग-दैर्ध्य (λ) 5×10^{-8} मीटर है। तो कण B की तरंग-दैर्ध्य ज्ञात करो।

हलः

डी ब्रोगली समीकरण के अनुसार,

तरंग-दैर्ध्य, $\lambda = \frac{h}{p}$ (जहाँ, p = संवेग)

कण A की तरंग-दैर्ध्य, $\lambda_A = 5 \times 10^{-8}$ मीटर

$$\therefore \quad p_A = \frac{h}{\lambda_A} \quad \text{(जहाँ, } p_A = \text{ कण } A \text{ का संवेग)}$$

$$p_A = \frac{h}{5 \times 10^{-8}} \quad \text{...(i)}$$

माना, कण B की तरंग-दैर्ध्य λ_B है।

$$\therefore \quad p_B = \frac{h}{\lambda_B} \quad \text{(जहाँ, } p_B = \text{ कण } B \text{ का संवेग)...(ii)}$$

समीकरण (i) व (ii) से,

$$\frac{p_A}{p_B} = \frac{h}{5 \times 10^{-8}} \times \frac{\lambda_B}{h}$$

प्रश्नानुसार, $p_B = \frac{1}{2} p_A$

$$\therefore \quad \frac{p_A}{\frac{1}{2} p_A} = \frac{\lambda_B}{5 \times 10^{-8}}$$

$$\mathbf{\lambda_B = 10 \times 10^{-8} = 10^{-7}} \textbf{ मीटर}$$

उदाहरणः

यदि एक प्रोटॉन, इलेक्ट्रॉन, न्यूट्रॉन व CO_2 अणु का वेग एक समान हो, तो उनके तरंग-दैर्ध्य का क्रम बताओ।

हलः

डी ब्रोगली समीकरण के अनुसार,

$$\lambda = \frac{h}{mu} \quad \text{अथवा} \quad \lambda \propto \frac{1}{m}$$

(यदि वेग (u) स्थिर हो)

$\therefore$ λ का क्रम (order) निम्न प्रकार होगा–

इलेक्ट्रॉन > प्रोटॉन > न्यूट्रॉन > CO_2 अणु

उदाहरणः

एक कण की गतिज ऊर्जा (K.E.) 5.65×10^{-25} जूल है। इस कण के तरंग की आवृत्ति (v) ज्ञात करो।

हलः

डी ब्रोगली समीकरण के अनुसार,

$$\lambda = \frac{h}{mu} \quad \text{...(i)}$$

$$\text{किसी कण के तरंग की आवृत्ति} (v) = \frac{\text{तरंग का वेग} (u)}{\text{तरंग की तरंग - दैर्ध्य} (\lambda)} \quad \text{...(ii)}$$

समीकरण (i) व (ii) से,

$$v = \frac{u \cdot mu}{h} = \frac{mu^2}{h} = \frac{2 \times \frac{1}{2} mu^2}{h}$$

$$= \frac{2 \times K.E.}{h} = \frac{2 \times 5.65 \times 10^{-25}}{6.625 \times 10^{-34}}$$

$$= \mathbf{1.7 \times 10^9} \textbf{ सेकण्ड}^{\mathbf{-1}}$$

उदाहरणः

यदि एक इलेक्ट्रॉन का द्रव्यमान 9.1×10^{-31} किलोग्राम है तथा उसका वेग प्रकाश के वेग का 1/10 वाँ भाग है तो उसका तरंग-दैर्ध्य होगा– ($h = 6.6252 \times 10^{-34}$ जूल सेकण्ड)

(a) 2.426×10^{-7} मीटर (b) 2.426×10^{-9} मीटर

(c) 2.426×10^{-11} मीटर (d) 2.426×10^{-13} मीटर

हलः (c)

दिया हुआ, $m = 9.1 \times 10^{-31}$ किलोग्राम

$c = \frac{1}{10}$ प्रकाश का वेग

या $c = \frac{1}{10} \times 3 \times 10^8$ मीटर/सेकण्ड

अर्थात, 3×10^7 मीटर/सेकण्ड

$h = 6.6252 \times 10^{-34}$ जूल सेकण्ड

$$\lambda = \frac{h}{mc} = \frac{6.6252 \times 10^{-34}}{9.1 \times 10^{-31} \times 3 \times 10^7} = \frac{6.6252}{9.1 \times 3} \times 10^{-10} \text{ मीटर}$$

या 0.2426×10^{-10} मीटर

या 2.426×10^{-11} मीटर

उदाहरणः

एक इलेक्ट्रॉन प्रकाश के वेग के 1/3 वेग से गति करता है, तो उसका संवेग (momentum) ज्ञात करो।

हलः

इलेक्ट्रॉन का संवेग $= m' \cdot u$

$$\text{जहाँ } m' \text{ गति में इलेक्ट्रॉन का द्रव्यमान} = \frac{m}{\sqrt{1 - \left[\frac{u}{c}\right]^2}}$$

अतः $u = c/3$

$\therefore$ $$\text{संवेग} = \frac{9.108\times10^{-28}}{\sqrt{1-\left[\frac{c}{3\times c}\right]^2}}\times\frac{3\times10^{10}}{3}$$

$$= \frac{9.108\times10^{-28}\times3\times10^{10}}{0.94\times3}$$

$$= \mathbf{9.69\times10^{-18}} \text{ ग्राम-सेमी/सेकण्ड}$$

उदाहरण:

यदि एक इलेक्ट्रॉन का संवेग (momentum), 5200 Å तरंग-दैर्ध्य वाले फोटॉन के बराबर है तो उस इलेक्ट्रॉन का वेग (velocity) ज्ञात करो।

हल:

$\because$ $$\lambda = \frac{h}{mu}$$

$\therefore$ $$\text{संवेग}(mu) = \frac{h}{\lambda} = \frac{6.626\times10^{-34}}{5200\times10^{-10}} \text{ किग्रा मीटर/सेकण्ड} \quad ...(i)$$

और इलेक्ट्रॉन का संवेग $= mu = 9.108\times10^{-31}\times u$ ...(ii)

अतः दोनों बराबर हैं, इसलिये समीकरण (i) एवं (ii) से,

$$9.108\times10^{-31}\times u = \frac{6.626\times10^{-34}}{5200\times10^{-10}}$$

$$u = \mathbf{1400} \text{ मीटर/सेकण्ड}$$

हाइजेनबर्ग का अनिश्चितता का सिद्धान्त (Heisenberg's Uncertainty Principle) :

- इस सिद्धान्त के अनुसार, किसी सूक्ष्म गतिशील कण के वास्तविक स्थान तथा साथ ही वास्तविक संवेग का निर्धारण एक साथ पूर्णरूप से सही ज्ञात करना संभव नहीं है।
- हाइजेनबर्ग का अनिश्चितता का सिद्धान्त निम्न समीकरण द्वारा लिख सकते हैं -

$$(\Delta p)(\Delta x) \geq \frac{h}{4\pi} \quad \text{या} \quad m(\Delta v)(\Delta x) \geq \frac{h}{4\pi}$$

जहाँ Δx = कण की स्थिति में अनिश्चितता

Δp = कण के संवेग में अनिश्चितता

Δv = कण के वेग में अनिश्चितता

m = कण का द्रव्यमान

अतः किसी कण के संवेग की अनिश्चितता (Δp) तथा स्थिति की अनिश्चितता (Δx) का गुणनफल $h/4\pi$ के बराबर अथवा $h/4\pi$ से अधिक होता है।

उदाहरण:

यदि इलेक्ट्रॉन की स्थिति में 0.005 nm की अनिश्चितता हो तथा इलेक्ट्रॉन का द्रव्यमान 9.109×10^{-31} Kg हो, तो वेग की अनिश्चितता क्या होगी $h = 6.6252\times10^{-34}$ जूल/सेकण्ड हो?

(a) 2.316×10^5 (b) 2.316×10^7
(c) 2.316×10^9 (d) 2.316×10^{11}

हल: (b) स्थिति में अनिश्चिता

$$(\Delta x) = 0.005 \text{ nm} = 0.005\times10^{-9} \text{ m}$$

$$= 5\times10^{-12} \text{ m}$$

इलेक्ट्रॉन का द्रव्यमान $(m) = 9.109\times10^{-31}$ Kg

$\therefore$ $$\Delta v = \frac{h}{2\pi m\times\Delta x}$$

या $$= \frac{6.6252\times10^{-34}}{2\times3.14\times5\times10^{-12}\times9.109\times10^{-31}} \text{ m/sec.}$$

या $$\Delta v = \frac{6.6252\times10^{-34}}{2\times3.14\times5\times9.109\times10^{-43}}$$

$$= 0.0231632\times10^3$$

$\therefore$ $$\Delta v = \mathbf{2.31632\times10^7}$$

उदाहरण:

एक किलोग्राम संहति वाले कण के वेग में अनिश्चितता क्या होगी, यदि स्थिति में अनिश्चितता 1 Å हो? ($h = 6.6252\times10^{-34}$ Js)

(a) 1.055×10^{-22} (b) 1.055×10^{22}
(c) 1.055×10^{-24} (d) 1.055×10^{24}

हल: (c)

दिया हुआ, $\Delta x = 1$ Å $= 1\times10^{-10}$ m

$m = 1$ Kgm

$h = 6.6252\times10^{-34}$ Js.

$$\Delta v = \frac{h}{2\pi\times m\times\Delta x}$$

या $$= \frac{6.6252\times10^{-34}}{2\times3.14\times1\times1\times10^{-10}}$$

या $$\Delta v = \frac{6.6252\times10^{-34}}{6.28\times10^{-10}} \text{ m/sec.}$$

$$= 1.054968\times10^{-24} \text{ m/sec.}$$

$$= \mathbf{1.055\times10^{-24} \text{ m/sec.}}$$

उदाहरण:

यदि संवेग में अनिश्चितता 1×10^{-2} gm cm/sec हो तो स्थिति में अनिश्चितता क्या होगी? ($h = 6.6252\times10^{-34}$ Js.)

(a) 1.054×10^{-22} m (b) 1.054×10^{-25} m
(c) 1.054×10^{-27} m (d) 1.054×10^{-32} m

हल: (c)

दिया हुआ–

$\Delta p = 1\times10^{-2}$ gm cm/sec

$= 1\times10^{-7}$ Kg m/sec

$h = 6.6252\times10^{-34}$ Js.

$$\Delta x\times\Delta p = \frac{h}{2\pi}$$

$\therefore$ $$\Delta x = \frac{h}{2\pi\times\Delta p}$$

या $$\Delta x = \frac{6.6252\times10^{-34}}{2\times3.14\times10^{-7}} \text{ m}$$

$$= \mathbf{1.054\times10^{-27} \text{ m}}$$

उदाहरण:

यदि किसी इलेक्ट्रॉन की स्थिति में अनिश्चितता ± 0.001 Å की हो, तो किस यथार्थ तक इलेक्ट्रॉन के संवेग की गणना सम्भव है। यदि इलेक्ट्रॉन का संवेग $\frac{h}{2\pi a_0}$ (जहाँ $a_0 = 0.529$ Å) हो तो प्राप्त मान को व्यक्त करने में क्या कठिनाई होगी?

हल:

$$\Delta x \cdot \Delta p = \frac{h}{4\pi}$$

$\because$ $\Delta x = 0.001$ Å $= 10^{-13}$ मीटर

$$\therefore \quad \Delta p = \frac{6.626 \times 10^{-34}}{4 \times 3.14 \times 10^{-31}}$$

$= \mathbf{5.27 \times 10^{-22}}$ **न्यूटन-सेकण्ड**

अब दिया हुआ संवेग $= \frac{h}{2\pi a_0} = \frac{6.626 \times 10^{-34}}{2 \times 3.14 \times 0.529 \times 10^{-10}}$

$= \mathbf{2 \times 10^{-24}}$ **न्यूटन-सेकण्ड**

प्राप्त संवेग की अनिश्चितता बोर के संवेग $\left(\frac{h}{2\pi a_0}\right)$ से $\left[\frac{5.27 \times 10^{-22}}{2 \times 10^{-24}}\right]$ अर्थात् 263.5 अधिक है। अत: बोर के सिद्धान्त की जगह नवीन सिद्धान्तों का दिया जाना तर्क संगत है।

उदाहरण:

हाइजेनबर्ग के अनिश्चितता सिद्धान्त के अनुसार सिद्ध करो कि इलेक्ट्रॉन नाभिक में नहीं रह सकता।

हल:

नाभिक की त्रिज्या $= 10^{-13}$ अत: यदि इलेक्ट्रॉन नाभिक में है तो इसकी स्थिति में अनिश्चिता 10^{-13} से कम होनी चाहिये।

अब, $\Delta x \cdot \Delta u \geq \frac{h}{4\pi m}$

$$\therefore \quad \Delta u = \frac{6.626 \times 10^{-27}}{4 \times 3.14 \times 9.108 \times 10^{-28} \times 10^{-13}}$$

$= \mathbf{5.79 \times 10^{12}}$ **सेमी/से०**

प्राप्त इलेक्ट्रॉन के वेग में अनिश्चितता प्रकाश के वेग से लगभग 100 गुना अधिक आती है जो संभव नहीं है।

आफबाउ सिद्धान्त (Aufbau Principle) :

➪ इस सिद्धान्त के अनुसार, किसी भी परमाणु के कक्षकों में इलेक्ट्रॉन कक्षकों की ऊर्जा के बढ़ते क्रम में भरते हैं अर्थात् कम ऊर्जा वाले कक्षक पहले तथा अधिकतम ऊर्जा वाला कक्षक सबसे बाद में भरा जाता है।

➪ विभिन्न परमाणु कक्षकों की ऊर्जा बढ़ने का क्रम –
$1s < 2s < 2p < 3s < 3p < 4s < 3d < 4p < 5s < 4d < 5p < 6s < 4f$.....

➪ **$(n + l)$ नियम :** इस नियम के अनुसार, एक उदासीन परमाणु में उप कक्षा के लिए $(n + l)$ का मान निम्नतम होगा तथा उसकी ऊर्जा भी कम होगी। यदि दो उपकोशों के $(n + l)$ के मान समान हों तो जिस उप-कक्षा के लिए n का मान कम होगा उसकी ऊर्जा कम होगी।

हुण्ड का अधिकतम बहुलता का नियम (Hund's Rule of maximum Multiplicity)

➪ इस नियम के अनुसार, जहाँ तक सम्भव हो किसी उप-कोश के कक्षकों में अयुग्मित इलेक्ट्रॉनों की संख्या अधिकतम रहती है और अयुग्मित इलेक्ट्रॉनों की स्पिन समदिश (parallel) होती है।

क्वान्टम संख्यायें (Quantum Numbers) :

➪ परमाणु में इलेक्ट्रॉनों की ऊर्जा तथा स्थिति के बारे में पूर्ण जानकारी जिन संख्याओं से प्राप्त होती है, क्वाण्टम संख्याएँ कहलाती हैं।

➪ आधुनिक विचारों के अनुसार किसी इलेक्ट्रॉन की ऊर्जा और स्थिति का पूर्ण वर्णन करने के लिए चार क्वान्टम संख्याओं की आवश्यकता होती है –

1. मुख्य क्वान्टम संख्या (Principal quantum number, n)
2. दिगंशी क्वान्टम संख्या (Azimuthal quantum number, l)
3. चुम्बकीय क्वान्टम संख्या (Maznetic quantum number, m)
4. चक्रण क्वान्टम संख्या (Spin quantum number, s)

1. मुख्य क्वान्टम संख्या (Principal Quantum Number) :

- मुख्य क्वान्टम संख्या किसी परमाणु में इलेक्ट्रॉन के ऊर्जा स्तर को बताती है।
- इस क्वान्टम संख्या को 'n' से प्रदर्शित किया जाता है, जो एक पूर्णांक संख्या (शून्य को छोडकर) है।
- यह क्वान्टम संख्या परमाणु में इलेक्ट्रॉन के मुख्य ऊर्जा स्तर और कोश के आकार (size) का निर्धारण करती है।
- मुख्य क्वान्टम संख्या के लिए n के सम्भावित मान
  $n = 1, 2, 3 \ldots \infty$
- इलेक्ट्रॉन की ऊर्जा मुख्यत: n के मान पर निर्भर करती है। n का मान कभी शून्य नहीं होता।
- जैसे-जैसे n का मान बढ़ता है, इलेक्ट्रॉन की ऊर्जा तथा उसके कोश की त्रिज्या (r) बढ़ती है।

2. दिगंशी क्वान्टम संख्या (Azimuthal Quantum Number) :

- दिगंशी क्वान्टम संख्या किसी परमाणु में इलेक्ट्रॉन के उप-ऊर्जा स्तर को प्रदर्शित करती है।
- इस क्वान्टम संख्या को l से व्यक्त किया जाता है।
- l का मान उप-कोश के कक्षकों की आकृति (shape) पर निर्धारित करता है। l के मान मुख्य क्वान्टम संख्या (n) पर निर्भर करते हैं।
- l के मान 0 से $(n - 1)$ तक होते हैं।
- यदि l के मान 0, 1, 2, 3 हो तो इन्हें क्रमश: s, p, d तथा f उपकोश से प्रदर्शित करते हैं।

3. चुम्बकीय क्वान्टम संख्या (Magnetic Quantum Number) :

- चुम्बकीय क्वान्टम संख्या उपकोश के कक्षकों को प्रदर्शित करती है। यह कक्षकों के अभिविन्यास को भी व्यक्त करती है।
- इस क्वान्टम संख्या को m से व्यक्त किया जाता है।
- m के मान दिगंशी क्वान्टम संख्या (l) पर निर्भर करते हैं।
- l के मान के लिए m के मान $-l$ से $+l$ (या $+l$ से $-l$) तक होते हैं।
- m के कुल मान $2l+1$ के बराबर होते हैं।
- कोणीय संवेग $= \sqrt{l(l+1)}\ \frac{h}{2\pi}$ B.M.

  B.M. = बोहर मैग्नेटॉन

4. चक्रण क्वान्टम संख्या (Spin Quantum Number) :

- चक्रण क्वान्टम संख्या, इलेक्ट्रॉन के चक्रण (spin) की दिशा को प्रदर्शित करती है।
- इस क्वान्टम संख्या को s से व्यक्त किया जाता है।
- यह चक्रण दक्षिणावर्त (clockwise) अथवा वामावर्त (anticlockwise) हो सकती है।
- दक्षिणावर्त (clockwise) चक्रण के लिए, $s = +\frac{1}{2}$
- वामावर्त (anticlockwise) चक्रण के लिए, $s = -\frac{1}{2}$
- यह क्वान्टम संख्या किसी परमाणु अथवा आयन के चुम्बकीय गुणों (magnetic properties) की व्याख्या करती है।

पाउली का अपवर्जन नियम (Pauli Exclusion Principle) :

⇨ इस नियम के अनुसार, किसी परमाणु में किन्हीं दो इलेक्ट्रॉनों के लिए चारों क्वान्टम संख्याओं के मान समान नहीं हो सकते।

⇨ पाउली के अपवर्जन नियम से निम्न निष्कर्ष निकालते हैं -

(i) किसी कोश (shell) में इलेक्ट्रॉनों की अधिकतम संख्या $= 2n^2$

(ii) किसी कोश में उपकोश की कुल संख्या $= n$

(iii) किसी कोश में कुल कक्षकों की संख्या $= n^2$

(iv) किसी कक्षक में विपरीत स्पिन के इलेक्ट्रॉनों की अधिकतम संख्या $= n$

तरंग समीकरण (Schrodinger Wave Equation)

डी ब्रोगली के अनुसार, इलेक्ट्रॉन कण तथा तरंगों के गुण प्रदर्शित करता है। इस तथ्य को ध्यान में रखते हुए,**Austrian physicist E. Schrodinger** ने 1926 कहा यदि इलेक्ट्रॉन तरंगों के गुण प्रदर्शित करता है। तब उसकी तरंग समीकरण होनी चाहिए। जिसे Schrodinger wave equation कहते हैं।

इस समीकरण को निम्नलिखित तरीके से प्रदर्शित किया जाता है।

$$\nabla^2\Psi + \frac{8\pi^2 m}{h^2}(E-V)\Psi = 0$$

जहाँ, E = इलेक्ट्रॉन की कुल ऊर्जा

V = इलेक्ट्रॉन की स्थितिज ऊर्जा

m = इलेक्ट्रॉन का द्रव्यमान

h = प्लांक नियतांक

इस समीकरण में ∇^2 एक गणितीय फलन है,

$$\tilde{N}^2 = \frac{\partial^2}{\partial x^2} + \frac{\partial^2}{\partial y^2} + \frac{\partial^2}{\partial z^2}$$

Ψ को गणितीय रूप से तरंग फलन कहते हैं। इस परमाणु या अणु की ऊर्जा समय के साथ परिवर्तित नहीं होती है। ऐसे तन्त्र के लिए श्रोडिंजर समीकरण को निम्न प्रकार से भी प्रदर्शित करते हैं–

$$\hat{H}\Psi = E\Psi$$

$\hat{H}$ को Hamiltonian operator कहते हैं।

Hamiltonian operator $\hat{H}$ दो भागों से बना है।

(A) गतिज ऊर्जा फलन $= \left(\frac{-n^2}{8\pi^2 m}\nabla^2\right)$

(B) स्थिति ऊर्जा फलन $V = \Psi(\gamma, \theta, \phi) = R(r), \Theta$, ®, Φ, ϕ

एक पूर्ण तरंग फलन तीन प्रकार का होता हैं–

(i) $R(r)$ = रेडियल तरंग फलन

(ii) $\Theta\ \theta$ = कोणीय तरंग फलन

(iii) $\Phi\ \phi$ = कोणीय तरंग फलन

$[\Theta(\theta) \times \Phi(\phi)]$ का गुणन फलन orbital के आकार की सूचना देता है।

$$\Psi_{n,l,m} = R_n \times \Theta_l \times \Phi_m$$

नोड तथा नोडल तल (Node and Nodal Plane)

किसी परमाणु में उपस्थित वह बिन्दु अथवा क्षेत्र जिसमें इलेक्ट्रॉन के पाये जाने की प्रायिकता शून्य होती है, **नोड** कहलाता है। इसी प्रकाश वह तल जिसमें इलेक्ट्रॉन के पाये जाने की सम्भावना शून्य होती है। **नोडल तल** (Nodal Plane) कहलाता है। नोड तथा नोडल तल दोनों के लिए ψ^2 का मान शून्य होता है, अर्थात् उस क्षेत्र में इलेक्ट्रॉन घनत्व शून्य होता है। नोडल तल परमाणु के नाभिक से होकर जाता है। नोड दो प्रकार के होते हैं–

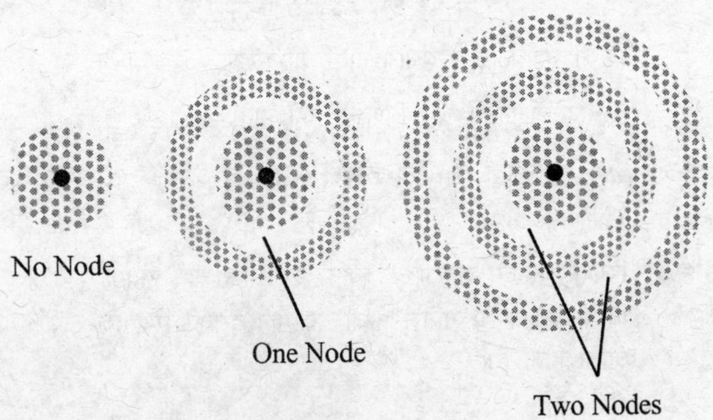

Shapes of 1*s*, 2*s* and 2*s* orbitals

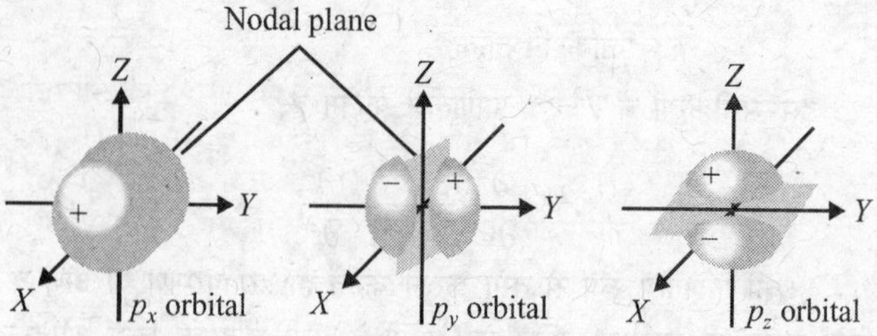

(a) नोड, (b) p_x, p_y तथा p_z ऑबिटलों में नोडीय तल

(1) कोणीय नोड (angular nodes)

(2) वृत्तीय नोड (angular nodes)

किसी ऑर्बिटल में कोणीय नोडों की संख्या $= l$

किसी ऑर्बिटल में वृत्तीय नोडों की संख्या $= (n - l - 1)$

नोडों की कुल संख्या $= (n - 1)$

अर्थात् 1*s* ऑर्बिटल में कोई नोड नहीं होता, 2*s* में एक वृत्तीय नोड होता है, कोणीय नोड नहीं होता 2*p* में एक कोणीय नोड होता है कोई वृत्तीय नोड नहीं होता। प्रत्येक *p*-ऑर्बिटल में एक नोडल तल होता है।

स्मरणीय बिन्दु

- ☞ जब एक इलेक्ट्रोन को विरामावस्था से 1 वोल्ट के विभवान्तर से त्वरित किया जाता है। तब गतिज ऊर्जा $= 1\text{ eV} = 1.609 \times 10^{-19}\text{ J}$ होती है।
- ☞ बामर श्रेणी 4 मुख्य लाइन से बनी होती है जिनकी तरंगदैर्ध्य क्रमश: 6563Å, 4862Å, 4341Å तथा 4102Å होती हैं। इन्हें क्रमश: H_α, H_β, H_γ तथा H_δ कहते हैं।
- ☞ जब इलेक्ट्रॉन *n*वें ऊर्जा स्तर से आध अवस्था में जाता है, तब उत्पन्न स्पेक्ट्रम लाइन की संख्या $(n = 1) = \dfrac{n(n-1)}{2}$ होती है।
- ☞ एक इलेक्ट्रॉन का किसी कक्षक में कोणीय संवेग

$$= \sqrt{l(l+1)}\,\frac{h}{2\pi}$$

जो केवल *l* के मान पर निर्भर करता *n* के मान पर नहीं।

  - *s*–इलेक्ट्रॉन के लिए, कोणीय संवेग = 0
  - *p*-उपकोश या *p*–इलेक्ट्रॉन के लिए, कोणीय संवेग

$$= \sqrt{1(1+1)}\,\frac{h}{2\pi} = \sqrt{2}\,\frac{h}{2\pi}$$

  - *d*-उपकोश या *d*–इलेक्ट्रॉन के लिए, कोणीय संवेग

$$= \sqrt{2(2+1)}\,\frac{h}{2\pi} = \sqrt{6}\,\frac{h}{2\pi}$$

  - *f*-उपकोश या *f*–इलेक्ट्रॉन के लिए, कोणीय संवेग

$$= \sqrt{3(3+1)}\,\frac{h}{2\pi} = \sqrt{12}\,\frac{h}{2\pi}$$

- ☞ किसी ऑर्बिटल में वृत्तीय नोडों की संख्या $= (n - l - 1)$.
- ☞ d_z^2 ऑर्बिटल में चार पिण्डक नहीं होते।
- ☞ $d_{x^2-y^2}$ कक्षक के दोनों डम्बल अक्ष *x* व अक्ष *y* पर स्थित होते हैं।
- ☞ दिगंशी क्वांटम संख्या का मान ऋणात्मक नहीं होता।
- ☞ किसी कक्षक में गतिज ऊर्जा का मान इसकी स्थितिज ऊर्जा का आधा होता है।
- ☞ जैसे-जैसे *r* का मान शून्य के समीप आता है, तो 1*s* कक्षक को छोड़कर सभी कक्षकों का तरंग फलन शून्य हो जाता है। इस प्रकार केवल 1*s* इलेक्ट्रॉन ही नाभिक को भेद सकता है अर्थात 1*s* इलेक्ट्रॉन की नाभिक में पाये जाने की एक निश्चित प्रायिकता होती है।
- ☞ हुण्ड का नियम H, He, Li तथा Be पर लागू नहीं होता है, क्योंकि इनमें इलेक्ट्रॉन s उपकोश में भरा जाता है, जिसका कोई समभ्रंश कक्षक नहीं होता।
- ☞ हाइजेन वर्ग के अनुसार किसी भी इलेक्ट्रॉन की स्थिति तथा संवेग दोनों का एक साथ एक समय में यथार्थता से निर्धारण नहीं किया जा सकता।
- ☞ जिस उपकोश का $(n + l)$ कम होता है इलेक्ट्रॉन पहले उसी में प्रवेश करता है।
- ☞ स्पैक्ट्रल रेखाओं का वैद्युत क्षेत्र की उपस्थिति में टूटता स्टार्क प्रभाव कहलाता है।
- ☞ एनोड किरणों में उपस्थित कणों का *e*/*m* विसर्जन नलिका में उपस्थित गैस की प्रकृति पर निर्भर करता है।
- ☞ $3d^5$ तथा $3d^{10}$ विन्यास वाली स्पीशीज का आकार गोलीय सममित होता है।
- ☞ Cu तथा Cr के इलेक्ट्रॉनिक विन्यासों में ऑफबाऊ नियम का उल्लंघन होता है।
- ☞ किसी कोश में प्रति परिक्रमा इलेक्ट्रॉन तरंगों की संख्या कोश के बराबर होती है।
- ☞ d^5 इलेक्ट्रॉनिक विन्यास d^4 की अपेक्षा अधिक स्थायी होता है।
- ☞ यदि तीसरे कोश में इलेक्ट्रॉन की ऊर्जा $-E$ हो तो, प्रथम कोश में इसकी ऊर्जा -9 E होगी।
- ☞ बोहर का परमाणु मॉडल हाइजेनबर्ग के अनिश्चितता सिद्धान्त के विरुद्ध है।
- ☞ *d*-उपकोश के पाँच इलेक्ट्रॉनों के लिए चक्रण क्वाण्टम संख्या *s* का मान $-\dfrac{1}{2}$ होता है।
- ☞ किसी उपकोश में इलेक्ट्रॉनों की अधिकतम संख्या $4l + 2$ होती है।

अभ्यास के लिए प्रश्न

1. मूल अवस्था में यदि हाइड्रोजन परमाणु के एक इलेक्ट्रॉन की ऊर्जा -13.6 eV हो तो द्वितीय उत्तेजित कक्षा में इसका मान होगा-

(a) -1.51 eV (b) -1.51 eV
(c) $-6.0.4$ eV (d) -13.6 eV

2. 25 ग्राम के एक सूक्ष्म कण की आकाश में स्थिति की अनिश्चितता 10^{-5} मीटर है। इसके वेग (मी/सैकेण्ड में) की अनिश्चितता क्या होगी?

(a) 2.1×10^{-34} (b) 0.5×10^{-34}
(c) 2.1×10^{-28} (d) 0.5×10^{-23}

3. निम्नलिखित में से किसमें अधिक चुम्बकीय आघुर्ण है?

(a) Mn^{2+} (b) Fe^{2+}
(c) Ti^{2+} (d) Cr^{3+}

4. Fe^{2+} आयन में d- इलेक्ट्रॉनों की संख्या है-

(a) 5 (b) 6
(c) 3 (d) 4

5. एक कक्षा में चक्कर लगा रहे इलेक्ट्रॉन का कक्षकीय कोणीय संवेग (orbital angular momentum) $\frac{h}{2\pi}\sqrt{l(l+1)}$ है। s- इलेक्ट्रॉन के लिए इसका मान है-

(a) $\frac{h}{2\pi}$ (b) $\sqrt{2}\frac{h}{2\pi}$
(c) $+\frac{1}{2}\frac{h}{2\pi}$ (d) शून्य

6. हाइड्रोजन स्पेक्ट्रम की बोर लाइनों में लाल सिरे से तीसरी लाइन, निम्न में से इलेक्ट्रॉन के किन आन्तरिक कक्षाओं के मध्य होने वाले संक्रमण से सम्बन्धित है?

(a) $4 \rightarrow 1$ (b) $2 \rightarrow 5$
(c) $3 \rightarrow 2$ (d) $5 \rightarrow 2$

7. एक 60 ग्राम की गेंद जो कि 10 मीटर प्रति सैकेण्ड की गति से गतिमान है। इसकी डी-ब्रोग्ली तरंग-दैर्ध्य क्या होगी?

(a) 10^{-16} मीटर (b) 10^{-25} मीटर
(c) 10^{-33} मीटर (d) 10^{-31} मीटर

8. एक $4f$ कक्षक वालेइलेक्ट्रॉन के लिए क्वाण्टम संख्याओं का कौन-समूह ठीक है?

(a) $n=3 \quad l=2 \quad m_1=-2 \quad m_s=+\frac{1}{2}$

(b) $n=4 \quad l=4 \quad m_1=-4 \quad m_s=-\frac{1}{2}$

(c) $n=4 \quad l=3 \quad m_1=+1 \quad m_s=+\frac{1}{2}$

(d) $n=4 \quad l=4 \quad m_1=+4 \quad m_s=+\frac{1}{2}$

9. $_{24}Cr$ की मूल अवस्था में द्विगंशी क्वाण्टम संख्या $l=1$ तथा $l=2$ में इलेक्ट्रॉनों की संख्या क्रमशः है-

(a) 16 तथा 5 (b) 12 तथा 5
(c) 16 तथां 4 (d) 12 तथा 4

10. जब इलेक्ट्रॉन अनंत से हाइड्रोजन परमाणु की मूल कक्षा में आता है, तो उत्सर्जित विकिरण की तरंग-दैर्ध्य क्या होगी?

(a) 9.1×10^{-8} मीटर (b) 192 मीटर
(c) 406 नैनोमीटर (d) 91 नैनोमीटर

11. परमाणुओं के निम्नलिखित बाह्यतम के इलेक्ट्रॉननिक विन्यासों में से किसमें उच्चतम ऑक्सीकरण अवस्था प्राप्त की जा सकती है-

(a) $(n-1)d^5 ns^2$ (b) $(n-1)d^5 ns^1$
(c) $(n-1)d^3 ns^2$ (d) $(n-1)d^8 ns^2$

12. चुम्बकीय क्षेत्र की अनुपस्थिति में, एक बहुइलेक्ट्रॉनीय परमाणु के निम्नलिखित कक्षकों, जो कि क्वाण्टम संख्याओं द्वारा निरूपित हैं, में से किनकी ऊर्जा एकसमान होगी-

(i) $n=1, l=0, m=0$ (ii) $n=2, l=0, m=0$
(iii) $n=2, l=1, m=1$ (iv) $n=3, l=2, m=1$
(v) $n=3, l=2, m=0$

(a) (i) तथा (ii) (b) (ii) तथा (iii)
(c) (iii) and (iv) (d) (iv) तथा (v)

13. हाइड्रोजनप परमाणु के सम्बन्ध में निम्न में से कौन-सा कथन सत्य है?

(a) $3s$-कक्षक की ऊर्जा $3p$- कक्षक से कम होती है।
(b) $3p$-कक्षक की ऊर्जा $3d$- कक्षक से कम होती है।
(c) $3s$-तथा $3p$-कक्षकों की ऊर्जा $3d$- कक्षकों से कम होती है।
(d) $3s$, $3p$-तथा $3d$ कक्षक की ऊर्जाएँ समान होती हैं।

14. निम्न में से कौन-सा समूह आयनों के समइलेक्ट्रॉनिक समूह को प्रकट करता है-

(a) $Li^+, Na^+, Mg^{2+}, Ca^{2+}$ (b) $K^+, Cl^-, Ca^{2+}, Sc^{3+}$
(c) $Ba^{2+}, Sr^{2+}, K^+, Ca^{2+}$ (d) $N^{3-}, O^{2-}, F^-, S^{2-}$

15. जलीय विलयन में Ni^{2+} का 'केवल चक्रण' चुम्बकीय आघुर्ण होगा- (Ni का परमाणु क्रमांक = 28)

(a) 1.73 B.M. (b) 2.84 B.M.
(c) 4.90 B.M. (d) 0

16. बोहर के सिद्धान्त के अनुसार,इलेक्ट्रॉन का 5वीं कक्षा में कोणीय संवेग होगा-

(a) 25 h/π (b) 1.0 h/π
(c) 10 h/π (d) 2.5 h/π

17. एक इलेक्ट्रॉन की स्थिति में अनिश्चिता क्या होगी (द्रव्यमान = 9.1×10^{-31} किग्रा) जोकि 300 मी सेकेंड$^{-1}$ वेग से चल रहा है, शुद्धता लगभग 0.001% है? ($h = 6.63 \times 10^{-34}$ जूल सेकेण्ड)

(a) 19.2×10^{-2} मी (b) 5.76×10^{-2} मी
(c) 1.92×10^{-2} मी (d) 3.84×10^{-2} मी

18. क्वान्टम संख्या का कौन-सा युग्म परमाणु की सर्वाधिक ऊर्जा को प्रदर्शित करता है?

(a) $n=3, l=1, m=1, s=+\frac{1}{2}$

(b) $n=3, l=2, m=1, s=+\frac{1}{2}$

(c) $n=4, l=0, m=0, s=+\frac{1}{2}$

(d) $n=3, l=0, m=0, s=+\frac{1}{2}$

19. हाइड्रोजन परमाणु की आयनन एन्थैल्पी 1.312×10^6 जूल मोल$^{-1}$ है। परमाणु में इलेक्ट्रॉन को $n = 1$ से $n = 2$ में उत्तेजित करने के लिए आवश्यक ऊर्जा होगी-

(a) 8.51×10^5 जूल मोल$^{-1}$ (b) 6.56×10^5 जूल मोल$^{-1}$
(c) 7.56×10^5 जूल मोल$^{-1}$ (d) 9.84×10^5 जूल मोल$^{-1}$

20. रदरफोर्ड के α कणों के प्रकीर्णन प्रयोग से यह निष्कर्ष निकला कि-

(a) द्रव्यमान तथा ऊर्जा सम्बन्धित हैं
(b) इलेक्ट्रॉन नाभिक के चारों ओर स्थान घेरत हैं
(c) न्यूट्रॉन नाभिक के बहुत अन्दर स्थिर होते हैं
(d) द्रव्य से टकराव को सही ढंग से निर्धारित किया जा सकता है

21. यदि हाइड्रोजन की प्रथम बोहर कक्षा में इलेक्ट्रॉन का वेग x है तो तीसरी कक्षा में वेग होगा-

(a) $3x$ (b) $\frac{x}{9}$
(c) $\frac{x}{3}$ (d) $9x$

22. He^+ तथा Li^{2+} आयन की प्रथम कक्षा में इलेक्ट्रॉन की गति का अनुपात है-

(a) 3:2 (b) 2:3
(c) 1:1 (d) 2:1

23. हाइड्रोजन की बामर श्रेणी की प्रथम लाइन की तरंग संख्या 152000 सेमी$^{-1}$ है। Li^{2+} आयन की बामर श्रेणी की प्रथम लाइन की तरंग संख्या होगी-

(a) 15200 सेमी$^{-1}$ (b) 60800 सेमी$^{-1}$
(c) 76000 सेमी$^{-1}$ (d) 136800 सेमी$^{-1}$

24. किसी इलेक्ट्रॉन के लिये $n = 4$ तथा $m = -2$ है। इसके लिए असत्य कथन बताइये-

(a) इलेक्ट्रॉन d-कक्षक में हो सकता है
(b) इलेक्ट्रॉन चतुर्थ मुख्य कोश में उपस्थित है
(c) इलेक्ट्रॉन के चक्रण की दिशा $+\frac{1}{2}$ है
(d) इसकी ऊर्जा $3d$- के इलेक्ट्रॉन से कम है

25. किसी परमाणु में ऊर्जा स्तरों के लिए निम्नलिखित में से कौन-सा कथन सत्य है-

(a) मुख्य इलेक्ट्रॉन ऊर्जा स्तर सात होते हैं
(b) द्वितीय ऊर्जा स्तर में चार उप-ऊर्जा स्तर होते हैं तथा इसमें अधिकतम i-इलेक्ट्रॉन होते हैं
(c) M-ऊर्जा स्तर में अधिकतम 32 इलेक्ट्रॉन रह सकते हैं
(d) $4s$- उपऊर्जा स्तर $3d$ उपऊर्जा स्तरों की अपेक्षा उच्च ऊर्जा का होता है

26. हाइड्रोजन परमाणु में इलेक्ट्रॉनों को 5 वें कोश में उत्तेजित कर दिया जाता है। वर्णक्रम में उपस्थित विभिन्न रेखाओं की संख्या होगी-

(a) 18 (b) 12
(c) 4 (d) 10

27. दो इलेक्ट्रॉनिक अवस्थाओं का ऊर्जा अन्तर 46.12 किलो कैलोरी प्रति मोल है। जब इलेक्ट्रॉन उच्च से निम्न ऊर्जा अवस्था में गिरता है तो उत्सर्जित प्रकाश की आवृत्ति क्या होगी-

(a) 15×10^{14} चक्र सेकण्ड$^{-1}$ (b) 4.84×10^{14} चक्र सेकण्ड$^{-1}$
(c) 4×10^{-11} चक्र सेकण्ड$^{-1}$ (d) 4×10^{-12} चक्र सेकण्ड$^{-1}$

28. एक तत्व के दो समस्थानिकों के परमाणु भार 16 व 18 हैं। इसका परमाणु भार 16.4 है। ''समस्थानिक 16'' की प्रतिशतता है-

(a) 80% (b) 60%
(c) 50% (d) 40%

29. एक परमाणु का नाभिक गोलाकार आकृति का माना जा सकता है। द्रव्यमान संख्या 'A' के नाभिक की त्रिज्या सम्बन्ध $1.25 \times 10^{-13} A^{1/3}$ सेमी से दी जाती है। परमाणु की परमाणु त्रिज्या एक Å(1Å) है। यदि द्रव्यमान संख्या 64 है तो परमाणु आयतन का वह भिन्नाश (fraction) जो नाभिक घेरता है, होगा-

(a) 1.25×10^{-13} (b) 5×10^{-5}
(c) 1×10^{-13} (d) 2.5×10^{-2}

30. यदि हाइड्रोजन वर्णक्रम की लाइमन श्रेणी की रेखाओं की अभिसारी सीमा (convergence limit) 3.28×10^{15} हर्ट्ज है तो, तलस्थ अवस्था में प्रति मोल पमाणविक हाइड्रोजन को आयनित करने के लिए ऊर्जा की आवश्यक मात्रा है-

(a) 1036 किलोजूल (b) 13.6 किलोजूल
(c) 356 किलोजूल (d) 1980 किलोजूल

उत्तरमाला

1. (a)	**2.** (c)	**3.** (c)	**4.** (d)	**5.** (d)	**6.** (d)	**7.** (c)	**8.** (c)	**9.** (b)	**10.** (d)
11. (a)	**12.** (d)	**13.** (d)	**14.** (b)	**15.** (a)	**16.** (d)	**17.** (c)	**18.** (b)	**19.** (d)	**20.** (b)
21. (c)	**22.** (b)	**23.** (d)	**24.** (d)	**25.** (a)	**26.** (a)	**27.** (b)	**28.** (a)	**29.** (a)	**30.** (b)

हल

1. (a) द्वितीय उत्तेजित अवस्था का अर्थ है तृतीय ऊर्जा स्तर

$$E_3 = \frac{E_1}{3^2} = \frac{13.6}{9} = 1.51\text{ eV}$$

2. (c) $\Delta u = \dfrac{h}{4\pi m.\Delta x} = \dfrac{6.626\times10^{-34}}{4\times3.14\times25\times10^{-3}\times10^{-5}}$

$= 2.1\times10^{-28}$ मीटर/सैकेण्ड

3. (c) Mn^{2+} में पाँच अयुग्मित इलेक्ट्रॉन होते है। ($1s^2, 2s^22p^6, 3s^23p^6\ 3d^5$) तथा इसका चुम्बकीय आघुर्ण अधिकतम होता है।

4. (d) $Fe^{2+}: 1s^2, 2s^22p^6, 3s^23p^6\,3d^6$

5. (d) s-कक्षक के लिए $- l = 0$

6. (d) उत्सर्जन दृश्य क्षेत्र (VIBGYOR) में होता। अतः बॉमर श्रेणी या तो (c) है या (d) है। (c) में केवल एक उत्सर्जन है। तृतीय रेखा 5 से 2 में संक्रमण के लिए होगी।

7. (c) $\lambda = \dfrac{h}{mu} = \dfrac{6.626\times10^{-34}}{60\times10^{-3}\times10} = 10^{-33}$

8. (c) $4f$ कक्षक में $n = 4,\ l = 3; l = 3$ के लिए $m \neq 4$

9. (b) ${}_{24}Cr: 1s^2, 2s^2\,2p^6, 3s^2\,3p^6 3d^5, 4s^1$

$l = 1,\quad l = 1,\quad l = 2$

10. (d) $\dfrac{1}{\lambda} = R_H\left[\dfrac{1}{\infty} - \dfrac{1}{1^2}\right]$

$$\therefore \quad \lambda = \frac{1}{R_H} = \frac{1}{1.097\times10^7}\,m$$

$= 9.1\times10^{-8}$m

$= 91\times10^{-9}\,m = 91$ nm

11. (a) + 7 अवस्था पाँच d-इलेक्ट्रॉनों तथा 2 s- इलेक्ट्रॉनों द्वारा प्राप्त की जा सकती है।

12. (d) चुम्बकीय क्षेत्र की अनुपस्थिति में समान $(n+1)$ वाले कक्षकों की ऊर्जा समान होगी।

13. (d) प्रत्येक कोश के उपकोशों की ऊर्जा समान होती है।

14. (b) प्रत्येक में 18 इलेक्ट्रॉन है।

15. (a) Ni^{2+} में दो अयुग्मित इलेक्ट्रॉन हैं।

Ni^{2+} में दो अयुग्मित इलेक्ट्रॉन हैं।

$$\mu = \sqrt{n(n+2)} = \sqrt{8}$$

$= 2.84$ B.M.

16. (d) कोणीय संवेग $= n\dfrac{h}{2\pi} = \dfrac{5h}{2\pi} = 2.5\dfrac{h}{\pi}$

$(n = 5)$

17. (c) $\Delta x = \dfrac{h}{4\pi m\Delta u} = \dfrac{6.626\times10^{-34}\times100}{4\times3.14\times9.1\times10^{-31}\times0.001\times300}$

$= 1.93\times10^{-2}$ मीटर

18. (b) $n + l = 3 + 2 = 5$ परमाणु की अधिकतम ऊर्जा को दर्शाता है।

19. (d) हाइड्रोजन परमाणु की आयनन एन्थैल्पी 1.312×10^6 जूल मोल$^{-1}$ है। अतः इलेक्ट्रॉन की मूल अवस्था (प्रथम कक्षक) में ऊर्जा -1.312×10^6 जूल मोल$^{-1}$ है।

$$\Delta E = E_2 - E_1 = \frac{E_1}{2^2} + \frac{E_1}{1^2}$$

$$= \frac{1.312\times10^6}{(2)^2} - \frac{1.312\times10^6}{1}$$

$= 9.84\times10^5$ जूल मोल$^{-1}$

20. (b) रदरफोर्ड के α- कणों के प्रकीर्णन प्रयोग के निष्कर्ष के अनुसार इलेक्ट्रॉन नाभिक के चारों ओर स्थान घेरते हैं।

21. (c) $v = \dfrac{z}{n}\cdot x$ $\qquad \because H$ के लिए

$Z = 1$

$n = 3$

$$\therefore \quad v = \frac{x}{3}$$

22. (b) n वें कोश में इलेक्ट्रॉन के वेग का व्यंजक है,

$$v = \frac{Z\times2\pi e^2}{nh}$$

अब $\quad v_{He^+} = \dfrac{2\times2\pi e^2}{1\times h}$

(He^+ के लिये $Z = 2, n = 1$)

$$v_{Li^{2+}} = \frac{3\times2\pi e^2}{1\times h}$$

(Li^{2+} के लिये $Z = 3, n = 1$)

$$\frac{v_{He^+}}{v_{Li^{++}}} = \frac{2}{3}$$

23. (d) हाइड्रोजन में बामर श्रेणी की प्रथम लाइन :

$$\bar{v}_1 = \text{तरंग संख्या} = R\left(\frac{1}{n_1^2} - \frac{1}{n_2^2}\right)$$

$$= R\left(\frac{1}{2^2} - \frac{1}{3^2}\right)$$

$= 15200$ सेमी$^{-1}$ $= R\times\dfrac{5}{36}$ ...(i)

माना Li^{2+} में तरंग संख्या $\bar{v}_2$ है।

तो $\quad \bar{v}_2 = R\times Z^2\times\left(\dfrac{1}{n_1^2} - \dfrac{1}{n_2^2}\right)$

$$= R\times9\times\left(\frac{1}{2^2} - \frac{1}{3^2}\right)$$

$$= R \times 9 \times \frac{5}{36} \quad ...(ii)$$

सम्बन्ध (i) व (ii) से

$$\frac{15200}{\overline{v}_2} = \frac{1}{9}$$

या $\overline{v}_2 = 15200 \times 9$ सेमी$^{-1}$

$$= 109670 \text{ सेमी}^{-1} \left(\frac{1}{1} - \frac{1}{4}\right)$$

24. (d) $n = 4$ व $m = -2$ $4d$ कक्षक होगा जिसकी ऊर्जा $3d$ के इलेक्ट्रॉन से अधिक होगी।

25. (a) मुख्य इलेक्ट्रॉन ऊर्जा स्तर 7 होते हैं।

26. (a) रेखाओं की अधिकतम संख्या $= \frac{n(n-1)}{2}$

$$= \frac{5 \times (5-1)}{2} = \frac{5 \times 4}{2} = 10$$

27. (b) $E = h\nu$ से

$E = 46.12$ किलो कैलोरी मोल$^{-1}$

$$= \frac{46.12 \times 1000 \times 4}{6.023 \times 10^{23}}$$

$= 30.74 \times 10^{-20}$ जूल

$$\nu = \frac{E}{h} = \frac{30.74 \times 10^{-20} \text{ जूल}}{6.626 \times 10^{-34} \text{ जूल सेकण्ड}}$$

$= 4.84 \times 10^{14}$ चक्र प्रति सेकण्ड

28. (a) माना "समस्थानिक-16" की प्रतिशतता x है, तो समस्थानिक-18 की $(100 - x)$ हुई।

औसत परमाणु भार $= 16.4 = \frac{x \times 16 + (100 - x) \times 18}{100}$

जहाँ से, $x = 80\%$

29. (a) $\frac{\text{नाभिक का आयतन}}{\text{परमाणु का आयतन}} = \frac{\frac{4}{3}\pi r^3}{\frac{4}{3}\pi R^3}$

($r =$ नाभिक की त्रिज्या, $R =$ परमाणु की त्रिज्या)

$$= \frac{r^3}{R^3} = \frac{[1.25 \times 10^{-13} \times (64)^{1/3} \text{ सेमी}]^3}{(1 \times 10^{-8} \text{ सेमी})^3}$$

$= 1.25 \times 10^{-13}$

30. (b) लाइमन श्रेणी की रेखाओं की अभिसारी सीमा का अर्थ है, कि अनन्त से प्रथम कोश में इलेक्ट्रॉनिक संक्रमण से उत्सर्जित विकिरण की आवृत्ति $\nu = 3.28 \times 10^{15}$ चक्र प्रति सेकण्ड (हर्ट्ज)

उत्सर्जित ऊर्जा $E = h\nu$

$E = 6.626 \times 10^{-34}$ जूल सेकण्ड $\times 3.28 \times 10^{15}$ चक्र सेकण्ड$^{-1}$ ...(i)

(i) के बराबर ऊर्जा हाइड्रोजन के एक परमाणु को आयनित करने के लिये आवश्यक ऊर्जा है।

एक मोल हाइड्रोजन परमाणुओं को आयनित करने के लिये आवश्यक ऊर्जा

$= 6.626 \times 10^{-34} \times 3.28 \times 10^{15}\ 6.023 \times 10^{23}$ जूल

$= 1308$ किलो जूल

□□□

Chapter 5

रासायनिक बंध तथा आण्विक संरचना
(Chemical Bonding and Molecular Structure)

- **मुख्य बन्ध सिद्धान्त (Main bond theory) :**
  - — अष्टक सिद्धान्त को लुईस तथा कौशल ने दिया था।
  - — संयोजकता बन्ध सिद्धांत को हिटलर तथा लन्दन ने प्रतिपादित किया था तथा इसको पॉलिंग तथा स्लेटर ने विस्तार किया था।
  - — संयोजकता कोश इलेक्ट्रॉन युग्म प्रतिकर्षण सिद्धान्त को ग्लिस्पी तथा नाइहोम ने प्रतिपादित किया था।
  - — आण्विक कक्षक सिद्धांत को हुण्ड तथा मुलिकन ने दिया था।
- ब्रॉन हेबर चक्र (born-Haber cycle) द्वारा जालक ऊर्जा ज्ञात की जाती है।

$Al_2O_3 > MgO > Na_2O$ ← जालक ऊर्जा का क्रम,

$LiX > NaX > KX > RbX > CsX$ ← जालक ऊर्जा का क्रम

$NaF > NaCl > NaBr > NaI$ ← जालक ऊर्जा का क्रम,

$BaO < SrO < CaO < MgO < BeO$ → जालक ऊर्जा का क्रम

$BaCO_3 < SrCO_3 < CaCO_3 < MgCO_3$ → जालक ऊर्जा का क्रम

- **सहसंयोजक लक्षण (Covalent nature) :**

$LiCl > NaCl > KCl > RbCl > CsCl$ → सहसंयोजक लक्षण का क्रम,

$NaF > NaCl > NaBr > NaI$ → सहसंयोजक लक्षण का क्रम

$PCl_5 > SnCl_4 > AlCl_3 > MgCl_2 > CsCl > KCl > NaCl$ → सहसंयोजक लक्षण का क्रम

- बन्ध ऊर्जा स्थायत्वि तथा अभिक्रियाशीलता का क्रम

  त्रिबन्ध > द्विबन्ध > एकल बन्ध

  किन्तु बन्ध दूरी का क्रम

  एकल बन्ध > द्विबन्ध > त्रिबन्ध
- संयोजकता कोश इलेक्ट्रॉन युग्म प्रतिकर्षण के अनुसार प्रतिकर्षण का क्रम

  (*lp-lp*) > (*lp-bp*) > (*bp-bp*)
- आण्विक कक्षक सिद्धान्त के अनुसार
  - — O_2^{--}, N_2 तथा NO^{--} प्रतिचुम्बकीय होते हैं।
  - — NO, NO_2^{++}, O_2^+ तथा N_2^+ का बन्ध कोटि 2.5 होता हैं।
  - — CO, N_2, NO^+ तथा CN^- की बन्ध कोटि 3 होती हैं।

- **मुख्य बन्ध सिद्धान्त (Main bond theory) :**
  - — अष्टक सिद्धान्त को लुईस तथा कौशल ने दिया था।
  - — संयोजकता बन्ध सिद्धांत को हिटलर तथा लन्दन ने प्रतिपादित किया था तथा इसको पॉलिंग तथा स्लेटर ने विस्तार किया था।
  - — संयोजकता कोश इलेक्ट्रॉन युग्म प्रतिकर्षण सिद्धान्त को ग्लिस्पी तथा नाइहोम ने प्रतिपादित किया था।
  - — आण्विक कक्षक सिद्धांत को हुण्ड तथा मुलिकन ने दिया था।
- ब्रॉन हेबर चक्र (born-Haber cycle) द्वारा जालक ऊर्जा ज्ञात की जाती है।

$Al_2O_3 > MgO > Na_2O$ ← जालक ऊर्जा का क्रम,

$LiX > NaX > KX > RbX > CsX$ ← जालक ऊर्जा का क्रम

$NaF > NaCl > NaBr > NaI$ ← जालक ऊर्जा का क्रम,

$BaO < SrO < CaO < MgO < BeO$ → जालक ऊर्जा का क्रम

$BaCO_3 < SrCO_3 < CaCO_3 < MgCO_3$ → जालक ऊर्जा का क्रम

- **सहसंयोजक लक्षण (Covalent nature) :**

$LiCl > NaCl > KCl > RbCl > CsCl$ → सहसंयोजक लक्षण का क्रम,

$NaF > NaCl > NaBr > NaI$ → सहसंयोजक लक्षण का क्रम

$PCl_5 > SnCl_4 > AlCl_3 > MgCl_2 > CsCl > KCl > NaCl$ → सहसंयोजक लक्षण का क्रम

- बन्ध ऊर्जा स्थायत्वि तथा अभिक्रियाशीलता का क्रम

  त्रिबन्ध > द्विबन्ध > एकल बन्ध

  किन्तु बन्ध दूरी का क्रम

  एकल बन्ध > द्विबन्ध > त्रिबन्ध
- संयोजकता कोश इलेक्ट्रॉन युग्म प्रतिकर्षण के अनुसार प्रतिकर्षण का क्रम

  (lp-lp) > (lp-bp) > (bp-bp)

☞ आण्विक कक्षक सिद्धान्त के अनुसार

— O_2^{--}, N_2 तथा NO^{--} प्रतिचुम्बकीय होते हैं।

— NO, NO_2^{++}, O_2^+ तथा N_2^+ का बन्ध कोटि 2.5 होता हैं।

— CO, N_2, NO^+ तथा CN^- की बन्ध कोटि 3 होती हैं।

सामान्य सिद्धान्त (General Concept)

⇨ अष्ट्रक निम्नलिखित पर लागू नहीं होता

(a) $BF_3, AlX_3, ZnCl_2$

(b) SO_3, PCl_5, SF_6, IF_7, CO

⇨ अष्ट नियम को लुईस तथा कौशल ने दिया था।

⇨ यौगिक जिनमें आयनिक तथा सहसंयोजक, दोनों बन्ध पाये जाते हैं।

CaC_2, KCN, KNO_2 (नाइट्राइट)

⇨ यौगिक जिनमें सहसंयोजक तथा उपसहसंयोजक बन्ध पाये जाते हैं।

$NH_4^+, SO_3, NO_2, N_2O_5$

⇨ यौगिक जिसमें आयनिक, सहसंयोजक तथा उपसहसंयोजक बन्ध तीनों प्रकार के बन्ध पाये जाते हैं।

$NH_4Cl, K_4[Fe(CN)_6]\,[Fe(H_2O)_6]Cl_3$

बन्ध प्रवृत्ति (Bond Nature) :

⇨ NH_4Cl = आयनिक बन्ध + सहसंयोजक बन्ध + उपसहसंयोजक बन्ध

⇨ CaC_2 = आयनिक बन्ध + 1 σ बन्ध + 2 π बन्ध

⇨ ऐसीटोन = 9 σ बन्ध + 1 π बन्ध + 2 एकांकी युग्म

⇨ बेन्जीन में, 12 σ बन्ध + 3 π बन्ध होते हैं।

⇨ टॉलूईन में, 15 σ बन्ध + 3 π बन्ध होते हैं।

⇨ 1, 3 ब्यूटाडाईन में, 9 σ बन्ध + 2 π बन्ध होते हैं।

$(CN)_2$ — CN = C—$(CN)_2$ = 9 π बन्ध + 9 σ बन्ध होते हैं।

फजान का नियम (Fajan's Rule) :

⇨ ध्रुवण क्षमता की व्याख्या फजान के नियम के द्वारा की जाती हैं।

(a) ध्रुवण क्षमता $\propto \dfrac{1}{\text{धनायन का आकार}}$

LiCl > NaCl > KCl > RbCl > CsCl

ध्रुवण क्षमता जितनी अधिक होती है सहसंयोजी गुण उतना ही अधिक होता है तथा आयनिक गुंण कम होता हैं।

(b) ध्रुवण क्षमता ∝ धनायन पर उपस्थित आवेश

$Al^{+++} > Mg^{++} > Na^+$

सहसंयोजक गुण $AlCl_3 > MgCl_2 > NaCl$

(c) ध्रुवण क्षमता ∝ ऋणायन का आकार

NaI > NaBr > NaCl > NaF

(d) ध्रुवण क्षमता ∝ *d*-इलेक्ट्रॉनों की संख्या

⇨ **आयनिक लक्षण का क्रम (Ionic Nature)**

$NaCl > MgCl_2 > AlCl_3$

$Na_2O > MgO > Al_2O_3$

⇨ **सहसंयोजक लक्षण का क्रम (Covalent Nature)**

$BeCl_2 > NaCl_2 > CaCl_2 > SrCl_2 > BaCl_2$

LiI > LiBr > LiCl > LiF

$Na_2S > Na_2O$

सहसंयोजक लक्षण की प्रवृत्ति का क्रम (Covalent Nature) :

$AlI_3 > AlBr_3 > AlCl_3 > BeCl_2 > AlF_3 > BeCl_2 > MgCl_2\ CaCl_2 > SrCl_2 > BaCl_2 > LiCl > NaCl > KCl > RbCl > CsCl$

संकरण तथा ज्यामिति (Hybridization and Geometry)

sp-संकरण (*sp*-Hybridization) :

⇨ *sp*-संकरित कक्षकों से बने अुण या आयन की ज्यामिति रेखीय (linear) होती है तथा बन्ध कोण 180° होता है।

$CO_2, CS_2, C_2H_2, BeCl_2, ZnCl_2, C_2H_2$, SCN, $Hg_2Cl_2, HgCl_2$

sp^2-संकरण (sp^2-hybridization) :

⇨ sp^2-संकरित अणु में

- यदि अणु AB_3 प्रकार का होता हैं, तथा इसके केन्द्रीय परमाणु में कोई एकांकी युग्म नहीं होता है, तब इसकी ज्यामिति समतल त्रिकोणीय होती है। उदाहरण : BF_3, BX_3, BeF_3^-, SO_3, NO_3^-
- यदि अणु AB_2 प्रकार का होता हैं, तथा इसके केन्द्रीय परमाणु में एक एकांकी युग्म होता है, तब इसकी ज्यामिति कोणीय या V-आकार की होती हैं।

  उदाहरण : $SnCl_2, PbCl_2$.

sp^3-संकरण (sp^3-Hybridization) :

Case-1:

यदि अणु AB_4 प्रकार का होता हैं, तथा इसके केन्द्रीय परमाणु में कोई एकांकी युग्म नहीं होता है, तब इसकी ज्यामिति चतुष्फलकीय होती है।

उदाहरण : CX_4, CH_4, SiX_4, NH_4^+, PX_4^+, SO_4^{--}, SiF_4, BF_4^-, NH_4^+, $[PH_4]^+$, $[PF_4]^+$, $[HPO_3]^{2-}$, $[PO_4]^{3-}$, ClO_4^-, $Ni(CO)_4$, $[Zn(CN)_4]^{2-}$, $[SeO_4]^{2-}$, CrO_4^{2-}, $SiCl_4$

Case-2 :

यदि अणु AB_3 प्रकार का होता हैं, तथा इसके केन्द्रीय परमाणु में एक एकांकी युग्म होता है, तब इसकी ज्यामिति पिरामिडी होती हैं।

उदाहरण : $NH_3, PH_3, AsH_3, BiCl_3, SbCl_3, XeO_3$

Case-3 :

यदि अणु AB_2 प्रकार का होता हैं, तथा इसके केन्द्रीय परमाणु में दो एकांकी युग्म होते हैं, तब इसकी ज्यामिति कोणीय या उल्टी V-आकार होती हैं।

उदाहरण : $H_2O, H_2S, H_2Se, H_2Te, OX_2, SO_2, SCl_2, SeCl_2$

Case-4 :

यदि अणु AB प्रकार का होता हैं, तथा इसके केन्द्रीय परमाणु में तीन एकांकी युग्म होते हैं, तब इसकी ज्यामिति रेखीय होती है।

उदाहरण : अन्तरा हैलोजन यौगिक

A —— B प्रकार के ICl, ClF, BrF

sp^3d-संकरण (sp^3d-hybridization) :

Case 1 :

यदि sp^3d-संकरण में अणु AB_5 प्रकार का होता हैं, तथा इसके केन्द्रीय परमाणु में कोई एकांकी युग्म नहीं होता, तब इसकी ज्यामिति द्विपिरामिडी (Trigonal pyramidal) होती है।

उदाहरण: $PCl_5, PF_5, SbCl_5, Fe(CO)_5$

Case 2 :

यदि sp^3d-संकरण में अणु AB_4 प्रकार का होता हैं, तथा इसके केन्द्रीय परमाणु में एक एकांकी युग्म होता है, तब इसकी संरचना ज्यामिति सी-सॉ संरचना या विकृत समचतुष्फलकीय होती है।

उदाहरण: $SF_4, TeCl_4, TeBr_4$

Case-3 :

यदि sp^3d-संकरण में अणु AB_3 प्रकार का होता हैं, तथा इसके केन्द्रीय परमाणु में दो एकांकी युग्म होते हैं, तब इसकी संरचना ज्यामिति मुड़ी हुई T-आकृति होती है।

उदाहरण: CF_3, IF_3, BrF_3

Case-4 :

यदि sp^3d-संकरण में अणु AB_2 प्रकार का होता हैं, तथा इसके केन्द्रीय परमाणु में तीन एकांकी युग्म होते हैं, तब इसकी संरचना ज्यामिति रेखीय होती है।

उदाहरण: XeF_2 — रेखीय

p^3d^2-संकरण (sp^3d^2-hybridization [$sp^3dx^2-y^2 \cdot d_z^2$]) :

Case-1 :

AB_6 प्रकार के अणु या आयन की संरचना अष्टफलकीय होती हैं।

AB_6 प्रकार की संरचना SF_6, AlF_6^{3-} — संरचना अष्टफलकीय

Case-2 :

AB_5 प्रकार की संरचना (lp=1) : वर्गाकार प्रजातियाँ - ClF_5, IF_5.

Case-3 :

AB_4 प्रकार की संरचना (lp=2) : वर्गाकार समतलीय प्रजातियाँ - XeF_4

Sp^3d^3-संकरण (Sp^3d^3-hybridization) :

Case-1 :

AB_7 प्रकार की संरचना : IF_7 : पेन्टागोनल द्विपिरामीडियल

Case-2 :

AB_6 प्रकार की संरचना, एक परमाणु पर इलेक्ट्रॉन का समूह होता है : XeF_6 : विकृत अष्टफलकीय

XeF_2 —— रेखीय XeF_4 —— वर्गाकार समतलीय XeF_6 —— विकृत अष्टफलकीय XeO_3 —— पिरामीडियल XeO_2F_2 —— ट्राइगोनल द्विपिरामीडियल

Notes

- Ni^{++}, Co^{++} के सभी संकर जिनमें 6 ligands होते हैं sp^3d^2 संकरित तथा अनुचुम्बकीय होते हैं।
- $[Mn(H_2O)_6]^{++}, [Fe(NH_3)_6]^{+++} < [FeF_6]^{--}$ और $[Fe(H_2O)_6]^{+++}$, sp^3d^2 संकरित होते हैं और केन्द्रीय परमाणु के पास 5 अयुग्मित इलेक्ट्रॉन होते हैं।
- $[Fe(CN)_6]^{4-}], [CO(CN)_6]^{---}$, d^2sp^3 संकरित तथा प्रति चुम्बकीय होता है।
- चतुष्फलकीय संयुग्म (Tetrahedral complex) :
  - Hg, Zn और Cd के complex में यदि ligands हैं तब इसमें sp^3-संकरण होता है।
  - $[NiCl_4]^{--}, [MnCl_4]^{--}, Ni(CO)_4 (CuCl_4)^{--}$ चतुष्फलकीय हैं।
  - $[Ni(NH_3)_4)]^{++}, [NI(Py)_4]^{++}, [Ni(CN)_4]^{--}$ वर्गाकार समतलीय तथा प्रति चुम्बकीय हैं।
  - $[Cu(NH_3)_4]^{++}, [PtCl_4]^{--}$ and $[PdCl_4]^{--}$ वर्गाकार समतलीय हैं।

द्विध्रुव आघूर्ण [Dipole moment (Vector Quantity)]

⇨ **द्विध्रुव आघूर्ण की इकाई (Unit of dipole moment) :** द्विध्रुव आघूर्ण की इकाई डिबाई होती है।

$1\ D = 1 \times 10^{-18}$ esu cm $= 3.33 \times 10^{-30}$ कूलॉम-मीटर

⇨ अणु जिनका शून्य द्विध्रुव आघूर्ण होता है,

(a) सममित अणुओं का शून्य द्विध्रुव आघूर्ण होता है। एक अणु सममित होगा यदि इसमें दो प्रकार के तत्व हों और केन्द्रीय परमाणु पर एकल इलेक्ट्रॉन युग्म नहीं होता है।

उदाहरण : $CCl_4, CX_4, AlX_3, BF_3, CO_2, HgCl_2, ZnCl_2$

Notes

- XeF_2, XeF_4 प्रकार की संरचनाओं का शून्य द्विध्रुव आघूर्ण होता है।

(b) R—C ≡ C—R और trans abc = cab प्रकार के अणुओं का शून्य द्विध्रुव आघूर्ण होता है।

(c) यदि द्विप्रतिस्थापित बेंजीन में दोंनों समान समूह एक-दूसरे की पैरास्थितियों पर उपस्थित हों तो ऐसे अणु का द्विध्रुव आघूर्ण शून्य होता है।

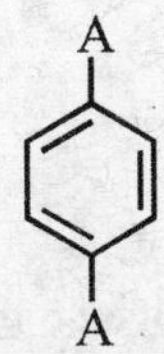

, किन्तु A, OH, OR, COOR, SH नहीं होना चाहिए।

⇨ **हैलोजनीकृत यौगिकों का द्विध्रुव आघूर्ण (Dipole moment of halogenated compound) :**

- $HF > HCl > HBr > HI$
- $CH_3Cl > CH_3F > CH_3Br > CH_3I$
- $CHF_3 > CHCl_3 > CHBr_3 > CHI_2$

$$\mu \propto \frac{1}{\text{हैलोजन परमाणुओं की संख्या}}$$

- $CH_3Cl > CH_2Cl_2 > CHCl_3 > CCl_4$

⇨ **द्विध्रुव आघूर्ण क्रम (Dipole moment Order) :**

$HF > CH_3Cl > H_2O > CH_3OH > SO_2 > NH_3$

⇨ **प्रतिस्थापित ऐरोमेटिक यौगिक का द्विध्रुव आघूर्ण (Dipole moment of di substituted Aromatic compound) :**

(a) यदि दोनों समूह समान हों

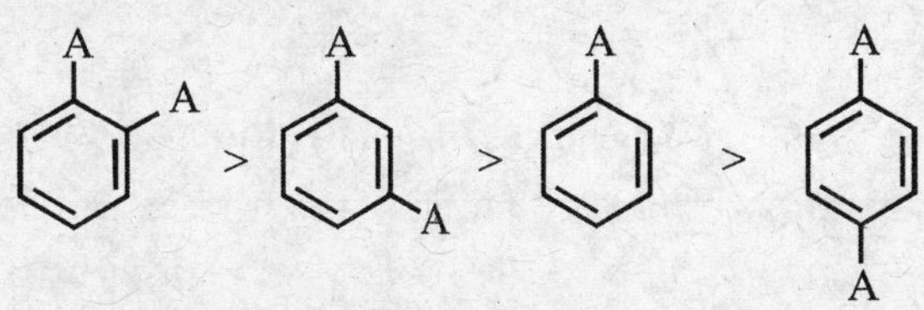

(b) यदि दोनों समूह अलग-अलग हों लेकिन उनकी प्रकृति एकसमान हो तो द्विध्रुव आघूर्ण

ऑर्थो > मेटा > पेरा

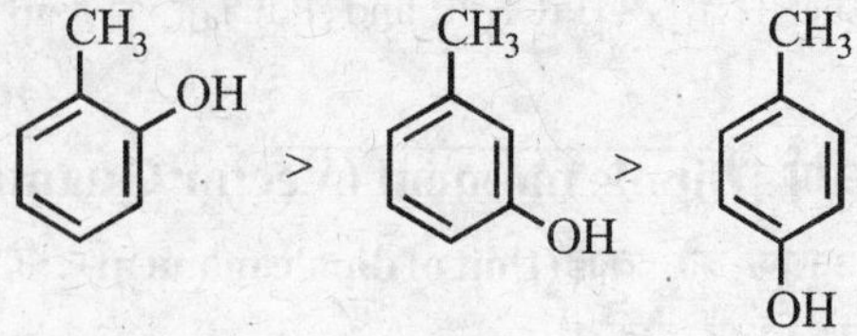

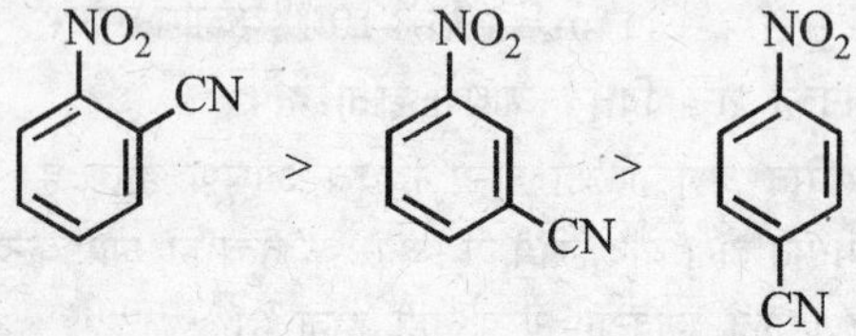

(c) यदि दोनों समूह की प्रकृति अलग-अलग हों तो द्विध्रुव आघूर्ण क्रम

पेरा > मेटा > ऑर्थो

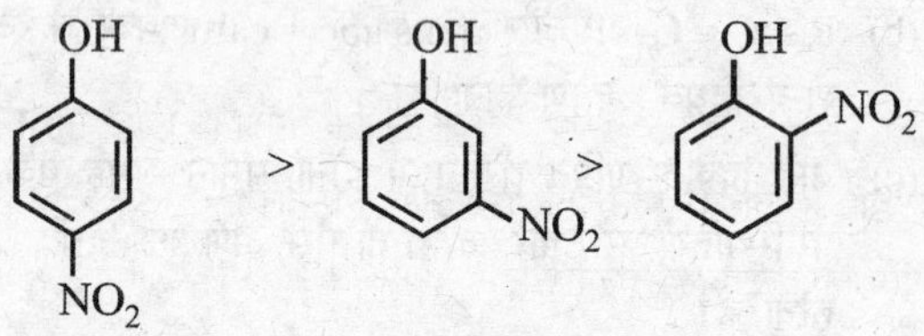

हाइड्रोजन बन्धन (Hydrogen Bonding)

⇨ हाइड्रोजन बन्ध इनके बीच बनता है

(a) H तथा F (b) H तथा O (c) H तथा N

⇨ **हाइड्रोजन बन्ध की शक्ति (Strength of hydrogen bond) :**

1. H - - - F > H - - - O > H - - - N
2. $HF > H_2O > NH_3$
3. ऑक्सीजन के हाइड्रोजन बन्ध की शक्ति

   =O - - - H > —O - - - H
4. F—H ---- F > O—H --- O > N—H --- N > S—H --- O
5. ऐसिड ऐमाइड, ऐल्कोहॉल, कार्बोक्लिक अम्ल में हाइड्रोजन बन्धन

   ऐसिड ऐमाइड > कार्बोक्लिक अम्ल > प्राथमिक एल्कोहॉल > द्वितीयक एल्कोहॉल > तृतीयक एल्कोहॉल
6. ऐल्कोहॉल में,

   हाइड्रोजन बन्धन ∝ OH समूहों की संख्या

   $CH_2(OH)-CH(OH)-CH_2(OH) > CH_2(OH)-CH_2-CH_2(OH) > CH_2(OH)-CH(OH)-CH_3$
7. ऐमीन में हाइड्रोजन बन्धन

   P-ऐमीन > *S*-ऐमीन > *t*-ऐमीन

⇨ अन्तराणविक हाइड्रोजन बन्ध के कारण

- H_2O का क्वथनांक > H_2S का क्वथनांक (H_2O द्रव तथा H_2S गैस है)
- एल्कोहॉल का क्वथनांक > ईथर का क्वथनांक
- प्राथमिक ऐमीन का क्वथनांक > द्वितीयक ऐमीन का क्वथनांक

⇨ **अन्तराण्विक हाइड्रोजन बन्ध निम्न में होता है**

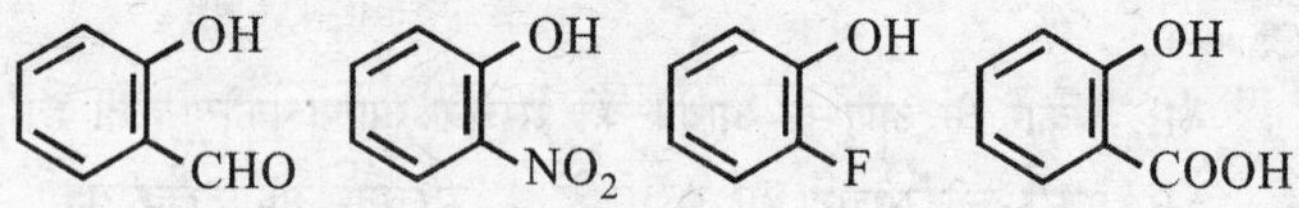

- अन्तराण्विक हाइड्रोजन बन्ध के कारण 2, 4-डाईकीटोन का इनोल रूप अधिक स्थाई होता है।

  $CH_3-\overset{O}{\overset{\|}{C}}-CH_2-\overset{O}{\overset{\|}{C}}-CH_3 \quad CH_3-\overset{OH---O}{C=C-\overset{\|}{C}}-CH_3$
- अन्तराणविक हाइड्रोजन बन्धन के कारण

  $CH_3-\overset{O-H---O}{C=CH-\overset{\|}{C}}-CH_3$

  कीटो रूप से अधिक उर्ध्वपातज है।
- अन्तराण्विक हाइड्रोजन बन्ध के कारण *o*-नाइट्रोफिनोल, *p*-नाइट्रोफिनोल से अधिक उर्ध्वपातज होता है।

अभ्यास के लिए प्रश्न

1. XeF_2. XeF_4 तथा XeF_6 में Xe पर एकाकी इलेक्ट्रॉन युग्मों की संख्याएँ हैं–

(a) 2, 3, 1 (b) 1, 2, 3
(c) 4, 1, 2 (d) 3, 2, 1

2. बंध ऊर्जा का सही क्रम है–

(a) $O_2^- < O_2 < O_2^+ < O_2^{2-}$ (b) $O_2^{2-} < O_2^- < O_2 < O_2^+$
(c) $O_2^- < O_2^{2-} < O_2 < O_2^+$ (d) $O_2^- < O_2^{2-} < O_2 < O_2^+$

3. निम्न में किस युग्म में बंध कोण 109°28': है–

(a) $[NH_4]^+, [BF_4^-]$ (b) $NH_4^+, [BF_3]$
(c) $NH_3, [BF_4^-]$ (d) $[NH_3], [BF_3]$

4. निम्न में से किस अणु में रेखांकित कार्बन sp^3 संकरित है?

(a) $CH_3\underline{C}OOH$ (b) $CH_3\underline{C}H_2OH$
(c) $CH_3\underline{C}OCH_3$ (d) $CH_2=\underline{C}H—CH_3$

5. P_4O_{10} में सिग्मा बंधों की संख्या है–

(a) 6 (b) 7
(c) 17 (d) 16

6. निम्न में से कौन-सा कथन सत्य है?

(a) HF, HBr की तुलना में कम ध्रुवीय है।
(b) पूर्णत: शुद्ध जल में कोई आयन नहीं पाया जाता है।
(c) रासायनिक बंध जब बनता है, जब आकर्षण बल, प्रतिकर्षण बलों से अधिक होते हैं।
(d) सहसंयोजकता में इलेक्ट्रॉनों का स्थानांतरण होता है।

7. समान अणुसूत्र होने पर भी ईथर, ऐल्कोहॉल की उपेक्षा अधिक वाष्पशील है क्योंकि–

(a) ईथर में अन्त-आण्विक (intermolecular) H-बंध पाये जाते हैं।
(b) ऐल्कोहॉलों में अन्तरा-आण्विक H-बंध पाये जाते हैं।
(c) ईथरों (ethers) का द्विध्रुवीगुण (dipolar character)
(d) ऐल्कोहॉलो में अनुवाद संरचना (resonance structure)।

8. निम्न में से किसमें सबसे कम बंध कोण है?

(a) H_2S (b) NH_3
(c) SO_2 (d) H_2O

9. किस युग्म में स्थायी द्विध्रुव आघुर्ण पाया जाता है?

(a) NO_2 तथा O_3 (b) SiF_4 तथा CO_2
(c) SiF_4 तथा NO_2 (d) NO_2 तथा CO_2

10. वह विकल्प जिसमें दोनों अणुओं की ज्यामिती समान है?

(a) BF_3, PCl_3 (b) PF_5, IF_5
(c) CF_4, SF_4 (d) XeF_2, CO_2

11. ऋणायन $HCOO^-$ में कार्बन-ऑक्सीजन बंध एकसमान लम्बाई के हैं। इसका कारण है–

(a) ऋणायन $HCOO^-$ में दो अनुवादी संरचनाएँ हैं।
(b) ऋणायन, अम्लीय अणु से एक प्रोटॉन निकालने पर प्राप्त होता है।
(c) कार्बन के इलेक्ट्रॉनिक कक्षक संकरित हैं।
(d) C = O बंध C — O की अपेक्षा कमजोर होता है।

12. बंध कोण का सही क्रम है–

(a) $H_2S < NH_3 < BF_3 < SiH_4$
(b) $NH_3 < H_2S < SiH_4 < BF_3$
(c) $H_2S < NH_3 < SiH_4 < BF_3$
(d) $H_2S < SiH_4 < NH_3 < BF_3$

13. बोरिक अम्ल (H_3BO_3) में बोरॉन तथा ऑक्सीजन परमाणुओं की संकरण अवस्थाएँ क्रमशः हैं–

(a) sp^3 तथा sp^3 (b) sp^2 तथा sp^3
(c) sp^3 तथा sp^2 (d) sp^2 तथा sp^2

14. निम्न में से किसमें नियमित चतुष्फलकीय ज्यामिति है?

(a) SF_4 (b) BF_4^-
(c) XeF_4 (d) $[Ni(CN)_4]^{2-}$

15. बंधयुग्म- बंधयुग्म में 90° कोणों की अधिकतम संख्या किसमें होगी?

(a) sp^2d^2 संकरण (b) sp^3d संकरण
(c) dsp^3 संकरण (d) dsp^2 संकरण

16. NO में बंध की कोटि 2.5 है जबकि NO^+ में यह 3 है। कौन-सा कथन सत्य है?

(a) बंध की लम्बाई ज्ञात नहीं की जा सकती।
(b) NO में बंध की लम्बाई NO^+ की अपेक्षा अधिक है।
(c) NO^+ में बंध की लम्बाई NO के बराबर है।
(d) NO^+ में बंध की लम्बाई NO से अधिक है।

17. कौन-सा पदार्थ प्रतिचुम्बकीय (diamagnetic) प्रकृति का है?

(a) He_2^+ (b) H_2
(c) H_2^+ (d) H_2^-

18. किसी आयनिक यौगिक की जालक ऊर्जा किस पर निर्भर करती है?

(a) केवल आयनों के आवेश
(b) केवल आयनों के आकार
(c) आयनों की बद्धता
(d) आयनों का आवेश तथा आकार

19. निम्न में से किसमें समइलेक्ट्रॉनिक नहीं है?

(a) $PO_4^{3-}, SO_4^{2-}, ClO_4^-$ (b) CN^-, N_2, C_2^{2-}
(c) $SO_3^{2-}, CO_3^{2-}, NO_3^-$ (d) $BO_3^{3-}, CO_3^{2-}, NO_3^-$

20. निम्न में से किस अणु/आयन में अयुग्मित इलेक्ट्रॉन नहीं हैं?

(a) O_2 (b) O_2^{2-}

(c) B_2 (d) N_2^+

21. निम्नलिखित मिश्रणों में से किस युग्म में द्विध्रुव-द्विध्रुव प्रतिक्रिया प्रभावी हैं-

(a) बैंजीन (Benzene) तथा कार्बन टेट्राक्लोराइड (tetrachloride)
(b) बैंजीन (Benzene) तथा ऐथनॉल (ethanol)
(c) ऐसीटोनाइट्राइल (Acetonitrile) तथा ऐसीटोन (acetone)
(d) KCl तथा जल

22. एक धातु M अपनी +2 तथा +4 ऑक्सीकरण अवस्थाओं में क्लोराइड बनाता है। इन क्लोराइडों के बारे में कौन-सा कथन सही है?

(a) MCl_2, MCl_4 की अपेक्षा आसानी से जल-अपघटित हो जाता है।
(b) MCl_2, MCl_4 की अपेक्षा अधिक वाष्पशील है।
(c) MCl_2, MCl_4 की अपेक्षा निर्जल एथेनॉल (ethanole) में अधिक विलेय है।
(d) MCl_2, MCl_4 की अपेक्षा अधिक आयनिक है।

23. आवर्त सारणी के समूह-15 में नीचें जाने पर बंध कोण $NH_3(106°)$ से $SbH_3(101°)$ तक घटते हैं इसका कारण है-

(a) विद्युत्-ऋणात्मकता का घटना
(b) *bp-bp* प्रतिकर्षण का बढ़ना
(c) sp^3 में *p*-कक्षक का गुण बढ़ना
(d) *lp-lp* प्रतिर्षण का घटना

24. निम्न में से किन अणुओं/आयनों में सभी बंध बराबर लम्बाई के नहीं हैं?

(a) BF_4^- (b) SF_4
(c) SiF_4 (d) XeF_4

25. निम्न में से किस आयनिक प्रक्रम में बन्ध क्रम बढ़ता है और चुम्बकीय व्यवहार परिवर्तित होता है?

(a) $C_2 \rightarrow C_2^+$ (b) $NO \rightarrow NO^+$
(c) $O_2 \rightarrow O_2^+$ (d) $N_2 \rightarrow N_2^+$

26. कौन प्रतिचुम्बकीय (dimagnetic) व्यवहार प्रदर्शित करता है?

(a) O_2^{2-} (b) O_2^+
(c) O_2 (d) NO

27. एक धनायन का आवेश/आकार का अनुपात उसकी ध्रुवीय क्षमता को बताता है। K^+, Ca^{2+}, Mg^{2+}, Be^{2+} धनायनों की ध्रुवीय क्षमता का बढ़ता हुआ सही क्रम है-

(a) $Mg^{2+} < Be^{2+} < K^+ < Ca^{2+}$
(b) $Be^{2+} < K^+ < Ca^{2+} < Mg^{2+}$
(c) $K^+ < Ca^{2+} < Mg^{2+} < Be^{2+}$
(d) $Ca^{2+} < Mg^{2+} Be^{2+} < K^+$

28. निम्न में से किसमें प्रबलतम हाइड्रोजन बन्ध है-

(a) O—H---N (b) F—H---F
(c) O—H---O (d) O—H---F

29. निम्न में से कौन-सा समूह समइलेक्ट्रॉनिक स्पीशीजों के प्रदर्शित करता है?

(a) C_2^{2-}, O_2^-, CO, NO (b) NO^+, C_2^{2-}, CN^-, N_2
(c) CN^-, N_2, O_2^{2-}, CO_3^{2-} (d) N_2, O_2^-, NO^+, CO

30. निम्नलिखित में से किस युग्म की बन्ध कोटि समान है?

(a) CN^- तथा NO^+ (b) CN^- तथा CN^+
(c) O_2^- तथा CN^- (d) NO^+ तथा CN^+

उत्तरमाला

1. (d)	**2.** (b)	**3.** (a)	**4.** (b)	**5.** (d)	**6.** (c)	**7.** (b)	**8.** (a)	**9.** (a)	**10.** (d)
11. (a)	**12.** (c)	**13.** (b)	**14.** (b)	**15.** (a)	**16.** (b)	**17.** (b)	**18.** (d)	**19.** (c)	**20.** (c)
21. (c)	**22.** (d)	**23.** (a)	**24.** (b)	**25.** (b)	**26.** (a)	**27.** (c)	**28.** (b)	**29.** (b)	**30.** (a)

हल

1. (d) XeF_2. XeF_4 तथा XeF_4 में Xe क्रमशः sp^3d, sp^3d^2 तथा sp^3d^3 संकरण प्रदर्शित करता है।

2. (b) $O_2, O_2^+, O_2^-, O_2^{2-}$ के लिए बंध की कोटि क्रमशः 2, 2.5, 1.5 तथा 1.0 हैं। बंध की कोटि जितनी अधिक होगी बंध की ऊर्जा उतनी ही अधिक होगी।

3. (a) NH_4^+ तथा BF_4^- दोनों में sp^3 संकरण है।

4. (b) $\underset{sp^3}{CH_3}-\underset{sp^3}{CH_2}-OH$

5. (d) P_4O_{10} में की संरचना के अनुसार

6. (c) यह एक तथ्य है।

7. (b) – उपरोक्त –

8. (a) SO_2, H_2O, H_2S तथा NH_3 बंध कोण क्रमशः 119.5°, 104.5°, 92.5° तथा 106.5° हैं।

9. (a) CO_2तथा SiF_4 के लिए $\mu = 0$ अर्थात् अध्रुवीय अणु

10. (d) XeF_2, (sp^3d) तथा CO_2 (sp) रेखीय अणु हैं।

11. (a) H_2S, NH_3, SO_2 तथा H_2O के बंध कोण92.5°, 107°, 119°, तथा 104.5° हैं।

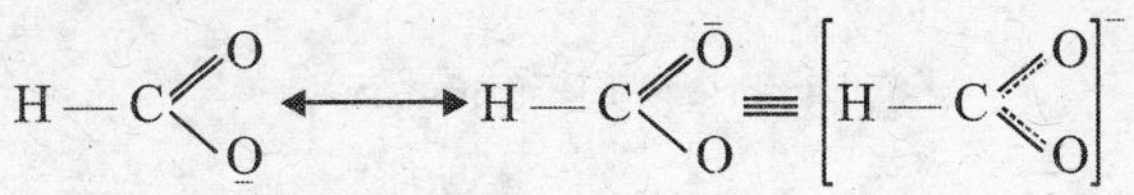

12. (c) $H_2S < NH_3 < SiH_4 < BF_3$

13. (b) *B* का sp^2 तथा ऑक्सीजन में sp^3 संकरण हैं।

14. (b) BF_4^- में B का sp^3-संकरण है।

15. (a) sp^3d^2-संकरण में अष्टफलकीय (octahedral) ज्यामिति उत्पन्न होती है। जिसमें अधिकतम् 90° कोण (छः) होते हैं।

16. (b) बंध की कोटि जितनी अधिक होगी, बंध की लम्बाई उतनी ही कम होगी।

17. (b) He_2^+, H_2^- में 3 इलेक्ट्रॉन हैं, जिनमें एक अयुग्मित होगा। He_2^+ में एक अयुग्मित इलेक्ट्रॉन है। H_2 में दो इलेक्ट्रॉन हैं। अतः प्रतिचुम्बकीय है।

18. (d) जालक ऊर्जा (lattic energy) $\frac{q_1q_2}{d^2}$, जहाँ q_1 तथा q_2 आयनों पर आवेश हैं तथा *d* उनके बीच की दूरी है।

19. (c) SO_3^{2-} में 42 इलेक्ट्रॉन हैं, CO_3^{2-} में 32 तथा NO_3^- में 32 इलेक्ट्रॉन हैं।

20. (c) *MO* सिद्धान्त देखें।

21. (c) दोनों ध्रुवीय हैं (d) में आयन-द्विध्रुव प्रतिक्रियाएँ होती हैं।

22. (d) फजान (Fajan) का नियम देखें।

23. (a) यह दिये गये तथ्य के कारण हैं।

24. (b) SF_4 में 2 अक्षीय (axial) तथा 2 भूमध्यीय (equatorial) S — F बंध हैं।

25. (b) $NO \longrightarrow NO^+$

(NO) कुल इलेक्ट्रॉन =15

$$\sigma\, 1s^2,\ \sigma^*\, 1s^2,\ \sigma\, 2s^2,\ \sigma*\, 2s^2,\ \sigma\, 2\underset{1+1}{p_z^2},\ \pi\, 2p_x^{1+1},$$

$$\pi 2p_y^{1+1}, \pi^* 2p_x^1, = \pi 2p_y$$

अनुचुम्बकीय बन्ध कोटि $= \frac{10-5}{2} = 2.5$

(NO^+) कुल इलेक्ट्रॉन =14

$$\sigma\, 1s^2, \sigma^* 1s^2, \sigma 2s^2, \sigma^* 2s^2, \pi 2p_x^{1+1} = 2p_y^{1+1}, \sigma 2p_z^2$$

प्रतिचुम्बकीय बन्ध कोटि $= \frac{10-4}{2} = 3$

इलेक्ट्रॉन अनाबन्धी (Non-bonding) अणु कक्षक से निकाले जाते हैं इसलिए बन्ध क्रम बढ़ता हैं।

26. (a) O_2^{2-} में 18 इलेक्ट्रॉन होते हैं जोकि इस तरह भरे होते हैं कि सभी आण्विक कक्षक पूरी तरह भरे होते हैं इसिलिए यह प्रतिचुम्बकीय है।

$$O_2^- = 18e^- = \sigma 1s^2, \sigma^* 1s^2, \sigma 2s^2\, \sigma^* 2s^2, .\ \sigma\, 2p_z^2, \pi 2p_x^2,$$

$$\pi 2p_y^2, \pi^* 2p_x^2 = \pi^* 2p_y^2$$

27. (c) $\frac{\text{आवेश}}{\text{आकार}}$ अनुपात जितना ज्यादा होता है, उतनी ही ध्रुवीय क्षमता ज्यादा होती है।

$\therefore K^+ < Ca^{2+} < Mg^{2+} < Be^{2+}$

28. (b) HF में हाइड्रोजन बंध प्रबलतम होगा, क्योंकि फ्लोरीन अधिक विद्युत्-ऋणात्मक तत्व है।

29. (b) वे अणु या आयन जिनमें इलेक्ट्रॉनों की संख्या समान होती है, समइलेक्ट्रॉनिक कहलाते हैं। NO^+, C_2^{2-}, CN^- तथा N_2 सभी में 14 इलेक्ट्रॉन हैं।

30. (a) CN^- तथा NO^+ दोनों में इलेक्ट्रॉनों की संख्या समान है, अतः इनकी बन्ध कोटि भी समान होगी।

□□□

Chapter 6

रासायनिक ऊष्मागतिकी (Chemical Thermodynamics)

विस्तीर्ण एवं गहन गुण (Extensive and Intensive Property)

- निकाय के वे सभी गुण जो उसमें उपस्थित पदार्थों की मात्रा पर निर्भर करते हैं, विस्तीर्ण गुण (Extensive Properties) कहलाती हैं।
- मोलों की संख्या एन्थैल्पी, एन्ट्रोपी, मुक्त ऊर्जा विस्तीर्ण गुण हैं।
- निकाय के वे सभी गुण जो उसमें उपस्थित पदार्थों की मात्रा पर निर्भर नहीं करते हैं गहन गुण (Intensive Properties) कहलाते हैं।
- दाब, घनत्व, विशिष्ठ उष्मा, पृष्ठ तनाव, अपवर्तनांक, गलनांक, क्वथनांक, हिमांक गहन गुण हैं।
- **अवस्था फलन या चर राशि (State Properties) :** वे भौतिक गुण जो निकाय की प्रारम्भिक तथा अंतिम अवस्थाओं पर निर्भर करते हैं, उन्हें अवस्था फलन कहते हैं। अवस्था फलन पथ पर निर्भर नहीं होते हैं।

  मोलों की संख्या, गिब्स ऊर्जा, आन्तरिक ऊर्जा, एन्ट्रोपी तथा एन्थैल्पी अवस्था फलन होते हैं।

आन्तरिक ऊर्जा (Internal Energy) :

- किसी निकाय में संचित सभी प्रकार की ऊर्जाओं का योग को आन्तरिक ऊर्जा कहते हैं। (The sum of all kinds energy which is stored in a system is known as internal energy.)
- आन्तरिक ऊर्जा का वास्तविक मान ज्ञात नहीं किया जा सकता। (Actual value of internal energy is not determine.)
- निकाय की आन्तरिक ऊर्जा, अवस्था फलन तथा विस्तीर्ण गुण है। क्योंकि इसका मान, मात्रा तथा प्रारम्भिक तथा अंतिम अवस्थाओं पर निर्भर करता है। (Internal energy of a system is extensive and state property which depend on amount and initial and final stage.)
- आदर्श गैस की स्थिति में आदर्श गैस की आन्तरिक ऊर्जा कुल गतिज ऊर्जा के बराबर होती है। (In case of ideal gas internal energy of an ideal gas is totally kinetic energy.)
- स्थिर आयतन पर

  ऊष्मा परिवर्तन = आन्तरिक ऊर्जा में परिवर्तन

  $$Q_V = \Delta E$$

- चक्रीय प्रक्रम या समतापीय निकाय के लिए आन्तरिक ऊर्जा में परिवर्तन शून्य होता है।

  $$\Delta E = 0$$

- एकपरमाणुक (Monoatomic) गैस के एक मोल की T कैल्विन पर आन्तरिक ऊर्जा $\frac{3}{2}RT$ के बराबर होती है।

ऊष्मागतिकी का प्रथम नियम (First Law of thermodynamics) :

- यह नियम **रॉबर्ट मेयर** तथा **हेल्मोल्ट्ज** ने दिया था।
- ब्रह्मांड की कुल ऊर्जा नियत रहती है। (Total energy of universe is constant.)
- किसी विलगित निकाय की कुल ऊर्जा स्थिर रहती है। (The mass and energy of an isolated system remains constant.)
- ऊर्जा को न तो उत्पन्न किया जा सकता है और न नष्ट किया जा सकता है। (Energy can neither be created nor destroyed.)
- गणितीय रूप से
  - किसी निकाय द्वारा अवशोषित ऊर्जा

    $$q = \Delta E + w$$

  - यदि कार्य निकाय पर किया जाता है तब w धनात्मक होता है तथा यदि कार्य निकाय द्वारा किया जाता है तब w ऋणात्मक होता है। (Work is done on the system, w is + ve, but work is done by the system, w is – ve)
  - यदि ऊष्मा निकाय द्वारा अवशोषित होती है तब q को धनात्मक लेते हैं। परन्तु यदि ऊष्मा निकाय द्वारा उत्सर्जित होती है तब q को ऋणात्मक लेते हैं। (Heat is absorbed by the system, q is + ve but heat is given out by the system, q is –ve.)

Notes

- कार्य (w) तथा ऊष्मा (q) दोनों ही अवस्था फलन (state functions) नहीं होते हैं, परन्तु दोनों का योग $q + w (= \Delta E)$ अवस्था फलन होता है।

ऊष्मागतिकीय प्रक्रियाएँ (Thermodynamic Processes) :

- **समतापीय प्रक्रिया (Isothermal Process) :** वह प्रक्रिया जिसमें निकाय की अवस्था में परिवर्तन हुए बिना, निकाय का ताप स्थिर रहता है, समतापीय प्रक्रिया कहलाता है। (The process in which the temperature of the system remains constant throughout the change in the state of the system.)

  $$\Delta E = 0$$
  $$q = w$$

- **रूद्धोष्म प्रक्रम (Adiabatic Process) :** ऐसा प्रक्रम जिसमें पिकाय परिवेश को न तो ऊष्मा देता है और न ही लेता है, रूद्धोष्म प्रक्रम कहलाता है।

  $$q = 0$$
  $$\Delta E = w$$

⇨ **समआयतनी प्रक्रम (Isochoric Process) :** ऐसा प्रक्रम जिसमें प्रक्रम के दौरान निकाय का आयतन स्थिर रहता है, समआयतनी प्रक्रम कहलाता है।

$$q = \Delta E$$

⇨ **समदाबीय प्रक्रम (Isobaric Process) :** जब प्रक्रम के दौरान निकाय का दाब स्थिर रहता है, समदाबीय प्रक्रम कहलाता है।

$$q_p = \Delta H$$

⇨ यदि कार्य निकाय के द्वारा होता है, आन्तरिक ऊर्जा घटती है।

Notes

- समतापीय प्रक्रम के लिए निकाय का आन्तरिक ऊर्जा परिवर्तन (ΔE) शून्य होता है।

  $$-w = +q \text{ अर्थात्}$$

  निकाय के द्वारा अवशोषित ऊष्मा की मात्रा निकाय द्वारा परिवेश पर किये गए कार्य के बराबर होती है।
- स्थिर आयतनीय प्रक्रम में निकाय के द्वारा कोई प्रसारण कार्य नहीं किया जाता है। अर्थात् स्थिर आयतन पर निकाय में ऊष्मा परिवर्तन उसकी आन्तरिक ऊर्जा परिवर्तन के बराबर होता है।
- जब कोई गैस एक स्थिर दाब 'P' के विरुद्ध प्रसारित होती है तो इसके द्वारा किया गया कार्य $P\,\Delta V$ से दिया जाता है, जहाँ

  $$\Delta V = (V_2 - V_1) \quad \text{अर्थात्} \quad w = P\,\Delta V$$
- जब कोई गैस निर्वात् (vacuum) में प्रसारित होती है, तो उसके द्वारा किया गया कार्य शून्य होता है क्योंकि $P = 0$

समतापीय उत्क्रमणीय प्रक्रम में किया गया कार्य (Word done in reversible isothermal expansion) :

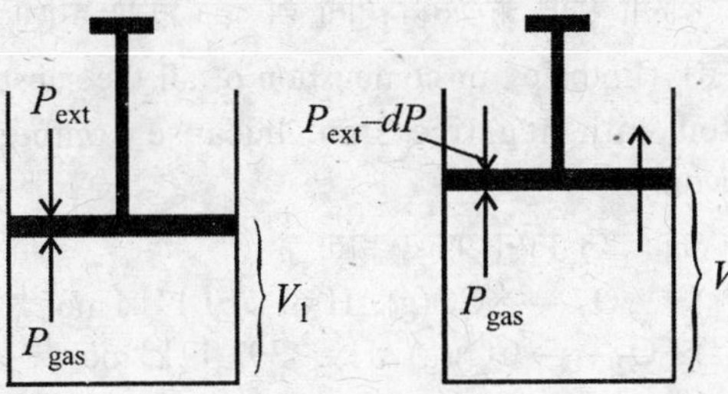

⇨ किसी गैस के n मोल का ताप T पर आयतन V_1 से V_2 लीटर करने पर गैस द्वारा किया गया प्रसार कार्य

$$w = -2.303\, nRT \log_{10} \frac{V_2}{V_1}$$

इसी प्रकार गैस के n मोल का ताप T पर दाब P_1 से P_2 करने पर गैस द्वारा किया गया कार्य

$$w = -2.33\, RT \log_{10} \frac{P_1}{P_2}$$

⇨ समतापी संपिडन में किया गया कार्य अर्थात् निकाय में किया गया कार्य।

⇨ यदि गैस का आयतन V_1 से V_2 कर दिया जाता है, तब ($V_2 < V_1$). इस अवस्था में निकाय पर कार्य किया जाता है अर्थात् $w = +ve$.

$$w_{compression} = 2.303\, nRT \log \frac{V_1}{V_2}$$

$$= 2.303\, nRT \log_{10} \frac{P_2}{P_1}$$

रूद्धोष्म उत्क्रमणीय प्रक्रम में किया गया कार्य (Word done in Reversible Adiabatic Expansion) :

$$\text{किया गया कार्य} = C_v . \Delta T = C_v (T_2 - T_1)$$

$$w = \frac{R}{(\gamma - 1)} (T_2 - T_1)$$

n मोलों के लिए

$$\boxed{W = \frac{nR}{(\gamma - 1)} (T_2 - T_1)}$$

एन्थैल्पी परिवर्तन (Enthalpy Change) :

$$\Delta H = \Delta E + \Delta n RT$$

जहाँ, Δn = उत्पादों के मोल (g) – अभिकारकों के मोल (g)

⇨ गणना करते समय Δn का मान निकालने के लिए उत्पादों व अभिकारकों के केवल गैसीय मोल लेते हैं। द्रव तथा ठोस अवस्था में मोलों को considered नहीं करते हैं। (While calculating the value of Δn, only the moles of gaseous products and gaseous reactants are considered. The liquids and solids are not considered.)

⇨ **Case 1 :** जब $\Delta n = 0$ तब $\Delta H = \Delta E$

$$N_2 + O_2 \longrightarrow 2NO$$
$$H_2 + I_2 \longrightarrow 2HI$$

⇨ **Case 2 :** यदि $\Delta n = +ve$

$$\Delta H > \Delta E \quad \text{अर्थात्} \quad Q_p > RQ_r$$

$$\boxed{\Delta H - \Delta E = \Delta nRT}$$

$$PCl_5 \longrightarrow PCl_3 + Cl_2$$
$$NH_4H_3 \longrightarrow NH_3(g) + H_2S(g)$$
$$NH_4Cl \longrightarrow NH_3(g) + HCl(g)$$

⇨ **Case 3 :** यदि $\Delta n = -ve$ $\Delta H < \Delta E$

$$\boxed{\Delta H - \Delta E = -\Delta nRT}$$

$$N_2 + 3H_2 \longrightarrow 2NH_3$$
$$2SO_2(g) + O_2(g) \longrightarrow 2SO_3(g)$$

सम्भवन या उत्पाद ऊष्मा (Heat of Formation) :

⇨ निश्चित ताप पर किसी यौगिक का एक मोल उसके तत्वों की मानक अवस्थाओं से बनाने पर जितनी ऊष्मा उत्सर्जित या अवशोषित होती है या एन्थैल्पी में परिवर्तन होता है, उस यौगिक की सम्भवन ऊष्मा कहलाती है।

⇨ अभिक्रिया ऊष्मा

= Σ प्रतिफलों की सम्भवन ऊष्माएँ– Σ अभिकारकों की सम्भवन ऊष्माएँ

$$m_1A + m_2\, B \longrightarrow m_3C + m_4D$$

A, B, C तथा D की सम्भवन ऊष्माएँ क्रमश: x_1, x_2, x_3 तथा x_4 हैं।

$$\Delta H_{\text{अभिक्रिया}} = (\Sigma\, \Delta H_{\text{उत्पाद}} - \Sigma\, \Delta H_{\text{अभिकारक}})$$

$$= m_3x_3 + m_4x_4 - m_1x_1 + m_2x_2$$

⇨ माना अभिक्रिया

$$m_1A + m_2B \longrightarrow nAB + \text{ऊष्मा (X kcal)}$$

AB की सम्भवन ऊष्मा $(\Delta H_{formation}) = -\frac{X}{N}$

⇨ किसी यौगिक के सम्भवन की ऊष्मा रासायनिक समीकरण उसके एक मोल के लिए लिखी जाती है।

⇨ किसी तत्व की मानक अवस्था में सम्भवन ऊष्मा शून्य होती है। कार्बन, ऑक्सीजन, सल्फर तथा मरकरी की मानक अवस्थाएँ ग्रेफाइट, ऑक्सीजन गैस रोम्बिक सल्फर तथा द्रव मरकरी होती है। इसलिए इनकी सम्भवन ऊष्माएँ शून्य होती हैं।

$$\Delta_f H^\circ (O_2, g) = 0$$

$$\Delta_f H^\circ (\text{C, ग्रेफाइट}) = 0 \text{ but } \Delta_f H^\circ (\text{C, डायमण्ड}) \neq 0$$

$$\Delta_f H^\circ (O_2, g) = 0$$

डायमण्ड, मोनोक्लीनिक सल्फर, कार्बन (गैस) सम्भवन ऊष्माएँ शून्य नहीं होती हैं। क्योंकि उपरोक्त तत्वों की मानक अवस्था नहीं होती है।

$\Delta_f H^\circ$ (S, rhombic) = 0 लेकिन $\Delta_f H^\circ$ (S, monoclinic) $\neq 0$

$\Delta_f H^\circ$ (P, white) = 0 लेकिन $\Delta_f H^\circ$ (P, black) $\neq 0$

⇨ **अभिक्रिया के लिए**

$$CH_4(g) + 2O_2(g) \longrightarrow CO_2(g) + 2H_2O(l)$$

अभिक्रिया ऊष्मा को मेथेन की दहन ऊष्मा भी कहते हैं।

यदि CH_4 की $\Delta H_f = x_1$

CO_2 की $\Delta H_f = x_2$

H_2O की $\Delta H_f = x_3$

तब $\Delta H_{reaction}$

$= [\Delta H^f \text{ of } CO_2 + 2\times\Delta H^f \text{ of } H_2O] - [\Delta H^f \text{ of } CH_4]$

$\therefore \quad \Delta H^f \text{ of } O_2 = 0$

$\Delta H_{reaction} = [x_2 + 2x_3 - x_1]$ (स्थिर दाब पर)

तब

$\Delta H = \Delta E + (-2RT) \qquad (n = -2)$

⇨ **अभिक्रिया के लिए**

$$CCl_4(g) + 2H_2O(g) \longrightarrow CO_2(g) + 4HCl(g)$$

$\Delta HF \quad x_1 \qquad x_2 \qquad x_3 \qquad x_4$

$\Delta H_{\text{अभिक्रिया}} = \Delta H_{\text{उत्पाद}} - \Delta HF_{\text{अभिकारक}}$

$= (\Delta H^f \text{ of } CO_2 + 4\Delta H^f \text{ of HCl})$

$-(\Delta H^f \text{ of } CCl_4 + 2\Delta H^f \text{ of } H_2O)$

$= (x_3 + 4x_4) - (x_1 + 2x_2)$

$= x_3 + 4x_4 - x_1 + 2x_3$

स्थिर आयतन पर अभिक्रिया ऊष्मा

$\Delta H = 2$

$\Delta H = \Delta E + 2RT$

$\Delta E = \Delta H - 2RT$

$\Delta H - \Delta E = 2RT$

⇨ **अभिक्रिया के लिए**

$$NH_4NO_3(s) \longrightarrow N_2O(g) + 2H_2O$$

$\Delta H_f \quad -a_1V \qquad a_2V \qquad -a_3V$

$\Delta H_{\text{अभिक्रिया}} = \Delta H^f_{\text{उत्पाद}} - \Delta H^f_{\text{अभिकारक}}$

$= (a_2 + 2x - a_3) - (a_1V)$

$= a_2 - a_2 - 2a_3V$

⇨ **अभिक्रिया के लिए**

$$2C_2H_6(g) + 4O_2(g) \longrightarrow 4CO_2(g) + 6H_2O(l)$$

$\Delta H^f \quad -a_2V\,kJ \qquad -a_2\,kJ \qquad -a_3\,kJ$

ΔH अभिक्रिया

$= [6?\,H^f \text{ of } CO_2 + 6\times?\,H^f \text{ of } H_2O] - 12\times?\,H^f \text{ of } O_4]$

$= [-4a_2 - 6a_3] - [-2a_1]$

$= 2a_1 - 4a_2 - 6a_3$ kJ

स्थिर आयतन पर अभिक्रिया ऊष्मा (ΔH reaction at constant volume)

$\Delta n = -5$

$\Delta H = \Delta E - 5RT$

$\Delta H - 4E = -5RT$

$\Delta E - \Delta H = 5RT$

दहन ऊष्मा (Heat of Combustion) :

⇨ स्थिर ताप पर किसी पदार्थ के एक मोल का पूर्ण दहन करने पर जितनी ऊष्मा मुक्त होती है या एन्थैल्पी में परिवर्तन होता है, उसे उस पदार्थ की दहन ऊष्मा कहते हैं। (It is the change in enthalpy when one mole of the substance is completely oxidised.)

$C(s) + O_2 \longrightarrow CO_2 + 393\text{ kJ} \qquad \Delta H = -393\text{ kJ/mol}$

$C_{12}H_{22}O_{11}(s) + 12O_2 \longrightarrow 12CO_2 + 11H_2O + 5639\text{ kJ}, \quad \Delta H = -5639\text{ kJ/mol}$

⇨ दहन ऐन्थैल्पी सदैव ऋणात्मक होती है। दहन क्रिया हमेशा ऊष्माक्षेपी होती है। (Enthalpy of combustion of all the substances is written with negative sign, because combustion is exothermic.)

⇨ कार्बन का दहन निम्न प्रकार होता है

$C(s) + \frac{1}{2}O_2 \longrightarrow CO(g)\ \Delta H = -110.49\text{ kJ mol}^{-1}$

$C(s) + O_2 \longrightarrow CO_2(g)\ \Delta H = -393.49\text{ kJ mol}^{-1}$

⇨ कार्बन की दहन ऊष्मा – 393.49 kJ होती है, न कि – 110.49 kJ/mole.

ईंधन का कैलोरी मान $= \frac{\Delta H_{\text{दहन}}}{\text{अणुभार}}$

⇨ ईंधन का कैलोरी मान ऋणात्मक चिन्ह में जितना अधिक होता है ईंधन उतना ही अच्छा होता है।

⇨ दहन ऊष्मा के आंकडों से अभिक्रिया ऊष्मा ज्ञात करना। (Determination of Heat of reaction from data of ΔH combustion.)

$$m_1P + m_2Q \longrightarrow m_3R + m_4S$$

दहन ऊष्मा $-x_1 \qquad -x_2 \qquad -x_3 \qquad -x_4$

$\Delta H_{\text{अभिक्रिया}} = (m_1 \times \text{P की दहन ऊष्मा} + m_2 \times \text{Q की दहन ऊष्मा})$

$-(m_3 \times \text{R की दहन ऊष्मा} + m_4 \times \text{S की दहन ऊष्मा})$

$= (-m_1x_1 - m_2x_2) - (-m_3x_3 - m_4x_4)$

$$\Delta H_{\text{अभिक्रिया}} = m_4 x_4 + m_3 x_3 - m_1 x_1 - m_2 x_2$$

बम कैलोरी मीटर (Bomb Calory Meter)

- बम कैलोरी मीटर का प्रयोग कार्बनिक यौगिक की स्थिर आयतन पर दहन ऊष्मा ज्ञात करने में किया जाता है। (It is used for determination heat of combustion of organic compound at constant volume.)

$$\Delta E = \frac{M}{w} \times (T_2 - T_1) \times \text{कैलोरी मीटर की ऊष्मा धारिता}$$

M = यौगिक का अणुभार
w = यौगिक का भार

स्थिर दाब पर दहन ऊष्मा
$$\Delta H = \Delta E + \Delta n.RT$$

- **ऐल्कीन की हाइड्रोजनीकरण ऊष्मा (Heat of Hydrogenation of Alkene) :**

$$\text{ऐल्कीन} + H_2 \longrightarrow \text{ऐल्केन} + \text{ऊष्मा}$$

इस अभिक्रिया में उत्पन्न ऊष्मा को हाइड्रोजनीकरण ऊष्मा कहते हैं।

$$\Delta H = (\Delta H_C \text{ of Alkene} + \Delta H_C \text{ of } H_2) - (\Delta H_C \text{ of Alkane})$$

- **बैन्जीन की हाइड्रोजनीकरण ऊष्मा ज्ञात करना (Determination of Heat of hydrogenation of Benzene) :**

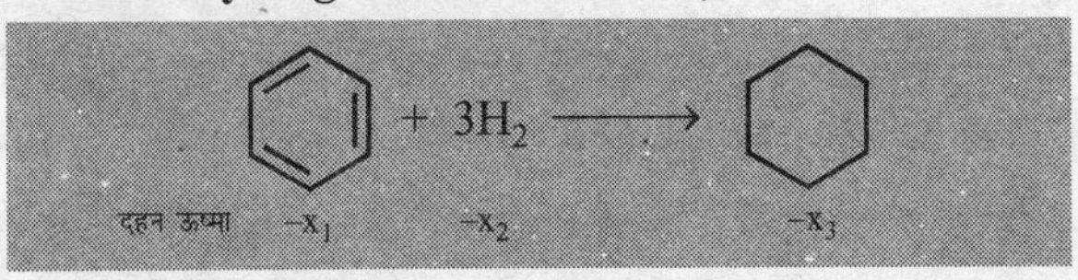

$$\Delta H_{\text{हाइड्रोजनीकरण}} = x_3 - x_1 - 3x_2$$

- 1, 3-ब्यूटाडाइन की हाइड्रोजनीकरण ऊष्मा (Heat of hydrogenation of 1, 3-butadiyne)

$$CH{\equiv}C{-}C{\equiv}CH + 4\,H{-}H \longrightarrow CH_3CH_2CH_2CH_3$$

दहन ऊष्मा $-x_1$ $\quad -x_2 \quad -x_3$

$$\Delta H_{\text{हाइड्रोजनीकरण}} = x_3 - x_1 - 4x_2$$

- ऐल्केन की दहन ऊष्मा (Heat of combustion of Alkane) :

$$\Delta H_{\text{दहन}} \propto \text{कार्बन परमाणुओं की संख्या}$$

$$C_5H_{12} > C_4H_{10} > C_3H_8 > C_2H_6 > CH_4 > H_2$$

- ऐल्कीन के लिए

$$C_5H_{10} > C_4H_{18} > C_3H_6 > C_2H_4$$

- ऐल्काइन के लिए

$$C_5H_8 > C_4H_6 > C_3H_4 > C_2H_2$$

- यदि ऐल्केन, ऐल्कीन तथा ऐल्काइन में कार्बनों की संख्या समान होती है तब दहन ऊष्मा का क्रम

ऐल्केन > ऐल्कीन > ऐल्काइन

- हाइड्रोकार्बन का कैलोरी मान

ऐल्काइन > ऐल्कीन > ऐल्केन

Notes____________________

समावयवी ऐल्केन की दहन ऊष्मा

n-पेन्टेन > आइसोपेन्टेन > नियोपेन्टेन

n-ब्यूटेन > आइसोब्यूटेन

उदासीनीकरण ऊष्मा (Heat of Neutralization) :

- तनु विलयन में एक ग्राम तुल्यांक अम्ल द्वारा एक ग्राम तुल्यांक बेस को उदासीन करने पर जो ऊष्मा उत्सर्जित होती है (या एन्थैल्पी में परिवर्तन होता है) उसे उदासीनीकरण ऊष्मा कहते हैं। (The heat of neutralisation (or enthalpy of neutralisation) is defined as the heat evolved or decrease in enthalpy when 1 gram equivalent of an acid is neutralised by 1 gram equivalent of a base in dilute solution.)

- प्रबल अम्ल या क्षार के लिए

उदासीनीकरण ऊष्मा = –13.7 kcal

या = –57.1 kJ mol^{-1}

- **Problem :** P, Q तथा R की उदासीनीकरण ऊष्मा NaOH के साथ क्रमशः –10.3, –11.2 तथा –12.45 kcal / eq^{-1} है, तब अम्ल प्रबलतम का क्रम

R > Q > P

- दुर्बल अम्ल तथा दुर्बल क्षार के लिए उदासीनीकरण ऊष्मा का मान 13.7 kcal से कम होता है क्योंकि ऊर्जा का कुछ भाग आयनन में प्रयोग हो जाता है।

- यदि दुर्बल अम्ल की उदासीनीकरण ऊष्मा प्रबल क्षार के साथ x_1 kcal हो तब दुर्बल अम्ल की आयनन ऊर्जा का मान

$$= 13.7 - x_1 \text{ kcal.}$$

- HF की उदासीनीकरण ऊष्मा –16.38 kcal होती है जबकि HF दुर्बल अम्ल है। इसकी उदासीनीकरण ऊष्मा 13.7 kcal से कम होनी चाहिए। किन्तु प्रयोगात्मक रूप से ऐसा नहीं है। इसका कारण F^- का छोटा होना है। छोटे आकार के कारण heat of hydration का मान अधिक होता है।

उदासीनीकरण ऊष्मा का मान
दुर्बल अम्ल + प्रबल क्षार के लिए ($\Delta H = -x_1$) है तथा
दुर्बल क्षार + प्रबल अम्ल के लिए ($\Delta H = -x_2$) है, तब
दुर्बल अम्ल + क्षार के लिए उदासीनीकरण ऊष्मा का मान

$$= 13.7 + (-x_1) + (-x_2)$$
$$= 13.7 - x_1 - x_2 \text{ kcal.}$$
या
$$= 57.1 - x_1 - x_2 \text{ KJ}$$

बन्ध वियोजन ऊर्जा (Bond Enthalpy) :

- अभिक्रिया ऊष्मा = अभिकारक की बन्ध ऊर्जा का योग – उत्पाद की बन्ध ऊर्जा का योग

- जब बन्ध ऊर्जाओं के आकड़ों से हाइड्रोकार्बन की उत्पादन ऊष्मा ज्ञात करने के लिए कार्बन की उर्ध्वपातन ऊष्मा तथा हाइड्रोजन की बन्ध वियोजन ऊर्जा की आवश्यकता होती है।

बैन्जीन के निर्माण में

$$6C(s) + 3H_2(g) \longrightarrow C_6H_6$$

ΔH_f = 6 × कार्बन की उर्ध्वपातन ऊष्मा + 3 × H—H की बन्ध ऊर्जा (3 × C–C की बन्ध ऊर्जा + 3 × C=C की बन्ध ऊर्जा + 6 × C–H की

बन्ध ऊर्जा)

➪ **अनुनाद ऊर्जा :** यौगिक की प्रयोगात्मक रूप से निधारित संभवन ऊष्मा – यौगिकों की बन्ध ऊर्जाओं द्वारा निर्धारित संभवन ऊष्मा

➪ बन्ध ऊर्जा के आंकड़ों से हाइड्रोजनीकरण ऊष्मा ज्ञात करना

$$C_2H_4 + H_2 \longrightarrow CH_3 - CH_3$$

यदि C = C, C–H, H–H तथा C–C की बन्ध ऊर्जा क्रमशः x_1 kJ, x_2 kJ, x_3 kJ तथा x_4 kJ हैं। तब ऐथेन की हाइड्रोजनीकरण ऊष्मा $= x_1 + x_3 - 2x_2 - x_4$ kJ.

इसी प्रकार बेन्जीन के लिए

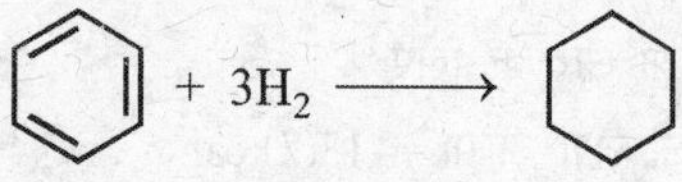

$\Delta H_{reaction} = 3x_1 + 3x_3 - x_4 - 6x_2$

➪ अभिक्रिया के लिए

$$CH_2 = CH - CH = CH_2 + 2H_2 \rightarrow CH_3CH_2CH_2CH_3$$

$\Delta H_{reaction} = 2x_1 + 2x_3 - 4x_2 - 2x_4$

➪ निम्न अभिक्रिया के लिए

$$N_2 + ½O_2 \longrightarrow N_2O$$

इस case में $\Delta H^f_{calculated}$ और प्रयोगात्मक सम्भवन ऊष्मा का मान अनुनाद के कारण समान नहीं होता है।

ΔH^f_{cal} =[N ≡ N की बन्ध ऊर्जा + $\frac{1}{2}$×H – H की बन्ध ऊर्जा] –[N=N की बन्ध ऊर्जा + N=O की बन्ध ऊर्जा]

➪ अनुनाद ऊर्जा

= प्रेक्षित निर्माण ऊर्जा – गणना की गई निर्माण ऊर्जा

➪ बन्ध ऊर्जा के आंकड़ों में दहन ऊष्मा ज्ञात करना

$$CH_2 = CH_2 + 3O_2 \longrightarrow 2CO_2 + 2H_2O$$

यदि बन्ध	C=C	C–H	O=O	C=O	H–O
बन्ध ऊर्जा	x_1	x_2	x_3	x_4	x_5

तब दहन ऊष्मा

$= [? H_{C=C} + 4\times ? H_{C-H} + 3? H_{O=O}] - [4? H_{C=O} + 4? H_{O-H}]$

$= x_1 + 4x_2 + 3x_3 - 4x_4 - 4x_5$ kJ

एन्ट्रॉपी (Entropy) :

➪ यह किसी निकाय की अव्यवस्था (randomness) का मापक (measure) है। किसी निकाय की एन्ट्रॉपी, अवस्था फलन (state function) होती है। इसे S द्वारा प्रदर्शित किया जाता है।

$$\Delta S = S_{\text{अंतिम अवस्था}} - S_{\text{प्रारम्भिक अवस्था}} = \Sigma S_{\text{उत्पाद}} - \Sigma S_{\text{अभिकारक}}$$

$$\Delta S = S_2 - S_1 = \frac{q_{rev.}}{T}$$

जहाँ, 'q' निकाय के द्वारा उत्क्रमणीय रूप से अवशोषित ऊष्मा की मात्रा है तथा T वह ताप है जिस पर ऊष्मा अवशोषित होती है।

➪ किसी उत्क्रमणीय परिवर्तन के लिए, साम्यावस्था पर $\Delta S = 0$

चक्रिय प्रक्रम के लिए $\Delta S = 0$

➪ जब ठोस → द्रव, द्रव → गैस, तब ΔS धनात्मक होगा।

$$S_{\text{गैस}} > S_{\text{द्रव}} > S_{\text{ठोस}}$$

➪ उत्क्रमणीय प्रक्रम के लिए

$$\Delta S_{total} = \Delta S_{system} + \Delta S_{surrounding} = 0$$

अर्थात् $\Delta S_{sys} + \Delta S_{surr} = \frac{q_{rev}}{T} - \frac{q_{rev}}{T} = 0$

➪ एन्ट्रॉपी बढ़ती है जब

- उत्पाद के गैसीय मोल अभिकारकों के गैसीय मोल से अधिक होते हैं।
- ठोस अवस्था, द्रवीय अवस्था में परिवर्तित होती है।
- द्रव अवस्था, गैसीय अवस्था में परिवर्तित होती है।
- ठोस अवस्था, गैसीय अवस्था में परिवर्तित होती है।

➪ यदि किसी अभिक्रिया में गैसीय पदार्थों के मोलों की संख्या बढ़ती है तो एन्ट्रॉपी बढ़ती है, जैसे

$$2HgO(s) \longrightarrow 2Hg(s) + O_2(g)$$

$$CaCO_3(s) \longrightarrow CaO(s) + CO_2(g)$$

इस अभिक्रिया में ΔS धनात्मक होता है।

➪ यदि किसी अभिक्रिया में गैसीय पदार्थों के मोलों की संख्या घटती है तो एन्ट्रॉपी भी घटती है, जैसे

$$NH_3(g) + HCl(g) \longrightarrow NH_4Cl(s)$$

इस अभिक्रिया में ΔS ऋणात्मक होता है।

➪ तापमान के बढ़ने के साथ एन्ट्रॉपी बढ़ती है।

➪ गलन की एन्ट्रॉपी (Entropy of Fusion) :

$$\Delta S_{\text{गलन}} = \frac{\Delta H_{\text{गलन}}}{T_m}$$

➪ वाष्पन की एन्ट्रॉपी (Entropy of Vapourization)

$$\Delta S_{\text{वाष्पन}} = \frac{\Delta H_{\text{वाष्पन}}}{T_b}$$

➪ उर्ध्वपातन की एन्ट्रॉपी (Entropy of Sublimation)

$$\Delta S_{\text{उर्ध्वपातन}} = \frac{\Delta H_{\text{उर्ध्वपातन}}}{T_{sub}}$$

$$\Delta S_{\text{उर्ध्वपातन}} = \Delta S_{\text{गलन}} + \Delta S_{\text{वाष्पन}}$$

स्वप्रवर्तिता (Spontaneity) :

➪ किसी प्रक्रम के स्वप्रवर्तित होने के लिए ΔG ऋणात्मक होना चाहिए।

➪ यदि ΔH ऋणात्मक है और ΔS धनात्मक है, तो अभिक्रिया सदैव स्वप्रवर्तित होगी।

➪ यदि ΔH तथा ΔS दोनों धनात्मक हैं, परन्तु ΔH > TΔS तो अभिक्रिया सदैव अस्वप्रवर्तित होगी।

यदि ΔH < TΔS तो अभिक्रिया सदैव स्वप्रवर्तित होगी।

यदि ΔH = TΔS तो अभिक्रिया सदैव साम्यावस्था में होगी।

स्मरणीय बिन्दु

- निकाय पर किया गया कार्य धनात्मक होता है।
- निकाय द्वारा किया गया कार्य ऋणात्मक होता है।
- दाब आयतन प्रसार में कृत कार्य $-P\Delta V$ होता है। यदि गैस का विस्तार निर्वात में होता है तो किया गया कार्य शून्य होगा।
- कार्य तथा ऊष्मा अवस्था फलन नहीं होते हैं, किन्तु उसका योग ($q + w = \Delta U$) अवस्था फलन होता है।
- ऊष्मागतिकी का प्रथम नियम ऊर्जा के संरक्षण को बताता है किन्तु यह रासायनिक/भौतिक परिवर्तन के स्वत: सम्भव होने या न होने के सम्बन्ध में कुछ नहीं बताता।
- एन्ट्रॉपी, ताप का फलन होती है तथा ताप घटने पर इसका मान घट जाता है।
- ऊष्माक्षेपी अभिक्रिया के लिए, $\Delta H =$ ऋणात्मक होता है तथा ऊष्मा मुक्त होती है। पुन: $\Sigma H_P < \Sigma H_R$
- किसी ठोस के गलन से निकाय की एन्ट्रॉपी बढ़ती है।
  बर्फ (एन्ट्रॉपी कम) $\rightarrow$ जल (एन्ट्रॉपी अधिक)
- जब किसी रासायनिक अभिक्रिया में गैसीय प्रतिफलों की संख्या अधिक होती है, तो एन्ट्रॉपी बढ़ती है, जैसे

$$\underset{\text{(ठोस, एन्ट्रॉपी कम)}}{(NH_4)_2S_{(s)}} \longrightarrow \underset{\text{(गैसें, एन्ट्रॉपी अधिक)}}{2NH_{3(g)} + H_2S_{(g)}}$$

$$MgCO_{3(s)} \longrightarrow MgO_{(s)} + CO_{2(g)}$$

अभ्यास के लिए प्रश्न

1. निम्नलिखित अभिक्रिया के लिए कौन-सा विकल्प सही है?

$C + O_2 \longrightarrow CO_2; \quad \Delta H = -393$ J

$2Zn + O_2 \longrightarrow 2ZnO; \quad H = -412$ J

(a) कार्बन ZnO को Zn में अपचयित कर देता है।

(b) कार्बन का आक्सीकरण सम्भव नहीं है।

(c) Zn का ऑक्सीकरण सम्भव नहीं है।

(d) ऑक्सीकरण में Zn कार्बन की अपेक्षा अधिक ऊष्मा मुक्त करता है।

2. एक अभिक्रिया जल के हिमांक पर स्वत: नहीं होती है तथा जल के क्वथनांक के ताप पर स्वत: संभाव्य है, तब-

(a) $\Delta H =$ ऋणात्मक, $\Delta S =$ धनात्मक हैं।

(b) ΔH तथा ΔS दोनों धनात्मक हैं।

(c) ΔH तथा ΔS दोनों ऋणात्मक हैं।

(d) $\Delta H =$ धनात्मक, $\Delta S =$ ऋणात्मक हैं।

3. एक ऊष्मा इंजन ताप T_1 पर Q_1 ऊष्मा तथा ताप T_2 पर Q_2 ऊष्मा शोषित करता है। इंजन द्वारा कृत कार्य $(Q_1 + Q_2)$ है, इन आँकड़ों से-

(a) ऊषमागतिकी के प्रथम नियम का उल्लंघन होता है।

(b) ऊषमागतिकी के प्रथम नियम का उल्लंघन होता है। यदि $Q_1=$ ऋणात्मक

(c) ऊषमागतिकी के प्रथम नियम का उल्लंघन होगा, यदि $Q_2=$ धनात्मक

(d) ऊषमागतिकी के प्रथम नियम का उल्लंघन नहीं होता।

4. किसी वस्तु का ताप 1°C बढ़ाने के लिए आवश्यक ऊष्मा की मात्रा कहलाती है-

(a) विशिष्ट ऊष्मा (b) ऊष्मा धारिता

(c) जल तुल्यांक (d) इनमें से कोई नहीं

5. अभिक्रिया की एन्थैल्पी परिवर्तन किस पर निर्भर नहीं करता?

(a) मध्यवर्ती अवस्था की प्रकृति पर

(b) प्रारम्भिक तथा अन्तिम ताप का अन्तर

(c) अभिकारकों तथा उत्पादों की भौतिक अवस्था पर

(d) उसी अभिक्रिया के लिए भिन्न अभिकारकों का प्रयोग करने पर

6. एक अनुत्क्रमणीय प्रक्रिया स्थिर P तथा T पर हो रही है, जिसमें केवल दाब आयतन प्रसार कार्य निकाय द्वारा किया जा रहा है। गिब्स ऊर्जा (dG) तथा एन्ट्रॉपी परिवर्तन (dS) होगें-

(a) $(dS)_{V,U} = 0, (dG)_{T,P} = 0$

(b) $(dS)_{V,U} = 0, (dG)_{T,P} = +ve$

(c) $(dS)_{V,U} = -$ ve, $(dG)_{T,P} = -ve$

(d) $(dS)_{V,U} = +$ ve, $(dG)_{T,P} = -ve$

7. जब एक निकाय अवस्था A से B में जाता है, तो आन्तरिक ऊर्जा परिवर्तन 40 किलोजूल प्रतिमोल होता है। यदि निकाय A से B तक उत्क्रमणीय पथ द्वारा जाता है तथा A पर अनुत्क्रमणीय पथ द्वारा वापस आता है, तब आन्तरिक ऊर्जा में परिणामी परिवर्तन होगा-

(a) < 40 किलोजूल (b) शून्य

(c) 40 किलोजूल (d) > 40 किलोजूल

8. 298 K पर C–H, C–C, C=C तथा H–H बन्धों की बन्ध ऊर्जाएँ क्रमश: 414, 347, 615 तथा 435 किलोजूल मोल हैं। निम्नलिखित अभिक्रिया के लिए एन्थैल्पी परिवर्तन ज्ञात करें-

$CH_2 = CH_{2(g)} + H_{2(g)} \longrightarrow CH_3 - CH_{3(g)}$

(a) +125 किलोजूल (b) –125 किलोजूल

(c) +250 किलोजूल (d) –250 किलोजूल

9. किसी अभिक्रिया के लिए मुक्त ऊर्जा परिवर्तन तथा सम्बन्धित साम्यावस्था स्थिरांक ke में सही सम्बन्ध है-

(a) $\Delta G° = RT \ln K_c$ (b) $-\Delta G° = RT \ln K_c$

(c) $\Delta G = RT \ln Kc$ (d) $-\Delta G = RT \ln K_c$

10. 300 K पर एक आदर्श गैस एक नियत दाब 1×10^5 न्यूटन/मीटर^2 के विपरीत 1×10^{-3} मीटर^3 से 1×10^{-2} मीटर^3 तक प्रसारित होती है। किया

गया कार्य है–

(a) 900 किलोजूल (b) –900 किलोजूल
(c) 270 किलोजूल (d) –900 जूल

11. कार्बन तथा कार्बन डाइऑक्साइड की दहन ऊष्माएँ क्रमश: –393.5 तथा –285.5 किलोजूल मोल$^{-1}$ हैं। कार्बन मोनोंऑक्साइड की प्रति मोल संभवन ऊष्मा है-

(a) – 110.5 किलोजूल (b) 676.5 किलोजूल
(c) – 676.5 किलोजूल (d) 110.5 किलोजूल

12. एक स्वत: होने वाली अभिक्रिया के लिए, ΔG, साम्य स्थिरांक (K) तथा E°cell क्रमश: होंगे-

(a) ऋणात्मक, > 1, धनात्मक
(b) धनात्मक, >1, ऋणात्मक
(c) ऋणात्मक, < 1, ऋणात्मक
(d) ऋणात्मक, > 1, ऋणात्मक

13. अभिक्रिया $N_2 + 3H_2 \rightleftharpoons 2NH_3$ को स्थिर दाब एवं ताप पर कराया जाता है। यदि ΔH तथा ΔV क्रमश: एन्थैल्पी में परिवर्तन तथा आन्तरिक ऊर्जा में परिवर्तन हों, तो-

(a) $\Delta H = 0$ (b) $\Delta H = \Delta U$
(c) $\Delta H < \Delta U$ (d) $\Delta H > \Delta U$

14. यदि XY, X_2 तथा Y_2 (द्विपरमाणुक अणु) की बन्ध वियोजन ऊर्जाएँ 1:1:0.5 के अनुपात में हों तथा XY के लिए $\Delta_f H$ का मान –200 किलो जूल मोल$^{-1}$हों, तो X_2 की बन्ध वियोजन ऊर्जा क्या होगी?

(a) 800 किलोजूल मोल$^{-1}$ (b) 200 किलोजूल मोल$^{-1}$
(c) 300 किलोजूल मोल$^{-1}$ (d) 400 किलोजूल मोल$^{-1}$

15. 298 K पर मेथेन की मानक संभवन ऊष्मा ($\Delta_f H°$)–74.8 किलोजूल/मोल हैं। C–H बन्ध की औसत ऊर्जा निकालने के लिए अन्य किस सूचना की आवश्यकता होगी?

(a) हाइड्रोजन अणु (H_2) की वियोजन ऊर्जा
(b) H_2 की वियोजन ऊर्जा तथा कार्बन की उर्ध्वपातन ऊष्मा
(c) मेथन की वाष्पन की गुप्त ऊष्मा (Latent heat of cvapourisation of methane)
(d) कार्बन की पहली चार आयनन ऊर्जाएँ तथा हाइड्रोजन की इलेक्ट्रॉन लाभ ऊष्मा (electron gain enthalpy)

16. कार्बन मोनोऑक्साइड (CO) की 298 K पर अपने घटक तत्वों से मिलकर बनने की प्रक्रिया में (ΔH–ΔU) का मान क्या होगा? (R = 8.314 किलोजूल$^{-1}$)

(a) 2477.57 जूल/मोल (b) –1238.78 जूल/मोल
(c) 1238.78 जूल/मोल (d) –2477.57 जूल/मोल

17. निम्नलिखित प्रक्रियाओं में एन्थैल्पी परिवर्तन निम्नलिखित हैं-

$Cl_{2(g)} \longrightarrow 2Cl_{(g)}$; 242.3 किलोजूल/मोल$^{-1}$
$I_{2(g)} \longrightarrow 2I_{(g)}$; 151.0 किलोजूल/मोल$^{-1}$
$ICl_{2(g)} \longrightarrow I_{(g)} + Cl_{(g)}$; 211.3 किलोजूल/मोल$^{-1}$
$I_{2(s)} \longrightarrow I_{2(g)}$; 62.76 किलोजूल/मोल$^{-1}$

दिया है कि आयोडीन तथा क्लोरीन की मानक अवस्थाएँ $I_2(s)$ तथा $Cl_2(g)$ हैं, $ICl_{(g)}$ की मानक संभवन ऊष्मा क्या होगी?

(a) +244.8 किलोजूल/मोल (b) –14.6 किलोजूल/मोल
(c) –16.8 किलोजूल/मोल (d) +16.8 किलोजूल/मोल

18. एक विलगित निकाय में एक आदर्श गैस के उत्क्रमणीय तथा अनुत्क्रमणीय दोनों प्रकारों से विस्तार करने दिया जाता है। यदि T_i प्रारम्भिक ताप तथा T_f अन्तिम ताप हो, तो निम्न में से कौन-सा कथन सही है?

(a) $T_f = T_i$ उत्क्रमणीय तथा अनुत्क्रमणीय दोनों प्रक्रियाओं के लिए
(b) $(T_f)_{\text{irrev.}} > (T_i)_{\text{rev.}}$
(c) $T_f > T_i$ उत्क्रमणीय प्रक्रिया के लिए किन्तु $T_f = T_i$ अनुत्क्रमणीय के लिए
(d) $(T_f)_{\text{irrev.}} > (T_i)_{\text{irrev.}}$

19. जल वाष्प को एक आदर्श गैस मानकर जब एक मोल पानी को 100°C ताप तथा 1 बार दाब पर वाष्पित करते हैं तो आन्तरिक ऊर्जा में परिवर्तन होगा
(दिया है पानी की वाष्पित मोलर एन्थैल्पी 373 K ताप तथा 1 बार दाब पर 41 किलोमोल$^{-1}$ तथा $R = 8.3$ जूल मोल$^{-1}$ केल्विन$^{-1}$ है)

(a) 4,100 किलोजूल मोल$^{-1}$ (b) 3.7904 किलोजूल मोल$^{-1}$
(c) 37.904 किलोजूल मोल$^{-1}$ (d) 41,00 किलोजूल मोल$^{-1}$

20. एक स्वत: प्रक्रम के लिए सत्य कथन है-

(a) एक स्वत: प्रक्रम के लिए एन्ट्रॉपी धनात्मक होती हैं।
(b) ऊष्माशोषी अभिक्रियाएँ कभी स्वत: नहीं होती हैं।
(c) ऊष्माक्षेपी अभिक्रियाएँ हमेशा स्वत: होती हैं।
(d) स्वत: प्रक्रम के लिए अभिक्रिया में ऊर्जा का क्षय होना ही केवल एक कसौटी हैं।

21. चूना पत्थर का चूना में परिवर्तन इस प्रकार है-
$CaCO_3(s) \longrightarrow CaO(s) + CO_2(g)$
298 K ताप व 1 बार दाब पर $\Delta H°$ व $\Delta S°$ का मान क्रमश: +179.1 किलोजूल मोल$^{-1}$ तथा 160.2 जूल/केल्विन है। यह मानकर किस ताप के साथ ΔH° व $\Delta S°$ नहीं बदलता, किस ताप से ऊपर जाने पर चूना पत्थर स्वत: चूने में बदलने लगेगा।

(a) 1008 K (b) 1200 K
(c) 845 K (d) 1118 K

22. X_2, Y_2 तथा XY_3 के लिए मानक एन्ट्रॉपी के मान क्रमश: 60,40 तथा 50 जूल कैल्विन$^{-1}$ मोल$^{-1}$ हैं। निम्न अभिक्रिया के लिए साम्य पर, तापमान होगा-

$$\frac{1}{2}X_2 + \frac{3}{2}Y_2 \longrightarrow XY_3, \Delta H = -30 \text{ किलो जूल}$$

(a) 1250 K (b) 500 K
(c) 750 K (d) 1000 K

उत्तरमाला

1. (d)	**2.** (b)	**3.** (d)	**4.** (c)	**5.** (a)	**6.** (d)	**7.** (b)	**8.** (b)	**9.** (b)	**10.** (d)
11. (a)	**12.** (a)	**13.** (c)	**14.** (a)	**15.** (b)	**16.** (b)	**17.** (d)	**18.** (b)	**19.** (c)	**20.** (a)
21. (d)	**22.** (c)								

हल

1. (d) Zn की अपेक्षा कार्बन की ऑक्सीजन से अभिक्रिया करने की प्रवृत्ति अधिक होती है क्योंकि कार्बन के लिए प्रति मोल ΔH का मान अधिक होता है।

2. (b) $\Delta G = \Delta T - T\Delta S$

कम T पर, ΔH तथा ΔS धनात्मक होते हैं किन्तु ΔG भी धनात्मक होती है। उच्च ताप पर $T\Delta S > \Delta H$ तथा ΔG ऋणात्मक होगी।

3. (d) यांत्रिक ऊर्जा का कुछ भाग सदैव ही किसी दूसरी ऊर्जा में बदल जाता है अथवा कुल ऊष्मा को उपयोगी कार्य में परिवर्तित नहीं किया जा सकता। यह ऊष्मागतिकी का द्वितीय नियम है।

4. (c) $q = ms \times \Delta T; \Delta T = 1;$

तब $q = \text{ms} =$ जल तुल्यांक

5. (a) एन्थैल्पी का परिवर्तन किसी रासायनिक परिवर्तन को करने में अपनाये गये भिन्न चरणों की प्रकृति पर निर्भर नहीं करता।

6. (d) स्वत: होने वाले परिवर्तन के लिए (कार्य निकाय द्वारा किया जाता है।) $(dG)_{T,P} =$ ऋणात्मक तथा $(dS)_{V,U} =$ धनात्मक

7. (b) चक्रीय प्रक्रम में आन्तरिक ऊर्जा में परिवर्तन शून्य होता है।

8. (b) $\Delta H = -[e_{C-C} + 6 \times e_{C-H}] + [e_{C=C} + 4 \times e_{C-H} + e_{H-H}]$

$= -[347 + 6 \times 414] + [615 + 4 \times 414 + 315]$

$= 125 \text{ kJ}$

9. (b) $\Delta G = \Delta G^\circ + RT \ln Q$;

जहाँ Q अभिक्रिया भाग (reaction quotient) है।

साम्यावस्था पर $\Delta G = 0$ तथा $Q = K_c \therefore -\Delta G^\circ \; RT \ln K_c$

10. (d) विस्तार के समय कृत कार्य (अवस्था निकाय द्वारा)

$= -P \times \Delta V = -1 \times 10^5 [10^{-2} - 10^{-3}]$

$= -1 \times 10^5 \times 9 \times 10^{-3} = 900$ जूल

11. (a) $C + O_2 \longrightarrow CO_2$; $\quad \Delta H = -393.5$ किलोजूल

$CO + \frac{1}{2}O_2 \longrightarrow CO_2$; $\quad \Delta H = -283.5$ किलोजूल

$- \quad - \quad\quad - \quad\quad\quad +$

$C + \frac{1}{2}O_2 \longrightarrow CO$; $\quad \Delta H = -110.5$ किलाजूल

12. (a) स्वत: होने वाली अभिक्रिया के लिए $\Delta G =$ ऋणात्मक

पुन: $K > 1$ तथा $E^\circ_{cell} =$ धनात्मक

13. (c) $\Delta H = \Delta U + \Delta nRT$

$\therefore \Delta n = 2 - 4 = -2$

$\therefore \Delta H < \Delta U$

14. (a) दिया है- $\frac{1}{2}X_2 + \frac{1}{2}Y_2 \longrightarrow XY$;

$\Delta H = -200$ किलोजूल

माना कि X_2, Y_2 तथा XY की वियोजन ऊर्जाएँ हैं- $a : \frac{a}{2} : a$

(अनुपात दिया है।)

$X_2 \longrightarrow 2X; \Delta H = a$ ...(1)

$Y_2 \longrightarrow 2Y; \Delta H = \frac{a}{2}$ ...(2)

$XY \longrightarrow X + Y; \quad \Delta H = a$ ...(3)

समीकरण $(1) + (2) - (3) \times (2)$ द्वारा

$X_2 + Y_2 \longrightarrow 2XY$

$\Delta H = a + \frac{a}{2} - 2a$

या $\frac{1}{2}X_2 + \frac{1}{2}Y_2 \longrightarrow XY$;

$\Delta H = \frac{a}{2} + \frac{a}{4} - a = -\frac{a}{4}$

$\therefore -\frac{a}{4} = 200$

$\therefore a = 800$ किलोजूल

15. (b) $C + 2H_2 \longrightarrow CH_4$

$\Delta_f H^\circ = [e_{C(s\to g)} + 2 \times e_{H-H} - 4 \times e_{C-H}]$

16. (b) $2C + \frac{1}{2}O_2 \longrightarrow CO$

$\therefore \Delta H - \Delta U = \Delta nRT$

$= -\frac{1}{2} \times 8.314 \times 298 = -1238.78$ जूल/मोल

17. (d) $I_2 + Cl_2 \longrightarrow 2ICl$

$\Delta H = e_{I_2S\to} + e_{I-I} + e_{Cl-Cl} - 2 \times e_{I-Cl}$

$= 62.76 + 151.0 + 242.3 - 2 \times 211.3$

$= 33.46$ किलो जूल ICl के 2 मोलों के लिए

$\therefore \Delta H/\text{मोल} = \frac{33.46}{2} = 16.73$ किलोजूल मोल$^{-1}$

18. (b) उत्क्रमणीय प्रक्रिया में कृत कार्य अधिकतम होता है।

अत: $T_2 >> T_1$ उत्क्रमणीय प्रकिया में, अथवा T_2rev. $<< T_2$irrev.

19. (c) $H_2O(l) \longrightarrow H_2O(g)$

$$\Delta n = 1 - 0 = 1$$

$$\Delta E = \Delta H - \Delta nRT$$

$$= 41 - 1 \times 8.3 \times 373 \times 10^{-3} (R = 8.3 \times 10^{-3})$$

$$= 37.9 \text{ किलोजूल मोल}^{-1}$$

20. (a) ऐसे स्वत: प्रक्रम के लिए, जिसमें बाहरी वातावरण से ना तो भार का ना ही ऊर्जा का आदान-प्रदान होता है, एन्ट्रॉपी में परिवर्तन धनात्मक होता है।

21. (d) $\Delta S = \dfrac{\Delta H}{T}$

$\Delta S = 160.2$ जूल/K, $\Delta H = 179.1 \times 10^3$ जूल/मोल

$$T = \frac{179.1 \times 10^3}{160.2} = 1117.9\,K \approx 1118\,K$$

22. (c) $\frac{1}{2}X_2 + \frac{3}{2}Y_2 \longrightarrow XY_3$

$$\Delta S_{\text{अभिक्रिया}} = S_{\text{उत्पाद}} - S_{\text{अभिकारक}}$$

$$\Delta S_{\text{अभिक्रिया}} = 50 - \left(\frac{3}{2} \times 40 + \frac{1}{2} \times 60\right)$$

$$= -40 \text{ जूल मोल}^{-1}$$

$$\Delta G = \Delta H - T\Delta S$$

साम्य पर, $\Delta G = 0$

$$\Delta H = \Delta T\,\Delta S$$

$$\Delta H = \frac{\Delta H}{\Delta S} = \frac{30 \times 10^3}{40} = 750\,K$$

□□□

7 Chapter

विलयन (Solutions)

राउल्ट का नियम (Raoult's Law) :

⇨ विलयन में प्रत्येक घटक का आँशिक वाष्प दबाव विलयन में उनके मोल प्रभाजों के समानुपाती होता है।

यदि X_A और X_B विलयन में द्रव A और B के मोल प्रभाज हैं तो

$$P_A = P^o \cdot X_A$$
$$P_B = P^o{}_B \cdot X_B$$

डाल्टन के नियमानुसार,

$$P_{total} = P_A + P_B = P^o{}_A X_A + P^o{}_B \cdot X_B$$
$$= P^o{}_A \cdot X_A + P^o{}_B - P^o{}_B \cdot X_A$$
$$= X^o{}_A (P^o{}_A - P^o{}_B) + P^o{}_B$$

$$X_A = \frac{P_{total} - P_B^0}{P_A^0 - P_B^0}$$

⇨ **राउल्ट के नियम की सीमाएँ (Limitation of Raoult's law) :**

- विलेय, विलयन में वियोजित या संयोजित नहीं होता है।
- विलेय और विलायक में कोई क्रिया नहीं होती है।

आदर्श विलयन (Ideal Solution) :

⇨ वह विलयन जो प्रत्येक सान्द्रता और ताप की परिसीमा में राउल्ट के नियम का पालन करता है।

⇨ **आदर्श विलयन के लिए**

$P = P_A + P_B$ अर्थात् $P_A = P^o{}_A \cdot X_A$

$P_B = P^o{}_B \cdot X_B$

- ΔH (ऐन्थेल्पी परिवर्तन) = 0 अर्थात् वियोजन में ऊष्मा न तो निकलती है और न अवशोषित होती है।
- $\Delta V\,mix = 0$ अर्थात् विलयन का कुल आयतन इसके घटकों के आयतन के बराबर होता है।
- आदर्श विलयन में, A—A, B—B और A—B प्रतिक्रिया समान होनी चाहिए। अर्थात् A और B आकार, आकृति तथा स्वभाव में एक जैसी होनी चहिए।

उदाहरण : बैन्जीन + टॉलूइन
n-हैक्सेन + हेप्टेन
ब्यूटिल क्लोराइड + ब्रोमाइड
ब्यूटाइल ब्रोमाइड + आयोडाइड
क्लोरोबैंजीन + ब्रोमोबैंजीन

अनादर्श विलयन (Non Ideal Solution)

⇨ वह विलयन जब राउल्ट के नियम का पालन नहीं करता है। ये दो प्रकार के होते हैं।

- जो राउल्ट के नियम से धनात्मक विचलन दर्शाते हैं।
- जो राउल्ट के नियम से ऋणात्मक विचलन दर्शाते हैं।

⇨ **राउल्ट के नियम से धनात्मक दर्शाने वाला विलयन (Solution show positive deviation from Raoult's law)**

- $\Delta Hmix = +ve$ अर्थात् ये ऊष्माशोषी (endothermic)
- $\Delta Vmix = +ve$ अर्थात् वियोजन के बाद आयतन बढ़ जाता है।
- ऐसे विलयन में A—B आकर्षण बल A—A तथा A—B के आकर्षण बल से क्षीण होना चाहिए। A तथा B का आकार, आकृति तथा स्वभाव अलग-अलग होता है।

उदाहरण : CCl_4 + टॉलूईन
$CCl_4 + CHCl_3$
$CCl_4 + R–OH$
ऐसीटोन + R–OH
ऐसीटोन + CS_2
जल + ऐल्कोहॉल
n-हैक्सेन + EtOH

⇨ **विलयन जो राउल्ट के नियम से ऋणात्मक विचलन दर्शाते हैं (Solution which show –ve deviation from Raoult's law)**

$$p_A < p_A^0 X_A\,; \quad p_B < p_B^0 X_B$$
$$\therefore \quad p_A + p_B < p_A^0 X_A + p_B^0 X_B$$

- $\Delta V = -ve$ अर्थात् वियोजन के समय आयतन घट जाता है।
- $\Delta H_{mix} = -ve$ अर्थात् जब A तथा B को मिलाया जाता है तो ऊष्मा निकलती है (ऊष्माक्षेपी) तथा DS = +ve

उदाहरण : ऐसीटोन + ऐनीलिन
ऐसीटोन + क्लोरोफॉर्म
$CH_3OH + CH_3COOH$;
$H_2O + NHO_3$;
$H_2O + HCl$;
क्लोरोफॉर्म + डाइईथाइल ईथर
क्लोरोफॉर्म + बैंजीन
ऐसीटिक अम्ल + पारीडीन

अणुसंख्यक गुणधर्म (Colligative Properties) :

⇨ वे गुण जो विलेय की मात्रा पर निर्भर करते हैं अणुसंख्यक गुणधर्म कहलाते हैं।

1. वाष्प दबाव अवनमन
2. क्वथनांक उन्नयन
3. हिमांक अवनमन
4. परासरण दबाव

⇨ इन गुणों के सर्वोत्तम परिणामों के लिए

- विलेय विलयाक में वियोजित तथा संयोजित नहीं होना चाहिए।
- विलेय उर्ध्वपातज नहीं होना चाहिए।
- विलेय बहुत तनु होना चाहिए।

⇨ **असामान्य अणुसंख्यक गुणधर्म (Abnormal Colligative Properties) :** जब एक विद्युत अपघट्य किसी विलायक में मिलाया जाता है, तो इसकी गणित्र अणुसंख्यक गुणधर्म प्रेक्षित अणुसंख्यक गुणधर्म के बराबर नहीं होते है।

$$i = \frac{\text{प्रेक्षित अणुसंख्यक गुणधर्म}}{\text{गणित्र अणुसंख्यक गुणधर्म}}$$

$$i = \frac{\pi_{obs.}}{\pi_{normal}} = \frac{(\Delta p)_{obs.}}{(\Delta p)_{normal}}$$

$$= \frac{(\Delta T_b)_{obs.}}{(\Delta T_b)_{normal}} = \frac{(\Delta T_f)_{obs.}}{(\Delta T_f)_{normal}}$$

$$= \frac{\text{विलयन में वास्तविक कणों की संख्या}}{\text{लिये गये कणों की संख्या}}$$

- असामान्य अणुसंख्यक गुण विलायक में विलेय के वियोजन या संयोजन के कारण होता हैं।
- **प्रकार-1 : वियोजन अभिधारणा :**
  जब विलायक में विलेय आयनों में वियोजति हो जाता है।
  अर्थात् $A \longrightarrow n$-आयन

$$\alpha = \frac{i-1}{n-1}$$

α = वियोजन की कोटि, इस स्थिति में $i > 1$

- **प्रकार-2 : संयोजन अभिधारणा :**
  यह अभिधारणा तब लागू होती है, जब कोई कार्बोक्सिलिक अम्ल फिनॉल, नैप्थेनॉल बैंजीन मे मिलाया जाता है।

$$A \longrightarrow (A)_n$$

$$\alpha = \frac{1-i}{1-\frac{1}{n}}$$

अधिकतर स्थितियों में n का मान $n = 2$ तो

$$\alpha = 2(1-i)$$

Notes

✍ यदि कोई विद्युत अपघट्य पानी में मिलाया जाता है, तो

$i > 1$ (सदैव)

✍ यदि विद्युत अपघट्य 100% अपघटित होता है

i = अणु में उपस्थित आयनों की संख्या

परासरण दबाव (Osmatic Pressure) :

⇨ वान्ट होफ के सिद्धान्त द्वारा तनु विलयनों के लिए गैस नियम लागु होते हैं।

$\pi = C \cdot RT$ (वान्ट होफ के सिद्धान्त द्वारा)

$\pi = \frac{d}{M} \cdot RT$ (d = विलयन का घनत्व)

⇨ परासरण दबाव को नापा जाता है

1. बार्कले और हार्टले विधि (Berkely and Hartley's method) (सर्वोत्तम विधि)
2. मोर्स और फ्रेजर विधि (Morse and frazer method)
3. टोवेन्ड्स विधि (Towends method)
4. फेफर विधि (Pfeffer method)

⇨ **विद्युत अपघट्य के लिए परासरण दबाव (Osmatic Pressure for Electrolyte) :**

π = वान्ट हॉफ गुणक $\times C \times RT$

या $\pi = i \times C \cdot RT$

Notes

✍ यदि प्रतिशत द्रव्यमान और ताप दिये हैं तो

$$\text{परासरण दबाव} = \frac{\text{प्रतिशत द्रव्यमान} \times 10}{M} \times RT$$

समपरासरी विलयन (isotonic solution) :

⇨ वे विलय जिनका नियत ताप पर, समान परासरण दबाव होता है समपरासरी विलयन कहलाते हैं।

⇨ **प्रकार-1 :** जब समपरासरी विलयन में अनअपघट्य और अनउर्ध्वपातज पदार्थ हों

$$\pi_1 = \pi_2 \qquad c_1 = c_2$$

$$\frac{x_1 \times 10}{m_1} = \frac{x_2 \times 10}{m_2} \qquad \text{... (i)}$$

$$\frac{w_1}{m_1 \times v_1} = \frac{w_2}{m_2 \times v_2}$$

⇨ **प्रकार-2 :** जब विलयन में विद्युत अपघट्य हो

$$\pi_1 = \pi_2 \qquad c_1 \neq c_2$$

अर्थात् $i \times c_1 = c_2$

$$\frac{i \times x_1}{m_1} = \frac{x_2}{m_2} \qquad \text{... (ii)}$$

x % द्रव्यमान प्रतिशतता

⇨ **प्रकार-3 :** जब दो विभिन्न विलयन में विभिन्न विद्युत अपघट्य तथा दोनों समपरासरी हों

$\pi_1 = \pi_2$ और $i_1 c_1 = i_2 \times c_2$

जहाँ x_1 और x_2 विलेय का प्रतिशत द्रव्यमान है।

$$\frac{i_1 \times x_1}{m_1} = \frac{x_2 \times x_2}{m_2} \quad \text{... (iii)}$$

Notes

- वे विलयन जिनका परासरण दबाव दूसरे विलयनों से अधिक होता है, अति समपरासरी विलयन कहलाते हैं।
- वे विलयन जिनका परासरण दबाव दूसरे विलयनों से कम होता है, न्यून समपरासरी विलयन कहलाते हैं।

वाष्प दबाव (Vapour Pressure)

- गतिज साम्य की स्थिति में किसी ताप पर विलायक के वाष्प द्वारा लगाया गया दबाव वाष्प दबाव या सतृप्त वाष्प दबाव कहलाता है।
- जब एक अनउर्ध्वपातज विलेय किसी शुद्ध विलायक में मिलाया जाता है और वाष्पन दर और वाष्प दबाव में कमी की जाती है तो

  वाष्प दबाव में कमी

  = विलायक का वाष्प दबाव – विलयन का वाष्प दबाव

$$\Delta P = P^o - P_s$$

- $\frac{\Delta P}{P^0}$ आपेक्षिक वाष्प दबाव में कमी कहलाती है जो विलयन के प्रभाज के बराबर होती है।

$$\frac{P^0 - P_s}{P_s} = \text{विलेय का मोल प्रभाज}$$

$$\frac{\Delta P}{P_s} = \frac{n_A}{n_A + n_B}$$

- मोललता और आपेक्षिक वाष्प दबाव में कमी में सम्बन्ध

$$\frac{P^0 - P_s}{P_s} \times \frac{1000}{m_B} = \text{मोललता}$$

- जब एक विद्युत अपघट्य शुद्ध जल में घोला जाता है तो

$$\frac{\Delta P}{P^0} = i \times n_A$$

क्वथनांक उन्नयन (Elevation in Boiling Point) :

- जब एक अनउर्ध्वपातन विलेय शुद्ध जल में मिलाया जाता है तो इसका क्वथनांक उन्नयित हो जाता है।

  ΔT_b = विलयन का क्वथनांक – विलायक का क्वथनांक

  (विलयन का क्वथनांक सदैव इसके शुद्ध विलायक के क्वथनांक से अधिक होता है)
- राउल्ट के नियम के कथनानुसार

$$\Delta T_b \propto \text{मोललता} = K_b \times \text{मोललता}$$

  जहाँ K_b = मोलल उन्नयन नियतांक
- क्वथनांक और वाष्पदबाव दोनों एक कोटी के होते हैं।
- हिमांक और वाष्पदबाव एक कोटी के होते हैं।

हिमांक अवनमन (Depression in Freezing Point) :

- जब कोई अनउर्ध्वपातज विलेय शुद्ध विलायक में मिलाया जाता है तो इसका हिमांक गिर जाता है।
- हिमांक अवनमन

  = freezing point solvent – freezing point solvent

$$\Delta T_f = K_f \times \frac{W_A \times 1000}{m_A \times w_B}$$

K_f का मान निम्न प्रकार से ज्ञात करते हैं

$$K_f = \frac{.002\, T_f^2}{L_f}$$

जहाँ K_f = विलायक अनवमन नियतांक है

T_f = परम पैमाने पर हिमांक है

L_f = कैलोरी/ग्राम में गलने की गुप्त ऊष्मा है

- यदि विलायक में विद्युत अपघट्य मिलाया जाता है

$$\Delta T_b = i \times K_f \times \text{मोललता}$$

- यदि फिनोल, बैन्जोइक अम्ल या ऐसिटिक अम्ल, बैंजीन में मिलाया जाता है तो ये सम्बद्ध होते हैं अर्थात्

$$2A \longrightarrow (A)_2 \quad \text{(इस स्थिति में, बैंजीन में)}$$

$i < 1$

$$\Delta T_f = i \times K_f \times \frac{w_A \times 1000}{M \times w_B}$$

$$\alpha = \frac{i - n}{1 - \frac{1}{2}} = 2(1 - i)$$

$$i = \frac{\text{सामान्य आणविक द्रयमान}}{\text{असामान्य आणविक द्रयमान}}$$

- ΔT_b तथा ΔT_f में सम्बन्ध

$$\frac{\Delta T_b}{\Delta T_f} = \frac{K_b}{K_f}$$

यदि पानी एक विलायक है

$$\Delta T_b = 0.28 \times \Delta T_f$$

विलयन का क्वथनांक = $(100 + 0.28\, \Delta T_f)$

विलयन का हिमांक = $0 - (3.57 \times \Delta T_b)$

$= -3.37 \times \Delta T_b$

Notes

- वह विलयन जिसका क्वथनांक या वाष्प दबाव अधिकतम होता है, उसका वाष्प दबाव और हिमांक न्यूनतम होता है।

वस्तुनिष्ठ परिकल्पना (Objective Concept) :

1. यदि विभिन्न क्रमों की एक ही मोलरता है।

क्वथनांक ∝ 1 मोल विद्युत अपघट्य में आयनों की संख्या

0.01 M NaC	**0.01 M $BaCl_2$**	**0.01 M $AlCl_3$**	**0.01 $Mg_3(PO_4)_2$**
(a)	(b)	(c)	(d)

क्वथनांक और वाष्पदबाव क्रम   D > C > B > A

हिमांक और वाष्पदबाव क्रम   A > B > C > D

2. जब विभिन्न विलयनों की अलग-अलग मोलरता होती है।

$$\text{क्वथनांक} \propto (n \times M)$$

n = आयनों की संख्या, M = मोलरता

0.01 $BaCl_2$	**0.1 M NaCl**	**0.001 $AlCl_3$**	**0.001 ग्लुकोज**
(a)	(b)	(c)	(d)

तब B > A > C > D

3. जब विभिन्न विलयन में समान प्रतिशत द्रव्यमान है।

5% NaCl	**5% $BaCl_2$**	**5% $AlCl_3$**
(a)	(b)	(c)

क्वथनांक $\propto (x/m \times n)$

4. यदि विभिन्न विलयनों में समान विलायक है।

क्वथनांक $\propto x\%$

15% ग्लुकोज >	**10% ग्लुकोज >**	**5% ग्लुकोज**
(a)	(b)	(c)

हिमांक और वाष्पदबाव क्रम C > B > A

5. जब विभिन्न विलयनों में विलेय का समान प्रतिशत द्रव्यमान हो

- **स्थिति - 1**

5% यूरिया	**5% ग्लुकोज**	**5% चीनी**
(a)	(b)	(c)

क्वथनांक $\propto 1/m$

A > B > C

हिमांक क्रम C > B > A

- **स्थिति - 2**

5% यूरिया	**5% NaCl**	**5% $CdCl_2$**	**5% ग्लुकोज**
(a)	(b)	(c)	(d)

वाष्प दबाव $\propto (n \times x/m)$

वाष्प दबाव और परासरण दबाव क्रम

B > C > A > C

स्मरणीय बिन्दु

- विलायक का परावैद्युतांक जितना अधिक होगा, आयनिक पदार्थ की घुलनशीलता उतनी ही अधिक होगी।
- ताप बढ़ने पर KNO_3, NH_4Cl, $PB(NO_3)_2$, $NaNO_3$, $AgNO_3$, आदि की घुलनशीलता बढ़ती है।
- Na_2CO_3, $CaCl_2$, निर्जल Na_2SO_4, $Ca(OH)_2$, NaOH आदि तथा गैसें जैसे CO_2, SO_2, O_2 आदि की घुलनशीलता ताप के साथ घटती है। द्रव में गैस की घुलनशीलता ताप बढ़ने पर घटती है।
- जब लैटिस ऊर्जा हाइड्रेसन ऊर्जा से अधिक हो तो तन्त्र ठण्डा हो जाता है और जब लैटिस ऊर्जा हाइड्रेसन ऊर्जा से कम हो तो तन्त्र गर्म हो जाता है।
- किसी द्रव का क्वथनांक वह ताप है जिस पर वाष्पदबाव वायुमण्डलीय दबाव के बराबर हो जाता है। विलयन का वाष्प दबाव जिसमें अनउर्द्धपातज विलायक हो, शुद्ध विलायक के वाष्प दबाव से कम होता है।
- अणुसंख्यक गुण विलयन का वह गुण है जो विलयन में उपस्थित कणों की संख्या पर निर्भर करता है।
- मिथाइल ऐल्कोहल, जोकि ऐथिलीन ग्लाइकोल से सस्ता होता है, को प्रतिहिमकारी के रूप में प्रयोग किया जाता है।
- पानी का घनत्व 4°C पर अधिक होता है।
- समपरासरी विलयन का परासरण दबाव समान होता है।
- परासरण दबाव मापन को प्रोटीन और बहुलकों के मोलर द्रव्यमान मापन (अन्य अणुसंख्यक गुणधर्म के सापेक्ष) में अधिक प्रयोग किया जाता है।
- K_b और K_f का मान, विलायक के प्रकार पर निर्भर करता है न कि इसमे घुले विलेय के प्रकार पर।
- अधिक तनु विलयन के लिए, विलायक का मोल प्रभाज विलयन की मोललता के अनुक्रमानुपाती होता है।
- परासरण दबाव क्रम

  0.1 M ग्लूकोज < 0.1 M सोडियम क्लोराइड < 0.1 M $FeCl_3$
- कपूर के लिए K_f का मान अन्य सामान्य विलायकों की तुलना में अधिक होता है।

अभ्यास के लिए प्रश्न

1. एक जलीय विलयन का हिमांक –0.180°C है। उसी विलयन का क्वथनांक उन्नयन........ होगा, यदि $K_b = 0.512$K मोललता$^{-1}$ तथा $K_f = 1.86$ K मोललता$^{-1}$

(a) 0.186°C (b) 0.0512°C
(c) 0.092°C (d) 0.237°C

2. A तथा B के विलयन में घटक ऋणात्मक विचलन प्रदर्शित करते हैं, तब–

(a) ΔV_{mix} धनात्मक है।
(b) A–B आकर्षण A–A तथा B–B आकर्षणों से कमजोर हैं।
(c) ΔH_{mix} धनात्मक है।
(d) A–B आकर्षण A–Aतथा B–B आकर्षणों से प्रबल हैं।

3. यदि A तथा B द्रव, आदर्श विलयन बनाते हैं, तब–

(a) $\Delta G_{mix} = 0$ (b) $\Delta H_{mixing} = 0$
(c) $\Delta G_{mix} = 0, \Delta S_{mix} = 0$ (d) $\Delta S_{mix} = 0$

4. एक दुर्बल अम्ल HX (वियोजन स्थिरांक 0.3) के 0.2 मोलल जलीय विलयन में हिमांक होगा– (दिया है $K_f = 1.85$ K मोललता$^{-1}$

(a) −0.26° C (b) +48° C
(c) −0.48° C (d) 0.36° C

5. प्रेशर कुकर में खाना बनाने में कम समय लगता है, क्योंकि–

(a) प्रेशर कुकर के अन्दर उपस्थित उच्च दाब भोज्य पदार्थ को कुचल देता है।
(b) भोजन के पकने में रसायनिक परिवर्तन होते हैं, जो कि ताप बढ़ानेपर आसानी से हो जाते हैं।
(c) भोजन बनने के स्थान में उष्मा समान रूप से वितररित हो जाते हैं।
(d) खाना बनाने में प्रयुक्त जल का क्वथनांक बढ़ जाता है।

6. सर्वाधिक क्वथनांक प्रदर्शित करने वाला विलयन है–

(a) 0.015 M ग्लूकोज (b) 0.01 M KNO_3
(c) 0.015 M यूरिया (d) 0.01 M Na_2SO_4

7. कौन-सा द्रवों का युग्म रॉउल्ट के नियम से धनात्मक विचलन प्रदर्शित करता है?

(a) ऐसीटोन-क्लोरोफार्म (b) बैंजीन-मेथेनॉल
(c) जल-नाइट्रिक अम्ल (d) जल-हाइड्रोक्लोरिक अम्ल

8. कौन-सा कथन गलत है–

(a) सुक्रोज के दो समान मोललता के भिन्न विलायकों में बनें विलयनों के लिए ΔT_f एक समान हैं।
(b) परासरण दाब $\pi = MRT$
(c) 0.01 M जलीय विलयनों के लिए परासरण दाब $BaCl_2 > KCl > CH_3COOH >$ सुक्रोज
(d) विलयन के वाष्प-दाब के सापेक्ष किसी घटक का वाष्प-दाब उसके मोल प्रभाज के अनुक्रमानुपाती होता है।

9. यदि Na_2SO_4 की वियोजन की मात्रा α हो तो आण्विक द्रव्यमान निकालने के लिए वान्ट हॉफ गुणांक (i) का मान होगा–

(a) $1+\alpha$ (b) $1-\alpha$
(c) $1+2\alpha$ (d) $1-2\alpha$

10. बैंजीन तथा टॉलूईन लगभग आदर्श विलयन बनाते हैं। 20°C पर बैंजीन का वाष्प-दाब 75 टॉर तथा टॉलूईन का वाष्प-दाब 22 टॉर है। 20°C पर 78 ग्राम बैंजीन तथा 46 ग्राम टॉलूईन को मिलाकर बने विलयन में बैंजीन का वाष्प-दाब होगा–

(a) 50 (b) 25
(c) 375 (d) 53.5

11. दो विद्युत-अनअपघट्यों के एक ही विलायक में बने विलयनों का होगा–

(a) समान क्वथनांक किन्तु भिन्न हिमांक
(b) समान हिमांक किन्तु भिन्न क्वथनांक
(c) समान क्वथनांक तथा समान हिमांक
(d) भिन्न क्वथनांक तथा भिन्न हिमांक

12. 1 किग्रा जल में 13.44 ग्राम $CuCl_2$ (अणुभार = 134.4, $K_b = 0.52$ मोललता$^{-1}$) को घोलकर बनाये गये विलयन के लिए क्वथनांक उन्नयन होगा–

(a) 0.16 (b) 0.05
(c) 0.1 (d) 0.2

13. 18 ग्राम ग्लूकोज ($C_6H_{12}O_6$) को 178.2 ग्राम जल में घोला जाता है। इस विलयन में 100°C पर जल का वाष्प-दाब क्या होगा?

(a) 752.40 टोर (b) 759.00 टोर
(c) 7.60 टोर (d) 76.00 टोर

14. 25° C एक खाली पात्र में मेथेन और ऑक्सीजन पर समान मात्रा में मिलाते हैं। ऑक्सीजन के द्वारा डाला गया दाब कुल दाब का कौन-सा भाग है?

(a) $\frac{2}{3}$ (b) $\frac{1}{3} \times \frac{273}{298}$
(c) $\frac{1}{3}$ (d) $\frac{1}{2}$

15. समान विलयारक में किसी पदार्थ का 5.25% विलयन, यूरिया के 1.5% विलयन के साथ समपरासरी है। यूरिया का अणुभार 60 ग्राम मोल$^{-1}$ है। यदि दोनों का घनत्व समान है जोकि 1.0 ग्राम सेमी$^{-3}$ है तो पदार्थ का अणुभार होगा–

(a) 90.0 ग्राम मोल$^{-1}$ (b) 115.0 ग्राम मोल$^{-1}$
(c) 105.0 ग्राम (d) 210.0 ग्राम मोल$^{-1}$

16. 300 K पर एथिल ऐल्कोहॉल और प्रोपाइल ऐन्कोहॉल के मिश्रण का वाष्प दाब 290 मिमी है। जबकि प्रोपाइल ऐल्कोहॉल का वाष्प दाब 200 मिमी है। यदि एथिल ऐल्कोहॉल का मोल प्रभाज 0.6 हो तो समान ताप पर इसका वाष्प दाब होगा–

(a) 350 (b) 300
(c) 700 (d) 360

17. 80° C पर, शुद्ध द्रव 'A' का वाष्पदाब 520 mm Hg तथा शुद्ध द्रव 'B' का वाष्पदाब 1000 mm Hg है। यदि 'A' तथा 'B' के मिश्रण का विलयन 80°C तथा 1 वायुमण्डल दाब पर उबलता है, तो मिश्रण में 'A' की मात्रा होगी– (1 वायुमण्डल =760 mm Hg)

(a) 52 मोल प्रतिशत (b) 34 मोल प्रतिशत
(c) 48 मोल प्रतिशत (d) 50 मोल प्रतिशत

18. 20°C पर जल का वाष्पदाब 17.5 mm Hg है। यदि 20°C पर, 178.2

ग्राम जल में 18 ग्राम ग्लूकोस ($C_6H_{12}O_6$) मिलाया जाए, तो प्राप्त विलयन का वाष्पदाब होगा-

(a) 17.675 mm Hg (b) 15.750 mm Hg
(c) 16.500 mm Hg (d) 17.325 mm Hg

19. $Ca(NO_3)_2$, KCl तथा फ्रक्टोज के समआणविक विलयनों के परासरण दाबों का क्रम होगा–

(a) फ्रक्टोज < KCl > $Ca(NO_3)_2$
(b) $Ca(NO_3)_2$ > KCl > फ्रक्टोज
(c) KCl > $Ca(NO_3)_2$ > फ्रक्टोज
(d) $Ca(NO_3)_2$ > फ्रक्टोज > KCl

20. समान मोल सान्द्रण के घोल $BaCl_2$ (t_1) तथा NaCl (t_2) के बहुत तनु विलयनों के क्वथनांकों का सही सम्बन्ध है–

(a) $t_1 = t_2$ (b) $t_1 > t_2$
(c) $t_2 > t_1$ (d) $t_2 \leq t_1$

21. एक प्रैशर कुकर खाना पकने के समय को कम करता है, क्योंकि–

(a) ऊष्मा का वितरण ओर अधिक समरूप से होता है
(b) उच्चतर दाब भोजन को मृदु बनाता है
(c) अन्दर के जल का क्वथनांक उच्च हो जाता है
(d) एक बड़ी ज्वाला का प्रयोग होता है

22. किसी तनु विलयन के लिए राउल्ट के नियम का कथन है–

(a) वाष्प दाब में अवनमन विलेय के मोल प्रभाज के बराबर होता है।
(b) वाष्प दाब में आपेक्षिक अवनमन विलेय के मोल प्रभाज के बराबर होता है
(c) वाष्प दाब में आपेक्षिक अवनमन विलयन में उपस्थित विलेय की मात्रा के अनुक्रमानुपाती होता है
(d) विलयन का वाष्प दाब विलेय के मोल प्रभाज के बराबर होता है

23. जब KI के जलीय विलयन में HgI_2 मिलाया जाता है, तो–

(a) हिमांक बढ़ जाता है
(b) हिमांक घट जाता है
(c) हिमांक परिवर्तित नहीं होता है
(d) क्वथनांक परिवर्तित नहीं होता है

24. 0.1 M विलयन KNO_3 (P_1) तथा 0.1 M विलयन CH_3COOH (P_2) के परासरण दाब के मान में सम्बन्ध है–

(a) $P_1 > P_2$ (b) $P_2 > P_1$
(c) $P_1 = P_2$ (d) $\frac{P_1}{P_1+P_2} = \frac{P_2}{P_1+P_2}$

25. निम्नलिखित द्रव युग्मों में से कौन-सा राउल्ट नियम से धनात्मक विचलन प्रदर्शित करता है–

(a) ऐसीटोन-क्लोरोफॉर्म (b) बैंजीन-मेथनॉल
(c) जल-हाइड्रोक्लोरिक अम्ल (d) जल-नाइट्रिक अम्ल

26. निम्न में सत्य कथन है–

(a) 0.1 M $Ca(NO_3)_2$ तथा 0.3 M ग्लूकोज समपरासारी विलयन है
(b) मोलरता को मोल प्रतिलीटर में व्यक्त करते हैं
(c) जल तथा ऐथेनॉल का मिश्रण राउल्ट के नियम से धनात्मक विचलन प्रदर्शित करता है
(d) ये सभी सत्य है

27. 0.1 M यूरिया (i), 0.2 M $BaCl_2$ (ii) तथा 0.01 M $CaCl_2$ (iii) के विलयनों के परासरण दाबों का क्रम होगा–

(a) (ii) > (i) > (iii) (b) (iii) > (ii) > (i)
(c) (i) > (iii) > (ii) (d) (ii) > (iii) > (i)

28. किसी विद्युत अनपघट्य (non-electrolyte) के जलीय विलयन का 300 K पर परासरण दाब 2.0 वायुमण्डल है। इस विलयन का हिमांक होगा–

[$K_f = 1.86$ K mol^{-1}, $R = 0.0821$ लीटर वायुमण्डल$^{-1}$ मोल$^{-1}$

(a) 1.8×10^{-5} (b) 2.96×10^{-3}
(c) 4.7×10^{-10} (d) 2.4×10^{-5}

29. 50 मिली बैंजीन (घनत्व 0.879 ग्राम/मिली) में एक यौगिक के 0.643 ग्राम घोलने पर उसका हिमांक 5.51°C से कम होकर 5.03°C हो जाता है। यदि बैंजीन के लिए K_f 5.12 हो, तो विलेय का अणु भार होगा–

(a) 156 (b) 312
(c) 78 (d) 234

30. असत्य कथन है–

(a) *n*-हैप्टेन तथा *n*-ऑक्टेन का मिश्रण लगभग आदर्श विलयन होता है
(b) विलयन के सभी घटकों के मोल प्रभाज का योग इकाई के बराबर होता है
(c) सम मोलल विलयनों के सभी अणु संख्य गुण समान होते है
(d) एक लीटर विलयन में घुलित यूरिया के दो मोल द्विमोलल विलयन बनाते हैं

31. धनात्मक विचलन के विलयन के लिए –

(a) ΔH_{mixing} तथा ΔV_{mixing} का मान धनात्मक होता है
(b) ΔH_{mixing} तथा ΔV_{mixing} शून्य होते है
(c) $\Delta H_{mixing} < 0$ तथा $\Delta V_{mixing} > 0$
(d) $\Delta H_{mixing} > 0$, $\Delta V_{mixing} = 0$, $\Delta S_{mixing} = 0$

32. निम्न में से कौन-सा आदर्श विलयन नहीं है–

(a) C_6H_5Br तथा C_2H_5I का मिश्रण
(b) C_6H_5Cl तथा C_6H_5Br का मिश्रण
(c) C_6H_6 तथा $C_6H_5CH_3$ का मिश्रण
(d) C_2H_5I तथा C_2H_5OH का मिश्रण

33. सोडियम सल्फेट जल में ऊष्मा उत्सर्जन के साथ विलेय होता है। सोडियम सल्फेट के एक संतृप्त विलयन पर विचार कीजिये। यदि ताप बढ़ा दिया जाये तो ला शातेलिये के नियमानुसार–

(a) ओर अधिक ठोस घुल जायेगा
(b) कुछ ठोस विलयन से अवक्षेपित हो जायेगा
(c) विलयन अतिसंतृप्त हो जायेगा
(d) विलयन का सान्द्रण अपरिवर्तित रहेगा

उत्तरमाला

1. (d)	**2.** (d)	**3.** (b)	**4.** (c)	**5.** (d)	**6.** (d)	**7.** (b)	**8.** (a)	**9.** (c)	**10.** (a)
11. (c)	**12.** (a)	**13.** (a)	**14.** (c)	**15.** (d)	**16.** (a)	**17.** (d)	**18.** (d)	**19.** (b)	**20.** (b)
21. (c)	**22.** (b)	**23.** (a)	**24.** (a)	**25.** (b)	**26.** (d)	**27.** (a)	**28.** (b)	**29.** (a)	**30.** (d)
31. (a)	**32.** (d)	**33.** (b)							

हल

1. (d) $\Delta T_f = \dfrac{1000.K_f.w}{W.m}$

तथा $\Delta T_b = \dfrac{1000.K_b.w}{W.m}$

$\therefore \quad \dfrac{\Delta T_f}{\Delta T_b} = \dfrac{K_f}{K_b}$ या $\dfrac{0.186}{\Delta T_b} = \dfrac{1.86}{0.512}$

$\therefore \quad \Delta T_b = 0.0512$

2. (d) $\Delta V =$ ऋणात्मक तथा $\Delta H =$ ऋणात्मक के साथ यह भी आवश्यक शर्त है।

3. (b) आदर्श विलयन में $\Delta H_{mix} = 0$ तथा $\Delta V_{mix} = 0$

4. (c) $\Delta T_f = K_f \times$ मोललता $\times (1+\alpha)$

$= 1.85 \times 0.2\,(1+0.3) = 0.48$

$\therefore$ हिमांक $= 0 - 0.48 = -0.48^{\circ}C$

5. (d) यदि दाब अधिक है, तो द्रव अधिक ताप पर उबलते हैं।

6. (d) Na_2SO_4 अधिक कण प्रदान करता है, अर्थात्

$C(1-\alpha+3\alpha) = (0.03)$

$= 0.01 \times (1+2\alpha) + 0.01 \times (3) = 0.03$

8. (a) विलायको का K_f भिन्न है।

9. (c) $Na_2SO_4 \rightleftharpoons 2Na^{+} + SO_4^{2-}$

$1 \quad\quad 0 \quad\quad 0$

$1-\alpha \quad 2\alpha \quad \alpha$

$\therefore \quad i = \dfrac{1-\alpha+2\alpha+\alpha}{1} = \dfrac{1+2\alpha}{1} = 1+2\alpha$

10. (a) $P'_A = P^{\circ}_B \cdot X_B$

$$= 75 \times \dfrac{\frac{78}{78}}{\frac{78}{78}+\frac{46}{92}} = 75 \times \dfrac{1}{1+\frac{1}{2}} = 75 \times \dfrac{2}{3} = 50$$

11. (c) $\Delta T_f = K_f \times$ मोललता

$\Delta T_b = K_b \times$ मोललता

विभिन्न विद्युत-अपघट्यों के लिए ΔT_f तथा ΔT_b समान होंगे। क्योंकि K_f तथा K_b नियतांक हैं।

12. (a) $\Delta T_b = \dfrac{1000 \times 0.52 \times 13.44}{134.4 \times 1000} \times (1+2\alpha) \qquad \because \alpha = 1$

$= 0.052 \times 3 = 0.156$

13. (a) $\dfrac{P^{\circ} - P_S}{P_S} = \dfrac{w \times M}{m \times W}$

क्वथनांक पर $P^{o} = 760$ टोर

$\dfrac{760 - P_S}{P_S} = \dfrac{18 \times 18}{180 \times 178.2}$

$P_S = 752.40$ मिली

14. (c) माना मेथेन तथा ऑक्सीजन का भार $= W$ ग्राम

ऑक्सीजन का मोल प्रभाज (mole fraction)

$(X_{O_2}) = \dfrac{W/32}{\frac{W}{32}+\frac{W}{16}} = \dfrac{1/32}{3/32} = \dfrac{1}{3}$

माना कुल दाब $= P$

जो ऑक्सीजन द्वारा लगाया गया दाब (आंशिक दाब)

$= X_{O_2} \times P_{\text{कुल}} = P \times \dfrac{1}{3}$

15. (d) $\therefore$ विलयन समपरासी है।

माना पदार्थ का अणुभार M है।

$\because \quad \pi_1 = C_1RT, \qquad \pi_2 = C_2RT$

$C_1 = C_2$

दोनों विलयनों का घनत्व समान है।

$\therefore \quad \dfrac{5.25}{M} = \dfrac{1.5}{60}$

$M = \dfrac{5.25 \times 60}{1.5} = 210$

16. (a) राउल्ट के नियम के अनुसार

$P_T = P_A + P_B = P^{\circ}_A X_A + P^{\circ}_B X_B$

$290 = P^{\circ}_A \times 0.6 + 200 \times 0.4$

$P^{\circ}_A = 350$

17. (d) $P_T = P^{o}_A X_A + P^{o}_B X_B$

$760 = 520\,X_A + 1000\,(1 - X_A)$

$X_A = 0.5 = 50\%$

18. (d) राउल्ट के नियमानुसार

$\dfrac{P^{\circ} - P_S}{P_S} = \dfrac{w \times M}{m \times W}$

$\dfrac{17.5 - P_S}{P_S} = \dfrac{18 \times 18}{180 \times 178.2}$

$\dfrac{17.5 \times P_S}{P_S} = 0.01$

$P_S = 17.325$ mmHg

33. (b) जो दार्थ जल में ऊष्मारेचन के साथ घुलते हैं उनकी विलेयता ताप बढ़ने से घटती है।

□□□

Chapter 8

रासायनिक साम्यावस्था (Chemical Equilibrium)

रासायनिक साम्य (Chemical Equilibrium)

अग्र अभिक्रिया का वेग समय के साथ घटता है, जबकि विपरीत अभिक्रिया का वेग समय के साथ बढ़ता है। कुछ समय बाद एक ऐसी स्थिति आ जाती है। जिसमें अभिक्रिया का वेग दोनों दिशाओं में समान हो जाता है। अभिक्रिया की इस अवस्था को रासायनिक साम्य की अवस्था कहते हैं।

साम्यावस्था पर :

अग्र अभिक्रिया का वेग = पश्च अभिक्रिया का वेग

रासायनिक साम्य गतिक (dynamic) होता है, अर्थात् साम्यावस्था पर रासायनिक अभिक्रिया चलती रहती है, रूकती नहीं है।

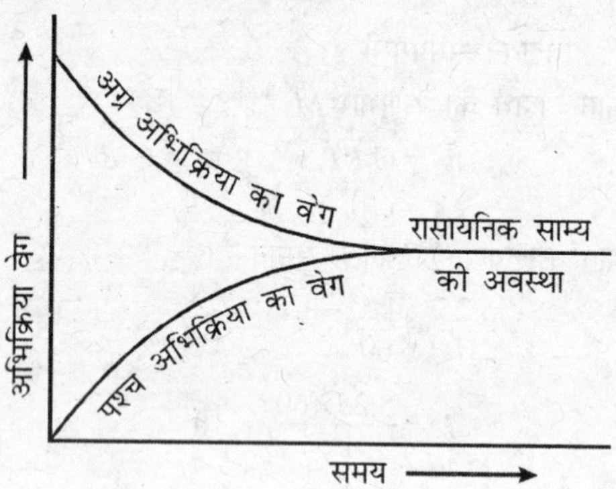

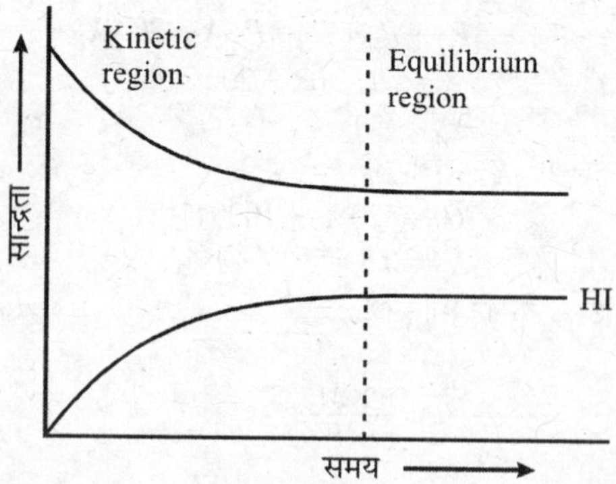

साम्य नियतांक के अनुप्रयोग (Applications of Equilibrium Constants)

सान्द्रता गुणांक (Concentration Quotient)

उत्पाद की सान्द्रता तथा अभिकारक की सान्द्रता के अनुपात को सान्द्रता गुणांक कहते है। इसे Q से प्रदर्शित करते है। माना अभिक्रिया–

$$aA + bB \rightleftharpoons cC + dD$$

$$Q = \frac{[C]^c[D]^d}{[A]^a[B]^b}$$

$$Q_p = \frac{p_C^c \cdot p_D^d}{p_A^a \cdot p_B^b} = K_p$$

(i) यदि $Q_c > K_c$, अभिक्रिया पश्च दिशा में विस्थापित होती है, जब तक Q_c का मान K_c के बराबर नहीं हो जाता है।

(ii) यदि $Q_c < K_c$, अभिक्रिया अग्र दिशा में विस्थापित होती है, जब तक Q_c का मान K_c के बराबर नहीं हो जाता है।

(iii) यदि $Q_c = K_c$, अभिक्रिया साम्य की स्थिति में होती है।

K_p तथा K_c में सम्बन्ध

माना एक सामान्य अभिक्रिया,

$$aA\,(g) + bB\,(g) \rightleftharpoons cC\,(g) + dD\,(g)$$

$$\boxed{K_p = K_c(RT)^{\Delta n}}$$

(i) यदि $\Delta n = 0$, तब, $K_p = K_c$;

उदाहरण– $N_2(g) + O_2(g) \rightleftharpoons 2NO(g)$

(ii) यदि $\Delta n > 0$, अर्थात् Δn का मान धनात्मक है, तब $K_p > K_c$

उदाहरण– $PCl_5(g) \rightleftharpoons PCl_3(g) + Cl_2(g)$

इस अभिक्रिया, $\Delta n = 2 - 1 = 1$

(iii) यदि $\Delta n < 0$, यदि Δn का मान ऋणात्मक है, तब $K_c > K_p$;

उदाहरण– $N_2(g) + 3H_2(g) \rightleftharpoons 2NH_3(g)$

इस अभिक्रिया, $\Delta n = 2 - 4 = -2$

साम्य नियतांक की सीमा (Judging the Extent of Reaction)

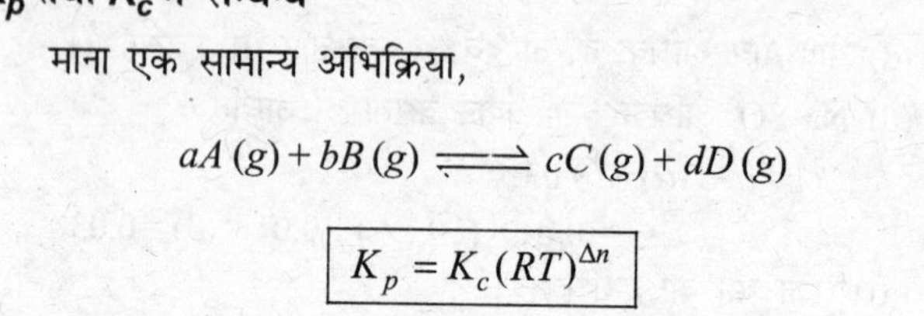

(i) यदि $K_c < 10^{-3}$, अभिकारक उत्पाद से अधिकता में होगा। यदि K_c का मान बहुत की कम हो, तब अभिक्रिया बहुत ही मुश्किल से होगी।

(ii) यदि K_c का मान 10^{-3} से 10^3, के मध्य होता है, तब अभिक्रिया में अभिकारक तथा अभिकारक तथा उत्पाद दोनों की सान्द्रता उपस्थिति होगी।

(iii) यदि $K_c > 10^3$, उत्पाद की सान्द्रता अभिकारक की सान्द्रता से अधिक होगी। यदि K_c का मान बहुत अधिक है, अभिक्रिया सभी दिशाओं में पूर्ण हो जायेगी।

Notes

- यदि K_c का मान बहुत अधिक है, तब अभिक्रिया अग्र दिशा में तेजी के साथ होती है तथा अभिकारक का स्थायित्व कम हो जाता है।
- स्थायित्व, अभिकारक का स्थायित्व $\propto \frac{1}{k_c \text{ का मान}}$

$$2AO \rightleftharpoons A_2 + O_2 \quad Kc_1 = 1 \times 10^{-38}$$
$$2BO \rightleftharpoons B_2 + O_2 \quad Kc_2 = 1 \times 10^{-35}$$
$$2CO \rightleftharpoons C_2 + O_2 \quad Kc_3 = 1 \times 10^{-32}$$
$$2DO \rightleftharpoons D_2 + O_2 \quad Kc_4 = 1 \times 10^{-55}$$

Stability order : $DO > AO > BO > CO$

- साम्य स्थिरांक तथा मुक्त ऊर्जा में सम्बन्ध–

$$\Delta G^o = \Delta H^o - T\Delta S$$
$$\Delta G^o = -2.303\, RT \log K_c$$
$$\Delta G^o = -2.303\, RT \log K_p$$

यदि, $\Delta G = 0$, तब $K_c < 1$. If $\Delta G > 0$

i.e. it is $+ve$ तब $K_c < 1$. यदि $\Delta G = -ve$, तब $K_c > 1$

उदाहरण:

अभिक्रिया $N_2(g) + O_2(g) \rightleftharpoons 2NO(g)$ के लिए 25°C पर मानक मुक्त ऊर्जा परिवर्तन + 173.1 किलो जूल है। अभिक्रिया के लिए K_p का मान ज्ञात करो।

हल: $\Delta G^\circ = 173.1$ किलो जूल $= 1.731 \times 10^5$ जूल, $R = 8.314$ जूल/डिग्री-मोल, $T = 298$ K

$$-\log K_p = \frac{\Delta G^\circ}{2.303RT} = \frac{1.731\times10^5}{2.303\times8.314\times298}$$
$$-\log K_p = 30.34$$

अथवा, $K_p = \mathbf{4.6 \times 10^{-31}}$

उदाहरण:

अभिक्रिया $2H_2O \rightleftharpoons 2H_2 + O_2$ और

अभिक्रिया $2CO_2 \rightleftharpoons 2CO + O_2$

का साम्य स्थिरांक 1000°C पर क्रमश: 2.1×10^{-13} और 1.4×10^{-12} मोल/लीटर है। अभिक्रिया $H_2 + CO_2 \rightleftharpoons H_2O + CO$ का इसी ताप पर साम्य क्या होगा?

हल: 1000°C पर सभी पदार्थ गैसीय अवस्था में होंगे।

$$2H_2O \rightleftharpoons 2H_2 + O_2$$
$$K_1 = \frac{[H_2]^2[O_2]}{[H_2O]^2} = 2.1 \times 10^{-13}$$
$$2CO_2 \rightleftharpoons 2CO + O_2$$
$$K_2 = \frac{[CO]^2[O_2]}{[CO_2]^2} = 1.4 \times 10^{-12}$$
$$H_2 + CO_2 \rightleftharpoons H_2O + CO$$
$$K_3 = \frac{[H_2O][CO]}{[H_2][CO_2]}$$

उपरोक्त व्यंजकों की तुलना करने पर,

$$K_3 = \sqrt{\frac{K_2}{K_1}} = \sqrt{\frac{1.4\times10^{-12}}{2.1\times10^{-13}}} = \mathbf{2.58}$$

उदाहरण:

निम्नलिखित अभिक्रियाओं के लिए साम्य नियतांक दिये हुए है।

$$XeF_6(g) + H_2O(g) \rightleftharpoons XeOF_4(g) + 2HF(g); \quad K_1$$
$$XeO_4(g) + XeF_6(g) \rightleftharpoons XeOF_4(g) + XeO_3F_2(g); \quad K_2$$

तब निम्नलिखित साम्य अभिक्रिया के लिए साम्य नियतांक ज्ञात कीजिए।

$$XeF_4(g) + 2\,HF(g) \rightleftharpoons XeO_3F_2(g) + H_2O(g)$$

हल: $XeO_4(g) + 2\,HF(g) \rightleftharpoons XeO_3F_2(g) + HOH(g)$

$$K = \frac{[XeO_3F_2][HOH]}{[XeO_4][HF]^2} \quad \text{...(i)}$$

ज्ञात है, $XeO_4(g) + XeF_6(g) \rightleftharpoons XeOF_4(g) + XeO_3F_2(g)$

$$K_2 = \frac{[XeOF_4][XeO_3F_2]}{[XeO_4]} \quad \text{...(ii)}$$
$$XeF_6(g) + H_2O(g) \rightleftharpoons XeOF_4(g) + 2HF(g)$$
$$K_2 = \frac{[XeOF_4][HF]^2}{[XeF_6][H_2O]} \quad \text{...(iii)}$$

समीकरण (i) व (iii) के अनुसार,

$$\frac{K_1}{K_2} = \frac{[XeOF_4][XeO_3F_2]}{[XeO_4]} \times \frac{[XeF_6][H_2O]}{[XeOF_4][HF]^2}$$
$$\frac{K_1}{K_2} = \frac{[XeOF_4][XeO_3F_2]}{[XeO_4][XeF_6]} \times \frac{[XeF_4][HOH]}{[XeOF_4][HF]^2}$$
$$= [XeO_3F_2]\,[HO]$$

उदाहरण:

निम्नलिखित अभिक्रिया के लिए साम्य नियतांक

$$N_2 + 2O_2 \rightleftharpoons 2NO_2$$

किसी निश्चित ताप पर 100 निम्नलिखित अभिक्रियाओं के लिए साम्य नियतांक का मान बताइये।

$$2NO_2 \rightleftharpoons N_2 + 2O_2 \quad \text{...(i)}$$
$$NO_2 \rightleftharpoons \frac{1}{2}N_2 + O_2 \quad \text{...(ii)}$$

हलः

अभिक्रिया, $N_2 + 2O_2 \rightleftharpoons 2NO_2$ के लिए साम्य नियतांक,

$$K_c = \frac{[NO_2]^2}{[N_2][O_2]^2} = 100 \quad ...(a)$$

अभिक्रिया, $2NO_2 \rightleftharpoons N_2 + 2O_2$ के लिए साम्य नियतांक,

$$K_1 = \frac{[N_2][O_2]^2}{[NO_2]^2} \quad ...(b)$$

इस समीकरण को उल्टा लिखने पर प्रथम अभिक्रिया प्राप्त होती है, अत:

$$\therefore \quad K_1 = \frac{1}{K_c} = \frac{1}{100} = 1 \times 10^{-2}$$

अभिक्रिया, $NO_2 \rightleftharpoons \frac{1}{2} N_2 + O_2$ के लिए साम्य नियतांक,

$$K_2 = \frac{[N_2]^{1/2}[O_2]}{[NO_2]} \quad ...(c)$$

समीकरण (ii) तथा (iii) तुलना करने पर,

$$K_2 = \sqrt{K_1} = \sqrt{10^{-2}} = 10^{-1} = \mathbf{0.1}$$

उदाहरणः

निम्नलिखित अभिक्रिया के लिए साम्य नियतांक ज्ञात कीजिए।

$$\frac{1}{2}N_2(g) + \frac{1}{2}O_2(g) + \frac{1}{2}Br_2(g) \rightleftharpoons NOBr(g)$$

298 K ताप पर निम्न आँकड़ें दिये हुए है।

अभिक्रियाओं, $2NO(g) \rightleftharpoons N_2(g) + O_2(g)$

तथा $NO(g) + \frac{1}{2}Br_2(g) \rightleftharpoons NOBr(g)$

के लिए साम्य नियतांक क्रमश: 2.4×10^{30} तथा 1.4 है।

हलः अभिक्रिया, $\frac{1}{2}N_2(g) + \frac{1}{2}O_2(g) + \frac{1}{2}Br_2(g) \rightleftharpoons NOBr(g)$ के लिए साम्य नियतांक

$$K_{c_{(net)}} = \frac{[NOBr]}{[N_2]^{1/2}[O_2]^{1/2}[Br_2]^{1/2}}$$

तथा निम्नलिखित अभिक्रियाओं के लिए साम्य नियतांक दिये हुए है।

$$2NO(g) \rightleftharpoons N_2(g) + O_2(g) \quad K_1 = 2.4 \times 10^{30}$$

$$N_2(g) + O_2(g) \rightleftharpoons 2NO(g) \quad K_2 = \frac{1}{2.4 \times 10^{30}}$$

अब, $\frac{1}{2}N_2(g) + \frac{1}{2}O_2(g) \rightleftharpoons NO(g)$;

$$\text{इसलिए साम्य नियतांक} = \left(\frac{1}{2.4 \times 10^{30}}\right)^{1/2} = 0.6455 \times 10^{-15}$$

$$\frac{[NO]}{[N_2]^{1/2}[O_2]^{1/2}} = K_c' = 0.6455 \times 10^{-15} \quad ...(i)$$

दिया है, $NO(g) + \frac{1}{2}Br_2(g) \rightleftharpoons NOBr(g)$

$$\frac{[NOBr]}{[NO][Br_2]^{1/2}} = K_c'' = 1.4 \quad ...(ii)$$

दोनों समीकरणों को गुणा करने पर,

$$\frac{[NO]}{[N_2]^{1/2}[O_2]^{1/2}} \times \frac{[NOBr]}{[NO][Br_2]^{1/2}} = K_c' \times K_c''$$

$$= 0.6455 \times 10^{-15} \times 1.4$$

$$\text{या} \quad \frac{[NOBr]}{[N_2]^{1/2}[O_2]^{1/2}[Br_2]^{1/2}} = K_{c_{(net)}} = 0.9037 \times 10^{-15}$$

$$= \mathbf{9.037 \times 10^{-16}}$$

समांगी गैसीय साम्य के लिए अध्ययन जहाँ, $\Delta n = 0$

(i) HI का वियोजन : यदि HI की वियोजन की मात्रा x है।

	$2HI(g)$ $\rightleftharpoons$	$H_2(g)$	+ $I_2(g)$
प्रारम्भिक मोल	a	0	0
साम्यावस्था पर मोल	$a(1-x)$	$\frac{ax}{2}$	$\frac{ax}{2}$

$$K_c = \frac{x^2}{4(1-x)^2}$$

$$K_p = \frac{x^2}{4(1-x)^2} \quad [K_p = K_c \text{ क्योंकि}, \Delta n = 0]$$

(ii) H_2 तथा I_2 का योग : इस अभिक्रिया को निम्नलिखित प्रकार से प्रदर्शित किया जाता है।

	$H_2(g)$ +	$I_2(g)$ $\rightleftharpoons$	$2HI(g)$
प्रारम्भिक मोल	a	b	0
साम्यावस्था पर मोल	$(a-x)$	$(b-x)$	$2x$

$$K_c = \frac{(2x)^2}{(a-x)(b-x)},$$

$$K_p = \frac{(2x)^2}{(a-x)(b-x)}$$

उदाहरणः

HI वियोजन में साम्य पर 20 % HI वियोजित होता है। अभिक्रिया, $HI(g) \rightleftharpoons \frac{1}{2}H_{2(g)} + \frac{1}{2}I_{2(g)}$ के लिए K_P ज्ञात करो।

हलः

	HI $\rightleftharpoons$	$\frac{1}{2}H_2$	+ $\frac{1}{2}I_2$
प्रारम्भ में मोल	1	0	0
साम्य पर मोल	$(1-\alpha)$	$\alpha/2$	$\alpha/2$

यहाँ, α = वियोजन की मात्रा, V = बर्तन का आयतन

$$K_P = K_c = \frac{\left(\frac{\alpha}{2V}\right)^{1/2}\left(\frac{\alpha}{2V}\right)^{1/2}}{\frac{(1-\alpha)}{V}} = \frac{\alpha}{2(1-\alpha)}$$

$$K_P = K_c = \frac{0.2}{2(1-0.2)} \qquad (\because \alpha = 0.2)$$

$$K_P = K_c = \mathbf{0.125}$$

उदाहरण:

0.96 g HI को साम्यावस्था आने तक गर्म किया गया। साम्यावस्था पर मिश्रण को उदासीन करने के लिए 15.7 मिली *N*/10 हाइपों की आवश्यकता होती है। HI के वियोजन की मात्रा ज्ञात करो।

हल:

	$2HI \rightleftharpoons$	H_2	+ I_2
प्रारम्भ में मोल	$\frac{0.96}{128}$	0	0
साम्यावस्था पर मोल	$= 7.5 \times 10^{-3}$	$\frac{x}{2}$	$\frac{x}{2}$

साम्यावस्था पर, I_2 के मिली-तुल्यांक = हाइपो के मिली-तुल्यांक

$$\frac{W_{I_2}}{E} \times 1000 = 15.7 \times \frac{1}{10}$$

$$I_2 \text{ के तुल्यांक} = \left(\frac{W}{E}\right) = 1.57 \times 10^{-3}$$

अत: $$I_2 \text{ के मोल} = \frac{x}{2} = \left(\frac{W/E}{2}\right) = \frac{1.57 \times 10^{-3}}{2}$$

$$x = 1.57 \times 10^{-3}$$

$$\therefore \text{ वियोजन की मात्रा } (\alpha) = \frac{\text{वियोजित होने वाले मोल}}{\text{कुल मोल}} = \frac{1.57 \times 10^{-3}}{7.5 \times 10^{-3}}$$

$$= \mathbf{0.209 \text{ या } 20.9\ \%}$$

AB(g) $\rightleftharpoons$ *A (g) + B (g)* प्रकार के वियोजन का अध्ययन–

माना एक लीटर के उपकरण में PCl_5 का एक मोल लेकर गर्म करते है।

$$\underset{\text{1 mole}}{PCl_5(g)} \rightleftharpoons PCl_3 + Cl_2$$

साम्यावस्था पर PCl_5 के x मोल PCl_3 तथा Cl_2 में वियोजित हो जाते है।

	$PCl_5 \rightleftharpoons$	PCl_3 +	Cl_2
साम्यावस्था पर मोल	$1-\alpha$	x	x

साम्यावस्था पर कुल दाब $= 1 - x + x + x = 1 + x$

साम्यावस्था में उपकरण का कुल दाब दाबमापी से ज्ञात कर लेते है।

$$\text{साम्यावस्था पर } PCl_5 \text{ पर आंशिक दाब} = \frac{1-\alpha}{1+\alpha} \cdot P$$

$$P_{PCl_3} = P_{Cl_2} = \frac{x}{1+x}$$

$$K_p = \frac{P_{PCl_3} \times P_{Cl_2}}{P_{PCl_5}} = \frac{\frac{\alpha}{1+\alpha} \cdot P \times \frac{\alpha}{1+\alpha} \cdot P}{\frac{1-\alpha}{1+\alpha} \cdot P}$$

$$= \frac{\alpha^2 \cdot P}{(1-\alpha)(1+\alpha)} = \frac{\alpha^2 \cdot P}{1-\alpha^2}$$

$$K_p = \frac{\alpha^2 \cdot P}{1-\alpha^2} \quad \Rightarrow \quad \alpha = \sqrt{\frac{K_p}{P-K_p}}$$

अर्थात् $$x \propto \frac{1}{\sqrt{P}}$$

Notes

- यदि कोई वियोजन एक बन्द उपकरण में कराया जाता है, तब साम्यावस्था पर दाब दाबमापी से तथा ताप थर्मामीटर से ज्ञात कर लेते है। इसके पश्चात् गैस समीकरण का प्रयोग करके साम्यावस्था पर कुल मोल ज्ञात कर लेते है।

$$PV = nRT \quad \Rightarrow \quad n = \frac{PV}{RT}$$

$$1 + x = n \quad \Rightarrow \quad x = n - 1$$

साम्य नियतांक K_p या K_c केवल ताप पर निर्भर करता है, दाब पर निर्भर नहीं करता। यदि दाब में परिवर्तन किया जाता है केवल वियोजन की मात्रा ही परिवर्तित होती है।

PCl_5 के वियोजन में विभिन्न दाबों पर वियोजन की मात्रा ज्ञात करना–

यदि PCl_5 के वियोजन में केवल दाब में ही परिवर्तन किया जाता है, तब PCl_5 की वियोजन की मात्रा ही परिवर्तित होती है। किन्तु K_p का मान स्थिर रहता है। माना, P_1 atm पर PCl_5 की वियोजन की मात्रा x_1 है तथा P_2 atm दाब पर x_2 है।

$$PCl_5 \rightleftharpoons PCl_3 + Cl_2$$

$$K_p = \frac{x^2 \cdot P}{1-x^2}$$

P_1 atm पर वियोजन की मात्रा x_1 है।,तब

$$\Downarrow$$

$$K_p = \frac{x_1^2 \cdot P_1}{1-x_1^2} \quad \ldots (1)$$

P_2 atm पर वियोजन की मात्रा x_2 है।,तब

$$\Downarrow$$

$$K_p = \frac{x_2^2 \cdot P_2}{1-x_2^2} \quad \ldots (2)$$

दोनों अवस्थाओं में K_p का मान स्थिर रहता है, इसलिए

$$\frac{x_1^2 P_1}{1-x_1^2} = \frac{x_2^2 P_2}{1-x_2^2} \quad \text{अर्थात्} \quad \frac{P_1}{P_2} = \frac{x_2^2}{x_1^2} \times \frac{1-x_1^2}{1-x_1^2}$$

उदाहरण:

500 K ताप पर तथा P_1 atm दाब पर PCl_5 50 % वियोजित होता है तथा P_2 atm दाब पर यह 80% वियोजित होता है। P_1 तथा P_2 के मध्य

सम्बन्ध बताइये।

हलः $\frac{P_1}{P_2} = \frac{\alpha_2^2}{\alpha_1^2} \times \frac{1-\alpha_1^2}{1-\alpha_2^2}$

$$= \frac{0.8^2}{0.5^2} \times \frac{1-0.5^2}{1-0.8^2} = \frac{0.64}{0.25} \times \frac{75}{36} = \frac{16}{3} = 5.33$$

$\therefore$ $\mathbf{P_1 = 5.33 \times P_2}$

उदाहरणः

किसी ताप तथा 4 वायुमण्डल दाब पर PCl_5 10 % वियोजित होता है। उसी ताप पर, उस दाब की गणना कीजिए जिस पर PCl_5 20 % वियोजित होगा।

हलः $\frac{P_1}{P_2} = \frac{\alpha_2^2}{\alpha_1^2} \times \frac{1-\alpha_1^2}{1-\alpha_2^2}$

$\alpha_1 = 10\% = 0.1$ तथा $\alpha_2 = 20\% = 0.2$

$$= \frac{(0.2)^2}{(0.1)^2} \times \frac{1-(0.1)^2}{1-(0.2)^2}$$

$$= \frac{0.4}{0.1} \times \frac{1-0.1}{1-0.4} = \frac{4}{1} \times \frac{0.99}{0.96} = 4.125$$

$P_1 = 4$ atm.

$\therefore$ $\frac{4}{P_2} = 4.124 \Rightarrow P_2 = \frac{4}{4.124} = \mathbf{0.969}$

विभिन्न ताप तथा दाब पर PCl_5 के वियोजन का अध्ययन

माना P_1 दाब तथा T_1 K ताप पर एक बन्द उपकरण में PCl_5 का एक मोल वियोजन के लिए लिया जाता है। इस अवस्था में–

$PCl_5(a)$ mole —— Pressure is P_1, Temperature is T_1
then, $P_1V = aRT_1$

साम्यावस्था पर PCl_5 के x मोल उत्पद में परिवर्तत हो जाते है।

At equilibrium	$PCl_5 \rightleftharpoons PCl_5 + Cl_2$
	$a-ax \quad ax \quad ax$

साम्यावस्था पर कुल मोलों की संख्या

$a - ax + ax + ax = a(1+x)$

$P_2V = a(1+x)RT_2$

तब, $\frac{P_1V}{P_2V} = \frac{aRT_1}{a(1+x)RT_2}$

$\Rightarrow$ $\frac{P_1}{P_2} = \frac{T_1}{(1+x)T_2}$

$\Rightarrow$ $x = \frac{T_1P_2 - T_2P_1}{T_2 - P_1}$

वियोजन की मात्रा तथा घनत्व में सम्बन्ध

जब किसी उत्क्रमणीय अभिक्रिया में गैसीय पदार्थों का वियोजन होता है, तब अणुओं की कुल संख्या में वृद्धि होती है तथा आयतन में भी वृद्धि होती है। साथ ही साथ वाष्प घनत्व कम होता है।

स्थिर ताप तथा दाब पर वाष्प घनत्व आयतन के या मोलों की संख्या (अणुओं की सख्या) के विलोमानुपाती होता है।

$$\text{वाष्प घनत्व} \propto \frac{1}{\text{आयतन}} \propto \frac{1}{\text{मोलों की संख्या}}$$

माना प्रारम्भ में वाष्प घनत्व D व मोलों की संख्या n_0 है। साम्यावस्था पर वाष्प घनत्व d तथा मोलों की संख्या n_e है, तब–

$$\frac{\text{प्रारम्भ में वाष्प घनत्व}}{\text{साम्यावस्था पर वाष्प घनत्व}} = \frac{\text{साम्यावस्था पर मोलों की संख्या}}{\text{प्रारम्भ में मोलों की संख्या}}$$

$$\frac{D}{d} = \frac{n_e}{n_0} \quad ...(i)$$

घनत्व मापन की सहायता से यौगिक के वियोजन की मात्रा ज्ञात की जा सकती है।

$$A \rightleftharpoons n\ \text{उत्पाद}(g)$$

$$x = \frac{D-d}{(n-1)d} \quad \text{या} \quad x = \frac{M-m}{(1-n)m}$$

उपरोक्त सूत्र की सहायता से वियोजन की मात्रा ज्ञात कर सकते है। माना PCl_5 का वियोजन निम्नलिखित समीकरण के अनुसार होता है।

	PCl_5	$\rightleftharpoons$	PCl_3	+	Cl_2
प्रारम्भ में मोलों की संख्या	1		0		0
साम्यावस्था पर मोलों की संख्या	$1-\alpha$		α		α

साम्यावस्था पर मोलों की कुल संख्या $= 1 - \alpha + \alpha + \alpha = 1 + \alpha$

तब, सूत्र (i) से, $\frac{D}{d} = \frac{n_e}{n_0}$

या $\frac{D}{d} = \frac{1+\alpha}{1}$

या $\alpha = \frac{D}{d} - 1$

या $\alpha = \frac{D-d}{d}$

अक्रिय गैस के प्रभाव में PCl_5 का वियोजन

माना एक उपकरण में अक्रिय गैस के n मोल तथा PCl_5 का एक मोल लिया जाता है।

n mole of N_2 + 1 mole of PCl_5

↓

साम्यावस्था पर PCl_5 के x मोल उत्पाद में परवर्तित हो जाते है, तब

N_2	$PCl_5 \rightleftharpoons PCl_3 + Cl_2$
↓ n mole	$1-x \quad x \quad x$

साम्यावस्था पर कुल मोलों की संख्या

$n + 1 - x + x + x = n + 1 + x$

PCl_5, PCl_3 तथा Cl_2 के आंशिक दाब

$$P_{PCl_5} = \frac{1-x}{1+n+x}\cdot P\ ;\ P_{PCl_3} = \frac{x\cdot P}{1+n+x}\ ;\ P_{Cl_2} = \frac{x\cdot P}{1+n+x}$$

$$K_p = \frac{P_{PCl_3} \times P_{Cl_2}}{P_{PCl_5}}$$

$$= \frac{\frac{x\cdot P}{(1+x+n)} \times \frac{x\cdot P}{(1+x+n)}}{\frac{1-x}{(1+x+n)}\cdot P}$$

$$= \frac{x^2\cdot P}{(1-x)(1+x+n)}$$

यदि $n=1$, $$K_p = \frac{x^2\cdot P}{(1-x)(2+x)}$$

तथा यदि $n=2$, $$K_p = \frac{x^2\cdot P}{(1-x)(3+x)}$$

उदाहरण:

PCl_5 को गर्म करने पर यह PCl_3 तथा Cl_2 में वियोजित हो जाते है। 200°C तथा 250°C पर घनत्व 70.2 क्रमश: है। 200°C तथा 250° C पर PCl_5 के वियोजन की मात्रा ज्ञात कीजिए।

हल: $$PCl_5(g) \rightleftharpoons PCl_3(g) + Cl_2(g)$$

$$\alpha = \frac{D_0 - D_1}{D_1(n-1)}$$

जहाँ, $n =$ उत्पाद के गैसीय मोलों की संख्या $= 2$.

$$D_0 = \frac{MW}{2} = \frac{31+5\times 35.5}{2} = \mathbf{104.25}$$

उदाहरण:

एक उपकरण में PCl_5 का एक मोल तथा हीलियम दो मोल उपस्थिति है। साम्यावस्था पर PCl_5 80% वियोजित हो जाता है K_p ज्ञात कीजिए।

हल: $$K_p = \frac{x^2\cdot P}{(1-x)(3+x)}$$

$x = 80\% = 0.8$ $$K_p = \frac{(0.8)^2\cdot 5}{(1-0.8)(3+0.8)} = \frac{3.2}{0.2\times 3.8}$$

$$= \frac{3.2}{0.76} = \mathbf{4.21\ atm}$$

N_2O_4 का वियोजन–

$[N_2O_4(g) \rightleftharpoons 2NO_2]$ जहाँ, $\Delta n = 1$

	$N_2O_4(g)$	$\rightleftharpoons$	$2NO_2$
प्रारम्भ	1		
साम्यावस्था पर	$1-x$		$2x$

K_c	K_p
साम्यावस्था पर सान्द्रता	साम्यावस्था पर मोल $= 1 + x$
$[N_2O_4] = \frac{1-x}{V}$	साम्यावस्था पर N_2O_4 तथा NO_2 आंशिक दाब
$[NO_2] = \frac{2x}{V}$	
$K_c = \frac{[NO_2]^2}{[N_2O_4]} = \frac{4x^2/V^2}{\frac{(1-x)}{V}}$	$P_{N_2O_4} = \frac{1-x}{1+x}\cdot P$; $P_{NO_2} = \frac{2x}{1+x}\cdot P$
$K_c = \frac{4x^2}{V(1-x)}$	$K_p = \frac{P_{NO_2^2}}{P_{N_2O_4}} = \frac{4x^2\cdot P}{1-x^2}$

उदाहरण:

एक बन्द नली में 25 °C ताप तथा वायुमण्डल दाब पर N_2O_4 का 0.1 मोल उपस्थित है। साम्यावस्था पर NO_2 के मोल ज्ञात कीजिए। यदि

$$N_2O_4(g) \rightleftharpoons 2NO_2(g) \qquad K_p = 0.14$$

हल:

	$N_2O_4(g)$	$\rightleftharpoons$	$2NO_2(g)$	कुल मोल
at $t = 0$	0.1		0	0.1
t_{eq}	$(0.1-\alpha)$		2α	$0.1+\alpha$
p_i	$\left\{\left(\frac{0.1-\alpha}{0.1+\alpha}\right)\times p\right\}$		$\left\{\left(\frac{2\alpha}{0.1+\alpha}\right)\times p\right\}$	

$$K_p = \frac{[p_{NO_2}]^2}{[p_{N_2O_4}]} = \frac{\left[\frac{2\alpha p}{0.1+\alpha}\right]^2}{\left[\left(\frac{0.1-\alpha}{0.1+\alpha}\right)\times p\right]}$$

$$0.14 = \frac{4\alpha^2 p}{0.01-\alpha^2}$$

$$\Rightarrow \quad 0.14\,(0.01-\alpha^2) = 4\alpha^2 \times 1$$

$$0.14 \times 0.01 = 4.14\,\alpha^2 \qquad \alpha = 0.017$$

NO_2 के मोल $= 2\alpha = 2 \times 0.017 =$ **0.034 मोल**

☞ Concept

एक निश्चित ताप पर तथा P_1 atm दाब पर N_2O_4 का वियोजन x_1 तथा P_2 atm दाब पर वियोजन की मात्रा x_2 तब P_1 तथा P_2 में निम्न सम्बन्ध होता है।

$$\frac{P_1}{P_2} = \frac{x_2^2}{x_1^2} \times \frac{1-x_1^2}{1-x_2^2}$$

☞ Concept

दो छात्र अलग-अलग साम्य के अध्ययन कर रहे है।

छात्र A	छात्र B
$A(g) \rightleftharpoons B(g)+C(g)$	$X(g) \rightleftharpoons 2Y(g)$
$K_p = K_1$	$K_p = K_2$
वियोजन की मात्रा $= x_1$	वियोजन की मात्रा $= x_2$
P_1 atm दाब पर	P_2 atm. दाब पर
$K_{P_1} = \dfrac{x_1^2 \cdot P_1}{1-x_1^2}$	$K_{P_1} = \dfrac{4x_2^2 \cdot P_2}{1-x_2^2}$

साम्यावस्था पर यदि दोनों की वियोजन की मात्राएँ समान हो।

$$\frac{K_{p_1}}{P_1} = \frac{x^2}{1-x^2} \quad ...(i)$$

$$\frac{K_{p_2}}{4P_2} = \frac{x^2}{1-x^2} \quad ...(ii)$$

समीकरण (i) तथा (ii) पर, $\dfrac{K_{p_1}}{P_1} = \dfrac{K_{p_2}}{4P_2}$ अर्थात् $\dfrac{K_{p_1}}{K_{p_2}} = \dfrac{P_1}{4P_2}$

यदि, $\dfrac{P_1}{P_2} = \dfrac{1}{9}$ यदि $\dfrac{K_{p_1}}{K_{p_2}} = \dfrac{1}{4\times 9} = \dfrac{1}{36}$

$AB(s) \rightleftharpoons A(g) + B(g)$ प्रकार के वियोजन का अध्ययन

यदि एक उत्क्रमणीय वियोजन अभिक्रिया में अभिकारक ठोस अवस्था में उपस्थित है तथा उसके वियोजित उत्पाद गैसीय अवस्था में है।

$$AB(s) \rightleftharpoons A(g) + B(g)$$

अर्थात् $NH_4HS(s) \longrightarrow NH_3(g) + H_2S(g)$

$t = 0$ प्रारम्भ में 1 mole

साम्यावस्था में $1-x$ x x

साम्यावस्था पर कुल मोल $= 2x$

A का आंशिक दाब $P_A = P_B = \dfrac{P}{2}$

$$K_p = P_A \times P_B = \frac{P^2}{4} \Rightarrow P = 2\sqrt{K_p}$$

उदाहरण:

अभिक्रिया $NH_4CN(s) \rightleftharpoons NH_3(g) + HCN(g)$ का साम्यवस्था पर दाब 0.298 atm है, K_p का मान ज्ञात कीजिए। यदि $NH_4CN(s)$ का वियोजन NH_3 की उपस्थिति में 0.25 atm पर होता है साम्यावस्था पर HCN का आंशिक दाब ज्ञात कीजिए।

हल: $NH_4CN(s) \rightleftharpoons NH_3(g) + HCN(g)$

साम्यावस्था पर दाब 0 P P

$\because$ साम्यावस्था पर कुल दाब $= 2P = 0.298$ atm.

$\therefore$ $P = 0.149$ atm

$$K_p = P'_{NH_3} \times P'_{HCN}$$

$$= 0.149 \times 0.149 = 0.0222 \text{ atm}^2$$

अब वियोजन की स्थिति में

$P_{NH_3} = 0.25$ atm

$NH_4CN(s) \rightleftharpoons NH_3(g) + HCN(g)$

प्रारम्भिक अवस्था में दाब 0.25 0

साम्यावस्था पर दाब $0.25 + P'$ P'

$\therefore$ $K_p = P'(P' + 0.25)$

$\therefore$ $0.0222 = (P')^2 + 0.25P'$

$\therefore$ $P' = \mathbf{0.0694}$ **atm.**

उदाहरण:

एक फ्लास्क, जिसमें रखी NH_3 का दाब 0.5 atm है, में कुछ ठोस NH_4HS रखकर साम्य प्राप्त किया गया। साम्य पर NH_3 व H_2S के दाब ज्ञात करों।

$$NH_4HS(s) \rightleftharpoons NH_3(g) + H_2S(g); \quad K_p = 0.11$$

हल:

$$NH_4HS(s) \rightleftharpoons NH_3(g) + H_2S(g)$$

वियोजन से पूर्व दाब 0.5 0

वियोजन के पश्चात् दाब $(0.5 + P)$ P

माना P atm के तुल्य दाब, NH_4HS के वियोजन से उत्पन्न NH_3 तथा H_2S द्वारा उत्पन्न होता है, जबकि 0.5 atm दाब पहले से उपस्थिति NH_3 उत्पन्न करती है।

$\therefore$ $K_p = P'_{NH_3} \times P'_{H_2S} = (0.5+P)P$

या $0.11 = (0.5+P)P$

$\therefore$ $P = 0.1653$

$\therefore$ $P'_{NH_3} = 0.5 + 0.1653 = 0.6653$ atm

$P'_{H_2S} = \mathbf{0.1653}$ **atm**

उदाहरण:

अभिक्रिया $NH_4HS(s) \rightleftharpoons NH_3(g) + H_2S(g)$ के लिए 106°C ताप पर साम्यावस्था पर दाब 1.12 atm है। अभिक्रिया के लिए K_p का मान ज्ञात कीजिए।

हल:

$$NH_4HS(s) \rightleftharpoons NH_3(g) + H_2S(g)$$

साम्यावस्था पर दाब P P

$\therefore$ साम्यावस्था पर कुल दाब $= 2P = 1.12$ atm

$\therefore$ $P = 1.12/2$ atm.

$\because$ $K_p = P'_{NH_3} \times P'_{H_2S}$

$$= \frac{1.12}{2} \times \frac{1.12}{2} = \mathbf{0.3136\ atm^2}$$

CO_2 ग्रेफाइट मिलाने पर कार्बन मोनोऑक्साइड के उत्पादन का अध्ययन

एक बन्द उपकरण में 1000 K ताप तथा P_1 atm पर CO_2 उपस्थित है। यदि कुछ इसमें ग्रेफाइट की मिलायी जाती है, तब उपकरण में दाब P_2 atm हो जाता है, क्योंकि CO_2 का कुछ भाग कार्बन मोनोऑक्साइड में परिवर्तित हो जाता है।

$$CO_2(g) + C(s) \rightleftharpoons 2CO$$

प्रारम्भ में	P_1 atm	
साम्यावस्था पर	$P_1 - x$	$2x$

साम्यावस्था पर कुल दाब $P_2 = P_1 - x + 2x = P_1 + x$

$$x = P_2 - P_1$$

$$P_{CO_2} = P_1 - x = P_1 (P_2 - P_1)$$

$$= 2P_1 - P_2 \text{ atm.}$$

$$P_{CO} = 2x = 2 \times (P_2 - P_1) = 2P_2 - 2P_1$$

$$K_p = \frac{P_{CO}^2}{P_{CO_2}} = \frac{(2P_1 - P_2)^2}{2(P_2 - P_1)}$$

Illustration

In the reaction, $C(s) + CO_2(g) \rightleftharpoons 2CO(g)$, the equilibrium pressure is 12 atm. If 50% of CO_2 reacts, calculate K_p.

Solution :

$$C(x) + CO_2(g) \rightleftharpoons 2CO(g)$$

	CO_2	CO
Gaseous mole before dissociation	1	0
Gaseous mole after dissociation	$\left(1-\frac{50}{100}\right)$	$\frac{2\times 50}{100}$
	0.5	1

∴ Total mole = 1.5 and $\Delta n = 1$

Total pressure given at equilibrium = 12 atm.

$$K_p = \frac{(n_{CO})^2}{(n_{CO_2})^2} \times \left[\frac{P}{\Sigma n}\right]^{\Delta n}$$

$$= \frac{1^2}{0.5} \times \left(\frac{12}{1.5}\right)^1 = \frac{12}{1.5 \times 0.5} = \mathbf{16\ atm.}$$

Illustration

A vessel at 1000 K contains CO_2 with a pressure of 0.5 atm. Some of the CO_2 is converted into CO on addition of graphite. Calculate the value of K, if total pressure at equilibrium is 0.8 atm.

Solution :

$$CO_2(g) + C(s) \rightleftharpoons 2CO(g)$$

	$CO_2(g)$	$C(s)$	$2CO(g)$
Initial pressure	0.5	0	0
Final pressure	(0.5 – P)	0	2P

∴ $0.5 - P + 2P = 0.8 \Rightarrow P = 0.3$ atm

Therefore, final partial pressure at equilibrium are

$$P'_{CO_2} = 0.5 - 0.3 = 0.2 \text{ atm.}$$

$$P'_{CO} = 2P = 2(0.3) = 0.6 \text{ atm.}$$

$$\therefore \quad K_p = \frac{(P'_{CO})^2}{P'_{CO_2}} = \frac{(0.6)^2}{(0.2)} = \mathbf{1.8\ atm.}$$

Dissociation of A_2B Type Compound

$$A_2B(s) \rightleftharpoons 2A(g) + B(g)$$

	$A_2B(s)$	$2A(g)$	$B(g)$
At $t = 0$	1 mole		
At equilibrium	$1 - x$	$2x$	x

Total moles at equilibrium = $3x$

and pressure at equilibrium is P.

Partical pressure of A and B are

$$P_A = \frac{2}{3}P \quad \text{and} \quad P_B = \frac{P}{3}$$

$$K_p = P_A^2 \times P_B = \left(\frac{2}{3}P\right)^2 \times \left(\frac{P}{3}\right)$$

$$= \frac{4}{9}P^2 \times \frac{P}{3} = \frac{4P^3}{27}$$

$$P = \left[\frac{27K_p}{4}\right]^{1/3}$$

Note

- If partial pressure of B_3 is P at equilibrium and the $P_A = 2P$, then

$$K_p = (2P)^2 \times P = 4P^3$$

Decomposition of Hydrogen Peroxide

$$2H_2S(g) \rightleftharpoons 2H_2(g) + S_2(g)$$

	$2H_2S(g)$	$2H_2(g)$	$S_2(g)$
Before dissociation	1	0	0
	$1 - x$	x	$x/2$

K_c	K_p
Concentration at equilibrium	Total moles at equilibrium
$[N_2S] = \frac{1-\alpha}{V}$	$= \frac{1+x}{2}$
$[H_2] = \frac{x}{V}$ $[S] = \frac{x}{2V}$	Partial pressure
$K_c = \frac{\left[\frac{x}{V}\right]^2 \times \left[\frac{x}{2V}\right]}{[H_2S]^2}$	$P_{H_2S} = \frac{2(1-x)}{2+x}.P$
	$P_{H_2} = \frac{2x}{2+x}.P$
$= \frac{\frac{x^3}{2V^3}}{\frac{(1-x)^2}{V^2}}$	$P_{S_2} = \frac{2x}{2+x}.P$
$K_c = \frac{x^2}{2V(1-x)^2}$	$K_c = \frac{P_{H_2}^2 \times P_{S_2}}{P_{H_2S}}$
	$= \frac{\left[\frac{2x}{2+x}.P\right]^2 \left[\frac{x}{2+x}.P\right]}{\left[\frac{2(1-x)}{2+x}.P\right]^2}$
	$= \frac{4x^3 \cdot P}{4(1-x)(2+x)}$

उत्क्रमणीय अभिक्रिया की संक्रियण ऊर्जा (Activation energy of Reversible Reaction) :

⇨ स्थिर आयतन पर

$\Delta H = \Delta E$ = अग्र अभिक्रिया की संक्रियण ऊर्जा

– पश्च अभिक्रिया की संक्रियण ऊर्जा

$$\Delta H = E_a^f - E_a^b$$

उष्माशोषी अभिक्रिया के लिए, $E_a^f > E_a^b$

E_T देहली ऊर्जा है

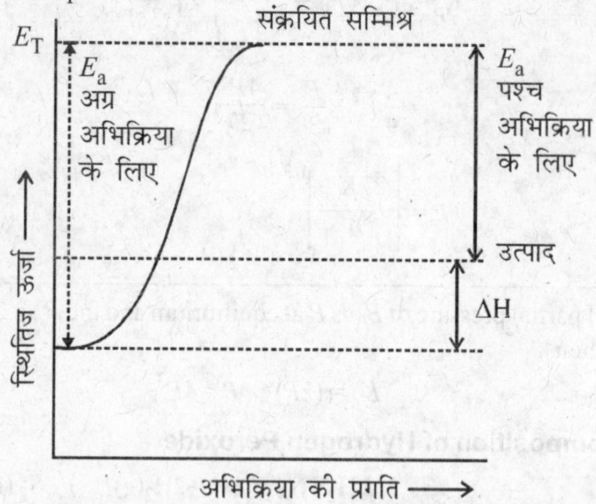

⇨ ऊष्माक्षेपी अभिक्रिया के लिए, पश्च अभिक्रिया की संक्रियण ऊर्जा अग्र अभिक्रिया से बड़ी होती है।

उष्माक्षेपी अभिक्रिया के लिए, पश्च अभिक्रिया की संक्रियण ऊर्जा, अग्र अभिक्रिया से अधिक होती है।

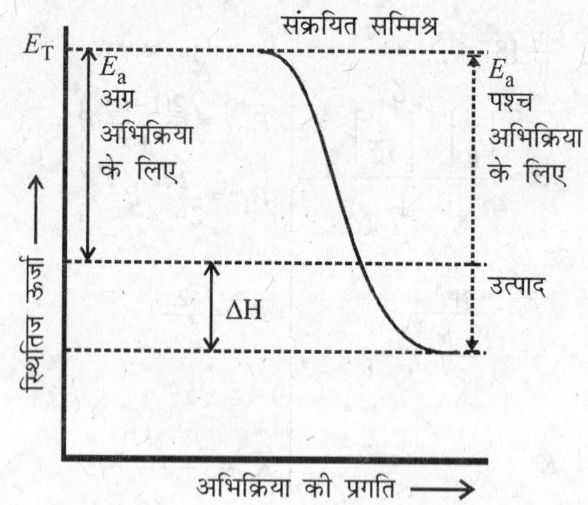

$$\boxed{\log\left(\frac{K_2}{K_1}\right) = \frac{\Delta H}{2.303R}\left[\frac{1}{T_1} - \frac{1}{T_2}\right]}$$

- यदि $\Delta H = 0$, अर्थात् साम्य स्थिरांक पर ताप परिवर्तन का कोई प्रभाव नहीं होगा।
- यदि अभिक्रिया उष्माशोषी है अर्थात् $\Delta H = +ve$, तब ताप बढ़ने के साथ साम्य स्थिरांक का मान बढ़ता है।
- यदि अभिक्रिया उष्माक्षेपी है, अर्थात् $\Delta H = -ve$, तब ताप बढ़ने के साथ साम्य स्थिरांक का मान घटता है।

साम्य स्थिरांक तथा मुक्त ऊर्जा में सम्बन्ध (Relation between Standard Free-energy and Equilibrium Constant) :

$$\Delta G^\circ = \Delta H^o - T\Delta S$$

$$\Delta G^\circ = -2.303\ RT \log K_c$$

$$\Delta G^\circ = -2.303\ RT \log K_p$$

यदि	$\Delta G = 0$	$K_c < 1$
यदि	$\Delta G > 0$ अर्थात् +ve तब	$K_c < 1$
यदि	$\Delta G = -ve$	$K_c > 1$

ला-शातेलिए का नियम (Le-Chatelier's Principle) :

⇨ यदि साम्यावस्था में रखे किसी निकाय की सान्द्रता, दाब अथवा ताप में परिवर्तित किया जाए तो साम्य इस प्रकार परिवर्तित होता है कि वह परिवर्तन से उत्पन्न होने वाले प्रभाव को नष्ट कर सके।

यह नियम गैसी साम्य में ताप, सान्द्रता, दाब के प्रभाव का वर्णन करता है।

⇨ यह ठोस उत्क्रमणीय अभिक्रिया के लिए लागू नहीं होता है।

अर्थात् $Fe(s) + S(s) \rightleftharpoons FeS(s)$

⇨ **ताप का प्रभाव (Effect of Temperature) :**

- यदि अभिक्रिया ऊष्माक्षेपी है

$$N_2 + H_2 \rightleftharpoons 2NH_3 + \text{ऊष्मा}$$

$$2SO_2 + O_2 \rightleftharpoons 2SO_3 + \text{ऊष्मा}$$

ऊष्माक्षेपी अभिक्रिया में, ताप बढ़ाने पर अभिक्रिया पश्च दिशा में विस्थापित होनी चाहिए (अधिक उत्पाद बनाने के लिए ताप को कम करना चाहिए)

- यदि अभिक्रिया ऊष्माशोषी है

$$N_2 + O_2 \rightleftharpoons 2NO$$

ऊष्माशोषी अभिक्रिया में अधिक उत्पाद हेतु ताप को उच्च करना चाहिए।

⇨ **दाब का प्रभाव (Effect of Pressure) :**

दाब का प्रभाव Δn के मान पर निर्भर करता है

- यदि $\Delta n = 0$, तब दाब पर कोई प्रभाव नहीं पड़ेगा।
- यदि $\Delta n = -$ ve, दाब बढ़ाने से साम्य उस ओर विस्थापित होगा, जिस ओर आयतन में कमी हो। ऐसी अभिक्रियाओं में अधिक से अधिक उत्पाद बनाने के लिए दाब बढ़ाते रहना चाहिए।
- यदि $\Delta n = +$ ve, दाब बढ़ाने से साम्य उस ओर विस्थापित होगा, जिस ओर आयतन कम हो रहा है। अत: साम्य पश्च दिशा में विस्थापित होगा।

  दाब घटाने से साम्य उस ओर विस्थापित होगा, जिधर आयतन बढ़ रहा हो, अत: साम्य अग्र दिशा में विस्थापित होगा। अधिक से अधिक उत्पाद बनाने के लिए दाब निम्न होना चाहिए।

⇨ **सान्द्रता का प्रभाव (Effect of Concentration) :**

अधिक से अधिक उत्पाद बनाने के लिए क्रियाकारकों की सान्द्रता बढ़ाते रहना चाहिए तथा उत्पाद की सान्द्रता कम करनी चाहिए। अर्थात् उत्पाद को लगातार हटाते रहना चाहिए।

⇨ **अक्रिय गैस का प्रभाव (Effect of Inert Gas) :** यह प्रभाव Δn तथा

ΔV के मान पर निर्भर करता है

- जब $\Delta V = 0$ तथा $\Delta n = 0$, +ve, –ve,
  अक्रिय गैस का साम्यावस्था पर कोई प्रभाव नहीं पड़ता।
- जब $\Delta V \neq 0$ तथा $\Delta n = 0$
  अक्रिय गैस का साम्यावस्था पर कोई प्रभाव नहीं पड़ता।
- जब $\Delta V \neq 0$ $\Delta n = +ve$
  अक्रिय गैस मिलाने पर अभिक्रिया अग्र दिशा में विस्थापित हो जाती है।
- If $\Delta V \neq 0$ $\Delta n = -ve$
  अक्रिय गैस मिलाने पर अभिक्रिया पश्च दिशा में विस्थापित हो जाती है।

रासायनिक साम्यावस्था के अनुप्रयोग (Applications to the Chemical Equilibrium)

⇨ **हैबर विधि से अमोनिया का निर्माण [Synthesis of ammonia (Haber's process)] :**

$$\underset{1vol}{N_2} + \underset{3vol}{3H_2} \rightleftharpoons \underset{2vol}{2NH_3} + 23 \text{ kcal (ऊष्माक्षेपी)}$$

हैबर विधि द्वारा अमोनिया के निर्माण में निम्नलिखित परिस्थितियाँ अनुकूल हैं

- उच्च दाब ($\Delta n < 0$)
- कम ताप
- N_2 व H_2 की अधिकता
- NH_3 का लगातार बाहर निकालते रहना अग्र अभिक्रिया में सहायता करता है।

⇨ **सल्फर ट्राइऑक्साइड का निर्माण Formation of sulphur trioxide**

$$\underset{2vol}{2SO_2} + \underset{1vol}{O_2} \rightleftharpoons \underset{2vol}{2SO_2} + 45 \text{ kcal (ऊष्माक्षेपी)}$$

सम्पर्क विधि द्वारा SO_3 के निर्माण में निम्नलिखित परिस्थितियाँ अनुकूल होंगी

- उच्च दाब ($\Delta n < 0$)
- कम ताप
- SO_2 व O_2 की सान्द्रता
- निकाय से SO_2 तथा O_2 का लगातार बाहर निकालते रहना अग्र अभिक्रिया में सहायता करता है।

⇨ **नाइट्रिक ऑक्साइड का निर्माण (Synthesis of nitric oxide)**

$$\underset{1vol}{N_2} + \underset{1vol}{O_2} \rightleftharpoons \underset{2vol}{2NO_2} - 43.2 \text{ kcal}$$

नाइट्रिक ऑक्साइड के निर्माण में निम्नलिखित परिस्थितियाँ अनुकूल होंगी

- उच्च ताप
- N_2 व O_2 की अधिकता
- चूँकि क्रिया में कोई आयतन परिवर्तन नहीं होता है, अर्थात् $\Delta n = 0$
- दाब परिवर्तन का साम्यावस्था पर कोई प्रभाव नहीं पड़ता है।

⇨ **नाइट्रोजन ऑक्साइड का निर्माण (Formation of nitrogen dioxide)**

$$\underset{2vol}{2NO} + \underset{1vol}{O_2} \rightleftharpoons \underset{2vol}{2NO_2} + 27.8 \text{ kcal}$$

- उच्च दाब
- कम ताप
- NO तथा O_2 की अधिकता अग्र दिशा में क्रिया को मदद करती है।

⇨ **फास्फोरस पेन्टाक्लोराइड का विघटन (Dissociation of phosphorus pentachloride)**

$$\underset{1vol}{PCl_5} \rightleftharpoons \underset{1vol}{PCl_3} + \underset{1vol}{Cl_2} - 15 \text{ kcal}$$

- बर्तन का कम दबाव या अधिक आयतन, $\Delta n > 0$
- अधिक ताप
- PCl_5 की अधिकता अग्र दिशा में अभिक्रिया होने में सहायता करता है।

भौतिक साम्यावस्था के अनुप्रयोग (Applications to the Physical Equilibrium) :

⇨ **बर्फ का पिघलना (Melting of Ice)** (बर्फ – जल तन्त्र)

$$\underset{\text{कम आयतन}}{\text{बर्फ}} \rightleftharpoons \underset{\text{अधिक आयतन}}{\text{पानी}} \quad -x \text{ kcal}$$

यह एक ऊष्माशोषी अभिक्रिया है और इसमें आयतन की कमी होती है।

(इस अभिक्रिया में आयतन 1.09 c.c. से 1.01 c.c. प्रति ग्राम घटता है)

- अधिक ताप बढ़ाने पर बर्फ पिघलकर अधिक जल बनाता है क्योंकि यह ऊष्मा का शोषण करता है।
- अधिक दाब पर अधिक जल बनता है, अभिक्रिया उस दिशा में बढ़ती है, जिधर आयतन कम है, अर्थात बर्फ पिघलकर जल बनाती है।
- अधिक दाब पर बर्फ का गलनांक घटता है, जबकि पानी का क्वथनांक बढ़ जाता है।

⇨ **सल्फर का गलना (Melting of sulphur) :**

$$S_{(s)} \rightleftharpoons S_{(l)} - x \text{ kcal}$$

(यह अभिक्रिया आयतन बढ़ने के कारण होती है)

- ताप बढ़ाने पर अधिक द्रव सल्फर बनता है।
- अधिक दाब पर, कम सल्फर पिघलता है क्योंकि पिघलने से आयतन बढ़ता है।
- अधिक दबाव पर सल्फर का गलनांक बढ़ जाता है।

⇨ **जल का क्वथनांक (Boiling of Water)** (जल - जलवाष्प निकाय)

$$\underset{\text{कम आयतन}}{\text{जल}} \rightleftharpoons \underset{\text{अधिक आयतन}}{\text{जलवाष्प}}$$

(इस क्रिया में ऊष्मा का शोषण तथा आयतन की वृद्धि होती है)

- ताप बढ़ाने पर, अधिक वाष्प में बनती है।
- साम्यावस्था पर दाब बढ़ाने पर वाष्प, द्रव में परिवर्तित हो जाती है क्योंकि द्रव की दिशा में विचलन से आयतन में कमी होती है।
- अधिक दाब बढ़ाने पर, जल का क्वथनांक बढ़ता है। (प्रेशर कुकर का सिद्धान्त)

अभ्यास के लिए प्रश्न

1. निम्न में से किस साम्य में आयतन में परिवर्तन करने पर मोलों की संख्या में परिवर्तन नहीं होता है?

(a) $N_{2(g)} + O_{2(g)} \rightleftharpoons 2NO_{(g)}$

(b) $PCl_{5(g)} \rightleftharpoons PCl_{3(g)} + Cl_{2(g)}$

(c) $N_{2(g)} + 3H_{2(g)} \rightleftharpoons 2NH_{3(g)}$

(d) $SO_2Cl_{2(g)} \rightleftharpoons SO_{2(g)} + Cl_{2(g)}$

2. निम्न में से किस अभिक्रिया में स्थिर ताप पर, दाब में वृद्धि करने पर साम्यावस्था पर आयतन परिवर्तन करने पर मोलों की संख्या में परिवर्तन नहीं होता।

(a) $2NH_{3(g)} \rightleftharpoons N_{2(g)} + 3H_{2(g)}$

(b) $C_{(g)} + \frac{1}{2}O_{2(g)} \rightleftharpoons CO_{(g)}$

(c) $H_{2(g)} + \frac{1}{2}O_{2(g)} \rightleftharpoons H_2O_{(g)}$

(d) $H_{2(g)} + I_{2(g)} \rightleftharpoons 2HI_{(g)}$

3. $CO_{(g)} + \frac{1}{2}O_{2(g)} \rightleftharpoons CO_{2(g)}$

(a) RT (b) $(RT)^{-1}$

(c) $(RT)^{-\frac{1}{2}}$ (d) $(RT)^{\frac{1}{2}}$

4. 1M NaCl तथा 1*M* HCl जलीय विलयन में उपस्थित हैं। विलयन-

(a) बफर विलयन नहीं है तथा इसका pH < 7

(b) बफर विलयन नहीं है तथा इसकी pH > 7

(c) बफर विलयन है जिसका pH < 7

(d) बफर विलयन है जिसका pH > 7

5. ब्रॉस्टेट अम्ल तथा क्षार दोनों की ही भांति कार्य करता है-

(a) HSO_4^- (b) Na_2CO_3

(c) NH_3 (d) OH^-

6. यदि $Mg(OH)_2$ की जल में विलेयता *X* मोल/लीटर हो, तो $Mg(OH)_2$ का K_{SP} है-

(a) $4X^3$ (b) $108X^5$

(c) $27X^4$ (d) $9X$

7. अभिक्रिया-$N_2O_{4(g)} \rightleftharpoons 2NO_{2(g)}$ के लिए साम्यावस्था पर N_2O_4 तथा NO_2 की सान्द्रताएँ क्रमशः 4.8×10^{-2} तथा 1.2×10^{-2} मोल/लीटर हैं। अभिक्रिया के लिए K_c का मान होगा-

(a) $3\times10^{-3}\,M$ (b) $3\times10^{3}\,M$

(c) $3.3\times10^{2}\,M$ (d) $3\times10^{-1}\,M$

8. अभिक्रिया $SO_{2(g)} + O_{2(g)} \rightleftharpoons 2SO_{3(g)}$; $\Delta H° = -198$ किलोजूल के लिए अनुकूल दशाएँ है-

(a) निम्न ताप, उच्च दाब (b) *T* तथा *P* का काई भी मान

(c) निम्न ताप तथा निम्न दाब (d) उच्च ताप तथा उच्च दाब

9. एक अल्प विलेय लवण AB_2 की जल में विलेयता 1.0×10^{-5} मोल/लीटर है। इसका विलेयता गुणांक है-

(a) 10^{-15} (b) 10^{-10}

(c) 4×10^{-15} (d) 4×10^{-10}

10. निम्न में से किसकी प्रोटॉन बन्धुता सर्वाधिक है?

(a) NH_3 (b) PH_3

(c) H_2O (d) H_2S

11. कौन-सा कथन सही नही है?

(a) $1\times10^8\,M$ HCl का pH 8 है।

(b) 96500 कलॉम आवेश से 1 ग्राम तुल्यांक कॉपर जमा होता है।

(c) $H_2PO_4^-$ का संयुग्मी क्षार HPO_4^{2-} है।

(d) pH + pOH = 14 सभी जलीय विलयनों के लिए

12. जल वर्षा के साथ बिजली का गर्जन (thunder storm) भी होता है, तो एकत्रित जल का pH -

(a) विद्युत् गर्जना से प्रभावित होगा।

(b) जल में धूल कणों की मात्रा पर निर्भर करेगा।

(c) बिना विद्युत् गर्जन वाले वर्षा जल से थोड़ा-सा कम होगा।

(d) बिना विद्युत् गर्जन वाले वर्षा जल से थोड़ा-सा अधिक होगा।

13. निम्न से से उभयधर्मी (amphoteric) ऑक्साइड है-

(a) SO_2 (b) B_2O_3

(c) ZnO (d) Na_2O

14. अभिक्रिया $P_{4(s)} + 5O_{2(g)} \rightleftharpoons P_4O_{10(s)}$ के लिए साम्य स्थिरांक होगा-

(a) $K_c = \frac{1}{[O_2]^5}$ (b) $K_c = \frac{[P_4O_{10}]}{5[P_4][O_2]}$

(c) $K_c = [O_2]^5$ (d) $K_c = \frac{[P_4O_{10}]}{5[P_4][O_2]^5}$

15. अभिक्रिया $CO_{(g)}Cl_{2(g)} \rightleftharpoons COCl_{2(g)}$ में K_p/K_c का मान है-

(a) 1.0 (b) *RT*

(c) $\sqrt{RT}$ (d) 1/*RT*

16. T ताप पर अभिक्रिया - $N_{2(g)} + O_{2(g)} \rightleftharpoons 2NO_{(g)}$ के लिए साम्य स्थिरांक 4×10^{-4} है। उसी ताप पर अभिक्रिया-

$$NO_{(g)} \rightleftharpoons \frac{1}{2}N_{2(g)} + \frac{1}{2}O_{2(g)}$$

के लिए साम्य स्थिरांक होगा-

(a) 0.02 (b) 50

(c) 4×10^{-4} (d) 2.5×10^{-2}

17. $H_2PO_4^-$ का संयुग्मी क्षार (conjugate base) है-

(a) HPO_4^{2-} (b) P_2O_5

(c) H_3PO_4 (d) PO_4^{3-}

18. MX_4 की K_{SP} तथा विलेयता में सम्बन्ध है-

(a) $S = [K_{SP}/256]^{1/5}$ (b) $S = [128\,K_{SP}]^{1/4}$

(c) $S=[256\,K_{SP}]^{1/5}$ (d) $S=[K_{SP}/128]^{1/4}$

19. ClF_3 का ऊष्माक्षेपी निर्माण निम्न अभिक्रिया द्वारा प्रदर्शित किया जात है-

$Cl_{2(g)}+3F_{2(g)} \rightleftharpoons 2ClF_{3(g)}$; $\Delta H=-329$ किलोजूल

निम्न में से किससे Cl_2, F_2 तथा ClF_3 के साम्य मिश्रण में ClF_3 की मात्रा बढ़ जायेगी-

(a) ताप बढ़ाकर (b) Cl_2 हटाकर
(c) पात्र का आयतन बढ़ाकर (d) F_2 मिलाकर

20. अभिक्रिया-

$2NO_{(g)} \rightleftharpoons 2NO_{(g)}+O_{2(g)}$ के लिए $kc=1.8\times10^{-6}$ जबकि ताप $=184°C$ तथा $R=0.083$ जूल/केल्विन/मोल, जब 184°C पर K_p तथा K_c की तुलना की गई तो पाया गया कि-

(a) $K_p>K_c$
(b) $K_p<K_c$
(c) $K_p=K_c$
(d) $K_p \gtrless K_c$ का मान गैस के दाब पर निर्भर करता है।

21. निम्न ग्राफ में $\ln K_{eq.}$ तथा $\frac{1}{T}$ में ग्राफ खींचा गया है। अभिक्रिया होगी-

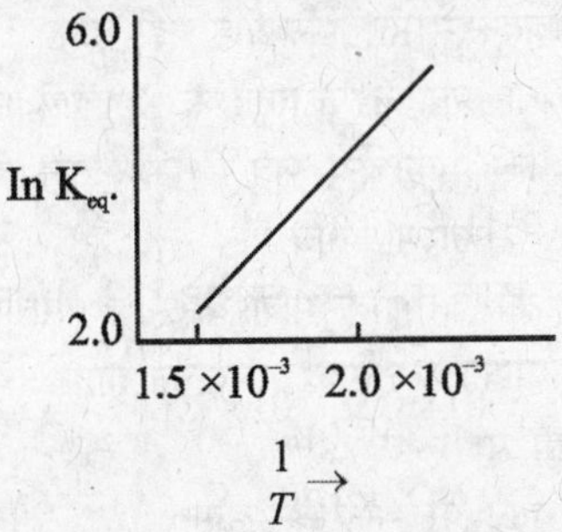

(a) ऊष्माक्षेपी (Exothermic) (b) ऊष्माक्षेपी (Endothermic)
(c) Δ नगण्य (d) सामान्य ताप पर अधिक स्वत:

22. NH_4HS की कुछ मात्रा एक फ्लास्क में प्रविष्ट की जाती है, जिसमें पहले से ही अमोनिया की कुल मात्रा एक निश्चित ताप पर 0.50 वायुमण्डल दाब पर भरी है। NH_4HS का वियोजन होकर NH_3 तथा H_2S बनाते हैं तथा साम्यावस्था में फ्लास्क का कुल दाब 0.84 हो जाता है। अभिक्रिया का साम्य स्थिरांक होगा-

(a) 0.30 (b) 0.18
(c) 0.17 (d) 0.11

23. सामान्य सूत्र MX_2 वाले एक लवक्ष का जल में विलेयता गुणांक 4×10^{-12} है। लवण के जलीय विलयन में M^{2+} आयनों की सान्द्रता है।

(a) $2\times10^{-6}\,M$ (b) $1\times10^{-4}\,M$
(c) 1.6×10^{-4} (d) 4.0×10^{-6}

24. pH = 5.4 वाले विलयन में मोल/लीटर में हाइड्रोजन आयनों की सान्द्रता होगी-

(a) 3.98×10^{8} (b) 3.88×10^{6}
(c) 3.68×10^{8} (d) 3.98×10^{-6}

25. OH^- का संयुग्मी क्षार (conjugate base) है-

(a) O_2 (b) H_2O
(c) O^- (d) O^{2-}

26. एक बन्द पात्र में फॉस्फोरस पेंटाक्लोराइड का वियोजन इस प्रकार होता है-

$$PCl_{5(g)} \rightleftharpoons PCl_{3(g)}+Cl_{2(g)}$$

अभिक्रिया मिश्रण का साम्यावस्था पर दाब P है तथा PCl_5 की वियोजन की मात्रा x है, PCl_3 का आंशिक दाब होगा-

(a) $\left(\frac{x}{1-x}\right)P$ (b) $\left(\frac{x}{1+x}\right)P$

(c) $\left(\frac{2x}{1-x}\right)P$ (d) $\left(\frac{x}{x-1}\right)P$

27. अभिक्रिया- $SO_{3(g)} \rightleftharpoons SO_{2(g)}+\frac{1}{2}O_{2(g)}$ के लिए साम्य स्थिरांक $K_c=4.9\times10^{-2}$ है। अभिक्रिया- $2SO_{2(g)}+O_{2(g)} \rightleftharpoons 2SO_{3(g)}$ के लिए K_c का मान होगा-

(a) 4.9×10^{-2} (b) 416
(c) 2.40×10^{-3} (d) 9.8×10^{-2}

28. एक दुर्बल अम्ल (HA) का pKa मान 4.5 है। एक अम्ल जो 50% आयनिक है, का pOH मान (HA के बफर विलयन में) होगा।

(a) 4.5 (b) 2.5
(c) 9.5 (d) 7.0

29. साम्य आंशिक विलेय प्रबल वैद्युत-अपघट्य $AgIO_3$ (अणुभार = 283) के संतृप्त विलयन में साम्य स्थापित होता है।

$$AgIO_3(s) \rightleftharpoons Ag+(aq)+IO_3^-(aq)$$

यदि दिए गए ताप पर $AgIO_3$ का विलेयता गुणनफल स्थिरांक (K_p) 1.0×10^{-8} है तो संतृप्त विलयन के 100 मिली में $AgIO_3$ का भार होगा।

(a) 28.3×10^{-2} ग्राम (b) 2.83×10^{-3} ग्राम
(c) 1.0×10^{-7} (d) 1.0×10^{-4} ग्राम

30. एक अम्ल H_2A प्रथम व द्वितीय वियोजन स्थिरांक क्रमश: 1.0×10^{-5} व 5.0×10^{-10} है। अम्ल का पूर्णत: वियोजन स्थिरांक होगा-

(a) 5.0×10^{-5} (b) 5.0×10^{15}
(c) 5.0×10^{-15} (d) 0.2×10^{5}

31. नीचे चार स्पीशीज दी गई हैं-

(a) HCO_3^- (b) H_3O^+
(c) HSO_4^- (d) HSO_3F

इनकी अम्लीय प्रबलता का सत्य क्रम है-

(a) (iv) < (ii) < (iii) < (i) (b) (ii) < (iii) < (i) < (iv)
(c) (i) < (iii) < (ii) < (iv) (d) (iii) < (i) < (iv) < (ii)

32. $X \rightleftharpoons 2Y$ तथा $Z \rightleftharpoons P+Q$ अभिक्रियाओं के लिए क्रमश: साम्य स्थिरांकों K_{p1} तथा K_{p2} का अनुपात 1 : 9 है। यदि X तथा Z के वियोजन की मात्रा समान हो, तो इन साम्यों पर कुल दाबों का अनुपात होगा-

(a) 1 : 36 (b) 1 : 1
(c) 1 : 3 (d) 1 : 9

33. एक दुर्बल अम्ल HA के लिए pK_a का मान 4.80 है तथा दुर्बल क्षार, BOH के लिए pK_b का मान 7.48 है। इनके संगत लवण, BA के जलीय विलयन का pH का मान होगा-

(a) 9.58 (b) 4.79
(c) 7.01 (d) 9.22

34. फॉस्जीन गैस के निर्माण के लिये क्लोरीन व कार्बन मोनो-ऑक्साइड

समअणुक मात्राओं में एक अभिक्रिया पात्र में लिये जाते हैं तथा ये एक विशिष्ट तापमान पर एक साम्यावस्था की प्राप्ति तक रखे जाते हैं। निकाय के साम्य को प्रदर्शित किया जा सकता है–

$$CO + Cl_2 \rightleftarrows COCl_2$$

एक 500 मिली फ्लास्क में किये गये परीक्षण में साम्य मिश्रण के विश्लेषण से यह ज्ञात हुआ कि उसमें 0.1 मोल CO व 0.1 मोल क्लोरीन उपस्थित थे। साम्य स्थिरांक बराबर है–

(a) 30 के (b) 15 के
(c) 5 के (d) 3 के

35. साम्य $2SO_{2(g)} + O_{2(g)} \rightleftarrows 2SO_{3\,(g)}$ अग्र दिशा में विस्थापित हो जाता है, यदि–

(a) एक उत्प्रेरक का उपयोग करते हैं
(b) SO_3 के बनते ही उसको हटाने के लिये एक अवशोषक प्रयोग करते हैं
(c) अभिकारकों का अधिक सान्द्रण प्रयुक्त किया जाता है
(d) अभिकारकों का कम सान्द्रण प्रयुक्त किया जाता है

36. साम्य $SO_{2(g)} + \frac{1}{2}O_{2(g)} \rightleftarrows SO_{3(g)}$ तथा $2SO_{2(g)} + O_2 \rightleftarrows 2SO_{3(g)}$ के साम्य स्थिरांक क्रमशः K_1 तथा K_2 हैं। K_1 तथा K_2 के मध्य सम्बन्ध है–

(a) $K_2 = K_1$ (b) $K_2 = K_1{}^2$
(c) $K_2 = \frac{1}{K_1}$ (d) $K_2 = \frac{1}{K_1{}^2}$

37. एक रासायनिक अभिक्रिया $A \rightleftarrows B$ साम्यावस्था में कहलायेगी जबकि–

(a) 'A' पूर्ण रूप से B में परिवर्तित हो जाता है
(b) A का B में 50% परिवर्तन पूर्ण होता है
(c) A की B में परिवर्तित होने की गति व B की A में परिवर्तत की गति दोनों बराबर होती हैं
(d) A का B में परिवर्तन ठीक 10% होता है

38. साम्य $PCl_{5(s)} \rightleftarrows PCl_{3(g)} + Cl_{2(g)}$ में ठोस PCl_5 की ओर मात्रा डालने पर–

(a) Cl_2 का आंशिक दाब बढ़ेगा
(b) Cl_2 का आंशिक दाब कम होगा
(c) PCl_5 का आंशिक दाब बढ़ेगा
(d) Cl_2 का आंशिक दाब अपरिवर्तित रहेगा

39. किसी एक ताप पर SO_3 की एक मोल एक लीटर के पात्र में रखी गई। निम्नलिखित साम्य स्थापित हुआ $2SO_3 \rightleftarrows 2SO_2 + O_2$; साम्य अवस्था पर 0.6 मोल SO_2 उत्पन्न हुआ। अभिक्रिया का साम्य स्थिरांक होगा–

(a) 0.36 (b) 0.45
(c) 5.4 (d) 0.675

40. गैसीय साम्य $2A \rightleftarrows 2B + C$ के लिये K_p का मान 700K पर 1.8 है। इस ताप पर साम्य $2B + C \rightleftarrows 2A$ के लिये K_c का मान होगा–

(a) ~0.031 (b) ~32
(c) ~778 (d) $\sim 1.3 \times 10^{-3}$

41. 25°C पर एक बन्द पात्र में निम्न साम्य स्थापित किया गया तथा स्थिर दाब पर निष्क्रिय गैस हीलियम पात्र में डाली गयी?
$SO_2Cl_{2(g)} \rightleftarrows SO_2(g) + Cl_{2(g)}$ निम्न में से कौन से कथन सत्य हैं–

(a) SO_2, Cl_2 तथा SO_2Cl_2 के सान्द्रण परिवर्तित हो जाते हैं
(b) अधिक क्लोरीन बनती है
(c) SO_2 का सान्द्रण कम होता है
(d) अधिक SO_2Cl_2 बनता है

42. अभिक्रिया $A + B \rightleftarrows C + D$ के लिये 25°C पर K_c का मान 10 है। 25°C पर एक पात्र में A, B, C तथा D के क्रमशः 1, 2, 3 तथा 4 मोल उपस्थित हैं, अभिक्रिया–

(a) बायीं से दायीं ओर होगी (b) दायीं से बायीं ओर होगी
(c) साम्यावस्था में होगी (d) सम्पन्न ही नहीं होगी

43. साम्य $PCl_{5(g)} \rightleftarrows PCl_{3(g)} + Cl_{2(g)}$ के लिये $K_p = \frac{x^2 \times P}{(1-x^2)}$। स्थिर ताप पर–

(a) दाब में वृद्धि से K_p बढ़ेगा
(b) दाब में कमी से K_p बढ़ेगा
(c) दाब परिवर्तन से K_p परिवर्तित नहीं होगा
(d) दाब अथवा आयतन परिवर्तन से K_p बढ़ अथवा घट सकता है

44. जब $CaCO_3$ को एक बन्द पात्र में स्थिर ताप तक गर्म किया जाता है, तो CO_2 के कारण उत्पन्न दाब–

(a) $CaCO_3$ की प्रारम्भिक मात्रा के साथ परिवर्तित होगा
(b) पात्र के आकार के साथ परिवर्तित होगा
(c) स्थिर ताप पर स्थिर रहेगा
(d) ताप परिवर्तन पर भी स्थिर होगा

45. कौन-सा साम्य, दाब परिवर्तन से प्रभावित होता है–

(a) $H_2O_{(g)} + CO_{(g)} \rightleftarrows H_{2(g)} + CO_{2(g)}$
(b) ठोस $\xrightleftharpoons{\text{गलनांक}}$ द्रव
(c) $N_2(g) + O_{2(g)} \rightleftarrows 2NO_{(g)}$
(d) $2HI_{(g)} \rightleftarrows H_{2(g)} + I_{2(g)}$

46. समावयवीकरण अभिक्रिया, सिस-2-पेन्टीन $\rightleftarrows$ ट्रान्स-2-पेन्टीन में 400K पर गिब्स की उपलब्ध अधिकतम ऊर्जा पर परिवर्तन – 3.67 कि॰जूल/मोल है। यदि पात्र में ओ अधिक ट्रान्स-2-पेन्टीन डाली जाये तो–

(a) ओर अधिक सिस-2-पेन्टीन बनेगी
(b) साम्यावस्था अग्र दिशा में विचलित हो जायेगी
(c) साम्यावस्था अप्रभावित रहेगी
(d) ट्रान्स-2-पेन्टीन ओर अधिक मात्रा में बनेगी

47. उत्क्रमणीय अभिक्रिया, $N_2 + H_2 \rightleftarrows 2NH_3$ का साम्य स्थिरांक K है तथा $\frac{1}{2}N_2 + \frac{3}{2}H_2 \rightleftarrows NH_3$ के लिये साम्य स्थिरांक K′ है। K तथा K′ में सम्बन्ध होगा–

(a) $K = K'$ (b) $K' = \sqrt{K}$
(c) $K = \sqrt{K'}$ (d) $K \times K' = 1$

48. गैसीय अभिक्रिया $A + 2B \rightleftarrows C +$ ऊष्मा में अग्र अभिक्रिया के पक्ष

में है–

(a) निम्न ताप तथा निम्न दाब (b) निम्न दाब

(c) उच्च दाब तथा निम्न ताप (d) उच्च दाब तथा उच्च ताप

49. जब NH_4Cl को NH_4OH के घोल में मिलाया जाता है, तो अमोनियम हाइड्रॉक्साइड के वियोजन में कमी होती है, इनका कारण है–

(a) सम आयन प्रभाव (b) जल-अपघटन

(c) ऑक्सीकरण (d) अवकरण (अपचयन)

50. CaC_2O_4 का 1 लीटर संतृप्त विलयन बनाने के लिये इसके कितने ग्राम भार को आसुत जल में घोला जाये? CaC_2O_4 का विलेयता गुणनफल 2.5×10^{-9} मोल$^{-1}$ लीटर$^{-2}$ तथा इसकी अणु संहति 128 है–

(a) 0.0064 ग्राम (b) 0.0128 ग्राम

(c) 0.0032 ग्राम (d) 0.0640 ग्राम

51. निम्न में से किन विलयों को बराबर आयतन में मिलाने पर अवक्षेपण हो जायेगा–

(K_{sp} $CaSO_4 = 2.4 \times 10^{-5}$)

(a) $0.02\,M\,CaCl_2 + 0.004\,M\,Na_2SO_4$

(b) $0.001\,M\,CaCl_2 + 0.0002\,M\,Na_2SO_4$

(c) $2 \times 10^{-3}\,M\,CaCl_2 + 4 \times 10^{-4}\,M\,Na_2SO_4$

(d) $0.1\,M\,CaCl_2 + 0.2\,M\,Na_2SO_4$

52. दो अम्लों HX तथा HY के वियोजन स्थिरांक क्रमश: 3.0×10^{-4} तथा 1.8×10^{-5} हैं। अम्लों की सापेक्ष सामर्थ्य का अनुपात है–

(a) 4 : 1 (b) 16 : 1

(c) 1 : 16 (d) 1 : 4

53. जब HCl को CH_3COOH में घोला जाता है, तो निम्न साम्य स्थापित हो जाता है–

$$HCl + CH_3COOH \rightleftharpoons CH_3\overset{+}{C}OOH_2 + Cl^-$$

निम्न में संयुग्मी अम्ल-क्षार युग्म है–

(a) (HCl, CH_3COOH) एवं$(CH_3\overset{+}{C}OOH_2, Cl^-)$

(b) $(HCl, CH_3\overset{+}{C}OOH_2)$ एवं (CH_3COOH, Cl^-)

(c) $(CH_3\overset{+}{C}OOH_2, HCl)$ एवं (Cl^-, CH_3COOH)

(d) (HCl, Cl^-) एवं$(CH_3\overset{+}{C}OOH_2, CH_3COOH)$

54. निम्नलिखित जलीय विलयनों में $[H_3O^+]$ की बढ़ती सान्द्रता का सही विलयन का सही क्रम होगा–

(a) $0.01\,M\,H_2S < 0.01\,M\,H_2SO_4 < 0.01\,M\,NaCl < 0.01\,M\,NaNO_2$

(b) $0.01\,M\,NaCl < 0.01\,M\,NaNO_2 < 0.01\,M\,H_2S < 0.01\,M\,H_2SO_4$

(c) $0.01\,M\,NaNO_2 < 0.01\,M\,NaCl < 0.01\,M\,H_2S < 0.0\,M\,H_2SO_4$

(d) $0.01\,M\,H_2S < 0.01\,M\,NaNO_2 < 0.01\,M\,NaCl < 0.01\,M\,H_2SO_4$

55. अम्ल HA के K_a का मान 1×10^{-6} है। अभिक्रिया $A^- + H_3O^+ \rightarrow HA + H_2O$ के लिए K का मान होगा–

(a) 1×10^{12} (b) 1×10^{6}

(c) 1×10^{-12} (d) 1×10^{-6}

56. सबसे प्रबलतम् अम्ल है– (pK_a मान दिया हुआ है)

(a) HCOOH (3.77) (b) C_6H_5COOH (4.22)

(c) CH_3COOH (4.71) (d) CH_3CH_2COOH (4.88)

57. निम्न में लेविस अम्ल की तरह गुण रखता है–

(a) ClF_3 (b) BF_3

(c) NCl_3 (d) BrF_3

58. सोडियम ऐसीटेट एवं ऐसीटिक अम्ल मिलाकर एक प्रतिरोधक विलयन जिसका pH मान 6 हो, बनाने हेतु लवण एवं अम्ल की सान्द्रता का अनुपात होना चाहिए– ($K_a = 10^{-5}$)

(a) 1 : 10 (b) 10 : 1

(c) 100 : 1 (d) 1 : 100

59. 20°C ताप पर Ag_2CrO_4 के संतृप्त विलयन में Ag^+ आयनों का सान्द्रण 1.5×10^{-4} मोल/लीटर है। 20°C ताप पर Ag_2CrO_4 के विलेयता गुणनफल का मान होगा–

(a) 16.87×10^{-14} (b) 16.87×10^{-13}

(c) 16.87×10^{-12} (d) 16.87×10^{-15}

60. निम्न विलयनों में बफर (उभय प्रतिरोधी) विलयन है–

(a) $NH_4Cl + NH_4OH$ विलयन

(b) $NH_4Cl + NaOH$ विलयन

(c) $NH_4OH + HCl$ विलयन

(d) $NaOH + HCl + Ba(OH)_2$ विलयन

61. Na_2S, CuS तथा ZnS की विलेयता के सही क्रम को पहचानिये–

(a) $CuS > ZnS > Na_2S$ (b) $ZnS > Na_2S > CuS$

(c) $Na_2S > CuS > ZnS$ (d) $Na_2S > ZnS > CuS$

62. एक दुर्बल अम्ल HX का Ka 1.0×10^{-5} है और यह कॉस्टिक सोडा के साथ अभिकृत किये जाने पर लवण NaX बनता है। NaX के 0.1 विलयन में इसकी जल-अपघटन की मात्रा है–

(a) 0.1% (b) 0.01%

(c) 0.001% (d) 1%

63. जब 0.1 M ऐसीटिक ($pK_a = 5.0$) को 0.1 M अमोनिया ($pK_a = 5.0$) विलयन के साथ अनुमानित किया जाता है। तो तुल्य बिन्दु निम्न pH पर आता है–

(a) 5.0 (b) 6.0

(c) 7.0 (d) 9.0

64. सोडियम ऑक्साइड (pH_1), सोडियम सल्फाइड (pH_2) सोडियम सेलीनाइड (pH_3) और सोडियम टैलूराइड (pH_4) के सममोलीय विलयन के pH के बीच सही सम्बन्ध क्या है–

(a) $pH_1 < pH_2 < pH_3 < pH_4$ (b) $pH_1 > pH_2 > pH_3 > pH_4$

(c) $pH_1 < pH_2 < pH_3 \approx pH_4$ (d) $pH_1 > pH_2 \approx pH_3 > pH_4$

उत्तरमाला

1. (a)	**2.** (d)	**3.** (c)	**4.** (a)	**5.** (a)	**6.** (a)	**7.** (a)	**8.** (a)	**9.** (c)	**10.** (a)
11. (a)	**12.** (c)	**13.** (c)	**14.** (a)	**15.** (d)	**16.** (b)	**17.** (a)	**18.** (a)	**19.** (d)	**20.** (a)
21. (a)	**22.** (d)	**23.** (b)	**24.** (d)	**25.** (d)	**26.** (b)	**27.** (b)	**28.** (c)	**29.** (b)	**30.** (c)
31. (c)	**32.** (a)	**33.** (c)	**34.** (b)	**35.** (b)	**36.** (b)	**37.** (c)	**38.** (d)	**39.** (d)	**40.** (b)
41. (a,b)	**42.** (a)	**43.** (c)	**44.** (c)	**45.** (b)	**46.** (a)	**47.** (b)	**48.** (c)	**49.** (a)	**50.** (a)
51. (d)	**52.** (a)	**53.** (d)	**54.** (c)	**55.** (b)	**56.** (a)	**57.** (b)	**58.** (b)	**59.** (b)	**60.** (a)
61. (d)	**62.** (c)	**63.** (c)	**64.** (b)						

हल

1. (a) $\Delta n = 0$ तथा इस प्रकार साम्यावस्था सान्द्रताओं में कोई परिवर्त नहीं होता।

2. (d) $\Delta n = 0$ तथा इस प्रकार साम्यावस्था सान्द्रताओं में कोई परिवर्तन नहीं होता।

3. (c) $K_p / K_c = (RT)\,\Delta n$: $\quad \Delta n = -\frac{1}{2}$

4. (a) HCl के कारण pH का मान 7 से कम है चूंकि है, किन्तु यह बफर वियन नहीं है।

5. (a) $HSO_4^- \longrightarrow H^+ + SO_4^{2-}$;

$HSO_4^- + H^+ \longrightarrow H_2SO_4$

6. (a) $Mg(OH)_2 \rightleftharpoons \underset{S}{Mg^{2+}} + \underset{2S}{2OH^-}$

$$K_{SP} = [Mg^{2+}][OH^-]^2$$
$$= S \times (2S)^2 = 4S^3 = 4X^3$$

7. (a) $K_c = \frac{[NO_2]^2}{[N_2O_4]} = \frac{(1.2\times10^{-2})^2}{4.8\times10^{-2}} = 3.0 \times 10^{-3}\,M$

8. (a) उच्च दाब से वह क्रिया अधिक होती है। जिसके फलस्वरूप मोलो की संख्या अथवा आयतन में कमी हो अर्थात् अग्र अभिक्रियाँ पुन: कम ताप से ऊष्माक्षेपी (exothermic) क्रिया अधिक होती है, अर्थात् अग्र (forward) अभिक्रिया।

9. (c) $K_{SP} = 4S^3 = 4 \times (10^{-5})^3$
$$= 4 \times 10^{-15}\,M^3$$

10. (a) NH_3 सभी क्षारों में प्रबलतम क्षार है।

11. (a) $1 \times 10^8 M$ HCl का pH $\simeq 7$ (HCl अम्ल हैं)

12. (c) विद्युत् गर्जन से अम्लीय ऑक्साइड बनते हैं जो जल में घुलकर अम्लीय वर्षा उत्पन्न करते हैं अर्थात् pH < 7

13. (c) ZnO अम्ल तथा क्षार दोनों में विलेय हैं।

14. (a) ठोस पदार्थों की सान्द्रताएँ इकाई मानते हैं।

15. (d) $K_p = K_c \times (RT)^{\Delta n}$ $\quad \because \Delta n = 1 - 2 = -1$

$\therefore \quad K_p = K_c \times (RT)^{-1}$

अथवा $\quad \frac{K_p}{K_c} = \frac{1}{RT}$

16. (b) $N_2 + O_2 \rightleftharpoons 2NO$

$$K_{c1} = \frac{[NO]^2}{[N_2][O_2]} = 4 \times 10^{-4}$$

$$NO \rightleftharpoons \frac{1}{2}N_2 + \frac{1}{2}O_2$$

$$K_{c2} = \frac{[N_2]^{1/2}[O_2]^{1/2}}{[NO]}$$

$$K_{c2} = \sqrt{\frac{1}{K_{c1}}} = \sqrt{\frac{1}{4\times10^{-4}}} = 50$$

17. (a) $\underset{\text{अम्ल}}{H_2PO_4^-} \longrightarrow H^+ + \underset{\text{क्षार}}{HPO_4^{2-}}$

18. (a) $MX_4 \rightleftharpoons \underset{S}{M^{4+}} + \underset{4S}{4X^-}$

$$K_{SP} = [M^{4+}][X^-]^4$$
$$= S \times (4S)^4 = 256S^5$$

19. (d) ला–शातेलिए के नियमानुसार अग्र अभिक्रिया के लिए अनुकूल सिथ्ज्ञतियाँ हैं– (1) ताप में कमी, (2) अभिकारकों की अधिक सान्द्रता (3) दाब में वृद्धि

20. (a) $K_p = K_c\,(RT)^{\Delta n}$

$\because \quad \Delta n = 3 - 2 =$ धनात्मक

$\therefore \quad K_p > K_c$

21. (a) $\ln \frac{K_2}{K_1} = \frac{\Delta H}{R}\left[\frac{T_2 - T_1}{T_1T_2}\right]$

चूंकि K का मान ताप के अनुसार घटता या बढ़ता है।

अत: $\Delta H =$ ऋणात्मक।

22. (d) $NH_4HS_{(s)} \rightleftharpoons NH_{3(g)} + H_2S_{(g)}$

साम्य से पूर्व 0.5 0

साम्य से बाद $0.5+P$ P

$$P_T = 0.84 = 0.5 + P + P$$

$\therefore$ $P = 0.17$ वायुमण्डल

$$K_p = P_{NH_3} \times P_{H_2S}$$

$$= (0.5+0.17) \times 0.17 = 0.11 \text{ वायुमण्डल}^2$$

23. (b) $MX_2 \rightleftharpoons M^{2+} + 2X^-$
$\qquad\qquad S \qquad 2S$

$$K_{SP} MS_2 = 4S^2 = 4 \times 10^{-12}$$

$\therefore$ $S = 10^{-4}$

$\therefore$ $[M^{2+}] = 10^{-4} M$

24. (d) $pH = 5.4 = -\log[H^+]$

$\therefore$ $[H^+] = \text{anti} \log(-5.4)$

$$= 3.98 \times 10^{-6}$$

25. (d) $\underset{\text{अम्ल}}{OH^-} \longrightarrow \underset{\text{संयुग्मी क्षार}}{O^{2-}} + H^+$

$$= 8 \times 10^{-11} M$$

26. (b) $\underset{\substack{1\\1-x}}{PCl_{5(g)}} \rightleftharpoons \underset{\substack{0\\x}}{PCl_{3(g)}} + \underset{\substack{0\\x}}{Cl_{2(g)}}$

$\therefore$ $$K_c = \frac{x^2}{1-x}\left[\frac{P_{eq.}}{1+x}\right]$$

पुन: $$P_{PCl_3} = \frac{P_{eq.x}}{(1+x)}$$

27. (b) $K'_c = \frac{[SO_3]^2}{[SO_2]^2[O_2]}$

$$K'_c = 4.9 \times 10^2 = \frac{[SO_2]^2[O_2]}{[SO_3]}$$

$\therefore$ $$K'_c = \left[\frac{1}{K_c}\right]^2 = \left[\frac{1}{4.9 \times 10^{-2}}\right]^2 = 416$$

28. (c) HA का जलीय बफर विलयन = 50% HA आयनित है।

$$[HA] = [A^-]$$

दुर्बल अम्ल HA का बफर विलयन → अम्लीय बफर

$$pH = pK_a + \log\frac{[A^-]}{[HA]}$$

या $pH = 4.5$

$$pOH + pH = 14$$

$$pOH = 14 - 4.5 = 9.5$$

29. (b) $AgIO_3(s) \rightleftharpoons Ag^+(aq) + IO_3^-$

माना $AgIO_3$ की विलयेता $= s$

$$K_{sp} = [Ag^+][IO_3^-]$$

$$1.0 \times 10^{-8} = S^2$$

या $S = 1 \times 10^{-4}$ मोल/लीटर

$$= \frac{10^{-4} \times 283}{1000} \times 100$$

$$= 283 \times 10^{-5}$$

$$= 2.83 \times 10^{-3} \text{ ग्राम/100 मिली}$$

30. (c) $H_2A \rightleftharpoons HA^- + H^+$

$$K_1 = \frac{[HA^-][H^+]}{[H_2A]} \qquad ...(i)$$

$$HA^- \rightleftharpoons H^+ + A^{2-}$$

$$K_2 = \frac{[H^+][A^{2-}]}{[HA^-]} \qquad ...(ii)$$

अभिक्रिया के लिए,

$$H_2A \rightleftharpoons 2H^+ + A^{2-}$$

$$K_1 = \frac{[HA^-][H^+]}{[H_2A]} \times \frac{[H^+][A^{2-}]}{[HA^-]}$$

$$= \frac{[H^+]^{2-}[A^{2-}]}{[H_2A]} = K_1 \times K_2$$

$$= 1.0 \times 10^{-5} \times 5.0 \times 10^{-10} = 5 \times 10^{-15}$$

31. (c) अम्लीय प्रबलता का क्रम निम्न है

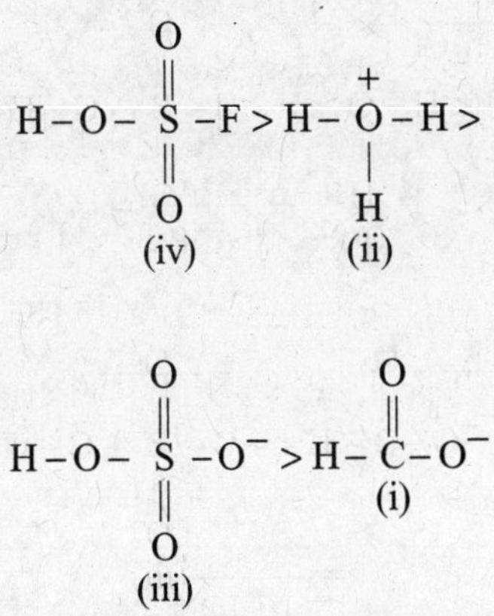

(संयुग्मी क्षार कम अम्लीय)

32. (a) $X \rightleftharpoons 2Y$

प्रारम्भ में 1 0

साम्य पर $1-x$ $2x$

कुल मोलों की संख्या $= 1+x$

$$K_{p_1} = \frac{(2x)^2}{(1-x)}\left(\frac{P_1}{1+x}\right)^1 ...(i)$$

$$Z \rightleftharpoons P + Q$$

प्रारम्भ में 1 0 0

साम्य पर $(1-x)\ 2x$ x

इसी प्रकार, $K_{p_2}=\frac{x^2}{(1-x)}\left(\frac{P_2}{(1+x)}\right)^1$ ...(ii)

सभी (i) तथा (ii) से

अतः $\frac{4\times P_1}{P_2}=\frac{1}{9}$

$\frac{P_1}{P_2}=\frac{1}{36}$

33. (c) दुर्बल अम्ल तथा दुर्बल क्षार के लवण के लिए

$$pH=7+\frac{1}{2}[pK_a-pK_b]$$

$$=7+\frac{1}{2}(4.8-4.78)$$

$$=7.01$$

34. (b) $\underset{0.1}{CO}+\underset{0.1}{Cl_2}\rightleftarrows\underset{0.3\text{ मोल}}{COCl_2}$ .... साम्य पर

$[CO]=\frac{0.1}{0.5}$ ($\because$ 0.5 लीटर पात्र का यातन है)

$[Cl_2]=\frac{0.1}{0.5}$ $[COCl_2]=\frac{0.3}{0.5}$

$$K_c\frac{[COC12]}{[CO][Cl_2]}=\frac{\frac{0.3}{0.5}}{\frac{0.1}{0.5}\times\frac{0.1}{0.5}}$$

$$=\frac{0.3\times0.5\times0.5}{0.5\times0.1\times0.1}=15$$

35. (b) $2SO_2(g)+O_2(g)\rightleftharpoons 2SO_3(g)$ के अग्र दिशा में विस्थापन हेतु क्रियाफल अर्थात् SO_3 हटाना होगा।

36. (b) $K_2=K_1^2$

$$K_1=\frac{[SO_3]}{[SO_2]\cdot[O_2]^{1/2}} \quad ...(i)$$

$$K_2=\frac{[SO_3]^2}{[SO_2]^2\cdot[O_2]} \quad ...(ii)$$

सान्द्रता समतुल्य करने हेतु समीकरण (i) का वर्ग लेने पर ($\because$ अभिक्रयाओं की दिशा समान है।)

$$\boxed{K_1^2=K_2}$$

37. (c) साम्यावस्था पर अग्र एवं प्रतीप अभिक्रिया की दर या वेग समान होती है।

38. (d) साम्य $PCl_{5(s)}\rightleftarrows PCl_{3(g)}+Cl_{2(g)}$ में ठोस PCl_5 डालने पर उसके सक्रिय द्रव्यमान में कोई परिवर्तन नहीं होता, अतः $Cl_{2(g)}$ का आंशिक दाब अपरिवर्तित रहेगा।

39. (d) $2SO_3\rightleftharpoons 2SO_2+O_2$

प्रारम्भिक सान्द्रण 1 0 0

साम्यावस्था सान्द्रण $1-0.6=0.4$ 0.6 0.3

$$K_c=\frac{[SO_2]^2\cdot[O_2]}{[SO_3]^2}$$

$$=\frac{(0.6)^2\times0.3}{(0.4)^2}=0.675$$

40. (b) अभिक्रिया $2A\rightleftarrows 2B+C$ का $K_p=1.8$, $T=700$ K अब $\Delta n=3-2=1$

अब, $K_p=K_c(RT)^{\Delta n}$

अथवा, $1.8=K_c\times[0.082\times700]^1$

अथवा, $K_c=\frac{1.8}{0.082\times700}$

$=0.0313$

अभिक्रिया $2B+C\rightleftarrows 2A$ के लिये $K_C'=\frac{1}{K_c}$

अथवा $K_C'=-\frac{1}{0.0313}=31.9\approx32$

41. (a,b) साम्य निकाय

$SO_2Cl_{2(g)}\rightleftarrows SO_{2(g)}+Cl_{2(g)}$ में पात्र में स्थिर दाब पर हीलियम डालने पर निकाय के आयतन में वृद्धि हो जाती है जिससे साम्य दाईं ओर विस्थापित हो जाताहै। इसके फलस्वरूप SO_2Cl_2 का सान्द्रण कम हो जायेगा व SO_2 तथा Cl_2 के सान्द्रण अधिक हो जायेंगे।

42. (a) $\underset{1\text{ मोल}}{A}+\underset{2\text{ मोल}}{B}\rightleftarrows\underset{3\text{ मोल}}{C}+\underset{4\text{ मोल}}{D}$ ..... प्रारम्भ में

$$Q_c=\frac{[C][D]}{[A][B]}=\frac{3\times4}{1\times2}=6$$

दिये हुए साम्य सान्द्रणों के आधार पर अभिक्रिया का Q_c (reaction quotient) 6 आता है, जबकि अभिक्रिया का साम्य स्थिरांक 10 दिया है। अतः अभिक्रिया साम्यावस्था में नहीं है तथा बायीं से दायीं ओर होगी।

43. (c) दाब परिवर्तन से K_p परिवर्तित नहीं होगा।

44. (c) बन्द पात्र में CO_2 के कारण उत्पन्न दाब स्थिर ताप पर स्थिर रहेगा।

45. (b) ठोस $\xrightleftharpoons{\text{गलन}}$ द्रव, में दाब का प्रभाव होगा।

$H_2O(g)+CO(g)\rightleftharpoons H_2(g)+CO_2(g)$,

$N_2(g)+O_2(g)\rightleftharpoons 2NO(g)$ एवं

$2HI(g)\rightleftharpoons H_2(g)+I_2(g)$

में $n_1=n_2$ है अर्थात् $\Delta n=0$

$\therefore$ दाब का प्रभाव नहीं होगा।

46. (a) ट्रान्स-2-पेन्टीन डालने पर, ओर अधिक सिस-2-पेन्टीन बनेगी।

47. (b) K' का वर्ग लेने पर सान्द्रताएँ समतुल्य होंगी।

$$K'^2 = K \quad \text{या} \quad K' = \sqrt{K}$$

48. (c) $\underbrace{A + 2B}_{3\ \text{आयतन}} \rightleftharpoons \underbrace{C}_{1\ \text{आयतन}} + \text{ऊष्मा}$

उच्च दाब, ∵ ऊष्माक्षेपी है ∴ निम्न ताप।

50. (a) CaC_2O_4 (द्विअंगी विद्युत अपघट्य) की विलेयता

$$= \sqrt{K_{sp}} \text{ मोल लीटर}^{-1}$$

$$= \sqrt{2.5 \times 10^{-9}}$$

$$= 5 \times 10^{-5} \text{ मोल लीटर}^{-1}$$

$$= 5 \times 10^{-5} \text{ मोल लीटर}^{-1} \times 128 \text{ ग्राम प्रति मोल}$$

$$= 0.0064 \text{ ग्राम प्रति लीटर}$$

61. (d) क्षार धातु तत्वों के सल्फाइड जल में भली-भाँति विलेय होते हैं। CuS के K_{sp} का मान ZnS के K_{sp} के मान की अपेक्षा कम होता है।

अत: इनकी विलेयता का क्रम है:

$$Na_2S > ZnS > CuS$$

62. (c) दुर्बल अम्ल व प्रबल क्षार की अभिक्रिया से निर्मित लवण के लिए जल-अपघटन की मात्रा (h):

$$h = \sqrt{\frac{K_w}{Ka \times c}}$$

[यहाँ $K_w = 1 \times 10^{-14}$; $Ka = 1 \times 10^{-5}$ $c = 0.1$ मोल लीटर$^{-1}$]

या $$h = \sqrt{\frac{1 \times 10^{-14}}{1 \times 10^{-5} \times 0.1}} = \sqrt{10^{-10}} = 10^{-5}$$

प्रतिशत जल-अपघटन

$$= 10^{-5} \times 100 = 10^{-3} = 0.001\%$$

□□□

9 Chapter

आयनिक साम्यावस्था (Ionic Equilibrium)

आयनन (Ionization) :

- किसी विद्युत अपघट्य का आयनन निम्नलिखित पर निर्भर करता है
  (a) विद्युत-अपघट्य की प्रकृति
  (b) ताप
  (c) विलायक की प्रकृति
  (d) तनुता
- प्रबल अम्ल(Strong Acid) : $HCl, H_2SO_4, HNO_3, HClO_4$, HX.
- प्रबल क्षार (Strong Base) : क्षारीय धातु के हाइड्रॉक्साइड तथा क्षारीय मृदा धातुओं के हाइड्रॉक्साइड प्रबल होते हैं।
- दुर्बल एक क्षारीय अम्ल (Weak mono basic acid) :
  R—COOH (कार्बोक्सलिक अम्ल, फिनोल, ऐस्प्रिन, सैक्रीन HCN इसके उदाहरण हैं।
- दुर्बल द्विक्षारीय अम्ल – H_2S, H_2CO_3.
- दुर्बल क्षार, NH_4OH तथा प्रथम समूह के हाइड्रोक्साइड के अतिरिक्त द्वितीय समूह के हाइड्रॉक्साइड दुर्बल होते हैं।

ओस्टवाल्ड तनुता का नियम (Ostwald's Dilution Law) :

- यह दुर्बल विद्युत अपघट्यों की द्रव्य अनुपाती क्रिया का नियम है तथा यह नियम दुर्बल विद्युत अपघट्यों के लिए लागु होता है।

$$\boxed{K = \frac{\alpha^2}{V(1-\alpha)}}$$

जहाँ, K = विद्युत-अपघट्य का वियोजन स्थिरांक
α = साम्यावस्था पर वियोजन की मात्रा

- यदि दुर्बल विद्युत-अपघट्य की सान्द्रता दी गई हो, तब

$$\boxed{K = \frac{C\alpha^2}{(1-\alpha)}}$$

- यह नियम प्रबल विद्युत-अपघट्यों के विलायकों पर लागू नहीं होता है।

सम-आयन प्रभाव (Common Ion Effect) :

- किसी दुर्बल विद्युत अपघट्य की आयनन की मात्रा सम-आयन वाले प्रबल विद्युत अपघट्य की उपस्थिति में कम हो जाती है। सम-आयन प्रभाव कहते हैं।
  प्रबल क्षार + दुर्बल हाइड्रोक्साइड आदि
  KCN + HCN, HCl + ROOH

जल का आयनिक गुणनफल (Ionic Product of Water) :

- स्थिर ताप पर H^+ आयनों तथा OH^- आयनों के सान्द्रणों के गुणनफल को जल का आयनिक गुणफल कहते हैं। जल का आयनिक गुणफल (K_w) का मान तापक्रम पर निर्भर करता है। तापक्रम बढ़ने से K_w का मान बढ़ता है, ताप घटने पर K_w का मान कम होता है।
- **K_w का विभिन्न तापमानों पर मान :**

तापमान (°C)	K_w का मान
0	0.11×10^{-14}
10	0.31×10^{-14}
25	1.00×10^{-14}
100	7.50×10^{-14}

- जब शुद्ध जल में अम्ल तथा क्षार मिलाया जाता है तो K_w के मान में कोई परिवर्तन नहीं होता है।

प्रबल अम्ल और प्रबल क्षारक से बने लवण :

- **किसी दुर्बल मोनो बेसिक ऐसिड के लिए (Dissociation for Weak Monobasic Acid)**

$$HA \rightleftharpoons H + A^-$$

C

$C - C\alpha \qquad C\alpha \qquad C\alpha+$

$$K_a = \frac{C\alpha^2}{1-\alpha}$$

$$1 - \alpha \approx 1$$

$$\alpha = \sqrt{\frac{K_a}{C}}$$

$$[H^+] = C - \alpha = \sqrt{K_a.C}$$

$$K_a = C\alpha^2, \alpha = \sqrt{\frac{ka}{C}}$$

$$[H^+] = \sqrt{ka \cdot C}$$

- **दुर्बल मोनो ऐसिड का pH मान :**

$$pH = ½\,pK_a - ½\log C$$

- दुर्बल क्षारीय अम्लों का विघटन (H_2A)

$$H_2A \rightleftharpoons H^+ + HA^-$$

$$K_1 = \frac{[H^+][AH^-]}{AH}$$

$$[H^+] = \sqrt{K_1 \times (H)}$$

$$HA \rightleftharpoons H^+ + A^-$$

$$K_2 = \frac{[H^+][A^-]}{[HA]}$$

⇨ कुल विघटन

$$K = K_1 \times K_2$$

$K_1 > K_2$ अर्थात् प्रथम विघटन नियतांक > द्वितीय विघटन नियतांक

$$[H^+] = \sqrt{k_1 \times C}$$

$HA^- = \sqrt{k_1 \times C}$ के लिए

⇨ $H_2S + HCl$ की स्थिति में

$[H^+] = HCl$ की सान्द्रता

$$[HS^-] = \frac{K_1 \times [H_2S]}{\text{Con.of HCl}}$$

$$[S^{--}] = \frac{K_1 K_2 [H_2S]}{[\text{Con.of HCl}]^2}$$

⇨ H_2CO_3, H_2O मिलाने पर CO_2, H^+, HCO_3^- तथा HCO_3^{--} देता है।

यदि H_3PO_4 $k = k_1 \times k_2 \times k_3$

⇨ सापेक्ष अम्ल सामर्थ्य

$$\frac{S_1}{S_2} = \sqrt{\frac{ka_1 \times C_1}{ka_2 \times C_2}}$$

- दुर्बल क्षारों के लिए

NH_4OH^-

$[OH-] = C \cdot a = \sqrt{k_b \times C}$

विलेयता गुणफल (Solubility Product) :

⇨ स्थिर ताप पर किसी विद्युत-अपघट्य के संतृप्त विलयन में उपस्थित उसके आयनों की सान्द्रताओं का गुणनफल स्थिर होता है, जिसे विद्युत-अपघट्य का विलेयता गुणनफल कहते हैं।

⇨ विलेयता गुणनफल तापमान पर निर्भर करता है।

प्रकार-1 : माना A_xB_y प्रकार का विद्युत अपघट्य पानी में घोला जाता है तथा यह 100% वियोजित होता है, तब

$$A_x B_y \rightleftharpoons \underset{xs}{xA^{y+}} + \underset{ys}{yB^{x-}}$$

$$K_{sp} = (A^{y+})^x (B^{x-})^y$$

$$= (xs)^x (ys)^y$$

$$K_{sp} = x^x \cdot y^y s^{x+y}$$

$$S = \left(\frac{1sp}{x^x . y^y}\right)^{\frac{1}{x+y}}$$

प्रकार-2 : AB प्रकार के विद्युत अपघट्य का अध्ययन (AgCl, $BaSO_4, Hg_2SO_4$)

$$AgCl \rightleftharpoons Ag^+ + Cl^-$$

$$K_{sp} = [Ag^+][Cl^-]$$

$$[Ag^+] = \sqrt{K_{sp}}$$

$$BaSO_4 \rightleftharpoons Ba^{++} + SO_4^{--}$$

$$K_{sp} = [Ba^{++}][SO_4^{--}]$$

$$Hg_2SO_4 \rightleftharpoons Hg_2^{++} + SO_4^{--}$$

$$K_{sp} = [Hg^{++}][SO_4^{--}]$$

ऐसे विद्युत अपघट्यों के लिए

$K_{sp} = (\text{विलेयता})^2$

$$S = \sqrt{K_{sp}}$$

प्रकार-3 : AB_2 प्रकार के विद्युत अपघट्यों का अध्ययन, जैसे- CaF_2 PbI_2

$$CaF_2 \rightleftharpoons Ca^{++} + SO_4^{--}$$

$$K_{sp} = [Ca^{++}][SO_4^{--}]$$

$$PbI_2 \rightleftharpoons Pb^{++} + I^-$$

$$K_{sp} = 4s^3$$

$$S = \left(\frac{K_{sp}}{4}\right)^{\frac{1}{3}}$$

प्रकार-4 : A_2B प्रकार के विद्युत अपघट्यों का अध्ययन ($Ag_2C_2O_4$)

$$Ag_2C_2O_4 \rightleftharpoons 2Ag^+ + C_2O_4^{--}$$

$$\boxed{K_{sp} = 4s^3}$$

प्रकार-5 : AB_3 प्रकार के विद्युत-अपघट्यों का अध्ययन [$Al(OH)_3$ या A_3B प्रकार के विद्युत-अपघट्य]

$$Al(OH)_3 \rightleftharpoons Al^{+++} + SO_4^-$$

$$K_{sp} = [Al^{+++}][OH]^3$$

$$K_{sp} = 27\,s^4$$

$$S = \left(\frac{K_{sp}}{27}\right)^{\frac{1}{4}}$$

प्रकार-6 : A_2B_3 प्रकार के विद्युत-अपघट्यों का अध्ययन (As_2S_3 Sb_2S_3)

$$AS_2O_3 \rightleftharpoons 2AS^{+++} + 3S^{--}$$

$$K_{sp} = [Ag^{+++}][S^{--}]^3$$

$$K_{sp} = 108\,s^5$$

$$S = \left(\frac{K_{sp}}{108}\right)^{\frac{1}{5}}$$

प्रकार-7 : ऐसे विद्युत अपघट्य का अध्ययन, जो 100% वियोजित न होता है।

- यदि AgCl, 80% वियोजित होता है, तब

$$AgCl \rightleftharpoons \underset{.85}{Ag^+} + \underset{.85}{Cl^-}$$

$$K_{sp} = (.85)(.85) = .645^2$$

$$S = \sqrt{\frac{K_{sp}}{.64}}.$$

प्रकार-8 : यदि PbI_2 80% वियोजित होता है, तब

$$\underset{}{PbI_2} \rightleftharpoons \underset{.85}{Pb^{++}} + \underset{25 \times .8}{2I^-}$$

$$K_{sp} = (.85) \times (1.65)2$$

$$K_{sp} = 2.04\,S^3$$

AgCl की विलेयता (विभिन्न विलायकों में) का क्रम

$H_2O > .001\,AgNO_3 > .01\,AgNO_3 > .01\,Ag_2C_2O_4$

प्रकार-9 : यदि AgCl को शुद्ध जल में तथा xM $AgNO_3$ विलायक में घोला जाता है। दोनों विलायकों में K_{sp} का मान समान होता है परन्तु इसकी विलेयता दोनों विलायकों में अलग-अलग होती है। xM $AgNO_3$ में समआयन प्रभाव के कारण विलेयता शुद्ध जल की अपेक्षा कम होती है।

$$\boxed{S^1 = \frac{K_{sp}}{x}}$$

प्रकार-10 : यदि PbI_2 को xM KI विलयन में घोला जाता है, तब PbI_2 की xM KI में विलेयता

$$\boxed{S^1 = \frac{K_{sp}}{x^2}}$$

प्रकार-11 : यदि $Mg(OH)_2$ को xM $Mg(NO_3)_2$ विलयन में घोला जाता है तब $Mg(OH)_2$ की $Mg(NO_3)_2$ में विलेयता

$$\boxed{S^1 = \sqrt{\frac{K_{sp}}{4x}}}$$

प्रकार-12 : यदि आयनिक गुणनफल, विलेयता गुणनफल के बराबर होता है तब विलयन संतृप्त होता है। अर्थात् अधिक विलेय पदार्थ विलायक में नहीं घोला जा सकता।

- यदि आयनिक गुणनफल का मान, विलेयता गुणनफल से अधिक होता है, तब अपक्षेपण हो जाता है। अर्थात् विलयन अति संतृप्त हो जाता है। ($K_{ip} > K_{sp}$)
- यदि विलेयता गुणनफल आयनिक गुणनफल से अधिक होता है, ऐसी स्थिति में विलयन अधिक असंतृप्त हो जाता है।

जब $K_{sp} > K_{ip}$ (*i.e.* आयनिक गुणनफल > विलेयता गुणनफल)

विलेयता गुणनफल के अनुप्रयोग (Application of Solubility Product) :

⇨ जब HCl गैस को NaCl के संतृप्त विलयन में डाला जाता है, तो NaCl विलयन से अवक्षेपित हो जाता है, क्योंकि

$$NaCl \longrightarrow Na^+ + Cl^-$$

$$HCl \longrightarrow H^+ + Cl^-$$

Cl^- आयन की सान्द्रता अधिक होने के कारण K_{ip}, K_{sp} से अधिक हो जाता है।

⇨ जब CO_2 को अमोनियाकृत ब्राइन में प्रवाहित किया जाता है तब बाइकाब्रोनेट अवक्षेपित हो जाता है। क्योंकि इसकी विलेयता अमोनियम क्लोराइड, अमोनियम बाइकाब्रोनेट तथा NaCl से कम हो जाती है।

⇨ विलेयता गुणनफल का क्रम

$Cds > PbS > CuS > HgS > Bi_2S_3$

$MnS > ZnS > NiS > CoS$

pH मान (pH Value) :

⇨ डेनिश वैज्ञानिक सॉरेन्स (Sorensen) 1909 में विलयन में H^+ आयनों की सान्द्रता को व्यक्त करने के लिए pH का प्रयोग किया।

$$pH = -\log[H^+] = \log\frac{1}{[H^+]}$$

pH पैमाना (PH Scale) :

⇨ $H^+ \leq 1$ के लिए pH पैमाना लागू होता है।

- क्षारीय विलयन के लिए, $pH < 7$
- अम्लीय विलयन के लिए, $pH > 7$
- उदासीन विलयन के लिए, $pH = 7$
- यदि $H^+ > 1\,M$ तब pH मान ज्ञात नहीं किया जा सकता।
- यदि $[H^+] > 10^{-7}\,M$ तब pH मान 6 से 7 के बीच होगा।

जैसे- $10^{-9}\,M$ HCl

$[H^+] = [10^{-9} + 10^{-7}] = 1.01 \times 10^{-7}\,M$

कुछ मुख्य यौगिकों के pH मान (pH Value of some Compound):

यौगिक	pH मान
रक्त (Blood)	>0.4
यूरिया (Urea)	4.8 से 8.4
समुंद्री जल (Sea water)	8.5

- प्रबल क्षार के लिए (For strong base)

$$pH = \log\frac{1}{OH} \qquad pH = 14 - p^{OH} = p^{kw} - p^{OH}$$

- ताप बढ़ाने से pH मान बढता है।
- अम्लीय विलयन की तनुता बढ़ाने पर pH मान बढ़ता है परन्तु क्षारीय विलयन की तनुता बढ़ाने पर pH मान कम होता है।
- अधिक क्षारीय विलयन के लिए pH = 14 तथा अधिक विलयन के लिए pH = 0

अम्लीय मिश्रण के लिए pH मान (pH value of acidic mixture) :

⇨ यदि दो या दो से अधिक प्रबल अम्लों को आपस में मिलाया जाता है, तब

$$\begin{array}{ccccc} HCl & + & H_2SO_4 & + & HNO_3 \\ \downarrow & & \downarrow & & \downarrow \\ N_1V_1 & & N_2V_2 & & N_3V_3 \end{array}$$

परिणामी नॉर्मलता (Resultant normality)

$$N_R = \frac{N_1V_1 + N_2V_2 + N_3V_3}{V_1 + V_2 + V_3}$$

यदि ऐसी स्थिति में कुछ जल भी मिला दिया जाए, तब परिणामी नॉर्मलता

$$N_R = \frac{N_1V_1 + N_2V_2 + N_3V_3}{V_1 + V_2 + V_3 + V_{water}}$$

$$\text{pH मान} = \log \frac{1}{N_R}$$

⇨ यदि प्रबल अम्ल तथा दुर्बल अम्ल आपस में साथ-साथ मिलाया जाता है, तब नॉर्मलता

HCl (प्रबल अम्ल) + दुर्बल अम्ल

↓ ↓

N_1V_1 N_2V_2 ज्ञात हैं

$$N_R \approx \frac{N_1V_1}{V_1 + V_2}$$ $$\text{pH value} \approx \log \frac{1}{N_R}$$

⇨ यदि किसी दुर्बल अम्ल को अन्य दुर्बल अम्ल के साथ मिलाया जाता है, तब

$$[H^+]_{total} = \sqrt{K_1C_1 + K_2C_2}$$

जहाँ, K_1 तथा K_2 दुर्बल अम्लों के वियोजन नियतांक हैं।

$$pH = \log \frac{1}{[H^+]}$$

दुर्बल अम्लों के लिए pH मान (pH Value of Weak Acid) :

⇨ दुर्बल अम्ल के लिए $[H^+] = C \cdot \alpha = \sqrt{ka \cdot C}$

$$pH = \frac{1}{2} p^{Ka} - \frac{1}{2} \log C$$

⇨ यदि अम्ल ऐसिटिक ऐसिड है $[CH_3COOH\,(K_a = 1.8 \times 10^{-5})]$ तब

$$pH = 2.37 - \frac{1}{2} \log C$$

अम्ल क्षार मिश्रण के लिए pH मान (pH Value Acid Basic Mixture) :

⇨ यदि प्रबल अम्ल में प्रबल क्षार मिलाया जाता है तथा अम्ल के मिली तुल्यांक N_1V_1 तथा क्षार के मिली तुल्यांक N_2V_2 है।

- यदि $N_1V_1 > N_2V_2$ तब विलयन अम्लीय होगा, तथा pH मान 7 से कम होता है। ऐसी स्थिति में परिणामी नॉर्मलता

$$N_R = \frac{N_1V_1 - N_2V_2}{V_1 + V_2}$$

$$pH = \log \frac{1}{N_R}$$

- यदि $N_2V_2 > N_1V_1$ तब विलयन क्षारीय होगा, तथा pH मान 7 से अधिक होता है। ऐसी स्थिति में परिणामी नॉर्मलता

$$N_R = \frac{N_2V_2 - N_1V_1}{V_1 + V_2}$$

$$P^{OH} = \log \frac{1}{N_R}$$

- यदि $N_1V_1 = N_2V_2$ तब विलयन क्षारीय होगा, तथा pH मान 7 होता है।

⇨ यदि दो विभिन्न विलयनों जिनकी pH तथा आयतन दिये हुए होते हैं। आपस में मिलाया जाता है परिणामी विलयन के लिए H^+ आयन की सान्द्रता

प्रथम विलयन के लिए $pH = x$ तथा आयतन V_1

द्वितीय विलयन के लिए $pH = y$ तथा आयतन V_2 दिये हों, तब

$$[H^+] = \frac{10^{-x} \times V_1 + 10^{-y} \times V_2}{V_1 + V_2}$$

$$pH = -\log[H^+]_{new} = \log \frac{1}{[H^+]_{new}}$$

दुर्बल क्षार के लिए pH मान (pH Value of Weak Base) :

$$pOH = \frac{1}{2} p^{Kb} - \frac{1}{2} \log C = 1$$

$$pH = p^{kw} - \frac{1}{2} p^{Kb} + \frac{1}{2} \log C$$

यदि दुर्बल क्षार NH_4OH है, तब $[K_b = 1.8 \times 10^{-5}]$

$$pH = 11.63 - \frac{1}{2} \log C$$

बफर विलयन के गुण (Buffer Solution) :

⇨ वे विलयन जिनमें थोड़ा सा अम्ल या क्षार मिलाने पर उनकी उत्क्रम अम्लता या क्षारिता होती है।

⇨ बफर विलयन का pH मान परिवर्तित नहीं होता है, जब

- बफर विलयन को तनु करने करते हैं।
- बफर विलयन को वायु में खुला रखते हैं।

⇨ बफर विलयन में प्रबल अम्ल अथवा प्रबल क्षार की अल्प मात्रा मिलाने पर pH मान में नगण्य परिवर्तन होता है।

अम्लीय बफर विलयन (Acidic Buffer Solution) :

⇨ यह दुर्बल अम्ल और किसी प्रबल क्षारक के साथ बने लवण का मिश्रण होता है।

- R—COOH + R—COONa
- 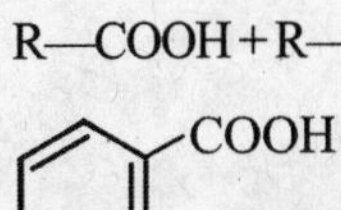 + पोटेशियम थेलेट

- $HCN + NaCN$
- $H_2CO_3 + Na_2CO_3$
- $H_2S + Na_2S$
- 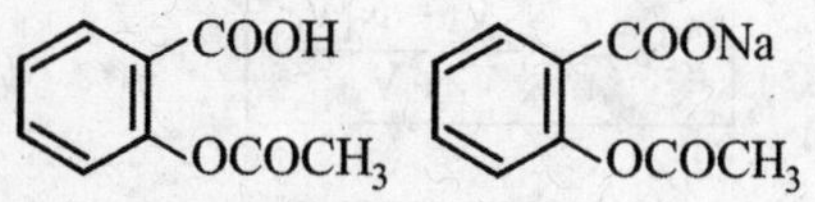
- क्षारीय अम्ल + बोरेक्स
- $H_3PO_3 + NaH_2PO_4$

⇨ बफर विलयनों की pH मान हैन्डरसन समीकरण (Henderson's equation) द्वारा ज्ञात किया जाता है।

$$pH = pK_a + \log \frac{[\text{लवण}]}{[\text{अम्ल}]}$$

यदि $[\text{अम्ल}] = [\text{लवण}]$ $\quad pH = pK_a$

यदि $\frac{[\text{लवण}]}{[\text{अम्ल}]} = 10$ $\quad pH = pK_a + 1$

$\frac{[\text{लवण}]}{[\text{अम्ल}]} = \frac{1}{10}$ $\quad pH = pK_a - 1$

Note

- दुर्बल अम्ल (N_1V_1) + प्रबल क्षार (N_2V_2) का मिश्रण तथा $N_1V_1 > N_2V_2$

$$pH = pK_a + \log \frac{N_2V_2}{N_1V_1 - N_2V_2}$$

क्षारीय बफर विलयन (Basic Buffer Solution) :

⇨ यह दुर्बल क्षारक और उसके किसी प्रबल अम्ल के साथ बने लवण का मिश्रण होता है।

⇨ **क्षारीय बफर के उदाहरण :**

(a) $NH_4OH + NH_4Cl$

(b) ग्लाइसिन + ग्लाइसिन हाइड्रौक्लोराइड

⇨ क्षारीय बफर विलयनों की pH मान ज्ञात करने के लिए हैन्डरसन समीकरण

$$pOH = \log \frac{[\text{लवण}]}{[\text{क्षार}]} - \log K_b$$

$$pOH = pK_b + \log \frac{[\text{लवण}]}{[\text{क्षार}]}$$

- अमीनो अम्ल + प्रोटीन = बफर
- रक्त तथा CH_3COONa बफर हैं।
- अम्लीय लवण + सामान्य लवण = बफर
- बोरेक्स का जलीय विलयन बफर की भाँति कार्य करता है।

बफर विलयन की क्षमता (Buffer Capacity) :

⇨ किसी बफर विलयन में अम्ल या क्षार की कुछ मात्रा मिलाने पर अपने pH मान को स्थिर बनाये रखने की क्षमता उसकी बफर क्षमता कहलाती है।

⇨ एक लीटर बफर विलयन की pH में इकाई परिवर्तन लाने के लिए आवश्यक अम्ल अथवा बेस के मोलों की संख्या

$$\text{बफर क्षमता } \phi = \frac{\partial b}{\partial (pH)}$$

विशेष

- बफर का pH मान आयतन पर निर्भर नहीं करता है।
- बफर विलयन pH मान में परिवर्तन का विरोध करता है क्योंकि बफर मिलाये गए या क्षार का उपभोग करता है।

——•——

अभ्यास के लिए प्रश्न

1. 1.00 M विलयन में एक मोनोप्रोटिक अम्ल 0.01% आयनित होता है। इस अम्ल का वियोजन नियतांक है

(a) 1×10^{-8} (b) 1×10^{-4}
(c) 1×10^{-6} (d) 10^{-5}

2. दुर्बल अम्ल HA के लिए, ओस्सवाल्ड का तनुता नियम समीकरण द्वारा प्रदर्शित होता है

(a) $K_a = \frac{\alpha c}{1-\alpha^2}$ (b) $K_a = \frac{\alpha^2 c}{1-\alpha}$
(c) $\alpha = \frac{K_a c}{1-c}$ (d) $K_a = \frac{\alpha^2 c}{1-\alpha^2}$

3. निम्नलिखित साम्य जलिय विलयन में होता है।

$$CH_3COOH \rightleftharpoons CH_3COO^- + H^+$$

यदि तनु HCl अम्ल बिना ताप परिवर्तन किए मिलाया जाता है

(a) CH_3COO^- की सान्द्रता बढ़ जायेगी
(b) CH_3COO^- की सान्द्रता घट जायेगी
(c) साम्य स्थिरांक बढ़ जायेगा
(d) साम्य स्थिरांक घट जायेगा

4. 0.1 M HCN विलयन की वियोजन कोटि 0.01% है। इसका आयनिकरण स्थिरांक होगा

(a) 10^{-3} (b) 10^{-5}
(c) 10^{-7} (d) 10^{-9}

5. 0.1 N CH_3COOH की विघटन कोटि है (विघटन स्थिरांक $= 1 \times 10^{-5}$)

(a) 10^{-5} (b) 10^{-4}
(c) 10^{-3} (d) 10^{-2}

6. फॉर्मिक अम्ल का 0.2 मोलर विलयन का आयनिकरण 3.2% है। इसका आयनिकरण नियतांक है

(a) 9.6×10^{-3} (b) 2.1×10^{-4}
(c) 1.25×10^{-6} (d) 4.8×10^{-5}

7. 0.1 M HCN में CN^- का सान्द्रण है $[K_a = 4 \times 10^{-10}]$

(a) 2.5×10^{-6} M (b) 4.5×10^{-6} M
(c) 6.3×10^{-6} M (d) 9.2×10^{-6} M

8. यदि ऐसिटिक अम्ल का आयनिकरण स्थिरांक 1.8×10^{-5} है। किस सान्द्रता पर 2% विघटित होगा

(a) 1 M (b) 0.018 M
(c) 0.18 M (d) 0.045 M

9. एक दिये हुए ताप पर ऐसिटिक अम्ल का विघटन स्थिरांक 1.69×10^{-5} है। 0.01 M HCl की उपस्थिति में 0.01 M ऐसिटिक अम्ल की विघटन कोटि होगी

(a) 0.41 (b) 0.13
(c) 0.169×10^{-2} (d) 0.013

10. 0.1 M विलयन में एक मोनोप्रोटिक अम्ल 0.001% आयनित होता है। इस अम्ल का आयनिकरण नियतांक है

(a) 1.0×10^{-3} (b) 1.0×10^{-6}
(c) 1.0×10^{-8} (d) 1.0×10^{-11}

11. NH_4OH का विघटन स्थिरांक 1.8×10^{-5} है। 0.1 मोलर NH_4OH विलयन की मोल/लीटर में OH^- आयन की सान्द्रता है

(a) 1.8×10^{-6} (b) 1.34×10^{-3}
(c) 4.20×10^{-3} (d) 5.00×10^{-2}

12. दो अम्ल HA_1 तथा HA_2 के विघटन स्थिरांक क्रमश: 3.0×10^{-4} तथा 1.8×10^{-5} हैं। अम्लों की सापेक्ष प्रबलता होगी

(a) 1 : 4 (b) 4 : 1
(c) 1 : 16 (d) 16 : 1

13. AgCl का 298 K पर विलेयता गुणनफल 1×10^{-6} है। मोल/लीटर में इसकी विलेयता होगी

(a) 1×10^{-6} मोल/लीटर (b) 1×10^{-3} मोल/लीटर
(c) 1×10^{-12} मोल/लीटर (d) इनमें से कोई नहीं

14. जब निम्नलिखित के समान आयतन मिलाये जाते हैं तो AgCl के अवक्षेप बनते हैं [AgCl के लिए $K_{sp} = 10^{-10}$]

(a) 10^{-4} M $AgNO_3$ तथा 10^{-7} M HCl
(b) 10^{-5} M $AgNO_3$ तथा 10^{-6} M HCl
(c) 10^{-5} M $AgNO_3$ तथा 10^{-4} M HCl
(d) 10^{-6} M $AgNO_3$ तथा 10^{-6} M HCl

15. CaF_2 की विलेयता 2×10^{-4} मोल/लीटर है। इसका विलयता गुणनफल होगा

(a) 2.0×10^{-4} (b) 4.0×10^{-3}
(c) 8.0×10^{-12} (d) 3.2×10^{-11}

16. $BaCl_2$ का विलेयता गुणनफल 4×10^{-9} है। इसकी विलेयता मोल/लीटर में होगी

(a) 1×10^{-3} (b) 1×10^{-9}
(c) 4×10^{-27} (d) 1×10^{-27}

17. 298 K पर, $PbCl_2$ का विलेयता गुणनफल 1.0×10^{-6} है। मोल/लीटर में $PbCl_2$ की विलेयता होगी

(a) 6.3×10^{-3} (b) 1.0×10^{-3}
(c) 3.0×10^{-3} (d) 4.6×10^{-14}

18. यदि $HgSO_4$ के लिए K_{sp}, 6.4×10^{-5} है तो लवण की विलेयता है

(a) 8×10^{-3} (b) 8×10^{-6}
(c) 6.4×10^{-5} (d) 6.4×10^{-3}

19. मोल/लीटर में CaF_2 की विलेयता है, तो इसका विलेयता गुणनफल है

(a) s^2 (b) $4s^3$
(c) $3s^2$ (d) s^3

20. 0.2 M NaCl विलयन में AgCl की विलेयता है (AgCl के लिए $K_{sp} = 1.20 \times 10^{-10}$)

(a) 0.2 M (b) 1.2×10^{-10} M
(c) 0.2×10^{-10} M (d) 6.0×10^{-10} M

21. कम घुलनशील लवण AB_2 की पानी में विलेयता 1.0×10^{-5} मोल$^{-1}$ है। इसकी विलेयता गुणनफल संख्या होगी

(a) 4×10^{-15} (b) 4×10^{-10}
(c) 1×10^{-15} (d) 1×10^{-10}

22. Ag_2CrO_4 का विलेयता गुणनफल 32×10^{-12} है। उस विलयन में CrO_4^- की सान्द्रता है
(a) 2×10^{-4} m/s (b) 16×10^{-4} m/s
(c) 8×10^{-4} m/s (d) 8×10^{-8} m/s

23. यदि S और K_{sp} एक कम घुलनशील द्विविद्युत अपघट्य की विलेयता और विलेयता गुणनफल हैं तो
(a) $S = K_{sp}$ (b) $S = K_{sp}{}^2$
(c) $S = \sqrt{K_{sp}}$ (d) $S = \frac{1}{2} K_{sp}$

24. 25° C पर $PbCl_2$ की विलेयता 6.3×10^{-3} मोल/लीटर है। इस ताप पर इसका विलेयता गुणनफल है
(a) $(6.3 \times 10^{-3}) \times (6.3 \times 10^{-3})$
(b) $(6.3 \times 10^{-3}) \times (12.6 \times 10^{-3})$
(c) $(6.3 \times 10^{-3}) \times (12.6 \times 10^{-3})^2$
(d) $(12.6 \times 10^{-3}) \times (12.6 \times 10^{-3})$

25. Ag_2SO_4 का संतृप्त विलयन 2.5×10^{-2} M है। इसका विलेयता गुणनफल है
(a) 62.5×10^{-6} (b) 6.25×10^{-4}
(c) 15.625×10^{-6} (d) 3.125×10^{-6}

26. 100°C ताप पर AgCl का विलेयता गुणनफल 1.44×10^{-4} है। उबलते हुए पानी में AgCl की विलेयता हो सकती है
(a) 0.72×10^{-4} M (b) 1.20×10^{-2} M
(c) 0.72×10^{-2} M (d) 1.20×10^{-4} M

27. AB_2 लवण के लिए विलेयता गुणनफल 4×10^{-12} है। विलेयता की गणना करो
(a) 1×10^{-3} ग्राम मोल/लीटर
(b) 1×10^{-5} ग्राम मोल/लीटर
(c) 1×10^{-4} ग्राम मोल/लीटर
(d) 1×10^{-2} ग्राम मोल/लीटर

28. अभिक्रिया $PbCl_2 = Pb_2 + 2Cl^-$ के अनुसार $PbCl_2$ का विलेयता नियतांक है
(a) $[Pb^{2+}][Cl^-]^2$ (b) [Pb2+][Cl–]
(c) $[Pb^{2+}]^2[Cl^-]$ (d) इनमें से कोई नहीं

29. 20° C पर, Ag_2CrO_4 के संतृप्त विलयन में Ag^+ आयन की सान्द्रता 1.5×10^{-4} मोल/लीटर है। इसी ताप पर Ag_2CrO_4 का विलेयता गुणनफल होगा
(a) 3.3750×10^{-12} (b) 1.6875×10^{-10}
(c) 1.6875×10^{-12} (d) 1.6875×10^{-11}

30. 25° C ताप पर पानी का आयनिक गुणनफल 10^{-14} है। 90° ताप पर आयनिक गुणनफल होगा
(a) 1×10^{-20} (b) 1×10^{-12}
(c) 1×10^{-14} (d) 1×10^{-16}

31. पानी में $BaSO_4$ का विलेयता गुणनफल 1.5×10^{-9} है। मोल/लीटर में इसकी घुलनशीलता है
(a) 1.5×10^{-9} (b) 3.9×10^{-5}
(c) 7.5×10^{-5} (d) 1.5×10^{-5}

32. HCl के जलीय विलयन का pH मान 4 है। इसकी मोलरता होगी
(a) 4 M (b) 0.4 M
(c) 0.0001 M (d) 10 M

33. 0.001 M NaOH का pH मान है
(a) 3 (b) 2
(c) 11 (d) 12

34. 10^{-3} M हाइड्रोक्लोरिक अम्ल का pH मान है
(a) 1.3 (b) 2.0
(c) 3.0 (d) 4.5

45. एक अम्लीय बफर विलयन को निम्नलिखित में से किन विलयनों के मिश्रणों से बनाया जा सकता है
(a) अमोनियम ऐसिटेट तथा ऐसिटिक अम्ल
(b) अमोनियम क्लोराइड तथा हाइड्रोक्लोरिक अम्ल
(c) सल्फ्यूरिक अम्ल तथा सोडियम सल्फेट
(d) ऐसिटिक अम्ल तथा सल्फ्यूरिक अम्ल
(e) NaCl तथा NaOH

36. एक विलयन का pH मान 9.5 है। विलयन है
(a) उदासीन (b) अम्लीय
(c) क्षारीय (d) Amphoteric

37. पूर्ण वियोजित 0.005 M H_2SO_4 का pH है
(a) 3 (b) 4
(c) 2 (d) 5

38. 0.02 M हाइड्रोक्लोरिक विलयन का pH है
(a) 2.0 (b) 1.7
(c) 0.3 (d) 2.2

39. पूर्ण आयनिकरण मानते हुए, 0.1 M HCl का pH 1 है। उतने ही pH के H_2SO_4 की मोलरता होगी
(a) 0.1 (b) 0.2
(c) 0.05 (d) 2.0

40. 20 मिली 0.1 N HCl में 20 मिली 0.001 N KOH मिलाने पर प्राप्त विलयन का pH है
(a) 2 (b) 1.3
(c) 0 (d) 7

41. $Ba(OH)_2$ का pH कितना होगा, यदि नॉर्मलता 10 है?
(a) 4 (b) 10
(c) 7 (d) 9

42. यदि एक विलयन का pH 2 है। मोल/लीटर में हाइड्रोजन आयन की सान्द्रता है
(a) 1×10^{-14} (b) 1×10^{-2}
(c) 1×10^{-7} (d) 1×10^{-12}

43. 10^{-10} मोलर HCl विलयन का pH मान लगभग है
(a) 10 (b) 7
(c) 1 (d) 14

44. $\frac{N}{100}$ HCl का pH मान लगभग है
(a) 1 (b) 1.5

(c) 2 (d) 2.5

45. यदि A, B, C तथा D का pH क्रमशः 9.5, 2.5, 3.5 तथा 5.5 है तो प्रबलतम अम्ल है

(a) A (b) C
(c) D (d) B

46. एक विलयन का pH 5 है। इसकी हाइड्रोक्सिल आयन सान्द्रण है

(a) 5 (b) 10
(c) 10^{-5} (d) 10^{-9}

47. 50 मिली 0.4 N HCl तथा 50 मिली 0.2 N NaOH को आपस में मिलाने पर प्राप्त विलयन का pH है

(a) $-\log 2$ (b) $-\log 0.2$
(c) 1.0 (d) 2.0

48. एक विलयन का pH 5 है। इसे 100 गुना तनु किया जाता है तो यह बन जायेगा

(a) उदासीन (b) क्षारीय
(c) अप्रभावित (d) अधिक अम्लीय

49. किसी विलयन का pH 2 है। इसकी नॉर्मलता होगी

(a) 2N (b) ½N
(c) 0.01 N (d) इनमें से कोई नहीं

50. विलयन का pH निरूपित कर सकते हैं

(a) $-\log_e(H^+)$ (b) $-\log_{10}(H^+)$
(c) $\log_e(H^+)$ (d) $\log_{10}(H^+)$

51. एक विलयन का pH 4 है। विलयन की मोल/लीटर में हाइड्रोजन आयन की सान्द्रता है

(a) 9.5 (b) 10^{-4}
(c) 10^4 (d) 10^{-2}

52. पानी में बने 10^{-9} M HCl विलयन का pH है

(a) 8 (b) −8
(c) 7 और 8 के मध्य (d) 6 और 7 के मध्य

53. ताप बढ़ने पर KOH विलयन का pH

(a) घट जायेगा
(b) बढ़ जायेगा
(c) स्थिर रहेगा
(d) KOH विलयन की सान्द्रता पर निर्भर करता है

54. 1 N H_2O का pH है

(a) 7 (b) >7
(c) <7 (d) 01

55. 0.01 M HCl में H^+ आयन की सान्द्रता है

(a) 10^{12} (b) 10^{-2}
(c) 10^{-1} (d) 10^{-12}

56. N/10 NaOH विलयन का pH मान है

(a) 10 (b) 11
(c) 12 (d) 13

57. $\frac{M}{5}$, 5 मिली HCl + $\frac{M}{10}$, 10 मिली NaOH विलयन का pH है

(a) 5 (b) 3
(c) 7 (d) 8

58. इनमें से किस विलयन का pH 1 के समीप होगा

(a) 100 मिली $\frac{M}{10}$ HCl + 100 मिली $\frac{M}{10}$ NaOH

(b) 55 मिली $\frac{M}{10}$ HCl + 45 मिली $\frac{M}{10}$ NaOH

(c) 10 मिली $\frac{M}{10}$ HCl + 90 मिली $\frac{M}{10}$ NaOH

(d) 75 मिली $\frac{M}{5}$ HCl + 25 मिली $\frac{M}{5}$ NaOH

59. कौन सा बफर विलयन है?

(a) $CH_3COOH + CH_3COONa$
(b) $CH_3COOH + CH_3COONH_4$
(c) $CH_3COOH + NH_4Cl$
(d) $NaOH + NaCl$

60. एक बफर विलयन में 0.1 M ऐसिटिक अम्ल और 0.1 M सोडियम ऐसिटेट है। इसका pH मान कितना होगा, यदि ऐसिटिक अम्ल का pK_a 4.75 है

(a) 4.00 (b) 4.75
(c) 5.00 (d) 5.25

61. एक अम्लीय बफर को दो विलयन मिलाकर बनाया जा सकता है

(a) अमोनियम ऐसिटेट तथा ऐसिटिक अम्ल
(b) अमोनियम क्लोराइड तथा हाइड्रोक्लोरिक अम्ल
(c) सल्फ्यूरिक अम्ल तथा सोडियम सल्फेट
(d) ऐसिटिक अम्ल तथा सल्फ्यूरिक अम्ल
(e) NaCl तथा NaOH

62. इनमें से कौन से मिश्रण अम्लीय बफर बनाते हैं

(a) $NaOH + HCl$ (b) $CH_3COOH + CH_3COONa$
(c) $NH_4OH + NH_4Cl$ (d) $H_2CO_3 + (NH_4)_2CO_3$

63. इनमें से कौन से विलयन बफर की भाँति कार्य करते हैं

(a) 0.1 मोलर जलीय NaCl
(b) 0.1 मोलर जलीय CH_3COOH + 0.1 मोलर NaOH
(c) 0.1 मोलर जलीय अमोनियम ऐसिटेट
(d) इनमें से कोई नहीं

64. इनमें से कौन से विलयन बफर की भाँति कार्य नहीं करते हैं

(a) $NaH_2PO_4 + H_3PO_4$ (b) $CH_3COOH + CH_3COONa$
(c) $HCl + NH_4Cl$ (d) $H_3PO_4 + Na_2HPO_4$

65. इन विलयनों में से कौन सा बफर विलयन है

(a) $NH_4Cl + NH_4OH$ विलयन
(b) $NH_4Cl + NaOH$ विलयन
(c) $NH_4OH + HCl$ विलयन
(d) $NaOH + HCl$ विलयन

66. इनमें से कौन से बफर विलयन का pH > 7 होता है

(a) $CH_3COOH + CH_3COONa$
(b) $HCOOH + HCOOK$
(c) CH_3COONH_4
(d) $NH_4OH + NH_4Cl$

67. बफर विलयन मिश्रित करके बनाया जाता है

(a) प्रबल अम्ल + इसका प्रबल क्षार लवण

(b) दुर्बल अम्ल + इसका दुर्बल क्षार लवण

(c) प्रबल अम्ल + इसका दुर्बल क्षार लवण

(d) दुर्बल अम्ल + इसका प्रबल क्षार लवण

68. इनमें से कौन-सा बफर विलयन है?

(a) $NaOH + CH_3COONa$ (b) $NaOH + Na_2SO_4$

(c) $K_2SO_4 + H_2SO_4$ (d) $NH_4OH + CH_3COONH_4$

69. इनमें से कौन सा बफर विलयन की भाँति कार्य नहीं करता है?

(a) $NaCl$ तथा $NaOH$ (b) $NaOH$ तथा NH_4OH

(c) CH_3COONH_4 तथा HCl (d) बोरेक्स तथा बोरिक अम्ल

70. बफर विलयन निम्न में से किस मिश्रण से बनाया जाता है?

(a) सोडियम ऐसिटेट तथा पानी में ऐसिटिक अम्ल

(b) सोडियम ऐसिटेट तथा पानी में हाइड्रोक्लोरिक अम्ल

(c) अमोनिया तथा पानी में अमोनिया क्लोराइड

(d) अमोनिया तथा पानी में सोडियम हाइड्रोक्साइड

71. एक बफर विलयन में 0.2M NH_4OH तथा 0.02M NH_4Cl के समान आयतन हैं। क्षार का pK_b 5 है। pH है

(a) 10 (b) 9

(c) 4 (d) 7

72. एक निश्चित बफर विलयन में X^- तथा HX की समान सान्द्रता है। X^- के लिए K_b 10^{-10} है। बफर का pH है

(a) 4 (b) 7

(c) 10 (d) 14

73. ऐसिटिक अम्ल के एक विलयन में, सोडियम ऐसिटेट मिलाया जाता है, तो इसका pH मान

(a) घटता है (b) बढ़ता है

(c) स्थिर रहता है (d) (a) और (b) दोनों सही हैं

74. साधारण सोडियम ऐसिटेट बफर विलयन का pH मान निम्न के द्वारा दिया जाता है

$$pH = pK_a + \log\frac{[Salt]}{[Acid]}$$

ऐसेटिक अम्ल का $K_a = 1.8 \times 10^{-5}$

यदि [लवण] = [अम्ल] = 0.1 M, विलयन का pH मान लगभग होगा

(a) 7 (b) 4.7

(c) 5.3 (d) 1.4

75. एक विलयन का pH 4 है। विलयन की हाइड्रॉक्साइड आयन सान्द्रता होगी

(a) 10^{-4} (b) 10^{-10}

(c) 10^{-2} (d) 10^{-12}

76. एक निश्चित बफर विलयन में X^- तथा HX की समान सान्द्रता है। HX के लिए K_a 10^{-8} है। बफर का pH है

(a) 3 (b) 8

(c) 11 (d) 14

उत्तरमाला

1. (a)	2. (b)	3. (b)	4. (d)	5. (d)	6. (b)	7. (c)	8. (d)	9. (c)	10. (d)
11. (b)	12. (b)	13. (b)	14. (c)	15. (d)	16. (a)	17. (a)	18. (b)	19. (b)	20. (d)
21. (a)	22. (a)	23. (c)	24. (c)	25. (a)	26. (b)	27. (c)	28. (a)	29. (c)	30. (b)
31. (b)	32. (c)	33. (c)	34. (c)	35. (a)	36. (c)	37. (c)	38. (b)	39. (a)	40. (b)
41. (b)	42. (b)	43. (b)	44. (c)	45. (d)	46. (d)	47. (c)	48. (a)	49. (c)	50. (b)
51. (b)	52. (d)	53. (a)	54. (a)	55. (b)	56. (d)	57. (c)	58. (d)	59. (a)	60. (b)
61. (a)	62. (b)	63. (c)	64. (c)	65. (a)	66. (d)	67. (d)	68. (d)	69. (a,b,c)	70. (a, c)
71. (a)	72. (a)	73. (b)	74. (b)	75. (b)	76. (b)				

हल

1. (a) $K = \frac{\alpha^2 C}{1-\alpha}$; $\alpha = \frac{0.01}{100} = 1$ $\therefore K = \alpha^2 C = \left[\frac{0.01}{100}\right]^2 \times 1$

$= 1 \times 10^{-8}$.

2. (b) ओस्वाल्ड के तनुता नियम का गणीतिय रूप है।

3. (b) H^+ के सम आयन प्रभाव के कारण।

4. (d) $HA \rightleftharpoons H^+ + A^-$

$K = Ca^2 = 0.1 \times (10^{-4})^2 = 10^{-9}$.

5. (d) वियोजन की कोटि $\alpha = ?$

विलयन की नॉर्मलता $= 0.1\ N = \frac{1}{10}\ N$

आयतन $= 10$ लीटर

विघटन स्थिरांक, $K = 1 \times 10^{-5}$

$K = \frac{\alpha^2}{V}$; $\alpha = \sqrt{KV} = \sqrt{1\times10^{-5}\times10}$; $\alpha = 1\times10^{-2}$.

6. (b) $K_a = C\alpha^2 = 0.2\times\left(\frac{32}{100}\right)^2 = 2.048\times10^{-4}$.

7. (c)

8. (d) $CH_3COOH \rightleftharpoons CH_3COO^- + H^+$

C

$C(1-\alpha) \qquad C\alpha \qquad C\alpha$

$$K = \frac{C\alpha . C\alpha}{C(1-\alpha)} = \frac{C\alpha^2}{1-\alpha} = C\alpha^2$$

या $\quad C = \frac{K}{\alpha^2} = \frac{1.8\times10^{-5}}{(0.02)^2} = 0.045$ M.

9. (c) $\quad K = \frac{C\alpha(C\alpha + 0.01)}{C(1-\alpha)} \approx 0.01\,\alpha$

या $\quad \alpha = \frac{1.69\times10^{-5}}{0.01} = 0.169\times10^{-2}$.

10. (d) $HA \rightleftharpoons H^+ + A^-$

$K = C\alpha^2 = 0.1 \times (10^{-5})^2 = 10^{-11}$.

11. (b) $\alpha = \sqrt{\frac{K}{C}}$, $[OH^-] = C\alpha = C\sqrt{\frac{K}{C}} = \sqrt{KC}$

$= \sqrt{1.8\times10^{-5}\times0.1} = 1.34\times10^{-3}$.

12. (b) $\frac{HA_1 \text{ की प्रबलता}}{HA_2 \text{ की प्रबलता}} = \sqrt{\frac{K_{a_1}}{K_{a_2}}}$

$= \sqrt{\frac{3.0\times10^{-4}}{1.8\times10^{-5}}} = \frac{4}{1} = 4:1$.

13. (b) $AgCl \longrightarrow \underset{x}{Ag^+} + \underset{x}{Cl^-}$ के लिए

$K_{sp} = x^2$; $x = \sqrt{K_{sp}}, \sqrt{1\times10^{-6}} = 1\times10^{-3}$ मोल/लीटर

14. (c) विद्युत अपघट्य के अवक्षेपण के लिए यह आवश्यक है कि आयनिक गुणनफल विलेयता गुणनफल से अधिक है।

15. (d) CaF_2 के लिए $K_{sp} = 4s^3 = 4 \times [2 \times 10^{-4}]^3 = 3.2 \times 10^{-11}$.

16. (a) $\quad K_{sp} = 4S^3$, $\quad S^3 = \frac{4\times10^{-9}}{4} = 10^{-9}$

$\therefore \quad S = 10^{-3}$ M.

17. (a) $\quad K_{sp} = 4s^3$

$$S = \sqrt[3]{\frac{K_{sp}}{4}} = \sqrt[3]{\frac{1.0\times10^{-6}}{4}} = 6.3\times10^{-3}.$$

18. (b) इसमें दो कैटायन तथा एक ऐनायन होता है।

19. (b) $CaF_2 \rightleftharpoons \underset{(S)}{Ca^{++}} + \underset{(2S)^2}{2F^-}$; $K_{sp} = 4S^3$.

20. (d) $\underset{a}{AgCl} \rightleftharpoons \underset{a}{Ag^+} + \underset{a}{Cl^-}$

$\underset{0.02}{NaCl} \rightleftharpoons \underset{0.02}{Na^+} + \underset{0.02}{Cl^-}$

K_{sp} $AgCl = 1.20 \times 10^{-10}$

K_{sp} $AgCl = [Ag^+][Cl^-] = a \times [a + 0.2] = a^2 + 0.2a$

a^2 बहुत छोटा है, इसलिए इसे नगन्य मानने पर

K_{sp} $AgCl = 0.2a$

$1.20 \times 10^{-10} = 0.2a$

$a = \frac{1.20\times10^{-10}}{0.20} = 6 \times 10^{-10}$ मोल

21. (a) $AB_2 \rightleftharpoons \underset{1\times10^{-5}}{A^+} + \underset{2\times10^{-5}}{2B^-}$

$K_{sp} = [1 \times 10^{-5}][2 \times 10^{-5}]^2 = 4 \times 10^{-15}$.

22. (a) $\underset{S}{AgCrO_4} \longrightarrow \underset{2S}{2Ag^+} + \underset{S}{CrO_4^{--}}$

$K_{sp} = (2S)^2 S = 4S^3$

$$S = \left(\frac{K_{sp}}{4}\right)^{\frac{1}{3}} = \left(\frac{32\times10^{-12}}{4}\right)^{\frac{1}{3}} = 2\times10^{-4}\ M.$$

23. (c) द्विविद्युत अपघट्य के लिए,

$K_{sp} = S \times S = S^2$

$S = \sqrt{K_{sp}}$.

24. (c) $PbCl_2 \longrightarrow \underset{S}{Pb^{++}} + \underset{2S}{2Cl^-}$

$K_{sp} = S \times (2S)^2$

$= [6.3 \times 10^{-3}] \times [12.6 \times 10^{-3}]^2$.

25. (a) $K_{sp} = 4s^3$
$= 4 \times [2.5 \times 10^{-2}]^3$
$= 62.5 \times 10^{-6}$.

26. (b) $AgCl \rightleftharpoons [Ag^+][Cl^-]$;
$K_{sp} = S \times S = S^2$
$S = \sqrt{K_{sp}} = \sqrt{1.44 \times 10^{-4}} = 1.20 \times 10^{-2}$ M.

27. (c) $AB_2 \rightleftharpoons \underset{(S)}{A^{2+}} + \underset{(2S)^2}{2B^-}$

$K_{sp} = 4S^3$

$S = \sqrt[3]{\frac{K_{sp}}{4}} = \sqrt[3]{\frac{4 \times 10^{-12}}{4}} = 1 \times 10^{-4}$ ग्राम मोल/लीटर

28. (a) विलेयता नियतांक $= [Pb^{2+}][Cl^-]^2$.

29. (c) $AgCrO_4 \rightleftharpoons \underset{(2S)^2}{2Ag^+} + \underset{S}{CrO_4^-}$

$K_{sp} = 4S^3$ दिया है $2S = 1.5 \times 10^{-4}$
$\therefore K_{sp} = (2S)^2 \times S$

$= (1.5 \times 10^{-4})^2 \times \left(\frac{1.5 \times 10^{-4}}{2}\right)$

$= 1.6875 \times 10^{-12}$.

30. (b) जब ताप बढ़ाया जाता है, आयनिक गुणनफल का मान बढ़ जाता है।

31. (b) $BaSO_4 \rightleftharpoons Ba^{2+} + SO_4^{--}$
विलेयता नियतांक $= S \times S$
$1.5 \times 10^{-19} = S^2$;
$S = \sqrt{1.5 \times 10^{-19}}$;
$S = 3.9 \times 10^{-5}$.

32. (c) $pH = 4$ अर्थात् $[H^+] = 10^{-4}$ मोल

33. (c) 0.001 M NaoH का अर्थ है $[OH^-] = 0.001$
$= 10^{-3}$ N $\longrightarrow pOH = 3$
$pH = pOH = 14 \longrightarrow pH = 14 - 3 = 11$

34. (c) $[H^+] = 10^{-3}$ M,
$pH = -\log[10^{-3}]$, $pH = 3$.

35. (a) एक अम्लीय बफर में दुर्बल अम्ल तथा प्रबल क्षार होता है।

36. (c) जब $pH = 7$ अर्थात् उदासीन,
$pH < 7$ अर्थात् अम्लीय,
$pH >$ अर्थात् क्षारीय

37. (c) H_2SO_4 दो पदों में आयनित होता है।

38. (b) $[H^+] = 2 \times 10^{-2}$ M
$pH = -\log[2 \times 10^{-2}]$
$pH = 1.7$ अर्थात 1 व 2 के मध्य में।

39. (a) 0.1 M HCl का $pH = H_2SO_4$ दो पदों में आयनित होता है
$H_2SO_4 = H^+ + HSO_4^-$; $HSO_4^- = H^+ + SO_4^{--}$

40. (b) 0.1 NHCl के 20 मिली $= \frac{0.1}{1000} \times 20$ ग्राम तुल्यांक
$= 2 \times 10^{-3}$ ग्राम तुल्यांक

0.001 KOH के 20 मिली $= \frac{0.001}{1000} \times 20$ ग्राम तुल्यांक
$= 2 \times 10^{-5}$ ग्राम तुल्यांक

बचा हुआ अनउदासीन HCl $= 2[10^{-3} - 10^{-5}]$
$= 2 \times 10^{-3}(1 - 0.01)$
$= 2 \times 0.99 \times 10^{-3}$
$= 1.98 \times 10^{-3}$ ग्राम तुल्यांक

विलयन का आयतन = 40 मिली

$[HCl] = \frac{1.98 \times 10^{-3}}{40} \times 1000\,M = 4.95 \times 10^{-2}$

$pH = 2 - \log 4.95 = 2 - 0.7 = 1.3$.

41. (b) $Ba(OH)_2 = Ba^{2+} + 2OH^-$
एक अणु वियोजन के बाद $2OH^-$ आयन प्रदान करता है।
इसलिए, $[OH^-] = 2 \times 10^{-4}$ N
$N = M \times 2$;

$M = \frac{N}{2} = \frac{2 \times 10^{-4}}{2} = 10^{-4}$

$pOH = -\log[OH^-]$
$= -\log(1 \times 10^{-4}) = -4$
$pH + pOH = 14$;
$pH = 14 - 4 = 10$.

42. (b) जब $pH = 2$,
$[H^+] = 10^{-2}$ M

43. (b) 10^{-10} M HCl $= 10^{-10}$ M $[H^+]$
लेकिन $pH \neq 10$, क्योंकि विलयन अम्लीय है।
यह इस कारण है $H_2O\,(10^{-7}\,M)$ से प्राप्त H^+ आयन को नकारा नहीं जा सकता है।
कुल $[H^+] = 10^{-7} + 10^{-10}$
$= 10^{-7} + (1 + 10^{-3}) = 10^{-7}(1.001)$
यही कारण है $pH = 7$ (7 से थोड़ा कम है).

44. (c) 0.01 M HCl $= 10^{-2}$ M$[H^+]$, $pH = 2$.

45. (d) pH का मान जितना कम होगा विलयन उतना अम्लीय होगा।

46. (d) $pH = 5$ का अर्थ है $[H^+] = 10^{-5}$
$pOH = 14 - pH = 14 - 5 = 9$
$[OH^-] = 10^{-pOH} = 10^{-9}$

47. (c) HCl के लिए N तुल्यांक $= \frac{0.4}{1000} \times 50 = 0.02$

NaOH के लिए N तुल्यांक $= \frac{0.2}{1000} \times 50 = 0.1$

अब बचे हुए $[OH^-] = 0.1 - 0.02$

$[OH^-] = 0.08 = 8 \times 10^{-2}$ M

$pOH = -\log 8 \times 10^{-2}$ M ; $pOH = 1.0$

48. (a) $pH = 5$ का अर्थ है $[H^+] = 10^{-5}$ M.

तनुकरण करने पर $[H^+] = 10^{-5} / 100 = 10^{-7}$ M

H_2O से प्राप्त $[H^+]$ को नकारा नहीं जा सकता है।

कुल $[H^+] = 10^{-7} + 10^{-7} = 2 \times 10^{-7}$

$pH = 7 - 0.3010 = 6.6990 = 7$ (उदासीन)

49. (c) $pH = 2$; $pH = -\log [H^+]$; $2 = -\log [H^+]$

$[H+] = 10^{-2} = 0.01$ N

50. (b) $pH = -\log [H^+]$.

51. (b) $pH = 4, (H^+) = 10^{-pH} = 10^{-4}$ M

52. (d) चूँकि विलयन अम्लीय है, $pH < 7$. इसका कारण है कि H_2O $[10^{-7}$ M$]$ से प्राप्त $[H^+]$ को 10^{-10} M की तुलना में नकारा नहीं जा सकता।

53. (a) pH घट जायेगा क्योंकि $[OH^-]$ का मान इस pOH घटने के कारण बढ़ जाता है।

54. (a) क्योंकि शुद्ध पानी का pH 7 है।

55. (b) 0.01 M HCl में $[H^+]$ सान्द्रता 10^{-2} है। क्योंकि 0.01 M HCl में केवल H^+ आयन होते हैं।

$$HCl \longrightarrow H^+ + Cl^-.$$

56. (d) $\frac{N}{10}$ NaOH में $[OH^-] = 10^{-1}$ M

अर्थात् $pOH = 1$ और तब $pH + pOH = 14$

$pH = 14 - pOH = 13.$

57. (c) HCl के मिली तुल्यांक $= 5 \times \frac{1}{5} = 1$

NaOH के मिली तुल्यांक $= 10 \times \frac{1}{10} = 1$

5 ml $\frac{M}{5}$ HCl = 10 ml $\frac{M}{5}$ HCl

अतः विलयन उदासीन होगा अर्थात् $pH = 7$.

58. (d) HCl के मिली तुल्यांक $= \frac{1}{5} \times 75 = 15$

NaOH के मिली तुल्यांक $= 25 \times \frac{1}{5} = 5$

कुल तुल्यांकों की संख्या $= 15 - 5 = 10$

कुल आयतन=100

नॉर्मलता $= \frac{10}{100} = \frac{1}{10}$ $[H^+] = 10^{-1}$ M

59. (a) बफर विलयन दुर्बल अम्ल तथा इसके संयुग्मी क्षार का मिश्रण है।

60. (b) $pH = pK_a + \log\frac{[\text{लवण}]}{[\text{अम्ल}]}$; $pH = 4.75 + \log\frac{0.1}{0.1}$

$pH = 4.75 + \log 1$; $pH = 4.75$

61. (a) एक अम्लीय बफर विलयन में दुर्बल अम्ल और इसके लवण का प्रबल क्षार होता है।

62. (b) एक अम्लीय बफर विलयन में दुर्बल अम्ल तथा प्रबल क्षार के साथ इसका लवण मिलाया जाता है अर्थात्

$$CH_3COOH + CH_3COONa$$

63. (c) CH_3COONH_4 एक साधारण बफर है और दुर्बल अम्ल का लवण कहा जाता है।

64. (c) बफर विलयन बनाने के लिए प्रबल अम्लों का प्रयोग नहीं किया जाता है।

65. (a) NH_4Cl तथा NH_4OH एक बफर विलयन है। (दुर्बल क्षार तथा प्रबल अम्ल का लवण)

66. (d)

67. (d)

68. (d) बफर दुर्बल क्षार तथा इसके अम्लीय लवण का मिश्रण है।

69. (a,c)

70. (a, b, c) क्योंकि बफर विलयन दुर्बल अम्ल तथा दुर्बल क्षार और उनके लवण का मिश्रण है।

71. (a) $pOH = pK_b + \log\frac{[\text{लवण}]}{[\text{अम्ल}]}$

$$= 5 + \log\frac{0.02}{0.2} = 5 + \log\frac{1}{10} = 5 + (-1) = 4$$

$pH = 14 - pOH = 14 - 4 = 10$

72. (a) $X^- + H_2O \rightleftharpoons OH^- + HX$

$$K_b = \frac{[OH^-][HX]}{[X^-]}$$

$$HX \rightleftharpoons H^+ + X^-$$

$$K_a = \frac{[H^+][X^-]}{[HX]}$$

$\therefore$ $K_a \times K_b = [H^+][OH^-] = K_w = 10^{-14}$

अतः $K_a = 10^{-4}$

अब चूँकि $[X^-] = [HX]$, $pH = pK_a = 4$

73. (b) CH_3COONa के विलयन में अम्ल मिलाने पर अम्ल का वियोजन घट जाता है। यह सम आयन प्रभाव के कारण होता है। $[H^+]$ का घटना या pH का बढ़ना।

74. (b) [लवण] = 0.1 M, [Acid] = 0.1 M

$K_a = 1.8\times10^{-5}$; $pH = -\log K_a + \log\frac{[\text{लवण}]}{[\text{अम्ल}]}$

$= -\log 1.8\times10^{-5} + \log\frac{0.1}{0.1} = -\log 1.8\times10^{-5}$

$pH = 4.7$

75. (b) $pH = 4$

$pH + pOH = 14$; $pOH = 14 - pH$

$pOH = 14 - 4 = 10$; $[OH^-] = 10^{-10}$ M

76. (b) लवण और अम्ल की सान्द्रता समान है।

□□□

10 Chapter

रेडॉक्स अभिक्रियाएँ तथा विद्युत्-रसायन (Redox Reactions and Electro-chemistry)

सेल (Cell) :

➩ सेल दो प्रकार के होते हैं :

(1) विद्युत-अपघटनी सेल (Electrolytic Cell)

(2) गैल्वनिक अथवा वोल्टीय सेल (Galvanic or Voltaic cell)

➩ **विद्युत-अपघटनी सेल (Electrolytic Cell) :** जिन सेल में बाह्य स्रोत (external source) से विद्युत ऊर्जा देने पर रासायनिक अभिक्रिया होती है उसे विद्युत अपघटनी सेल कहते हैं। (In this cell electrical energy is converted into chemical energy)

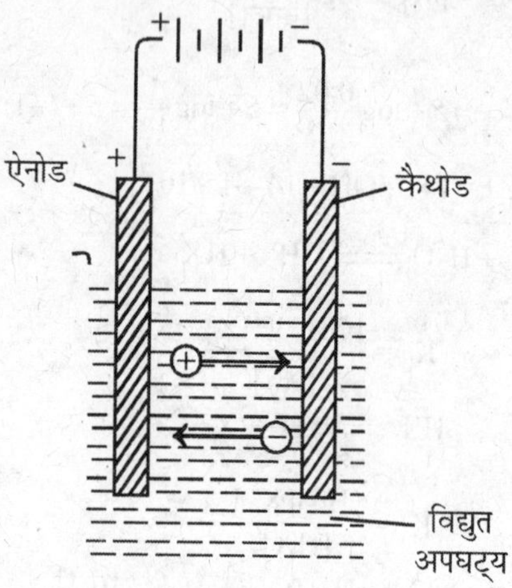

विद्युत अपघटनी सेल

- **कैथोड :** वह इलेक्ट्रोड जिस पर अपचयन होता है, उसे कैथोड कहते हैं।
- **ऐनोड :** वह इलेक्ट्रोड जिस पर ऑक्सीकरण होता है, उसे ऐनोड कहते हैं।
- विद्युत-अपघटनी सेल का ऐनोड धन ध्रुव होता है क्योंकि वह बैटरी के धन ध्रुव से जुड़ा होता है और कैथोड ऋण ध्रुव होता है क्योंकि वह बैटरी के ऋण ध्रुव से जुड़ा होता है।

➩ **गैल्वनिक अथवा वोल्टीय सेल (Galvanic or Voltaic Cell) :**

- इनमें रासायनिक ऊर्जा को विद्युत ऊर्जा में परिवर्तित करते हैं।
- **कैथोड :** इस इलेक्ट्रोड पर अपचयन होता है। गैल्वनिक सेल का कैथोड धन ध्रुव होता है।
- **ऐनोड :** इस इलेक्ट्रोड पर ऑक्सीकरण होता है। गैल्वनिक सेल का ऐनोड ऋण ध्रुव होता है।
- **डेनियल सेल (Daniel Cell) :** दो अर्ध-सेलों को एक लवण ब्रिज (salt bridge) द्वारा जोड़ने पर एक पूर्ण सेल बन जाता है। एक U आकार की नली जिसमें KCl, KNO_3 या K_2SO_4 का संतृप्त विलयन भरा रहता है, लवण ब्रिज का काम करती है। डेनियल सेल गैल्वनिक सेल का एक उदाहरण है।

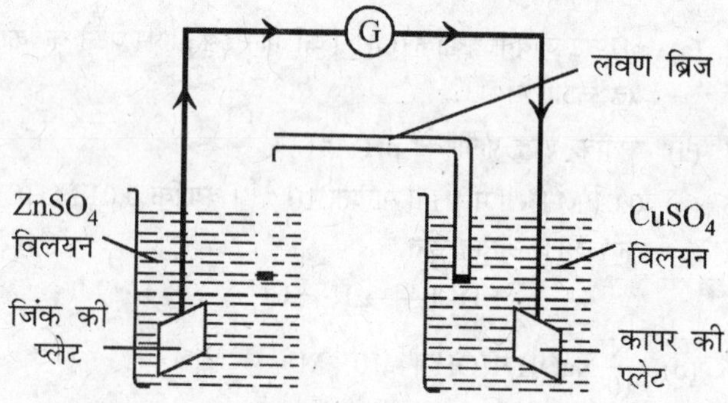

डेनियल सेल

विद्युत अपघटनी सेल तथा गैल्वनिक सेल में अन्तर :

क्र.सं.	विद्युत अपघटनी सेल	गैल्वनिक सेल
1.	इस सेल में बाह्य स्रोत से विद्युत ऊर्जा देने पर रासायनिक अभिक्रिया होती है।	इस सेल में रासायनिक ऊर्जा विद्युत ऊर्जा में बदली जाती है।
2.	इसका धन ध्रुव ऐनोड होता है।	इसका धन ध्रुव कैथोड होता है।
3.	इसका ऋण ध्रुव कैथोड होता है।	इसका ऋण ध्रुव ऐनोड होता है।
4.	लवण ब्रिज की आवश्यकता नहीं होती।	लवण ब्रिज का प्रयोग करते हैं।
5.	एक ही बर्तन में विलयन लेकर दोनों इलेक्ट्रोड डाल देते हैं।	अलग-अलग बर्तनों में विलयन लेकर एक-एक इलेक्ट्रोड डालते हैं।

प्रत्येक सेल में ऐनोड पर ऑक्सीकरण और कैथोड पर अपचयन होता है।

इलेक्ट्रोड विभव (Electrode Potential 'E') :

➩ किसी भी इलेक्ट्रोड का इलेक्ट्रोड विभव (E) निम्न कारकों पर निर्भर

करता है।

- धातु की प्रकृति
- विलयन का तापक्रम
- विलयन की मोलरता
- धातु के आयनों पर आवेश

⇨ **मानक इलेक्ट्रोड विभव (Standard electrode potential, 'E°') :**

- जब किसी धातु की छड़ को 25° पर धातु के अपने ही लवण के ऐसे विलयन जिसमें धातु के आयनों की सान्द्रता एक मोलर हो, रखा जाता है तो जो विभवान्तर उत्पन्न होता है उसे मानक इलेक्ट्रोड विभव (E°) कहते हैं।
- जर्मन भौतिक वैज्ञानिक नर्स्ट के अनुसार धातु की धड़ और विलयन के बीच दो प्रकार के दाब कार्य करते हैं –
  (i) धातु का वैद्युत विलयन दाब
  (ii) आयनों का परासरण दाब
- धातु के वैद्युत विलयन दाब के कारण धातु के परमाणु धातु को छोड़कर धनायनों के रूप में विलयन में जाने की प्रवृति रखते हैं, जिससे धातु पर ऋण आवेश आ जाता है। यह ऑक्सीकरण की क्रिया होती है।

$$M \longrightarrow M^{n+} + ne \text{ (आक्सीकरण)}$$

- आयनों के परासरण के कारण धातु के आयन विलयन को छोड़कर उदासीन परमाणु के रूप में धातु की छड़ पर जमा होने की प्रवृति रखते हैं, जिसके कारण छड पर धनावेश आ जाता है। यह अपचयन की क्रिया होती है।

$$M^{n+} + ne \longrightarrow M \text{ (अपचयन)}$$

- ये दोनों दाब प्रत्येक धातु और उसके विलयन में कार्यरत रहते हैं। जिस इलेक्ट्रोड पर धातु का वैद्युत विलयन दाब (ऑक्सीकरण) अधिक होता है वह इलेक्ट्रोड ऋणावेशित होता है। जिस इलेक्ट्रोड पर परासरण दाब (अपचयन) अधिक होता है वह इलेक्ट्रोड धनावेशित होता है।
- धनावेशित इलेक्ट्रोड के चारों ओर ऋणायनों का एक स्तर बन जाता है। इसी प्रकार ऋणावेशित इलेक्ट्रोड के चारों ओर धनायनों एक स्तर बन जाता है। इस प्रकार धातु और विलयन के बीच धनावेश और ऋणावेश के बने विद्युत द्विस्तर के कारण धातु और विलयन के मध्य विभवान्तर उत्पन्न हो जाता है।

⇨ **इलेक्ट्रोड विभव और नर्स्ट समीकरण (Electrode Potential and Nernst Equation) :**

$$E = E° + \frac{2.303\,RT}{nF}\log\frac{[\text{आक्सीकृत अवस्था}]}{[\text{अपचयित अवस्था}]}$$

इसे नर्स्ट समीकरण कहते हैं।

या
$$E = E° + \frac{2.303\,RT}{nF}\log\frac{[M^{n+}]}{[M]}$$

परन्तु ठोस की मोलर सान्द्रता एक लेते हैं,

$$\therefore E = E° + \frac{2.303\,RT}{nF}\log[M^{n+}]$$

इसे भी नर्स्ट समीकरण कहते हैं।

$$E = E° + \frac{0.059}{n}\log[M^{n+}]$$

25°C (298 K) पर

यदि $[M^{n+}] = 1,$

तब $E = E°$ $(\because \log 1 = 0)$

⇨ **किसी ठोस अधातु के लिए नर्स्ट समीकरण (Narnst equation for a solid non-metal) :** किसी अधातु जैसे I_2 के अपचयन विभव (E) का मान इस प्रकार निकालते हैं।

$$I_2\text{ (ठोस)} + 2e \rightleftharpoons 2I^-$$

नर्स्ट समीकरण है

$$E = E° + \frac{0.059}{n}\log\frac{[\text{आक्सीकृत अवस्था}]}{[\text{अपचयित अवस्था}]}$$

यदि आक्सीकृत अवस्था I_2 और अपचयित अवस्था I^-, है।

$$\therefore \quad E = E° + \frac{0.059}{2}\log\frac{[I_2]}{[I^-]^2}$$

परन्तु ठोस I_2 की मोलरता सदैव एक लेते हैं।

$$E = E° + \frac{0.059}{2}\log\frac{1}{[I^-]^2}$$ 25°C (298) पर

यदि अधातु गैस है तो उसके अपचयन विभव (E) का मान इस प्रकार निकालते हैं

$$X(s) + ne \rightleftharpoons X^{n-}$$

$$E = E° + \frac{0.059}{n}\log\frac{1}{[X^{n-}]}$$

⇨ **किसी गैसीय अधातु के लिए नर्स्ट समीकरण (Nernst equation for a gaseous non-metal) :** यदि अधातु गैस है तो अपचयन विभव (*E*) का मान इस प्रकार निकालते हैं।

माना गैस (X) अपने आयनों (X^{n-}) के साथ साम्यावस्था में है

$$X(g) + ne \rightleftharpoons X^{n-}$$

$$E = E° + \frac{0.059}{n}\log\frac{px}{[X^{n-}]}$$

जहाँ, px = गैस X का दाब

नर्स्ट समीकरण द्वारा Cl_2 का अपचयन विभव (E) इस प्रकार निकालते हैं।

$$Cl_2 + 2e \rightleftharpoons 2Cl^-$$

$$E = E° + \frac{0.059}{2}\log\frac{P_{Cl_2}}{[Cl^-]^2}$$

इन सभी समीकरणों में E व E° अपचयन विभव हैं। चूँकि मानक इलेक्ट्रोड विभव का इलेक्ट्रोड विभव शून्य है।

विद्युत रासायनिक श्रेणी (Electro-chemical Series) :

⇨ जिस अधातु का अपचयन विभव जितना अधिक होता है उस अधातु की इलेक्ट्रॉन ग्रहण करने की प्रवृति उतनी ही अधिक होती है। जो

इलेक्ट्रॉन ग्रहण करते हैं वे आक्सीकारक होते हैं। इसलिए श्रेणी में अधातुओं की ऑक्सीकारक क्षमता ऊपर से नीचे बढ़ती है।

$$F_2 > Cl_2 > Br_2 > I_2$$

E^o (वोल्ट में): +2.87 +1.36 +1.06 +0.54

- जिस धातु का मानक अपचयन विभव जितना कम होता है वह धातु उतना ही अधिक धन विद्युती, अभिक्रियाशील और अधिक प्रबल अपचायक होता है। इस प्रकार धातुओं में ये सभी गुण श्रेणी में ऊपर से नीचे घटते हैं।

$$Na > Mg > Al > Zn > Ni > Cu > Ag$$

E^o (वोल्ट में): –2.71 –2.37 –1.66 –0.76 –0.25 +0.37 +0.80

- जो पदार्थ हाइड्रोजन गैस से प्रबल अपचायक हैं उन्हें विद्युत रासायनिक श्रेणी में हाइड्रोजन गैस से ऊपर रखा गया है तथा उनके मानक अपचयन विभव का ऋण चिन्ह होता है। जैसे - Na, Mg, Zn इत्यादि पदार्थ हाइड्रोजन से प्रबल अपचायक हैं।
- जो पदार्थ हाइड्रोजन गैस से दुर्बल अपचायक हैं उन्हें विद्युत रासायनिक श्रेणी में हाइड्रोजन गैस के नीचे रखा जाता है तथा उनके मानक अपचयन विभव का धन चिन्ह होता है। जैसे - Cu, Ag, Hg इत्यादि पदार्थ हाइड्रोजन से दुर्बल अपचायक हैं।
- यदि किसी अधातु का आक्सीकारक प्रबल होता है उसका संगत दुर्बल अपचायक होता है।

  F_2 प्रबल आक्सीकारक है, इसलिए F^- दुर्बल अपचायक है।

  I_2 दुर्बल आक्सीकारक है, इसलिए F^- प्रबल अपचायक है।

  हैलोजनों की ऑक्सीकारक क्षमता: $F_2 > Cl_2 > Br_2 > I_2$

  हैलाइड आयनों की अपचायक क्षमता: $I^- > Br^- > Cl^- > F^-$
- यदि किसी धातु का अपचायक प्रबल होता है उसका संगत दुर्बल ऑक्सीकारक होता है।

  Na एक प्रबल अपचायक है और इसलिए Na^+ आयन दुर्बल ऑक्सीकारक है।

  अपचायक क्षमता: $Na > Mg > Zn > Cu > Ag$

  ऑक्सीकारक क्षमता: $Ag^+ > Cu^{++} > Zn^{++} > Mg^{++} > Na^+$

विद्युत रासायनिक श्रेणी के अनुप्रयोग (Applications of Electrochemical Series):

- **धातुओं का धन-विद्युती लक्षण (Electropositive Character of Meas):** जिस धातु का मानक अपचयन विभव (E^o) जितना कम होता है, उस धातु की जलीय विलयन में इलेक्ट्रॉन त्यागकर धनायन बनाने की प्रवृति उतनी ही अधिक होती है। अर्थात् जिस धातु का अपचयन विभव जितना कम होता है वह धातु उतना अधिक धन विद्युती होती है। विद्युत रासायनिक श्रेणी में धातुओं का धन विद्युती लक्षण ऊपर से नीचे की तरफ घटता है। इस प्रकार जो धातु श्रेणी में जितना ऊपर होता है वह उतना ही अधिक धन विद्युती होता है। धन विद्युती लक्षण के आधार पर धातुओं को तीन वर्गों में बाँटा गया है

  (a) **प्रबल धन-विद्युती धातुएँ(Highly Electropositive Metals):** Li, Na, K, Mg, Ca आदि प्रबल धन विद्युती धातुएँ हैं जिनके मानक अपचयन विभव – 2.0 V या इससे कम है। इसका स्थान श्रेणी में बहुत ऊपर होता है।

  (b) **साधारण धन-विद्युती धातुएँ (Moderately Electropositive Metals):** Al, Zn, Fe, Ni आदि साधारण धन विद्युती धातुएँ हैं। इनका मानक अपचयन ऋणात्मक होता है और – 2.0 V से अधिक होता है। श्रेणी में ये धातुएँ हाइड्रोजन और मैग्नीशियम के मध्य स्थित हैं।

  (c) **क्षीण धन-विद्युती धातुएँ(Weakly Electropositive Metals):** ये धातुएँ श्रेणी में हाइड्रोजन गैस के नीचे स्थित हैं। इनका मानक अपचयन विभव धनात्मक होता है। उदाहरणार्थ Cu, Ag, Hg आदि।

- **धातुओं की अपचयन क्षमता (Reducing Power of the Metals):** जिस धातु का मानक अपचयन विभव जितना कम होता है उस धातु की इलेक्ट्रॉन त्याग करने की प्रवृति उतनी ही अधिक होती है, अर्थात् उस धातु की अपचयन क्षमता अधिक होती है। इसलिए श्रेणी में धातुओं की अपचयन क्षमता ऊपर से नीचे की तरफ घटती है।
- **विस्थापन अभिक्रियाएँ (Displacement Reaction):**

  (a) **धातुओं का विस्थापन (Displacement of Metals):** जो धातु विद्युत रासायनिक श्रेणी में ऊपर होती है वह अपने से नीचे वाली धातुओं को उनके लवण के जलीय विलयन से विस्थापित करती है। इसका कारण यह है कि जो धातु श्रेणी में ऊपर होती है उसका मानक अपचयन विभव कम होता है, वह अधिक क्रियाशील होती है और उसकी धनायन बनाने की प्रवृति अधिक होती है।

  (b) **धातुओं द्वारा अम्लों से हाइड्रोजन का विस्थापन(Displacement of H_2 from Acids):** जो धातुयें विद्युत-रासायनिक श्रेणी में हाइड्रोजन से ऊपर हैं, वे धातुयें अम्लों से H_2 मुक्त करती हैं। Na, Mg, Zn, Al, Fe आदि धातुएँ विद्युत रासायनिक श्रेणी में हाइड्रोजन गैस में ऊपर स्थित हैं और हाइड्रोजन से अधिक क्रियाशील होने के कारण अम्लों से हाइड्रोजन को विस्थापित करती हैं। Cu, Ag, Hg आदि धातुएँ श्रेणी में H_2 से नीचे स्थित हैं और H_2 से कम क्रियाशील होने के कारण अम्लों से H_2 को विस्थापित नहीं करती हैं।

  $Zn + H_2SO_4 = ZnSO_4 + H_2$

  $Fe + 2HCl = FeCl_2 + H_2$

  $Cu + 2HCl$ = कोई अभिक्रिया नहीं होती

  $Ag + HCl$ = कोई अभिक्रिया नहीं होती

  (c) **धातुओं द्वारा जल से हाइड्रोजन का विस्थापन(Displacement of H_2 from Water):** Na, Mg, Zn, Al, Fe आदि धातुएँ जो विद्युत रासायनिक श्रेणी में H_2O से ऊपर स्थित है और जिनकी अपचयन विभव – 0.41 V से कम है, जल से H_2 मुक्त करती है। परन्तु Cu, Ag, Hg आदि धातुएँ जो श्रेणी में H_2O से नीचे हैं, जल से H_2 मुक्त करते हैं। इस प्रकार Fe और श्रेणी में इससे ऊपर के धातु जल से H_2 मुक्त करते हैं।

  Na, K, Ca आदि धातुएँ ठण्डे पानी से और Al, Zn, Fe, Mg आदि गर्म पानी से H_2 मुक्त करती हैं। इसका कारण यह है कि Na, K आदि का मानक अपचयन विभव कम है और ये अधिक क्रियाशील हैं। Mg, Al आदि का अपचयन विभव अपेक्षाकृत अधिक होने के कारण कम क्रियाशील हैं।

  (d) **अधातुओं द्वारा अधातु का विस्थापन (Displacement of non-metals):** जिस अधातु का मानक अपचयन विभव जितना

अधिक होता है वह अधातु उतनी ही अधिक क्रियाशील होती है। इस प्रकार Cl_2, KI विलयन से I_2 और KBr विलयन से Br_2 मुक्त करती है।

Br_2, KI विलयन से I_2 मुक्त करती है।

I_2, KCl या KBr विलयन से Cl_2 या Br_2 मुक्त नही कर सकती है।

धातुओं का संक्षारण (Corrosion):

⇨ लोहे पर जंग लगना, चाँदी की चमक का कम होना, कॉपर पर एक हरे रंग की पर्त का जमा होना आदि संक्षारण के उदाहरण हैं। इससे धातु का धीरे-धीरे क्षय (destruction) होता रहता है।

⇨ **लोहे पर जंग लगना (Rusting of Iron):** पानी और O_2 की उपस्थिति में लोहे पर जंग लगता है। इस क्रिया में H^+ आयन उत्प्रेरक का कार्य करते हैं। ऐसा माना जाता है कि एक स्थान पर Fe का ऑक्सीकरण Fe^{++} में हो जाता है। यह स्थान ऐनोड का कार्य करता है।

ऐनोड पर: $Fe \longrightarrow Fe^{++} + 2e$ (ऑक्सीकरण)

दूसरे स्थान पर H^+ आयन उत्प्रेरक की उपस्थिति में O_2 का अपचयन H_2O में हो जाता है। यह स्थान कैथोड का कार्य करता है।

कैथोड पर: $O_2 + 4H^+ + 4e \longrightarrow 2H_2O$ (अपचयन)

ऐनोड पर प्राप्त Fe^{++} का वायु द्वारा Fe^{3+} में ऑक्सीकरण हो जाता है।

$$4Fe^{++} + O_2 + 4H_2O \longrightarrow 2Fe_2O_3 + 8H^+$$

इस प्रकार प्राप्त H^+ आयन जंग लगने की क्रिया में उत्प्रेरक का कार्य करते हैं। जंग (rust) को प्राय: $Fe_2O_3 . xH_2O$ द्वारा प्रदर्शित करते हैं।

प्राथमिक तथा द्वितीयक सेलें (Primary and Secondary Cell)

⇨ **प्राथमिक सेल (Primary Cell):** प्राथमिक सेलों में इलेक्ट्रोड अभिक्रिया केवल एक बार उत्पन्न होती है ओर कुछ समय बाद सेल मृत हो जाती है, अर्थात् इन सेलों को पुन: आवेशित नहीं किया जा सकता।

⇨ **शुष्क अथवा लैक्लान्से सेल (Dry or Leclanche Cell):**

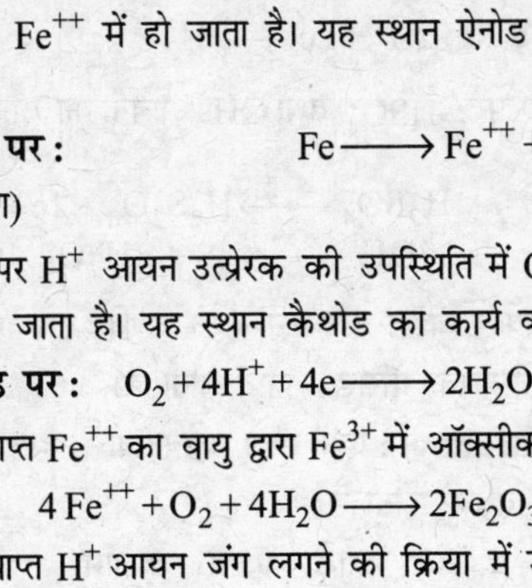

शुष्क सेल

इन सेलों में एक बेलनाकार जिंक पात्र होता है जो ऐनोड (ऋणात्मक इलेक्ट्रोड) की भांति कार्य करता है तथा एक ग्रेफाइट की छड़ होती है, जो कैथोड़ (धनात्मक इलेक्ट्रोड) की भांति कार्य करता है। इन सेलों में MnO_2, NH_4Cl तथा $ZnCl_2$ का मिश्रण विद्युत-अपघट्य की भाँति कार्य करता है। इन सेलों का जीवनकाल लम्बा नहीं है क्योंकि NH_4Cl, अम्लीय होने के कारण जिंक पात्र का क्षय करता है, चाहे सेल का उपयोग न हो रहा हो।

शुष्क सेल में इलेक्ट्रोडों पर होने वाली अभिक्रियाएँ

ऐनोड पर: $Zn(s) \rightarrow Zn^{++} + 2e$ (ऑक्सीकरण)

कैथोड पर: $MnO_2 + NH_4^+ + e \rightarrow MnO(OH) + NH_3$ (अपचयन)

MnO_2 में Mn की ऑक्सीकरण संख्या + 4 है।

तथा MnO(OH) में Mn की ऑक्सीकरण संख्या + 3 है।

इसलिए MnO_2, + 4 आक्सीकरण अवस्था से +3 आक्सीकरण अवस्था में आक्सीकृत होता है।

सेल अभिक्रिया में उत्पन्न अमोनिया गैस के रूप में बाहर नहीं निकलती है बल्कि यह तुरन्तु Zn^{++} से साथ जुड़कर जटिल आयन, $[Zn(NH_3)_4]^{++}$ बनाती है। ये सेल 1.25 V से 1.50 V उत्पन्न करता है।

⇨ **द्वितीयक सेल (Secondary Cell):**

- इन सेलों को विद्युत्-धारा प्रवाह द्वारा पुन: आवेशित किया जा सकता है। द्वितीयक सेल के उदाहरण लैड संग्राहक सेल एवं निकिल-कैडमियम सेल हैं।

  कैथोड : लैड की ग्रिड पर PbO_2 का लेप चढ़ा रहता है।
  ऐनोड : लैड की छड़ें
  विद्युत-अपघट्य : सान्द्र H_2SO_4 (38% द्रव्यमान द्वारा)

- जब सेल को प्रयोग करते हैं तब इलेक्ट्रोड पर निम्नलिखित अभिक्रिया होती है।

ऐनोड पर:

$Pb + SO_4^{--} \longrightarrow PbSO_4 + 2e^-$ (ऑक्सीक्रारक)

कैथोड पर:

$PbO_2 + SO_4^{-} + 4H^+ + 2e \rightarrow PbSO_4 + 2H_2O$ (अपचायक)

उपरोक्त अभिक्रिया से यह स्पष्ट है कि H_2SO_4 का प्रयोग बैटरी की अनावेशित स्थिति में होता है अर्थात H_2SO_4 की सान्द्रता घटती है। इस स्थिति में H_2SO_4 का घनत्व घट जाता है। तब बाह्य क्षेत्र से विद्युत ऊर्जा प्रदान करके बैटरी को पुन: आवेशित किया जाता है जिससे H_2SO_4 का निर्माण होता है और बैटरी फिर से प्रयोग में आने लगती है।

$PbSO_4 + 2e^- \longrightarrow Pb + SO_4^{--}$ प्रथम अभिक्रिया के विपरीत

$PbSO_4 + 2H_2O \longrightarrow PbO_2 + SO_4^{--} + 4H^+ + 2e$ द्वितीय अभिक्रिया के विपरीत

इस सेल का विद्युत वाहक बल 2 V होता है।

विद्युत-अपघटन (Electrolysis):

⇨ किसी विद्युत-अपघट्य के जलीय विलयन या गलित अवस्था में विद्युत धारा प्रवाहित करने पर, उसका विघटन होना विद्युत-अपघटन कहलाता है।

⇨ विद्युत अपघटन की क्रिया विद्युत अपघटनी सेल में होती है -

1. **ऐनोड पर :** ऋणायन ऐनोड पर पहुँचकर इलेक्ट्रॉन मुक्त करके ऑक्सीकृत (oxidised) हो जाते हैं।

   $B^- \longrightarrow B + e$ (ऑक्सीकरण)

2. **कैथोड पर :** धनायन कैथोड़ पर पहुँचकर बैटरी द्वारा प्रदत्त इलेक्ट्रॉन ग्रहण करके अपचयित (reduced) हो जाते हैं।

   $A^+ + e^- \longrightarrow A$ (अपचयन)

⇨ विद्युत अपघटन में उत्पान निम्नलिखित कारक पर निर्भर करते है
(i) इलेक्ट्रोड की प्रकृति
(ii) विद्युत-अपघट्य की प्रकृति
(iii) विलयन की सान्द्रता
(iv) विद्युत आवेश का प्रवाह

वैद्युत अपघटन का सिद्धान्त (Preferential discharge theory)

⇨ यदि विद्युत अपघटनी पदार्थ के विलयन में एक से ज्यादा धनायन तथा ऋणायन उपस्थित होते हैं तब एक आयन जिसका अनावेशित विभव सबसे कम होता है वही सम्बन्धित इलेक्ट्रोड की ओर सबसे पहले गति करते हैं, उदाहरणार्थ : यदि किसी विलयन में Na^+ तथा H^+ दोनों ही उपस्थित हों तब H^+ का अनावेशित विभव Na^+ से कम होने के कारण यह कैथोड पर पहुँचकर हाइड्रोजन बनाता है।

⇨ अनावेशित विभव (Discharge potential) का घटता हुआ क्रम

धनायन के लिए:

$$K^+ > Na^+ > Ca^{2+} > Mg^{2+} > Al^{3+} > Zn^{2+} > H^+ > Cu^{2+} > Hg^{2+} > Ag^+$$

यदि मरकरी को इलेक्ट्रोड के रूप में प्रयोग किया जाता है तब Na^+ का अनावेशित विभव, H^+ से कम होगा।

ऋनायन के लिए:

$$SO_4^{2-} > NO_3^- > OH^- > Cl^- > Br^- > I^-$$

⇨ **गलित सोडियम क्लोराइड का विद्युत अपघटन (Electrolysis of Molten Sodium Chloride):**

- ऐनोड (ऑक्सीकरण):

$$2Cl^-(l) \longrightarrow Cl_2(g) + 2e^-$$

- कैथोड (अपचायक):

$$2Na^+(l) + 2e^- \longrightarrow 2Na(l)$$

- सम्पूर्ण सेल अभिक्रिया :

$$2Na^+(l) + 2Cl^-(l) \longrightarrow 2Na(l) + Cl_2(g)$$

⇨ **सान्द्रित NaCl का विद्युत अपघटन:** अक्रिय इलेक्ट्रोड की उपस्थिति में (प्लेटिनम इलेक्ट्रॉड):
इस विद्युत अपघटन में :

$$NaCl \longrightarrow Na^+ + Cl^-$$
$$2H_2O \rightleftharpoons H^+ + OH^-$$

- ऐनोड पर OH^- का अनावेशित विभव, Cl^- के अनावेशित विभव से अधिक होता है। इसलिए Cl^- ऐनोड पर अपक्षेपित हो जाती है।

ऐनोड पर: $Cl^- \longrightarrow \frac{1}{2}Cl_2 + e$

- कैथोड पर H^+ का अनावेशित विभव, Na^+ के अनावेशित विभव से कम होता है। इसलिए कैथोड पर H^+ अनावेशित हो जाता है।

कैथोड पर: $2H^+ + 2e^- \longrightarrow H_2$

इस विद्युत अपघटन में Na^+ तथा OH^- विलयन में बचे रहते हैं। तथा NaOH प्राप्त होता है।

⇨ **जलीय तथा बहुत तनु NaCl विलयन का विद्युत अपघटन (Electrolysis of Aqueous NaCl Solution with Inert Electrode):**

- इस विद्युत अपघटन में ऐनोड पर ऑक्सीजन तथा कैथोड पर हाइड्रोजन पर प्राप्त होती है क्योंकि NaCl की मात्रा बहुत ही कम होती है।

ऐनोड पर: $4OH^- \longrightarrow 2H_2O + O_2 + 4e$

कैथोड पर: $2H^+ + 2e^- \longrightarrow H_2$

- 50% जलीय H_2SO_4 का कम ताप पर विद्युत अपघटन

$$H_2SO_4 \rightleftharpoons H^+ + HSO_4^-$$
$$H_2O \rightleftharpoons H^+ + OH^-$$

कैथोड पर: $2H^+ + 2e \longrightarrow H_2$

ऐनोड पर: HSO_4^- तथा OH^- आयन का आक्सीकरण होता है।

$$H_2SO_4^- \longrightarrow H_2S_2O_8 + 2e$$
$$4OH^- \longrightarrow O_2 + 2H_2O + 4e$$

इस प्रकार विद्युत अपघटन करने पर H_2, O_2 तथा $H_2S_2O_8$ (डाइ परसल्फ्यूरिक ऐसिड) प्राप्त होता है।

⇨ **फैराडे (Faraday):** एक मोल इलेक्ट्रॉनों (6.02×10^{23}) पर कुल आवेश के बराबर होता है।

1 फैराडे = 96500 कुलाम

- **विद्युत अपघटन में Silver का उत्पादन:**

$$Ag^+ + \underset{\substack{\text{1 मोल} \\ \text{1 फैराडे}}}{e} \longrightarrow \underset{\substack{\text{एक ग्राम परमाणु} \\ \text{108 ग्राम}}}{Ag}$$

108 ग्राम Ag के उत्पादन से प्राप्त आवेश = 1 फैराडे

1 ग्राम Ag के उत्पादन से प्राप्त आवेश $= \frac{1}{108}$ फैराडे

x ग्राम Ag के उत्पादन से प्राप्त आवेश $= \frac{1}{108} \times x$ फैराडे

- **ऑक्सीजन का उत्पादन :**

$$2H_2O \longrightarrow \underset{\substack{\text{1 mole} \\ \text{32 g}}}{O_2} + 4H^+ + \underset{\substack{\text{4 mole} \\ \text{4 Faraday}}}{4e}$$

22.4 लीटर O_2 के उत्पादन से प्राप्त आवेश = 4 फैराडे

1 लीटर O_2 के उत्पादन से प्राप्त आवेश $= \frac{4}{22.4}$ फैराडे

x ग्राम Ag के उत्पादन से प्राप्त आवेश $= \frac{4}{22.4} \times x$ फैराडे

वैद्युत अपघटन के नियम (Law of Electrolysis) :

⇨ **फैराडे का प्रथम नियम (Faraday's First Law of Electrolysis):** इस नियम के अनुसार, विद्युत अपघटन के फलस्वरूप किसी आयन का मुक्त द्रव्यमान, विद्युत अपघट्य विलयन में प्रवाहित विद्युत की मात्रा के समानुपाती होता है।

$$W \propto Q$$

जहाँ, W = मुक्त आयनों का द्रव्यमान,

Q = प्रवाहित विद्युत आवेश की कूलॉम में मात्रा

$$W = ZQ \quad \text{... (i)}$$

Z = नियतांक, जिसे विद्युत रासायनिक तुल्यांक (ECE) कहते हैं।

⇨ **फैराडे का द्वितीय नियम(Faraday's Second Law of Electrolysis):** इस नियम के अनुसार, जब विद्युत की समान मात्रा विभिन्न विद्युत-अपघट्यों में से प्रवाहित की जाती है, तो इलेक्ट्रोडों पर मुक्त विभिन्न आयनों के द्रव्यमान अपने रासायनिक तुल्यांकों (तुल्यांकी भारों) के समानुपाती होते हैं।

माना समान आवेश $CuSO_4$ तथा $AgNO_3$ से गुजारा जाता है, तो

$$\frac{\text{जमा हुए ताँबे का भार}}{\text{जमा हुई चाँदी का भार}} = \frac{\text{ताँबे का तुल्यांकी भार (31.8)}}{\text{चाँदी का तुल्यांकी भार (107.88)}}$$

कोलराऊश का नियम (Kohlrausch Law):

$$\lambda^{\infty}_{\text{electrolyte}} = \lambda^{\infty}_{c} + \lambda^{\infty}_{a}$$

जहाँ λ^{∞}_{c} तथा λ^{∞}_{a} धनायन तथा ऋणायन की तुल्य चालकताएँ हैं जिन्हें अंनत तनुता पर मापा गया है। इन्हें ओम$^{-1}$ सेमी^{2} तुल्यांक$^{-1}$ में व्यक्त किया जाता है।

अतः $\lambda^{\infty}_{NaCl} = \lambda^{\infty}_{Na^+} + \lambda^{\infty}_{Cl^-}$

$$\lambda^{\infty}_{BaCl_2} = \frac{1}{2}\lambda^{\infty}_{Ba^{2+}} + \frac{1}{1}\lambda^{\infty}_{Cl^-}$$

$$\lambda^{\infty}_{AlCl_3} = \frac{1}{3}\lambda^{\infty}_{Al^{3+}} + \frac{1}{1}\lambda^{\infty}_{Cl^-}$$

$$\lambda^{\infty}_{Al_2(SO_4)_3} = \frac{1}{3}\lambda^{\infty}_{Al^{3+}} + \frac{1}{2}\lambda^{\infty}_{SO_4^{2-}}$$

अतः सामान्य रूप में $\lambda^{\infty} = \frac{1}{n^+}.\lambda^{\infty}_{+} + \frac{1}{n^-}\lambda^{\infty}_{-}$

जहाँ n^+ तथा n^- प्रत्येक आयन पर आवेश है जोकि विद्युत-अपघट्य से आये हैं। अनंत तनुता पर मोलर चालकता (Λ)

$$\Lambda^{\infty}_{BaCl_2} = \Lambda^{\infty}_{Ba^{2+}} + 2\Lambda^{\infty}_{Cl^-}$$

$$\Lambda^{\infty}_{AlCl_3} = \Lambda^{\infty}_{Al^{3+}} + 3\Lambda^{\infty}_{Cl^-}$$

$$\Lambda^{\infty}_{Al_2(SO_4)_3} = 2\Lambda^{\infty}_{Al^{3+}} + 3\Lambda^{\infty}_{SO_4^{2-}}$$

स्मरणीय बिन्दु

☞ डेनियल सेल में रासायनिक अभिक्रिया के फलस्परूप मुक्त ऊर्जा में होने वाली कमी, विद्युत ऊर्जा के रूप में प्रकट होती है।

☞ लवण सेतु (Salt bridge) में KCl, KNO_3, NH_4NO_3 का प्रयोग होता है।

☞ लवण सेतु में प्रयोग होने वाले विद्युत-अपघट्यों के धनायन या ऋणायन की चाल (Speed) लगभग समान होती है।

☞ किसी वैद्युत रासायनिक सेल में वैद्युत वाहक बल

$$E^{o}_{\text{सेल}} - \frac{0.059}{n}\log K$$

☞ यदि सेल में दोनों इलेक्ट्रोड समान धातु तथा समान वैद्युत अपघट्य जिनकी सान्द्रताएँ भिन्न-भिन्न होती हैं, प्रयोग होती है। ऐसे सेल को इलेक्ट्रोड सान्द्रता सेल कहते हैं। ऐसे सेल में $E^{o}_{cell} = 0$ होता है।

$$E_{cell} = \frac{0.059}{n}\log\frac{C_2}{C_1}$$

जहाँ, C_2 = कैथोड पर वैद्युत अपघट्य की सान्द्रता, C_1 = ऐनोड पर वैद्युत अपघट्य की सान्द्रता

यदि $C_2 > C_1$, तब सेल स्वतः कार्य करेगी।

☞ चार धातुओं A, B, C, D के मानक अपचयन विभव क्रमशः + 2.87, + 0.54, + 1.36 और + 1.1 वोल्ट हैं। इन अधातुओं की अभिक्रियाशीलता और ऑक्सीकारक क्षमता का घटता क्रम

	A	>	C	>	D	>	B
E° (वोल्ट में)	+2.87		+1.36		+1.1		+0.54

नोट : जिस अधातु का मानक अपचयन विभव जितना अधिक होता है उस अधातु की अभिक्रियाशीलता, ऑक्सीकारक क्षमता और ऋण विद्युती लक्षण उतना ही अधिक होता है।

☞ जलीय NaCl का Pt इलेक्ट्रोडों की उपस्थिति में विद्युत्-अपघटन करने पर ऐनोंड पर Cl_2 तथा कैथोड पर H_2 प्राप्त होता है।

☞ यदि NaCl का बहुत तनु विलयन लिया जाये तो

ऐनोड पर $2OH^- \longrightarrow H_2O + \frac{1}{2}O_2 + 2e$

कैथोड पर $2H_3O^+ + 2e \longrightarrow 2H_2O + H_2$

☞ पदार्थों की अपचयन क्षमता :

अपचायक क्षमता ∝ इलेक्ट्रॉन खोने की प्रवृति

$$\propto E^{o}_{oxid}$$

हेलाइड आयनों की अपचायक क्षमता का क्रम

$$I^- > Br^- > Cl^- > F^-$$

☞ किसी धातु का ऑक्सीकरण विभव जितना अधिक होगा वह उतनी अधिक क्रियाशील होगी।

☞ यदि सैल के विद्युत वाहक बल का मान धनात्मक है तो सेल अभिक्रियास स्वपोषी होगी

☞ साम्य स्थिरांक (K_c) तथा मुक्त ऊर्जा परिवर्तन ΔG° में सम्बन्ध

$$-\Delta G^{o} = 2.303\, RT \log K_c$$

☞ अपचयन विभव घटने पर अपचयन शक्ति अर्थात् इलेक्ट्रॉन त्यागने की प्रवृत्ति बढ़ती है।

☞ Hg का H^+ की तुलना में उच्चतम अपचयन विभव होता है। अतः यह अम्ल में से हाइड्रोजन को विस्थापित नहीं कर पांता है।

☞ जिसके मानक अपचयन विभव का मान जितना अधिक ऋणात्मक होगा वह उतनी ही आसानी से इलेक्ट्रॉन त्यागेगा, अतः अधिक क्रियाशील होगा।

☞ आवेशन के समय बैटरी विद्युत-अपघटन सेल की भांति कार्य करती है जहाँ सीसा कैथोड़ पर जमा होता है। ऐनोड पर लेड डाइऑक्साइड बनता है तथा H_2SO_4 पुनः उत्पन्न होता है।

अभ्यास के लिए प्रश्न

A : रेडॉक्स अभिक्रियाएँ तथा रेडॉक्स अनुमापन–

1. जब $KMnO_4$ आक्सीकारक की भांति कार्य करता है तथा अंततः $[MnO_4]^{2-}$, MnO_2, Mn_2O_3 तथा Mn^{2+} बनाता है। तब प्रत्येक दशा में स्थानान्तरित इलेक्ट्रॉनों की संख्या है–

(a) 4, 3, 1, 5 (b) 1, 5, 3, 7
(c) 1, 3, 4, 5 (d) 3, 5, 7, 1

2. निम्न में से रेडॉक्स अभिक्रिया है–

(a) $NaCl + KNO_3 \longrightarrow NaNO_3 + KCl$
(b) $CaC_2O_4 + 2HCl \longrightarrow CaCl_2 + H_2C_2O_4$
(c) $Mg(OH)_2 + 2NH_4Cl \longrightarrow MgCl_2 + 2NH_4OH$
(d) $Zn + 2AgCN \longrightarrow 2Ag + Zn(CN)_2$

3. ऐनोड पर संभव अभिक्रिया है–

(a) $2Cr^{3+} + 7H_2O \longrightarrow Cr_2O_7^{2-} + 14H^+$
(b) $F_2 \longrightarrow 2F^-$
(c) $O_2 + 4H^+ \longrightarrow 2H_2O$
(d) इनमें से कोई नहीं

4. $K_4Ni(CN)_4$ में निकिल की ऑक्सीकरण अवस्था है–

(a) +1 (b) +2
(c) –1 (d) 0

5. $[Cr(NH_3)_4Cl_2]^+$ में Cr की आक्सीकरण अवस्था है–

(a) +3 (b) +2
(c) +1 (d) 0

6. निम्न में से किस अभिक्रिया में H_2SO_4 का ऑक्सीकारक व्यवहार प्रदर्शित होता है?

(a) $2PCl_5 + H_2SO_4 \longrightarrow 2POCl_3 + 2HCl + SO_2Cl_2$
(b) $2HI + H_2SO_4 \longrightarrow I_2 + SO_2 + 2H_2O$
(c) $Ca(OH)_2 + H_2SO_4 \longrightarrow CaSO_4 + 2H_2O$
(d) $NaCl + H_2SO_4 \longrightarrow NaHSO_4 + HCl$

7. H_2SO_4 की उपस्थिति में, ऑक्सैलिक अम्ल के $KMnO_4$ के साथ अनुमापन द्वारा विलयन में ऑक्सैलिक अम्ल की मात्रा ज्ञात की जा सकती है, परन्तु जब यह अनुमापन HCl की उपस्थिति में किया जाता है, तो असन्तोषजनक परिणाम आते हैं, क्योंकि HCl —

(a) आक्सैलिक अम्ल द्वारा क्लोरीन में ऑक्सीकृत हो जाता है
(b) ऑक्सैलिक अम्ल के साथ-साथ H_2 की पूर्ति करता है।
(c) परमैंगनेट को Mn^{2+} में अपचयित कर देता है
(d) ऑक्सैलिक अम्ल को कार्बन डाइऑक्साइड तथा जल में ऑक्सीकृत कर देता है।

B : विद्युत-रसायन –

8. यदि Φ मानक अपचयन विभव है, तो कौन-सा कथन सत्य है?

(a) $E°_{Cell} = \Phi_R - \Phi_L$ (b) $E°_{Cell} = \Phi_L + \Phi_R$
(c) $E°_{Cell} = \Phi_L - \Phi_R$ (d) $E°_{Cell} = -(\Phi_L + \Phi_R)$

9. बांये तथा दायें इलेक्ट्रोड़ों के अपचयन विभवों के पदों में किसी के पदों में किसी वैद्युत सेल का वि०वा० बल होगा?

(a) $E = E_{left} - E_{right}$ (b) $E = E_{left} + E_{right}$
(c) $E = E_{right} - E_{left}$ (d) $E = -[E_{right} + E_{left}]$

10. चालकता (सीसेंस, S) का मान पात्र की अनुप्रस्थ काट के क्षेत्रफल तथा सान्द्रता के अनुक्रमानुपाती तथा पात्र की लम्बाई के व्युत्क्रमानुपाती होता है, तब अनुपातिक नियतांक (proportionality constant) की इकाई होगी–

(a) सीमेंस मी० मोल$^{-1}$ (b) सीमेंस मी^{2} मोल$^{-1}$
(c) सीमेंस$^{-2}$ मी० मोल$^{-1}$ (d) सीमेंस^2 मी^{2} मोल$^{-1}$

11. दी गई सेल $Pt - H_2 \underset{P_1}{|H^+|} \underset{P_2}{H_2} - Pt$ का वि० वा० बल है–

(a) $\dfrac{RF}{F}\log\dfrac{P_1}{P_2}$ (b) $\dfrac{RF}{F2}\log e\dfrac{P_1}{P_2}$
(c) $\dfrac{RF}{F}\log e\dfrac{P_2}{P_1}$ (d) इनमें से कोई नहीं

12. Cr, Mn, Fe तथा Co लिए $E°M_{3+}/M_{2+}$ के मान क्रमशः –0.41, +1.57, + 0.77 तथा +1.97 वोल्ट हैं। इनमें में से किस धातु के लिए ऑक्सीकरण अवस्था का +2 से +3 में परिवर्तन सर्वाधिक सरल है?

(a) Co (b) Mn
(c) Fe (d) Cr

13. तीन धातुओं A, B तथा C के मानक अपचयन विभव + 0.5 वोल्ट, –3.0 वोल्ट तथा –1.2 वोल्ट हैं। धातुओं की उपचायक प्रवृत्ति का क्रम होगा–

(a) $B > C > A$ (b) $A > B > C$
(c) $C > B > A$ (d) $A > C > B$

14. एक सेल अभिक्रिया, जिसमें दो इलेक्ट्रॉनों का परिवर्तन होता है, में सेल का मानक वि०वा० बल 25°C पर 0.295 वोल्ट पाया जाता है। 25°C पर अभिक्रिया का साम्य स्थिरांक होगा–

(a) 1×10^{-10} (b) 29.5×10^{-2}
(c) 10 (d) 1×10^{10}

15. $AgNO_3$ के विलयन के वैद्युत् अपघटन में जब 96.50 कूलॉम वैद्युत धारा को विद्युत् लेपन पात्र से प्रवाहित किया जाता है, तो कैथोड़ पर जमा होने वाली सिल्वर की मात्रा होगी–

(a) 1.08 ग्राम (b) 10.8 ग्राम
(c) 21.6 ग्राम (d) 108 ग्राम

16. एक सेल में हो रहे निम्न रेडॉक्स परिवर्तन–

$$Zn_{(s)} + \underset{0.1M}{Cu_2+} \longrightarrow \underset{1M}{Zn_2} + Cu_{(s)},$$

के लिए वि०वा० बल $E°_{Cell}$ 1.10 वोल्ट है, सेल के लिए E_{Cell} का मान होगा–

(a) 1.07 वोल्ट (b) 0.82 वोल्ट
(c) 2.14 वोल्ट (d) 180 वोल्ट

17. हाइड्रोजन-ऑक्सीजन ईधन सेल में, हाइड्रोजन दहन होता है, जिसके परिणामस्वरूप निम्न परिवर्तन होता है–

(a) इलेक्ट्रोड की सतहों पर अधिशोषित ऑक्सीजन हट जाती है।
(b) दोनों इलेक्ट्रोड़ो के बीच विभवांतर उत्पन्न हो जाता है।
(c) उच्च शुद्धता वाला जल बनता है।
(d) ऊष्मा उतपन्न होती है।

18. निम्न $E°$ के मानों पर विचार करें–

$$E°_{Fe^{3+}/Fe^{2+}} = 0.77V, E°_{Sn^{2+}/Sn} = -0.14V,$$

निम्न अभिक्रिया–

$Sn_{(s)} + 2Fe^{3+}_{(aq)} \longrightarrow 2Fe^{2+}_{(aq)} + Sn^{2+}_{(aq)}$ के लिए $E°_{Cell}$ होगा–

(a) 0.63 वोल्ट (b) 1.40 वोल्ट
(c) 0.91 वोल्ट (d) 1.68 वोल्ट

19. एक वैद्युत सेल, जिसमें एक इलेक्ट्रॉन का परिवर्तन होता है, का 25°C पर मानक वि०वा० बल 0.591 वोल्ट पाया जाता है। अभिक्रिया का साम्य स्थिरांक होगा-
(a) 1.0×10^{30} (b) 1.0×10^{5}
(c) 1.0×10^{10} (d) 1.0×10^{1}

20. एक सेल में निम्न अभिक्रिया होती है-

$$Zn_{(s)} + 2^{+}_{(aq)} \longrightarrow Zn^{2+}_{(aq)} + H_{2(g)}$$

कैथोड प्रखंड में H_2SO_4 मिलाने पर निम्न प्रभाव होगा-
(a) *E* का मान बढ़ेगा एवं साम्य वामपक्ष में जायेगा।
(b) *E* का मान कम होगा तथा साम्य दक्षिण पक्ष में जायेगा।
(c) *E* का मान बढ़ जायेगा तथा साम्य दक्षिण पक्ष में जायेगा।
(d) *E* का मान कम हो जायेगा तथा साम्य वामपक्ष में जायेगा।

21. NaCl, KBr तथा KCl के लिए सीमान्त मोलर चालकताएँ Λ° क्रमशः 126, 152 तथा 150 सीमेंस सेमी^{2} मोल$^{-1}$ है। सीमेंस-सेमी^{2} मोल$^{-1}$ में NaBr के लिए Λ°. का मान है-
(a) 302 (b) 176
(c) 278 (d) 128

22. निम्न में से किसके जलीय विलयन की वैद्युत चालकता सर्वाधिक होगी-
(a) 0.1 *M* ऐसीटिक अम्ल (b) 0.1*M* क्लोरोऐसीटिक अम्ल
(c) 0.1 *M* फ्लोरोऐसीटिक अम्ल (d) 0.1*M* डाई-फ्लोरोऐसीटिक अम्ल

23. यदि CH_3COONa, NaCl तथा HCl के लिए L° क्रमशः 91.0, 126.5 तथा 426.2 सीमेंस सेमी^{2} मोल$^{-1}$ हो तो अनंत तनुता पर ऐसीटिक अम्ल की मोलर चालकता होगी-
(a) 517.2 (b) 552.7
(c) 390.7 (d) 217.5

24. ऐल्युमिनियम ऑक्साइड का 1000°C पर विद्युत-अपघटन का प्रयोग Al धातु प्राप्त करने के लिए हो सकता है। (परमापणु द्रव्यमान = 27 amu) कैथोड अभिक्रिया निम्नवत् है-

$$Al^{3+} + 3e^{-} \longrightarrow Al$$

इस विधि से 5.12 किग्रा Al तैयार करने में प्रयुक्त विद्युत् की मात्रा होगी-
(a) 5.49×10^{7} कूलॉम (b) 1.83×10^{7} कूलॉम
(c) 5.49×10^{4} कूलॉम (d) 5.49×10^{10} कूलॉम

25. 25°C पर ऑकड़े निम्न हैं-
$Ag + I^{-} \longrightarrow AgI + e^{-}$; $E° = 0.152$ कूलॉम
$Ag^{+} \longrightarrow Ag^{+} + e^{-}$; $E° = -0.800\ V$
AGI के लिए $\log K_{SP}$ का मान क्या होगा?
(2.303 RT/F = 0.059) वोल्ट)
(a) –16.13 (b) –8.12
(c) +8.612 (d) –37.83

26. 25°C पर जल में अनंत तनुता पर मोलर चालकताएँ $\Lambda°_{NaOAc}$ तथा $\Lambda°_{HCl}$ क्रमशः 90.1 तथा 426.2 *S* सेमी^{2}/मोल हैं। $\Lambda°_{HOAc}$ को ज्ञात करने के लिए किस अतिरिक्त मान की आवश्यकता होगी?
(a) $\Lambda°_{H_2O}$ (b) $\Lambda°_{KCl}$
(c) $\Lambda°_{NaOH}$ (d) $\Lambda°_{NaCl}$

27. निम्न में से किस क्षार धातु आयन की जलीय विलयन में आयनिक चालकता (ionic mobility) सर्वाधिक होगी?
(a) K^{+} (b) Rb^{+}
(c) Li^{+} (d) Na^{+}

28. 0.1M सान्द्रता वाले विद्युत्-अपघट्य के विलयन से भरी चालकता सेल का प्रतिरोध 100 Ω है। इस विलयन की चालकता 1.29 *S*/मी है। 0.2 M सान्द्रता वाले उसी विद्युत्-अपघट्य के विलयन को चालकता सेल में भरने पर प्रतिरोध 520 Ω है। विद्युत्-अपघट्य के 0.2 *M* विलयन की मोलर चालकता क्या होगी?
(a) 124×10^{-4} *S* मी^{2} मोल$^{-1}$ (b) 1240×10^{-4} *S* मी^{2} मोल$^{-1}$
(c) 1.24×10^{-4} *S* मी^{2} मोल$^{-1}$ (d) 12.4×10^{-4} S मी^{2} मोल$^{-1}$

29. सेल $Zn|Zn^{2+}(1M) \| Cu^{2+}(1M)|Cu\ (E°_{cell} = 1.10V)$ को 298 K तापमान पर पूर्णतः अनावेशित करते हैं, तो Zn^{2+} से Cu^{2+} की तुल्य सान्द्रता $\frac{[Zn^{2+}]}{[Cu^{2+}]}$ होगी।
(a) Antilog (24.08) (b) 37.3
(c) $10^{37.3}$ (d) 9.65×10^{4}

30. 25°C ताप पर, पानी में अनन्त तनुता पर दो प्रबल विद्युत्-अपघट्य की तुल्यांक चालकताएँ दी गई हैं-
$\Lambda_{CH_3COONa} = 91.05$ S सेमी^{2}/तुल्याँक
$\Lambda°_{HCl} = 426.2$ S सेमी^{2}/तुल्याँक
ऐसिटिक अम्ल के जलीय विलयन की (तुल्यांक चालकता) की गणना करने के लिए आवश्यक सूचना है-
(a) NaCl का Λ°
(b) CH_3COOK का Λ°
(c) $(\Lambda°_{H})$ H^{+} की सीमित तुल्यांक चालकता
(d) लोरो एसिटिक अम्ल ($ClCH_2COOH$) का Λ°

31. जलीय विलयन में क्लोरीन की ऑक्सीकरण क्षमता नीचे दी गई राशियों के द्वारा ज्ञात की जा सकती है-

$$\frac{1}{2}Cl_2(g) \xrightarrow{\frac{1}{2}\Delta diss\, H^{\ominus}} Cl(g) \xrightarrow{\Delta_{EA} H^{\ominus}}$$

$$Cl^{-}(g) \xrightarrow{\Delta hyd\, H^{\ominus}} Cl^{-}(aq)$$

$\frac{1}{2}Cl_2(g)$ के $Cl^{-}(aq)$ में परिवर्तन के लिए आवश्यक ऊर्जा होगी

(दिया है: $\Delta_{dis} H^{\ominus}_{Cl_2} = 240$ किलो जूल मोल$^{-1}$

$\Delta_{EA} H^{\ominus}_{Cl} = -349$ किलो जूल मोल$^{-1}$,
$\Delta_{hyd}\ H^{\ominus}_{Cl} = -381$ किलो जूल मोल$^{-1}$)
(a) +152 किलो जूल मोल$^{-1}$ (b) – 610 किलो जूल मोल$^{-1}$
(c) – 850 किलोजूल मोल$^{-1}$ (d) +120 किलो जूल मोल$^{-1}$

32. दिया है, $E°_{Cr^{3+}/Cr} + -0.72$ V, $E°_{Fe^{2+}/Fe} = -0.42$ V
$Cr|Cr^{3+}(0.1M) \| Fe^{2+}(0.01M)|Fe$
उपरोक्त सेल के लिए विभव होगा-
(a) 0.26 V (b) 0.0399 V
(c) –0.339 V (d) –0.26 V

33. $CuCl_2$ विलयन का विद्युत अपघटन करने पर कैथोड का द्रव्यमान 3.2 gm बढ़ गया। Cu इलेक्ट्रोड पर क्या हुआ–
(a) 0.56 लीटर O_2 का विमुक्तिकरण
(b) 0.112 लीटर Cl_2 का विमुक्तिकरण
(c) 0.1 मोल Cu^{2+} का विलयन में विस्थापन
(d) 0.05 मोल Cu का विलयन से विस्थापन

34. चार तत्वों A, B, C तथा D के मानक इलेक्ट्रोड विभव क्रमशः –3.05, – 1.66, – 0.40 तथा 0.80 है। कौन-सा अधिकतम अभिक्रियाशील होगा–
(a) A (b) B
(c) C (d) D

35. विद्युत रासायनिक श्रेणी में घटते हुए विद्युत धनात्मक लक्षण के अनसुार कुछ धाातुओं की स्थिति है Mg > Al > Zn > Cu > Ag। क्या होगा यदि ऐल्युमिनियम नाइट्रेट के विलयन को हिलाने के लिए कॉपर चम्मच का प्रयोग किया जाता है?
(a) चम्मच पर ऐल्युमिनियम का आवरण बन जाता है
(b) कॉपर तथा ऐल्युमिनियम की मिश्र धातु बनती है
(c) विलयन नरला हो जाता है
(d) कोई अभिक्रिया नहीं होती

36. सैल अभिक्रिया $Zn + Cu^{2+} \rightarrow Cu + Zn^{2+}$ का मानक विद्युत वाहक बल (EMF) 25°C पर 1.1 वोल्ट है। जब 0.1 MCu^{++} तथा 0.1 M Zn^{++} विलयन प्रयुक्त किये जाते हैं, तो 25°C पर सैल अभिक्रिया का EMF होगा–
(a) 1.10 V (b) 0.10 V
(c) – 1.10 V (d) – 0.110 V

37. 0.1 M H_2SO_4 विलयन से 2.24 लीटर हाइड्रोजन NTP पर मुक्त करने वे लिये आवश्यक विद्युत की मात्रा 0.2 M $CuSO_4$ विलयन में प्रवाहित की गई कैथोड पर निक्षेपित कॉपर की मात्रा क्या है–
(Cu का परमाणु भार = 635)
(a) 6.35 gm (b) 12.70 gm
(c) 3.18 gm (d) 1.59 gm

38. अभिक्रिया $\underset{(0.1M)}{Fe^{3+}} + e \rightarrow \underset{(1.0M)}{Fe^{2+}}$ के लिये विभव E का मान क्या होगा। यदि $E° = 0.771V$ है–
(a) 0.712 V (b) 0.771 V
(c) 0.83 V (d) 0.653 V

39. अर्धसैलों $Mg^{++}|Mg$ तथा $Cl_2|Cl^-$ के $E°_{red}$ क्रमशः – 2.36 V तथा + 1.36 V हैं। सैल $Mg|Mg^{++}||Cl_2|Cl^-$ का E° होगा–
(a) 3.72 V (b) 1.0 V
(c) 0.18 V (d) 2.64 V

40. दिया है $Al|Al^{3+}, E° = +1.66$ तथा $Cr|Cr^{3+}, E° = +0.74$ V गैल्वेनिक सैल का e.m.f. क्या होगा–

$$Al_{(s)}|Al^{3+}_{(aq)}(\cdot 1M)||Cr^{3+}_{(aq)}(0.1M)|Cr_{(s)}$$

(a) 0.92 V (b) 2.4 V
(c) 1.2 V (d) 0.80 V

41. चार विद्युत अपघट्यों P, Q, R तथा S की ओम$^{-1}$ सेमी$^{-1}$ में विशिष्ट चालकताएँ क्रमशः 5×10^{-5}, 1×10^{-10}, 7×10^{-8} तथा 9.2×10^{-3} है। विद्युत धारा के चालन में अधिकतम प्रतिरोध उत्पन्न करेगा–
(a) P (b) S
(c) R (d) Q

42. दिये हैं
$Fe^{3+} + e^- \rightarrow Fe^{2+}, E° = 0.771$ V
$I_2 + 2e^- \rightarrow 2I^-, E° = 0.536$ V
अभिक्रिया $2Fe^{3+} + 2I^- \rightarrow 2Fe^{2+} + I_2$ का $E°_{cell}$ होगा–
(a) $(2 \times 0.771 - 0.536) = 1.006$ V
(b) $(0.771 - 0.5 \times 0.536) = 0.503$ V
(c) $0.771 - 0.536 = 0.235$ V
(d) $0.536 - 0.771$ V $= -0.235$ V

43. किसी सैल में, जिसका मानक वि० वा० बल 1.02 वोल्ट है, होने वाली अभिक्रिया

$$\frac{1}{2}Cu(s) + \frac{1}{2}Cl_2(g) \rightleftarrows \frac{1}{2}Cu^{2+} + Cl^-$$

(25° से० पर) के मानक मुक्त ऊर्जा परिवर्तन की गणना कीजिये–
(a) – 98430 जूल (b) 98430 जूल
(c) – 96500 जूल (d) – 49215 जूल

44. $Fe^{2+}|Fe$ तथा $Sn^{2+}|Sn$ इलेक्ट्रोडों के मानक अपचयन विभव क्रमशः – 0.44 तथा – 0.14 वोल्ट हैं। सैल अभिक्रिया $Fe^{2+} + Sn \rightarrow Fe + Sn^{2+}$ के लिए मानक emf है–
(a) + 0.30 V (b) – 0.58 V
(c) + 0.58 V (d) – 0.30 V

45. नीचे इलेक्ट्रोड विभव आंकड़ें दिये गये हैं–

$$Fe^{3+}_{(aq)} + e^- \longrightarrow Fe^{2+}{}_{(aq)}; E° = +0.77V$$

$$Al^{3+}{}_{(aq)} + 3e^- \longrightarrow Al_{(s)} : E° = -1.66V$$

$$Br_{2(aq)} + 2e^- \longrightarrow 2Br^-{}_{(aq)}; E° = +1.08V$$

उपरोक्त आंकड़ों के आधार पर Fe^{2+}, Al तथा Br^- की अपचायक क्षमता का बढ़ता हुआ क्रम है–
(a) $Br^- < Fe^{2+} < Al$ (b) $Fe^{2+} < Al < Br^-$
(c) $Al < Br^- < Fe^{2+}$ (d) $Al < Fe^{2+} < Br^-$

उत्तरमाला

1. (c)	**2.** (d)	**3.** (a)	**4.** (d)	**5.** (a)	**6.** (b)	**7.** (c)	**8.** (a)	**9.** (c)	**10.** (b)
11. (b)	**12.** (d)	**13.** (a)	**14.** (d)	**15.** (b)	**16.** (a)	**17.** (b)	**18.** (c)	**19.** (c)	**20.** (c)
21. (d)	**22.** (d)	**23.** (c)	**24.** (a)	**25.** (a)	**26.** (d)	**27.** (d)	**28.** (a)	**29.** (c)	**30.** (a)
31. (b)	**32.** (a)	**33.** (d)	**34.** (a)	**35.** (d)	**36.** (a)	**37.** (a)	**38.** (a)	**39.** (a)	**40.** (a)
41. (d)	**42.** (c)	**43.** (a)	**44.** (d)	**45.** (a)					

हल

1. (c) $Mn^{7+} + e \longrightarrow Mn^{6+}$
$Mn^{7+}\ 3e \longrightarrow Mn^{4+}$
$2Mn^{7+} \xrightarrow{+8e} (Mn^{3+})_2$
$Mn^{7+} + 5e \longrightarrow Mn^{2+}$

2. (d) $Zn \longrightarrow Zn^{2+} + 2e$
$Ag^+ + e \longrightarrow Ag$

3. (a) एनोड पर ऑक्सीकरण होता है।

4. (d) $4 \times 1 + a + 4 \times (-1) = 0;$
$\therefore\ a = 0$

5. (a) माना Cr की ऑक्सीकरण संख्या a है।
$$a + 4 \times 0 + 2 \times (-1) = +1$$
$$a = +3$$

6. (b) $2e + S^{6+} \longrightarrow S^{4+}$
$2I^- \longrightarrow I_2 + 2e$

7. (c) HCl ऑक्सलिक अम्ल की अपेक्षा एक अच्छा अपचायक है तथा MnO_4^{2-} को Mn^{2+} में अपचयित कर देता है। इसी कारण H_2SO_4 के स्थान पर HCl का प्रयोग करने पर असन्तोषजनक परिणाम आते हैं।

8. (a) $E^\circ_{cell} = E^\circ_{OP_1} + E^\circ_{RP_R} = -\Phi_1 + \Phi_R$

9. (c) $E_{cell} = E_{OP_1} + E_{RP_R}$
$E_{cell} = -E_{RP_1} + E_{RP_R}$

10. (b) $c \propto a$ तथा $c \propto$ मोलरता $\propto \frac{1}{l}$
$$c \propto \frac{a}{l} \times \text{मोलरता} = K \times \frac{a}{l} \times \text{मोलरता}$$
$$\therefore K \text{ का मात्रक} = S \times \frac{m}{m^2} \times \frac{(m^3)}{\text{मोल}}$$
$$= S\, m^2\, \text{मोल}^{-1}$$

11. (b) $H_2 \longrightarrow 2H^+ + 2e$
P_1
$2H^+ + 2e \longrightarrow H_2$
P_2
$$E_{cell} = E^\circ_{OP_H} + E^\circ_{RP_H} \frac{RT}{2F} \log_e \frac{[P_{H_2}]_1}{[P_{H_2}]_2}$$
$$= \frac{RT}{2F} \log_e \frac{P_1}{P_2}$$

12. (d) E°_{RP} का मान जितना अधिक होगा उसकी अपचयित होने की प्रवृत्ति उतनी ही अधिक होगी अथवा ऑक्सीकृत होने की प्रवृत्ति उतनी ही कम होगी। $E^\circ_{RPCr^{3+}/Cr^{2+}}$ का मान सबसे कम है अथवा $E^\circ_{OPCr^{2+}/Cr^{3+}}$ का मान सबसे अधिक हैं।

13. (a) E°_{RP} का मान जिना अधिक होगा, ऑक्सीकारक क्षमता उतनी ही अधिक होगी अथवा अपचायक क्षमता उतनी ही कम होगी।

14. (d) $E^\circ_{cell} = \frac{0.059}{n} \log K_c$
$$0.295 = \frac{0.059}{2} \log K_c$$
$$K_c = 1 \times 10^{10}$$

15. (b) $w = \frac{E.Q.}{96500} = \frac{108 \times 9650}{96500} = 10.8$ ग्राम

16. (a) $E = E^\circ_{cell} + \frac{0.059}{2} \log \frac{[Cu^{2+}]}{[Zn^{2+}]}$
$$= 1.10 + \frac{0.059}{2} \log \frac{0.1}{1}$$
$$= 1.07 \text{ वोल्ट}$$

17. (b) $2H_2 + 4OH^-_{(aq)} \longrightarrow 4H_2O_{(l)} + 4e$
$O_{2(g)} + 2H_2O_{(l)} + 4e \longrightarrow 4OH^-_{(aq)}$
$2H_2 + O_{2(g)} \longrightarrow 2H_2O_{(l)}$
$E^\circ_{cell} =$ धनात्मक
ईंधन सेल में रासायनिक ऊर्जा का विद्युत् ऊर्जा में सीधा परिवर्तन होता है।

18. (c) $E^\circ_{cell} = E^\circ_{OP\,Sn/Sn^{2+}} + E^\circ_{RPFe^{3+}/Fe^{2+}}$
$$= 0.14 + 0.77 = 0.91 \text{ वोल्ट}$$

19. (c) $E^\circ_{cell} = \frac{0.059}{1} \log K_c$
$$0.591 = \frac{0.059}{1} \log K_c$$
$$\therefore \quad K_c = 1 \times 10^{10}$$

20. (c) $E_{cell} = E^\circ_{cell} + \frac{0.059}{1} \log \frac{[H^+]^2}{P_{H_2} \times [Zn^{2+}]}$

H_2SO_4 मिलाने पर $[H^+]$ आयनों की सान्द्रता बढ़ जाती है तथा इस प्रकार E_{cell} का मान बढ़ेगा तथा साम्य दाईं तथा प्रतिस्थापित हो जाता है।

21. (d) $\Lambda^\circ_{NaBr} = \Lambda^\circ_{NaCl} + \Lambda^\circ_{KBr} - \Lambda^\circ_{KCl}$
$$= 126 + 152 - 150$$
$$= 128 \text{ सीमेंस–समी}^2 \text{ मोल}^{-1}$$

22. (d) फ्लोरीन परमाणुओं की अधिक विद्युत्-ऋणता के कारण डाइफ्लोरो-ऐसीटिक अम्ल एक प्रबल अम्ल है।

23. (c) $\Lambda^\circ_{CH_3COOH} = \Lambda^\circ_{CH_3COONa} + \Lambda^\circ_{HCl} - \Lambda^\circ_{NaCl}$
$$= 91.0 + 426.2 - 126.5$$
$$= 390.7 \text{ सीमेंस–सेमी}^2 \text{ मोल}^{-1}$$

24. (a) $w = \frac{E.Q.}{96500}$

$$5.12\times10^3=\frac{27\times Q}{3\times96500}$$

$\therefore$ $Q=5.49\times10^7$ कूलॉम

25. (a) $E^\circ_{I^-/AgI/Ag}=E^\circ_{Ag^+/Ag}+\frac{0.059}{1}\log K_{SPAgI}$

$$-0.152=0.8+\frac{0.059}{1}\log K_{SPAgI}$$

$\log\ K_{SPAgI}=16.13$

26. (d) कोलराउश नियम के अनुसार,

$$\Lambda^\circ_{CH_3COOH}=\Lambda^\circ_{CH_3COONa}+\Lambda^\circ_{HCl}-\Lambda^\circ_{NaCl}$$

27. (d) जलीय आयन का आकार है-

$$Li^+_{(aq)}>Na^+_{(aq)}>K^+_{(aq)}>Rb^+_{(aq)}$$

आकार बढ़ने पर चालकता घटती है।

28. (a) $C=0.1\,M$ पर $R=100$ ओम,

$$\kappa=1.29\text{ ओम}^{-1}\text{मी}^{-1},\because\ \kappa=\frac{1}{R}\times\frac{l}{a}$$

$\therefore$ $\frac{l}{a}=\kappa$ $\quad R=1.29\times100=129$ मी$^{-1}$

$C=0.02\,M$ पर $\quad R=520$ ओम

$$\kappa=\frac{1}{R}\times\frac{l}{a}=\frac{1}{520}\times129=0.248\text{ ओम}^{-1}\text{मी}^{-1}$$

κ तनुता के साथ घटता है।

$\therefore$ $C=0.02$ तथा 0.2 नहीं

अत: $\Lambda=\kappa\times\frac{1}{M(\text{मोल/ली में})}$

$$=\kappa\times\frac{1}{M\times10^3(\text{मोल/ली}^3)}=\frac{0.248\times1}{0.02\times10^3}$$

$$=12.4\times10^{-3}\,S\text{ मी}^2\text{/मोल}$$

$$=124\times10^{-4}\,S\text{ मी}^2\text{/मोल}$$

29. (c) हम जानते हैं,

$$E_{\text{सेल}}=E^\circ_{\text{सेल}}-\frac{0.0591}{n}\log K_Q$$

जहाँ $E_Q=\frac{[Zn^{2+}]}{[Cu^{2+}]}$

पूर्ण अनावेशित के लिए $E_{\text{सेल}}=0$

$\therefore$ $E^\circ_{\text{सेल}}=\frac{0.0591}{2}\log\frac{[Zn^{2+}]}{[Cu^{2+}]}$

$\therefore$ $\frac{[Zn^{2+}]}{[Cu^{2+}]}=10^{37.3}$

30. (a) कोलराउश नियम के अनुसार

$$\Lambda^\circ_{CH_3COOH}=\Lambda^\circ_{CH_3COONa}+\Lambda^\circ_{HCl}-\Lambda^\circ_{NaCl}$$

31. (b) $\frac{1}{2}Cl_2(g)\longrightarrow Cl^-(aq),\qquad \Delta H=?$

$$\Delta H=\frac{1}{2}\Delta H_{diss}(Cl_2)+\Delta H_{eq}Cl+\Delta H_{hyd}(Cl^-)$$

$$=\frac{240}{2}+(-342)+(-381)$$

$$=-610\text{ किलो जूल मोल}^{-1}$$

32. (a) $Cr|Cr^{3+}(0.1\,M)\,||\,Fe^{2+}(0.01\,M)\,|\,Fe$

ऑक्सीकरण अर्द्ध सेल

$$[Cr\longrightarrow Cr^{3+}+3e^-]\times2$$

अपचयन अर्द्ध सेल

$$[Fe^{2+}+2e^-\longrightarrow Fe]\times3$$

पूर्ण सेल अभिक्रिया

$$2Cr+3Fe^{2+}\longrightarrow2Cr^{3+}+3Fe\qquad n=6$$

$$E_{\text{सेल}}=E^\circ_{\text{सेल}}-\frac{0.0591}{n}\log\frac{[Cr^{3+}]^2}{[Fe^{2+}]^3}$$

$$=(-0.42+0.72)-\frac{0.0591}{n}\log\frac{[0.1]^2}{[0.01]^3}$$

$$=0.30-\frac{0.0591}{6}\log\frac{10^{-2}}{10^{-6}}$$

$$=0.30-\frac{0.0591}{6}\log10^4$$

$$E_{\text{सेल}}=0.2606\text{ V}$$

33. (d) मोल संख्या $=\frac{\text{ग्राम भार}}{\text{परमाणु भार}}$

$$=\frac{3.2}{63.5}\approx0.05\text{ मोल}$$

34. (a) तत्व 'A' का मानक अपचयन विभव (-3.05 V) सबसे कम है, अर्थात् इसका मानक ऑक्सीकरण विभव अधिकतम है जिसके फलस्वरूप इसकी क्रियाशीलता अधिकतम होगी।

35. (d) कोई अभिक्रिया नहीं होगी, क्योंकि Cu द्वारा Al का विस्थापन नहीं होता।

36. (a) $\because Cu^{2+}$ एवं Zn^{2+} विलयनों की सान्द्रताएँ समान हैं।

37. (a) $\underset{(2F)}{2H^++2e^-}\longrightarrow\underset{(22.4\,\text{Litre})}{H_2(g)}$

$\because$ 22.4 लीटर हाइड्रोजन हेतु आवश्यक है 2F

$\therefore$ 2.24 लीटर H_2 हेतु आवश्यक है $\frac{2\times2.24}{22.4}=0.2F$

$CuSO_4$ में Cu की संयोजकता $=+2$

$$Cu^{2+}+\underset{(2F)}{2e^-}\longrightarrow\underset{63.5g}{Cu}$$

$\because$ 2F द्वारा मुक्त $\qquad Cu=63.5$ g

$\therefore$ 0.2F द्वारा मुक्त $\qquad Cu=\frac{63.5\times0.2}{2}=6.35$g

38. (a) नर्न्स्ट समीकरण से –

$$E_{red}=E^\circ_{red.}\ \frac{0.0591}{n}\log\left[\frac{\text{ऑक्सीकृत अवस्था}}{\text{अपचयित अवस्था}}\right]$$

$$=0.771+\frac{0.0591}{1}\log\frac{0.1}{1.0}$$

$(\because \log 10 = 1)$

$\therefore \quad E = 0.771 - 0.0591$

$= 0.7119\ V$ (लगभग 0.712 V)

39. (a) $E^o_{cell} = E^o_{cathode} - E^o_{anode}$

$= 1.36 - (-2.36)$

$= 3.72\ V$

40. (a) Al एनोड व Cr कैथोड होंगे। दोनों के ऑक्सीकरण विभव दिये गये हैं।

$E^o_{cell} = E^o_{anode} - E^o_{cathode}$

$= 1.66\ V - 0.74\ V$

$= 0.92\ V$

41. (d) प्रतिरोध $\propto \frac{1}{\text{चालकता}}$, अतः जिस विद्युत अपघट्य की विशिष्ट चालकता निम्नतम होगी उसके द्वारा धारा चालन में उत्पन्न प्रतिरोध अधिकतम होगा।

42. (c) ∵ आयरन कैथोड जबकि आयोडीन ऐनोड बनायेगा।

$\therefore \quad E^o_{cell} = 0.771 - 0.536$

$= 0.235\ V$

43. (a) $n = 1$

$\Delta G^o = -nFE^o_{cell}$

$= -1 \times 96500 \times 1.02$

$= -98430\ J$

44. (d) Fe कैथोड एवं Sn ऐनोड होगा।

$E^o_{cell} = E^o_{cathode} - E^o_{anode}$

$= -0.44 - (-0.14) = -0.30\ V$

45. (a) मानक अपचयन विभव के मान में वृद्धि के साथ अपचायक क्षमता घटती है।

$-1.66\ V < +0.77\ V < +1.08\ V$

अपचायक क्षमता का क्रम –

$Al > Fe^{2+} > Br^-$

□□□

Chapter 11

रासायनिक बलगतिकी (Chemical Kinetics)

द्रव्य अनुपाती क्रिया का नियम (Law of Mass Action)

यह नियम अभिकारक की सान्द्रता तथा अभिक्रिया वेग के बीच सम्बन्ध को काल्पनिक रूप से बताता है।

दर जिस पर पदार्थ अभिक्रिया करता है, उसके सक्रिय द्रव्यमान के समानुपाती होती है एवं दर जिस पर अभिक्रिया आगे बढ़ती है।

अभिक्रिया, $aA + bB \longrightarrow$ उत्पाद के लिये

$$\text{दर} = \left(\frac{dx}{dt}\right) \propto [A]^a [B]^b;$$

$$\left(\frac{dx}{dt}\right) = k[A]^a [B]^b$$

जहाँ k दर नियतांक या वेग नियतांक कहलाता है।

जब $[A] = [B] = 1$ मोल/लीटर, तब $\frac{dx}{dt} = k$

अभिक्रिया कोटि (Order of a Reaction)

किसी अभिक्रिया में अभिकारक अणुओं की वह संख्या जो अभिक्रिया का वेग नियम लिखने में प्रयुक्त होती है या अभिक्रिया के वेग को प्रभावित करती है, उस अभिक्रिया की कोटि कहलाती है।

यदि अभिक्रिया, $aA + bB \longrightarrow cC + dD$ के लिए अभिक्रिया का वेग अभिकारकों A तथा B की सान्द्रताओं के क्रमशः x_1 तथा x_2 घातांकों के ऊपर निर्भर करता हो, तब वेग नियम–

$$aA + bB + cC \longrightarrow \text{Producuts}$$

माना प्रयोगात्मक रूप से वेग नियम को इस प्रकार लिखा जाता है,

$$\text{वेग} = k[A]^p [B]^q [C]^r$$

अभिक्रिया की सम्पूर्ण अभिक्रिया कोटि $= p + q + r$

Note

निम्न अभिक्रिया में,

$$P + Q \longrightarrow R$$

यदि P तथा Q की सान्द्रता दुगुनी की जाती है तब अभिक्रिया वेग 8 गुना बढ़ जाता है। अत:

$$(2)^{x+y} \longrightarrow 8$$

$$x + y = 3$$

इस अभिक्रिया की सम्पूर्ण कोटि 3.

अभिक्रिया कोटि एक प्रयोगात्मक है अर्थात् इसका निर्धारण प्रयोग के आधार पर किया जाता है। हम किसी भी अभिक्रिया को देखकर अभिक्रिया कोटि नहीं बता सकते न ही अभिक्रिया कोटि का सम्बन्ध एक सन्तुलित अभिक्रिया से होता है।

अभिक्रिया कोटि का मान शून्य, भिन्नात्मक संख्या में, ऋणात्मक संख्या में या एक पूर्ण संख्या में हो सकता है।

निम्नलिखित अभिक्रिया को प्रयोग द्वारा देखते हैं,

$$2NO(g) + O_2(g) \longrightarrow 2NO_2(g)$$

यदि अभिक्रिया का वेग नियम प्रयोग के आधार पर निम्न तरीके से लिखा जाता है,

$$\text{Rate} = k[NO]^2 [O_2]^1$$

इस वेग नियम से स्पष्ट होता है कि जब O_2 की सान्द्रता स्थिर रखकर NO की सान्द्रता बढ़ाते है, तो अभिक्रिया वेग सदैव 2 घात में बढ़ता है अर्थात् NO की सान्द्रता 4 गुना की जाती है तब अभिक्रिया वेग 16 गुना हो जाता है, किन्तु जब NO की सान्द्रता को स्थिर रखकर O_2 की सान्द्रता बढ़ाते है। तो अभिक्रिया वेग सान्द्रता की 1 की घात में बढ़ता है, अर्थात् जब हम सान्द्रता 10 गुनी करते है तो अभिक्रिया वेग भी 10 गुना बढ़ जाता है, किन्तु जब अभिक्रिया में दोनों अभिकराकों की सान्द्रता को 3 गुना करते हैं, तब अभिक्रिया वेग 27 गुना बढ़ जाता है, क्योंकि सम्पूर्ण अभिक्रिया कोटि 3 होती है।

उदाहरण: अभिक्रिया $A + B \longrightarrow D$, में प्रयोग द्वारा ज्ञात हुआ A की सान्द्रता को दुगुना करने पर अभिक्रिया वेग दुगुना हो जाता है तथा B की सान्द्रता को दुगुना करने पर अभिक्रिया वेग चार गुना हो जाता है, तब वेग नियम तथा अभिक्रिया कोटि ज्ञात कीजिए।

प्रथम कोटि की अभिक्रिया (First order Reactions)

जिस अभिक्रिया का वेग अभिकारक की सान्द्रता की प्रथम घात के समानुपाती होता है, प्रथम कोटि की अभिक्रिया कहलाती है। प्रथम कोटि की अभिक्रिया वेग अभिकारक की सान्द्रता के समानुपाती होता है।

वेग नियम के अनुसार; वेग $= k[A]$

वेग नियतांक का मात्रक समय$^{-1}$, *i.e.*, s^{-1} or m^{-1} or hour^{-1}.

प्रथम कोटि की अभिक्रिया के लिए गतिज समीकरण (Rate Equation for a First Order Reaction)

माना एक प्रथम कोटि की अभिक्रिया $A \longrightarrow$ उत्पाद में

A की प्रारम्भिक सान्द्रता $[A]_0$ है तथा एक निश्चित समय के पश्चात् सान्द्रता $[A]$ हो जाती है, तब

$$k = \frac{2.303}{t} \log_{10} \frac{[A]_0}{[A]}$$

$[A]_0 = a \text{ mol L}^{-1}$ तथा $[A] = (a - x) \text{ mol L}^{-1}$

$$k = \frac{2.303}{t}\log_{10}\frac{a}{a-x}$$

प्रथम कोटि अभिक्रिया के लिए अर्द्ध-आयुकाल (Half Life of a First Order Reaction)

प्रथम कोटि की अभिक्रिया पूर्ण होने में अनन्त (infinite) समय लगता है अर्थात् ये कभी पूर्ण नहीं होती है। अर्द्ध-आयु काल– प्रथम कोटि की अभिक्रिया का अर्द्ध-आयुकाल ($t_{1/2}$) या किसी भी भाग को पूरा होने में लगा समय ($t_{1/n}$; n वें भाग को पूरा होने में लगा समय) अभिकारक की प्रारम्भिक मात्रा पर निर्भर नहीं करता, अर्थात् अभिक्रिया के एक निश्चित भाग को पूरा होने में सदैव निश्चित समय लगता है।

$$t_{1/2} \propto [a]^0 \quad \text{या} \quad t_{1/n} \propto [a]^0$$

$$t_{1/2} \propto \text{स्थिरांक}$$

माना किसी अभिया (प्रथम कोटि) के लिए $t = t_{1/2}$ तब $a - x = \frac{a}{2}$

$\therefore$ समीकरण $t = \frac{2.303}{K}\log_{10}\frac{a}{(a-x)}$ से,

$$t_{1/2} = \frac{2.303}{K}\log_{10}\frac{a}{a/2},$$

$$t_{1/2} = \frac{2.303}{K}\log_{10}2$$

$$\therefore \quad t_{1/2} = \frac{2.303 \times 0.3010}{K} = \frac{0.693}{K}$$

उदाहरण: प्रथम कोटि अभिक्रिया के लिए, 93.75 % पूर्ण होने में लगे समय तथा अर्द्ध-आयुकाल में सम्बन्ध।

हल: प्रथम कोटि की अभिक्रिया के लिए,

$$k = \frac{2.303}{t}\log\frac{a}{a-x}$$

50% अभिक्रिया पूर्ण होने के लिए,

$$a = 100; \quad a - x = 50$$

$$k = \frac{2.303}{t_{50\%}}\log\frac{100}{50} = \frac{0.693}{t_{93.75\%}}$$

...(i)

93.75 % अभिक्रिया पूर्ण होने के लिए,

$a = 100$; $x = 93.75\%$; $a - x = 100 - 93.75 = 6.25$

$$k = \frac{2.303}{t_{93.75\%}}\log\frac{100}{6.25} = \frac{2.303}{t_{93.75\%}}\log$$

$$= \frac{2.303 \times 4}{t_{93.75\%}}\log \times 2 = \frac{0.693 \times 4}{t_{93.75\%}}$$

...(ii)

समीकरण (i) तथा (ii) से,

$$\frac{0.693}{t_{1/2}} = \frac{0.693 \times 4}{t_{93.75\%}}$$

$$t_{93.75\%} = \mathbf{4 \times t_{1/2}}$$

उदाहरण: प्रथम कोटि अभिक्रिया के लिए, 90 % पूर्ण होने में लगे समय तथा अर्द्ध-आयुकाल में सम्बन्ध।

हल: प्रथम कोटि की अभिक्रिया के लिए,

$$k = \frac{2.303}{t}\log\frac{a}{a-x}$$

50% अभिक्रिया पूर्ण होने के लिए, $a = 100$; $a - x = 50$

$$k = \frac{2.303}{t_{50\%}}\log\frac{100}{50} = \frac{0.693}{t_{90\%}}.$$

...(i)

90 % अभिक्रिया पूर्ण होने के लिए,

$a = 100$; $x = 90\%$; $a - x = 100 - 90 = 10$

$$k = \frac{2.303}{t_{90\%}}\log\frac{100}{10} = \frac{2.303}{t_{90\%}}$$

...(ii)

समीकरण (i) तथा (ii) से,

$$\frac{0.693}{t_{1/2}} = \frac{2.303}{t_{90\%}}$$

$$t_{90\%} = \frac{2.303}{0.693} \times t_{1/2} = \mathbf{3.32 \times t_{1/2}}$$

उदाहरण: प्रथम कोटि अभिक्रिया के लिए, $t_{99\,\%}$ पूर्ण होने में लगे समय तथा अर्द्ध-आयुकाल में सम्बन्ध।

हल: प्रथम कोटि की अभिक्रिया के लिए,

$$k = \frac{2.303}{t}\log\frac{a}{a-x}$$

50% अभिक्रिया पूर्ण होने के लिए, $a = 100$; $a - x = 50$

$$k = \frac{2.303}{t_{50\%}}\log\frac{100}{50} = \frac{0.693}{t_{99\%}}$$

...(i)

99% अभिक्रिया पूर्ण होने के लिए,

$a = 100$; $x = 99\,\%$; $a - x = 100 - 99 = 1$

$$k = \frac{2.303}{t_{99\%}}\log\frac{100}{1} = \frac{2.303}{t_{99\%}} \times 2$$

...(ii)

समीकरण (i) तथा (ii) से,

$$\frac{0.693}{t_{50\%}} = \frac{2.303 \times 2}{t_{99\%}}$$

$$\Rightarrow \quad t_{99\%} = \mathbf{6.64 \times t_{1/2}}$$

ताप गुणांक (Temperature Coefficient)

10°C के अन्तर से दो भिन्न तापों पर वेग स्थिरांकों का अनुपात, वेग स्थिरांक का ताप गुणांक कहलाता है। साधारणतया ये ताप 25°C तथा 35°C होते हैं।

इस प्रकार, ताप गुणांक $= \frac{k_{35°C}}{k_{25°C}}$

इस प्रकार, ताप गुणांक $= \frac{k_{t+10°}}{k_{t°}}$

अधिकतर अभिक्रियाओं में ताप गुणांक का मान 2-3 के बीच में होता है। किसी अभिक्रिया का ताप 10°C बढ़ाने पर वेग स्थिरांक का मान 2-3 गुणा हो जाता है।

देहली ऊर्जा–

1. अणुओं के मध्य प्रभावी टक्करों के लिए अणुओं के पास एक निश्चित या उससे अधिक ऊर्जा होनी चाहिए। इस ऊर्जा को देहली ऊर्जा कहते हैं अर्थात् ऊर्जा का वह मान जिस पर कोई अभिक्रिया प्रारम्भ होती है। देहली ऊर्जा कहलाती है। जिन अणुओं के पास देहली ऊर्जा के बराबर या इससे अधिक ऊर्जा होती है, सक्रिय अणु (Active molecules) कहलाते हैं। सक्रिय अणुओं की संख्या, कुल अणुओं की तुलना में बहुत कम होती है। सक्रिय अणुओं के मध्य टक्करों के फलस्वरूप ये संक्रमण अवस्था में पहुँच जाते हैं तथा उत्पाद बनाते हैं।

   जिन अणुओं के पास देहली ऊर्जा से कम ऊर्जा होती है, वे उत्पाद नहीं बनाते हैं।

2. जिन अणुओं के पास देहली ऊर्जा से कम ऊर्जा होती है, यदि उन अणुओं को बाहर से उतनी ऊर्जा दे दी जाये कि इनकी ऊर्जा देहली ऊर्जा के बराबर हो जाये तब ये अणु संक्रियित हो जाते है तथा उत्पाद बनाते हैं। इस प्रकार अणुओं की ऊर्जा देहली ऊर्जा के बराबर करने के लिए जितनी अतिरिक्त ऊर्जा की आवश्यकता होती है, उसे संक्रियण ऊर्जा (Activation energy) कहते हैं। अतः **अभिकारक अणुओं की ऊर्जा, देहली ऊर्जा के बराबर करने के लिए जितनी ऊर्जा की आवश्यकता होती है, उसे संक्रियण ऊर्जा कहते हैं। इसे E_a से प्रदर्शित करते हैं।**

   देहली ऊर्जा = अभिकारक अणुओं की ऊर्जा + संक्रियण ऊर्जा

   या संक्रियण ऊर्जा = देहली ऊर्जा – अभिकरक अणुओं की ऊर्जा

3. किसी अभिक्रिया की संक्रियण ऊर्जा (Activation energy) उसका अभिलाक्षणिक गुण (Charactérictis) है। किसी अभिक्रिया के लिए इसका मान स्थिर और निश्चित होता है। किसी अभिक्रिया के लिए इसका मान स्थिर और निश्चित होता है। इसका मान केवल अभिक्रिया की प्रकृति पर निर्भर करता है। इसका मान ताप, दाब या अभिकारकों की सान्द्रता पर निर्भर नहीं करता है।

4. उत्प्रेरक अभिक्रिया की संक्रियण ऊर्जा को कम कर देता है।

Note

- संक्रियण ऊर्जा का मान अधिक होने पर वेग नियतांक का मान कम होता है।

$$\text{अभिक्रिया वेग} \propto \frac{1}{\text{संक्रियण ऊर्जा}}$$

संक्रियण ऊर्जा का मान अधिक होने पर वेग नियतांक पर ताप का प्रभाव अधिक होता है।

उदाहरण: एक अभिक्रिया के संक्रियण ऊर्जा का मान शून्य है तो 500 K ताप पर वेग नियतांक का मान ज्ञात कीजिए। यदि 300 K ताप पर $k = 1.6 \times 10^6\ \text{sec}^{-1}$ है।

हल:
$$\log\frac{k_2}{k_1} = \frac{Ea(T_2 - T_1)}{2.303RT_1T_2}$$

किन्तु $E_a = 0$;

तब, $\log\frac{k_2}{k_1} = 0$

या $k_2 = k_1 = \mathbf{1.6 \times 10^6\ sec^{-1}}$

आरहेनिअस समीकरण (Arrhenius Equation)

वेग स्थिरांक पर ताप के प्रभाव को समझाने के लिए आरहेनिअस (A Swedish chemist, Svante Arrhenius in 1889) ने निम्नलिखित समीकरण का प्रतिपादन किया जिसे आरहेनिअस समीकरण कहते हैं।

$$k = Ae^{-Ea/RT}$$

जहाँ, k = वेग स्थिरांक

A = पूर्व चर घातंक (Pre Exponential) या आवृति गुणांक (Frequency Factor)

E_a = संक्रियण ऊर्जा (Activiation energy)

R = गैस स्थिरांक = 8.314 J K^{-1} mol^{-1}

T = परमताप

E_a तथा A को आहेनिअस पैरामीटर भी कहते हैं।

$$\log_e k = \log_e A \frac{-E_a}{RT}$$

या $$2.303 \log_{10} k = -\frac{E_a}{RT} + 2.303 \log_{10} A$$

या $$\log_{10} k = -\frac{E_a}{2.303RT} + \log_{10} A$$

इससे यह स्पष्ट होता है, कि ताप बढ़ाने पर वेग नियतांक तथा वेग में वृद्धि हो जाती है।

माना, T_1 तथा $T_2\,K$ ताप पर वेग नियंताक क्रमशः K_1 तथा K_2 है,

$$\log\frac{K_2}{K_1} = \frac{Ea(T_2 - T_1)}{2.303\,RT_1T_2}$$

तब किसी अभिक्रिया में ताप T_1 से T_2 हो जाता है।

$$\log_{10}\frac{K_2}{K_1} = \frac{E_a}{2.303\,R}\left(\frac{T_2 - T_1}{T_1T_2}\right)$$

Note

- आवृति गुणांक का मान ताप तथा उत्प्रेरक पर निर्भर नहीं करता। जब किसी अभिक्रिया में ताप का मान अनन्त हो जाये, अर्थात्

  $$T \longrightarrow \infty$$

  तब, $K = Ae^{-E_a/R\times\infty}$ अर्थात्, $K = A$

  जब $E_a = 0$, तब अभिक्रिया वेग ताप पर निर्भर नहीं करता है।
- आरहेनिअस समीकरण में गुणांक $e^{-E/RT}$ बौल्टजमैन नियतांक कहते है।
- आरहेनिअस समीकरण को निम्न प्रकार से भी व्यक्त किया जा सकता है

$$\frac{d\,\text{in}\,k}{dt} = \frac{E}{RT^2}$$

आंकिक प्रश्न हल करने के लिए Shortcut method

1. यदि संक्रियण ऊर्जा किलोजूल में दी गयी है।

$$\log \frac{K_2}{K_1} = 52.2 \times E_a \times \frac{T_2 - T_1}{T_1 T_2}$$

2. यदि संक्रियण ऊर्जा किलोकैलोरी में दी गयी है।

$$\log \frac{K_2}{K_1} = 217.1 \times E_a \times \frac{T_2 - T_1}{T_1 T_2}$$

3. यदि अभिक्रिया में ताप T_1 से T_2 करने अभिक्रिया वेग x गुणा बढ़ जाता है, तब–

$$\log x = \frac{Ea}{2.303\, R}\left(\frac{T_2 - T_1}{T_1 T_2}\right)$$

यदि E_a किलोजूल में हो, $= \frac{19.14 \times 10^{-3} \times T_1 T_2}{T_2 - T_1} \times \log_{10} x$

समीकरण का प्रयोग करते हैं।

उदाहरण: किसी अभिक्रिया में ताप 290 K से 300 K करने पर अभिक्रिया वेग दुगुना हो जाता है, तब संक्रियण ऊर्जा ज्ञात कीजिए।

हल: $$E_a = \frac{19.14 \times 10^{-3} \times 290 \times 300}{10} \log 2$$

$$= 50.12.\text{ kJ}.$$

उदाहरण: प्रथम कोटि की अभिक्रिया के लिए जब $\log k$ तथा $1/T$ के बीच में ग्राफ खींचा जाता है तो एक सीधी रेखा आती है। जिसका ढलान – 8000 होता है, अभिक्रिया की संक्रियण ऊर्जा ज्ञात कीजिए।

हल: आरहेनिअस समीकरण में,

$$k = Ae^{-}Ea/RT$$

$$\log k = \log A - \frac{E_a}{2.303R} \times \frac{1}{T}$$

जब वक्र $\log k$ तथा $\frac{1}{T}$ के बीच में लिया जाता है।

इस वक्र का ढलान $= -\frac{E_a}{2.303R}$

तब, $$\frac{E_a}{2.303R} = 8000$$

(प्रदर्शित करने में ऋणात्मक चिन्ह का प्रयोग नहीं करते)

या $$E_a = 8000 \times 2.303 \times 1.987$$

$$= 36608 \text{ calories} = \mathbf{36.6\ kcal}$$

उत्प्रेरक का प्रभाव (Effect on Catalyst)

जब किसी अभिक्रिया में उत्प्रेरक का प्रयोग किया जाता है तब अभिक्रिया वेग परिवर्तित हो जाता है। उत्प्रेरक का प्रयोग करने से अग्र तथा पच्छ अभिक्रियाओं दोनों की संक्रियण ऊर्जा समान रूप से परिवर्तित होती है।

First type	Second type
In absence of catalyst rate consent $k_a = Ae^{-E_1/RT}$ ...(i) In presence of catalyst rate consent $k_p = Ae^{-E_2'/RT}$ ...(ii) Dividing equation (ii) by equation (i), we get $\frac{k_p}{k_a} = e^{(E_1 - E_2)RT} = e^{\Delta E/RT}$ $\frac{k_p}{k_a} = \text{antilog}\left[\frac{\Delta E}{2.303RT}\right]$ *i.e.*, $\log_{10} \frac{k_p}{k_a} = \frac{\Delta E}{2.303RT}$	In absence of catalyst rate consent $\log k_a = \log A - \frac{E_a}{2.303RT}$ ...(i) In presence of catalyst rate consent $\log k_p = \log A - \frac{E_p'}{2.303RT}$ ...(ii) equation (ii) equation (i) $\log k_p - \log A\ k_a$ $= \frac{E_a}{2.303RT} - \frac{E_p}{2.303RT}$ $= (E_a - E_p) \times \frac{1}{2.303RT}$ $= \frac{\Delta E_a}{2.303RT}$

Note

- यदि अभिक्रिया में उत्प्रेरक का प्रयोग करते है तो अभिक्रिया वेग x गुणा बढ़ जाता है, तब $\log \frac{k_p}{k_a}$ के स्थान पर $\log_{10} x$,

  इसलिए, $$\log x = \frac{\Delta E}{2.303RT}$$

- यदि E_a का मान KJ में हो, $\log \frac{K_p}{K_a} = \frac{52.2\, \Delta E_a}{T}$
- यदि E_a का मान $KCal$ में हो, $\log \frac{K_p}{K_a} = \frac{217 \times \Delta E_a}{T}$
- यदि 300 K ताप पर उत्प्रेरक का प्रयोग करने पर अभिक्रिया वेग 10 गुणा बढ़ जाता है, तब सक्रियण ऊर्जा में परिवर्तन।

$$\log 10 = \frac{217 \times E_a}{300}, \quad E_a = \frac{300}{217} = 1.38$$

i.e. E_a decrease by 1.38 KJ

उदाहरण: यदि 500 K ताप पर उत्प्रेरक का प्रयोग करने पर अभिक्रिया वेग 1000 गुणा बढ़ जाता है, तब सक्रियण ऊर्जा में परिवर्तन ज्ञात कीजिए।

हल: $$\log_{10} 1000 = \frac{\Delta E}{2.303 \times 8.314 \times 500}$$

$$\Delta E = \log_{10} 1000 \times 2.303 \times 8.314 \times 500$$
$$= 28720.713 \text{ J} = \mathbf{28.72\ kJ}$$

उत्प्रेरक का प्रयोग करने के पश्चात् सक्रियण ऊर्जा में कमी = (उत्प्रेरक प्रयोग करने से पहले सक्रियण ऊर्जा – 28.72 kJ)

Note

- जब अभिक्रिया में उत्प्रेरक का प्रयोग किया जाता है तो ऊष्मा में कोई परिवर्तन नहीं होता है किन्तु अग्र तथा पश्च अभिक्रिया की सक्रियण ऊर्जा समान रूप से परिवर्तित होती है, अर्थात् यदि अग्र अभिक्रिया

की सक्रियण ऊर्जा 10 किलो जूल कम होती है, तब पश्च अभिक्रिया की सक्रियण ऊर्जा भी 10 किलो जूल कम होगी।

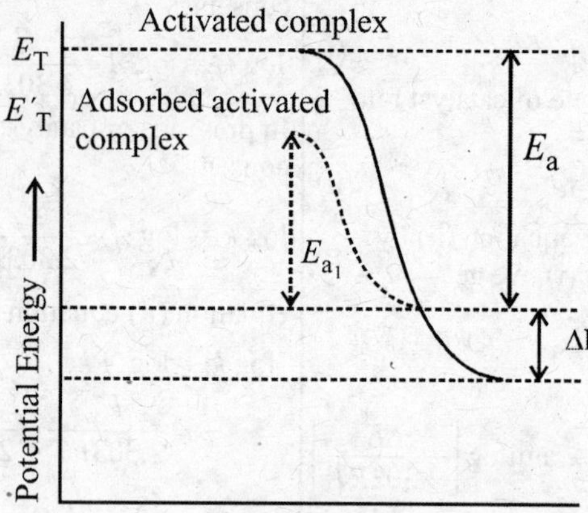

$$\Delta H = E_a^f - E_a^b$$

उदाहरण: अभिक्रिया, $A + B \longrightarrow C + D$; $\Delta H = 20\ kJ\ mol^{-1}$; अग्र अभिक्रिया के लिए 85 kJ/mol है। पश्च अभिक्रिया के लिए सक्रियण ऊर्जा ज्ञात करो।

हल: अग्र अभिक्रिया के लिए $\Delta H = 20\ \text{kJ mol}^{-1}$

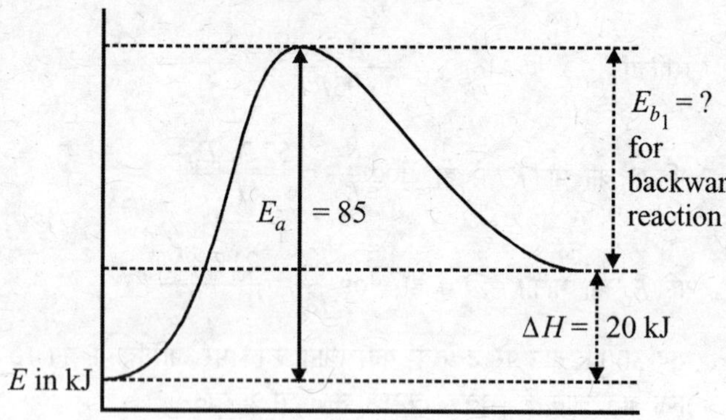

अग्र अभिक्रिया के लिए सक्रियण ऊर्जा (E_a)किलोजूल मोल$^{-1}$

∴ पश्च अभिक्रिया के लिए सक्रियण ऊर्जा $= E_a - \Delta H$

$= 85 - 20 = 65$ किलोजूल मोल$^{-1}$

उदाहरण: 27°C ताप पर उत्प्रेरक का प्रयोग करने पर अभिक्रिया की सक्रियण ऊर्जा 2 kcal कम हो जाती है बताइये अभिक्रिया वेग कितने गुना बढ़ जायेगा।

हल: माना उत्प्रेरक की अनुपस्थिति में वेग नियतांक $= k$

तब, $$\log k = \log A - \frac{E_a}{2.303RT} \quad ...(i)$$

तथा उत्प्रेरक की उपस्थिति में वेग नियतांक $= k'$

अब, सक्रियण ऊर्जा $= E_a - 2$ (if E_a is in kcal mol^{-1})

$$\therefore \quad \log k' = \log A - \frac{E_a - 2}{2.303RT}$$

या, $$\log k' = \log A - \frac{E_a}{2.303RT} + \frac{2\text{kcalmol}^{-1}}{2.303RT} \quad ...(ii)$$

समीकरण (ii) से (i) घटाने पर,

$$\log k' - \log k = \frac{2\text{kcalmol}^{-1}}{2.303RT}$$

या, $$\log \frac{k'}{k} = \frac{2\text{kcalmol}^{-1}}{2.303(2\times10^{-3}\,\text{kcal}\,K^{-1}\text{mol}^{-1})(300K)}$$

$= 1.4474.$

$(\because R = 2\times10^{-3}\ \text{kcal}\ K^{-1}\ \text{mol}^{-1})$

या, $\frac{k'}{k} = \text{Antilog}\ 1.4474 = 28$ या $k' = \mathbf{28\,k}$,

अभिक्रिया वेग लगभग 28 गुना बढ़ जायेगा।

उदाहरण: एक अभिक्रिया के लिए सक्रियण ऊर्जा 100 किलोजूल मोल$^{-1}$ है। उत्प्रेरक की उपस्थिति में यह 75 % कम हो जाती है। यदि अन्य सभी कारक समान हों, तो 20°C ताप पर अभिक्रिया वेग पर उत्प्रेरक का क्या प्रभाव होगा?

हल: ∵ $K = Ae^{-E_a/RT}$

प्रथम स्थिति में: $K_1 = Ae^{-100/RT}$

द्वितीय स्थिति में: $K_2 = Ae^{-25/RT}$

$$\therefore \quad \frac{K_1}{K_2} = \frac{e^{-100/RT}}{e^{-25/RT}} = e^{-75/RT}$$

या $$\log_e \frac{K_2}{K_1} = \log e^{75/RT} \quad (\Delta H \text{ in kJ})$$

$$\log_e \frac{K_2}{K_1} = \frac{75}{RT} = \frac{75\times10^3}{8.314\times293} \quad (\Delta H \text{ in J})$$

$$\frac{K_2}{K_1} = 2.35\times10^{13}$$

Since, $r = K[\ \ ]^n \because n$ and [ ] are same for case I and II.

$$\therefore \quad \frac{r_2}{r_1} = \frac{K_2}{K_1} = \mathbf{2.35\times10^{13}}$$

उदाहरण: कोई हाइड्रोजनीकरण क्रिया 500 K पर करायी जाती है। इसी अभिक्रिया को उसी वेग से उत्प्रेरक की उपस्थिति में 400K पर कराया जा सकता है। यदि अभिक्रिया की सक्रियण ऊर्जा, उत्प्रेरक की उपस्थिति में 20 किलो-जूल/मोल कम होती हो, तो अभिक्रिया की वास्तविक सक्रियण ऊर्जा (activation energy) ज्ञात कीजिए।

हल: माना उत्प्रेरक की अनुपस्थिति एवं उपस्थिति में सक्रियण ऊर्जाएँ क्रमशः E_a तथा E_a' है, तब

∵ $K = Ae^{-E_a/RT}$

∴ $K_1 = A\cdot e^{-E_a/(R\times500)}$

∴ $K_2 = Ae^{-E_a'/(R\times400)}$

∵ $r_1 = r_2$; ∴ $K_1 = K_2$

$$\therefore \quad -\frac{E_a}{R\times500} = -\frac{E_{a_1}}{R\times400}$$

या, $$\frac{E_a}{500} = \frac{E_a - 20}{400} \quad (\because E_a - E_a' = 20 \text{ किलो-जूल})$$

∴ $E_a =$ **100 किलो-जूल/मोल**

महत्त्वपूर्ण उदाहरण

1. एक अभिक्रिया के लिए 50°C व 100°C पर वेग स्थिरांक क्रमशः 1.5×10^7 सेकण्ड$^{-1}$ तथा 4.5×10^7 सेकण्ड$^{-1}$ है। आरहीनियम गुणक (parameters) A व E_a की गणना करो।

उत्तर :
$$2.303 \log_{10} \frac{K_2}{K_1} = \frac{E_a}{R}\left[\frac{T_2 - T_1}{T_1 T_2}\right]$$

$$\therefore \quad 2.303 \log_{10} \frac{4.5 \times 10^7}{1.5 \times 10^7} = \frac{E_a}{8.314}\left[\frac{373-323}{373 \times 323}\right]$$

$$\therefore \quad E_a = \mathbf{2.2 \times 10^4} \text{ जूल मोल}^{-1}$$

अब
$$K = Ae^{-E_a/RT}$$

$$\therefore \quad 4.5 \times 10^7 = Ae^{-\frac{2.2 \times 10^4}{8.314 \times 373}}$$

$$\therefore \quad A = \mathbf{5.42 \times 10^{10}}$$

2. 380°C पर प्रथम कोटि की अभिक्रिया, H_2O_2 के विघटन के लिए अर्द्ध-आयु 360 मिनट है। अभिक्रिया के लिए सक्रियण ऊर्जा 200 किलो जूल मोल$^{-1}$ है। 450°C पर 75% विघटन में लगने वाले समय की गणना करो।

उत्तर : दिया है–

$653K$ पर, $K_1 = 0.693/360$ प्रति मिनट

$K_a = 200 \times 10^3$ जूल, $273\,K$ पर $K_2 = ?$, $R = 8.314$ जूल

$\therefore$ $2.303 \log_{10}(K_2/K_1) = (E_a/R)(T_2 - T_1)/(T_1 T_2)]$ से

$$K_2 = 0.068 \text{ मिनट}^{-1}$$

अब
$$t = \frac{2.303}{0.068} \log_{10} \frac{10}{25}$$

$$= \mathbf{20.39 \text{ मिनट}}$$

3. एक समावयवीकरण अभिक्रिया, $A \rightarrow B$ के लिए वेग स्थिरांक 4.5×10^{-3} मिनटर$^{-1}$ है। यदि A आरम्भिक सान्द्रता 1 M हो तो एक घण्टे के पश्चात् अभिक्रिया का वेग ज्ञात करो–

उत्तर : $A \longrightarrow B$ $\quad K = 4.5 \times 10^{-3}$ मिनट$^{-1}$

$$[A]_0 = 1\,M$$

प्रथम कोटि अभिक्रिया के लिए,

$$K = \frac{2.303}{t} \log_{10} \frac{a}{(a-x)}$$

$t = 60$ मिनट पर, $\quad (a-x) = ?$

$$4.5 \times 10^{-3} = \frac{2.303}{60} \log_{10} \frac{1}{(a-x)}$$

$$\therefore \quad (a-x) = 0.7634$$

अतः 60 मिनट के पश्चात् वेग $= K(a-x)$

$$= 4.5 \times 10^{-3} \times 0.7634$$

$$= \mathbf{3.4354 \times 10^{-3}}$$

4. A व B के बीच अभिक्रिया के कुछ प्रेक्षण निम्न प्रकार हैं–

(A) मोल लीटर$^{-1}$	(B) मोल लीटर$^{-1}$	आरम्भिक वेग (initial rate) (मोल लीटर$^{-1}$ सेकण्ड$^{-1}$)	
		300 K	**320 K**
2.5×10^{-4}	3.0×10^{-5}	5.0×10^{-4}	2.0×10^{-3}
5.0×10^{-4}	6.0×10^{-5}	4.0×10^{-3}	—
1.0×10^{-3}	6.0×10^{-5}	1.6×10^{-2}	—

गणना करो–

(1) A व B के सापेक्ष अभिक्रिया की कोटि (order of reaction)

(2) 300 K पर वेग स्थिरांक (rate constant)

(3) सक्रियण ऊर्जा (activaiton energy)

(4) पूर्व घातांक कारक (Pre-exponential factor)

उत्तर : माना वेग समीकरण इस प्रकार है–

$$r = K[A]^m[B]^n$$

1. $\therefore$ $5.0 \times 10^{-4} = K[2.5 \times 10^{-4}]^m[3.0 \times 10^{-5}]^n$ ...(i)

$4.0 \times 10^{-3} = K[5.0 \times 10^{-4}]^m[6.0 \times 10^{-5}]^n$ ...(ii)

$1.6 \times 10^{-2} = K[1.0 \times 10^{-3}]^m[6.0 \times 10^{-5}]^n$ ...(iii)

समी० (ii) व (iii) से $\quad m = 2$

समी० (i) व (ii) से $\quad n = 1$

$$\text{वेग (rate)} = K[A]^2[B]^1$$

A व B के सापेक्ष अभिक्रिया की कोटि क्रमशः **2 व 1** हैं।

2. समी० (i) से–

$$5.0 \times 10^{-4} = K[2.5 \times 10^{-4}]^2[3.0 \times 10^{-5}]^1$$

$\therefore$ $K = 2.66 \times 10^8$ लीटर^2 मोल$^{-2}$ सेकण्ड$^{-1}$ 300 K पर

3. $\because$ $2.303 \log_{10} \dfrac{K_2}{K_1} = \dfrac{E_a}{R} \times \dfrac{[T_2 - T_1]}{T_1 T_2}$ $\quad \left[\because \dfrac{r_2}{r_1} = \dfrac{K_2}{K_1}\right]$

$$\therefore 2.303 \log_{10} \frac{2.0 \times 10^{-3}}{5.0 \times 10^{-4}} = \frac{E_a}{8.314} \times \left[\frac{(320-300)}{300 \times 320}\right]$$

$\therefore$ $E_a = \mathbf{55.55}$ **किलो-जूल**

4. $$2.303 \log_{10} K = 2.303 \log_{10} A - \frac{E_a}{RT}$$

$$2.303 \log_{10} 2.66 \times 10^8 = 2.303 \log_{10} A - \frac{55.33 \times 10^3}{8.314 \times 300}$$

$$\therefore \quad A = \mathbf{1.140 \times 10^{18}}$$

5. एक अभिक्रिया का प्रारम्भिक वेग क्या होगा, यदि इसका वेग स्थिरांक 10^{-3} मिनट$^{-1}$ तथा अभिकारक की सान्द्रता 0.2 मोल डेमी$^{-3}$ हो? 200 मिनट में कितना अभिकारक उत्पाद में परिवर्तित

होगा?

उत्तर : चूँकि K की इकाई मिनट$^{-1}$ है, अत: अभिक्रिया प्रथम कोटि की है।

अब वेग $= K[\,]^{-1}$

वेग $= 10^{-3} \times [0.2]^1 = 2 \times 10^{-4}$ मोल डेमी$^{-3}$ मिनट$^{-1}$

तथा $K = \frac{2.303}{t} \log_{10} \frac{a}{(a-x)}$

$\therefore \quad 10^{-3} = \frac{2.303}{200} \log_{10} \frac{100}{(100-x)}$

$x =$ **18.12%**

6. अभिक्रिया, $A + B \rightarrow$ उत्पाद, के लिए कुछ आँकड़े नीचे दिए गए हैं।

A की सान्द्रता (M)	**B की सान्द्रता (M)**	**आरम्भिक वेग (मोल/लीटर/सेकण्ड)**
0.1	0.1	4.0×10^{-4}
0.2	0.2	1.6×10^{-3}
0.5	0.1	1.0×10^{-2}
0.5	0.5	1.0×10^{-2}

(a) A व B के सापेक्ष अभिक्रिया की कोटि क्या है?

(b) वेग स्थिरांक (rate constant) ज्ञात करो।

(c) जब A व B की सान्द्रताएँ क्रमश: 0.2 M व 0.35 M हों तो अभिक्रिया वेग ज्ञात करो।

उत्तर : (a) वेग $= K[A]^2[B]^0$

(b) $K = 4 \times 10^{-2}$ लीटर मोल$^{-1}$ सेकण्ड$^{-1}$

(c) वेग $= 16 \times 10^{-4}$ मोल लीटर$^{-1}$ सेकण्ड$^{-1}$

7. एक पदार्थ प्रथम कोटि बलगतिकी (kinetics) के अनुसार क्रिया करता है तथा अभिक्रिया के लिए वेग स्थिरांक 1×10^{-2} सेकण्ड$^{-1}$ है। यदि आरम्भिक सान्द्रता 1M हो तो, (a) आरम्भिक (initial) वेग क्या है? (b) 1 मिनट पश्चात् वेग क्या होगा?

उत्तर : (a) आरम्भिक वेग (rate) $= K[\,]^2 = 1 \times 10^{-2}[1] = 1 \times 10^{-2}$

$\therefore$ वेग (rate) $= 1 \times 10^{-2}$ मोल लीटर$^{-1}$ सेकण्ड$^{-1}$

(b) अब, $K = \frac{2.303}{t} \log_{10} \frac{a}{(a-x)}$

$$10^{-2} = \frac{2.303}{1 \times 60} \log_{10} \frac{1}{(1-x)} \quad (\because t = \text{मिनट} = 60 \text{ सेकण्ड})$$

$\therefore (1-x) = 0.549$

$\therefore$ 1 मिनट पश्चात वेग $= K \times$ 1 मिनट पश्चात् सान्द्रता

$= K[0.549] = 10^{-2}[0.549]$

1 मिनट पश्चात् वेग $=$ **5.49×10^{-3} मोल लीटर$^{-1}$सेकण्ड$^{-1}$**

8. गैसीय अवस्था में डाइमेथिल ईथर का विघटन प्रथम कोटि अभिक्रिया है–

$$CH_3OCH_3(g) \longrightarrow CH_4(g) + H_2(g) + CO(g)$$

500°C ताप पर स्थिर आयतन के बर्तन में अभिक्रिया कराने पर अभिक्रिया की अर्द्ध आयु 14.5 मिनट पायी गई। आरम्भ में केवल डाइमेथिल ईथर उपस्थित है जिसका दाब 0.40 atm है। 12 मिनट के पश्चात् निकाय का कुल दाब क्या होगा? गैसों का व्यवहार आदर्श मान लो।

उत्तर :

	$CH_3OCH_3(g) \longrightarrow$	$CH_4(g)$	$+ H_2(g)$	$+ CO(g)$
आरम्भिक दाब P	0.40 atm			
अन्तिम दाब P (12 मिनट पर)	$(0.40 - P)$	P	P	P

आदर्श गैस के लिए, मोल $\propto$ दाब (स्थिर V तथा T पर)

$\therefore \; a \propto 0.40; (\alpha - x) \propto (0.40 - P)$

$\therefore \quad K = \frac{2.303}{t} \log_{10} \frac{a}{a-x}$

$$\frac{0.693}{14.5} = \frac{2.303}{12} \log_{10} \frac{0.40}{(0.40-P)}$$

$\therefore \quad P = 0.175$ atm

$\therefore$ विघटित ईथर का दाब $= 0.175$

अब, कुल दाब $= 0.40 - P + P + P + P$

$= 0.40 + 2P = 0.40 + 2 \times 0.175$

$=$ **0.75 atm**

9. एक अभिक्रिया के लिए A व E_a (सक्रियण ऊर्जा) के मान क्रमश: 4×10^{13} सेकण्ड$^{-1}$ तथा 98.6 किलोजूल/मोल है। यदि अभिक्रिया प्रथम कोटि की हो तो किस ताप पर अभिक्रिया की अर्द्ध-आयु 10 मिनट होगी?

उत्तर : दिया है, $K = ?\quad A = 4 \times 10^{13}$ सेकण्ड$^{-1}$

$E_a = 98.6 \times 10^3$ जूल मोल$^{-1}$

$t_{1/2} = 10 \times 10$ सेकण्ड

$\because \quad K = Ae^{-E_a/RT}$

$\therefore \quad K = 4 \times 10^{13} e^{-(98.6 \times 10^3)/8.314 \times T}$

अब 1 कोटि की अभिक्रिया के लिए,

$$K = \frac{0.693}{t_{1/2}} = \frac{0.693}{600} \text{ सेकण्ड}^{-1}$$

$$\therefore \quad \frac{0.693}{600} = 4 \times 10^{13} e^{-(98.6 \times 10^3)/8.314 \times T}$$

या $\log_e \frac{0.693}{600} = \log_e 4 \times 10^{13} - \frac{98.6 \times 10^3}{8.314 \times T}$

या $\log_{10} \frac{0.693}{600} = \log_{10} 4 \times 10^{13} - \frac{98.6 \times 10^3}{8.314 \times 2.303 \times T}$

$T =$ **311.35 K**

10. N_2O_5 का विघटन प्रथम कोटि की अभिक्रिया है जो निम्न प्रकार होता है–

$$2N_2O_5(g) \longrightarrow 4NO_2(g) + O_2(g)$$

एक बन्द बर्तन में अभिक्रिया आरम्भ कराने के 30 मिनट पश्चात् कुल उत्पन्न दाब 284.5 mm Hg पाया गया। पूर्ण विघटन के पश्चात् कुल दाब 584.5 mm Hg पाया गया। अभिक्रिया का वेग

स्थिरांक (rate constant) ज्ञात करो।

उत्तर : $2N_2O_5(g) \longrightarrow 4NO_2(g) + O_2(g)$

$t = 0$ पर मोल	a	0	0
$t = 30$	$(a-x)$	$2x$	$x/2$
$t = \mu$	0	$2a$	$a/2$

$\because$ मोलों की संख्या $\propto$ उत्पन्न दाब

$\therefore \quad a \propto P_0 \quad t = 0$ पर

$a + \frac{3x}{2} \propto 284.5 \quad t = 30$ मिनट पश्चात्

$\frac{5a}{2} \propto 584.5 \quad t = \mu$ पर

इस प्रकार $\quad a \propto \frac{2 \times 584.5}{5}$

या $\quad a \propto 233.8 \quad t = 0$ पर

$x \propto 33.8 \quad t = 30$ मिनट पर

$a - x \propto 200.0$

$$K = \frac{2.303}{t}\log_{10}\frac{a}{(a-x)}$$

$$\therefore \quad K = \frac{2.303}{30}\log_{10}\frac{233.8}{200}$$

$= \mathbf{5.206 \times 10^{-3}}$ **मिनट$^{-1}$**

11. अभिक्रिया

$2X(g) \longrightarrow 3Y(g) + 2Z(g)$ के लिए

समय (मिनट में)	0	100	200
X का आंशिक दाब (मिमी में)	800	400	200

आदर्श गैस मानते हुए निम्न की गणना करो–

(i) अभिक्रिया की कोटि,

(ii) वेग स्थिरांक

(iii) 75% अभिक्रिया पूर्ण होने में लगा समय

(iv) कुल दाब, जब $P_x = 700$ मिमी

उत्तर : $2X(g) \longrightarrow 3Y(g) + 2Z(g)$

(i) $K_1 = \frac{2.303}{t}\log\frac{p_x^0}{P_x}$ (t=100 पर प्रथम कोटि के लिए)

$= \frac{2.303}{100}\log\frac{800}{400} = \frac{2.303}{100}\log 2$

$= 6.93 \times 10^{-3}$

$K_2 = \frac{2.303}{t}\log\frac{P_x^0}{P_x}$ (t = 200 पर प्रथम कोटि के लिए)

$= \frac{2.303}{200}\log\frac{800}{200} = \frac{2.303}{200}\log 4$

$= 6.93 \times 10^{-3}$

K का मान स्थिर है, अतः अभिक्रिया **प्रथम कोटि** की है।

(ii) अब $K = \frac{K_1 + K_2}{2} = \frac{6.93\times10^{-3} + 6.93\times10^{-3}}{2}$

$= \mathbf{6.93 \times 10^{-3}}$

(iii) चूँकि प्रथम कोटि की अभिक्रिया में $t_{1/2}$ सान्द्रता पर निर्भर नहीं करता। अतः कुल समय

$T = t_{1/2} \times$ अर्ध की संख्या

$= t_{1/2} \times 2 \quad$ (75% का अर्थ है कि दो $t_{1/2}$)

$= t_{1/2} \times 2 = 100 \times 2 = \mathbf{200}$

(iv) $2X(g) \longrightarrow 3(g) + 2Z(g)$

800	0	0
$800 - a$	$3a/2$	a

दिया है $\quad 800 - a = P_x = 700$

$\therefore \quad a = 100$

$\therefore \quad P_T = 800 - a + \frac{3a}{2} + a = 800 + \frac{3a}{2}$

$= 800 - \frac{3 \times 100}{2} = $ **950 मिमी**

अभ्यास के लिए प्रश्न

1. मोलरता M के पदों में प्रथम तथा शुन्य कोटि अभिक्रियाओं के लिए वेग स्थिरांकों के मात्रक क्रमश: होंगे–

(a) सेकेण्ड$^{-1}$ मोल सेकेण्ड$^{-1}$ (b) सेकेण्ड$^{-1}$ मोल

(c) मोल सेकेण्ड$^{-1}$, सेकेण्ड$^{-1}$ (d) मोल, सेकेण्ड$^{-1}$

2. अभिक्रिया $A+2B \longrightarrow C$ के लिए, दर इस प्रकार प्राप्त कर सकते हैं–

$R=K[A][B]^2$ अभिक्रिया की कोटि है–

(a) 3 (b) 6

(c) 5 (d) 7

3. निम्न अभिक्रिया–

$H_2+I_2 \rightleftharpoons 2HI$ के लिए अवकलित रूप में वेग व्यंजक है–

(a) $\frac{-d[H_2]}{dt}=\frac{-d[I_2]}{dt}=\frac{-d[HI]}{dt}$

(b) $\frac{-d[H_2]}{dt}=\frac{d[I_2]}{dt}=\frac{d[HI]}{dt}$

(c) $\frac{1}{2}\frac{d[H_2]}{dt}=\frac{1}{2}\frac{d[I_2]}{dt}=\frac{-d[HI]}{dt}$

(d) $-2\frac{d[H_2]}{dt}=-2\frac{d[I_2]}{dt}=\frac{d[HI]}{dt}$

4. $K=Ae^{-Ea/RT}$ के लिए सही कथन है–

(a) E_a सक्रियण ऊर्जा है। (b) R रिडबर्ग नियतांक है।

(c) K साम्य स्थिरांक है। (d) A अधिवेषण गुणांक है।

5. अभिक्रिया $A+B \longrightarrow$ उत्पाद का वेग व्यंजक इस प्रकार है–

दर $=K[A]^n[B]^m$

A की सान्द्रता दोगुनी करने पर तथा B की सांद्रता आधी करने पर नयी अभिक्रिया दर का पुरानी अभिक्रिया दर से अनुपात होगा–

(a) $n-m$ (b) 2^{n-m}

(c) $\frac{1}{2^{m+n}}$ (d) $m+n$

6. एक प्रथम कोटि अभिक्रिया में अभिकारक की सांद्रता 15 मिनट में 0.8 M से घटकर 0.4 M रह जाती है। सान्द्रता के 0.1M से घटकर 0.025 M हो जाने में कितना समय लगेगा–

(a) 60 मिनट (b) 15 मिनट

(c) 7.5 मिनट (d) 30 मिनट

7. अभिक्रिया $2A+B \longrightarrow C$ के लिए वेग समीकरण इस प्रकार है–
अभिक्रिया वेग $=K[A][B]$ इस सम्बंध में सही कथन है–

(a) $K[A]$ तथा $[B]$ से स्वतंत्र है।

(b) $t_{1/2}$ नियत रहेगा।

(c) K का मात्रक सेकेण्ड$^{-1}$ है।

(d) C के निर्माण की दर, A के विलुप्त होने की दर से दोगुनी है।

8. एक ऊष्माशोषी परिवर्तन $X \longrightarrow Y$ के लिए अग्र तथा विपरित अभिक्रियाओं की सक्रियण ऊर्जाएँ E_f तथा E_b है। कौन-सा कथन सही है?

(a) $E_b < E_f$ (b) $E_b > E_f$

(c) $E_b = E_f$ (d) दोनों में कोई सम्बन्ध नहीं।

9. वह अभिक्रिया जिसमें दो भिन्न अभिकारक भाग ले रहे हो, नहीं हो सकती–

(a) एकाणुक अभिक्रिया (b) प्रथम कोटि अभिक्रिया

(c) द्वितीय कोटि अभिक्रिया (d) द्विअणुक अभिक्रिया

10. $t_{1/4}$ वह समय माना जा सकता है, जिसमें किसी अभिकारक की सान्द्रता 3/4 रह जाती है। प्रथम कोटि अभिक्रिया के लिए वेग स्थिरांक K है, तब $t_{1/4}$ को इस प्रकार लिखा जा सकता है।

(a) 0.10/K (b) 0.29/K

(c) 0.69/K (d) 0.75/K

11. एक अभिक्रिया कार्बन मोनोऑक्साइड के सापेक्ष द्वितीय कोटि की पायी जाती है। यदि कार्बन मोनोऑक्साइड की सान्द्रता दोगुनी कर दी जाये तथा अन्य सभी अपरिवर्तित रहे, तो अभिक्रिया वेग हो जायेगा–

(a) दोगुना (b) अपरिवर्तित रहेगा

(c) तीन गुना (d) चार गुना हो जोयगा

12. अभिक्रिया की दर को आरहीनियस समीकरण द्वारा इस प्रकार व्यक्त करते हैं–

$$K=Ae^{-E/RT}$$

इस अभिक्रिया में E निरूपित करता है–

(a) अणुओं की कुल संख्या का वह अंश जिनकी ऊर्जा संक्रियण ऊर्जा से अधिक है

(b) वह ऊर्जा जिसके ऊपर सभी टकराने वाले अणु अभिक्रिया करते हैं

(c) वह ऊर्जा जिसके नीचे टकराने वाले अणु आपस में क्रिया नहीं करते

(d) ताप T पर अभिक्रिया करने वाले अणुओं की कुल ऊर्जा

13. NO तथा Br_2 की अभिक्रिया से NOBr बनने के लिए निम्नलिखित क्रिया-विधि की जाती है?

$$NO_{(g)}+Br_{2(g)} \rightleftharpoons NOBr_{2(g)}$$
$$NOBr_{2(g)}+NO_{(g)} \longrightarrow 2NOBr_{(g)}$$

यदि द्वितीय पद वेग निर्धारण करने वाला पद हो, तो $NO_{(g)}$ के सापेक्ष अभिक्रिया की कोटि क्या होगी?

(a) 2 (b) 1

(c) 0 (d) 3

14. एक अभिक्रिया $A_2+B_2 \rightleftharpoons 2AB$ के लिए अग्र व विपरीत अभिक्रिया के लिए सक्रियण ऊर्जा क्रमश: 180 किलो जूल/मोल तथा 200 किलो जूल/मोल हैं। एक उत्प्रेरक की उपस्थिति दोनों, (अग्र व विपरीत) अभिक्रिया की सक्रियण ऊर्जा को 100 किलोजूल/मोल कम कर देती है। उत्प्रेरक की उपस्थिति में अभिक्रिया की ऐन्थैल्पी में परिवर्तन होगा (किलोजूल/मोल में)–

(a) 300 (b) 120

(c) 280 (d) –20

15. एक अभिक्रिया

$$2A+B \longrightarrow \text{उत्पद}$$

जब केवल B की सान्द्रता दोगुनी की जाती है, तो अर्द्ध–आयु परिवर्तित

नहीं होती। जब केवल A की सान्द्रता दोगुनी की जाती है, तो दर दो गुना बढ़ जाती है। इस अभिक्रिया के लिए दर स्थिरांक का मात्रक है-

(a) लीटर मोल$^{-1}$ से$^{-1}$ (b) कोई मात्रक नहीं
(c) मोल लीटर$^{-1}$ से$^{-1}$ (d) से$^{-1}$

16. अभिक्रिया $\frac{1}{2}A \longrightarrow 2B$, के लिए, '$A$' के समाप्त होने की दर '$B$' के बनने की दर से निम्न प्रकार सम्बन्धित है-

(a) $-\frac{d[A]}{dt} = \frac{1}{2}\frac{d[B]}{dt}$ (b) $-\frac{d[A]}{dt} = \frac{1}{4}\frac{d[B]}{dt}$
(c) $-\frac{d[A]}{dt} = \frac{d[B]}{dt}$ (d) $-\frac{d[A]}{dt} = 4\frac{d[B]}{dt}$

17. निम्न तीन अभिक्रियाओं (I, II, III) के लिए, साम्य स्थिरांक दिए गए हैं-

(a) $CO(g) + H_2(g) \rightleftharpoons CO_2(g) + H_2(g)\,; K_1$
(b) $CH_4(g) + H_2O(g) \rightleftharpoons CO(g) + 3H_2(g)\,; K_2$
(c) $CH_4(g) + 2H_2O(g) \rightleftharpoons CO_2(g) + 4H_2(g)\,; K_3$

(a) $K_1.\sqrt{K_2} = K_3$ (b) $K_2.K_3 = K_1$
(c) $K_3 = K_1.K_2$ (d) $K_3.K_2^3 = K_1^2$

18. प्रथम कोटि अभिक्रिया $A \rightarrow$ प्रतिफल के लिये वेग नियम $[A] = [A]_0 e^{-kt}$ है। निम्नलिखित में से किसके मध्य ग्राफ प्लाट करने पर एक सरल रेखा प्राप्त होगी-

(a) t तथा $\log [A]$ के बीच (b) t व $[A]$ के बीच
(c) $\frac{1}{t}$ व $[A]$ के बीच (d) $\log t$ व $\log\frac{[A_0]}{[A]}$ के बीच

19. रासायनिक अभिक्रिया $X \rightarrow Y$ के लिये यह पाया कि 'X' का सान्द्रता 1.5 गुना करने से अभिक्रिया वेग 2.25 गुना बढ़ जाता है। अभिक्रिया की कोटि क्या है-

(a) दो (b) शून्य
(c) एक (d) तीन

20. अभिक्रिया $2A + B \rightarrow C + D$ पर विचार करें। यदि अभिकारकों का सान्द्रण 3 गुना बढ़ा दिया जाये तो अभिक्रिया का वेग बढ़ जायेगा-

(a) 27 गुना (b) 9 गुना
(c) 81 गुना (d) 64 गुना

21. अमोनिया निर्माण की हाबर विधि $N_2 + 3H_3 \rightleftarrows 2NH_3$ में अभिक्रिया वेग $\frac{d[NH_3]}{dt} = 2.5 \times 10^{-4}$ मोल लीटर$^{-1}$ सेकण्ड$^{-1}$ पाया गया।

(a) $2.5 \times 10^{-4}\ mol\ L^{-1}\ sec^{-1}$
(b) $3.75 \times 10^{-4}\ mol\ L^{-1}\ sec^{-1}$
(c) $1.25 \times 10^{-4}\ mol\ L^{-1}\ sec^{-1}$
(d) $5.00 \times 10^{-4}\ mol\ L^{-1}\ sec^{-1}$

22. एक अभिक्रिया का वेग निम्नलिखित द्वारा व्यक्त किया जाता है-

$$k = 1.5 \times 10^{15} \exp(-25000/RT)\ sec^{-1}$$

इसका अर्थ है, कि-

(a) $\log k$ तथा T के मध्य ग्राफ खींचने पर एक सीधी रेखा प्राप्त होगी
(b) उच्च ताप पर अभिक्रिया का अर्ध-आयु काल कम होगा
(c) $\log k$ तथा $\frac{1}{T}$ के मध्य ग्राफ एक सरल रेखा होगी जिसका ढलान -25000 होगा
(d) अभिक्रिया का अर्ध-आयु काल कम ताप पर कम होगा

23. किसी गैसीय अभिक्रिया $A + 3B \rightarrow AB_3$ में प्रारम्भिक वेग के आँकड़े निम्नलिखित हैं-

[A] (M)	[B] (M)	प्रारम्भिक वेग (M sec^{-1})
0.1	0.1	0.002
0.2	0.1	0.002
0.3	0.2	0.008
0.4	0.3	0.018

वेग समीकरण है-

(a) $\frac{dx}{dt} = k[A]^0[B]^2$ (b) $\frac{dx}{dt} = k[A]^3[B]^0$
(c) $\frac{dx}{dt} = k[A]^1[B]^2$ (d) $\frac{dx}{dt} = k[A]^0[B]^3$

24. अभिक्रिया $2A + 2B \rightarrow 3C$ के लिए निम्न आँकड़े उपलब्ध हुए-

प्रारम्भिक सान्द्रण [A] (ML^{-1})	[B]	प्रारम्भिक वेग Mol L^{-1} min^{-1}
1.0	1.0	0.15
2.0	1.0	0.30
3.0	1.0	0.45
1.0	2.0	0.15
1.0	3.0	0.15

दर नियम है-

(a) $\frac{dx}{dt} = k[A]^1[B]^0$ (b) $\frac{dx}{dt} = k[A][B]$
(c) $\frac{dx}{dt} = k[A]^2[B]^0$ (d) $\frac{dx}{dt} = k[A][B]^2$

25. अभिक्रिया $X \rightarrow Y$ के लिए यह पाया गया कि जब X का सान्द्रण चार गुना बढ़ाया जाता है तो अभिक्रिया का वेग दो गुना होता है। इस अभिक्रिया की 'A' के सापेक्ष कोटि है-

(a) आधी (b) एक
(c) शून्य (d) दो

26. गैय अभिक्रिया $CCl_3CHO + NO \rightarrow CHCl_3 + NO + CO$ का वेग नियम $\frac{dx}{dt} = k\,[CCl_3CHO]\,[NO]$ है। जब सान्द्रण को मोल डेसीमी$^{-3}$ में व्यक्त किया जाता है, तो वेग स्थिरांक का मात्रक होगा-

(a) सेकण्ड (b) सेकण्ड$^{-1}$
(c) लीटर मोल$^{-1}$ सेकण्ड$^{-1}$ (d) मोल लीटर$^{-1}$ सेकण्ड$^{-1}$

27. निम्नलिखित आँकड़ों को प्रयुक्त करके अभिक्रिया $2NO_{2(g)} + F_{2(g)} \rightarrow 2NO_2F$ की कोटि क्या होगी-

$[NO_2]$	$[F_2]$	वेग
0.10	0.10	1.00×10^{-2}
0.20	0.20	4×10^{-2}
0.20	0.10	2×10^{-2}

(a) 1 (b) 0
(c) 3 (d) 2

28. डाइटर्शियरी ब्यूटाइल परॉक्साइड का अपघटन प्रथम कोटि गतिकी का पालन करता है। अभिक्रिया का समीकरण है–

$(CH_3)_3C—O—O—C(CH_3)_3 \rightarrow 2CH_3COCH_3 + C_2H_6$

यदि $P_0 = 179.5$ mm Hg तथा 22 मिनट पश्चात् निकाय का दाब $P = 242.3$ mm Hg हो, तो वेग नियतांक होगा–

(a) $8.741 \times 10^{-3}\ min^{-1}$ (b) $8.74\ min^{-1}$
(c) $0.01748\ min^{-1}$ (d) $0.034\ min^{-1}$

29. एक अभिक्रिया विभिन्न पदों में निम्नवत् होती है–

$A \xrightarrow{k_1} B \xrightarrow{k_2} C \xrightarrow{k_3} D$. यदि $k_3 > k_2 > k_1$ हो तो वेग निर्धारण पद है–

(a) $A \rightarrow B$ (b) $B \rightarrow C$
(c) $C \rightarrow D$ (d) $D \rightarrow C$

30. अभिक्रिया $2A + 3B \rightarrow C$ का वेग नियम $\frac{dx}{dt} = k[A] \times [B]^2$ है। इसके वेग स्थिरांक का मान 1.5×10^{-2} लीटर^2 मोल$^{-2}$ सेकण्ड$^{-1}$ है। जब A तथा B के सान्द्रण क्रमशः 0.2 तथा 0.1 M हैं, तो अभिक्रिया वेग होगा–

(a) 3×10^{-4} मोल लीटर$^{-1}$ सेकण्ड$^{-1}$
(b) 5×10^{-3} मोल लीटर$^{-1}$ सेकण्ड$^{-1}$
(c) 3×10^{-5} मोल लीटर$^{-1}$ सेकण्ड$^{-1}$
(d) 3×10^{-5} मोल लीटर$^{-2}$ सेकण्ड$^{-1}$

31. डायजोनियम लवण निम्न प्रकार अपघटित होते हैं,

$$C_6H_5N_2^+Cl^- \rightarrow C_6H_5Cl + N_2$$

0ºC पर N_2 के निकलने की दर दो गुना तीव्र हो जाती है, जब लवण का प्रारम्भिक सान्द्रण दुगुना किया जाता है, अत: यह है–

(a) एक प्रथम कोटि की अभिक्रिया
(b) एक द्वितीय कोटि की अभिक्रिया
(c) लवण के प्रारम्भिक सान्द्रण से स्वतन्त्र
(d) इनमें से कोई नहीं

32. ताप तथा अभिकारकों के आंशिक दाबों की निश्चित दशाओं में अभिक्रिया $N_{2(g)} + 3H_{2(g)} \rightarrow 2NH_{3(g)}$ के लिए, NH_3 के निर्माण की दर 0.001 kg प्रति घण्टा है। उन्हीं दशाओं में H_2 के प्रयुक्त होने की दर है–

(a) 1.082×10^{-4} kg/hr (b) 1.82×10^{-4} kg/hr
(c) 1.5×10^{-3} kg/hr (d) 0.003 kg/hr

33. किसी अभिक्रिया का वेग स्थिरांक (k') किसी अन्य अभिक्रिया के वेग स्थिरांक (k'') का दो गुना है, तो दोनों अभिक्रियाओं की संगत सक्रियण ऊर्जाओं (E_a' व E_a'') में सम्बन्ध होगा–

(a) $E_a' > E_a''$ (b) $E_a' = E_a''$
(c) $E_a' < E_a''$ (d) $E_a' = 4E_a''$

34. एक दी गई अभिक्रिया $A \rightarrow B$ के लिए अभिक्रिया का $t_{1/2}$ अभिकारक 'A' के प्रारम्भिक सान्द्रण के सापेक्ष दिया गया है–

$[A]_0$	1M	2M	4M
$t_{1/2}$	200 sec	400 sec	800 sec

अभिक्रिया की कोटि है–

(a) शून्य (b) द्वितीय
(c) तृतीय (d) प्रथम

35. द्वितीय कोटि की एक अभिक्रिया $X + Y \rightarrow P$ का वेग 7.5×10^{-4} मोल लीटर$^{-1}$ मिनट$^{-1}$ है, जब कि दोनों अभिकारकों में प्रत्येक के सान्द्रण 0.5 मोल लीटर$^{-1}$ हैं। वेग स्थिरांक का मान होगा–

(a) 3×10^{-5} मोल लीटर$^{-1}$ सेकण्ड$^{-1}$
(b) 3×10^{-3} लीटर मोल$^{-1}$ सेकण्ड$^{-1}$
(c) 1.875×10^{-4} लीटर मोल$^{-1}$ सेकण्ड$^{-1}$
(d) 18.75×10^{-6} मोल^2 लीटर$^{-1}$ सेकण्ड$^{-1}$

36. ऐथिल ऐसीटेट का जल अपघटन 0.1 N HCl की उपस्थिति में कराने पर उसका वेग स्थिरांक 1.504×10^{-5} सेकण्ड$^{-1}$ पाया गया। परन्तु जब 0.1 N H_2SO4 को जल अपघटन के लिये प्रयुक्त किया गया तो वेग स्थिरांक का मान 3.2×10^{-5} सेकण्ड$^{-1}$ ज्ञात हुआ। इस प्रेक्षण से निष्कर्ष निकलता है, कि–

(a) H_2SO_4, HCl की अपेक्षा प्रबल अम्ल है
(b) H_2SO_4, HCl की अपेक्षा दुर्बल अम्ल है
(c) दोनों अम्लों की शक्ति समान है
(d) दोनों अम्लों की शक्तियों की तुलना करने के लिए आँकड़े अपर्याप्त हैं

37. अभिक्रिया की कोटि के विषय में कौन-सा कथन सत्य है–

(a) अभिक्रिया की कोटि केवल प्रयोगों द्वारा ज्ञात की जा सकती है
(b) ताप वृद्धि के साथ अभिक्रिया कोटि बढ़ती है
(c) अभिक्रिया की कोटि को सन्तुलित रासायनिक समीकरण से निर्धारित किया जा सकता है
(d) द्वितीय कोटि की अभिक्रिया द्विअणुक भी होती है

38. एक प्रथम कोटि की अभिक्रिया में 32 मिनट बाद 75% अभिक्रिया पूर्ण हो जाती है। 50% अभिक्रिया कम पूर्ण हुई थी–

(a) 16 मिनट में (b) 8 मिनट में
(c) 4 मिनट में (d) 32 मिनट में

39. 25ºC पर किसी रासायनिक अभिक्रिया के वेग नियतांक, सक्रियण ऊर्जा तथा आर्हीनियस परिमाण क्रमशः 3.0×10^{-4} सेकण्ड$^{-1}$, 104.4 किलो जूल मोल$^{-1}$ तथा 6.0×10^{14} सेकण्ड$^{-1}$ हैं। $T \rightarrow \infty$ पर वेग नियतांक का मान होगा–

(a) 2×10^{18} सेकण्ड$^{-1}$ (b) 6.0×10^{14} सेकण्ड$^{-1}$
(c) अनन्त (d) 3.6×10^{30} सेकण्ड$^{-1}$

40. प्रथम कोटि की अभिक्रिया के लिये–

(a) वियोजन की मात्रा $(1 - e^{-kt})$ के बराबर होती है
(b) सान्द्रण के व्युत्क्रम तथा समय के मध्य ग्राफ में एक सरल रेखा प्राप्त होती है
(c) अभिक्रिया की 75% पूर्णता में लगा समय $t_{1/2}$ का तीन गुना होता है
(d) आरहीनियम समीकरण में प्री ऐक्सपो नेन्शियल फैक्टर की विमाएँ T^{-1} होती हैं

41. अभिक्रिया $2N_2O_5 \longrightarrow 4NO_2 + O_2$ के लिये वेग तथा वेग स्थिरांक क्रमशः 1.02×10^{-4} M sec^{-1} तथा 3.4×10^{-5} हैं। उस समय N_2O_5 का सान्द्रण होगा–

(a) 1.732 M (b) 3 M
(c) 1.02×10^{-4} (d) $3.4 \times 10^{+5}$

उत्तरमाला

1. (a)	**2.** (a)	**3.** (d)	**4.** (a)	**5.** (b)	**6.** (d)	**7.** (a)	**8.** (a)	**9.** (a)	**10.** (b)
11. (d)	**12.** (c)	**13.** (a)	**14.** (d)	**15.** (a)	**16.** (b)	**17.** (c)	**18.** (a)	**19.** (a)	**20.** (a)
21. (b)	**22.** (c)	**23.** (a)	**24.** (a)	**25.** (a)	**26.** (c)	**27.** (d)	**28.** (a)	**29.** (a)	**30.** (c)
31. (a)	**32.** (c)	**33.** (c)	**34.** (a)	**35.** (b)	**36.** (a)	**37.** (a)	**38.** (a)	**39.** (b)	**40.** (a,b)
41. (b)									

हल

1. (a) $K = \frac{dx}{dt[A]}$ प्रथम कोटि के लिए = सेकेण्ड$^{-1}$

$K = \frac{dx}{dt}$ शून्य कोटि के लिए ;

= मोल लीटर$^{-1}$ सेकेण्ड$^{-1}$

2. (a) वेग व्यंजक को व्यक्त करने में सान्द्रता के पदों पर चढ़ाई गई घातों का योग।

3. (d) $\frac{d[H_2]}{dt} = \frac{-d[I_2]}{dt} = \frac{1}{2}\frac{d[HI]}{dt}$

4. (a) R मोलर गैस नियतांक है, A आवृत्ति गुणांक तथा K वेग स्थिरांक हैं।

5. (b) $r_0 = K[A]^n [B]^m$

$r_1 = K[2A]^n [B/2]^m$

$r_1 = K\, 2^{n-m} [A]^n [B]^m$ or $r_1 = r \times 2^{n-m}$

6. (d) $t_{1/2} = 15$ मिनट

$\therefore \quad t = \frac{2.303 \times 15}{0.693} \log \frac{0.1}{0.025}$

$= 30$ मिनट

7. (a) वेग स्थिरांक 'K' किसी दी गई अभिक्रिया के लिए लाक्षणिक नियतांक हैं।

8. (a) $\Delta H = E_f - E_b$

$\because \quad \Delta H = +\text{ve}$

$\therefore \quad E_f > E_b$

9. (a) दो अभिकारकों से द्विअणुक अभिक्रिया बनती है, जोकि प्रथम कोटि या द्वितीय कोटि की हो सकती है।

10. (b) $K = \frac{2.303}{t} \log \frac{a}{a-x}$

$= \frac{2.303}{t_{1/4}} \log \frac{a}{\frac{3a}{4}} = \frac{2.303}{t_{1/4}} \log \frac{4}{3}$

$K = \frac{2.303 \times 0.125}{t_{1/4}} = \frac{0.29}{t_{1/4}}$

11. (d) $r_0 = K[CO]^2$

$r_1 = K[2CO]^2$

$\therefore \quad r = 4r_0$

12. (c) पाठ्य देखें। यह आवश्यक नहीं है, कि वे सभी अणु जिनकी ऊर्जा $E > E_a$ अभिक्रिया करें। वे अभिक्रिया कर सकते हैं, तथा नहीं भी।

13. (a) $K_c = \frac{[NOBr_2]}{[NO][Br_2]}$ तथा $r = K[NO][NOBr]$

$\therefore \quad r = K \times K_c [NO]^2 [Br_2]$

अत: NO के सापेक्ष कोटि दो है।

14. (d) $A_2 + B_2 \rightleftharpoons 2AB$

E_a (अग्र) = 180 किलोजूल मोल$^{-1}$

E_a (विपरीत) = 200 किलोजूल मोल$^{-1}$

उत्प्रेरक की उपस्थिति में

E_a (अग्र) = 180 − 100 = 80 किलोजूल मोल$^{-1}$

E_a (विपरीत) = 200 − 100 = 100 किलोजूल मोल$^{-1}$

$\Delta H = E_a$ (अग्र) $- E_a$ (विपरीत)

$= 80 - 100$

$= -20$ किलोजूल मोल$^{-1}$

15. (a) $2A + B \longrightarrow$ उत्पाद

$[B]$ दोगुना करने पर, अर्द्ध–आय अपरिवर्तित है।

[प्रथम कोटि अभिक्रिया में अर्द्ध–आयु काल अभिकर्मक की सान्द्रता में परिवर्तन पर निर्भर नहीं करता।]

इसलिए B के सन्दर्भ में प्रथम कोटि अभिक्रिया, $[A]$ दोगुना करने पर, दर दोगुनीहो जाती है। अत: A के सन्दर्भ में भी प्रथम कोटि

कुल अभिक्रिया की कोटि = 1 + 1 = 2

दर स्थिरांक का मात्रक = (सान्द्रता)$^{(1-n)}$ समय$^{-1}$

= (मोल लीटर$^{-1}$)$^{-1}$ से$^{-1}$

= लीटर मोल$^{-1}$ से$^{-1}$

16. (b) $\frac{1}{2}A \longrightarrow 2B$

अभिक्रिया की दर $= -\frac{2d[A]}{dt} = +\frac{1}{2}\frac{d[B]}{dt}$

अत: A के समाप्त होने की दर

$= -\frac{d[A]}{dt} = \frac{1}{2 \times 2}\frac{d[B]}{dt} = \frac{1}{4}\frac{d[B]}{dt}$

17. (c) समीकरण (I) व (II) को जोड़ने पर समीकरण (III) प्राप्त होती है।
अत: समीकरण (III) = समीकरण (I) + समीकरण (II)

$$K_3 = K_1 \cdot K_2$$

18. (a) t एवं $\log (A)$ के मध्य $\log [A] = \log (A)_0 - kt$

19. (a) माना अभिक्रिया $X \to Y$ की कोटि है, वेग व्यंजक

$$r = k[X]^n \quad ...(i)$$

नया सान्द्रण = 1.5 X

नाया वेग = $2.25\, r$

तो $2.25r = k[1.5\, X]^n \quad ...(ii)$

(ii) को (i) से भाग करने पर

$$2.25 = (1.5)^n$$

अथवा $(1.5)^2 = (1.5)^n$

या $n = 2$

20. (a) अभिक्रिया वेग नियम दी गई समीकरण के अनुसार निम्नवत् होगा–

$$r = \frac{dx}{dt} = k[A]^2[B]$$

अभिकारकों का सान्द्रा तीन गुना करने पर,

$$r' = k[3A]^2 \times [3B]$$

या $r' = k \times 9 \times 3 \times [A]^2[B]$

या $r' = 27r$,

अत: अभिक्रिया वेग 27 गुना हो जायेगा।

21. (b) $$-\frac{1}{3}\cdot\frac{d(H_2)}{dt} = \frac{1}{2}\cdot\frac{d(NH_3)}{dt}$$

$$\frac{d(H_2)}{dt} = \frac{3}{2} \times 2.5 \times 10^{-4}$$

$$= 3.75 \times 10^{-4} \text{ मोल लीटर}^{-1} \text{ सेकण्ड}^{-1}$$

22. (c) उच्च तप पर अभिक्रिया का अर्द्ध आयुकाल कम होगा।

23. (a) दिये गये सान्द्रताओं एवं प्रारम्भिक वेग के मानों को समीकरण $\frac{dx}{dt} = k\cdot [A]^0\cdot [B]^2$ में रखने पर विभिन्न प्रयोगों के लिए k का मान लगभग समान आता है।

$\therefore$ दर या वेग समीकरण $\frac{dx}{dt} = k\cdot [A]^0\cdot [B]^2$ होगा

24. (a) $\because$ विभिन्न प्रयोगों से प्राप्त A व B के सान्द्रताओं एवं प्रारम्भिक वेग के आंकड़ो को $\frac{dx}{dt} = k\cdot [A]^1\cdot [B]^0$ में रखने पर k का मान लगभग समान आता है।

25. (a) $r = k\cdot [X]^n$

X का सान्द्रण चार गुना बढ़ाने पर वेग दो गुना होता है, जिसके लिए $n = \frac{1}{2}$ होना चाहिए।

26. (c) दर समीकरण के अनुसार अभिक्रिया की कोटि 2 होगी। $\therefore$ वेग स्थिरांक का मात्रक लीटर मोल$^{-1}$ सेकण्ड$^{-1}$ होगा।

27. (d) $r = k\cdot [NO_2]\cdot [F_2]$ द्वारा हल कने पर तीन प्रयोगों में k का मान समान आता है।

$\therefore$ कोटि 2 होगी।

$$k = \frac{r}{[NO_2]\cdot[F_2]}$$

प्रयोग (i) $k = \frac{1\times10^{-2}}{0.1\times0.1} = 1$

प्रयोग (ii) $k = \frac{4\times10^{-2}}{0.2\times0.2} = 1$

प्रयोग (iii) $k = \frac{2\times10^{-2}}{0.2\times0.1} = 1$

28. (a) अभिक्रिया समीकरण के अनुसार

$P_0 = 179.5$ mm.

$(CH_3)_3C-O-O-C-(CH_3)_3 \to$

0 mm... at $t = 0$

$2CH_3COCH_3 + C_2H_6$

$(179.5 - x)$ mm $2x$ mm x mm ... 22 मिनट पश्चात्

प्रश्नानुसार, 22 मिनट पश्चात् निकाय का दाब = 242.3 mm

$= (179.5 - x) + 2x + x = 179.5 + 2x$

अथवा $2x = 242.3 - 179.5$

$= 62.8$ या $x = 31.4$ mm.

अत: $P_0 = 179.5$ mm

$t = 22$ मिनट

$P_t = 22$ मिनट पश्चात् अभिकारक का दाब

$= (P_0 - x) = 179.5 - 31.4 = 148.1$ mm.

प्रथम कोटि की बल गतिकी समीकरण द्वारा,

$$k = \frac{2.303}{t}\log\frac{a}{(a-x)}$$

या $$k = \frac{2.303}{t}\log\frac{P_0}{P_t}$$

$$= \frac{2.303}{22}\log\frac{179.5}{148.1}$$

$$= \frac{2.303}{22} \times \log 1.2120$$

$$= \frac{2.303\times0.0835}{22} = \frac{0.1923}{22}$$

$$= 8.74 \times 10^{-3} \text{ मिनट}^{-1}$$

29. (a) $\because A \longrightarrow B$ के लिए k_1 का मान कम है, जो इस पद के सबसे धीमे होने को व्यक्त करता है एवं सबसे धीमा पद वेग निर्धारक पद कहलाता है।

□□□

12

Chapter

पृष्ठ रसायन
(Surface Chemistry)

पृष्ठ रसायन (Surface Chemistry) :

⇨ रसायन विज्ञान की वह शाखा जिसके अन्तर्गत ठोसों के पृष्ठ तल के गुणों का अध्ययन किया जाता है, पृष्ठ रसायन कहलाती है।

अधिशोषण (Adsorption) :

⇨ जब किसी ठोस को द्रव या गैस के सम्पर्क में रखा जाता है, तो ठोस की सतह पर द्रव या गैस का सान्द्रण बढ़ जाता है। क्योंकि ठोस की सतह पर उपस्थित मुक्त संयोजकताओं (free valencies) को सन्तुष्ट करने के लिए द्रव या गैस के अणु की सतह से जुड़ जाते हैं। इस घटना को अधिशोषण कहते हैं।

⇨ **अधिशोषक (Adsorbent) :** वह ठोस पदार्थ जिसकी सतह पर अधिशोषण होता है अधिशोषक कहलाता है। जैसे- सक्रिय चारकोल, सिलिका जैल, Pt, Pd, Ni आदि।

⇨ **अधिशोष्य (Adsorbate) :** वे पदार्थ, द्रव या गैसें जो अधिशोषक की सतह पर अधिशोषित हो जाते हैं।, अधिशोषय कहलाते हैं।

⇨ **अवशोषण (Absorption) :** वह घटना जिसमें अधिशोष्य के कण अधिशोषक के अन्दर चले जाते हैं और भली-भाँति वितरित हो जाते हैं, अवशोषण कहलाती हैं।

⇨ **शोषण (Sorption) :** वह प्रक्रम जिसमें अधिशोषण व अवशोषण दोनों होते हैं, शोषण कहलाता है।

⇨ **अधिशोषण की एन्थेल्पी या अधिशोषण ऊष्मा (Heat of Adsorption) :** अधिशोषण प्रक्रम में एक मोल अधिशोष्य के अधिशोषक सतह पर अधिशोषण होने पर मुक्त ऊष्मा की मात्रा अधिशोषण ऊष्मा कहलाती है।

विशेष

✍ बन्ध निर्माण प्रक्रम ऊष्माक्षेपी होता ही है। अत: अधिशोषण प्रक्रम के लिए ΔH ऋणात्मक होगा।

✍ यदि कोई गैस ठोस सतह पर अधिशोषित होती है तो उसकी एन्ट्रॉपी कम हो जाती है अर्थात् अधिशोषण के लिए ΔS ऋणात्मक होगा।

✍ अधिशोषण एक स्वत: प्रवर्तित (spontaneous) प्रक्रम है अत: ΔG ऋणात्मक होगा।

अधिशोषण के प्रकार (Types of Adsorption) :

⇨ **भौतिक अधिशोषण (Physical adsorption, physisorption) :** भौतिक अधिशोषण की ऊष्मा $20-40\ \text{kJ mol}^{-1}$ होती है। भौतिक अधिशोषण की मात्रा कम ताप व अधिक दाब के साथ बढ़ती है। अत: अधिक ताप व कम दाब पर भौतिक अधिशोषण की मात्रा घट जाती है। सक्रियित चारकोल पर गैसों का अधिशोषण भौतिक अधिशोषण का उदाहरण है।

⇨ **रासायनिक अधिशोषण या लैंगमूर अधिशोषण (Chemical adsorption, Chemisorption or Langmuir adsorption) :** रासायनिक अधिशोषण प्रकृति में अतिविशिष्ट (highly specific) होता है अर्थात् यह तभी होता है जब अधिशोष्य और अधिशोषक अणुओं के मध्य एक रासायनिक बन्ध बनता है। यह अनुत्क्रमणीय (irreversible) होता है अर्थात् ताप वृद्धि से अथवा दाब की कमी से विशोषण नहीं होता है। रासायनिक अधिशोषण में अधिशोषक के पृष्ठ पर अधिशोष्य की केवल एक आणविक सतह (monomolecular layer) बनती है।

ठोसों पर अधिशोषण को प्रभावित करने वाले कारक (Ractors Affecting Adsorption on Solids) :

⇨ **अधिशोषक पृष्ठ का क्षेत्रफल (Surface area of Adsorbent) :** अधिशोषक के पृष्ठ का क्षेत्रफल जितना अधिक होगा, अधिशोषण की मात्रा उतनी ही अधिक होगी। सूक्ष्म वितरित ठोस का पृष्ठ क्षेत्रफल बढ़ जाता है, मुक्त संयोजकताओं की संख्या बढ़ जाती है जिससे अधिशोषण की मात्रा में भी वृद्धि हो जाती है।

⇨ **ताप (Temperature) :**

- **अधिशोषण समदाबी (Adsorption isobar) :** स्थिर दाब पर अधिशोषण की मात्रा ($\frac{x}{m}$, $x =$ अधिशोष्य की मात्रा, $m =$ अधिशोषक की मात्रा) तथा ताप के मध्य खींचा गया ग्राफ, अधिशोषण समदाबी कहलाता है।
- स्थिर दाब पर ताप वृद्धि से भौतिक अधिशोषण लगातार कम होता जाता है।

⇨ **दाब (Pressure) :**

- **निम्न दाब पर :** $\frac{x}{m}$ गैस के दाब के समानुपाती होता है, अर्थात्

$$\frac{x}{m} \propto P^1$$

- **उच्च दाब पर :** अधिशोषण की मात्रा गैस के दाब से स्वतन्त्र होता है, अर्थात्

$$\frac{x}{m} \propto P^0$$

- **मध्यस्थ (intermediate) दाबों पर :** अधिशोषण की मात्रा, गैस

के दाब P की 0 और 1 के मध्य घात (power) के समानुपाती होता है, अर्थात्

$$\frac{x}{m} \propto P^{1/n} \qquad \text{जहाँ } n > 1$$

अथवा
$$\frac{x}{m} = k\,P^{1/n} \qquad ...(i)$$

जहाँ 'n' एक स्थिरांक है जो अधिशोष्य व अधिशोषक दोनों की प्रकृति पर निर्भर करता है। $\frac{1}{n}$ का मान 0 से 1 के मध्य होता है।

समीकरण (i) के दोनों ओर का लघुगणक लेने पर

$$\log\frac{x}{m} = \log k + \frac{1}{n}\log P$$

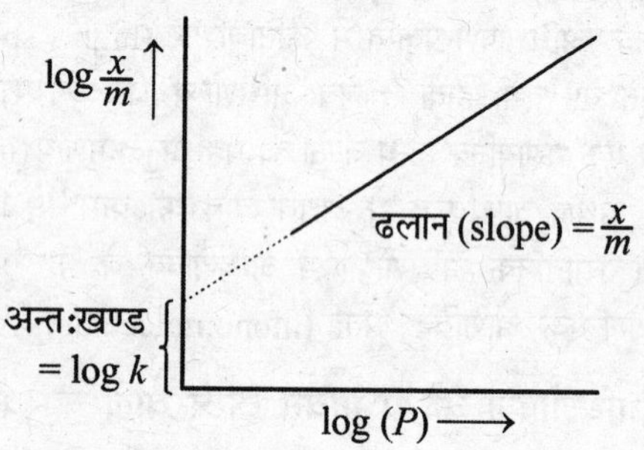

कोलॉइड (Colloid) :

⇨ थॉमस ग्राह्म ने विलयशील पदार्थों को निम्न दो वर्गों में विभाजित किया

1. क्रिस्टलाभ (Cyrstalloids)
2. कोलॉइड (Colloids)

कोलॉइडी अवस्था (Colloidal State) :

⇨ कोलॉइडी अवस्था वास्तविक विलयन एवं निलम्बन के बीच की अवस्था (intermediate state) होती है। कणों के व्यास के आधार पर विलयन को तीन भागों में वर्गीकृत किया जाता है –

(a) वास्तविक विलयन (True solutions)
(b) निलम्बन (Suspension)
(c) कोलॉइडी विलयन (Colloidal solutions)

(a) वास्तविक विलयन (True Solutions) :

- इनमें विलेय के कणों का आकार 1nm (= 10^{-7}cm अथवा 10Å) से कम होता है। इनमें विलेय तथा विलायक के कण लगभग बराबर आकार के होते हैं। जैसे - NaCl का जलीय विलयन, यूरिया का जलीय विलयन।
- ये चर्म-पत्र या फिल्टर पेपर से निकल जाते हैं।

(b) निलम्बन (Suspension) :

- निलम्बन एक विषमांगी प्रकृति का विलयन हैं।
- इन विलयनों में विलेय के कणों का आकार 10^3 Å अर्थात् 200 nm से अधिक होता है तथा इन्हें नग्न आँख से देखा जा सकता हैं।

(c) कोलॉइडी विलयन (Colloidal Solution) :

- वे विलयन जिनमें विलेय के कणों का आकार वास्तविक विलयन और निलम्बन के कणों के आकार के मध्य होता है। ऐसे विलयन को कोलॉइडी विलयन कहते हैं। यह एक विषमांगी प्रकृति का विलयन होता है।
- इन विलयन में विलेय कणों को नग्न आँख से नहीं देखा जा सकता किन्तु इनका प्रकीर्णित प्रकार देखा जा सकता है। इनमें कणों का आकार 10Å से 10^3 Å होता है।
- ये फिल्टर पेपर से निकल जाते हैं परन्तु चर्म-पत्र से नहीं छनते हैं।

कोलॉइड की प्रावस्थायें (Phases of Colloids) :

⇨ कोलॉइडी निकाय की दो प्रवस्थायें होती हैं –

1. **परिक्षिप्त प्रावस्था (Dispersed Phase) :** कोलॉइडी विलयन में विलेय पदार्थ के कणों की प्रावस्था को परिक्षिप्त प्रावस्था कहते हैं। यह वास्तविक विलयन में विलेय पदार्थ होता है।
2. **परिक्षेपण माध्यम (Dispersion Medium) :** कोलॉइडी विलयन में विलायक माध्यम को जिसमें ये कण वितरित रहते हैं, परिक्षेपण माध्यम कहलाता है। यह वास्तविक विलयन में विलायक होता है।

कोलॉइडी निकायों के प्रकार (Types of Colloidal Systems) :

⇨ कोलॉइडी विलयन में परिक्षिप्त और परिक्षेपण दो प्रावस्थायें होती हैं। ये ठोस, द्रव या गैस हो सकती है। इनकी भौतिक अवस्था के आधार पर कोलॉइडी निकाय 8 प्रकार के होते हैं –

(1) ठोस-सॉल (Solid sols) : इस निकाय में परिक्षिप्त अवस्था ठोस तथा परिक्षेपण माध्यम ठोस होता है।
(2) जैल (Gel) : इस निकाय में परिक्षिप्त प्रावस्था द्रव तथा परिक्षेपण माध्यम ठोस होता है।
(3) ठोस फेन (Solid foam) : इस निकाय में परिक्षिप्त प्रावस्था गैस तथा परिक्षेपण माध्यम ठोस होता है।
(4) सॉल (Sol) : इस निकाय में परिक्षिप्त प्रावस्था ठोस तथा परिक्षेपण माध्यम द्रव होता है।
(5) पायस (Emulsion) : इस निकाय में परिक्षिप्त प्रावस्था द्रव तथा परिक्षेपण माध्यम द्रव होता है।
(6) झाग या फेन (Foam) : इस निकाय में परिक्षिप्त प्रावस्था गैस तथा परिक्षेपण माध्यम द्रव होता है।
(7) ठोस ऐरोसॉल (Aerosol Solid) : इस निकाय में परिक्षिप्त प्रावस्था ठोस तथा परिक्षेपण माध्यम गैस होता है।
(8) द्रव ऐरोसॉल (Aerosol Liquid) : इस निकाय में परिक्षिप्त प्रावस्था द्रव तथा परिक्षेपण माध्यम गैस होता है।

कोलॉइडों का वर्गीकरण (Classification of Colloids) :

⇨ परिक्षिप्त प्रावस्था तथा परिक्षेपण माध्यम के मध्य बन्धुता (affinity) के आधार पर कोलॉइड दो प्रकार के होते हैं

1. द्रव स्नेही कोलॉइड (Lyophitic colloids)
2. द्रव विरोधी कोलॉइड (Lyophobic colloids)

1. **द्रव स्नेही कोलॉइड (Lyophitic colloids) :** ये कोलॉइड परिक्षेपण माध्यम के सम्पर्क में लाये जाने पर सरलता से कोलॉइडी विलयन बना देते हैं। द्रव स्नेही कोलॉइडों का परिक्षेपण माध्यम के अणुओं के प्रति प्रबल आकर्षण (affinity) होता है। प्रोटीन, स्टार्च, जिलेटिन, गोंद आदि के जल में सॉल द्रव स्नेही कोलॉइड है।
2. **द्रव विरोधी कोलॉइड (Lyophobic colloids) :** ये पदार्थ विलायक के सम्पर्क में आकार आसानी से कोलॉइडी विलयन नहीं बनाते हैं। द्रव-विरोधी पदार्थों का द्रव के अणुओं के प्रति आकर्षण नहीं होता है। सल्फल, गोल्ड, फेरिक ऑक्साइड, आर्सेनियस सल्फाइड आदि के जल में कोलॉइडी विलयन द्रव-विरोधी कोलॉइड है।

कोलॉइडी विलयनों के गुण (Properties of Colloidal Solution) :

➪ **प्रकाशीय गुण (Optical Properties) :**

- **टिन्डल प्रभाव (Tyndall effect) :** जब प्रकाश की किरण पुंज किसी कोलॉइडी विलयन में प्रवाहित करते हैं। तो किरण पुंज के लम्बवत् देखने पर किरण पुंज का पथ चमकीले शंकु के रूप में दिखाई देता है। इस घटना को टिन्डल प्रभाव कहते है तथा शंकु जैसा चमकीला पथ टिन्डल शंकु कहलाता है।

➪ **यांत्रिक गुण (Mechanical Properties) :**

- **ब्राउनी गति (Brownian Momentum) :** कोलॉइडी विलयन में कोलॉइडी कण निरन्तर टेढ़े-मेढ़े ढंग से सभी दिशाओं में गति करते हैं। कोलॉइडी कणों की निरन्तर और अनियमित टेढ़ी-मेढ़ी गति ब्राउनी गति कहलाती है। ब्राउनी गति परिक्षेपण माध्यम में गतिशील अणुओं की कोलॉइडी कणों पर टक्करों के कारण होती है। कोलॉइडी कणों में यह गति अधिक होती है तथा आकार बढ़ने के साथ-साथ कम होती जाती है।

हॉर्डी-शूलजे नियम (Hardy-Schulze Rule) :

➪ इस नियम के अनुसार, किसी कोलॉइडी विलयन का अवक्षेपण करने में वह आयन प्रभावी होता है, जिसके आवेश का चिन्ह कोलॉइडी कणों के आवेश के चिन्ह के विपरीत होता है।

➪ ऋणावेशित कोलॉइडी कण के प्रति धनायनों की स्कन्दन शक्ति का घटता क्रम

$$Al^{3+} > Ba^{2+} \text{ या } Mg^{2+} > Na^{+} \text{ या } K^{+}$$

➪ धनावेशित कोलॉइडी कण के प्रति ऋणायनों की स्कन्दन शक्ति का घटता क्रम

$$[Fe(CN)_6]^{4-} > PO_4^{3-} > SO_4^{2-} > Cl^{-}$$

विद्युत अपघट्य का स्कन्दन अथवा ऊर्णन मान (Coagulating value or Flocculation value or electrolyte) :

➪ किसी विद्युत-अपघट्य के मिली मोलों की वह न्यूनतम संख्या जो एक लीटर कोलॉइडी विलयन के स्कन्दन के लिए आवश्यक है, उसको विद्युत-अपघट्य का ऊर्णन मान कहते हैं।

➪ जिस विद्युत अपघट्य का ऊर्णन मान कम होता है उसकी स्कन्दन शक्ति अधिक होती है

$$\text{ऊर्णन मान} \propto \frac{1}{\text{प्रभावी आयन की स्कन्दन शक्ति}}$$

स्वर्ण संख्या (Gold Number) :

➪ किसी द्रव-स्नेही कोलॉइड के रक्षक गुण को व्यक्त करने के लिए जिगमान्डी (Zsigmondy) ने सन् 1901 ई० में स्वर्ण संख्या सिद्धान्त का निर्धारण किया।

➪ किसी द्रव-स्नेही कोलॉइड के आवश्यक न्यूनतम मिलीग्राम जो 10 मिली मानक गोल्ड सॉल का स्कन्दन 10% NaCl के एक मिली द्वारा होने से रोक देती है, उस द्रव स्नेही कोलॉइड की स्वर्ण संख्या कहलाती है।

➪ जिस द्रव स्नेही कोलॉइड की स्वर्ण संख्या कम होती है, उसकी रक्षण क्षमता अधिक होती है।

पायस (Emulsion) :

➪ पायस दो प्रकार के होते हैं -

(a) **Oil in water (O/W) :** इस प्रकार के पायस में जल परिक्षेपण माध्यम तथा तेल परिक्षिप्त प्रावस्था है। जैसे- vanishing cream, दूध आदि इसी प्रकार के पायस हैं।

(b) **Water in oil (W/O) :** इस प्रकार के पायस में तेल परिक्षेपण माध्यम है तथा जल परिक्षिप्त प्रावस्था है। जैसे- कॉड लिवर आयल, मक्कखन आदि।

उत्प्रेरण (Catalysis) :

➪ **समांगी उत्प्रेरण (Homogeneous Catalyssi) :** जब उत्प्रेरक और अभिकारक परस्पर मिलकर एक समांग मिश्रण बनाते हैं, तो उत्प्रेरण समांगी उत्पेरण कहलाता है।

- अमोनिया का नाइट्रस ऑक्साइड में ऑक्सीकरण

$$\underset{gas}{4NH_3} + \underset{gas}{SO_2} + \underset{solid}{(Pt)} \longrightarrow 4NO + 6H_2O + (Pt)$$

- सम्पर्क विधि द्वारा सल्फ्यूरिक ऐसिड का उत्पादन

$$\underset{gas}{2SO_2} + \underset{gas}{O_2} + \underset{solid}{[V_2O_5] \text{ or } [Pt]} \longrightarrow 2SO_3 + (V_2O_5) \text{ or } [Pt]$$

➪ **विषमांगी उत्प्रेरण (Heterogeneous catalysis) :** जब उत्प्रेरक और अभिकारक परस्पर मिलकर भिन्न प्रावस्था बनाते हैं, तो उत्पेरण विषमांगी उत्प्रेरण कहलाता है।

- नाइट्रस ऑक्साइड की उपस्थिति में SO_2 का SO_3 में आक्सीकरण

$$\underset{(g)}{2SO_2} + \underset{(g)}{O_2} + \underset{(gas)}{[NO]} \longrightarrow \underset{gas}{2SO_3} + [NO]$$

उत्प्रेरकों की विशेषताएँ (Characteristics of Catalytic Reactions)

➪ अभिक्रिया के अन्त में उत्प्रेरक का भार एवं रासायनिक संगठन अपरिवर्तित रहता है।

➪ सामान्यत: उत्प्रेरक की अल्प मात्रा ही अभिक्रिया की गति को प्रभावित कर देती है।

- उत्प्रेरक किसी अभिक्रिया को प्रारम्भ नहीं करता है।
- सूक्ष्म वितरित अवस्था में उत्प्रेरक की सक्रियता अधिक होती है।
- ताप बढ़ाने से कुछ उत्प्रेरकों की भौतिक अवस्था में परिवर्तन हो जाता है, जिससे उसकी सक्रियता घट जाती है।
- उत्प्रेरक किसी उत्क्रमणीय अभिक्रिया के साम्य स्थिरांक को प्रभावित नहीं करता। उत्प्रेरक साम्यावस्था प्राप्त होने में लगने वाले समय को कम कर देता है।

उत्प्रेरक वर्धक (Catalytic Promoters) :

- वे पदार्थ जो स्वयं अभिक्रिया को उत्प्रेरित नहीं करते किन्तु उत्प्रेरक की सक्रियता को बढ़ा देते हैं, उत्प्रेरक वर्धक या उत्तेजक कहलाते हैं।
- $N_2 + 3H_2 \underset{Mo}{\overset{Fe}{\rightleftharpoons}} 2NH_3$

  हैबर विधि में Fe उत्प्रेरक और Mo वर्धक है। हैबर विधि में Al_2O_3 का मिश्रण भी वर्धक का कार्य करता है।
- $CO + 2H_2 \underset{Cr_2O_3}{\overset{ZnO}{\rightleftharpoons}} CH_3OH$

  CO एवं H_2 की अभिक्रिया CH_3OH के निर्माण में ZnO उत्प्रेरक तथा Cr_2O_3 का मिश्रण भी वर्धक का कार्य करता है।

उत्प्रेरक विष (Catalyst Poisons) :

- वे पदार्थ जो किसी उत्प्रेरक उत्प्रेरक सक्रियता को कम या नष्ट कर देते हैं, उन्हें उत्प्रेरक विष कहते हैं और यह प्रक्रम उत्प्रेरक विषीकरण कहलाता है।

$$2H_2 + O_2 \xrightarrow[CO]{Pt} 2H_2O$$

इस अभिक्रिया में CO विष का कार्य करता है।

कुछ महत्त्वपूर्ण उत्प्रेरक (Some Important Catalysts) :

- जैग्लर-नैटा उत्प्रेरक (Zeigler-Natta catalyst) – $TiCl_4 + (C_2H_5)_3Al$
- लिन्डर उत्प्रेरक (Lindlar's catalyst)
- विल्किन्सन उत्प्रेरक (Wilkinson's catalyst) – $[(Ph_3P)_3 Rh]Cl$
- ऐडम उत्प्रेरक (Adam's catalyst) – Pt/PtO
- ब्राउन उत्प्रेरक (Brown catalyst) – निकिल ब्रोमाइड

स्मरणीय बिन्दु

- द्रव-विरोधी कोलॉइड विलयन (sols) स्पष्ट टिन्डल प्रभाव दर्शाते हैं। यह प्रकाश के प्रकीर्णन (Scattering of Light) के कारण होता है। अर्थात् द्रव-स्नेही कोलॉइडी विलयनों में टिन्डल प्रभाव बहुत ही क्षीण होता है, जबकि द्रव विरोधी कोलॉइडी विलयन में टिन्डल प्रभाव प्रबल होता है।
- किसी विद्युत-अपघट्य में प्रभावी आयन की संयोजकता जितनी अधिक होगी उसकी कोलॉइडी कणों को स्कन्दित करने की शक्ति या स्कन्दन क्षमता (coagulating power) उतनी ही अधिक होगी।

  स्कन्दन क्षमता क्रम (धनात्मक सॉल के लिए)

  $KNO_3 < K_2SO_4 < K_3PO_4 < K_4Fe(CN)_6$,

  अर्थात् $NO_3^- < SO_4^{2-} < PO_4^{3-} < Fe(CN)_6^{4-}$

  स्कन्दन क्षमता क्रम (ऋणात्मक सॉल के लिए)

  $KNO_3 < Ba(NO_3)_2 < Al(NO_3)_3 < Th(NO_3)_4$,

  अर्थात् $K^+ < Ba^{2+} < Al^{3+} < Th^{4+}$
- कोलॉइडी कण के आकार में वृद्धि से ब्राऊनी गति कम हो जाती है।
- ब्रॉउनी गति कोलॉइडी निकाय के स्थायित्व की व्याख्या करती है।
- As_2S_3 का सॉल कण ऋणावेशित होता है क्योंकि यह विलयन में उपस्थित H_2S के S^{--} आयन को अधिशोषित कर लेता है।
- $Al(OH)_3$ का सॉल कण धनावेशित होता है क्योंकि उपस्थित विद्युत अपघट्य $AlCl_3$ का Al^{3+} आयन इस कण पर अधिशोषित हो जाता है।
- जल स्नेही कोलॉइडी कण पर आवेश की प्रकृति विलयन के pH मान पर निर्भर करती है।
- मिल्क ऑफ मैग्नीशिया, $Mg(OH)_2$ का जल में कोलॉइडी परिक्षेपण है; इसे अतिअम्ल (Argyrol) के रूप में प्रयोग करते हैं।
- अधिशोषण सदैव ऊष्माक्षेपी (ΔH = ऋणात्मक) होता है तथा अनियमितता (randomness) को कम करता है, अर्थात् एंट्रोपी को घटा देता है (ΔS = ऋणात्मक) अत: $T\Delta S$ = ऋणात्मक।
- जियोलाइट कठोर जल से मृदु जल बनाने में प्रयोग होता है, तथा पेट्रोरसायन उद्योग में अपनी आकार चयनात्मक प्रवृति के कारण उत्प्रेरक की भाँति की प्रयुक्त होता है क्योंकि इसके पृष्ठ पर अलग-अलग आकार की गुहाएँ तथा छिद्र होते हैं।
- सोडियम डोडेसिल सल्फेट ऋणायनों के एकत्रित होने पर ऋणायनिक माइसेल (Micelle) बनाता है जबकि CATB, धनायनों के एकत्र होने पर धनायनिक मिसल बनाता है।
- CH_3OH के निर्माण में, Cr_2O_3; ZnO के लिए वर्धक का कार्य करता है।
- पैट्रोल के संश्लेषण में, Al_2O_3, ThO_2; उत्प्रेरकों Ni तथा Co के लिए वर्धक का कार्य करते हैं।
- H_2 बनाने की बॉश विधि (Bosch process) में Cr_2O_3, Fe_2O_3 के लिए वर्धक का कार्य करता है।
- HN_3 निर्माण की हेबर विधि में Fe के लिए Mo वर्धक का कार्य करता है।
- टिण्डल कोन का रंग नीला होता है क्योंकि नीले रंग का प्रकीर्णन सबसे अधिक होता है।
- दूध में केसीन एक पायसीकारक है।
- ब्राउनियन गति परिक्षेपण माध्यम के कणों के द्वारा कोलॉइडी कण पर लगातार आघात के कारण होती है।
- रासायनिक अधिशोषण अतिविशिष्ट प्रकृति का होता है।
- स्टार्च विलयन आणविक कोलॉइड होता है।
- मैटल सल्फाइड सॉल को स्कन्दित करने में ऐल्यूमिनियम सल्फेट मैग्नीशियम सल्फेट से अधिक प्रभावशाली होता है।
- रासायनिक अधिशोषण अनुत्क्रमणीय होता है।

अभ्यास के लिए प्रश्न

1. फिटकरी किस प्रकार जल का शोधन करती है?
   (a) मृदा कणों के साथ सिलिकॉन संकर बनाती है
   (b) सल्फेट गन्दगी से जुड़कर इसे अलग कर देती है
   (c) मृदा कणों का स्कंदन करके
   (d) कीचड़ को जल में विलेय बनाती है
2. भौतिक अधिशोषण के सम्बन्ध में सही नहीं है-
   (a) अधिशोषण स्वत: होता है
   (b) अधिशोषण की ऐन्थैल्पी तथा ऐन्ट्रॉपी दोनों ऋणात्मक होती हैं
   (c) ठोस पर अधिशोषण बढ़ता है
   (d) ताप वृद्धि के साथ अधिशोषण बढ़ता है
3. ऐन्जाइम के सम्बन्ध में सही कथन का चयन करें–
   (a) ऐन्जाइम विशिष्ट जैविक उत्प्रेरक होते हैं जिनमें सुपरिभाषित सक्रिय केन्द्र होते हैं
   (b) ऐन्जाइम सामान्यत: विषमांग उत्प्रेरक होते हैं, जोकि अपने कार्य में विशिष्ट होते हैं
   (c) ऐन्जाइम विशिष्ट जैविक उत्प्रेरक होते हैं, जिन्हें विषाक्त नहीं किया जा सकता
   (d) ऐन्जाइम विशिष्ट जैविक उत्प्रेरक होते हैं, जो सामान्यत: उच्च ताप ($T = 1000$ K) पर कार्य कर सकते हैं
4. कोलॉइडी कणों का आयतन V_c, वास्तविक विलयन के कणों के आयतन V_s की तुलना में होता है–
   (a) ~ 1 (b) $\sim 10^{23}$
   (c) $\sim 10^{-3}$ (d) $\sim 10^{3}$
5. आयरन (III) हाइड्रोक्सॉइड के कोलॉइडी विलयन तथा कोलाइडी गोल्डी में परिक्षित प्रावस्था पर क्रमश: धन तथा ऋण आवेश होता है। इस कथन के सन्दर्भ में सही कथन नहीं है, कि-
   (a) मैग्नीशियम क्लोराइड विलयन स्वर्ण सॉल को आयरन (III) हाइड्रॉक्साइड सॉल की तुलना में आसानी से स्कंदित कर सकता है
   (b) सोडियम सल्फेट दोनों सॉल का स्कंदन कर सकता है
   (c) दोनों सॉलों को मिलाने का कोई प्रभाव नहीं होता
   (d) दोनों सॉलों को इलेक्ट्रोफोरेसिस द्वारा संकदित किया जा सकता है
6. लैगम्पूर सिद्धान्त के अनुसार गैसों के ठोसीय पृष्ठ पर अधिशोषण के लिए–
   (a) दिये गये पृष्ठ पर टकराने वाले गैसीय अणुओं की संख्या गैस के दाब से स्वतन्त्र होती है
   (b) अधिशोषित अणुओं के वियोजित होने की दर ढ़की गयी परत के क्षेत्रफल पर निर्भर नहीं करती
   (c) एक सक्रिय केन्द्र पर एक से अधिक अणुओं का अधिशोषण हो सकता है
   (d) दिये गये क्षेत्रफल पर टकराने वाले गैसीय अणुओं की संख्या गैस के दाब के अनुक्रमाणुपाती होती है
7. रक्षी कोलाइडों A, B, C तथा D की स्वर्ण संख्याएँ क्रमश: 0.50, 0.01, 0.10 तथा 0.005 हैं। इनकी रक्षण क्षमता का सत्य क्रम होगा-
   (a) $D < A < C < B$ (b) $C < B < D < A$
   (c) $A < C < B < D$ (d) $B < D < A < C$
8. जल की निलम्बित तथा कोलॉइडी अशुद्धियों को दूर करने के लिये प्राय: मिलाया जाने वाला स्कन्दकारी पदार्थ है–
   (a) जिंक क्लोराइड (b) कॉपर सल्फेट
   (c) विरंजक चूर्ण (d) ऐल्युमिनियम सल्फेट
9. जिलेटिन का बहुधा उपयोग आइसक्रीम बनाने में किया जाता है। इसका कारण है–
   (a) कोलॉइड बनना रोकने में (b) कोलॉइड को स्थायी करने में
   (c) मिश्रण को स्थायी करने में (d) सुगन्धित करने में
10. किसी आयन की कोलॉइड को स्कन्दित करने की क्षमता निर्भर करती है–
    (a) इसके आकार पर
    (b) उस पर स्थित आवेश की मात्रा पर
    (c) आवेश के चिन्ह पर
    (d) आवेश की मात्रा तथा चिन्ह दोनों पर
11. गोल्ड नम्बर क्या है–
    (a) यह मिलीग्राम में शुष्क जल स्नेही पदार्थकी वह मात्रा है, जिसका कलिल घोल बनाया गया है और वह कलिल घोल जब 10 मिली लाल स्वर्ण के कलिल घोल में मिलाया जाये और उसमें 1 मिली 10% NaCl का घोल मिलाया जाये तो वह स्कन्दन रोक देता है।
    (b) यह मिलीग्राम में शुष्क जल स्नी पदार्थ की वह मात्रा है जिसका कलिल घोल बनाया गया है और कलिल घोल जब 1 मिली लाल स्वर्ण के कलिल घोल में मिलाया जाये और उसमें 10 मिली 10% NaCl का घोल मिलाया जाये तो वह उसका स्कन्दन रोक देता हैं।
    (c) यह मिलीग्राम में शुष्क जल स्नेही पदार्थ की मात्रा है जिसका कलिल घोल बनाया गया है। वह कलिल घोल जब 1 मिली लाल स्वर्ण कलिल घोल में मिलाया जाये और उसमें 1 मिली 1% NaCl का घोल मिलाया जाये तो वह उसका स्कन्दन रोक देता है।
    (d) इनमें से कोई नहीं
12. स्वर्ण संख्या इसका सूचक है–
    (a) स्वर्ण सॉल पर आवेश
    (b) प्रति लीटर कोलॉइडी विलयन में स्वर्ण के मोलों की संख्या
    (c) कोलॉइड की रक्षक प्रकृति
    (d) स्वर्ण सॉल की शुद्धता
13. लैंगमूर अधिशोषण समतापी वक्र के अनुसार अत्यन्त उच्च दाबों पर अधिशोषित गैस की मात्रा–
    (a) एक स्थिर सीमान्त मान तक पहुँचती है
    (b) दाब के साथ बढ़ती जाती है

(c) दाब के साथ घटती जाती है

(d) दाब के साथ पहले बढ़ती है तथा बाद में घटती है

14. कोलॉइडी विलयन के अवक्षेपण की क्षमता अलग-अलग संयोजकता वाले आयनों की किस क्रम में होती है–

(a) टेट्रावेलेन्ट > ट्राइवेलेन्ट > डाइवेलेन्ट > मोनोवेलेन्ट

(b) ट्राइवेलेन्ट > डाइवेलेन्ट > टेट्रावेलेन्ट > मोनोवेलेन्ट

(c) मोनोवेलेन्ट > डाइवेलेन्ट > ट्राइवेलेन्ट > टेट्रावेलेन्ट

(d) डाइवेलेन्ट > मोनोवेलेन्ट > टेट्रावेलेन्ट > ट्राइवेलेन्ट

15. स्वर्ण के भिन्न विधियों से प्राप्त कोलॉइडी विलयनों का रंग किस कारण से भिन्न होता है–

(a) स्वर्ण के कोलॉइडी कणों के भिन्न व्यासों के कारण

(b) स्वर्ण की परिवर्ती संयोजकता के कारण

(c) स्वर्ण कणों के भिन्न सान्द्रणों के कारण

(d) भिन्न-भिन्न विधियों द्वारा बनी अशुद्धियों के कारण

16. मक्खन एक कोलॉइड है। यह बनता है, जब–

(a) वसा को ठोस केसीन में परिक्षिप्त करते हैं

(b) वसा गोलिकाओं को जल में परिक्षिप्त करते हैं

(c) जल को वसा में परिक्षिप्त करते हैं

(d) केसीन को जल में निलम्बित करते हैं

17. निम्नलिखित में से किसका नॉर्मल विलयन मिलाने पर आर्सेनियस सल्फाइड के कोलॉइडी विलयन का त्वरित स्कन्दन होता है–

(a) NaCl (b) $CaCl_2$

(c) Na_3PO_4 (d) $Al_2(SO_4)_3$

18. द्रव स्नेही कोलॉइड की स्थिरता का कारण है–

(a) उनके कणों पर उपस्थित आवेश

(b) उके कणों पर उपस्थित परिक्षिप्त माध्यम की परत

(c) लघु आकार

(d) दीर्घ आकार

19. बहुस्तरीय अधिशोषण होता है–

(a) रासायनिक अधिशोषण में (b) भौतिक अधिशोषण में

(c) (a) व (b) दोनों में (d) इनमें से कोई नहीं

20. रासायनिक अधिशोषण–

(a) दाब वृद्धि के साथ घटता है (b) ताप वृद्धि के साथ घटता है

(c) दाब पर निर्भर नहीं करता है (d) दाब वृद्धि के साथ बढ़ता है

21. जल में मिट्टी के ऋणावेशित निलम्बन के पेप्टीकरण के लिये निम्न में से किसकी न्यूनतम मात्रा की आवश्यकता होगी–

(a) $AlCl_3$ (b) K_2SO_4

(c) HCl (d) NaOH

22. असत्य कथन है–

(a) जीटा विभव (Zeta Potential)

(b) प्रवाही विभव (Streaming Potenital)

(c) डॉर्न विभव (Dorn Potential)

(d) कोलॉइडी विभव (Colloidal Potential)

23. समुद्र में जल का रंग नीला क्यो होता है–

(a) नीले रंग के अतिरिक्त सभी रंग जल अणुओं द्वारा अवशोषित हो जाते हैं

(b) जल अणुओं द्वारा नीले प्रकाश का प्रकीर्णन होता है

(c) अशुद्धियों द्वारा नीले रंग का अपवर्तन होता है

(d) समुद्र जल द्वारा नीले आकाश का परावर्तन होता है

24. द्रव विरोधी सॉल के लिये निम्न में से कौन-सा कथन असत्य है–

(a) परिक्षेपित प्रावस्था प्राय: अकार्बनिक होती है

(b) परिक्षिप्त कण जल योजित नहीं होते हैं

(c) यह उत्क्रमणीय कोलॉइड होता है

(d) विद्युत अपघट्य द्वारा सरलता से स्कन्दित हो जाता है

25. असत्य कथन है–

(a) परासरण विधि से बहुलकों (polymers) का औसत मोलर द्रव्यमान (Average molar mass) ज्ञात कर सकते हैं

(b) द्रव स्नेही पदार्थ की स्वर्ण संख्या जितनी कम होगी उतनी ही अधिक उसकी रक्षी क्रिया होगी

(c) ब्रेडिग आर्क विधि धातु सॉल बनाने में प्रयुक्त होती है

(d) द्रव स्नेही पदार्थ की स्वर्ण संख्या जितनी अधिक होगी उतनी ही उसकी रक्षण क्रिया अधिक होगी

26. विद्युत क्षेत्र के प्रभाव में कोलॉइडी कणों के अभिगमन की क्रिया कहलाती है–

(a) धन कण संचलन (b) विद्युत अपोहन

(c) विद्युत परिपेक्षण (d) विद्युत कण संचलन

27. असत्य कथन इंगित कीजिये–

(a) कोलॉइडी सॉल समांगी होते हैं

(b) कोलॉइडों पर + ve या – ve आवेश होता है

(c) कोलॉइड टिण्डल प्रभाव दर्शाते हैं

(d) कोलॉइडी कणों का आकार परास 10 – 1000 Å होता है

28. किस प्रकार के अणु मिशेल (micelles) बनाते हैं–

(a) अध्रुवी अणु

(b) ध्रुवी अणु

(c) सतह क्रियाशील (Surfactant) अणु

(d) उपरोक्त में से कोई भी

29. फ्रयूंडिलिक अधिशोषण समतापी के अनुसार निम्नलिखित में से कौन-सा सत्य है–

(a) $\frac{x}{m} \propto P$

(b) $\frac{x}{m} \propto P^0$

(c) $\frac{x}{m} \propto P^{1/n}$

(d) दाब के विभिन्न परासों के लिये उपरोक्त सभी

30. ताप घटाने तथा दाब बढ़ाने पर किसी गैस का किसी ठोस पर अधिशोषण–

(a) घटता है (b) बढ़ता है

(c) अप्रभावित रहता है (d) पहले घटता है फिर बढ़ता है

31. किसी द्रव की छोटी-छोटी बूंदों को, जो कि किसी दूसरे द्रव में परिक्षिप्त होती हैं, कहते हैं–
(a) निलम्बन (b) पायस
(c) जैल (d) वास्तविक विलयन

32. द्रव स्नेही सॉल को बनाने के लिये निम्न में सेक किसका उपयोग नहीं किया जाता है–
(a) स्टार्च (b) गोंद (gum)
(c) जिलेटिन (d) धातु सल्फाइड

33. भौतिक अधिशोषण के लिए निम्न में से कौन-सा लक्षण सही नहीं है–
(a) अधिशोषण स्व: पोषी है
(b) अधिशोषण की ऐन्थैल्पी तथा ऐन्ट्रॉपी दोनों ही ऋणात्मक होती हैं
(c) ठोसों पर अधिशोषण उत्क्रमणीय होता है
(d) ताप वृद्धि के साथ अधिशोषण बढ़ता है

34. ब्राऊनी गति का कारण है–
(a) कोलॉइडी कणों तथा विकिरण माध्यम के अणुओं के बीच आकर्षण बल
(b) संवहन धाराएँ
(c) विकिरण माध्यम के अणुओं का कोलॉयडी कणों पर प्रहार
(d) द्रव अवस्था में ऊष्मा परिवर्तन

35. निम्नलिखित में से कौन-सा एक निश्चित सान्द्रण से ऊपर जलीय विलयन मे मिसेल बनाता है–
(a) ग्लूकोज
(b) यूरिया
(c) डोडिकाइल ट्राइमिथाइल अमोनियम क्लोराइड
(d) पिरीडिनियम क्लोराइड

उत्तरमाला

1. (c)	**2.** (d)	**3.** (b)	**4.** (d)	**5.** (c)	**6.** (d)	**7.** (c)	**8.** (d)	**9.** (b)	**10.** (d)
11. (a)	**12.** (c)	**13.** (a)	**14.** (a)	**15.** (a)	**16.** (c)	**17.** (d)	**18.** (b)	**19.** (b)	**20.** (b)
21. (a)	**22.** (b)	**23.** (b)	**24.** (c)	**25.** (d)	**26.** (d)	**27.** (a)	**28.** (c)	**29.** (d)	**30.** (b)
31. (b)	**32.** (b)	**33.** (d)	**34.** (c)	**35.** (c)					

हल

1. (c) फिटकरी में त्रिसंयोजी Al^{3+} होते हैं, जोकि मृदा के ऋणात्मक सॉल तथा जल में गन्दगी को स्कंदन (coagulates) कर देते हैं।

2. (d) अधिशोषण ताप में कमी के साथ बढ़ता है, क्योंकि तापवृद्धि से कणों की गतिज ऊर्जा बढ़ती है।

3. (b) यह एक तथ्य है।

4. (d) $$\frac{V_c}{V_s} = \frac{\frac{4}{3}\pi r_c^3}{\frac{4}{3}\pi r_s^3} = \frac{r_c^3}{r_s^3} = \left(\frac{10}{1}\right)^3 = 10^3$$

सॉल के कणों का व्यास $= 10$ Å

वास्तविक विलयन के कणों का व्यास ≈ 1Å

5. (c) धनात्मक तथा ऋणात्मक सॉल मिलाने पर पारस्परिक स्कंदन होता है।

6. (d) लैंगम्यूर के अनुसार $\frac{x}{m} \propto P$

7. (c) किसी कोलाइड की स्वर्ण संख्या जितनी अधिक होगी, उसकी रक्षण क्षमता उतनी ही कम होगी।

8. (d) जल में निलम्बित कोलॉइडी अशुद्धियों पर ऋणावेश उपस्थित होता है। इनका स्कन्दकारी प्रभावशाली आयनविद्युत अपघट्य का धनायन होता है। अधिक संयोजकता के स्कन्दकारी आयन की स्कन्दन क्षमता अधिक होती है। इसलिये अशुद्ध जल में ऐल्यूमिनियम सल्फेट (स्कन्दकारी आयन Al^{3+} आयन) मिलाया जाता है।

9. (b) जिलेटिन द्वारा कोलॉइड को स्थायी बनाया जाता है।

10. (d) कोलॉइड को स्कन्दित करने की आयन की क्षमता, उस पर आवेश की मात्रा तथा चिन्ह दोनों पर निर्भर होती है।

11. (a) सैद्धान्तिक परिभाषा।

12. (c) गोल्ड संख्या, कोलॉइड के रक्षण प्रकृति का सूचक है।

13. (a) एक स्थिर सीमान्त मान तक पहुँचती है।

14. (a) हार्डी-शूल्जे नियम के अनुसार

15. (a) विभिन्न विधियों से प्राप्त स्वर्ण के कोलॉइडी विलयनों में कोलॉइडी कणों के भिन्न व्यास के कारण रंगों में भिन्नता होती है।

16. (c) मक्खन में वसा कण, जल में परिक्षिप्त होते हैं।

17. (d) $\because$ As_2S_3 ऋणात्मक सॉल है

$\therefore$ उच्च धनावेश वाला $Al_2(SO_4)_3$ त्वरित स्कन्दन करता है।

18. (b) द्रव स्नेही कोलॉइड की स्थिरता का कारण उनके कणों पर उपस्थित परिक्षिप्त माध्यम की परत होती है।

19. (b) भौतिक अधिशोषण, बहुपरतीय (multilayered) जबकि रासायनिक अधिशोषण, एक परतीय है।

20. (b) दाब वृद्धि के साथ रासायनिक अधिशोषण बढ़ता है।

21. (a) $\because$ Al^{3+} का आवेश K^+, H^+ व Na^+ की अपेक्षा उच्च है।

22. (b) ठोस पदार्थ द्रव स्नेही कोलॉइड भी हो सकते हैं।

23. (b) जल के अणुओं द्वारा नीले रंग के प्रकाश का प्रकीर्णन किया जाता है।

24. (c) द्रव विरोधी सॉल अनुत्क्रमणीय कोलॉइड होते हैं।

25. (d) द्रव स्नेही कोलॉइड की स्वर्ण संख्या कम होने पर उसकी रक्षण क्षमता अधिक होती है।

26. (d) विद्युत क्षेत्र के प्रभाव में कोलॉइड कणों के अभिगमन को विद्युत कण संचलन कहते हैं।

27. (a) कोलॉइड सॉल समान्यत: विषमांगी होते हैं।

28. (c) वे पदार्थ जिनके अणु दो अमिश्रणीय द्रवों के अन्तर पृष्ठीय तनाव को समाप्त कर देते हैं।

29. (d) दाब के विभिन्न परासों के लिए अधिशोषण की मात्रा $\left(\frac{x}{m}\right)$ के सम्बन्ध होते हैं।

30. (b) किसी ठोस पर गैस के अधिक अधिशोषण के लिए ताप निम्न एवं दाब उच्च होना चाहिए।

31. (b) पायस, द्रव तन्त्र का उदाहरण है।

32. (b) धातु सल्फाइड द्रव विरोधी (lyophobic sol) सॉल होते हैं।

33. (d) ताप वृद्धि के साथ भौतिक अधिशोषण कम होता है।

34. (c) प्रक्षेपण (विकिरण) माध्यम के कण कोलॉइड कणों पर निरन्तर प्रहार करते रहते हैं जिससे ब्राऊनी गति उत्पन्न होती है।

35. (c) डोडिकाइल ट्राइमिथाइल अमोनियम क्लोराइड,

$$\left[CH_3(CH_2)_{10}CH_2-\underset{\displaystyle CH_3}{\overset{\displaystyle CH_3}{\underset{|}{\overset{|}{N}}}}-CH_3\right]Cl^-,$$

क्रिटिकल माइसेलर सान्द्रण से ऊपर जलीय विलयन में मिसेल बनाता है।

□□□

खण्ड–ख

अकार्बनिक रसायन

(Inorganic Chemistry)

13

Chapter

तत्वों का वर्गीकरण तथा आवर्ती गुण
(Classification of Elements and Periodicity in Properties)

स्मरणीय बिन्दु

- ठोस तत्वों की कुल संख्या लगभग 90 है।
- कुल रेडियोऐक्टिव तत्वों की संख्या लगभग 42 है।
- 16 अगस्त, 2003 को IUPAC ने परमाणु संख्या 110 वाले तत्व का नाम डार्मस्टाटियम रखा। जोकि अन-अन निलियम कहलाता था।
- तरल रेडियोऐक्टिव तत्व फ्रैंसियम (Francium) [Fr]।
- पृथ्वी पर सबसे कम पाया जाने वाला तत्व ऐस्टेटाइन (Astatine)।
- वान्डर वॉल त्रिज्या > धात्विक त्रिज्या > सहसंयोजक त्रिज्या (परमाणु के लिए)।
- हीलियम की I.E. का मान सबसे अधिक होता है तथा इलेक्ट्रॉन लाभ ऐथेल्पी का मान सबसे कम होता है।
- समइलेक्ट्रॉनिकों का आकार, परमाणु संख्या बढ़ने पर घटता है।
- अधात्विक प्रकृति आवर्त में बांये से दांये बढ़ती है, जबकि समूह में ऊपर से नीचे घटती है।
- सभी धातु, सिवाय Hg के 30°C पर ठोस हैं।
- 92 परमाणु क्रमांक से अधिक वाले तत्व ($_{92}U$ के बाद) ट्रांस-यूरेनिक तत्व कहलाते हैं।
- $Na^+ < F^- < O^{2-} < N^{3-}$ सभी समइलेक्ट्रॉनिक हैं, प्रभावी संख्या आवेश Na^+ के लिए सर्वाधिक है, इसलिए इसका आकार सबसे छोटा है।
- $Na^+ > Mg^{2+} > Al^{3+} > Si^{4+}$ सभी समइलेक्ट्रॉनिक हैं, लेकिन इसलिए इसका आकार सबसे छोटा है व प्रति इलेक्ट्रॉन नाभिकीय आवेश Na^+ के लिए सबसे कम है। अत: इसका आकार सबसे बड़ा है।
- लैन्थेनाइड श्रेणी के त्रिसंयोजी आयनों में सबसे बड़ा आकार लैन्थेनम का होता है। ऐसा लैन्थेनाइड संकुचन के कारण होता है।
- जैसाकि हम जानते हैं, कि समूह में नीचे की ओर आने पर जलयोजन शक्ति घटती है। इसलिए क्षारीय धातुओं में Li का जलयोजन सबसे अधिक है तथा इसलिए जलीय विलयन में इसकी चालकता कम होती है।
- Na की द्वितीय आयनन ऊर्जा Mg से अधिक होती है, क्योंकि Na का दूसरा इलेक्ट्रॉन नोबेल गैस कोर में से निकालना पड़ता है। जबकि Mg का दूसरा इलेक्ट्रॉन निकालने पर नोबेल गैस कोर प्राप्त होता है। Mg का प्रथम आयनन विभव सोडियम से अधिक होता है, क्योंकि Mg का इलेक्ट्रॉनिक विन्यास ns^2 स्थायी है।
- द्वितीय आयनन ऊर्जा प्रथम आयनन ऊर्जा की अपेक्षा अधिक होती है। ठीक इसी प्रकार द्वितीय इलेक्ट्रॉन बन्धुता प्रथम इलेक्ट्रॉन बन्धुता की अपेक्षा अधिक होती है। ऋणायन में द्वितीय इलेक्ट्रॉन भेजने के लिए ऊर्जा की आवश्यकता होती है।
- $\underset{140.9}{O} > \underset{122.3}{C} > \underset{83}{B} > \underset{0}{N}$ एक आवर्त्त में बायें से दायें जाने पर इलेक्ट्रॉन बन्धुता का मान बढ़ता है। लेकिन IVth A के तत्वों से V^{th} A के तत्वों की इलेक्ट्रॉन बन्धुता कम होती हैं। ऐसा अर्द्धपूरित p-कक्षकों की उपस्थिति के कारण होता है।
- आयनिक बन्ध का बनना धनायन व ऋणायन के आसानी से बनने पर निर्भर करता है, इसलिए धातु आयनों की आयनन ऊर्जा कम होनी चाहिए। जिससे वे आसानी से धनायन बना सकें। दूसरी तरफ अधातु परमाणु की इलेक्ट्रॉन बन्धुता अधिक होनी चाहिए। जिससे वे आसानी से ऋणायन बना सकें।
- F-F बन्ध की बन्ध वियोजन ऊर्जा बहुत कम है, दुर्बल F-F बन्ध फ्लोरीन को प्रबलतम ऑक्सीकारक बनाते हैं।
- हैलोजन की इलेक्ट्रॉन बन्धुता बहुत उच्च होती है। यह देखा गया है, कि फ्लोरीन की इलेक्ट्रॉन बन्धुता अनापेक्षित रूप से कम होती है। (< Cl) यह शायद फ्लोरीन के छोटे आकार के कारण होता है। Cl, F, S तथा O के लिए इलेक्ट्रॉन ग्रहण करने के लिए आवश्यक एन्थैल्पी का मान क्रमश: 349, 333, 200 तथा 142 kJ/mol है। अत: सही क्रम है Cl > F > S > O।
- यदि विद्युत ऋणात्मकता में अन्तर 1.7 से अधिक है तो बन्ध आयनिक होता है तथा यदि 1.7 से कम होता है। तो बन्ध सहसंयोजक होता है।
- क्षारीय धातुएँ सबसे अधिक धनविद्युती होती हैं तथा समूह में नीचे की ओर आने पर धनविद्युतता बढ़ती है।
- हैलोजन की इलेक्ट्रॉन बन्धुता बहुत उच्च होती है F की इलेक्ट्रॉन बन्धुता Cl से कम होती है। ऐसा शायद F के छोटे आकार के कारण होता है Cl, F, S तथा O के लिए इलेक्ट्रॉन ग्रहण करने की एन्थैल्पी क्रमश: 349, 333, 200 तथा 142 kJ/mol है। अत: सही क्रम है Cl > F > S > O।

प्रभावी नाभिकीय आवेश (Effective Nuclear Charge) :

- नाभिकीय आवेश का वह भाग, जो बाहरी इलेक्ट्रॉन पर कार्य करता है, प्रभावी नाभिकीय आवेश (Effective Nuclear Charge) कहलात है।

$$\boxed{Z^* = Z - \sigma}$$

Z^* = प्रभावी नाभिकीय आवेश, σ परिरक्षण नियतांक

Z = नाभिकीय आवेश

स्लेटर (Slater) नामक वैज्ञानिक ने परिरक्षण नियतांक ज्ञात करने के कुछ नियम बनाये, जो निम्नलिखित हैं–

- किसी भी परमाणु में उपस्थित इलेक्ट्रॉनों को निम्न प्रकार से समूह में व्यवस्थित करते हैं।

धनायन की त्रिज्या (Atomic Size) :

- किसी परमाणु के धनायन की त्रिज्या उसके परमाणु की त्रिज्या से छोटी होती है, क्योंकि इलेक्ट्रॉन निकल जाने से प्रभावी नाभिकीय आवेश बढ़ जाता है जिससे धनायन के इलेक्ट्रॉन नाभिक की ओर अधिक बल से आकर्षित होते हैं और धनायन की त्रिज्या छोटी हो जाती है।
  - समान धातु के विभिन्न धनायन

$$\text{आकार} \propto \frac{1}{\text{आवेशो की संख्या}}$$

$Fe^{+++} < Fe^{++} < Fe$

$Au^{+++} < Au^{+} < Au$

$Sn > Sn^{++} > Sn^{+}$

ऋणायन की त्रिज्या (Size of Anion) :

- किसी ऋणायन की त्रिज्या उसके परमाणु की त्रिज्या से सदैव बड़ी होती है, क्योंकि परमाणु द्वारा इलेक्ट्रॉन ग्रहण कर लेने पर प्रभावी नाभिकीय आवेश कम हो जाता है जिससे ऋणायन के इलेक्ट्रॉन, नाभिक की ओर कम शक्ति से आकर्षित होते हैं और ऋणायनन की त्रिज्या बड़ी हो जाती है।

ऋणायन का आकार $\propto$ आवेशो की संख्या

$O^{--} > O^{-} > O$

$I^{-} > I > I^{+}$

- समइलेक्ट्रॉनिक प्रजातियों का आकार

$$\text{आकार} \propto \frac{1}{\text{परमाणु क्रमांक}}$$

$N^{3-} > O^{--} > F^{-} > Na^{+} > Mg^{++} > Al^{+++} > Si^{++++}$

$P^{---} > S^{--} > Cl^{-} > K^{+} > Ca^{++}$

- किसी समूह में नीचे की ओर जाने पर परमाणु आकार बढ़ता है क्योंकि कक्षाओं की संख्या बढ़ती है तथा प्रभावी नाभिकीय आवेश घटता है।
- किसी आवर्त्त में बांयी से दांयी ओर जाने पर परमाणु आकार प्रभावी नाभिकीय आवेश बढ़ने के कारण घटता है।

वान्डर वॉल्स त्रिज्या (Vander Waals Radius) :

- उत्कृष्ट गैसों की परमाणवीय त्रिज्याएँ वान्डर वॉल्स त्रिज्या के रूप में ही ज्ञात की जाती हैं। अत: अपने आवर्त में पहले आने वाली हैलोजेन के मुकाबले इन उत्कृष्ट गैसों की वान्डर वॉल्स त्रिज्याएँ बड़ी होती है। अत: वान्डर वॉल्स त्रिज्या > धात्विक त्रिज्या > सहसंयोजक त्रिज्या

Note

- Li, Be, B, Ne के आकार का बढ़ता हुआ क्रम।
  B < Be < Li < Ne
- P, S, Cl, Ar, Si के आकार का बढ़ता हुआ क्रम।
  Cl < S < P < Si < Ar
- Li, Be, B, Na, Mg, K, Ca को आकार के बढ़ते हुए क्रम में लिखों।
  B < Be < Li < Mg < Na < Ca < K
- C, N, P, S, O का आकार का बढ़ता हुआ क्रम।
  O < N < C < S < P
- Br, Kr, Cl, Cs का आकार का बढ़ता हुआ क्रम।
  Cl < Br < Kr < Cs
- As, Bi, Sn, Pb, Sb का आकार का बढ़ता हुआ क्रम।
  As < Sb < Sn < Bi < Pb

आयनन ऊर्जा (Ionization Energy) :

- "किसी तत्व के एक विलग गैसीय परमाणु (isolated gaseous atom) के बाह्यतम कोश (outermost shell) में से एक इलेक्ट्रॉन को निकालने में जितनी ऊर्जा की आवश्यकता पड़ती है, उसे तत्व की आयनन ऊर्जा कहते हैं।"

$$M(g) + \text{आयनन ऊर्जा} \longrightarrow M^{+}(g) + e$$

- किसी तत्व की द्वितीय आयनन ऊर्जा (IE_2) का मान उसकी प्रथम आयनन ऊर्जा (IE_1) से सदैव अधिक होता है।
- एक आवर्त्त में अक्रिय गैस तत्व की आयनन ऊर्जा सबसे अधिक तथा क्षार धातु की आयनन ऊर्जा सबसे कम होती है।
- आवर्त्त सारणी में He की आयनन ऊर्जा सबसे अधिक तथा Cs की आयनन ऊर्जा सबसे कम होती है।
- किसी समूह में नीचे की ओर जाने पर आयनन ऊर्जा का मान घटता है, किन्तु किसी आवर्त्त में बांयी से दांयी ओर जाने पर आयनन ऊर्जा का मान बढ़ता है।

अक्रिय गैस > हैलोजन परिवार > नाइट्रोजन परिवार > ऑक्सीजन परिवार > कार्बन परिवार > क्षारीय मृदा > बोरॉन परिवार > क्षारीय धातु परिवार

अर्थात् $P^6 > P^5 > P^3 > P^4 > P^2 > S^2 > P^1 > S^1$

(उसी कक्ष में अंतिम इलेक्ट्रॉन)

प्रथम आयनन ऊर्जा	Ne > F > N > O > C > Be > P > Li
द्वितीय आयनन ऊर्जा	Li^{+} > Ne > O > F > N > Be > C > Be
तृतीय आयनन ऊर्जा	Ar > Cl > P > S > Si > Mg > Al > Na
आयनन ऊर्जा	Li^{+} > He

- आयनन विभव निम्न तत्वों पर निर्भर करता हैं–
  - आयनन विभव $\propto \frac{1}{\text{परमाणवीय आकार}}$
  - आयनन विभव $\propto$ प्रभावी नाभिकीय आवेश
  - आयनन विभव $\propto \frac{1}{\text{परिरक्षण प्रभाव}}$
  - आयनन विभव $\propto$ भेदन क्षमता
  - आयनन विभव $\propto$ परमाणु का ऑक्सीकरण अंक

इलेक्ट्रॉन बन्धुता (Electron Affinity) :

- "किसी उदासीन विलग गैसीय परमाणु के बाह्य कक्ष में एक इलेक्ट्रॉन

डालने पर निकलने वाली ऊर्जा को उस तत्व की इलेक्ट्रॉन बन्धुता कहते हैं।"

Atom (*g*) + Electron (*g*) → Negative ion (*g*) + Energy

- द्वितीय इलेक्ट्रॉन बन्धुता का मान सदैव धनात्मक होता है, क्योंकि ऋणायन और डाले जाने वाले द्वितीय इलेक्ट्रॉन के मध्य प्रतिकर्षण को दूर करने के लिए बाहर से ऊर्जा देनी पड़ती है।

  किसी वर्ग में ऊपर से नीचे की ओर जाने पर इलेक्ट्रॉन बन्धुता घटती है।

  किसी आवर्त्त में बायें से दायें जाने पर इलेक्ट्रॉन बन्धुता बढ़ती है।

Note

- Be तथा Mg की इलेक्ट्रॉन बन्धुता का मान लगभग शून्य होता है।
- नाइट्रोजन की इलेक्ट्रॉन बन्धुता पूर्ण रूप से शून्य होती है।
- अक्रिय गैस तत्वों की इलेक्ट्रॉन बन्धुता शून्य होती है।
- फ्लोरीन की इलेक्ट्रॉन बन्धुता क्लोरिन से कम होती है।

विद्युत्-ऋणात्मकता (Electronegativity) :

- परमाणु द्वारा किसी सहसंयोजक यौगिक में साझा किए गए इलेक्ट्रॉन युग्म को अपनी ओर आकर्षित करने की क्षमता को उस परमाणु की विद्युत्-ऋणात्मकता (electronegativity) कहते हैं
- किसी समूह में ऊपर से नीचे की ओर जाने पर प्रभावी नाभिकीय आवेश घटता है इसलिए विद्युत्-ऋणात्मकता घट जाती है। लेकिन किसी आवर्त्त में बायीं ओर से दायीं ओर जाने पर प्रभावी नाभिकीय आवेश बढ़ता है इसलिए बायीं ओर से दायीं ओर जाने पर विद्युत्-ऋणात्मकता बढ़ती है।

विद्युत्-ऋणात्मकता के स्केल (Electronegativity Scales) :

- **पॉलिंग का विद्युत्-ऋणात्मकता का स्केल (Pauling's Electronegativity Scale)**

$$X_A - X_B = 0.182\,[E_{A-B} - (E_{A-A} + E_{B-B})^{1/2}]^{1/2}$$

जहां X_A = A की विद्युत् ऋणात्मकता

X_B = B की विद्युत् ऋणात्मकता

E_{A-B} = A—B की बन्ध वियोजन ऊर्जा

E_{A-A} = A—A की बन्ध वियोजन ऊर्जा

E_{B-B} = B—B की बन्ध वियोजन ऊर्जा

- **ऐलरेड-रॉक इलेक्ट्रोस्टेटिक स्केल (The Allred-Rochow Electrostatic Scale) :**

$$[X_A]_{AR} = \frac{0.359(Z_{eff})}{r^2} + 0.744$$

जहाँ, Z_{eff} = प्रभावी नाभिकीय आवेश

r = परमाणु की त्रिज्या

- **मुलीकन स्केल (Mulliken's Scale) :**

$$X_A = ½\,(\text{I.E.} + \text{E.A.})$$

$$X_A = \frac{\text{आयनन विभव + इलेक्ट्रॉन बन्धुता}}{5.6}$$

जब I.E. तथा E.A. दोनों का मान इलेक्ट्रॉन वोल्ट में होता है तभी इस सूत्र का प्रयोग करते है।

यदि जब I.E. तथा E.A. दोनों का मान किलो कैलोरी प्रतिमोल में होता है तब निम्न सूत्र का प्रयोग करते है।

$$X_A = \frac{\text{आयनन विभव + इलेक्ट्रॉन बन्धुता}}{2\times 62.5}$$

A — B बन्ध में आयनिक प्रतिशतता (Percent ionic character in A — B bond) :

$$= 100\,[0.16\,(X_A - X_B) + 0.035\,(X_A - X_B)^2]$$
$$= (16\,X_A - X_B) + 3.5\,(X_A - X_B)$$

- **बन्ध का स्थायित्व (Stability of bond) :**

  जब A तथा B दो तत्वों के बीच विद्युत् ऋणात्मकता का अन्तर जितना अधिक होता है बन्ध उतना ही स्थायी होता है।

$$HF > HCl > HBr > HI$$

विद्युत् ऋणात्मकता का क्रम

$$F > O > N \approx Cl$$

धात्विक गुण (Metallic Character) :

- एक आवर्त में परमाणवीय आकार घटता है। अत: धात्विक गुण घटते हैं। जबकि एक वर्ग में परमाणवीय आकार बढ़ता है। अत: धात्विक गुण वर्ग में बढ़ते हैं।

उदहारण:

1. धात्विक गुणों का बढ़ता क्रम है–

(a) Na < Mg < Al (b) Al < Mg < Na
(c) Na < Mg > Al (d) Al < Na > Mg

Ans. (b) Al < Mg Na (क्योंकि Na सबसे बड़ा तथा Al सबसे छोटा है)।

2. Ca, Ba, Sr, Be के धात्विक गुणों का बढ़ता क्रम है–

(a) Be < Ca < Sr < Ba (b) Sr < Ca < Be < Ba
(c) Ba < Sr < Ca < Be (d) Ca < Sr < Ba < Ca

Ans. (a) Be < Ca < Sr < Ba (यही आकार का बढ़ता क्रम है)।

घनत्व (Density) :

- सामान्यत: किसी आवर्त में बायीं से दायीं ओर जोन पर ठोस व द्रव तत्वों के घनत्व पहले बढ़ते हैं, आवर्त के मध्य में यह अधिकतम होते हैं तथा फिर घटते हैं।
- प्रथम समूह में Na से K की ओर तथा द्वितीय समूह में Mg से Ca की ओर जाने पर वर्ग में घनत्व बढ़ने के स्थान पर घट जाता है, क्योंकि K व Ca के उपान्त्य कोश में रिक्त *d*-कक्षक (3d) उपस्थित रहते हैं। अत: परमाणु भार के मुकाबले आयतन अधिक बढ़ जाता है। जिससे घनत्व में कमी हो जाती है।
- ठोस तत्वों में सबसे अधिक घनत्व Os (22.6 gm/c.c.) तथा द्रव तत्वों में Hg (13.6 gm/c.c.) का है।

Note

- आधुनिक आवर्त सारणी को बनाने वाला - बोर।
- आवर्त सारणी में सबसे बड़ा आवर्त - नौ।
- परायूरेनियम तत्व – परमाणु क्रमांक 92 के बाद आने वाले तत्व।

अभ्यास के लिए प्रश्न

1. सीरियम Cu की सबसे अधिक पायी जाने वाली ऑक्सीकरण अवस्था है-
(a) +2, +3 (b) +2, +4,
(c) +3, +4 (d) +3, +5

2. परमाणु त्रिज्या का सही क्रम है-
(a) $Yb^{3+} < Pm^{3+} < Ce^{3+} < La^{3+}$
(b) $Ce^{3+} < Yb^{3+} < Pm^{3+} < La^{3+}$
(c) $Yb^{3+} < Pm^{3+} < La^{3+} < Ce^{3+}$
(d) $Pm^{3+} < La^{3+} < Ce^{3+} < Yb^{3+}$

3. परमाणु त्रिज्या का सही क्रम है-
(a) Ce > Sn > Yb > Lu (b) Sn > Ce > Lu > Yb
(c) Lu > Yb > Sn > Ce (d) Sn > Yb > Ce > Lu

4. La^{3+} (परमाणु संख्या = 57) की त्रिज्या 1.06 Å है। (परमाणु संख्या = 71) की परमाणु त्रिज्या क्या हो सकती है?
(a) 1.06 Å (b) 0.85 Å
(c) 1.60 Å (d) 1.40 Å

5. तत्वों के आवर्ती नियम के अनुसार, तत्वों के गुणधर्मों में परिवर्तन किस पर निर्भर करता है?
(a) परमाणु क्रमांक (b) परमाणु द्रव्यमान
(c) नाभिकीय द्रव्यमान (d) न्यूट्रॉन-प्रोटॉन अनुपात

6. कौन-सा समूह समइलेक्ट्रॉनिकों को प्रदर्शित करता है?
(a) Be, Al^{3+}, Cl^- (b) Ca^{2+}, Cs^+, Br
(c) Na^+, Ca^{2+}, Mg^{2+} (d) N^{3-}, F^-, Na^+

7. वैनाडियम (V), क्रोमियम (Cr), मैंगनीज (Mn), तथा आयरन (Fe), की परमाणु संख्याएँ क्रमश: (23, 24, 25, 26), हैं। इनमें से किसमें द्वितीय आयनन ऊर्जा में छलांग (jump) हो सकती है?
(a) Mg (b) Fe
(c) V (d) Cr

8. परमाणु संख्या में वृद्धि के साथ परमाणु आकार में कमी आने का लक्षण किन तत्वों में पाया जाता है?
(a) *f*-ब्लॉक (b) रेडियोऐक्टिव शृंखला
(c) उच्च परमाणु द्रव्यमान (d) *d*-ब्लॉक

9. निम्नलिखित में से किसकी आयनिक त्रिज्या सबसे अधिक है?
(a) F^- (b) B^{3+}
(c) O^{2-} (d) Li^+

10. किस समूह के सभी सदस्य में समइलेक्ट्रॉनिक हैं?
(a) $Na^+, Mg^{2+}, Al^{3+}, Cl^-$ (b) $Na^+, Ca^{2+}, Se^{3+}, F^-$
(c) $K^+, Cl^-, Mg^{2+}, Se^{3+}$ (d) $K^+, Ca^{2+}, Sc^{3+}, Cl^-$

11. ऑक्साइड आयन $O^{2-}_{(g)}$ के बनने में प्रथम पद ऊष्माक्षेपी तथा दूसरा पद ऊष्माशोषी होता है, जैसा कि नीचे दिखाया गया है-

$O_{(g)} + e^- \longrightarrow O^-_{(g)}$; $\Delta H = -142$ किलो जूल मोल$^{-1}$

$O^-_{(g)} + e \longrightarrow O^{2-}_{(g)}$; $\Delta H = -844$ किलो जूल मोल$^{-1}$

इसका कारण है-
(a) O^- आयन का आकार ऑक्सीजन परमाणु की तुलना में अपेक्षाकृत बड़ा होता है।
(b) ऑक्सीजन की इलेक्ट्रॉन बन्धुता अधिक होती है।
(c) O^- आयन दूसरे इलेक्ट्रॉन को ग्रहरण करने में प्रतिकर्षण प्रदर्शित करता है।
(d) ऑक्सीजन अधिक विद्युतऋणी है।

12. निम्नलिखित कारकों में से कौन-सा कारक फ्लोरीन को प्रबलतम ऑक्सीकारक हैलोजन को बनाने में सर्वाधिक महत्वपूर्ण है?
(a) बन्ध वियोजन ऊर्जा (b) आयनन की ऊष्मा
(c) जलयोजन की ऊष्मा (d) इलेक्ट्रॉन बन्धुता

13. बेरीलियम तथा ऐल्यूमिनियम बहुत से गुणों में समानता प्रदर्शित करते हैं। किन्तु दोनों तत्व कुछ गुणों में भिन्न हैं, जो हैं-
(a) अपने ऑक्साइडों में उभयधर्मी गुण (amphoteric) प्रदर्शित करने में
(b) बहुलक हाइड्राइड (polymeric hydrides) बनाने में
(c) सहसंयोजी हैलाइड (covalent halides) बनाने में
(d) यौगिकों में अधिकतम सहसंयोजकता प्रदर्शित करने में

14. निम्न में से किस विकल्प में, प्रदर्शित क्रम, निर्दिष्ट गुणधर्म के अनुरूप नहीं है?
(a) बढ़ता हुआ आकार: $Al^{3+} < Mg^{2+} < Na^+ < F^-$
(b) बढ़ती हुई IE_1 : B < C < N < O
(c) बढ़ती हुई EA_1 : I < Br < F < Cl
(d) बढ़ती हुई धायित्वक त्रिज्या Li < Na < K < Rb

15. हाइपोक्लोरस अम्ल को विअनुपातीकरण (disproportionation) से बनने वाले उत्पाद हैं-
(a) HCl तथा $HClO_3$ (b) $HClO_3$ तथा Cl_2O
(c) $HClO_2$ तथा $HClO_4$ (d) HCl तथा Cl_2O

16. निम्न में से कौन-सा कथन सत्य नहीं है?
(a) HNO_3, HNO_2 की अपेक्षा अधिक प्रबल अम्ल है।
(b) H_3PO_3, H_2SO_3 की अपेक्षा अधिक प्रबल अम्ल है।
(c) जलीय माध्यम में HF, HCl की अपेक्षा प्रबल अम्ल है।
(d) $HClO_4$, $HClO_3$ की अपेक्षा दुर्बल अम्ल है।

17. लैंथेनॉइड संकुचन (contraction) का करण है-
(a) बाह्य इलेक्ट्रॉनों की नाभिकीय आवेश से 4*f*- इलेक्ट्रॉनों की दुर्बल शील्डिंग।
(b) बाह्य इलेक्ट्रॉनों की नाभिकीय आवेश से 4*f*- इलेक्ट्रॉनों की अच्छी तरह शील्डिंग

(c) बाह्य इलेक्ट्रॉनों की नाभिकीय आवेश से $5f$- इलेक्ट्रॉनों की अच्छी तरह शील्डिंग।

(d) Ce से Lu तक एकसमान प्रभावी नाभिकीय आवेश

18. क्षार धातु आयनों में किसकी आयनिक गति (ionic mobility) अलीय विलयन में अधिकतम होगी?

(a) Na^+ (b) K^+
(c) Rb^+ (d) Li^+

19. क्षार धातुओं तथा हैलोजनों की क्रियाशीलता के आवर्त सारणी में परिवर्तन के बारे में निम्नलिखित कथन दिये गये है, कौन-सा कथन सही है-

(a) वर्ग के नीचे जाने पर परमाणु संख्या बढ़ने पर क्षार धातुओं में क्रियाशीलता बढ़ती है

(b) वर्ग में नीचे जाने पर परमाणु संख्या बढ़ने पर क्षार धातुओं में क्रियाशीलता घटती है

(c) वर्ग में नीचे जाने पर परमाणु संख्या बढ़ने पर क्षार धातुओं तथा हैलेजनों दोनों में ही क्रियाशीलता घटती है

(d) वर्ग में नीचे जाने पर परमाणु संख्या बढ़ने पर क्षार धातुओं तथा हैलोजनों दोनों में ही क्रियाशीलता बढ़ती है

20. B, P, S तथा F प्रथम आयनन विभवों का बढ़ता हुआ क्रम (सबसे कम वाला पहले) क्या होगा?

(a) $F<S<P<B$ (b) $P>S<B<F$
(c) $B<P<S<F$ (d) $B<S<P<F$

21. निम्न में से कौन-सा हाइड्रोजन बन्ध प्रबलतम है?

(a) $O—H...N$ (b) $F—H...F$
(c) $O—H...O$ (d) $O—H...F$

22. क्षारीय गुण का बढ़ता हुआ क्रम है-

(a) $MgO<BeO<CaO<BaO$
(b) $BeO<MgO<CaO<BaO$
(c) $BaO<CaO<MgO<BeO$
(d) $CaO<BaO<BeO<MgO$

23. घनत्व का बढ़ता हुआ क्रम है-

(a) Al < Mg < C (ग्रेफाइट) > B
(b) B < Al < Mg < C (ग्रेफाइट)
(c) C (ग्रेफाइट) < Al < B < Mg
(d) Mg < C (ग्रेफाइट) < B < Al

24. यदि किसी तत्त्व के लिए आयनन-ऊर्जा व इलेक्ट्रॉन-बन्धुता के मान क्रमश: 275 व 86 किलोकैलोरी/मोल है, तो उस तत्व के लिए मुलीकन पैमाने पर विद्युत्-ऋणात्मकता का मान होगा-

(a) 2.8 (b) 0.0
(c) 2.6 (d) 4.0

25. निम्नलिखित में लघुतम आयनिक त्रिज्या वाला आयन है-

(a) K^+ (b) Ca^{2+}
(c) Ti^{3+} (d) Ti^{4+}

26. $Ce^{3+}, La^{3+}, Pm^{3+}$ तथा Yb^{3+} में आयनिक त्रिजयाओं का बढ़ता क्रम है-

(a) $La^{3+}<Ce^{3+}<Pm^{3+}<Yb^{3+}$
(b) $Yb^{3+}<Pm^{3+}<Ce^{3+}<La^{3+}$
(c) $La^{3+}=Ce^{3+}<Pm^{3+}<Yb^{3+}$
(d) $Yb^{3+}<Pm^{3+}<La^{3+}<Ce^{3+}$

27. वाक्य, जो दीर्घाकार आवर्त सारणी के लिए असत्य है-

(a) यह तत्वों की स्थायी संयोजक अवस्था को ज्ञात करने में सहायता करती है।

(b) यह इलेक्ट्रॉनों के उप ऊर्जा-स्तरों s, p, d तथा f के क्रम में भरे जाने के क्रम को उपवर्तित करती है।

(c) यह तत्वों के भौतिक तथा रासायनिक गुणों में प्रवृत्तियों की अपवर्तित करती है।

(d) यह किन्हीं दो तत्वों के बीच बन्ध की आपेक्षिक आयनता को ज्ञात करने में सहायता करती है।

उत्तरमाला

1. (c)	**2.** (a)	**3.** (a)	**4.** (b)	**5.** (a)	**6.** (d)	**7.** (d)	**8.** (a)	**9.** (c)	**10.** (d)
11. (c)	**12.** (c)	**13.** (b)	**14.** (b)	**15.** (a)	**16.** (a)	**17.** (a)	**18.** (c)	**19.** (a)	**20.** (d)
21. (b)	**22.** (b)	**23.** (b)	**24.** (a)	**25.** (d)	**26.** (b)	**27.** (a)			

हल

2. (a) लैंथेनॉइड संकुचन के कारण

$$_{70}Yb^{3+} < _{61}Pm^{3+} < _{58}Ce^{3+} < _{57}La^{3+}$$

आयनिक त्रिज्या 86 98 103 106 pm

3. (a) Ce > Sn > Yb > Lu

4. (b) लैंथेनॉइड संकुचन के कारण, धनायन अपने मातृ परमाणु से छोटा होता है।

5. (a) यह मोजले का आवर्ती नियम है।

6. (d) प्रत्येक में 10 इलेक्ट्रॉन हैं।

7. (d) Cr में $3d^5, 4s^1$ विन्यास है तथा दूसरा इलेक्ट्रॉन $3d$-उपकक्षा से निकलता है, अन्य सभी में से $4s$ इलेक्ट्रॉन निकलते हैं।

8. (a) लैंथेनॉइड संकुचन

9. (c) O^{2-} आयन में सबसे कम प्रभावी नाभिकीय आवेश होता है।

10. (d) प्रत्येक में 18 इलेक्ट्रॉन

11. (c) O^- ऋणात्मक आवेश प्राप्त कर लेता है, अत: दूसरे इलेक्ट्रॉन के लिए प्रतिकर्षण प्रदर्शित करता हैं।

12. (c) आयन का आकार जितना छोटा होता है, जलयोजन ऊष्मा उतनी ही अधिक होगी तथा इस प्रकार ऋणात्मक ΔH, F_2 द्वारा ऑक्सीकरण को बल देता है।

13. (b) Be बहुलकीय हाइड्राइड बनाता है, जबकि Al नहीं बनाता।

14. (b) N का IE_1 > O का IE_1 चूंकि N के विन्या में आधा भरा हुआ स्थायी विन्यास होता है।

15. (a) $3OCl^- \longrightarrow ClO_3^- + 2Cl^-$

16. (a) केन्द्रीय परमाणु की ऑक्सीकरण संख्या जितनी अधिक होगी, अम्ल उतना ही प्रबल होगा।

17. (a) यह दिये गये तथ्य का कारण है।

18. (c) आयन जितना छोटा होता है, उसका जलयोजन उतना ही अधिक होता है। अत: प्रभावी आकार उतना ही अधिक होता है, तथा चालकता उतनी ही कम होती हैं।

$Li^+_{aq.} > Na^+_{aq.} > K^+_{aq.} > Rb^+_{aq.}$ । आयन जितना बड़ा होगा, इसकी चालकता उतनी ही कम होगी।

20. (d) आयनन ऊष्मा आवर्त में बढ़ती है तथा समूह में नीचे जाने पर घटती है।

21. (b) फ्लोरीन की अधिकतम विद्युत्-ऋणात्मकता होने के कारण HF में प्रबलतम हाइड्रोजन बन्ध होता है।

25. (d) आवर्त में बायें से दायें जाने पर त्रिज्या का मान घटता है।

□□□

14 Chapter

सामान्य सिद्धान्त एंव धातुओं का निष्कर्षण
(General Principles and Process of Isolation of Metals)

स्मरणीय बिन्दु

- विद्युत रासायनिक श्रेणी में धातुओं के जो ऑक्साइड हाइड्रोजन से नीचे होते हैं। ऊष्मीय रूप से अस्थायी होते हैं तथा गर्म करने पर धातु में परिवर्तित हो जाते हैं।

$$2HgO \longrightarrow 2Hg + O_2$$

$$Ag_2CO_3 \longrightarrow CO_2 + Ag_2O \xrightarrow{\Delta} 2Ag + \frac{1}{2}O_2$$

- कार्बन, ऑक्साइडों के लिए अच्छा अपचायक है, किन्तु सल्फाइडों के लिए नहीं।
- उत्कृष्ट धातु जैसे Au, Ag आदि सायनायड विधि या अमलगम विधि (Amalgamation process) द्वारा प्राप्त की जाती हैं।
- भारी धातु जैसे Cu, Zn, Fe, Pb, Sn आदि भर्जन तथा प्रगलन विधियों द्वारा प्राप्त की जाती हैं।
- धातुमल का प्रयोग सड़क बनाने तथा साथ ही साथ सीमेंट तथा खाद्य के निर्माण में होता है।
- $Ca_3(PO_4)_2$ थॉमस धातुमल (Thomas Slag) हैं।
- आयरन ऑक्साइड (Fe_2O_3) + ऐल्युमिनियम पाउडर का 3 : 1 अनुपात में एक मिश्रण थर्माइट मिश्रण कहलाता है। Mg पाउडर BaO_2 ज्वलन पाउडर कहलाता है।
- निस्तापन (कैल्सीनेशन) नाम की उत्पत्ति, कैल्साइट अयस्क (Calcite ore) से होती है। जोकि ताप अपघटन पर क्विक लाइम (Quick lime) उत्पन्न करता है। जिसे बिना बुझा चूना भी कहते हैं।
- विखण्डन उत्पादों से प्राप्त यूरेनियम तथा प्यूटोनियम, HNO_3 तथा कार्बनिक विलायकों की सहायता से विलायक विष्कर्षण द्वारा प्राप्त किये जाते हैं।
- सोडियम ऐल्युमिनियम ऑर्थोसिलिकेट (Sodium Aluminium Arthosilicate) तथा सोडियम पाइरोऐंटिमोनेट (Sodium Pyroantimonate) जल में विलेय हैं।
- ☞ फेन प्लवन विधि का उपयोग मुख्यत: सल्फाइड अयस्कों के सान्द्रण के लिए किया जाता है। निस्तापन में अयस्क में उपस्थित नमी दूर हो जाती है तथा कार्बोनेट ऑक्साइड में परिवर्तित हो जाता है।
- ☞ Zn, Pb, Sn, Mg तथा Fe के धातु निष्कर्षण में अपचयन के लिए कार्बन या कार्बन-मोनो-ऑक्साइड का प्रयोग किया जाता है।
- ☞ Cr, Mn तथा Co के निष्कर्षण में गोल्डस्मिट-थर्माइट विधि का प्रयोग किया जाता है।
- कॉपर, मरकरी तथा लैड के लिए स्वत: अपचयन प्रयोग किया जाता है।
- Ti, Zr, Hf, U, Th की शुद्धता के लिए वान-आर्कल का प्रयोग किया जाता है।

$$Ti + 2I_2(g) \xrightarrow{150\text{-}250°C} TiI_4(g) \xrightarrow[\text{tungsten filament}]{1400°C} \underset{\text{Pure}}{Ti(s)} + 2I_2(g)$$

- **पॉलिंग:** इस विधि का उपयोग कॉपर के शुद्धिकरण में किया जाता है यह हरी लकड़ियों की सहायता से होता है। इस विधि में उत्पन्न गैसीय हाइड्रॉकार्बन से ऑक्साइड धातु में अपचयित हो जाता है।
- आयरन के निष्कर्षण में लाइमस्टॉन गालक का कार्य करता है तथा यह धातुमल $CaSiO_3$ बनाता है।

$$CaCO_3 \longrightarrow CaO + CO_2 \uparrow$$
$$\underset{\text{Flux}}{CaO} + SiO_2 \longrightarrow \underset{\text{Slag}}{CaSiO_3}$$

- निस्तापन में (i) अयस्क से नमी दूर हो जाती है। (ii) वाष्पशील अशुद्धियां दूर हो जाती है। (iii) कार्बोनेट अयस्क ऑक्साइट पर विघटित हो जाते हैं।
- भर्जन में (i) सल्फाइड अयस्क ऑक्साइड में परिवर्तित हो जाता है। (ii) वाष्पशील अशुद्धी दूर हो जाती है। (iii) मुक्त S, As तथा Sb की अशुद्धियां उनके ऑक्साइड SO_2, As_2O_3 तथा Sb_2O_3 के रूप में दूर हो जाते है।
- **परावर्तनी भट्टी:** इस भट्टी को निस्तापन तथा भर्जन के लिए प्रयोग किया जाता है। यह भट्टी कॉपर, टीन, लैड तथा पिटवा लोहे के निष्कर्षण में प्रयोग किया जाता है।
- **वात्या भट्टी:** वात्या भट्टी का प्रयोग आयरन तथा कॉपर के निष्कर्षण में किया जाता है।
- अम्लीय गालक का प्रयोग क्षारीय अशुद्धि जैसे : FeO, CaO आदि को दूर करने में किया जाता है।

$$\underset{\text{अॅलीय गालक}}{SiO_2} + \underset{\text{क्षारीय अशुद्धि}}{FeO} \longrightarrow \underset{\text{धातुमल}}{FeSiO_3}$$

- क्षारीय गालक का प्रयोग अम्लीय अशुद्धियों को दूर करने के लिए किया जाता है जैसे : SiO_2

$$\underset{\text{क्षारीय गालक}}{CaCO_3} + \underset{\text{क्षारीय शुद्धि}}{SiO_2} \longrightarrow \underset{\text{धातुमल}}{CaSiO_3} + CO_2$$

अयस्क का सान्द्रण (Concentration of Ores)

⇨ यह निम्नलिखित विधि द्वारा होता है।

(i) गुरूत्व पृथक्करण विधि: ऑक्साइड तथा कार्बोनेट अयस्को का सान्द्रण इस विधि द्वारा किया जाता है। टिन अयस्क तथा आयरन अयस्क (haematite) का सान्द्रण इस विधि द्वारा किया जाता है।

(ii) विद्युत चुम्बकीय विधि: इस विधि का प्रयोग चुम्बकीय अयस्क वोलफ्रेमाइट ($FeWO_4$) को कैसिटेराइट (SnO_2) से चुम्बकीय विधि द्वारा अलग किया जा सकता है।

(iii) झाग उत्प्लावन विधि: इस विधि का प्रयोग सल्फाइड अयस्कों के सान्द्रण में किया जाता है।

⇨ चीड़ का तेल फेनक का कार्य करता है। चीड़ का तेल जल में डलाने पर पृष्ठ तनाव कम हो जाता है तथा झाग आसानी से बन जाते हैं। एथिल जेन्थेट तथा पोटैशियम एथिल जेन्थेट संग्राही का कार्य करते है। कॉपर, सिल्वर तथा जिंक लैड के शुद्धिकरण के लिए फेन उत्प्लावन विधि का प्रयोग किया जाता है।

⇨ $CuSO_4$ वर्धक का कार्य करते हैं
NaCN KCN या Na_2CO_3 प्रति वर्धक का कार्य करते हैं।

निस्तापन (Calcination) :

⇨ इस विधि में धातु कार्बोनेट तथा हाइड्रॉक्साइड धातु परिवर्तित हो जाती है नमी उड़ जाती है तथा अन्य वाष्पीय अशुद्धि दूर हो जाती है।

(a) निस्तापन से ऐल्युमिनियम हाइड्रॉक्साइड ऐल्युमिनियम ऑक्साइड में परिवर्तित हो जाती है।

$$2Al(OH)_3 \xrightarrow{1500^\circ C} Al_2O_3 + 3H_2O$$

(b) लिमोनाइट आयरन का अयस्क होता है निस्तापन करने पर यह फेरिक ऑक्साइड बनाता है।

$$Fe_2O_3.3H_2O \xrightarrow{Heat} Fe_2O_3 + 3H_2O$$

(c) सिडेराइट आयरन का अयस्क होता है जिसका निस्तापन करने पर फैरस ऑक्साइड बनता है।

$$FeCO_3 \xrightarrow{Heat} FeO + CO_2$$

(d) कैलेमाइन जिंक का अयस्क होता है जिसका निस्तापन करने पर जिंक ऑक्साइड बनता है।

$$ZnCO_3 \xrightarrow{Heat} ZnO + CO_2$$

(e) सोडियम बाइकार्बोनेट का निस्तापन करने पर सोडियम कार्बोनेट बनता है।

$$2NaHCO_3 \xrightarrow{Heat} Na_2CO_3 + CO_2 + H_2O$$

(f) निस्तापन का लाइमस्टॉन करने पर CaO तथा CO_2।

$$CaCO_3 \xrightarrow{Heat} CaO + CO_2$$

भर्जन (Roasting) :

⇨ इस विधि में सान्द्रित अयस्क को वायु की उपस्थिति में उसके गलनांक से नीचे गर्म करते हैं। इस विधि में सल्फाइड अयस्क ऑक्साइड में परिवर्तित हो जाते है।

⇨ अयस्क में उपस्थित P, As, S की अशुद्धियां उनके वाष्पशील ऑक्साइड में परिवर्तित होकर दूर हो जाती है।

$$4As + 3O_2 \longrightarrow 2As_2O_3 \uparrow$$
$$4FeO + O_2 \longrightarrow 2Fe_2O_3$$

प्रगलन (Smelting) :

⇨ इस विधि में भर्जित अयस्क में कोक तथा उचित गालक मिलाकर वायु की उपस्थिति में मिलाकर गर्म करते है।

- इस विधि में रोस्टीड अयस्क धातु की किसी यौगिक या धातु में परिवर्तित हो जाता है।
- भर्जित अयस्क में उपस्थित अगलनीय शुद्धियां धातुमल के रूप में अलग हो जाती है।

अगलनीय अशुद्धि + गालक ⟶ धातुमल

- धातुमल का गलनांक धातु के गलनांक से कम होता है तथा यह धातु से हल्का भी होता है। धातुमल गलित धातु में अघुलनशील होता है तथा यह गलित धातु के ऊपर तैर जाता है। धातुमल को ऊपर से निकाल देते हैं।

गालक (Flux) :

⇨ अयस्क में उपस्थित अगलनीय अशुद्धियों को दूर करने के लिए गालक का प्रयोग किया जाता है। गालक दो प्रकार के होते है-

(a) अम्लीय गालक: उदाहरण- SiO_2 तथा बोरेक्स
अम्लीय गालक भर्जित अयस्क में उपस्थित अगलीनय क्षारीय अशुद्धियों को दूर करते है। कॉपर के निष्कर्षण में SiO_2 का प्रयोग गालक के रूप में किया जाता है।

$$\underset{\text{अशुद्धि}}{FeO} + \underset{\text{गालक}}{SiO_2} \longrightarrow \underset{\text{धातुमल}}{FeSiO_3}$$

(b) क्षारीय गालक: उदाहरण- $CaCO_3$

क्षारीय गालक का उपयोग भर्जित अयस्क में उपस्थित अम्लीय अशुद्धियों को दूर करने में किया जाता है। आयरन के निष्कर्षण में $CaCO_3$ का गालक के रूप में किया जाता है।

$$\underset{\text{गालक}}{CaCO_3} + \underset{\text{अशुद्धि}}{SiO_2} \longrightarrow \underset{\text{धातुमल}}{CaSiO_3} + CO_2$$

अपचयन विधियां (Reduction Process)

⇨ **कार्बन अपचयन विधि (Carbon reduction process) :**

- ZnO, NiO, Fe_2O_3, Cr_2O_3 कार्बन द्वारा धातु में अपचयित हो जाते है।
- PbO, FeO, Fe_2O_3, Fe_3O_4 कार्बन मोनो ऑक्साइड द्वारा धातु में अपचयित हो जाते हैं।

⇨ **गोल्डश्मिट-थर्माइट विधि (Gold-Schmidt Aluminothermite Process) :**

- इस विधि में धातु के ऑक्साइड का अपचयन ऐल्युमिनियम द्वारा

किया जाता है। यह मुख्यत: क्रोमियम, मैंगनीज आदि के निष्कर्षण में प्रयुक्त की जाती है।

$$Cr_2O_3 + 2Al \longrightarrow 2Cr_{(l)} + Heat\ (112\ kcal)$$

$$3Mn_3O_4 + 8Al \longrightarrow 9Mn + 4Al_2O_3$$

⇨ स्वत: अपचयन या वायु के द्वारा अपचयन:

Hg, Pb, Cu के निष्कर्षण में स्वत: अपचयन का प्रयोग किया जाता है।

(i) गैलेना से लैड का निष्कर्षण:

$$3PbS + 3O_2 \longrightarrow 3PbO + 2SO_2$$

$$2PbO + PbS \longrightarrow 3Pb + SO_2$$

(ii) सिनेबार से मरकरी का निष्कर्षण:

$$2HgS + 3O_2 \longrightarrow 3HgO + 2SO_2$$

$$2HgO + HgS \longrightarrow 3Hg + SO_2$$

(iii) कॉपर पायराइट से कॉपर का निष्कर्षण:

$$2Cu_2S + 3O_2 \longrightarrow 2Cu_2O + 2SO_2$$

$$Cu_2S + 2Cu_2O \longrightarrow 6Cu + SO_2$$

जल-धातु निष्कर्षण (Hydrometallurgy) :

⇨ यह विधि कॉपर, सिल्वर तथा गोल्ड के लिए प्रयोग की जाती है। इस मैटलरजी में यह लवणीय विलयन से कम क्रियाशील धातु को अधिक क्रियाशील धातु से अलग कर देती है।

⇨ **सायनाइडेशन विधि (Cyanidation Process) :** सिल्वर के लिए सायनाइडेशन विधि

$$NaCN + Ag_2S \rightleftharpoons 2Na[Ag(CN)_2] + Na_2S$$

$$Na_2S + 2O_2 \longrightarrow Na_2SO_4$$

$$2Na[Ag(CN)_2] + Zn \longrightarrow Na_2[Zn(CN)_4] + 2Ag\downarrow$$

⇨ **कॉपर के लिए हाइडोमैटलरजी (Hydrometallurgy for Copper)**

$$CuCO_3.Cu(OH)_2 \longrightarrow 2CuO + H_2O + CO_2$$

$$CuO + H_2SO_4 \longrightarrow CuSO_4 + H_2O$$

$$CuSO_4 + Zn \longrightarrow ZnSO_4 + Cu\downarrow$$

धातु का शोधन (Rifining of Metal) :

⇨ **विद्युत अपघटन शोधन (Electrolytic Refining) :** यह सिल्वर Au, Pb, Al तथा Cu के लिए प्रयोग किया जाता है। इस विधि में शुद्ध धातु कैथोड तथा अशुद्ध धातु ऐनोड है।

$$\underset{\text{(Anode)}}{\text{Impure Metal}} \longrightarrow \underset{\text{(with dilute acid)}}{\text{Solution of Metal}} \longrightarrow \underset{\text{(Cathode)}}{\text{Pure Metal}}$$

⇨ **वान आर्कल विधि (Van-Arkel Process) :** इस विधि का प्रयोग Ti, Zr, Hf, Si आदि को शुद्ध करने के लिए किया जाता है।

$$\text{Impure M} + I_2 \longrightarrow \text{Metal iodide} \xrightarrow{\text{Heat}} \text{Pure M} + I_2$$

$$\underset{\text{Impure}}{Zr_{(s)}} + 2I_{2(g)} \xrightarrow{870K} ZrI_{4(g)} \xrightarrow{2070K} \underset{\text{Pure}}{Zr_{(s)}} + 2I_{2(g)}$$

सोडियम का धातुकर्म (Metallurgy of Sodium) :

⇨ **मुख्य लवण (Important Mineral) :**

- साधारण नमक NaCl, टिनकाल $Na_2B_4O_7 \cdot 10H_2O$. क्राइओलाइट Na_3AlF_6 तथा चिली साल्ट पीटर = $NaNO_3$
- सोडियम के द्वारा प्राप्त किया जाता है:
  (1) डाउन विधि
  (2) कास्टनर विधि
- डाउन विधि एक आधुनिक विधि है। इस विधि में फ्यूजड NaCl + $CaCl_2$ + KF के द्वारा सोडियम निष्कर्षित किया जाता है।
- शुद्ध NaCl से सोडियम को निष्कर्षित करना बहुत कठिन है क्योंकि-
  — NaCl का गलनांक बहुत अधिक है।
  — गलनांक पर Na धात्विक धुँआ बनाता है।
- इस समस्या को दूर करने के लिए KF तथा $CaCl_2$ की कुछ मात्रा शुद्ध NaCl में मिलाते है।

$$\underset{\text{Fused}}{NaCl} \longrightarrow Na^+ + Cl^-$$

कैथोड पर - $Na^+ + e^- \longrightarrow Na$

एनोड पर - $Cl^- \longrightarrow Cl + e^-$

$2Cl \longrightarrow Cl_2$

K का धातुकर्म (Metallurgy of K) :

⇨ कम I.E. के कारण K प्रकृति में नहीं पाया जाता है। यह बहुत ही अपचयित लवण है।

1. कार्नेलाइट ($KCl \cdot MgCl_2 \cdot 6H_2O$)
2. इण्डियन साल्ट पीटर (KNO_3)
3. फ्लेसपार ($K_2SO_4 \cdot Al_2O_3 \cdot 6SiO_2$)
4. सीलवाइन (KCl)

⇨ K शुद्ध फ्यूजड KCl के विद्युत-अपघटन द्वारा प्राप्त नहीं किया जाता है क्योंकि K का क्वथनांक (1038.3 K) KCl के गलनांक (1062.8 K) से कम होता है।

⇨ फ्यूजड (बुझा) KCl + $CaCl_2$ + बुझा KOH मिश्रण का विद्युत-अपघटय द्वारा-

$$KOH \rightleftharpoons K^+ + OH^-$$

एनोड पर - $4OH^- \longrightarrow 2H_2O + O_2 + 4e^-$

कैथोड पर - $K^+ + e \longrightarrow K$

⇨ KF + CaC_2 मिश्रण द्वारा -

$$KF + CaC_2 \xrightarrow{1000^\circ C} \underset{(99.3\%)}{2K} + CaF_2 + 2C$$

आयरन का निष्कर्षण (Extraction of Iron)

⇨ **ऑक्साइड खनिज (Oxide ores) :**
- मैग्नीटाइट Fe_3O_4
- हेमेटाइट Fe_2O_3 लाल रंग
- लिमोनाइट या हाइड्रेरिट फेरिक ऑक्साइड $Fe_2O_3 \cdot 3H_2O$

⇨ **कार्बोनेट खनिज (Carbonate ore) :**
- सिडेराइट या सेपटिक आयरन, $FeCO_3$

⇨ **सल्फाइड खनिज (Sulphide ores) :**
- आयरन पाइराइट, FeS_2
- कैल्फोपाइराइट, $CuFeS_2$

आयरन के प्रकार (Type of Iron) :

⇨ **पिग आयरन (Pig iron) :** पिग आयरन (या कच्च लोहा) 93% आयरन, 5% कार्बन तथा शेष सिलिकन, मैगनीज, फॉस्फोरस आदि रखते है।

⇨ **ढलवाँ लोहा (Cast Iron) :** जब एकदम पिघले (गर्म) पिग आयरन को ठण्डा किया जाता है, आयरन सफेद ढलवाँ लोहा कहलाता है। कार्बन की अशुद्धि सीमेनाइट (Fe_3C) के रूप में उपस्थित होती है।

⇨ **ग्रे ढलवाँ लोहा (Grey cast iron) :** जब पिघले (गर्म) पिग आयरन को (सलेटी) धीरे-धीरे गर्म किया जाता है, आयरन को ग्रे (सलेटी) पिग आयरन कहते हैं। ढलवाँ लोहा में सरलता से जंग नहीं लगता तथा वैल्ड नहीं किया जा सकता है। अधिक कार्बन की मात्रा के कारण आयरन (लोहा) कठोर एवं भंगुर है।

⇨ **पिटवाँ लोहा (Wrought Iron) :** यह लोहे की शुद्धतम अवस्था है। यह 0.1 से 0.25 प्रतिशत कार्बन रखती है। पिटवाँ लोहे का निर्माण पडलिंग विधि द्वारा ढलवाँ लोहे से बनाया जाता है।

⇨ **स्टील (Steel) :** स्टील 0.25 से 2 प्रतिशत कार्बन रखती है।
- **इनवार स्टील (Invar steel) :** इसमें 36% Ni उपस्थित होते हैं।
- **क्रोम वैनेडियम इस्पात (Chrome-vanadium steel) :** इसमें 1% Cr तथा 0.15% V उपस्थित होते हैं।
- **मैगनीज इस्पात (Manganese steel):** इसमें 12-15% Mn उपस्थित होते हैं।
- **स्टेनलेस स्टील (Stainless steel) :** इसमें 11.5% Cr, 2% Ni उपस्थित होते हैं।
- **टंगस्टेन स्टील (Tungsten steel) :** इसमें 14-20% W, 3-8% Cr उपस्थित होते हैं।

⇨ **एनेलिंग (Annealing) :** इस विधि में इस्पात को गर्म करके चमकाते है। यह विधि इस्पात को कोमल तथा लचीला बनाता है।

⇨ आयरन को हेमेटाइट, मैग्नेटाइट तथा लिमोनाइट खनिजों से निष्कर्षित करते है।

हेमेटाइट

↓ संकुचन (सान्द्रण)

- यह गुरूत्व विधि द्वारा किया जाता है। इस विधि में खनिज को छोटे टुकड़ों में पीसा जाता है तथा बाद में पानी की वाष्प से धोते है। छोटी अशुद्धियाँ दूर हो जाती है। भारी अयस्क के टुकड़े पीछे रह जाते है।

↓ निस्तापन

- इस विधि में सान्द्रित अयस्क को वायु की अनुपस्थिति में गर्म करते है। जल की अशुद्धि एवं कार्बन डाइ ऑक्साइड दूर हो जाती है।

$$Fe_2O_3 \cdot 3H_2O \longrightarrow Fe_2O_3 + 3H_2O$$

$$Fe_2O_3 \longrightarrow FeO + CO_2$$

↓ भर्जन

- निस्पातित अयस्क को वायु की उपस्थिति में गर्म करते है। इस विधि में (P,C,S,As) तथा (Sb) की अशुद्धि वाष्पशील ऑक्साइड के रूप में दूर होती है। इस विधि में फेरस ऑक्साइड फेरिक ऑक्साइड में ऑक्सीकृत हो जाता है।

$$S + O_2 \longrightarrow SO_2$$

$$4As + 3O_2 \longrightarrow 2As_2O_3$$

$$4FeO + O_2 \longrightarrow 2Fe_2O_3$$

↓ प्रगलन

- भर्जित अयस्क में लाइम स्टोन तथा कोक मिलाते है तथा वात्या भट्टी में गर्म करते है। दहन खण्ड में (जो भट्टी का निचला भाग है) कार्बन, कार्बन मोनो ऑक्साइड में बदल जाता है। अपचयन खण्ड में, (जहाँ 252ºC से 700°C तापमान है) आयरन ऑक्साइड आयरन में अपचयित हो जाता है।

$$3Fe_2O_3 + CO \xrightarrow{300-400°C} 2Fe_3O_4 + CO_2$$

$$Fe_3O_4 + CO \xrightarrow{500-600°C} 3FeO + CO_2$$

$$FeO + CO \xrightarrow{700°C} \underset{\text{spongy iron}}{Fe} + CO_2$$

धातुमल निर्माण (Slag formation) : $CaCO_3 \xrightarrow{800°C} CaO + CO_2$

$$CaO + SiO_2 \xrightarrow{1000°C} CaSiO_3$$

↓

- वात्या भट्टी से प्राप्त आयरन को कच्चा लोहा (93% Fe) कहते है।

कॉपर का निष्कर्षण (Extraction of Copper)

- ⇨ कॉपर मुक्त तथा संयुक्त अवस्था में पाया जाता है।
- ⇨ **सल्फाइड खनिज (Sulphide ores) :**
  - कैल्कोपाइराइट या कॉपर पाइराइट
  - कैल्कोसाइट या कॉपर ग्लॉन्स
  - बोराइट
- ⇨ **ऑक्साइट खनिज (Oxide ore) :**
  - क्यूप्राइट
- ⇨ **बेसिक कार्बोनेट (Basic carbonates) :**
  - मैलेकाइट (हरा)
  - ऐजूराइट (नीला)
- ⇨ **ब्रास (पीतल) :** यह Cu 60-80%, Zn 40-20% रखता है।
- ⇨ **ब्रोनज (कांसा) (Bronze) :** यह Cu 75-90%, Sn 25-10% रखता है।
- ⇨ **ग्रेमैन सिल्वर (German silver) :** यह Cu 56%, Zn 24%, Ni 20% रखता है।
- ⇨ **गन धातु (Gun metal) :** यह Cu 87%, Sn 10%, Zn 3% रखता है।
- ⇨ **रोल्ड गोल्ड (Rolled gold) :** यह Cu 95%, Al 5% रखता है।
- ⇨ **कोनसटनटन (Constantan) :** यह Cu 60%, Ni 40% रखता है।
- ⇨ **मोनल धातु (Monel metal) :** यह Cu 30%, Ni 67%, Fe 3% रखता है।
- ⇨ **फॉस्फोरस ब्रोनज (Phosphorus bronze) :** यह Cu 85%, Sn 13%, P 2% रखता है।

फफोलेदार कॉपर :

- ⇨ यह बेसेमर परिवर्तक से प्राप्त किया जाता है। यह 98% कॉपर तथा 10% अशुद्धि रखता है।

पोलिंग (Poling) :

- ⇨ कॉपर का शुद्धिकरण पोलिंग द्वारा किया जाता है। इस विधि में हरी लकड़ी के डण्डों का प्रयोग अपचयित पदार्थ के रूप में किया जाता है। क्यूप्रस ऑक्साइड कॉपर में अपचयित हो जाता है।
- ⇨ कॉपर तनु HNO_3 से क्रिया करके NO देता है तथा सान्द्र HNO_3 से क्रिया करके NO_2 देता है।

मैट (Matte) :

- ⇨ मैट FeS तथा Cu_2S में उपस्थित होते है।

⇨ कॉपर पाइराइट या कैलकोपाइराइट से कॉपर निष्कर्षित की जाती है।

कॉपर पाइराइट

↓ सान्द्रण

- यह फेन प्लवन विधि द्वारा किया जाता है।
  जल + पाउडर खनिज + चीड़ का तेल + पोटेशियम जैन्थेट ⟶ सल्फाइड अयस्क के झाग

↓ भर्जन

- खनिज का भर्जन परार्वनी भट्टी में करते है। इस विधि में सल्फर, आर्सनिक, एन्टीमनी की अशुद्धियाँ वाष्पशील ऑक्साइड के रूप में दूर होती है।

$$S + O_2 \longrightarrow SO_2$$
$$4As + 3O_2 \longrightarrow 2As_2O_3$$
$$4Sb + 3O_2 \longrightarrow 2Sb_2O_3$$

- इस विधि में पाइराइट क्यूप्रस सल्फाइड तथा फेरस सल्फाइड में परिवर्तित हो जाता है।

$$2CuFeS_2 + O_2 \longrightarrow Cu_2S + 2FeS + SO_2$$

तथा कुछ FeS तथा Cu_2S ऑक्साइड में परिवर्तित हो जाता है।

$$2FeS + 3O_2 \longrightarrow 2FeO + 2SO_2$$
$$2Cu_2S + 3O_2 \longrightarrow 2Cu_2O + 2SO_2$$

↓ प्रगलन

- भर्जित अयस्क को सिलिका तथा कोक के साथ मिलाते है तथा वात्या भट्टी में गर्म करते है।
- इस विधि में,

$$FeS + Cu_2O \longrightarrow FeO + Cu_2S$$
$$2FeS + 3O_2 \longrightarrow 2FeO + 2SO_2$$
$$FeO + SiO_2 \longrightarrow \underset{\text{Ferrous silicate (slag)}}{FeSiO_3}$$

- प्रगलन के बाद जो सामग्री (पदार्थ) प्राप्त होता है, मैट कहते है जो Cu_2S तथा FeS रखता है।

↓ बेसमराइजेशन

- बेसेमर परिवर्तक में मैट को SiO_2 के साथ वायु की उपस्थिति में गर्म करते है। परिवर्तक में CaO या MgO बेसिक पदार्थ का अस्तर लगा होता है।

$$2FeS + 3O_2 \longrightarrow 2FeO + 2SO_2;$$
$$FeO + SiO_2 \longrightarrow FeSiO_3\,(Slag)$$
$$CaO + SiO_2 \longrightarrow CaSiO_3\,(Slag);$$
$$2Cu_2S + 3O_2 \longrightarrow 2Cu_2O + 2SO_2$$
$$2Cu_2O + Cu_2S \xrightarrow[\text{reduction}]{\text{Auto}} 6Cu + SO_2$$

- बेसेमर परिवर्ततक से प्राप्त कॉपर को फफोलेदार कॉपर कहते है।

सिल्वर का निष्कर्षण (Extraction of Silver)

सिल्वर (Silver)

⇨ सिल्वर निम्न में पाया जाता है —

(a) मुक्त अवस्था

(b) संयुक्त अवस्था

(i) अर्जेन्टाइट या सिल्वर गेलान्स

(ii) पाइरार्जीराइट या रूबी सिल्वर

(iii) स्ट्रोमैराइट या सिल्वर कॉपर

(iv) लैड खनिज, गैलेना (PbS) में सिल्वर Ag_2S रूप में पाया जाता है। निष्कर्षित लैड मुख्यत: सिल्वर रखता है। तथा अर्जेन्टीफैरस लैड कहलाता है। लैड को प्रयोग करने से पहले चाँदी से ढ़कते है।

अर्जेन्टीफैरस लैड ($PbS + Ag_2S$) से Ag का निष्कर्षण

⇨ **पार्क विधि** : यह निम्नलिखित तथ्यों पर निर्भर करता है।

(i) गलित Zn तथा Pb अघुलनशील है, जिंक ऊपरी सतह पर पाया जाता है।

(ii) Ag गलित Zn में अधिक घुलनशील है

(iii) Zn–Ag मिश्र धातु गलित Pb(IV) से जल्दी ठोस हो जाती है। आसवन द्वारा Zn वाष्प बनकर Ag से अलग हो जाती है। Ag क्यूपलीकरण द्वारा शुद्ध किया जाता है।

फोटोग्राफी (Photography) :

⇨ फोटोग्राफी फोटोग्राफी प्लेट को ( ) के कोलॉइडी लीलेटीनाइजड विलयन से अस्तरित करते है।

⇨ प्रदर्शन के दौरान AgBr धात्विक सिल्वर में अपचयित होती है।

⇨ प्रदर्शित फिल्म उत्पन्न होती है। डेवलपर एक हाइड्रोक्यूनॉन या क्यूनॉल का क्षारीय विलयन के रूप में प्रयोग होती है। जो एक्पोजड AgBr को काले सिल्वर में अपचयित कर देता है।

मरक्यूरिक क्लोराइड (Mercuric chloride, $HgCl_2$) :

⇨ यह एक सफेद क्रिस्टलीय ठोस है तथा सामान्यत: कोरेसिव सबलीमैट के रूप में जाना जाता है।

⇨ सिल्वर अर्जेनाइट से निष्कर्षित होती है।

अर्जेनीटाइट (Ag_2S)

↓ सान्द्रण

• यह फेन प्लवन विधि द्वारा किया जाता है।

$$\text{जल + पाउडर + चीड़ का तेल + जैन्थेट} \xrightarrow{\text{वायु}} \text{सल्फाइड अयस्क का झाग}$$

↓ साइनाइडेशन

• सान्द्रित अयस्क को वायु की उपस्थिति में 0.4% NaCN के साथ क्रिया कराते है।

$$Ag_2S + 4NaCN \longrightarrow Na_2S + \underset{\text{Sodium dicyano argentate (I) or sodium argento cyanide}}{2Na[Ag(CN)_2]}$$

$$Na_2S + 2O_2 \longrightarrow Na_2SO_4$$

↓ अवक्षेपण

• जिंक के द्वारा सिल्वर का अवक्षेण करते है।

$$Zn + \underset{\text{Soluble}}{2Na[Ag(CN)_2]} \longrightarrow 2Ag + \underset{\text{Sodium tetracyanozincate (II) or sodium zinc cyanide}}{Na_2[Zn(CN)_4]}$$

↓ पिघलाना

• प्राप्त सिल्वर को KNO_3 के साथ गलाकर अक्रियाशील Zn की अशुद्धि को दूर किया जाता है।

$$Zn + KNO_3 \longrightarrow KNO_2 + ZnO\uparrow$$

↓ शोधन

• **क्यूपलीकरण या खर्परण विधि (Cupellation) :** प्राप्त अशुद्ध चाँदी क्यूपेल में एकत्र होती है तथा वायु की उपस्थिति में गर्म करते है। Pb, PbO के रूप में दूर होता है।

• **विद्युत अपघट्य शोधन (Electrolytic refining) :**

एनोड	:	अशुद्ध चाँदी
कैथोड	:	शुद्ध चाँदी
विद्युत अपघट्य	:	$AgNO_3 + HNO_3$

शुद्ध चांदी कैथोड पर एकत्रित हो जाती है।

अभ्यास के लिए प्रश्न

1. सायनाइड (cyanide) के साथ लीचिंग (leaching) द्वारा निष्कर्षित धातु है–
(a) Mg (b) Ag
(c) Cu (d) Na

2. ऐल्यूमिनियम किसके वैद्युत-अपघटन द्वारा प्राप्त होती है?
(a) बॉक्साइड
(b) ऐलुमिना
(c) ऐलुमिना तथा क्रायोलाइट के पिघले मिश्रण
(d) पिघला क्रामोलाइट

3. जब Cu नमूने को Zn की अशुद्धि से वैद्युत-अपघटन द्वारा शुद्ध करते हैं, तो उचित इलेक्ट्रोड होंगे–

	कैथोड़	ऐनोड़
(a)	शुद्ध Zn	शुद्ध Cu
(b)	अशुद्ध नमूना	शुद्ध Cu
(c)	अशुद्ध Zn	अशुद्ध नमूना
(d)	शुद्ध कॉपर	अशुद्ध नमूना

4. किस पदार्थ में $CaCO_3$ नहीं है?
(a) समुद्री शैल (Sea Shells)
(b) डोलोमाइट (Dolomite)
(c) संगमरमर मूर्ति (Marble Stature)
(d) निस्तापित जिप्सम (Calcined Gypsum)

5. निम्न में से कौन-सा अयस्क फेन प्लवन विधि द्वारा सान्द्रित किया जा सकता है?
(a) मैलकाइट (Malachite) (b) कैसिटेराइट (Cassiterite)
(c) गैलेना (Galena) (d) मैग्नेटाइट (Magnetite)

6. कॉपर के वैद्युत शोधन की प्रक्रिया में कुछ धातु जो अशुद्धि के रूप में उपस्थित होते हैं, ऐनोड मड (mud) की भांति बैठ जाते हैं, ये हैं–
(a) Sn तथा Ag (b) Pb तथा Zn
(c) Ag तथा Au (d) Fe तथा Ni

7. Cu_2 तथा Cu_2S मिश्रण को गर्म करने पर प्राप्त होगा?
(a) $Cu + SO_2$ (b) $Cu + SO_3$
(c) $CuO + CuS$ (d) Cu_2SO_3

8. सल्फाइड अयस्क का ऑक्साइड में भर्जन किए जाने तथा सीधे कार्बन द्वारा अपचयित नहीं किए जाने के लिए, निम्न में से किस कारक का महत्व नहीं है?
(a) ऊष्मागतिकीय रूप से धातु सल्फाइड CS_2 की अपेक्षा अधिक स्थायी होते हैं।
(b) ऊष्मागतिकीय रूप से CO_2, CS_2 से अधिक स्थायी है।
(c) धातु सल्फाइड संगत ऑक्साइडों की अपेक्षा कम स्थायी होते हैं
(d) CO_2, CS_2 की अपेक्षा अधिक वाष्पशील है।

9. धातुओं के सान्द्रण हेतु प्रयुक्त प्लवन प्रक्रम में कण प्लवित होते हैं क्योंकि–
(a) वह हल्के होते हैं
(b) वह अविलेय होते हैं
(c) उनका पृष्ठ सुगमता से आर्द्र नहीं हो पाता है
(d) वह स्थिर वैद्युत आवेश धारण किये रहते हैं

10. लोहे के धातुकर्म में जब चूने का पत्थर वात्या भट्टी में मिलाया जात है, तब कैल्शियम आयन का अन्त होता है निम्न रूप में–
(a) धातुमल (b) गेंग
(c) धात्विक Ca (d) $CaCO_3$

11. विद्युत परिष्करण में, अशुद्ध धातु की ऐनोड तथा शुद्ध धातु की एक पतली पट्टी को कैथोड बनाया जाता है। यह विधि किसके विद्युत परिष्करण में प्रयुक्त नहीं होती–
(a) सिल्वर (b) कॉपर
(c) ऐल्यूमिनियम (d) जिंक

12. वात्या भट्टी से प्राप्त लोहा है–
(a) पिग आयरन (b) कास्ट आयरन
(c) रॉट आयरन (d) मृदु आयरन

13. पृथ्वी पर पायी जाने वाली धातुओं में किसकी प्रतिशतता भार के अनुसार अधिकतम होती है–
(a) Fe (b) Al
(c) Au (d) Au

14. धातुमल निर्माण को प्रदर्शित करने वाली अभिक्रिया है–
(a) $Cu_2S + 2Cu_2O \longrightarrow 6Cu + SO_2$
(b) $ZnCO_3 \longrightarrow ZnO + CO_2$
(c) $Fe_2O_3 + 3C \longrightarrow 2Fe + 3CO$
(d) $FeO + SiO_2 \longrightarrow FeSiO_3$

15. स्पीगैलाइजेन (spiegeleisen) है–
(a) Fe + Mn
(b) Mn + C
(c) Fe(60%) + C (5 – 15%) + Mn
(d) Fe + Mn (5 –15%) + C (60%)

16. खुली भट्टी प्रक्रम (open hearth process) बेसेमर प्रक्रम की अपेक्षा–
(a) द्रुत प्रक्रम है (b) मंद प्रक्रम है
(c) दोनों प्रक्रम लगभग समान गति की होती हैं
(d) बेसेमर प्रक्रम अविरत है

17. जब लाल गर्म स्टील को वायु में धीरे-धीरे ठण्डा करने पर कुछ आयरन कार्बाइड अपघटित होकर लोहा और ग्रेफाइट देता है, तो यह अभिक्रिया कहलाती है–
(a) कठोरीकरण (b) अनीलीकरण
(c) टेम्परिंग (d) कार्बाइडीकरण

18. सोडियम 40% NaCl और 60% $CaCl_2$ के गलित मिश्रण के वैद्युत अपघटन के द्वारा बनाया जात है क्योंकि–
(a) $CaCl_2$ विद्युत के चालन में सहायता करता है
(b) इस मिश्रण का गलनांक NaCl की अपेक्षा कम होता है
(c) Ca^{++} आयन Na को NaCl से विस्थापित कर सकता है।
(d) Ca^{++} आयन NaCl को Na में अपचयित कर सकता है

19. ऐल्यूमिनियम की ऑक्सीजन के प्रति बहुत अधिक बंधुता है तथा उसका ऑक्सीकरण एक ऊष्माक्षेपी प्रक्रम है। इस तथ्य का निर्मांकित में उपयोग होता है–
(a) ऐन्यूमिनियम की पतली पन्नी बनाने में

(b) बर्तन बनाने में
(c) डूरैलूमिन मिश्रधातु में
(d) थर्माइट वेल्डिंग में

20. यदि धातु क अपेक्षा उसकी अशुद्धता की ऑक्सीजन के प्रति बंधुता अधिक हो, तथा वह (अशुद्धता) धातु की अपेक्षा अधिक सरलता से ऑक्सीकृत हाती है, तो धातु का शोधन निम्नांकित विधि से किया जाता है-
(a) दण्ड विलोडन (b) मंडल परिष्करण
(c) विद्युत अपघटनी परिष्करण (d) खर्परण

21. भूपरिपटी में सबसे अधिक धातु ऐल्यूमिनियम पायी जाती है। इसके बॉक्साइट द्वारा प्राप्त करने का कारण है-
(a) बॉक्साइट अधिक मात्रा में पाया जाता है
(b) बॉक्साइट से यह आसानी से निष्कर्षित हो जाती है
(c) बॉक्साइट में यह अधिक मात्रा में पाया जाता है
(d) बॉक्साइट में कम अशुद्धि होती है

22. ऐल्यूमिनियम के वैद्युतीय निष्कर्षण में क्रायोलाइट प्रयुक्त किया जाता है-
(a) अधिक ऐल्यूमिनियम प्राप्त करने के लिये
(b) बॉक्साइट को अपघटित करने के लिये
(c) ऐनोड की रक्षा करने के लिये
(d) अपचायक के रूप में

23. जलयोजित ऐल्यूमिना को निर्जल ऐल्यूमिना में परिवर्तित करने के प्रक्रम को कहते हैं-
(a) भर्जन (b) प्रगलन
(c) सान्द्रण (dressing) (d) निस्तापन

उत्तरमाला

1. (b)	**2.** (c)	**3.** (d)	**4.** (d)	**5.** (c)	**6.** (c)	**7.** (a)	**8.** (a)	**9.** (c)	**10.** (a)
11. (c)	**12.** (a)	**13.** (b)	**14.** (b)	**15.** (d)	**16.** (b)	**17.** (b)	**18.** (b)	**19.** (d)	**20.** (d)
21. (b)	**22.** (c)	**23.** (d)							

हल

3. (d) **ऐनोड** $Cu \longrightarrow Cu^{2+} + 2e$
(अशुद्ध नमूना)
कैथोड $Cu^{2+} + 2e \longrightarrow Cu$
(शुद्ध कॉपर)

4. (d) निस्तापित जिप्सम $CaSO_4.½H_2O$ हैं।

5. (c) फेन प्लवन विधि सामान्यत: सल्फाइड अयस्कों के सान्द्रण में प्रयुक्त होती है। (गैलेना PbS होता है)

6. (c) अधिक वैद्युतधनी धातु जोकि Cu से सम्बन्ध होते हैं, (Fe, Zn, CO, Ni) विलयन में चले जाते हैं, तथा कम विद्युतधनी धातु (Ag, Ag) ऐनोड के नीचे ऐनोड मड की भांति एकत्र हो जाते हैं।

7. (a) स्व: अपचयन होता है-
$$Cu_2S + 2Cu_2O \longrightarrow 6Cu + SO_2$$

8. (a) $2MS + C \longrightarrow 2M + CS_2 \quad \Delta G_1 =$ धनात्मक
$2MO + C \longrightarrow 2M + CO_2 \quad \Delta G_2 =$ ऋणात्मक
CO_2 के उत्पादन के लिए ΔG का मान ऋणात्मक है। अत: ऊष्मागतिकीय रूप से यह CS_2 से अधिक स्थायी है। धातु सल्फाइड भी CS_2 की अपेक्षा अधिक स्थायी होते हैं। धातु सल्फाइड अपने संगत ऑक्साइडों की अपेक्षा अधिक स्थायी होते हैं। अत: इन्हें भर्जन द्वारा कम स्थायी ऑक्साइडों में परिवर्तित किया जाता है।

9. (c) फेन-प्लवन विधि में सल्फाइट अयस्क के कणों का पृष्ठ सुगमता से आर्द्र नहीं हो पाता है।

10. (a) चूने के पत्थर ($CaCO_3$) के कैल्शियम का परिवर्तन धातुमल ($CaSiO_3$) में होता है।

11. (c) ऐल्यूमिनियम को हूप विधि से शोषित किया जात हे जिसमें ऐनोड अशुद्धधातु का नहीं बनाया जाता है।

12. (a) वात्या भट्टी से पिग आयरन (अशुद्धतम लोहा) प्राप्त होता है।

13. (2) पृथ्वी पर Al धातु सर्वाधिक मात्रा में पायी जाती है।

14. (b) $\underset{\text{बेसिक अशुद्धि}}{FeO} + \underset{\text{अम्लीय गालक}}{SiO_2} \xrightarrow{\Delta} \underset{\text{धातुमल}}{FeSiO_3}$

15. (d) स्पीगैलाइजेन, आयरन, मैगनीज (5-15%) तथा कार्बन (60%) की एक मिश्र धातु है।

16. (b) मंद प्रक्रम।

17. (b) अनीलीकरण।

18. (b) $CaCl_{2(s)}$ मिलाने से $NaCl_{(s)}$ का गलनांक कम हो जाता है।

19. (d) थर्माइट वैल्डिंग में Fe_2O_3 तथा Al के मिश्रण का उपयोग करते हैं।

20. (d) खर्परण प्रक्रम के द्वारा Ag में उपस्थित Pb अशुद्धता को दूर करते है। इस विधि में Pb, PbO में ऑक्सीकृत होता है।

21. (b) बॉक्साइट से Al धातु का निष्कर्षण सरलता से हो जाता है।

22. (c) क्रायोलाइट, ऐल्यूमिना के गलनांक को कम कर देता है जिससे ऐनोड (कार्बन) पर मुक्त O_2 की 'C' के साथ क्रिया करने की प्रवृत्ति कम हो जाती है।

23. (d) निस्तापन से अयस्क में उपस्थित जल के अणु निकल जाते हैं।

□□□

15 Chapter

s-ब्लॉक तत्व (क्षार तथा क्षारीय मृदा धातुएँ)

[s-Block Elements (Alkali and Alkaline Earth Metals)]

स्मरणीय बिन्दु

- क्षार धातु हाइड्रॉक्साइडों का क्षारीय गुण निम्न प्रवृत्ति प्रदर्शित करता है।
$$LiOH < NaOH < KOH < RbOH < CsOH$$
(आयनिक लक्षण का क्रम, फजान (Fajan) का नियम)
- क्षार धातु कार्बोनेटों में, केवल Li_2CO_3 ही गर्म करने पर CO_2 मुक्त करता है, जबकि दूसरे नहीं।
$$Li_2CO_3 \longrightarrow Li_2O + CO_2$$
- क्षार धातुओं के हाइड्रॉक्साइडों का ताप स्थायित्व के बढ़ने का क्रम निम्न प्रकार है–
$$LiOH < NaOH < KOH < RbOH < CsOH$$
उदाहरण के लिए, LiOH, 1050 K पर अपघटित होता है, जबकि NaOH 1570 K पर।
- क्षार धातु फ्लोराइडों की जालक ऊर्जा (किलो जूल/मोल में) Li से Cs की ओर घटती है।
- क्षार धातु क्लोराइडों की जालक ऊर्जाएँ (किलो जूल/मोल में) Li से Cs की ओर घटती है।
- गर्म करने पर लीथियम नाइट्रेट NO_2 तथा O_2 उत्पन्न करता है, जबकि सोडियम तथा पोटैशियम के नाइट्रेट केवल O_2 उत्पन्न करते हैं।
$$4LiNO_3 \longrightarrow 2Li_2O + 4NO_2 + O_2$$
$$2NaNO_3 \longrightarrow 2NaNO_2 + O_2$$
- लीथियम NH_3 के साथ गर्म करने पर लीथियम इमाइड (Lithium imide) बनाता है। (Li_2NH) जबकि अन्य क्षार धातु, धातु ऐमाइड (Metal amides, MNH_2) बनाते हैं।
- Li_2SO_4 फिटकरी नहीं बनाता है, जबकि अन्य क्षार धातु सल्फेट बनाते हैं।
- LI_2CO_3 को ऐलुमिना के विद्युत-अपघटनी उत्पादन में बॉक्साइट में मिलाते हैं।
- KO_2 का प्रयोग अंतरिक्ष कैप्सूलों (Space Capsules) पनडूब्बियों (Submarines) तथा सांस लेने के मास्कों (Breathing masks) में प्रयोग होता है, क्योंकि यह O_2 उत्पन्न करता है तथा CO_2 एवं CO को हटाता है–
$$2KO_2 \longrightarrow K_2CO_3 + O_2$$
$$4KO_2 + 2CO_2 \longrightarrow 2K_2CO_3 + 3O_2$$
- सभी क्षार धातुओं के ऐजाइड (Azides) ऊष्मीय रूप से अस्थायी होते हैं तथा गर्म करने पर N_2 तथा धातु उत्पन्न करते हैं। इसमें LiN_3 अपवाद है, जोकि अति स्थायी नाइट्राइड (Li_3N) बनाता है।
$$2NaN_{3(s)} \xrightarrow{\Delta} 2Na_{(l)} + 3N_{2(g)}$$
$$3LiN_3 \xrightarrow{\Delta} Li_3N + 4N_2$$
- क्षारीय मृदा धातुओं के हाइड्रॉक्साइडों का क्षारीय गुण निम्न प्रवृत्ति प्रदर्शित करता है–
$$Be(OH)_2 < Mg(OH)_2 < Ca(OH)_2 < Sr(OH)_2 < Ba(OH)_2$$
(फजॉन के नियमानुसार)
- क्षारीय मृदा धातुओं के कार्बोनेटों का स्थायित्व निम्नलिखित क्रम में बढ़ता है–
$$BeCO_3 < MgCO_3 < CaCO_3 < SrCO_3 < BaCO_3$$
- Be परॉक्साइड नहीं बनाता है।
- जिप्सम (Gypsum, $CaSO_4.2H_2O$) को 398 K पर गर्म करने पर जल निकलता है तथा प्लास्टर ऑफ पेरिस ($CaSO_4.½H_2O$ या $2CaS_4.H_2O$) बनता है। यदि इसे ओर अधिक गर्म किया जये तो इसका सारा जल निकल जाता है तथा मृत जला प्लास्टर (Dead, Burnt Plaster) की तरह नहीं जमता।
- विलयन में Ca^{2+} तथा Mg^{2+} की मात्राओं को EDTA अभिकारक द्वारा ज्ञात करते हैं।
- Mg^{2+} क्लोरोफिल में उपस्थित होता है, जोकि पौधों में हरा रंग उत्पन्न करने वाला एक वर्णक है। यह प्रकाश को अवशोषित करता है, जोकि प्रकाश संश्लेषण के लिए आवश्यक है। मैग्नीशियम अनेक प्रकार की एन्जाइम अभिक्रियाओं को नियंत्रित करता है।
- Li (लाल), Na (पीली), K (बैंगनी), Rb (लाल बैंगनी), Cs (नीला), Ca (ईंट जैसी लाल), Sr (रक्त लाल) व Ba (सेब जैसी हरी) ज्वाला दर्शाते हैं।
- क्षार धातुओं के ऑक्साइडों के स्थायित्व का क्रम
$$M_2O > M_2O_2 > MO_2$$
- जलयोजन ऊर्जा $\propto \frac{1}{\text{आयन का आकार}} \propto \frac{1}{\text{चालकता}}$
$$\xrightarrow{Be(H_2O)_n^{+2}........(Ba(H_2O)]_n^{+2}} \text{आयनिक चालकता बढ़ती है।}$$

- पोर्टलेन्ड सीमेन्ट का सूत्र एवं अवयव निम्न हैं–

$$Ca_2SuI_5 + CaSiO_4 + Ca_3Al_2O_6$$

$CaO = 62\%$, $Fe_2O_3 = 2.5\%$
$Al_2O_3 = 7.5\%$, $K_2O = 1.0\%$
$SiO_2 = 22\%$, $MgO = 2.5$
$Na_2O = 1.0\%$, $SO_3 = 1.5\%$

- चूने के सुपरफास्फेट का सूत्र– $Ca(H_2PO_4)_2\, H_2O + CaSO_4.2H_2O$
- फ्लुओरऐपेटाइट का सूत्र $Ca_3(PO_4)_2.CaF_2$ (Fluorapatite) है।
- क्लोरऐपेटाइट का सूत्र (Chlorapatite) — $Ca_3(PO_4)_2CaCl_2$
- हाइड्राइडों का स्थायित्व– $LiH > NaH > KH > RbH > CsH$
- अग्निशामक (Fire extinguisher) H_2SO_4, Na_2CO_3 एवं $NaHCO_3$ होता है।
- सोडा लाइम — $NaOH + CaO$ है।
- मानसिक अस्तव्यस्तता (Mental disturbances) में Li_2CO_3 काम में आता है।
- $LiNO_3$ व $NaNO_3$ वायु की नमी अवशोषित करके पसीज जाते हैं। जबकि KNO_3 में यह गुण नहीं होता। अत: इसका उपयोग बारूद में करते हैं।
- MgO व $MgCl_2$ का मिश्रण (Mg_2OCl_2) सौरेल सीमेंट (Sorel Cement) कहलाता है।
- $MgSO_4.7H_2O$ को एप्सम साल्ट (Epsom salt) कहते हैं। इसे मैगासल्फ के नाम से रेचक (Purgative) के रूप में प्रयोग करते हैं।
- $[Na(NH_4)HPO_4]4H_2O$ को माइक्रोकॉस्मिक लवण (Microcosmic salt) कहते हैं। जिसका उपयोग गुणात्मक विश्लेषण में मन का परीक्षण (Beed test) में किया जाता है। यह लवण अमोनियम क्लोराइड एवं सोडियम फास्फेट को मिलाने पर प्राप्त होता है।

महत्वपूर्ण क्रम (Order)

जालक ऊर्जा (Latice Energy) :
- $LiF > NaF > KF > RbF > CsF$
- $NaF > NaCl > NaBr > NaI$
- $LiCl > NaCl > KCl > RbCl > CsCl$

हाइड्रेटेड आयनिक त्रिज्या (Hydrated Radii) :
- $[Li(aq)]^+ > Na > K > Rb > [Cs(aq)]^+$

क्षारीय प्रकृति (Basic Nature) :
- $Cs_2O > Rb_2O > K_2O > Na_2O > Li_2O$
- $CsOH > RbOH > KOH > NaOH > LiOH$
- $SaO > CrO > CaO > MgO > BeO$
- $Ba(OH)_2 > Sr(OH)_2 > Ca(OH)_2 > Mg(OH)_2 > Be(OH)_2$

घुलनशीलता (Solubility) :
- $CsOH > RbOH > KOH > NaOH > LiOH$
- $Cs_2CO_3 > Rb_2CO_3 > K_2CO_3 > Na_2CO_3 > Li_2CO_3$
- $CsHCO_3 > RbHCO_3 > KHCO_3 > NaHCO_3$
- $CsCl > RbCl > KCl > NaCl > LiCl$
- $BeSO_4 > MgSO_4 > CaSO_4 > SrSO_4 > BaSO_4$
- $BeCO_3 > MgCO_3 > CaCO_3 > SrCO_3 > BaCO_3$
- $Ba(OH)_2 > Sr(OH)_2 > Ca(OH)_2 > Mg(OH)_2 > Be(OH)_2$
- $BeF_2 > MgF_2 > CaF_2$
- $CaI_2 > CaBr_2 > CaCl_2 > CaF_2$

जालक ऊर्जा (Lattice Energy) :
- $BeCl_2 > MgCl_2 > CaCl_2 > SrCl_2 > BaCl_2$

स्थायित्व (Stability) :
- $Cs_2CO_3 > Rb_2CO_3 > K_2CO_3 > Na_2CO_3 > Li_2CO_3$
- $BaCO_3 > SrCO_3 > CaCO_3 > MgCO_3 > BeCO_3$
- $BaSO_4 > SrSO_4 > CaSO_4 > MgSO_4 > BeSO_4$
- $BeF_2 > BeCl_2 > BeBr_2 > BeI_2$

क्षार धातुएँ (Alkali Metals)

क्षार धातुओं की द्रव अमोनिया में विलेयता (Solubility of Alkali Metal in Liq. NH_3) :

- सभी क्षार धातुएँ अमोनिया में धुलकर गहरा नीले रंग का विलयन उत्पन्न करती है।

$$M + \text{liq. } NH_3 \longrightarrow [M(NH_3)_x]^+ + [e(NH_3)_y]^-$$

- यह नीला रंग अमोनिएटेड इलेक्ट्रॉन के कारण होता है।
- यह विलयन विद्युत का सुचालक तथा अपचायक प्रवृत्ति का होता है दोनों गुण अमोनिएटेड धनायन तथा अमोनिएटेड इलेक्ट्रॉन के कारण होते है।
- यह विलयन अनुचुम्बकीय प्रवृत्ति का होता है।

ज्वाला का रंग (Flame Colouration) :

- Li - लाल
  Na - सुनहरा पीला
  K - हल्का बैंगनी
  Rb - बैंगनी
  Cs - आसमानी नीला रंग

कार्बोनेट तथा बाइकार्बोनेट (Carbonates and Bicarbonates)

- समूह में नीचे की ओर जाने पर कार्बोनेटों का स्थायित्व बढ़ता है $Li_2CO_3 < Na_2CO_3 < K_2CO_3 < Rb_2CO_3 < Rb_2CO_3 < Cs_2CO_3$ Li_2CO_3 को छोड़कर सभी क्षार धातु के कार्बोनेट गर्म करने पर अपघटित नहीं होते है।

$$Li_2CO_3 \xrightarrow{\text{red heat}} Li_2O + CO_2$$

लीथियम का बाइकार्बोनट ठोस नहीं होता है। लीथियम बाइकार्बोनेट केवल जलीय विलयन में ज्ञात है, अन्य क्षार धातुओं के बाइकार्बोनेट क्रिस्टलीय ठोस हैं। उनकी जल में विलेयता व ऊष्मीय स्थायित्व निम्न क्रम में बढ़ता है–

$$NaHCO_3 < KHCO_3 < RbHCO_3 < C_sHCO_3$$

गर्म करने पर क्षार धातु बाइकार्बोनेट कार्बोनेट में बदल जाते हैं तथा CO_2 उत्पन्न करते है।

$$2NaHCO_3 \xrightarrow{\Delta} Na_2CO_3 + CO_2 + H_2O$$

$LiHCO_3 < NaHCO_3 < RbHCO_3 < CsHCO_3$

Na_2CO_3 तथा K_2CO_3

⇨ दोनों कार्बोनेट को ली-ब्लॉक प्रक्रम से बनाया जाता है।

⇨ इस विधि में :

- $NaCl, H_2SO_4$ कार्बन तथा $CaCO_3$ कच्चा माल (Raw material) होते है।
- **प्रथम पद:** $NaCl + H_2SO_4 \longrightarrow Na_2SO_4 + 2HCl$
- **द्वितीय पद:** Na_2SO_4 को $CaCO_3$ तथा कार्बन के साथ गर्म करने पर काली राख तथा CO_2 गैस प्राप्त होती है। काली राख, Na_2CO_3 व CaS का मिश्रण होती है।

$$Na_2SO_4 + CaCO_3 + C \longrightarrow \underbrace{CaS + Na_2CO_3}_{\text{Black ash}} + CO_2$$

सॉल्वे अमोनिया सोडा विधि (Solvay ammonio soda process) :

⇨ पोटेशियम कार्बोनेट को सॉल्वे विधि द्वारा नहीं बनाया जा सकता क्योंकि KHO_3 जल में अत्याधिक विलेय होने के कारण विलयन से अवक्षेपित नहीं होता है।

⇨ कच्चा माल, $NH_3, CO_2, NaCl$

$$NH_3 \xrightarrow{CO_2 + H_2O} NH_4HCO_3 \xrightarrow{NaCl} NaHCO_3 + NH_4Cl$$

$$NaHCO_3 \xrightarrow{\Delta} Na_2CO_3$$

⇨ इस प्रक्रम में उपजात $CaCl_2$ होता है

$$NH_4Cl + Ca(OH)_2 \longrightarrow CaCl_2 + NH_3 + H_2O$$

Na_2CO_3

$$\xrightarrow[CO_2]{SO_2} Na_2SO_3 \xrightarrow{S} Na_2S_2O_3$$

$$\xrightarrow{CaCl_2} CaCO_3 + 2NaCl$$

$$\xrightarrow{MgSO_4} MgCO_3 \cdot Mg(OH)_2$$

$$\xrightarrow[\text{Solution}]{CuSO_4} Cu(OH)_2 \cdot CuCO_3 + CO_2$$

⇨ $K_2CO_3 + Na_2CO_3$ का मिश्रण संलयन मिश्रण कहलाता है।
$CuCO_3 \cdot Cu(OH)_2$ को मैलेकाइट(ग्रीन) के नाम से जाना जाता है।
$2CuCO_3 \cdot Cu(OH)_2$ को एजुराइट (ब्लू) के नाम से जाना जाता है।

हाइड्रॉक्साइड (Hydroxide) :

⇨ क्षारीय धातुएँ Na(OH) प्रकार का हाइड्रॉक्साइड बनाती हैं

- क्षारीय प्रकृति :

  $CsOH > Rb(OH) > KOH > NaOH > LiOH$

- NaOH का निर्माण किया जाता है

  (i) गोसेज प्रक्रम (Gossage process)

  (ii) लेनिक प्रक्रम (Lening process)

  (iii) NaOH के विद्युत अपघटन है।

- NaOH द्रवावस्था में होता है।

⇨ Be, Al, Ga, Sn, Pb तथा Zn के ऑक्साइड तथा हाइड्रॉक्साइड NaOH की अधिकता में संकर निर्माण के कारण घुल जाते हैं।

- ZnO तथा $Zn(OH)_2$, NaOH में घुलनशील होते हैं क्योंकि इसमें सोडियम जिंकेट Na_2ZnO_2 बनता है।

$$ZnO + 2NaOH \longrightarrow \underset{\text{Sodium zincate}}{Na_2ZnO_2} + H_2O$$

$$Zn(OH)_2 + 2NaOH \longrightarrow \underset{\text{Sodium zincate}}{Na_2ZnO_2} + 2H_2O$$

- Be, Al, Ga, Sn, Pb तथा Zn के लवण पहले हाइड्रॉक्साइड में अवक्षेपित होते हैं जो फिर NaOH की अधिकता में संकर लवण बनने के कारण घुलनशील होते हैं।
- Al_2O_3 तथा $Al(OH)_3$, NaOH में $NaAlO_2$ (सोडियम मेटाएल्यूमिनेट) बनने के कारण घुलनशील होता है।

$$Al_2O_3 + 2NaOH \longrightarrow \underset{\text{Sodium meta aluminate}}{2NaAlO_2} + H_2O$$

$$Al(OH)_3 + NaOH \longrightarrow \underset{\text{Sodium meta aluminate (soluble)}}{NaAlO_2} + 2H_2O$$

- PbO तथा $Pb(OH)_2$, NaOH में सोडियम प्लमबाइट के कारण घुलनशील होते हैं।

$$PbO + 2NaOH \longrightarrow \underset{\text{Sodium plumbite}}{Na_2PbO_2} + H_2O$$

- PbO_2, NaOH में सोडियम प्लमबेट के कारण घुलनशील होता है।

$$PbO_2 + 2NaOH \longrightarrow \underset{\text{Sodium plumbate}}{Na_2PbO_3} + H_2O$$

⇨ हैलोजन Cl_2, Br_2 और I_2, ठण्डे और तनु NaOH से क्रिया करके सोडियम हाइपोलाइट NaXO तथा NaX बनाते हैं।

$$Cl_2 \xrightarrow{\text{ठण्डा और तनु NaOH}} NaClO + NaCl$$

$$Br_2 \xrightarrow{\text{ठण्डा और तनु NaOH}} NaBrO + NaBr$$

$$I_2 \xrightarrow{\text{ठण्डा और तनु NaOH}} NaIO + NaI$$

⇨ हैलोजन Cl_2, Br_2 और I_2, गर्म और सान्द्र NaOH से क्रिया करके $NaXO_3$ तथा NaX बनाते हैं।

$$Cl_2 \xrightarrow{\text{गर्म और सान्द्र NaOH}} NaClO_3 + NaCl$$

$$Br_2 \xrightarrow{\text{गर्म और सान्द्र NaOH}} NaBrO_3 + NaBr$$

$$I_2 \xrightarrow{\text{गर्म और सान्द्र NaOH}} NaIO_3 + NaI$$

⇨ F_2 ठण्डे तथा तनु NaOH से क्रिया करके OF_2 देता है तथा गर्म और सान्द्र NaOH से क्रिया करके O_2 देता है।

$$2F_2 + 2NaOH\ (\text{तनु विलयन}) \longrightarrow 2NaF + OF_2 + H_2O$$

$$2F_2 + 4NaOH\ (\text{सान्द्र विलयन}) \longrightarrow 4NaF + O_2 + 2H_2O$$

⇨ उभयधर्मी धातुएँ (Be, Al, Ga, Sn, Pb, Zn), NaOH के साथ क्रिया करके हाइड्रोजन गैस देते हैं।

$$Be + 2NaOH + 2H_2O \longrightarrow \underset{\text{Sodium beryllate}}{Na_2BeO_2 \cdot 2H_2O} + H_2$$

$$2Al + 2NaOH + 2H_2O \longrightarrow 2NaAlO_2 + 3H_2$$

$$Sn + 2NaOH + H_2O \longrightarrow Na_2SnO_3 + 2H_2$$

$$Pb + 2NaOH + H_2O \longrightarrow Na_2PbO_3 + 2H_2$$

$$Zn + 2NaOH \longrightarrow Na_2ZnO_2 + H_2$$

⇨ **सफेद फॉस्फोरस के साथ NaOH की क्रिया :**

- श्वेत फास्फोरस NaOH के साथ क्रिया करके फॉस्फीन तथा सोडियम हाइपोफॉस्फाइट देता है।

$$P_4 + 3NaOH + 3H_2O \longrightarrow \underset{\text{Sodium hypophosphite}}{3NaH_2PO_2} + \underset{\text{Phosphine}}{PH_3}$$

⇨ सल्फर की NaOH के साथ अभिक्रिया

- उत्पाद $Na_2S + Na_2S_2O_3$

$$4S + 6NaOH \longrightarrow \underset{\text{Sodium thiosulphate}}{Na_2S_2O_3} + \underset{\text{Sodium Sulphide}}{2Na_2S} + 3H_2O$$

- यदि सल्फर अधिकता में ली जाये तो Na_2S_5 बनता है Na_2S नहीं।

⇨ जिंक के अतिरिक्त *d*-ब्लॉक के हाइड्रॉक्साइड NaOH में अघुलनशील होती है।

⇨ अमोनियम लवण NaOH या KOH के साथ गर्म करने पर अमोनिया देते हैं।

$$NH_4Cl + NaOH \longrightarrow NH_3 + NaCl + H_2O$$

$$(NH_4)_2SO_4 + 2NaOH \longrightarrow Na_2SO_4 + 2NH_3 + 2H_2O$$

⇨ सिल्वर और मरकरी के हाइड्रॉक्साइड NaOH की उपस्थिति में Ag_2O (काला) तथा HgO (पीला) में विघटित हो जाते हैं।

NaCN तथा KCN (समान रासायनिक गुण) :

⇨ NaCN तथा KCN दोनों ही खतरनाक जहर हैं जबकि KCN, NaCN की अपेक्षा अधिक जहरीला होता है।

$$NaCN \xrightarrow{AgNO_3} AgCN\downarrow \xrightarrow{NaCN} Na[Ag(CN)_2]$$

$$NaCN \xrightarrow[CdCl_2]{CdSO_4\ or} Cd(CN)_2\downarrow \xrightarrow{NaCN} Na_2[Cd(CN)_4]$$

$$NaCN \xrightarrow{FeSO_4} Fe(CN)_2 \xrightarrow{NaCN} Na_4[Fe(CN)_6]$$

$$NaCN \xrightarrow{CuSO_4} Cu(CN)_2 \longrightarrow CuCN \longrightarrow Na_3[Cu(CN)_4]$$

पोटेशियम आयोडाइड (Potassium Iodide) KI :

⇨ HI, K_2CO_3 तथा KOH के साथ क्रिया करता है और KI देता है।

⇨ यह मुक्त आयोडीन में घुलकर KI_3 देता है जोकि अस्थायी होता है।

$$2KI + I_2 \longrightarrow 2KI_3 \longrightarrow K^+ + I_3^-$$

$$KI \xrightarrow{H_2SO_4} K_2SO_4 + I_2 + SO_2$$

$$KI \xrightarrow{Cl_2} KCl + I_2$$

$$KI \xrightarrow[H^+]{K_2Cr_2O_7} K_2SO_4 + Cr_2(SO_4)_3 + I_2$$

$$KI \xrightarrow{CuSO_4} Cu_2I_2 + I_2 + K_2SO_4$$

$$KI \xrightarrow{HNO_3} KNO_3 + NO_2 + I_2$$

Note

- क्षारीय माध्यम में, $KMnO_4$, KI को KIO_3 में ऑक्सीकृत कर देता है।

$$2KMnO_4 + KI + H_2O \longrightarrow 2KOH + 2MnO_2 + 2KIO_3$$

- क्षारीय KI, ओजोन के द्वारा $KIO_3 + KIO_4$ में ऑक्सीकृत हो जाता है।

क्षारीय धातुओं के ऑक्साइड (Oxide of Alkali metals) :

⇨ लीथियम हवा में गर्म करने पर मोनोऑक्साइड बनाता है और सोडियम हवा में गर्म करने पर Na_2O तथा Na_2O_2 बनाता है। पोटेशियम हवा में गर्म करने पर K_2O, K_2O_2 तथा पोटेशियम सुपर ऑक्साइड KO_2 बनाता है। रुबीडियम तथा सीजियम भी सुपरऑक्साइड बनाते हैं।

⇨ मोनोऑक्साइड M_2O में O^{--} आयन होते हैं, परऑक्साइड M_2O_2 में $-O^-–O^--$ आयन होते हैं। सुपर ऑक्साइड KO_2 या RbO_2 में सुपरऑक्साइड आयन O_2^- होता है।

सोडियम बाइकार्बोनेट (बेकिंग सोडा) [Sodium Bicarbonate (Baking Soda), $NaHCO_3$]

⇨ सोडियम बाइकार्बोनेट का विलयन जल अपघटन के कारण प्रकृति में क्षारीय होता है।

$$NaHCO_3 + H_2O \rightleftharpoons NaOH + H_2CO_3$$

⇨ गर्म करने पर यह कार्बन डाइऑक्साइड देता है।

$$2NaHCO_3 \longrightarrow Na_2CO_3 + H_2O + CO_3$$

⇨ गर्म करने पर लवण, सामान्य कार्बोनेट तथा सोडियम बाइकार्बोनेट देता है।

$$ZnSO_4 + 2NaHCO_3 \rightarrow ZnCO_3 + Na_2SO_4 + H_2O + CO_2$$

⇨ $Na_2SO_4.10H_2O$ को ग्लोबर लवण (Glauber's salt) के नाम से जानते हैं, जिसको कार्बन के साथ गर्म करने पर CO_2 मिलती है।

$$Ha_2SO_4 + 2C \xrightarrow{heat} Na_2S + 2CO_2$$

लीथियम का असामान्य व्यवहार (Anomalous Behaviour of Lithium) :

⇨ छोटे आकार के कारण, अधिक आयनन ऊर्जा के कारण तथा अधिक ध्रुवण शक्ति के कारण लीथियम का व्यवहार असामान्य होता है।

- LiCl द्रवित हो जाता है किन्तु NaCl, KBr आदि नहीं होते हैं।
- अन्य क्षार धातुओं की भाँति Li_2SO_4 फिटकरी नहीं बनाता है।
- लीथियम एकमात्र क्षारीय धातु है जो N_2 के साथ सीधे क्रिया करता है।
- $LiHCO_3$ द्रव है जबकि अन्य बाइकार्बोनेट ठोस होते हैं।
- केवल Li_2CO_3 गर्म करने पर अपघटित हो जाता है, किन्तु अन्य क्षार धातुओं के कार्बोनेट जैसे Na_2CO_3, K_2CO_3 आदि अपघटित नहीं होते हैं।

$$Li_2CO_3 \xrightarrow{heat} Li_2O + CO_2$$

- $LiNO_3$ गर्म करने पर NO_2 तथा O_2 देता है जबकि सोडियम और पोटेशियम नाइट्रेट, ऑक्सीजन तथा नाइट्राइट देते हैं।

$$4LiNO_3 \longrightarrow 2Li_2O + 4NO_2 + O_2$$
$$2NaNO_3 \longrightarrow 2NaNO_2 + O_2$$

Li का Mg के साथ विकर्ण सम्बन्ध (Diagonal Relationship of Li with Mg) :

⇨ लीथियम Mg के साथ विकर्ण सम्बन्ध रखता है क्योंकि इसके आवेश आकार अनुपात या आवेश घनत्व मैग्नीशियम के निकट होता है। इसकी मैग्नीशियम से मेल खाने की प्रकृति विकर्ण सम्बन्ध कहलाती है।

- Li तथा Mg के कार्बोनेट गर्म करने पर CO_2 में विघटित हो जाते हैं।

$$MgCO_3 \longrightarrow 2\,MgO + CO_2$$
$$Li_2CO_3 \longrightarrow Li_2O + CO_2$$

- Li तथा Mg दोनों के हाइड्रॉक्साइड तथा नाइट्रेट गर्म करने पर विघटित हो जाते हैं और ऑक्साइड देते हैं।

$$4LiNO_3 \longrightarrow 2\,Li_2O + 4NO_2 + O_2$$
$$2Mg(NO_3)_2 \longrightarrow 2MgO + 4NO_2 + O_2$$
$$2LiOH \longrightarrow Li_2O + H_2O$$
$$Mg(OH)_2 \longrightarrow MgO + H_2O$$

- Li तथा Mg दोनों सीधे N_2 से क्रिया करके नाइट्राइड Li_3N तथा Mg_3N_2 देते हैं।

$$6\,Li + N_2 \longrightarrow 2Li_3N$$
$$3Mg + N_2 \longrightarrow Mg_3N_2$$

- $MgSO_4$ की भाँति Li_2SO_4 फिटकरी नहीं बनाता है।
- लीथियम क्लोराइड तथा $MgCl_2$ दोनों ही अर्द्धद्रव हैं।

क्षारीय मृदा धातुएँ (Alkaline Earth Metals)

ऑक्साइड (Oxides) :

⇨ क्षारीय मृदा धातुएँ MO सूत्र का ऑक्साइडों का निर्माण करती हैं।

$$2M + O_2 \xrightarrow{\Delta} 2\,MO$$
$$MCO_3 \xrightarrow{\Delta} MO + CO_2$$
$$M(NO_3)_2 \longrightarrow MO + 2NO_2 + \tfrac{1}{2}\,O_2$$

⇨ BeO के अतिरिक्त सभी ऑक्साइड आयनिक (संरचना NaCl की भाँति तथा 6 : 6 उपसहसंयोजन) होते हैं और उनकी जालक ऊर्जा धनायन का आकार बढ़ने के साथ बढ़ती है।

ऑक्साइड	MgO	CaO	SrO	BaO
जालक ऊर्जा ($kJ\,mol^{-1}$)	3923	3517	3312	3120

⇨ ऑक्साइड की क्षारीय प्रकृति BeO से BaO तक बढ़ती है।

$$\underset{\text{Amphoteric}}{BeO} < \underset{\text{Weak basic}}{MgO} < \underbrace{CaO < SrO < BaO}_{\text{Strong basic}}$$

BeO अम्ल तथा क्षार दोनों में घुल जाता है।

$$BeO + 2NaOH \longrightarrow \underset{\text{Sod. beryllate}}{Na_2BeO_2} + H_2O$$
$$BeO + 2HCl \longrightarrow \underset{\text{Beryllium chloride}}{BeCl_2} + H_2O$$

⇨ BeO तथा MgO के अतिरिक्त क्षारीय मृदा धातुओं के सभी ऑक्साइड पानी में घुलनशील होते हैं क्योंकि BeO सहसंयोजी है। इसलिए यह पानी में यह अघुलनशील है।

⇨ MgO आयनिक होता है लेकिन इसकी जालक ऊर्जा, इसकी हाइड्रेशन ऊर्जा से अधिक होती है। अत: यह पानी में अघुलनशील है।

⇨ बेरियम ऑक्सीजन से क्रिया करके, बेरियम परऑक्साइड BaO_2 बनाते हैं।

$$2BaO + O_2 \xrightarrow{540°C} 2BaO_2$$

हाइड्रॉक्साइड (Hydroxide) :

⇨ क्षारीय मृदा धातुएँ पानी से क्रिया करके हाइड्रोजन गैस देती हैं। Mg से Ba की तरफ चलने पर पानी के साथ क्रियाशीलता बढ़ जाती है। Be उबलते पानी के साथ क्रिया नहीं करता जबकि Mg करता है। Ca, Sr तथा Ba और उनके ऑक्साइड पानी के साथ क्रिया करके हाइड्रॉक्साइड देते हैं।

$$\underset{\text{(metal)}}{M} + 2H_2O \longrightarrow 2M(OH)_2 + H_2$$
$$MO + H_2O \longrightarrow M(OH)_2$$

⇨ $Be(OH)_2$ का निर्माण BeO के जल अपघटन द्वारा नहीं किया जा सकता है। $Be(OH)_2$ उभयधर्मी है।

⇨ $Be(OH)_2$ तथा $Mg(OH)_2$ लगभग अघुलनशील होते हैं, $Ca(OH)_2$ आंशिक रूप से घुलनशील होता है जबकि $Sr(OH)_2$ तथा $Ba(OH)_2$ अधिक घुलनशील होते हैं। क्षारीय मृदा धातुओं के हाइड्रॉक्साइडों की घुलनशीलता Be से Ba तक बढ़ती है।

⇨ जब क्लोरीन चूने के ठण्डे दूध से क्रिया करती है तो कैल्शियम हाइपोक्लोराइट बनता है।

$$2Ca(OH)_2 + 2Cl_2 \longrightarrow CaCl_2 + Ca(ClO)_2 + 2H_2O$$

⇨ जब क्लोरीन गर्म और सान्द्र $Ca(OH)_2$ से क्रिया करती है तो कैल्शियम

क्लोरेट बनता है।

$$6Ca(OH)_2 + 3Cl_2 \longrightarrow 5CaCl_2 + Ca(ClO_3)_2 + 6H_2O$$

⇨ जब क्लोरीन ठण्डे ठोस $Ca(OH)_2$ से क्रिया करती है तो ब्लीचिंग पाउडर बनता है।

$$Ca(OH)_2 + Cl_2 \longrightarrow CaOCl_2 + H_2O$$

⇨ बेरियम हाइड्रॉक्साइड क्लोरीन से क्रिया करके बेरियम क्लोरेट तथा $BaCl_2 . 2H_2O$ देता है।

$$6Ba(OH)_2 + 6Cl_2 \longrightarrow Ba(ClO_3)_2 + 5BaCl_2 + 6H_2O$$

कार्बोनेट तथा बाईकार्बोनेट (Carbonates and bicarbonates):

⇨ क्षारीय धातुएँ (MCO_3) प्रकार के कार्बोनेट बनाती हैं।

$$M(OH)_2 + CO_2 \longrightarrow MCO_3 + H_2O$$

⇨ ये सभी कार्बोनेट गर्म करने पर विघटित होकर CO_2 देते हैं।

$$CaCO_3 \xrightarrow{\Delta} CaO + CO_2$$

⇨ तापीय स्थायित्व (thermal stability) :

$$BeCO_3 < MgCO_3 < CaCO_3 < SrCO_3 < BaCO_3$$

⇨ $BeCO_3$ पानी में अत्यधिक घुलनशील है, क्योंकि इसकी जालक ऊर्जा हाइड्रेशन ऊर्जा से कम होती है। कार्बोनेटों की जल में घुलनशीलता

$$BeCO_3 > MgCO_3 > CaCO_3 > SrCO_3 > BaCO_3$$

⇨ CO_2 की उपस्थिति में क्षारीय मृदा धातुओं के कार्बोनेट, बाईकार्बोनेट बनने के कारण अधिक घुलनशील होते हैं।

$$CaCO_{3(s)} + CO_2 + H_2O \longrightarrow Ca(HCO_3)_2$$

⇨ क्षारीय मृदा धातुओं के बाईकार्बोनेट ठोस अवस्था में नहीं मिलते हैं लेकिन विलयन अवस्था में ये प्राय: मिलते हैं।

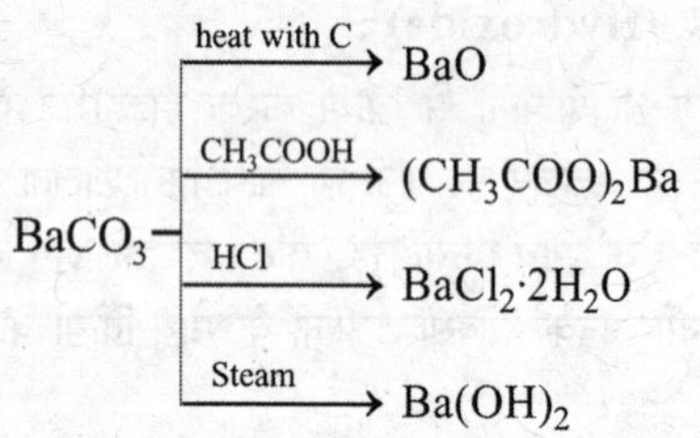

सल्फेट (Sulphate) :

⇨ नीचे चलने पर पानी में सल्फेटों की घुलनशीलता घटती है।

$$BeSO_4 > MgSO_4 > CaSO_4 > SrSO_4 > BaSO_4$$

⇨ $BeSO_4$ पानी में अत्यधिक घुलनशील होता है क्योंकि इसकी हाइड्रेशन ऊर्जा जालक ऊर्जा से अधिक होती है।

⇨ **सल्फेट का तापीय प्रभाव (Heating effect of sulphate) :**

$$MgSO_4 \cdot 7H_2O \xrightarrow[-6H_2O]{150°C} MgSO_4 \cdot H_2O \xrightarrow{200°C} MgO$$

$$MgSO_4 \xrightarrow{heat} MgO + SO_3$$

$$\underset{\text{Gypsum}}{CaSO_4 \cdot 2H_2O} \xrightarrow[120°C]{heat} \underset{\text{Plaster of paris}}{2CaSO_4 \cdot H_2O} \xrightarrow{200°C} CaSO_4$$

$$2CaSO_4 \xrightarrow[\text{heated}]{\text{Strongly}} 2CaO + 2SO_2 + O_2$$

- **स्थायित्व (Stability) :**

$$BeSO_4 < MgSO_4 < CaSO_4 < SrSO_4$$

- सल्फेट, कार्बन के साथ गर्म करने पर सल्फाइड देता है।

$$CaSO_4 + 4C \longrightarrow CaS + 4CO$$

$$BaSO_4 + 4C \longrightarrow CaS + 4CO$$

नाइट्रेट (Nitrates) :

⇨ सभी धातुएँ $M(NO_3)_2$ प्रकार के नाइट्रेट बनाते हैं।

⇨ डाइनाइट्रोजन टेट्राऑक्साइड तथा इथाइल ऐसिटेट का प्रयोग करके निर्जल नाइट्रेट बनाया जाता है।

$$BeCl_2 \xrightarrow{N_2O_4} Be((NO_3)_2 \cdot 2N_2O_4$$

$$Be((NO_3)_2 \cdot 2N_2O_4 \xrightarrow[\text{Under vacuum}]{60°C} Be(NO_3)_2$$

$$Be(NO_3)_2 \xrightarrow{125°C} [Be_4O(NO_3)_6] + H_2O_5$$

⇨ सभी नाइट्रेट पानी में घुलनशील होते हैं तथा गर्म करने पर $NO_2 + O_2$ देते हैं।

$$2M(NO_3)_2 \longrightarrow 2MO + 4NO_2 + O_2$$

हैलाइड (Halides) :

⇨ क्षारीय मृदा धातुएँ MX_2 प्रकार के हैलाइड बनाते हैं।

$$MO + 2HX \longrightarrow MX_2 + H_2O$$

$$M(OH)_2 + 2HX \longrightarrow MX_2 + 2H_2O$$

$$MCO_3 + 2HX \longrightarrow MX_2 + CO_2 + H_2O$$

⇨ आयनिक प्रकृति क्रम (Ionic character order) :

- $BeX_2 < MgX_2 < CaX_2 < SrX_2 < BaX_2$
- $MI_2 < MBr_2 < MCl_2 < MF_2$

⇨ BeF_2 के अतिरिक्त सभी फ्लुराइड पानी में अघुलनशील होते हैं।

⇨ सभी हैलाइड पानी में घुलनशील होते हैं और स्थायित्व MgX_2 से BaX_2 तक घटता है।

⇨ ठोस अवस्था में, बेरीलियम क्लोराइड बहुलकश्रृंखला संरचना में मिलता है।

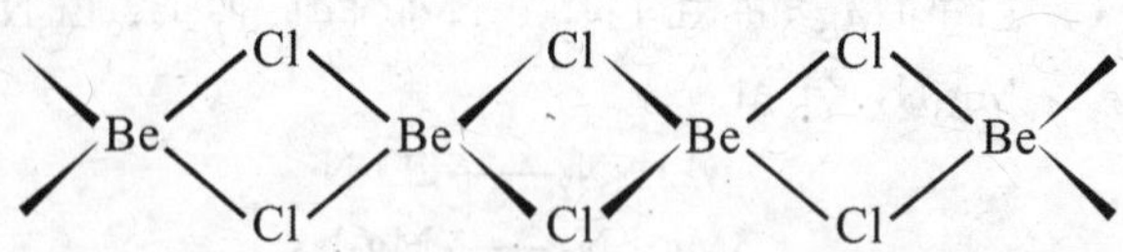

⇨ वाष्प अवस्था में, यह मोनोमर तथा डाइमर के रूप में मिलता है।

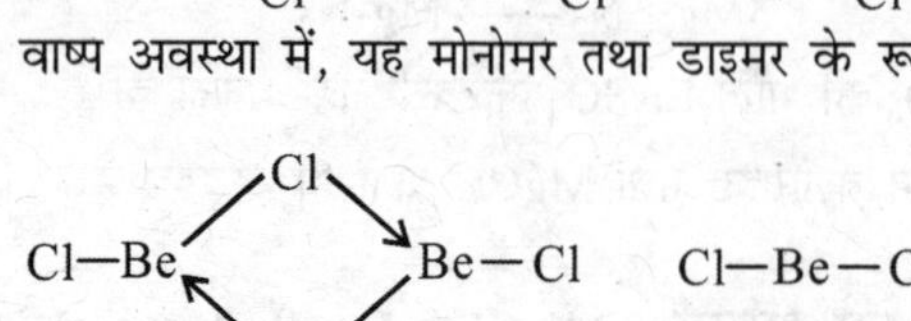

सीमेन्ट (Cement) :

⇨ **पोर्टलेण्ड सीमेन्ट (Portland Cement) :** पोर्टलेन्ड सीमेन्ट की खोज मेसोन, जोसेफ एपडिन ने 1824 में की थी। सीमेन्ट में मुख्य अव्यव

होते हैं

(a) ट्राइकैल्शियम सिलिकेट — $3CaO·SiO_2$

(b) डाइकैल्शियम सिलिकेट — $2CaO·SiO_2$

(c) ट्राइकैल्शियम एल्युमिनेट — $3CaO·Al_2O_3$

(d) टेट्राकैल्शियम एल्युमिनो फैराइट — $4CaO·Al_2O_3·Fe_2O_3$

⇨ **पोर्टलेण्ड सीमेन्ट का संगठन(Composition of portland cement):** पोर्टलेण्ड सीमेन्ट का लगभग मिश्रण होता है

कैल्शियम ऑक्साइड	(CaO	61.5%
सिलिका	(SiO_2)	22.5%
एल्युमिना	(Al_2O_3)	7.5%
मैग्नीशियम ऑक्साइड	(MgO)	2.5%
फैरिक ऑक्साइड	(Fe_2O_3)	2.0%

$$\frac{\%SiO_2}{\%Al_2O_3} = 2.5 \text{ से } 4.0$$

$$\frac{\%CaO}{\%SiO_2 + Al_2O_3 + Fe_2O_3} = 1.9 \text{ से } 2.1$$

सफेद सीमेन्ट में लोहा नहीं होता है।

- ऊपर दिये हुए अनुपात से यदि चूना कम मात्रा में हो तो सीमेन्ट की शक्ति घट जाती है और बहुत जल्दी जम जाता है।
- ऊपर दिये हुए अनुपात से यदि चूना अधिक मात्रा में हो तो सीमेन्ट बहुत जल्दी फट जाता है।
- सिलिका की अधिकता, सीमेन्ट में धीमी कठोरता प्रदान करती है।

⇨ **कच्चा पदार्थ (Raw Materials) :**

(a) चूने का पत्थर (चूना प्रदान करता है)

(b) **चीनी मिट्टी (Clay) :** यह सीमेन्ट को सिलिका (SiO_2) तथा एल्युमिना (Al_2O_3) प्रदान करत है।

(c) **जिप्सम (Gypsum) :** जिप्सम मिलाने पर सीमेन्ट की तीव्र जमावट $3CaO·Al_2O_3$ हट जाती है क्योंकि$3CaO·Al_2O_3·3CaSO_4·2H_2O$ अर्थात् जिप्सम का मिलाना ($CaSO_4·2H_2O$), जिप्सम की तीव्र जमावट को कम कर देता है।

⇨ **सीमेन्ट का जमना (Setting of Cement) :** सीमेन्ट के जमने में, सीमेन्ट में उपस्थित एल्युमिनेट तथा सिलिकेट पानी के साथ हाइड्रेट बनाते हैं जो जैल के रूप में अलग हो जाता है।

$$3CaO \cdot Al_2O_3 + 6H_2O \xrightarrow{\text{Hydration}} \underset{\text{Colloidal gel}}{3CaO \cdot Al_2O_3 \cdot 6H_2O}$$

$$2CaO \cdot SiO_2 + xH_2O \xrightarrow{\text{Hydration}} \underset{\text{Colloidal gel}}{2CaO \cdot SiO_2 \cdot xH_2O}$$

$$4CaO \cdot Al_2O_3 \cdot Fe_2O_3 + 6H_2O \xrightarrow{\text{Hydration}} \underset{\text{Colloidal gel}}{3CaO \cdot Al_2O_3 \cdot 6H_2O + Fe_2O_3 \cdot CaO}$$

- जिप्सम, ट्राइकैल्शियम एल्युमिनेट के साथ मिलकर कैल्शियम सल्फो-एल्युमिनेट बनाता है।

$$3CaO·Al_2O_3 + 3CaSO_4 + 2H_2O \rightarrow 3CaO·Al_2O_3·3CaSO_4·2H_2O$$

- सीमेन्ट के 1 से 7 दिन में जमने के लिए $3CaO·SiO_2$ तथा $3CaO·Al_2O_2$ जलअपघटित हो जाते हैं। क्रिया निम्न है

$$3CaO \cdot SiO_2 + H_2O \xrightarrow{\text{Hydrolysis}} Ca(OH)_2 \downarrow + \underset{\text{colloidal gal}}{2CaO \cdot SiO_2}$$

⇨ **कंकरीट (Concrete) :** यह सीमेन्ट, रेत और पत्थर के छोटे-छोटे टुकड़े और पानी का मिश्रण होता है।

अभ्यास के लिए प्रश्न

1. KO_2 (पोटैशिमय सुपरऑक्साइड) का प्रयोग अन्तरिक्षयनों तथा पनडुब्बियों में ऑक्सीजन सिलिन्डरों में प्रयुक्त होता है, क्योंकि-
(a) CO_2 शोषित करता है तथा O_2 की मात्रा बढ़ाता है
(b) आर्द्रता हटाता है
(c) CO_2 को शोषित करता है
(d) O_3 उत्पन्न करता है

2. एक धातु M आसानी से सल्फेट MSO_4 बनाता है। जोकि जल में विलेय है। यह ऑक्साइड MO बनाता है, जोकि गर्म करने पर अक्रिय हो जाता है। यह अविलेय हाइड्रॉक्साइड बनाता है, जोकि NaOH में विलेय है, धातु M है-
(a) Mg (b) Ba
(c) Ca (d) Be

3. सीमेन्ट प्लास्टर का उपचार करते एसमय बार-बार जल को छिड़का जाता है। इससे किस कार्य में सहायता मिलती है-
(a) रेत (sand) तथा रोडी (gravel) के मिश्रण का जलयोजन सीमेन्ट के साथ करके
(b) रेत को सिलिकेट में बदलकर
(c) इंटरलॉकिंग नीडिल जैसे जलयोजित सिलिकेट्स बनाने में
(d) इसे ठंडा रखकर

4. इस पदार्थ में $CaCO_3$ नहीं होता है-
(a) समुद्री कवच (Sea Shells)
(b) डोलोमाइट (Dolomite)
(c) संगरमर प्रतिमा (A marble State)
(d) निस्तापित जिप्सम (Calcined Gypsum)

5. मैग्नीशियम समूह में कार्बोनेटों की विलेयताएँ नीचे की ओर जाने पर घटती है, क्योंकि निम्न में से घटता है-
(a) अन्तरायनिक (inter-ionic) आकर्षण
(b) विलयन निर्माण की ऐन्ट्रॉपी
(c) ठोसों की जालक ऊर्जा
(d) धनायनों की जलयोजन ऊर्जा

6. मैग्नीशियम के बहुत-से टुकड़ें पानी के जहाज की तली में लगाए जाते हैं-
(a) जल तथा लवण की क्रिया को रोकता है
(b) समुद्री चट्टानों से टूट-फूट को रोकता है
(c) शार्कों (Sharks) को दूर रखता है
(d) जहाज को हल्का बनाता है

7. एक मोल मैग्नीशियम नाइट्राइड जल के आधिक्य से क्रिया करके बनाता है-
(a) HNO_3 के दो मोल (b) NH_3 के दो मोल
(c) NH_3 का एक मोल (d) HNO_3 का एक मोल

8. किस क्षार धातु के क्लोराइड का गलनांक सबसे अधिक होगा?
(a) LiCl (b) NaCl
(c) KCl (d) RbCl

9. कैल्शियम कार्बाइड में से दो कार्बन परमाणुओं के बीच बने बन्धों की संख्या तथा प्रकार हैं-
(a) One σ, One π (b) One σ, Two π
(c) Two σ, One π (d) Two σ, Two π

10. निम्न में से कौन-सा लवण गर्म तथा तनु H_2SO_4 के साथ SO_2 मुक्त करता है, तथा Br_2 जल को रंगहीन भी करता है?
(a) Na_2SO_3 (b) $NaHSO_4$
(c) Na_2SO_4 (d) Na_2S

11. निर्जल $MgCl_2$ को $MgCl_2.2H_2O$ को गर्म करने पर बनाया जा सकता है-
(a) जब तक यह गलता नहीं है (b) चूने के साथ
(c) कार्बन के साथ (d) शुष्क (HCl) गैस की धारा में

12. कॉस्टिक सोडा (caustic soda) है-
(a) प्रफुल्ल पदार्थ (Efflorescent)
(b) प्रस्वेद्य (Deliquescent)
(c) आर्दताग्राही (Hygroscopic)
(d) ऑक्सीकारक (Oxidant)

13. लीथियम एक अकेला ऐसी धातु है, जोकि केरोसीन में नहीं रखा जाता। बल्कि पैराफिन (paraffin) में लपेटा जाता है, क्योंकि-
(a) यह केरोसीन (kerosene) से क्रिया करता है
(b) कम घनत्व के कारण यह केरोसीन के पृष्ठ पर तैरता है
(c) यह वायु तथा H_2O के साथ क्रिया नहीं करता
(d) इनमें से कोई नहीं

14. लवणीय हाइड्राइडों (saline hydrides) के सम्बन्ध में निम्नलिखित में से कौन-सा कथन गलत है?
(a) पिघली अवस्था में वे विद्युत का चालन करते हैं
(b) ये जल में घुलकर हाइड्रोजन मुक्त करते हैं
(c) ये अपचायक की भांति प्रयोग किये जाते हैं
(d) इनकी प्रकृति सहसंयोजक होती है

15. सोडियम थायोसल्फेट (sodium thiosulphate, $Na_2S_2O_3.5H_2O$) का फोटोग्राफी में प्रयोग किया जाता है?
(a) सिल्वर ब्रोमाइड को धात्विक सिल्वर में अपचयित करने के लिए
(b) धात्विक सिल्वर को सिल्वर लवण में परिवर्तित करने के लिए
(c) अविघटित AgBr को विलेय सिल्वर थायोसल्फेट संकर के रूप में दूर करता है
(d) अपचयित सिल्वर को हटाने के लिए

16. सोडियम थायोसल्फेट को किस प्रकार तैयार करते हैं?
(a) Na_2SO_4 विलयन को H_2S द्वारा अपचयित करके
(b) Na_2SO_3 विलयन को S के साथ क्षारीय माध्यम में उबालकर
(c) $H_2S_2O_3$ विलयन को NaOH के साथ उदासीन करके
(d) Na_2SO_3 विलयन को S के साथ अम्लीय माध्यम में उबालकर

17. यदि तनु NaOH विलयन की अधिकता को ऐल्युमिनियम क्लोराइड के जलीय विलयन में मिलाकर हिलाया जाये तो क्या होगा?
(a) एक स्थायी सफेद अवक्षेप तुरन्त बनता है
(b) प्रारम्भ में कोई परिवर्तन नहीं किन्तु कुछ देर बाद सफेद अवक्षेप बनता है
(c) एक सफेद अवक्षेप बनता है जो बाद में घुल जाता है
(d) एक हरा अवक्षेप बनता है, जो बाद में वायु में रखे जाने पर लाल हो जाता है

18. सोडियम थायोसल्फेट का अम्लीय विलयन अस्थायी होता है, क्योंकि थायोसल्फेट में–
(a) सल्फर परमाणु अस्थायी ऑक्सीकरण अवस्था +2 में होते हैं
(b) दो सल्फर परमाणु भिन्न ऑक्सीकरण अवस्थाओं +6 तथा –2 में होते हैं
(c) S — S बन्ध अस्थायी बन्ध होते हैं
(d) थायो यौगिकों में सल्फर शून्य ऑक्सीकरण अवस्था में होती है

19. जब सोडियम धातु को द्रव अमोनिया में घोला जाता है, एक नीला विलयन बनता है। नीला रंग किस कारण है?
(a) विलयित Na^+ आयन
(b) विलयित इलेक्ट्रॉन
(c) विलयित NH_2^- आयन
(d) विलयित प्रोटॉन (Solvated protons)

20. लीथियम तथा मैग्नीशियम के गुणधर्म बहुत कुछ समान होते हैं, यद्यपि वे भिन्न समूहों में हैं, इसका कारण है–
(a) दोनों का आकार लगभग बराबर है
(b) उनके आवेश एवं आकार का अनुपात लगभग बराबर है
(c) दोनों का एक समान इलेक्ट्रॉनिक विन्यास है
(d) दोनों प्रकृति में एक साथ पाये जाते हैं

21. कुछ बड़े सफेद पारदर्शी क्रिस्टल एक कटोरे में कई दिनों के लिए छूट गये। कुछ दिनों बाद देखा गया कि ये सफेद पाउडर में बदल गये। क्रिस्टल किस पदार्थ के रहे होंगे?
(a) अमोनियम क्लोराइड (b) सोडियम क्लोराइड
(c) सोडियम कार्बोनेट (d) कैल्शियम ऑक्साइड

22. जब सामान्य लवण के विलयन को कार्बन डाइऑक्साइड से संतृप्त (saturated) किया जाता है, तो हमें प्राप्त होगा–
(a) NH_4HCO_3 (b) $(NH_4)_2CO_3$
(c) $NaHCO_3$ (d) $MgCO_3$

23. अंतरिक्ष यानों में किस यौगिक के CO_2 को शोषित करने तथा साथ ही ऑक्सीजन मुक्त करने के लिए प्रयोग किया जा सकता है?
(a) NaOH (b) Na_2O
(c) Na_2O_2 (d) सोडा लाइम

24. Li_2CO_3 तथा $Na_2CO_3.10H_2O$ को गर्म करने के पश्चात् कुछ अवशेष रह जाता है। भार में कमी का कारण है–
(a) $Na_2CO_3.10H_2$ केवल
(b) Li_2CO_3 केवल
(c) Li_2CO_3 से CO_2 का तथा $Na_2CO_3.10H_2O$ से H_2O का मुक्त होना
(d) इनमें से कोई नहीं

25. एक पदार्थ (*A*) को जब जल के आधिक्य से अभिकृत कराया जाता है, तो शीघ्रता से जलने वाली गैस के दो मोल तथा क्षारीय विलयन प्राप्त होता है। क्षारीय विलयन SO_2 के साथ क्रिया करके धुंधलापन (white turbidity) उत्पन्न करता है। पदार्थ (*A*) है–
(a) CaH_2 (b) NaH
(c) $Ca(OH)_2$ (d) $NaNO_3$

26. क्षार धातुओं तथा उसके यौगिकों के सम्बन्ध में निम्न में से कौन-सा कथन सही है?
(a) सोडियम का प्रयोग प्रकाश–वैद्युत सैलों में किया जाता है
(b) पिघले हुए सोडियम क्लोराइड के वैद्युत-अपघटन पर ऐनोड़ पर सोडियम तथा कैथोड पर क्लोरीन प्राप्त होती है
(c) किसी आवर्त में क्षार धातु का आकार सबसे छोटा होता है
(d) क्षार धातु जल से क्रिया नहीं करते

27. मैग्नीशियम रिबन को N_2 के वातावरण में लाल होने तक गर्म किया जाता है तथा इसके बाद इसे H_2O से अभिकृत कराया जाता है, निकलने वाली गैस है–
(a) अमोनिया (b) हाइड्रोजन
(c) नाइट्रोजन (d) ऑक्सीजन

28. सान्द्र नाइट्रिक अम्ल के साथ अभिक्रिया करके Be तथा Al दोनों अक्रिय हो जाते हैं, इसका कारण है–
(a) धातु की अक्रिय प्रकृति
(b) अम्ल की अक्रिय प्रकृति
(c) धातु की सतह पर ऑक्साइड की अक्रिय परत का निर्माण
(d) इनमें से कोई नहीं

29. क्षारीय मृदा धातु क्लोराडों की जल में विलयता का सही क्रम है–
(a) $BeCl_2 < MgCl_2 < CaCl_2 < SrCl_2 < BaCl_2$
(b) $MgCl_2 > CaCl_2 > BeCl_2 > BaCl_2 > SrCl_2$
(c) $BaCl_2 > MgCl_2 > CaCl_2 > BeCl_2 > SrCl_2$
(d) $BeCl_2 > MgCl_2 > CaCl_2 > SrCl_2 > BaCl_2$

30. $BaCO_3, CaCO_3, MgCO_3$ का ताप स्थायित्व निम्न क्रम में है–
(a) $CaCO_3 > MgCO_3 > BaCO_3$
(b) $MgCO_3 > CaCO_3 > BaCO_3$
(c) $BaCO_3 > MgCO_3 > CaCO_3$
(d) $BaCO_3 > CaCO_3 > MgCO_3$

31. क्षारीय मृदा धातु आयनों की जलयोजन ऊर्जा (hydration energy) का सही क्रम है–
(a) $Be^{2+} > Mg^{2+} > Ca^{2+} > Sr^{2+} > Ba^{2+}$
(b) $Ba^{2+} > Be^{2+} > Ca^{2+} > Mg^{2+} > Sr^{2+}$
(c) $Mg^{2+} > Be^{2+} > Ba^{2+} > Ca^{2+} > Sr^{2+}$
(d) इनमें से कोई नहीं

32. कौन-सा क्षारीय मृदा वायु में चमकदार रोशनी, जोकि UV किरणों से

युक्त होती है, से जलता है?

(a) Be (b) Mg
(c) Ca (d) Ba

33. पिघले हुए NaCl के वैद्युत अपघटन द्वारा किसका औद्योगिक निर्माण किया जाता है-

(a) NaOH (b) NaClO
(c) Na (d) $NaClO_3$

34. अमोनिया सोडा प्रक्रम में पोटैशियम कार्बोनेट इसलिए नही बनाया जा सकता-

(a) पोटैशियम बाइकार्बोनेट विघटित होकर कार्बोनेट में परिवर्तित नही होता
(b) पोटैशियम क्लोराइड अमोनिया बाइकार्बोनेट से अभिक्रिया नहीं करता
(c) पोटैशियम बाइकार्बोनेट जल में बहुत अधिक विलेय है
(d) पोटैशियम बाइकार्बोनेट शुद्ध अवस्था में पृथक् नहीं होता है

35. क्षार धातुओं के सम्बन्ध में निम्नलिखित में से कौन सा कथन असत्य है-

(a) लीथियम प्रबलतम अपचायक है
(b) सोडियम की प्रकृति उभयधर्मी है
(c) Li आयन असाधारण रूप से छोटा है
(d) सभी क्षारीय धातुयें द्रव अमोनिया में नीला विलयन देती हैं

36. निम्न में से कौन सी धातु उसके अयस्क को तनु सायनाइड विलयन के साथ उबालकर प्राप्त की जा सकती है-

(a) *Ag* (b) *Ti*
(c) *V* (d) *Zn*

37. गोल्ड अमलगम से गोल्ड प्राप्त किया जाता है-

(a) मर्करी का आसवन करने
(b) पिघले जिन्क से निष्कर्षित करके
(c) HNO_3 में मर्करी को घोलकर
(d) सिल्वर और कॉपर को NH_4OH में घोलकर

38. जब NaOH क्रिस्टलों को वायु में खुला छोड़ा जाता है, तो ये प्रत्येक क्रिस्टल के चारों ओर एक पर्त बना लेते हैं जैसे ही ये-

(a) गलना आरम्भ कर देते हैं
(b) वायु में नमी अवशोषित करते हैं
(c) एक द्रव यौगिक बनाने के लिये वायु से क्रिया करते हैं
(d) वायु से CO_2 अवशोषित करते हैं

39. लीथियम का रसायन मैग्नीशियम के समान है यद्यपि इन्हें भिन्न समूहों में रखा गया है। इसका कारण है-

(a) दोनों प्रकृति में एक साथ पाये जाते हैं
(b) दोनों लगभग समान आकार के होते हैं
(c) दोनों का इलेक्ट्रॉनिक विन्यास समान होता है
(d) आकार व आवेश का अनुपात लगभग समान होता है

40. लीथियम के विषय में असत्य कथन को इंगित कीजिये-

(a) लीथियम नाइट्रोजन के साथ सीधे संयोग करके लीथियम नाइट्राइड बनाता है
(b) लीथियम वायु में जलकर सुपर ऑक्साइड (LiO_2) बनाता है
(c) लीथियम धातु से प्रभावित नहीं होती है
(d) लीथियम की हाइड्रेट बनाने की प्रबल प्रवृत्ति होती है

41. गलन मिश्रण (fusion mixture) है-

(a) $K_2CO_3 + Na_2CO_3$ (b) $KHSO_4 + NaHSO_4$
(c) $K_2CO_3 + NaHSO_4$ (d) $KHSO_4 + Na_2SO_3$

42. एक सफेद सोडियम लवण जल में शीघ्रता से घुल जाता है तथा लिटमस के प्रति उदासीन विलयन देता है। जब इस विलयन में सिल्वर नाइट्रेट विलयन डाला जाता है तो एक सफेद अवक्षेप बनता है जो तनु नाइट्रिक अम्ल में नही घुलता है। ऐनायन हो सकता है-

(a) SO_4^{2-} (b) CO_3^{2-}
(c) S^{2-} (d) Cl^-

43. NaCl विलयन के वैद्युत अपघटन में जब Pt विघुतोद लिया जा सकता है तो कैथोड पर H_2 मुक्त होती है, जबकि Hg कैथोड सोडियम अमलगम बनाता है। इसका कारण है-

(a) Hg की निष्क्रियता Pt से अधिक होती है
(b) Hg पर H^+ को अपचयित करने के लिए Pt की अपेक्षा उच्च वोल्टता की आवश्यकता होती है
(c) सोडियम Hg में घुल जाता है जबकि यह Pt में नहीं घुलता है
(d) जब Pt इलैक्ट्रोड लिया जाता है तो H^+ आयन सान्द्रण अधिक होता है

44. बैरीलियम तथा ऐल्यूमिनियम बहुत से समान गुणधर्म प्रदर्शित करते है। परन्तु दोनों तत्व निम्न में भिन्नता दर्शाते हैं-

(a) यौगिकों में उच्चतम सह-संयोजकता
(b) बहुलकी हाइड्राइडों के निर्माण में
(c) सह-संयोजी हेलाइडों के निर्माण में
(d) अपने ऑसाइडों की उभयधर्मी प्रकृति दर्शाने में

45. निम्न मे अत्याधिक क्षारीय है-

(a) Al_2O_3 (b) MgO
(c) SiO_2 (d) P_2O_5

46. $MgCl_2$ तथा MgO का मिश्रण कहलाता है-

(a) पोर्टलैण्ड सीमेंट (b) सॉरेल सीमेंट
(c) द्विकलवण (d) इनमें से कोई नहीं

47. कैल्सियम किससे प्राप्त होता है-

(a) गलित कैल्सियम क्लोराइड का विद्युत अपघटन करके
(b) कैल्सियम क्लोराइड के जल में विलयन का विद्युत्
(c) कार्बन के साथ $CaCl_2$ के अपघटन द्वारा
(d) चूने के पत्थर का भर्जन करके

48. निर्जलीय $MgCl_2$ को $MgCl_2.6H_2O$ से किसके साथ गर्म करके बनाया जाता है-

(a) शुष्क HCl गैस की धारा में (b) कार्बन के साथ
(c) जब तक यह पिघलता नहीं (d) चूने के साथ

49. गारे में रेत का क्या कार्य है-

(a) अधिक सिकुड़न को रोकना जिसके कारण दरारें पड़ जाती हैं

(b) पदार्थ के लचीलेपन को कम करना
(c) पदार्थ को ठोस बनाता है
(d) कठोरता को कम करता है

50. पोर्टलैण्ड सीमेंन्ट किसके प्रयोग द्वारा बनाया जाता है–
(a) चूने का पत्थर, चिकनी मिट्टी तथा रेत
(b) चूने का पत्थर, जिप्सम तथा रेत
(c) चूने का पत्थर, जिप्सम तथा ऐलूमिना
(d) चूने का पत्थर, चिकनी मिट्टी तथा जिप्सम

51. एक धातु दो क्लोराइड A तथा B देती है। A, NH_4OH के साथ काला अवक्षेप देता है तथा B सफेद देता है। KI के साथ B लाल अवक्षेप देता है जो KI की अधिकता में घुलनशील होता है। A तथा B क्रमश: है–
(a) $HgCl_2$ तथा Hg_2Cl_2 (b) Hg_2Cl_2 तथा $HgCl_2$
(c) $HgCl_2$ तथा $ZnCl_2$ (d) $ZnCl_2$ तथा $HgCl_2$

52. $BaSO_4$ की जल में कम घुलनशीलता का कारण माना जा सकता है–
(a) उच्च जालक ऊर्जा (b) वियोजन ऊर्जा
(c) कम जालक ऊर्जा (d) आयनिक बंध

53. सोडियम सल्फेट जल में विलेय है जबकि बेरियम सल्फेट कठिनाई से विलेय है क्योंकि–
(a) सोडियम सल्फेट की हाइड्रेशन ऊर्जा इसकी जालक ऊर्जा से अधिक है
(b) बेरियम सल्फेट की जालक ऊर्जा इसकी हाइड्रेशन ऊर्जा से अधि क है
(c) विलेयता का जालक ऊर्जा से कोई सम्बन्ध नहीं है
(d) सोडियम सल्फेट की हाइड्रेशन ऊर्जा इसकी जालक ऊर्जा से कम है

54. सीमेंट का जम कर कठोर होने का कारण है–
(a) निर्जलीकरण (dehydration)
(b) जल-योजन व जल अपघटन
(c) जल अपघटन
(d) बहुलीकरण (polymerisation)

55. सीमेंट का कौन सा अवयव सबसे कम गति से जमता है–
(a) डाइ-कैल्शियम सिलिकेट
(b) ट्राइ-कैल्शियम सिलिकेट
(c) डाइ-कैल्शियम ऐल्यूमिनेट
(d) टेट्रा-कैल्शियम ऐन्यूमिनो फैराइट

56. $SiCl_4$ वाष्प को गर्म Mg पर प्रवाहित करने पर बनने वाला प्रतिफल है–
(a) $SiCl_2 + MgCl_2$ (b) $Mg_2Si + Cl_2$
(c) $Si + MgCl_2$ (d) $MgSiCl_6$

57. Be समूह में ऊपर से नीचे जाने पर सल्फेटों की जल में विलेयता का क्रम है $Be > Mg > Ca > Sr > Ba$. इसका कारण है–
(a) छोटे आयनों जैसे Be^{2+} की उच्च जल-योजन ऊष्मा
(b) बढ़ता हुआ अणुभार
(c) घटती हुई जालक ऊर्जा
(d) गलनांक में वृद्धि

58. $MgCl_2 . 6H_2O$ गर्म करने पर देता है–
(a) मैग्नीशियम ऑक्सी-क्लोराइड (b) मैग्नीशियम डाइक्लोराइड
(c) मैग्नीशियम ऑक्साइड (d) मैग्नीशियम क्लोराइड

27. फिलॉस्फर वूल को BaO के साथ 1100°C गर्म करने पर प्राप्त यौगिक है–
(a) $BaZnO_2$ (b) $Ba + ZnO_2$
(c) $BaCdO_2$ (d) $BaO_2 + Zn$

59. अल्पतम विलेय यौगिक है–
(a) $Mg(OH)_2$ (b) $Ca(OH)_2$
(c) $Ba(OH)_2$ (d) $Be(OH)_2$

60. एक क्लोराइड ठंडे जल में भली भाँति विलेया है। जब इसे प्लेटिनम तार पर रखकर बुन्सन बर्नर की ज्वाला में ले जाया जाता है तो कोई रंग उत्पन्न नहीं होता है। कौन सा कैटायन उपस्थित हो सकता है–
(a) Mg^{2+} (b) Ba^{2+}
(c) Rb^{+} (d) Ca^{2+}

61. मोर्टार एक मिश्रण है–
(a) प्लास्टर ऑफ पेरिस + सिलिका
(b) बुझा चूना. प्लास्टर ऑफ पेरिस + H_2O
(c) $CaCO_3$ + सिलिका + H_2O
(d) बुझा चूना + सिलिका + H_2O

62. क्षारीय मृदा धातुओं में वह तत्व जो मुख्य रूप से सह-संयोजी यौगिक बनाता है, होगा–
(a) Ba (b) Sr
(c) Ca (d) Be

63. रसायन (chemical) 'A' को जल की अस्थायी कठोरता को दूर करने के लिये उपयोग में लाया जाता है। 'A', Na_2CO_3 के साथ क्रिया करता है तथा कॉस्टिक सोडा उत्पन्न करता है।
जब 'A' में CO_2 गैस प्रवाहित की जाती है, यह गंदला (Cloudy) हो जाता है। 'A' का रासायनिक सूत्र क्या है?
(a) $CaCO_3$ (b) CaO
(c) $Ca(OH)_2$ (d) $Ca(HCO_3)_2$

64. पेन्ट में प्रयुक्त किया जाने वाला ब्लाँक फायर (blanc fire) है–
(a) सूक्ष्म वितरित $BaSO_4$ (b) $Mg(OH)_2$ की लुग्दी (paste)
(c) बुझे चूने का निलम्बन (d) $MgCl_2$

65. एक धातु 'x' नाइट्रोजन में गर्म करने पर 'y' देती है। 'y' जल के साथ अधिकृत करने पर एक रंगहीन गैस देता है जिसको $CuSO_4$ विलयन में प्रभावित करने पर नीला रंग उत्पन्न करती है। 'y' है–
(a) $Mg(NO_3)_2$ (b) Mg_3N_2
(c) NH_3 (d) MgO

66. जिप्सम का सूत्र $CaSO_4 . xH_2O$ है जबकि प्लास्टर ऑफ पेरिस का सूत्र $(2CaSO_4) . yH_2O$ है। तो $(x - y)$ का मान है–
(a) 3 (b) 0
(c) $\frac{3}{2}$ (d) 1

उत्तरमाला

1. (a)	**2.** (d)	**3.** (c)	**4.** (d)	**5.** (d)	**6.** (d)	**7.** (b)	**8.** (a)	**9.** (b)	**10.** (a)
11. (d)	**12.** (b)	**13.** (b)	**14.** (b)	**15.** (c)	**16.** (d)	**17.** (c)	**18.** (b)	**19.** (b)	**20.** (b)
21. (c)	**22.** (c)	**23.** (c)	**24.** (c)	**25.** (a)	**26.** (a)	**27.** (a)	**28.** (c)	**29.** (d)	**30.** (d)
31. (a)	**32.** (b)	**33.** (b)	**34.** (c)	**35.** (b)	**36.** (b)	**37.** (a)	**38.** (b)	**39.** (d)	**40.** (b)
41. (a)	**42.** (d)	**43.** (c)	**44.** (a)	**45.** (b)	**46.** (b)	**47.** (a)	**48.** (a)	**49.** (a)	**50.** (d)
51. (b)	**52.** (a)	**53.** (a,b)	**54.** (b)	**55.** (a)	**56.** (c)	**57.** (a)	**58.** (c)	**59.** (a)	**60.** (d)
61. (a)	**62.** (d)	**63.** (d)	**64.** (c)	**65.** (a)	**66.** (b)				

उत्तर हल सहित

1. (a) $2KO_2 + CO_2 \longrightarrow K_2CO_3 + \frac{3}{2}O_2$

2. (d) $BeSO_4$ तथा $MgSO_4$ जल में विलेय है तथा केवल $Be(OH)_2$ उभयधर्मी होने के कारण NaOH से क्रिया करता है।

3. (c) यह सीमेन्ट का जलयोजन होता है।

4. (d) जिप्सम $CaSO_4.2H_2O$ होता है।

5. (d) किसी आयन की जलयोजन ऊर्जा बढ़ते आकार के कारण घटती है, तथा इस प्रकार विलेयता घटती है।

6. (d) यह एक तथ्य है।

7. (b) $Mg_3N_2 + 6H_2O \longrightarrow 3Mg(OH)_2 + 2NH_3$

8. (a) क्षार धातु हैलाइडों की जालक ऊर्जा समूह में नीचे जाने पर घटती है, चूंकि क्षार धातुओं का आकार बढ़ता है। अतः LiCl का गलनांक अधिक होता है।

LiCl	NaCl	KCl	RbCl	CsCl
883ºC	808ºC	772ºC	717ºC	645ºC

9. (b) $CaC_2, Ca^{2+}C^{2-}(\bar{C} \equiv \bar{C})$ है।

10. (a) $Na_2SO_3 + H_2SO_4 \longrightarrow Na_2SO_4 + H_2O + SO_2\uparrow$; अतः SO_3^{2-} अपचायक है तथा Br_2 जल को ऑक्सीकृत करता है।

11. (d) सीधे गर्म करने पर $MgCl_2.2H_2O$ विघटित होकर Mg(OH).Cl बनाता है।

12. (b) NaOH इतनी CO_2 तथा H_2O अवशोषित करता है, कि यह Na_2CO_3 का संतृप्त विलयन बनाता है। जोकि एक लाक्षणिक डेलीक्विजेंट (deliquescent) पदार्थ है।

13. (b) दिये गये तथ्य के लिए कारण है।

14. (b) लवणीय या आयनिक हाइड्राइड की प्रकृति आयनिक होती है।

15. (c) $2AgBr + Na_2S_2O_3 \longrightarrow 2NaBr + Ag_2S_2O_3$

16. (d) $Na_2SO_3 + S \longrightarrow Na_2S_2O_3$

17. (c) $AlCl_3 + 3NaOH \longrightarrow Al(OH)_3 + 3NaCl$

$Al(OH)_3 + 3NaOH \longrightarrow \underset{\text{विलेय}}{Na_3AlO_3} + 3H_2O$

18. (b) विअनुपातीकरण इस प्रकार होता है–

$Na_2S_2O_3 + 2HCl \longrightarrow 2NaCl + SO_2 + S + 3H_2O$

19. (b) $Na + (x+y)NH_3 \longrightarrow [Na(NH_3)_x]^+ + [e(NH_3)_y]^-$

यह अमोनियाकृत इलेक्ट्रॉन, विलयन के नीले रंग, अपचायक प्रवृत्ति तथा विलयन की अच्छी चालक प्रवृत्ति के लिए उत्तरदायी है।

20. (b) इस तथ्य के कारण Li-Mg विकर्ण सम्बन्ध प्रदर्शित करते हैं

21. (c) $Na_2CO_3.10H_2O$ की उत्फुल (efflorescence) प्रकृति (H_2O मुक्त करने की प्रकृति) के कारण

22. (c) $NaCl + NH_4OH + CO_2 \longrightarrow NaHCO_3 + NH_4Cl$

23. (c) $Na_2O_2 + CO_2 \longrightarrow Na_2CO_3 + ½O_2$

24. (c) $Li_2CO_3 \xrightarrow{\Delta} Li_2O + CO_2$

25. (a) $CaH_2 + 2H_2O \longrightarrow Ca(OH)_2 + 2H_2$

$Ca(OH)_2 + SO_2 \longrightarrow \underset{\text{धुंधलापन}}{CaSO_3} + H_2O$

26. (a) अन्य सभी गलत कथन हैं।

27. (a) $3Mg + N_2 \longrightarrow Mg_3N_2 \xrightarrow{6H_2O} 3Mg(OH)_2 + 2NH_3$

28. (c) Be तथा Al दोनों अपने पृष्ठ पर अक्रिय, अविलेय तथ अपारगम्य ऑक्साइड परत बनने के कारण अक्रिय (passive) हो जाते हैं।

29. (d) क्षारीय मृदा धातुओं के हैलाइडों की विलेयता वर्ग में नीचे जाने पर घटती है, क्योंकि जलयोजन ऊर्जा बढ़ती है।

30. (d) M^{2+} आयन का छोटा आकार अधिक ध्रुवणता प्रदर्शित करता है। अतः सहसंयोजक प्रकृति

31. (a) आयन जितना छोटा होगा, जलयोजन ऊर्जा उतनी ही अधिक होगी।

32. (b) Mg का वायु में लाक्षणिक दहन (characteristic burning)।

33. (b) $Na^+Cl^-_{(s)} \overset{\text{गर्म}}{\rightleftharpoons} \underbrace{Na^+ + Cl^-}_{\text{गलित सोडियम क्लोराइड}}$

34. (c) $KHCO_3$ जल में अत्याधिक विलेय है।

35. (b) सोडियम प्रबल धात्विक तत्व है।

36. (b) Ag का निष्कर्षण Ag_2S से सायनाइड विधि द्वारा करते हैं।

37. (a) गोल्ड अमलगम के आसवन से मर्करी आसुत हो जाता है, शुद्ध

गोल्ड शेष रह जाता है।

38. (b) NaOH एक प्रक्लेद्य (deliquescent) ठोस है।

39. (d) आकार व आवेश का अनुपात समान होने के कारण Li तथा Mg के मध्य विवर्णी सम्बन्ध होता है।

40. (b) लीथियम वायु में जलकर नॉर्मल ऑक्साइड (Li_2O) बनाता है।

41. (a) $K_2CO_{3(s)} + Na_2CO_{3(s)}$ का मिश्रण गलन मिश्रण कहलाता है।

42. (d) सोडियम क्लोराइड (एक सफेद ठोस) जल में शीघ्रता से घुल जाता है। इसका जलीय विलयन में जल अपघटन नहीं होता है।

$NaCl_{(aq)} + AgNO_{3(aq)}$

43. (c) Hg कैथोड पर H^+ आयनों को अपचयित करने के लिये उच्च वोल्टता की आवश्यकता होती है।

44. (a) बैरीलियम की उच्चतम सह-सयोजकता 4 तथा ऐल्यूमिनियम की उच्चतम सह-संयोजकता 4 तथा ऐल्यूमिनियम की उच्चतम सह-सयोजकता 6 होती है।

45. (b) Mg की धात्विक प्रकृति सर्वाधिक है।

46. (b) सॉरेल सीमेंट का सूत्र है,

$MgCl_2.5MgO.\,xH_2O$

48. (a) $MgCl_2.6H_2O(s) \xrightarrow[\text{शुष्क } HCl(g)]{\Delta} \underset{\text{निर्जल लवण}}{MgCl_2}$

51. (b) $\underset{'A'}{Hg_2Cl_2} + 2NH_4OH \longrightarrow NH_2HgCl + \underset{\text{काला}}{Hg}$

$+ 2H_2O + NH_4Cl$

55. (a) डाइकैल्शियम सिलिकेट ($2CaO.SiO_2$) के जमने की दर न्यूनतम है।

58. (c) $MgCl_2.6H_2O(s) \xrightarrow{\text{तेज गर्म करने पर}} MgO(s)$

59. (a) $\underset{\text{फिलोस्फर वूल}}{BaO + ZnO} \xrightarrow{\Delta} \underset{\text{बेरियम जिंकेट}}{BaZnO_2}$

61. (a) Mg के लवण बुन्सन बर्नर की जवाला में कोई रंग उत्पन्न नहीं करते हैं।

62. (d) मोर्टाक = बुझा चूना + सिलिका + H_2O
$\qquad\qquad Ca(OH)_2 \qquad (SiO_2)$

63. (d) अपने छोटे आयनिक आकार तथा अधिक आवेश घनत्व व ध्रुवण क्षमता के कारण Be सह-संयोजी यौगिक बनाता है।

64. (c) $\underset{'A'}{Ca(OH)_2} + Ca(HCO_3)_2\,(aq) \longrightarrow 2CaCO_3\,(s) + 2H_2O$

अस्थायाी कठोर जल में उपस्थित

$\underset{'A'}{Ca(OH)_2} + Na_2CO_3 \longrightarrow CaCO_3 + \underset{\text{कॉस्टिक सोडा}}{2NaOH}$

$Ca(OH)_2\,(aq) + CO_2 \longrightarrow \underset{\text{गंदला}}{CaCO_3}\,(s) + H_2O$

65. (a) सूक्ष्म वितरित $BNaSO_4$ को ब्लाँक फायर कहते हैं।

66. (b) $\underset{'x'}{3Mg} + N_2 \xrightarrow{\Delta} \underset{'y'}{Mg_3N_2}$

$\underset{'y'}{Mg_3N_2} + 6H_2O \longrightarrow 3Mg(OH)_2 + \underset{\text{रंगहीन गैस}}{2NH_3}$

$CuSO_4(aq) + 4NH_3 \longrightarrow \underset{\text{गहरा नीला}}{[Cu(NH_3)_4]\,SO_4\,(aq)}$

☐☐☐

16

Chapter

p-ब्लॉक तत्व
(p-Block Element)

स्मरणीय बिन्दु

- BX_3 के लुईस अम्लों की आपेक्षित शक्ति
  $BF_3 < BCl_3 < BBr_3 < BI_3$ $\quad$ $BX_3 > AlX_3 > GaX_3 > InX_3$
- बोरॉन केवल सहसंयोजी यौगिक बनाता है जबकि Al सहसंयोजी तथा आयनिक दोनों यौगिक बनाता है। जलीय $AlCl_3$ आयनिक होता है जबकि निर्जल $AlCl_3$ सहसंयोजी यौगिक है। जलीय $AlCl_3$ आयनिक होता है क्योंकि जब निर्जल $AlCl_3$ को जलीय किया जाता है तो मुक्त हुई हाइड्रेशन ऊर्जा इतनी होती है कि वह Al की आयनन ऊर्जा से बड़ी होती है।
- बोरॉन नाइट्राइट (BN), श्वेत ग्रेफाइट के नाम से जाना जाता है। इस यौगिक में दोनों B तथा N, sp^2-संकरित होते हैं और इसकी संरचना ग्रेफाइट से बिल्कुल मिलती है।
- $Al(OH)_3$ उभयधर्मी है यह अम्लों के साथ-साथ क्षारों से क्रिया करके लवण बनाता है। $B(OH)_3$ अम्लीय है जबकि $In(OH)_3$ तथा TIOH दोनों क्षारीय प्रकृति के हैं।
- बोरॉन हैलाइड, BX_3 में केन्द्रीय B परमाणु के चारों ओर केवल छः इलेक्ट्रॉन (तीन B परमाणु से तथा तीन हैलोजन परमाणु से) होते हैं और इस प्रकार B का अष्टक अपूर्ण होता है। अतः बोरॉन हैलाइड में इलेक्ट्रॉन की कमी होती है यह इलेक्ट्रॉन की कमी वाला लुईस अम्ल का यौगिक है।
- B_4C तथा SiC सहसंयोजी यौगिक हैं जो पानी से क्रिया नहीं करते हैं। लवण की भाँति कार्बाइड जैसे CaC_2 और Al_4C_3 से पानी में क्रिया करता है। CaC_2, ऐसीटलीन तथा Al_4C_3, मेथेन देता है।
  $$Al_4C_3 + 12H_2O \longrightarrow 4Al(OH)_3 + 3CH_4$$
- $B_3N_3H_6$ (बोराजोल या बोराजाइन या ट्राईबोरीनट्राईएमीन) संरचना में बैंजीन के जैसा है तथा यह अकार्बनिक बैंजीन कहलाता है।
- एल्युमीनियम के निष्कर्षण में,
  - एल्यूमिना में क्रायोलाइट गलनांक को कम करने के लिए मिलाया जाता है।
  - सर्पेक विधि का प्रयोग तब किया जाता है जब बॉक्साइट में मुख्यतः सिलिका की अशुद्धि होती है।
  - बेयर प्रक्रम का प्रयोग तब किया जाता है जब बॉक्साइट अयस्क में मुख्यतः फेरिक ऑक्साइड की अशुद्धि होती है।
  - हॉल प्रक्रम का प्रयोग तब किया जाता है जब बॉक्साइट अयस्क में मुख्यतः फेरिक ऑक्साइड तथा सिलिका दोनों की अशुद्धि होती है।
- ग्रेफाइट में द्वि-विमीय चादर जैसी संरचना होती है तथा दो लगातार पर्तें एक-दूसरे से दुर्बल वाण्डरवाल बलों द्वारा बँधी होती हैं।
- हीरे में, प्रत्येक कार्बन परमाणु sp^3-संकरित होता है तथा सह-संयोजक बन्ध द्वारा जुड़े नियमित चतुष्फलक के कोनों पर स्थित अन्य चार पड़ोसी कार्बन परमाणुओं से जुड़े होते हैं।
- ठोस CO_2 को शुष्क बर्फ कहते हैं। CO अति विषैली गैस है क्योंकि यह रुधिर के हीमोग्लोबिन के Fe पर संयुक्त होकर कार्बोनिल हीमोग्लोबिन देती है। इस प्रकार Fe की O_2 ग्रहण करने की क्षमता नष्ट हो जाती है।
- क्रुक्स काँच में सीरियम ऑक्साइड उपस्थित होता है इसमें से पराबैंगनी किरणें नहीं गुजरती हैं।
- सिंदूर Pb_3O_4, PbO तथा PbO_2 का मिश्रण है। इसे रैड लेड भी कहते हैं।
- लेड CH_3COOH में, ऑक्सीजन की उपस्थिति में पूर्णतः विलेय होता है जिसे शुगर ऑफ लेड कहते हैं।
  $$Pb + 2CH_3COOH + \tfrac{1}{2}O_2 \longrightarrow Pb(CH_3COOH)_2 + H_2O$$
- सफेद लेड को क्षारीय लेड कार्बोनेट भी कहते हैं। इसका निर्माण Na_2CO_3 को किसी लेड के लवण में मिलाकर किया जाता है।
  $$3Pb(NO_3)_2 + 3Na_2CO_3 + H_2O \longrightarrow Pb(OH)_2 2PbCO_3 + 6NaNO_3 + CO_2$$
- सिलिकोन्स, ऑर्गेनोसिलिकोन यौगिक हैं जिनका साधारण सूत्र $(R_2SiO)_n$ है, जिनमें पुनरावर्तित R_2SiO ईकाइयाँ होती हैं जिनमें Si—O—Si श्रेणी बन्धन होता है।
- ग्लास अतिशीतित द्रव होता है। सामान्य ग्लास में $Na_2O \cdot CaO \cdot 6SiO_2$ होता है।
- d-ऑर्बिटल की अनुपस्थिति के कारण नाइट्रोजन पेन्टाहैलाइड (NCl_5). नहीं बनाता है।
- अक्रिय युग्म प्रभाव के कारण बिस्मिथ नहीं Bi, $BiCl_5$ बनाता हैं।
- BiF_5 बन तो जाता है किन्तु यह बहुत अभिक्रियाशील होता है तथा जल के साथ विस्फोट करता हैं।
- अमोनिया तथा फोस्फिन दोनों क्षारीय प्रवृति की होती है। दोनों गन्ध में अलग-अलग होती हैं। अमोनिया ज्वलनशीन नहीं होती किन्तु फोस्फिन ज्वलनशील होती है।
- NF_3 तथा H_3O^+ दोनों की पिरामिडल संरचना होती है। जबकि NO_3^- तथा BF_3 दोनों की ट्राइगोनल पलेनर (त्रिकोणीय) संरचना होती है।
- फॉस्फोरस के अनेक अपरूप होते है। जिनमें काला फॉस्फोरस अधिक

स्थायी होता है तथा विद्युत का अच्छा संचालक होता है।

- नाइट्रोजन एक अक्रिय तत्व है क्योंकि इसकी Bond dissociation energy बहुत अधिक होती है।
- हाइड्रोजन का ऊष्मीय स्थिरता BiH_3 से NH_3 तक घटता है। इसका कारण तत्वों का परमाणु त्रिज्या का बढ़ना है। वर्ग में ऊपर से नीचे चलने पर परमाणु त्रिज्या बढ़ती है तथा M - H बन्ध स्थिरता घटती है।
- सफेद फॉस्फोरस की सोडियम हाइड्रॉक्साइड के साथ क्रिया करने पर फॉस्फीन गैस प्राप्त होती है। इस प्रकार,

$$P_4 + 3NaOH + 3H_2O \longrightarrow PH_3 + \underset{\text{सोडियम हाइपो फॉस्फाइट}}{3NaH_2PO_2}$$

फॉस्फीन में, फॉस्फोरस शून्य से -3 तक अपचयित होती है तथा सोडियम हाइपो फॉस्फाइट (NaH_2PO_2) में शून्य से $+1$ तक उपचयित होती है। लाल फॉस्फोरस NaOH या KOH के साथ क्रिया नहीं करता है।

- NO की संरचना :N⩶O: है। यह एक विषम इलेक्ट्रॉन अणु है तथा अनुचुम्बकीय है। यह तीन इलेक्ट्रॉन बन्ध रखता है यह एक उदासीन ऑक्साइड है और इसे $FeSO_4$ से शुद्ध करते है।
- NH_4NO_3 को निश्चित तापमान पर गर्म करने पर यह N_2O और $2H_2O$ में टूट जाता है। ये दोनों ही गैसें है।
- NF_3 नाइट्रोजन के अन्य ट्राईहैलाइडों से अधिक स्थायी होता है क्योंकि N और F के p- ऑर्बिटलों में अधिक प्रभावी अतिव्यापन पाया जाता है तथा N और F के बीच की विद्युत-ऋणात्मकता अधिक अन्तर पाया जाता है। N—F बन्ध स्थायी है।
- "थॉमस स्लेग" $Ca_3(PO_4)_2$ और $CaSiO_3$ का मिश्रण है। यह स्टील उद्योग का एक सहउत्पादक (अपशिष्ट पदार्थ) है और इसे एक उर्वरक की तरह प्रयोग किया जाता है क्योंकि इसमें 14-18% P_2O_5 पाया जाता है।
- ओजोन ऑक्सीकारक, अपचायक तथा विरंजक कार्य करती है। क्षारीय अवस्था में, पौटेशियम आयोडाइड ओजोन से क्रिया करके पौटेशियम आयोडेट (KIO_3) तथा पौटेशियम पर आयोडेट (KIO_4) बनाता है।
- सिल्वर धातु 03 से क्रमशः ऑक्सीकृत तथा अपचयन के कारण काली हो जाती है।

$$\underset{\text{white}}{Ag} \xrightarrow[\text{oxidation}]{O_3} Ag_2O \xrightarrow[\text{Reduction}]{O_3} \underset{\text{black}}{Ag}$$

- KOH ओजोन के साथ क्रिया करने पर नारंगी हो जाता है, पौटेशियम ओजोनाइड बनने के कारण।

$$2KOH + 5O_3 \longrightarrow 2KO_3 + 5O_2 + H_2O$$

- $KMnO_4$ तथा $K_2Cr_2O_7$ ओजोन के साथ क्रिया नहीं करते है।
- H_2SO_4 ऑक्सीकारक पदार्थ, निर्जलीकारक पदार्थ तथा सल्फोनिकारक पदार्थ है जब सान्द्र H_2SO_4 को ग्लूकोज, शुगर या काबोहाइड्रेट में मिलाते है ये निर्जलीकरण के कारण काले हो जाते है।
- SO_2 ऑक्सीकारक पदार्थ, अपचायक पदार्थ तथा विरंजक पदार्थ है।
- लैड, कॉपर, बिस्मथ, कैडमियम, टिन, मरकरी तथा एन्टीमनी के सल्फाइड अम्लीय माध्यम में अवक्षेपित होता है।
- कोबाल्ट, निकील, मैगनीज, जिंक तथा आयरन के सल्फाइड क्षारीय माध्यम में अवक्षेपित होते है।
- Cr, Al, Mg, Ba, Sr, Ca, K तथा Na के सल्फाइड न तो अम्लीय और न ही क्षारीय माध्यम में अवक्षेपित होते है।
- S_8 अणु में प्रत्येक S, sp^3-संकरण है जिसमें 2-संकर ऑर्बिटल 2-इलेक्ट्रॉन एकल युग्म से भरते है तथा अपचयित S—S—S का बन्ध कोण 105° है।
- KOH, SO_2 को अवशोषित करके लवण बनाते है।

$$\underset{\text{basic}}{2KOH} + \underset{\text{acidic}}{SO_2} \longrightarrow K_2SO_3 + H_2O$$

- पाइरोगलोल का क्षारीय विलयन शीघ्रता से ऑक्सीजन को अवशोषित करता है।
- NO, NO_2, KO_2, CsO_2, RbO_2 तथा ClO_2 अनुचुम्बकीय ऑक्साइड है ये एक अयुग्मित इलेक्ट्रॉन रखते है।
- कमरे के तापमान पर फ्लोरीन हरी-पीली गैस है, क्लोरीन भी एक हरी-पीली गैस है, ब्रोमीन गहरे लाल रंग का द्रव है। जबकि आयोडीन एक काला ठोस जो कि धात्विक चमक रखता है।
- हैलोजन (फ्लोरीन को छोड़कर, जो –1ऑक्सीकरण संख्या प्रदर्शित करता है) ऋणात्मक, शून्य तथा धनात्मक ऑक्सीकरण संख्या दर्शाता है।
- क्लोरीन की इलेक्ट्रॉन बन्धुता सबसे अधिक है। हैलोजनों की इलेक्ट्रॉन बन्धुता का घटता क्रम है - Cl > Br > F > I.
- हैलोजन, हाइड्रोजन के साथ जुड़कर HX प्रकार का हाइड्रोजन हैलाइड बनाते है।
- हैलोजन अच्छे ऑक्सीकारक पदार्थ है। हैलोजन की उपचयन शक्ति फ्लोरीन से आयोडीन की ओर घटती है - ($F_2 > Cl_2 > br_2 > I_2$).
- फ्लोरीन बहुत शक्तिशाली ऑक्सीकारक पदार्थ है। क्योंकि F^- आयन को अलग करने के लिए कम शक्ति की आवश्यकता होती है, क्योंकि फ्लोरीन सबसे ज्यादा अपचयन शक्ति रखता है।
- HF एक कमजोर अपचायक पदार्थ है तथा शक्तिशाली उपचायक/ऑक्सीकारक पदार्थ जैसे- $KMnO_4$ या $K_2Cr_2O_7$ के द्वारा ऑक्सीकृत/उपचयित किया जा सकता है।
- HF समायोजित द्रव है तथा H_2F_2 के रूप में पाया जाता है। इसका अम्लीय लवण KHF_2 है तथा सामान्य लवण KF है।
- गीली/नमी क्लोरीन, ऑक्सीजन देती है तथा यह ऑक्सीकारक व विरंजक का कार्य करती है। कोमल वस्तुएँ क्लोरीन के द्वारा रंगहीन नहीं होती क्योंकि ये क्लोरीन के द्वारा खराब हो जाती है।
- ब्रोमीन का औद्योगिक निर्माण कार्नेलाइट के द्वारा होता है। समुद्री जल में ही ब्रोमीन पायी जाती है।
- क्वथनांक HF > HI > HBr > HCl है, HF का क्वथनांक अधिक होता है क्योंकि हाइड्रोजन बन्ध पाया जाता है।
- Cl_2O तथा ClO_2 की कोणीय आकृति हैं। ठोस Cl_2O_6 आयनिक है तथा ClO_2^+ व ClO_4^- में पाया जाता है। सभी ऑक्साइड ClO_2 व ClO_3 को छोड़कर प्रतिचुम्बकीय ऑक्साइड हैं।

- कुछ धातु हैलाइड परमाणु के लिए M-X बन्ध का आयनिक गुण, गलनांक तथा क्वथनांक का घटता क्रम -

$$M-F > M-Cl > M-Br > M-I$$

- बन्ध विखण्डन ऊर्जा का घटता क्रम -

$$Cl_2 > Br_2 > F_2 > I_2$$

- परहैलेट की ऑक्सीकारक क्षमता का घटता क्रम -

$$BrO_4^- > IO_4^- > ClO_4^-$$

- सभी अक्रिय गैसें (He को छोड़कर, जो 2-इलेक्ट्रॉन रखता है) अपनी बाह्यय कोश में 8-इलेक्ट्रॉन रखती है।
- सभी अक्रिय गैसें वायुमण्डल में उपस्थित होती है, Rn को छोड़कर जो रेडियोधर्मी है।
- He वायुमण्डल तथा बहुत से खनिजों में पाया जाता है यह सर्वप्रथम सूर्य के वर्णमण्डल में पाया गया था।
- 100°C पर चारकोल Ar, Kr तथा Xe को अवशोषित करता है, लेकिन He एवं Ne नहीं तथा 180°C पर Ne चारकोल द्वारा अवशोषित किया जाता है लेकिन He नहीं।
- अक्रिय गैसें बहुत कम मात्रा में वाष्पीकरण की ऊष्मा रखता है क्योंकि एक परमाणिक अणुओं के बीच बहुत कम वाण्डरवाल बल पाया जाता है वर्ग में परमाणु क्रमांक कम होने के साथ वाष्पीकरण के ऊष्मा की मात्रा बढ़ती है।
- अक्रिय गैसें जल में कम घुलनशील हैं। वर्ग में नीचे चलने पर परमाणु क्रमांक बढ़ने के साथ इनकी घुलनशीलता सामान्यत: बढ़ती है।
- भौतिक-रासायनिक या भौतिक विधि द्वारा अक्रिय गैसें वायु में अलग हो जाती है।
- अकेली अक्रिय गैसों को डिवार कॉकोनट चारकोल विधि के द्वारा प्राप्त की जाती है। सक्रिय कॉकोनट (नारियल) चारकोल भिन्न तापमान पर भिन्न अक्रिय गैस अधिशोषित करने का गुण रखती है। हीलियम कॉकोनट, चारकोल द्वारा अधिशोषित नहीं किया जाता है।
- हीलियम फ्लोरीन के साथ क्रिया नहीं करता है के कारण -
  - ये अयुग्मित इलेक्ट्रॉन नहीं रखता है।
  - ये खाली ऑर्बिटल नहीं रखता है।
  - इसका आयनन विभव बहुत अधिक है तथा इलेक्ट्रानों को उत्तेजित करने के लिए ज्यादा ऊर्जा की आवश्यकता होती है।
- परमाणु क्रमांक बढ़ने के साथ अक्रिय गैसों का क्वथनांक बढ़ता है। इसका कारण है अक्रिय गैसों के परमाणु में वाण्डरवॉल बल अधिक होता है।
- प्रथम अक्रिय गैस यौगिक $XePtF_6$ प्राप्त होता है।
- ठोस अवस्था में, परमाणु वाण्डरवॉल बल द्वारा बन्धित होते हैं।
- जीनॉन के कैल्थरटेस पानी के साथ, ध्रुवीय आकर्षण के कारण जीनॉन तथा जल के अणु के बीच बन्ध की प्रकृति ध्रुवीय है।
- गुब्बारों में He गैस भरी जाती है लेकिन H_2 नहीं।
- हीलियम तथा ऑक्सीजन का मिश्रण समुद्री गोताखोरों द्वारा प्रयोग किया जाता है क्योंकि अधिक दाब पर नाइट्रोजन की अपेक्षा यह रक्त में कम घुलनशील है।
- XeF_2 एक फ्लोराइड दाता है तथा संयोजी पेन्टाफ्लोराइड जैसे PF_5, AsF_5, SbF_5 तथा RuF_5 यौगिकों का निर्माण करता हैं।

बोरॉन परिवार (Boron Family)

बोरॉन के हैलाइड (Halide of Boron) :

- बोरॉन के हैलाइड समतल त्रिकोणीय तथा न्यून इलेक्ट्रॉन अणु होते हैं तथा लुईस अम्ल का व्यवहार प्रदर्शित करते हैं। इस प्रकार लुईस प्रबलता का क्रम

$$BI_3 > BBr_3 > BCl_3 > BF_3$$

- BF_3, पश्चदान (Back bonding) के कारण एक दुर्बल लुईस अम्ल है।
- BF_3 को छोडकर बोरॉन के सभी हैलाइड जल अपघटित हो जाते हैं।

$$BX_3 + 3H_2O \longrightarrow H_2BO_3 + HX$$

किन्तु

$$BF_3 + H_2O \rightleftharpoons H^+[BF_3OH] \xrightleftharpoons{H_2O} H_3O^+[BF_3OH^-]$$

- हैलाइडों का सहसंयोजक गुण

$$BX_3 > TlX_3 > GaX_3 > InX_3 > TlX_3$$

- $AlCl_3 \cdot 6H_2O$ एक आयनिक यौगिक है। निर्जल एल्युमीनियम क्लोराइड सहसंयोजक अणु है जो Al_2Cl_6 के रूप में रहता है।

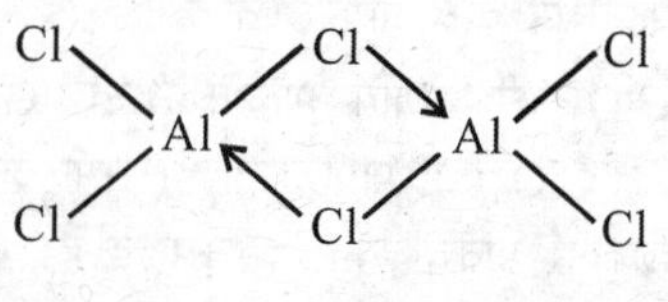

- जल अपघटन के कारण $AlCl_3$ अम्लीय होता है।
- $AlCl_3$, NaOH के साथ अभिक्रिया करके सफेद अवक्षेप बनाता है जो NaOH की अधिकता में संकर यौगिक बनने के कारण घुल जाता है।

$$AlCl_3 \xrightarrow{3\,NaOH} Al(OH)_3\downarrow \xrightarrow{NaOH} NaAlO_2$$

$Al(OH)_3$, NH_4OH में अघुलनशील होता है।

- निर्जल $AlCl_3$ निम्नलिखित अभिक्रियाओं में उत्प्रेरक का कार्य करता है।
  (a) फ्रिडल क्राफ्ट अभिक्रिया (Friedel Craft's reaction)
  (b) गेटरमेन कौच अभिक्रिया (Haltermann koch reaction)
  (c) फ्रॉइस संचरण (Fries rearrangement)
  (d) एल्केनों का समावयवीकरण (Isomerization of alkane)

बोरिक अम्ल (Boric Acid) H_3BO_3 $[B(OH)_3]$:

- यह बहुत दुर्बल मोनोबेसिक तथा लुईस अम्ल है।
- यह जल में प्रोटॉन दाता नहीं है अर्थात् यह जल में प्रोटॉन डोनेट नहीं करता है किन्तु जल से OH^- ग्रहण करता है तथा $B(OH)_4^-$ बनाता है।

$$B(OH)_3 + 2H_2O \rightleftharpoons H_3O^+ + B(OH)_4^-$$

$$p^{ka} = 9.25$$

$B(OH)_4^-$ को टेट्रहिड्रॉल मेटा बोरेट आयन कहते हैं।

⇨ अधिक सान्द्रता पर

$$B(OH)_4^- \rightleftharpoons H_3O^+[B_3O_3(OH)_4]^- H_2O$$

⇨ H_3BO_3 को NaOH द्वारा अनुमापित नहीं किया जा सकता है।

⇨ मेनेटॉल, शर्करा, ग्लिसरॉल तथा H_2SO_4 में H_3BO_3 प्रबल मोनोबेसिक अम्ल का कार्य करता है।

⇨ **तापीय प्रभाव (Heating Effect) :**

$$\underset{}{H_3BO_3} \xrightarrow{100°C} \underset{\text{meta boric acid}}{HBO_2} \xrightarrow{160°} \underset{\text{tetra boric acid}}{H_2B_4O_7}$$

$$H_2B_4O_7 \xrightarrow{\Delta} B_2O_3 + H_2O$$

बोरेक्स या सुहागा या टेट्राबोरेट (Borox or Tincal (Suhaga) or Sodium Tetra-borate) ($Na_2B_4O_7 \cdot 10H_2O$) :

⇨ $Na_2B_4O_7 \cdot 10H_2O$ को Prismatic borox कहते हैं।

⇨ $Na_2B_4O_7 \cdot 5H_2O$ को Octahedral form में जाना जाता है तथा इसे ज्वेलर्स बोरेक्स भी कहते हैं।

⇨ $Na_2B_4O_7$ को बोरेक्स ग्लास के नाम से जानते हैं।

⇨ **कोल्मेनाइट द्वारा बोरेक्स का निर्माण :** कोल्मेनाइट को सोडियम कार्बोनेट के साथ गर्म करते हैं जिससे बोरेक्स तथा सोडियम मेटाबोरेट प्राप्त होता है।

$$\underset{\text{Colemanite}}{Ca_2B_6O_{11}} + 2Na_2CO_3 \rightarrow 2CaCO_3 + \underset{\text{Sodium meta-borate}}{2NaBO_2} + \underset{\text{Borax}}{Na_2B_4O_7}$$

सोडियम मेटाबोरेट को CO_2 के साथ गर्म करने पर बोरेक्स प्राप्त होता है।

$$4NaBO_2 + CO_2 \longrightarrow Na_2CO_3 + Na_2B_4O_7$$

⇨ **बोरिक अम्ल से बोरेक्स का निर्माण :** बोरिक ऐसिड को सोडियम कार्बोनेट के साथ गर्म करने पर बोरेक्स प्राप्त होता है।

$$4H_3BO_3 + Na_2CO_3 \longrightarrow Na_2B_4O_7 + 6H_2O + CO_2$$

⇨ बोरेक्स का जलीय विलयन प्रतिरोधक विलयन का कार्य करता है।

$$Na_2B_4O_7 + 7H_2O \rightleftharpoons \underset{\text{Strong alkali}}{2NaOH} + \underset{\text{Weak acid}}{4H_3BO_3}$$

⇨ **बोरेक्स पर ऊष्मा का प्रभाव (Heating effect of borax) :**

$$\underset{\text{Decahydrate form}}{Na_2B_4O_7 \cdot 10H_2O} \xrightarrow{60°C} \underset{\text{Pentahydrate form}}{Na_2B_4O_7 \cdot 5H_2O} \xrightarrow{\Delta}$$

$$\underset{\text{(Swollen white mass)}}{\underset{\text{Anhydrous}}{Na_2B_4O_7}} \xrightarrow{\Delta} \underbrace{2NaBO_2 + B_2O_3}_{\text{Glassy mass}}$$

⇨ बोरेक्स का प्रयोग रंगीन आयन के परीक्षण में किया जाता है।

$$CuO + B_2O_3 \xrightarrow{\Delta} CuO \cdot B_2O_3 \longrightarrow \underset{\text{(oxidising flame)}}{\underset{\text{(Blue)}}{Cu(BO_2)_2}} \xrightarrow{C}$$

$$\underset{\text{Reducingflame}}{\underset{\text{(Brown-red)}}{2Cu}} + B_2O_3 + CO$$

⇨ **बोरेक्स की संरचना (Structure of Borax) :**

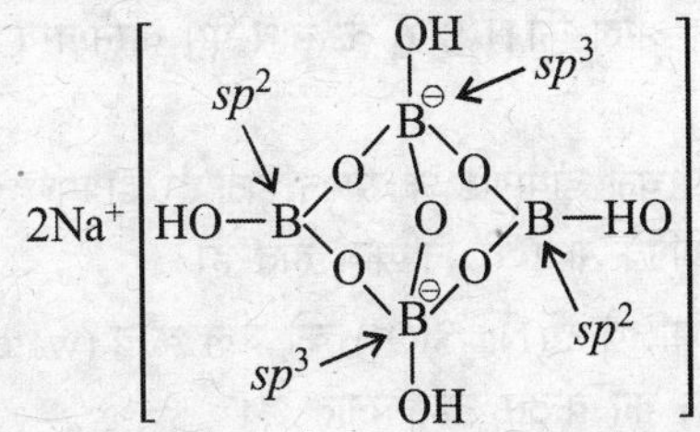

डाइबोरेन (Diborane) :

⇨ डाइबोरेन निम्नलिखित तरीके से प्राप्त किया जा सकता है।

(A) $2NaBH_4 + I_2 \longrightarrow B_2H_6 + 2NaI + H_2$

(B) $4BCl_3 + 3LiAlH_4 \longrightarrow 2B_2H_6 + 3AlCl_3 + 3LiCl$

(C) $2BCl_3 + 6H_2 \xrightarrow[\text{discharge}]{\text{Silent electric}}$

(D) $2BF_{3(g)} + 6LiH_{(s)} \xrightarrow{450\,K} B_2H_{6(g)} + 6LiF_{(s)}$

⇨ **डाइबोरेन के गुण (Properties of Boranes) :**

- BH_3 एक प्रबल लुईस अम्ल होता है किन्तु यह प्रबलता BF_3 से अधिक परन्तु BBr_3 तथा BI_3 से कम होती है।
- **जल अपघटन (Hydrolysis) :** डाइबोरेन जल से अभिक्रिया करके हाइड्रोजन उत्पन्न करता है।

$$B_2H_6 + 6H_2O_{(l)} \longrightarrow 2H_3BO_{3(aq.)} + 6H_2 \uparrow$$

- डाइबोरेन NaOH के साथ अभिक्रिया करके सोडियम बोरेट तथा हाइड्रोजन बनाता है।

$$B_2H_6 + 6NaOH \longrightarrow 2Na_3BO_3 + 6H_2 \uparrow$$

⇨ **NH_3 के साथ अभिक्रिया**

- जब निम्न ताप पर अमोनिया की अधिकता में अभिक्रिया होती है तो योगात्मक यौगिक बनता है

$$B_2H_6 + 2NH_3 \xrightarrow[\text{low temperature}]{\text{Excess of }NH_3} \underset{\text{(Addition product)}}{B_2H_6 \cdot 2NH_3}$$

- उच्च ताप पर अमोनिया की अधिकता में डाइबोरेन बोरॉन नाइट्राइड बनाता है।

$$B_2H_6 + NH_3 \xrightarrow[\text{high temperature}]{\text{Excess of }NH_3} \underset{\text{(Boronitride)}}{(BN)_x}$$

- B_2H_6 तथा NH_3 को 1 : 2 के अनुपात में लेने पर अधिक ताप पर गर्म करने पर बोरेजोल या बोरेजिन प्राप्त होती है जिसे अकार्बनिक बैंजीन भी कहते हैं।

$$3B_2H_6 + 6NH_3 \xrightarrow{450\,K} \underset{\text{(Borazloe)}}{2B_3N_3H_6} + 12H_2$$

⇨ अकार्बनिक बैंजीन में B=N बन्ध ध्रुवीय होता है इसलिए यह कार्बनिक बैंजीन से अधिक अभिक्रियाशील होती है।

⇨ B_2H_6 में 2-इलेक्ट्रॉन, 3-केन्द्र बन्ध (banana bond) होते हैं।

कार्बन परिवार (Carbon Family)

- ऑक्सलिक अम्ल को H_2SO_4 के साथ गर्म करने पर $CO_2 + CO$ प्राप्त होता है।
- SiC की संरचना डायमण्ड के समान होती है। डायमण्ड तथा कार्बोरेण्डम दोनों रासायनिक रूप से निष्क्रिय होते हैं।
- सोडियम सिलिकेट (Na_2SiO_3) को जल काँच (water glass) कहते हैं। जो जल को कठोर नहीं बनाता है।
- Al_4C_3, Be_2C तथा Mn_3C जल के साथ अभिक्रिया करके मेथेन बनाते हैं तथा ये C^{4-} से बने होते हैं।
- CaC_2, BaC_2, Cu_2C_2 जल से अभिक्रिया करके ऐसेटीलीन गैस बनाते हैं।
- UC_2 जल से अभिक्रिया करके संतृप्त तथा असंतृप्त हाइड्रोकार्बन का मिश्रण बनाता है।
- ग्रेफाइट विद्युत का सुचालक तथा हीरा विद्युत का कुचालक होता है क्योंकि हीरे में मुक्त इलेक्ट्रॉन नहीं होते हैं।
- सोडा काँच (Soda glass) या मृदु काँच सोडियम तथा केल्शियम सिलिकेट का मिश्रण होता है।
- पोटाश काँच या कठोर काँच पोटेशियम तथा केल्शियम का समांगी मिश्रण होता है।
- फ्लिंट काँच पोटेशियम तथा लेड सिलिकेट का मिश्रण होता है।
- जेना ग्लास (Jena glass) बेरियम तथा जिंक के बोरोसिलिकेट का मिश्रण होता है।
- पायरेक्स काँच (Pyrex glass) सोडियम तथा एल्युमीनियम के बोरोसिलिकेट का मिश्रण होता है।

लेड के यौगिक (Compound of Lead) :

1. लेड ऐसिटेट या लेड शुगर (Lead acetate or Lead sugar) :

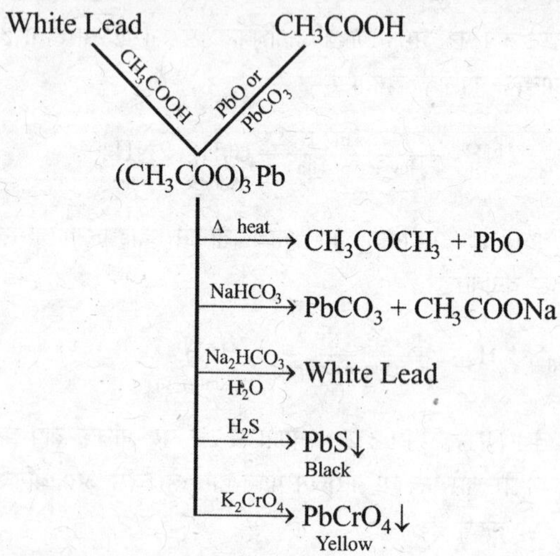

सिलिकन (Silicon)

⇨ सिलिकन, कार्ब-सिलिकन बहुलक (organosilicon polymers) होते हैं जिसमें Si—O—Si बन्ध उपस्थित होते हैं।

⇨ डाइएल्काइल सिलेन्डायोल का बहुलिकरण करने पर रेखीय थर्मोप्लास्टिक बहुलक बनता है।

डाइएल्काइल सिलिकन का जल अपघटन करने पर सिलेनडायोल बनता है जिसका संघनन करने पर रेखीय सिलिकोन्स प्राप्त होते हैं।

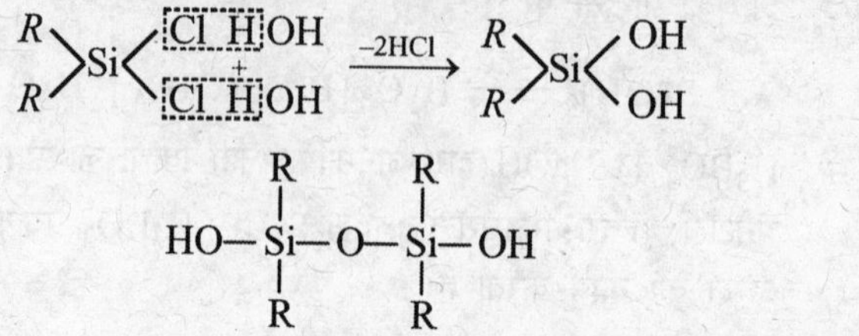

⇨ $RSiCl_3$ का जल अपघटन करने पर क्रासलिन्किड सिलिकोन प्राप्त होते हैं।

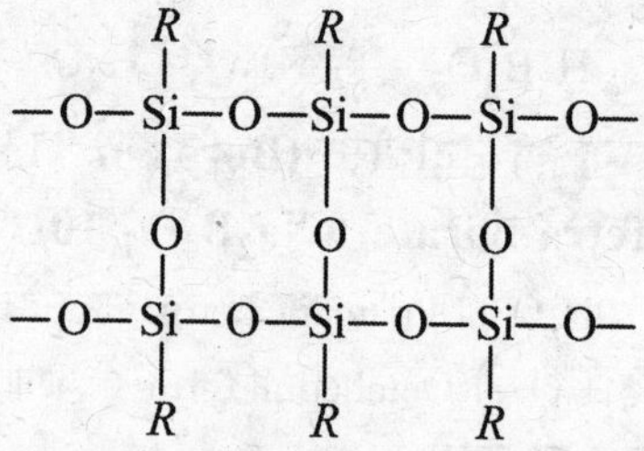

Cross linked silicone

⇨ सिलिकोन ऊष्मारोधी तथा जल प्रतिकर्षित होते हैं।

⇨ सिलिकोन विद्युत के अच्छे कुचालक होते हैं।

सिलिकेट (Silicates) :

⇨ सिलिकेट SiO_4^{4-} यूनिट के द्वारा बनते हैं जिसमें सिलिकन परमाणु चार ऑक्साइड आयन से tetrahedrally के रूप में जुड़ा होता है।

(*a*) **ऑर्थोसिलिकेट (Orthosilicates) :** इसमें SiO_4^{4-} युनिट पाई जाती है।

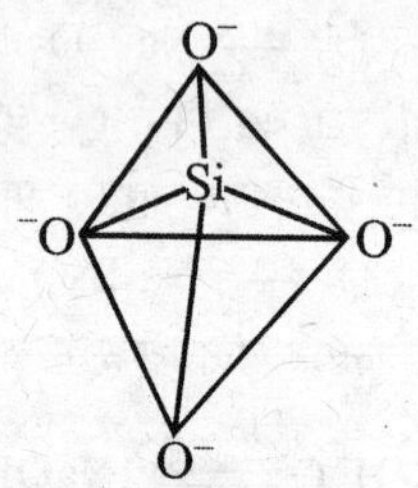

ऑर्थोसिलिकेट के उदाहरण

(i) Zirocon —$ZrSiO_4$;
(ii) Forestrite or Olvine — Mg_2SiO_4
(iii) Phenacite— Be_2SiO_4;
(iv) Willemite — Zn_2SiO_4

(*b*) **पायरोसिलिकेट (Pyrosilicates) :** इसमें $Si_2O_7^{6-}$ युनिट पायी जाती है।

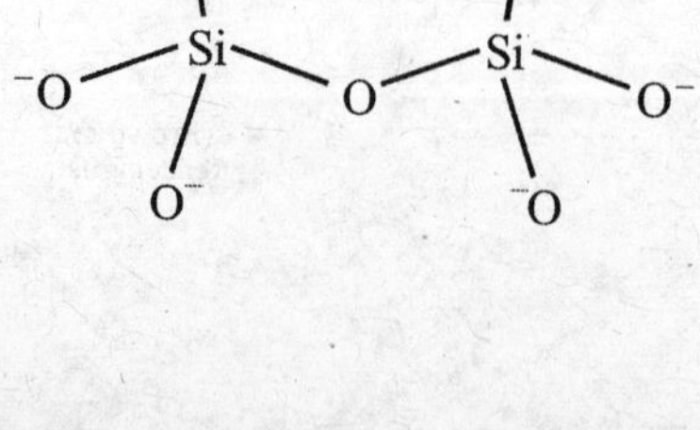

पायरोसिलिकेट के उदाहरण

(i) Thorteveitite — $Sc_2Si_2O_7$

(ii) Hemimorphite — $Zn_3(Si_2O_7)Zn(OH)_2 \cdot H_2O$.

(c) **चक्रिय सिलिकेट (Cyclic Silicates) :** इस प्रकार के सिलिकेटो में $(SiO_3^{2-})_n$ तथा $(SiO_3)_n^{2n-}$ आयन उपस्थित होते हैं।

उदाहरण

(i) Wollastonite — $Ca_3Si_3O_9$;

(ii) Catapleite — $Na_2ZrSi_3O_9 \cdot 2H_2O$.

(iii) Beryl — $Be_3Al_2Si_6O_{18}$;

(iv) Benitoite — $BaTiSi_3O_9$

(d) **श्रृंखलित सिलिकेट (Chain silicates) :** इस प्रकार के सिलिकेट में $(SiO_3)_n^{2n-}$ तथा $(Si_4O_{11})_n^{6n-}$ आयन उपस्थित होते है।

उदाहरण

(i) Jadeite — $NaAl(SiO_3)_2$;

(ii) Enstatite — $MgSiO_3$

(iii) Diopside — $CaMg(SiO_3)_2$;

(iv) Termolite — $Ca_2Mg_5(Si_4O_{11})_2(OH)_2$

(v) Spodumene — $LiAl(SiO_3)_2$;

(vi) Synthetic silicates — Li_2SiO_3, Na_2SiO_3;

(e) **द्विविमीय शीट सिलिकेट (Two dimensional sheet silicates) :** इन सिलिकेटों में प्रत्येक चतुष्फलक के तीन ऑक्सीजन परमाणु साथ वाले SiO_4^{4-} चतुष्फलक से साझा करते हैं। इन सिलिकेटों का सामान्य सूत्र $(Si_2O_5)_n^{2n-}$ है।

उदाहरण

(i) Kaolin — $Al_2(OH)_4(Si_2O_5)$

(ii) Talc — $Mg(Si_2O_5)_2Mg(OH)_2$

(f) **त्रिवीमिय शीट सिलिकेट (Three dimensional sheet silicates) :** इन सिलिकेटों में समचतुष्फलकीय SiO_4^{4-} से साझेदारी किए हुए सभी चार ऑक्सीजन परमाणु होते हैं। इन सिलिकेटों के उदाहरण हैं :

(i) Feldspars

(ii) Zeolites

(iii) Quartz

(iv) Tridymite

नाइट्रोजन परिवार (Nitrogen Family)

- HNO_2 ऑक्सीकारक तथा अपचायक गुण रखता है, परन्तु HNO_3 उपचायक गुण रखता है।
- $Ba(N_3)_2$ को गर्म करने पर शुद्ध नाइट्रोजन बनती है।
- नाइट्रोजन, सल्फाइड नहीं बनाता है।
- $Zn(OH)_2$ NaOH तथा NH_4OH दोनों में घुलनशील है।
- अमोनियम डाइक्रोमेट $[(NH_4)_2Cr_2O_7]$ तथा अमोनियम नाइट्राइट को गर्म करने पर N_2 प्राप्त होती है।
- नाइट्रोजन के ट्राइहैलाइड को छोड़कर नाइट्रोजन परिवार के अन्य तत्व लुईस अम्ल है।
- H_3PO_3 डाइबेसिक तथा अपचायक है।
- मैग्नीशियम तथा मैगनीज तनु HNO_3 के साथ क्रिया करके हाइड्रोजन देते है, अन्य धातु हाइड्रोजन नहीं देती है।
- नाइट्रिक अम्ल प्रोटीन के साथ क्रिया करके पीला नाइट्रो तत्व जैन्थोप्रोटीन देता है।
- नाइट्रिक अम्ल शुगर के साथ क्रिया करके ऑक्सलिक अम्ल बनाता है।
- टिन सान्द्र HNO_3 के साथ क्रिया करके H_2SnO_3 देता है।
- 80% अमोनियम नाइट्रेट तथा 20% T.N.T. के मिश्रण को अमाटोल से भी जानते है।
- अमोनियम नाइट्रेट + Al उत्पाद के मिश्रण को अमनोल से भी जानते है।
- PF_5 की संरचना त्रिकोणीय द्वि-पिरामिड होती है (P का sp^3d-) संकरण होता है। इसमें 2-axial bonds, 3- equitorial bonds से ज्यादा लम्बे होते है।

नाइट्रोजन परिवार के हाइड्राइड (Hydride of Nitrogen family)

⇨ **क्वथनांक (Boiling point) :**

$$BiH_3 > SbH_3 > NH_3 > AsH_3 > PH_3$$

- SbH_3 और BiH_3 का क्वथनांक अमोनिया से अधिक होता है क्योंकि इसमें वाण्डरवॉल बल अधिक प्रबल होते है।
- NH_3 का क्वथनांक AsH_3 और PH_3 से अधिक है क्योंकि इसमें अन्तराणुक हाइड्रोजन बन्ध होता है।

⇨ **गलनांक (Melting Point) :**

$$NH_3 > SbH_3 > AsH_3 > PH_3$$

- अन्तराणुक हाइड्रोजन बन्ध के कारण अमोनिया का गलनांक अन्य हाइड्राइड से अधिक होता है।

$$\underbrace{SbH_3 > AsH_3 > PH_3}_{\text{वन्डरवॉल बल के कारण}}$$

- NH_3 जल में घुलनशील है जबकि इस परिवार के अन्य हाइड्राइड जल में अघुलनशील होते हैं।

⇨ **स्थायित्व (Stability) :**

$$\text{स्थायित्व} \propto \text{M—H बन्ध ऊर्जा}$$

- वर्ग में नीचे चलने पर M—H बन्ध क्षमता घटती है।

$$NH_3 > PH_3 > AsH_3 > SbH_3 > BiH_3$$

⇨ **अपचायक गुण (Reducing Nature) :**

$$BiH_3 > SbH_3 > AsH_3 > PH_3 > NH_3$$

⇨ **क्षारीय प्रकृति (Basic Nature) :**

$$NH_3 > PH_3 > \underbrace{AsH_3 > SbH_3 > BiH_3}_{\text{क्षारीय नहीं}}$$

ट्राइहैलाइड्स (Trihalides) :

⇨ NX_3, PX_3, AsX_3, SbX_3 और BiX_3 ये सभी तत्व ट्राइहैलाइड बनाते है।

⇨ नाइट्रोजन के ट्राइहैलाइड की लुईस क्षमता इस प्रकार है-

$$NI_3 > NBr_3 > NCl_3 > NF_3$$

- नाइट्रोजन के ट्राइहैलाइड के अतिरिक्त इस परिवार के अन्य ट्राईहैलाइड लुईस अम्ल होते हैं, क्योंकि इनके पास खाली *d*-ऑर्बिटल उपस्थित होता है।
- NF_3 और PF_3 को छोड़कर अन्य ट्राइहैलाइड जल के साथ क्रिया करते है जिसे हाइड्रोलाइजेशन कहते है।

$$NCl_3 \xrightarrow{H_2O} NH_3 + HOCl$$

$$PCH_3 \xrightarrow{H_2O} H_3PO_3 + HCl$$

$$AsCl_3 \xrightarrow{H_2O} H_3AsO_3 + HCl$$

$$SbCl_3 + H_2O \longrightarrow \underset{\text{नारंगी}}{SbOCl}\downarrow + H_2O$$

$$BiCl_3 + H_2O \longrightarrow \underset{\text{सफेद}}{BiOCl}\downarrow + H_2O$$

पेन्टाहैलाइडस (Pentahalides) :

- नाइट्रोजन पेन्टाहैलाइड नहीं बनाते हैं, क्योंकि इसमें खाली *d*-ऑर्बिटल का अभाव होता हैं।
- बिस्मिथ पेन्टाहैलाइड नहीं बनाता है, क्योंकि इसमें अक्रिय युग्म प्रभाव पाया जाता है (BiF_5को छोड़कर)
- PI_5 नहीं प्राप्त होता है, क्योंकि आयोडिन परमाणु का आकार बड़ा होता है।
- PX_5 प्रकार के हैलाइड त्रिकोणीय द्वि-पिरामिड आकार के होते है।
- ठोस PCl_5 आयनिक प्रकृति के होते है, इससे $[PCl_4^+]$, $[PCl_6]^-$, $[PCl_4^+]$ आयन प्राप्त होते है यह चतुष्फलकीय आकृति के होते है तथा $(PCl_6)^-$ अष्टफलीय आकार के होते है।
- सभी पेन्टाहैलाइड, लुईस अम्ल का कार्य करते हैं।

ऑक्साइडस (OXIDES) :

- **नाइट्रोजन के ऑक्साइड (Oxide of nitrogen) :**

NO	—	अनुचुम्बकीय और उदासीन
N_2O	—	प्रतिचुम्बकीय और उदासीन
NO_2	—	अनुचुम्बकीय और अम्लीय
N_2O_3	—	प्रतिचुम्बकीय और अम्लीय
N_2O_5	—	प्रतिचुम्बकीय और अम्लीय

- नाइट्रोजन के ऑक्साइड की अम्लीय प्रकृति

$$N_2O_3 < NO_2 < N_2O_5$$

- अमोनिया नाइट्रेट को गर्म करने पर N_2O प्राप्त होता है।

$$NH_4NO_3 \xrightarrow{\text{गर्म}} N_2O + H_2O$$

$$\boxed{(NH_4)_2SO_4 \xrightarrow[-Na_2SO_4]{2NaNO_3} NH_4NO_3 \xrightarrow{\text{गर्म}} N_2 + H_2O}$$

- **गुण (Properties) :**
  - N_2O ठण्डे जल में घुलनशील है परन्तु गर्म जल में अघुलनशील है। N_2O तथा CO_2 समइलेक्ट्रॉनिक है क्योंकि इन दोनों में इलेक्ट्रॉनों की संख्या समान होती है।

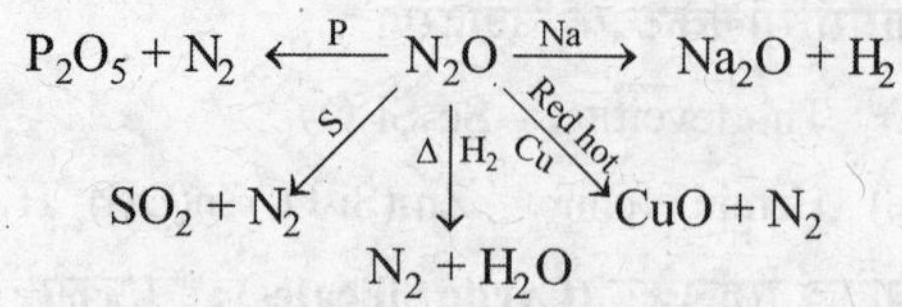

- नाइट्रिक ऑक्साइड NO निम्नलिखित से प्राप्त होता है,
  (A) Cu, Pb तथा Zn + तनु HNO_3
  (B) $KNO_3 + FeSO_4 + H_2SO_4$
  (C) $NH_3 + O_2 \longrightarrow$
- नाइट्रिक ऑक्साइड उपचायक तथा अपचायक दोनों का कार्य करता है।

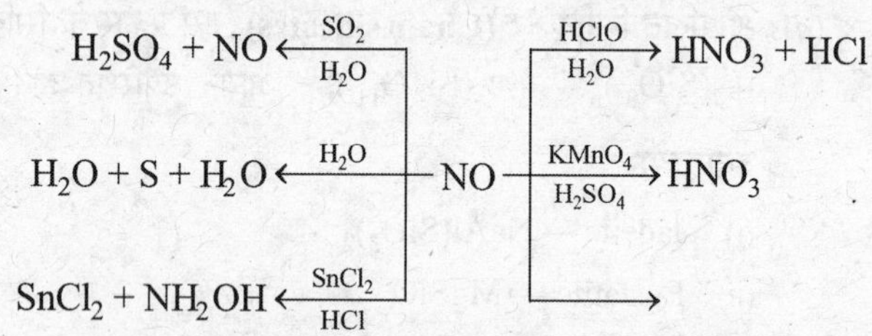

- **डाइनाइट्रोजन ट्राइऑक्साइड, नाइट्रोजन सेसक्यूलऑक्साइड या नाइट्रस एनहाइड्राइड, N_2O_3 :**
  - **बनाने की विधियाँ (Preparation) :**
    (A) $As_2O_3 + 2HNO_3 + 2H_2O \longrightarrow 2H_3AsO_4 + N_2O_3$
    (B) सामान्य तापमान पर N_2O_3 ठोस होता है।

$$2Cu + \underset{(\text{तनु})}{6HNO_3} \rightarrow 2Cu(NO_3)_2 + \underbrace{NO + NO_2}_{N_2O_3} + 3H_2O$$

  - **गुण (Properties) :**
    (A) N_2O_3, $-30°$ C पर नीला द्रव होता है। कमरे के तापमान पर N_2O_3 विघटित होकर NO तथा NO_2 का मिश्रण बनाता है।

$$\underset{\text{नीले रंग का द्रव}}{N_2O_3} \xrightarrow{\text{कमरे का तापमान}} \underbrace{NO + NO_2}_{\text{भूरे रंग की गैस}}$$

    (B) यह HNO_2 का अम्लीय एनहाइड्राइड है।

$$N_2O_3 + H_2O \longrightarrow 2HNO_2$$

- **नाइट्रोजन डाई-ऑक्साइड (Nitrogen di-oxide, NO_2) :**
  - बनाने की विधि निम्न ताप पर इसमें (N_2O_4 के समान) द्वितयाणु (dimer) बनाने की प्रवृत्ति होती है।

$$\underset{\text{भूरी गैस}}{2NO_2} \underset{\text{गर्म}}{\overset{-11°C}{\rightleftharpoons}} \underset{\text{रंगहीन ठोस}}{N_2O_4}$$

  - **गुण (Properties) :**
    (a) इसे जल के साथ क्रिया कराने पर HNO_2 तथा HNO_3 के एनहाइड्राइड का मिश्रण प्राप्त होता है।

$$2NO_2 + H_2O \longrightarrow HNO_2 + HNO_3$$

लेकिन इसकी गर्म जल के साथ क्रिया कराने पर नाइट्रिक अम्ल तथा नाइट्रिक ऑक्साइड प्राप्त होता है।

$$3NO_2 + H_2O \longrightarrow 2HNO_3 + NO$$

(b) $2NO_2 + 2NaOH \rightarrow NaNO_2 + NaNO_3 + H_2O$

(c) ऑक्सीकरण प्रकृति - NO_2 एक उपचायक तथा अपचायक का कार्य करता है।

⇨ **नाइट्रोजन पेन्टाऑक्साइड, नाइट्रिक एनहाइड्राइड, N_2O_5 (Nitrogen Pentoxide, Nitric Anhydride, N_2O_5)**

- **बनाने की विधियाँ (Preparation) :**

(a) यह प्राप्त होता है

$$P_2O_5 + 2HNO_3 \longrightarrow 2HPO_3 + N_2O_5$$

(b) $4AgNO_3 + 2Cl_2 \longrightarrow 4AgCl + 2N_2O_5 + O_2$

- **गुण (Properties) :**

(a) N_2O_5 जल के साथ क्रिया करके अम्लीय एनहाइड्राइड HNO_3 बनाता है।

$$N_2O_5 + H_2O \longrightarrow 2HNO_3$$

(b) यह एक शक्तिशाली ऑक्सीकारक का कार्य करता है।

$$I_2 + 5N_2O_5 \longrightarrow I_2O_5 + 10NO_2$$

- **संरचना :** ठोस N_2O_5 आयनिक प्रकृति का होता है, यह NO_2^+ NO_3^- आयन इसमें उपस्थित होते हैं।

अमोनिया (Ammonia) :

⇨ अमोनिया के पास 3-बन्ध युग्म तथा एक एकल युग्म होता है। इसलिए इसकी संरचना पिरामिडल है। इसका बन्ध कोण $106.5° \approx 107°$ ।

⇨ अमोनियम लवण जैसे NH_4Cl को $NaOH, KOH, PbO$ या $Ca(OH)_2$ के साथ गर्म करने पर NH_3 प्राप्त होती है।

$$NH_4Cl + NaOH \longrightarrow NH_3 + NaCl + H_2O$$

$$2NH_4Cl + \underset{\text{(बूझा चूना)}}{Ca(OH)_2} \longrightarrow 2NH_3 + caCl_2 + 2H_2O$$

$$2NH_4Cl + PbO \longrightarrow 2NH_3 + PbCl_2 + H_2O$$

⇨ धातु नाइट्राइड की जल के साथ क्रिया कराने पर NH_3 प्राप्त होती है।

$$AIN + 3N_2O \longrightarrow Al(OH)_3 + NH_3$$

$$Mg_3N_2 + 6H_2O \longrightarrow 3Mg(OH)_2 + 2NH_3$$

⇨ अमोनियम सल्फेट या अमोनियम डाई-हाइड्रोजन फास्फोरस को गर्म करने पर अमोनिया प्राप्त होती है। अमोनियम डाई-हाइड्रोजन

$$\underset{\text{अमोनियम सल्फेट}}{(NH_4)_2SO_4} \xrightarrow{\text{गर्म}} NH_3 + \underset{\text{अमोनियम हाइड्रोजन सल्फेट}}{NH_4HSO_4}$$

$$\underset{\text{अमोनियम डाईहाइड्रोजन सल्फेट}}{NH_4H_2PO_4} \xrightarrow{\text{गर्म}} NH_3 + \underset{\text{मेटाफास्फोरिक अम्ल}}{HPO_3} + H_2O$$

⇨ अमोनिया गैस को शुष्क करने के लिए बूझे चूने (CaO) का उपयोग करते है। सान्द्र $CaO.H_2SO_4$ निर्जल $CaCl_2$ या P_2O_5 का उपयोग नहीं करते है।

⇨ हेबर विधि में,

$$N_2 + 3H_2 \rightleftharpoons 2NH_3 + 24\,\text{kcal.}$$

अनुकूल परिस्थिति — कम ताममान

— अधिक दाब

उत्प्रेरक — Fe, वर्धक — MO, K_2O

⇨ द्रवित अमोनिया को अधिक गर्म करने पर वाष्प में बदल जाती है। इसे बर्फ कारखानों में प्रयोग किया जाता है।

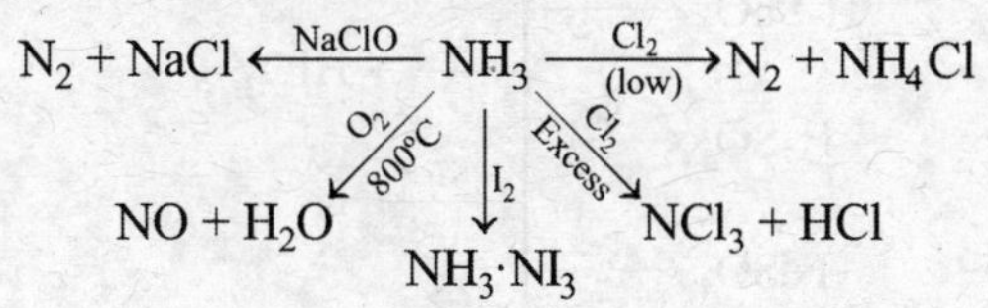

⇨ $Cu(OH)_2, Cd(OH)_2 Ag(OH), Zn(OH)_2$ में NH_4OH विलयन डालने पर संकर लवण बनाते हैं।

$$Cu(OH)_2 \xrightarrow{NH_4OH} [Cu(NH_3)_4]^{++}$$

$$Cd(OH)_2 \xrightarrow{NH_4OH} [Cd(NH_3)_4]^{++}$$

$$Ni(OH)_2 \xrightarrow[NH_4OH]{NH_4Cl} [Ni(NH_3)_4]Cl_2$$

$$Ag(OH) \longrightarrow [Ag(NH_3)_2]^+$$

⇨ अमोनिया गैस नैसलर अभिकर्मक के साथ भूरा अवक्षेप देती है।

$$K_2[HgI_4] + KOH \xrightarrow{NH_3} H_2N - Hg - OHgI$$

⇨ अमोनिया, क्लोरोप्लेटेनिक अम्ल के साथ क्रिया करके पीला अवक्षेप उत्पन्न करती है।

$$NH_3 + H_2PtCl_6 \longrightarrow \underset{\text{पीला}}{(NHO)_2 PtCl_6} \downarrow$$

नाइट्रस अम्ल (Nitrous Acid HNO_2) :

⇨ HNO_2 अस्थायी अम्ल है। यह स्वत: ऑक्सीकृत हो जाता है।

$$3HNO_2 \longrightarrow 2NO + HNO_3 + H_2O$$

⇨ HNO_2 के स्थान पर $NaNO_2$ या $KNO_2 + HCl$ का मिश्रण भी प्रयोग किया जा सकता है।

⇨ यह ऑक्सीकारक तथा अपचायक दोनों गुण प्रदर्शित करता है। ऑक्सीकारक गुण - $HNO_2, NO + O$ में परिवर्तित हो जाता है।

$$SnCl_2 + HCl \xrightarrow{HNO_2} SnCl_4 + NO$$

$$KI + H_2SO_4 \longrightarrow K_2SO_4 + I_2$$

$$SO_2 \longrightarrow H_2SO_4 + NO$$

⇨ NH_3 ऐलिफैटिक प्राइमरी एमीन या यूरिया के साथ HNO_2 को गर्म करने पर N_2 प्राप्त होती है।

नाइट्रिक अम्ल (Nitric Acid HNO_3) :

⇨ नाइट्रिक अम्ल का निर्माण विधियों के द्वारा किया जाता है -

(a) ओस्टवाल्ड विधि

उत्प्रेरक $\longrightarrow$ Pt

(b) बर्कलैण्ड और आयन विधि या आर्क विधि

⇨ $HNO_3 + NO_2$ के मिश्रण को सधूम HNO_3 कहते है। यह एक शक्तिशाली ऑक्सीकारक का कार्य करता है।

⇨ अधातु का ऑक्सीकरण -

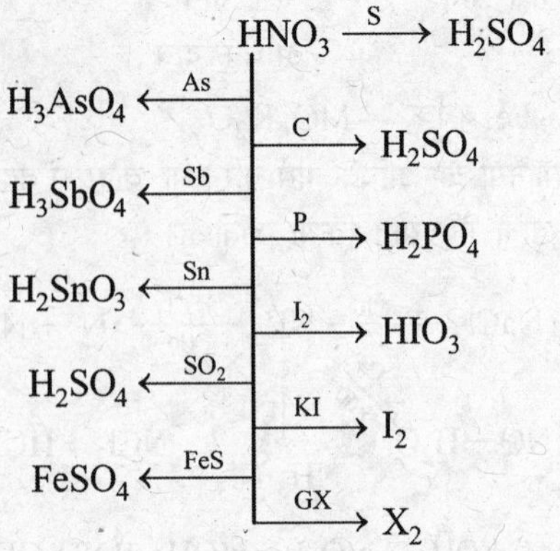

⇨ नाइट्रिक अम्ल की क्रिया केन शुगर के साथ कराने पर ऑक्जलिक अम्ल बनता है।

$C_{12}H_{22}O_{11}+36HNO_3 \longrightarrow 6(COOH)_2+36NO_2+23H_2O$

धातु नाइट्रेट (Metal Nitrate) :

⇨ बहुत सी धातुयें HNO_3 के साथ क्रिया करके धातु नाइट्रेट बनाती हैं।

सक्रिय धातु + $HNO_3 \longrightarrow$ धातु नाइट्रेट तथा अन्य उत्पादक

1. Mg तथा Mn की क्रिया 6% HNO_3 के साथ करने पर H_2 गैस निकलती है।

$$\underset{\text{तनु}}{Mg+2HNO_3} \longrightarrow Mg(NO_3)_2+H_2$$

$$\underset{\text{तनु}}{Mn+2HNO_3} \longrightarrow Mn(NO_3)_2+H_2$$

2. Zn, Fe, Sn की क्रिया 6% HNO_3 के साथ कराने पर धातु नाइट्रेट तथा NH_4Cl प्राप्त होता है।
3. 30% HNO_3 की क्रिया Pb, Cu, Ag, Hg के साथ कराने पर धातु नाइट्रेट तथा NO प्राप्त होता है।
4. सान्द्र HNO_3 को Zn, Fe, Pb, Cu, Ag के साथ क्रिया कराने पर धातु नाइट्रेट तथा NO_2 प्राप्त होती है।

   Zn, Fe, Pb, Cu, Ag + सान्द्र $HNO_3 \rightarrow$ धातु नाइट्रेट + NO_2
5. 20-30% तनु HNO_3 के साथ Fe तथा Zn की क्रिया कराने पर धातु नाइट्रेट तथा जल प्राप्त होता है।
6. Sn की क्रिया सान्द्र HNO_3 के साथ कराने पर $H_2SnO_3+NO_2$ प्राप्त होता है।

$$Hg \xrightarrow{\text{तनु}\,HNO_3} Hg_2(NO_3)_2+NO$$

$$Hg \xrightarrow{\text{सान्द्र}\,HNO_3} Hg(NO_3)_2+NO_2$$

7. आयरन, कोबाल्ट, निकिल, क्रोमियम, एल्युमिनियम की क्रिया सान्द्र HNO_3 के साथ नहीं होती है (विशेषकर एल्युमिनियम)
8. गोल्ड, प्लैटिनियम, इरीडियम, रोडियम, HNO_3 के साथ क्रिया नहीं करते है।
9. गोल्ड की क्रिया अम्लराज से कराने पर क्लोरोओरिक अम्ल प्राप्त होता है।

$$Au \xrightarrow{HNO_3+3HCl} HAuCl_4+NOCl$$

$$Pt \longrightarrow H_2PtCl_6+NOCl$$

⇨ **धातु नाइट्रेट का ऊष्मीय प्रभाव (Heating effect of metal nitrate) :**

(a) $LiNO_3$ को छोड़कर अन्य क्षारीय धातुओं के नाइट्रेट गर्म करने पर नाइट्रोजन का कोई भी ऑक्साइड नहीं बनाते हैं।

$$N_2+O_2 \xleftarrow{>800^\circ C} MNO_3 \xrightarrow{<800^\circ C} MNO_2+O_2$$

(b) अन्य धातु नाइट्रेट गर्म करने पर धातु [ऑक्साइड + NO_2 + O_2] प्रदान करते है।

$$2M(NO_3)_2 \longrightarrow MO+NO_2+O_2$$

(c) $AgNO_3$ तथा $Hg(NO_3)_2$ गर्म करने पर धातु + NO_2 प्राप्त होता है।

$$2AgNO_3 \longrightarrow 2Ag+2NO_2+O_2$$

$$Hg(NO_3)_2 \longrightarrow Hg+2NO_2+O_2$$

फॉस्फोरस (Phosphorous) :

⇨ सफेद फॉस्फोरस की क्षार के साथ क्रिया कराने पर PH_3 तथा हाइपोफास्फोइट प्राप्त होते है। सोडियम हाइपोफॉस्फोइट

$$P_4+\underset{\text{कास्टिक सोडा}}{3NaOH}+H_2O \longrightarrow \underset{\text{सोडियम हाइपोफास्फोइट}}{3NaH_2PO_2}+PH_3\uparrow$$

लाल फॉस्फोरस क्षार के साथ क्रिया नहीं करता है।

⇨ P_4 में सफेद फॉस्फोरस की संरचना चतुष्फलकीय होती है। इनके बीच बन्ध कोण P–P–P 60° का होता है।

लाल फास्फोरस की शृंखलित संरचना होती है। इस प्रकार लाल फास्फोरस बहुलक के समान होता है।

⇨ लाल तथा सफेद फॉस्फोरस, HNO_3 के साथ क्रिया करके H_3PO_4 बनाता है।

फॉस्फीन (Phosphine, PH_3) :

⇨ फॉस्फीन के निर्माण में $P_4+P_2H_4$ की क्षारीय अशुद्धियों को दूर करने के लिए हिमकारी मिश्रण का प्रयोग किया जाता है।

⇨ फॉस्फीन को KOH से शुद्ध किया जाता है।

⇨ फॉस्फीन को इस प्रकार प्राप्त किया जाता है–

- $AlP+H_2SO_4 \longrightarrow PH_3$
- $Ca_3P_2+H_2O \longrightarrow PH_3$

⇨ फॉस्फीन की अभिक्रिया

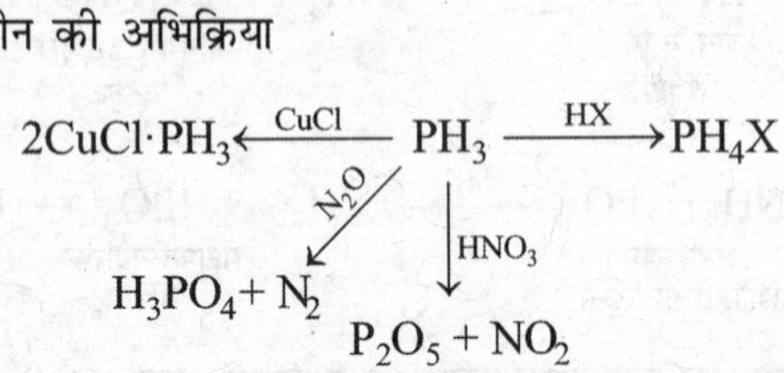

⇨ अमोनिया $AgNO_3$ में घुलनशील है तथा $(Ag(NH_3)_2$ का निर्माण करता है लेकिन PH_3 के साथ Ag_3P के काले अवक्षेप प्राप्त होते है।

⇨ PH_3 का बन्ध कोण 93° होता है।

फास्फोरस के ऑक्साइड (Oxide of Phosphorus) :

1. फास्फोरस ट्राइऑक्साइड (Phosphorus trioxide) :

- यह बनाया जाता है –

$P_4 + N_2O$ (600ºC तापमान पर)

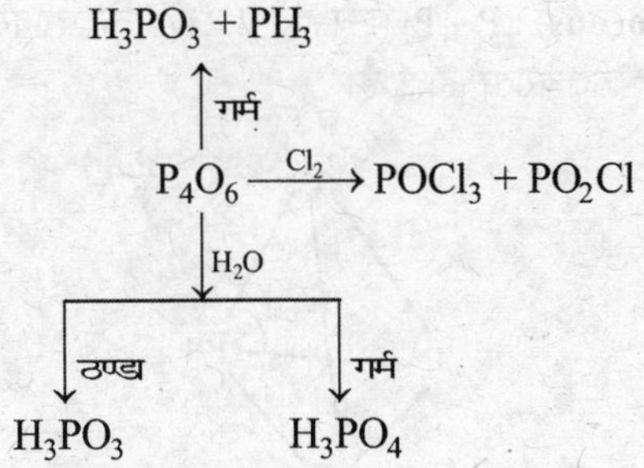

2. फास्फोरस पेन्टाऑक्साइड (Phosphorus pentaoxide) :

- फास्फोरस CO_2 के साथ 100ºC पर जलाने पर P_2O_5 प्राप्त होता है।

$$2P + 5CO_2 \longrightarrow P_2O_5 + 5CO$$

- P_4O_6, 10– एकल युग्म तथा P_4O_{10}, 24 एकल युग्म रखता है।

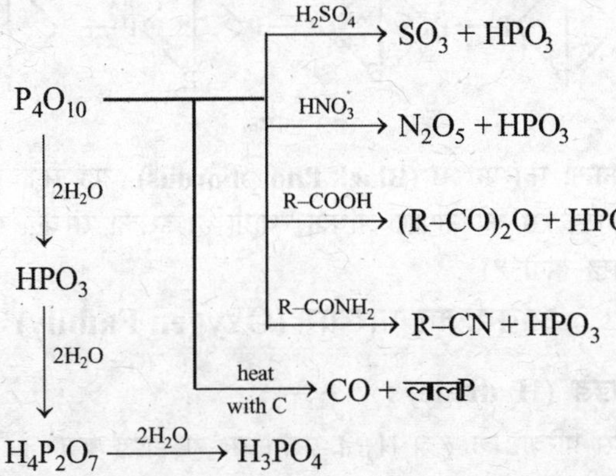

3. फास्फोरस ट्राइक्लोराइड (Phosphorus Trichloride) :

- PCl_3 का निर्जलीकरण करने पर $H_3PO_3 + HCl$ प्राप्त होता है।

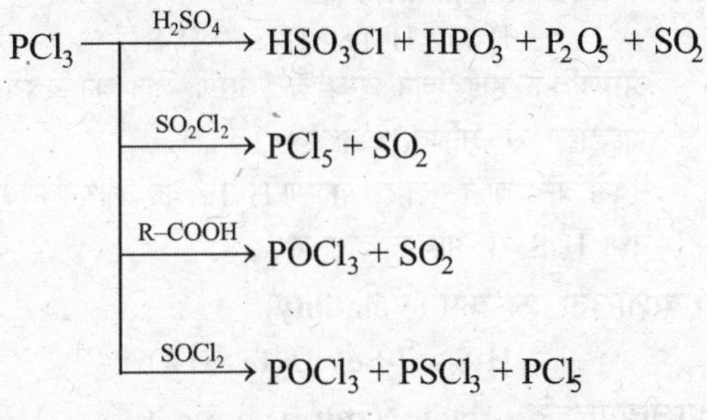

PCl_5 का जल अपघटन (Hydrolysis OF PCl_5) :

⇨ PCl_5 का जल अपघटन करने पर $POCl_3$ तथा HCl प्राप्त होता है।

$$PCl_5 + H_2O \longrightarrow POCl_3 + 2HCl$$

$$PCl_5 + 4H_2O \longrightarrow H_3PO_4 + 5HCl$$

⇨ एलकोहल तथा कार्बोक्सिलिक अम्ल के साथ PCl_5 क्लोरोनेटिंग उत्पाद के रूप में प्रयोग किया जाता है।

$$C_2H_5OH + PCl_5 \longrightarrow C_2H_5Cl + POCl_3 + HCl$$

$$CH_3COOH + PCl_5 \longrightarrow CH_3COCl + POCl_3 + HCl$$

⇨ द्रवीय तथा गैसी अवस्था में PCl_5 की त्रिकोणीय द्वि-पिरामिड संरचना होती है। परन्तु ठोस अवस्था में यह आयनिक प्रकृति का होता है। इसमें $[PCl_4]^+ [PCl_6]^-$ आयन पाये जाते है। इसके धनायन $[PCl_4]^+$ की चतुष्फलकीय संरचना होती है जबकि इसके ऋणायन $[PCl_6]^-$ की अष्टफलकीय संरचना होती है।

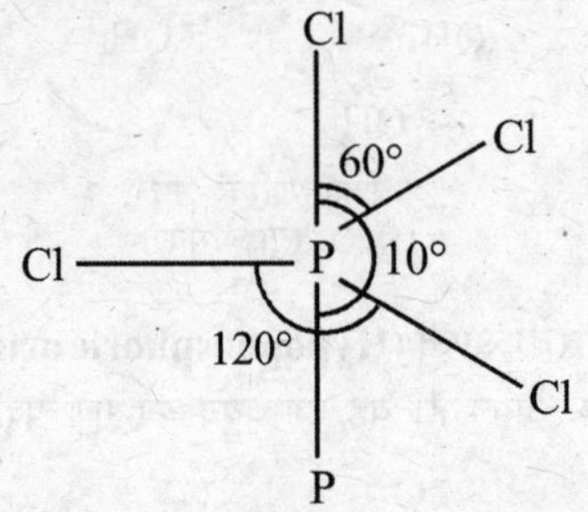

फास्फोरस के ऑक्सी अम्ल (Oxy acids of Phosphorus) :

(i) मेटाफॉस्फोरिक अम्ल (Metaphosphoric acid (HPO_3): इसे ग्लेशियल फॉस्फोरिक अम्ल के नाम से भी जाना जाता है। यह एक मोनोबेसिक अम्ल है। इसके P की ऑक्सीकरण संख्या +5 होती है।

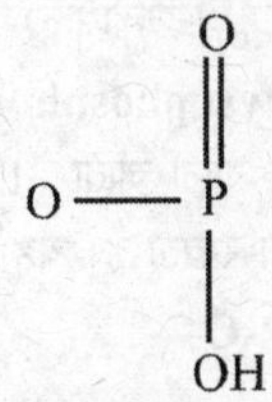

मेटा फॉस्फोरिक अम्ल
HPO_3

(ii) हाइपोफास्फोरस अम्ल (Hypophosphorous acid, H_3PO_2) : इसे फॉस्फोरिक अम्ल भी कहते है। H_3PO_2 एक शक्तिशाली अपचायक है। P की ऑक्सीकरण संख्या +1 है।

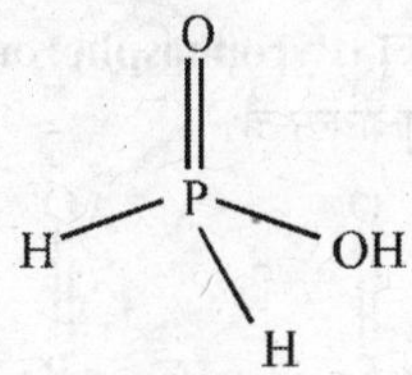

हाइपोफॉस्फोरिक अम्ल या फॉस्फोनिक अम्ल, H_3PO_2
मोनोबेसिक

(iii) फॉस्फोरिक अम्ल (Phosphorus acid, H_3PO_3) : इसे फॉस्फोरिक अम्ल भी कहते है। यह डाइबेसिक अम्ल है। यह शक्तिशाली अपचायक है। गर्म करने पर, disproportionation हो जाता है।

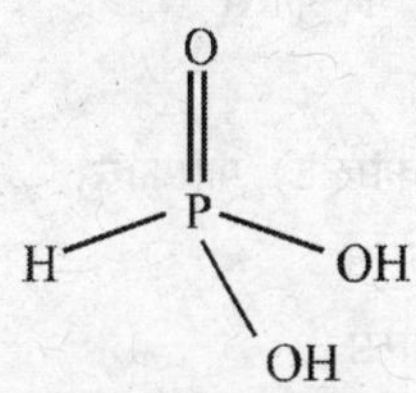

फॉस्फोरस अम्ल या फॉस्फोरिक अम्ल,
H_3PO_3 (डाइबेसिक)

(iv) अर्थोफॉस्फोरिक अम्ल (Orthophosphoric acid, H_3PO_4) : यह एक दुर्बल ट्राईबेसिक अम्ल है। यह ऑक्सीकारक तथा अपचायक दोनों ही गुण नहीं रखता है। यह निर्जलीकारक का कार्य करता है।

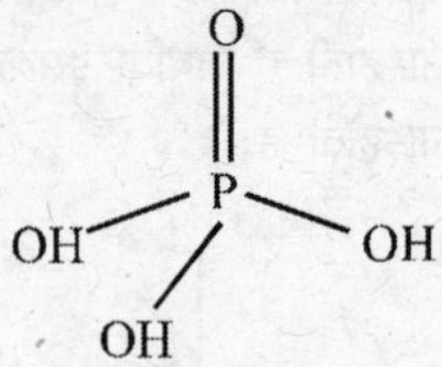

आर्थोफॉस्फोरिक अम्ल,
H_3PO_4 (ट्राईबेसिक)

(v) हाइपोफॉस्फोरिक अम्ल (Hypophosphoric acid, $H_4P_2O_6$) : यह एक ट्रेटाबेसिक अम्ल है। यह अपचयन का गुण प्रदर्शित नहीं करता है।

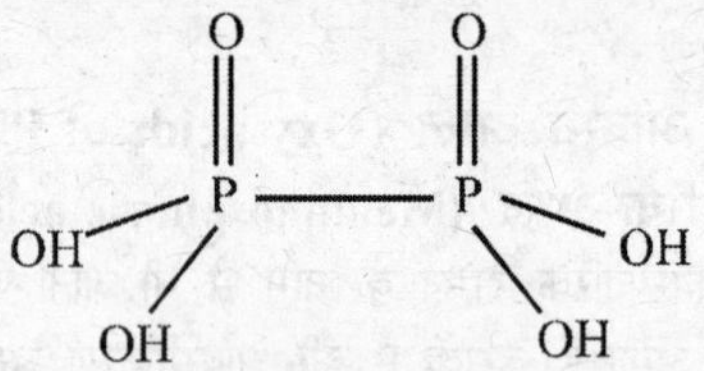

हाइपोफॉस्फोरिक अम्ल,
$H_4P_2O_6$ (ट्रेटाबेसिक)

(vi) पाइरोफॉस्फोरिक अम्ल (Pyrophosphoric acid, $H_4P_2O_7$) : यह डाइफॉस्फोरिक अम्ल से भी जाना जाता है। P की ऑक्सीकरण संख्या +5 है। यह P—O—P बन्ध रखता है। यह दो प्रकार का लवण बनाता है। $Na_2H_2P_2O_7$ तथा $Na_4P_2O_7$

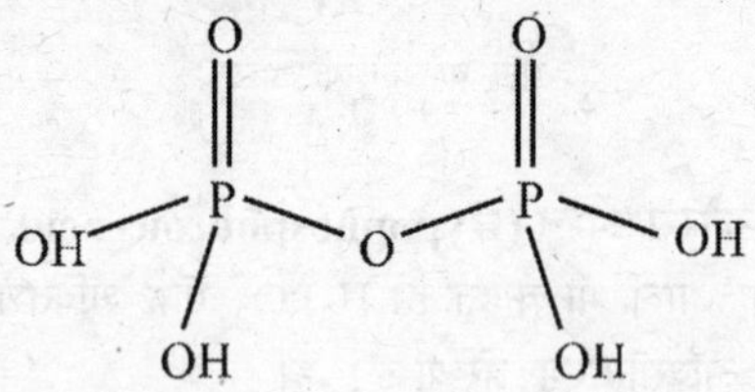

पाइरोफॉस्फोरिक अम्ल, $H_4P_2O_7$ (ट्रेटाबेसिक)

(vii) पाइरोफॉस्फोरस अम्ल (Pyrophosphorous acid, $H_4P_2O_5$) : यह एक शक्तिशाली अपचायक है।

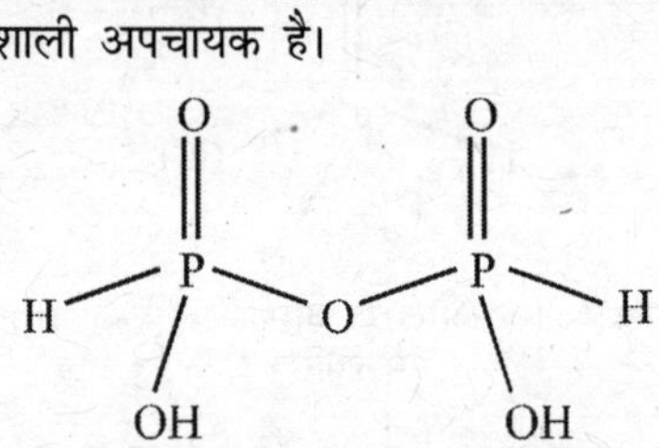

पाइरोफॉस्फोरस अम्ल, $H_4P_2O_5$ (डाइबेसिक)

फॉस्फोरस के अपररूप (Allotropic of Phosphorous) :

(i) पीला या सफेद फॉस्फोरस

(ii) लाल फॉस्फोरस

(iii) गहरा लाल (स्कॉरलेट) फॉस्फोरस

(iv) α-काला फॉस्फोरस

(v) β-काला फॉस्फोरस

(vi) बैंगनी फॉस्फोरस

$$\text{काला फॉस्फोरस} \xleftarrow[\text{under pressure}]{470\text{ K}} \underset{\text{सफेद फॉस्फोरस}}{P_4} \xrightarrow{560\text{K, inert atm.}} \text{लाल फॉस्फोरस}$$

⇨ **सफेद फॉस्फोरस की संरचना (In structure of White Phosphorous) :** P—P बन्ध दूरी 2.21Å के बराबर होती है। बन्ध कोण 60° के बराबर होता है।

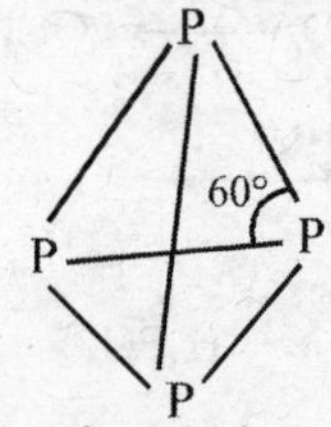

सफेद फॉस्फोरस

⇨ **लाल फॉस्फोरस की संरचना (In Structure of Red Phosphorus)** लाल फॉस्फोरस बहुलक रूप रखता है। यह सफेद फॉस्फोरस से ज्यादा स्थायी होता है तथा यह विषैला नहीं होता है।

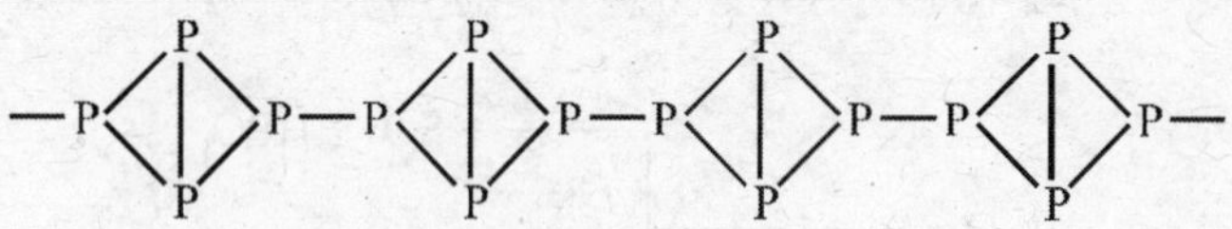

लाल फास्फोरस

⇨ **काला फॉस्फोरस (Black Phosphorous) :** यह सफेद तथा लाल फॉस्फोरस की अपेक्षा अधिक स्थायी है। इसकी संरचना ग्रेफाइट की तरह होती है।

ऑक्सीजन परिवार (Oxygen Family)

हाइड्राइड (Hydride) :

⇨ इस परिवार के तत्व H_2M प्रकार के हाइड्राइड बनाते हैं।

H_2O	H_2S	H_2Se	H_2Te

⇨ **क्वथनांक (Boling point) :**

$$H_2O > H_2Te > H_2Se > H_2S$$

- अंराणविक हाइड्रोजन बन्ध के कारण जल का क्वथनांक अन्य हाइड्राइड से अधिक होता है।
- प्रबल वन्डरवॉल बल के कारण H_2Te का क्वथनांक अन्य H_2Se तथा H_2S से अधिक होता है।

⇨ **वाष्पशीलता का क्रम (Volatility) :**

$$H_2S > H_2Se > H_2Te > H_2O$$

⇨ **अम्लीय प्रकृति (Acidic Nature) :**

$$H_2O < H_2S < H_2Se < H_2Te$$

- M—H बन्ध की अम्लीय क्षमता बन्ध ऊर्जा पर निर्भर करती है। ऊर्जा कम होने पर अम्लीय क्षमता बढ़ती है।

⇨ **ताप स्थायित्व (Thermal stability) :**

$$H_2O > H_2S > H_2Se > H_2Te$$

- **उभयधर्मी ऑक्साइड (Amphoteric oxide) :** Be, Al, Ga, Zn, Sn, Pb तथा धातु के ऑक्साइड एमोफोटेरिक है

- प्रथम वर्ग, द्वितीय वर्ग के सल्फाइड तथा $(NH_4)_2S$ जल में घुलनशील है।
- SnS_2, SnS, As_2S_3 तथा Sb_2S_3 पीले $(NH_4)_2S_x$ में घुलनशील होते है।
- डाइऑक्साइड की अम्लीय प्रकृति -
$$SO_2 > SeO_2 > TeO_2 > PoO_2$$
- ट्राइऑक्साइड की अम्लीय प्रकृति -
$$SO_3 > SeO_3 > TeO_3$$
- सल्फ्यूरिक अम्ल (H_2SO_3) अपचायक के साथ-साथ ऑक्सीकारक व्यवहार भी करता है तथा अपचयन के कारण वस्तुओं का रंग उड़ा देता है।
- $S_2O_8^{2-}$, S—O—S जोड़ रखता है तथा $S_2O_6^{2-}, S_2O_5^{2-}$ तथा $S_2O_3^{2-}$, S—S जोड़ रखता है।
- CdS पीला सल्फाइड है जो कि पीले अमोनियम सल्फाइड में अघुलनशील है।
- N_2O, Pb_2O तथा C_3O_2 सबऑक्साइड है।
- H_2O_2, Na_2O_2, BaO_2 परऑक्साइड है, ये प्रतिचुम्बकीय है।

सल्फर के ऑक्सीअम्ल (Oxiacid of Sulphur) :

1. **सल्फ्यूरस अम्ल (Sulphurous Acid) :** यह शक्तिशाली डाइबेसिक अम्ल है। यह दो प्रकार के लवण बनाते है – (i) बाइसल्फाइट तथा (ii) सल्फेट - यह प्रबल ऑक्सीकारक का कार्य करता है।

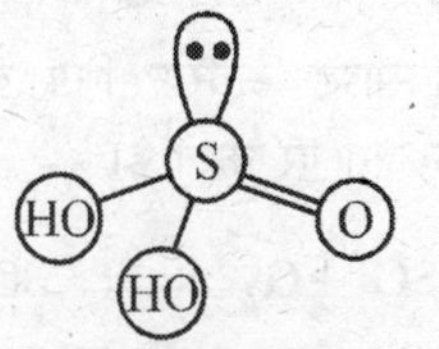

$H_2SO_3(+4)$
Sulphurous acid

2. **थायोसल्फ्यूरिक अम्ल (Thiosulphuric Acid, $H_2S_2O_3$) :** यह बहुत अस्थायी है तथा यह केवल द्रवित अवस्था में ही होता है। यह डाइबेसिक अम्ल है।

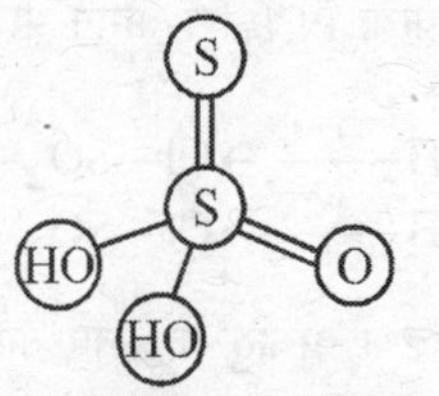

$H_2S_2O_3(+6, -2)$
Thiosulphuric acid

3. **डाइथाइओनिक अम्ल (Dithionic Acid, $H_2S_2O_6$) :** यह S—S जोड़ रखता है तथा केवल द्रवित अवस्था में जाना जाता है।

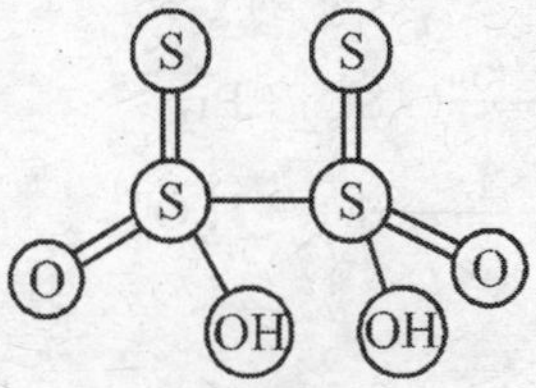

$H_2S_2O_6(+6)$
Dithionic acid

4. **डाइसल्फ्यूरिक अम्ल [Disulphuric Acid, $H_2S_2O_7$ (ओलियम)] :** यह S—O—S जोड़ रखता है। यह जल के साथ गर्म करने पर H_2SO_4 देता है।

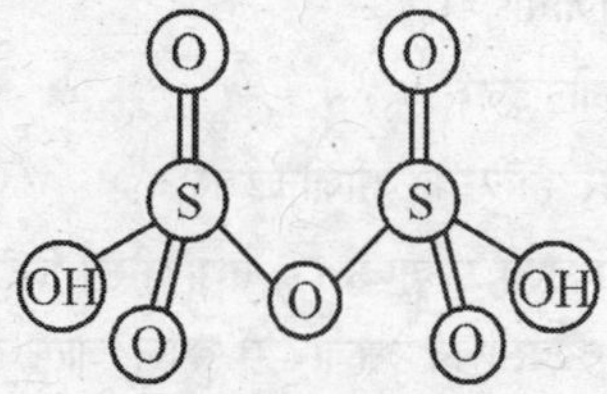

$H_2S_2O_7$ (+6)
Pyrosulphuric acid (oleum)

5. **परऑक्सोमोनोसल्फ्यूरिक अम्ल (Peroxomono Sulphuric Acid) [H_2SO_5 (कैरोस अम्ल)] :** यह परऑक्साइड जोड़ रखता है। यह शक्तिशाली ऑक्सीकारक पदार्थ है।

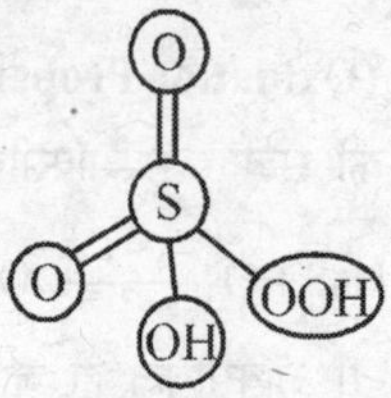

H_2SO_5 (+6)
Peroxomonosulphuric acid
of Caro's acid

6. **परऑक्सोमोनोसल्फ्यूरिक अम्ल (Peroxodisulphuric Acid) [$H_2S_2O_8$ (मार्शल अम्ल)] :** यह परऑक्साइड जोड़ रखता है। यह सफेद क्रिस्टलीय स्थायी ठोस है। इसके लवण को गर्म करने पर ऑक्सीजन निकलती है।

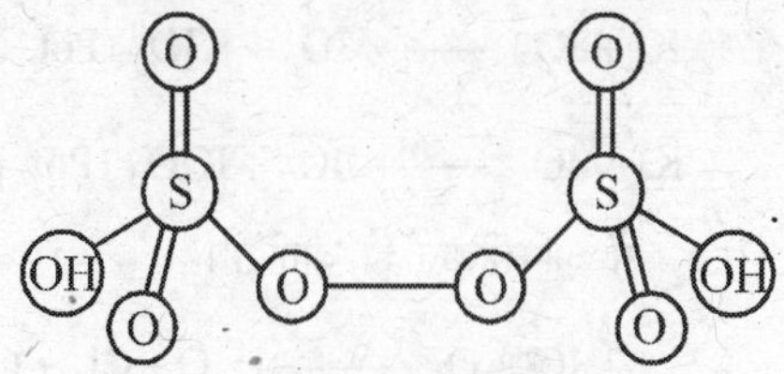

$H_2S_2O_8$ (+6)
Peroxodisulphuric acid
or Marshall's acid

$$K_2S_2O_8 \rightleftharpoons K_2SO_4 + SO_2 + O_2$$

निर्जलीकरण करने पर यह कैरोस अम्ल देती है।

$$H_2S_2O_8 + H_2O \longrightarrow H_2SO_5 + H_2SO_4$$

ओजोन (Ozone) :

- O_2 तथा O_3 ऑक्सीजन के आण्विक अपरूप है। ओजोन नीले रंग की विषैली गैस है। इसमें सड़ी हुई मछली की गंध आती है। यह तारपीन के तेल में घुलनशील है।
- वातावरण में इसकी थोड़ी सी मात्रा उपस्थित होती है। ओजोन अधिक ऊँचाई पर पर्याप्त मात्रा में उपस्थित होती है।
- ओजोन पराबैंगनी किरणों को पृथ्वी पर आने से रोकता है। वातावरण में ओजोन पर्त की भूमिका विशेष महत्त्व है यह जानवरों तथा मनुष्य

को पराबैंगनी किरणों के हानिकारक प्रभाव से बचाती है।

⇨ ओजोन के निर्माण में जिस उपकरण का प्रयोग किया जाता है उसे ओजानाइजर कहते है। यहाँ प्रमुख तीन ओजोनाइजर है –

— सीमेन ओजोनाइजर

— ब्रॉडी ओजोनाइजर

— सीमेन और हॉल्सके ओजोनाइजर

⇨ कम तापमान पर नली में शुष्क O_2 तथा नीरव विद्युत विसर्जन प्रवाहित करते है। कुछ ऑक्सीजन ओजोन में बदल जाती है। O_2 तथा O_3 का एक मिश्रण प्राप्त होता है। इसे ओजोनाइड ऑक्सीजन कहते है तथा लगभग 10% ओजोन की मात्रा प्राप्त होती है।

$$3O_2 \rightleftharpoons 2O_3$$

⇨ ओजोन ऑक्सीकारक पदार्थ, अपचायक पदार्थ तथा विरंजक पदार्थ है। ऑक्सीकारक गुण के कारण विरंजक गुण रखता है।

⇨ **ऑक्सीकारक गुण (Oxidation Property) :**

- ओजोन H_2S को सल्फर में ऑक्सीकृत कर देता है।

$$H_2S + O_3 \longrightarrow O_2 + H_2O + S$$

- PbS, $PbSO_4$ में ऑक्सीकृत हो जाता है।

$$PbS + 4O_3 \longrightarrow PbSO_4 + 4O_2$$

- उदासीन माध्यम में KI, I_2 में ऑक्सीकृत हो जाता है।

$$2KI + H_2O + O_3 \longrightarrow I_2 + 2KOH + O_2$$

- क्षारीय माध्यम में KI, KIO_3 तथा KIO_4 में ऑक्सीकृत हो जाता है।

$$KI + 3O_3 \longrightarrow 3O_2 + KIO_3 \text{ (Pot. iodate)}$$

$$KI + 4O_3 \longrightarrow 4O_2 + KIO_4 \text{ (Pot. periodate)}$$

- HCl, Cl_2 में ऑक्सीकृत हो जाती है।

$$2HCl + O_3 \longrightarrow H_2O + Cl_2 + O_2$$

- सोडियम आर्सिनाइट, सोडियम आर्सिनेट में ऑक्सीकृत होता है

$$Na_3AsO_3 + O_3 \longrightarrow Na_3AsO_4 + O_2$$

- अम्लीय फैरस सल्फेट, फेरिक सल्फेट में ऑक्सीकृत हो जाता है।

$$2FeSO_4 + H_2SO_4 + O \longrightarrow Fe_2(SO_4)_3 + H_2O + O_2$$

$$2FeSO_4 + H_2SO_4 + O_3 \longrightarrow Fe_2(SO_4)_3 + H_2O + O_2$$

- शुष्क I_2, I_4O_9 में ऑक्सीकृत होती है।

$$2I_2 + 9O_3 \longrightarrow I_4O_9 + 9O_2$$

- पोटेशियम फेरोसायनाइड, पोटेशियम फेरीसायनाइड में ऑक्सीकृत हो जाती है।

$$\underset{\text{Pot. ferrocyanide}}{2K_4[Fe(CN)_6]} \xrightarrow[H_2O]{O_3} \underset{\text{Pot. ferricyanide}}{2K_3[Fe(CN)_6]} + O_2 + 2KOH$$

सल्फ्यूरिक अम्ल [H_2SO_4 (Sulphuric Acid)] :

⇨ इसे विट्रोल का तेल या रसायनों का राजा भी कहते है।

⇨ H_2SO_4 को लैड कक्ष विधि तथा सम्पर्क विधि (आधुनिक विधि) से बनाते है।

⇨ लैड कक्ष विधि में, NO (नाइट्रिक ऑक्साइड) उत्प्रेरक होता है

$$2SO_2 + \underset{\text{(Air)}}{O_2} + 2H_2O \xrightarrow{[NO]} 2H_2SO_4 + \underset{\text{Catalyst}}{[NO]}$$

- ब्रेजेलियस क्रिया के अनुसार इस विधि में NO_2 ऑक्सीजन वाहक होता है।

$$2NO + O_2 \longrightarrow 2NO_2$$

$$SO_2 + NO_2 \longrightarrow SO_3 + NO$$

- डेवी तथा लैंग क्रिया के अनुसार इस विधि में N_2O_3 ऑक्सीजन वाहक होता है।

$$NO + NO_2 \longrightarrow N_2O_3$$

$$2SO_2 + N_2O_3 + O_2 + H_2O \longrightarrow \underset{\text{(Intermediate product)}}{2HSO_4 \cdot NO}$$

⇨ **सम्पर्क विधि में (In Contact Process) :**

- प्लेटिनियम अयस्क V_2O_5 उत्प्रेरक होते है।
- ऑर्सनिक ऑक्साइड उत्प्रेरक विष का कार्य करता है। इसे $Fe(OH)_3$ के द्वारा दूर करते है।

$$2SO_2 + O_2 \rightleftharpoons 2SO_3; \text{ Heat}$$

$$H_2SO_4 + SO_3 \longrightarrow H_2S_2O_7 \text{ (Oleum)}$$

$$H_2S_2O_7 + H_2O \longrightarrow 2H_2SO_4$$

- H_2SO_4 ऑक्सीकारक पदार्थ, निर्जलीकारक पदार्थ तथा सल्फोनीकारक का कार्य करता है।
- H_2SO_4 की क्रिया PCl_5 से कराने पर

$$HO{-}SO_2{-}OH \xrightarrow{PCl_5} Cl{-}SO_2{-}OH + POCl_3 + HCl$$
$$HO{-}SO_2{-}OH \xrightarrow{PCl_5} Cl{-}SO_2{-}Cl + POCl_3 + HCl$$

- H_2SO_4 धातु तथा अधातु के लिए ऑक्सीकारक होता है।

$$H_2SO_4 \xrightarrow[-H_2O]{C} CO_2 + SO_2$$
$$H_2SO_4 \xrightarrow[\Delta]{S} SO_2 + H_2O$$
$$H_2SO_4 \xrightarrow[\Delta]{P} H_3PO_4 + SO_2$$
$$H_2SO_4 \xrightarrow{KBr} SO_2 + Br_2$$
$$H_2SO_4 \xrightarrow{I_2} SO_2 + H_2O$$

हैलोजन परिवार (Halogen Family)

- अपचयन शक्ति

$$HI > HBr > HCl > HF$$

- H–X बन्ध ऊर्जा, द्वि-आघूर्ण, ऊष्मीय स्थायित्व

$$HF > HCl > HBr > HI$$

- अम्लीय प्रकृति: $HClO > HBrO > HIO$
- ऑक्सीकारक शक्ति $HIO > HBrO > HClO$
- H_2SO_4, HI से क्रिया करके I_2 देता है तथा SO_2 या S या H_2S।
- AgI, HNO_3 तथा NH_4OH में अघुलनशील है।
- AgCl, HNO_3 में अघुलनशील है लेकिन NH_4OH में घुलनशील है।
- $AgNO_3$, HF के साथ क्रिया करके अवक्षेप नहीं देता है।
- लैड एसीटेट, HF के साथ क्रिया करके अवक्षेप नहीं बनाता है।
- HF या NaF, $BaCl_2$ के साथ क्रिया करके सफेद अवक्षेप बनाते है। लेकिन अन्य HX, $BaCl_2$ के साथ क्रिया करके कोई अवक्षेप नहीं बनाता है।
- क्लोरीन के ऑक्साइड में केवल ClO_3 तथा ClO_2 केवल अनुचुम्बकीय है।
- क्लोरीन के ऑक्साइड में,

$Cl_2O \longrightarrow$ भूरा-पीला जैल

$ClO_2 \longrightarrow$ पीली गैस

$Cl_2O_6 \longrightarrow$ गहरा लाल द्रव

$Cl_2O_7 \longrightarrow$ रंगहीन तैलीय द्रव

⇨ **क्लोरीन मोनो ऑक्साइड या डाइक्लोरो ऑक्साइड [Chlorine Mono Oxides or Dichloro Oxide (Cl_2O)] :** क्लोरीन गैस की शुष्क HgO से क्रिया कराने पर Cl_2O बनता है।

$$HgO + 2Cl_2 \longrightarrow Cl_2O$$

यह प्रबल ऑक्सीकारक का कार्य करता है।

$$Cl_2O + 2HCl \longrightarrow 2Cl_2 + H_2O$$

⇨ **क्लोरीन डाइ ऑक्साइड (Chlorine Dioxide) :** शुष्क Cl_2 के साथ $AgClO_3$ या $NaClO_2$ के बीच क्रिया कराने पर क्लोरीन डाइऑक्साइड बनाता है।

$$NaClO_2 + Cl_2 \longrightarrow 2NaCl + 2ClO_2$$

$$2AgClO_3 + Cl_2 \xrightarrow{90^\circ C} 2AgCl + 2ClO_2 + O_2$$

यह प्रबल ऑक्सीकारक तथा क्लोरीनकृत पदार्थ है। इसकी विरंजक क्षमता क्लोरीन से 35 गुना होती है।

⇨ **डाइक्लोरीन हैक्साऑक्साइड [Dichlorine Hexaoxide (Cl_2O_6)]:** ClO_2, 0ºC तापमान पर ओजोन के साथ क्रिया करके Cl_2O_6 प्रदान करती है।

$$2ClO_2 + 2O_3 \longrightarrow Cl_2O_6 + 2O_2$$

यह HF के साथ क्रिया करके परक्लोरिक अम्ल बनाता है।

$$Cl_2O_6 + HF \longrightarrow HClO_4 + ClO_2F$$

⇨ **डाइक्लोरीन हैप्टाऑक्साइड [Dichlorine Heptaoxide (Cl_2O_7)]:** परक्लोरिक अम्ल का P_2O_5 की उपस्थित में निर्जलीकरण करने पर Cl_2O_7 बनता है।

$$2HClO_4 \xrightarrow[-10^\circ C]{P_2O_5 \text{ or } H_3PO_4} Cl_2O_7 + H_2O$$

हैलोजन के ऑक्सो अम्ल (Oxo-acids of Halogens)

⇨ **फ्लोरिक (I) अम्ल (HOF) [Fluoric (I) acid (HOF)] :**

- यह बनता है – $F_2 + H_2O \xrightleftharpoons{273\ K} HOF + HF$
- यह अस्थायी गैस है।

⇨ **हाइपोक्लोरस अम्ल या क्लोरिक(I) अम्ल (HOCl) [Hypochlorous acid or Chloric (I) acid (HOCl)] :** यह निर्मित किया जा सकता है।

$$2CaOCl_2 + H_2O + CO_2 \longrightarrow CaCl_2 + CaCO_3 + 2HOCl$$

$$2HgO + 2Cl_2 + H_2O \longrightarrow Hg_2OCl_2 + 2HOCl$$

- यह केवल द्रवीय अवस्था में स्थायी है। यह टूट जाता है।

$$2HOCl \longrightarrow 2HCl + O_2$$

- कमजोर अम्ल तथा Mg के साथ H_2 बाहर निकालती है।

$$Mg + 2HClO \longrightarrow Mg(ClO)_2 + H_2$$

- नैसनट ऑक्सीजन निकालने के कारण यह शक्तिशाली विरंजक तथा ऑक्सीकारक पदार्थ है।

$$HOCl \longrightarrow HCl + [O]$$

⇨ **क्लोरस अम्ल या क्लोरिक (III) अम्ल ($HClO_2$) [Chlorous acid or Chloric (III) acid ($HClO_2$)] :**

- यह निर्मित किया जाता है के द्वारा

$$Ba(OH)_2 + H_2O_2 + 2ClO_2 \rightarrow Ba(ClO_2)_2 + 2H_2O + O_2$$

$$Ba(ClO_2)_2 + H_2SO_4 \longrightarrow BaSO_4 + 2HClO_2$$

- यह अनुत्क्रमणीय क्रिया दर्शाता है।

$$2HClO_2 \longrightarrow HClO + HClO_3$$

⇨ **क्लोरिक अम्ल [Chloric acid ($HClO_3$)] :**

- यह केवल द्रवित अवस्था में स्थायी है। यह बेरियम क्लोरेट पर सान्द्र H_2SO_4 की क्रिया के द्वारा बनता है।

$$6Ba(OH)_2 + 6Cl_2 \longrightarrow Ba(ClO_3)_2 + 5BaCl_2 + 6H_2O$$

$$Ba(ClO_3)_2 + H_2SO_4 \longrightarrow BaSO_4 + 2HClO_3$$

⇨ **परक्लोरिक अम्ल [Perchloric acid ($HClO_4$)] :**

- यह बनाया जाता है के द्वारा

$$Ba(ClO_4)_2 + H_2SO_4 \longrightarrow 2HClO_4 + BaSO_4$$

- निर्जलीकरण अवस्था में यह $KClO_4$ तथा 96-97% H_2SO_4 के मिश्रण के डिस्टीलेशन द्वारा निर्मित किया जाता है।

$$KClO_4 + H_2SO_4 \xrightarrow[\text{Low pressure}]{90\text{–}160^\circ C} HClO_4 + KHS_4$$

- यह शक्तिशाली ऑक्सीकारक पदार्थ है तथा उड़ जाता है जब कार्बनिक पदार्थ के सम्पर्क में आता है।

फ्लोरीन (Fluorine) :

➪ **पृथक्करण या आसवन विधि (Isolation) :** फ्लोरीन के पृथक्करण के लिए महत्त्वपूर्ण विधियों का प्रयोग किया जाता है–

1. मोशीन विधि (Moissan's method)
2. डेनी विधि (Dennis method)
3. वाइटलॉ-ग्रे विधि (Whytlaw — Gray's method)
4. मॉर्डन विधि (Modern method)

➪ **मोशीन विधि (Moissan's Method) :** CaF_2 को सान्द्र H_2SO_4 के साथ क्रिया करने पर HF का जलीय मिश्रण प्राप्त होता है। इसे आसवित किया जाता है प्राप्त जलीय HF को निर्जलीकृत करके F_2 तथा H_2 प्राप्त होती है।

$$CaF_2 + H_2SO_4 \longrightarrow CaSO_4 + 2HF$$
$$KF + HF \longrightarrow K[HF]_2$$
$$HF + K[HF_2] \xrightarrow{\text{electrolyse}} H_2 + F_2$$

➪ **भौतिक गुण (Physical Properties) :**

- फ्लोरीन एक हल्की पीली गैस है।

➪ **रासायनिक गुण (Chemical Properties) :**

(i) **जल के साथ क्रिया (Reaction with water) :**

$$2F_2 + 2H_2O \longrightarrow 4HF + O_2$$
$$3F_2 + 3H_2O \longrightarrow 6HF + O_3$$

(ii) **क्षार पर क्रिया (Action on alkalies) :**

$$2F_2 + 2NaOH\ (2\%\ \text{विलयन}) \longrightarrow 2NaF + OF_2 + H_2O$$
$$2F_2 + 4NaOH\ (\text{सान्द्र विलयन}) \longrightarrow 4NaF + O_2 + 2H_2O$$

(iii) **हाइड्रोजन के साथ क्रिया (Reaction with hydrogen) :**

$$F_2 + H_2 \longrightarrow 2HF$$

अन्तरा हैलोजन यौगिक (Inter halogen compound) :

➪ वे यौगिक जो दो भिन्न हैलोजन रखते है, अन्तरा हैलोजन यौगिक कहलाते है। ये चार प्रकार के हैं–

(i) AX प्रकार : $IF(s)$, $IBr(s)$, $ICl(l)$, $BrCl(g)$, $BrF(g)$, $ClF(g)$

(ii) AX_3 प्रकार : $IF_3(s)$, $ICl_3(s)$, $BrF_3(l)$, $ClF_3(g)$

(iii) AX_5 प्रकार : $ClF_5(g)$, $IF_5(l)$, $BrF_5(l)$

(iv) AX_7 प्रकार : $IF_7(g)$

➪ अन्तरा हैलोजन यौगिक में, A की अपेक्षा X अधिक विद्युत-ऋणात्मक है।

➪ AX प्रकार के यौगिक में A, sp^3d रखता है तथा रेखीय संरचना है।

➪ AX_3 प्रकार के यौगिक में A, sp^3d-संकरण तथा AX_3 प्रकार का यौगिक T-अकार की संरचना रखता है।

➪ AX_5 प्रकार का यौगिक A, sp^3d^2-संकरण रखता है तथा AX_5 प्रकार का यौगिक वर्ग संरचना रखता है।

➪ AX_7 प्रकार के यौगिक में sp^3d^3-संकरण रखता है तथा AX_7 प्रकार का यौगिक पंचकोणीय द्विपिरामिड संरचना रखता है।

विशेष : AX_2, AX_4 तथा AX_6 असंभव है क्योंकि केन्द्रीय परमाणु उत्तेजित अवस्था में 2, 4 तथा 6 अयुग्मित इलेक्ट्रॉन रखता है।

➪ अन्तरा हैलोजन यौगिक हैलोजन की अपेक्षा अधिक क्रियाशील है क्योंकि हैलोजन अध्रुवीय है तथा अन्तरा हैलोजन यौगिक ध्रुवीय है।

हैलोजन अम्ल (Halogen Acid) :

➪ हैलोजन HX प्रकार के अम्ल बनाते हैं।

➪ हैलोजन अम्लों का द्विध्रुव आघूर्ण, ताप स्थायित्व, बन्ध स्थायित्व, बन्ध वियोजन ऊर्जा तथा आयनिक प्रबलता का क्रम

$$HF > HCl > HBr > HI$$

➪ अपचायक क्षमता बन्ध दूरी तथा अम्लीय प्रबलता का क्रम –

$$HI > HBr > HCl > HF$$

➪ HCl, HBr तथा HI, SiO_2 तथा काँच के साथ अभिक्रिया नहीं करते परन्तु HF, SiO_2 तथा काँच के साथ अभिक्रिया करके SiF_4 बनाता हैं।

$$SiO_2 + 4HF \longrightarrow SiF_4 + 2H_2O$$

➪ काँच में Na_2SiO_3 तथा $CaSiO_3$ उपस्थित होते हैं। HF इन यौगिकों के साथ अभिक्रिया करके फ्लोरो सिलिकेट बनाता है।

$$Na_2SiO_3 + 6HF \longrightarrow Na_2SiF_6 + 3H_2O$$
$$CaSiO_3 + 6HF \longrightarrow CaSiF_6 + 3H_2O$$

इस प्रकार HF काँच के साथ अभिक्रिया करता है इसलिए HF को गटा पर्चा या मोम की बोतलों में रखा जाता है। क्योंकि मोम HF तथा काँच की अभिक्रिया को रोकता है।

➪ HCl, HBr तथा HI, $AgNO_3$ के साथ क्रमशः सफेद अवक्षेप (AgCl), हल्का पीला अवक्षेप (AgBr) तथा गहरा पीला अवक्षेप (AgI) बनाते है। HF, $AgNO_3$ के साथ कोई अवक्षेप नहीं देता, क्योंकि AgF जल में अघुलनशील होता है।

➪ AgI, HNO_3 तथा NH_4OH में अघुलनशील होता है किन्तु AgCl, NH_4OH में घुलनशील होता है, किन्तु HNO_3 में अघुलनशील होता है।

➪ HF को छोडकर अन्य HX लैड के किसी लवण के विलयन के साथ अभिक्रिया करके PbX_2 का अवक्षेप देते है।

➪ HF, HCl तथा HBr, $CuSO_4$ के साथ अभिक्रिया नहीं करते, किन्तु HI $CuSO_4$ के साथ अभिक्रिया करके CuI_2 बनाता है। जो तुरन्त $Cu_2I_2 + I_2$ में परिवर्तित हो जाता हैं।

➪ HF क्षार तथा धातु, क्षारीय मृदा धातु के क्लोराइड तथा ब्रोमाइड के साथ अभिक्रिया अवक्षेप देता हैं। इस प्रकार की अभिक्रिया अन्य हैलोजन अम्लों में नहीं पायी जाती।

$$MCl_2 + H_2F_2 \longrightarrow MF_2 + 2HCl$$

(M = Ba, Sr, Ca)

➪ HCl, HBr तथा HI अमोनिया के साथ अभिक्रिया करके क्रमशः NH_4Cl, NH_4Br तथा NH_4I की सफेद धूम देते हैं, परन्तु HF अमोनिया के साथ अभिक्रिया नहीं करता।

$$HX + NH_3 \longrightarrow NH_4X$$
$$HF + NH_3 \longrightarrow \text{कोई अभिक्रिया नहीं}$$

➪ HI अपचायक कारक का काम करता हैं।

$$HI \xrightarrow{H_2SO_4} I_2 + SO_2 \text{ or } S \text{ or } H_2S$$
$$HI \longrightarrow NO \text{ or } NO_2 + I_2$$
$$HI \xrightarrow{HNO_2} NO + I_2$$
$$HI \xrightarrow{FeCl_2} FeCl_2 + I_2$$
$$HI \xrightarrow{CuSO_4} CuI + I_2$$
$$HI \xrightarrow{H_2SO_3} H_2O + I_2$$

⇨ HCl F_2 के साथ अभिक्रिया करके Cl_2, देता हैं, परन्तु Br_2 तथा I_2 HCl के साथ अभिक्रिया नहीं करते।

$$2HCl + F_2 \longrightarrow 2HF + Cl_2$$
$$HCl + Cl_2 \text{ or } I_2 \longrightarrow \text{कोई अभिक्रिया नहीं}$$

⇨ F_2 व Cl_2 HBr के साथ अभिक्रिया करके Br_2 उत्पन्न करते हैं, परन्तु I_2, HBr के साथ अभिक्रिया नहीं करता।

⇨ F_2, Cl_2 तथा Br_2, HI के साथ अभिक्रिया I_2 देते हैं।

आभासी हैलोजन (PSEUDOHALOGENS)

⇨ कुछ अणु हैलोजन अणुओं की भांति गुण रखते हैं, इसलिए इन्हें आभासी हैलोजन कहते हैं तथा ऐसे ऋणायन जो हैलोजन आयन की भांति कार्य करते हैं, उन्हें आभासी हैलाइड कहते हैं।

⇨ **आभासी हैलोजन (Pseudohalogens) :**

1. $(OCN)_2$: ऑक्सीसायनोजन (Oxycyanogen)
2. $(SCSN_3)_2$: ऐज़ाइडो कार्बन डाइसल्फाइड (Azidocarbon disulphide)
3. $(TeCN)_2$: टेलोरूसायनोजन (Tellurocyanogen)
4. $(SeCN)_2$: सेलेनोसायनोजन (Selenocyanogen)
5. $(SCN)_2$: थायोसायनोजन Thiocyanogen
6. $(CN)_2$: सायनोजन Cyanogen

⇨ **आभासी हेलाइड आयन (Pseudohalide ion) :**

1. N_3^- : एजाइड आदि (Azide etc.)
2. CNO^- : सायनेट (Cyanate)
3. $SCSN_3^-$: एजीडो कार्बन डाइसल्फाइड आयन (Azido Carbon disulphide ion)
4. $TeCN^-$: टेलीरूसायनेट (Tellurocyanate)
5. $SeCN^-$: सेलीनुसायनेट (Selenocyanate)
6. SCN^- : थायोसायनेट (Selenocyanate)
7. CN^- : साइनाइड आयन (Cyanide ion)

अक्रिय गैस (Inert Gas)

अक्रिय गैसों की विशेषताएँ (Characteristics of Inert Gases)

⇨ **आयनन विभव (Ionisation potential) :**

- बन्ध कोश इलेक्ट्रॉनिक विन्यास के कारण अक्रिय गैसें आवर्त्त के किन्हीं अन्य तत्वों से अधिक आयनन विभव रखता हैं।

⇨ **इलेक्ट्रॉन बन्धुता (Electron affinity) :**

- अक्रिय गैसों का विन्यास स्थायी होने के कारण उत्कृष्ट गैस इलेक्ट्रॉन ग्रहण करने की प्रवृत्ति नहीं रखती है। इनकी इलेक्ट्रॉन बन्धुता ऋणात्मक हैं क्योंकि अक्रिय गैसें इलेक्ट्रॉन ग्रहण करने की ऊर्जा प्रदान करती है।

अक्रिय गैसों की प्राप्ति (Occurrence of Inert Gases) :

⇨ यह अक्रिय गैस का महत्त्वपूर्ण स्रोत रेडॉन वातरवरण में नहीं पाया जाता है। यह रेडियोएक्टिव अक्रिय गैस है। रेडॉन को छोड़कर अन्य सभी गैसें वातावरण में पायी जाती है।

अक्रिय गैस	% (घनत्व द्वारा)
He	5.2×10^{-4}
Ne	1.8×10^{-3}
Ar	0.93
Kr	1.1×10^{-3}
Xe	8.7×10^{-6}

इस प्रकार, आर्गन की प्रतिशत (%) वातावरण में सबसे ज्यादा है।

⇨ **प्राकृतिक गैस (Natural gas) :** यह हीलियम का एक महत्त्वपूर्ण स्रोत हैं।

अक्रिय गैसों के भौतिक गुण (Physical Properties of Inert Gases) :

⇨ ये धातुओं जैसे प्लेटिनियम, टनगस्टन को अवशोषित करता है। हीलियम को छोड़कर अन्य सभी अक्रिय गैसें कम तापमान पर सक्रिय नारियल चारकोल द्वारा अवशोषित की जाती है।

⇨ अक्रिय गैसें न जलती है और न ही जलने में सहायक हैं।

⇨ उत्कृष्ट गैसें कम गलनांक तथा क्वथनांक रखती है। इसका कारण है दुर्बल वाण्डरवॉल की उपस्थिति है।

⇨ अक्रिय गैसें लाक्षणिक स्पेक्ट्रम प्रदर्शित करती हैं।

रासायनिक गुण (Chemical Properties) :

⇨ **जीनॉन के फ्लोराइड (Fluoride of Xenon) :** जीनॉन तीन फ्लोराइड बनाता है - जीनॉन डाइफ्लोराइड, जीनॉन ट्रेटाफ्लोराइड तथा जीनॉन हेक्साफ्लोराइड।

(i) जीनॉन डाइफ्लोराइड [Xenon difluoride (XeF_2)] : Xe परमाणु में sp^3d-संकरण पाया जाता है XeF_2 रेखीय अणु है।

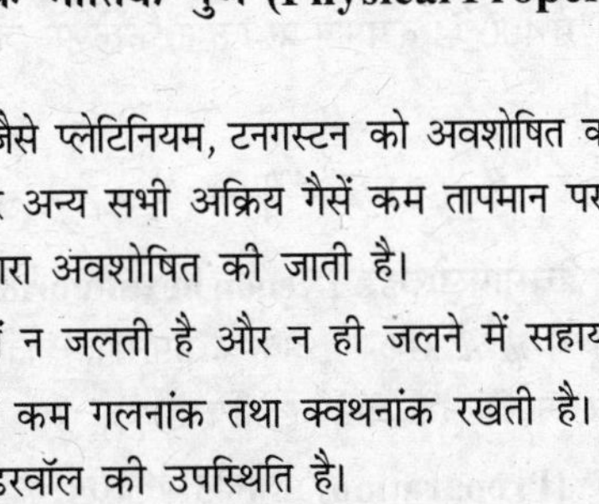

- **निर्माण (Preparation) :**

— जीनॉन फ्लोरीन के साथ Ni नली में 1 : 2 में 400°C पर

जीनॉन डाइफ्लोराइड बनाता है।

$$Xe + F_2 \xrightarrow[Ni]{400°C} XeF_2$$

— जीनॉन O_2F_2 के साथ गर्म करने पर XeF_2 प्रदान करता हैं।

$$Xe + O_2F_2 \xrightarrow{118°} XeF_2 + O_2 \uparrow$$

— जीनॉन को मरकरी आर्क प्रकाश में फ्लोरीन के साथ गर्म करने पर XeF_2 प्राप्त होता है।

$$Xe + F_2 \xrightarrow[\text{arc light}]{\text{Mercury}} XeF_2$$

(ii) जीनॉन टेट्राफ्लोराइड [Xenon tetrafluoride (XeF_4)] : Xe परमाणु में sp^3d^2 संकरण अवस्था उपस्थित होती है। XeF_4 अणु की संरचना वर्गाकार पटल है।

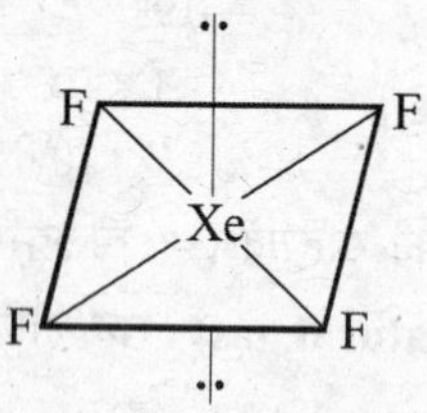

- **निर्माण (Preparation) :** जीनॉन फ्लोरीन के साथ Ni नील में 1 : 10 में 400°C तापमान पर क्रिया करने पर जीनॉन टेट्राफ्लोराइड देता है।

$$Xe + 2F_2 \xrightarrow[Ni]{400°C} XeF_4$$

(iii) जीनॉन हेक्साफ्लोराइड [Xenon hexafluoride (XeF_6)] : Xe परमाणु में sp^3d^3 संकरण अवस्था उपस्थित होती है। XeF_6 अणु की संरचना विकृत अष्टफलकीय है।

- **निर्माण (Preparation) :** जीनॉन फ्लोरीन के साथ Ni नील में 1 : 20 में 400°C तापमान पर क्रिया करने पर जीनॉन हेक्साफ्लोराइड देता हैं।

$$Xe + 3F_2 \xrightarrow[\text{50-60 atm.}]{300°C} XeF_6$$

⇨ **जीनॉन फ्लोराइड का निर्जलीकरण(Hydrolysis of xenon fluoride) :**

$$2XeF_2 + 2H_2O \longrightarrow 2Xe + 2H_2F_2 + O_2$$
$$2XeF_4 + 3H_2O \longrightarrow Xe + XeO_3 + 3H_2F_2 + F_2$$

$$XeF_6 \xrightarrow{H_2O} XeOF_4 \xrightarrow{H_2O} XeO_2F_2 \xrightarrow{H_2O} XeO_3$$

⇨ **जीनॉन फ्लोराइड लुईस क्षार है (Xenon fluoride act as Lewis base) :**

$$XeF_2 + 2SbF_5 \longrightarrow XeF_2 \cdot 2SbF_5$$

$$\underset{\text{Lewis base}}{XeF_4} + \underset{\text{Lewis acid}}{2SbF_5} \longrightarrow \underset{\text{Adduct}}{[XeF_3]^+[SbF_6]^-}$$

$$XeF_6 + AsF_5 \longrightarrow [XeF_5]^+[AsF_6]^-$$

- XeF_2, XeF_4 तथा XeF_6 फ्लोरीनेटिंग पदार्थ है। XeF_6 सबसे ज्यादा फ्लोरीनेटिंग प्रकृति रखता है।

⇨ **क्षारीय माध्यम में निर्जलीकरण (Hydrolysis in alkaline medium)**

$$2XeF_2 + 4OH^- \longrightarrow 2Xe + 4F^- + 2H_2O + O_2$$

$$2XeF_6 + 16OH^- \longrightarrow 8H_2O + 12F^- + XeO_6^{4-} + Xe + O_2$$

⇨ **जीनॉन यौगिक (Xenon compound) :**

(i) $XeOF_2$:
संरचना ⟶ T-आकार संरचना (sp^3d)

(ii) $XeOF_4$:
संरचना ⟶ वर्ग पिरामिडल संरचना (sp^3d^2)

(iii) XeO_3 :
संरचना ⟶ पिरामिडल संरचना (sp^3)

(iv) XeO_4 :
संरचना ⟶ चतुष्फलकीय (sp^3)

(v) SeO_2F_2 :
संरचना ⟶ त्रिकोणीय द्विपिरामिडल (sp^3d)

उपयोग (Application) :

⇨ **हीलियम का प्रयोग (Uses of Helium) :**

- H_2 तथा He के मिश्रण का प्रयोग गुब्बारों तथा हवाई जहाजों के टायरों को भरने में किया जाता हैं।
- O_2 तथा He के मिश्रण का प्रयोग अस्थमा रोगियों तथा अन्य श्वांस की बीमारियों में किया जाता है।
- O_2 तथा He के मिश्रण का प्रयोग गोताखोरों द्वारा श्वसन के लिए किया जाता है।
- हीलियम बहुत कम तापमान (–269°C) पर द्रवित हो जाती है। यह कम तापमान उत्पन्न करने के लिए किया जाता है।
- हीलियम थर्मामीटर का प्रयोग कम तापमान नापने के लिए किया जाता है।

⇨ **नीऑन का प्रयोग (Uses of Neon) :**

- निम्न दाब पर नीऑन में विद्युत विसर्जन कराने पर नारंगी-लाल रंग की दीप्ति उत्पन्न होती है। नीऑन लैम्पों का प्रयोग हवाई-पट्टीयों पर संकेत देने तथा प्रदीप्ति के रूप में किया जाता है।
- नीऑन ज्यादा वोल्टेज पर अधिक विद्युत उत्पन्न करने का गुण रखता है। यद्यपि, नीऑन का प्रयोग ज्यादा वोल्टेज की विद्युत-उपकरणों जैसे वोल्टामीटर रैले एवं रेक्टीफायर को सुरक्षा देने के लिए सुरक्षित उपाय है।

⇨ **ऑर्गन का प्रयोग (Uses of Argon) :**

- ऑर्गन का प्रयोग रेडियो-वॉल्व को भरने तथा विद्युत बल्ब के धातु-तार में संवहन में किया जाता है। तार की शक्ति नापने में ऑर्गन की उपस्थिति आवश्यक है।

⇨ **क्रिप्टॉन तथा जीनॉन का प्रयोग (Uses of Krypton and Xenon):**

- इसका प्रयोग विद्युत बल्ब के धातु-तार को संवहन के भरने में किया जाता है।

⇨ **रेडॉन का प्रयोग (Uses of Radon) :**

- इसका उपयोग कैंसर के उपचार में किया जाता हैं।

अभ्यास के लिए प्रश्न

1. नाइट्रोजन के सम्बन्ध में NCl_3 सम्भव है, किन्तु NCl_5 नहीं जबकि फॉस्फोरस में PCl_3 तथा PCl_5 दोनों सम्भव है। इसका कारण यह है, कि-
(a) P में रिक्त *d*-कक्षक होते हैं, जबकि N में नहीं
(b) N की अपेक्षा P की विद्युत्-ऋणात्मकता कम होती है
(c) N की अपेक्षा P में H-बन्ध बनाने की कम प्रवृत्ति
(d) कमरे के ताप पर P ठोस अवस्था में पाया जाता है, जबकि N गैसीय अवस्था में।

2. जब फॉस्फीन गैस को क्लोरीन गैस के साथ मिलाया जाता है, तो कैसी आशा की जाती है?
(a) PCl_5 तथा HCl बनते हैं तथा मिश्रण ठंडा हो जाता है
(b) PH_3Cl_2 बनता है तथा मिश्रण गर्म हो जाता है
(c) मिश्रण केवल ठंडा हो जाता है
(d) PCl_3 तथा HCl बनता है तथा मिश्रण गर्म हो जाता है

3. काँच (Glass) है-
(a) जैल (Gell) मिश्रण (b) पॉलीमेरिक (Polymeric)
(c) माइक्रकोक्रिस्टलीय (d) अतिशीलता द्रव

4. ग्रेफाइट एक कोमल ठोस स्नेहक (Lubricant) है, जिसे द्रवित करना अत्यन्त कठिन होता है। ग्रेफाइट के इस असामान्य व्यवहार का कारण यह है, कि ग्रेफाइट-
(a) के अणु बहुलको (Polymers) की भांति अलग-अलग आण्विक द्रव्यमानों वाले होते हैं
(b) में कार्बन परमाणु छल्लों की बड़ी प्लेट्स के रूप में व्यवस्थित होते हैं, जिसमें प्लेटों के बीच दुर्बल बन्ध होते हैं
(c) एक अक्रिस्टलीय पदार्थ है
(d) डायमंड का एक अपररूप (Allotropic) है

5. सान्द्र हाइड्रोक्लोरिक अम्ल को जब खुली वायु में रखा जाता है, तो कभी-कभी यह सफेद धुएँ के बादल उत्पन्न करता है, इसका कारण है-
(a) HCl गैस की नमी के साथ बन्धुता से द्रव विलयन की छोटी-छोटी बूंद का निर्माण होता है, जोकि एक बादल जैसे धुएँ के रूप में दिखाई देता है।
(b) जल के प्रति अत्याधिक बन्धुता के कारण सान्द्र HCl वायु की नमी को अपनी ओर खींचता है। नमी से जल की छोटी-छोटी बूंदे बनती हैं तथा इस प्रकार बादल बनता है।
(c) सान्द्र HCl प्रत्येक समय तीव्र गंध युक्त HCl गैस मुक्त करता है।
(d) वायु की ऑक्सीजन निकलने वाली HCl गैस से क्रिया करके Cl_2 गैस का बादल बनाती है।

6. क्या होगा, जबकि K_2CrO_4 का विलयन, तनु HNO_3 के आधिक्य से अभिकृत कराया जाता है-
(a) CrO_4^{2-} में Cr, +3 अवस्था में अपचयित हो जाता है
(b) CrO_4^{2-} में Cr, +7 अवस्था में अपचयित हो जाता है
(a) Cr^{3+} में CrO_7^{2-} का निर्माण होगा।
(a) $Cr_2O_7^{2-}$ तथा H_2O का निर्माण होगा।

7. अम्ल की प्रबलता का सही क्रम है-
(a) $Al_2O_3 < SiO_2 < P_2O_3 < SO_2$
(b) $SiO_2 < SO_2 Al_2O_3 < P_2O_3$
(c) $Al_2O_3 < SiO_2 < SO_2 < P_2O_3$
(d) $SO_2 < P_2O_3 < SiO_2 < Al_2O_3$

8. कौन-सा कथन गलत है?
(a) He को गैस द्वारा शीतलित (gas coaled) नाभिकीय रिएक्टरों में प्रयोग किया जाता है
(b) He का प्रयोग निम्न ताप पर प्रयोग करने के लिए क्रायोजेनिक (cryogenic) अभिकारक की भांति प्रयोग होता है
(c) He का प्रयोग शक्तिशाली सुपर कंडक्टिंग चुम्बकों को उत्पन्न करने तथा बनाये रखने में होता है
(d) He का प्रयोग, H_2 के स्थान पर गुब्बारों में भरने में किया जाता है, क्योंकि यह हल्की तथा अज्वलनशील होती है

9. Be तथा Al अनेकों ऐसे गुण उत्पन्न करते हैं जोकि समान होते हैं, किन्तु दोनों तत्वों में अन्तर है-
(a) उनके ऑक्साइडों में उभयधर्मी गुण प्रदर्शित करने की प्रवृत्ति
(b) बहुलकीय हाइड्राइड बनाने में
(c) यौगिकों में अधिकतम सहसंयोजकता प्रदर्शित करने में
(d) सहसंयोजक हैलाइड बनाने में

10. ऐल्युमिनियम क्लोराइड ठोस अवस्था में तथा बैंजीन जैसे अध्रुवीय विलायकों में घुली अवस्था में एक द्विक अणु Al_2Cl_6 के रूप में पाया जाता है। जल में घोले जाने पर यह देता है-
(a) $Al_2O_3 + 6HCl$ (b) $[Al(H_2O)_6] + 3Cl^-$
(c) $[Al(OH)_6]^{3-} + 3HCl$ (d) $Al^{3+} + 3Cl^-$

11. नेपोलियन की सेना जब आल्पस (Alps) श्रेणी पर जमा देने वाली ठंड में थी। तो उनकी वर्दी में लगे टिन बटनों के सम्बन्ध में एक गम्भीर समस्या देखने के लिए मिली। सफेद धात्विक टिन बटन भूरे पाउडर में परिवर्तित हो गये। यह परिवर्तन किससे सम्बन्धित है-
(a) नम वायु की उपस्थित जलवाष्प से क्रिया
(b) टिन की क्रिस्टलीय संरचना में परिवर्तन
(c) वायु में O_2 के आंशिक दाब में परिवर्तन
(d) वायु की N_2 से निम्न ताप पर क्रिया

12. कौन-सा ऑक्साइड उभयधर्मी (amphoteric) है-
(a) CaO (b) CO_2
(c) SiO_2 (d) SnO_2

13. हाइपोफॉस्फोरस अम्ल में फॉस्फोरस परमाणु से जुड़े हाइड्रोजन परमाणुओं की संख्या कितनी है?

(a) शून्य (b) दो

(c) एक (d) तीन

14. ऐल्युमिनियम क्लोराइड के जलीय विलयन को गर्म करके सुखा देने पर हमें प्राप्त होगा-

(a) $AlCl_3$ (b) Al_2Cl_6

(c) Al_2O_3 (d) $Al(OH)Cl_2$

15. सिलिकॉन डाइऑक्साइड में-

(a) प्रत्येक सिलिकॉन परमाणु चार ऑक्सीजन परमाणुओं से घिरा होता है तथा प्रत्येक ऑक्सीजन परमाणु दो सिलिकॉन परमाणुओं से जुड़ा होता है

(b) प्रत्येक सिलिकॉन परमाणु दो ऑक्सीजन परमाणुओं से घिरा होता है तथा प्रत्येक ऑक्सीजन परमाणु दो सिलिकॉन परमाणुओं से जुड़ा होता है

(c) सिलिकॉन परमाणु दो ऑक्सीजन परमाणुओं से जुड़ा होता है

(d) सिलिकॉन तथा ऑक्सीजन परमाणुओं के बीच द्विबन्ध होते हैं

16. डाइबोरेन (diborane) की संरचना में होते हैं-

(a) चार $2C-2e$ बन्ध तथा दो $3C-2e$ बन्ध

(b) दो $2C-2e$ बन्ध तथा दो $3C-2e$ बन्ध

(c) दो $2C-2e$ बन्ध तथा दो $3C-2e$ बन्ध

(d) चार $2C-2e$ बन्ध तथा चार $3C-2e$ बन्ध

17. हाइड्रोजन हैलाइडो $(H-X)$ के ऊष्मीय स्थायित्व का सही क्रम है-

(a) $HI>HBr>HCl>HF$ (b) $HF>HCl>HBr>HI$

(c) $HCl<HF>HBr<HI$ (d) $HI>HCl<HF>HBr$

18. हाइपोक्लोरस अम्ल की विअनुपातीकरण अभिक्रिया से कौन-से उत्पाद बनने की आशा है?

(a) $HClO_3$ तथा Cl_2O (b) $HClO_2$ तथा $HClO_4$

(c) HCl तथा Cl_2O (d) HCl तथा $HClO_3$

19. किस उर्वरक के नियमित प्रयोग से मृदा का अम्लीय गुण बढ़ता है?

(a) पोटैशियम नाइट्रेट (b) यूरिया

(c) सुपर फॉस्फेट ऑफ लाइम (d) अमोनियम सल्फेट

20. Si, Ge, Sn, Pb के डाइहैलाइडो के स्थायित्व का बढ़ता क्रम है-

(a) $GeX_2<<SiX_2<<SnX_2<<PbX_2$

(b) $SiX_2<<GeX_2<<PbX_2<<SnX_2$

(c) $SiX_2<<GeX_2<<SnX_2<<PbX_2$

(d) $PbX_2<<SnX_2<<GeX_2<<SiX_2$

21. निम्न में असत्य कथन है-

(a) ओजोन SO_2 से क्रिया करके SO_3 देती है

(b) सिलिकन वायु की उपस्थिति में NaOH(aq) से क्रिया करके Na_2SiO_3 तथा H_2O देता है

(c) Cl_2 अमोनिया (ज्यादा भाग में) से क्रिया करके N_2 व HCl देता है

(d) ब्रोमीन गर्म व तीव्र NaOH विलयन से क्रिया करके NaBr, $NaBrO_4$ तथा H_2O देती है

22. निम्न में से कौन-सा कथन सत्य है?

(a) बोरिक अम्ल एक प्रोटॉनी अम्ल है

(b) बेरिलियम की समन्वय संख्या छः है

(c) ठोस अवस्था में, ऐल्युमिनियम तथा बेरिलियम दोनों के क्लोराइड सेतु क्लोराइड संरचना रखते हैं

(d) $B_2H_6 . 2NH_3$ को अकार्बनिक बैंजीन कहते हैं

23. निम्न प्रतिस्थापित सिलेनों में से कौन-सा जल-अपघटन पर तिर्यकबद्ध (cross linked) सिलिकोन बहुलक देगा?

(a) R_4Si (b) $RSiCl_3$

(c) R_2SiCl_2 (d) R_3SiCl

24. बोरिक अम्ल के सम्बन्ध में निम्नलिखित कौन-सा कथन गलत है-

(a) यह एक मोनोबेसिक अम्ल की भाँति कार्य करता है

(b) यह बोरॉन हेलाइडों के जल-अपघटन से बनता है

(c) इसकी रचना समतलीय है

(d) यह एक ट्राईबसिक अम्ल की भाँति कार्य करता है

25. बोरिक एसिड के बारे में कौन-सा कथन असत्य है-

(a) यह बोरेक्स के एक जलीय विलयन को अम्लीकृत करके तैयार किया जाता है

(b) इसकी परती (layer) संरचना होती है जिमें समतलीय BO_3 यूनिट हाइड्रोजन आबन्धों द्वारा जुड़ी होती हैं

(c) यह एक प्रबल त्रिक्षारकी अम्ल है

(d) यह एक प्रोटॉनदाता के रूप में कार्य नहीं करता परन्तु हाइड्रॉक्सिल आयन स्वीकार करके यह एक लुइस अम्ल की तरह कार्य करता है

26. सोडियम बोरेट, C_2H_5OH और सान्द्र H_2SO_4 के साथ क्रिया करने पर एक यौगिक '*A*' देता है जो कि हरे किनारों वाली ज्वाला के साथ जलता है। यौगिक '*A*' है-

(a) $H_2B_4O_7$ (b) $(C_2H_5)_2B_4O_7$

(c) H_3BO_3 (d) $(C_2H_5)_3BO_3$

27. निम्नलिखित में से कौन-सा कथन सत्य है-

(a) BCl_3 और $AlCl_3$ दोनों लुइस अम्ल हैं और BCl_3, $AlCl_3$ से प्रबलतर है

(b) BCl_3 और $AlCl_3$ दोनों लुइस अम्ल हैं और $AlCl_3$, BCl_3 से प्रबलतर है

(c) BCl_3 और $AlCl_3$ दोनों समान रूप से प्रबल लुइस अम्ल हैं

(d) दोनों ही BCl_3 और $AlCl_3$ लुइस अम्ल नहीं है

28. बोरिक अम्ल के विषय में असत्य कथन है-

(a) यह एक प्रबल त्रिभास्मिक अम्ल है

(b) यह प्रोटोनदाता की भाँति कार्य नहीं करता है परन्तु हाइड्रॉक्सिल आयन को स्वीकार करके लुइस अम्ल की भाँति व्यवहार करता है

(c) यह बोरेक्स विलयन के अम्लीकरण से बनता है

(d) इसकी परतीय संरचना (layer structure) होती है जिसमें BO_3 इकाइयाँ हाइड्रोजन बंध से जुड़ी होती हैं

29. असत्य कथन बताइये कार्बन मोनोऑक्साइड बनाते हैं-
(a) सान्द्र H_2SO_4 के साथ पोटेशियम फेरोसायनाइड को गर्म करके
(b) पोटेशियम फैरोसायनाइड को गर्म करके
(c) सान्द्र H_2SO_4 के साथ ऑक्सेलिक अम्ल को गर्म करके
(d) कार्बन के साथ भारी धातुओं के ऑक्साइडों को गर्म करके

30. गलत कथन बताइए-
(a) ठोस कार्बन डाईऑक्साइड को शुष्क बर्फ के नाम से जाना जाता है
(b) ठोस कार्बन डाईऑक्साइड गर्म करने पर द्रव में बदल जाती है
(c) शुष्क बर्फ की सावधानी से पकड़ना चाहिए क्योंकि त्वचा के सम्पर्क में आने पर यह जलन उत्पनन करती है
(d) शुष्क बर्फ एक प्रशीतक की तरह प्रयुक्त होता है

31. असत्य कथन को इंगित करिये-
(a) बंद कमरे, जिसमें कोयले की आग जल रही हो, में सोने वाले लोग एक बड़ी संख्या में CO_2 के विषैलेपन के कारण मर जाते हैं
(b) कार्बन मोनोऑक्साइड रक्त के हीमोग्लोबिन के साथ क्रिया करके कार्बोक्सिहीमोग्लोबिन बनाती है जो ऑक्सीजन वाहक नहीं है
(c) वायु के 8 आयतन में CO का 1 भाग सान्द्रण 30 मिनट में मृत्यु का कारण बनेगा
(d) कार्बन मोनोऑक्साइड विषैली प्रकृति की है

32. सत्य कथन को इंगित कीजिए-
(a) टिन के सर्वाधिक दस समस्थानिक ज्ञात हैं
(b) लैड ऐसीटिक अम्ल में शीघ्रता से घुल जाता है
(c) टैल्क की मृदुलता (softness) सबसे अधिक होती है
(d) $BaSO_4 + ZnS$ को लिथोपोन कहते हैं

33. क्या होता है जब जल वाष्प को तप्त कार्बन पर प्रवाहित किया जाता है-
(a) $C + 2H_2O \rightleftharpoons CO_2 + 2H_2$
(b) $C + H_2O \rightleftharpoons CO + H_2$
(c) जल वाष्प में वियोजित होती है
(d) उपरोक्त अभिक्रियाओं में कोई नहीं

34. लैड पाइप पीने के लिये सुरक्षित नहीं होते क्योंकि-
(a) लैड जल के साथ लैड ऑसाइड बनाता है
(b) इनमें वायु द्वारा जंग लग जाता है
(c) जल में घुली वायु लैड को $Pb(OH)_2$ बनाकर घोल लेती है
(d) इन पर लैड कार्बोनेट का आवरण बना दिया जाता है

35. कार्बन तथा सिलिकॉन ग्रुप 14 वे में है। कार्बन अधिकतम समन्वयन संख्या आमतौर से पाये जाने वाले यौगिकों में चार है जबकि सिकिकॉन की छः है। ऐसा इसलिये होता है कि-
(a) सिलिकॉन की प्रकृति अधिक धनविद्युतीय है
(b) सिलिकॉन का आकार बड़ा है
(c) सिलिकॉन में नीचे की ओर पड़े (low lying) d-कक्षक उपलब्ध है
(d) नाभिक स्नेही अभिकर्मकों द्वारा सिलिकॉन अभिकृत हो सकता है

36. निम्नलिखित किस यौगिक में SiO_4^{4-} के विविक्त (discrete) अणु होते हैं-
(a) पायरोसिलिकेट (b) चक्रीय सिलिकेट
(c) शीट सिलिकेट (d) ऑर्थोसिलिकेट

37. अर्धचालक (semiconductor) पदार्थ के रूप में प्रयुक्त होने वाले उच्च शुद्धता के सिलिकॉन को प्राप्त करने के लिए निम्न में से एक शुद्धिकरण विधि बताइये-
(a) मण्डल परिष्करण विधि (Zone refining method)
(b) ऑक्सीकरण विधि
(c) विद्युत रासायनिक परिष्करण विधि
(d) अपचयन विधि

38. पायरेक्स काँच निम्नलिखित का मिश्रण है-
(a) सोडियम बोरोसिलिकेट व ऐल्यूमिनियम बोरोसिलिकेट
(b) सोडियम सिलिकेट व कैल्सियम सिलिकेट
(c) सोडियम सिलिकेट व लैड सिलिकेट
(d) सोडियम सिलिकेट व ऐल्यूमिनियम बोरोसिलिकेट

39. लैड निम्नलिखित ऑक्साइडों में से सिन्दूर में कौन-सा ऑक्साइड उपस्थित होता है-
(a) Pb_2O_3 (b) PbO
(c) PbO_2 (d) Pb_3O_4

40. $(Me)_2SiCl_2$ जल अपघटन पर उत्पन्न करेगा-
(a) $(Me)_2Si(OH)_2$
(b) $(Me)_2Si=0$
(c) $-\{O-Me_2Si-O\}_n-$
(d) $Me_2SiCl(OH)$

41. निम्नलिखित में किस युग्म के अणुओं की संरचना पिरैमिडी है-
(a) NF_3 तथा PH_3 (b) CH_4 तथा SiF_4
(c) CO_3^{--} तथा BO_3^{---} (d) $\overset{+}{NH_4}$ तथा $\overset{-}{CH_3}$

42. नाइट्रोजन अणु रासायनिक रूप से कम क्रियाशील है चूँकि इसमें दो नाइट्रोजन परमाणुओं के मध्य होता है एक-
(a) एकल-बन्ध (b) द्वि-बन्ध
(c) त्रि-बन्ध (d) उप-सहसंयोजक बन्ध

43. हैबर विधि द्वारा अमोनिया के निर्माण में प्रयुक्त गैसें शुद्ध होनी चाहिये, अन्यथा-
(a) शुद्धियों की उपस्थिति उत्पाद की मात्रा कम कर देगी
(b) अशुद्ध गैसें अनुकूलतम परिस्थितियों में भी अभिक्रिया नहीं करेंगी
(c) प्राप्त अमोनिया अशुद्ध होगी तथा उसे शुद्ध करना कठिन होगा
(d) अशुद्धियाँ उत्प्रेरक के विष (catalyst poison) के रूप में कार्य करेंगी

44. अभिक्रिया $N_2 + 3H_2 \rightleftharpoons 2NH_3 + 22.8$ kcal, में N_2 व H_2 के

संयोग से NH_3 गैस बनती है। अधिकतम उत्पाद होगा-

(a) कम ताप व कम दाब पर

(b) कम ताप व अधिक दाब पर

(c) अधिक ताप व अधिक दाब पर

(d) अधिक ताप व कम दाब पर

45. अमोनिया और BF_3 शीघ्र योगात्मक उत्पाद बनाते हैं क्योंकि निम्नलिखित बन्धन बनाता है-

(a) आयनी आबन्ध (b) सह-संयोजी आबन्ध

(c) समन्वयी आबन्ध (d) हाइड्रोजन आबन्ध

46. अमोनिया एक लीविस भस्म है। यह अनेक धनायनों के साथ संकर लवण बनाती है। कौन-सा धनायन अमोनिया के साथ संकर लवण नहीं बनाता है-

(a) Ag^+ (b) Cu^{2+}

(c) Cd^{2+} (d) Pb^{2+}

47. जब कॉपर सल्फेट के जलीय घोल में तनु NH_4OH को अधिकता में डाला जाता है तो गहरा नीला रंग प्राप्त होता है। गहरा नीला रंग विलयन में निम्नलिखित की उपस्थिति के कारण प्राप्त होता है-

(a) $CuSO_4$ (b) $Cu(OH)_2$

(c) $[Cu(NH_3)_4]^{2+}$ (d) $(NH_4)SO_4$

48. सफेद और लाल फॉस्फोरस के बारे में निम्नलिखित कौन-सा कथन सही नहीं है-

(a) दोनों कार्बन डाइ-सल्फाइड में विलेय हैं

(b) दोनों को वायु में गर्म करके ऑक्सीकृत किया जाता सकता है

(c) दोनों में समान प्रकार के परमाणु हैं

(d) दोनों को एक-दूसरे में परिवर्तित किया जा सकता है

49. फॉस्फोरस का औद्योगिक निर्माण निम्नलिखित में से किस मिश्रण को विद्युत भट्टी में गर्म करके किया जाता है-

(a) हड्डी की राख, सोडियम क्लोराइड तथा कोक

(b) हड्डी की राख, सिलिका तथा कोक

(c) हड्डी की राख, सिलिका तथा चूना

(d) हड्डी की राख, कोक तथा चूना पत्थर

50. फॉस्फीन की प्रयोगशाला में साधारणतया इस प्रकार बनाते हैं-

(a) फॉस्फोरस को हाइड्रोजन के प्रवाह में गर्म करके

(b) सफेद फॉस्फोरस को कॉस्टिक सोडा के जलीय विलयन के साथ गर्म करके

(c) P_2H_4 को 110°C पर अपघटित करके

(d) लाल फॉस्फोरस की कॉस्टिक सोडा के जलीय विलयन के साथ गर्म करके

51. अत्यन्त तनु नाइट्रिक अम्ल जस्ता से अभिक्रिया करके जस्ता नाइट्रेट तथा निम्नलिखित बनाता है-

(a) अमोनिया नाइट्रेट (b) NO_2

(c) NO (d) N_2O

52. CO के साथ आइसो-इलेक्ट्रॉनिक आयन है-

(a) CN^- (b) O_2^+

(c) O_2^- (d) N_2^+

53. नाइट्रोजन N_2 बनाता है परन्तु फॉस्फोरस P_2 से P_4 परिवर्तित हो जाता है। इसका कारण-

(a) फॉस्फोरस परमाणुओं के मध्य त्रियक बन्ध उपस्थित होता है

(b) $p\pi$-$p\pi$ बन्ध क्षीण (weak) होता है।

(c) $p\pi$-$p\pi$ बन्ध मजबूत होता है

(d) बहु बन्ध (multiple bond) सरलता से बन जाते हैं

54. निम्न में से किसमें बन्ध कोण अधिकतम होता है-

(a) NH_3 (b) NH_4^+

(c) PCl_3 (d) SCl_2

55. नाइट्रोजन परमाणु में तीन अयुग्मित इलेक्ट्रॉनों की उपस्थिति की व्याख्या की जाती है-

(a) हाइजेनबर्ग का अनिश्चितता सिद्धान्त के द्वारा

(b) ऑफबाऊ नियम के द्वारा

(c) पॉऊली का अपवर्जन नियम द्वारा

(d) हुण्ड का नियम

56. $(NH_4)_2Cr_2O_7$ गर्म करने पर एक गैस देता है जो निम्नलिखित के द्वारा भी प्राप्त होती है-

(a) जल में Mg_3N_2 (b) NH_4NO_2 को गर्म करके

(c) NH_4NO_3 को गर्म करके (d) जल में Na_2O_2

57. ओजोन के सम्बन्ध में कौन-सा कथन सत्य है-

(a) यह ऑक्सीजन में नीरव विद्युत विसर्जन द्वारा बनायी जाती है

(b) यह एक ऊष्माशोषी यौगिक है

(c) इसे ऑक्सीजन पर परा-बैंगनी किरणों की क्रिया से बनाया जा सकता है

(d) इसे ऑक्सीजन का अपररूप नहीं माना जा सकता है

58. शुष्क KNO_3 में सान्द्र H_2SO_4 डालने पर भूरी वाष्प बनती है। ये हैं-

(a) SO_2 (b) SO_3

(c) NO_2 (d) NO

59. H_2O का द्विध्रुव आघूर्ण होता है जबकि BeF_2 का द्विध्रुव आघूर्ण शून्य है, क्योंकि-

(a) H_2O अणु रखीय है जबकि BeF_2 कोणीय है

(b) BeF_2 अणु रेखीय है जबकि H_2O कोणीय है

(c) फ्लोरीन की विद्युत ऋणीयता ऑक्सीजन से अधिक है

(d) बैरीलियम की विद्युतऋणीयता ऑक्सीजन से अधिक है

60. वायु के प्रभाजी आसवन से ऑक्सीजन प्राप्त की जा सकती है। इसका कारण यह हैं

(a) आवर्त सारणी में ऑक्सीजन का समूह नाइट्रोजन से भिन्न है

(b) ऑक्सीजन, नाइट्रोजन से अधिक क्रियाशील है

(c) ऑक्सीजन का क्वथनांक नाइट्रोजन से अधिक है

(d) ऑक्सीजन का घनत्व नाइट्रोजन से कम है

61. निम्नलिखित कौन-सा लवण गर्म व तनु H_2SO_4 के साथ SO_2 देता है

तथा Br_2 जल का रंग उड़ा देता है-

(a) Na_2SO_3 (b) $NaHSO_4$
(c) Na_2SO_4 (d) Na_2S

62. सान्द्र H_2SO_4 तथा KI की अभिक्रिया से HI नहीं बनता है, क्योंकि-

(a) HI की शक्ति H_2SO_4 से अधिक है
(b) HI, H_2SO_4 से अधिक वाष्पशील है
(c) H_2SO_4 एक ऑक्सीकारक है
(d) H_2SO_4 की शक्ति HI से अधिक है

63. $Na_2S_2O_3.5H_2O$ का प्रयोग फोटोग्राफी में निम्नलिखित को परिवर्तित करने के लिए होता है-

(a) आण्विक सिल्वर को Ag_2SO_4 में
(b) अन-अपघटित AgBr को दूर करने में
(c) AgBr को धात्विक सिल्वर में अपचयित करने में
(d) अपचयित सिल्वर को दूर करने में

64. अधिकतर सान्द्र H_2SO_4 ही अन्य अम्लों को बनाने के लिये प्रयुक्त किया जाता है। इसका कारण है-

(a) यह अत्याधिक आयनिक रहता है
(b) इसका क्वथनांक उच्च है
(c) यह एक निर्जलीकारक है
(d) इसका विशिष्ट गुरुत्व अधिक होता है

65. ऑक्सीजन तथा फ्लोरीन के यौगिक ऑक्साइड के बजाय फ्लोराइड कहलाते हैं क्योंकि-

(a) उनमें सदैव F^- आयन होते हैं
(b) 'O' परमाणु 'F' परमाणु से बड़ा है
(c) 'O' एक अधिक अच्छा ऑक्सीकारक है
(d) 'F' की विद्युतऋणीयता 'O' से अधिक है

66. पोटेशियम क्लोराइड से O_2 के निर्माण में MnO_2 निम्न की भाँति कार्य करता है-

(a) उत्प्रेरक (b) ऑक्सीकारक
(c) निजलीकारक (d) सक्रिय कारक

67. O_3 में गर्म करने पर चाँदी काली पड़ जाती है। इसका कारण है-

(a) धातु का ऑक्सीकरण
(b) ओजोनाइड का निमार्ण
(c) धातु का अपचयन
(d) धातु का ऑक्सीकरण तथा प्राप्त ऑक्साइड का अपचयन

68. कोलाइडी सल्फर प्राप्त होती है निम्न के मध्य अभिक्रिया से-

(a) $FeCl_3$ और H_2S (b) $FeCl_2$ तथा Na_2S
(c) $H_2S_2O_7$ एंव H_2SO_4 (d) $Na_2S_2O_3$ तथा I_2

69. तत्व ऑक्सीजन तथा सल्फर कैल्कोजन (Chalcogen) कहलाते है, क्योंकि-

(a) उनमें गुणधर्म चारकोल से मिलते जूलते हैं
(b) उनके गुणधर्म न केवल चालकोल बल्कि हैलोजनों से भी मिलते-जूलते हैं
(c) ये हैलोजनों से संयोग करते हैं
(d) ये अयस्क निर्माणकर्त्ता तत्व हैं

70. H_2O_2 तथा क्षारीय $K_3[Fe(CN)_6]$ के मध्य अभिक्रिया में H_2O_2 निम्न की भाँति कार्य करता है-

(a) अपचायक (b) क्षार
(c) ऑक्सीकारक (d) अम्ल

71. मोहर लवण के मानक जलीय विलयन के निर्माण में थोड़ा dil. H_2SO_4 इसलिए मिलाया जाता है-

(a) जल अपघटन रोकने के लिए (b) जल योजन रोकने के लिए
(c) ऑक्सीकरण रोकने के लिए (d) अपचयन रोकने के लिए

72. एक अकार्बनिक पदार्थ गर्म करने पर ऑक्सीजन मुक्त करता है और अम्लीकृत KI को भूरा कर देता है और $KMnO_4$ (अम्लीय) को अपचयित करता है। पदार्थ है-

(a) H_2O_2 (b) KNO_3
(c) SO_2 (d) SO_3

73. एक विद्यार्थी प्रयोग करते समय अपनी सूती कमीज पर सान्द्र H_2SO_4 की कुछ बूँदे गिरा लेता है। कुछ समय बाद कमीज का यह भाग काला पड़ जात है और वहाँ छेद हो जाते हैं। ऐसा इसलिए होता है कि सल्फ्यूरिक अम्ल-

(a) सूती कपड़े को गर्म कर देता है
(b) सूती रेशे से जल के तत्व हटा लेता है
(c) सूती रेशे की वायु से क्रिया करा देता है
(d) सूती रेशे का निर्जलीकरण कर देता है व उसको जला देता है

74. अम्लीकृत $KMnO_4$ विलयन में H_2S गैस प्रवाहित करने से-

(a) $KMnO_4$ का रंग उड़ जाता है
(b) कोलाइडी सल्फर प्राप्त होती है
(c) Mn की ऑक्सीकरण अवस्था में परिवर्तन होता है
(d) सभी कथन सत्य हैं

75. जल का क्रान्तिक ताप O_2 के क्रान्तिक ताप से अधिक होता है क्योंकि H_2O का अणु रखता है-

(a) O_2 से कम (fewer) इलेक्ट्रॉन (b) दो सह-संयोजी बंध
(c) V-आकार (d) द्विध्रुव आघुर्ण

76. हैलोजन वाष्पशील प्रकृति के होते हैं क्योंकि-

(a) हैलोजन अणु बहुत क्रियाशील होते हैं
(b) अणुओं के बीच स्थित बल केवल वान्डरवाल दुर्बल बल होते हैं
(c) हैलोजन अणु प्रबल बल द्वारा बंधे होते हैं
(d) हैलोजन अणु विद्युतस्थैतिक बलों द्वारा बंधे होते हैं

77. असत्य कथन इंगित करिये, प्रबल ऑक्सीकारक गुण किसके द्वारा अग्रसरित होता है-

(a) अणु हैलोजन की निम्न वियोजन ऊष्मा
(b) हैलोजन परमाणु क निम्न आयतन ऊर्जा
(c) गैसीय हेलाइड आयन की उच्च जल योजन ऊर्जा
(d) हैलोजन परमाणु की उच्च इलेक्ट्रॉन बन्धुता

78. असत्य कथन बताइए, हैलोजन रंगीन होते हैं क्योंकि-

(a) छोटे फ्लोरीन परमाणुओं द्वारा आवश्यक उत्तेजन ऊर्जा बड़े

आयोडीन परमाणुओं द्वारा आवश्यक ऊर्जा से कम होती है

(b) बड़े आयोडीन अणु निम्न ऊर्जा की पीली तथा हरी किरणों को अवशोषित करते हैं तथा बैगनी रंग के दिखाई देते हैं

(c) छोटे फ्लोरीन अणु उच्च ऊर्जा की बैंगनी किरणों को अवशोषित करते हैं तथा पीले रंग के दिखाई देते हैं

(d) इनके अणुओं द्वारा अवशोषित दृश्य प्रकाश के कारण वाह्य इलेक्ट्रॉन उच्च ऊर्जा स्तरों तक उत्तेजित हो जाते हैं

79. जब ठण्डे NaOH की Cl_2 से क्रिया करायी जाती है तो निम्नलिखित बनता है-

(a) NaClO (b) $NaClO_2$
(c) $NaClO_3$ (d) इनमें से कोई नहीं

80. सत्य कथन इंगित करिये-

(a) IF_5 में '*I*' क संकरण अवस्था sp^3d^2 है

(b) यौगिक $CsBNr_3$, Cs^+ तथा Br_3^- आयनों से निर्मित होता है

(c) ICl_3 अणु की '*T*' जैसी आकृति होती है

(d) ये सभी

81. निम्नलिखित में से किसकी वाष्पन-ऊष्मा (heat of vaporisation) सबसे अधिक है-

(a) HF (b) HCl
(c) HBr (d) HI

82. निम्न में से प्रबलतम अम्ल है-

(a) $ClO_3(OH)$ (b) $ClO_2(OH)$
(c) $SO(OH)_2$ (d) $SO_2(OH)_2$

83. सोडियम क्लोराइड के जलीय विलयन के वैद्युत-अपघटन से क्या बनता है-

(a) H_2 (b) Cl_2
(c) NaOH तथा Cl_2 (d) NaOH

84. क्लोरीन गैस शीघ्रता से प्राप्त करने के लिए $KMnO_4$ के क्रिस्टलो की निम्न में से किस पदार्थ के सान्द्र विलयन से अभिकृत कराया जात है-

(a) $KClO_3$ (b) NaCl
(c) $CaOCl_2$ (d) HCl

85. अधिक समय से बंद रखा हुआ ब्लीचिंग पाउडर अपनी शक्ति खो देता है। इसका कारण है-

(a) यह स्वयं असमानुपाती होकर $CaCl_2$ व $Ca(ClO_3)_2$ बनाता है

(b) यह वायुमण्डल की CO_2 से क्रिया करके $CaCO_3$ बनाता है

(c) यह वायुमण्डल की नमी से क्रिया करके $CaCl_2$ व $Ca(OH)_2$ बनाता है

(d) उपरोक्त तीनों कथन सत्य हैं

86. HBr तथा HI सल्फ्यूरिक अम्ल को अपचयित कर देते हैं,HCl,$KMnO_4$ को अपचयित कर सकता है तथा HF किसे अपचयित कर सकता है-

(a) H_2SO_4 (b) $KMnO_4$
(c) $K_2Cr_2O_7$ (d) इनमें से कोई नहीं

87. HI, KI पर सान्द्र H_2SO_4 की क्रिया द्वारा नहीं बनाया जा सकता है क्योंकि-

(a) HI, H_2SO_4 से प्रबल है

(b) HI, H_2SO_4 से अधिक वाष्पशील है

(c) H_2SO_4 ऑक्सीकारक है

(d) H_2SO_4 जटिल लक्षण बनाता है

88. जब SO_2 का आयोडीन के जलीय विलयन में प्रवाहिता किया जाता है, तो यह रंगहीन हो जाता है। इसका कारण है-

(a) SO_2 का विरंजन (b) HI का निर्माण
(c) SO_2 तथा I_2 का संयोग (d) HIO_3 का निर्माण

89. HCl का जल विलयन एक अच्छा चालक है जबकि गैसीय हाइड्रोजन क्लोराइड नहीं है। यह इस कारण होता है कि-

(a) जल विद्युत का सुचालक है

(b) HCl जल में आयनित हो जाता है

(c) गैस विद्युत की सुचालक नहीं हो सकती लेकिन जल हो सकता है

(d) इनमें से कोई नहीं

90. असत्य कथन बताइए। HI किससे बनाया जा सकता है-

(a) आयोडाइड को सान्द्र H_2SO_4 के साथ गर्म करके

(b) H_2S को आयोडीन विलयन में प्रवाहित करके

(c) लाल फॉस्फोरस तथा आयोडीन के मिश्रण पर जल की क्रिया द्वारा

(d) H_2 तथा I_2 के मिश्रण को एक नली में गर्म करके

91. क्लोरीन के निम्नलिखित आक्साइडों में से कौन-सा शुष्क क्लोरीन गैस को 90°C पर गर्म सिल्वर क्लोरेट के ऊपर से गुजारने पर मिलता है-

(a) Cl_2O (b) ClO_3
(c) ClO_2 (d) ClO_4

92. फ्रीऑन 12 को सामान्यतया उपयोग में लाते हैं-

(a) कीटनाशी की भाँति (b) शीतलीकारक की भाँति
(c) विलायक की भाँति (d) अग्निशमक की भाँति

93. दो आयनिक ठोसों CaO तथा KI के लिये निम्नलिखित में से गलत कथन को पहचानिये-

(a) CaO की जालक ऊर्जा KI की अपेक्षा काफी उच्च होती है

(b) KI बेन्जीन मं विलयशील होता है

(c) CaO का ऊँचा गलनांक होता है

(d) KI का गलनांक निम्न होता है

94. अम्लता के सही क्रम का सैट (sat) है-

(a) $HClO < HClO_2 < HClO_3 < HClO_4$

(b) $HClO_4 < HClO_3 < HClO_2 < HClO$

(c) $HClO < HClO_4 < HClO_3 < HClO_2$

(d) $HClO_4 < HClO_2 < HClO_3 < HClO$

उत्तरमाला

1. (a)	**2.** (a)	**3.** (d)	**4.** (a)	**5.** (c)	**6.** (d)	**7.** (a)	**8.** (d)	**9.** (b)	**10.** (c)
11. (b)	**12.** (d)	**13.** (b)	**14.** (c)	**15.** (a)	**16.** (a)	**17.** (b)	**18.** (d)	**19.** (d)	**20.** (c)
21. (d)	**22.** (c)	**23.** (b)	**24.** (d)	**25.** (c)	**26.** (d)	**27.** (a)	**28.** (a)	**29.** (b)	**30.** (b)
31. (a)	**32.** (b)	**33.** (b)	**34.** (c)	**35.** (c)	**36.** (d)	**37.** (a)	**38.** (a)	**39.** (d)	**40.** (c)
41. (a)	**42.** (c)	**43.** (d)	**44.** (b)	**45.** (c)	**46.** (d)	**47.** (c)	**48.** (a)	**49.** (b)	**50.** (b)
51. (a)	**52.** (a)	**53.** (b)	**54.** (b)	**55.** (d)	**56.** (b)	**57.** (a)	**58.** (c)	**59.** (b)	**60.** (c)
61. (a)	**62.** (c)	**63.** (b)	**64.** (b)	**65.** (d)	**66.** (a)	**67.** (d)	**68.** (a)	**69.** (d)	**70.** (a)
71. (a)	**72.** (a)	**73.** (d)	**74.** (d)	**75.** (d)	**76.** (b)	**77.** (b)	**78.** (a)	**79.** (a)	**80.** (d)
81. (a)	**82.** (a)	**83.** (c)	**84.** (d)	**85.** (a)	**86.** (d)	**87.** (c)	**88.** (b)	**89.** (b)	**90.** (a)
91. (c)	**92.** (b)	**93.** (b)	**94.** (a)						

उत्तर हल सहित

2. (a) $PH_3 + 4Cl_2 \longrightarrow PCl_5 + 3HCl$

4. (a) ग्रेफाइट में sp^2-संकरण, समतलीय ज्यामितिय एक π-बन्ध सहित होती है।

6. (d) $2CrO_4^{2-} + 2HNO_3 \longrightarrow Cr_2O_7^{2-} + 2NO_3^- + H_2O$

7. (a) ऑक्साइडों की अम्लीयता आवर्त में बांये से दांये जाने पर बढ़ती है।

8. (d) He, H_2 से भारी है।

9. (b) Al बहुलकी हाइड्राइड नहीं बनाता।

10. (c) Al की समन्वय संख्या छः है।

$Al_2Cl_6 + 12H_2O \longrightarrow 2[A](OH)_6]^{3-} + 6Cl^- + 12H^+$

11. (b) कम ताप पर सफेद टिन के सलेटी (grey) टिन में परिवर्तन के कारण यह पाउडर में टूट जाता हैं।

12. (d) धातु ऑक्साइड (CaO) क्षारीय है, अधातु ऑक्साइड (CO_2, SiO_2) अम्लीय हैं। कुछ धातु ऑक्साइड उभयधर्मी हैं। उदाहरण के लिए- BeO, SnO_2, ZnO, Al_2O_3 आदि।

13. (b) हाइपो फॉस्फोरस अम्ल (H_3PO_2) 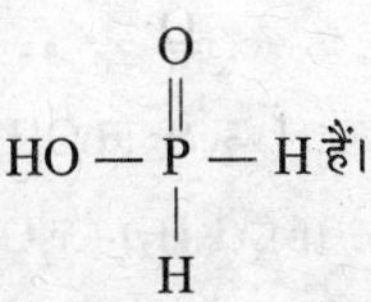 हैं।

14. (c) $AlCl_3$ को सूखाने तक गर्म करने पर Al_2O_3 बनता हैं।

$2AlCl_3 + 6H_2O \longrightarrow 2Al(OH)_3 + 6HCl$

$2Al(OH)_3 \longrightarrow Al_2O_3 + 3H_2O$

15. (a) SiO_2 की 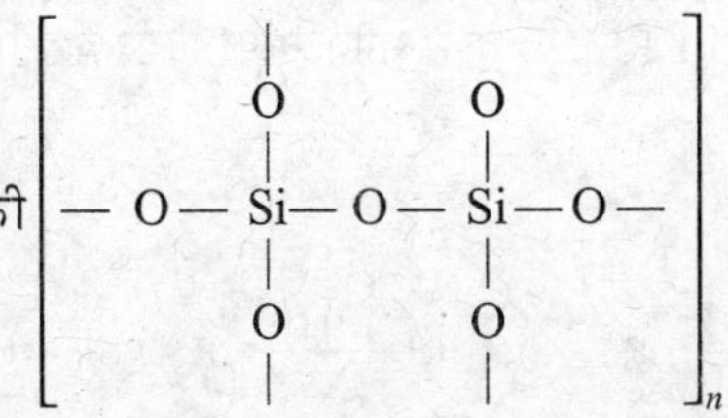 बहुलकीय संरचना होती है।

16. (a) B_2H_6 है

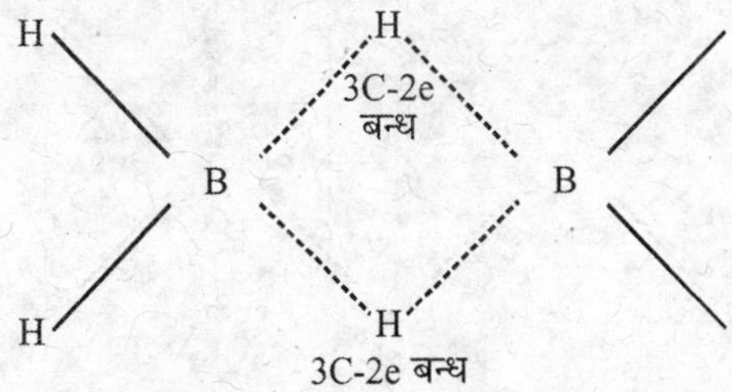

4(B — H) बन्ध तथा 2C – 2e बन्ध

17. (b) जैसे-जैसे बन्ध की लम्बाई (H — X) बढ़ती है, बन्ध ऊर्जा घटती है तथा तापीय स्थायित्व घटता है।

18. (d) $3OCl^- \longrightarrow ClO_3^- + 2Cl^-$

19. (d) $(NH_4)_2SO_4 \longrightarrow 2NH_4^+ + SO_4^{2-}$

20. (c) अक्रिय युग्म प्रभाव (Inert pair effect) के कारण, जैसे हम

समूह में नीचे की ओर जाते हैं तो +2 ऑक्सीकरण अवस्था का स्थायित्व बढ़ता है।

$SiX_2 << GeX_2 << SnX_2 << PbX_2$

21. (d) ब्रोमीन गर्म व तीव्र NaOH के साथ क्रिया करके NaBr, $NaBrO_3$ व H_2O बनाता है।

22. (c) ठोस अवस्था में ऐल्युमिनियम तथा बेरिलियम दोनों के क्लोराइड सेतु संरचना रखते हैं।

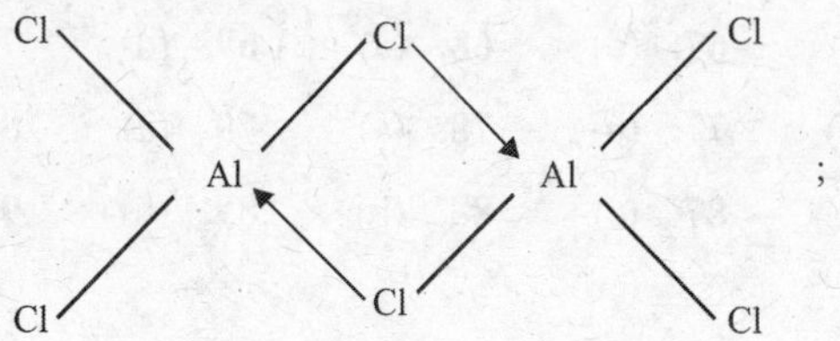

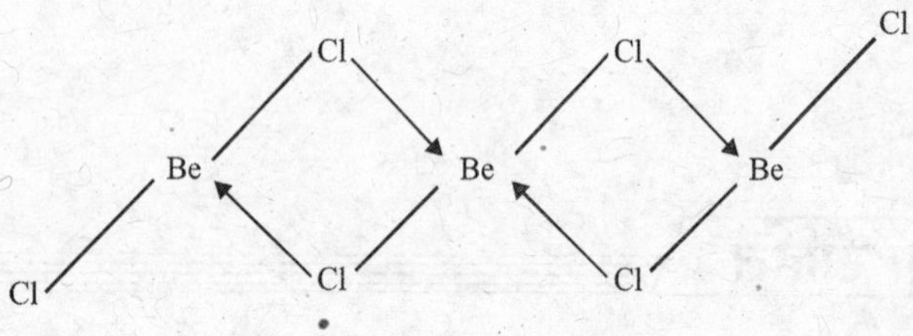

23. (b) $RSiCl_3$ जल-अपघटन पर तिर्यकबद्ध सिलिकोन बहुलक देता है।

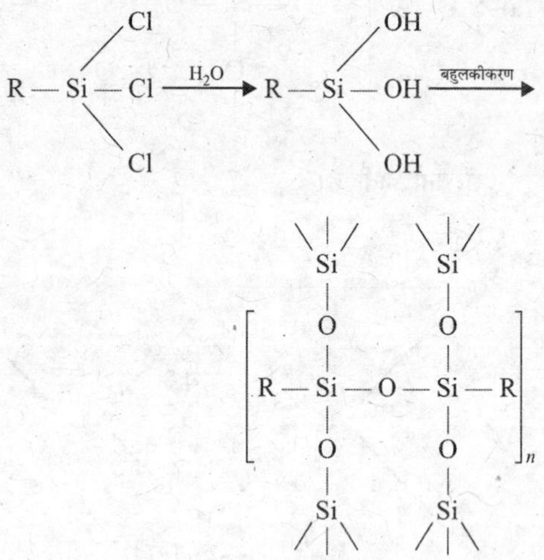

24. (d) बोरिक अम्ल एक मोनोबेसिक लुइस अम्ल है।

27. (a) BCl_3 अणु में, बोरॉन के रिक्त $2p_z$ कक्षक के साथ Cl परमाणु के पूरित $3p$-कक्षक का अतिव्यापन अधिक नहीं हो पाता है क्योंकि $3p$-कक्षक का आकार $2p$-कक्षक से बड़ा होता है। अतः BCl_3 के B परमाणु को परोक्ष बन्धन (back bonding) के द्वारा इलेक्ट्रॉन पूर्ति अधिक नहीं हो पाती है। $AlCl_3$ अणु में Al के रिक्त $3p_z$ कक्षक तथा Cl परमाणु के पूरित $3p$-कक्षक के मध्य अतिव्यापन अधिक होता है। Al को back bonding के द्वारा कुछ इलेक्ट्रॉन पूर्ति हो जाती है जिसके कारण $AlCl_3$, BCl_3 की अपेक्षा क्षीण लुइस अम्ल हो जाता है।

30. (b) ठोस कार्बन डाइऑक्साइड का उर्ध्वपातन होता है।

31. (a) बन्द कमरे में कोयले के जलन से CO बनती है।

39. (d) सिन्दूर में Pb_3O_4 होता है।

40. (c) $Me_2SiCl_2 \xrightarrow[-2HCl]{H_2O} Me_2Si(OH)_2$

$\longrightarrow -[O-Me_2Si-O-]_n$

41. (a) NF_3 तथा PH_3 की संरचना पिरैमिडी है।

49. (b) $\underset{\text{हड्डी की राख}}{Ca_3(PO_4)_2} + 3SiO_2 \xrightarrow{\Delta, 1200°C} 3CaSiO_3 + P_2O_5$

51. (a) $4Zn + \underset{\text{अति तनु}}{10HNO_3} \rightarrow 4Zn(NO_3)_2 + NH_4NO_3 + 3H_2O$

52. (a) CO के अणु में इलेक्ट्रॉनों की सख्या = 6 + 8 = 14

CN^- आयन में इलेक्ट्रॉनों की संख्या = 6 + 7 + 1 = 14

अतः CO तथा CN^- आइसोइलेक्ट्रॉनिक हैं।

53. (b) फॉस्फोरस का परमाणु आकार बड़ा होने के कारण $p\pi - p\pi$ बनध क्षीण हो जाता है। अतः यह P_2 अणु नहीं बनाता है।

54. (b) $\overset{+}{N}H_4$ आयन में H—N—H बन्ध कोण उच्चतम 109°28' है। क्योंकि केन्द्रीय परमाणु (N) पर कोई एकाकी इलेक्ट्रॉन युग्म नहीं है।

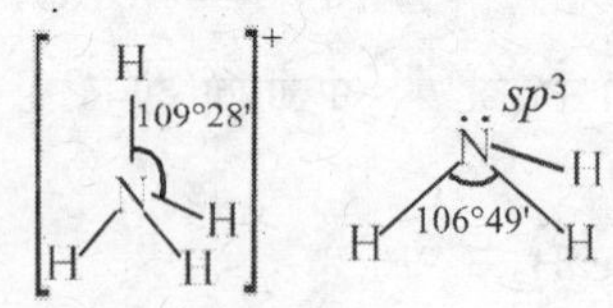

N का sp_3 संकरण

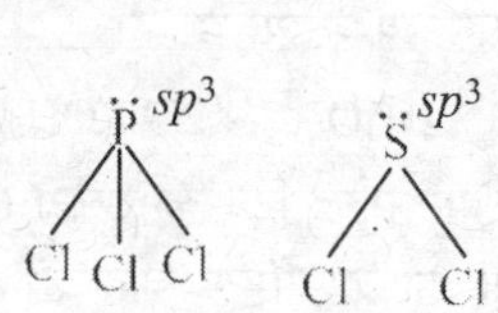

55. (d) $_7N\ 1s^2 2s^2 2p^3$

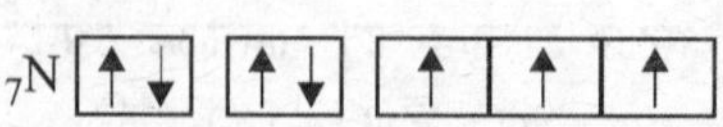

हुण्ड के नियम के अनुसार $2p$ उपकोश में तीन अयुग्मित इलेक्ट्रॉन।

56. (b) $(NH_4)_2Cr_2O_{7(s)} \xrightarrow{\Delta} N_{2(g)} + 4H_2O + Cr_2O_3$

$NH_4NO_2 \xrightarrow{\Delta} N_2 + 2H_2O$

58. (c) $KNO_{3(s)} + \underset{\text{सान्द्र}}{H_2SO_4} \longrightarrow KHSO_4 + HNO_3$

$4HNO_3 \longrightarrow 2H_2O + O_2 + \underset{\text{भूरी वाष्प}}{4NO_2} \uparrow$

59. (b) BeF_2; $\overset{\delta-}{F}-\overset{\delta+}{Be}-\overset{\delta-}{F}$ (रेखीय संरचना)

$\mu = 0$

H_2O; 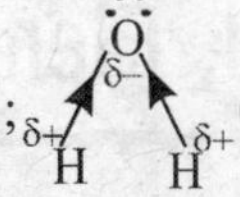 (कोणीय संरचना)

$\mu \neq 0$

61. (a) $Na_2SO_3 + \underset{\text{तनु}}{H_2SO_4} \longrightarrow Na_2SO_4 + H_2O + SO_2$

$Na_2SO_3 + \underset{\text{लाल भूरी}}{Br_2} + H_2O \longrightarrow Na_2SO_4 + \underset{\text{रंगहीन}}{2HBr}$

66. (a) $2KClO_3(s) \xrightarrow[\text{ऊष्मा}]{MnO_2\,(\text{उत्प्रेरक})} 2KCl\,(s) + 3O_2(g)$

67. (d) $2Ag + O_3\,(g) \longrightarrow O_2(g) + \underset{\text{सिल्वर ऑक्साइड}}{Ag_2O}$ (Ag का ऑक्सीकरण)

$Ag_2O + O_3 \longrightarrow \underset{\text{काली धातु}}{2Ag} + 2O_2$ (Ag_2O का Ag में अपचयन)

68. (a) $2FeCl_3 + H_2S \longrightarrow 2FeCl_2 + 2HCl + \underset{\text{कोलॉइडी सल्फर}}{S}$

71. (a) $3SO_2 + O_3 \longrightarrow 3SO_3$

75. (d) जल (H_2O) का द्विध्रुव आघुर्ण 1.85D होता है अर्थात H_2O ध्रुवी (polar) अणु होता है। अतः इसके अणुओं के मध्य द्विध्रुव आकर्षण कल कार्य करते हैं जिससे इसका क्रान्तिक ताप O_2 की अपेक्षा अधिक हो जाता है। O_2 एक अध्रुवी अणु है।

79. (a) $Cl_2 + \underset{\text{ठण्डा}}{2NaOH(aq)} \longrightarrow NaCl + H_2O + NaClO$

82. (a) $ClO_3(OH)$ (परक्लोरिक अम्ल) का संयुग्मी क्षार ClO_4^- (परक्लोरेट आयन) सबसे अधिक अनुनादी स्थायित्व रखता है।

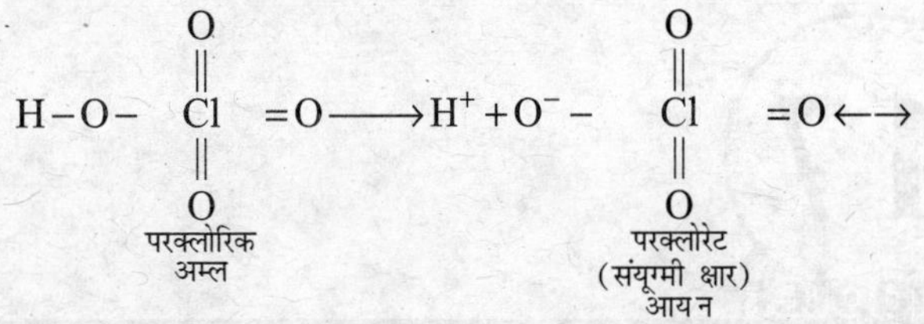

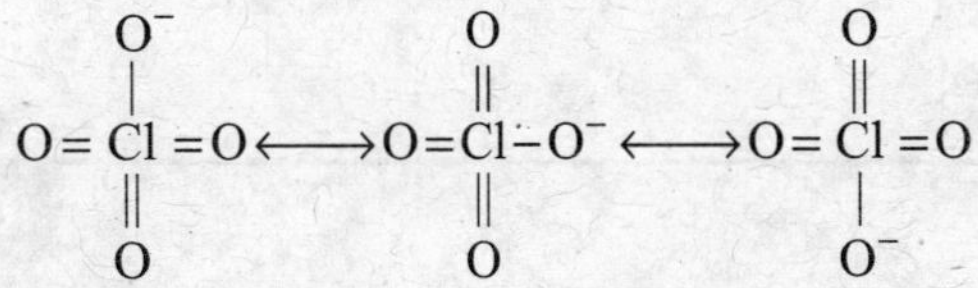

84. (d) $2KMnO_4 + \underset{\text{सान्द्र}}{16HCl} \longrightarrow 2KCl + 2MnCl_2 + 8H_2O + 5Cl_2$

85. (a) $6CaOCl_2(s) \xrightarrow[\text{(असमानुपातन)}]{\text{भंडारण पर}} 5CaCl_2 + Ca(ClO_3)_2$

86. (d) HF किसी भी रासायनिक ऑक्सीकारक को अपचयित नहीं कर सकता है।

87. (c) प्राप्त HI को सान्द्र H_2SO_4 ऑक्सीकृत कर देता है।

88. (b) $SO_2 + 2H_2O + \underset{\text{बैंगनी}}{I_2} \longrightarrow H_2SO_4 + \underset{\text{रंगहीन}}{2HI}$

90. (a) आयोडाइड को सान्द्र H_2SO_4 के साथ गर्म करके HI नहीं बनाया जा सकता है क्योंकि HI एक अपचायक है। यह H_2SO_4 को SO_2 में अपचयित कर देता है।

91. (c) $2AgCO_3 + Cl_2 \xrightarrow{90°C} 2Agcl + 2ClO_2\uparrow + O_2\uparrow$

92. (b) Cl_2O फ्रीऑन – 12 (CF_2Cl_2) को शीतलीकारक (refrigerant) की भाँति उपयोग में लाते हैं।

93. (b) KI (आयनिक ठोस) बेन्जीन (अध्रुवी विलायक) में अघुलनशील होता है।

94. (a) $\overset{+1}{HClO} < \overset{+3}{HClO_2} < \overset{+5}{HClO_3} < \overset{+7}{HClO_4}$

संयुग्मी क्षार का स्थायित्व HClO से $HClO_4$ तक बढ़ता है।

❑❑❑

17 Chapter

d-तथा f-ब्लॉक तत्व
(d- and f-Block Elements)

स्मरणीय बिन्दु

- $HgCl_2$ मरक्यूरिक क्लोराइड (तीव्रनाशक शोधना) अमोनियम हाइड्रॉक्साइड के साथ क्रिया करके $Hg(NH_2)Cl$ बनने के कारण सफेद अवक्षेप बनाता हैं।

  $HgCl_2$ जहरीला विषैला है तथा इसका विषनाशक अण्डे की सफेदी है।
- Hg_2Cl_2 (कैलोमल) : दवाईयों को शुद्ध करने में किया जाता है Hg_2Cl_2 अमोनियम हाइड्रॉक्साइड के साथ क्रिया करके $Hg(NH_2)Cl + Hg$ बनने के कारण काला अवक्षेप बनाता है।
- मोहर लवण NH_4^+, Fe^{++} तथा SO_4^{--} का परीक्षण देता है।
- सोडियम नाइट्रोप्रोसाइड $Na_2[Fe(CN)_6 \cdot NO]$ सल्फाइड आयन के साथ क्रिया करके $Na_4[FeCCN)_5 \cdot NO_5]$ बनने के कारण बैंगनी रंग देता है।
- $AgNO_3$ लूनर कॉस्टिक कहा जाता है गर्म करने पर $Ag + NO_2 + O_2$ देता है।
- $[CuI_4]^{2-}$ नहीं बनता है I^{--} शक्तिशाली अपचायक पदार्थ हैं cu^{++} को Cu^+ में बदल देता है।
- ZnO को फिलोस्फर वूल भी कहा जाता है यह वातावरणीय ऑक्साइड है जो कोबाल्ट नाइट्रेट के साथ गर्म करने पर रीनमन ग्रीन देता हैं।
- $ZnSO_4, 7H_2O$ सफेद विट्रोल है। यह लाई लोशन भी प्रयोग किया जाता हैं।
- $Zn(OH)_2$, NaOH तथा NH_4OH दोनों में घुलनशील है।
- मुक्त संयोजकताओं के कारण d-ब्लॉक तत्व उत्प्रेरकीय क्रियाशील है। कुछ स्थिति में संक्रमण तत्व अयुग्मित d-इलेक्ट्रॉन उपलब्ध कराते हैं जो उपभोक्ता के साथ क्रिया करके अस्थायी मध्यस्थ यौगिक बनाते हैं। जबकि अन्य संक्रमण धातुएँ उपभोक्ताओं को अवशोषित करने के लिए ज्यादा पृष्ठ क्षेत्र उपलब्ध कराती हैं।
- बाह्रय कोश s-ऑर्बिटल के इलेक्ट्रॉनों का अपूर्ण d-ऑर्बिटल से मिलने में भाग लेने के कारण, सभी संक्रमण तत्व, प्रथम तथा अंतिम श्रेणी के प्रत्येक सदस्यों को छोड़कर परिवर्तित संयोजकता रखते हैं। इसका कारण यह है कि $(n{-}1)d$ तथा ns-ऑर्बिटलों की ऊर्जाओं के मध्य थोड़ा अन्तर होता है तथा इसलिए इलेक्ट्रॉन दोनों ऊर्जा स्तरों पर बन्ध बना सकते हैं।
- $KMnO_4$ का तुल्यांकी भार :

  (i) अम्लीय अवस्था में, $= \frac{\text{परमाणु भार}}{5} = \frac{158}{5} = 31.68$

  (ii) क्षारीय अवस्था में, $= \frac{\text{परमाणु भार}}{1} = \frac{158}{1} = 158$

  (iii) उदासीन अवस्था में, $= \frac{\text{परमाणु भार}}{3} = \frac{158}{3} = 52.6$
- $FeSO_4$ आयनिक नाइट्रेट के साथ भूरा झल्ला बनाती है।

  $$FeSO_4 + NO + 5H_5O \longrightarrow [Fe(H_2O)_5NO]SO_4$$
- $CuSO_4 + CaO$ बोर्डिएक्स मिश्रण है तथा फैंगीसाइड के रूप में प्रयोग होता हैं।
- $AgNO_3$ – (लूनार कॉस्टिक) हेयर डाई तथा न मिटने वाली स्याही (अक्षय स्याही) को बनाने में प्रयोग किया जाता हैं।
- (i) लीथोपोन : सफेद पेन्ट – $Zn + BaSO_4$

  (ii) रीनमान ग्रीन - हरा रंग $ZnO \cdot CoO$.
- $KMnO_4$ रेडॉक्स ट्राइट्रेशन में स्व: सूचक के रूप में प्रयोग किया जाता है।
- सेक्विटजर पदार्थ : $[Cu(NH_3)_4SO_4]$ का प्रयोग सेल्यूलोज को घोलने में किया जाता है।
- ठोस अवस्था तथा जलीय विलयन दोनों में लगभग सभी d-ब्लॉक तत्व के यौगिक रंगीन होते हैं।
- $Cu^+, Zn^{2+}, Ag^+, Cd^{2+}, Hg^{2+}$ पूर्ण रूप से भरे d-ऑर्बिटल रखते हैं तथा इलेक्ट्रॉनों के स्थानान्तरण के लिए d-ऑर्बिटल नहीं रखते हैं। इसलिए, ये रंगहीन तथा प्रतिचुम्बकीय हैं।
- एक क्लोराइड के मिश्रण को पोटेशियम डाइक्रोमेट तथा सान्द्र सल्फ्यूरिक अम्ल के साथ करने पर क्रोमिल क्लोराइड (CrO_2Cl_2) के लाल-भूरी भाप प्राप्त होती है।
- इन तत्वों के बाह्यकोश के आर्बिटल के इलेक्ट्रानिक विन्यास ns^1 या ns^2 है तथा अन्त में (लेकिन अन्त से पहले) ऑर्बिटल $(n-1)s^2$ $(n-1)p^6$ $(n-1)d^{1-10}$ हैं।
- संक्रमण तत्वों में $(n-1)d$ सब-शैल पूर्ण रूप से भरी नहीं होती हैं।
- **प्रथम संक्रमण श्रेणी [First transition series (3*d* series)] :** इस श्रेणी में 10-तत्व हैं जो आवर्त्त सारणी के IV-आवर्त्त से संबन्धित हैं।

  3d-श्रेणी : Sc (21) से Zn (30) तक

  इलेक्ट्रॉनिक विन्यास : $1s^22s^22p^63s^23p^63d^{1-10}.4s^{1-2}$
- **द्वितीय संक्रमण श्रेणी [Second transition series (4*d* series)]** यहाँ इस श्रेणी में 10-तत्व हैं जो आर्वत सारणी के V-आवर्त्त से संबन्धित हैं।

4d-श्रेणी : Y (39) से Cd (48) तक

इलेक्ट्रॉनिक विन्यास : $3d^{10}.4s^2 4p^6 4d^{1-10}.5s^{0-2}$

☐ **तृतीय संक्रमण श्रेणी [Third transition series (5*d* series)]:** इस श्रेणी में 10-तत्व हैं जो आवर्त सारणी के VI आवर्त से संबन्धित हैं।

5d-श्रेणी : La (57) तथा Hf (72) से Hg (80) तक

☐ **चतुर्थ संक्रमण श्रेणी [Fourth transition series (6*d* series)]:** यह श्रेणी थोड़ी अपूर्ण हैं। यहाँ 7-तत्व श्रेणी में हैं।

☐ **धात्विक गुण (Metallic Character) :** सभी संक्रमण तत्वों के धनत्व अधिक है। सभी ज्ञात तत्वों में ओसमियम (O_s) सबसे अधिक घनत्व (लगभग 22.6 ग्राम/सेमी०^3) रखते हैं।

☐ **गलनांक तथा क्वथनांक (Melting and Boiling Points) :** Zn, Cd तथा Hg छोड़कर अन्य सभी संक्रमण तत्व अधिक गलनांक तथा क्वथनांक रखती हैं।

☐ **आयनन विभव (Ionisation Potential) :** प्रथम आयनन विभव *d*-ब्लॉक तत्वों का *s*-ब्लॉक तत्वों से अधिक है तथा *p*-ब्लॉक तत्वों से कम हैं।

☐ **रंगीन आयन तथा रंगीन यौगिक बनाने की प्रवृत्ति (Tendency to form coloured ions and coloured compounds) :** आयनों द्वारा अपूर्ण भरे हुए *d*-ऑर्बिटल रखने के कारण रंगीन आयन तथा रंगीन यौगिक बनाते हैं। इस प्रकार, Cu^{++} (d^9), Ni^{++} (d^8), Co^{++} (d^7) तथा Fe^{++} (d^6) हाइड्रेट रंगीन आयन हैं तथा इनके यौगिक भी रंगीन होते हैं।

☐ **चुम्बकीय गुण (Magnetic Property) :** अयुग्मित इलेक्ट्रॉनों की संख्या अधिक होने पर अनुचुम्बकीय गुण अधिक होता हैं।

Fe, Co आदि अनुचुम्बकीय हैं तथा चुम्बक को बनाने में प्रयोग किये जाते हैं। इन्हें फेरोमैगनेटिक कहते है।

- Sc^{3+}, Ti^{4+}, Cu^+ तथा Zn^{++} अयुग्मित इलेक्ट्रॉन नहीं रखते है। इसलिए, ये रंगहीन तथा प्रतिचुम्बकीय है।
- Ni^{++} 2-अयुग्मित इलेक्ट्रॉन रखता है। इसलिए यह रंगीन तथा अनुचुम्बकीय है।
- Co^{++}, Cr^{+++} तथा B^{++} 3-अयुग्मित इलेक्ट्रॉन रखता है। इसलिए यह रंगीन तथा अनुचुम्बकीय है।
- V^+, Fe^{++} तथा Co^{+++} 4-अयुग्मित इलेक्ट्रॉन रखता है। इसलिए यह रंगीन तथा अनुचुम्बकीय हैं।
- Mn^{++} तथा Fe^{+++} 5-अयुग्मित इलेक्ट्रॉन रखते है। इसलिए यह रंगीन तथा अनुचुम्बकीय है।

☐ **उत्प्रेरक गुण (Catalytic Properties) :** संक्रमण तत्व तथा उनके यौगिक उत्प्रेरक के रूप में प्रयोग किये जाते हैं। उत्प्रेरक गुण के कारण है –

(a) ये तत्व बहुत सी ऑक्सीकरण अवस्था ग्रहण करते हैं।

(b) इन धातुओं के पृष्ठ पर उपस्थित परमाणु मुक्त संयोजकता रखते हैं।

(c) ये यौगिक बनाने की क्षमता रखते है।

d-ब्लॉक के तत्वों का अध्ययन (Study of Compound of *d*-Block) :

पोटेशियम डाइक्रोमेट (Potassium Dichromate, $K_2Cr_2O_7$):

⇨ इससे पोटेशियम क्रोमेट बनाया जाता है।

$$\underset{\text{Chromite ore}}{4FeCr_2O_4} \xrightarrow[\text{Or}Na_2CO_3]{NaOH+O_2} Na_2CrO_4 \xrightarrow{H^+} Na_2Cr_2O_7$$

$$\xrightarrow{KCl} K_2Cr_2O_7$$

⇨ डाइक्रोमेट तथा क्रोमेट आयन बराबर पाये जाते हैं तथा विलयन की pH बदलने पर आपस में बदल जाते हैं।

$$\underset{\substack{\text{Chromatic ion}\\ \text{(yellow)}}}{2CrO_4^{2-}} \underset{OH^-}{\overset{H^+}{\rightleftharpoons}} \underset{\substack{\text{Dichromate}\\ \text{ion (orange red)}}}{Cr_2O_7^{2-}} + H_2O$$

⇨ तनु H_2SO_4 में $K_2Cr_2O_7$ शक्तिशाली ऑक्सीकारक पदार्थ है।

$$K_2Cr_2O_7 + 4H_2SO_4 \rightarrow K_2SO_4 + Cr_2(SO_4)_3 + 4H_2O + 3O$$

या $$Cr_2O_7^{2-} + 14H^+ + 6e^- \longrightarrow 2Cr^{3+} + 7H_2O$$

$$I^- \xrightarrow{K_2Cr_2O_7+H_2SO_4} I_2$$
$$H_2S \xrightarrow{K_2Cr_2O_7+H_2SO_4} S$$
$$Na_2SO_3 \xrightarrow{K_2Cr_2O_7+H_2SO_4} Na_2SO_4$$
$$SO_2 \xrightarrow{K_2Cr_2O_7+H_2SO_4} H_2SO_4$$

⇨ **क्रोमाइल क्लोराइड परीक्षण (Chromyl Chloride Test) :** यह परीक्षण क्लोराइड द्वारा दिया जाता है।

$$\text{Chloride} \xrightarrow[H_2SO_4]{K_2Cr_2O_7} \text{Red gas} \xrightarrow{NaOH} \text{Yellow solution}$$
$$\xrightarrow[CH_3OOH]{(CH_3COO)_2Pb} \text{Yellow ppt.}$$

- पीले अवक्षेप NaOH में घुलनशील है।
- CrO_2Cl_2 बनने के कारण लाल गैस होती है।
- Na_2Cr_2O के कारण पीला विलयन होता है।
- $PbCrO_4$ के कारण पीला अवक्षेप होता है।

⇨ **H_2O_2 के साथ $K_2Cr_2O_7$ की अभिक्रिया (Reaction of $K_2Cr_2O_7$ with H_2O_2) :**

- H_2O_2 अम्लीय $K_2Cr_2O_7$ से क्रिया करके गहरा नीला विलयन CrO_5 बनने के कारण देता है।

$$Cr_2O_7^{2-} + 2H^+ + 4H_2O_2 \longrightarrow 2CrO_5 + 5H_2O$$

- H_2SO_4 के साथ गर्म करने पर नीला रंग हरे रंग में बदल जाता है। क्रोमियम सल्फेट बनने के कारण।

$$CrO_5 \xrightarrow{H_2SO_4} Cr_2(SO_4)_3$$

- $K_2Cr_2O_7$ का उपयोग वोल्यूमेट्रिक एनेलाइसिस तथा रेडॉक्स टाइट्रेशन में किया जाता है। लेकिन $Na_2Cr_2O_7$ का उपयोग वोल्यूमेट्रिक एनेलाइसिस में नहीं होता है क्योंकि यह डेलीक्यूसेनट है।

पोटेशियम परमैंगनेट [$KMnO_4$ (Potassium Permagnet)]

⇨ यह पाइरोलोसाइट MnO_2 से निर्मित किया जाता है।

$$\underset{\text{Pyrolusite}}{MnO_2} \xrightarrow{A} \underset{\text{Potassium magnet}}{\text{Green Mass } K_2MnO_4} \xrightarrow{B} \underset{\text{Potassium Permanganate}}{KMnO_4} \text{ (Purple colour)}$$

A is —	**B** is —
• $KOH + OH$	• CO_2
• $K_2CO_3 + O_2$	• Cl_2
• $KOH + KMnO_3$	• $O_3 + H_2O$
• $KOH + KClO_3$	

⇨ $KMnO_4$ अम्लीय अवस्था, क्षारीय अवस्था तथा उदासीन माध्यम में शक्तिशाली ऑक्सीकारक पदार्थ हैं।

- अम्लीय माध्यम में $KMnO_4$, $MnSO_4$ में बदल जाता है (+7 से +2)

$$\text{तुल्यांकी भार} = \frac{\text{परमाणु भार}}{5}$$

- क्षारीय माध्यम में $KMnO_4$, K_2MnO_4 में बदल जाता है (+7 से +6)

$$\text{तुल्यांकी भार} = \text{परमाणु भार}$$

- उदासीन माध्यम में $KMnO_4$, MnO_2 में बदल जाता है (+7 से +4)

$$\text{तुल्यांकी भार} = \frac{\text{परमाणु भार}}{3}$$

⇨ **अम्लीय माध्यम में (In Acidic Medium) :**

$$2KMnO_4 + 3H_2SO_4 \longrightarrow K_2SO_4 + 2MnSO_4 + 3H_2O + 5O$$

$$I^- \xrightarrow{KMnO_4+H_2SO_4} I_2$$
$$H_2S \xrightarrow{KMnO_4+H_2SO_4} S$$
$$Na_2SO_3 \xrightarrow{KMnO_4+H_2SO_4} Na_2SO_4$$
$$SO_2 \xrightarrow{KMnO_4+H_2SO_4} H_2SO_4$$

⇨ **क्षारीय माध्यम में (In Basic Medium) :**

- $KMnO_4$ पोटेशियम आयोडाइड को पोटेशियम आयोडेट में ऑक्सीकृत कर देता है।

$$2KMnO_4 + H_2O + KI \longrightarrow 2MnO_2 + 2KOH + KIO_3$$

- 1 % क्षारीय $KMnO_4$ को बेयर रियजेन्ट कहते है।
- उदासीन माध्यम में सोडियम थायोसल्फेट सोडियम सल्फेट में ऑक्सीकृत हो जाता है।

$$8KMnO_4 + 3Na_2S_2O_3 + H_2O \longrightarrow 3K_2SO_4 + 8MnO_2 + 3Na_2SO_4 + 2KOH$$

आयरन के यौगिक (Compound of Iron) :

⇨ **फैरस अमोनियम सल्फेट (Ferrous Ammonium Sulphate) ($FeSO_4.7H_2O$)**

- इसे हरा विट्रोल या हारा कसीस भी कहते है।
- शुष्क $FeSO_4$ रंगहीन या सफेद है। लेकिन नमी की उपस्थिति में बेसिक फैरिक सल्फेट बनने के कारण यह भूरा-पीला होता है।
- $FeSO_4$ गर्म करने पर सल्फर के दो ऑक्साइड SO_2 तथा SO_3 देते है।

$$\underset{\text{Green}}{FeSO_4.7H_2O} \xrightarrow[-7H_2O]{300^\circ C} \underset{\text{White}}{2FeSO_4} \xrightarrow[\text{temp.}]{\text{High}} Fe_2O_3 + SO_2 + SO_3$$

- अम्लीय $KMnO_4$ अम्लीय $K_2Cr_2O_7$, $AuCl_3$, $HgCl_2$ ओजोन व हाइड्रोजन परऑक्साइड के द्वारा $FeSO_4$ फेरिक सल्फेट में बदल जाता हैं।

$$10FeSO_4 + 2KMnO_4 + 8H_2SO_4 \longrightarrow 5Fe_2(SO_4)_3 + K_2SO_4 + 2MnSO_4 + 8H_2O$$

$$6FeSO_4 + K_2Cr_2O_7 + 7H_2SO_4 \longrightarrow 3Fe_2(SO_4)_3 + K_2SO_4 + \underset{\text{Green}}{Cr_2(SO_4)_3} + 7H_2O$$

$$AuCl_3 + 3FeSO_4 \longrightarrow Au + Fe_2(SO_4)_3 + FeCl_3$$

$$6HgCl_2 + 6FeSO_4 \rightarrow 3Hg_2Cl_2 + 2Fe_2(SO_4)_3 + 2FeCl_3$$

- $FeSO_4$ पोटेशियम सायनाइड से क्रिया करके पोटेशियम फेरोसायनाइड प्राप्त करता है।

$$FeSO_4 + 6KCN \longrightarrow K_4[Fe(CN)_6] + K_2SO_4$$

⇨ **मोहर लवण (फेरस अमोनियम सल्फेट) [Mohr's Salt (Ferrous Ammonium Sulphate) [$FeSO_4(NH_4)_2SO_4.6H_2O$]**

- यह Fe^{2+}, NH_4^+ तथा SO_4^{2-} का परीक्षण देता है।
- $FeCl_3$ के द्वारा मोहर लवण का निर्माण होता है

$$Fe_2O_3 + 6HCl \longrightarrow 2FeCl_3 + 3H_2O$$

$$Fe(OH)_3 + 3HCl \longrightarrow FeCl_3 + 3H_2O$$

$$Fe_2(CO_3)_3 + 6HCl \longrightarrow 2FeCl_3 + 3H_2O + 3CO_2$$

- $FeCl_3$, $SnCl_2$, SO_2 + जल, H_2S, KI के द्वारा $FeCl_2$ में बदल जाता है।

$$2FeCl_3 + SnCl_2 \longrightarrow 2FeCl_2 + SnCl_4$$

$$2FeCl_3 + SO_2 + 2H_2O \longrightarrow 2FeCl_2 + H_2SO_4 + 2HCl$$

$$2FeCl_3 + H_2S \longrightarrow 2FeCl_2 + 2HCl + S$$

$$2FeCl_3 + 2KI \longrightarrow 2FeCl_2 + 2KCl + I_2$$

$$FeCl_3 + H \longrightarrow FeCl_2 + HCl$$

- $FeCl_3$ पोटेशियम फेरोसायनाइड के साथ क्रिया करके प्रशियन ब्लू देता है।

$$4FeCl_3 + 3K_4[Fe(CN)_6] \longrightarrow Fe_4[Fe(CN)_6]_3 + 12KCl$$

$[Fe(CN)_6]$

- $FeCl_3$ अमोनियम थायोसायनाइड या पोटेशियम थायोसायनाइड के

साथ क्रिया करके संकर यौगिक बनने के कारण लाल रंग प्राप्त होता है।

$$FeCl_3 + 3NH_4CNS \longrightarrow Fe(SCN)_3 + 3NH_4Cl$$

⇨ **सोडियम नाइट्रोप्रोसाइड के बनाने की विधि (Sodium Nitroprusside, $Na_2[Fe(CN)_5.NO]$ is prepared by):**

$$2K_3[Fe(CN)_6] \xrightarrow[-K_2CO_3]{Na_2CO_3} Na_3[Fe(CN)_6]$$

$$Na_3[Fe(CN)_6] + NO \longrightarrow \underset{\text{Sod. nitroprusside}}{Na_2[Fe(CN)_5.NO]} + NaCN$$

कॉपर के यौगिक (Compound of Copper) :

⇨ कॉपर के यौगिक क्यूप्रस तथा क्यूप्रिक दो अवस्था में पायी जाती हैं।

⇨ क्यूप्रिक यौगिक क्यूप्रस यौगिक में बदल जाता है, इसके अनुसार,

$$CuSO_4 + SO_2 + Water + NaX \longrightarrow CuX + Na_2SO_4 + H_2SO_4$$

जहाँ $NaX = NaCl, NaBr, NaI, NaCN, NaCNS$.

⇨ CuI व CuCN के निर्माण की स्थिति में SO_2 की आवश्यकता नहीं होती है।

$$2CuSO_4 + 4NaCN \longrightarrow 2CuCN + 2Na_2SO_4 + (CN)_2$$

$$2CuSO_4 + 4NaI \longrightarrow 2CuI + 2Na_2SO_4 + I_2$$

⇨ $CuCl_2$ हाइड्रोक्लोरिक अम्ल की अधिकता में घुलकर H_2CuCl_3 तथा H_2CuCl_4 प्राप्त करता है।

$$Cu_2Cl_2 + 6HCl \longrightarrow 2H_3CuCl_4$$

$$Cu_2Cl_2 + 4HCl \longrightarrow 2H_2CuCl_3$$

⇨ क्यूप्रस क्लोराइड कॉस्टिक क्षारों के साथ क्रिया करके पीला अवक्षेप देता है जो लाल अवक्षेप में बदल जाता है।

$$Cu_2Cl_2 + 2NaOH \longrightarrow \underset{\text{Yellow changing to red}}{Cu_2O} + 2NaCl + H_2O$$

⇨ क्यूप्रस क्लोराइड डीकन विधि में उत्प्रेरक के रूप में प्रयोग किया जाता है (क्लोरीन गैस का निर्माण)

$[Cu(H_2O)_4]^{2+}$ या $[Cu(H_2O)_6]^{2+}$ के निर्माण के कारण हाइड्रेटिड क्यूप्रिक यौगिक नीला रंग का होता है।

⇨ **हाइड्रेटिड $CuCl_2$ गर्म करके CuO तथा $CuCl_2$ देता है:**

$$3CuCl_2.2H_2O \longrightarrow CuO + Cu_2Cl_2 + 2HCl + Cl_2 + 5H_2O$$

⇨ **एनहाइड्रस $CuCl_2$ गर्म करके Cu_2Cl_2 तथा Cl_2 देता है:**

$$2CuCl_2 \longrightarrow Cu_2Cl_2 + Cl_2$$

सिल्वर के यौगिक [Compound of Silver ($AgNO_3$)] :

⇨ इसे लूनार कॉस्टिक कहते हैं।

⇨ इसे गलनांक पर गर्म करने पर $AgNO_2 + O_2$ प्राप्त होता है लेकिन तेज गर्म करने पर $Ag + NO_2 + O_2$ देता है।

$$2AgNO_3 \xrightarrow{m.p.} 2AgNO_2 + O_2$$

$$2AgNO_3 \longrightarrow 2Ag + 2NO_2 + O_2$$

⇨ $AgNO_3$, I_2 के साथ क्रिया करके $AgNO_3 + AgI$ प्राप्त करता है I_2 लेकिन I_2 की अधिकता में $HIO_3 + AgI$ देता है।

$$\underset{\text{(excess)}}{6AgNO_3} + 3I_2 + 3H_2O \longrightarrow AgIO_3 + 5AgI + 6HNO_3$$

$$5AgNO_3 + \underset{\text{(excess)}}{3I_2} + 3H_2O \longrightarrow HIO_3 + 5AgI + 5HNO_3$$

⇨ $AgNO_3$ हाइपो के साथ क्रिया करके सफेद अवक्षेप देता है जो हाइपो की अधिकता में घुलकर संकर यौगिक बनाता है।

$$AgNO_3 \xrightarrow{Na_2S_2O_3} \underset{\text{white}}{Ag_2S_2O_3}\downarrow \xrightarrow{\text{Excess of hypo}} \underset{\text{Sodium argento-thisulphate}}{Na_3[Ag(S_2O_3)_2]}$$

⇨ $AgNO_3$ अमोनियम हाइड्रॉक्साइड के साथ क्रिया करके भूरा अवक्षेप प्राप्त करता है जो कि संकर यौगिक बनने के कारण अमोनियम हाइड्रॉक्साइड की अधिकता में घुल जाता है।

$$AgNO_3 \xrightarrow{NH_4OH} \underset{\text{Black}}{Ag_2O}\downarrow + NH_4NO_3 \xrightarrow{\text{Excess of } NH_4OH} [Ag(NH_3)_2]NO_3$$

⇨ $AgNO_3$ सिल्वर हैलाइड के निर्माण के लिए फोटोग्राफी में प्रयोग किया जाता है। AgBr का प्रयोग फोटोग्राफी फिल्म तथा प्लेट के निर्माण के लिए किया जाता है।

जिंक के यौगिक (Compound of Zinc) :

⇨ जिंक ऑक्साइड (फिलोस्फर वूल) जिंक नाइट्रेट, जिंक कार्बोनेट, तथा जिंक हाइड्रॉक्साइड को गर्म करने पर जिंक ऑक्साइड प्राप्त होता है। यह एक उभयधर्मी ऑक्साइड है।

⇨ जिंक ऑक्साइड कोबाल्ट नाइट्रेट के साथ क्रिया करके कोबाल्ट जिंकेट बनाता है जो रीनमैन ग्रीन के नाम से भी जाना जाता है।

$$2Co(NO_3)_2 \longrightarrow 2CoO + 2NO_2 + O_2$$

$$2ZnO + 2CoO \longrightarrow 2CoZnO_2 \text{ (or } CoO \cdot ZnO)$$

⇨ मरक्यूरस क्लोराइड (कैलोमल) का निर्माण के द्वारा होता है-

- $Hg_2(NO_3)_2 \xrightarrow[NaCl]{HClO_3}$
- $HgSO_4 + Hg + NaCl \longrightarrow$
- $HgCl_2 + Hg$
- $HgCl_2 + SO_2 + H_2O$
- Hg_2Cl_2 गर्म तथा सान्द्र HNO_3 के साथ क्रिया करके $Hg(NO_3)_2 + HgCl_2$ देता है।

$$Hg_2Cl_2 + \underset{\text{not and con.}}{HNO_3} \rightarrow Hg(NO_3)_2 + HgCl_2 + NO + H_2O$$

- Hg_2Cl_2, NaOH के साथ काले अवक्षेप देते है जोसान्द्रता में पीले हो जाते है।

$$HgCl_2 \xrightarrow{NaOH} \underset{black}{Hg_2O} \downarrow \xrightarrow{self} HgO + Hg$$

- Hg_2Cl_2, NH_4OH के साथ क्रिया करके $Hg + Cl - Hg - NH_2$ बनने के कारण काले अवक्षेप देते हैं।

⇨ **$HgCl_2$ (मरकरी क्लोराइड) या कोरोसिव सब्लीमेट [$HgCl_2$ (Mercury chloride) or Corrosive Sublimate] :**

- $HgNO_3$, NH_4OH के साथ क्रिया करके $Cl - Hg - NH_2$ बनने के कारण कारण सफेद अवक्षेप देता है।
- **नैसलर अभिक्रिया का निर्माण (Formation of Nessler reaction) :**

$$HgCl_2 \xrightarrow{KI} \underset{Red}{HgI_2} \downarrow \xrightarrow{KI} K_2[HgI_4]$$

K_2HgI_4 का क्षारीय विलयन नैसलर क्रिया कहलाता है।

$$HgCl_2 + 2KI \xrightarrow[KCl]{} \underset{Red}{HgI_2} \xrightarrow{2KI} K_2HgI_4$$

- $HgCl_2$ बहुत जहरीला है तथा कीटाणुनाशी एवं प्रतिरोधी के रूप में प्रयोग किया जाता है।
- Hg_2Cl_2 का प्रयोग दवाईयों को शुद्ध करने में किया जाता है।

प्रशियन ब्लू (Prussian Blue) : $Fe_4[Fe(CN)_6]_3$

⇨ $K_4[Fe(CN)_6]$ के साथ क्रिया करके नीले रंग का विलयन देता है। जो फेरिक फेरोसायनाइड भी कहते हैं इसमें आयरन +3 एवं +2 ऑक्सीकरण अवस्था होती है।

$$K_4[Fe(CN)_6] + FeCl_3 \longrightarrow K \cdot [Fe^{(III)}(CN)_6] + 3KCl$$

टर्नबुल ब्लू (Turnbull's Blue) :

⇨ जब Fe^{2+}, $K_3[Fe(CN)_6]$ के साथ क्रिया करके एक नीले रंग का भार उत्पन्न करता है। जिसे टर्नब्लू भी कहते है।

$$K_3[Fe(CN)_6] + FeSO_4 \longrightarrow K \cdot Fe^{(II)}[Fe^{(III)}(CN)_6] + K_2SO_4$$

अभ्यास के लिए प्रश्न

1. जब H_2S को $HgCl_2$ में प्रवाहित करते हैं, तो प्राप्त होता है–
(a) HgS (b) $HgS + Hg_2S$
(c) $Hg_2S + Hg$ (d) Hg_2S

2. Fe^{3+} तथा Cr^{3+} आयनों की पहचान कर सकते हैं–
(a) NH_4OH वियलन का आधिक्य लेकर
(b) NH_4^+ आयन की सान्द्रता बढ़ाकर
(c) OH^- आयन की सान्द्रता घटाकर
(d) (b) तथा (c) दोनों

3. म्नि में से उभयधर्मी (amphoteric) ऑक्साइड है–
(a) SO_2 (b) B_2O_3
(c) ZnO (d) Na_2O

4. एक लाल ठोस जल में अविलये है। किनतु यदि KI की कुछ मात्रा इसमें मिला दें। तो यह विलेय हो जाता है। लाल रंग के ठोस पदार्थ को परखनली में गर्म करने पर बैंगनी रंग की कुछ धूम (violet coloured fumes) निकलती है तथा परखनली के ठंडे हिस्से पर धातु की बूंदें बन जाती हैं। लाल ठोस क्या है?
(a) HgO (b) $AgNO_3$
(c) $(NH_4)_2Cr_2O_7$ (d) $Cu(NO_3)_2$

5. निम्न में से कौन-सा यौगिक तीव्रता से गर्म करने पर धातु के अवशेष छोडेगा?
(a) $Mn(NO_3)_2$ (b) $AgNO_3)$
(c) $Fe(NO_3)_3$ (d) $Cu(NO_3)_2$

6. अच्छी गुणवत्ता के दर्पण बनाने के लिए, फ्लोट काँच (float glasses) की पट्टिकाएँ प्रयुक्त की जाती हैं। ये पट्टियाँ पिघले हुए काँच को द्रव धातु के ऊपर तैराने पर प्राप्त की जाती हैं। धातु ऐसा होता है, कि काँच से पहले जमता नहीं है, धातु हो सकता है–
(a) Na (b) Mg
(c) Ag (d) Sn

7. सीरियम (Z = 58) लैंथेनॉइडों का एक महत्वपूर्ण सदस्य है। सीरियम के सम्बन्ध में निम्न में से कौन-सा कथन गलत है?
(a) सीरियम (IV) एक ऑक्सीकारक की भाँति कार्य करता है
(b) सीरियम की +3 ऑक्सीकरण अवस्था, +4 ऑक्सीकरण अवस्था से अधिक स्थायी है
(c) सीरियम (cerium) की +4 ऑक्सीकरण अवस्था विलयनों में ज्ञात नहीं है।
(d) सीरियम की सामान्य ऑक्सीकरण अवस्था, + तथा +4 है।

8. $CuSO_4$ विलयन से KI की आधिक्य में क्रिया करायी जाती है, तथा उसके बाद इसमें $Na_2S_2O_3$ विलयन मिलाया जाता है। निम्न में से कौन-सा कथन इस अभिक्रिया के बारे में असत्य है?
(a) निकलने वाली I_2 अपचयित हो जाती है
(b) CuI_2 बनता है
(c) $Na_2S_2O_3$ ऑक्सीकृत हो जाता है
(d) Cu_2I_2 बनता है

9. NH_4OH से अभिक्रिया कराने पर कैलोमल देता है–
(a) $HgNH_2Cl$ (b) NH_2—Hg—Hg—Cl
(c) Hg_2O (d) HgO

10. लैंथेनॉइड संकुचन किस तथ्य के लिए उत्तरदायी है?
(a) Zr तथा Y की त्रिज्याएँ लगभग बराबर होती हैं
(b) Zr तथा Nb की ऑक्सीकरण अवस्थाएँ
(c) Zr तथा Hf की त्रिज्याएँ लगभग समान हैं
(d) Zr तथा Zn की ऑक्सीकरण अवस्था समान हैं

11. निम्न में से कौन-सा कारक लैंथेनॉइड संकुचन का मुख्य कारण नहीं

माना जा सकता है?

(a) उपकक्षा में $4f$ इलेक्ट्रॉन की दूसरे से दुर्बल शील्डिंग
(b) उपकक्षा में एक $4f$ इलेक्ट्रॉन की दूसरे से प्रबल शील्डिंग
(c) $4f$ इलेक्ट्रॉनों द्वारा $5d$ इलेक्ट्रॉनों की दुर्बल शील्डिंग
(d) $5d$ इलेक्ट्रॉनों द्वारा $4f$ इलेक्ट्रॉनों की दुर्बल शील्डिंग

12. असत्य कथन पहचानिए-
(a) *d*-ब्लॉक तत्व आपस में अनियमित व अनिश्चित रासायनिक गुण प्रदर्शित करते हैं
(b) La तथा Lu में आंशिक रूप से भरे हुए *d*-कक्षक होते हैं तथा अन्य कक्षक आंशिक भरे हुए नहीं होते है
(c) अनेकों लैंथेनॉइडों का रसायन एक-समान होता है
(d) $4f$ तथा $5f$ कक्षक एक-समान परिरक्षित होते हैं

13. समान्य: ऐक्टिनॉइड, लैंथेनॉइड की तुलना में ज्यादा ऑक्सीकरण अवस्था प्रदर्शित करते हैं, क्योंकि-
(a) $5f$ कक्षक $4f$ कक्षकों की तुलना में ज्यादा छिपा हुआ होता है
(b) $4f$ तथा $5f$ कक्षकों के तरंग फलन के कोणीय भाग में समानता होती है
(c) ऐक्टिनॉइड, लैंथेनॉइड की तुलना में ज्यादा क्रियाशील होते हैं
(d) $5f$ कक्षक नाभिक की ओर $4f$ कक्षकों से ज्यादा फैले होते हैं

14. ऐक्टिनॉइडों द्वारा लैंथेनॉइडों की अपेक्षा अधिक ऑक्सीकरण अवस्थाएँ प्रदर्शित की जाती है, इसका मुख्य कारण है-
(a) $5f$ कक्षकों की अपेक्षा, $4f$ कक्षकों का अधिक विकसित होना
(b) $5f$ तथा $6d$ कक्षकों के मध्य, $4f$ तथा $5d$ कक्षकों के मध्य की अपेक्षा ऊर्जा का कम अन्तर
(b) $5f$ तथा $6d$ कक्षकों के मध्य, $4f$ तथा $5d$ कक्षकों के मध्य की अपेक्षा ऊर्जा का अधिक अन्तर
(d) लैंथेनॉइड की अपेक्षा ऐक्टिनाइडों की अधिक क्रियाशील प्रकृति

15. निर्जल कॉपर सल्फेट विघटित होकर प्रदान करता है
(a) $CuSO_4.5H_2O$ (b) $CuSO_4.H_2O$
(c) $CuO + SO_3$ (d) Cu

16. इनमें से कौन-सा यौगिक औषधि में सारक (purgative) के रूप में प्रयोग किया जाता है?
(a) $ZnSO_4.7H_2O$ (b) $ZnCl_2$
(c) $HgCl_2$ (d) Hg_2Cl_2

17. मिलियन के बेस का आयोडाइड है
(a) HgI_2 (b) K_2HgI_4
(c) $NH_2HgO.HgI$ (d) NH_4I

18. संक्रमण धातुएँ प्राय: अनुचुम्बकीय होती हैं, क्योंकि-
(a) इनके गलनांक तथा क्वथनांक अधिक हैं
(b) इनमें रिक्त कक्षक हैं
(c) निकाय में एक अथवा अधिक अयुग्मित इलेक्ट्रॉन उपस्थित है
(d) ये IA एवं IIA समूह के तत्वों से कम विद्युत धनात्मक हैं और उनके आयन सामान्यत: रंगीन होते हैं, वे हैं

19. फेरिक क्लोराइड का निर्जलीय सेम्पल निम्न को गर्म करके बनाया जाता है-
(a) Fe + HCl (b) $Fe + Cl_2$
(c) $FeCl_2 + Cl_2$ (d) हाइड्रेटेड फेरिक क्लोराइड

20. फेरस सल्फेट का एक महत्वपूर्ण उपयोग है-
(a) ब्लू-ब्लैक इंक के औद्योगिक उत्पादन में
(b) चॉक के औद्योगिक उत्पादन में
(c) हाइड्रोजन सल्फाइड को बनाने में
(d) निर्जलीय फेरिक क्लोराइड को बनाने में

21. संक्रमण तत्वों का समान्य इलेक्ट्रॉनिक विन्यास होता है-
(a) $(n-1)\,d^{1-5}$ (b) $(n-1)\,d^{1-10}\,ns^1$
(c) $(n-1)\,d^{1-10}\,ns^{1-2}$ (d) $ns^2\,(n-1)\,d^{10}$

22. संक्रमण तत्व रंगीन होते हैं-
(a) छोटे आकार के कारण
(b) धात्विक प्रकृति के कारण
(c) अयुग्मित *d*-इलेक्ट्रॉन के कारण
(d) उपरोक्त सभी सही हैं

23. $K_2Cr_2O_7$ की NaCl तथा सान्द्र H_2SO_4 से अभिक्रिया देती है-
(a) $CrCl_3$ (b) $CrOCl_2$
(c) CrO_2Cl_2 (d) Cr_2O_3

24. PbO_2 तथा सान्द्र HNO_3 के साथ $Mn(OH)_2$ को गर्म करने पर गुलाबी रंग प्राप्त होता है, क्योंकि बनता है-
(a) $KMnO_4$ (b) $HMnO_4$
(c) $Pb(MnO_4)_2$ (d) $PbMnO_4$

25. निम्नलिखित में से संक्रमण धातुओं के लिए क्या सत्य नहीं है-
(a) इनके गलनांक तथा क्वथनांक उच्च होते हैं
(b) इनके यौगिक सामान्यत: रंगीन होते हैं
(c) ये आयनिक अथवा सहसंयोजन यौगिक बनाते हैं
(d) ये परिवर्तनीय संयोजकता प्रदर्शित नहीं करते

26. $3d$–धातु आयन प्रकृति से अनुचुम्बकीय होते हैं, क्योंकि-
(a) ये अनॉक्सीकारक होते हैं
(b) ये रंगीन लवण बनाते हैं
(c) इनमें एक या अधिक युग्मित *s*–इलेक्ट्रॉन होते हैं
(d) इनमें एक या अधिक अयुग्मित *d*–इलेक्ट्रॉन होते हैं

27. निम्न में से कौन इथेनॉल में घुलनशील है-
(a) HgF_2 (b) $HgCl_2$
(c) $HgBr_2$ (d) HgI_2

28. Mn^{2+} में अयुग्मित इलेक्ट्रॉनों की संख्या है-
(a) 3 (b) 5
(c) 4 (d) 1

29. Zn तथा Hg एक ही वर्ग में पाए जाते हैं लेकिन ये कई गुणों में असमानता रखते हैं वह गुण जिसमें दोनों समानता रखते हैं-
(a) ये सरलता से ऑक्साइड बनाते हैं
(b) यह सरलता से भाप से क्रिया करते हैं
(c) यह गर्म सान्द्र सल्फ्यूरिक अम्ल से क्रिया करते हैं
(d) यह गर्म NaOH से क्रिया करते हैं

30. *d*-ब्लॉक तत्वों की तरह जिंक तथा मर्करी परिवर्ती संयोजकता नहीं दर्शाते। क्योंकि-
(a) ये मुलायम होते हैं
(b) इनके *d*-कक्षक पूर्ण होते हैं
(c) इनके बहारी उपकक्षक में केवल दो इलेक्ट्रॉन होते हैं

(d) इनके d-कक्षक अपूर्ण होते हैं

31. संक्रमण तत्व तथा उनके यौगिकों की उत्प्रेरक क्रिया उल्लेखित करती है-
(a) रासायनिक क्रियाशीलता को
(b) चुम्बकीय व्यवहार को
(c) अर्द्धपूरित d-कक्षक को
(d) विभिन्न ऑक्सीकरण अवस्था दर्शाने की क्षमता तथा संकुल बनाने की क्षमता को

32. द्वितीय संक्रमण श्रेणी का सामान्य इलेक्ट्रॉनिक विन्यास है-
(a) $[Ne]3d^{1-10}, 4s^2$ (b) $[Ar]3d^{1-10}, 4s^{1-2}$
(c) $[Kr]4d^{1-10}, 5s^{1-2}$ (d) $[Xe]5d^{1-10}, 5s^{1-2}$

33. $AgNO_3$ के विलयन में यदि Cu मिलाये जायें तो विलयन नीला हो जाता है। इसका कारण है-
(a) Ag का ऑक्सीकरण (b) Cu का ऑक्सीकरण
(c) Ag का अपचयन (d) Cu का अपचयन

34. संक्रमण धातुओं के मोनोऑक्साइडों के क्षारीय गुण का क्रम है-
(a) $TiO > VO > CrO > FeO$
(b) $VO > CrO > TiO > FeO$
(c) $CrO > VO > FeO > TiO$
(d) $TiO > FeO > VO > CrO$
(परमाणु क्रमांक Ti = 22, V = 23, Cr = 24, Fe = 26)

35. संक्रमण धातुओं के सम्बन्ध में गलत कथन हैं-
(a) सभी संक्रमण तत्व मुख्य रूप से धात्विक हैं
(b) जलीय विलयन में अधिकतर से तत्वों के सरल आयन रंगीन होते हैं
(c) अधिकतर संक्रमण तत्व उच्च उत्प्रेरक क्रिया दर्शाते हैं
(d) अधिकतर संक्रमण तत्व केवल एक संयोजी अवस्था दर्शाते हैं

36. लेंथेनाइड संकुचन होता है, क्योंकि-
(a) f-कक्षक के इलेक्ट्रॉन आसानी से त्यागे जाते है
(b) f-कक्षक अर्द्धपूरित भरे होते हैं
(c) नाभिकीय आवेश के लिए f-कक्षक के इलेक्ट्रॉन कम परिरक्षी होते हैं
(d) f-कक्षक परमाणु की सतह पर नहीं आते है तथा अंदर के किनारों पर रहते है

37. KI की किस विलयन के साथ क्रिया कराने पर I_2 मुक्त होती है:
(a) $ZnSO_4$ (b) $CuSO_4$
(c) $(NH_4)_2SO_4$ (b) Na_2SO_4

38. कॉपर सल्फेट के जलीय घोल में KCN अधिकता में मिलाने में कौन-सा पदार्थ बनता है ?
(a) $K_4[Cu(CN)_6]$ (b) $K_3[Cu(CN)_4]$
(c) $K[Cu.Cu(CN)_6]$ (b) $K_3[Cu(CN)_4]$

39. उस कथन की पहचान कीजिए जो कॉपर सल्फेट के बारे में सही नहीं है-
(a) यह KI से अभिक्रिया करके आयोडिन देता है
(b) यह KCl से अभिक्रिया करके Cu_2Cl_2 देता है
(c) यह NaOH तथा ग्लूकोज से अभिक्रिया करके Cu_2O देता है
(d) यह हवा में खूब गर्म करने पर CuO देता है

40. निम्न में से कौन-सा ऑक्साइड सफेद है, परन्तु गर्म करने पर पीला हो जाता है ?
(a) AgO (b) FeO
(c) ZnO (d) Ag_2O

41. जब $KMnO_4$ अम्लीकृत $FeSO_4$ से अभिक्रिया करता है, तो:
(a) मात्र $FeSO_4$ ऑक्सीकृत होता है
(b) मात्र $KMnO_4$ ऑक्सीकृत होता है
(c) $FeSO_4$ ऑक्सीकृत होता है तथा $KMnO_4$ अपचयित होता है
(d) उपरोक्त में से कोई नहीं

42. क्रोमिक अम्ल का अम्लीय विलयन H_2O_2 के साथ अभिक्रिया करके देता है :
(a) $CrO_3 + H_2O + O_2$ (b) $CrO_5 + H_2O$
(c) $Cr_2O_3 + H_2O + O_2$ (d) $H_2Cr_2O_7 + H_2O + O_2$

उत्तरमाला

1. (a)	**2.** (d)	**3.** (c)	**4.** (d)	**5.** (b)	**6.** (c)	**7.** (c)	**8.** (b)	**9.** (a)	**10.** (c)
11. (a)	**12.** (d)	**13.** (d)	**14.** (b)	**15.** (c)	**16.** (d)	**17.** (c)	**18.** (c)	**19.** (b)	**20.** (a)
21. (c)	**22.** (c)	**23.** (c)	**24.** (b)	**25.** (d)	**26.** (d)	**27.** (a,b,c)	**28.** (b)	**29.** (a)	**30.** (b)
31. (d)	**32.** (c)	**33.** (b)	**34.** (a)	**35.** (d)	**36.** (d)	**37.** (b)	**38.** (d)	**39.** (d)	**40.** (c)
41. (c)	**42.** (b)								

हल

1. (a) $HgCl_2 + H_2S \longrightarrow HgS + 2HCl$

2. (d) $Fe(OH)_3$ अवक्षेपित होता है।

3. (c) ZnO अम्ल तथा क्षार दोनों से क्रिया करता है।

$ZnO + 2HCl \longrightarrow ZnCl_2 + H_2O$

$ZnO + 2NaOH \longrightarrow Na_2ZnO_2 + H_2O$

4. (d) $HgI_2 + 2KI \longrightarrow K_2HgI_4$;

पुन: $HgI_2 \xrightarrow{\Delta} Hg + I_2\uparrow$ (बैंगनी)

Hg वाष्पशील धातु होने के कारण परखनली के ठंडे हिस्से में जमा होता है।

5. (b) $AgNO_3 \xrightarrow{\Delta} Ag + NO_2 + \frac{1}{2}O_2$

6. (c) Hg कमरे के ताप पर द्रव है।

7. (c) Ce^{4+} ऑक्सीकारक है तथा विलयन में ज्ञात है।

$Ce^{4+} + Fe^{2+} \longrightarrow Ce^{3+} + Fe^{3+}$

8. (b) $2CSO_4 + 4KI \longrightarrow 2K_2SO_4 + Cu_2I_2 + I_2$

$2Na_2S_2O_3 + I_2 \longrightarrow Na_2S_4O_6 + 2NaI$

9. (a) $Hg_2Cl_2 + 2NH_4OH \rightarrow \underbrace{Hg\begin{matrix}\diagup NH_2 \\ \diagdown Cl\end{matrix} + Hg}_{\text{काला}} + NH_4Cl + 2H_2O$

12. (d) $4f$ व $5f$ भिन्न कक्षक में होने के कारण विभिन्न मात्रा में परिरक्षित प्रभाव महसूस करते हैं।

13. (d) सामान्यत: ऐक्टिनॉइड्स, लैन्थेनॉइड्स की अपेक्षा ज्यादा ऑक्सीकरण अवस्था प्रदर्शित करते हैं, क्योंकि $5f$ कक्षक $4f$ कक्षकों की तुलना में केन्द्रक से ज्यादा दूर तक फैला होता है।

14. (b) लैंथेनॉइड तथा ऐक्टिनॉइड क्रोड (core) *d* तथा *f* कक्षकों का प्रयोग उच्च ऑक्सीकरण अवस्था प्रदर्शित करने के लिए करते हैं। ऐक्टिनॉइडों में *f* तथा *d* कक्षकों के मध्य ऊर्जा का अन्तर कम होने के कारण ये अधिक ऑक्सीकरण अवस्थाएँ प्रदर्शित करते हैं।

15. (c) $CuSO_4 \xrightarrow{\Delta} CuO + SO_3$.

16. (d) Hg_2Cl_2 औषधियों में सारक के रूप में प्रयोग किया जाता है।

17. (c) मिलयन बेस का आयोडाइड (गाढा भूरा अवक्षेप) $NH_2HgO.HgI$ की क्षारीय K_2HgI_4 से क्रिया द्वारा प्राप्त होता है।

□□□

18 Chapter

उपसहसंयोजी यौगिक रसायन तथा कार्बधात्विक पदार्थ (Co-ordination Compounds)

➪ **द्विक लवण (Double salts) :** वे यौगिक जो ठोस अवस्था में स्थायी होते हैं, किन्तु विलयन की अवस्था में आते ही अपनी पहचान खो देते हैं। उन्हें द्विक लवण कहते हैं।

कार्नेलाइट $K_2SO_4Al_2(SO_4).24H_2O$. जलीय विलयन में K^+, Al^{+++} तथा SO_4^{2-} आयनों के परीक्षण देता है।

➪ **समन्वय यौगिक अथवा संकुल यौगिक अथवा उपसहसंयोजी यौगिक (Co-ordination Compounds) :** वे योगात्मक यौगिक जो ठोस अवस्था तथा विलयन दोनों अवस्था में अस्थायी होत है। उन्हें उपसहसंयोजक यौगिक कहते हैं। $K_4[Fe(CN)_6]$ विलयन में आयनित होकर K^+ तथा $[Fe(CN)_6]^{4-}$ आयन देता है।

➪ **लिगेंड्स (Ligands) :** वह परमाणु, समूह या ऋणायन जो केन्द्रीय धातु परमाणु को एकांकी युग्म प्रदान करता है। उसे लिगेंड्स कहते है। लिगेंड्स निम्न प्रकार के होते हैं–

- **एकलसंयोजी लिगेंड्स (Monoor unidentate ligands) :**
  $F^-, Cl^-, Br^-, H_2O, NH_3, CN^-, NO_2, OH^-, CO$.
- **द्विसंयोजी लिगेंड्स (Bidentate ligands) :**
  ईथाइलीनडाइऐमीन (en), ऑक्सेलेटो (Ox) 1, 10 फीनेंथ्रोलाइन (Phen), ग्लाइसिनेटो (Gly) 2, 2′-डाइपिरिडिल (Dipy) तथा कार्बोनेटो।
- **त्रिसंयोजी लिगेंड्स (Tridentate ligands) :**
  डाइ-ईथाइलीन ट्राइऐमीन (Dien), तथा 2, 2′, 2″-टेरपिरिडिल (Terpy)।
- **चतुर्संयोजी लिगेंड्स (Tetradentate ligands) :**
  नाइट्रालोऐसीटेटो, ट्राइ-ईथाइलीन टेट्राऐमीन (Trien)।
- **पंचसंयोजी लिगेंड्स (Pentadentate ligands) :**
  ईथाइलीनडाइऐमीन ट्राइऐसीटेट आयन।
- **षट्संयोजी लिगेंड्स (Hexadentate ligands) :**
  ईथाइलीनडाइऐमीन टेट्राऐसीटेट आयन (EDTA)।

➪ **संकर यौगिकों का नामकरण (Nomenclature of co-ordination compounds) :**

Type - 1 :

- $K[PtCl_3(C_2H_4)]$ — पोटैशियम ट्राइक्लोरोऐथिलीनप्लैटिनेट (II)
- $K_3[Fe(CN)_5CO]$ — पोटैशियम कार्बोनिलपेन्टासायनोफेरेट (II)
- $NH_4[Cr(NCS)_4(NH_3)_2]$ — अमोनियम डाइऐमीटेट्रा (आइसोथायोसायनेटो) क्रोमेट (III)
- $K[AgCl_2]$ — पोटैशियम डाइक्लोरोअर्जेंटेट (I)
- $[Au(CN)_4]^{2-}$ — बेरियम टेट्राक्लोरोक्यूप्रेट (II) आयन
- $[CoBr_4]^{2-}$ — टेट्राब्रोमोकोबाल्टेट (II) आयन
- $[PtCl_6]^{2-}$ — हेक्साक्लोरोप्लेटिनेट (IV) आयन
- $Cu_2[Fe(CN)_6]$ — कापॅर (II) हेक्सासायनो फैरेट (II)
- $K_3[Al(C_2O_4)_3]$ — पोटैशियम ट्रिस (ऑक्सेलेटो) ऐलुमिनेट (III)
- $K_3[Co(CN)_5NO]$ — पोटैशियम पेंटासायनोनाइट्रोसिलकोबाल्टेट (III)
- $K_3[Fe(C_2O_4)_3]$ — पोटैशियम ट्रिस (ऑक्लेटो) फैरेट (III)
- $[Fe(EDTA)]^-$ — ईथाइलीनडाइऐमीन टेट्राऐसीटेटोफैरेट (III) आयन
- $[Pt(NH_3)_4Cl_2]\ [PtCl_4]$ — टेट्राऐमीनडाइक्लोरोप्लेटिन (IV) टेट्राक्लोरोप्लेटिनेट (II)

Type - 2 :

- $[Pt(NH_3)_2Cl_2]Cl_2$ — डाइऐमीनडाइक्लोरोप्लेटिनम (IV) क्लोराइड
- $[Co(NH_3)_5Cl]^{2+}$ — पेंटाऐमीनक्लोरोकोबाल्ट (II) आयन
- $[Co(NH_3)_6]Cl_3$ — हेक्साऐमीनकोबाल्ट (III) क्लोराइड
- $[Ag(NH_3)_2](NO_3)_2$ — डाइऐमीनसिल्वर (II) नाइट्रेट
- $[Cu(NH_3)_4(H_2O)_2]Cl_2$ — टेट्राऐमीनडाइएक्वा कॉपर (II) क्लोराइड
- $[Co(NH_3)_5(CO_3)]Cl$ — पेंटाऐमीनकार्बोनेटोकोबाल्ट (III) क्लोराइड
- $[Cr(NH_3)_4SO_4]ClO_4$ — टेट्राऐमीनसल्फेटोक्रोमियन (III) परक्लोरेट
- $[\{(C_6H_5)_3P\}_3Rh]\,Cl$ — ट्रिस (ट्राइफिनाइल–फॉस्फीन) रोडियम (I)

Type - 3 :

- $[Co(NH_3)_3Cl_3]$ — ट्राइऐमीनट्राइक्लोरोकोबाल्ट (III)
- $[Pt(NH_3)_2Cl_2]$ — डाइऐमीनडाइक्लोरोप्लेटिनम (II)

Type - 4 :

- $[Co(NH_3)_6][PtCl_6]$ — हैक्साऐमीन कोबाल्ट (II) हैक्साक्लोरोप्लैटीनेट (IV)

- $[Co(en)_3][Cr(CN)_6]$ — ट्रिस (ऐथिलीनडाइऐमीन) कोबोल्ट (III) हैक्सासायनोफैरेट (III)
- $Cr(en)_3[Co(CN)_6]$ — ट्रिस (ऐथिलीनडाइऐमीन) क्रोमियम (III) हैक्सासायनोकोबाल्टेट (III)
- $[Pt(NH_3)_4][PtCl_6]$ — टेट्राऐमीनप्लैटिनम (II) हैक्साक्लोरोप्लैटिनेट (IV)
- $[Pt(NH_3)_4][PtCl_6]$ — टेट्राऐमीनप्लैटिनम (II)

Type - 5 :

- कुछ यौगिकों में लिगेण्ड समान तथा असमान धातुओं के साथ सेतु की तरह कार्य करते हैं। ऐसे सेतु लिगेण्ड के लिये ग्रीक अक्षर μ का उपयोग करतें हैं।

$$[(NH_3)_5 - Cr - OH - Cr(NH_3)_5]Cl_5$$

μ-हाइड्रॉक्सोबिस (पेन्टाऐमीन क्रोमियम (III) क्लोराइड

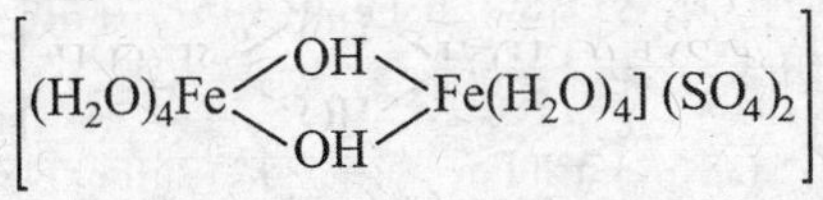

μ-डाइहाइड्रॉक्सोऑक्टाऐक्वोडाइआयरन (III) सल्फेट

उपसहसंयोजक यौगिकों में समावयवता (Isomerism in Co-ordination Compounds)

⇨ **आयनन समावयवता (Ionization Isomerism) :** जटिल यौगिक जिनका रासायनिक संघटन समान हो, परन्तु विलयन में आयनित होकर भिन्न-भिन्न आयन देते हैं, आयनन समावयवी कहलाते हैं।

$[Co(NH_3)_5Br]SO_4$ (लाल संकुल) तथा $[Co(NH_3)_5SO_4]^+Br^-$ (बैंगनी संकुल)

⇨ **उपसहसंयोजी समावयवता (Co-ordination Isomerism) :** इस प्रकार की समावयवता वे जटिल यौगिक प्रदर्शित करते हैं। जिनमें धनायन तथा ऋणायन दोनों जटिल आयन हों।

- $[Co(en)_3][Cr(CN)_6]$ तथा $[Cr(en)_3][Co(CN)_6]$
- $[Co(NH_3)_6][Cr(CN)_6]$ तथा $[Cr(NH_3)_6][Co(CN)_6]$

⇨ **स्थानउपसहसंयोजी समावयवता (Co-ordination Isomerism) :** इस प्रकार की समावयवता उन जटिल यौगिक में पायी जाती है। जिनमें सेतु लिगेंड्स होते है। अर्थात्–

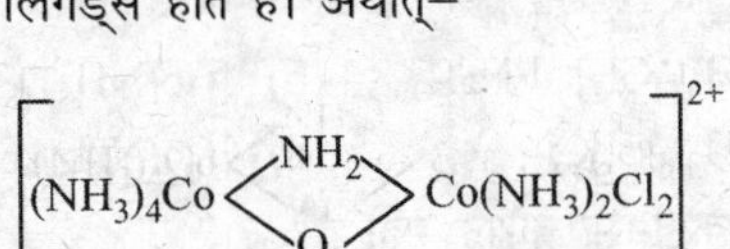

and

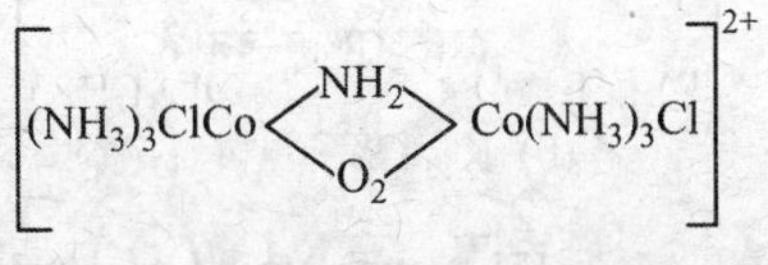

⇨ **हाइड्रेट समावयवता (Hydrate Isomerism) :** इस प्रकार की समावयवता में उपस्थित जल अणु विभिन्न प्रकार से व्यवहार करता है। यह लिगेण्ड के रूप में अथवा उपसहसंयोजन गोलार्ध के बाहर हो सकता है।

- $[Cr(H_2O)_6]Cl_3$ — बैंगनी।
- $[Cr(H_2O)_5Cl]Cl_2 \cdot H_2O$ — हल्का हरा।
- $[Cr(H_2O)_4Cl_2]Cl \cdot 2H_2O$ — गहरा हरा हाइड्रेट समावयवी रंगों में तथा चालकता में भिन्न-भिन्न होते हैं।

⇨ **बन्धन समावयवता (Linkage Isomerism) :** यह समावयवता दोहरे दन्तुक लिगेण्ड द्वारा प्रदर्शित होती है।

- $[Co(NH_3)_5ONO]Cl_2$ तथा $[Co(NH_3)_5NO_2]Cl_2$

⇨ **ज्यामितीय समावयवता (Geometrical Isomerism) :** इस प्रकार की समावयवता 4 तथा 6 उपसहसंयोजक संख्या वाले जटिल यौगिक दर्शाते हैं।

- **समपक्ष रूप (*cis* from) :** जिसमें समान समूह धातु आयन के एक तरफ हों।
- **विपक्ष रूप (*trans* from) :** जिनमें समान धातु आयन के विपरीत दिशा में जुड़ा हो।

उदाहरण: $[Cu(NH_3)_4Cl_2]^+$ की ज्यामिति अष्टफलकीय होती है।

⇨ ज्यामिति समावयवता वर्गाकार समतलीय संकर यौगिकों में पायी जाती है। Ma_2b_2, Ma_2bc तथा Mabcd प्रकार के वर्गाकार समतलीय संकर यौगिकों में ज्यामिति समावयवता प्रदर्शित करते हैं।

⇨ Ma_4 तथा Ma_3b प्रकार के संकर यौगिक ज्यामितीय समावयवता प्रदर्शित नहीं करते हैं।

- Ma_2b_2 — 2 ज्यामिति समावयवी
- Ma_2bc — 2 ज्यामिति समावयवी
- Mabcd — 3 ज्यामिति समावयवी

⇨ **अष्टकोणीय संकर (Octahedral Complexes) :**

- M_{A_5} या M_{A_5B} सदृश संकर ज्यामितीय समावयवता प्रदर्शित नहीं करते।
- $M_{A_4B_2}$, या M_{A_4BC} सदृश संकर ज्यामितीय समावयवता प्रदर्शित नहीं करते। यथा $[Fe(CN)_4(NH_3)_2]^{2-}$ जोकि $M_{A_4B_2}$ सदृश है।

⇨ **प्रकाशिक समावयवता (Optical Isomerism) :** वे संकर जिनमें कोई भी सममिति का अवयव न हो, ज्यामितीय समावयवता प्रदर्शित करते हैं। ज्यामितीय समावयवता अष्टफलकीय संकर यौगिकों में चतुष्फलकीय यौगिकों की अपेक्षा अधिक पायी जाती है।

- $M_{(AB)_3}$ सदृश संकर प्रकाशिक समावयवता प्रदर्शित करते हैं। जहाँ *A* एक सममित द्विसंयोजी लिगेण्ड है।
- $M_{(A_2)B_2}$ अथवा $M_{(A_2)BC}$ सदृश संकर भी प्रकाशिक समावयवता प्रदर्शित करते हैं। वे ज्यामितीय समावयवता भी प्रदर्शित करते हैं तथा केवल *cis* रूप को विलगित (Resolved) किया जा सकता है। जबकि *trans* रूप को नहीं, क्योंकि इसमें सममित तल होता है।

संकर यौगिकों में संकरण (Hybridization Conopt)

⇨ यदि संकर आयन के पास 6 लिगेण्ड है, अर्थात् इसके पास 6 दाता परमाणु हैं, तब केन्द्रीय धातु परमाणु या आयन पर sp^3d^2 संकरण या d^2sp^3 संकरण होता है।

sp^3d^2 अभिधारणा :

⇨ यदि 6 लिगेण्ड Ni^{++}, Pt^{++} तथा Co^{++} से संयोजित होते हैं। तब

संकरण sp^3d^2 होता है।

➪ यदि 6 लिगेण्ड में हैलोजन या जल उपस्थित होता है तथा ये Mn, Co से संयोजित होते हैं, तब इन केन्द्रीय परमाणु पर sp^3d^2 संकरण होता है।

➪ यदि 6 अमोनिया आयरन से संयोजित होती हैं, तब आयरन पर संकरण sp^3d^2 होता है। उपरोक्त तीनों अभिधारणा के अलावा अन्य केसों में संकरण d^2sp^3 होता है।

Note

- Pt एक्वा आयन नहीं बनाता।
- Cr(II) में d^4 विन्यास होता है तथा दुर्बल क्षेत्र लिगेंड्स के साथ यह dps^2 संकरण युक्त वर्गाकार समतलीय संकरों का निर्माण करता है। चार अयुग्मित इलेक्ट्रॉनों की उपस्थिति के कारण यह अनुचुम्बकीय होता है।
- हीमोग्लोबिन में Fe(II), $3d^6$ वर्गाकार समतलीय संकर देता है, जोकि अनुचुम्बकीय है।

चार लिगेंड्स की अभिधारणा (Concept of Four Ligands)

➪ यदि संकर यौगिकों में 4 लिगेंड्स (Four donor site) उपस्थित होती है, तब या तो संकरण sp^3 या फिर dsp^2।

➪ यदि 4 लिगेंड्स Zn, Cd तथा Hg से संयोजित होते हैं, तब संकरण sp^3 होता है। जैसे–$[Zn(NH_3)_4]^{++}$ $[HgI_4]^{--}$ $[Cd(CN)_4]^{--}$.

➪ यदि 4 लिगेंड्स हैलोजन होते है तथा केन्द्रीय परमाणु se, Ti, V, Cr, Mn, Fe, Co, Ni, Cu, Zn तक उपस्थित होते हैं, तब संकरण sp^3 होता है। $Ni(CO)_4$ में संकरण sp^3 होता हैं।

अनुचुम्बकीय तथा प्रतिचुम्बकीय यौगिक (Paramagnetic and Diamagnetic Complex)

➪ Ni^{++} तथा Co^{++} अष्टकोणीय संकर यौगिकों की प्रवृत्ति अनुचुम्बकीय होती है। जिनके पास क्रमश: 2 तथा 3 अयुग्मित इलेक्ट्रॉन होते है।

➪ Fe^{++} तथा Co^{+++} अष्टकोणीय संकर जिनमें संकरण d^2sp^3 होता है। प्रतिचुम्बकीय होते हैं।

➪ Fe^{++} तथा Co^{+++} के अष्टकोणीय संकर जिनमें sp^3d^2 होता है। इनके पास 4-4 अयुग्मित इलेक्ट्रॉन होने के कारण अनुचुम्बकीय होते है।

➪ $[Fe(H_2O)_5\overset{+}{N}O]SO_4$ में Fe पर sp^3d^2 संकरण होता है। जिसमें 3 अयुग्मित इलेक्ट्रॉन होते हैं।

➪ Mn^{++} (sp^3d^2) तथा Fe^{+++} के संकर यौगिक जिनमें संकरण sp^3d^2 होता है। 5-5 अयुग्मित इलेक्ट्रॉन होने के कारण अनुचुम्बकीय होते है।

➪ Zn^{++}, Co^{++} तथा Hg^{++} के sp^3 संकर यौगिक प्रतिचुम्बकीय होते हैं।

➪ Ni^{++} के dsp^2 संकर यौगिक प्रतिचुम्बकीय होते हैं।

➪ Ni^{++} के sp^3 संकर यौगिक अनुचुम्बकीय होते है।

अभ्यास के लिए प्रश्न

1. किन कक्षकों के संकरण द्वारा वर्ग समतलीय संकर बनता है?
(a) s, p_x, p_y, d_{yz} (b) $s, p_x, p_y, d_{x^2-z^2}$
(c) s, p_x, y_y, d_{z^2} (d) s, p_y, p_z, d_{xy}

2. $Ni(CO)_4$], $[Ni(CN)_4]^{2-}$ तथा $[NiCl_4]^{2-}$ प्रजातियों में, Ni परमाणु की संकरण अवस्था क्रमश: है–
(a) sp^3, ds^2p, dsp^2 (b) sp^3, dsp^2, sp^3
(c) sp^3, sp^3, dsp^2 (d) dsp^2, sp^3, sp^3

3. नाइट्रोपेंटाऐमीनक्रोमियम (III) क्लोराइड में किस प्रकार की समावयता उपस्थित है?
(a) प्रकाशिक (b) लिंकेज
(c) आयनन (d) बहुलकीकरण

4. सर्वाधिक स्थायी आयन है–
(a) $[Fe(C_2O_4)_3]^{3-}$ (b) $[Fe(Cl)_6]^{3-}$
(c) $[Fe(CN)_6]^{3-}$ (d) $[Fe(H_2O)_6]^{3+}$

5. अमोनियम क्षारीय माध्यम में कॉपर आयनों के साथ $[Cu(NH_3)_4]^{2+}$ संकर बनाता है, किन्तु अम्लीय माध्यम में नहीं है, इसका कारण है–
(a) क्षारीय माध्यम में $Cu(OH)_2$ अवक्षेपित हो जाता है, जोकि क्षार की अधिकता में विलेय है
(b) कॉपर हाइड्रॉक्साइड एक उभयधर्मी पदार्थ है
(c) अम्लीय विलयन में Cu^{2+} आयन जलयोजन द्वारा सुरक्षित रहते हैं
(d) अम्लीय विलयन में प्रोटॉन अमोनिया अणु में संयोजित होकर NH_4^+ आयन देते हैं तथा NH_3 अणु उपलब्ध नहीं होते हैं

6. संकर यौगिक $Co(NH_3)_5Cl_3$ का एक मोल जल में घोले जाने पर आयनों के 3 मोल देता है। इसी संकर एक मोल $AgNO_3$ के दो मोलों से क्रिया करके $AgCl_{(s)}$ के दो मोल देता है, संकर है–
(a) $[Co(NH_3)_4Cl_2]Cl{\cdot}NH_3$ (b) $[Co(NH_3)_4Cl]Cl_2{\cdot}NH_3$
(c) $[Co(NH_3)_5Cl]Cl_2$ (d) $[Co(NH_3)_3Cl_3]{\cdot}2NH_3$

7. निम्न में से कौन-सा कथन सही है?
(a) फैरिक आयन, पोटैशियम फैरोसायनाइड विलयन मिलाने पर गहरा हरा अवक्षेप देते हैं
(b) K^+, Ca^{2+} तथा HCO_3^- आयनों से युक्त विलयन को उबालने पर, हमें $K_2Ca(CO_3)_2$ का अवक्षेप प्राप्त होता है
(c) मैंगनीज लवण, अपचायक ज्वाला में बैंगनी बोरेक्स परीक्षण देता है
(d) AgCl तथा AgI के मिश्रण अवक्षेप से अमोनिया विलयन केवल AgCl को घोलता है।

8. तीन गुणों (*a*) अपचायक गुण (*b*) ऑक्सीकारक तथा (*c*) संकर

निर्माण, में से CN^- आयन द्वारा धातुओं के प्रति प्रदर्शित किये जाने वाले गुण हैं-

(a) a, b, c (b) b, c
(c) c, a (d) a, b

9. निम्नलिखित संकर यौगिकों में से कौन-सा बाह्य कक्षकीय संकर है?
(a) $[Ni(NH_3)_6]^{2+}$ (b) $[Mn(CN)_6]^{4-}$
(c) $[Co(NH_3)_6]^{3+}$ (d) $[Fe(CN)_6]^{4-}$

10. निम्न में से किस यौगिक के सर्वाधिक समावयवी होंगे?
(a) $[Co(en)_2Cl_2]^+$ (b) $[Co(NH_3)_5Cl]^{2+}$
(c) $[Ir(PR_3)_2H(CO)]^{2+}$ (d) $[Ru(NH_3)_4Cl_2]^+$

11. निम्नलिखित में से चुम्बकीय आघूर्णों (जिनके चक्रण मान B.M. में हैं) का सही क्रम है-
(a) $[Fe(CN)_6]^{4-} > [CoCl_4]^{2-} > [MnCl_4]^{2-}$
(b) $[MnCl_4]^{2-} > [Fe(CN)_6]^{4-} > [CoCl_4]^{2-}$
(c) $[Fe(CN)_6]^{4-} > [MnCl_4]^{2-} > [CoCl_4]^{2-}$
(d) $[MnCl_4]^{2-} > [CoCl_4]^{2-} > [Fe(CN)_6]^{4-}$

12. संकर यौगिकों का जैविक निकायों में अत्यधिक महत्व है। इस सन्दर्भ में कौन-सा कथन गलत है?
(a) कार्बोक्सीपेप्टीडेज-A एक एन्जाइम है तथा इसमें जिंक होता है
(b) हीमोग्लोबिन रक्त का लाल वर्णक है तथा इसमें आयरन होता है
(c) साइनोकोब्लामिन B_{12} होता है तथा इसमें कोबाल्ट होता है
(d) क्लोरोफिल पौधों में पाये जाने वाले हरे वर्णक हैं तथा इनमें कैल्शियम होता है

13. केन्द्रीय धातु परमाणु की किसी संकर यौगिक में समन्वय संख्या का निर्धारण किस प्रकार करते हैं?
(a) धातु आयन से जुड़े केवल ऋणायनिक लिगेंड्स की संख्या से
(b) धातु आयन के परित: π-बन्धों द्वारा जुड़े लिगेंड्स की संख्या से
(c) धातु आयन के परित: σ-बन्धों तथा π-बन्धों दोनों से जुड़े लिगेंड्स की संख्या से
(d) धातु आयन के परित: σ-बन्धों द्वारा जुड़े लिगेंड्स की संख्या से

14. निम्नलिखित में से किसमें नियमित चतुष्फलकीय संरचना पायी जाती है?
(a) $[Ni(CN)_4]^{2-}$ (b) SF_4
(c) BF_4^- (d) XeF_4

15. संकर यौगिक $K_3[Fe(CN)_6]$ का IUPAC नाम है-
(a) पोटैशियम हैक्सासायनोफैरेट (II)
(b) पोटैशियम हैक्सासायनोफैरेट (II)
(c) पोटैशियम हैक्सासायनोआयरन (II)
(d) ट्राइपोटैशियम हैक्सासायनोआयरन (II)

16. निम्न में से किसके द्वारा प्रकाशिक समावयवता प्रदर्शित की जाती है?
(a) $[Cu(NH_3)_4]^{2+}$ (b) $[ZnCl_4]^{2-}$
(c) $[Cr(C_2O_4)_3]^{3-}$ (d) $[Co(CN)_6]^{3-}$

17. निम्न में से किसमें अनुचुम्बकीय व्यवहार का मान सबसे कम है?
(a) $[Cr(CN)_6]^{3-}$ (b) $[Mn(CN)_6]^{3-}$
(c) $[Fe(CN)_6]^{3-}$ (d) $[Co(CN)_6]^{3-}$

18. निम्नलिखित में से एक विन्यास के लिए 'केवल चक्रण' चुम्बकीय आघूर्ण का मान 2.84 BM है। सही विकल्प है-
(a) d^4 (प्रबल क्षेत्र लिगेंड में)
(b) d^2 (दुर्बल क्षेत्र लिगेंड में)
(c) d^3 (दुर्बल तथा प्रबल दोनों लिगेंड क्षेत्र में)
(d) d^5 (प्रबल क्षेत्र लिगेंड में)

19. संकर $[Co(NO_2)(NH_3)_5]Cl_2$ का IUPAC नाम है-
(a) नाइट्राइटो-N-पेंटाऐमीनकोबाल्ट (III) क्लोराइड
(b) नाइट्राइटो-N-पेंटाऐमीनकोबाल्ट (II) क्लोराइड
(c) पेंटाऐमीन नाइट्राइटो-N-कोबाल्ट (II) क्लोराइड
(d) पेंटाऐमीन नाइट्राइटो-N-कोबाल्ट (III) क्लोराइड

20. निकिल $(Z = 28)$ एक-ऋणात्मक मोनोडेंटेट लिगेंड X^- के साथ संयोग करके अनुचुम्बकीय संकर $[NiX_4]^{2-}$ बनाता है। निकिल में अयुग्मित इलेक्ट्रॉनों की संख्या (s) तथा इस संकर आयन क ज्यामिति, क्रमशः हैं-
(a) एक चतुष्फलकीय (b) दो चतुष्फलकीय
(c) एक वर्ग समतलीय (d) दो वर्ग समतलीय

21. $Fe(CO)_5$ में Fe — C बन्ध में होते हैं-
(a) केवल π-लक्षण (b) σ तथा π लक्षण दोनों
(c) आयनिक लक्षण (d) केवल σ-लक्षण

22. निम्न में से किसमें वर्ग समतलीय ज्यामितीय आकृति होती है? (परमाणु क्रमांक $Co = 27, Ni = 28, Fe = 26, Pt = 78$)
(a) $[CoCl_4]^{2-}$ (b) $[FeCl_4]^{2-}$
(c) $[NiCl_4]^{2-}$ (d) $[PtCl_4]^{2-}$

23. $[E(en)_2 C_2O_4)]NO_2$ (जहाँ en = ऐथिलीन डाइऐमीन) में तत्व E की समन्वय संख्या तथा ऑक्सीकरण अवस्था क्रमशः हैं-
(a) 6 तथा 2 (b) 4 तथा 2
(c) 4 तथा 3 (d) 6 तथा 3

24. Co (परमाणु क्रमांक 27) के निम्नलिखित अष्टफलकीय संकरों में से किस संकर के लिए Δ_0 का परिमाण उच्चतम् होगा?
(a) $[Co(CN)_6]^{3-}$ (b) $[Co(C_2O_4)_3]^{3-}$
(c) $[Co(H_2O)_6]^{3+}$ (d) $[CO(NH_3)_6]^{3+}$

1. समन्वयन समावयवता का उदाहरण है-
(a) $[Co(en)_3[Cr(CN)_6]$ तथा $[Cr(en)_3[Co(CN)_6]$
(b) $[Co(NH_3)_5Br]SO_4$ तथा $[Co(NH_3)_5SO_4]Br$
(c) $[Cr(NH_3)_5ONO]Cl_2$ तथा $[Cr(NH_3)_5NO_2]Cl_2$
(d) $CrCl_3.6H_2O$ तथा $CrCl_3.5H_2O$

2. $[Cr(NH_3)_6]Cl_3$ का सही नाम है-
(a) हैक्साएमीन क्रोमियम (III) क्लोराइड
(b) हैक्साऐमीन क्रोमियम (II) क्लोराइड
(c) हैक्साऐमीन क्रोमियम (I) क्लोराइड

(d) ट्रिसऐमीन क्रोमियम (III) क्लोराइड

3. सत्य कथन कौन-सा है-

(a) $[Ni(CO)_4]$ की ज्यामिति चतुष्फलकीय है

(b) $[Co(NH_3)_6]^{3+}$ संकुल में Co की संकरा अवस्था d^2sp^3

(c) $[NiCl_4]^{2-}$ संकुल अनुचुम्बकीय है और इसकी ज्यामिति चतुष्फलकीय है

(d) उपरोक्त सभी

4. भूरे रंग का क्लय संकुल का सूत्र $[Fe(H_2O)_5(NO)^+]SO_4$ दिया जाता है। आयरन की ऑक्सीकरा अवस्था है-

(a) 1 (b) 2

(c) 3 (d) Zero

5. $[Pt(NH_3)_4Br_2]Cl_2$ का IUPAC नाम है-

(a) डाइक्लोरोडाइहब्रोमोटेट्राऐमीनप्लेटिनम (IV)

(b) डाइक्लोरोटेट्राऐमीनप्लेटिनम (IV) ब्रोमाइड

(c) टेट्राऐमीनडाइब्रोमोप्लेटिनम (IV) क्लोराइड

(d) डाइक्लोराइडब्रोमो टेट्राऐमीन प्लेटिनम (VI) क्लोराइड

6. संकुल $[Pt(NH_3)_4Cl_2]Br_2$ के विषय में असत्य कथन है-

(a) प्लेटिनम की ऑक्सीकरण अवस्था +2 है

(b) प्लेटिनम की समन्वयन संख्या 8 है

(c) यह ब्रोमाइड व क्लोराइड दोनों का परीक्षण देता है

(d) सभी असत्य हैं

7. EDTA के द्वारा संकुल के निर्माण में

(a) [H+] बढ़ जाता है (b) [H+] कम हो जाता है

(c) pH बढ़ जाता है (d) कुछ नहीं होता है

8. लिंकेज समावयवी का उदाहरण है-

(a) $[Co(NH_3)_5Br]C_2O_4$ तथा $[Co(NH_3)_5 C_2O_4]Br$

(b) $[Mn(CO_5SCN]$ तथा $[Mn(CO)_5 NCS]$

(c) $[Cr(NH_3)_5 ONO]Cl_2$ तथा $[Cr(NH_3)_5NO_2]Cl_2$

(d) उपरोक्त सभी

9. संकुलों $[NiCl_4]^{2-}$ तथा $[Ni(CO)_4]$ में अयुग्मित इलेक्ट्रॉनों की क्रमशः संख्या है–

(a) 2 तथा 2 (b) 1 तथा 2

(c) 2 तथा 0 (d) 3 तथा 2

10. निम्न में से कौन-सा हाइड्रेट-संकुलों का उदाहरण हैं–

(a) $[Co(NH_3)_5NO_2Cl_2$ तथा $[Cr(NH_3)_5ONO]Cl_2$

(b) $[Co(NH_3)_6][Cr(CN)_6$ तथा $[Cr(NH_3)_6][Co(CN)_6]$

(c) $[Co(NH_3)_5SO_4]Br$ तथा $[Co(NH_3)_5Br]SO_4$

(d) $[Co(NH_3)_4(H_2O)Cl]Cl_2$ तथा $[Co(NH_3)_4Cl_2]Cl.H_2O$

11. निम्नलिखित में से कौन-सा समन्वयन संकुल निर्माण का उदाहरण है–

(a) फोटाग्राफी में फिक्सिंग (fixing) प्रक्रम

(b) Ag तथा Au के निष्कर्षण की मैकऑर्थर तथा फौरेस्ट विधि

(c) जल की कठोरता का निर्धारण

(d) उपरोक्त सभी

12. सत्य कथन है–

(a) $[Pt(NH_3)_2Cl_2$ एक वर्ग समतलीय संकुल है

(b) $CrCl_3.5NH_3$ की जलीय विलयन में चालकता $CrCl_3.4NH_3$ से अधिक है

(c) $[Co(NH_3)_4Cl_2]Cl$ एक अन्तः कक्षक संकुल (inner orbital complex) है

(d) उपरोक्त सभी

13. असत्य कथन है–

(a) $Ni(CO)_4$ का आकार चतुष्फलकीय है

(b) $[NiCl_4]^{2-}$ में Ni का संकण dsp^3 है

(c) संकुल $[Fe(CN)_6]^{3-}$ एक अयुग्मित इलेक्ट्रॉन की उपस्थिति के कारण अनुचुम्बकीय होता है

(d) क्रोमियम एकलकीय (monomeric) कार्बोनिल बनाता है

14. $K_3[Al(C_2O_4)_3]$ का IUPAC नाम है–

(a) पोटेशियम ऐल्यूमिनोऑक्जालेट

(b) पोटेशियम ट्राइऑक्जालेटोऐल्यूमिनेट (III)

(c) पोटेशियम ऐल्यूमिनियम (III) ऑक्लाजेट

(d) पोटेशियम ट्राइऑक्जोलेटोऐल्यूमिनेट (VI)

15. निम्नलिखित में से कौन-सा जलीय विलयन में $AgNO_3$ के साथ सफेद अवक्षेप देगा–

(a) $[Co(NH_3)_5Cl](NO_2)_2$ (b) $[Pt(NH_{32}Cl_2]$

(c) $[Pt(en)Cl_2]$ (d) $[Pt(NH_3)_4]Cl_2$

16. निम्नलिखित में से किसमें दोनों σ तथा π-धातु कार्बन बन्ध उपस्थित है–

(a) डाइबैन्जीनक्रोमियम (b) ग्रिगनार्ड अभिकर्मक

(c) TEL (d) आयरन पेन्टाकार्बोनिल

17. मर्क्यूरिक आयोडाइड KI विलयन में निम्न कारण से विलेय है–

(a) सम (common) आयोडाइड आयनों की उपस्थिति

(b) संकुल आयन का निर्माण

(c) दोनों के कारण

(d) इनमें से कोई नहीं

18. संकुल $[Pt(NH_3)(NO_2) Py (NH_2OH)]^+$ के कितने ज्यामितीय समावयवी सम्भव हैं–

(a) 3 (b) 5

(c) 3 (d) 4

19. $Mn_3(CO)_{12}$ का सही IUPAC नाम है–

(a) डोडेकाकाकार्बेनिलमैंगेनिक (II)

(b) डोडेकाकार्बोनिलमैंगनेट (0)

(c) डोडेकाकाकर्बोनिलमैंगनीज़ (0)

(d) मैंगेनिक डोडेका कार्बोनिल

20. $CrCl_3.6H_2O$ के 1 मोल के जलीय विलयन को $AgNO_3$ विलयन के साथ अभिकृत करने पर इसकही कुल क्लोरीन का $\frac{1}{3}$ भाग AgCl के रूप में अवक्षेपित हो जाता है। यौगिक $CrCl_3.6HO$ का निम्न में से सही सूत्र है–

(a) $CrCl_3.6H_2O$ (b) $[Cr(H_2O)_3Cl_3](H_2O)_3$
(c) $[Cr(H_2O)_4Cl_2]Cl{\cdot}2H_2O$ (d) $[Cr(H_2O)_5Cl]Cl_2{\cdot}H_2O$

21. वर्नर सिद्धान्त के अनुसार केन्द्रीय परमाणु की द्वितीयक संयोजकताएँ इसकी........के संगत होती है–

(a) ऑक्सीकरण संख्या (b) समन्वयन संख्या
(c) उपरोक्त में से कोई भी एक (d) उपरोक्त में से कोई नहीं

22. निम्न में से कौन-सा अधिकतम आयनिक चालकता प्रदर्शित करेगा–

(a) $K_4[Fe(CN)_6]$ (b) $[Co(NH_3)_6]Cl_3$
(c) $[Cu(NH_3)_4]Cl_2$ (d) $[Ni(CO)_4]$

23. संकुलों $[Fe(H_2O)_6]^{3+}$, $[Fe(CN)_6]^{3-}$, $[Fe(C_2O_4)_3]^{3-}$ तथा $[FeCl_6]^{3-}$ में अधिकतम स्थायित्व निम्न के द्वारा प्रदर्शित किया जाता है–

(a) $[Fe(H_2O)_6]^{3-}$ (b) $[Fe(CN)_6]^{3-}$
(c) $[Fe(C_2O_4)_3]^{3-}$ (d) $[FeCl_6]^{3-}$

24. कॉपर की सिल्वर प्लेटिंग (रजत लेपन) में $AgNO_3$ के बजाय $K[Ag(CN)_2]$ का उपयोग किया जाता है। इसका कारण है–

(a) Cu के ऊपर Ag की एक पतली परत बनती है
(b) अधिक वोल्टता की आवश्यकता नहीं होती है
(c) विलयन से Ag^+ पूर्णतया हट जाते हैं
(d) Ag^+ आयनों की कम उपलब्धता के कारण, क्योंकि Cu रजत को $[Ag(CN)_2]^-$ से विस्थापित नहीं कर सकता है

25. क्षारीय विलयनों में अमोनिया कॉपर आयनों के साथ संकुल आयन $[Cu(NH_3)_4]^{2+}$ बनाती है, परन्तु अम्लीय विलयनों में नहीं। इसका क्या कारण है–

(a) अम्लीय विलयनों में, प्रोटॉन अमोनिया अणुओं के साथ उप. सहसंयोजन करके $\overset{+}{N}H_4$ आयन देते हैं, NH_3 अणु उपलब्ध नहीं होते हैं
(b) क्षारीय विलयनों में $Cu(OH)_2$ अवक्षेपित हो जाता है, जो किसी भी क्षार के आधिक्य में विलेय होता है
(c) कॉपर हाइड्रोक्साइड एक उभयधर्मी पदार्थ होता है
(d) अम्लीय विलयनों में, जलयोजन कॉपर आयनों की रक्षा करता है

उत्तरमाला

1. (a)	**2.** (b)	**3.** (b)	**4.** (a)	**5.** (d)	**6.** (c)	**7.** (d)	**8.** (c)	**9.** (a)	**10.** (a)
11. (d)	**12.** (d)	**13.** (d)	**14.** (c)	**15.** (b)	**16.** (c)	**17.** (d)	**18.** (b)	**19.** (d)	**20.** (d)
21. (b)	**22.** (d)	**23.** (d)	**24.** (a)						

हल

1. (a) dsp^2 संकरण वर्गसमतलीय संकर देता है जिसमें $d_{x^2-y^2}$ कक्षक संकरण में शामिल होते हैं, जोकि 90° कोण बनाते हैं।

2. (b) $Ni(CO)_4$, $[NiCl_4]^{2-}$ तथा $[Ni(CN)_4]^{2-}$ में Ni ; sp^3, sp^3 तथा dsp^2 संकरण क्रमशः प्रदर्शित करता हैं। चूंकि CN^- एक प्रबल क्षेत्र लिगेंड है, यह Ni^{2+} में अयुग्मित इलेक्ट्रॉनों का युग्मन कर देता है।

3. (b) $-NO_2$ समूह, धातु के साथ $-NO_2$ (नाइट्रो) अथवा ONO (नाइट्रिटो) बन्ध प्रदर्शित कर सकता है।

4. (a) अधिक क्षारीय तथा द्विसंयोजी (bidentate) लिगेंड धातु आयन के साथ, चीलेशन (chelation) के कारण स्थायी बन्ध बनाता है।

5. (d) यह दिये गये तथ्य का कारण है।

6. (c) $[Co(NH_3)_5Cl]Cl_2 \xrightarrow{H_2O} [Co(NH_3)_5Cl]^+ + 2Cl^-$

$2AgNO_3 + 2Cl^- \longrightarrow 2AgCl + 2NO_3^-$

7. (d) $AgCl + 2NH_3 \longrightarrow \underset{\text{विलेय संकर}}{Ag(NH_3)_2Cl}$

8. (c) CN^- एक लिगेंड तथा अपचायक की भांति कार्य करता है।

9. (a) $[Ni(NH_3)_6]^{2+}$ में Ni की sp^3d^2 (बाह्य संकर) अवस्था है तथा अष्टफलकीय ज्यामिति है।

10. (a) $[Co(en)_2Cl_2]^+$ ज्यामितीय तथा प्रकाशिकीय दोनों प्रकार की समावयवता प्रदर्शित करता है।

11. (d) Mn^{2+}, Fe^{2+} तथा Co^{2+} में क्रमशः $3d^5$, $3d^6$ तथा $3d^7$ विन्यास होता है जिनमें क्रमशः 5, 0 तथा 3 अयुग्मित इलेक्ट्रॉन होते हैं।

12. (d) क्लोरोफिल हरे पौधों का वर्णक होता है, जिसमें Mg पाया जाता है।

13. (d) समन्वय संख्या = एकसंयोजी लिगेंड्स की संख्या

14. (c) BF_4^- में B का sp^3 संकरण होता है, जिससे चतुष्फलकीय ज्यामिति प्राप्त होती है।

15. (b) IUPAC नियम देखें।

16. (c) प्रकाशिक समावयवता अष्टफलकीय संकरों में अधिकांशतः पायी जाती है। विशेषतः जिनके सामान्य सूत्र निम्न प्रकार से होते हैं–

$[M_{A_2B_2C_2}]^{n-}, [M_{(AA)_3}]^{n-}, [M_{(AA)_2B_2}]^{n-}, [M_{(AA)_2AB}]^{n-}$

तथा $[M_{(AB)_3}]^{n-}$

जहाँ AA सममित द्विसंयोजी लिगेंड है, जैसे $\begin{matrix} COO^- \\ | \\ COO^- \end{matrix}$ तथा AB असममित द्विसंयोजी लिगेंड है।

17. (d) $[Co(CN)_6]^{3-}$ में d^2sp^3 संकरण है तथा प्रबल क्षेत्र लिगेंड्स के कारण छः 'd' इलेक्ट्रॉन युग्मित होते हैं। अतः कोई अयुग्मित इलेक्ट्रॉन नहीं होता।

18. (b) चुम्बकीय आघूर्ण $= \sqrt{n(n+2)} = 2.84$

$\therefore \quad n = 2$ (अर्थात् अयुग्मित इलेक्ट्रॉनों की संख्या)

19. (d) IUPAC नियम देखें।

20. (d) यदि X^- दुर्बल क्षेत्र लिगेंड (Cl^- माना) है तब $[NiCl_4]^{2-}$ चतुष्फलकीय $(sp)^3$ है। जिसमें दो अयुग्मित इलेक्ट्रॉन हैं। यदि X^- प्रबल क्षेत्र लिगेंड (माना CN^-) है, तब $[Ni(CN)_4]^{2-}$ वर्गाकार समतलीय (dsp^2) है। जिसमें कोई अयुग्मित इलेक्ट्रॉन नहीं है। पुनः दियाहै, कि $[NiX_4]^{2-}$ अनुचुम्बकीय है।

21. (b) धातु कार्बोनिलों में धातु-कार्बन बन्ध में σ तथा π दोनों गुण होते हैं।

22. (d) Cl^- एक दुर्बल लिगेंड है। लेकिन Cl^-, Pt^{2+} के साथ इलेक्ट्रॉनों की युग्मता प्रदर्शित करता है तथा dsp^2 संकरण तथा वर्ग समतलीय ज्यामितिय होती है।

23. (d) en तथा $C_2O_4^{2-}$ दोनों द्विदंती लिगेंड हैं। अतः संकुल $[E(en)_2(C_2O_4)]^+$ में तत्व 'E' की समन्वय संख्या

$$= 2 \times 2 + 2 = 6$$

यह संकुल निम्न प्रकार आयनिक होता है।

$$[E(en)_2(C_2O_4)NO_2 \longrightarrow [E(en)_2(C_2O_4)]^+ + NO_2^- \; [E(en)_2(C_2O_4)]^+$$

$$x + 0 \times 2 + (-2) = +1$$

$$x = +1 + 2 = 3$$

अतः ऑक्सीकरण संख्या $= +3$

24. (a) अष्टफलीय संकर के लिए क्रिस्टल क्षेत्र स्थायीकरण ऊर्जा(CFSE), Δ_0 ऋणात्मक लिगेंड की प्रबलता पर निर्भर करती है। लिगेंडों की प्रबलता का क्रम निम्न प्रकार है।

$$CO > \underline{CN^-} > NO_2^- > en\ \underline{NH_3} > Py > NCS^- < \underline{H_2O} > O^{2-} >$$

$$\underline{OX^{2-}} > OH^- > F^- > Cl^- > SCN^- > S^{2-} > Br^- > I^-$$

□□□

खण्ड–ग

कार्बनिक रसायन
(Organic Chemistry)

19 Chapter

कार्बनिक पदार्थों का शोधन तथा निर्धारण (Purification and Characterization of Organic Compounds)

1. **साधारण क्रिस्टलन (Simple crystallisation) :** साधारण आसवन द्वारा बैंजोइक अम्ल तथा नैफ्थलीन के मिश्रण का पृथक्करण गर्म जल के द्वारा किया जाता हैं। जिसमें बैंजोइक अम्ल घुल जाता है, किन्तु नैफ्थलीन नहीं।
2. **प्रभाजी क्रिस्टलन (Fractional crystallisation) :** $KClO_3$ (कम विलेय) तथा KCl (अधिक घुलनशील) के मिश्रण को प्रभाजी क्रिस्टलन द्वारा पृथक् किया जाता हैं।
3. **ऊर्ध्वपातन (Sublimation) :** इस विधि द्वारा कपूर, नैफ्थलीन, ऐन्थ्रासीन, ऐन्थाक्विनोन, बेन्जाइक अॅम्ल आयोडीन, नील थैलिक ऐन्हाइड्राइड आदि के शुद्धिकरण में किया जाता हैं। यह विधि उन ठोसों के शुद्धिकरण में भी उपयुक्त होती है जिसमें अवाष्पशील अशुद्धि होती हैं।
4. **साधारण आसवन (Simple distillation) :** यह विधि निम्नलिखित मिश्रण के पृथक्करण में उपयुक्त होती है–
   (a) क्लोरोफॉम (b.p. 334 K) तथा ऐनीलीन (b.p. 457 K)
   (b) ईथर (b.p. 308 K) तथा टॉलूईन (b.p. 384 K)
5. **प्रभाजी आसवन (Fractional distillation) :**
   - इस विधि का प्रयोग तब करते है, जब द्रवों का मिश्रण स्थिर क्वथनांक की मिश्रण न बनाता हो।
   - इस विधि का प्रयोग ऐसीटॉन तथा मिथाइलऐल्कॉहल या बेन्जीन तथा टॉलूइन के पृथक्करण में प्रयोग होती हैं।
   - इस विधि का प्रयोग तब करते है, जब द्रवों के क्वथनांको में अन्तर 10° से 50° तक होता है।
6. **कम दाब पर आसवन (निर्वात आसवन) Distillation under reduced pressure (Vacuum distillation) :**
   - जब कोई द्रव अपने क्वथनांक या इससे पहले ही अपघटित हो जाता है, तब उसका शोधन कम दाब पर आसवन द्वारा किया जाता है। ग्लिसरॉल अपने क्वथनांक पर अपघटित हो जाती है। यदि इसका दाब घटाकर 12 mm of Hg कर दिया जाये। तब यह 453 K पर ही उबलने लगती है। इस प्रकार कम दाब पर बिना अपघटित हुए ग्लिसरॉल का शोधन किया जाता है।
   - इसी प्रकार चीनी मिलों में गन्ने के रस का सान्द्रण कम दाब पर आसवन द्वारा ही करते है।
7. **भाप आसवन (Steam distillation) :**
   - ऐनीलीन (b.p. 457 K) का शुद्धिकरण भाप आसवन द्वारा किया जाता है। यह विधि उन द्रवों के शोधन के लिए अधिक उपयुक्त होती है जो अपने क्वथनांक पर अपघटित हो जाते है।
   - नाइट्रोबेन्जीन, ऐनीलीन, ब्रोमोबेन्जीन, *o*-नाइट्रोफीनॉल, सैलेसिलडीहाइड, *o*-हाइड्रोक्सीऐसीटोफिनोन, आवश्यक तेलों तथा तारपिन तेल का शोधन भाप आसवन के द्वारा किया जाता है।
8. **ऐजिओट्रोपिक आसवन (Azeotropic distillation) :**
   - इस प्रकार के मिश्रण के अवयवों को प्रभाजी आसवन द्वारा पृथक् नहीं किया जा सकता। अत: इस स्थिर-क्वाथी मिश्रण के अवयवों को पृथक् करने के लिए एक विशेष प्रकार कर त्रिअंगी स्थिर-क्वाथी आसवन प्रयोग में लाते हैं।
9. **वर्णलेखन (Chromatography) :**
   - किसी मिश्रण की बहुत थोड़ी मात्रा में उपस्थित अवयवों क पृथक्करण की अत्यन्त महत्वपूर्ण तथा आधुनिक विधि वर्णलेखन है।
   - इस विधि खोज स्वैट ने 1966 में की थी।
10. **लैसग्ने विधि (Lassaigne method) :** इस विधि का प्रयोग कार्बनिक यौगिक में नाइट्रोजन, हैलोजन तथा सल्फर की पहचान में किया जाता है। इस विधि में एक ज्वलन नली में कार्बनिक यौगिक की थोड़ी मात्रा को सोडियम के साथ गलाया जाता है। इसके बाद लाल गर्म ज्वलन नली को आसुत जल में डालते है और छान लेते हैं। जिससे सोडियम निष्कर्ष कहते है। जो नाइट्रोजन, सल्फर तथा हैलोजन की पहचान में प्रयोग किया जाता हैं।

$$N + C + Na \longrightarrow NaCN$$
$$2Na + S \longrightarrow Na_2S$$
$$Na + X \longrightarrow NaX$$

नाइट्रोजन का परीक्षण (Test of Nitrogen) :

1. एक परखनली में सोडियम निष्कर्ष लेकर उसमें ताजे बने हुए फैरस सल्फेट मिलाते है तथा कुछ बूंदे सोडियम हाइड्रॉक्साइड की डालते है जिससे फैरसहाइड्रॉक्साइड का हरा अवक्षेप प्राप्त होता है। कुछ बूंदे $FeCl_3$ तथा सान्द्र HCl की मिलाते जिससे नीला रंग प्राप्त होता है। जो नाइट्रोजन की उपस्थिति की पुष्टि करता है। यह नीला रंग प्रुशीयम ब्लू (फैरिकफैरोसाइनाइड) के निमार्ण के कारण होता है।

$$FeSO_4 + 2NaOH \longrightarrow Fe(OH)_2 + Na_2SO_4$$
$$6NaCN + Fe(OH)_2 \longrightarrow Na_4[Fe(CN)_6] + 2NaOH$$
$$3Na_4[Fe(CN)_6] + 4FeCl_3 \longrightarrow Fe_4[Fe(CN)_6] + 12NaCl$$

1. यदि $FeCl_3$ मिलाने से लाल रंग आता है, जो नाइट्रोजन तथा सल्फर दोनों की उपस्थिति की पुष्टि करता है।

$$3NaCNS + FeCl_3 \longrightarrow Fe(CNS)_3 + 3NaCl$$

सल्फर का परीक्षण (Test of Sulphur) :

सोडियम निष्कर्ष + सोडियम नाइट्रोप्रूसाइड ⟶ बैंगनी रंग

$$Na_2S + \underset{\text{Colour less}}{Na_2[Fe(CN)_5NO]} \longrightarrow \underset{\text{Violet colour}}{Na_4[Fe(CN)_5NOS]}$$

हैलोजन का परीक्षण (Test of Halogens) :

1. जब सोडियम निष्कर्ष में अमोनियम नाइट्रेट मिलाते है, तब एक सफेद अवक्षेप प्राप्त होता है जो तुन HNO_3 में अघुलनशील होता है। जो क्लोरीन की उपस्थिति को प्रदर्शित करता है।
$$NaCl + AgNO_3 \longrightarrow AgCl\downarrow + NaNO_3$$
2. यदि हल्के पीले रंग का अवक्षेप आता है जो NH_4OH में अघुलनशील होता है। जो ब्रोमीन की उपस्थिति को प्रदर्शित करता है।
$$NaBr + AgNO_3 \longrightarrow AgBr\downarrow + NaNO_3$$
3. यदि एक गहरे पीला रंग का अवक्षेप प्राप्त होता है जो NH_4OH में अघुलनशील होता है। जो आयोडीन की उपस्थिति की पुष्टि करता है।
$$AgNO_3 + NaI \longrightarrow AgI\downarrow + NaNO_3$$

मात्रात्मक विश्लेषण—तत्त्वों का आकलन
(Quantitative Analysis —Estimation of elements)

1. **कार्बन तथा हाइड्रोजन का आकलन (Estimation of Carbon and Hydrogen) :**

कार्बन की प्रतिशतता

$$= \frac{\text{कार्बन का परमाणु भार} \times CO_2 \text{ का भार} \times 100}{CO_2 \text{ का अणुभार} \times \text{कार्बनिक यौगिक का अणुभार}}$$

$$= \frac{12 \times x \times 100}{44 \times w}$$

हाइड्रोजन की प्रतिशतता

$$= \frac{H_2 \text{ का अणुभार} \times H_2O \text{ का भार} \times 100}{H_2O \text{ का अणुभार} \times \text{कार्बनिक यौगिक का भार}}$$

$$= \frac{2 \times y \times 100}{18 \times w}$$

2. **नाइट्रोजन का आकलन (Estimation of Nitrogen) :**

कैल्डॉन विधि (Kjeldahl's Method) : इस विधि में $CuSO_4$ उत्प्रेरक का कार्य करता है तथा K_2SO_4 सान्द्र H_2SO_4 के क्वथनांक में वृद्धि करता है।

नाइट्रोजन की प्रतिशतता

$$= \frac{1.4 \times \text{Normality of acid} \times \text{volume of acid used}}{\text{mass of the substance}}$$

$$= \frac{14}{1000} \times (V_1 - V_2) \times N \times \frac{100}{w}$$

2. **हैलोजन का आकलन (Estimation of Halogens) :**

$$\%X = \frac{\text{At wt of halogen} \times \text{wt of AgX formed} \times 100}{\text{Mol. wt of silver halide} \times \text{wt of organic compound}}$$

$$\%Cl = \frac{35.5 \times \text{wt of AgCl} \times 100}{143.5 \times w}$$

$$\%Br = \frac{\text{At wt of Br} \times \text{wt of AgBr} \times 100}{\text{Mol. wt of AgBr} \times w}$$

3. **सल्फर का आकलन (Estimation of Sulphur) :**

$$\% \text{ of Sulphur} = \frac{32 \times \text{ wt of } BaSO_4 \text{ ppt} \times 100}{233 \times \text{wt of organic compound}}$$

4. **फास्फोरस का आकलन (Estimation of Phosphorus) :**

$$\% \text{ of P} = \frac{2 \times \text{At wt of P} \times \text{wt of } Mg_2P_2O_7 \times 100}{\text{mol. wt of } Mg_2P_2O_7 \times \text{wt of organic compound}}$$

Note

- $KClO_3$ (ठण्डे जल में कम विलेय) तथा KCl ठण्डे जल में अधिक विलेय) के मिश्रण का पृथक्करण प्रभाजी क्रिस्टलन द्वारा किया जा सकता है।
- फ्लुओरीन (fluorine) के द्वारा बैलिस्टीन परीक्षण नहीं दिया जाता है, क्योंकि क्यूप्रिक फ्लूओराइड वाष्पशील नहीं होता हैं।
- नाइट्रोजन के आकलन की कैल्डाल विधि में $K_2SO_4\,(s)$ का उपयोग सधूम H_2SO_4 के क्वथनांक के उन्नयन के लिये किया जाता है। कॉपर सल्फेट अथवा Hg इस क्रिया में उत्प्रेरक का कार्य करते हैं।
- पायरोगैलोल (1, 2, 3-ट्राइहाइड्रोक्सीबेन्जीन) का क्षारीय विलयन ऑक्सीजन गैस को अवशोषित करके भूरा हो जाता हैं।
- NH_2OH का सोडियम निष्कर्ष नाइट्रोजन का लैसेंने परीक्षण नहीं देगा।
- सोडियम निष्कर्ष बनाते समय कार्बनिक पदार्थ का हाइड्रोजन तत्व वायु में जलता है।
- ऐनिलीन का एक महत्त्वपूर्ण गुणधर्म भाप में वाष्पशील होना है। अत: ऐनिलीन के शोधन के लिए भापीय आसवन उपयुक्त विधि है।
- ड्यूमा विधि में गर्म ताँबे की छीलन का प्रयोग करते हैं, क्योंकि, ताँबें की छीलन की पृष्ठ सतह अधिक होती है तथा यह दहन से उत्पन्न नाइट्रोजन के ऑक्साइडों को फिर से पूर्णत: नाइट्रोजन में अपचयित कर देता है।

अभ्यास के लिए प्रश्न

1. जब लैसेग्ने विलयन (Lassaigne's solution) को फैरस सल्फेट के साथ गर्म किया जाता है तथा सल्फ्यूरिक अम्ल के साथ अम्लीकृत किया जाता है, तो गहरे नीले रंग के निर्माण से नाइट्रोजन की उपस्थिति की पुष्टि होती है। नीला रंग किसके निर्माण के कारण होता है?
(a) $Na_4[Fe(CN)_6]$ (b) $Fe_3[Fe(CN)_6]_2$
(c) $Fe_2[Fe(CN)_6]$ (d) $Fe_4[Fe(CN)_6]_3$

2. नाइट्रोजन के आकलन के लिए 0.30 ग्राम कार्बनिक यौगिक से प्राप्त अमोनिया को 0.1 M सल्फ्यूरिक अम्ल के 100 मिली से प्रवाहित किया गया। अम्ल के आधिक्य के पूर्ण उदासीनीकरण के लिए 0.5 M सोडियम हाइड्रॉक्साइड के 20 मिली लगे। कार्बनिक यौगिक है-
(a) थायोयूरिया (Thiourea) (b) बैंजामाइड (Benzamide)
(c) यूरिया (Urea) (d) ऐसीटेमाइड (Acetamide)

3. एक कार्बनिक यौगिक (अणुभार = 60) में C = 20%, H = 6.67% तथा N = 46.67% तथा शेष ऑक्सीजन है। गर्म करने पर यह ठोस अवशेष एवं NH_3 देता है।
(a) CH_3NCO (b) CH_3CONH_2
(c) NH_2CONH_2 (d) $CH_3CH_2CONH_2$

4. तीन प्रमुख संरूपणों (अर्थात् Eclipse, Anti, Gauche) में 2-फ्लोऐथेनॉल के लिए स्थायित्व का बढ़ता हुआ क्रम है-
(a) Eclipse, Gauche, Anti (b) Gauche, Eclipse, Anti
(c) Eclipse, Anti, Gauche (d) Anti, Gauche, Eclipse

5. परिमाणात्मक कार्बनिक विश्लेषण में कैल्डाल (Kjeldahl method) विधि निम्न के आकलन के लिए प्रयुक्त की जाती है
(a) नाइट्रोजन (b) हैलोजन
(c) सल्फर (d) ऑक्सीजन

6. बैन्जोइक अम्ल तथा ऐथिल बेन्जोएट के मिश्रण से बेन्जोइक अम्ल को पृथक् करने के लिए निम्नलिखित में से कौन-सा अभिकारक लाभकारी है?
(a) तनु HCl (b) जलीय $NaHCO_3$
(c) तनु H_2SO_4 (d) तनु HNO_3

7. निम्नलिखित में से किस यौगिक में नाइट्रोजन का परीक्षण लैसग्ने परीक्षण द्वारा नहीं किया जा सकता है?
(a) NH_2NH_2 (b) $C_6H_5NO_2$
(c) CH_3CONH_2 (d) CH_3NO_2

8. पिरिडीन तथा क्रिसॉल के मिश्रण को पृथक् करने के लिए निम्नलिखित में से कौन-सा अभिकारक प्रयोग किया जा सकता है
(1) NaOH (2) जल
(3) $NaHCO_3$ (4) HCl
(a) (1) तथा (2) (b) (2) तथा (3)
(c) (2) तथा (4) (d) (1) तथा (4)

9. एक कार्बनिक यौगिक को इसके जलीय विलयन से 100 मिली CCl_4 द्वारा निष्कर्षित किया जाना है। निष्कर्षित कार्बनिक यौगिक की मात्रा अधिकतम होगी जब प्रयुक्त किये जाते हैं
(a) CCl_4 के 50 ml के दो भाग
(b) CCl_4 के 25 ml के चार भाग
(c) 100 मिली CCl_4 एक ही बार में
(d) CCl_4 के 10 ml के 10 भाग

10. निम्न में से कौन-सा मिश्रण प्रभाजी आसवन द्वारा शुद्ध अव्यवों से पृथक् किया जा सकता है
(a) बेन्जीन व टॉलूईन (b) जल व ऐथिल ऐल्कोहॉल
(c) जल व नाइट्रिक अम्ल (d) जल व हाइड्रोक्लोरिक अम्ल

11. नाइट्रोजन की पहचान के लिए निम्न में से किस यौगिक के लिए लैसग्ने परीक्षण असफल रहेगा
(a) $NH_2CONHNH_2.HCl$ (b) $NH_2NH_2.2HCl$
(c) NH_2CONH_2 (d) $C_6H_5NH.NH_2.HCl$

12. जब क्लोरोफॉर्म की उपस्थिति में क्लोरीन जल पोटेशियम हैलाइड के जलीय विलयन में मिलाया जाता है तो बैंगनी रंग प्राप्त होता है। यह परीक्षण जलीय विलयन में निम्न में से किस की उपस्थिति दर्शाता है?
(a) आयोडाइड (b) ब्रोमाइड
(c) क्लोराइड (d) आयोडाइड और ब्रोमाइड

13. सल्फर के परीक्षण में जब सोडियम सल्फाइड तथा सोडियम नाइट्रोप्रूसाइड क्रिया करते हैं तो बैंगनी रंग इस के निर्माण के कारण प्राप्त होता है
(a) $Na_4[Fe(CN)_6NOS]$ (b) $Na_4[Fe(CN)_5NOS]$
(c) Na_2SO_4 (d) $Na_3[Fe(CN)_3NOS]$

14. गुणात्मक विश्लेषण में लैसग्ने परीक्षण निम्नलिखित की पहचान के लिए प्रयुक्त किया जाता है
(a) नाइट्रोजन (b) सल्फर
(c) क्लोरीन (d) इन सभी के लिए

15. सल्फर के परीक्षण में सोडियम नाइट्रोप्रूसाइड विलयन के साथ एक बैंगनी रंग बनता है। सोडियम नाइट्रोप्रूसाइड का सूत्र क्या है?
(a) $Na_2[Fe(CN)_5NO]$ (b) $Na_2[Fe(CN)_5NOS]$
(c) $Na_4[Fe(CN)_5NOS]$ (d) $Na_4[Fe(CN)_5NO]$

16. एक कार्बनिक यौगिक में 49.3% कार्बन तथा 6.84% हाइड्रोजन है तथा इसका वाष्प घनत्व 73 है। यौगिक का अणुसूत्र है
(a) $C_3H_5O_2$ (b) $C_6H_{10}O_4$
(c) $C_3H_{10}O_2$ (d) $C_4H_{10}O_2$

17. कार्बन, हाइड्रोजन तथा ऑक्सीजन युक्त एक कार्बनिक यौगिक में 52.5% कार्बन तथा 13.04% हाइड्रोजन है। यौगिक का वाष्प घनत्व 23 है। इसका अणुसूत्र होगा
(a) C_2H_6O (b) C_5H_{100}
(c) C_3H_8O (d) C_4H_8O

उत्तरमाला

1. (d) **2.** (c) **3.** (c) **4.** (c) **5.** (a) **6.** (b) **7.** (a) **8.** (d) **9.** (d) **10.** (a)
11. (b) **12.** (a) **13.** (b) **14.** (d) **15.** (a) **16.** (b) **17.** (a)

हल

1. (d) $4Fe^{3+} + 3Na_4[Fe(CN)_6] \longrightarrow 12Na^+ + \underset{\text{नीला रंग}}{Fe_4(CN)_6]_3}$

2. (c) NH_3 के मिली-तुल्यांक (NV) = प्रयुक्त अम्ल के मिली-तुल्यांक NH_3
$= 100 \times 0.1 \times 2 - 20 \times 0.5 = 10$

$$\%N = \frac{1.4NV}{w} = \frac{1.4 \times 10}{0.30} = 46.6\%$$

पुन: यूरिया में (NH_2CONH_2) N की % मात्रा

$$= \frac{28}{60} \times 100 = 46.6\%$$

3. (c)

	%	परमाणुओं की आपेक्षिक संख्या	सरलतम अनुपात
C	20.00	$\frac{20}{12} = 1.67$	1
H	6.67	$\frac{6.67}{1} = 6.67$	4
N	46.67	$\frac{46.67}{14} = 3.33$	2
O	26.67	$\frac{26.67}{16} = 1.67$	1

अत: मूलानुपाती सूत्र $= CH_4N_2O$
= अणुसूत्र (अणुभार = 60)

$$2NH_2CONH_2 \xrightarrow{\Delta} \underset{\text{बाइयूरेट}}{NH_2CONHCONH_2} + NH_3$$

बाइयूरेट जलीय $CuSO_4$ विलयन के साथ बैंगनी रंग देता है।

4. (c) यह एक तथ्य है।

5. (a) कैल्डाल विधि द्वारा कार्बनिक यौगिक में नाइट्रोजन का आकलन करते हैं।

6. (b) जलीय $NaHCO_3$, बैन्जोइक अम्ल से क्रिया करके विलेय सोडियम बेन्जोएट बनाता है।

7. (a) NH_2NH_2 में कार्बन नहीं है।

8. (d) पिरिडीन (एक विषम चक्रीय भास्मिक यौगिक) बेसिक प्रकृति का यौगिक है। यह HCl के साथ संयुक्त होकर जल में विलेय पिरीडीन हाइड्रोक्लोराइड लवण बनाता है। क्रीसॉल (मेथिल फीनोल) एक अम्लीय यौगिक है, यह NaOH के साथ क्रिया करके जल में विलेय यौगिक बनाता है। अत: इनके मिश्रण के पृथक्करण के लिए HCl व NaOH दोनों ही प्रयुक्त किये जा सकते हैं।

9. (d) निष्कर्षण विलायक (extracting solvent) को कम से कम मात्रा में प्रयुक्त करके निष्कर्षणों की संख्या (number of extractions) बढ़ाने से कार्बनिक पदार्थ की अधिक मात्रा निष्कर्षित होती है।

10. (a) बेन्जीन (क्वथनांक 80°C) व टॉलूईन (क्वथनांक 110°C) के क्वथनांकों में अन्तर 40°C से कम है।

11. (b) $NH_2.NH_2.HCl$ में कार्बन नहीं है।

12. (a) $2KI\,(aq) + Cl_2(aq) \longrightarrow 2KCl + I_2$
क्लोरोफार्म $+ I_2 \longrightarrow$ बैंगनी रंग

13. (b)

$$\underset{\text{सोडियम निस्पंद में}}{Na_2S(aq)} + Na_2[Fe(CN)_5NO] \rightarrow \underset{\text{सोडियम थायोनइट्रो प्रूसाइड, बैंगनी रंग}}{Na_4[Fe(CN)_5NOS]}$$

14. (d) लैसग्ने परीक्षण कार्बनिक पदार्थों में N, S तथा हैलोजन की पहचान के लिए किया जाता है।

15. (a) $Na_2[Fe(CN)_5NO]$ = सोडियम नाइट्रोप्रूसाइड

16. (b) कार्बनिक यौगिक में ऑक्सीजन की प्रतिशतता (अन्तर द्वारा)
$= 100 - (49.3 + 6.84) = 43.86$

यौगिक के सरलतम सूत्र की गणना

तत्व	%	परमाणुओं की आपेक्षिक संख्या	सरलतम अनुपात
C	49.3	$\frac{49.3}{12} = 4.1$	$\frac{4.1}{2.7} = 1.5 \times 2 = 3$
H	6.84	$\frac{6.84}{1} = 6.84$	$\frac{6.84}{2.7} = 2.5 \times 2 = 5$
O	43.86	$\frac{43.86}{16} = 2.7$	$\frac{2.7}{2.7} = 1 \times 2 = 2$

यौगिक का सरलतम सूत्र $= C_3H_5O_2$
इसका सरल सूत्र भार $= (12 \times 3) + (5 \times 1) + (16 \times 2)$
$= 36 + 5 + 32 = 73$
यौगिक का अणुभार = वाष्प घनत्व $\times 2 = 73 \times 2 = 146$

$$n = \frac{\text{अणुभार}}{\text{सरल सूत्र भार}} = \frac{146}{73} = 2$$

अत: यौगिक का अणुसूत्र $= (C_3H_5O_2) \times 2 = C_6H_{10}O_4$

17. (a)

तत्व	%	परमाणुओं की आपेक्षिक संख्या	सरलतम अनुपात
C	52.5	$\frac{52.5}{12} = 4.39$	$\frac{4.39}{2.15} = 2$
H	13.04	$\frac{13.04}{1} = 13.04$	$\frac{13.04}{2.15} = 6$
O	34.46	$\frac{34.46}{16} = 2.15$	$\frac{2.15}{2.15} = 1$

यौगिक का सरलतम सूत्र $= C_2H_6O$
इसका सरल सूत्र भार $= (12 \times 2) + (1 \times 6) + 16 = 46$
यौगिक का अणुभार = वाष्प घनत्व $\times 2 = 23 \times 2 = 46$

$$n = \frac{\text{अणुभार}}{\text{सरल सूत्र भार}} = \frac{46}{46} = 1$$

अत: यौगिक का अणुसूत्र $= (C_2H_6O) \times 1 = C_2H_6O$

□□□

20 Chapter

समावयवता (Isomerism)

श्रृंखला समावयवता (Chain Isomerism) :

1. दो या दो से अधिक कार्बनिक यौगिक, जिनके अणु सूत्र समान हो, परन्तु ऐल्किलजनक श्रृंखला की भिन्न-भिन्न व्यवस्था के कारण संरचना सूत्र भी भिन्न-भिन्न हो, श्रृंखला समावयवी कहलाते हैं। तथा यह परिघटना श्रृंखला समावयवता कहलाती है।
2. श्रृंखला समावयवता के प्रदर्शन के लिए कम से कम चार कार्बन होने चाहिए (ऐल्काइन तथा कीटोन में 5 होने चाहिए)
3. श्रृंखला समावयवी, समान homologues श्रेणी से सम्बन्धित होती है अर्थात् वे समान क्रियात्मक समूह रखते हैं।
4. श्रृंखला और स्थान समावयवता दो समावयवी के बीच सम्भव नहीं हो सकती है।
5. श्रृंखला समावयवता में क्वथनांक, गलनांक और अभिक्रियाशीलता बदल जाती है।

सूत्र	श्रृंखला समावयवी
C_4H_{10}	2
C_5H_{12}	3
C_6H_{14}	5
C_7H_{16}	9

Note

- $CH_3—CH_2—CH_2—CHO$ and $CH_3—CH(CH_3)—CHO$ श्रृंखला समावयवता है।

स्थान समावयवता (Position isomerism) :

1. =, ≡ बन्ध या monovalent समूहों की स्थिति में अन्तर के कारण, स्थान समावयवता होती है।
   स्थान समावयवी के उदाहरण
   - ब्यूटीन-1 तथा ब्यूटीन-2 स्थान समावयवी हैं।
   - ब्यूटाइन-1 तथा ब्यूटाइन-2 स्थान समावयवी हैं।
   - ऑर्थो, मीटा तथा पेरा कैरसॉल या ऐक्सीलीन स्थान समावयवी हैं।
2. ऐल्डिहाइड, कार्बोक्सिलिक अम्ल, ऐमाइड अम्ल, क्लोराइड अम्ल तथा ऐल्कील साइनाइड स्थान समावयवता प्रदर्शित नहीं करते हैं।

मध्यावयवता (Metamerism) :

1. भिन्न ऐल्काइल समूह जो द्विसंयोजी या द्विसंयोजी समूह या परमाणु से जुड़े होते हैं, के कारण मध्यावयवता होती है।
2. कीटोन (कम से कम 5 कार्बन) ईथर (कम से कम 4 कार्बन) थायोईथर (कम से कम 4 कार्बन) द्वितीय ऐमाइन (कम से कम 5 कार्बन), मध्यावयवता दर्शाते हैं।
   - $CH_3CH_2CH_2COCH_3$ तथा $CH_3CH_2COCH_2CH_3$ मध्यावयवी हैं।
   - $CH_3CH_2—O—CH_2CH_3$ तथा $CH_3—O—CH_2CH_2CH_3$ मध्यावयवी हैं।
   - $CH_3CH_2CH_2—NH—CH_3$ तथा $CH_3CH_2—NH—CH_2CH_3$ मध्यावयवी हैं।

Note

- $CH_3OCH_2CH_2CH_3$ तथा $CH_3OCH(CH_3)_2$ स्थान समावयवी हैं।
- $CH_3—O—CH_2CH_2CH_2CH_3$ तथा $CH_3—O—CH_2CH(CH_3)CH_3$ श्रृंखला समावयवी हैं।

क्रियात्मक समावयवता (Functional Isomerism) :

1. दो या दो से अधिक कार्बनिक यौगिक जिनके अणुसूत्र समान हो, परन्तु भिन्न-भिन्न क्रियात्मक समूहों के कारण संरचना सूत्र भिन्न-भिन्न हो, क्रियात्मक समूह समावयवी कहलाते हैं तथा यह परिघटना क्रियात्मक समूह समावयवता कहलाती हैं।
2. ईथर तथा ऐल्कोहॉल क्रियात्मक समावयवी हैं।
   $CH_3—O—CH_3$ तथा $CH_3CH_2—OH$ क्रियात्मक समावयवी हैं।
   $C_6H_5OCH_3$, $C_6H_5CH_2OH$ तथा cresol क्रियात्मक समावयवी हैं।
3. $C_nH_{2n}O$ ऐल्डिहाइड, कीटोन एपॉक्साइड असंतृप्त ऐल्कोहॉल तथा असंतृप्त ईथर क्रियात्मक समावयवी हैं।
   - यदि $n = 2$ तब C_2H_4O, 2-क्रियात्मक समावयवी रखते हैं।
   - यदि $n = 3$ तब C_3H_6O, 5-क्रियात्मक समावयवी रखते हैं।
     CH_3CH_2CHO, CH_3COCH_3, $CH_2{=}CH—CH_2—OH$, $CH_2{=}CH—OCH_3$, $CH_3—CH—CH_2$
4. कार्बोक्सिलिक अम्ल ऐस्टर हाइड्रॉक्सीऐल्डिहाइड हाइड्रॉक्सी कीटोन CH_3CH_2COOH, CH_3COOCH_3, $CH_3CH(OH)—CHO$, $CH_3—COCH_2OH$ के क्रियात्मक समावयवी हैं।
5. प्राथमिक ऐमीन $CH_3CH_2CH_2NH_2$ द्वितीयक ऐमीन $CH_3CH_2NHCH_3$ तथा तृतीयक ऐमीन $(CH_3)_3N$ क्रियात्मक समावयवी हैं।
6. $CH_3—CN$ तथा CH_3NC क्रियात्मक समावयवी हैं।

चलावयवता (Tautomerism) :

1. ऐल्डिहाइड तथा कीटोन जो α-संतृप्त कार्बन पर α-हाइड्रोजन रखते हैं,

चलावयवता दर्शाते हैं।

$CH_3—CHO$, $(CH_3)_2CH—CHO$, CH_3COCH_3,

$(CH_3)CH-\overset{\overset{O}{\parallel}}{C}-CH_3$

2. ऐल्डिहाइड तथा कीटोन चलावयवता प्रदर्शित नहीं करते हैं जब,

(i) वे असंतृप्त α-कार्बन पर α-हाइड्रोजन रखते हैं।

(ii) वे α-हाइड्रोजन नहीं रखते हैं।

3. नाइट्रो ऐल्केन तथा नाइट्रोसो ऐल्केन जो कम से कम एक α-हाइड्रोजन रखते हैं, चलावयवता प्रदर्शित करते हैं।

$CH_3–NO_2, CH_3N{=}O, CH_3-\underset{}{\overset{\overset{CH_3}{|}}{CH}}-NO_2$ चलावयवता दर्शाते हैं।

$CH_2{=}CH—NO_2, (CH_3)_3—C—NO, (CH_3)_3C—N{=}O$ चलावयवता नहीं दर्शाते हैं।

4. यूरिया तथा $R—CONH_2$, $R—CONH—R$ प्रकार के यौगिक चलावयवता प्रदर्शित करते हैं।

5. दोनों चलावयवता समान बन्ध π बन्ध तथा lone pair रखते हैं।

6. अन्तराणुक H-बन्ध और अनुनाद के कारण $CH_3COCH_2COCH_3$ का इनोल रूप, कीटो रूप से अधिक स्थायी है।

7. फिनॉल में इनॉल % 99.99% है।

8. CH_3COCH_2COOR की इनॉल रूप कीटो रूप से अधिक वाष्पशील है।

9. चलावयवता, बन्ध लम्बाई पर कोई प्रभाव नहीं रखता है। लेकिन अनुनाद, द्विबन्ध की बन्ध लम्बाई में बढ़ता है और एकल बन्ध लम्बाई में घटता है।

10. चलावयवता, अणु की कम ऊर्जा नहीं देती है, लेकिन अनुनाद की अन्तः ऊर्जा कम करती है तथा अणु की अतिरिक्त स्थायित्व देती है।

11. चलावयवता, समतलीय या असमतलीय अणुओं में हो सकती है, जबकि अनुनाद केवल समतलीय अणुओं में होती है।

12. ईनोलीकरण क्रम (Enolisation Order)

$CH_3COCH_3 < CH_3COCH_2COOC_2H_5$
$< C_6H_5COCH_2COOC_2H_5 < CH_3COCH_2COCH_3$
$< CH_3COCH_2CHO$

चक्रीय-शृंखला समावयवता (Ring Chain isomerism)

1. दो या दो से अधिक कार्बनिक यौगिक जिनके अणु सूत्र समान हो, परन्तु कार्बन परमाणु के भिन्न-भिन्न प्रकार से जुड़ने के कारण संरचना सूत्र भिन्न-भिन्न हो। अर्थात् चक्रीय एवं अचक्रीय शृंखला वाले यौगिक चक्रीय शृंखला समावयवी कहलाते हैं। तथा यह परिघटना चक्रीय शृंखला समावयवता कहलाती हैं।

2. ऐल्काइन, साइक्लोऐल्कीन के साथ चक्रीय -शृंखला समावयवता दर्शाते हैं। 1,3-ब्यूटाडाइन तथा साइक्लोब्यूटीन चक्रीय -शृंखला समावयवी हैं।

3. ऐल्कीन, साइक्लोऐल्केन के साथ चक्रीय -शृंखला समावयवता दर्शाते हैं ब्यूटीन तथा साइक्लोब्यूटीन चक्रीय -शृंखला समावयवी हैं।

त्रिविम समावयवता (Stereo Isomerism) :

यह दो प्रकार की होती है- (1) विन्यासी समावयवता, (2) संरूपणीय समावयवता

1. विन्यासी समावयवता (Configurational Isomerism) :

विन्यासी समावयवता भी दो प्रकार की होती है-

(i) ज्यामितीय समावयवता, (ii) प्रकाशीय समावयवता

(i) ज्यामितीय समावयवता (Geometrical isomerism)

- abc = cab, abc = cba, abc = cde प्रकार की संरचना ज्यामितीय समावयवता दर्शाते हैं।

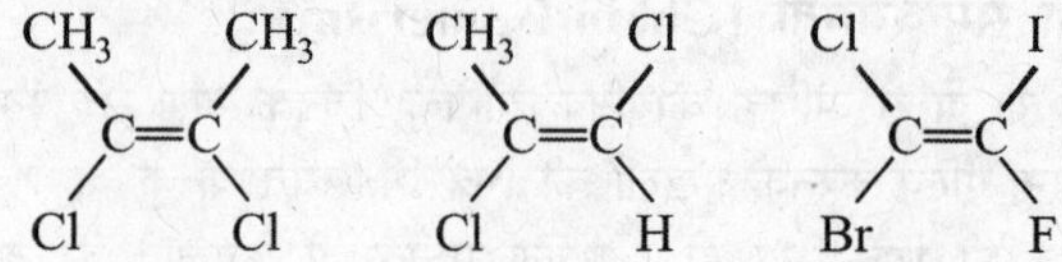

2-isomers 2-isomers 6-isomers

ऐजोबैंजीन, ऑक्सामाइड हाइपरनाइट्रस अम्ल ज्यामितीय समावयवता दर्शाते हैं, जो syn-anti समावयवी कहलाते हैं।

syn anti

ऑग्जाइम (Oxime) :

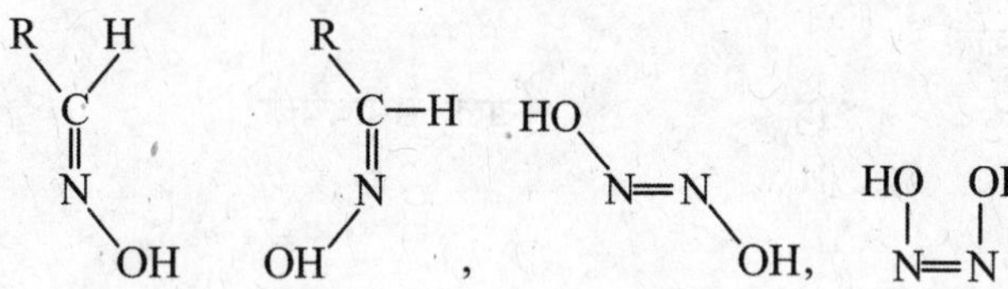

syn anti , anti syn

Hypo nitrous acid

Note

- Disubstituted cyclic यौगिक, ज्यामितीय समावयवता दर्शाते हैं।

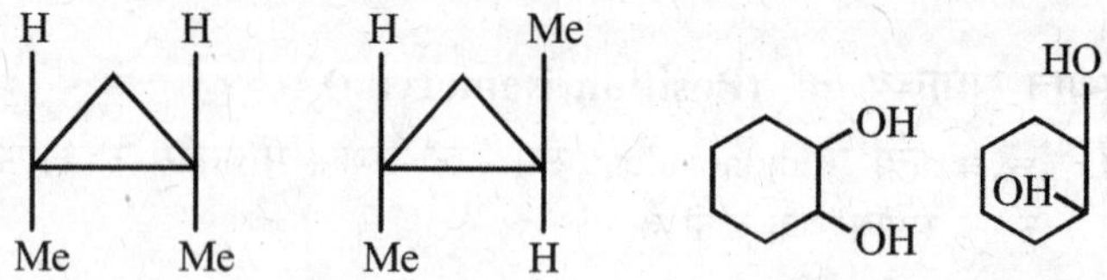

cis trans cis trans

- विपक्ष समावयवी, समपक्ष समावयवी की तुलना में अधिक स्थायी है।
- समपक्ष समावयवी का क्वथनांक (boiling point) विपक्ष समावयवी की अपेक्षा अधिक है।
- विपक्ष - समावयवी का M.P. (ग्लनांक), समपक्ष - समावयवी की अपेक्षा अधिक है।
- 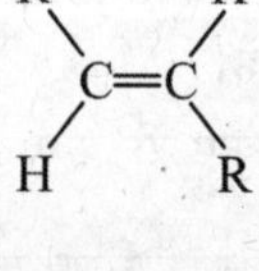 विपक्ष समावयवी शून्य द्विध्रुव आघूर्ण

- ऐल्किन का हाइड्रोजनीकरण (ऑक्सीकरण) *cis*-manner में OsO_4 की उपस्थिति में क्षारीय $KMnO_4$, OsO_4, तथा इसके द्वारा होता है।

मेलिक अम्ल (*cis*) $\xrightarrow{KMnO_4}$ *meso*-टार्टेरिक अम्ल

फ्यूमेरिक अम्ल (*trans*) $\xrightarrow{KMnO_4}$ *dl*-टार्टेरिक अम्ल

(ii) प्रकाश समावयवता (Optical Isomerism)

Type-1. वे यौगिक जो किरल (chiral) कार्बन परमाणु रखते हैं, प्रकाशिक समावयवता दर्शाते हैं-

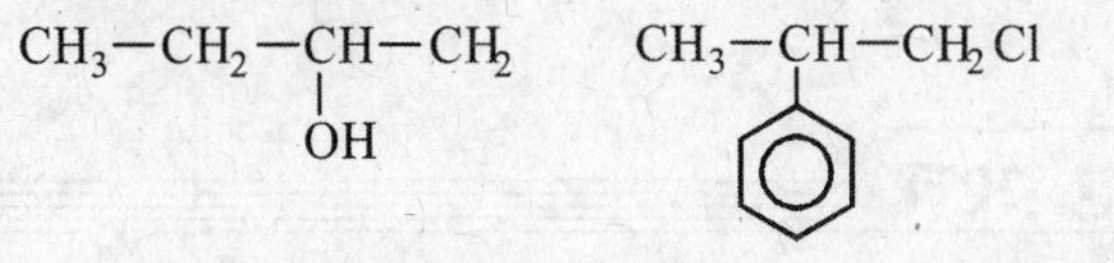

Type-2. कुछ यौगिक जो किरल (chiral) कार्बन परमाणु नहीं रखते हैं लेकिन प्रकाशिक समावयवता दर्शाते हैं।

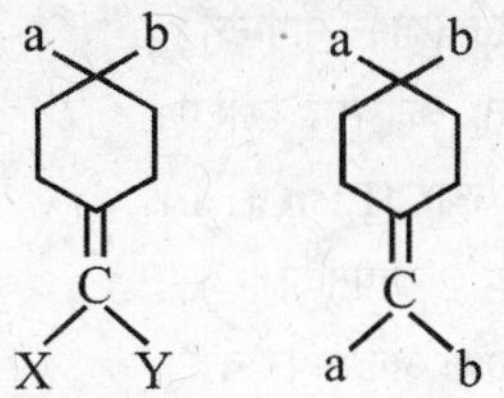

जिनका यौगिक ab C = C= C ab तथा ab C = C =C होता है, प्रकाशिक समावयवता दर्शाते हैं।

Type-3. बाइफिनॉयल (biphenyl) प्रकाशिय समावयवता दर्शाते हैं।

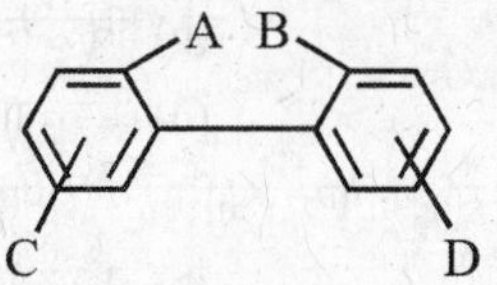

Type-4. एक यौगिक प्रकाश सक्रिय होगा यदि वह रखता है-

(a) कम से कम एक किरल (chiral) कार्बन परमाणु

(b) वह (सममिति का तल) नहीं रखता है।

Type-5.

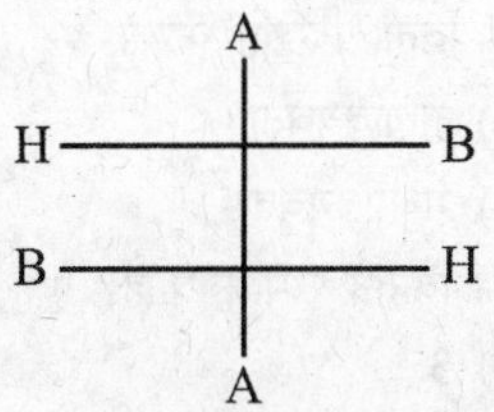

तथा

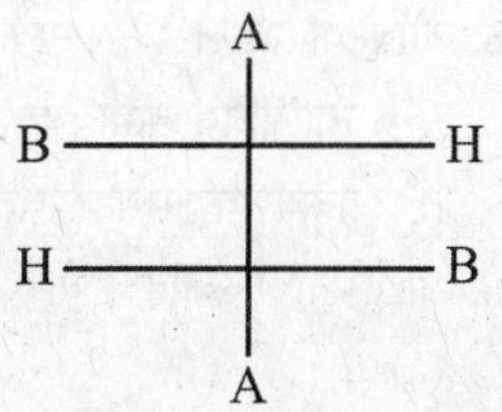

प्रतिबिम्ब रूप हैं -

(i) प्रत्येक दक्षिण-ध्रुवण-धूर्णक रूप का वाम-ध्रुवण-घूर्णक रूप होता है, जो कि इसका प्रतिबिम्ब होता है। तथा प्रकार प्रतिबिम्ब रूपों (*d* तथा *l*) का एक जोड़ा दर्पण प्रतिबिम्ब समावयवी कहलाता हैं, ये एक दूसरे के प्रतिबिम्ब पर अध्यारोपित नहीं होते हैं तथा प्रतिबिम्ब रूप भी कहलाते हैं अर्थात् प्रतिबिम्ब रूप एक-दूसरे के अन-अध्यारोपित दर्पण प्रतिबिम्ब होते हैं।

(ii) वे यौगिक जिसमें कम से कम समान chiral कार्बन परमाणु रखते हैं तथा दो बराबर भगों में विभक्त हो सकते हैं। उनमें प्रकाश असक्रिय संरचना (meso form) उपस्थित होती है।

उदाहरण — 1. $CH_3CHOH—CHOH—CH_3$

2. COOH—CHOH—CHOH—CHOH—COOH

(iii) *r*-टार्टरिक अम्ल तथा *m*-टार्टरिक अम्ल की ध्रुवण अघूर्णक प्रकृति क्रमशः बाह्य और आन्तरिक संतुलन के कारण होती है। मेसो-समावयवी को, सक्रिय समावयवी में निराकरण (resolved) नहीं कर सकते हैं।

(iv) त्रिविम समावयवी जो दर्पण प्रतिबिम्ल नहीं है, अप्रतिबिम्ब त्रिविम समावयवी कहलाते हैं। जैसे - *m*-टार्टरिक अम्ल तथा *d*-टार्टरिक अम्ल, *m*-टार्टरिक अम्ल तथा *l*-टार्टरिक अम्ल।

(v) समान यौगिकों के *d* तथा *l* रूप का समाणुक मिश्रण रसेमिक परिवर्तन (racemic modification) कहलाता है।

(vi) एक प्रकाशिकी घूर्णक यौगिकों की *d*-आकार का, समान या भिन्न यौगिकों की *l*-आकार में परिवर्तन (conversion) करना वाल्डन प्रतिलोमन या प्रकाशिक प्रतिलोमन कहलाता है या वाल्डन प्रतिलोमन S_N2 अभिक्रिया में मिलता है।

Type-6. प्रकाशिक समावयव का क्रम यदि अणु को दो समान भागों (halves) में नहीं बाँटा जा सकता है।

(i) प्रकाशिक समावयव का क्रम $(a) = 2^n$ जहाँ n = किरल (chiral) की संख्या

मेसो समावयवी $(m) = 0$

कुल $= a + m = 2n$

(ii) यदि अणुओं को दो समान भागों (halves) में बाँटा जाता है। लेकिन n = even no. प्रकाशिक घूर्णक समावयवी

$$a = 2^{n-1}$$

मेसो समावयवी $(m) = 2^{n/2-1}$

कुल $= a + m$

(iii) यदि n = विषम संख्या

प्रकाशिक घूर्णक समावयवी $a = 2^{n-1} - 2^{n-1/2}$

$$m = 2^{n-1/2}$$

कुल $a + m = 2^{n-1}$

Type-7. वे यौगिक जो दो समान भागों (halves) में बाँटे जाते हैं, मेसा रूप रखता है। जैसे-

$$CH_3-\underset{OH}{\underset{|}{CH}}-\begin{Bmatrix}CH\\ |\\ CH\end{Bmatrix}-\underset{OH}{\underset{|}{CH}}-CH_3$$

2. संरूपण समावयवता (Conformation Isomerism) :

ऐथेन के लिए,

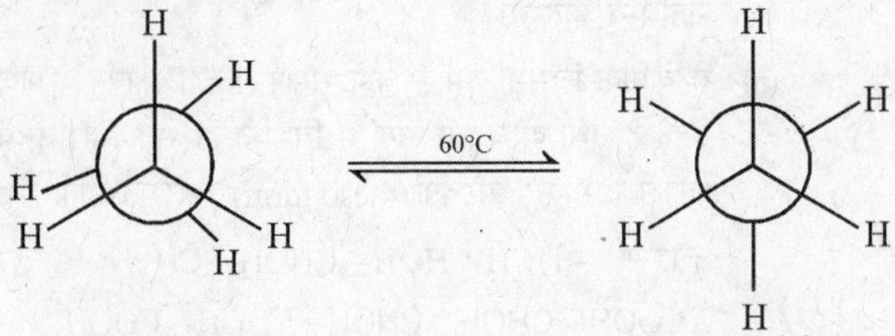

Eclipsed form Staggered form

- n-ब्यूटेन की विभिन्न संरूपण की सायेक्षिक स्थायित्वता निम्नलिखित प्रकार से प्रदर्शित कर सकते हैं।
  Anti > Gauche > Eclipsed > Fully eclipsed.
- दो संरूपण रखता है, viz. boat तथा श्रृंखला रूप 44kJ mol^{-1} के द्वारा boat form की तुलना में श्रृंखला रूप अधिक स्थायी है। यदि संरूपण में हाइड्रोजन बन्ध उपस्थित है। तब Gauche रूप सबसे स्थाई होता है।

अभ्यास के लिए प्रश्न

1. $CH_3CH_2CH = CH_2$ तथा $CH_3—CH = CH—CH_3$ दर्शाता है-
(a) श्रृंखला समावयवता (b) स्थिति समावयवता
(c) क्रियात्मक समावयवता (d) मध्यावयवता

2. C_7H_8O के कुल समावयवी है-
(a) 4 (b) 5
(c) 6 (d) 7

3. डाइमिथाइल ईथर और ईथाल ऐल्कोहल है-
(a) मध्यावयवता (b) होमोलोग्यूस (Homologues)
(c) क्रियात्मक समावयवता (d) स्थिति समावयवता

4. ईथाइल ऐसीटोऐसीटेट किस प्रकार की समावयवता दर्शाता है-
(a) श्रृंखला (b) प्रकाशिक
(c) मध्यावयवता (d) चलावयवता

5. प्रोपीओनिक अम्ल समावयवी अम्ल समावयवी है-
(a) $HCOOC_2H_5$ तथा CH_3COOCH_3
(b) $HCOOC_2H_5$ तथा $C_3H_7COOCH_3$
(c) CH_3COOCH_3 तथा C_3H_7OH
(d) C_3H_7OH तथा CH_3COCH_3

6. प्रकाशीय सक्रिय यौगिक है-
(a) 3-क्लोरोपेन्टेन (b) 2-क्लोरोब्यूटेन
(c) 2-क्लोरोप्रोपेन (d) इनमें से कोई नहीं

7. निम्न में से कौन-सी समावयवता कार्बन, कार्बन के बीच वृत्ताकार घूर्णन के कारण होते हैं।
(a) संरूपण
(b) इनेन्शियोमेरिज़्म (Enantiomerism)
(c) डाइस्टेरिओ समावयवता
(d) स्थिति समावयवता

8. ब्रोमीनीकरण करने पर प्रोपाइनिक अम्ल 2-ब्रोमोप्रोपाइनिक अम्ल के दो समावयवी देता है। यह युग्म एक महत्वपूर्ण उदाहरण है-
(a) श्रृंखला समावयवता (b) प्रकाशिक समावयवता
(c) समपक्ष-विपक्ष समावयव (d) स्थिति समावयव

9. निम्न में कौन-सा युग्म, श्रृंखला समावयवता को दर्शाता है-
(a) CH_3CHCl_2 तथा $ClCH_2CH_2Cl$
(b) n-प्रोपील ऐल्कोहल तथा आइसोप्रोपिल ऐल्कोहल
(c) 2-मेथिल-1 प्रोपेनल तथा 2-मेथिल-2 प्रोपेनल
(d) 2-मेथिल ब्यूटेन तथा निओपेन्टेन

10. श्रृंखला समावयवता के युग्म छाँटिए-
(a) CH_3CHBr_2 तथा CH_2BrCH_2Br
(b) 1-प्रोपेनॉल तथा 2-प्रोपेनॉल
(c) निओ पेन्टेन तथा आइसोपेन्टेन
(d) डाइईथाइल तथा मेथिल-n-प्रोपील ईथर

11. निम्न में से कौन-सा यौगिक प्रकाशिक सक्रिय है-
(a) 4-क्लोरो, 1 हाइड्रॉक्सी ब्यूटेन
(b) 3°-ब्यूटिल ऐल्कॉहल
(c) द्वितीयक ब्यूटिल ऐमीन
(d) n-ब्यूटील ऐल्कॉहल

12. सायनाइड तथा आइसायनाइड निम्न किस प्रकार के समावयवी है-
(a) स्थिति (b) क्रियात्मक
(c) चलावयव (d) संरचनात्मक

13. निम्न में से कौन-सा यौगिक ज्यामितिय समायवता नहीं दर्शाता है-
(a) 2-ब्यूटॉइन (b) 2-पेन्टॉइन
(c) 2, 3-डाइब्रोमो-2-ब्यूटाइन (d) 2-मिथाइल प्रोपाइन

14. $C_4H_{10}O$ के लिए कितनी सम्भव अम्लीय समायव संख्याएँ है-
(a) 4 (b) 2
(c) 3 (d) 5

15. लेक्टिक अम्ल किस प्रकार की समायवता प्रदर्शित करता है-
(a) ज्यामितिय समावयवता (b) चलावयवता
(c) प्रकाशिक समावयवता (d) मध्यावयवता

16. प्राथमिक ऐल्कॉहल के $C_5H_{11}OH$ में कितने समावयव है?
(a) 2 (b) 3
(c) 4 (d) 5

17. प्रोपेनॉल समावयवी है-
(a) डाइईथाइल ईथर (b) डाइमेथिल ईथर
(c) ईथाइल मिथाइल ईथर (d) प्रोपेनॉल

उत्तरमाला

1. (b)	**2.** (b)	**3.** (c)	**4.** (d)	**5.** (a)	**6.** (b)	**7.** (a)	**8.** (b)	**9.** (d)	**10.** (c)
11. (c)	**12.** (b)	**13.** (d)	**14.** (a)	**15.** (c)	**16.** (c)	**17.** (c)			

हल

2. (b) C_7H_8O के 5 समावयव है।

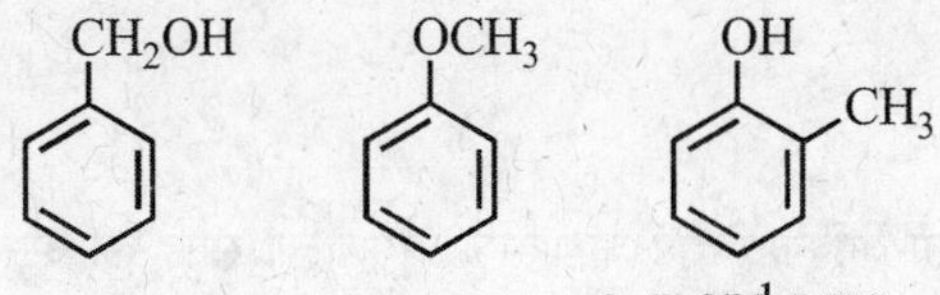

o, *m* and *para*

3. (c) $CH_3—O—CH_3$ तथा C_2H_5OH क्रियात्मक समायवी है।

4. (d) $CH_3COOC_2H_5$ चलावयवता समायवता प्रदर्शित करता है।

$$CH_3—\overset{\overset{O}{\|}}{C}—O—CH_2—CH_3 \rightleftharpoons CH_2 = \overset{\overset{OH}{|}}{C}—OC_2H_5$$

6. (b) 2-क्लोरो ब्यूटेन प्रकाशिक सक्रिय है।

10. (c) निओपेन्टेन तथा आइसोपेन्टेन शृंखला समावयव है।

$$CH_3—\underset{\underset{CH_3}{|}}{\overset{\overset{CH_3}{|}}{C}}—CH_3 \text{ तथा } CH_3—CH_2—\underset{\underset{CH_3}{|}}{CH}—CH_3$$

11. (c) $CH_3—\underset{\underset{NH_2}{|}}{\overset{\overset{H}{|}}{C}}—CH_2—CH_3$

द्वितीयक ब्यूटिल ऐमीन प्रकाशिक सक्रिय है।

12. (b) $\underset{\text{साय नाइड}}{R—C\equiv N}$ तथा $\underset{\text{आइसोसाय नाइड}}{R—N \equiv}$ क्रियात्मक समावयव है-

13. (d) $CH_3—\underset{\underset{CH_3}{|}}{C}=CH_2$

2-मेथिल प्रोपीन ज्यामितिय समावयव दर्शाता है।

14. (a) 1. $\underset{\text{1–ब्यूटेनॉल}}{CH_3—CH_2—CH_2—CH_2—OH}$

2. $CH_3—CH_2—\underset{\underset{OH}{|}}{CH}—CH_3$

2 – ब्यूटेनॉल

3. $CH_3—\underset{\underset{CH_3}{|}}{CH}—CH_2—OH$

2-मेथिल 1-प्रोपेनॉल

4. $CH_3—\underset{\underset{OH}{|}}{\overset{\overset{CH_3}{|}}{C}}—CH_3$

2-मेथिल-2-प्रोपेनॉल

15. (c) लेक्टिक अम्ल प्रकाशिक समावयवता दर्शाता है-

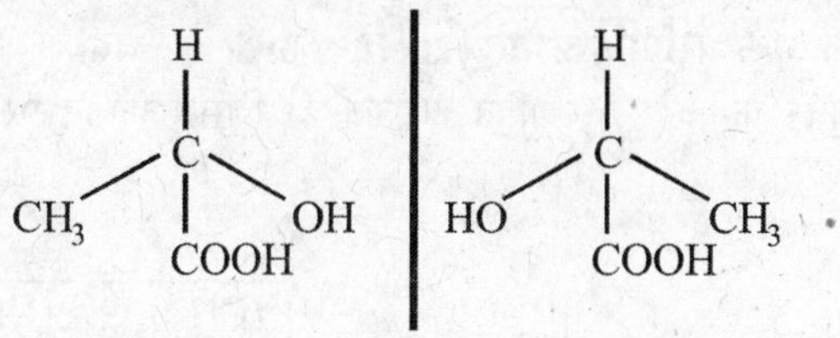

16. (c) $CH_3—CH_2—CH_2—CH_2—CH_2—OH$

1–पेन्टेनॉल

$\overset{4}{C}H_3—\underset{\underset{CH_3}{|}}{\overset{3}{C}H}—\overset{2}{C}H_2—\overset{1}{C}H_2—OH$

3–मेथिल–1–ब्यूटेनॉल

$\overset{4}{C}H_3—\overset{3}{C}H_2—\underset{\underset{CH_3}{|}}{\overset{2}{C}H}—\overset{1}{C}H_2—OH$

2-मेथिल-1-ब्यूटेनॉल

$\overset{3}{C}H_3—\underset{\underset{CH_3}{|}}{\overset{\overset{CH_3}{|}}{\overset{2}{C}}}—\overset{1}{C}H_2—OH$

2.2-डाइमेथिल-1-प्रोपेनॉल

17. (c) प्रोपेनॉल ऐल्कॉहल है, ईथर ऐल्कॉहल के साथ क्रियात्मक समावयवता दर्शाता है। चूँकि प्रोपेनॉन और ईथाइल ईथर समावयव है। क्योंकि वे C_3H_8O के समान अणुसूत्र रखते है।

□□□

21 Chapter

कार्बनिक रसायन के कुछ आधारभूत सिद्धान्त (Some Basic Principles of Organic Chemistry)

प्रेरणिक प्रभाव (Inductive Effect) :

1. **ऋणात्मक प्रेरणिक प्रभाव (–I effect order) :** जब इलेक्ट्रॉन कार्बन से अधिक किसी अधिक विद्युत ऋणात्मक परमाणु या समूह की ओर विस्थापित होते है, तब परमाणु या समूह पर आंशिक ऋणावेश आ जाता है।

$$C_4^{\delta\delta\delta\delta+} \rightarrow C_3^{\delta\delta\delta+} \rightarrow C_2^{\delta\delta+} \rightarrow C_1^{\delta+} \rightarrow A^{\delta-}$$

$$\boxed{\begin{array}{l} N^+R_3 > S^+R_2 > N^+H_3 > CF_3 > CCl_3 > CHF_2 > CHCl_2 > NO_2 > CN > SO_3H > CHO > \\ CO > COOH > COCH > F > Cl > Br > I > COR > OH > C_6H_5 > CH\equiv C > CH=CH_2 \end{array}}$$

2. **धनात्मक प्रेरणिक प्रभाव (+I effect order) :** जब कार्बन शृंखला में कार्बन से कम विद्युत ऋणात्मक समूह या परमाणु जुड़ा होता है, तब *s* इलेक्ट्रॉन कार्बन की ओर विस्थापित हो जाते है। जिससे कार्बन पर आंशिक ऋणावेश तथा समूह पर आंशिक धानावेश आ जाता है।

$$C_4^{\delta\delta\delta\delta-} \leftarrow C_3^{\delta\delta\delta-} \leftarrow C_2^{\delta\delta-} \leftarrow C_1^{\delta-} \leftarrow B^{\delta+}$$

$$\boxed{(CH_3)_3C > (CH_3)_2CH > CH_3CH_2 > CH_3 > D > H}$$

3. **प्रेरणिक प्रभाव के मुख्य तत्व (Some facts about Inductive Effect) :**
   (a) यह एक स्थायी प्रभाव है।
   (b) इसमें σ इलेक्ट्रॉन अपनी कक्षा में बने रहते हैं। इलेक्ट्रॉन विस्थापन कार्बन शृंखला में एक परमाणु से दूसरे पर संचरित हो जाता है, परन्तु वास्तव में किसी परमाणु के अष्टक से इलेक्ट्रॉन दूसरे में स्थानान्तरित नहीं होते है।
   (c) प्रेरणिक प्रभाव दूरी बढ़ने के साथ कम होता चला जाता है। चार कार्बन के बाद इसका प्रभाव लगभग समाप्त हो जाता है।
   (d) यह अभिक्रिया को स्पोट कर भी सकता है अथवा नहीं भी।

$$\text{अम्ल क्षमता } (K_a) \propto \frac{1}{+\text{I प्रभाव}}$$

4. **प्रेरणिक प्रभाव के कारण निम्नलिखित की व्याख्या की जाती है (Facts explained by inductive effect) :**
   (i) –I प्रभाव की उपस्थिति में कार्बोक्सिलिक अम्ल की प्रबलता बढ़ती है।

$$\text{अम्ल क्षमता } (K_a) \propto -\text{I प्रभाव}$$

$$CH_2F—COOH > CH_2ClCOOH > CH_2BrCOOH > CH_2ICOOH > CH_3COO$$

   (ii) ऋणात्मक प्रेरणिक प्रभाव को दर्शाने वाला समूह कार्बोक्सिलिक अम्ल के जितने पास होता है अम्ल क्षमता उतनी ही अधिक होती है।

$$CH_3—CH_2—CH_2Cl—COOH > CH_3—CHClCH_2COOH > CH_2ClCH_2CH_2COOH$$

   (iii) ऋणात्मक प्रेरणिक प्रभाव को प्रदर्शित करने वाले समूह जितने अधिक होते है। कार्बोक्सिलिक अम्ल प्रबलता उतनी अधिक होती है।

$$CCl_3COOH > CHCl_2COOH > CH_2ClCOOH > CH_3COOH$$

   (iv) +I प्रेरणिक प्रभाव के कारण कार्बोक्सिलिक अम्ल की अम्ल प्रबलता घटती है।

$$HCOOH > CH_3COOH > CH_3CH_2COOH > (CH_3)_2CH—COOH > (CH_3)_3C—COOH$$

$$\boxed{\begin{array}{l} HCOOH > C_6H_5COOH > CH_3COOH \\ CH_2ClCOOH > C_6H_5COOH > CH_3COOH \end{array}}$$

ऐरोमैटिक अम्लों की अम्ल प्रबलता (Acidic Strength of Aromatic Carboxylic Acid)

1. बेन्जोइक अम्ल की अम्ल प्रबलता बेन्जोऐट ऋणायन (anion) के स्थायित्व पर निर्भर करती है। बेन्जोऐट आयन का स्थायित्व प्रेरणिक प्रभाव पर निर्भर करता है।

- **Type-1 :** जब इलेक्ट्रॉन with drawing समूह बेजोइक अम्ल की बेन्जीन से जुड़ा होता है, तब अम्लीय क्षमता का क्रम

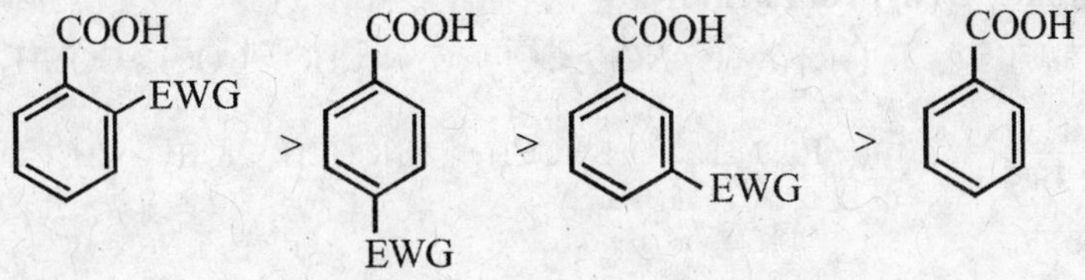

EWG = NO_2, CN, CCl_3.

$$\text{अम्ल प्रबलता} \propto \text{इलेक्ट्रॉन ग्राही समूह की क्षमता}$$

NO_2 > CH > CHO > C(=O) >

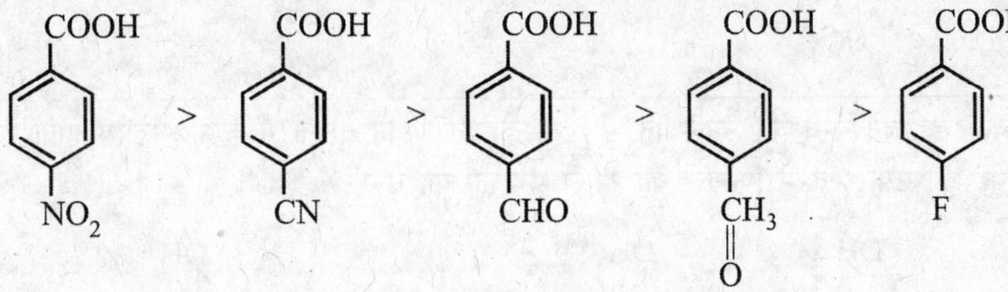

- **Type-2 :** यदि ऐल्कॉक्सी समूह बेन्जोइक अम्ल में उपस्थित होता है, तब अम्ल प्रबलता

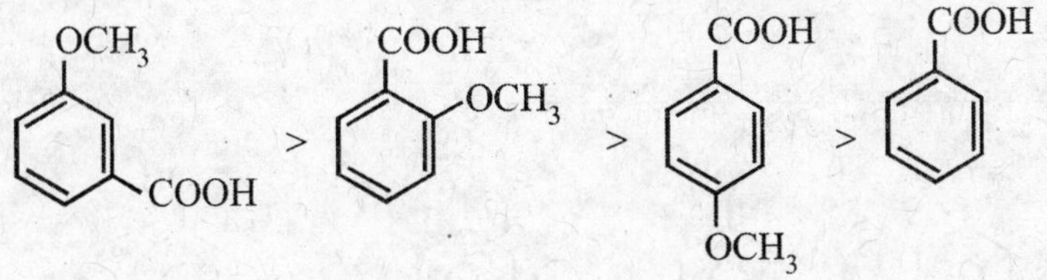

- **Type-3 :** यदि बेन्जोइक अम्ल ऐल्काइल समूह से प्रतिस्थापित होते है, तब अम्ल प्रबलता

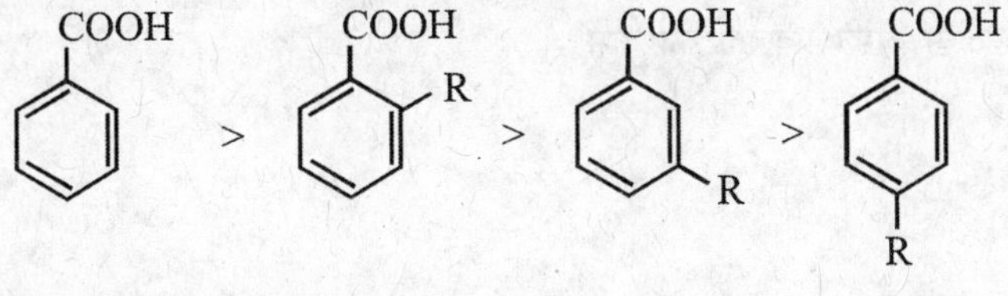

- **Type-4 :** हैलोजन की उपस्थिति में अम्ल प्रबलता का क्रम

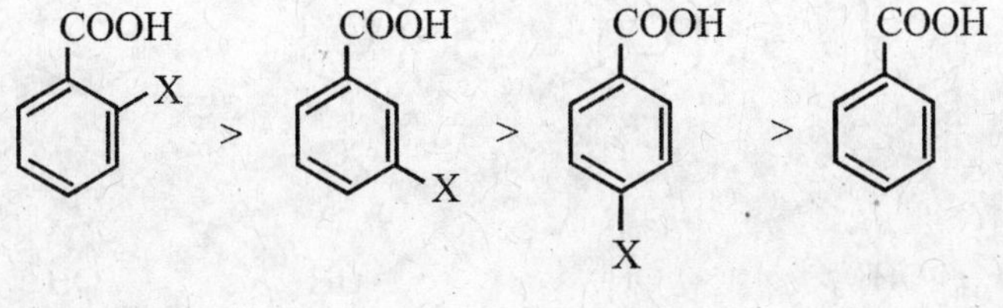

2. ऐल्कोहॉल की अम्ल क्षमता (Acidic Strength of Alcohol) :

$$\text{अम्ल प्रबलता} \propto \frac{1}{\text{कार्बन परमाणुओं की संख्या}} \propto \frac{1}{+I \text{ प्रभाव}}$$

$$CH_3OH > CH_3CH_2OH > CH_3-CH_2CH_2OH > CH_3-\underset{OH}{\underset{|}{CH}}-CH_3 > CH_3-\overset{CH_3}{\overset{|}{\underset{OH}{\underset{|}{C}}}}-CH_3$$

3. फिनॉल की अम्ल प्रबलता (Acidic strength of Phenol)

ऐसिडिक अम्ल प्रबलता $\propto -R$ प्रभाव (–R power $NO_2 > CCl_3 > CN > CHO > COCl > CONH_2$)

$\propto \frac{1}{+R \text{ प्रभाव}}$ (+ R $NH_2 > OH > OCH_3 > NHCOCH_3 > CH_3 > CH_5$)

$\propto -$ I प्रभाव

$\propto \frac{1}{+I \text{ प्रभाव}}$

- **Case-1 :** इलेक्ट्रॉन with drawing समूह की उपस्थिति में फिनॉल की अम्ल प्रबलता का क्रम

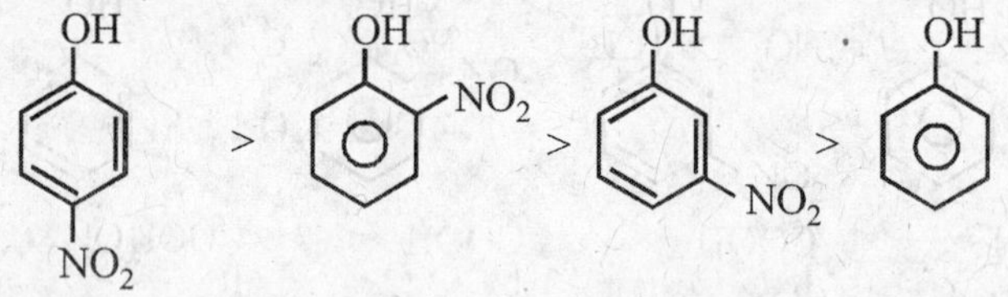

Note

✍ *o*-नाइट्रोफिनॉल अन्तरा अणुक हाइड्रोजन बन्ध की उपस्थिति में *p*-नाइट्रोफिनॉल की तुलना में कम अम्लीय होता है।

- **Case - 2** मिथॉक्सी समूह की उपस्थिति में फिनॉल की अम्ल प्रबलता का क्रम

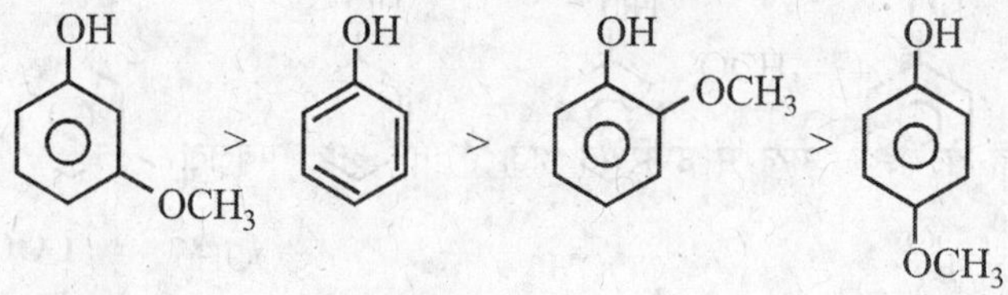

- **Case - 3** मिथाइल समूह की उपस्थिति में अम्ल प्रबलता का क्रम

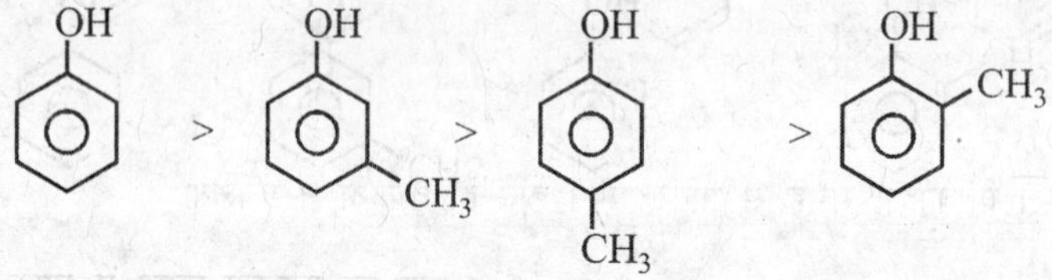

- **Case - 4** हैलोजन की उपस्थिति में अम्ल प्रबलता का क्रम

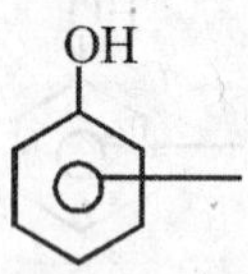

X = Cl, Br

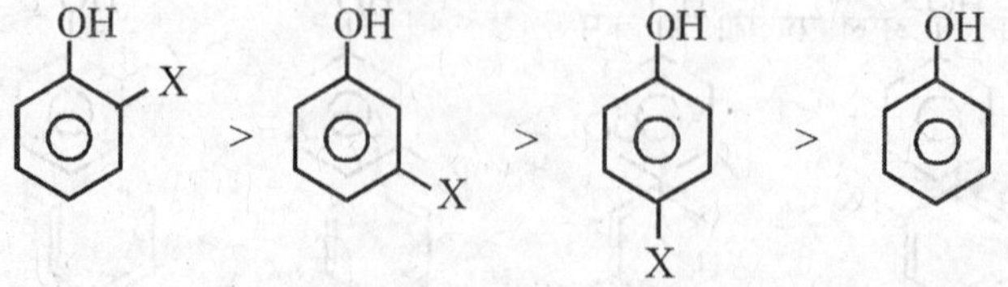

- **Case - 5** यदि हैलोजन F हो

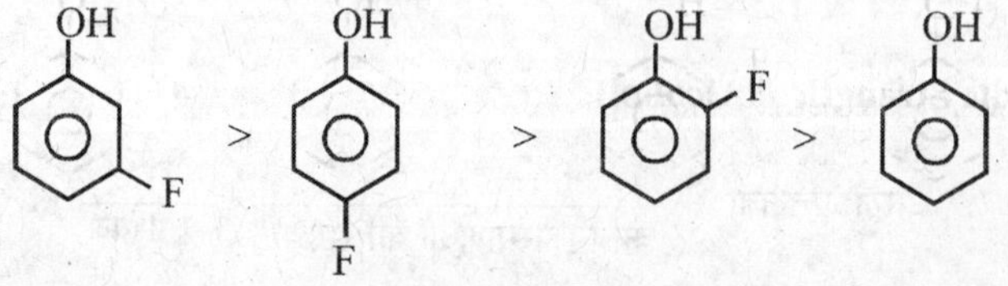

4. ऐमीन की क्षार प्रबलता (Basic Strength of Amine) : ऐमीन की क्षार प्रबलता माध्यम पर निर्भर करती है। (गैसीय तथा जलीय अवस्था)

क्षार प्रबलता $(K_b) \propto$ +I प्रभाव

$$\propto \frac{1}{-\text{I प्रभाव}} \propto \frac{1}{\text{अनुनाद संरचनाएँ}} \propto \frac{1}{\text{नाइट्रॉजन परमाणु की विद्युत ऋणात्मकता}}$$

- 
- 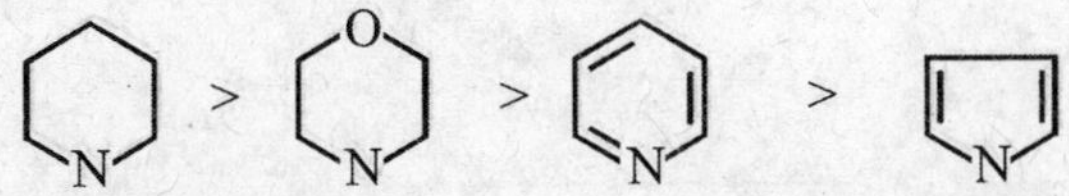
- सभी ऐल्फैटिक ऐमाइन की क्षार क्षमता ऐरोमैटिक ऐमाइन से क्षार प्रबलता अधिक होती है।

5. ऐरोमैटिक ऐमाइन की क्षार प्रबलता (Basicity of Aromatic Amines) : अनुनाद संरचनाओं के अधिक होने से ऐरोमैटिक ऐमीन की क्षार प्रबलता कम हो जाती है।

(A) $C_6H_5\ddot{N}H_2$ 4 (B) $C_6H_5-\ddot{N}H-C_6H_5$ 7 (C) $C_6H_5-\ddot{N}(C_6H_5)-C_6H_5$ 11

Basicity = A > B > C

6. प्रतिस्थापित ऐनीलिन की क्षार प्रबलता (Basicity of Substituted Anilines) :

Case-I : जब ऐनीलिन में इलेक्ट्रॉन withdrawing समूह उपस्थित होता है : इलेक्ट्रॉन withdrawing समूह –R तथा –I प्रदर्शित करता है। दोनों प्रभाव के कारण बेन्जीन रिंग धनात्मक आवेश आ जाता है, जिसके कारण NH_2 समूह की अनुनाद में electron donating capacity बढ़ जाती है। फलस्वरूप क्षार क्षमता कम हो जाती है। यह प्रभाव ऑर्थो स्थिति पर अधिक होता है।

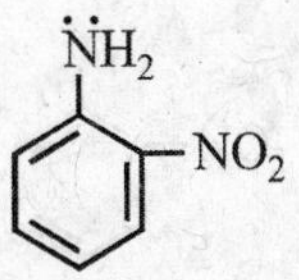

ऑर्थो स्थिति में –R तथा –I प्रभाव अधिक होते है।

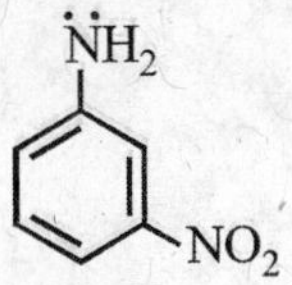

मैटा स्थिति पर केवल प्रेरणिक प्रभाव ही कार्य करता है।

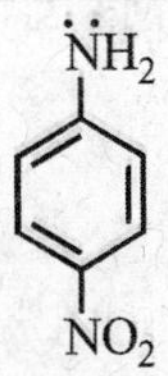

पैरा स्थिति पर –R तथा –I प्रभाव कार्य करते है किन्तु ऑर्थो स्थिति की अपेक्षा ये प्रभाव कम होते है।

इलेक्ट्रॉन withdrawing समूह की उपस्थिति में ऐनीलिन की क्षार प्रबलता कम हो जाती है। इलेक्ट्रॉन withdrawing समूह का प्रभाव ऑर्थो स्थिति पर अधिक होता है। अतः क्षारीय प्रबलता का सही क्रम

aniline > *m*-nitro-aniline > *p*-nitro-aniline > *o*-nitro-aniline

$$\text{क्षार प्रकृति} \propto \frac{1}{\text{electron withdrawing effect (–R प्रभाव)}}$$

इलेक्ट्रॉन withdrawing समूह की उपस्थिति में परिणामी क्षार प्रबलता का क्रम

aniline > *m*-derivative > *p*-derivative > *o*-derivative

Case-II: जब ऐनीलिन में ऐल्काइल समूह उपस्थित होता है। जो +R तथा +I प्रभाव प्रदर्शित करता है। मिथाइल समूह की उपस्थिति में ऐनीलिन की

बेन्जीन रिंग में ऋणावेश आ जाता है जिसके कारण बेन्जीन रिंग तथा NH_2 एकांकी युग्म के बीच में प्रतिकर्षण हो जाता है।

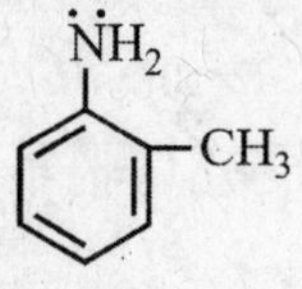

ऑर्थो स्थिति पर +R तथा +I प्रभाव अधिकतम होता है। जिसके कारण नाइट्रॉजन पर इलेक्ट्रॉन घनत्व बढ़ जाता है।

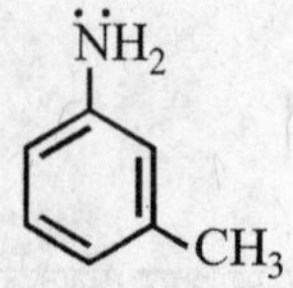

मैटा स्थिति पर ऐनीलिन की क्षार प्रबलता प्रभाव ऐल्काइल समूह के +I प्रभाव से प्रभावित होती है।

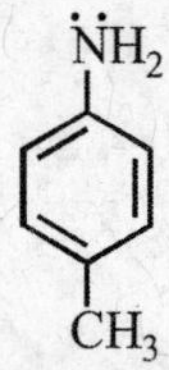

पैरा स्थिति पर +R तथा +I प्रभाव ऑर्थो स्थिति की अपेक्षा न्यूनतम होता है।

ऐल्काइल समूह के कारण ऐनीलिन की क्षार प्रबलता बढ़ जाती है, क्योंकि +R तथा +I दोनों ही प्रदर्शित करता है अत: परिणामिक क्षार प्रबलता

p-methylaniline > *o*-methylaniline > *m*-methylaniline > aniline

p-derivative > *o*-derivative > *m*-derivative > aniline

Note

- पैरा स्थिति पर ऐल्काइल समूह की उपस्थिति होने के कारण क्षार प्रबलता का क्रम

$$CH_3 > C_2H_5 > C_3H_7 > C_4H_9$$

Basic strength ∝ electron donating power

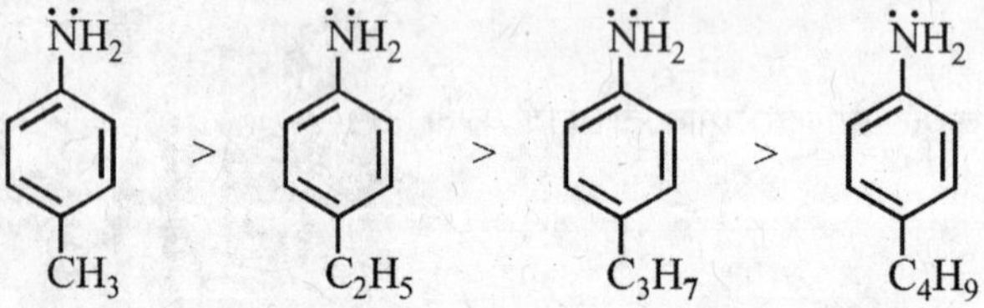

- मैटा स्थिति पर ऐल्काइल समूह की उपस्थिति से क्षार प्रबलता केवल प्रेरणिक प्रभाव द्वारा प्रभावित होती है। ऐल्काइल समूह का प्रेरणिक प्रभाव

$$CH_3 < C_2H_5 < C_3H_7 < C_4H_9$$

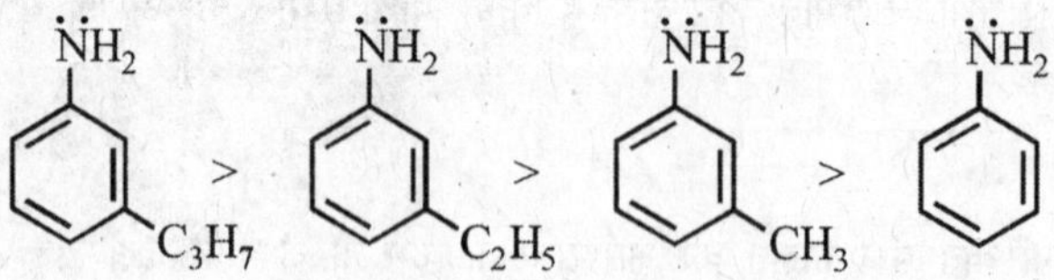

Case-III : जब ऐल्कॉक्सी समूह ऐनीलीन में उपस्थित होता है जो +R तथा –I प्रभाव प्रदर्शित करता है। ऑर्थो स्थिति पर इलेक्ट्रॉन त्यागने की प्रवर्ती पैरा स्थिति की अपेक्षा कम होती है।

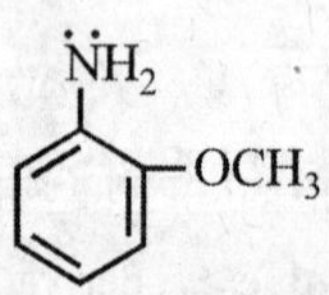

ऑर्थो स्थिति पर NH_2 की electron donating capacity अधिक होने के कारण OCH_3 की electron donating capacity कम हो जाती है। परन्तु

–I प्रभाव अधिक होता है। अतः ऑर्थो मिथॉक्सी ऐनीलीन, ऐनीलीन से कम क्षारीय होती है।

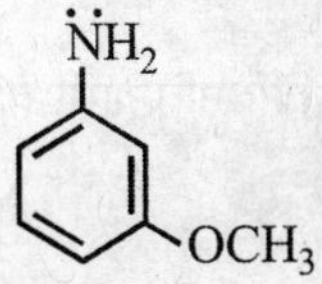

मैटा स्थिति पर OCH_3 केवल –I प्रभाव प्रदर्शित करता है जिससे क्षार प्रबलता कम हो जाती है। किन्तु मैटा मिथॉक्सी ऐनीलीन ऑर्थो मिथॉक्सी ऐनीलीन से कम क्षारीय होती है।

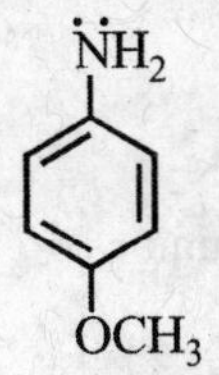

पैरा स्थिति पर OCH_3 का electron donating effect ऑर्थो स्थिति की अपेक्षा अधिक होता है। जिसके कारण ऐनीलीन की क्षार प्रबलता बढ़ जाती है। अतः परिणामी क्षार प्रबलता का क्रम

p-methoxy aniline > aniline > *o*-methoxy aniline > *m*-methoxy aniline

7. **हैलोजन की उपस्थिति में ऐनीलीन की क्षार प्रबलता (Halogen substituted aniline) :** हैलोजन बेन्जीन रिंग में –I प्रभाव प्रदर्शित करती है जिसके कारण ऐनीलीन की क्षार प्रबलता कम हो जाती है। हैलोजन का –I प्रभाव ऑर्थो स्थिति पर अधिक परन्तु पैरा स्थिति पर कम होता है।

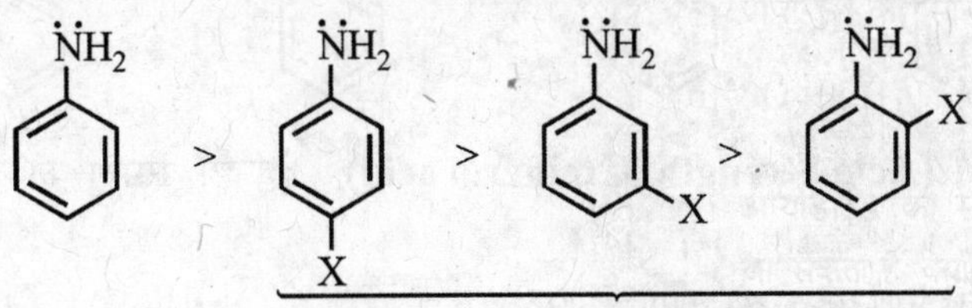

due to –I effect basic strength decrease

ऐमाइन की क्षार प्रबलता नाइट्रोजन की विद्युत ऋणात्मकता अर्थात् S गुण पर निर्भर करती है। S गुण अधिक होने पर नाइट्रोजन की विद्युत ऋणात्मकता अधिकत होती है।

$$\text{Basic strength} \propto \frac{1}{\text{s-character}}$$

$$\underset{sp^3}{\underset{\downarrow}{R-CH_2-NH_2}} > \underset{sp^2}{\underset{\downarrow}{R-CH=NH}} > \underset{sp}{\underset{\downarrow}{R-C\equiv N}}$$

8. **ऐसीड ऐमाइड की क्षार प्रबलता :** ऐरोमैटिक ऐसीड ऐमाइड ऐल्फैटिक ऐसीड ऐमाइड से अधिक क्षारीय होते है।

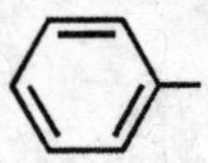 $-CONH_2 > R-CONH_2$

Electron donating समूह की उपस्थिति में ऐरोमैटिक ऐमाइड की क्षार प्रबलता बढ़ती है। परन्तु इलेक्ट्रॉन withdrowing की उपस्थिति में क्षार प्रबलता कम होती है।

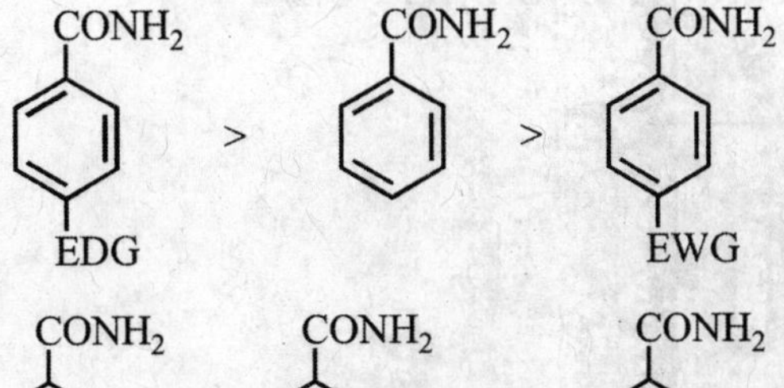

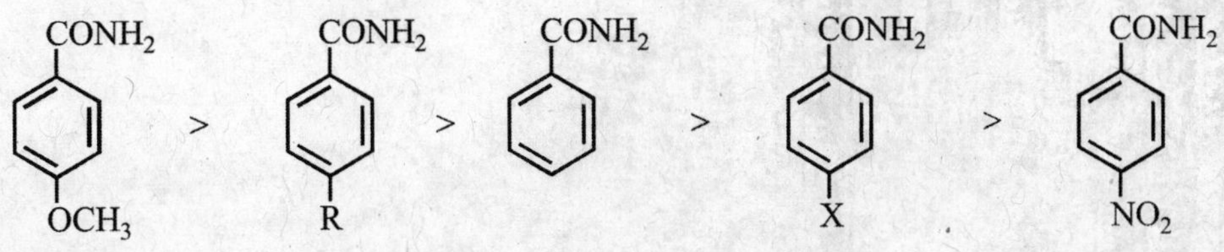

9. **जलीय माध्यम में ऐमीन की क्षार प्रबलता (In aqueous medium) :** जलीय माध्यम में ऐमीन की क्षार प्रबलता निम्नलिखित तत्वों पर निर्भर करती है।

(a) जूल वियोजन की मात्रा (degree of solvation) (b) त्रिविमविन्यासी बाधा प्रभाव (steric effect)

समान्यत:, $R_2\ddot{N} > RNH_2 > R_3\ddot{N} > NH_3$

(किन्तु यह तभी सत्य है, जब $R = CH_3$)

जब R = ईथाइल समूह

क्षार प्रबलता $R_2NH > R_3N > RNH > NH_3$

जब R = isopropyl

तब क्षार प्रबलता 1° amine > NH_3 > 2 amine > 3° amine

जब R = t butyl

तब क्षार प्रबलता NH_3 > 1°-amine > 2°-amine > 3° -amine

(**विशेष :** गैसीय अवस्था में सभी ऐलिफैटिक ऐमीन अमोनिया से अधिक क्षारीय होती है।)

10. **ऐमीन का विशेष क्रम (Important order of Amines) :**

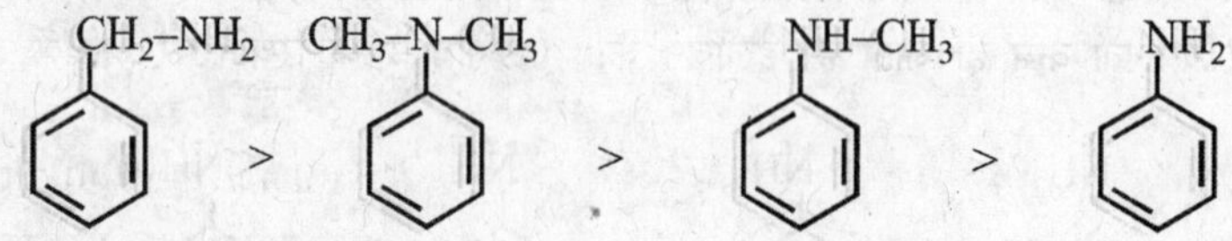

11. **खनिज अम्लों की अम्ल प्रबलता (Acid Strength of mineral acid) :** केन्द्रिय परमाणु की ऑक्सीकरण संख्या अधिक होने पर अम्ल अधिक अम्लीय होता है।

- $HOCl > HOBr > HOI$ (विद्युत ऋणात्मकता का क्रम $Cl > Br > I$)
- $H\overset{+1}{O}X < H\overset{+3}{O}XO < H\overset{+5}{O}XO_2 > H\overset{+7}{O}XO_3$ ($X = Cl, Br$ या I)
- $H_2\overset{+4}{S}O_3 < H_2\overset{+6}{S}O_4$ and $H\overset{+3}{N}O_2 < H\overset{+5}{N}O_3$
- $H_3\overset{+1}{P}O_2 < H_3\overset{+3}{P}O_3 < H_3\overset{+5}{P}O_4$
- $HClO_4 > HBr > H_2SO_4 > HCl > HNO_3 > H_3PO_4 > H_3AsO_4$
- $HClO_3 > HBrO_3 > HOI_3, HClO_4 > HBrO_4 > HIO_4$
- $H_3PO_4 > H_3AsO_4 > H_3SbO_4$
- $H_2SO_3 > H_2SeO_4$

12. **ब्रॉन्सटेड तथा आरहीनियस क्षारों की प्रबलता का क्रम (Strength of Arrhenius and Bronsted Bases)**

(i) $LiOH < NaOH < KOH < RbOH < CsOH$

तथा $Be(OH)_2 < Mg(OH)_2 < Ca(OH)_2 < Sr(OH)_2 < Ba(OH)_2$

(ii) $\underset{\text{Basic}}{NH_3} > \underset{\text{Less basic}}{PH_3} > \underbrace{AsH_3 > SbH_3 > BiH_3}_{\text{Neutral}}$

(iii) $F^- > Cl^- > Br^- > I^-$

$O^{2-} > S^{2-} > Se^{2-} > Te^{2-}$

(iv) $\dot{N}H_3 > H_2\ddot{O} > H\ddot{F}:$

(v) $OH^- > H_2\ddot{O} > H_3O^+$

अभिक्रिया मध्यवर्ती (Reactive Intermediates) :

1. कार्बोधनायन का स्थायित्व (Stability of carbocation) :

$$\text{स्थायित्व} \propto \text{अनुनाद संरचनाओं की संख्या}$$

$$\underset{R-S=10}{(C_6H_5)_3C^+} > \underset{R-S=7}{(C_6H_5)CH^+} > \underset{R-S=4}{C_6H_5\overset{+}{C}H_2} > \underset{R-S=2}{CH_2=CH-\overset{+}{C}H_2}$$

$$R-\underset{\underset{R}{|}}{\overset{+}{C}}-R > R-\overset{+}{C}H-R > R-\overset{+}{C}H_2 \text{ or } 3^\circ > 2^\circ > 1^\circ$$

2. बेन्जाइलिक कार्बोधनायन का स्थायित्व (Stability of Benzylic carbocations)

$$\text{स्थायित्व} \propto +R \text{ प्रभाव}$$

$$\propto \frac{1}{-R \text{ प्रभाव}}$$

$$\text{स्थायित्व} \propto +I \text{ प्रभाव}$$

$$\propto \frac{1}{-I \text{ प्रभाव}}$$

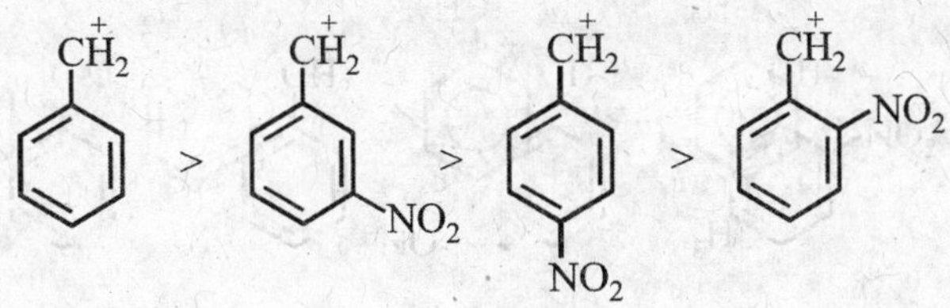

- इलेक्ट्रॉन withdrawing क्षमता अधिक होने से स्थायित्व कम होता है।

$$\text{स्थायित्व} \propto \frac{1}{\text{इलेक्ट्रॉन ग्राही क्षमता}}$$

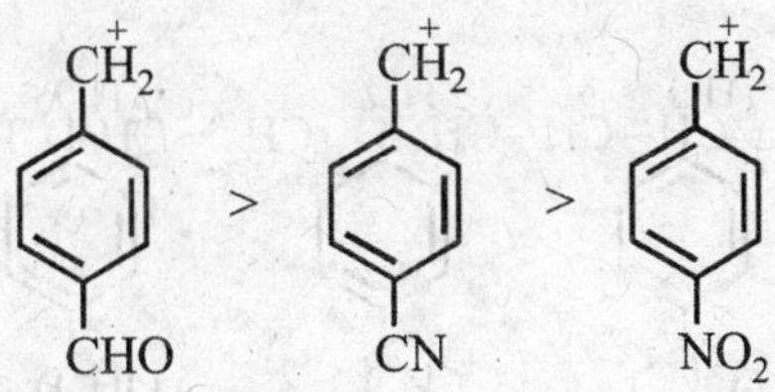

- Electron donating group के कारण स्थायित्व बढ़ता है।

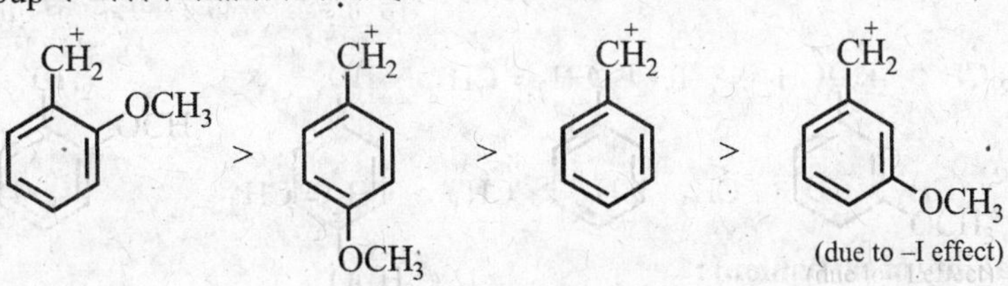

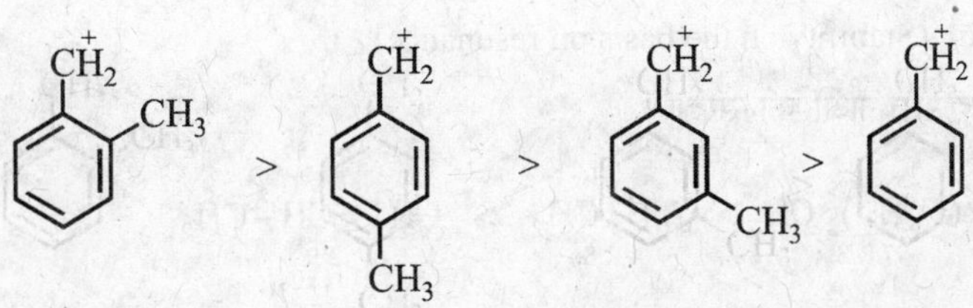

- ऐल्काइल समूह electron donating समूह होते हैं, तथा यह $+I$ प्रभाव प्रदर्शित करता है। इनके कारण स्थायित्व बढ़ता है।

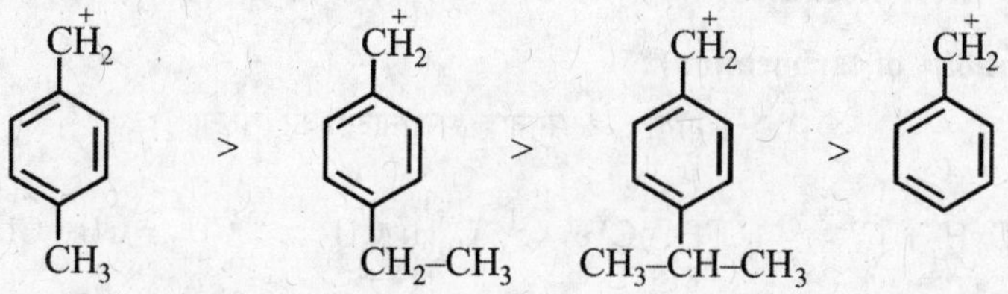

- हैलोजन $-I$ प्रभाव प्रदर्शित करती है जिसके कारण कार्बोधनायन का स्थायित्व कम होता है। $-I$ प्रभाव ऑर्थो स्थिति पर अधिक तथा पैरा स्थिति पर कम होता है।

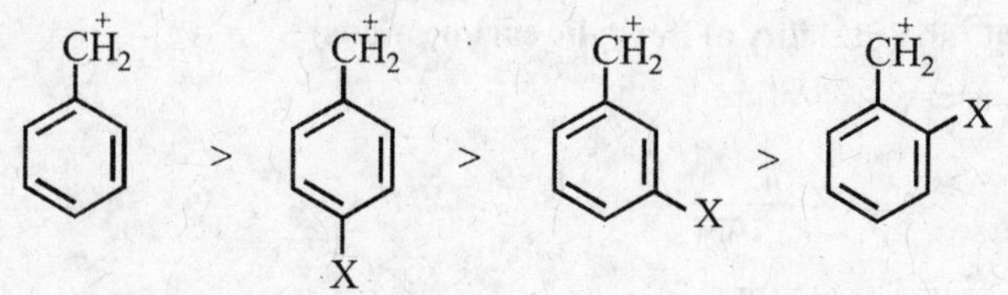

इसलिए स्थायित्व का क्रम (EDG = इलेक्ट्रॉन दाता समूह, EWG = इलेक्ट्रॉन ग्राही समूह)

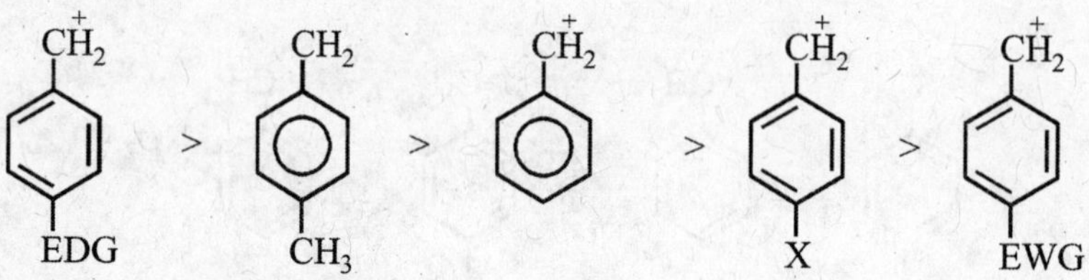

3. मुक्त मूलकों का स्थायित्व (Stability of free radical) :

$$(C_6H_5)\dot{C} > (C_6H_5)_2\dot{C}H > \text{allylic free radical} \approx C_6H_5\dot{C}H_2$$

4. ऐलिल मुक्त मूलकों का स्थायित्व (Stability of allylic free radical) :

$$CH_2{=}C{-}\dot{C}(CH_3){-}CH_3 > CH_2{=}CH{-}\dot{C}H{-}CH_3 > CH_2{=}CH{-}\dot{C}H_2$$

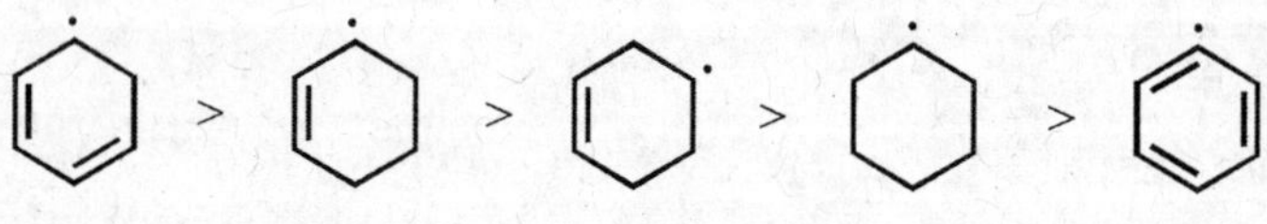

$$R_3\dot{C} > R_2\dot{C}H > R{-}\dot{C}H_2 > \dot{R} > CH_2{=}\dot{C}H_2$$

अर्थात् $$(CH_3)_3\dot{C} > (CH_3)_2\dot{C}H > CH_3{-}\dot{C}H_2 > \dot{C}H_3 > CH_2{=}\dot{C}H_2$$

5. कार्बेनायन का स्थायित्व (Stability of carbanion) :

- अनुनाद पर आधारित स्थायित्व (Stability on the basis on resonance)

  स्थायित्व $\propto$ अनुनाद संरचनाओं की संख्या

$$\underset{10\ R.S.}{(C_6H_5)_3\ddot{\bar{C}}} > \underset{7\ R.S.}{(C_6H_5)_2\ddot{\bar{C}}H} > \underset{4\ R.S.}{C_6H_5\ddot{\bar{C}}H_2} > \underset{2\ R.S.}{CH_2{=}CH{-}\ddot{\bar{C}}H_2}$$

- स्थायित्व $\propto s$ गुण

$$\underset{50\%s}{R{-}C{\equiv}\bar{C}} > \underset{33.33\%s}{R{-}CH{=}\bar{C}H} > \underset{25\%s}{R{-}\ddot{\bar{C}}H_2}$$

- स्थायित्व $\propto \frac{1}{+\text{ve I प्रभाव}}$

$$\bar{\ddot{C}}H_3 > R-\bar{\ddot{C}}H_2 > R_2\bar{\ddot{C}}H > R_3\bar{\ddot{C}}$$

- बेन्जाइलिक कार्बेनायन का स्थायित्व

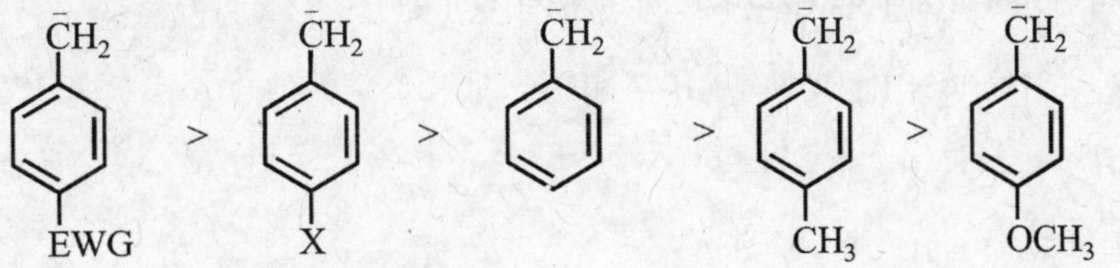

कार्बीन (carbene) :

1. कार्बीन उन अभिक्रियाओं में मध्यवर्ती यौगिक होते है। जिसमें-

1. अभिक्रिया जिसमें CH_2N_2 या $CH_2{=}C{=}O$ का प्रयोग होता है।
2. अभिक्रिया जिसमें CHX_3 + क्षार का प्रयोग होता है।
3. डाइक्लोरोकार्बीन निमलिखित अभिक्रियाओं में मध्यवर्ती यौगिक है-

— राइमर-टीमैन अभिक्रिया (Reimmer-Tiemann reaction)

— कार्बिल ऐमीन अभिक्रिया या आइसो-सायनाइड परीक्षण (Carbylamine reaction or isocyanide test)

- सभी कार्बीन उदासीन इलेक्ट्रॉन-स्नेही अभिकर्मक तथा अधिक क्रियाशील होती है।
- कार्बीन का स्थायित्व (Stability of carbene)

$$\ddot{C}H_2 > \ddot{C}F_2 > \ddot{C}Cl_2 > \ddot{C}Br_2$$

अभिकर्मक (Reagent) :

1. अभिकर्मक दो प्रकार के होते है- **1.** इलेक्ट्रॉन-स्नेही (electrophile), **2.** न्यूक्लियोफिल-स्नेही (Nucleophile)

2. **इलेक्ट्रॉन-स्नेही (Electrophile) :** यह इलेक्ट्रॉन-स्नेही रासायनिक जाती है। ये इलेक्ट्रॉन रासायनिक अभिक्रिया में युग्मग्राही का कार्य करते है। इलेक्ट्रॉन-स्नेही, इलेक्ट्रॉन को आकर्षित करने की प्रबल प्रवृत्ति रखते है। इसलिए वे लुईस अम्ल है। इलेक्ट्रॉन दो प्रकार के है-

(i) **आवेशित इलेक्ट्रॉन-स्नेही (Charged electrophilic) :** Cations in which centre atom has incomplete ocet act as electrophile

$$H^+, Cl^+, Br^+, I^+, NO_2^+, R^+, CH_3CO^+, NO^+ \text{ etc.}$$

I-समूह, II-समूह, Al^{+++} तथा NH_4^+ कैटायन के अतिरिक्त सभी कैटायन इलेक्ट्रॉन-स्नेही होते है। इन कैटायन में ocet पूरा होता है। इसलिए वे इलेक्ट्रॉन-स्नेही नहीं है।

(ii) उदासीन इलेक्ट्रॉन अभाव से अणु इलेक्ट्रॉन-स्नेही होते है। इन जाति में केन्द्रीय परमाणु आपूर्ण ocet रखता है।

$$BeCl_2, BH_3, BF_3, ZnCl_2, AlCl_3, AlX_3, FeCl_3$$

(iii) AB_x प्रकार के अणु इलेक्ट्रॉन-स्नेही की तरह व्यवहार करते है। यदि

B, A की तुलना में अधिक इलेक्ट्रॉन नकारात्मक है

+

केन्द्रीय परमाणु A, vacant d-ऑर्बिटल रखता है, अर्थात् A का परमाणु क्रमांक 10 की तुलना में अधिक होगा।

$$SnCl_4, SiCl_4, PCl_5, SF_6, IF_7, SO_3$$

Note

✍ नाइट्रोजन के ट्राहैलाइड के अतिरिक्त नाइट्रोजन परिवार के हैलाइड तथा पेन्टाहैलाइड, इलेक्ट्रॉन-स्नेही की तहर क्रिया करते है।

$$PCl_3, PCl_5, AsCl_3, AsCl_5, SbCl_5$$

- सभी कार्बोकैटायन, कार्बिन तथा मुक्त मूलक इलेक्ट्रॉन-स्नेही की तरह क्रिया करती है।

$$R^+, R^-, CH_2, CCl_2, CBr_2$$

3. नाभिक-स्नेही (Nucleophiles) :

- सभी अनायन नाभिक-स्नेही होते है।

$Cl^-, Br^-, I^-, R^-, OH^-, CN^-, RCOO^-, H^-, CH_3^-, C_2H_5^-, CH_3COO^-$.

- उदासीन जातियां जिनमें नाभिक परमाणु एकल युग्म रखता है, जुड़ा होता है।

$\ddot{N}H_3$, $R-\ddot{N}H_2$, $R_2\ddot{N}H$, $R_3\ddot{N}$, $\ddot{N}H_2-\ddot{N}H_2$

$H-\ddot{\underset{..}{O}}-H$, $R-\ddot{\underset{..}{O}}-H$, $R-\ddot{\underset{..}{O}}-R$

$H-\ddot{\underset{..}{S}}-H$, $R-\ddot{\underset{..}{S}}-H$, $R-\ddot{\underset{..}{S}}-R$

$\ddot{P}H_3$, $R\ddot{P}H_2$, $R_2\ddot{P}H$, $R_3\ddot{P}$

- ऐल्कीन, ऐल्काइन, बैंजीन तथा हाइड्रोकार्बन जो π-बन्ध रखते हैं, नाभिक-स्नेही की तरह व्यवहार करते है।
- अनायन जिनमें नाभिक-स्नेही की तरह दो अलग परमाणु होते है, उन्हें ambident नाभिक-स्नेही कहा जाता है।

^-CN तथा $-^-O-N=O$ ambident नाभिक-स्नेही है।

- अणु जिनमें कार्बन अधिक इलेक्ट्रॉन नकारात्मकता परमाणु (S, N, O) से द्वि-बन्ध या त्रि-बन्ध द्वारा जुड़े हो दोनों इलेक्ट्रॉन-स्नेही तथा नाभिक-स्नेही की तरह व्यवहार करते हैं

$$CH_3-\overset{O}{\overset{\|}{C}}-CH_3,\quad CH_3-\overset{O}{\overset{\|}{C}}-H,\quad CH_3-\overset{O}{\overset{\|}{C}}-Cl,\quad CH_3-\overset{O}{\overset{\|}{C}}-OH,$$

$$CH_3-\overset{O}{\overset{\|}{C}}-NH_2,\quad CH_3-\overset{O}{\overset{\|}{C}}-OR,\quad CH_3-C\equiv N$$

क्रियाशीलता (Reactivity) :

1. हैलोजनीकरण के लिए संतृप्त हाइड्रोकार्बन की क्रियाशीलता (Reactivity of saturated hydrocarbon toward halogenation)

- ऐल्केन जो तृतीयक हैलोजन रखते है, हैलोजनीकरण के लिए अधिक क्रियाशील है।

$$\underset{3^\circ H}{(CH_3)_3-H} > \underset{2^\circ H}{(CH_3)_2-CH_2} > \underset{1^\circ H}{CH_3-CH_3}$$

2. ऐल्कीन की क्रियाशीलता (Reactivity of alkene) :

- **Case-1 :** इलेक्ट्रॉन-स्नेही योगात्मक में ऐल्कीन की क्रियाशीलता अर्थात् $HX, HOCl, HOBr, H_2SO_4, Cl_2$ या Br_2 के
  - — कुछ परिस्थति में अधिक स्थायी ऐल्कीन अधिक क्रियाशील होती है, क्योंकि अधिक स्थायी ऐल्कीन माध्यमिक कार्बोकैटायन से बनती है।
  - — Stability of alkene explain by hyper conjugation greater is hyper conjugation structure greater is stability in alkene

$$\text{स्थायित्वता} \propto \alpha\text{-हाइड्रोजन की संख्या}$$

  - — यदि दो अलग-अलग ऐल्कीन एक जैसी α-हाइड्रोजन रखती है, तब ऐल्कीन अधिक स्थायी होंगी। जो द्विबन्ध के एक ओर अधिकतम α-हाइड्रोजन रखती है।

उदाहरण : 2-मिथाइल प्रोपीन 2-ब्यूटीन की तुलना में अधिक स्थायी है, दोनों α-हाइड्रोजन रखते है।

$$6\alpha\text{-hydrogen}\left\{\begin{matrix}CH_3\\CH_3\end{matrix}\right\rangle C=CH_2 \qquad \underbrace{CH_3}_{3\alpha\text{-H}}-CH=CH-\underbrace{CH_3}_{3\alpha\text{-H}}$$

3. ऐल्कीन की क्रियाशीलता (Reactivity of alkene) :

$$(CH_3)_2C=C(CH_3)_2 > (CH_3)_2C=CH-CH_3 > (CH_3)_2C=CH_2 > \underset{trans > cis}{CH_3-CH=CH-CH_3}$$

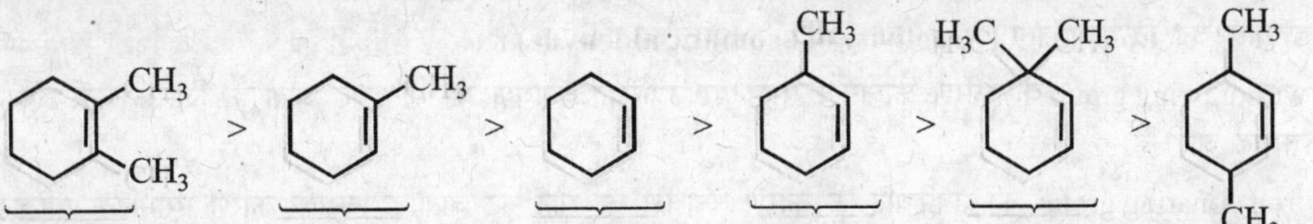

10α-H　　7α-H　　4α-H　　3α-H　　2α-H　　2α-H

- **Case-2** : अधिक स्थायी ऐल्कीन हाइड्रोजनीकरण में कम क्रियाशील है।

$$\text{हाइड्रोजनीकरण में क्रियाशीलता} \propto \frac{1}{\text{ऐल्कीन की स्थायित्व}}$$

$$\text{हाइड्रोजनीकरण में गर्म} \propto \frac{1}{\text{ऐल्कीन की स्थायित्व}}$$

$$CH_2{=}CH_2 > CH_3{-}CH{=}CH_2 > (CH_3)_2C{=}CH_2 > (CH_3)_2C{=}CH{-}CH_3$$

4. ऐल्कोहॉल की क्रियाशीलता (Reactivity of alcohol) :

- **Case-1 :** Na, R–COOH या RCOCl के लिए ऐल्कोहॉल की क्रियाशीलता
  — कुछ अभिक्रियाओं में ऐल्कोहॉल की क्रियाशीलता अम्लीय शक्ति पर निर्भर करती है। ऐल्कोहॉल की अम्लीय शक्ति अधिक है, जिसकी क्रियाशीलताहै।

$$Cl{-}CH_2{-}OH > CH_3{-}OH > C_2H_5OH > 1° > 2° > \text{test}$$

- **Case-2** HX, PCl_5, PCl_3 के साथ ऐल्कोहॉल की क्रियाशीलता

$$(CH_3)_3C{-}OH > (CH_3)_2CH{-}OH > CH_3{-}CH_2{-}OH > CH_3{-}OH$$

- **Case-3 :** निर्जलीकरण में ऐल्कोहॉल की क्रियाशीलता

ऐल्कोहॉल की क्रियाशीलता ∝ कार्बोकैटायन का स्थायित्व

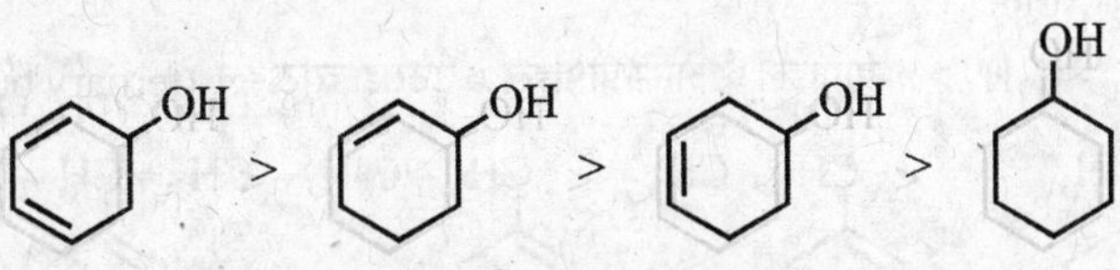

क्रियाशीलता ∝ –I प्रभाव

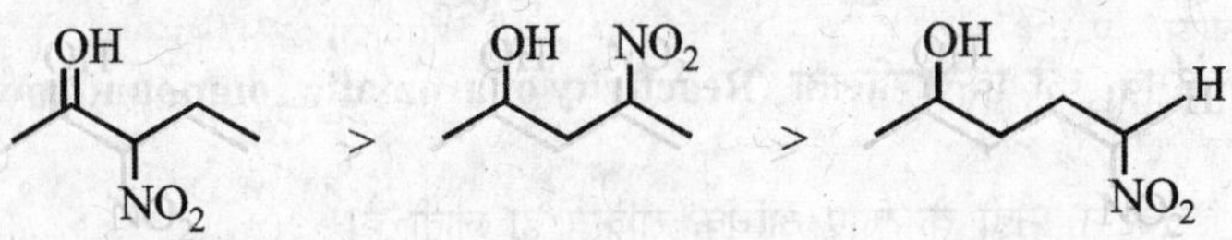

5. नाभिक-स्नेही योगात्मक के लिए ऐल्डिहाइड तथा कीटोन की क्रियाशीलता (Reactivity of aldehyde and ketone toward nucleophilic addition)

- ऐल्डिहाइड तथा कीटोन की क्रियाशीलता कार्बोनिल समूह के कार्बन पर उपस्थित धनात्मक आवेश पर निर्भर करती है जो अभिक्रिया के समय उत्पन्न होता है। यह धनात्मक आवेश जितना अधिक होता है अभिक्रियाशीलता उतनी अधिक होती है। यह धनात्मक आवेश धनात्मक प्रेरणिक प्रभाव के कारण कम होता है तथा ऋणात्मक प्रेरणिक प्रभाव के कारण बढ़ता है।
- ऐल्डिहाइड,कीटोन की तुलना में अधिक क्रियाशील है, क्योंकि ऐल्डिहाइड कीटोन की तुलना में कम सक्रिय भीतरी प्रभाव रखते है।

$$\text{क्रियाशील} \propto \frac{1}{\text{धनात्मक प्रेरणिक प्रभाव}}$$

$$HCHO > R{-}CHO > C_6H_5CHO > R{-}COR > C_6H_5COR > CO{-}R$$

$$R{-}CHO > CH_5{-}COCH_3 > CH_3{-}COC_2H_5 > C_2H_5COC_2H_5$$

6. ऐरोमेटिक ऐल्डिहाइड की क्रियाशीलता (Reactivity of aromatic aldehyde) :

- Electron withdrawing group के कारण कार्बेनिल समूह पर उपस्थित धनावेश का मान बढ़ जाता है, जिसके कारण ऐरोमैटिक ऐल्डिहाइड की क्रियाशीलताबढ़ जाती है।
- परन्तु electron donating group की उपस्थिति के कारण धनावेश का मान घट जाता है जिसके कारण ऐरामैटिक ऐल्डिहाइड की क्रियाशीलता कम हो जाती है।

क्रियाशीलता$\propto$ इलेक्ट्रॉन withdrawing शक्ति (–R प्रभाव)

$$\text{क्रियाशीलता} \propto \frac{1}{\text{इलेक्ट्रॉन दाता शक्ति (-R प्रभाव)}}$$

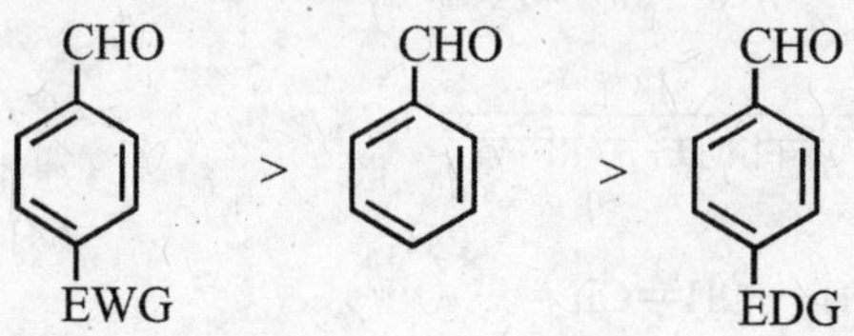

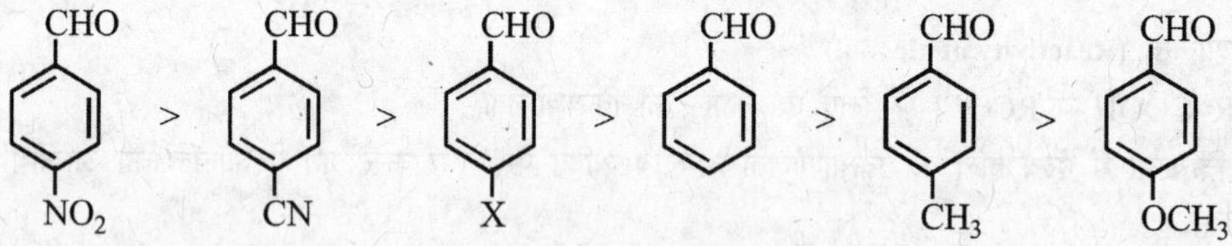

7. इलेक्ट्रॉन-स्नेही प्रतिस्थापन के लिए ऐरोमेटिक हाइड्रोकार्बन की क्रियाशीलता(Reactivity of Aromatic hydrocarbon toward electrophilic substitution)

- ऐल्कील समूह hyper संयोग के कारण, इलेक्ट्रॉन दाता समूह बैंजीन श्रृंखला की उपस्थिति में इलेक्ट्रॉन दाता समूह की तरह व्यवहार करता है। इलेक्ट्रॉन स्नेही प्रतिस्थापन अभिक्रिया (नाइट्रोजनीकरण, हैलोजनीकरण तथा सल्फोनीकरण) के लिए अधिक सक्रिय हो जाती है।
- ऐल्कीन समूह के इलेक्ट्रॉन दाता समूह

$CH_3 > C_2H_5 >$ *n*-प्रोपाइल > आसोप्रोपाइल > ट्रैटराइ ब्यूटाइल (tertiary butyl)

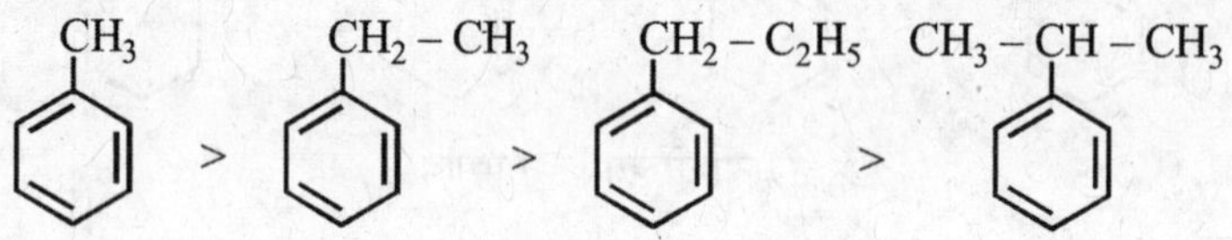

8. इलेक्ट्रॉन-स्नेही प्रतिस्थापन के लिए ऐरोमेटिक यौगिक की क्रियाशीलता (Reactivity of aromatic compound toward electrophilic substitution)

- इलेक्ट्रॉन दाता समूह के कारण बैंजीन श्रृंखला इलेक्ट्रॉन स्नेही के लिए अधिक सक्रिय हो जाती है।

क्रियाशीलता$\propto$ इलेक्ट्रॉन दाता शक्ति (+R प्रभाव)

- इलेक्ट्रॉन withdrawing समूह के कारण, बैंजीन श्रृंखला इलेक्ट्रॉन-स्नेही के लिए अधिक सक्रिय हो जाती है।

$$\text{क्रियाशीलता} \propto \frac{1}{\text{इलेक्ट्रॉन withdrawing शक्ति (-R प्रभाव)}}$$

— 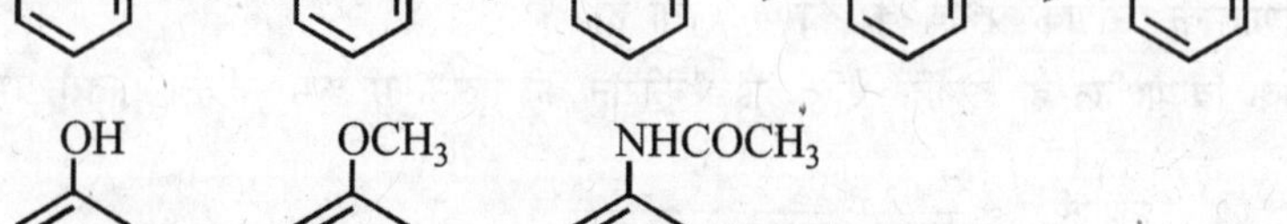

— 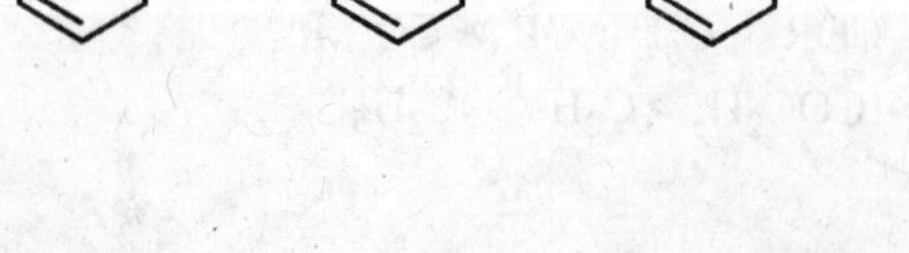

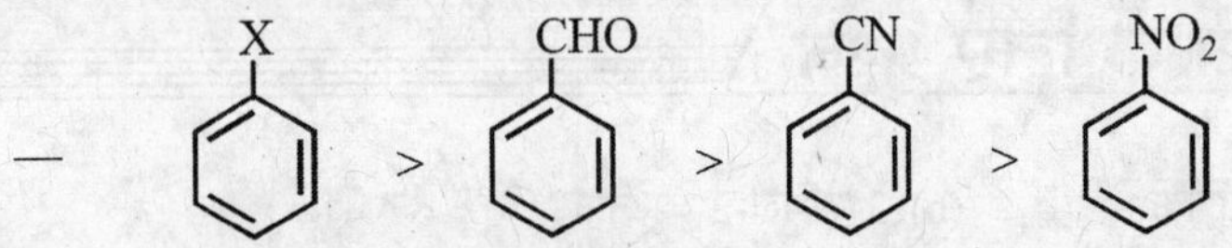

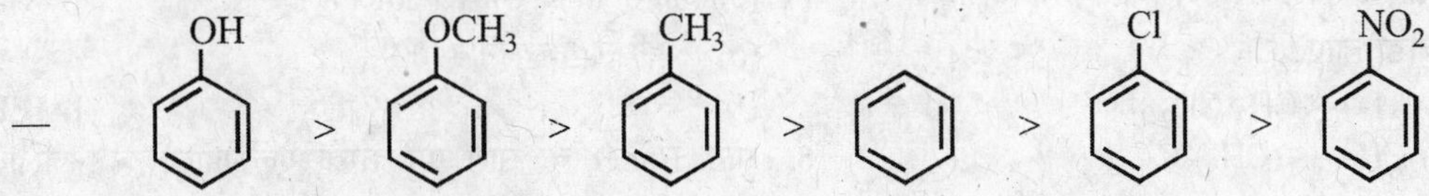

9. कार्बोक्सिलिक अम्ल की क्रियाशीलता (Reactivity of carboxylic acid)

$$\text{क्रियाशीलता} \propto \frac{1}{\text{कार्बनों की संख्या}}$$

$$HCOOH > CH_3COOH > CH_3–CH_2–COOH > (CH_3)_2CH–COOH > (CH_3)_3COOH$$

10. कार्बोक्सिलिक अम्ल के व्युत्पन्नों की अभिक्रियाशीलता (Reactivity of acid derivative) : कार्बोक्सिलिक अम्लों के व्युत्पन्नों की अभिक्रियाशीलता leaving power , अनुनाद तथा प्रेरणिक प्रभाव पर निर्भर करती है।

- **Leaving power :** दुर्बल क्षार अच्छे Leaving समूह होते है।

  Leaving क्षमता : $Cl^- > RCOO^- > RO^- > NH_2^-$

  अभिक्रियाशीलता $\propto$ समूह की Leaving क्षमता

Note

✎ **नाभिक-स्नेही प्रतिस्थापन तथा हाइड्रोजनीकरण के लिए अम्ल व्युत्पन्न की क्रियाशीलता**

$$R–COCl > (R–CO)_2O > R–COOR' > R–CONH_2$$

11. अम्लीय क्लोराइड की क्रियाशीलता (Reactivity of acid chloride) :

- ऐरोमेटिक अम्लीय क्लोराइड, ऐलिफेटिक अम्लीय क्लोराइड की तुलना में अधिक क्रियाशील होते है, क्योंकि ऐलिफेटिक हैलाइड में अनुनाद प्रभाव अधिक होता है।
- ऐरोमेटिक अम्लीय क्लोराइड की क्रियाशील, इलेक्ट्रॉन दाता समूह की उपस्थिति में बढ़ती है।

  क्रियाशीलता $\propto$ इलेक्ट्रॉन दाता शक्ति (+ R प्रभाव)
- इलेक्ट्रॉन withdrawing समूह की उपस्थिति में, ऐसीड क्लोराइड की क्रियाशीलता घटती है।

$$\text{क्रियाशीलता} \propto \frac{1}{\text{इलेक्ट्रॉन withdrawing शक्ति (-R प्रभाव)}}$$

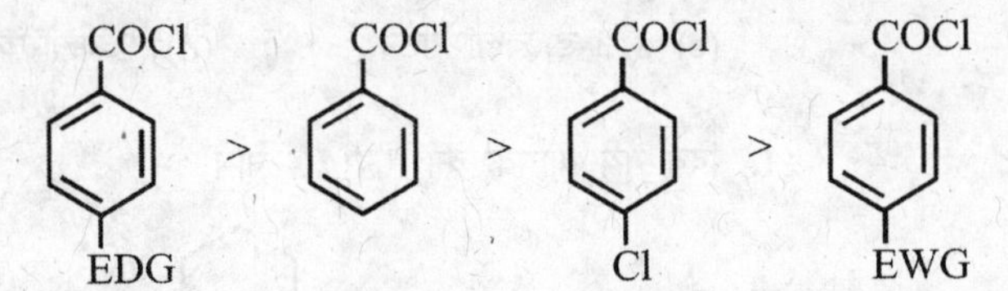

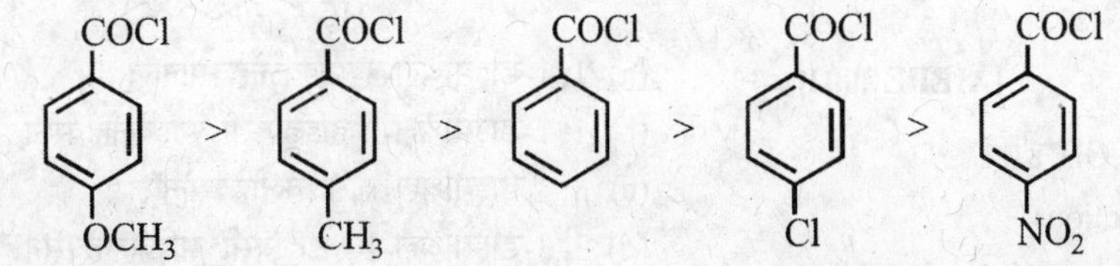

——•——

अभ्यास के लिए प्रश्न

1. $(CH_3)_3C—, (CH_3)_2CH—, CH_3 \cdot CH_2—$ का बढ़ते हुए प्रेरणिक प्रभाव में क्या क्रम होगा यदि इन्हें बैंजील अथवा किसी असंतृप्त (unsaturated) समूह से जोड़ा जाए?

(a) $(CH_3)_3C— < (CH_3)_2CH— < CH_3 \cdot CH_2$
(b) $CH_3 \cdot CH_2— < (CH_3)_2CH— < (CH_3)_2C—$
(c) $(CH_3)_2CH— < (CH_3)_3C— < CH_3 \cdot CH_2—$
(d) $(CH_3)_3C— < CH_3 \cdot CH_2— < (CH_3)_2CH—$

[AIEEE 2002]

2. रेसीमिक मिश्रण किन दो को मिलाने पर प्राप्त होता है?

(a) समावयवी यौगिक (b) चिराल यौगिक
(c) मेसो कार्बनिक (d) प्रकाश समावयवी

[AIEEE 2002]

3. निम्न में से किसके द्वारा ज्यामितीय समावयवता प्रदर्शित नहीं की जाती?

(a) 1,2-डाइक्लोरो-1-पेंटीन (b) 1,3-डाइक्लोरो-3-पेंटीन
(c) 1,1-डाइक्लोरो-1-पेंटीन (d) 1,4-डाइक्लोरो-2-पेंटीन

[AIEEE 2002]

4. प्रकाशिक तथा ज्यामितीय समावयवता में एक समानता यह है, कि-

(a) प्रत्येक समावयवी दिये गये यौगिक के साथ समान संख्या में समावयवी बनाता है
(b) यदि किसी यौगिक में एक समावयवी पाया जाता है, तो दूसरा भी उपस्थित होगा
(c) दोनों त्रिविम (stereoisomerism) समावयवियों में उपस्थित हैं
(d) इनमें कोई समानता नहीं है

[AIEEE 2002]

5. गलत IUPAC नाम है-

(a) $CH_3CH_2CH_2COOCH_2CH_3$ (ऐथिल ब्यूटेनोएट)
(b) $CH_3CH(CH_3)CH_2CHO$ (2-मेथिल ब्यूटेनॉल)
(c) $CH_3CH(OH)CH(CH_3)CH_3$ (2-मेथिल-3-ब्यूटेनॉल)
(d) $CH_3CH(CH_3)COCH_2CH_3$ (2-मेथिल-3-पेंटेनॉन)

[AIEEE 2002]

6. अभिक्रिया $(CH_3)_3CBr \xrightarrow{H_2O} (CH_3)_3COH$ है।

(a) विलोपन अभिक्रिया (Elimination reaction)
(b) मुक्त मूलक अभिक्रिया (Free radical reaction)
(c) प्रतिस्थापन अभिक्रिया (Substitution reaction)
(d) विस्थापन अभिक्रिया (Displacement reaction)

[AIEEE 2002]

7. $CH_3COCH(CH_3)_2$ का IUPAC नाम है-

(a) 4-मेथिल आइसोप्रोपिल कीटोन
(b) 3-मेथिल-2-ब्यूटेनॉन
(c) आइसोप्रोपिल मेथिल कीटोन
(d) 2-मेथिल-3-ब्यूटेनॉन

[AIEEE 2003]

8. सान्द्र H_2SO_4 के साथ गर्म करके ऐल्कोहॉलों के निर्जलीकरण द्वारा ऐल्कीनों के बनने में प्रारम्भिक पद होगा-

(a) जल का निराकरण
(b) जल का निर्माण
(c) कार्बधनायन का निर्माण
(d) ऐल्कोहॉल अणु का प्रोटॉनीकरण

[AIEEE 2003]

9. नीचे दी गयी I से IV संरचनाओं में, सत्य कथन यह है, कि-

(I) $C_2H_5-CH(CH_3)-C_3H_7$

(II) $CH_3-C(=O)-CH(CH_3)-C_2H_5$

(III) $H-C^{+}H_2-H$ (C⁺ से तीन H जुड़े हुए)

(IV) $C_2H_5-CH(CH_3)-C_2H_5$

(a) केवल (III) चिराल है
(b) केवल (II) तथा (IV) चिराल हैं
(c) सभी चिराल हैं
(d) केवल (I) तथा (II) चिराल हैं

[AIEEE 2003]

10. निम्न में से किसमें मेसो-आइसोमर भी पाया जाता है?

(a) 2-हाइड्रॉक्सीप्रोपेनॉइक अम्ल (b) 2, 3-डाइक्लोरोब्यूटेन
(c) 2, 3-डाइक्लोरोपेंटेन (d) 2-क्लोरोब्यूटेन

[AIEEE 2004]

11. दिये गये यौगिक का IUPAC नाम है-

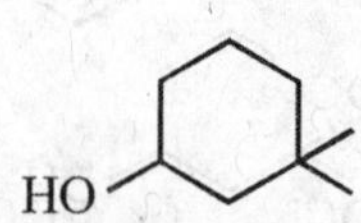

(a) 1, 1-डाइमेथिल-3-साइक्लोहेक्सोनॉल
(b) 1, 1-डाइमेथिल-3-हाइड्रॉक्सी साइक्लोहेक्सेन
(c) 3, 3-डाइमेथिल-1-साइक्लोहेक्सोनॉल
(d) 3, 3-डाइमेथिल-1-हाइड्रॉक्सी साइक्लोहेक्सेन

[AIEEE 2004]

12. निम्न में से कौन-सा यौगिक चिराल नहीं है?

(a) 3-क्लोरो-2-मेथिलपेंटेन (b) 2-क्लोरोपेंटेन
(c) 1-क्लोरो-2-मेथिलपेंटेन (d) 1-क्लोरोपेंटेन

[AIEEE 2004]

13. निम्नलिखित में से किसमें sp^2 संकरित कार्बन नहीं है?

(a) ऐसीटेमाइड (b) ऐसीटिक अम्ल

(c) ऐसीटोनाइट्राईल (d) ऐसीटोन

[AIEEE 2004]

14. निम्नलिखित यौगिकों में, सबसे कम आण्विक द्रव्यमान वाला प्रकाश सक्रिय ऐल्केन है-

(a) $CH_3-CH_2-C\equiv CH$ (b) 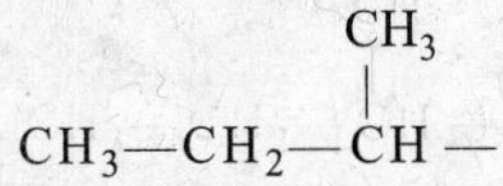

CH_3

(c) 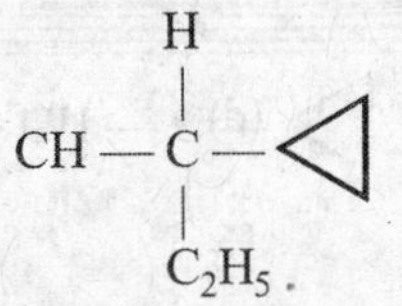 (d) $CH_3-CH_2-CH_2-$

CH_3

[AIEEE 2004]

15. निम्न में से किन चरों(parameters) के लिए संरचनात्मक समावयवियों C_2H_5OH तथा CH_3OCH_3 के मान एक जैसे होंगे?

(a) समान ताप तथा दाब पर गैसीय घनत्व

(b) समान ताप पर वाष्प दाब

(c) क्वथनांक

(d) वाष्पन की ऊष्मा

[AIEEE 2004]

16. निम्नलिखित में से नाभिक-स्नेही गुण का सही क्रम है-

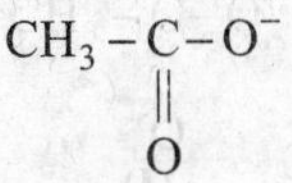
(I)

CH_3O^-
(II)

CN^-
(III)

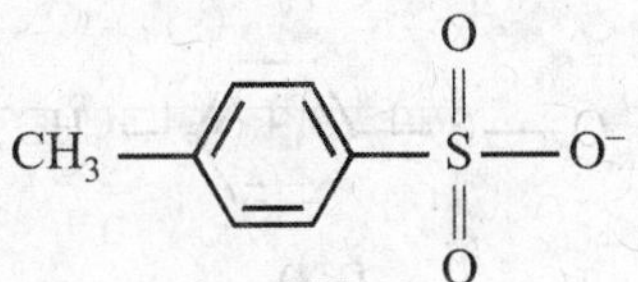
(IV)

(a) I > II > III > IV (b) IV > III > II > I

(c) II > III > I > IV (d) III > II > I > IV

[AIEEE 2005]

17. $CH_3Br + Nu^-$ ¾® $CH_3-Nu + Br^-$

नाभिक-स्नेही (Nu^-) A से D तक से उपरोक्त अभिक्रिया क दर का घटता हुआ क्रम है-

$[Nu^- = (A)\ PhO^-, (B)\ AcO^-, (C)\ HO^-, (D)\ CH_3O^-]$

(a) D > C > A > B (b) D > C > B > A

(c) A > B > C > D (d) B > D > C > A

[AIEEE 2006]

18. निम्नलिखित मुक्त मूलकों के स्थायित्व का बढ़ता हुआ क्रम है-

(a) $(CH_3)_2\dot{C}H < (CH_3)_3\dot{C} < (C_6H_5)_2\dot{C}H < (C_6H_5)_3\dot{C}$

(b) $(C_6H_5)_3\dot{C} < (C_6H_5)_2\dot{C}H < (CH_3)_3\dot{C} < (CH_3)_2\dot{C}H$

(c) $(C_6H_5)_2\dot{C}H < (C_6H_5)_3\dot{C} < (CH_3)_3\dot{C} < (CH_3)_2\dot{C}H$

(d) $(CH_3)_2\dot{C}H < (CH_3)_3\dot{C} < (C_6H_5)_3\dot{C} < (C_6H_5)_2\dot{C}H$

[AIEEE 2006]

19. निम्न में से कौन-सा यौगिक समतल ध्रुवीय प्रकाश को घूर्णित कर सकता है-

(a) 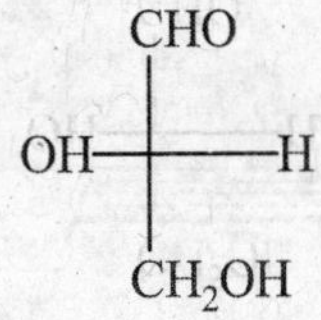 (b) 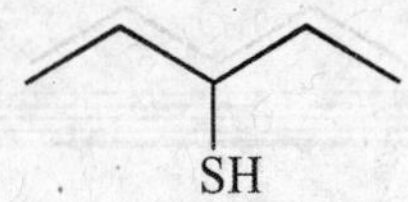

(c) 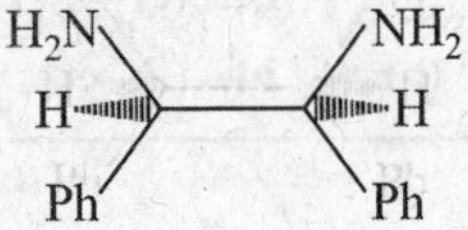 (d) 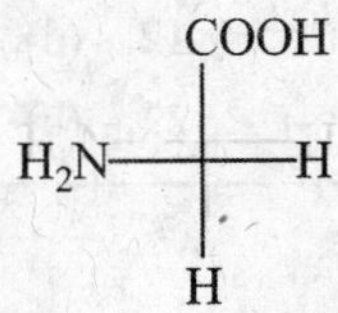

[AIEEE 2007]

20. 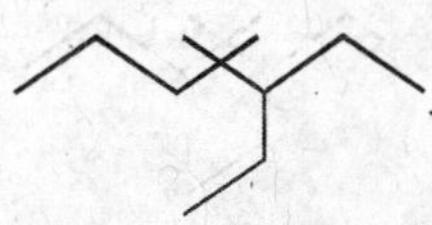 का IUPAC नाम है-

(a) 1, 1-डाइऐथिल, 2-2-डाइमेथिल पेंटेन

(b) 4, 4-डाइमेथिल-5, 5-डाइऐथिल पेंटेन

(c) 5, 5-डाइऐथिल-4, 4-डाइमेथिल पेंटेन

(d) 3-ऐथिल-4, 4-डाइमेथिल हेप्टेन

[AIEEE 2007]

21. S_N2 अभिक्रिया के दौरान पूर्ण त्रिविमरासायनिक प्रतिलोमन प्रदर्शित करने वाला क्लोरो कार्बनिक यौगिक है-

(a) $(C_2H_5)_2CHCl$ (b) $(CH_3)_3CCl$

(c) $(CH_3)_2CHCl$ (d) CH_3Cl

[AIEEE 2008]

22. 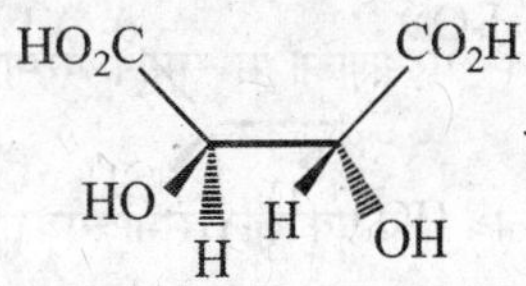 का निरपेक्ष विन्यास है-

(a) S, S (b) R, R

(c) R, S (d) S, R

[AIEEE 2008]

23. इलेक्ट्रॉनरागी, E^+ बैंजीन वलय पर आक्रमण करके σ-संकुल मध्यवर्ती देता है। निम्न में से किस σ-संकुल की ऊर्जा न्यूनतम् है?

(a) 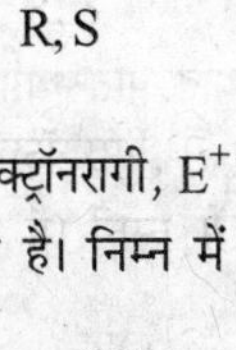 (b) 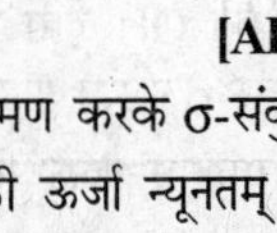

(c) 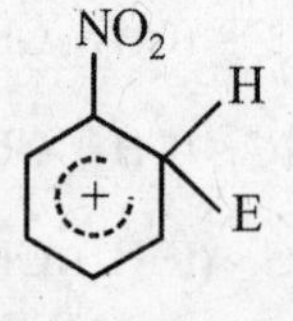
(d) 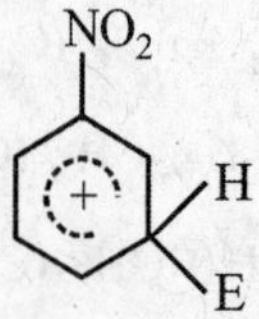

[AIEEE 2008]

24. कार्बनिक यौगिकों के नामकरण की IUPAC पद्धति में क्रियात्मक समूहों के लिए अग्रता का घटता हुआ क्रम होगा-

(a) $—COOH, —SO_3H, —CONH_2, —CHO$

(b) $—SO_3H, —COOH, —CONH_2 —CHO$

(c) $—CHO, —COOH, —SO_3H, —CONH_2$

(d) $—CONH_2 —CHO, —SO_3H, —COOH$

[AIEEE 2008]

उत्तरमाला

1. (b)	**2.** (d)	**3.** (c)	**4.** (c)	**5.** (c)	**6.** (c)	**7.** (b)	**8.** (d)	**9.** (d)	**10.** (b)
11. (c)	**12.** (d)	**13.** (c)	**14.** (c)	**15.** (a)	**16.** (c)	**17.** (b)	**18.** (a)	**19.** (a)	**20.** (d)
21. (d)	**22.** (b)	**23.** (b)	**24.** (a)						

हल

1. (b) $H_3C \rightarrow \overset{CH_3 \downarrow}{\underset{\uparrow CH_3}{C^{\bullet}}}$, $CH_3 \rightarrow \underset{\uparrow CH_3}{CH^{\bullet}}—$, $CH_3 \rightarrow \dot{C}H_2$;

CH_3 समूह का + I प्रभाब होता है। CH_3 समूहों में वृद्धि होने से + I प्रभाव बढ़ता है।

2. (d) प्रकाश समावयवी के '*d*' तथा उसके '*l*' रूप के समअणुक मिश्रण (equimolar mixture) को मिलाने पर रेसीमिक मिश्रण प्राप्त होता है।

3. (c) $Cl—\underset{|\atop Cl}{C}=CH_2—CH_2—CH_2—CH_3$;

द्विबन्ध युक्त सिरों वाले कार्बन परमाणुओं से समान परमाणु (–Cl) जुड़े हुए हैं।

4. (c) त्रिविम समावयवता में ज्यामितीय तथा प्रकाशीय समावयवता होती है।

5. (c) इसका नाम 3-मेथिल ब्यूटेन-2 ऑल है।

6. (c) Br का OH द्वारा विस्थापन होता है, अर्थात् प्रतिस्थापन।

7. (b) IUPAC नियम देखें। $\overset{1}{C}H_3\overset{2}{C}O\overset{3}{C}H(CH_3)-\overset{4}{C}H_3$

8. (d) $CH_3CH_2OH \xrightarrow[+H^+]{H_2SO_4} \underset{\text{प्रोटोनीकरण}}{CH_3CH_2\overset{+}{O}H_2}$

$\xrightarrow{-H_2O} CH_3\overset{+}{C}H_2 \longrightarrow CH_2 = CH_2 + H^+$

9. (d) $CH_3-\overset{O}{\overset{\|}{C}}-\underset{*}{C}H(CH_3)-C_2H_5$ तथा $C_2H_5-\underset{*}{C}H(CH_3)-C_3H_7$;

दोनों में C^* (चिराल कार्बन) है।

10. (b) $CH_3-CH(Cl)-CH(Cl)-CH_3$

$$\begin{array}{c} CH_3 \\ | \\ Cl-C-H \\ | \\ Cl-C-H \\ | \\ CH_3 \end{array}$$

इसमें सममित तल होता है तथा इसलिए यह प्रकाश निर्षक्रिय होता है।

11. (c) IUPAC नियम देखें 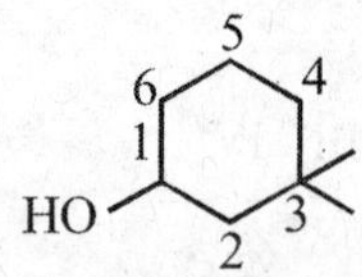

12. (d) $CH_2Cl \cdot CH_2 \cdot CH_2CH_2CH_3$ में चिराल कार्बन अर्थात् वह कार्बन परमाणु जोकि चार विभिन्न समूहों से जुड़ा हो, नहीं है।

13. (c) CH_3CN में sp^3 तथा sp संकरित कार्बन है।

14. (c) 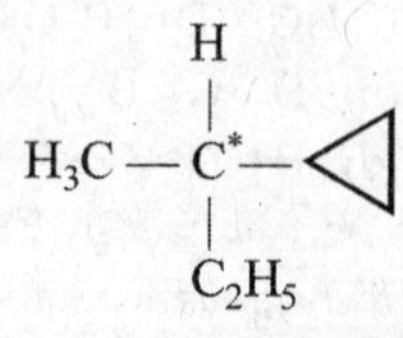 C^* चिराल है।

अन्य सभी प्रकाश निष्क्रिय हैं।

15. (a) $PV = \frac{w}{m}RT$ or $P = \frac{d}{m}RT$

स्थिर P तथा T पर

d = नियतांक, चूंकि m दोनों के लिए समान है।

16. (c) अम्ल जितना प्रबल होगा, इसका संयुग्मी क्षार उतना ही दुर्बल होगा। प्रबल क्षार का नाभिक-स्नेही गुण अधिक होता है।

17. (b) फीनॉक्साइड आयन की स्थायी प्रकृति के कारण $C_6H_5O^-$ का नाभिक-स्नेही गुण कम होता है। CH_3OH, CH_3COOH की अपेक्षा दुर्बल अम्ल है तथा इस प्रकार CH_3O^- एक प्रबलतर क्षार है।

अम्लीय क्रम $CH_3COOH > H_2O > CH_3OH$

$CH_3COO^- < OH^- < CH_3O^-$

18. (a) $(C_6H_5)_3\dot{C}, (C_6H_5)_2\dot{C}H$ अनुनाद के कारण अधिक स्थायी होते हैं ; $(CH_3)_3\dot{C}$ तथा $(CH_3)_2\dot{C}H$ (अतिसंयुग्मन)

19. (a) जिस अणु में असममित केन्द्रक होता है, वह ध्रुवण घूर्णकता प्रदर्शित करता है तथा ध्रुवीत प्रकाश के तल को घूर्णित कर सकता है।

एक असममित केन्द्रक = ध्रुवण घूर्णक

(Optically active)

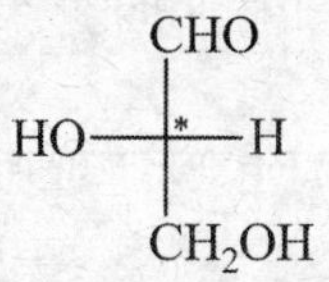

दो चिराल केन्द्रक लेकिन अणु में तलीय समिति होती है → ध्रुवण अघूर्णक

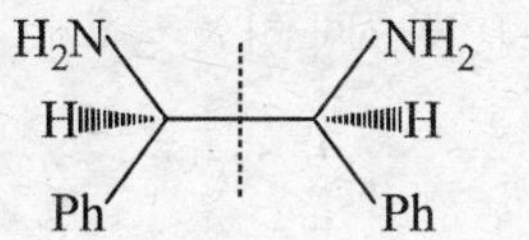

20. (d)

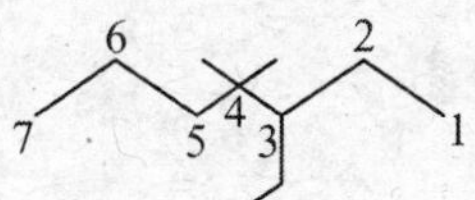

3-ऐथिल-4, 4-डाइमेथिल हेप्टेन

21. (d) वे यौगिक जिनमें त्रिविम अवरोध (steric hindrance) कम होता है, द्विअणुक नाभिक-स्नेही प्रतिस्थापन अभिक्रिया देते हैं। अवरोध जितना कम होगा, S_N2 अभिक्रिया उतनी ही आसानी से होगी। अत: S_N2 क्रियाविधि के प्रति हैलाइडों की क्रियाशीलता का क्रम निम्न है।

$$1^o > 2^o > 3^o$$

S_N2 क्रियाविधि में, त्रिविमरासायनिक रूप से विन्यास का प्रतिलोमन होता है। (यदि अणु प्रकाशिक सक्रिय है, तो ध्रुवण अथवा वाल्डन प्रतिलोमन होगा)

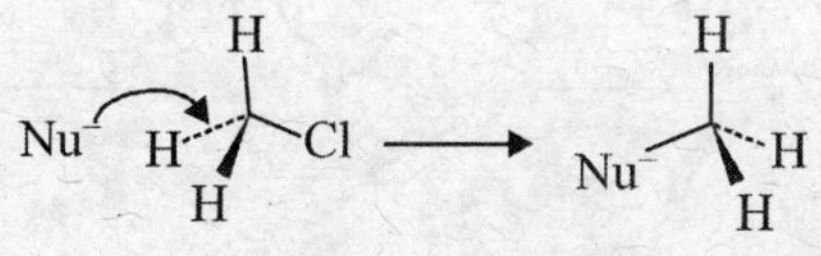

22. (b)

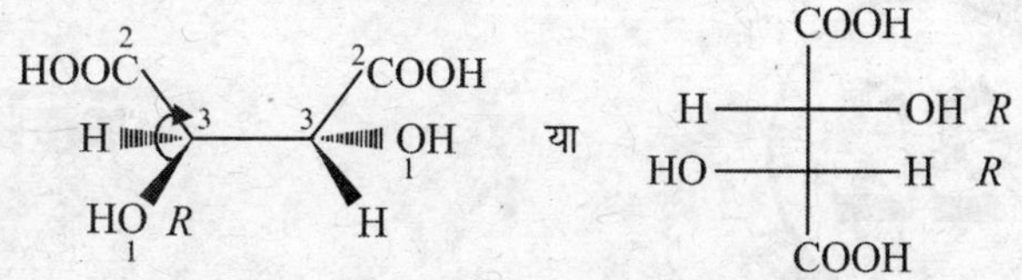

23. (b)

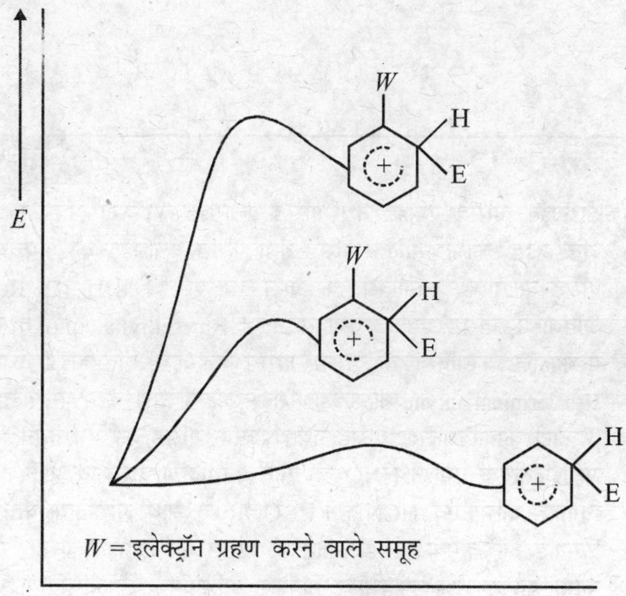

अभिक्रिया निर्देशांक

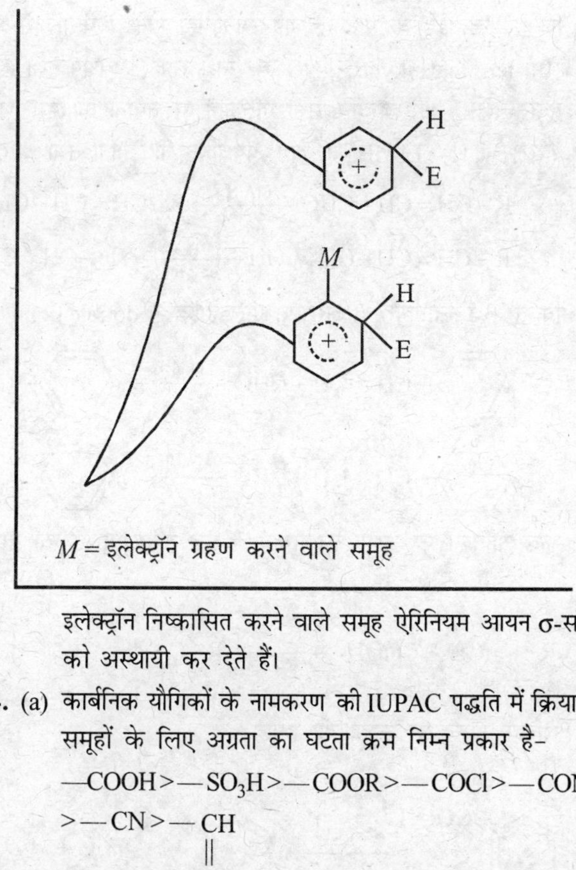

इलेक्ट्रॉन निष्कासित करने वाले समूह ऐरिनियम आयन σ-संकुल को अस्थायी कर देते हैं।

24. (a) कार्बनिक यौगिकों के नामकरण की IUPAC पद्धति में क्रियात्मक समूहों के लिए अग्रता का घटता क्रम निम्न प्रकार है–

$$—COOH > —SO_3H > —COOR > —COCl > —CONH_2 > —CN > —\underset{\underset{O}{\|}}{C}H$$

❑❑❑

Chapter 22

कार्बनिक रासायनिक अभिक्रियाएँ (Organic Reactions)

स्मरणीय बिन्दु

- साइनाइड, एसिड़ एमाइड तथा एसिड़ क्लोराइड का जल अपघटन करने पर कार्बोक्सिलिक अम्ल प्राप्त होते हैं।
- एल्डिहाइड, कार्बोक्सिलिक एसिड तथा एसिड क्लोराइड का अपचयन $LiAlH_4$ से कराने पर प्राइमरी ऐल्कोहॉल प्राप्त होते हैं।
- ऐसिड क्लोराइड, कार्बोक्सिलिक अम्ल तथा ऐस्टर $NaBH_4$ द्वारा Reduce नहीं होते।
- ऑक्जाइम, एसिड एमाइड तथा साइनाइड Na + ethyl alcohol तथा $LiAlH_4$. द्वारा अपचयित होकर प्राइमरी एमीन बनाते हैं।
- ऐल्कोहॉल, कार्बेक्सिलिक एसिड, एसिड क्लोराइड, ऐल्डिहाइड तथा कीटोन red phosphorous + HI द्वारा Reduce होकर ऐल्केन बनाते हैं।
- सभी terminal alkyne का हाइड्रोबोरेशन- आक्सीकरण करने पर ऐल्डिहाइड प्राप्त होते हैं।
- β-कीटो कार्बोक्सिलिक एसिड तथा पिक्रिक ऐसिड को गर्म करने पर decarboxylation हो जाता है।
- सभी द्वितीयक एमाइन HNO_2 के साथ अभिक्रिया करने पर पीले तैलीय अवक्षेप प्राप्त होते हैं।
- ग्रिगनार्ड अभिकर्मक HCN तथा HCOOR के साथ अभिक्रिया करके एल्ड़िहाइड बनाते हैं।
- ग्रिगनार्ड अभिकर्मक एसिड क्लोराइड, एसिड ऐनहाइड्राइड, ऐस्टर, ऐसिड एमाइड तथा साइनाइड के साथ अभिक्रिया करके कीटोन बनाते हैं।
- फॉर्मेल्डिहाइड तथा इपौक्साइड ग्रिगनार्ड अभिकर्मक से अभिक्रिया प्राइमरी ऐल्कोहॉल बनाते हैं।

☞ ऐल्डिहाइड तथा कीटोन जिनके पास संतृप्त α कार्बन पर कम से कम एक कार्बन होता है। वे ऐल्डॉल संघनन तथा मध्यवता प्रदर्शित करते हैं।

☞ जिन ऐल्डिहाइड के पास α हाइड्रोजन नहीं होते वे कैनीजारे अभिक्रिया देते हैं।

☞ सभी terminal alkyne $AgNO_3$ के साथ सफेद अवक्षेप तथा $CuCl_2$ के साथ लाल अवक्षेप देते हैं।

☞ $R_2C=CR_2$ को छोड़कर सभी ऐल्किीन असंतृप्तता का परीक्षण देते हैं।

☞ (–CH=CH–) $LiAlH_4$ के द्वारा अपचयित नहीं होता तथा PCC या MnO_2.द्वारा आक्सीकृत नही होता है।

$$R-CH=CH-CHO \xrightarrow{LiAlH_4} R-CH=CH-CH_2-OH$$

$$R-CH=CH-CH_2-OH \xrightarrow[\text{or } MnO_2]{PCC} R-CH=CH-CHO$$

☞ किन्तु β-फिनाईलα, β असंतृप्त एल्डिहाइड में double bond (CH=CH) $LiAlH_4$.द्वारा अपचयित हो जाता है।

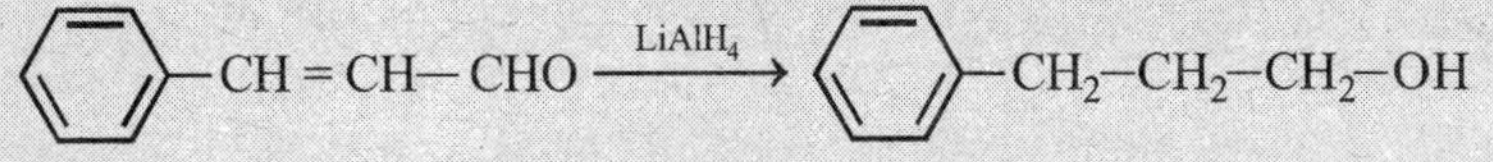

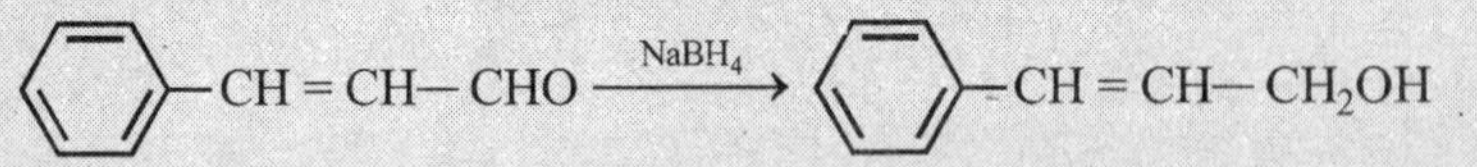

☞ कुछ यौगिकों पर ऊष्मा का प्रभाव : बीटा कीटो एसिड को गर्म करने पर *d*-carboxylation हो जाता है।

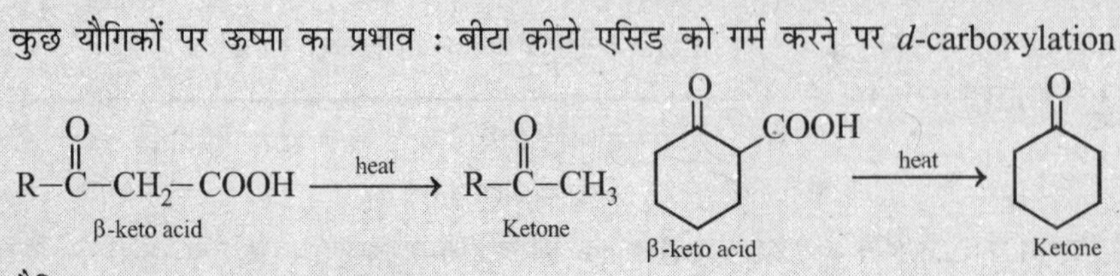

☞ थैलिक अम्ल पर ऊष्मा का प्रभाव

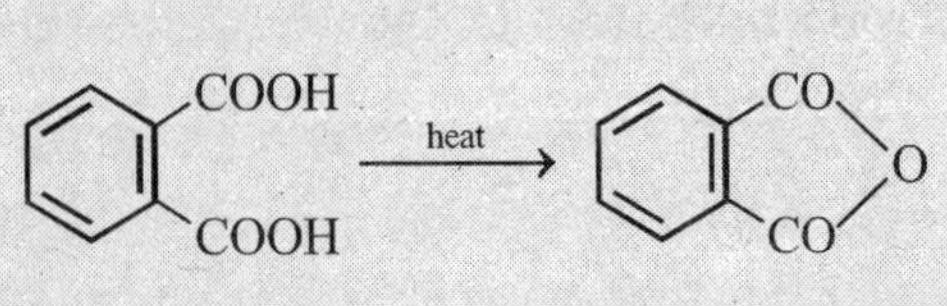 i.e. $C_8H_4O_3$

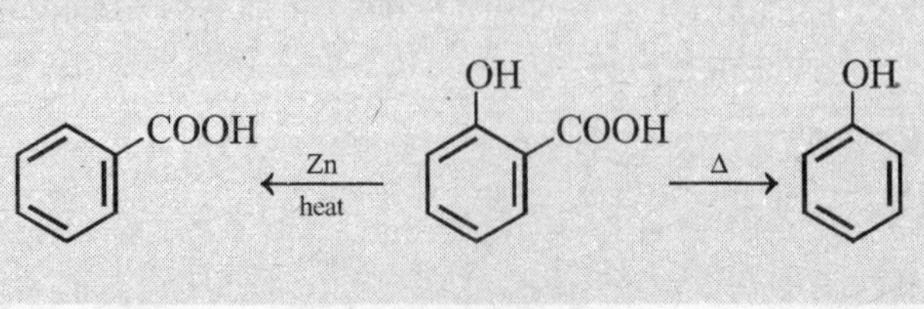

Type 1 : संतृप्त ऐल्किलहैलाइड की अभिक्रिया (Concept of Saturated Alkyl halide)

$$R-X \xrightarrow{\text{aq.KOH}} R-OH \xrightarrow{PCl_5} R-Cl \xrightarrow{KCN} R-CN \xrightarrow{H_3O^+} R-COOH$$

Type 2: साइनाइड ग्रुप की अभिक्रिया (Concept of Cyanide Group)

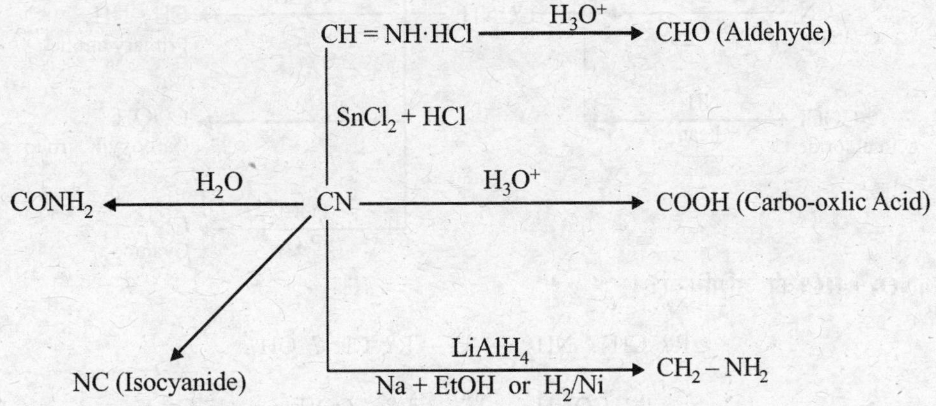

Type 3 : कार्बोक्सिलिक समूह की अभिक्रिया (Concept of COOH Group)

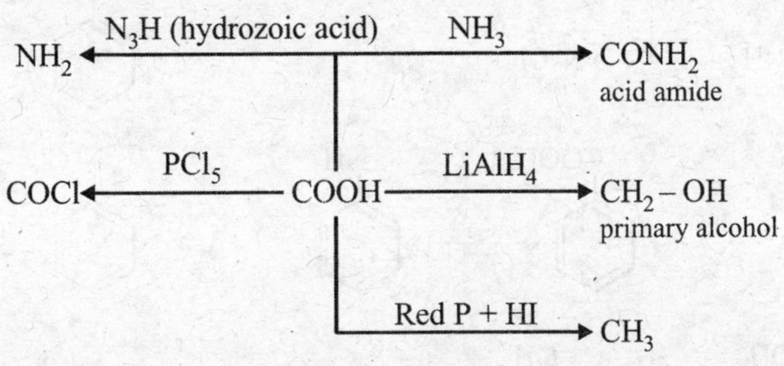

Type 4 : ऐसिड क्लोराइड समूह की अभिक्रिया (Concept of COCl)

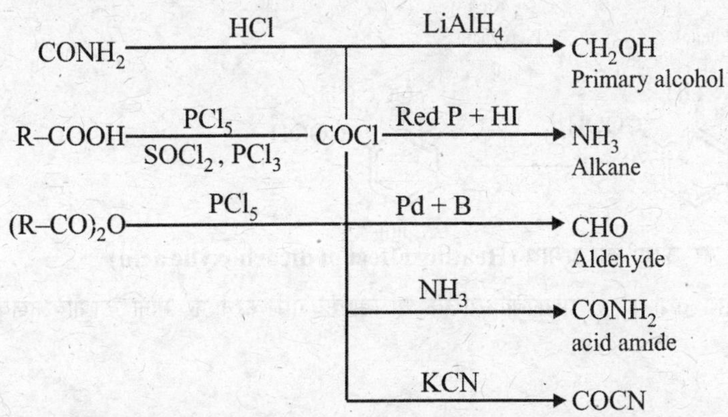

Type 5: प्राइमरी ऐल्कोहॉल का कीटोन में परिवर्तन (Conversion of Primary Alcohol to Ketone)

$$R-CH_2OH \xrightarrow{O} R-COOH \xrightarrow{Ca(OH)_2} (R-COO)_2Ca \xrightarrow{\text{heat}} R-COR$$

Also

$$R-CHO \xrightarrow{\text{Oxidation}} R-COOH \xrightarrow{Ca(OH)_2} (R-COO)_2Ca \xrightarrow{\text{heat}} R-COR$$

Type 6 : एसिडएमाइड समूह की अभिक्रिया (Concept of Acid amide group)

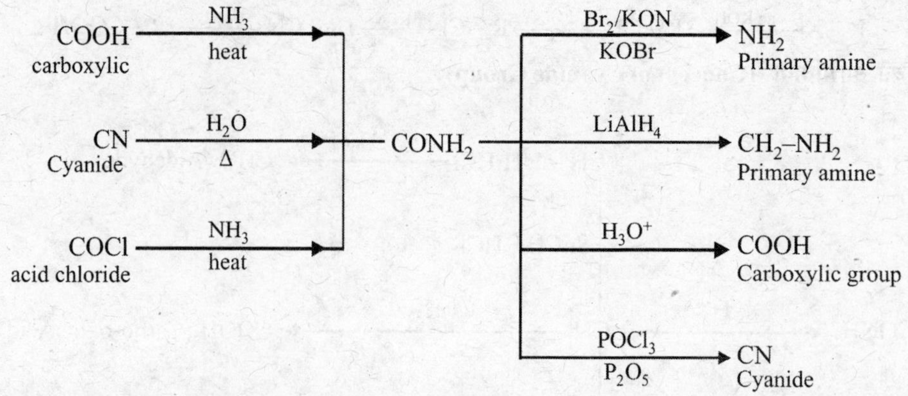

Type 7 : HNO_2 या $NaNO_2 + HCl$ की अभिक्रिया :

$$R?\ CH_2?\ NH_2 \xrightarrow{HNO_2} R?\ CH_2?\ OH$$

$$R?\ CONH_2 \xrightarrow{HNO_2} R?\ COOH$$

Type 8 : ऐरोमेटिक यौगिकों की अभिक्रिया (Concept of Aromatic Reaction)

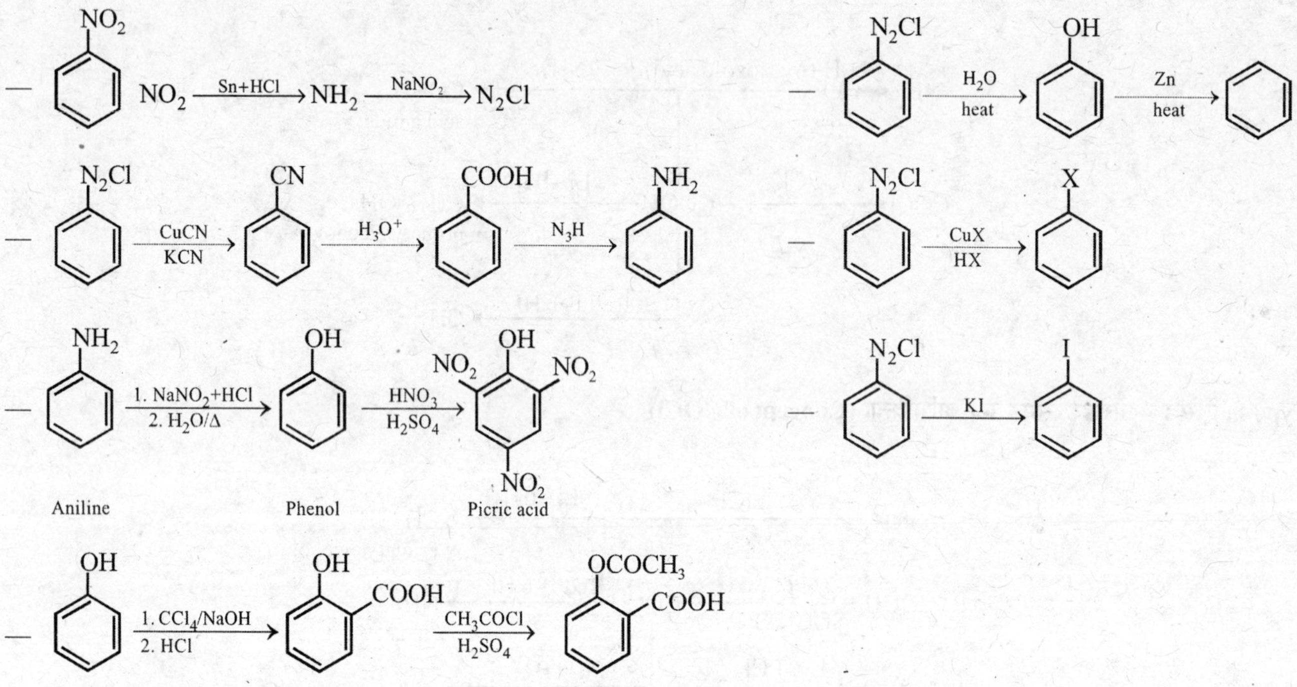

Type 9 : डाइकार्बोक्सिलिक ऐसिड पर ऊष्मा का प्रभाव (Heating effect of dicarboxylic acid)

- 1, 2 डाइकार्बोक्सिलिक एसिड तथा 1, 3 डाइकार्बोक्सिलिक एसिड को गर्म करने पर मोनो कार्बोक्सिलिक ऐसिड तथा CO_2 प्राप्त होते हैं।

$$\begin{matrix} COOH \\ | \\ CH_2 \\ | \\ COOH \end{matrix} \xrightarrow{heat} CH_3COOH + CO_2$$

$$CH_3\text{—}CH\begin{matrix} COOH \\ COOH \end{matrix} \xrightarrow{heat} CH_3CH_2?\ COOH + CO_2$$

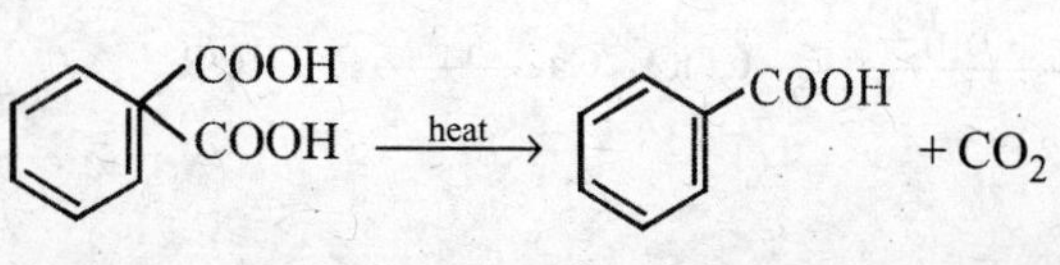

$$CH_3?\overset{\overset{CH_2}{|}}{\underset{\underset{COOH}{|}}{C}}?\,COOH \xrightarrow{heat} CH_3?\overset{\overset{CH_3}{|}}{CH}?\,COOH$$

Type 10 : 1,4 तथा 1,5 डाइकार्बेक्सिलिक एसिड को गर्म करने पर चक्रीय एसिडऐनहाइड्राइड प्राप्त होते हैं।

$$\begin{matrix} CH_2\text{–}COOH \\ | \\ CH_2\text{–}COOH \end{matrix} \xrightarrow{heating} \begin{matrix} CH_2\text{–}CO \\ | \\ CH_2\text{–}CO \end{matrix}\!\!>O$$

$$\begin{matrix} CH\text{–}COOH \\ \| \\ CH\text{–}COOH \end{matrix} \xrightarrow{heating} \begin{matrix} CH\text{–}CO \\ \| \\ CH\text{–}CO \end{matrix}\!\!>O$$

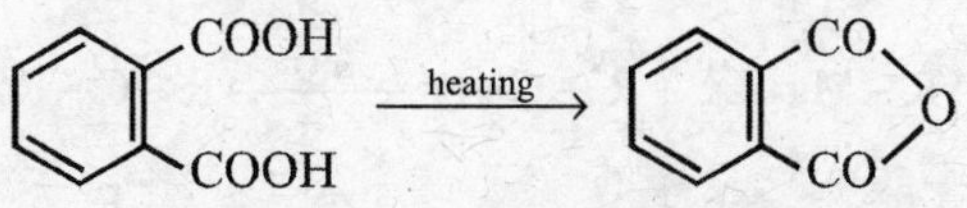

Type 11 : 1, 6 तथा 1, 7 डाइकार्बोक्सिलिक एसिड को गर्म करने पर cyclic कीटोन प्राप्त होती है:

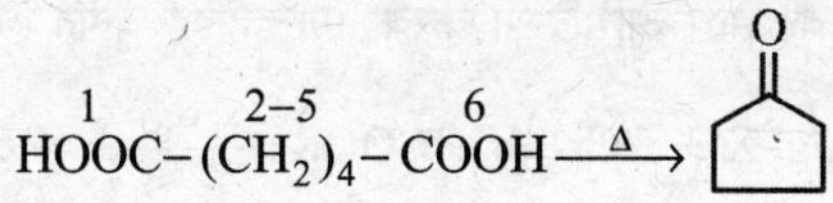

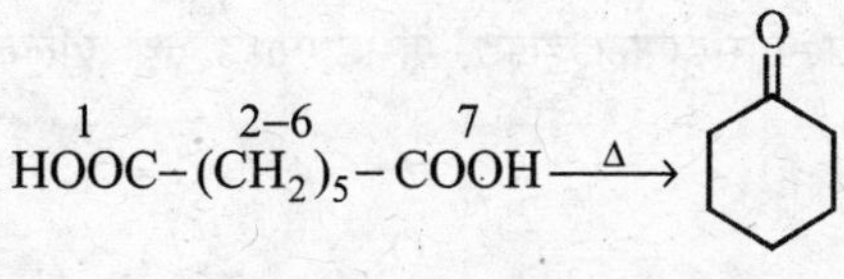

Type 12 : ग्रिगनार्ड अभिकर्मक को बनाने की विधि (Greparation of Grignard Reagent)

- ग्रिगनार्ड अभिकर्मक को शुष्क ईथर की उपस्थिति में ऐल्काइलहैलाइड तथा मैगनीशियम की अभिक्रिया द्वारा बनाया जाता है।

$$R-X \;+ Mg \xrightarrow{ether} R-Mg-X$$

Type 13 : ग्रिगनार्ड अभिकर्मक के द्वारा हाइड्रोकार्बन का निर्माण (Formation of Hydrocarbon with help of Grignard Reagent)

- जिन यौगिकों के पास acidic hydrogen होती है। ग्रिगनार्ड अभिकर्मक के साथ अभिक्रिया करके हाइड्रोकार्बन बनाते हैं।

$$R-MgX \quad + \begin{cases} H_2O \\ HN_3 \\ R-C\equiv CH \text{ (terminal alkyne)} \\ R-OH \\ R-NH_2, R_2NH \\ R-COOH \end{cases} \longrightarrow \text{Hydrocarbon (R-H)}$$

विशेष

(a) $R\text{–}MgX + DOD \longrightarrow RD + Mg\,(OD)\,X$

(b) टर्मिनल ऐल्काइन की अभिक्रिया ग्रिगनार्ड अभिकर्मक से कराने पर हाइड्रोकार्बन तथा नया ग्रिगनार्ड अभिकर्मक प्राप्त होता है।

$$R-MgX + R'-C\equiv CH \longrightarrow RH\text{ (Hydrocarbon)} + R'-C\equiv CMgX \text{ (New Grignard Reagent)}$$

Type 14 : ऐल्कोहल का निर्माण (Formation of Alcohol :)

- **Case 1 :** ग्रिगनार्ड अभिकर्मक ऑक्सीजन के साथ सिल्वर की उपस्थिति में अभिक्रिया करके ROH प्रकार के ऐल्कोहल बनाते हैं।

$$R-Mg-X \xrightarrow[2.\ H_3O^+]{1.\ O_2+Ag} R-OH$$

- **Case 2 :** ग्रिगनार्ड अभिकर्मक की अभिक्रिया फॉर्मेल्डिहाइड के साथ अभिक्रिया $R–CH_2–OH$ के प्राइमरी ऐल्कोहल बनाते हैं।

$$R-Mg-X \xrightarrow[2.\ H_3O^+]{1.\ HCHO} R-CH_2-OH$$

- **Case 3 :** RCH_2CH_2OH प्रकार के प्राइमरी ऐल्कोहॉल गिग्रनार्ड अभिकर्मक की अभिक्रिया इपोक्साइड के साथ करके बनाये जाते हैं।

$$R-Mg-X+\underset{O}{\overset{H_2C-CH_2}{(\ '}} \xrightarrow{H_3O^+} R-CH_2-CH_2-OH$$

- **Case 4 :** फॉर्मेल्डिहाइड को छोडकर सभी एल्डिहाइड ग्रिगनार्ड अभिकर्मक के साथ अभिक्रिया करके द्वितीय ऐल्कोहल बनाते हैं।

$$R-Mg-X+R'-CHO \xrightarrow{H_3O^+} R-CHOH-R'$$

- **Case 5 :** ग्रिगनार्ड अभिकर्मक की अभिक्रिया कीटोन से कराने पर तृतीयक ऐल्कोहल प्राप्त होते हैं।

$$R-Mg-X+R'-\overset{\overset{O}{\|}}{C}-R' \xrightarrow{H_3O^+} R-\underset{\underset{R'}{|}}{\overset{\overset{OH}{|}}{C}}-R$$

Type 15 : ऐल्डिहाइड का निर्माण (Formation of Aldehyde)

- ग्रिगनार्ड अभिकर्मक HCN या HCOOR′ के साथ अभिक्रिया करके ऐल्डिहाइड बनाते हैं।

$$R–Mg–X + HCN \text{ or } HCOOR' \xrightarrow{H_3O^+} RCHO$$

Type 16 : कीटोन का निर्माण (Formation of Ketone)

- ग्रिगनार्ड अभिकर्मक ऐसिडक्लोराइड, ऐस्टर, ऐसिडऐनहाइड्राइड, ऐसिडएमाइड तथा ऐल्किाइलसाइनाड के साथ अभिक्रिया करके कीटोन बनाते हैं।

$$R-Mg-X + \begin{cases} R'-C \\ R'-COOR \\ (R'CO)_2O \\ (R'CO)_2O \end{cases} \xrightarrow{H_3O^+} R'-\overset{\overset{O}{\|}}{C}-R$$

Type 17 : कार्बोक्सिलिक ऐसिड का निर्माण (Formation of Carboxylic acid)

- ग्रिगनार्ड अभिकर्मक CO_2 के साथ अभिक्रिया करके कार्बोक्सिलिक एसिड बनाते हैं।

$$R–Mg–X+CO_2 \xrightarrow{H_3O^+} RCOOH$$

Type 18 : कार्बनिक रसायन में नाइट्रस अम्ल की अभिक्रिया (Reaction of Nitrous acid in Organic Chemistry)

- ऐसिडएमाइड ($RCONH_2$) HNO_2 के साथ अभिक्रिया करके कार्बोक्सिलिक एसिड तथा N_2 बनाते हैं।

$$R–CONH_2 \xrightarrow{HNO_2} RCOOH+N_2$$

- नाइट्रस एसिड आइसोसायनाइड के साथ अभिक्रिया करके फॉर्मिक अम्ल तथा प्राइमरी अम्ल बनाते हैं।

$$R-NC+HNO_2 \longrightarrow R-NH_2+HCOOH$$

- सभी द्वितीयक एमाइन नाइट्रस एसिड के साथ अभिक्रिया करके पीला वसीय द्रव बनाती है।

$$R_2N+HNO_2 \longrightarrow R_2N-NO$$

पीला वसीय द्रव डाइऐल्काइल नाइट्रोसोएमान के कारण बनता है।

- ऐलिफेटिक प्राइमरी ऐमाइन नाइट्रस के साथ अभिक्रिया करके प्राइमरी ऐल्कोहल बनाते हैं।

$$R-OH+HNO_2 \longrightarrow R-OH+N_2+H_2O$$

- ऐलिफेटिक नाइट्रस एसिड के साथ अभिक्रिया करके ट्राईएल्काइल अमोनियम नाइट्राइट बनाती है।

$$R_3N+HNO_2 \longrightarrow [R_3\overset{+}{N}]NO_2$$

मुख्य अभिक्रियायें (Name Reaction) :

1. ऐल्डोल संघनन (Aldol condensation)

- जिन ऐल्डिहाइड तथा कीटोन के पास α-संतृप्त कार्बन के पास कम से कम एक हाइड्रोजन होती है वे ही इस अभिक्रिया का प्रदर्शित करते हैं।
- $CH_3—CHO, CH_3—CH_2—CHO, C_6H_5CH_2—CHO, CH_3—COCH_3$ के पास α–हाइड्रोजन होती है। इसलिए ये सभी एल्डोल संघनन
- C_6H_5CHO, $R-CH=CH-CHO$, $(CH_3)_3\,C–CHO$ के पास α–हाइड्रोजन अनुपस्थित है। इसलिए ये ऐल्डोल संघनन नहीं देते।
- यह अभिक्रिया एल्डिहाइड या कीटोन के दो अणुओं के बीच तनु [dil. NaOH, $Ba(OH)_2$ etc.] की उपस्थिति में होती है। तथा इस अभिक्रिया में β-*hydroxy aldehydes* or β-*hydroxyketones* इनमें बनता है।

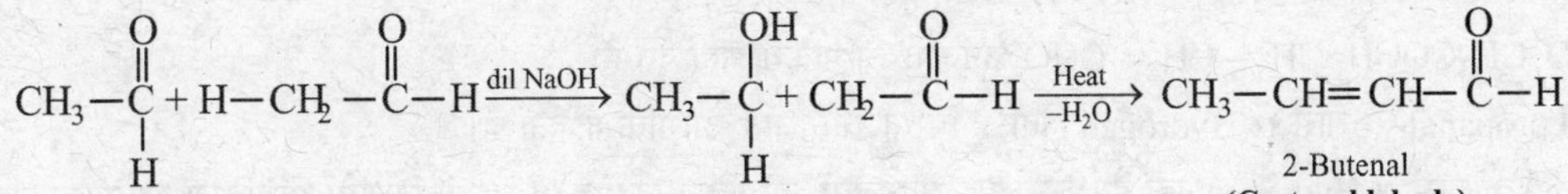

Two molecules of ethanal — 3-Hydroxybutanal — 2-Butenal **(Crotonaldehyde)**

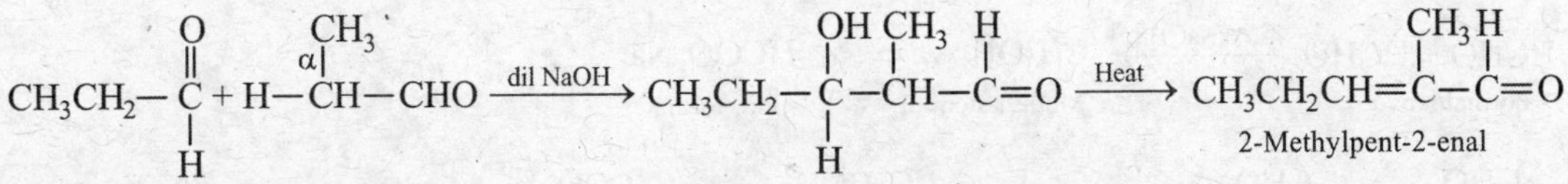

Two molecules of propanal — 3-Hydroxy-2-methylpent-2-enal — 2-Methylpent-2-enal

- यह अभिक्रिया ऐल्डिहाइड के दो समान या भिन्न-भिन्न अणुओं के बीच होती है। इस अभिक्रिया में बने ऐल्डोल में CHO तथा OH उपस्थिति होता है।

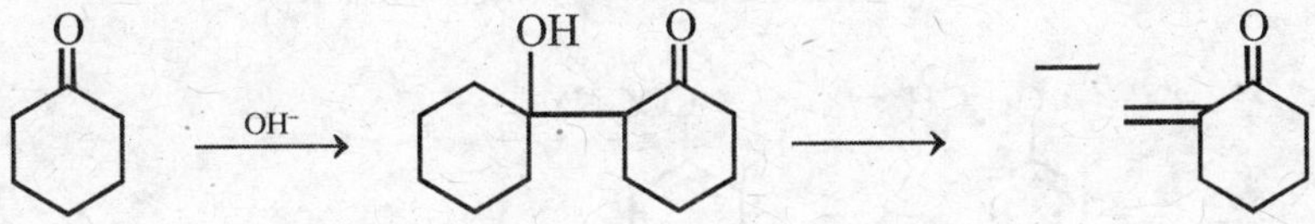

Note

✍ जब यह अभिक्रिया भिन्न दो प्रकार के ऐल्डिहाइड के बीच होती है। तब इसमें चार उत्पाद बनते हैं।

$CH_3?\ CHO+CH_3?\ CH_2?\ CHO \xrightarrow{OH^-} 4-\text{product}$

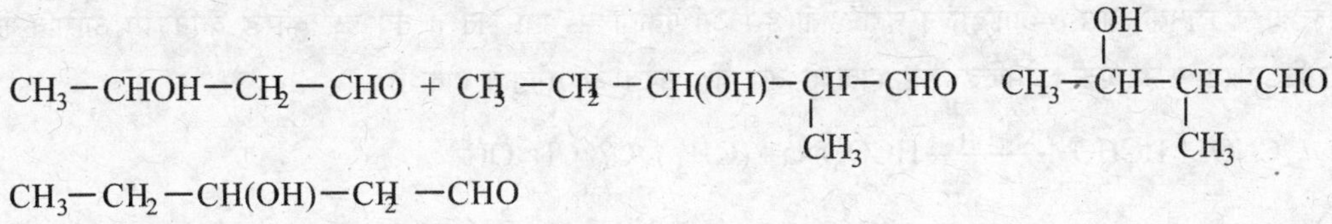

2. क्रॉस्ड-एल्डोल संघनन (Crossed-Aldol Condensation) :

जब एल्डोल संघनन ऐल्डिहाइड तथ कीटोन के बीच में होता है तब इस अभिक्रिया में चार उत्पाद बनते हैं। तथा इसको क्रॉस्ड-ऐल्डोल संघनन कहते हैं।

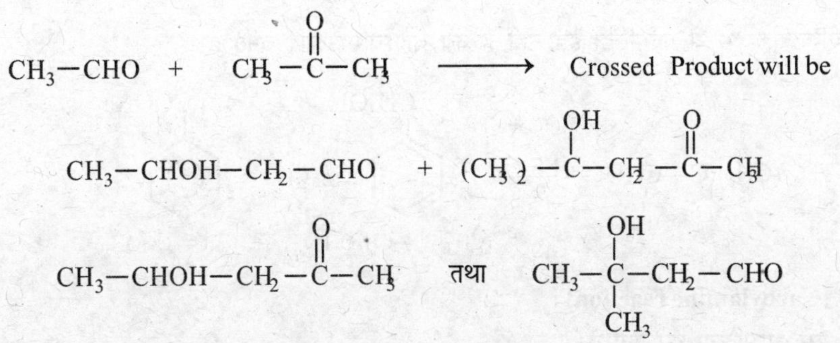

- **अभिक्रिया**

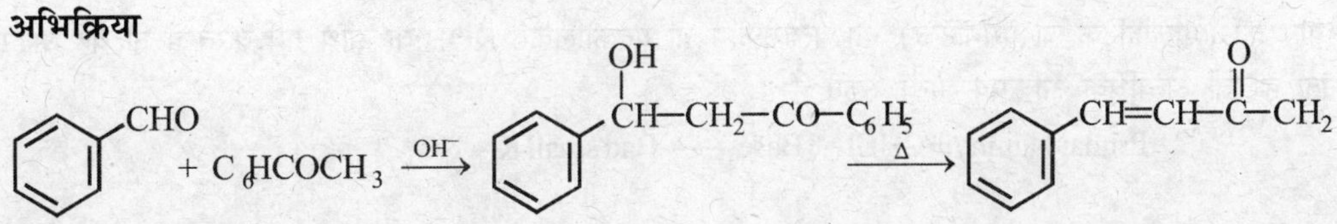

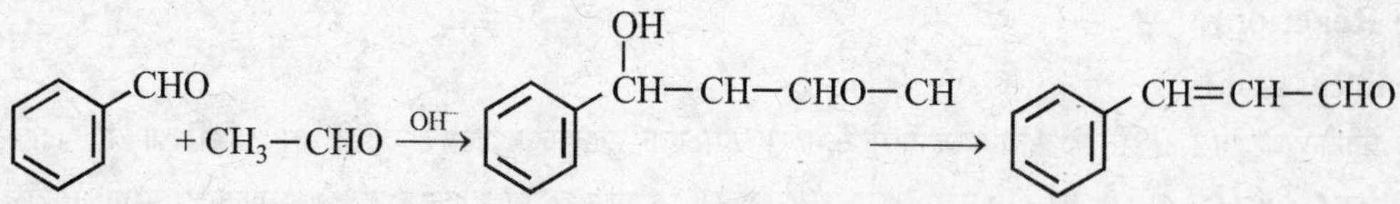

3. **कैनिजारो अभिक्रिया (Cannizzaro reaction)**

- जिन ऐल्डिहाइड के पास α–हाइड्रोजन अनुपस्थित होते हैं। (जैसे, फॉर्मेल्डिहाइड, बेन्जैल्डिहाइड) इस अभिक्रिया में ऐल्डिहाइड का एक अणु ऑक्सीकृत होकर कार्बोक्सिलिक अम्ल बनाता है। तथा दूसरा अणु अपचयित होकर प्राइमरी ऐल्कोहल बनाता है।
  यह अभिक्रिया 50 प्रतिशत NaOH या KOH की उपस्थिति होती है।
- $CH_3CHO, CH_3COCH_3\ CH_3—CH_2—CHO$ कैनजारो अभिक्रिया नहीं देते हैं।
- 2 methyl propanal के पास α-Hydrogen होती है परन्तु कैनिजारो अभिक्रिया देता है।
- $CCl_3\cdot CHO$ के पास α-Hydrogen नहीं है, किन्तु यह कैनिजारो अभिक्रिया नहीं देता। यह कैनिजारो अभिक्रिया के स्थान पर हैलोफॉर्म अभिक्रिया देता है।

1. $HCHO + HCHO \xrightarrow{50\%\ NaOH} CH_3OH + HCOO^-Na^+$
   Formaldehyde, Methyl alcohol, Sod. formate

2. 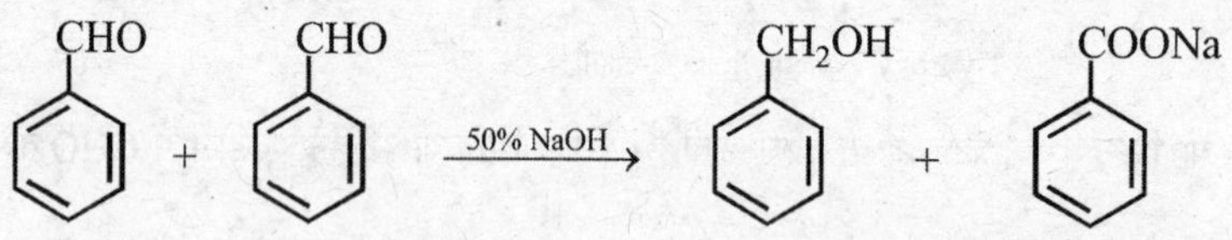
   Benzyl alcohol Sod. benzoate

3. 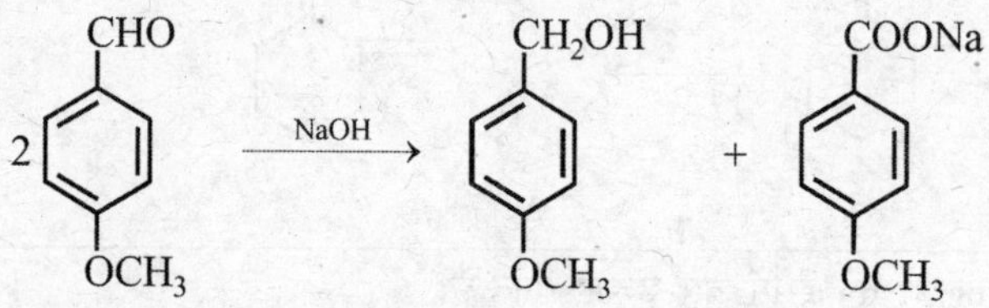

4. **क्रॉस्ड कैनिजारो अभिक्रिया (Crossed Cannizzaro Reaction)**

- जब दो विभिन्न ऐल्डिहाइड जिनके पास α–हाइड्रोजन नहीं होती इस अभिक्रिया में भाग लेते हैं तब इसे क्रॉस्ड कैनिजारो अभिक्रिया कहते हैं।
  Case I : यदि दो ऐल्डिहाइड में से एक फॉर्मेल्डिहाइड होता है तब वह सदैव ऑक्सीकृत होता है।

  $(CH_3)_3?\ CHO + HCHO \xrightarrow{NaOH} HCOONa + (CH_3)_3\ C?\ CH_2OH$

  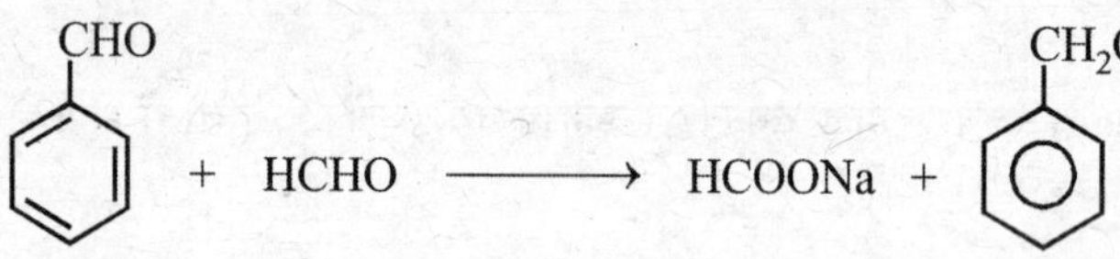

  Case-II : यदि दो ऐल्डिहाइड में से फॉर्मेल्डिहाइड नहीं है तब वह चार उत्पाद बनते हैं।

  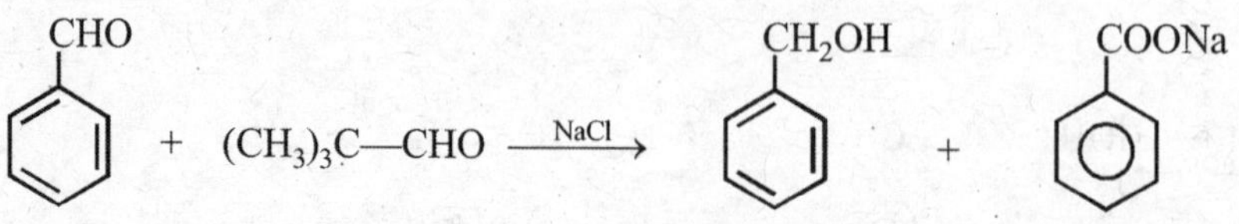
  $(CH_3)_3C—CH_2OH$ $(CH_3)_3C—COONa$

5. **कार्बिलऐमीन अभिक्रिया (Carbylamine reaction)**

- सभी प्राइमरी एमाइन इस अभिक्रिया को देती है।
- जब एक प्राइमरी ऐमीन को (ऐलिफैटिक या ऐरोमेटिक) को क्लोरोफॉर्म या एल्कोलिकृत KOH के साथ गर्म करते है तो यह आइसोसाइनाइड या कार्बेलऐमीन बनता है। जो अत्यधिक आक्रमक गन्ध रखते है।

$$\text{Primary amine} + CHCl_3 + \text{Base} \longrightarrow \text{Bad small R—NC}$$

$$\underset{\text{Ethylamine}}{CH_3CH_2NH_2} + CHCl_3 + \underset{\text{(alc.)}}{3KOH} \xrightarrow{\text{Warm}} \underset{\text{Ethylisocyanide}}{CH_3CH_2NC} + 3KCl + 3H_2O$$

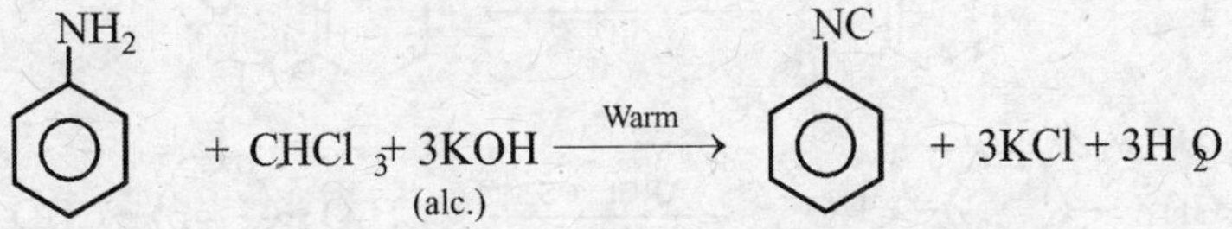

Aniline — Phenyl isocyanide

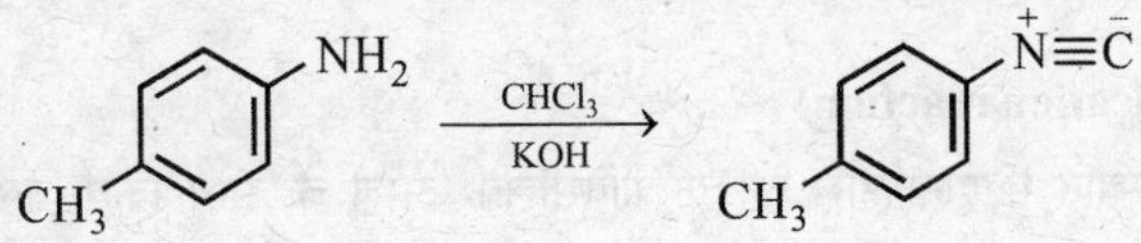

- डाइक्लोरो केस्बीन (CCl_2) मध्यवर्ती है।

6. कप्लिंग क्रिया (Coupling reaction) :

- कप्लिंग क्रिया निम्न के बीच होती है–

  (A) फिनॉल तथा बैंजील डाइऐजोनियम क्लोराइड

  (B) बैंजीन डाइऐजेनियम क्लोराइड-ऐनीलिन

  (C) डाइऐजोनियम साल्ट + N, N, डाइमेथिल ऐनीलिन

  कप्लिंग क्रिया में ऐजो यौगिक बनता है।

- डाइऐजोनियम साल्ट की फिनॉल तथा ऐरोमैटिक ऐमीन के साथ क्रिया कराने पर ऐजो यौगिक बनता है। यह क्रिया बर्फीले ठण्डे विलयन में होता है।

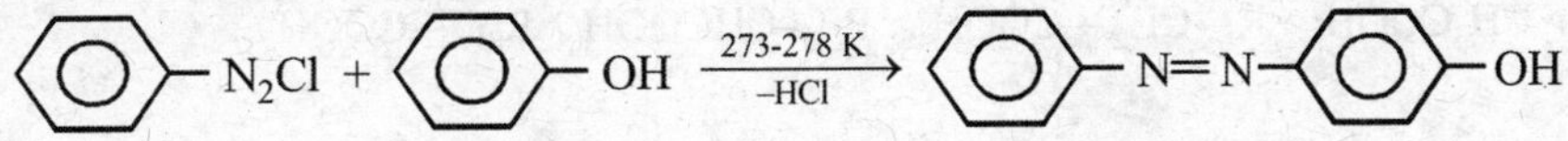

Benzene diazonium chloride — Phenol — *p*-Hydroxyazobenzene (Orange dye)

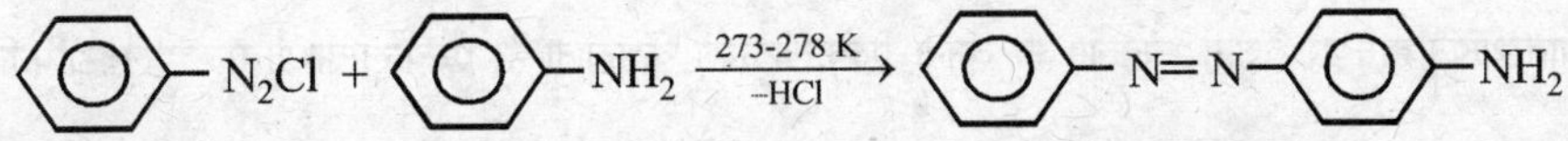

Benzene diazonium chloride — Aniline — *p*-Amino azobenzene (Yellow dye)

- Methyl orange which acts as an indicator in the acid alkali titrations is obtained by coupling the diazonium salt of *p*-aminosodium benzene sulphonate with N, N-dimethyl aniline in the presence of alkali.

p-Amino sodiumbenzene sulphonate — Diazonium salt

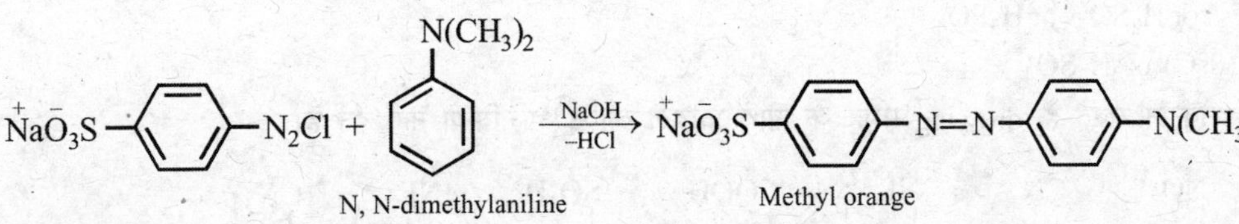

N, N-dimethylaniline — Methyl orange

7. इटार्ड अभिक्रिया (Etard's reaction) :

- क्रोमिल क्लोराइड (CrO_2Cl_2) के साथ टोलेन का बैंजल्डिहाइड में ऑक्सीकरण होकर CCl_4 या CS_2 में घुल जाता है।

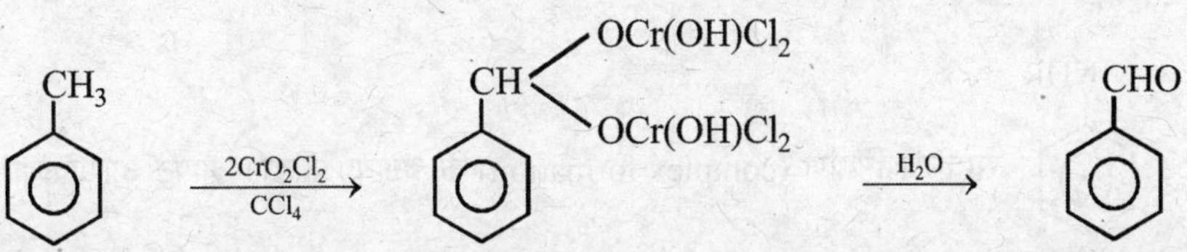

Toluene — Brown complex — Benzaldehyde

Intermediate $C_6H_5CH_3\ 2CrO_2Cl_2$

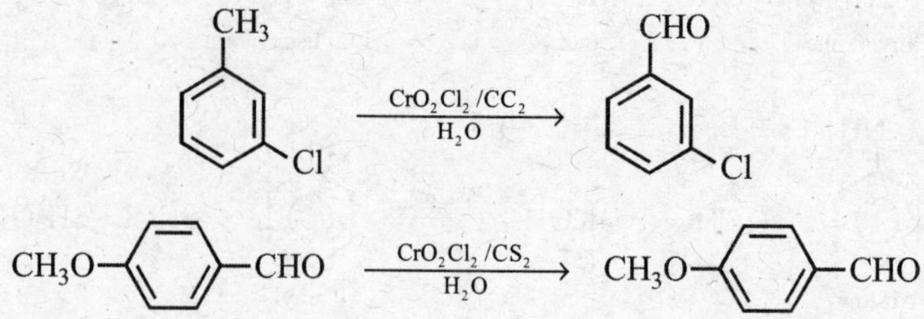

8. **ऐस्टरीफिकेशन अभिक्रिया (Esterification reaction) :**

- कुछ बूंदे सान्द्र H_2SO_4 की उपस्थिति में ऐल्कोहॉल की कार्बोक्सिलिक अम्ल के साथ क्रिया करने पर ऐस्टर बनता है।

$$\underset{\text{Acetic acid}}{CH_3\overset{O}{\overset{\|}{C}}-OH} + \underset{\text{Ethyl alcohol}}{HOCH_2CH_3} \xrightleftharpoons{\text{conc. } H_2SO_4} \underset{\text{Ethyl acetate}}{CH_3-\overset{O}{\overset{\|}{C}}-OCH_2CH_3} + H_2O$$

- यह नोट किया गया है, कि उपरोक्त क्रिया में HCl गैस का उपयोग एक उत्प्रेरक की तरह होता है। यह अभिक्रिया **Fischer-Speier** esterification कहलाती है।
- ऐस्टरीकरण में H_2SO_4 उत्प्रेरक की तरह कार्य करता है तथा H_2SO_4 के बिना निर्जलीकरण होता है। यह अभिक्रिया प्रतिवर्ति (reversible) अभिक्रिया है।
- ऐस्टरीकरण में OH के हटने से कार्बोक्सिलिक समूह बनता है तथा H कटने से ऐल्कोहॉल बनता है।
- ऐस्टरीकरण में कार्बोक्सिलिक अम्ल की क्रियाशीलता

$$HCOOH > CH_3COOH > R—CH_2—COOH > R_2—CHCOOH > R_3C—COOH$$

- एल्कोहॉल की क्रियाशीलता

$$CH_3OH > C_2H_5OH > C_2H_5OH > C_3H_7OH > S\text{—alcohol} >> 1°\text{ alcohol}$$

9. **फ्रीडल-क्राफ्ट ऐल्कलीकरण (Friedel Craft's alkylation) :**

- ऐल्कील समूह के द्वारा H का प्रतिस्थापन होने से बैंजीन श्रृंखला का बनना ऐल्कलीकरण कहलाता है। ऐल्कलीकरण एक इलेक्ट्रोफिलिक प्रतिस्थापन अभिक्रिया है-

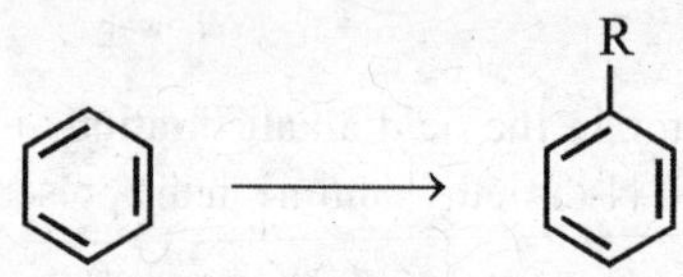

यह अभिक्रिया निम्न के द्वारा दी है-

(A) $R—X + AlCl_3$

(B) $R—OH + BF_3$ or H_2SO_4 or H_3PO_4

(C) Alkene + HF (0°C) or H_2SO_4

- ऐरोमैटिक यौगिक जो इलेक्ट्रॉन रखते है, drowing-समूह के साथ फ्रीडल क्राफ्ट अभिक्रिया नहीं देते है।

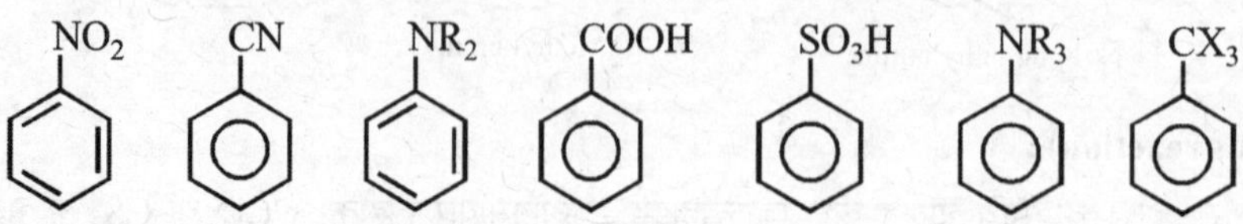

यह अभिक्रिया नहीं देते है।

- 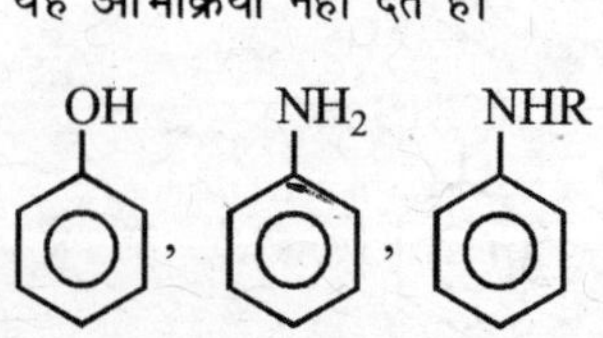 सममिश्र निर्माण (complex formation) के कारण फ्रीडल क्राफ्ट अभिक्रिया नहीं देते है।

- ऐल्कलीकरण के बाद, बैंजीन श्रृंखला अतिरिक्त अभिक्रिया के लिए अधिक अभिक्रियाएँ देती है।
- बैंजीन तथा अन्य ऐरोमैटिक यौगिक का $AlCl_3$ की उपस्थिति में ऐल्कली हैलाइड के साथ अभिक्रिया करने पर ऐल्कील बैंजीन बनता है।

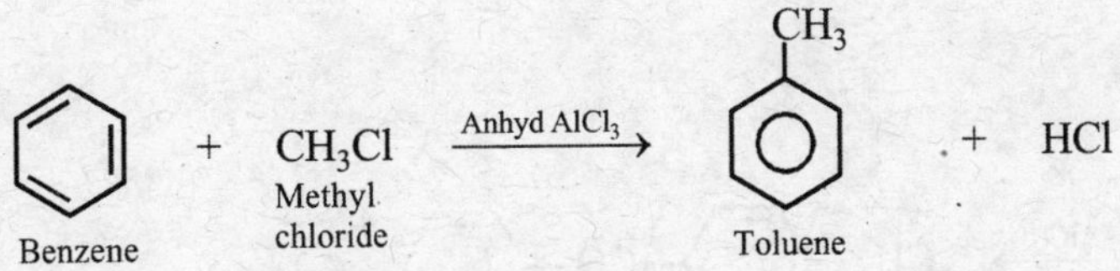

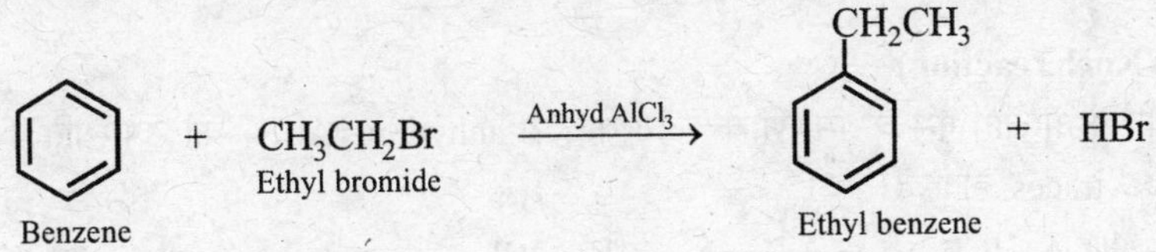

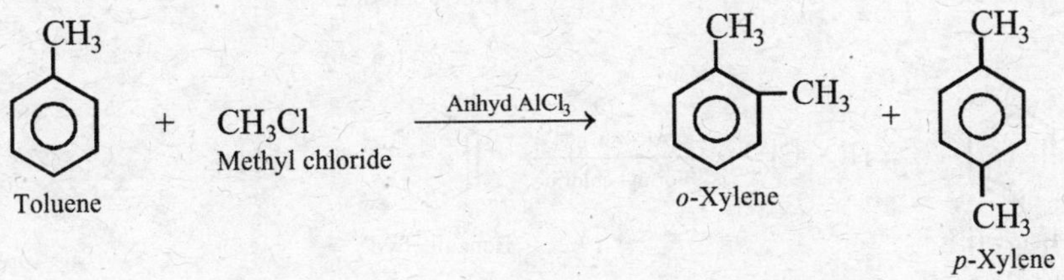

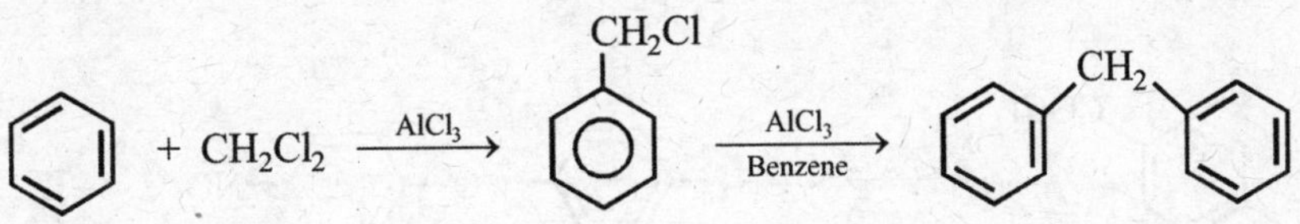

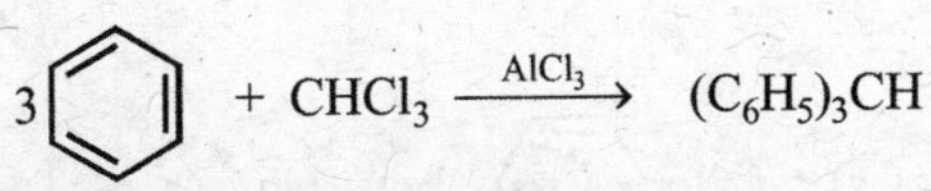

10. फ्रीडल-क्राफ्ट ऐसाइलेशन (Friedel Craft's acylation) :

- ऐरोमैटिक हाइड्रोकार्बन का Acylation निम्न के द्वारा दिया गया है–
  (A) acid chloride + anhy $AlCl_3$.
  (B) acid anhydride + anhy $AlCl_3$.
- Acylation के बाद बैंजीन श्रृंखला पुनः क्रिया के लिए deactivalid बनाती है, क्योंकि R—CO EWG है।
- बैंजीन तथा अन्य ऐरोमैटिक यौगिक निर्जल $AlCl_3$ की उपस्थिति में ऐसीड क्लोराइड या निर्जल के साथ क्रिया करके कीटोन बनाते है। यह अभिक्रिया ऐसाइल (RCO–) समूह के योग से विकसित हुई है।

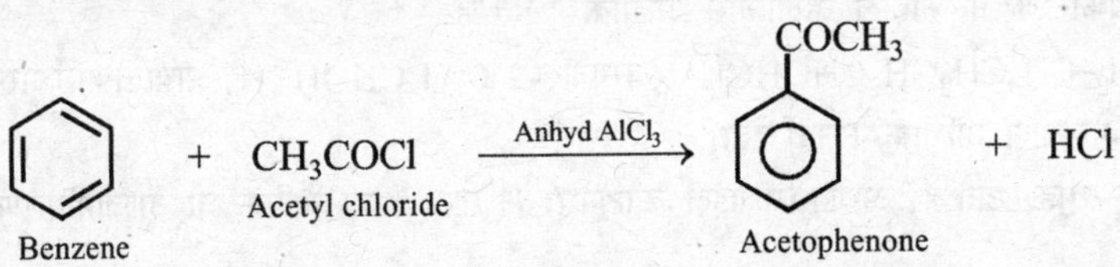

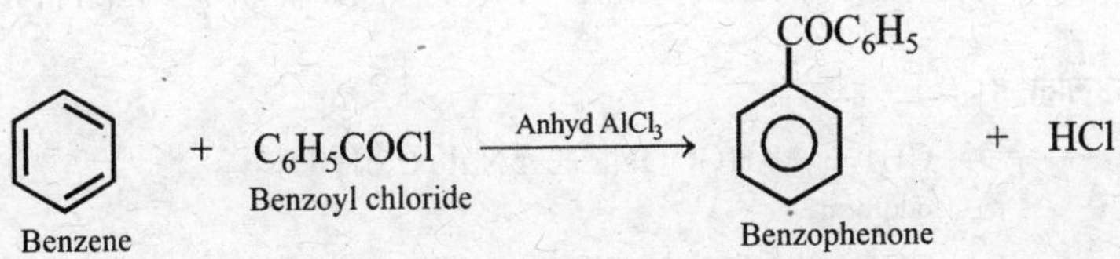

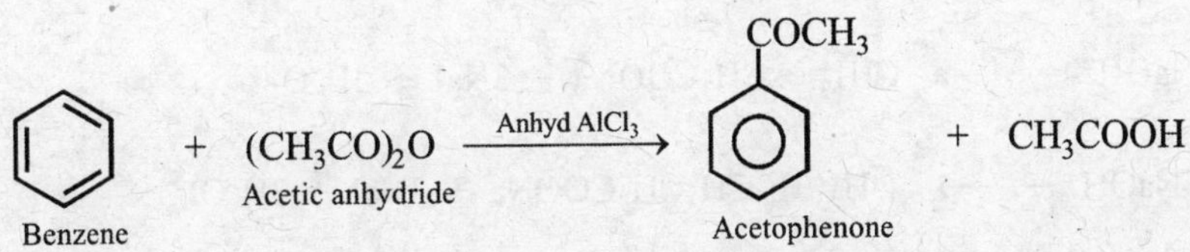

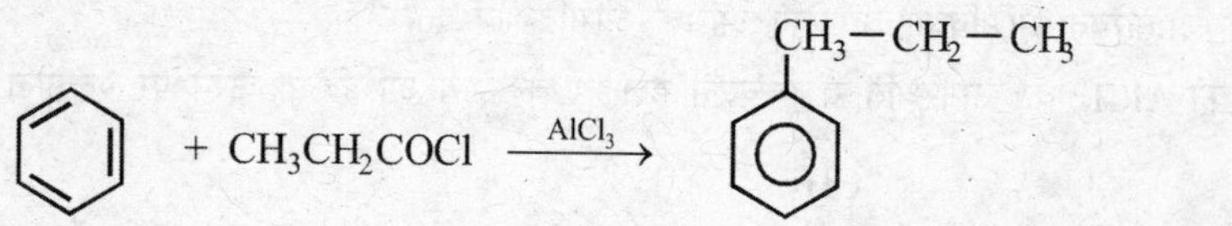

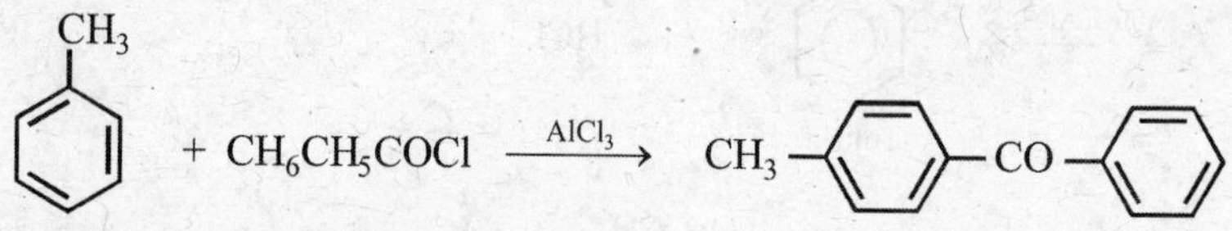

11. गैटरमैन कोच अभिक्रिया (Gattermann Koch reaction)

- कार्बन मोनो-ऑक्साइडतथा हाइड्रोक्लोरीक अम्लीय गैस के मिश्रण के बहने के द्वारा anhydrous $AlCl_3$ की उपस्थिति में बैंजीन, बैंजल्डिहाइड में बदल जाता है तथा क्यूप्रस क्लोराइड traces होता है।

$$CO + HCl \longrightarrow \underset{\text{Formyl chloride}}{HCOCl}$$

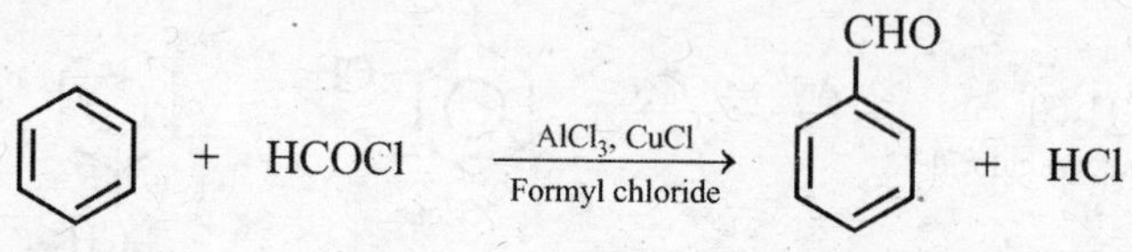

Benzene　　　　Benzaldehyde

- यह अभिक्रिया है, फ्रीडल क्राफ्ट अभिक्रिया के लिए जिसमें –CHO समूह को बैंजीन शृंखला में पहचान लेता है।

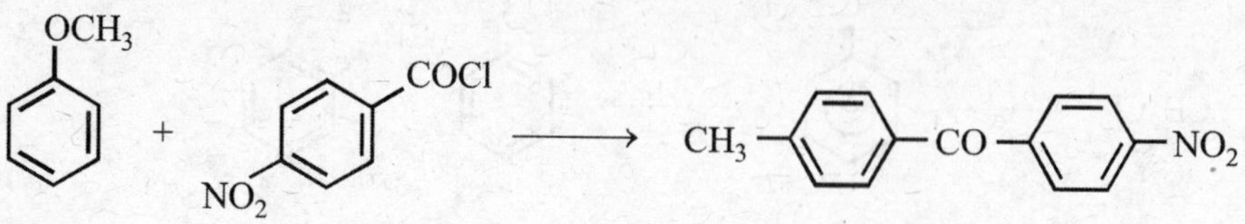

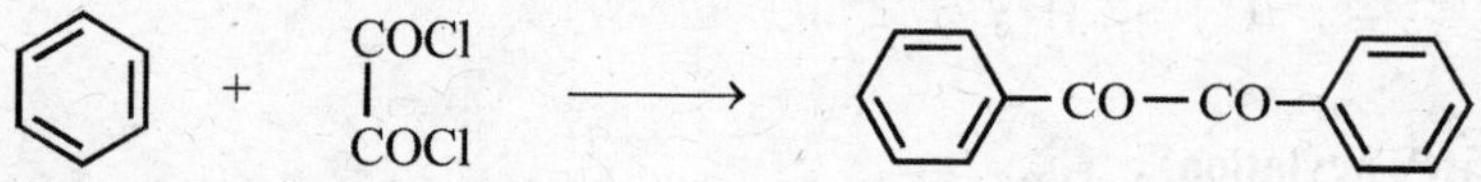

12. हैलाफॉर्म अभिक्रिया (Haloform reaction) :

- प्राइमरी ऐल्कोहॉल में केवल $CH_3–CH_2–OH$ (ईथेनॉल), हैलोफॉर्म अभिक्रिया देता है।
- सभी ऐल्डिहाइड में केवल ईथेनल (CH_3CHO) हैलाफॉर्म या आयोडोफॉर्म अभिक्रिया देते है।
- CH_2ClCHO, $CHCl_2\,CHO$ तथा CCl_3CHO हैलोफॉर्म अभिक्रिया देते है।
- कीटोन में केवल मेथिल कीटोन यह अभिक्रिया देते है। उदाहरण–
  CH_3COCH_3, $CH_3COCH_2CH_3$, $CH_3CH_2CH_2COCH_3$, हैक्सानॉन-2, $C_6H_5COCH_3$ आदि हैलोफॉर्म अभिक्रिया देते है।
- द्वितीयक ऐल्कोहॉल में $RCHOHCH_3$ प्रकार के ऐल्कोहॉल, हैलाफॉर्म अभिक्रिया देते है–
  $CH_3CHOHCH_3$, $CH_3CHOHCH_2CH_3$, $CH_3CH_2CH_2CHOHCH_3$, हैक्सानॉल-2, $C_6H_5CHOHCH_3$ आयोडोफॉर्म परीक्षण देते है।
  1-प्रोपेनॉल, 1-ब्यूटेनॉल, 1-पेन्टेनॉल तथा 3-पेन्टेनॉल अभिक्रिया नहीं देता।
- यौगिक कार्बोनिल समूह के बन्ध मिथाइल समूह रखते है, अर्थात् मिथाइल कीटोन ($CH_3CO–$) या यौगिक जो ओजोनीकरण के अन्तर्गत मिथाइल कीटोन को बदल देते है। जैसे- $\underset{\displaystyle OH}{\overset{CH_3CH}{|}}$, जलीय सोडियम कार्बोनेट तथा आयोडीन विलयन से क्रिया करके आयोडोफॉर्म का पीला अवक्षेप देते हैं, यह क्रिया आयोडोफॉर्म अभिक्रिया कहलाती है।

$$\underset{\text{Ethanol}}{CH_3CH_2OH} + 4I_2 + 6NaOH \longrightarrow \underset{\text{Iodoform}}{CHI_3} + HCOONa + 5NaI + 5H_2O$$

$$\underset{\text{2-Propanol}}{CH_3CH(OH)CH_3} + 4I_2 + 6NaOH \longrightarrow CHI_3 + CH_3COONa + 5NaI + 5H_2O$$

$$\underset{\text{Propanone}}{CH_3COCH_3} + 3I_2 + 4NaOH \longrightarrow CHI_3 + CH_3COONa + 3NaI + 3H_2O$$

$$\underset{\text{2-Butanone}}{CH_3COCH_2CH_3} + 3I_2 + 4NaOH \longrightarrow CHI_3 + CH_3CH_2COONa + 3NaI + 3H_2O$$

- अन्य कीटोन तथा ऐल्कोहॉल से मेथिल कीटोन या मेथिल कार्बोनोल के बीच यह अभिक्रिया सामान्यत: distinguish प्रयोग आती है।

13. रिभन-टीमन अभिक्रिया (Reimer Tiemann reaction) :

- 340 K पर फिनॉल, जलीय ऐल्कली की उपस्थिति में क्लोराफॉर्म के साथ क्रिया करते है। परिणामत: उत्पाद के जल-अपघटन से 2-हाइड्राक्सी बैंजल्डिहाइड (सेलीसिलेल्डिहाइड) प्राप्त होता है।

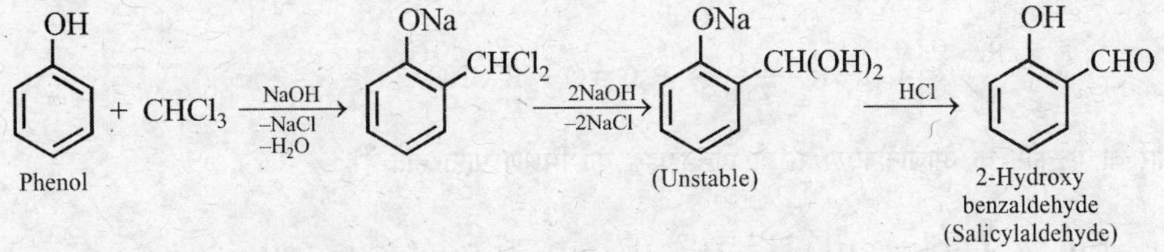

- इस अभिक्रिया में *p*-हाइड्रॉक्सी बैंजल्डिहाइड एक छोटी संख्या में बनती है।

$$CHCl_3 + KOH \longrightarrow \underset{\text{Carbene}}{CCl_2} + KCl + HOH$$

- CCl_2 इलेक्ट्रोफिलिक की तरह क्रिया करती है।

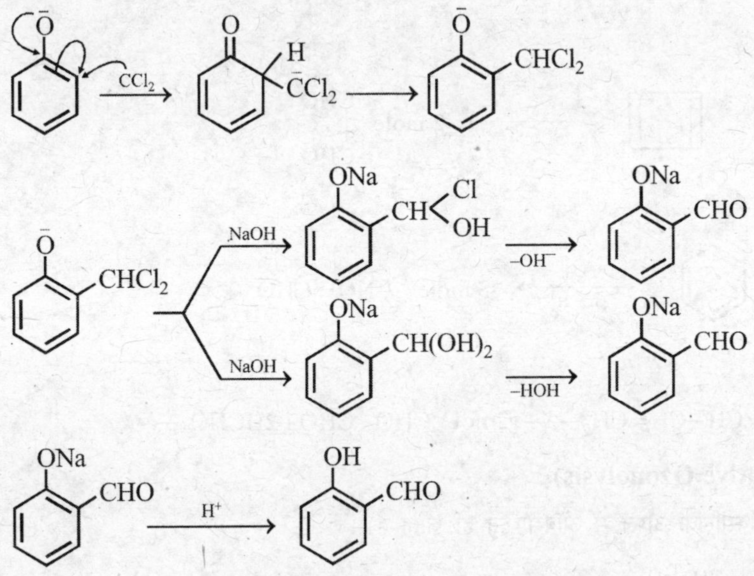

- यदि क्लोरोफॉर्म के स्थान पर, कार्बन टेट्राक्लोराइड प्रयोग करते है, तो सेलीसिलिक अम्ल बनता है।

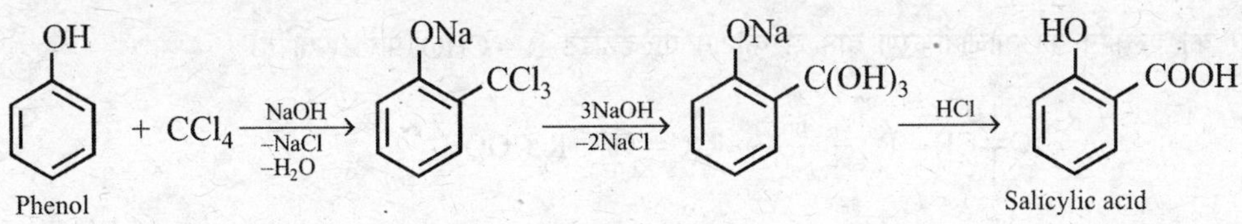

- *p*-हाइड्रॉक्सी बैंजोइक अम्ल की छोटी संख्या भी बनती है।

ओजोनीकरण (Ozonolysis)

1. सामान्य ओजोनीकरण Normal Ozonolysis

$$\text{Alkene} \xrightarrow[\text{Ether}]{O_3} \text{ozonide} \xrightarrow{Zn/H_2O} \rangle C=O + \rangle C=O$$

⇨ $CH_2=CH_2$ ओजोनीकरण से CH_2O (मेथेनल) के दो अणु देते है।

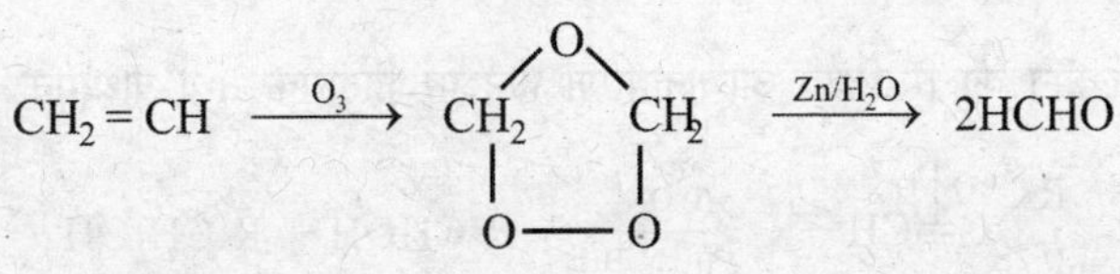

➪ $R-CH=CH_2$ प्रकार की ऐल्कीन R–CHO तथा मेथेनॉल देते है।

$$R-CH=CH_2 \xrightarrow[Zn/H_2O]{O_3} R-CHO + HCHO$$

➪ $R_2-C=CH-R'$ प्रकार का ऐल्कीन, ओजोनीकरण से कीटोन तथा ऐल्डिहाइड $R'-CHO$ प्राप्त होता है।

$$R_2C=CH-R' \xrightarrow[Zn/H_2O]{O_3} R_2C=O + R'CHO$$

➪ $R-CH=CH-R'$ प्रकार के ऐल्कोन के ओजोनीकरण से दो ऐल्डिहाइड का मिश्रण प्राप्त होते है।

$$CH_3-CH_2-CH=CH-CH_3 \longrightarrow CH_3-CH_2-CHO + CH_3-CHO$$

➪ साइक्लोब्यूटेन का ओजोनीकरण

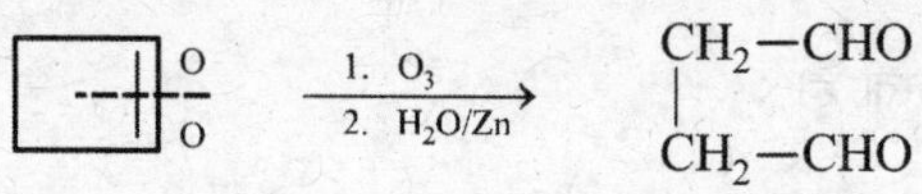

➪ साइक्लोब्यूटोडीन का ओजोनीकरण

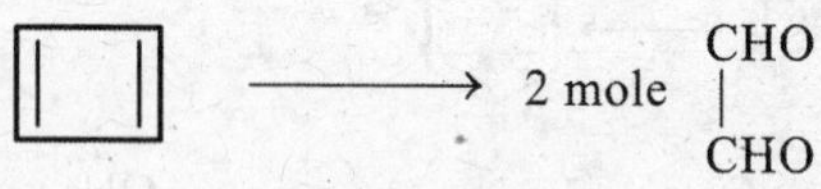

➪ बैंजीन का ओजोनीकरण

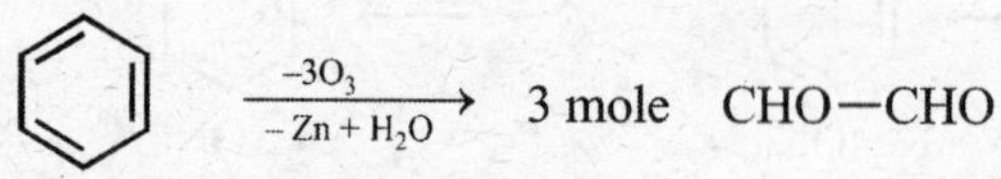

➪ 1,3ब्यूटोडीन का ओजोनीकरण

$$CH_2=CH-CH=CH_2 \longrightarrow 2mol\ CHO-CHO+2HCHO$$

7. ऑक्सीडेटीव ओजोनीकरण (Oxidative Ozonolysis) :

➪ इस ओजोनीकरण में ऐल्डिहाइड कार्बोक्सलिक अम्ल में ऑक्सीकृत हो जाता है।

$$R-CH=CH_2 \xrightarrow[H_2O]{O_3} R-COOH + HCOOH$$

➪ $R_2-C=CH-R'$ प्रकार की ऐल्कीन का ओजोनीकरण होने से कीटोन ऐल्डिहाइड $R'-CHO$ प्राप्त होता है।

$$R_2C=CH-R' \xrightarrow[H_2O]{O_3} R_2C=O + R'COOH$$

8. रिडक्टिव ओजोनीकरण (Reductive Ozonolysis) :

➪ इस ओजोनीकरण में ओजोनाइड $NaBH_4$ के द्वारा ऐल्कोहॉल में अपचयित हो जाता है।

➪ $CH_2=CH_2$ के रिडक्टिव ओजोनीकरण से CH_3OH (मेथेनॉल) के दो अणु प्राप्त होते है।

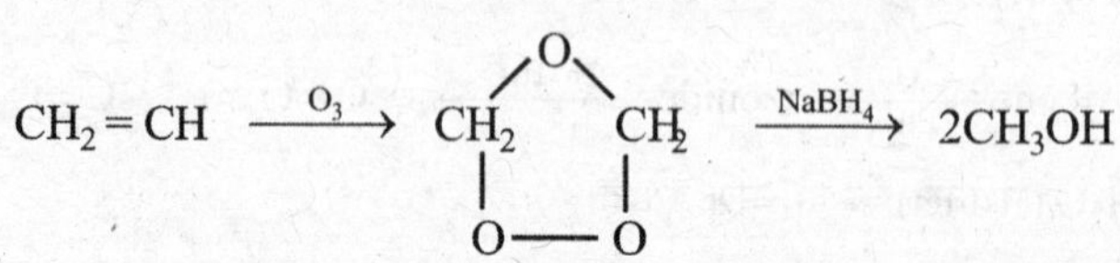

➪ $R_2-C=CH-R'$ प्रकार की ऐल्कीन का रिडक्टिव ओजोनीकरण होने पर द्वितीयक तथा प्राथमिक ऐल्कोहॉल $R'-CHO$ प्राप्त होते है।

$$R_2C=CH-R' \xrightarrow[(ii)\ NaBH_4]{(i)\ O_3} R_2CHOH + R'CH_2OH$$

अभ्यास के लिए प्रश्न

1. अभिक्रिया

$$CH_3CH_2COOH \xrightarrow{Ca(OH)_2} A \xrightarrow{heat} B$$

उत्पाद 'B' होगा–

(a) 2-पेन्टेनाऑन (b) 3-पेन्टेनऑन

(c) पेन्टेनल (d) ब्यूटेनाऑन

2. अभिक्रिया

$$CH_3COCl \xrightarrow{NH_3} A \xrightarrow{P_2O_5} B$$

उत्पाद 'B' होगा–

(a) CH_3CN (b) CH_3CH_2CN

(c) $CH_3CH{=}NH$ (d) CH_3COCN

3. इन अभिक्रिया में

$$2CH_3MgBr \xrightarrow{CH\equiv CH} 2CH_4 + B$$

$$B + CH_3Cl \longrightarrow C$$

में उत्पाद 'C' होगा–

(a) $CH_3C\equiv CH$ (b) $CH_3CH_2C\equiv CH$

(c) $CH_3C\equiv CCH_3$ (d) $CH_3CH{=}CHCH_3$

4. अभिक्रिया

$$CH_3CHO \xrightarrow{O} A \xrightarrow[\Delta]{NH_3} B \xrightarrow{Br_2/KOH} C$$

उत्पाद 'C' होगा–

(a) CH_3COOH (b) CH_3Br

(c) CH_3CONH_2 (d) CH_3NH_2

5. अभिक्रिया

$$CH_2{=}CH_2 \xrightarrow{Br_2} A \xrightarrow[\Delta]{KCN} B \xrightarrow[2.\ heat]{1.\ H_3O^+} C$$

में अन्तिम उत्पाद होगा–

(a) अम्ल (b) ऐल्कोहल

(c) एनहाइड्राइड (d) इनमें से कोई नहीं

6. अभिक्रिया

$$CH_2CH{=}CH_2 \xrightarrow{HBr} A \xrightarrow[2.H_3O^+]{1.KCN} B$$

में उत्पाद 'B' का IUPAC का नाम है–

(a) 2-मेथिल ब्यूटेनाइक अम्ल (b) 2-मेथिल प्रोपेनोइक अम्ल

(c) ब्यूटेनोइक अम्ल (d) प्रोपेनोइक अम्ल

7. अभिक्रिया

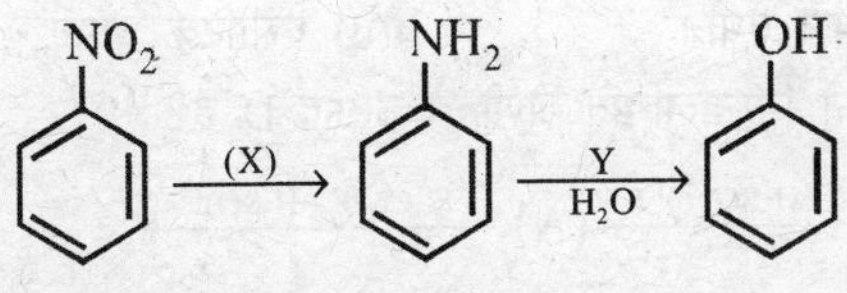

उत्पाद X तथा Y होगे–

(a) $X = Zn + NH_4OH,\ Y = HNO_2$

(b) $X = Zn + NH_4Cl,\ Y = HNO_2$

(c) $X = Fe + H_2O,\ Y = HNO_2$

(d) $X = Sn + HCl,\ Y = HNO_2$

8. अभिक्रिया

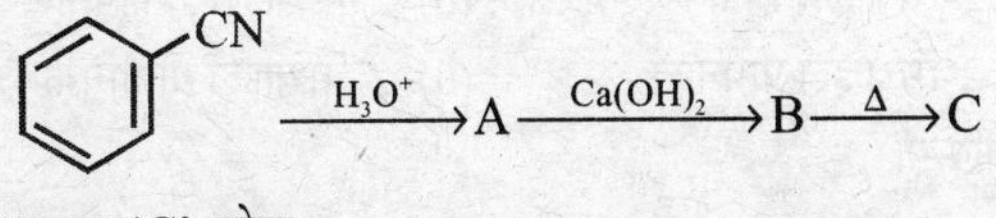

में उत्पाद 'C' होगा–

(a) C_6H_5COOH (b) $C_6H_5COC_6H_5$

(c) $C_6H_5COCOC_6H_5$ (d) $C_6H_5C_6H_5$

9. अभिक्रिया

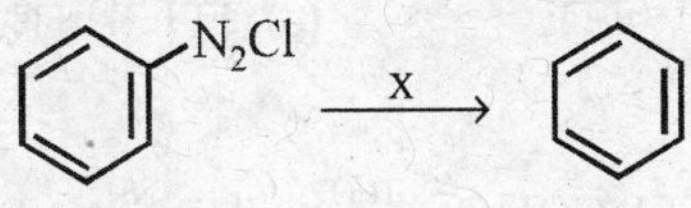

में उत्पाद 'X' होगा–

(a) H_2O (b) H_3PO_2

(c) KI (d) $NaNO_3$

10. अभिक्रिया

$$CH_3COCN \xrightarrow{H_3O^+} X$$

में उत्पाद 'X' होगा–

(a) CH_3COOH (b) $CH_3COCONH_2$

(c) $CH_3COCOOH$ (d) CH_3COCH_3

11. अभिक्रिया

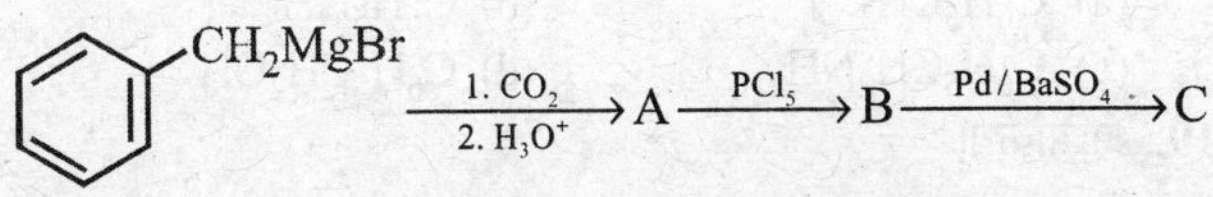

में उत्पाद 'C' होगा–

(a) C_6H_5CHO (b) C_6H_5COCl

(c) $C_6H_5CH_2COOH$ (d) $C_6H_5CH_2CHO$

12. अभिक्रिया

$$CH_3Cl \xrightarrow{KOH} A \xrightarrow{CH_3MgBr} B\uparrow$$

में उत्पाद 'B' होगा–

(a) CH_3OH (b) CH_3MgBr

(c) CH_3CH_3 (d) CH_4

13. अभिक्रिया

$$CH_3CONH_2 \xrightarrow{HNO_2} A \xrightarrow{N_2H} B$$

में उत्पाद 'B' होगा–

(a) HCOOH (b) $CH_3CH_2NH_2$

(c) $CH_3CH{=}CH_2$ (d) CH_3NH_2

14. अभिक्रिया

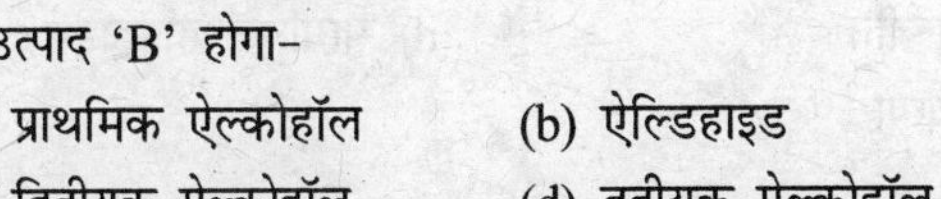

में उत्पाद 'B' होगा–

(a) प्राथमिक ऐल्कोहॉल (b) ऐल्डिहाइड

(c) द्वितीयक ऐल्कोहॉल (d) तृतीयक ऐल्कोहॉल

15. अभिक्रिया

$$CH_3CHO + CH_3MgBr \xrightarrow{H_3O^+} A \xrightarrow{O} B \xrightarrow[H_3O^+]{CH_3MgBr} C$$

में उत्पाद 'C' होगा-

(a) 2-मिथाइल 1-प्रोपेनॉल (b) 2-मिथाइल 2-प्रोपेनॉल

(c) 2-मिथाइल प्रोपेनाल (d) 2-मिथाइल प्रोपोनिक अम्ल

16. अभिक्रिया

$$CH_3COOH \xrightarrow{Ca(OH)_2} A \xrightarrow{heat} B$$

में उत्पाद 'B' होगा-

(a) प्रोपेनाल (b) प्रोपेनॉन

(c) प्रोपोनिक अम्ल (d) इनमें से कोई नहीं

17. अभिक्रिया

$$(CH_2CO)_2O \xrightarrow{H_3O^+} A \xrightarrow[\Delta]{NH_3} B$$

में उत्पाद 'B' होगा-

(a) CH_3COONH_4 (b) CH_3NH_2

(c) $CH_3CH_2NH_2$ (d) CH_3CONH_2

18. अभिक्रिया

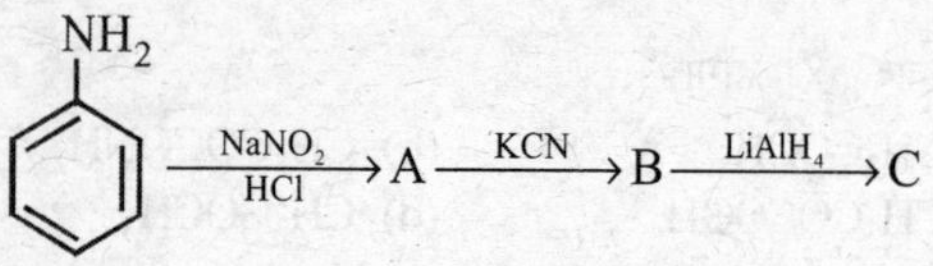

में उत्पाद 'C' होगा-

(a) $C_6H_5CH_3$ (b) $C_6H_5NH_2$

(c) $C_6H_5CH_2NH_2$ (d) $C_6H_5CH_2OH$

19. अभिक्रिया

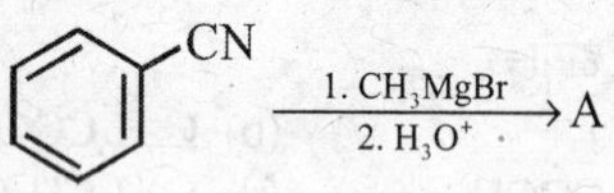

में उत्पाद 'A' होगा-

(a) $C_6H_5CH_2COOH$ (b) $C_6H_5COCH_3$

(c) $C_6H_5COCH_2CH_3$ (d) None of these

20. अभिक्रिया

$$CH_3COOH \xrightarrow{NH_3} A \xrightarrow{heat} B \xrightarrow{LiAlH_4} C$$

में उत्पाद 'C' होगा-

(a) CH_3CH_2OH (b) $CH_3CH_2NH_2$

(c) CH_3NH_2 (d) CH_3OH

21. अभिक्रिया

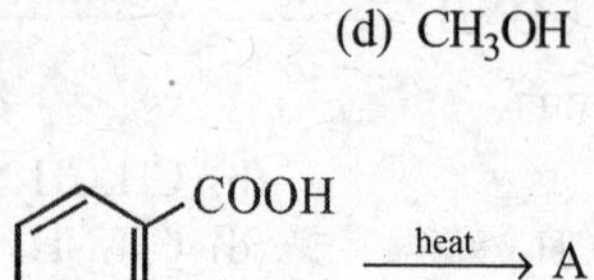

में उत्पाद A होगा-

(a) ऐनहाइड्राइड (b) मोनोकार्बोक्सिलिक अम्ल

(c) बेन्जीन (d) सायक्लिनहाइड्राइड

22. अभिक्रिया

$$CH_3CH{=}CH_2 \xrightarrow[Promide]{HBr} A \xrightarrow{KCN} B \xrightarrow{H_3O^+} P$$

में उत्पाद P होगा-

(a) 2-मेथिल प्रोपेनोइक अम्ल (b) 2-मेथिल ब्यूटानोइक अम्ल

(c) ब्यूटानोइक अम्ल (d) प्रोपेनोइक अम्ल

23. अभिक्रिया

$$CH_3CN \xrightarrow{H_3O^+} A \xrightarrow[HI]{Red\ P} B$$

में उत्पाद B होगा-

(a) ऐथेन (ethane) (b) ऐथिन (ethene)

(c) मेथेन (methane) (d) ऐल्कॉहल (alcohol)

24. अभिक्रिया

$$CH_3COCH_3 + CH_3CH_2MgBr \xrightarrow{H_3O^+} A$$

में उत्पाद A होगा-

(a) प्राथमिक ऐल्कॉहल (primary alcohol)

(b) द्वितीयक ऐल्कॉहल (secondary alcohol)

(c) प्राथमिक या द्वितीयक हो सकता है (may primary or secondary)

(d) ट्रैटीयरी ऐल्कॉहल (tertiary alcohol)

25. निम्नलिखित श्रेणी का अन्तिम उत्पाद है-

$$CH_3Br \xrightarrow{KCN\,alc.} (A) \xrightarrow{H_3O^+} (B) \xrightarrow[ether]{LiAlH_4} (C)$$

(a) ऐसीटाडीहाइड

(b) ऐथील एल्कॉहल

(c) ऐसीटॉन

(d) मिथेन

26. निम्न श्रेणी में उत्पाद C है-

$$CH_3CHO \xrightarrow{H_2/Pd} (A) \xrightarrow{Na} (B) \xrightarrow{CH_3I} (C)$$

(a) ऐल्कॉहल (b) ईथर

(c) ऐल्कीन (d) इनमें से कोई नहीं

27. अभिक्रिया की निम्नलिखित श्रेणी में अन्तिम उत्पाद है-

$$CH \equiv CH \xrightarrow[Hg^{2+}]{dil.\ H_2SO_4} (A) \xrightarrow{[O]} (B) \xrightarrow{Ca(OH)_2} (C) \xrightarrow{heat} (D)$$

(a) ऐसीटिक ऐनहाइड्राइड (b) ऐसीटोन

(c) ऐथेनॉल (d) ऐसीटालडीहाइड

28. अभिक्रिया की निम्नलिखित श्रेणी में अन्तिम उत्पाद क्या है?

$$C_2H_5OH \xrightarrow{PBr_3} (A) \xrightarrow{KCN} (B) \xrightarrow{H_3O^+} (C)$$

(a) ऐसीटामाइड (b) प्रोपीयोनिक अम्ल

(c) ऐथिल ऐमीन (d) ऐसीटिक अम्ल

29. क्रिया की निम्नलिखित श्रेणी में उत्पाद D है?

$$C_2H_2 \xrightarrow[HgSO_4]{H_2SO_4\ dil.} (A) \xrightarrow{K_2Cr_2O_7 + H_2SO_4} (B) \xrightarrow{CaCO_3} (C) \xrightarrow{heat} (D)$$

(a) ऐथेनॉल (b) ऐसीटल्डिहाइड

(c) ऐसीटोन (d) ऐसीटिक अम्ल

30. अभिक्रिया

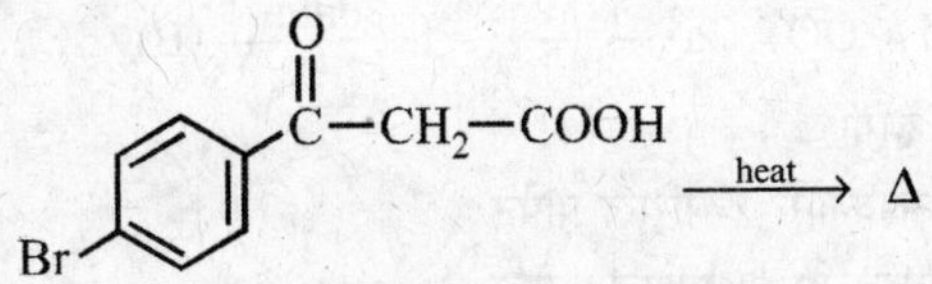

(a) 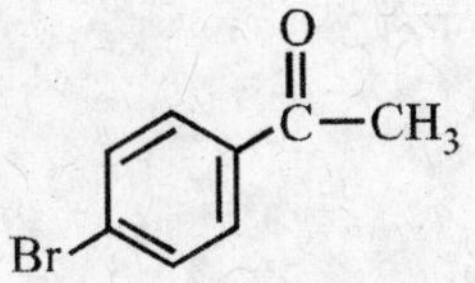

(b) 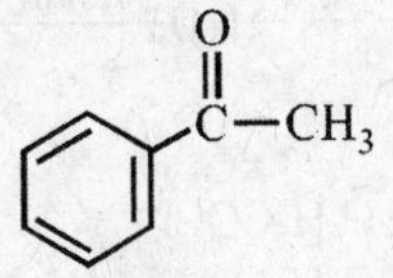

(c) 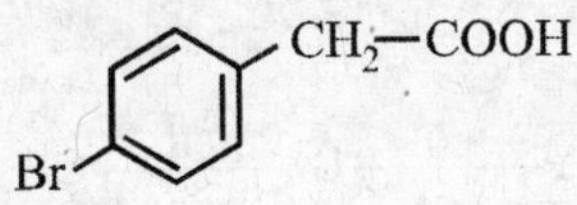

(d) 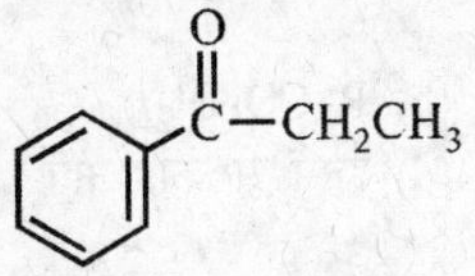

31. अभिक्रिया

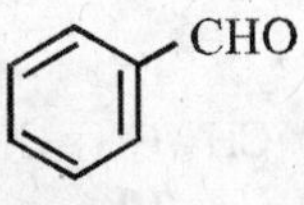 $\xrightarrow{O} A \xrightarrow{\text{sodalime}} B$

में उत्पाद B होगा-

(a) बेन्जीन (b) बेन्जेल्डिहाइड

(c) 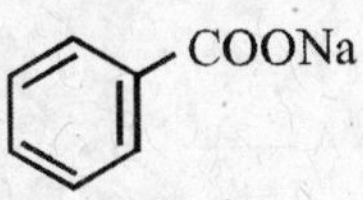 (d) इनमें से कोई नहीं

32. अभिक्रिया

$$CH_3-C\equiv CH+CH_3-MgBr \longrightarrow CH_4+B$$

$$B+CH_3-CH_2-Br \longrightarrow C$$

में उत्पाद C होगा-

(a) पेन्टाइन-2 (b) पेन्टाइन-1

(c) प्रोपाइन (d) बीटाइन-1

33. अभिक्रिया

$$CH\equiv CH \xrightarrow[H^+]{HgSO_4} A \xrightarrow{PCl_5} B$$

में उत्पाद B होगा-

(a) $CH_3\text{–}CHCl_2$ (b) $\underset{\text{Cl}}{\underset{|}{CH_2}}-\underset{\text{Cl}}{\underset{|}{CH_2}}$

(c) $Cl-CH\equiv CH-Cl$ (d) $CH_3\text{–}CH_2$

34. अभिक्रिया

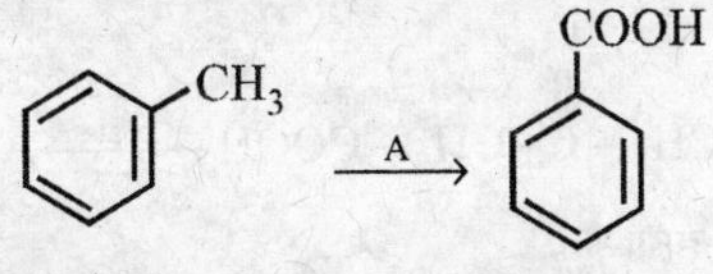

में उत्पाद A होगा-

(a) CrO_2Cl_2/Cs_2 (b) $KMnO_4$

(c) HNO_3/Δ (d) B & C both

35. अभिक्रिया

$$\begin{matrix}CH_2\\ \|\\ CH_2\end{matrix} \xrightarrow{Br_2} \Delta \xrightarrow{KCN} B \xrightarrow{LiAlH_4} C$$

में उत्पाद C होगा-

(a) $\begin{matrix}CH_2-NH_2\\ |\\ CH_2-NH_2\end{matrix}$ (b) $\begin{matrix}CH_2-CH_2-NH_2\\ |\\ CH_2-CH_2-NH_2\end{matrix}$

(c) $\begin{matrix}CH_2COCN\\ |\\ CH_2COCN\end{matrix}$ (d) $\begin{matrix}CH_3-CH_2-NH_2\\ |\\ CH_2-NH_2\end{matrix}$

36. अभिक्रिया

$$CH_3-C\equiv CH \xrightarrow[H_2O_2+OH^-]{BH_3+THF} A \xrightarrow{O} B \xrightarrow{C_6H_5MgBr} C$$

में उत्पाद C होगा-

(a) 1-फिनाइल 1-प्रोपेनॉल (b) 1-फिनाइल 2-प्रोपेनॉल

(c) ईथाइल फिनाइल (d) इनमें से कोई नहीं

37. अभिक्रिया

$$HCOOH \xrightarrow{NaOH} A \xrightarrow[H^+]{1.\text{heat}} B$$

में उत्पाद B होगा-

(a) ऑक्सलिक अम्ल (b) CO_2+H_2O

(c) $CO+CO_2+H_2O$ (d) CH_3COOH

38. अभिक्रिया

$$CH_3-CHO \xrightarrow{PCl_5} A \xrightarrow{KOH} B$$

में उत्पाद B होगा-

(a) CH_3COCl (b) $CH_3\text{–}CHO$

(c) $CH_3-CH\begin{matrix}OH\\ OH\end{matrix}$ (d) $CH_3-\overset{\overset{OH}{|}}{CH}-Cl$

39. अभिक्रिया

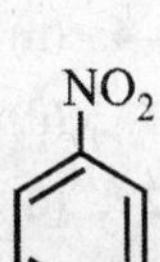 $\xrightarrow{Sn+HCl} A \xrightarrow[\text{water}]{Br_2} B$

में उत्पाद B होगा-

(a) 2, 4, 6-ट्राईब्रोमो ऐनेलीन (b) ब्रोमोबेन्जीन

(c) *o*-ब्रोमो ऐनेलीन (d) *p*-ब्रोमो ऐनेलीन

40. अभिक्रिया

$$CH_3-\overset{\overset{O}{||}}{C}-CH_2-COOH \xrightarrow{heat} A$$

में उत्पाद A होगा–

(a) ऐसीटॉन (b) α-कीटो प्रोपेनॉइक अम्ल
(c) प्रोपेनॉइक अम्ल (d) ईस्टर (ester)

41. अभिक्रिया

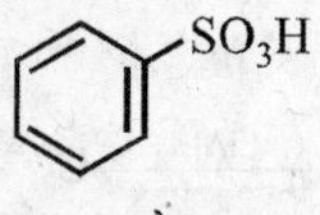 $\xrightarrow{\text{Fased NaOH}} A \xrightarrow[2H^+]{1.NaOH} B$

में उत्पाद B होगा–

(a) 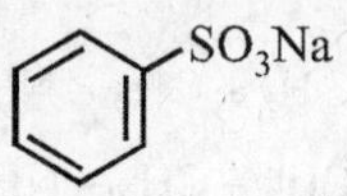
(b) 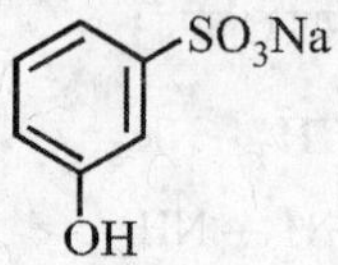
(c) 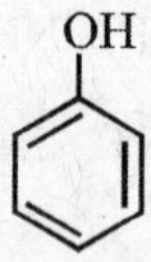
(d) 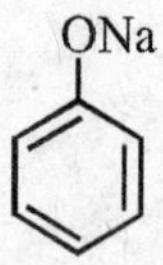

42. अभिक्रिया

$CH_3OH +$ 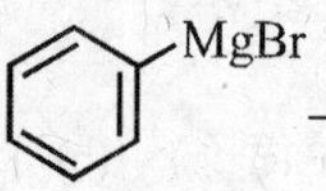 $\longrightarrow$ उत्पाद

में उत्पाद होगा–

(a) 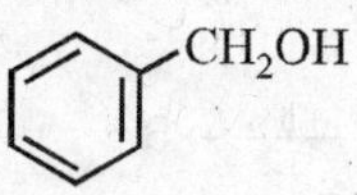
(b) 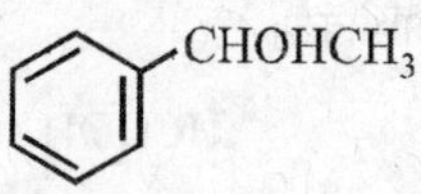
(c) 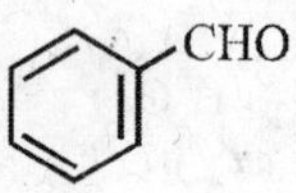
(d) 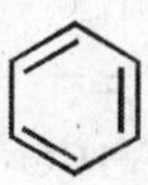

43. अभिक्रिया

$$C_6H_5NO_2 \xrightarrow{Sn+HCl} (X) \xrightarrow[-HCl]{CH_3COCl} (Y)$$

में उत्पाद Y होगा–

(a) $C_6H_5-NH-C_6H_5$ (b) $C_6H_5-NH-C_6H_5$
(c) $C_6H_5NHCH_2CHO$ (d) $C_6H_5NHCOCH_3$

44. अभिक्रिया

$$(CH_3COO)_2Ca \xrightarrow{heat} (A) \xrightarrow{CHCl_3} (B)$$

में उत्पाद B होगा–

(a) 1,1,1 ट्राइक्लोरो 2-मेथिल प्रोपेन
(b) 1,1,1 ट्राइक्लोरो 2-मेथिल प्रोपेनल-1
(c) 1,1,1 ट्राइक्लोरो 2-मेथिल प्रोपेनल-2
(d) प्रोपेनल-2

45. अभिक्रिया

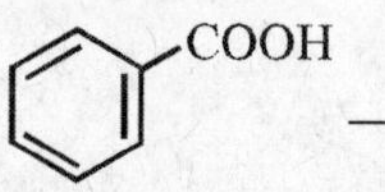 $\xrightarrow{PCl_5} (A) \xrightarrow{Pd/BaSO_4} (B) \xrightarrow{LiAlH_4} (C)$

में उत्पाद B होगा–

(a) $C_6H_5CH_2OH$ (b) C_6H_5COCl
(c) $C_6H_5CH_2Cl$ (d) $C_6H_5-CH_2-CH_3$

46. अभिक्रिया

$$R-Cl \xrightarrow{KCN} A \xrightarrow{H_3O^+} B \xrightarrow[H_2SO_4]{N_3H} C$$

में उत्पाद C होगा–

(a) RNH_2 (b) $R-CONH_2$
(c) RN_2SO_4 (d) इनमें से कोई नहीं

47. अभिक्रिया

$$CH_3-CH_2-NH_2 \xrightarrow{HNO_2} A \xrightarrow{O} B \xrightarrow{PCl_5} C$$

में उत्पाद C होगा–

(a) CH_3-COCl (b) CH_3-CH_2-COCl
(c) CH_3-CH_2-Cl (d) CH_3-Cl

48. अभिक्रिया

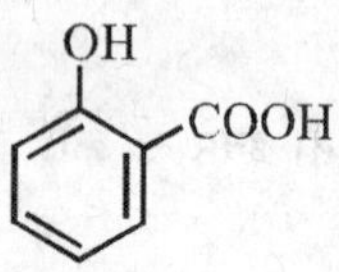 $\xrightarrow{heat} A \xrightarrow[\Delta]{Zn} B$

में उत्पाद B होगा–

(a) फिनॉल (b) बेन्जील अम्ल
(c) बेन्जल्डिहाइड (d) बेन्जील

उत्तरमाला

1. (b)	**2.** (a)	**3.** (a	**4.** (b)	**5.** (c)	**6.** (b)	**7.** (d)	**8.** (b)	**9.** (b)	**10.** (c)
11. (d)	**12.** (a)	**13.** (d)	**14.** (d)	**15.** (b)	**16.** (b)	**17.** (d)	**18.** (c)	**19.** (b)	**20.** (b)
21. (a)	**22.** (c)	**23.** (a)	**24.** (d)	**25.** (b)	**26.** (b)	**27.** (b)	**28.** (b)	**29.** (c)	**30.** (a)
31. (a)	**32.** (a)	**33.** (a)	**34.** (d)	**35.** (a)	**36.** (a)	**37.** (a)	**38.** (b)	**39.** (a)	**40.** (a)
41. (c)	**42.** (d)	**43.** (d)	**44.** (c)	**45.** (a)	**46.** (a)	**47.** (a)	**48.** (a)		

23 Chapter

ऐरोमैटिक हाइड्रोकार्बन
(Aromatic Hydrocarbons)

स्मरणीय बिन्दु

- साइक्लोप्रोपिनाइल धनायन सबसे छोटा ऐरोमेटिक यौगिक है।

Cyclopropenyl cation

- कोल तथा पेट्रोलियम ऐरोमेटिक हाइड्रोकार्बन तथा यौगिकों के प्रमुख स्रोत हैं।
- इलेक्ट्रॉन स्नेही प्रतिस्थापन अभिक्रिया में इलेक्ट्रॉन स्नेही अभिकर्मक।

  हैलोजीनीकरण—$X^+(Cl^+, Br^+, I^+)$ सल्फोनीकरण— SO_3 नाइट्रीकरण -- NO_2^+
- ऐसीटिलीन को रक्त तप्त Cu नली में प्रवाहित करने पर बैन्जीन प्राप्त होती है।
- बेंजीन डाईएजोनियम क्लोराइड की अभिक्रिया हाइपों फास्फोरस अम्ल या ईथाइल एल्कोहॉल के साथ कराने पर बेंजीन बनती है।
- बैन्जीन का आक्सीकरण V_2O_5 द्वारा 450°C कराने पर मैलेइक ऐनहाइड्राइड बनता है।
- ट्राइएल्काइल बैंजीन को छोड़कर सभी ऐल्काइल बैन्जीन का आक्सीकरण $KMnO_4$ के द्वारा कराने पर बैंजोइक अम्ल बनता है।
- समूह का सक्रिय प्रभाव $O^- > NH_2 > NHR > NR_2 > OH > OCH_3 > OCOR > R > C_6H_5 > X$.
- समूहों का निष्क्रिय प्रभाव $R^{3+}N > NO_2 > CN > CHO > COR > COOH > CONH_2$.
- सर्वप्रथम बेंजीन के संरचना के सम्बन्ध में जर्मन वैज्ञानिक कुकले ने संतोषजनक अभिधारणा प्रस्तुत की। आर्मस्ट्रांग तथा बेयर ने 1887 में बेंजीन की केन्द्रित संरचना के सम्बन्ध में बताया। बेंजीन में सभी कार्बनों की बन्ध लम्बाई 1.3 9 Å तथा होती है। जो ऐल्केन (1.54 Å) तथा ऐल्कीन (1.34 Å) में कार्बन कार्बन-बन्ध के बीच की होती है।
- ऐरोमेटिक प्रतिस्थापन अभिक्रियाओं में अभिक्रियाशीलता बेंजीन रिंग पर उपस्थित समूह की प्रवृत्ति पर निर्भर करती है।

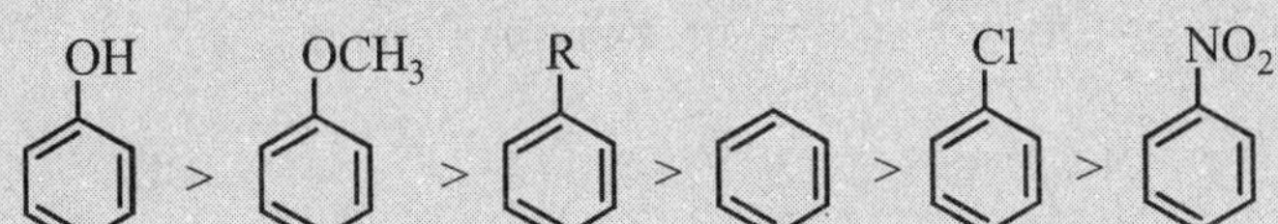

- टॉलूईन की अभिक्रिया सधूम सान्द्र HNO_3 तथा H_2SO_4 के साथ कराने पर 2, 4, 6-ट्राइनाइट्रोटॉलूईन (TNT) बनता है जो एक शक्तिशाली विस्फोटक पदार्थ है।

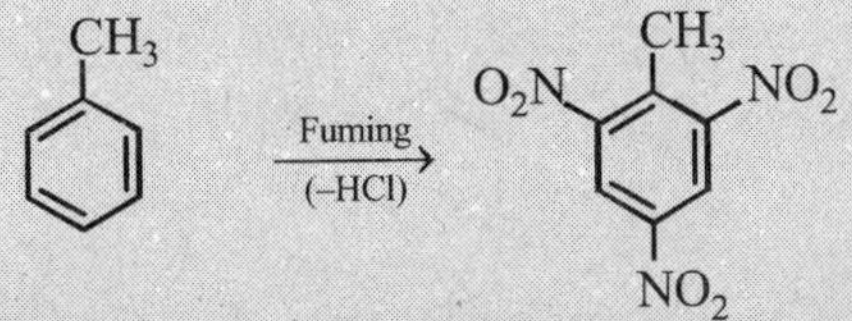

- टालूईन की अभिक्रिया सूर्य के प्रकश की उपस्थिति में कराने पर बैन्जोट्राइक्लोराइड बनता है। जिसकी अभिक्रिया NaOH के साथ कराने पर बैन्जोइक अम्ल प्राप्त होता है।

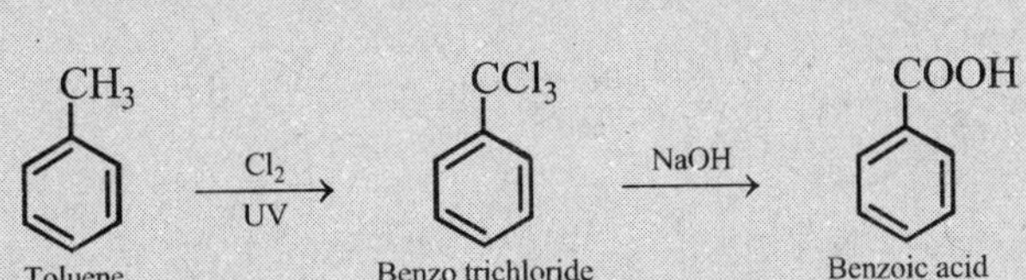

1. ऐरोमैटिक प्रकृति (ऐरोमैटिकता) [Aromatic Nature (Aromaticity)] :

ऐरोमैटिक यौगिक चक्रीय तथा समतलीय होते है। समतीय चक्रीय समूह में π-इलेक्ट्रॉन के विस्थापन के कारण ऐरोमैटिकता होती है।

2. ऐरोमैटिक प्रकृति की अवस्था (Condition of Aromatic Nature) : एक यौगिक ऐरोमैटिक होगा, यदि

(A) यौगिक चक्रीय होना चाहिए

+

(B) यौगिक समतलीय होना चाहिए या समतल के पास होना चाहिए।

+

(C) यौगिक संयुग्मित होना चाहिए

+

यह हैकेल नियम का पालन करता है। $(4n+2)=\pi e^-$

जहाँ $n=0, 1, 3$

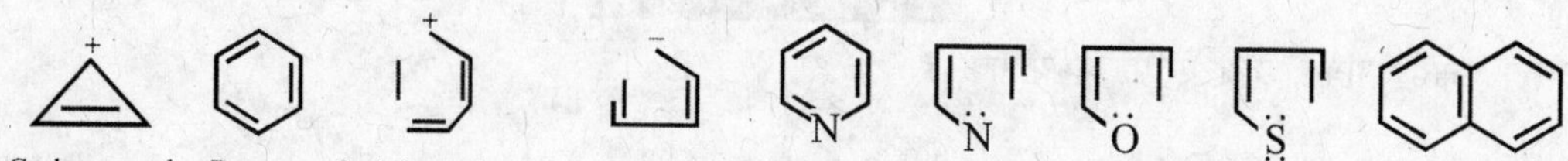

Cyclopropenyl cation Benzene Cycloheptatrienyl cation Cyclopentadienide anion Pyridine Pyrrole Furan Thiophene Naphthalene

ऐरोमैटिक हैं।

3. प्रतिऐरोमैटिक यौगिक (Antiaromatic Compound) : एक यौगिक प्रतिऐरोमैटिक होगा, यदि

(A) यौगिक चक्रीय होना चाहिए

+

(B) यौगिक समतलीय होना चाहिए या समतल के पास होना चाहिए

+

(C) यौगिक संयुग्मित होना चाहिए

+

(D) यह हैकेल नियम का पालन करता है। $4n=\pi e$

जहाँ $n=0, 1, 3$

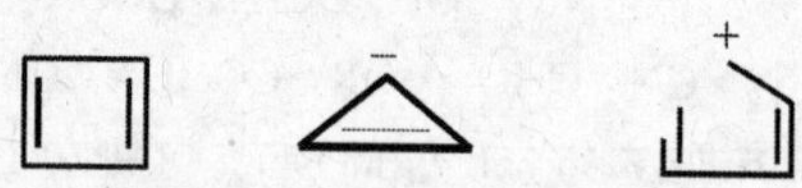

4. ऐरोमैटिक हाइड्रोकार्बन बैन्जीन (Aromatic Hydrocarbon - Benzene) : बैन्जीन निम्नलिखित के द्वारा प्राप्त की जाती है

- बैन्जीन डाइजोनियम क्लोराइड को H_3PO_2 या ईथाइल ऐल्कोहल के साथ गर्म करने पर बैन्जीन प्राप्त होती है।
- फिनॉल को जिंक चूर्ण के साथ गर्म करने पर बैन्जीन प्राप्त होती है।
- बैन्जीन सल्फॉनिक अम्ल को तनु अम्ल के साथ गर्म करने पर बैन्जीन प्राप्त होती है।

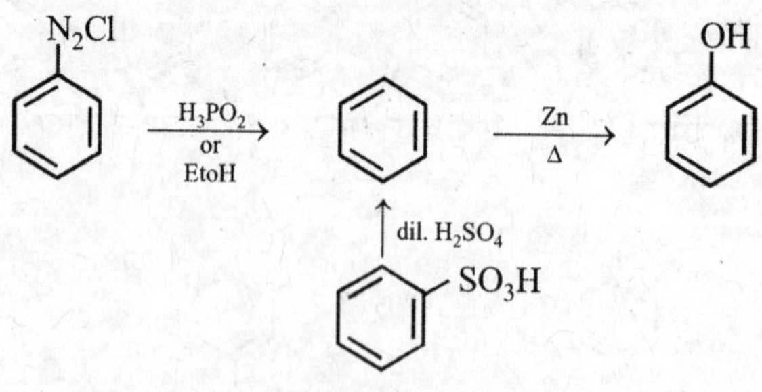

5. ऐरोमैटिकरण (Aromatisation) : ऐलिफैटिक यौगिक का ऐरोमैटिक यौगिकों में परिवर्तन ही ऐरोमैटिकरण कहलाता है।

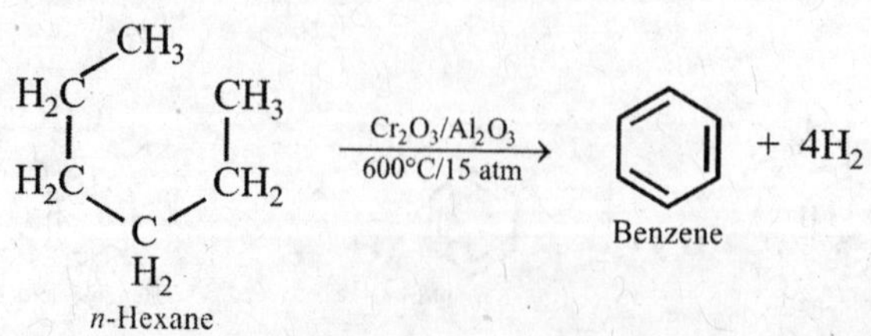

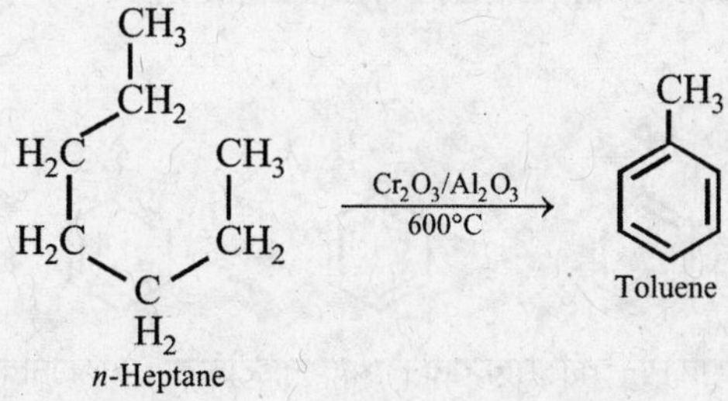

(i) जब ऐरोमैटिक अम्ल या उनके सोडियम साल्ट का सोडा लाइम के साथ गर्म करने पर ऐरीन्स (arenes) प्राप्त होते हैं।

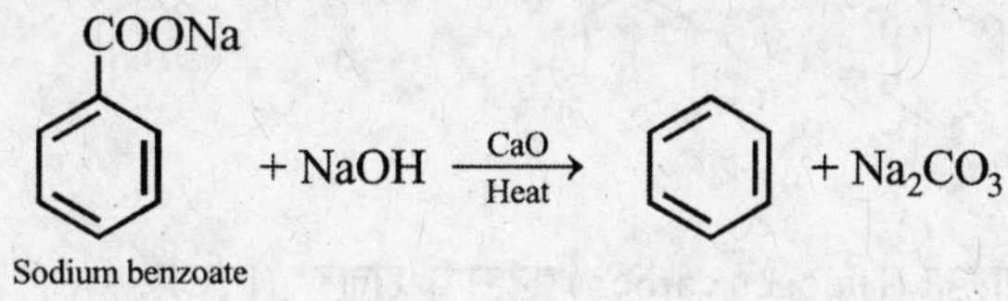

(ii) **क्लोरोबैन्जीन द्वारा (From chlorobenzene) :**

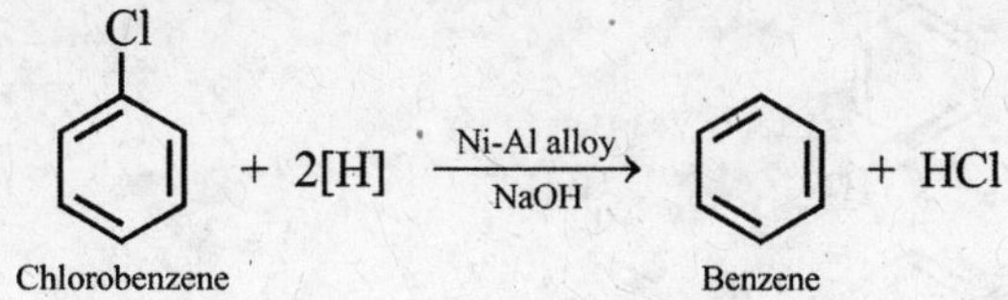

$$\underset{\text{Chlorobenzene}}{C_6H_5Cl} \xrightarrow[\text{Dry ether}]{Mg} \underset{\text{Phenyl magnesium chloride}}{C_6H_5MgCl} \xrightarrow{H_2O} \underset{\text{benzene}}{C_6H_6} + Mg\begin{matrix} OH \\ Cl \end{matrix}$$

6. मिथाइल बैन्जीन या टॉलूईन (Methyl Benzene or Toluene) :

(i) टॉलूईन निम्नलिखित के द्वारा तैयार की जाती है।

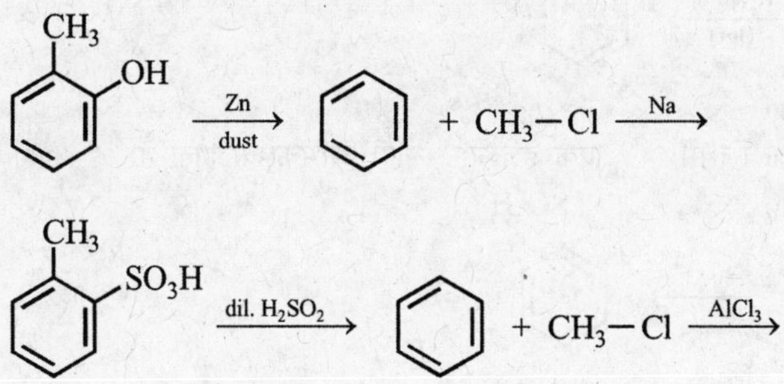

(i) ईथाइल बैन्जीन निम्नलिखित के द्वारा तैयार की जाती है।

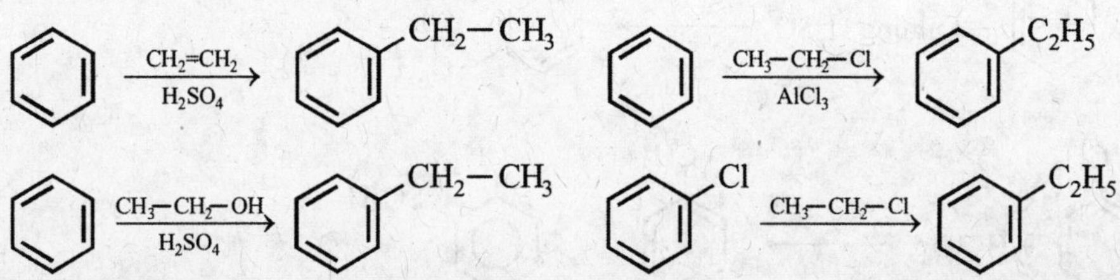

7. कुलीन 2° प्रोपाइल बैंजीन का निर्माण (Formation of Cumene (2° Propyl Benzene)) : कुलीन निम्नलिखित के द्वारा तैयार की जाती है।

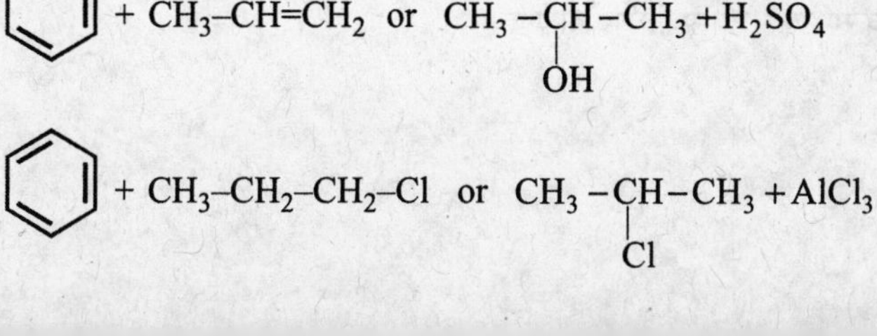

ऐरोमैटिक हाइड्रोकार्बन के गुण (Properties of Aromatic Hydrocarbon) :

इलेक्ट्रॉन-स्नेही प्रतिस्थापन में सक्रियता

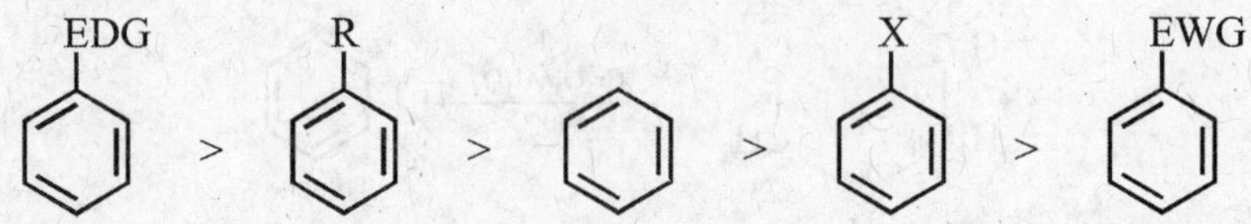

इलेक्ट्रॉन-स्नेही प्रतिस्थापन में ऐरोमैटिक हाइड्रोकार्बन की सक्रियता अर्थात् नाइट्रीकरण, सल्फोनीकरण या हैलोजनीकरण।

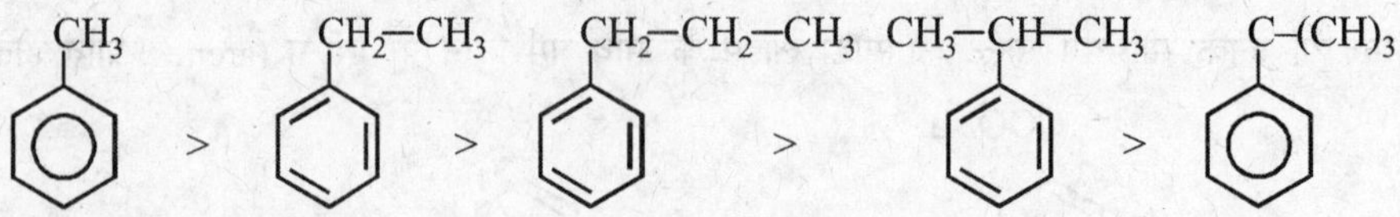

1. हैलोजनीकरण (Halogenation) :

- ऐरोमैटिक हैलोजनीकरण हैलोजन वाहकों (Halogen carbon) के साथ होता है ($FeCl_3$, $AlCl_3$ $ZnCl_2$)

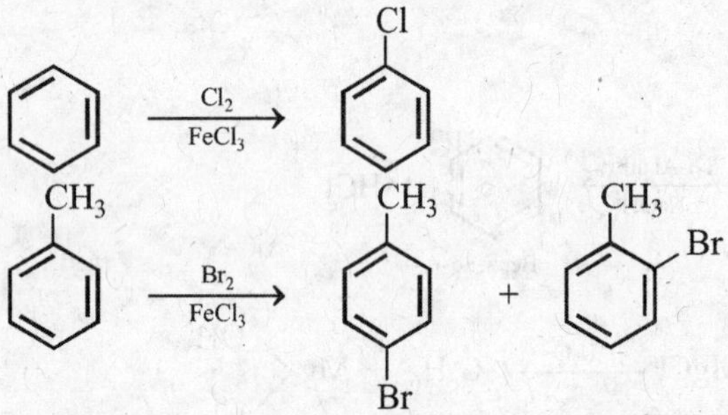

- बैन्जीन का आयोडीनीकरण एक धीमी तथा उत्कर्मणीय अभिक्रिया होती है, क्योंकि HI एक अपकारकों की तरह कार्य करता हैं। इसलिए आयोडीनीकरण एक प्रबल ऑक्सीकारक अभिकर्मक जैसे HNO_3 या HgO या HIO_4 की उपस्थिति में किया जाता है।

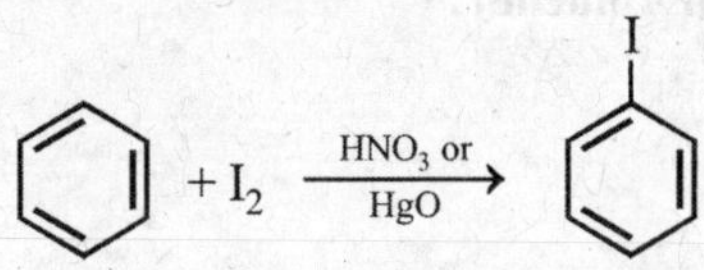

2. सल्फानीकरण (Sulphonation) :

- यह अभिक्रिया H_2SO_4 या सधूम H_2SO_4 के साथ होती है तथा जिसमें SO_3 एक इलेक्ट्रॉन-स्नेही अभिकर्मक होता है।

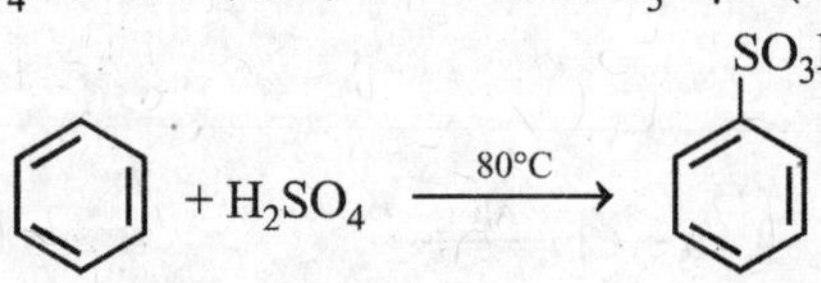

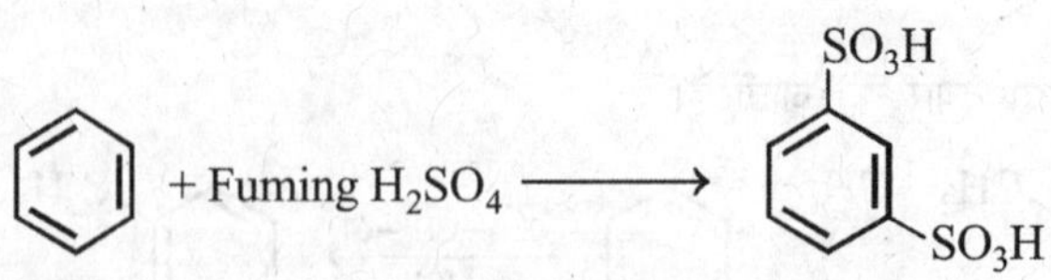

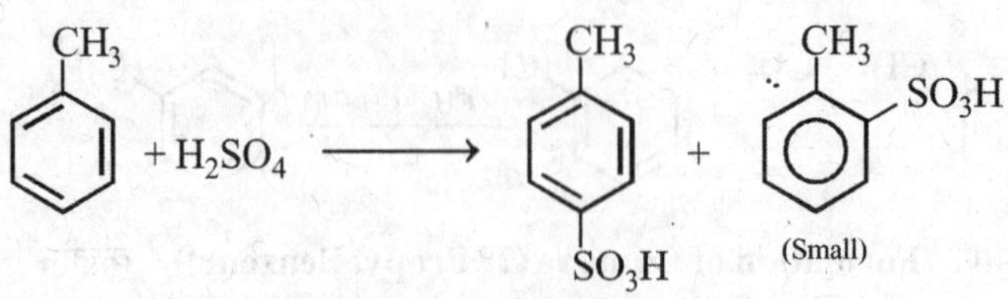

(main) (Small)

- तनु H_2SO_4 की उपस्थिति में होता है। विसल्फोनीकरण की उपस्थिति में होता है।

3. नाइट्रीकरण (Nitration) :

- नाइट्रीकरण नाइट्रोजन मिश्रण के द्वारा होता है।

Nitrating mixture $\longrightarrow$ con. $H_2SO_4 + HNO_3$

- नाइट्रीकारक मिश्रण में HNO_3 एक लुईस क्षार की भांति इलेक्ट्रॉन-स्नेही NO_2^+ की तरह कार्य करता है।

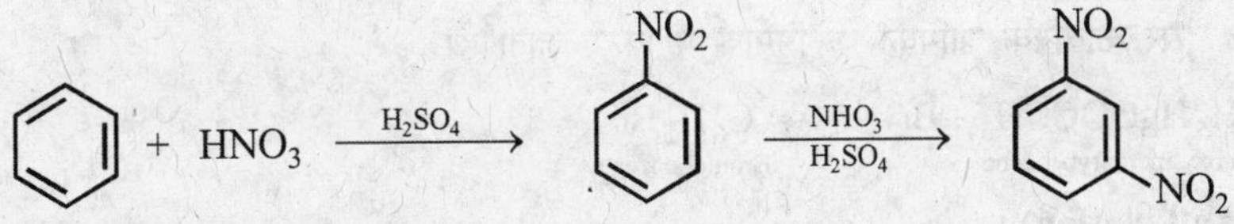

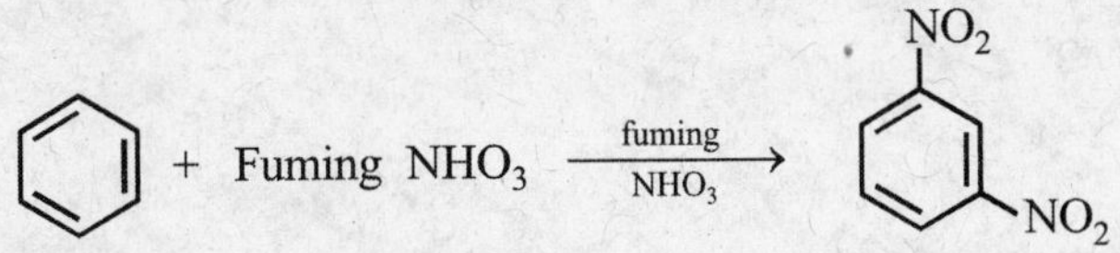

- फिनॉल का नाइट्रीकरण

Ist Nitration

IInd

IIIrd

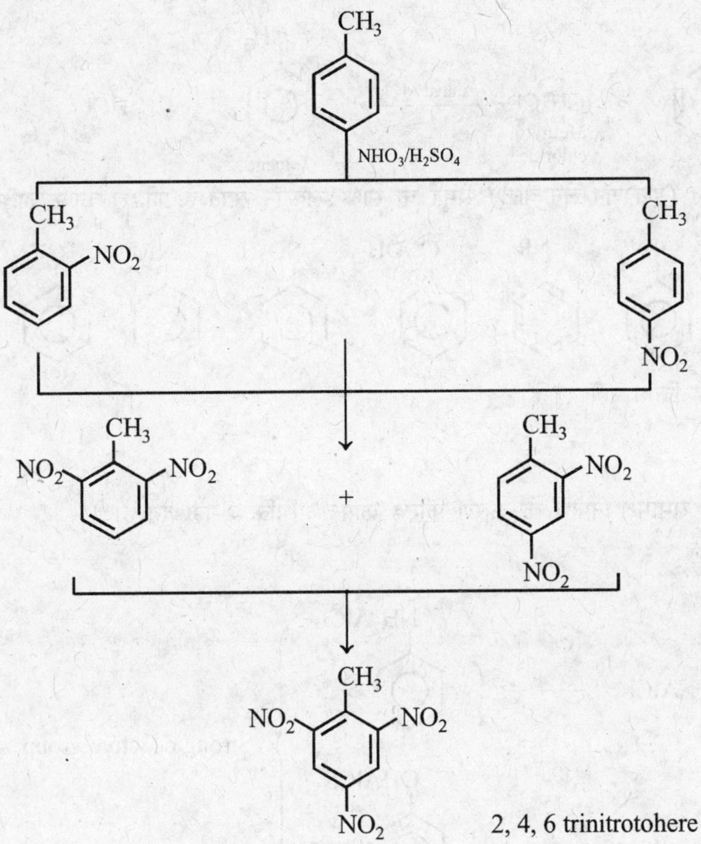

2, 4, 6 trinitrotohere

4. क्लोरोमेथिलीकरण (Chloromethylation) : लुईस अम्ल की उपस्थिति में HCHO तथा सान्द्र HCl के द्वारा बैन्जीन रिंग में क्लोरोमेथिल समूह के परिचय को क्लोरोमेथिलीकरण कहते हैं।

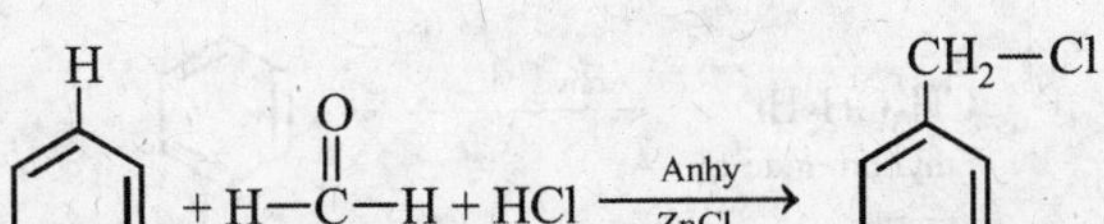

80% yield

5. मर्करीकरण (Mercuration) :

- बैन्जीन जब (100 – 150°C) पर मर्करीक ऐसीटेट के ऐल्कोहॉलिक विलयन के साथ क्रिया करता है, तो बैन्जीन का एक हाइड्रोजन परमाणु ऐसेटोक्सी मर्करीक अम्ल समूह तथा ऐसेटोक्सी मर्करी बैन्जीन के द्वारा प्रतिस्थापित होता है। यह क्रिया मर्करीकरण कहलाती है।

$$\underset{\text{Benzene}}{C_6H_6} + (CH_3COO)_2 Hg \xrightarrow{\Delta} \underset{\text{Phenyl mercuric acetate}}{C_6H_5HgOOCCH_3} + CH_3COOH$$

- मर्करीकरण का उपयोग निश्चित दवाईयां तथा दूसरे कार्बनिक यौगिकों के निमार्ण में किया जाता हैं।

$$\underset{\text{Acetoxy mercurybenzene}}{C_6H_5HgOOCCH_3} + Br_2 \longrightarrow \underset{\text{Bromobenzene}}{C_6H_5Br}$$

6. फ्रीडल क्रॉफ्ट ऐल्किलीकरण (Friedel Craft's alkylation) :

- ऐरोमैटिक यौगिकों का ऐल्कीलीकरण निम्नलिखित के द्वारा होता है।
  — R—X + $AlCl_3$
  — R—OH + BF_3 or H_2SO_4 या H_3PO_4
  — Alkene + HF (0°C) or H_2SO_4
- बैन्जीन तथा ऐरोमैटिक यौगिक निर्जल (Anhydrous) $AlCl_3$ की उपस्थिति में ऐल्काइलहैलाइड के साथ क्रिया करके ऐल्काइलबैन्जीन देता है।

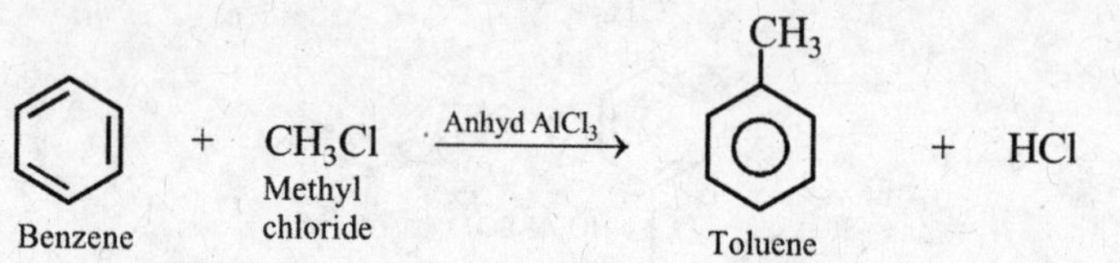

- वे ऐरोमैटिक यौगिक जो drawing (इलेक्ट्रॉन लेने वाले) समूह के साथ इलेक्ट्रॉन रखते हैं फ्रीडल क्राफ्ट अभिक्रिया नहीं देते हैं।

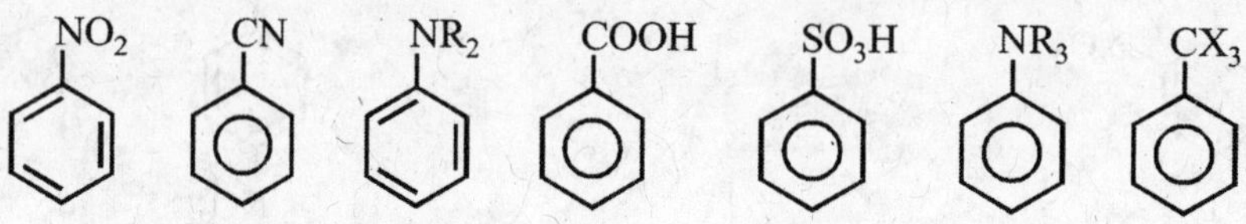

यह क्रिया नहीं देते हैं।

- 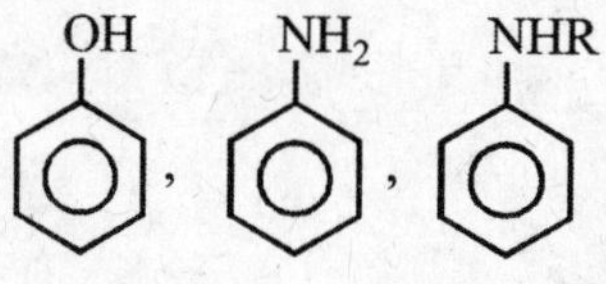

सममिश्र निमार्ण के कारण फ्रील्ड क्राफ्ट अभिक्रिया नहीं देते हैं।

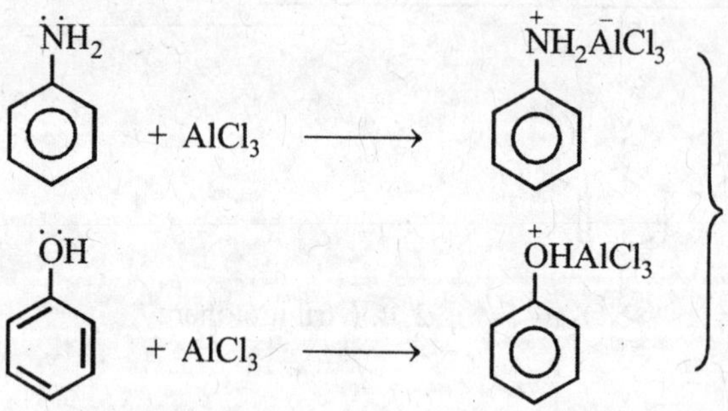

Strong deactive group

- ऐल्किलीकरण के बाद बैन्जीन रिंग दूसरी क्रियाओं के लिए अन्य अभिक्रियाओं में होता हैं।

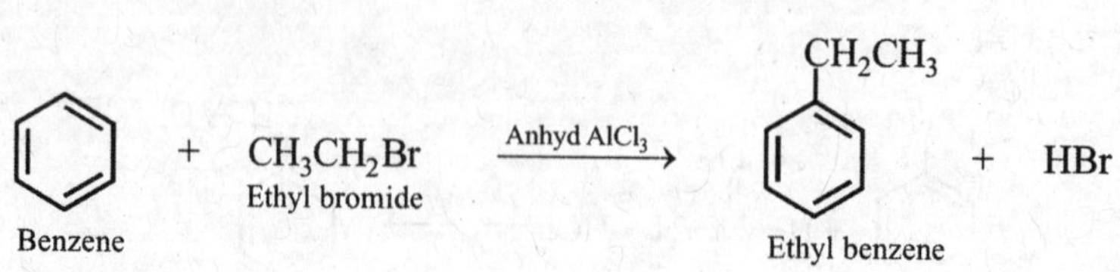

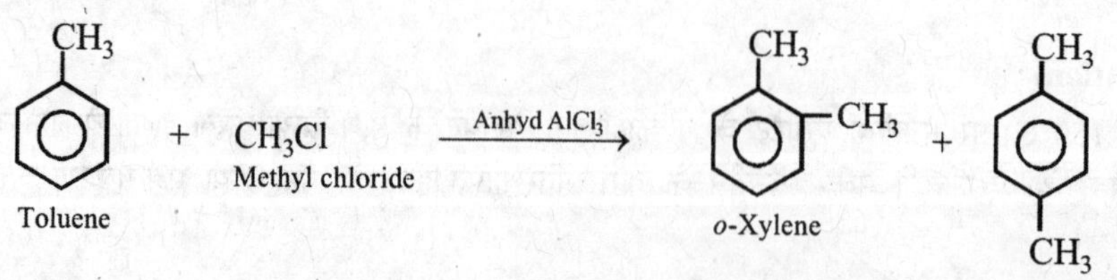

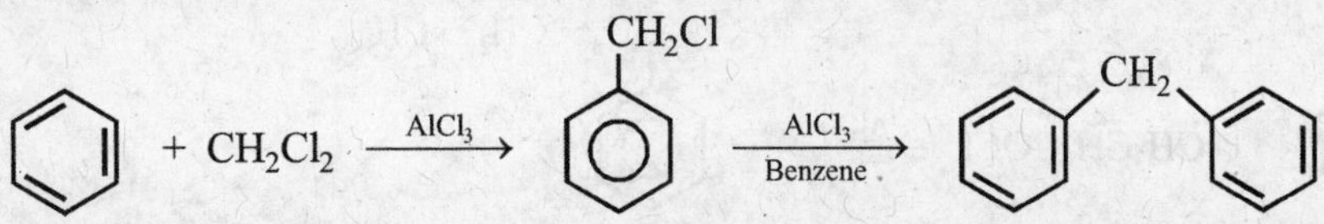

- फास्फोरिक अम्ल, H_2SO_4 या HF (उत्प्रेरक की तरह) की उपस्थिति में, बैन्जीन का ऐल्किलीकरण प्रोपेन के साथ किया जा सकता है।

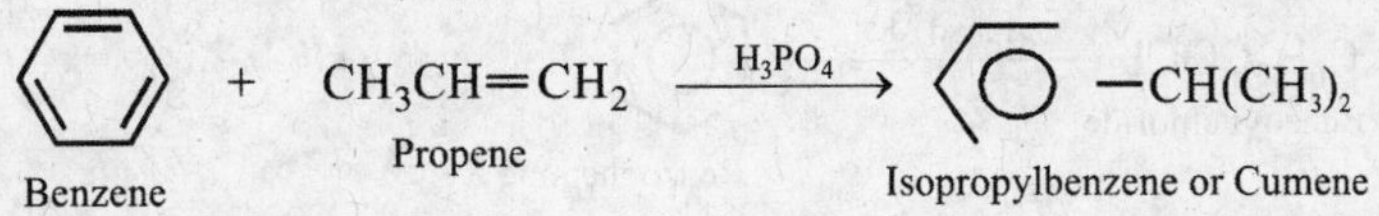

महत्त्वपूर्ण अभिक्रिया (Important Reaction) :

- जब *n*-प्रोपाइल क्लोराइड के द्वारा ऐल्किलीकरण किया जाता है। तब मध्यम उत्पाद द्वितीयक कार्बोनीकरण है।

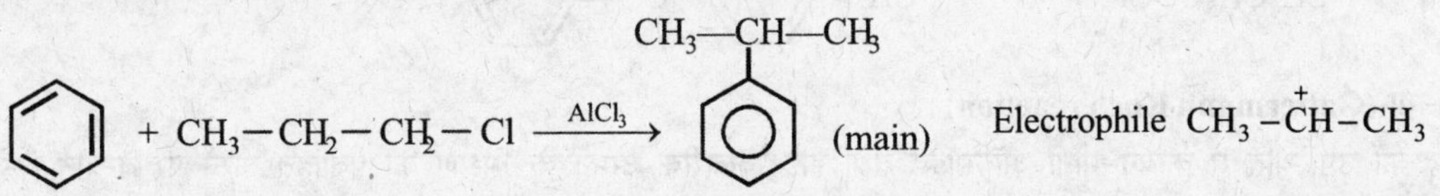

- जब ऐल्किलीकरण में आइसोब्यूटाइल ब्रोमाइट प्रयोग किया जाता है, तब इलेक्ट्रॉन-स्नेह तृतीयक कार्बोनीकरण है।

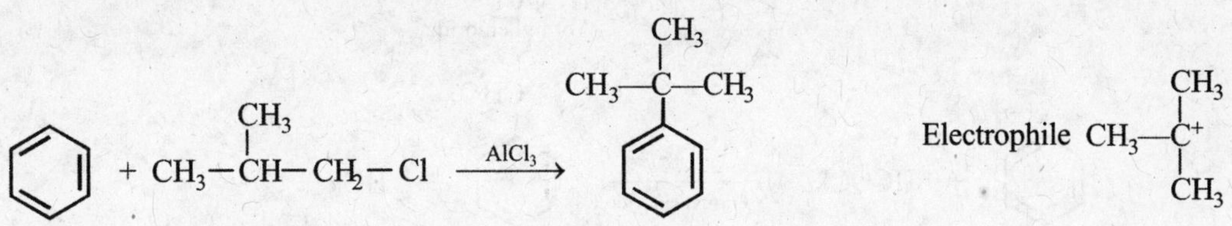

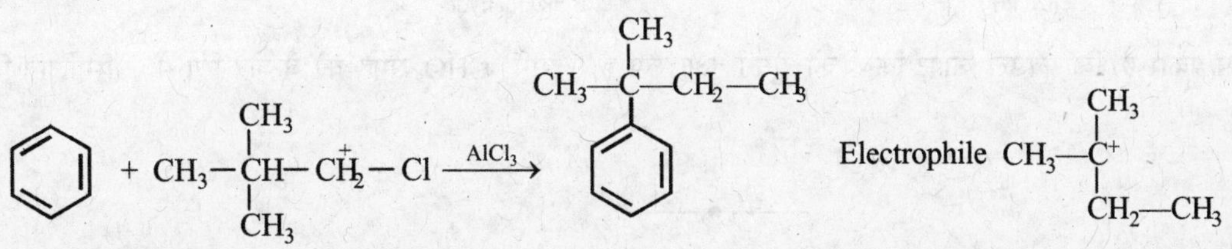

1. फ्रीडल क्राफ्ट ऐसिलीकरण (Friedel Craft's acylation) :

- ऐरोमैटिक हाइड्रोकार्बन का ऐसिलीकरण निम्नलिखित के द्वारा दिया जाता है।
  (A) acid chloride + anhy. $AlCl_3$.
  (B) acid anhydride + anhy. $AlCl_3$.
- ऐसिलीकरण के बाद बैन्जीन रिंग अन्य दूसरी अभिक्रियाओं के लिए सक्रिय हो जाता हैं। क्योंकि R—CO EWG है।
- एनहाइड्रस $AlCl_3$ की उपस्थिति में बैन्जीन तथा दूसरे ऐरोमैटिक यौगिक अम्लीय क्लोराइड या एनहाइड्राइड के साथ क्रिया करके कीटोन देते हैं। यह अभिक्रिया acyl (RCO–) समूह के योजन में प्रयुक्त होती है।

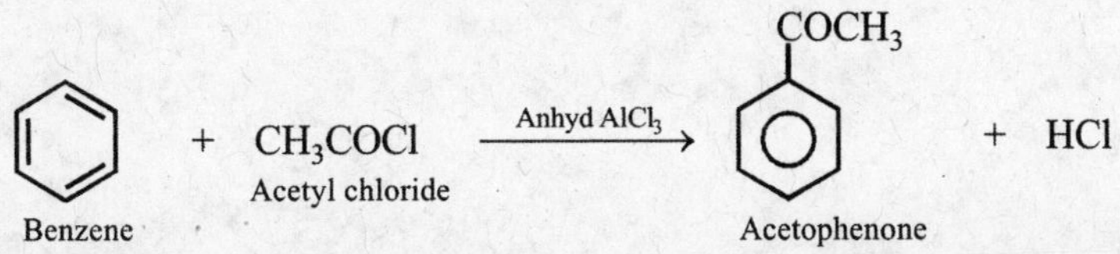

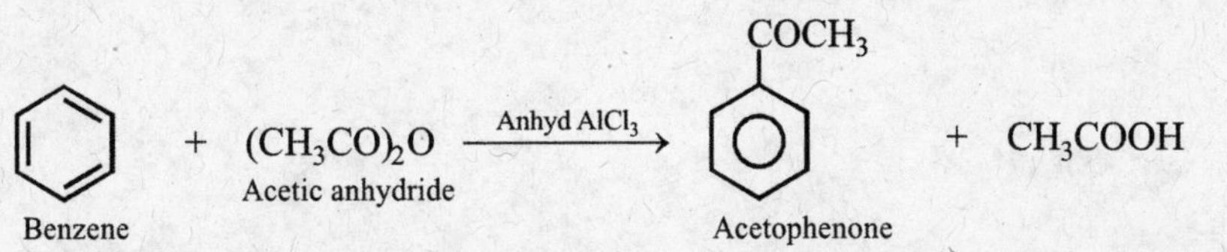

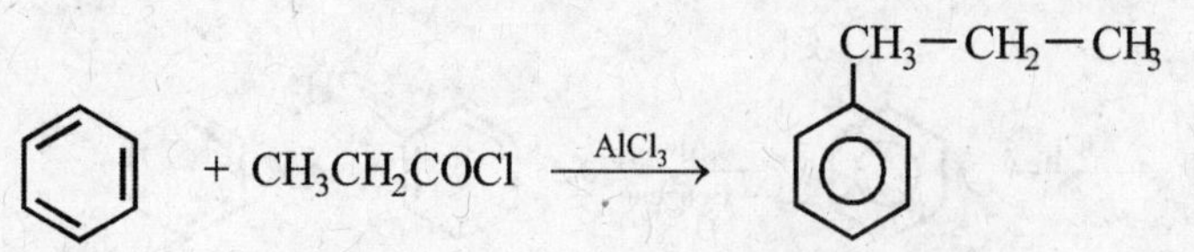

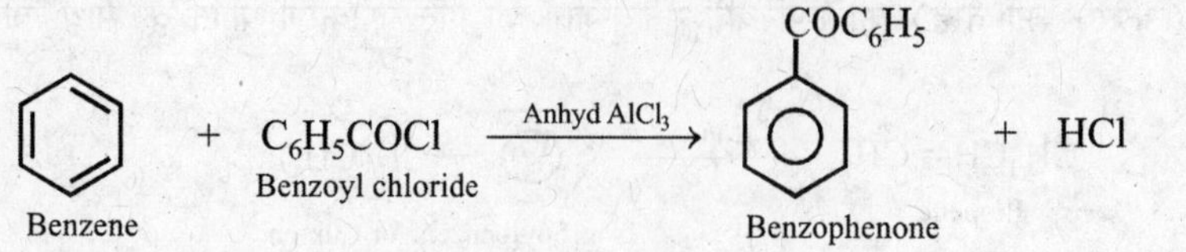

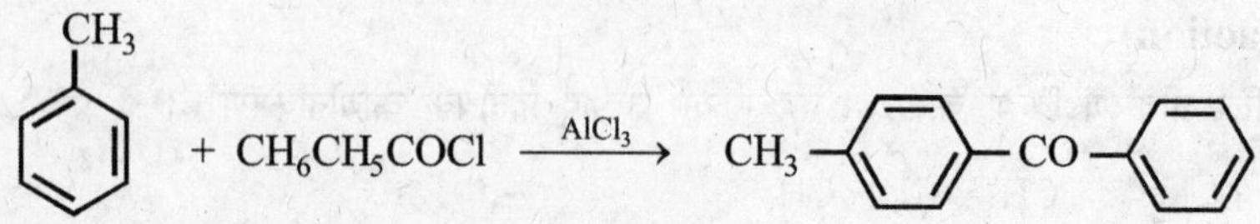

2. गैटरमैन कोच अभिक्रिया (Gattermann Koch reaction) :

- एनहाइड्रस $AlCl_3$ की उपस्थिति में कार्बन-मोनो-ऑक्साइड तथा हाइड्रोक्लोरीक अम्ल के मिश्रण को प्रवाहित करने पर बैन्जीन बैन्जल्डिहाइड में परिवर्तत हो जाती है।

$$CO + HCl \longrightarrow \underset{\text{Formyl chloride}}{HCOCl}$$

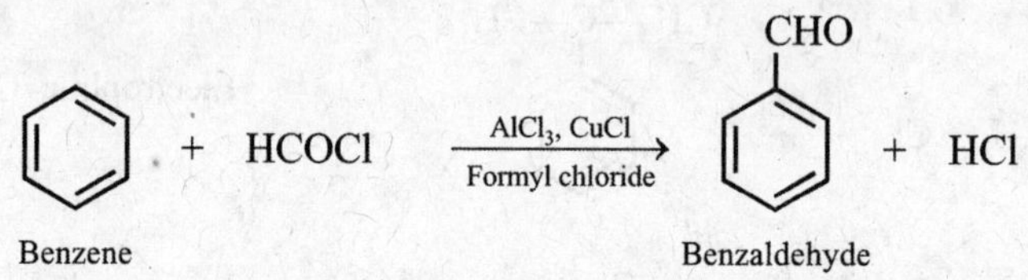

यह अभिक्रिया इस प्रकार है, कि फ्रीडल क्राफ्ट क्रिया का सुधरा हुआ रूप है, जिसमें –CHO समूह को बैन्जीन रिंग में सम्मिलिति किया जाता है।

अभ्यास के लिए प्रश्न

1. निम्नलिखित में से कौन-सी अभिक्रिया इलेक्ट्रॉन-स्नेही प्रतिस्थापन द्वारा नहीं होती है?
(a) $C_6H_6 + 3Cl_2 \longrightarrow C_6H_6Cl_6$
(b) $C_6H_6 + Br_2 \longrightarrow C_6H_5Br + HBr$
(c) $C_6H_6 + HNO_3 \longrightarrow C_6H_5NO_2 + H_2O$
(d) $C_6H_6 + H_2SO_4 \longrightarrow C_6H_5SO_3H + H_2O$

2. नाइट्रीकरण मेंH_2SO_4 प्रयुक्त होता है, जैसे
(a) विलायक (b) विहाइड्रोजनीकरण अभिकर्मक
(c) सल्फोनीकरण अभिकर्मक (d) नाइट्रोनियम आयन उत्पादन

3. जब फ्रीडल क्राफ्ट अभिक्रिया में CH_3Cl तथा $AlCl_3$ प्रयुक्त किये जाते हैं, तब इलेक्ट्रॉन-स्नेह है?
(a) Cl^+ (b) $AlCl_4^-$
(c) CH_3^+ (d) $AlCl_2^+$

4. फ्रीडल क्राफ्ट अभिक्रिया में $AlCl_3$, BF_3, $SbCl_5$ तथा $FeCl_3$ की अभिक्रियाशीलताका क्रम है?
(a) $AlCl_3 > BF_3 > FeCl_3 > SbCl_5$
(b) $AlCl_3 < BF_3 > SbCl_5 > FeCl_3$
(c) $BF_3 > AlCl_3 > FeCl_3 > SbCl_5$
(d) $FeCl_3 > AlCl_3 > BF_3 > SbCl_5$

5. बैन्जीन के ऐसीलीकरण से उत्पन्न ऐलिफैटिक, ऐरोमैटिक, कीटोन कहलाते है?
(a) बैन्जोइन संघनन (b) हाइड्रोफोरमिलेशन
(c) फ्रीडल क्राफ्ट अभिक्रिया (d) इनमें से कोई नहीं

6. *n*-हैक्सेन का ऐरोमैटिकरण देता है?
(a) बैन्जीन (b) टॉलूईन
(c) क्लोरोहैक्सेन (d) क्लोरोहैप्टेन

7. 500°C पर $Al_2O_3 + Cr_2O_3$ उत्प्रेरक को प्रवाहित करने पर *n*-हैप्टेन का ऐरोमैटिकरण देता है?
(a) टॉलूईन (b) बैन्जीन
(c) दोनों (d) इनमें से कोई नहीं

8. सामान्य नाइट्रोजनीकरण मिश्रण के द्वारा निम्नलिखित में से किसका नाइट्रोजनीकरण पूर्ण रूप से तथा आसानी से निम्नलिखित नाइट्रो व्युत्पन्न के लिए सम्भावित होता है।
(a) C_6H_6 (b) $C_6H_5NO_2$
(c) $C_6H_5CH_3$ (d) $C_6H_5.CCl_3$

9. ऊष्मा तथा प्रकाश की उपस्थिति में टॉलूईन की क्रिया क्लोरीन से करायी जाती है तथा फिर NaOH से करायी जाती है। सर्वाधिक सम्भावित उत्पाद होगा।
(a) कैरेसॉल (Cresol) (b) क्यूनॉल (Quinol)
(c) बैंजिल ऐल्कोहॉल (d) *p*-क्लोरोबैंजिल ऐल्कोहॉल

10. Cu_2Cl_2 की उपस्थिति में निम्न दाब पर क्लोरो बैन्जीन जलीय NH_3 के साथ गर्म करने पर देता है?
(a) ऐनीलीन (b) बैन्जामाइड
(c) *o*-डाइक्लोरो-बैन्जीन (d) क्लोरो-ऐमीनो-बैन्जीन

11. क्लोरोबैन्जीन को निम्नलिखित में से किसके साथ ऐनीलीन की क्रिया द्वारा तैयार किया जा सकता है?
(a) HCl
(b) क्यूप्रस-क्लोराइड
(c) anhy. $AlCl_3$ की उपस्थिति में क्लोरीन
(d) नाइट्रस अम्ल को क्यूप्रस-क्लोराइड तथा HCl के साथ गर्म करने पर

12. बैन्जीन रिंग के सल्फोनीकरण में निम्नलिखित में से कौन-सा species प्रतिभागी होता है?
(a) H_2SO_4 (b) HSO_3^-
(c) SO_3 (d) SO_2^-

13. जब गर्म $KMnO_4$ के द्वारा *n*-ब्यूटाईल बैन्जीन का ऑक्सीकरण किया जाता है, तब निम्नलिखित में से क्या प्राप्त होता है?
(a) बैन्जोइक अम्ल (b) फिनॉइल प्रोपीयोनिक अम्ल
(c) फिनाइल ब्यूट्रीक अम्ल (d) फिनाइल ब्यूट्राल्डिहाइड

14. सधूम HNO_3 की उपस्थिति में बैन्जीन के नाइट्रीकरण में Attacking species है?
(a) SO_3 (b) SO_3^+
(c) NO_3^- (d) NO_2^+

15. बैन्जीन की CH_3COCl के साथ क्रिया द्वारा प्राप्त होता है?
(a) क्लोरो-बैन्जीन (b) टॉलूईन
(c) बैन्जाइल क्लोराइड (d) ऐसीटो-फिनॉन

16. इलेक्ट्रॉन-स्नेही नाइट्रीकरण के लिए सबसे अधिक सक्रिय यौगिक है?
(a) C_6H_6 (b) $C_6H_5NO_2$
(c) $C_6H_5CH_3$ (d) C_6H_5COOH

17. फिनॉल + Zn (चूर्ण) →
(a) बैन्जीन (b) बैन्जल्डिहाइड
(c) ऐनीसॉल (d) फिनाइल ऐसीटेट

18. बैन्जीन + ओजोन → Y, तब Y है?
(a) बैन्जीन मोनो-ओजोनाइड (b) बैन्जीन डाइओजोनाइड
(c) बैन्जीन ट्राइओजोनाइड (d) उपर्युक्त सभी

19. बैन्जीन को निम्नलिखित में से किसके आंशिक आसवन द्वारा प्राप्त किया जाता है?
(a) भारी तेल (b) Anthracene oil
(c) मध्यम तेल (d) हल्का तेल

20. निम्नलिखित में से किसके साथ टॉलूईन के क्लोरीनीकरण द्वारा बैन्जील क्लोराइड, $C_6H_5CH_2Cl$ तैयार किये जा सकते हैं?
(a) SO_2Cl_2 (b) $COCl_2$
(c) $Cl_2 + AlCl_3$ (d) NaOCl

21. फ्रीडल क्राफ्ट अभिक्रिया में निर्जल $AlCl_3$ प्रयुक्त किया जाता है, क्योंकि यह है?
(a) इलेक्ट्रॉन धनी
(b) ईथर में विलेय
(c) क्लोराइड तथा एल्युमिनियम आयन में अविलेय
(d) इलेक्ट्रॉन की कमी

22. सान्द्र H_2SO_4 की उपस्थिति में क्लोरल हाइड्रेट के साथ क्लोरोबैन्जीन के संघनन द्वारा प्राप्त किया जाता है?

(a) $C_6H_6Cl_2$ (b) गमैक्सीन
(c) D.D.T. (d) ऐसीटो-फिनॉन

23. बैन्जीन में σ तथा π बन्ध का अनुपात है?
(a) 2 (b) 4
(c) 6 (d) 8

24. इलेक्ट्रॉन-स्नेही नाइट्रीकरण द्वारा सबसे अधिक सक्रिय यौगिक है?
(a) टॉलूईन (b) नाइट्रो-बैन्जीन
(c) बैन्जोइक अम्ल (d) बैन्जीन

25. बैन्जोइक अम्ल के नाइट्रीकरण का सबसे बड़ा उत्पाद है?
(a) 3-नाइट्रोबैन्जोइक अम्ल (b) 4-नाइट्रोबैन्जोइक अम्ल
(c) 2-नाइट्रोबैन्जोइक अम्ल (d) 2, 4 डाइनाइट्रोबैन्जोइक अम्ल

26. बैन्जीन आसानी से प्रदर्शित किया जाता है?
(a) रिंग अपघटन क्रिया चूंकि यह अस्थायी है
(b) योगात्मक क्रिया चूंकि यह संतृप्त है
(c) स्थायी रिंग तथा उच्च π-इलेक्ट्रॉन घनत्व के कारण इलेक्ट्रॉन-स्नेही प्रतिस्थापन अभिक्रिया
(d) स्थायी रिंग तथा न्यूनतम इलेक्ट्रॉन घनत्व के कारण नाभिक-स्नेही प्रतिस्थापन अभिक्रिया

27. फ्रीडल क्राफ्ट ऐल्कीलीकरण अभिक्रिया में टॉलूईन निम्नलिखित में से किसके रूप में है?
(a) $C_6H_6 + CH_3Cl$ (b) $C_2H_4Cl + CH_4$
(c) $C_6H_6 + CH_2Cl_2$ (d) $C_6H_5 + CH_3COCl$

28. टॉलूईन रखता है?
(a) $6\sigma + 3\pi$ बन्ध (b) $9\sigma + 3\pi$ बन्ध
(c) $9\sigma + 3\pi$ बन्ध (d) $15\sigma + 3\pi$ बन्ध

29. बैन्जीन में होते है?
(a) 2π–इलेक्ट्रॉन (b) 3π–इलेक्ट्रॉन
(c) 6π–इलेक्ट्रॉन (d) 8π–इलेक्ट्रॉन

उत्तरमाला

1. (a)	**2.** (d)	**3.** (c)	**4.** (a)	**5.** (c)	**6.** (a)	**7.** (a)	**8.** (c)	**9.** (c)	**10.** (a)
11. (d)	**12.** (c)	**13.** (a)	**14.** (d)	**15.** (d)	**16.** (c)	**17.** (a)	**18.** (c)	**19.** (d)	**20.** (a)
21. (d)	**22.** (c)	**23.** (b)	**24.** (a)	**25.** (a)	**26.** (c)	**27.** (a)	**28.** (d)	**29.** (c)	

Chapter 24

हाइड्रोकार्बन (Hydrocarbons)

एल्केन (Alkanes)

Alkanes का सामान्य सूत्र C_nH_{2n+2} है और ऐल्केन का प्रत्येक कार्बन परमाणु sp^3 संकरित है। सभी C – C तथा C– H बन्ध क्रमश: 1.54 Å तथा 1.112 Å लम्बाई रखते हैं।

बनाने की विधियाँ (Preparations) :

1. **ऐल्कीन और ऐल्काइन की Catalytic अभिक्रिया (सबातिए सेन्डेरेन्स अभिक्रिया) :** Ni (at 300°C), Pt या Pd (कमरे के तापमान पर) की उपस्थिति में असंतृप्त हाइड्रोकार्बन के उत्प्रेरित (catalytic) हाइड्रोजनीकरण से ऐल्कीन तैयार किए जा सकते हैं।

$$\underset{\text{Alkyne}}{R-C\equiv CH}+H_2 \xrightarrow[475-575\,K]{\text{Raney Ni or Pt}} [R-CH=CH_2] \xrightarrow[300^\circ C]{H_2/\text{Raney Ni}} \underset{\text{Alkane}}{RCH_2CH_3}$$

$$\underset{\text{Alkene}}{R-CH=CH_2}+H_2 \xrightarrow[475-575\,K]{\text{Raney Ni or Pt}} \underset{\text{Alkane}}{R-CH_2-CH_3}$$

2. **वुर्ट्ज अभिक्रिया (Wurtz reaction) :** शुष्क ईथर की उपस्थिति में जब ऐल्किल हैलाइड सामान्यत: ब्रोमाइड या आयोडाइड सोडियम के साथ क्रिया करता है। तो सम्मित ऐल्केन प्राप्त किया जाता है। केवल प्राथमिक और द्वितीयक (ऐल्कीलहैलाइड) यह अभिक्रिया देते हैं।

$$R-\underset{\text{Alkyl halide}}{\boxed{X+2\,Na+X}}-R \xrightarrow[\Delta]{\text{Dry ether}} \underset{\text{Alkane}}{R-R}+2NaX$$

यदि दो भिन्न ऐल्किनहैलाइड प्रयोग किए जाते हैं तब तीन ऐल्किन का मिश्रण प्राप्त होता है।

$$R-X+R'-X \xrightarrow[\text{Dry ether}]{Na} R-R+R'-R'+R'-R$$

Note

- Tertiary halide वुर्ट्ज अभिक्रिया नहीं देते है।
- मेथेन और वे ऐल्केन जो विषम कार्बन रखते हैं, इस अभिक्रिया द्वारा तैयार नहीं कर सकते हैं। सममित एल्केन जिसमें कार्बन परमाणुओं की संख्या सम होती है, इस विधि द्वारा बनाये जाते हैं। उदाहरण–

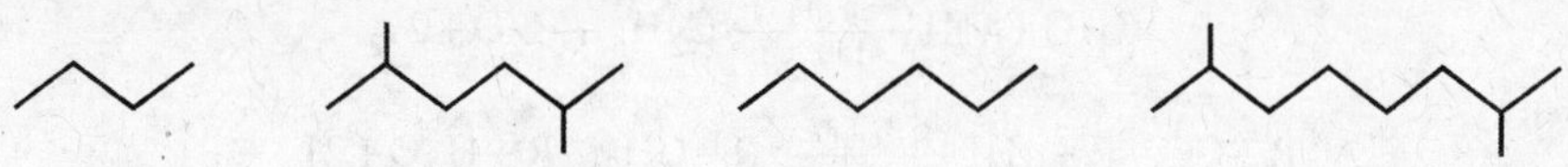

☞ **Reaction**

$$CH_3-CH_2-Br \xrightarrow{\text{Na/Ether}} \underbrace{n\text{-butane}}_{80\%} + \underbrace{CH_2=CH_2+CH_3-CH_3}_{20\%}$$

Important Reaction :

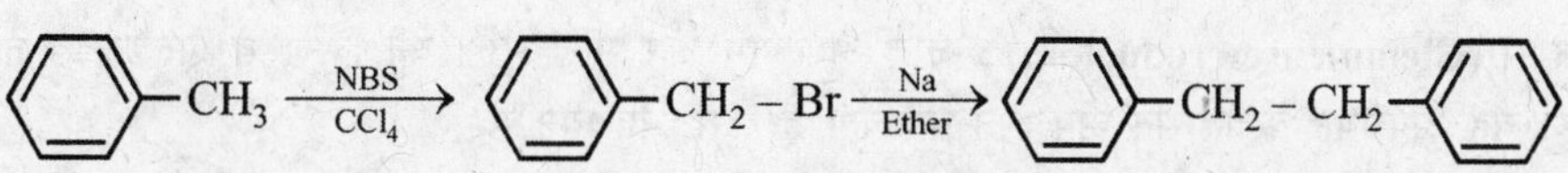

1,2-diphanylether

3. **कोल्बे विद्युत-अपघटनी विधि (Kolbe's electrolytic method) :** कार्बोक्सिलिक अम्लों के पोटेशियम या सोडियम लवणों के सान्द्र जलीय विलयन का विद्युत-अपघटन करने पर कैथोड पर ऐल्केन प्राप्त होती है।

$$2RCOONa \xrightarrow{\text{ionization}} 2RCOO^- + 2Na$$

$$2H_2O \xrightarrow{\text{ionization}} 2H^+ + 2OH^-$$

$$2RCOO^- \longrightarrow 2RCOO^{\bullet} + 2e^- \quad \text{(कैथोड पर)}$$

$$2RCOO^{\bullet} \longrightarrow R-R + 2CO_2$$

Note

- मेथेन, प्रोपेन और पेन्टेन इस विधि द्वारा तैयार नहीं कर सकते हैं।
- इस उत्पाद के द्वारा एस्टर की कुछ मात्रा भी प्राप्त करते हैं।

4. **सोडा लाइम के साथ वसा अम्लों के सोडियम (sodium) लवणों के decarboxylation द्वारा :** कार्बोक्सिलिक अम्लों से CO_2 के अणु का विलोपन डीकार्बोक्सिलिकरण कहलाता है। इस उद्देश्य (purpose) के लिए सोडा लाइम एक अभिकर्मक की तरह प्रयोग होता है।

$$RCOONa + NaOH \xrightarrow[\text{CaO}]{630\text{ K}} R-H + Na_2CO_3$$

Note

- शुद्ध ऐल्केन इस विधि द्वारा प्राप्त किए जाते हैं।

5. **ऐल्काइल हैलाइडों की अभिक्रिया (Reaction of alkyl halides) :** अपचयित अभिकर्मक जैसे जिंक और ऐसीटिक अम्ल या HCl, Zn तथा NaOH या जिंक-कॉपर के द्वारा ऐल्किल हैलाइड़ों का अपचयन होता है।

$$R-X \xrightarrow[\text{or Zn·Cu}/C_2H_5OH]{\text{Zn/HCl or Zn/NaOH}} \underset{\text{Alkane}}{R-H}$$

Note

- प्राथमिक हैलाइड को $NaBH_4$ के द्वारा अपचयित नहीं करते हैं।
- तृतीयक हैलाइड ऐलील $LiAlH_4$ के साथ ऐल्केन देते हैं।

6. **ग्रिगनार्ड अभिकर्म से (From Grignard reagents) :** H_2O या ऐल्कोहॉल या NH_3 या H_2S या अम्ल या ग्रिगनार्ड अभिकर्मक के प्राथमिक तथा द्वितीयक क्रिया करके ऐल्केन बनाते है।

$$R-MgX + H-OH \longrightarrow R-H + Mg(OH)X$$

$$R-MgX + H-NH_2 \longrightarrow R-H + Mg(NH_2)X$$

7. **ऐल्डिहाइड, कीटोन, ऐल्कोहॉल तथा कार्बोक्सिलिक अम्ल के अपचयन द्वारा (By the reduction of aldehydes, ketones, alcohols and carboxylic acid) :** ऐसे यौगिक, लाल फॉस्फोरस+HI के द्वारा ऐल्केन में बदल जाते हैं।

$$R-OH + 2HI \xrightarrow[150°C]{\text{Red P}} R-CH_3 + H_2O + I_2$$

$$R-CHO + 4HI \xrightarrow[150°C]{\text{Red P}} C_2H_6 + H_2O + 2I_2$$

$$R-CO-R + 4HI \xrightarrow[150°C]{\text{Red P}} R-CH_2-R + H_2O + 2I_2$$

$$R-COOH + 6HI \xrightarrow[200°C]{\text{Red P}} R-CH_3 + H_2O + 3I_2$$

$$R-CO-Cl + 6HI \xrightarrow[200°C]{\text{Red P}} R-CH_3 + H_2O + HCl + 3I_2$$

8. **क्लीमेन्सन अपचयन से (Clemmensen reduction) :** जस्त अमलगम और सान्द्र HCl की क्रिया से ऐल्डिहाइड तथा कीटोन को भी ऐल्केन में अपचयित कर देते हैं। यह अपचयन क्लीमेन्सन अपचयन कहलता है। इस अपचयन में

$$-CHO \xrightarrow[\text{HCl}]{\text{Zn–Hg}} -CH_3$$

$$>C=O \xrightarrow[\text{Conc. HCl}]{\text{Zn–Hg}} >CH_2$$

9. **वुल्फ-किशनर अपचयन (Wolff-Kishner reduction) :** सोडियम ऐल्कॉक्साइड (sodium alkoxide) तथा हाइड्राजीन के axcess की उपस्थिति में ऐल्डिहाइड तथा कीटोन को गर्म करके हाइड्रोकार्बन में उपचयित करते हैं।

$$>C=O \xrightarrow{H_2NNH_2} >C=NNH_2 \xrightarrow[180°C]{C_2H_5ONa} >CH_2$$

Note

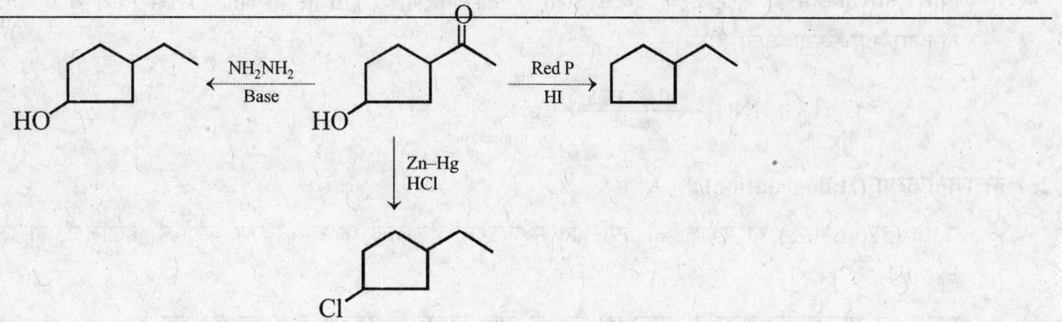

10. **कोरी-हाऊस संश्लेषण (Corey-House Synthesis):** इस विधि के द्वारा सममित और असममित ऐल्केन तैयार किये जाते हैं। इस विधि में ऐल्कालहैल्डिहाइड लीथियम के साथ क्रिया करके ऐल्केल लीथियम देते हैं, जो क्यूप्रस आयोडाइड के साथ क्रिया करके डाइऐल्कीललिथियम क्यूप्रेट देते हैं। केवल प्राथमिक और द्वितीयक ऐल्कालहैल्डिहाइड यह अभिक्रिया देते हैं। जो गिलमैन (Gillman) अभिकर्मक कहलाता है।)

$$R-X \xrightarrow[-LiX]{2\,Li} R-Li \xrightarrow{CuI} \underset{\text{Gillman reagent}}{R_2CuLi}$$

गिलमैन (Gillman) अभिकर्मक, हैलाइड के लिए Alkylating अभिकर्मक है। यह ऐल्कीलहैलाइड (alkylhalide) के साथ क्रिया करके ऐल्केन देता है।

$$R_2CuLi \xrightarrow{R'X} R-R' + R-Cu + LiX$$

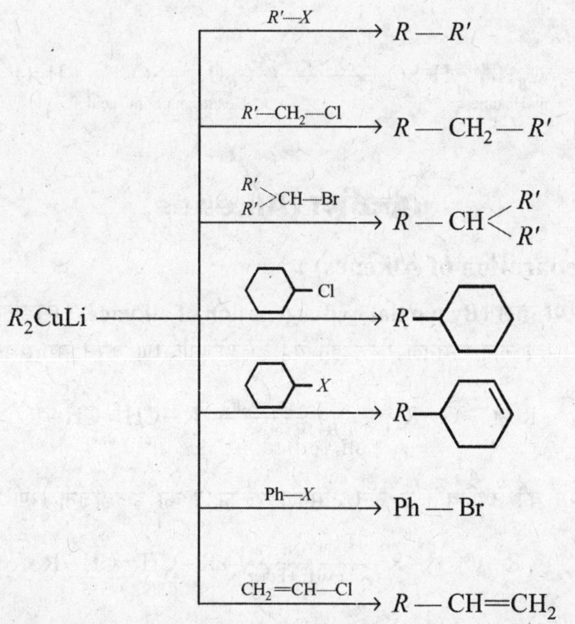

ऐल्केन के गुण (Properties of Alkene) :

1. **नाइट्रीकरण (Nitration) :**

• वाष्प अवस्था नाइट्रीकरण के द्वारा नीचली ऐल्कीन नाइट्रीकरण के अन्तर्गत, जिसमें ऐल्केन, सान्द्र HNO_3 के साथ 425-675 K. पर गर्म किए जाते हैं।

$$CH_4\,(g) + HNO_3\,(g) \xrightarrow{425–675\,K} \underset{\text{Nitromethane}}{CH_3NO_2} + H_2O$$

$$CH_3CH_2CH_3 + HNO_3(g) \xrightarrow{425-675\,K} \underset{\text{1-Nitropropane}}{CH_3CH_2CH_2NO_2} + \underset{\text{2-Nitropropane}}{(CH_3)_2CHNO_2} + \underset{\text{Nitroethane}}{CH_3CH_2NO_2} + \underset{\text{Nitromethane}}{CH_3NO_2}$$

- अधिकतम ऐल्केन का नाइट्रीकरण, द्रव अवस्था के नाइट्रीकरण के द्वारा किया जाता है। इस विधि में ऐल्केन को सूक्षम HNO_3 के साथ, 413 दाब पर गर्म किया जाता है।

$$\underset{\text{Hexane}}{C_6H_{12}} + HNO_3 \xrightarrow[\text{pressure}]{413\,K,\text{High}} \underset{\text{Nitrohexane}}{C_6H_{13}NO_2} + H_2O$$

2. हैलोजनीकरण (Halogenation) :

- ऊष्मा (520-670K) या प्रकाश की उपस्थिति में ऐल्केन, हैलोजनों के साथ क्रिया करते हैं। हैलोजनों की क्रियाशीलता का क्रम इस प्रकार हैं– $F_2 > Cl_2 > Br_2 > I_2$
- प्रोपेन का मोनोकार्बिनीकरण 2-समावयवी देता है और डाइक्लोरीनीकरण 5-समावयवी देता है।

$$CH_3–CH_2–CH_3 \longrightarrow CH_3–CHCl–CH_3 + CH_3–CH_2–CH_2Cl$$

- ब्यूटेन का क्लोरीनीकरण 2-समावयवी देता है।

$$CH_3–CH_2–CH_2–CH_3 \longrightarrow CH_3–CH_2–CH_2–CH_2–Cl + CH_3–CH_2–CHCl–CH_3$$

- 2-मिथाइल ब्यूटेन का मोनो-क्लोरीनीकरण 4- संरचनात्मक समावयवी देता है, जिनमें से दो अणु किरल (chiral) है।

Note

- 2-मिथाइल ब्यूटेन का मोनो-क्लोरीनीकरण कुल 6 समावयवी देता है, जिनमें से 4 समावयवी आंशिक आसवन के द्वारा अलग किए जाते हैं।
- नियो पेन्टेन (2, 2-डाइमिथाइल प्रोपेन), 2, 2, 3, 3-टैट्रामिथाइल ब्यूटेन तथा साइक्लोहेक्सेन का मोनो-क्लोरीनीकरण केवल एक उत्पाद देता हैं।

3. सल्फोनीकरण (Sulphonation) : ऐल्केन जो 6 या 6 से अधिक कार्बन परमाणु रखते हैं। अन्तर्गत सल्फोनीकरण तथा ऐल्केनसल्फोनीकरण अम्ल उत्पाद करते हैं।

$$\underset{\text{n-Hexane}}{C_6H_{14}} + H_2SO_4 \xrightarrow{675\,K} \underset{\text{n-Hexanesulphonic acid}}{C_6H_{13}-SO_3H} + H_2O$$

एल्कीन (Alkenes)

ऐल्कीन के बनाने की विधियाँ (Preparation of Alkenes) :

1. ऐल्काइनों के आंशिक हाइड्रोजनीकरण द्वारा (By partial hydrogenation of alkynes) : लिंडलार उत्प्रेरक (Pd) जिसमें $BaSO_4$ या $CaCO_3$ उत्प्रेरक विष के रूप में मिले हों, के साथ नॉन टर्मिनल ऐल्काइन का हाइड्रोजनीकरण करने पर समपक्ष ऐल्कीन बनती है।

$$R-C\equiv C-R \xrightarrow[\substack{Ni_2B+H_2 \text{ or} \\ BH_3+CH_3COOH}]{\text{Lindlar's catalyst or}} \underset{\textit{cis}\text{-alkene}}{R-CH=CH-R}$$

तथा द्रव NH_3 में सोडियम या लीथियम की उपस्थिति में नॉन टर्मिनल ऐल्काइन का हाइड्रोजनीकरण करने पर विपक्ष ऐल्कीन बनती है।

$$R-C\equiv C-R \xrightarrow[LiAlH_4+\text{Ether}]{\text{Na/liq. }NH_3\text{ or}} \underset{\textit{trans}\text{-alkene}}{R-CH=CH-R}$$

Note

- टर्मिनल ऐल्काइन को सोडियम + द्रवित अमोनिया के द्वारा अपचयित नहीं कर सकते हैं।

2. ऐल्कोहॉलों के निर्जलीकरण से (Dehydration of alcohol) :

- ऐल्कोहॉल के निर्जलीकरण से ऐल्कीन बनते है।
- ऐल्कोहॉल निर्जलीकरण अभिकर्मक के द्वारा निर्जलीकृत होते हैं। डीहाइड्रोजनीकरण अभिकर्मक , $H_2SO_4, H_3PO_4, KHSO_4, P_2O_5, BF_3, Al_2O_3$ हो सकते हैं। निर्जलीकरण क्रिया ऊष्मा की उपस्थिति में होती है।

$$CH_3-CH_2OH \xrightarrow[170°C]{H_2SO_4} CH_2=CH_2$$

$$CH_3-CH_2-CH_2-OH \text{ or } CH_3-\underset{|}{\underset{OH}{CH}}-CH_3 \xrightarrow{H_2SO_4} CH_3-CH=CH_2$$

Note

- द्वितीयक तथा तृतीयक ऐल्कोहॉल के लिए सान्द्र H_2SO_4 के स्थान पर सान्द्र H_2SO_4 प्रयोग नहीं कर सकते हैं, H_3PO_4 प्रयोग करते हैं निर्जलीकरण में मुख्य उत्पाद सेट्जैफ नियम के अनुसार बनता है।

$$CH_3-\overset{CH_3}{\overset{|}{CH}}-\underset{OH}{\underset{|}{CH}}-CH_3 \xrightarrow[heat]{H_2SO_4} CH_3-\overset{CH_3}{\overset{|}{C}}=CH-CH_3$$

एल्कोहल का निर्जलीकरण दो क्रियाविधि E_1 तथा E_2 क्रियाविधि द्वारा होता है।

E_2 Mechanism (Second order Elemination)

प्राथमिक एल्कोहल, जिसमें β–कार्बन प्राथमिक या द्वितीयक होता है ऐसे एल्कोहल का निर्जलीकरण E_2 mechanism द्वारा होता है।

$$CH_3CH_2OH \xrightarrow{H_2SO_4+170°C} CH_2=CH_2+H_2O$$

MECHANISM

Step I :

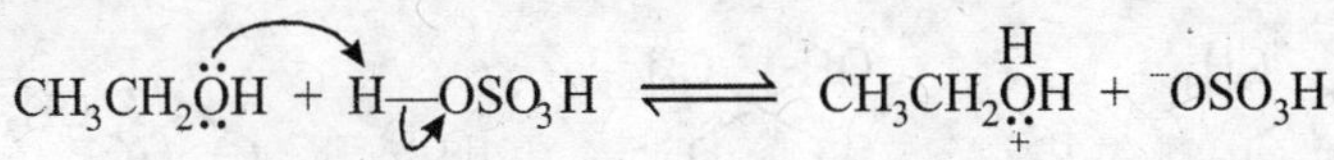

Step II :

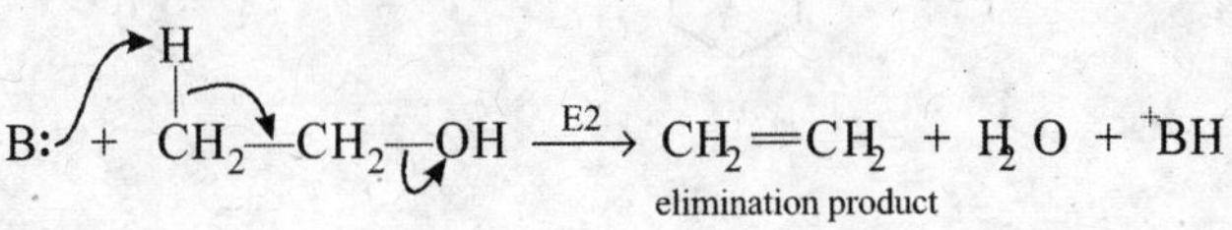

E_1 Reactions (First order elemination Reactions)

प्राथमिक तथा द्वितीयक एल्कोहल, जिसमे β–कार्बन 3° या 4° होता है, का निर्जलीकरण E_1 mechanism द्वारा होता है।

Reaction : **Dehydration of 2-methyl propanol-2**

$$CH_3-\overset{CH_3}{\overset{|}{\underset{CH_3}{\underset{|}{C}}}}-OH \xrightarrow{H_3PO_3} CH_3-\overset{CH_3}{\overset{|}{C}}=CH_2$$

MECHANISM

यह अभिक्रिया दो पदों में पूर्ण होती है।

Step I : Protonation from H_2SO_4 or H_3PO_4 and formation of carbocation.

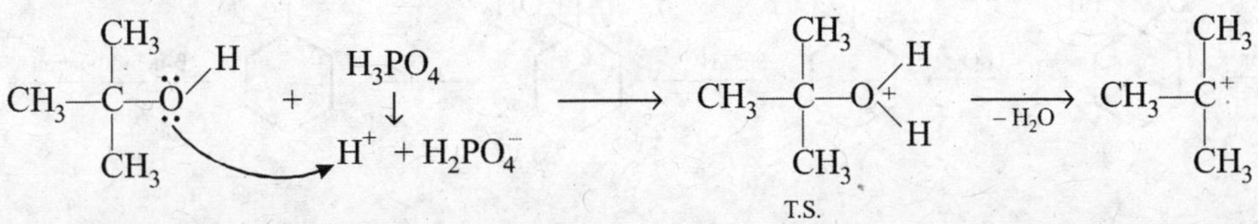

Step II : ***Deprotonation :*** Deprotonation take place from that β-carbon which has minimum by hydrogen. (Zaitsev Rule).

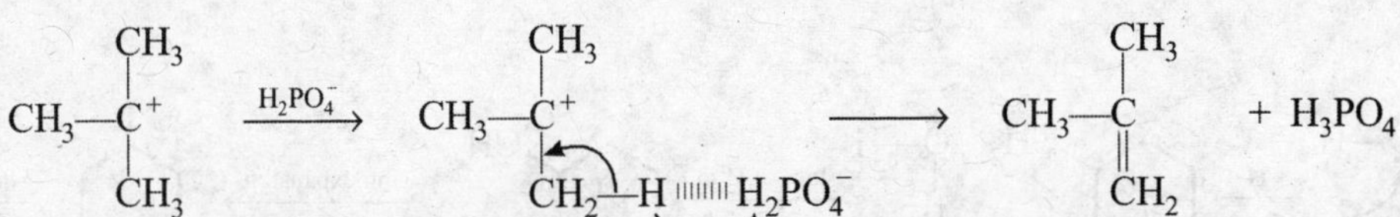

Shortcut Method of Dehydration of Alcohol

Alcohol —[loss of OH]→ carbocation —[Hydride shift or methyl shift or ring expansion]→ Stable carbocation —[Deprotonation from that β-carbon which has minimum hydrogen]→ Alkene

Reaction : **Dehydration of 3-methyl butanol-2 :** 3-methyl butanol-2 on dehydration give 2-methyl butene-2.

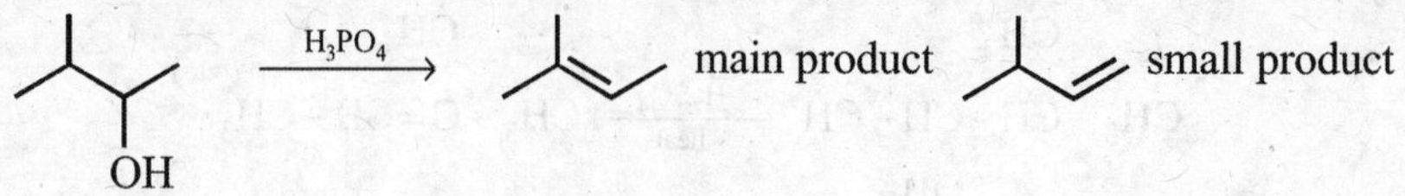

MECHANISM

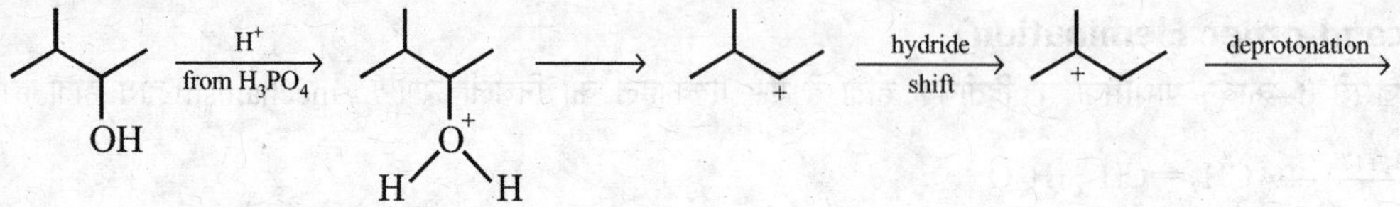

उदाहरण

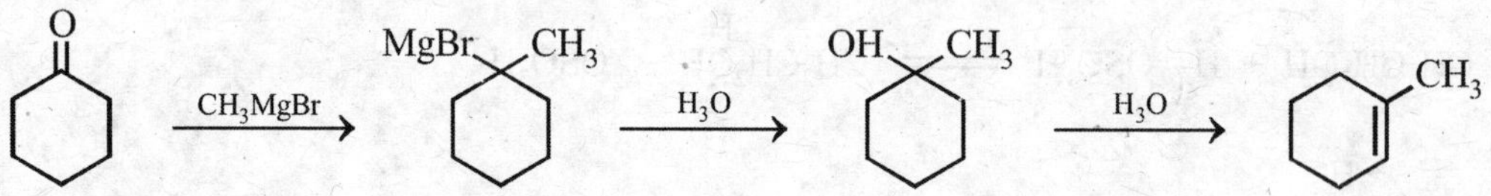

उदाहरण

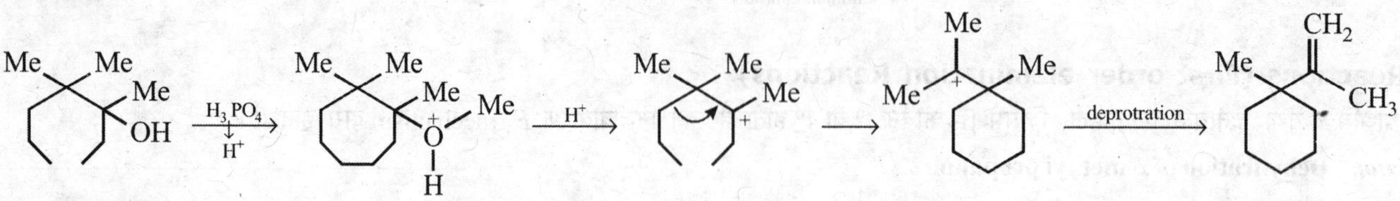

उदाहरण

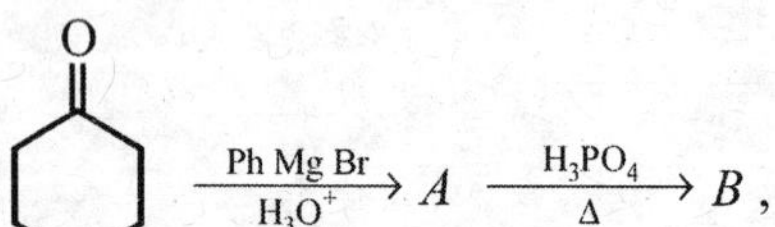

What will be A and B ?

Solution :

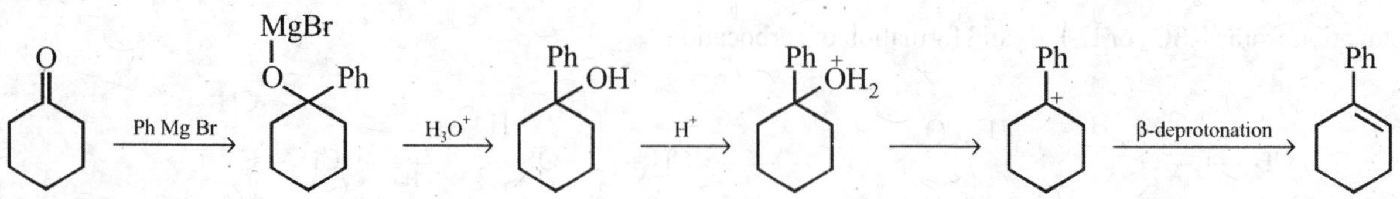

Illustration

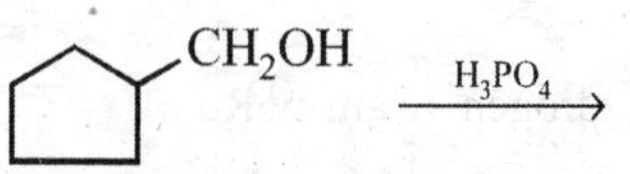

P. P will be :

Solution :

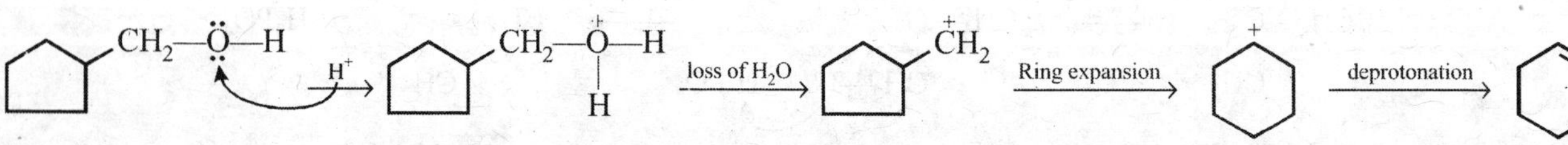

Illustration

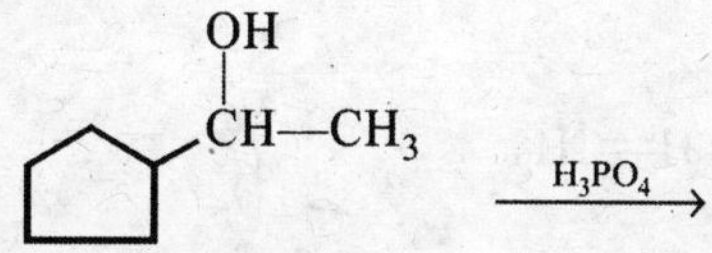

Solution :

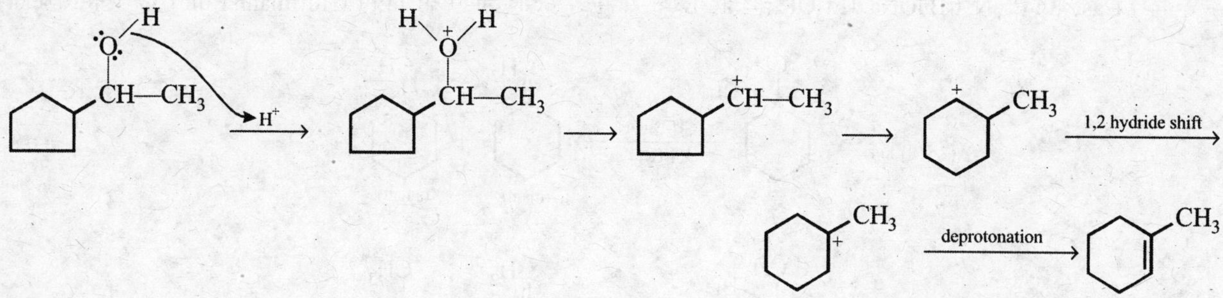

Illustration

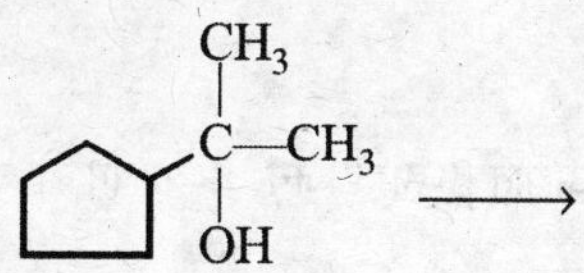 Explain the formation of production.

Solution :

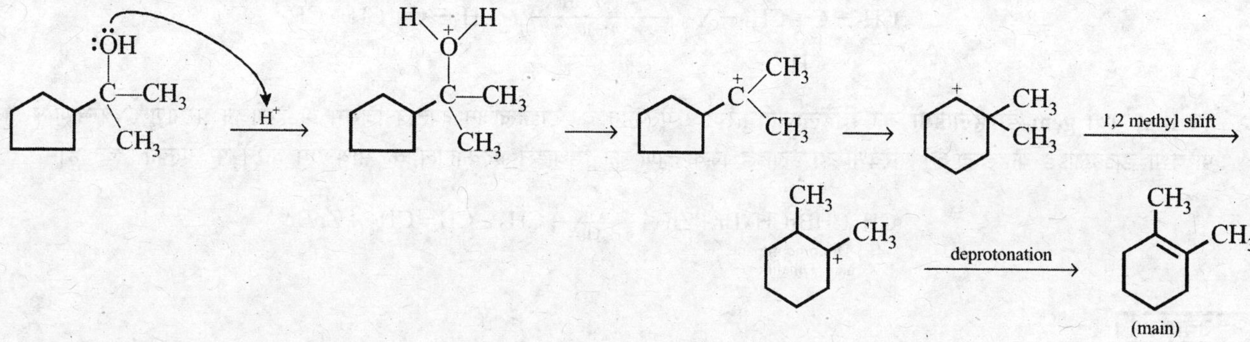

3. ऐल्कील हैलाइडों के विहाइड्रोहैलोजनीकरण से (Dehydrohalogenation of alkyl halide) :

- HX की कमी से ऐल्कील हैलाइड का बनना विहाइड्रहैलोजनीकरण कहलात है। जब ऐल्कीलहैलाइड को ऐल्कोहैलाइड KOH के साथ गर्म करते हैं, तो ऐल्कीन प्राप्त होती है।
- ऐल्कोहैलाइड KOH या NaOH, Con. NH_3 , t°-BuONa तथा KNH_2,$NaNH_2$ के द्वारा विहाइड्रोहैलोजनीकरण किया जाता है।

$$\underset{\text{Alkyl halide}}{C_nH_{2n+1}X} \xrightarrow{\text{Alcoholic KOH}} \underset{\text{Alkene}}{C_nH_{2n}} + KX + H_2O$$

- विहाइड्रोहैलोजनीकरण का Ease : 3· > 2° > 1°.
- यदि ऐल्कीलहैलाइड एक से अधिक β–कार्बन रखते हैं, तब मुख्य उत्पाद निम्नलिखित नियम के अनुसार बनता है-

  (a) हॉफमेनन नियम (Hoffmann Rule) (b) सेटजैफ नियम (Satzeff Rule)

(a) हॉफमेन नियम (Hoffmann Rule) : इस नियम के अनुसार हाइड्रोजन β–कार्बन से अलग होती है, जो अधिकतम हाइड्रोजन रखती है।

— **Case-1:** फ्लोरो ऐल्कीन (Fluoro alkane) का विहाइड्रोहैलोजनीकरण, हॉफमेनन नियम (Hoffmann Rule) के अनुसार किया जाता है।

$$CH_3-CH_2-\underset{\large F}{\underset{|}{CH}}-CH_3 \xrightarrow{\text{Alc. KOH}} \underset{\text{(main)}}{CH_3-CH_2-CH=CH_2}$$

— **Case-2 :** यदि ऐल्कीलहैलाइड 4° γ-कार्बन रखता है, तब मुख्य उत्पाद हॉफमेनन नियम (Hoffmann Rule) के अनुसार बनता है।

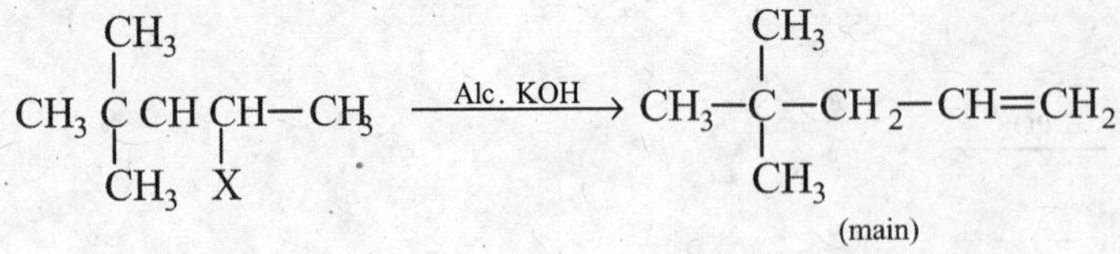

— **Case-3 :** Et_3N, t-BuONa t-Et_3OK के द्वारा क्रिया से मुख्य उत्पाद हॉफमेनन नियम (Hoffmann Rule) के अनुसार बनता है।

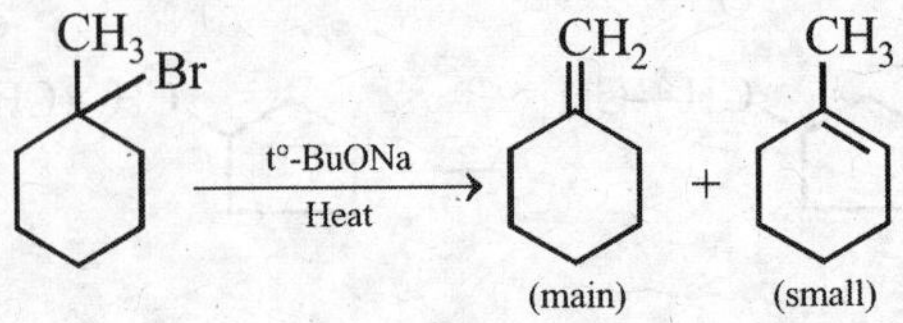

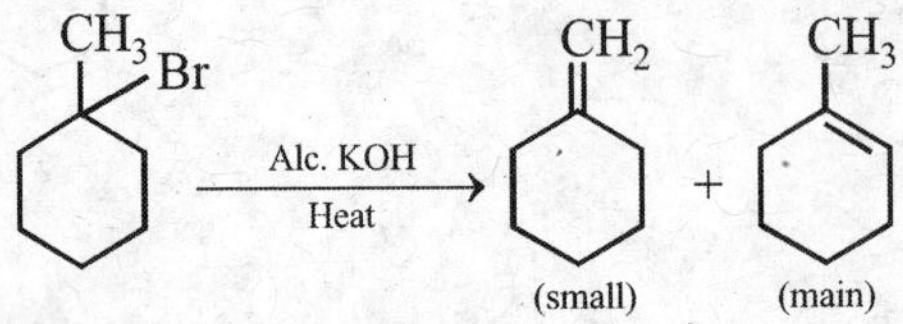

(b) सेटजैफ का नियम (Satzeff Rule) : सेट्जैफ नियम के अनुसार, मुख्य उत्पाद अधिक स्थायत्वि है अर्थात् β-हाइड्रोजन, β-कार्बन से अलग होता है। जो निम्नतम हाइड्रोजन रखता है।

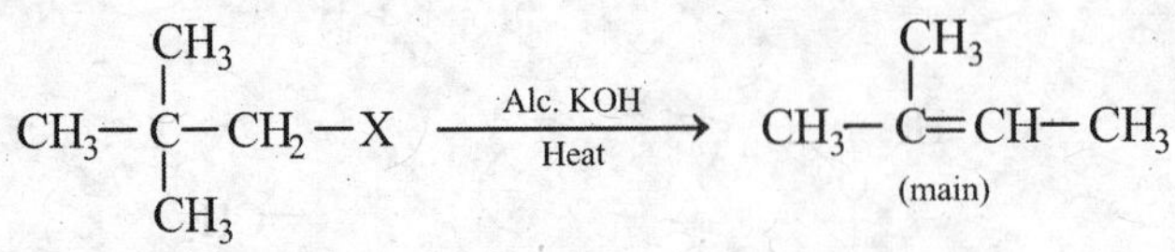

⇨ **Vicinal तथा gem-डाइहैलाइडों का विहैलोजनीकरण :** ऐल्कीन के डाइहैलोजन व्युत्पन्न जिसमें दो हैलोजन परमाणु C-परमाणु से जुड़े होते हैं, परिवेशी डाइहैलाइड कहलाता है। परिवेशी डाइहैलाइड जिंक चूर्ण को मिथाइल ऐल्कोहॉल के साथ गर्म करने पर ऐल्कीन देते हैं।

$$\underset{\substack{\text{1, 1-Dibromopropane}\\ \text{(gem. Dihalide)}}}{CH_3CHBrCH_2Br} + Zn \xrightarrow[CH_3OH]{\Delta} CH_3-CH=CH_2 + ZnBr_2$$

उदाहरण

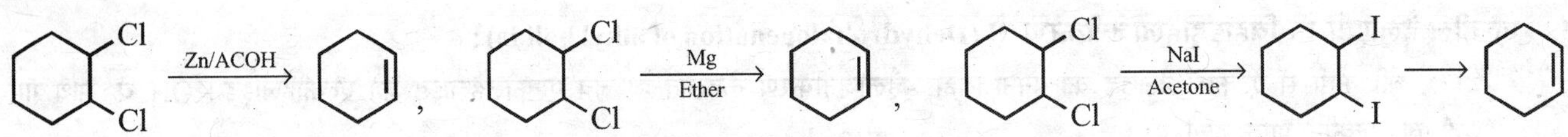

⇨ **कोल्बे विद्युत अपघटनी विधि :** सोडियम सारिक (Sodium succinate) का विद्युत अपघटन ऐनोड पर ऐथेन देता है।

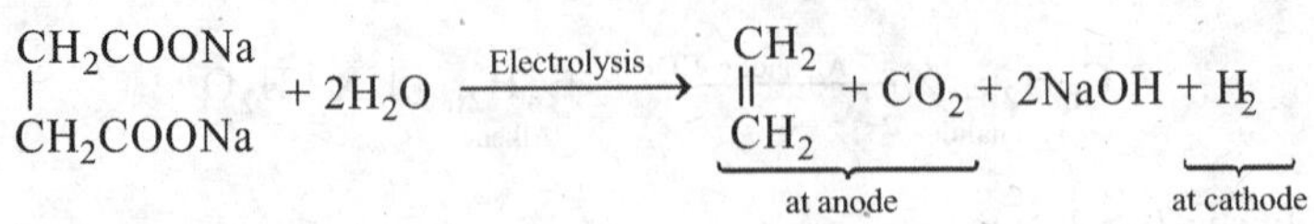

ऐल्कीन के गुण (Properties of Alkenes) :

1. असंतृप्ता का परीक्षण (Test of unsaturation)

- **बॉयर परीक्षण (Baeyer's test) :** इस परीक्षण में ऐल्कीन बॉयर अभिकर्मक का गुलाबी रंग उड़ा देती है। वे ऐल्कीन जिसमें द्वि-बन्धित कार्बन पर हाइड्रोजन अनुपस्थित है, यह परीक्षण नहीं देते है। जैसे –

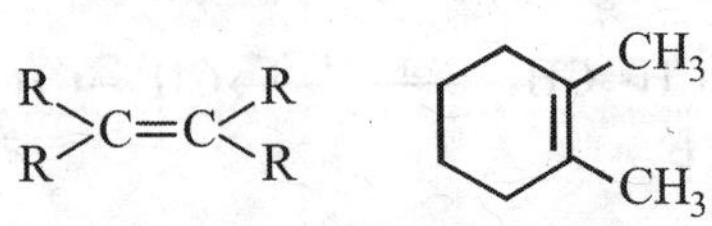

- **ब्रोमीन-कार्बन टैट्राक्लोराइड परीक्षण (Bromine-carbon tetrachloride test) :** जब ब्रोमीन जल के साथ कार्बन टैट्राक्लोराइड या क्लोरोफॉर्म को ऐल्कीन में मिलाते हैं तो ब्रोमीन जल का लाल रंग उड़ जाता है। वे ऐल्कईन जिसमें द्वि-बन्धित कार्बन पर हाइड्रोजन अनुपस्थित है यह परीक्षण नहीं देते हैं।

2. **ऐल्कीन की स्थायित्वता (Stability of alkene) :** ऐल्कीन क स्थायित्वता को conjugation hyper के द्वारा समझाया जाता है।

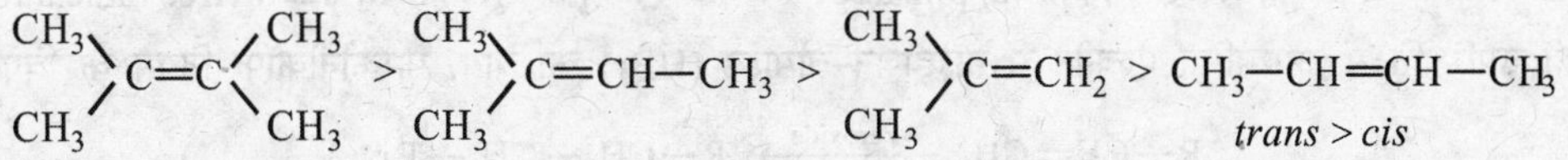

$> CH_3-CH=CH-CH_3 > CH_3-CH=CH_2 > CH_2=CH_2$

3. **ऐल्कीन की क्रियाशीलता (Reactivity of alkene) :**
   - Electrophilic addition reaction में अधिक स्थायी ऐल्कीन, अधिक सक्रिय है अर्थात् अभिक्रियाशीलता तथा स्थायित्वता दोनों समान क्रम रखते हैं।
   - H_2SO_4, HX, HOCl, Cl_2, H_2O, Br_2 या NOCl, के साथ ऐल्कीन की क्रियाशीलता

अभिक्रियाशीलता $\propto$ स्थायित्वता

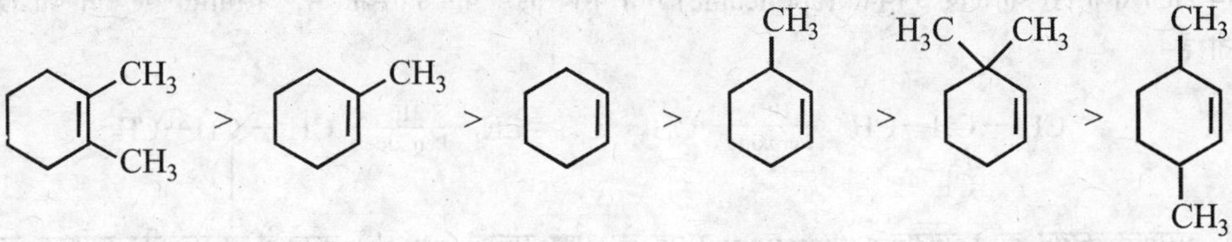

4. **हाइड्रोजन के साथ ऐल्कीन की क्रियाशीलता (हाइड्रोजनीकरण) [Reactivity of alkene with hydrogen (hydrogenation)] :** हाइड्रोजनीकरण के अन्तर्गत अधिक स्थायी ऐल्कीन कम सक्रिय हैं।

$$\text{Rate of hydrogenation} \propto \frac{1}{\text{stability}}$$

$$\text{Heat of hydrogenation} \propto \frac{1}{\text{stability of alkene}}$$

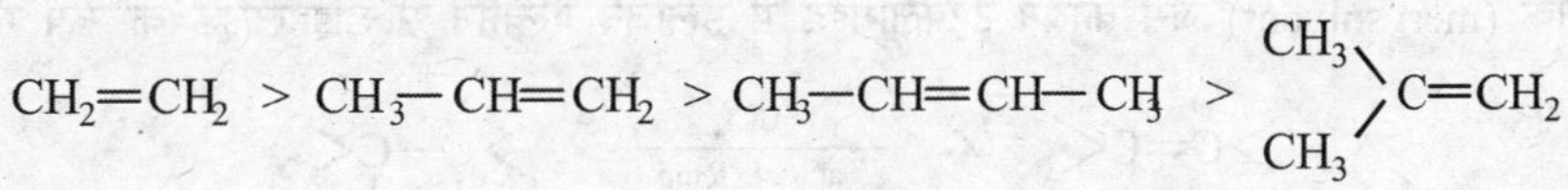

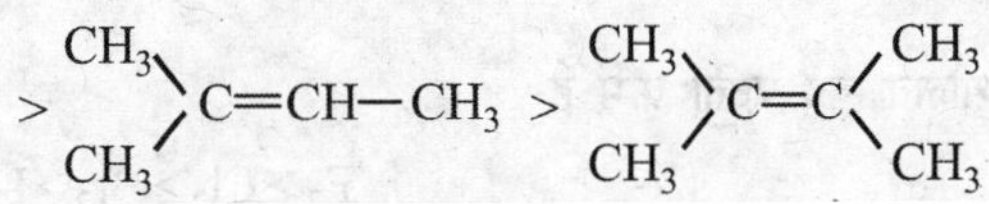

ऐल्कीन इलेक्ट्रॉन-स्नेही योग क्रियाएँ देता है।

4. **मारकोनीकॉफ अभिक्रिया (Markovnikove Reaction) :** अभिकर्मक का इलेक्ट्रॉन-स्नेही भाग असममित ऐल्कीन के उस असंतृप्त कार्बन से जुड़ता है जो अधिकतम हाइड्रोजन रखता है।
   - यह असममित ऐल्कीन + HX के लिए applicable है।
   - यह उपयुक्त (applicable) नहीं है-
     1. सममित ऐल्कीन + HX के लिए
     2. असममित ऐल्कीन + HBr के लिए (पैरॉक्साइड (peroxide) की उपस्थिति में)

5. **एन्टीमारकोनीकॉफ अभिक्रिया (Antimarkovnikove Reaction) :**
   - – I की उपस्थिति में, प्रभाव संयोजन (effect addition) मारकोनीकॉफ नियम के विरूद्ध प्रयुक्त होता है।

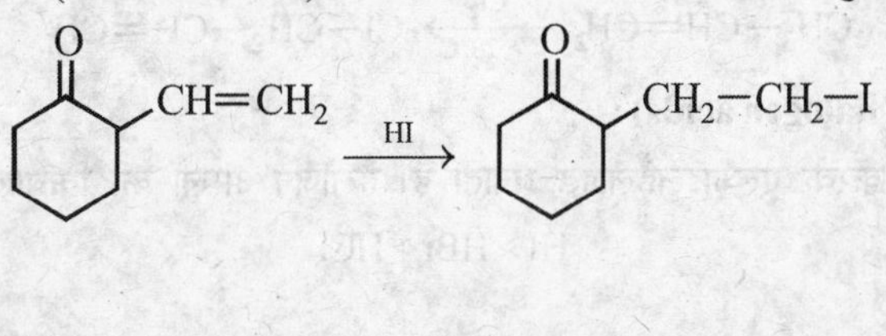

$$CH_2=CH-CH_2-NO_2 \xrightarrow{HBr} \underset{\displaystyle Br}{CH_2}-CH_2-CH_2-NO_2$$

6. पैरॉक्साइड प्रभाव (खैरेश प्रभाव) [Peroxide Effect (Kharasch effect)] :

- यह असममित ऐल्कीन + HBr के लिए उपयुक्त (applicable) है। यह एक मुफ्त मूलभूत अभिक्रिया (free radical reaction) है।
- पैरॉक्साइड की उपस्थिति में, असममित ऐल्कीन में हाइड्रोजन-ब्रोमाइड (HBr) का योग, मारकोनीकॉफ-नियम के विपरीत होता है।

$$R-CH=CH_2 \xrightarrow[HBr]{Peroxide} R-CH_2-CH_2-Br$$

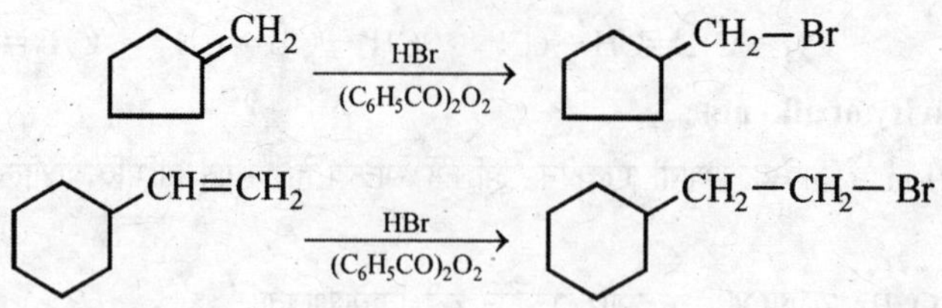

Note

- पैरॉक्साइड प्रभाव HCl तथा HI के लिए उपयुक्त (applicable) नहीं पैरॉक्साइड की उपस्थिति में, असममित ऐल्कीन की क्रिया मारकोनीकॉफ नियम के अनुसार होती है-

$$CH_3-\underset{\displaystyle Cl}{CH}-CH_3 \xleftarrow[Peroxide]{HCl} CH_3-CH=CH_2 \xrightarrow[Peroxide]{HI} CH_3-\underset{\displaystyle I}{CH}-CH_3$$

- यदि ऐल्कीन में, असंतृप्त कार्बन को इलेक्ट्रॉन withdrawing समूह के साथ संलग्न (attach) करते हैं तो ऐल्कीन नाभिक-स्नेही योग अभिक्रिया देता है।

$$CH_2=CH-CCl_3 \xrightarrow{HBr} \underset{\displaystyle Br}{CH_2}-CH_2-CCl_3$$

7. हैलोजन का योग (Addition of halogens) :

- एक निष्क्रिय विलयाक (inert solvent) जैसे कार्बन टैट्रक्लोराइड में हैलोजन ऐल्कीन से डाइहैलाइड के रूप में जुड़ते हैं।

$$>C=C< + X_2 \xrightarrow[\text{at room temp.}]{CCl_4} >\underset{\displaystyle X}{C}-\underset{\displaystyle X}{C}<$$

- हैलोजनों की क्रियाशीलता का घटता क्रम है-

$$F_2 > Cl_2 > Br_2 > I_2$$

- ऐल्कीन की I_2 के साथ क्रिया बहुत अस्थायी है।

$$CH_3-CH=CH-CH_3 \xrightarrow{I_2} CH_3-\underset{\displaystyle I}{CH}-\underset{\displaystyle I}{CH}-CH_3 \xrightarrow[-I_2]{\text{with in 30 sec.}} CH_3-CH=CH-CH_3$$

$$CH_3-\underset{\displaystyle OH}{CH}-\underset{\displaystyle OH}{CH}-CH_3 \xrightarrow{HI} CH_3-\underset{\displaystyle I}{CH}-\underset{\displaystyle I}{CH}-CH_3 \xrightarrow[-I_2]{\text{with in 30 sec.}} CH_3-CH=CH-CH_3$$

Note

- 70°C से ऊपर, Cl_2 के साथ ऐल्कीन की क्रिया में ऐलाइलिक प्रतिस्थापन (Allylic substitution) होता है-

$$CH_3-CH=CH_2 \xrightarrow[>70°C]{Cl_2} Cl-CH_2-CH=CH_2$$

8. हैलोजन अम्लों का योग (Addition of halogen acids) :

- ऐल्कीन, हैलोजन अम्लों से क्रिया करके ऐल्काइलहैलाइड बनाती है। हैलोजन अम्लों की क्रियाशीलता का क्रम है-

$$HI > HBr > HCl$$

$$\begin{matrix} CH_2 \\ \| \\ CH_2 \end{matrix} + HX \longrightarrow CH_3-CH_2X$$

$$CH_3-CH_3=CH_2 \xrightarrow[H^+]{HBr} CH_3-\overset{+}{C}H-CH_3 \longrightarrow CH_3-\underset{Br}{\underset{|}{CH}}-CH_3$$

- 3-मिथाइल ब्यूटेन-1 की HBr के साथ अभिक्रिया

$$CH_3-\overset{CH_3}{\overset{|}{CH}}-CH=CH_2 \xrightarrow{HBr} CH_3-\overset{CH_3}{\overset{|}{CH}}-\overset{+}{C}H-CH_3 \xrightarrow[\text{Shift}]{\text{Hydride}} CH_3-\overset{CH_3}{\overset{|}{\underset{+}{C}}}-CH_2-CH_3 \xrightarrow{Br^-} CH_3-\overset{CH_3}{\overset{|}{\underset{Br}{\underset{|}{C}}}}-CH_2-CH_3$$

2, Bromo, 2-methyl butane

- पैरॉक्साइड की उपस्थिति में, 3-मिथाइल ब्यूटेन-1 की HBr के साथ अभिक्रिया

$$CH_3-\overset{CH_3}{\overset{|}{CH}}-CH=CH_2 \xrightarrow[\text{Peroxide}]{HBr} CH_3-\overset{CH_3}{\overset{|}{CH}}-CH_2-CH_2Br \xrightarrow[\text{acetone}]{NaI} CH_3-\overset{CH_3}{\overset{|}{CH}}-CH_2-CH_2I$$

- 2-साइक्लोहेक्साइल की HBr के साथ अभिक्रिया

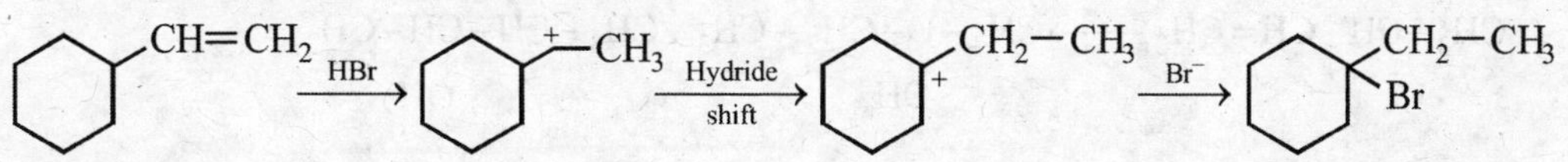

Note

- ऐल्कीन की HF के साथ क्रिया, बहुलकीकरण द्वारा दी जाती है।

☞ उदाहरण

Reaction of 3,3 dimethyl cyclohexane with hydrogen iodide : This reaction take place according to Methyl shift.

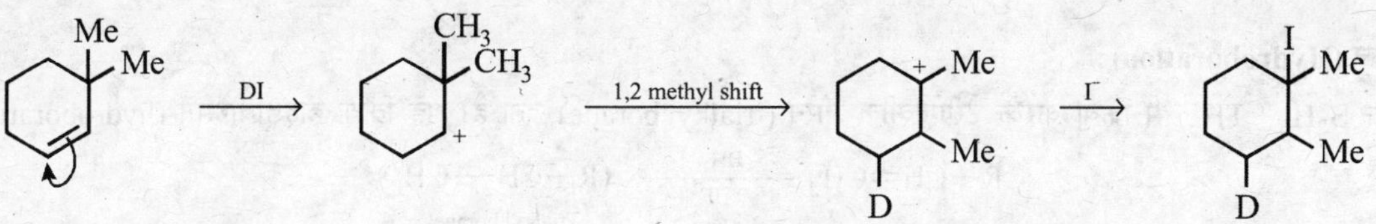

☞ उदाहरण

Reaction of cylcohexyl ethene with HBr : This reaction take place according to deutride shift.

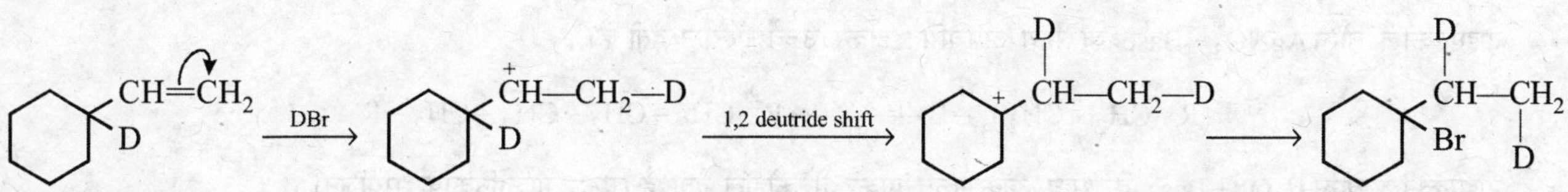

☞ उदाहरण

Reaction of phenyl Ethene with HBr :

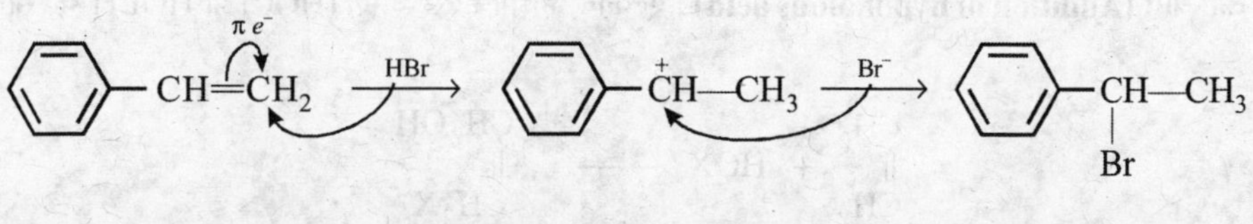

☞ उदाहरण

In pressure of electron donating group Benzene ring become :

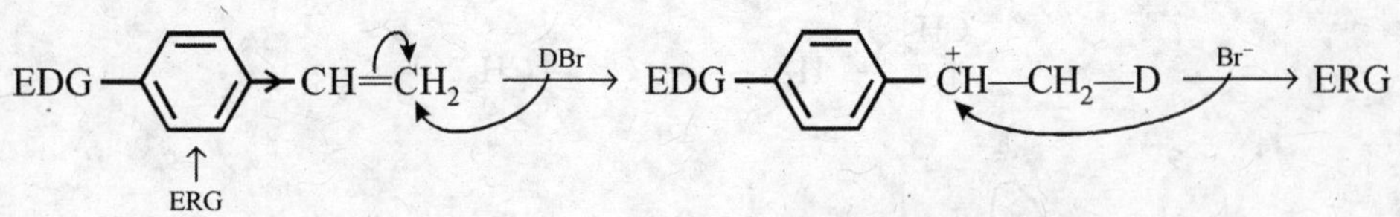

☞ उदाहरण

In pressure of electron withdrawing group benzene ring become Electron Attracting group (EAG) :

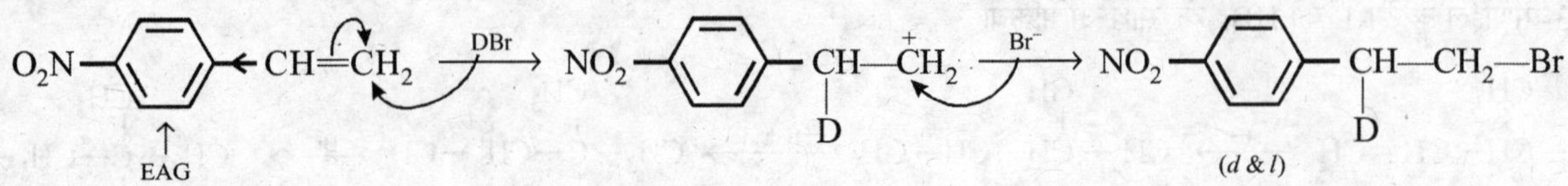

9. ऐल्कीन का जलयोजन (Hydration of alkene) : ऐल्कीन का जलयोजन होने से, ऐल्कोहॉल बनता है। ऐल्कीन का हाइड्रेशन exothermic है तथा सान्द्र H_2SO_4 की उपस्थिति में दिया जाता है।

- प्रोपेन का जलयोजन :

$$CH_3-CH=CH_2 \xrightarrow[H_2O]{H_2SO_4} CH_3-CH(OH)-CH_3$$

- 3-मिथाइल ब्यूटेन का जलयोजन

$$CH_3-\overset{\displaystyle CH_3}{\overset{|}{C}H}-CH=CH_2 \longrightarrow \underset{\text{main}}{CH_3-\underset{\displaystyle OH}{\underset{|}{\overset{\displaystyle CH_3}{\overset{|}{C}}}}-CH_2-CH_3} + CH_3-\overset{\displaystyle CH_3}{\overset{|}{C}H}-\underset{\displaystyle OH}{\underset{|}{C}H}-CH_3$$

- 3, 3-डाइमिथाइल ब्यूटेन-1 का जलयोजन

$$CH_3-\underset{\displaystyle CH_3}{\underset{|}{\overset{\displaystyle CH_3}{\overset{|}{C}}}}-CH=CH_2 \xrightarrow[H_2O]{H_2SO_4} \underset{\text{2,3-dimethyl butanol-2}}{CH_3-\underset{\displaystyle OH}{\underset{|}{\overset{\displaystyle CH_3}{\overset{|}{C}}}}-\overset{\displaystyle CH_3}{\overset{|}{C}H}-CH_3}$$

10. हाइड्रोबोरेसन (Hydroboration) :

- ऐल्कीन B_2H_6 + THF से क्रिया करके टेरीऐल्कील बोरेन (trialkyl borane) देती है। यह क्रिया हाइड्रोबोरेसन (hydroboration) कहलाती है।

$$R-CH=CH_2 \xrightarrow[THF]{BH_3} \underset{\text{Trialkyl borane}}{(R-CH_2-CH_2)_3}$$

- ट्राइऐल्कील बोरेन, CH_3COOH के साथ अपचयित होकर सामान्य ऐल्केन देती है।

$$(R-CH_2-CH_2)_3-B \xrightarrow[OH^-]{COOH} R-CH_2-CH_3+H_3BO_3$$

- ट्राइऐल्कील बोरेन $AgNO_3$ + Base के साथ अपचयित होकर उच्च ऐल्केन देती है।

$$(R-CH_2-CH_2)_3-B \xrightarrow[OH^-]{AgNO_3} R-CH_2-CH_2-CH_2-CH_2-R$$

- ट्राइऐल्कील बोरेन H_2O_2 + Base के साथ ऑक्सीकृत होकर ऐल्कोहॉल देती है (ऐन्टी मार्कोनिकॉफ संयोजन).

$$(R-CH_2-CH_2)_3\,B \xrightarrow[OH^-]{H_2O_2} R-CH_2-CH_2-OH+H_3BO_3$$

11. हाइपो-हैल्स अम्लों का योग (Addition of hypohalous acid) : ऐल्कीन, हाइपो हैल्स अम्ल (HOCl या HOBr) के साथ क्रिया करके हैलोहाइड्रीन देती है।

$$\begin{matrix} CH_2 \\ \| \\ CH_2 \end{matrix} + HOX \longrightarrow \underset{\text{Ethylene halohydrin}}{\begin{matrix} CH_2OH \\ \| \\ CH_2X \end{matrix}}$$

(जहाँ X = Cl या Br)

12. ठण्डे alk. $KMnO_4$ के साथ ऑक्सीकरण (बॉयर अभिकर्मक) [Oxidation with cold alk. $KMnO_4$ (Baeyer's reagent)] : जब ऐथेन को alk. $KMnO_4$ के तनु विलयन पर प्रवाहित करते हैं यह रंगहीन (decolorised) प्राप्त करती है तथा ऐथेन ग्लाइकॉल में ऑक्सीकृत हो जाती है।

$$CH_2{=}CH_2 + H_2O + [O] \xrightarrow{\text{alk. } KMnO_4} \underset{\text{(Ethylene glycol)}}{CH_2OH{-}CH_2OH}$$

13. गर्म alk. $KMnO_4$ के साथ ऑक्सीकरण [Oxidation with hot alk. $KMnO_4$] : जब ऐल्कीन को गर्म सान्द्र $KMnO_4$ विलयन के साथ क्रिया करते हैं, तब अम्ल या कीटोन का द्वि-बन्ध ऐल्कीन प्राप्त होता है।

$$CH_2{=}CH_2 \xrightarrow{KMnO_4} HCOOH \xrightarrow[\Delta]{[O]} 2CO_2 + 2H_2O$$

$$R-CH=CH_2 \xrightarrow[\text{or } KMnO_4/H^+]{\text{hot and alkaline } KMnO_4} R-COOH + CO_2 + H_2O$$

$$R-CH=CH-R' \xrightarrow[\text{or } KMnO_4/H^+]{\text{hot and alkaline } KMnO_4} R-COOH + R'COOH$$

$$R_2C=CH-R' \xrightarrow[\text{or } KMnO_4/H^+]{\text{hot and alkaline } KMnO_4} R_2-C=O + R'COOH$$

$$R_2C=CH_2 \xrightarrow[\text{or } KMnO_4/H^+]{\text{hot and alkaline } KMnO_4} R_2-COOH + CO_2 + H_2O$$

14. ओजोनीकरण (Ozonolysis) : कम तापमान पर जब अक्रिय विलायक जैसे CCl_4 में ऐथेन के घोल में ओजोन प्रवाहित की जाती है तो ओजोनाइड बनते हैं। धातु उत्प्रेरण की उपस्थिति में ओजोनाइडों का जिंक तथा ऐसीटिक अम्ल या हाइड्रोजन के साथ अपचयन करने पर कार्बोनिल यौगिक ऐल्डिहाइड या कीटोन प्राप्त होते है।

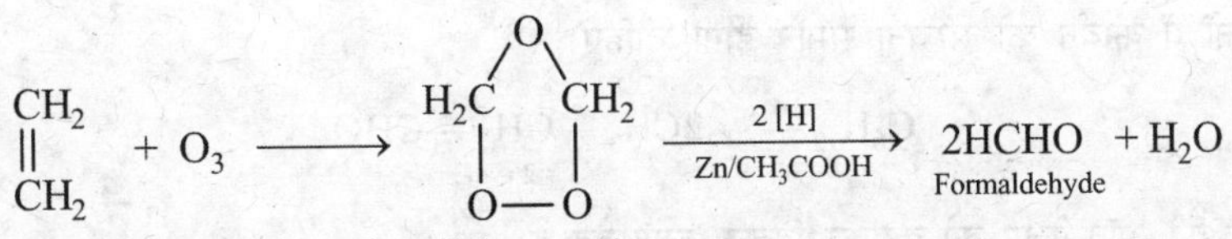

Ethylene ozonide

ओजोनीकरण (OZONOLYSIS)

एल्कीन पर ओजोन के एक अणु के योग से ओजोनाइड बनता है। ओजोनाइड के Zn—H^2O द्वारा जल अपघटन एल्डीहाइड या कीटोन या दोनों बनते हैं।

ओजोन की लुईस संरचना

$$O_3 = [:\ddot{O}^{-}-\overset{+}{\ddot{O}}=\ddot{O}: \longleftrightarrow :\ddot{O}=\overset{+}{\ddot{O}}-\ddot{O}:^{-}]$$

Mechanism

एल्कीन के एक अणु पर कम ताप पर ओजोन के योग से molozonide बनता है। जिसका तेजी से पुनर्विन्यास होकर ओजोनाइड्स बनता है।

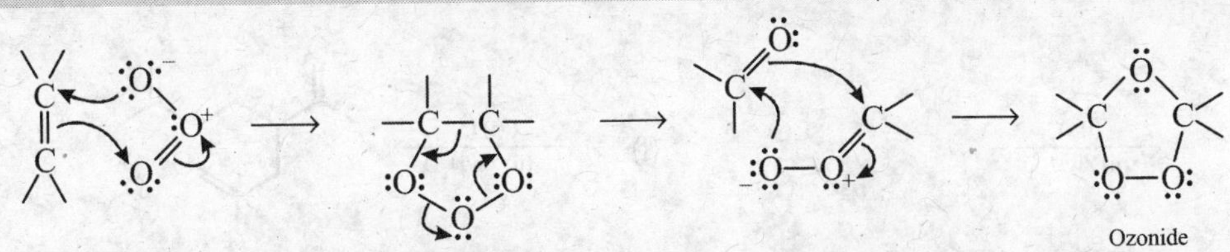
Initial ozonide

Ozonide

ओजोनीकरण (Ozonolysis) दो पदों में पूर्ण होता है। प्रथम पद में ओजोन का योग होकर ओजोनाइड बनता है। जिसका जिंक या डाइमिथाईल थायो-ईथर की उपस्थिति में जल अपघटन होता है।

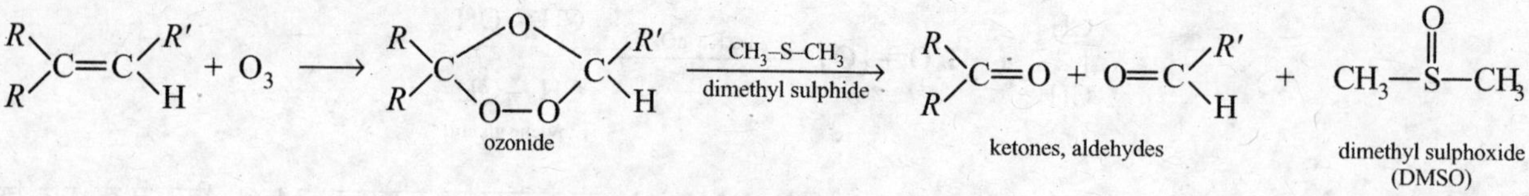

अपचयित ओजोनीकरण (Reductive Ozonolysis or Reductive work up)

ओजोन के योग तथा इसके पश्चात् जल अपघटन की प्रक्रिया को अपचयित ओजोनीकरण कहते हैं। जिसमें अपचायक जिंक या डाइमिथाईल थायोईथर होता है। (Addition of ozone followed by hydrolysis in the presence of reducing agent is known as reductive ozonolysis.)

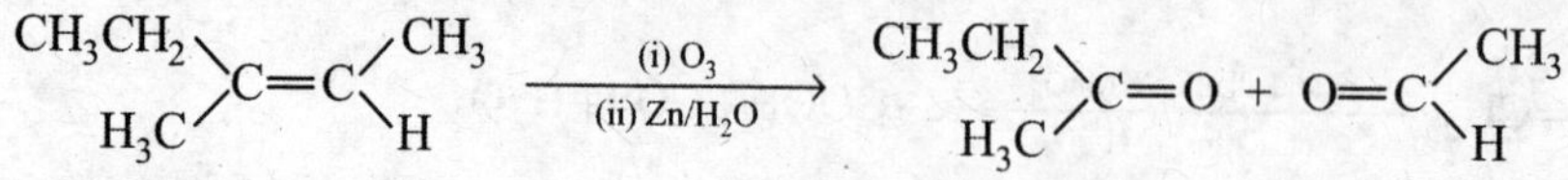

डाइमिथाईल सल्फाइड अपयाचक की तरह कार्य करता है जो ऑक्सीजन से अभिक्रिया करके स्थाई यौगिक डाइमिथाइल सल्फोक्साइड (dimethyl sulphoxide) बनाता है।

इस प्रक्रिया में एल्डीहाइड का ऑक्सीकरण नहीं हो पाता क्योंकि ओजोनीकरण बनी हुई हाइड्रोजन परऑक्साइड एल्डीहाइड का ऑक्सीकरण करके कार्बोक्सलिक अम्ल बनाती है।

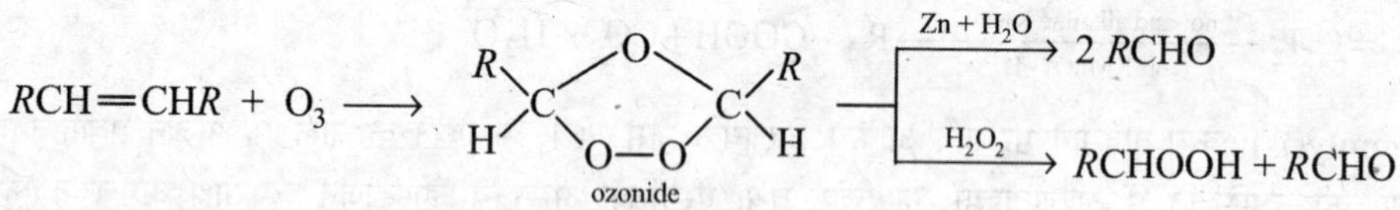

ओजोनीकरण में उत्पाद के अनुसार एल्कीन की संरचना ज्ञात करना।

(i) एल्कीन तथा उत्पाद दोनों में कार्बन की संरचना समान होनी चाहिए।

$$C_6H_{12} \longrightarrow \underset{3 \times 2 = 6C}{2CH_3{-}CH_2{-}CHO}$$

(ii) दोनों काबोनोइल यौगिक की ऑक्सीजन को हटाकर द्विबन्ध लगा देते हैं।

(iii) यदि उत्पाद एक डाई कार्बोनोइल यौगिक है तब एल्कीन साइक्लोएल्कीन होती है।

Illustration

निम्नलिखित का ओजोनीकरण करने पर उत्पाद बताइए।

(a) 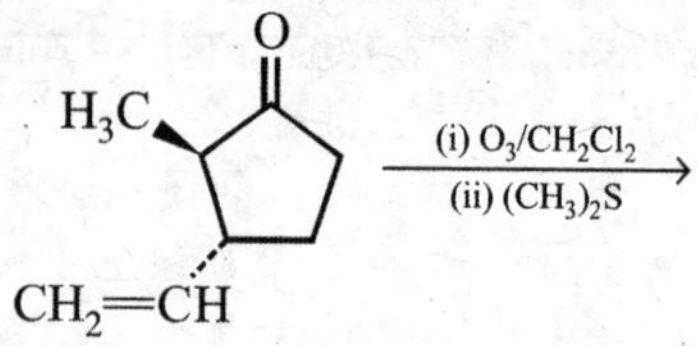

(b) 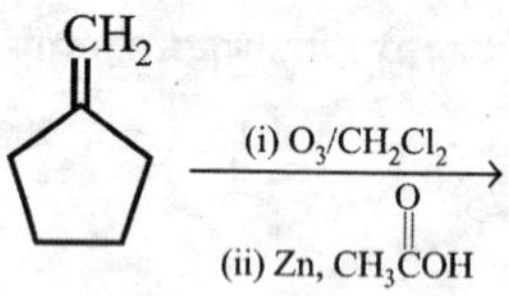

(c) 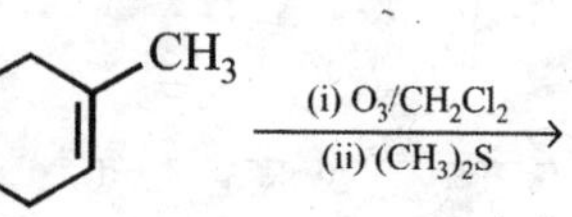

(d) 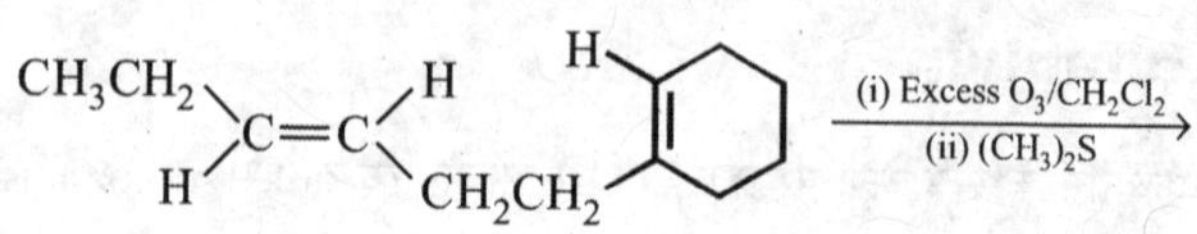

(e) 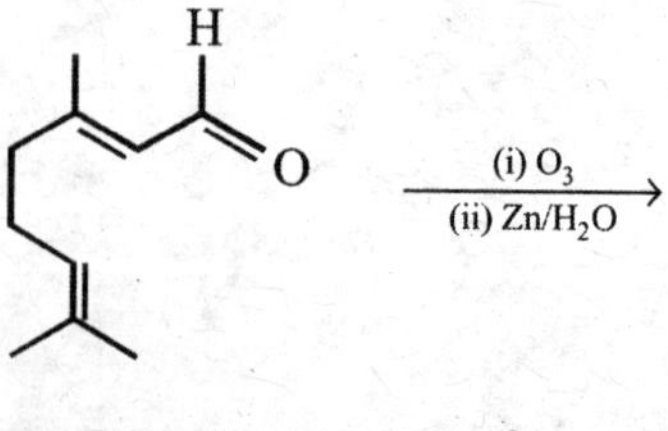

(f) 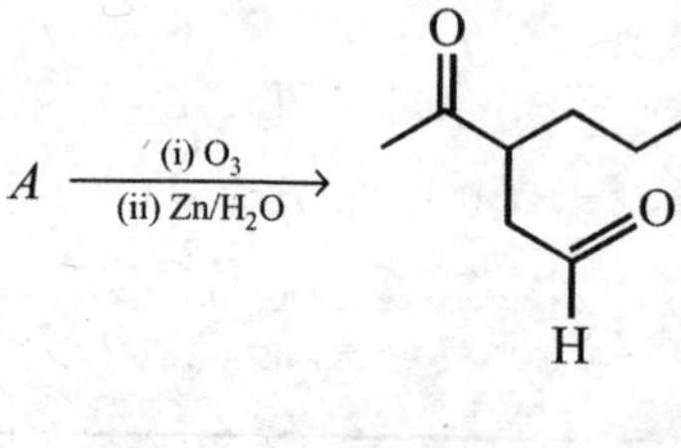

Solution :

(a) 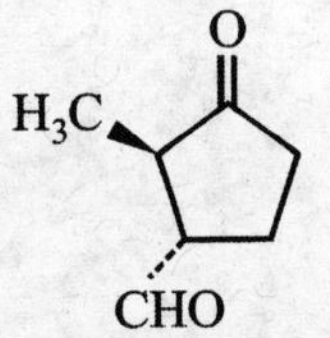 $+ H_2C{=}O$

(b)  $+ H_2C{=}O$

(c) 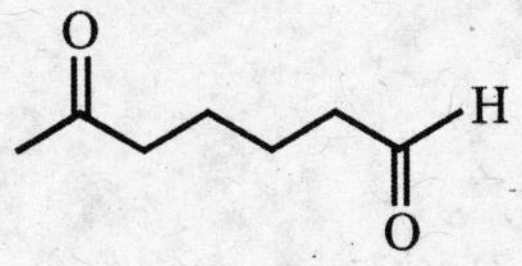

(d) $CH_3CH_2\overset{O}{\overset{\|}{C}}H + H\overset{O}{\overset{\|}{C}}CH_2CH_2\overset{O}{\overset{\|}{C}}CH_2CH_2CH_2CH_2\overset{O}{\overset{\|}{C}}H$

(e) 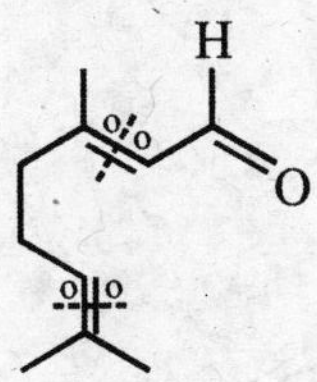 $\xrightarrow[\text{(ii) Zn/H}_2\text{O}]{\text{(i) O}_3} CH_3\overset{O}{\overset{\|}{C}}CH_3 + H\overset{O}{\overset{\|}{C}}CH_2CH_2\overset{O}{\overset{\|}{C}}CH_3 + H\overset{O}{\overset{\|}{C}}{-}\overset{O}{\overset{\|}{C}}H$

(f) 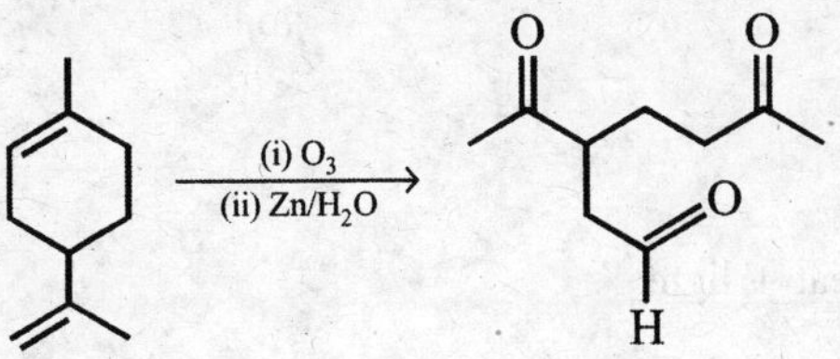

Illustration

ओजोनीकरण के पश्चात् उत्पाद को देकर एल्कीन की संरचना बताइए।

(a) $C_7H_{12} \xrightarrow[\text{(ii) CH}_3\text{—S—CH}_3]{\text{(i) O}_3} CH_3{-}\overset{O}{\overset{\|}{C}}{-}(CH_2)_3{-}\overset{O}{\overset{\|}{C}}{-}CH_3$

(b) $C_{10}H_{18} \xrightarrow[\text{(ii) CH}_3\text{—S—CH}_3]{\text{(i) O}_3} CH_3{-}\overset{O}{\overset{\|}{C}}{-}CH_3 + CH_3{-}\overset{O}{\overset{\|}{C}}{-}CH_2{-}CH_3 + OHC{-}CH_2{-}CHO$

(c) $C_{10}H_{18} \xrightarrow[\text{(ii) CH}_3\text{—S—CH}_3]{\text{(i) O}_3} CH_3{-}\overset{CH_3}{\overset{|}{C}H}{-}CH_2{-}\overset{O}{\overset{\|}{C}}{-}(CH_2)_4{-}CHO$

(d) $C_7H_{10} \xrightarrow[\text{(ii) CH}_3\text{—S—CH}_3]{\text{(i) O}_3}$ 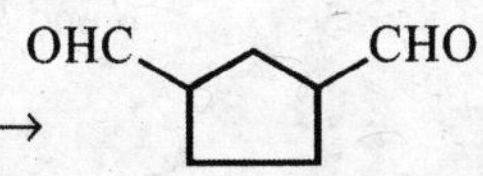

Solution :

(a) $C_7H_{12} \xrightarrow[\text{(ii) CH}_3\text{—S—CH}_3]{\text{(i) O}_3} CH_3{-}\overset{O}{\overset{\|}{C}}{-}(CH_2)_3{-}\overset{O}{\overset{\|}{C}}{-}CH_3 \longrightarrow$ 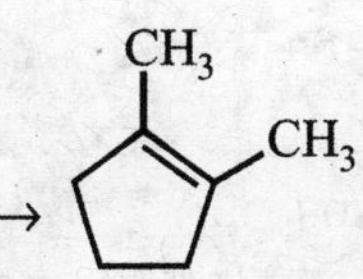

(b) $C_{10}H_{18} \xrightarrow[\text{(ii) (CH}_3)_2\text{S}]{\text{(i) O}_3} (CH_3)_2C{=}O + CHO{-}CH_2{-}CHO + O{=}\overset{CH_3}{\overset{|}{C}}{-}CH_2{-}CH_3 \longrightarrow (CH_3)_2C{=}CH{-}CH_2{-}CH{=}\overset{CH_3}{\overset{|}{C}}{-}CH_2{-}CH_3$

(c) 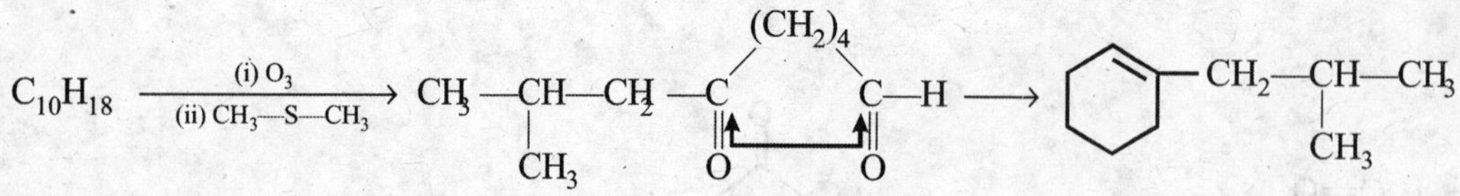

(d) 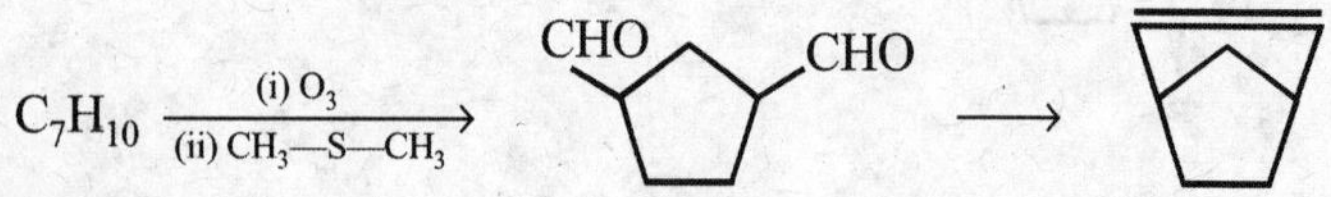

Illustration

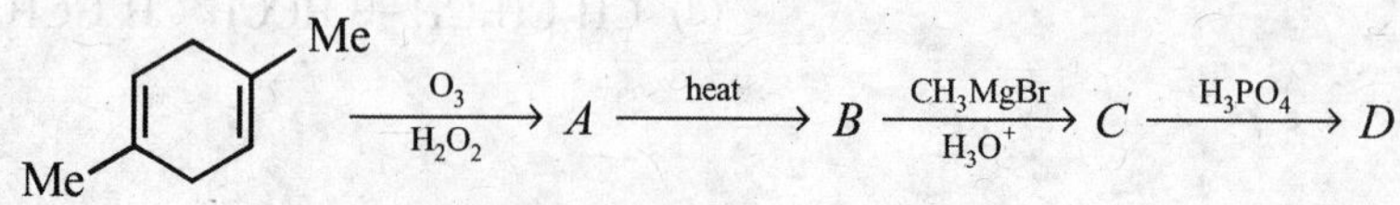

What is *A*, *B*, *C*, *D*.

Solution :

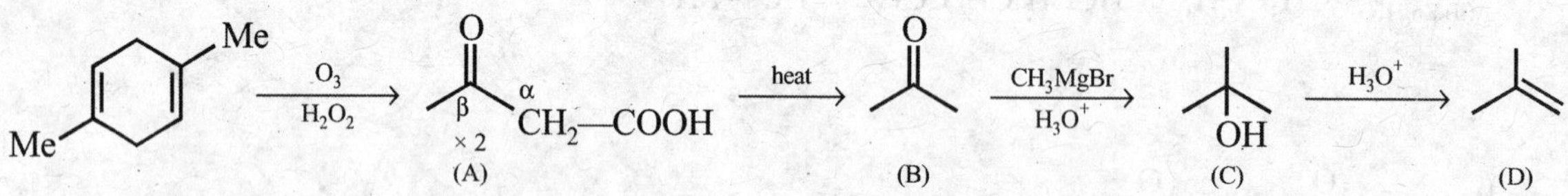

⇨ **दहन (Combustion) :** हवा में ऐल्कीनों को जलाने पर CO_2 तथा H_2O बनते हैं।

$$CH_2{=}CH_2 + 3O_2 \longrightarrow 2CO_2 + 2H_2O + \text{heat} + \text{light}$$

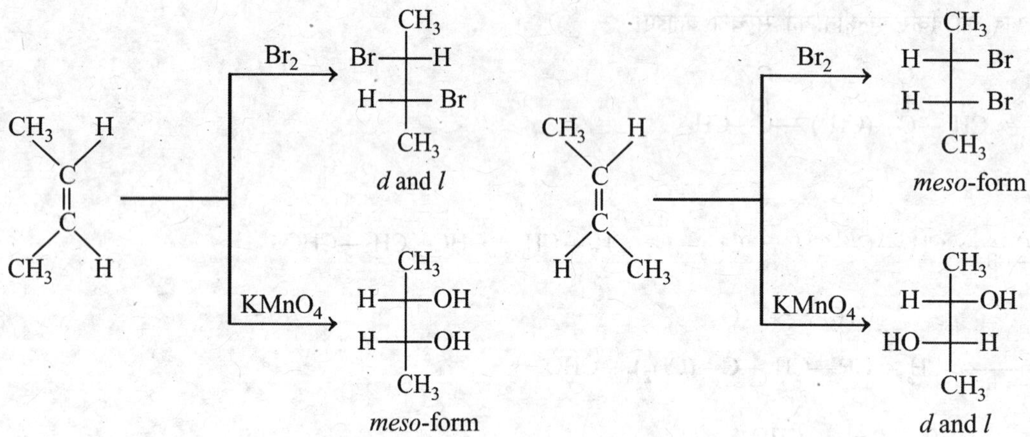

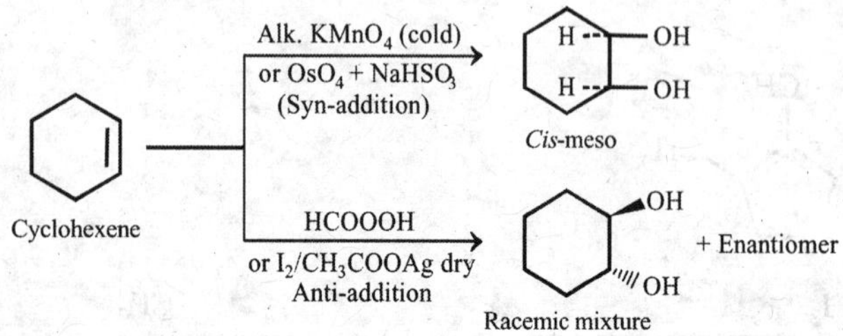

एल्काइन (Alkynes)

ऐल्काइन का निर्माण (Preparation of alkynes) :

1. **1,1,2,2-टेट्राहैलोऐल्केन का विहैलोजनीकरण :** Zn के साथ क्रिया पर, टेट्राहैलाइड़ो पर प्राप्त विहैलोजनीकृत से ऐल्काइनों को प्राप्त किया जाता है।

$$R-CBr_2-CHBr_2+2Zn \xrightarrow{\Delta} \underset{\text{Alkyne}}{R-C\equiv CH}+2ZnBr_2$$

$$R-CBr_2-CBr_2-R+2Zn \xrightarrow{\Delta} \underset{\text{Alkyne}}{R-C\equiv C-R}+2ZnBr_2$$

2. **vic तथा gem डाइहैलाइडों के विहाइड्रो-हैलोजनीकरण द्वारा (By dehydrohalogenation of vic and gem dihalides) :** alc. $KOH+NaNH_2$ या KNH_2 के साथ vic. तथा KNH_2 डाइहैलाइडो के विहाइड्रो-हैलोजनीकरण द्वारा ऐल्काइनों को प्राप्त किया जाता है।

$$\underset{\text{Ethylene dibromide}}{Br-CH_2-CH_2-Br}+2KOH(alc.) \xrightarrow{\Delta} \begin{matrix}CH\\ |||\\ CH\end{matrix}+2KBr+2H_2O$$

$$R-CHBr-CHBr-R+2KOH(alc.) \xrightarrow{NaNH_2} R-C\equiv C-R+2KBr+2H_2O$$

$$\underset{\text{Ethylidene Dichloride}}{CH_3-CHCl_2}+2KOH(alc.) \xrightarrow{\Delta} \begin{matrix}CH\\ |||\\ CH\end{matrix}+2KCl+2H_2O$$

3. **ऐसीटिलीन का निर्माण (Preparation of acetylene) :**

(i) कैल्सियम कार्बाइड, Cu_2C_2 या BaC_2 पर जल की क्रिया से ऐसीटिलीन बनायी जाती है।

$$CaC_2+2H_2O \longrightarrow CH\equiv CH+Ca(OH)_2$$

(ii) कार्बन इलेक्ट्रॉडो के बीच H_2 के वातावरण में विद्युत आर्क उत्पन्न करके ऐसीटिलीन प्राप्त की जाती है। यह अभिक्रिया बर्थलो संश्लेषण विधि कहलाती है।

$$2C+H_2 \xrightarrow[\text{electric arc}]{1475\,K} HC\equiv CH$$

(iii) क्लोरोफॉर्म को सिल्वर चूर्ण के साथ गर्म करने पर ऐसीटिलीन बनती है।

$$CHX_3+6Ag+X_3CH \xrightarrow{\Delta} HC\equiv CH+6AgX\ (X=Cl \text{ or } I)$$

(iv) **कोल्बे विद्युत-अपघटनी विधि :** पोटैशियम मैलेट या फ्यूमेरेट के जलीय विलयन का विद्युत-अपघटन करने पर ऐनोड पर ऐसीटिलीन बनती है।

$$\begin{matrix}H-C-COOK\\ \|\\ H-C-COOK\end{matrix} \text{ or } \begin{matrix}KOOC-C-H\\ \|\\ H-C-COOK\end{matrix}+2H_2O \xrightarrow{\text{electrolysis}} \underbrace{\begin{matrix}CH\\ |||\\ CH\end{matrix}+2CO_2}_{\text{at anode}}+\underbrace{2NaCH+H_2}_{\text{Al cathode}}$$

4. सोडियम ऐसीटीलाइड की उपयुक्त ऐल्किलहैलाइडों के साथ क्रिया द्वारा उच्च ऐल्काइन प्राप्त किये जाते हैं।

- **Type-1 :** निम्न ऐल्काइन $NaNH_2$ के साथ क्रिया करके ऐल्काइन का सोडियम लवण देता है, जो प्राथमिक हैलाइडों से क्रिया करके उच्च ऐल्काइन देता है।

$$HC\equiv CH \xrightarrow[196\,K]{Na/liq.\ NH_3} \underset{\text{sod. acetylide}}{HC\equiv C^-Na^+} \xrightarrow{R-X} \underset{\text{Alkyne}}{R-C\equiv CH}+NaX$$

$$R-C\equiv CH \xrightarrow[196\,K]{Na/liq.\ NH_3} R-C\equiv C^-Na^+ \xrightarrow[\text{primary halide}]{R'-X} \underset{\text{Alkyne}}{R-C\equiv C-R'}+NaX$$

$$\underset{\text{Sod. acetylide}}{HC\equiv C^-Na^+}+\underset{\text{Ethyl bromide}}{CH_3CH_2Br} \longrightarrow \underset{\text{1-Butyne}}{CH_3-CH_2-C\equiv CH}+NaBr$$

- **Type-2 :** ग्रिगनार्ड अभिकर्मक टर्मिनल ऐल्काइन से क्रिया करके ऐल्केन तथा नया ग्रिगनार्ड अभिकर्मक देते हैं। यह नया ग्रिगनार्ड अभिकर्मक ऐल्किलहैलाइड के साथ क्रिया करके उच्च ऐल्किल देता है।

$$R-C\equiv CH+CH_3MgBr \longrightarrow CH_4+R-C\equiv C-MgBr \xrightarrow{R'-X} R-C\equiv C-R'$$

ऐल्काइनों के गुणधर्म (Properties of Alkyne) :

1. उत्प्रेरक अपचयन (Catalytic Reduction) :

- नॉन टर्मिनल ऐल्काइन का $LiAlH_4$ का Li/liq. NH_3 के साथ अपचयन कराने पर विपक्ष ऐल्कीन प्राप्त होती है।

$$R-C\equiv C-R \xrightarrow{Li\ +\ liq.\ NH_3} \text{trans alkene } R-CH=CH-R$$

- नॉन टर्मिनल ऐल्काइन का $Pd/BaSO_4$ के साथ अपचयन कराने पर समपक्ष ऐल्कीन प्राप्त होती है।

$$R-C\equiv C-R \xrightarrow{Pd/BaSO_4} \text{Cis-alkane}$$

2. HX के साथ अभिक्रिया (Reaction with HX) :

- HX का योग मार्कोनीकॉफ नियमानुसार होता है।

Step - 1 $R-C\equiv CH+HBr \longrightarrow R-\underset{Br}{\underset{|}{C}}=CH_2$ (अनुनाद दर्शाता है)

Step - 2 $R-\underset{Br}{\underset{|}{C}}=CH_2+HBr \longrightarrow R-\overset{Br}{\overset{|}{\underset{Br}{\underset{|}{C}}}}=CH_3$

3. विनाइलक्लोराइड का निर्माण (Formation of vinyl chloride) :

- HgCl (उत्प्रेरक) की उपस्थिति में ऐसीटिलीन की HCl के साथ अभिक्रिया कराने पर विनाइक्लोराइड प्राप्त होता है।

$$CH\equiv CH+HCl \xrightarrow{Hg^{++}\ (catalyst)} CH_2=CH-Cl$$

4. ऐल्काइन की HOCl के साथ क्रिया (Reaction of alkyne with HOCl) :

$$CH\equiv CH+HOCl \longrightarrow HO-CH=CH-Cl \xrightarrow{HOCl} (HO)_2-CH-CHCl_2 \longrightarrow Cl_2CH-CHO$$

$$R-C\equiv CH \xrightarrow{2\,HOCl} R-CO-CH_2Cl$$

5. ऐल्काइन से ऐल्डिहाइड तथा कीटोन का निर्माण (Formation of aldehyde and ketone from alkyne)

(a) **$HgSO_4+H_2SO_4$ के साथ हाइड्रोजनीकरण द्वारा (By hydration with $HgSO_4+H_2SO_4$) :** ऐसीटिलीन को छोड़कर अन्य ऐल्काइनों से कीटोन प्राप्त की जा सकती है।

ऐल्कीन $+H_2O \xrightarrow{Hg^{++},H^+}$ विनाइ ऐल्कोहॉल $\xrightarrow{Resonance}$ $\xrightarrow{Tautomerism}$ ऐल्डिहैलाइड या कीटोन

$$CH\equiv CH+H-OH \xrightarrow{Hg^{++},H^+} CH_2=CH-O-H \longleftrightarrow {}^{-}CH_2-CH=O^{+}-H \longrightarrow CH_3-CHO$$

विशेष : $R-C\equiv CH \xrightarrow{HOH,\ Hg^{++}} R-\underset{O}{\underset{|}{C}}=CH_2 \longleftrightarrow R-\underset{{}^{+}OH}{\underset{\|}{C}}-CH_2^- \longrightarrow R-\underset{O}{\underset{\|}{C}}-CH_3$

(b) **ऐल्काइन का हाइड्रोकाबोरोनीकरण (Hydrocarboration-oxidation of alkyne) :** टर्मिनल ऐल्काइन $R—C\equiv CH$, $Ph—C\equiv CH$ ऐल्डिहाइड तथा N-टर्मिनल ऐल्काइन कीटोन देते हैं।

$$R-C\equiv CH \xrightarrow{BH_3} (R-CH=CH-)_3\,B \xrightarrow{H_2O_2/OH^-} R-CH=CH-OH \longrightarrow R-CH_3-CHO$$

6. टर्मिनल ऐल्काइन $AgNO_3$ के साथ क्रिया करके सफेद अवक्षेप देते हैं तथा Cu_2Cl_2 के साथ क्रिया करके लाल अवक्षेप देते हैं।

$$R-C\equiv CH+AgNO_3 \longrightarrow R-C\equiv C-Ag\ (White\downarrow)$$

$$R-C\equiv CH+Cu_2Cl_2 \longrightarrow R-C\equiv C-Cu\ (Red\downarrow)$$

(i) नॉन टर्मिनल ऐल्काइन कोई अवक्षेप नहीं दते हैं।

(ii) –I प्रभाव या इलेक्ट्रॉन की उपस्थिति में टर्मिनल ऐल्काइन कलात्मक ऐल्काइन के हाइड्रोजनीकरण से ऐल्डिहाइड देता है।

$$NO_2-CH_2-C\equiv CH \xrightarrow[HgSO_4]{HOH,\ H_2SO_4} NO_2-CH_2-CH_2-CHO$$

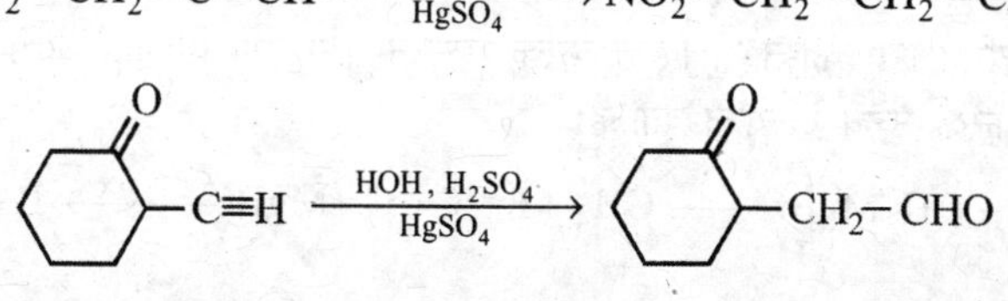

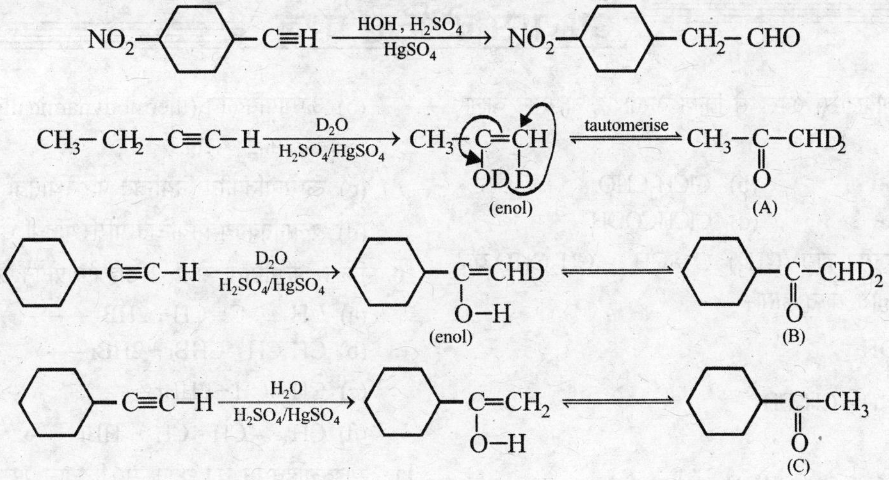

7. **ऐसीटिलीन का अध्ययन (Study of Acetylene) :**

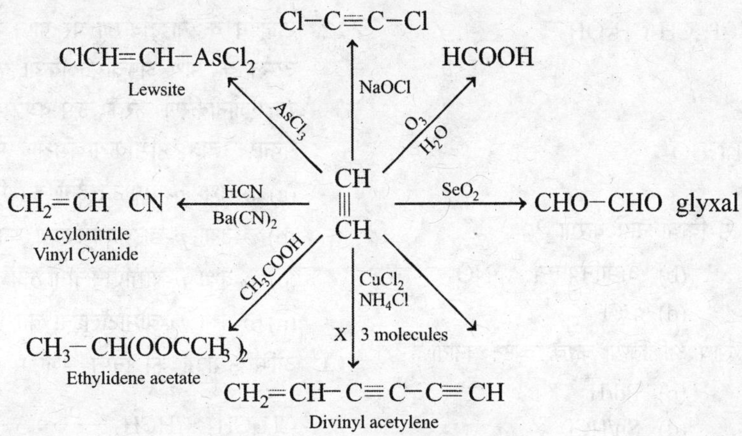

8. **मेथिल ऐसीटिलीन का अध्ययन (Study of propyne) :**

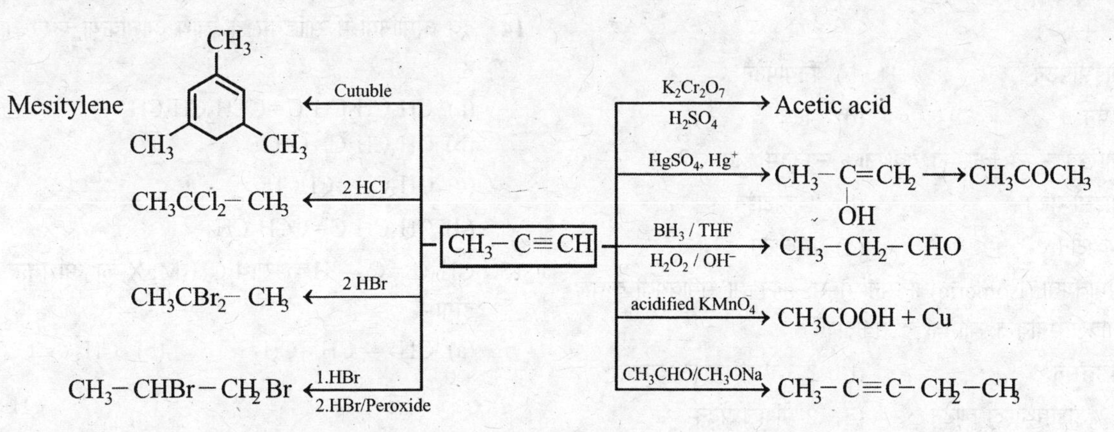

9. नॉन-टर्मिनल ऐल्काइन $AgNO_3, Cu_2Cl_2$ तथा ग्रिगनार्ड अभिकर्मक के साथ क्रिया नहीं करते हैं।

10. टर्मिनल ऐल्काइन $AgNO_3$ के साथ क्रिया करके सफेद अवक्षेप देते हैं तथा Cu_2Cl_2 के साथ क्रिया करके लाल अवक्षेप देते हैं।

11. सममित नॉन-टर्मिनल ऐल्काइन का अम्लीय $KMnO_4$ के द्वारा ऑक्सीकरण करने पर कार्बोक्सिलिक अम्ल के दो समान अणु प्राप्त होते हैं।

12. सभी टर्मिनल ऐल्काइनों का हाइड्रोबोरोनीकरण करने पर ऐल्डिहाइड प्राप्त होती है।

अभ्यास के लिए प्रश्न

1. जब ऐसीटिलीन हाइपोक्लोरस अम्ल से क्रिया करती है, तो बनने वाला उत्पाद है-

(a) CH_3COCl (b) $ClCH_2CHO$
(c) Cl_2CHCHO (d) $ClCHCOOH$

क्षारीय परमैंगनेट विलयन द्वारा $(CH_3)_2C=CH-CH_2CHO$ के प्रबल ऑक्सीकरण द्वारा प्राप्त होगा-

(a) $(CH_3)_2\overset{OH}{\overset{|}{C}}-\overset{OH}{\overset{|}{C}H}-CH_2CH_3$

(b) $\begin{matrix}CH_3\\CH_3\end{matrix}\!\!>CO+CH_3CH_2COOH$

(c) $\begin{matrix}CH_3\\CH_3\end{matrix}\!\!>CH-OH+CH_3CH_2CH_2OH$

(d) $\begin{matrix}CH_3\\CH_3\end{matrix}\!\!>CO+CH_3CH_2CHO$

3. निम्न में से कौन ऐसीटिलीन से क्रिया नहीं करेगा ?

(a) NaOH (b) अमोनियामय $AgNO_3$
(c) Na (d) HCl

4. ब्यूटीन-1 निम्न में से किसके साथ अभिक्रिया करके ब्यूटेन बनाती है?

(a) $Zn-Hg$ (b) Pd/H_2
(c) $Zn-HCl$ (d) Sn/HCl

5. एक ऐल्केन UV किरणों की उपस्थिति में क्लोरीन के साथ गर्म करने पर केवल एक मोनोक्लोरो ऐल्केन बनता है। यह ऐल्केन हो सकती है-

(a) आइसोपेंटेन (b) नियोपेंटेन
(c) प्रोपेन (d) पेंटेन

6. निम्नलिखित में से किसका क्वथनांक न्यूनतम होता है?

(a) आइसोब्यूटेन (b) 1-ब्यूटाईन
(c) 1-ब्यूटीन (d) *n*-ब्यूटेन

7. पाँच समावयवी (isomeric) हेक्सेनों में से, कौन-सा समावयवी केवल दो मोनोक्लोरीनीकृत यौगिक दे सकता हैं?

(a) *n*-हेक्सेन (b) 2,3-डाइमिथाइल ब्यूटेन
(c) 2,2-डाइमिथाइल ब्यूटेन (d) 2-मेथिल पेंटेन

8. 2-मेथिल ब्यूटेन प्रकाश की उपस्थिति में Br_2 के साथ अभिक्रिया करने पर मुख्यत: देता है-

(a) 1-ब्रोमो-2-मिथाइल ब्यूटेन (b) 2-ब्रोमो-2-मिथाइल ब्यूटेन
(c) 2-ब्रोमो-3-मिथाइल ब्यूटेन (d) 1-ब्रोमो-3-मिथाइल ब्यूटेन

9. 40°C पर HBr का एक अणु 1,3-ब्यूटाडाईन के अणु से अभिक्रिया करने पर मुख्यत: देता है-

(a) बलगतिकीय (kinetically) नियन्त्रित परिस्थितियों में 3-ब्रोमोब्यूटीन
(b) ऊष्मागतिकीय (thermodynamically) नियन्त्रित परिस्थितियों में 1-ब्रोमो-2-ब्यूटीन
(c) ऊष्मागतिकीय नियन्त्रित परिस्थितियों में 3-ब्रोमोब्यूटीन
(d) बलगतिकीय नियन्त्रित परिस्थितियों में 1-ब्रोमो-2-ब्यूटीन

10. किस अभिक्रिया से 2, 2-डाइब्रोमोप्रोपेन प्राप्त होगा?

(a) $CH_3-C\equiv CH+2HBr\longrightarrow$
(b) $CH_3CH=CHBr+2HBr\longrightarrow$
(c) $CH\equiv CH+2HBr\longrightarrow$
(d) $CH_3-CH=CH_2+HBr\longrightarrow$

11. साइक्लोहेक्सेन का कौन-सा विन्यास असममित है?

(a) मुढ़ा रूप (b) दृढ़
(c) कुर्सी रूप (d) नाव रूप

12. टॉलूईन के नाइट्रीकरण पर प्राप्त उत्पाद को टिन तथा हाइड्रोक्लोरिक अम्ल के साथ अपचयित किया जाता है। इस प्रकार उत्पन्न उत्पाद का डाइऐजोनीकरण करके, उसे क्यूप्रस ब्रोमाइड के साथ गर्म करते हैं। इस प्रकार उत्पन्न अभिक्रिया मिश्रण में होगा-

(a) *o*-तथा *p*-ब्रोमोटॉलूईनों का मिश्रण
(b) *o*-तथा *p*-डाइब्रोमोबैंजीनों का मिश्रण
(c) *o*-तथा *p*-ब्रोमोऐनिलीनों का मिश्रण
(d) *o*-तथा *m*-ब्रोमोटॉलूईनों का मिश्रण

13. अभिक्रियाओं की निम्न श्रेणी में ऐल्कीन, यौगिक 'B' होती है-

$CH_3CH_2{=}CHCH_3 \xrightarrow{O_3} A \xrightarrow[Zn]{H_2O} B$ यौगिक 'B' है?

(a) CH_3CH_2CHO (b) CH_3COCH_3
(c) $CH_3CH_2COCH_3$ (d) CH_3CHO

14. द्रव अमोनिया में सोडियम के साथ अभिक्रिया करने वाला हाइड्रोकार्बन है-

(a) $CH_3CH_2CH_2C=CCH_2CH_2CH_3$
(b) $CH_3CH_2C=CH$
(c) $CH_3CH=CHCH_3$
(d) $CH_3CH_2C=CCH_2CH_3$

15. $CH_3C=C-H$ के साथ CH_3MgX को अभिकृत करने पर प्राप्त होगा-

(a) $CH_3-CH=CH_2$ (b) $CH_3C\equiv C-CH_3$
(c) CH_4 (d) $CH_3-\overset{H}{\overset{|}{C}}=\overset{H}{\overset{|}{C}}-CH_3$

16. हाइड्रोकार्बन $\overset{4}{CH_3}-\overset{3}{CH_2}-\overset{2}{CH}=\overset{1}{CH_2}$ में किस 'H' के Br द्वारा निष्कर्षण से एक स्थायी मुक्त मूलक प्राप्त होता है

(a) C_1-H (b) C_2-H
(c) C_3-H (d) C_4-H

17. वुर्ट्ज अभिक्रिया में कौन सा ऐल्किन हैलाइड प्रयुक्त नहीं किया जा

सकता है

(a) CH_3CH_2Br (b) $CH_3-CH(CH_3)-Cl$

(c) $CH_3-C(CH_3)_2-Cl$ (d) $CH_3CH_2CH_2Cl$

18. ऐन्टी-मार्कोनिकॉफ योग सम्भव है, इसमें
(a) $CH_3-CH=CH-CH_3$
(b) $CH_3-CH_2-CH=CH-CH_2-CH_5$
(c) $CH_2=CH_2$
(d) $CH_3-CH=CH-CH_2-CH_3$

19. सत्य कथन है
(a) कार्बन परमाणुओं की सम संख्या वाली ऐल्केन का गलनांक अपने निम्न तथा उच्च सजातीय विषम कार्बन संख्या वाली ऐल्केनों की अपेक्षा उच्च होता है।
(b) शाखायुक्त ऐल्केन का क्वथनांक समावयवी नॉर्मल ऐल्केन से कम होता है।
(c) शाखा युक्त ऐल्केन का गलनांक समावयवी नॉर्मल ऐल्केन से अधिक होता है।
(d) सभी कथन सत्य हैं।

20. कितनी ऐल्कीन हाइड्रोजनीकरण पर 2-मेथिलपेन्टेन देंगी
(a) 4 (b) 5
(c) 2 (d) 6

21. $Br-CH_2-CH_2-Br \xrightarrow{"X"} H-C\equiv C-H$ अभिकारक 'X' है
(a) ऐल्कोहॉलिक KOH (b) $NaNH_2/NH_3(l)$
(c) दोनों (a) व (b) (d) इनमें से कोई नहीं

22. C_6H_{14} अणु सूत्र की कौन-सी संरचना पाँच प्रकार के $C_6H_{13}Cl$ उत्पन्न करती है

(a) 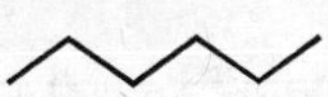 (b) 

(c)  (d) 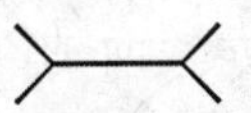

23. 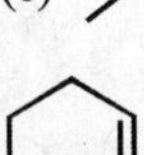 $\xrightarrow{\text{तनु } KMnO_4/OH^-}$ A; 'A' का विन्यास होगा

(a) 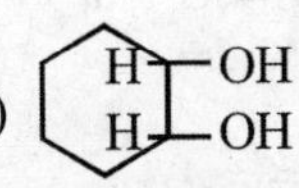 (b) 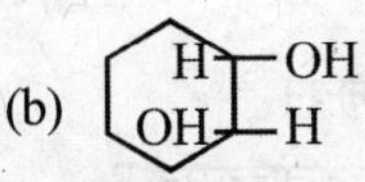

(c) दोनों (a) व (b) (d) इनमें से कोई नहीं

24. $C_6H_5-CH=CH-CH_3 \xrightarrow{H_2O/H^+}$ मुख्य प्रतिफल 'A' होगा

(a) 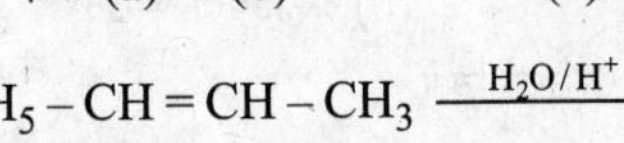

(b) 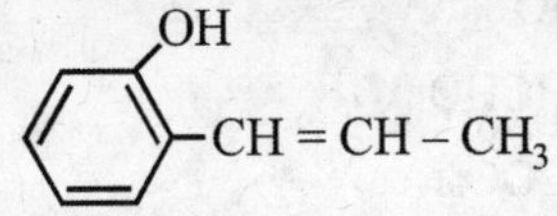

(c) 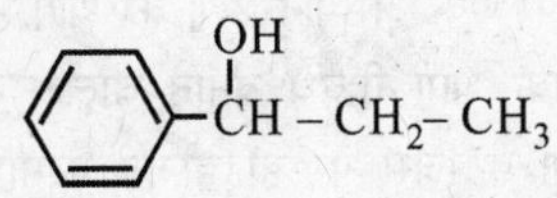

(d) 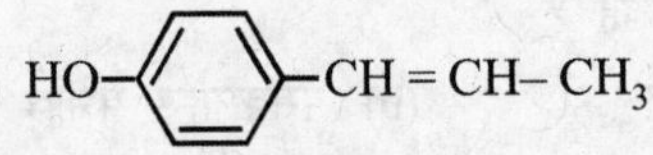

25. 2-ब्यूटेनॉल के निर्जलीकरण से 2-ब्यूटीन का मुख्य प्रतिफल बनना निम्नलिखित में से किसके अनुसार होता है
(a) मारकोनीकॉफ नियम (b) सेन्टजैफ नियम
(c) परॉक्साइड प्रभाव (d) एन्टि-मारकोनीकॉफ नियम

26. किस ऐल्कीन की हाइड्रोजनीकरण ऊष्मा सर्वाधिक होगी
(a) $CH_3-CH=CH_2$ (b) $CH_3-CH=CH-CH_3$
(c) $(CH_3)_2C=CHCH_3$ (d) $(CH_3)_2C=C(CH_3)C_6H_5$

27. $CH_3-CH(Br)-CH(Br)-CH_3 \xrightarrow[\text{ऐसीटोन}]{NaI}$ A, 'A' है
(a) $CH_3-C\equiv C-CH_3$ (b) $CH_3-CH_2-CH=CH_2$
(c) $CH_3-CH=CH-CH_3$ (d) $CH_3CH(Br)CH(I)CH_3$

28. 2-मेथिलप्रोपीन को निर्जल जिंक क्लोराइड की उपस्थिति में ऐसीटिल क्लोराइड के साथ गर्म करने पर प्राप्त उत्पाद की संरचना है
(a) $CH_3-C(CH_3)(Cl)-CH_2-COCH_3$
(b) $CH_3-CH(CH_3)-CH_2-COCH_3$
(c) $CH_3-C(=O)-O-CMe_3$
(d) $CH_3-C(=O)-C(CH_3)=CH_2$

29. निम्न ऐल्कीन के ओजोनोलीसिस पर ऐसीटिक अम्ल, ऐसीटोन तथा पाइरुविक अम्ल प्राप्त होते हैं। ऐल्कीन है
(a) $CH_3-CH=CH-C(CH_3)H=C(CH_3)_2$
(b) $CH_3-C(=CHCH_3)-CH=C(CH_3)_2$
(c) $CH_2=CH-CH=CH-C(CH_3)_2$
(d) इनमें से कोई नहीं

30. एक ऐल्कीन के ओजोनोलीसिस पर केवल एथेनल प्राप्त होता है। इसके स्थान समावयवी के ओजोनोलीसिस पर उत्पन्न प्रतिफल होंगे
(a) CH_3-CHO तथा CH_3CHO

(b) CH_3CHO तथा HCHO

(c) CH_3CH_2CHO तथा HCHO

(d) CH_3CHO तथा CH_3COCH_3

31. जब एक असमान ऐल्कीन पर एक असमान अणु का योग होता है तो असमान अणु का ऋणात्मक भाग द्विबंध बनाने वाले उस कार्बन परमाणु के साथ जुड़ जाता है जिस पर हाइड्रोजन परमाणुओं की संख्या कम होती है। यह है

(a) थीले का सिद्धान्त (b) परॉक्साइड प्रभाव

(c) मारकोनीकॉफ का नियम (d) बॉयर का विकृति सिद्धान्त

32. अभिक्रिया $CH_3-CH=CH_2 \xrightarrow[\text{(ii) } H_2O]{\text{(i) } D^+} X$; 'X' है

(a) $CH_3CH_2CH_2OH$ (b) $CH_3CH(OD)CH_2D$

(c) $CH_3-CH(OH)CH_2D$ (d) $CH_3-CH_2CH_2OD$

33. $CH_3-\overset{\overset{\large CH_3}{|}}{C}=CH-C(CH_3)_3 \xrightarrow{NaIO_4/KMnO_4}$ प्रतिफल; प्राप्त प्रतिफल है

(a) $CH_3-\overset{\overset{\large CH_3}{|}}{C}=O$, $HOOCC(CH_3)_3$

(b) $CH_3COCH_3, (CH_3)_3CHCHO$

(c) $CH_3COOH, (CH_3)_3C.COOH$

(d) $CH_3CH_2COOH, CH_3\overset{\overset{\large CH_3}{|}}{CH}-COOH$

34. ऐल्कीनों के असंतृप्तता के परीक्षण में $KMnO_4$ का गुलाबी रंग विलुप्त हो जाता है। यह परीक्षण कहलाता है

(a) मारकोनीकॉफ परीक्षण (b) बॉयर परीक्षण

(c) वुर्ट्ज परीक्षण (d) ग्रिग्नार्ड परीक्षण

35. हैक्स-1-ईन तथा हैक्स-1-आइन के मिश्रण के पृथक्करण के लिए निम्न अभिकारक प्रयुक्त किया जा सकता है

(a) H_2SO_4 (b) HCl

(c) Cu_2Cl_2/NH_4OH (d) Cl_2/H_2O

36. कुछ यौगिकों की संरचनाएँ निम्नलिखित हैं

(I) $CH_2=CH_2$ (II) $(CH_3)_2C=CH_2$

(III) $CH_3CH=CH-CH_3$

इनकी क्रियाशीलता का क्रम है

(a) I < II < III (b) I < III < II

(c) III < II < I (d) II < I < III

37. ऐसेटिलीन देती है

(a) $AgNO_3$ के साथ सफेद अवक्षेप तथा Cu_2Cl_2 के साथ लाल अवक्षेप

(b) Cu_2Cl_2 के साथ सफेद अवक्षेप तथा $AgNO_3$ के साथ लाल अवक्षेप

(c) दोनों के साथ सफेद अवक्षेप

(d) दोनों के साथ लाल अवक्षेप

38. ऐसेटिलीनक हाइड्रोजन परमाणु अम्लीय होते हैं क्योंकि

(a) ऐसेटिलीन में C–H बन्ध का सिग्मा इलेक्ट्रॉन घनत्व कार्बन परमाणु के अधिक निकट होता है चूँकि कार्बन परमाणु में 50% *s* लक्षण होता है।

(b) ऐसेटिलीन में प्रत्येक कार्बन परमाणु पर केवल एक हाइड्रोजन परमाणु उपस्थित होता है।

(c) 2 कार्बन परमाणु वाले हाइड्रोकार्बनों में ऐसेटिलीन में सबसे कम हाइड्रोजन परमाणु हैं

(d) ऐसेटिलीन C_nH_{2n-2} अणु सूत्र वाली ऐल्काइन श्रेणी का सदस्य है

39. *n*-ब्यूटेन के ब्रोमीनीकरण से उत्पन्न होता है

(a) मुख्य प्रतिफल के रूप में 1-ब्रोमोब्यूटेन

(b) मुख्य प्रतिफल के रूप में 2-ब्रोमोब्यूटेन

(c) 1-ब्रोमो तथा 2-ब्रोमोब्यूटेन बराबर मात्रा में

(d) 1-ब्रोमो तथा 2-ब्रोमोब्यूटेन दोनों ही उत्पन्न होते हैं तथा इनकी प्रतिशतता ताप पर निर्भर करती है।

40. 3, 3, 3-टाइक्लोरोप्रोपीन पर HCl के योग से प्राप्त होता है

(a) $Cl_3C.CH_2CH_2Cl$ (b) $Cl_3C.CH(Cl)CH_3$

(c) $Cl_2CH–CH(Cl)–CH_2Cl$ (d) $Cl_2CH.CH_2CHCl_2$

41. जब प्रोपाइन को 400°C पर गर्म आयरन नलिका में प्रवाहित किया जाता है तो प्राप्त होता है

(a) जाइलीन (b) टॉलूईन

(c) मेसिटिलीन (d) बेन्जीन

42. निम्न अभिक्रियाओं के लिए

$$H-C\equiv C-H+LiNH_2 \rightleftharpoons NH_3+H-C\equiv CLi$$

$$H-C\equiv CLi+H_2O \rightleftharpoons H-C\equiv CH+LiOH$$

बताइए अम्ल शक्ति के सन्दर्भ में कौन-सा क्रम सही है

(a) $H-C\equiv C-H > H_2O > NH_3$

(b) $H-C\equiv CH > NH_3 > H_2O$

(c) $H_2O > H-C\equiv CH > NH_3$

(d) $H_2O > NH_3 > H-C\equiv CH$

43. अणु सूत्र C_6H_{10} का एक हाइड्रोकार्बन उत्प्रेरकीय हाइड्रोजनीकरण पर केवल एक अणु H_2 अवशोषित होता है। ओजोनोलीसिस पर यह हाइड्रोकार्बन यौगिक,

$$O=\overset{\overset{\large H}{|}}{C}-CH_2-CH_2-CH_2-CH_2-\overset{\overset{\large H}{|}}{C}=O$$ देता है।

हाइड्रोकार्बन है

(a) साइक्लोहेक्सेन (b) बेन्जीन

(c) साइक्लोहेक्सीन (d) साइक्लोब्यूटेन

44. निम्न अभिक्रियाओं पर विचार करें

(a) $CH_3-CH=CH_2 \xrightarrow{Br_2} CH_3-CHBr-CH_2Br$

(b) $CH_2=CH \xrightarrow{HOCl} CH_2ClCH_2OH$

(c) $CH_3-CH=H_2 \xrightarrow[\text{Peroxide}]{\text{HBr}} CH_3-CH_2-CH_2Br$

(d) 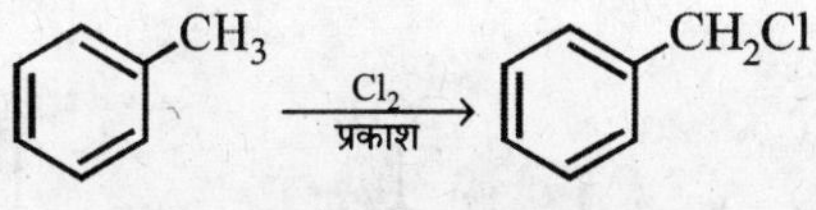

45. निम्न में से कौन-सा यौगिक ग्रिग्नार्ड अभिकर्मक से अभिक्रिया करेगा

(a) $CH_2=CH-CH=CH_2$ (b) $CH_3-CH_2-C\equiv CH$

(c) $CH_3-C\equiv C-CH_3$ (d) $CH_3-CH_2-CH=CH_2$

46. HBr का मार्कोनीकॉफ-विरोधी संकलन नहीं होता है

(a) प्रोपीन में (b) ब्यूट-1-ईन में

(c) ब्यूट-2-ईन में (d) पेन्ट-2-ईन में

47. परॉक्साइडों की उपस्थिति में हाइड्रोजन क्लोराइड तथा हाइड्रोजन आयोडाइड ऐल्कीनों पर योग से ऐन्टी-मार्कोनिकॉफ योग प्रतिफल उत्पन्न नहीं करते हैं क्योंकि

(a) दोनों स्थितियों में पदों में एक पद ऊष्माशोषी होता है

(b) एक ऑक्सीकारक तथा दूसरा अपचायक होता है

(c) दोनों स्थितियों में सभी पद उष्माक्षेपी होते हैं

(d) दोनों ही अत्यधिक आयनिक होते हैं

48. उस यौगिक को चुनिये जो $[Ag(NH_3)_2]^+$ के साथ क्रिया कर सकता है तथा क्षारीय $KMnO_4$ के साथ अभिकृत करने पर $(CH_3)_3C-COOH$ देता है

(a) $(CH_3)_3C-C\equiv C-CH_3$ (b) $CH_3CH_2CH_2-C\equiv C-CH_3$

(c) $(CH_3)_3C-C\equiv CH$ (d) $(CH_3)_2CH-CH_2-C\equiv CH$

49. $CH\equiv CH + CuCl \longrightarrow$ लाल अवक्षेप किसका होगा?

(a) Cu (b) $C-Cu \equiv C-Cu$ ($\overset{C-Cu}{\underset{C-Cu}{|||}}$)

(c) CuO (d) Cu_2O

50. निम्न में से कौन-सा यौगिक ओजोनीकरण के पश्चात् जल-अपघटन से केवल CH_3CHO व CH_3COCH_3 बनायेंगे

(a) $CH_3-CH=C(CH_3)_2$

(b) $CH_3-CH=CH-CH_3$

(c) $CH_3-C(CH_3)=CH-CH_2-CH=CH-CH_3$

(d) $CH_3-C(CH_3)=C(CH_3)-CH_3$

51. हाइड्रोकार्बन C_6H_6 ब्रोमीन का रंग उड़ाता है एवं अमोनिकल $AgNO_3$ से अवक्षेप देता है। यह हो सकता हे

(a) 1, 4-हैक्साडाईन (b) 2, 4-हैक्साडाईन

(c) 1, 3, 5-साइक्लोहैक्साट्राईन (d) इनमें से कोई नहीं

52. निम्नलिखित में से कौन-सी ऐल्कीन तीव्र गति से हाइड्रोजन द्वारा उत्प्रेरक हाइड्रोजनीकरण करती है

(a) 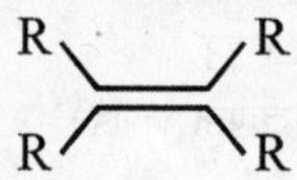 (b) 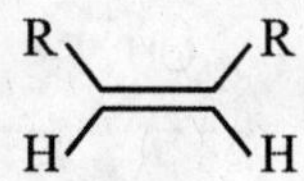

(c) 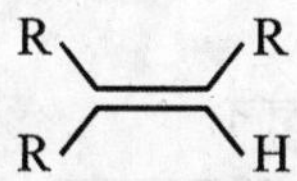 (d) 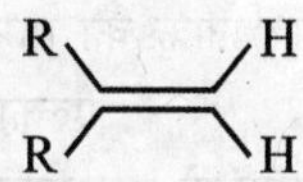

53. 3-फिनाइल प्रोपीन HBr के साथ अभिक्रिया पर (मुख्य प्रतिफल के रूप में) देती है

(a) $C_6H_5CH_2CH(Br)CH_3$ (b) $C_6H_5CH(Br)CH_2CH_3$

(c) $C_6H_5CH_2CH_2CH_2Br$ (d) $C_6H_5CH(Br)CH=CH_2$

54. निम्न में से किस अभिक्रिया में योग मार्कोनिकॉफ नियम के अनुसार सम्पन्न नहीं होता है

(a) $CH_3-CH=CH_2+HCl \xrightarrow{\text{ROOR}}$

(b) $CH_3-CH=CH_2+HBr \xrightarrow{\text{ROOR}}$

(c) $CH_2=CH_2+HI \xrightarrow{\text{ROOR}}$

(d) $CH_3-CH=CH-CH-CH_3+HBr \xrightarrow{\text{ROOR}}$

उत्तरमाला

1. (c)	**2.** (b)	**3.** (a)	**4.** (b)	**5.** (b)	**6.** (a)	**7.** (b)	**8.** (b)	**9.** (b)	**10.** (a)
11. (c)	**12.** (a)	**13.** (d)	**14.** (b)	**15.** (c)	**16.** (c)	**17.** (c)	**18.** (d)	**19.** (d)	**20.** (a)
21. (c)	**22.** (c)	**23.** (a)	**24.** (c)	**25.** (b)	**26.** (a)	**27.** (c)	**28.** (a)	**29.** (b)	**30.** (c)
31. (c)	**32.** (c)	**33.** (a)	**34.** (b)	**35.** (c)	**36.** (b)	**37.** (a)	**38.** (a)	**39.** (b)	**40.** (a)
41. (c)	**42.** (c)	**43.** (c)	**44.** (c)	**45.** (b)	**46.** (c)	**47.** (a)	**48.** (c)	**49.** (b)	**50.** (a)
51. (d)	**52.** (b)	**53.** (b)	**54.** (b)						

हल

1. (c) $CH{=}CH + HOCl \longrightarrow CHOH{=}CHCl \xrightarrow{HOCl} \underset{\text{अस्थायी}}{CH(OH)_2{-}CHCl_2} \longrightarrow CHCl_2CHO$

2. (b) कीटोन बनाने के लिए द्विबन्ध टूट जाता है।

3. (a) $CH_2 = CHCl \xleftarrow{HCl} CH \equiv CH \xrightarrow[\text{द्रव } NH_3]{Na} CH \equiv CNa$

$CH \equiv CH \xrightarrow{\text{अमोनियामय}AgNO_3} AgC \equiv CAg$

4. (b) $CH_3CH_2CH{=}CH_2 \xrightarrow{H_2/Pd} CH_3CH_2CH_2CH_3$

5. (b) $CH_3-C(CH_3)_2-CH_3 \xrightarrow{Cl_2} CH_2Cl-C(CH_3)_2-CH_3$ (केवल एक उत्पाद)

6. (a) क्वथनांक का क्रम:

ऐल्काइन > ऐल्कीन > ऐल्केन

7. (b) इसमें दो एकसमान 3° H-परमाणु तथा 12 एकसमान 1°H-परमाणु होते हैं।

8. (b) तृतीयक H-परमाणु अधिक सक्रिय है।

9. (b) उच्च तापों पर ऊष्मागतिकीय (thermodynamically) नियन्त्रित 1,2-संयोगात्मक अभिक्रिया होती है, जबकि कमरे के ताप पर बलगतिकीय (kinetically) नियन्त्रित 1,4-संयोग अधिक होता है।

10. (a) $CH_3{-}C \equiv CH + HBr \rightarrow CH_3{-}C(Br) = CH_2$

$\xrightarrow{HBr} CH_3-\overset{+}{C}H-CH_2Br \xrightarrow{\text{पुनर्विन्यास}} CH_3-\overset{+}{C}(Br)-CH_3$ (ज्यादा स्थायी कार्बोधनायन)

$\xrightarrow{Br^-} CH_3-CBr_2-CH_3$ (2,2–डाईब्रोमोप्रपेन)

$CH_3{-}CH{=}CHBr \xrightarrow{HBr} CH_3{-}CH_2{-}CHBr_2$

$CH{\equiv}CH \xrightarrow{2HBr} CH_3CHBr_2$

$CH_3{-}CH{=}CH_2 \xrightarrow{HBr} CH_3{-}CHBr{-}CH_3$

11. (c) कुसी जैसी संरचना असममित होती है।

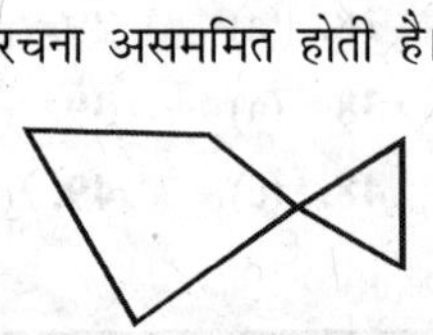

12. (a)

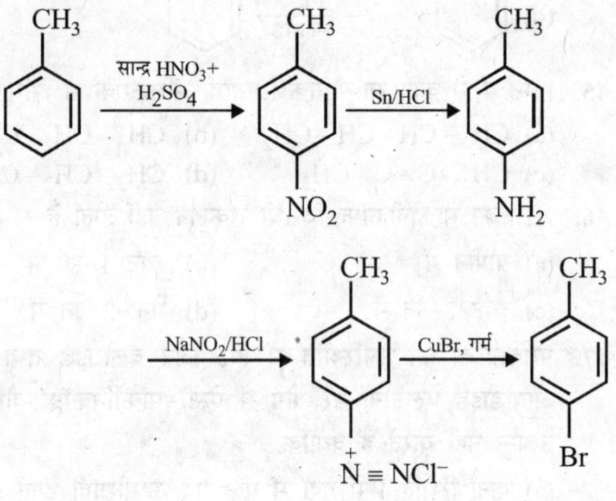

13. (d) $CH_3CH{=}CHCH_3 \xrightarrow{O_3} CH_3-CH(-O-O-O-)CH-CH_3$ (ओज़ोनाइड) $\xrightarrow[\text{अपचयित ओजोनीकरण}]{Zn,\ H_2O} \underset{'B'}{2CH_3CHO}$

14. (b) $CH_3CH_2C{\equiv}CH \xrightarrow[\Delta]{Na/\text{द्रव } NH_3} CH_3CH_2C{\equiv}C^-Na^+$

15. (c) अंतस्थ ऐल्काइल में अम्लीय हाइड्रोजन होती है, जो ग्रिगनार्ड अभिकर्मक को प्रोटॉनीकृत कर देती है।

$CH_3MgX + CH_3C{\equiv}CH \longrightarrow \underset{\text{मेथेन}}{CH_4} + CH_3C{\equiv}CMgX$

16. (c) $\overset{4}{C}H_3-\overset{3}{C}H_2-\overset{2}{C}H=\overset{1}{C}H_2 + \dot{B}r$

$\xrightarrow[(-HBr)]{H \text{ निष्कर्षण}} CH_3-\dot{C}H-CH=CH_2$ (ऐलिल प्रकार का मुक्त मूलक)

$\updownarrow$

$CH_3-CH=CH-\dot{C}H_2$ (अनुनाद स्थायी)

17. (c) टर्शियरी ऐल्किन हैलाइड वुर्ट्ज अभिक्रिया में ऐल्कीन उत्पन्न करते हैं।

$\underset{\text{2-क्लोरो-2-मेथिल ब्यूटेन}}{CH_3-C(Cl)(CH_3)-CH_2-CH_3} \xrightarrow[\Delta]{Na/\text{ईथर}} CH_3-C(CH_3)=CH-CH_3$

18. (d) $CH_3CH = CH - CH_2CH_3$ एक असममित ऐल्कीन है। इस पर ऐन्टी-मार्कोनिकॉफ योग क्रिया सम्भव है।

20. (a) $CH_3-\underset{}{CH}(CH_3)-CH=CH-CH_3$ (i)

$H_3C-C(CH_3)=CH-CH_2-CH_3$ (ii)

$CH_2=C(CH_3)-CH_2-CH_2-CH_3$ (iii)

$CH_2-CH(CH_3)-CH_2-CH=CH_2$ (iv)

21. (c) $Br-CH_2-CH_2-Br \xrightarrow[\text{या } NaNH_2/NH_3(l)]{KOH_{alc},\Delta} H-C\equiv C-H$

22. (c) संरचना $\left(CH_3-CH(CH_3)-CH_2-CH_2-CH_3\right)(C_6H_{14})$ से Cl_2 के साथ क्रिया पर पाँच मोनोक्लोरो व्युत्पन्न $(C_6H_{13}Cl)$ प्राप्त होंगे। ये हैं

(i) $CH_3-CH(CH_3)-CH_2-CH_2-CH_2-Cl$

(ii) $CH_3-CH(CH_3)-CH_2-\overset{*}{C}H(Cl)CH_3$

(iii) $CH_3-CH(CH_3)-\overset{*}{C}H(Cl)-CH_2-CH_3$

(iv) $CH_3-CCl(CH_3)-CH_2-CH_2-CH_3$

(v) $CH_3-\underset{*}{C}H(CH_2-Cl)-CH_2CH_2CH_3$

23. (a) 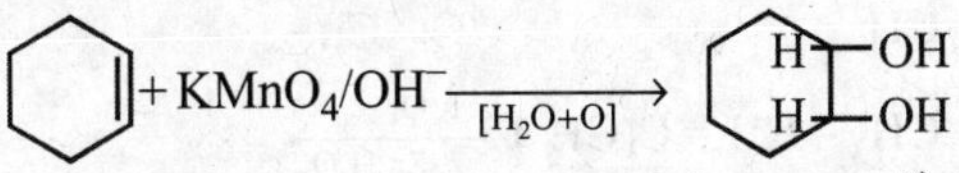

मिस-1, 2-साइक्लोहैक्सेनडाइऑल

24. (c) $C_2H_5-CH=CH-CH_3+H^+\longrightarrow$

$C_2H_5-\overset{+}{C}H-CH_2-CH_3 \xrightarrow{H_2O} C_6H_5-CH(\overset{+}{O}H_2)-CH_2-CH_3 \xrightarrow{-H^+} C_6H_5-CH(OH)-CH_2-CH_3$

अधिक स्थायी कार्बोनियम आयन; मुख्य प्रतिफल

25. (b) $CH_3-CH(OH)-CH_2-CH_3 \xrightarrow[(-H_2O)]{H_2SO_4,\,\Delta} CH_3-CH=CH-CH_3$

2-ब्यूटेनॉल; 2-ब्यूटीन,सेटजैफ प्रतिफल अधिक स्थायी

26. (a) ऐल्कीन $CH_3-CH=CH_2$ अणु का स्थायित्व सबसे कम है।

27. (c) $CH_3-CH\equiv CH-CH_3+IBr$ प्रतिफल है।

28. (a) $CH_3-C(CH_3)=CH_2+CH_3COOI \xrightarrow[\text{(इलैक्ट्रोफिलिक योग)}]{AlCl_3} CH_3-CH(CH_3)(Cl)-CH_2-COCH_3$

2-मेथिलप्रोपीन

29. (b) $CH_3-C(=CHCH_3)-CH=C(CH_3)_2 \xrightarrow{O_3/H_2O}$

$\left[CH_3-\overset{O}{\overset{\|}{C}}-CH=O\right]\left[\overset{CH-CH_3}{\overset{\|}{+O}}\right]+O=C(CH_3)_2$

$\downarrow O_3 \qquad \downarrow O_3$

$CH_3-\overset{O}{\overset{\|}{C}}-COOH+CH_3COOH+O=C(CH_3)_2$

पाइरुविक अम्ल, ऐसीटिक अम्ल, ऐसीटोन

30. (c) ब्यूट-2-ईन के ओजोनोलीसिस पर केवल एथनल प्राप्त होता है।

$CH_3-CH_2=CH-CH_3 \xrightarrow{O_3/H_2O/Zn} 2CH_3CHO$

ब्यूट-2-ईन; एथनल

ब्यूट-2-ईन का स्थान समावयवी ब्यूट-1-ईन है।

$CH_3-CH_2-CH=CH_2 \xrightarrow{O_3/H_2O/Zn} CH_3CH_2CH=O+HCHO$

ब्यूट-1-ईन

31. (c)

32. (c) $CH_3-CH=CH_2 \xrightarrow{D^+} CH_3-\overset{+}{C}H-CH_2D \xrightarrow{H_2O} CH_3-CH(\overset{+}{O}H_2)-CH_2D \xrightarrow{D^+} CH_3-CH(OH)-CH_2D$

33. (a) $CH_3-C(CH_3)=CHC(CH_3)_3 \xrightarrow[\text{(C=C का हाइडॉक्सिलेशन)}]{} \left[CH_3-C(CH_3)(OH)-CH(OH)-C(CH_3)_3\right]$

ग्लाइकॉल

$$\xrightarrow[\text{(ग्लाइकॉल का विच्छेदन)}]{NaIO_4} CH_3-\underset{}{\overset{CH_3}{\overset{|}{C}}}=O+HOOC-C(CH_3)_3$$

34. (b) ऐल्कीनों द्वारा क्षारीय $KMnO_4$ विलयन को रंगहीन करना असंतृप्तता का बायर परीक्षण कहलाता है।

35. (c) Cu_2Cl_2/NH_4OH के साथ केवल हैक्स-1-आइन क्रिया करती है तथा Cu साल्ट का लाल अवक्षेप देती है।

36. (b) ऐल्केनों (I), (II) तथा (III) के द्वारा निर्मित कार्बोनियम आयन के स्थायित्व का क्रम है।

$$I < III < I$$

$$(CH_3\overset{+}{C}H_2)(CH_3-\overset{+}{C}H-CH_2-CH_3)[(CH_3)_3C^+]$$

यदि इन ऐल्कीनों की क्रियाशीलता का भी क्रम होगा।

37. (a) $$\underset{\text{लाल अवक्षेप}}{CuC\equiv CCu} \xleftarrow[Cu_2Cl_2/NH_4OH]{\text{ताम्र अवक्षेप}} \underset{\text{ऐसिटिलीन}}{CH\equiv CH}$$

$$\xrightarrow{AgNO_3/NH_4OH} \underset{\text{सफेद अवक्षेप}}{AgC\equiv CAg}$$

39. (b) Br मुक्त मूलक अपेक्षाकृत कम क्रियाशील (reactive) परन्तु अधिक सेलेक्टिव (selective) होता है। अत:

$$\overset{1°}{C}H_3-\overset{2°}{C}H_2-\overset{3°}{C}H_2-\overset{1°}{C}H_3+Br \rightarrow$$

$$\underset{\text{2-ब्रोमोब्यूटेन (मुख्य प्रतिफल)}}{CH_3-CH_2-\underset{Br}{\underset{|}{C}H}-CH_3}$$

40. (a) $$HCl \longrightarrow \underset{\text{इलेक्ट्रोफाइल}}{\overset{+}{H}} + \overset{-}{Cl}$$

$$CCl_3-CH=CH_2+H^+ \longrightarrow \underset{\text{2°-कार्बोनियम आयन, परन्तु } CCl_3 \text{ समूह (–I) के कारण कम स्थायी}}{CCl_3-\overset{+}{C}H-CH_3}$$

$$\longrightarrow \underset{\text{1°-कार्बोनियम आयन, अधिक स्थायी}}{CCl_3-CH_2-\overset{+}{C}H_2}$$

$$CCl_3CH_2-\overset{+}{C}H_2+\overset{-}{Cl} \longrightarrow \underset{\text{योग प्रतिफल}}{CCl_3CH_2CH_2Cl}$$

41. (c) $3CH_3-C\equiv CH \xrightarrow[\text{आयरन नलिका}]{\Delta,\ 400°C}$ 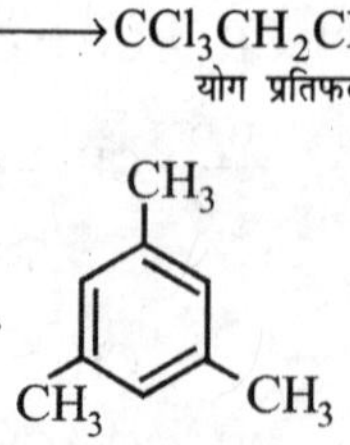

मेसिटिलीन

42. (c) एक प्रबल अम्ल दुर्बल अम्ल को उसके लवण से विस्थापित कर देता है। अभिक्रिया

$H-C\equiv C-H+LiNH_2 \rightarrow NH_3+H-C\equiv CLi$ से स्पष्ट होता है कि $H-C\equiv C-H$ की अम्ल शक्ति NH_3 से अधिक है क्योंकि $H-C\equiv C-H$, NH_3 को $LiNH_2$ (लवण) से हटा देती है। अभिक्रिया $H-C\equiv CLi+H_2O \rightarrow H-C\equiv C-H+LiOH$ से स्पष्ट होता है कि H_2O ऐसिटिलीन की अपेक्षा प्रबल अम्ल है। अत: अम्ल शक्ति का घटता हुआ क्रम है;

$$H_2O > H-C\equiv CH > NH_3$$

43. (c)

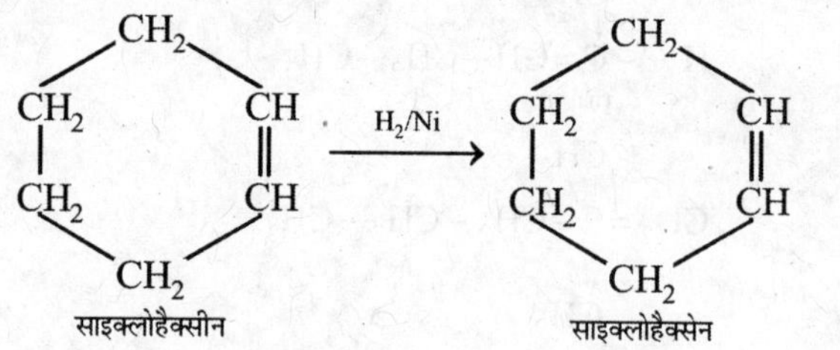

$\downarrow O_3/H_2O/Zn$

$$O=\overset{H}{\overset{|}{C}}-CH_2-CH_2-CH_2-CH_2-\overset{H}{\overset{|}{C}}=O$$

44. (c) असममित ऐल्कीन ($CH_3CH=CH_2$) पर परॉक्साइड की उपस्थिति में HBr का योग तथा टॉलुईन ($C_6H_5CH_3$) पर प्रकाश की उपस्थिति में Cl_2 की क्रिया मुक्त मूलक क्रियाविधि से होती है।

45. (b) यौगिक $CH_3-CH_2-\overset{sp}{C}\equiv\overset{sp}{C}-H$ अणु में क्रियाशील H-परमाणु के कारण यह ग्रिगनार्ड अभिकर्मक के साथ क्रिया करता है।

46. (c) ब्यूट-2-ईन ($CH_3-CH=CH-CH_3$) एक सममित ऐल्कीन है।

47. (a) परॉक्साइडों की उपस्थिति में HBr के प्रोपीन पर योग में दोनों पद ऊष्माक्षेपी होते हैं, परन्तु HCl तथा HI के योग में एक पद ऊष्माक्षेपी तथा दूसरा पद ऊष्माशोषी होता है।

48. (c) $$(CH_3)_3C-C\equiv \underset{\text{अम्लीय H-परमाणु}}{CH}+[Ag(NH_3)_2]^+ \rightarrow$$

$$\underset{\text{सफेद अवक्षेप}}{(CH_3)_3C-C\equiv C-Ag\downarrow}$$

$$(CH_3)_3C-C\equiv CH \xrightarrow{KMnO_4/KOH}$$

$$(CH_3)_3C-COOH+HCOOH \text{ या } CO_2$$

49. (b) $$\begin{matrix}CH\\ |||\\ CH\end{matrix} + CuCl \xrightarrow{NH_4OH} \begin{matrix}C-Cu\\ |||\\ C-Cu\end{matrix}$$

50. (a) $$CH_3-CH=C(CH_3)_2 \xrightarrow[2.\ Zn/H_2O]{1.\ O_3}$$

$$CH_3-CH=O+O=C\begin{matrix}\diagup CH_3\\ \diagdown CH_3\end{matrix}$$

51. (d) दिये गए किसी भी हाइड्रोकार्बन अणु में अम्लीय H-परमाणु ($\equiv C-H$) उपस्थित नहीं है।

52. (b) सिस-ऐल्कीन में बड़े साइज के दोनों 'R' समूह C = C की एक ही ओर होने के कारण इस ऐल्कीन का हाइड्रोजनीकरण तीव्रतम गति से होगा। ऐल्कीन का हाइड्रोजनीकरण सिस प्रक्रिया होती है।

□□□

25 Chapter

ऐल्काइल हैलाइड
(Alkyl halide)

स्मरणीय बिन्दु

- एल्कोहॉल की क्रियाशीलता HX के साथ — 3°-alcohol > 2°-alcohol > CH_3OH
- HX की क्रियाशीलता एल्कोहॉल के साथ — HI > HBr > HCl > HI
- ऐल्काइल हैलाइड की क्रियाशीलता — RI > RBr > RCl > RF
- $CHCl_3$, CHI_3 का जल अपघटन KOH के द्वारा कराने पर एक मोल HCOONa.प्राप्त होता है। इस जलअपघटन में KOH के 4 मोल प्रयोग होते हैं।
- क्लोरल हाइड्रेट तथा NaOH की अभिक्रिया कराने पर शुद्ध क्लोरोफॉर्म प्राप्त होता है।

$$CCl_3CH(OH)_2 \xrightarrow{NaOH} \text{शुद्ध क्लोरोफॉर्म}$$

- **क्लोरीटोन (Chloretone) :** क्लोरोफॉर्म की अभिक्रिया ऐसीटोन के साथ कराने पर क्लोरीटोन प्राप्त होता है। जो एक निन्द्राकारी औषधि के रूप में प्रयोग होता है। क्लोरीटोन का आयनिक का IUPAC नाम 1,1,1-trichloro-2-methyl propanol-2 होता है।
- **क्लोरोपिक्रिन या नाइट्रोक्लोरोफॉर्म ($NO_2 \cdot CCl_3$) :** क्लोरोफॉर्म की अभिक्रिया नाइट्रिक अम्ल के साथ कराने पर क्लोरोपिक्रिन प्राप्त होता है। जो युद्ध गैस तथा आंसु गैस के रूप में प्रयोग होता है।
- **कार्बन टेट्राक्लोराइडः** यह पायरिन के नाम से जाना जाता है। यह अग्निशामक के रूप में प्रयोग होता है।
- यह KOH के साथ अभिक्रिया K_2CO_3 बनाता है। शुद्ध क्लोरोफॉर्म $AgNO_3$ के साथ कोई अवक्षेप नहीं लेता है। किन्तु अशुद्ध क्लोरोफॉर्म $AgNO_3$ के साथ सफेद अवक्षेप देता है।
- आइडोफॉर्म $AgNO_3$ के साथ पीला अवक्षेप देता है।
- S_{N_1} का क्रमः $(C_6H_5)_3CX > (C_6H_5)_2CH{-}X > C_6H_5CH_2X > CH_2{=}CH{-}CH_2X$
  $R_3C{-}X > R_2CH{-}X > RCH_2{-}X > R{-}X$
- S_{N_2} का क्रम : $CH_3{-}X > R{-}CH_2{-}X > R_2CH{-}X > R_3C{-}X$
- ऐल्काइल हैलाइड की अभिक्रिया KCN के साथ कराने पर ऐल्काइल सायनाइड तथा AgCN के साथ कराने पर एल्काइल आइसो सायनाइड बनता है। क्योंकि AgCN सहसंयोजक तथा KCN आयनिक यौगिक है।
- ऐल्काइल हैलाइलड की अभिक्रिया KNO_2 या $NaNO_2$ से कराने पर ऐल्काइन नाइट्राइट बनता है। किन्तु इनकी अभिक्रिया $AgNO_2$ नाइट्रोऐल्केन बनती है। क्योंकि KNO_2 आयनिक होता है। यह $^-ON{=}O$ देता है जबकि $AgNO_2$ सहसंयोजक यौगिक है।
- ऐल्डिहाइड तथा कीटोन की अभिक्रिया PCl_5 के साथ कराने पर जैमिनल डाइहैलाइड प्राप्त होता है। जिसका जल अपघटन कराने पर फिर से एल्डिहाइड प्राप्त होता है।
- सभी प्राइमरी एमाइन ऐल्कोहॉलिक KOH की उपस्थिति में क्लोरोफॉर्म से अभिक्रिया कराने पर दुर्गन्ध युक्त आइसोसायनाइड बनाता है।

$$\underset{1^\circ\text{amine}}{RNH_2} + CHCl_3 + 3KOH(alc.) \xrightarrow{heat} \underset{\substack{\text{Carbylaminoalkane}\\ \text{(Alkyl isonitrile)}}}{RNC} + 3KCl + 3H_2O$$

$$\underset{\text{Aniline}}{C_6H_5NH_2} + CHCl_3 + 3KOH \xrightarrow{warm} \underset{\substack{\text{Phenyl}\\ \text{isocyanide}}}{C_6H_5NC} + 3KCl$$

- इस अभिक्रिया में डाइक्लोराकार्बीन मध्यवर्ती होता है तथा $CHCl_3$ के स्थान पर $CHBr_3$ या CHI_3 का प्रयोग भी कर सकते हैं।
- सामान्य ताप पर क्लोरोबेन्जीन की अभिक्रिया NaOH अमोनिया तथा KCN से नहीं हो सकती।
- कार्बोक्सिलिक अम्ल के सिल्वर लवण को Br_2+CCl_4 के साथ गर्म करने पर एल्काइल ब्रोमाइड बन जाता है। इस अभिक्रिया मेंCOOAg समूह Br में परिवर्तित हो जाता है।
- 1-क्लोरो ब्यूटेन तथा 2-क्लोरो ब्यूटेन के मिश्रण को ऐल्कोहॉलिक KOH के साथ गर्म करने पर ब्यूटीन-1तथा ब्यूटीन-2 का मिश्रण प्राप्त होता है।
- 1-क्लोरोप्रोपेन तथा 2-क्लोरोप्रोपेन को ऐल्कोहॉलिक KOH के साथ गर्म करने पर प्रोपीन बनती है।

ऐल्किल हैलाइड के बनाने की विधियाँ (Preparation of Alkyl Halides)

1. ऐल्कोहल द्वारा (From Alcohols) : ऐल्किल हैलाइड ऐल्कोहलों के द्वारा तैयार किये जाते हैं।

ROH (Alcohol):

$$ROH \xrightarrow{HCl(g) + \text{Anhyd. } ZnCl_2} R-Cl + H_2O \text{ (Grove's process)}$$

$$ROH \xrightarrow[\text{or } KBr + \text{conc. } H_2SO_4, \text{ Reflux}]{HBr (48\%) + \text{conc. } H_2SO_4 \text{ (little), Reflux}} R-Br + H_2O$$

$$ROH \xrightarrow[\text{or } KI + H_3PO_4, \text{ Reflux}]{HI (57\%), \text{ Reflux}} R-I + H_2O$$

$$ROH \xrightarrow{PCl_5} R-Cl + POCl_3 + HCl$$

$$ROH \xrightarrow{PX_3 \text{ (or } P + X_2)} R-X + H_3PO_3 \text{ (X = Cl, Br or I)}$$

$$ROH \xrightarrow{SOCl_2 \text{ /Pyridine}} R-Cl + SO_2 + HCl \text{ (Darzen's process)}$$

- निर्जल $ZnCl_2$ की उपस्थिति में 1° तथा 2° ऐल्कोहल HCl (g) के साथ क्रिया करते हैं। जबकि 3° ऐल्कोहल में $ZnCl_2$ की आवश्यकता नहीं होती हैं।

2. ऐल्कीन द्वारा (From Alkenes)

(a) **हैलोजन अम्लों का योग (Addition of halogen acids) :**

$$R-CH=CH_2 + HBr \xrightarrow{\text{Absence of peroxides}} R-CHBr-CH_3 \text{ (Markovikov's addn.)}$$

$$R-CH=CH_2 + HBr \xrightarrow{\text{Presence of peroxides}} R-CH_2-CH_2Br \text{ (Anti-Markovikov's addn.)}$$

(b) **ऐलाइलिक हैलोजनीकरण (Allylic halogenation) :**

$$\underset{\text{Propene}}{CH_3-CH=CH_2} + Cl_2 \xrightarrow{775 \text{ K}} \underset{\substack{\text{3-Chloro-1-propene} \\ \text{(Allyl chloride)}}}{ClCH_2-CH=CH_2} + HCl$$

3. ऐल्केन द्वारा (स्वार्ट अभिक्रिया) [From alkanes (Swarts reaction)] : ऐल्किल क्लोराइड या ब्रोमाइड की क्रिया AgF, SbF_3 या Hg_2F_2 के साथ करने पर ऐल्किल फ्लुओराइड प्राप्त होता है।

$$2CH_3CH_2Cl + Hg_2F_2 \longrightarrow 2CH_3CH_2F + Hg_2Cl_2$$

4. हैलाइड के आदान-प्रदान विधि द्वारा (फिंकल्स्टीन अभिक्रिया) [From halide exchange method] (Finkelstein reaction) : ऐसीटोन की उपस्थिति में ऐल्किल क्लोराइड या ब्रोमाइड सोडियम आयोराइड या KI (पौटेशियम आयोडाइड) के साथ क्रिया कराने पर ऐल्किल आयोडाइड प्राप्त होता हैं। यह हैलाइड के आदान-प्रदान की अभिक्रिया या फिंकल्स्टीन अभिक्रिया हैं। यह एक S_N2 अभिक्रिया हैं।

$$R-Cl + NaI \xrightarrow{\text{Acetone or Methanol}} R-I + NaCl$$

$$CH_3-CH_2-\underset{|}{\overset{Cl}{CH}}-CH_3 \xrightarrow[\text{Acetone}]{NaI} CH_3-CH_2-\overset{I}{CH}-CH_3$$

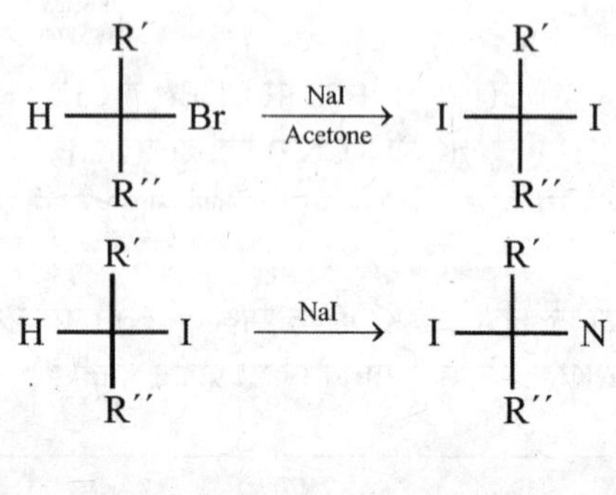

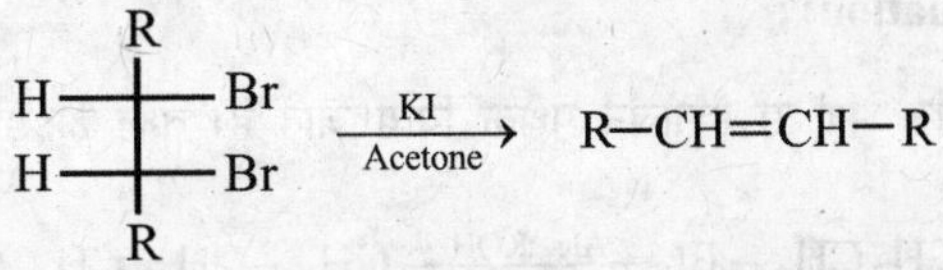

(i) इस विधि से Cl या Br के प्रतिस्थापन द्वारा केवल आयोडोऐल्केन प्राप्त किये जा सकते है?

(ii) क्योंकि NaI विलेय है, लेकिन NaCl तथा NaBr मिथेनॉल या ऐसीटोन में अविलेय है। इसलिए बाद वाला अभिक्रिया मिश्रण से निस्यन्दन (filtration) द्वारा अलग किया जा सकता है।

5. **बोरोडीन-हंसडिकर अभिक्रिया से (Borodine-Hunsdiecker reaction) :** कार्बोक्सिलिक अम्लों के सिल्वर लवण को $Br_2 + CCl_4$ के साथ गर्म करने पर ऐल्किल ब्रोमाइड प्राप्त होता है।

$$\underset{\text{Silver acetate}}{CH_3COOAg} + Br_2 \xrightarrow{CCl_4\,/\,\text{Reflux}} \underset{\text{Methyl bromide}}{CH_3-Br} + AgBr + CO_2$$

$$\underset{\text{Silver benzoate}}{C_6H_5COOAg} + Br_2 \xrightarrow{CCl_4\,/\,\text{Reflux}} \underset{\text{Bromobenzene}}{C_6H_5Br} + AgBr + CO_2$$

मुक्त मूलक क्रिया विधि द्वारा हंस-डिकर अभिक्रिया होती है।

Notes

- CCl_4 की उपस्थिति में कार्बोक्सिलिक अम्लों के सिल्वर लवण को I_2 के साथ गर्म करने पर ऐस्टर प्राप्त होता है। यह अभिक्रिया सिमोनिनि अभिक्रिया कहलाती है।

$$2RCOOAg + I_2 \xrightarrow{CCl_4} \underset{\text{Ester}}{RCOOR} + 2CO_2 + 2AgI$$

- यदि कार्बोक्सिलिक अम्ल का सिल्वर लवण आयोडीन के साथ गर्म किया जायें (HgO या लैड ट्रेटा ऐसीटेट की उपस्थिति में) तो ऐल्किल आयोडाइड प्राप्त होता हैं।

$$2RCOOAg \xrightarrow[\Delta]{I_2\,/\,HgO} 2R-X + 2CO_2 + HgI_2 + H_2O$$

ऐल्किल हैलाइड की रायासनिक अभिक्रियाऐं (Chemical Reactions of Alkyl Halides) :

1. **नाभिक-स्नेही प्रतिस्थापन अभिक्रियाएँ :** ऐल्किल हैलाइड नाभिक-स्नेही अभिक्रियाएँ देता है।

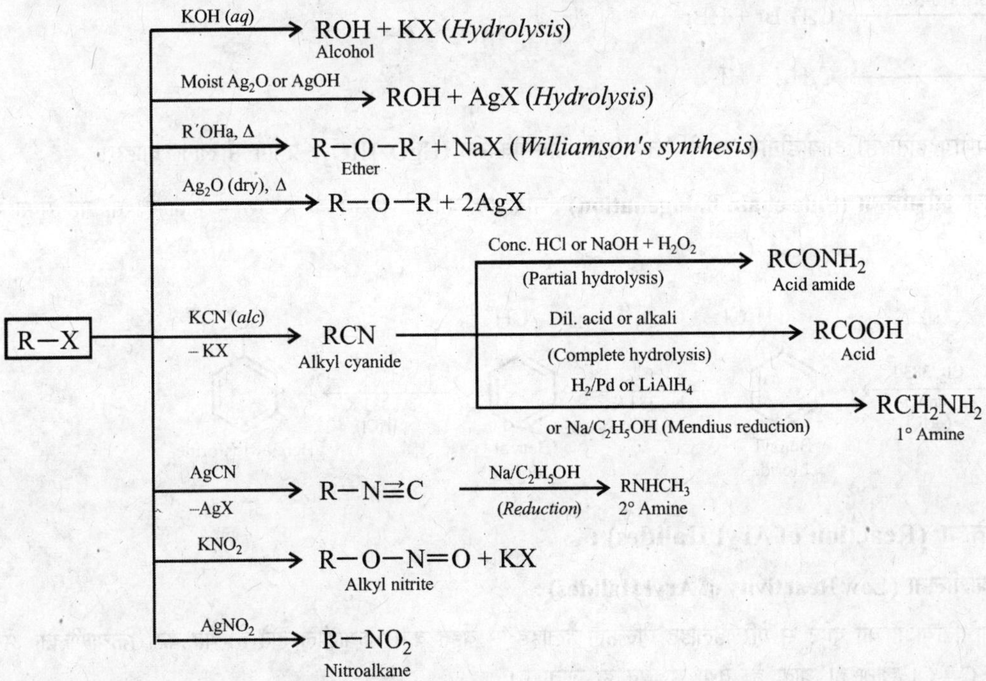

2. विहाइड्रोहैलोजनीकरण (Dehydrohalogenation) :

- यह β-विलोपन क्रिया है। इसमें α-कार्बन अणु से हैलोजन पृथक किये जाते है। तथा हाइड्रोजन को β-कार्बन से पृथक किया जाता है।

$$\underset{\text{1–Bromopropane}}{CH_3CH_2CH_2-Br} \xrightarrow{\text{Alc. KOH}} CH_3-CH=CH_2+HBr$$

$$\underset{\text{2–Bromopropane}}{CH_3-CHBr-CH_3} \xrightarrow{\text{Alc. KOH}} CH_3-CH=CH_2+HBr$$

$$\underset{\text{2–Bromopropane}}{CH_3-CH_2-CHBr-CH_3} \xrightarrow{\text{Alc. KOH}} \underset{\text{2–Butene (main)}}{CH_3-CH=CH-CH_3}+CH_3CH_2CH=CH_2$$

- ऐल्किल हैलाइड की विहाइड्रोहैलोजनीकरण में क्रियाशीलता।

$$(CH_3)_3CCl > (CH_3)_2CHCl > CH_3CH_2Cl$$

ऐरिलहैलाइड (Arylhalides) :

(a) डाइऐजोनियम लवणों द्वारा (From Diazonium Salts) : ऐरोमैटिक क्लोराइड या ब्रोमाइड sand mayer अभिक्रिया द्वारा प्राप्त होते है। यह SN_1 क्रिया है या गैटरमैन क्रिया है।

$$C_6H_5\overset{+}{N}\equiv NCl^- \xrightarrow{\text{CuCl/HCl or Cu/HCl}} C_6H_5Cl+N_2$$

$$C_6H_5\overset{+}{N}\equiv NCl^- \xrightarrow{\text{CuBr/HBr or Cu + HBr}} C_6H_5Br+N_2$$

(Sandmayer reaction)

$$C_6H_5\overset{+}{N}\equiv NCl^- \xrightarrow{\text{Aq. KI, warm}} C_6H_5I+N_2$$

$$C_6H_5\overset{+}{N}\equiv NCl^- \xrightarrow[-HCl]{HBF_4} C_6H_5\overset{+}{N}_2BF_4^- \xrightarrow{\Delta} C_6H_5-F+N_2+BF_4$$

(b) हैलोजनीकरण (Halogenation) : ऐरोमैटिक हैलोजनीकरण लुईस अम्ल की उपस्थिति में होता है।

$$C_6H_6 \xrightarrow{Cl_2/FeCl_3,\ 310–320\ K} C_6H_5Cl+HCl$$

$$C_6H_6 \xrightarrow{Br_2/FeBr_3,\ 310–320\ K} C_6H_5Br+HBr$$

$$C_6H_6 \xrightarrow{I_2/HIO_3} C_6H_5I+HI$$

आयोडीन के साथ क्रिया उत्क्रमणीय होती है। आयोडीनीकरण के लिए कोई ऑक्सीकारक (HgO, HIO_3) प्रयोग में लाना चाहिए।

(c) हैलोजनीकरण की सह-शृंखला अभिक्रिया (Side chain halogenation) : यदि हैलोजनीकरण सूर्य के प्रकाश में होता है। तो यह मुक्त मूलक प्रतिथापन क्रिया कहलाती है।

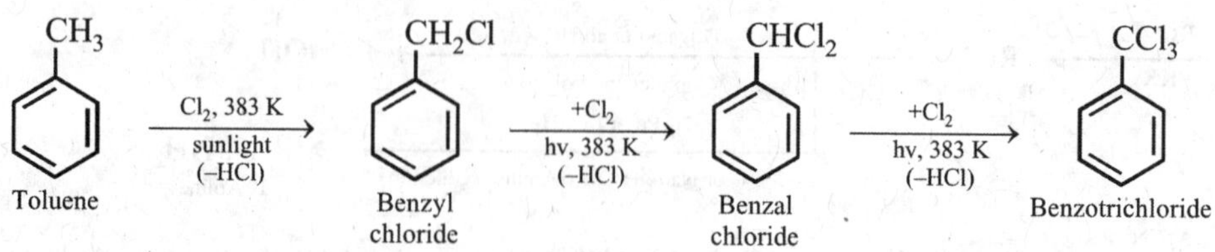

ऐरिल हैलाइडो के साथ अभिक्रिया (Reaction of Aryl Halides) :

1. ऐरिल हैलाइडो की अल्प क्रियाशीलता (Low Reactivity of Aryl Halides) :

- नाभिक-स्नेही विस्थापन अभिक्रियाओं की दृष्टि से ऐरिलहैलाइड ऐल्किल हैलाइड से बहुत कम क्रियाशील होते हैं। यह कम क्रियाशीलता अनुनादी प्रभाव के कारण होती है। C—Cl छोटा हो जाता है। तथा मजबूत हो जाता है।

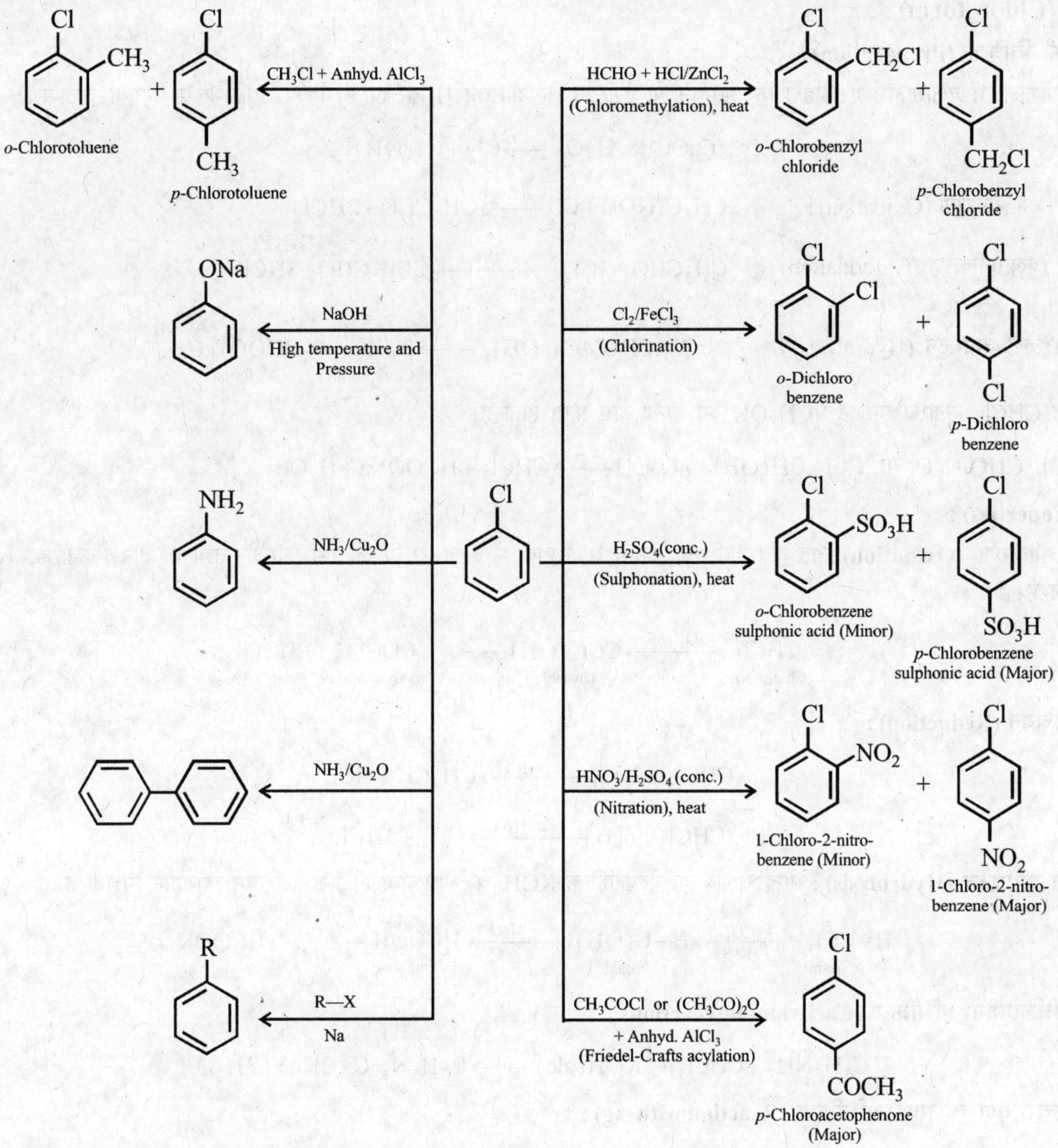

डाइक्लोरोऐथेन (Dichloroethanes) :

1. Vic. डाइक्लोरोऐथेन बनाने की विधियाँ (Methods of preparations of vic. dichloroethane)

$$\begin{array}{c} CH_2Cl \\ | \\ CH_2Cl \end{array} \xrightarrow[-2POCl_3,\ -2HCl]{+2PCl_5} \begin{array}{c} CH_2OH \\ | \\ CH_2OH \end{array} \xrightarrow[-2H_2O]{+2HCl,\ 475\ K} \begin{array}{c} CH_2Cl \\ | \\ CH_2Cl \end{array}$$

2. डाइहैलोऐथेनस के गुण (Properties of dihaloethanes)

- **जल-अपघटन (Hydrolysis)**

$$\begin{array}{c} CH_2Cl \\ | \\ CH_2Cl \end{array} + 2KOH\,(aq) \xrightarrow{\Delta} \begin{array}{c} CH_2OH \\ | \\ CH_2OH \end{array} + 2\,KCl$$

$$\underset{\text{1, 1-Dichloroethane}}{CH_3CHCl_2} + 2KOH(aq) \xrightarrow{\Delta} \underset{\text{(Unstable)}}{CH_3CH(OH)_2} \xrightarrow{-H_2O} \underset{\text{Acetaldehyde}}{CH_3CH{=}O}$$

क्लोरोफॉर्म (Chloroform) :

1. बनाने की विधियाँ (Preparation) :

- प्रयोगशाला में क्लोरोफॉर्म ऐल्कोहल के आसवन या ऐसीटोन के आसवन से विरंजक चूर्ण की उपस्थिति में बनाया जाता है।

$$CaOCl_2 + H_2O \longrightarrow Cl_2 + Ca(OH)_2$$

(i) ऑक्सीकरण (Oxidation) : $CH_3CH_2OH + Cl_2 \longrightarrow CH_3CHO + 2HCl$

(ii) क्लोरोनीकरण (Chlorinaiton) : $CH_3CHO + 3Cl_2 \xrightarrow{Ca(OH)_2} \underset{\text{Chloral}}{CCl_3.CHO} + 3HCl$

(iii) जल-अपघटन (Hydrolysis) : $2CCl_3.CHO + Ca(OH)_2 \longrightarrow \underset{\text{Chloroform}}{2CHCl_3} + \underset{\text{Cal. formate}}{(HCOO)_2Ca}$

- शुद्ध $CHCl_3$ क्लोरल हाइड्रेट पर NaOH की क्रिया द्वारा प्राप्त होता है।

$$CCl_3.CHO.H_2O \text{ या } CCl_3.CH(OH)_2 + NaOH \longrightarrow CHCl_3 + HCOONa + H_2O$$

2. गुण (Properties) :

(i) ऑक्सीकरण (Oxidation) : यह जब हवा तथा प्रकाश के सम्पर्क में आता है। विषैली गैस फॉस्जीन तथा कार्बोनिल क्लोराइड ($COCl_2$) प्राप्त होती है।

$$\underset{\text{Chloroform}}{CHCl_3} \xrightarrow{O_2,\, h\nu} \underset{\text{(Unstable)}}{CCl_3(OH)} \longrightarrow \underset{\text{Carbonyl chloride}}{COCl_2} + HCl$$

(ii) अपचयन (Reduction) :

$$CHCl_3 + 2[H] \xrightarrow{Zn/HCl} CH_2Cl_2 + HCl$$

$$CHCl_3 + 6[H] \xrightarrow{Zn/H_2O} CH_4 + 3HCl$$

(iii) जल-अपघटन (Hydrolysis) : सान्द्र जलीय या ऐल्कोहिल्क KOH के साथ उबालने पर पौटेशियम फॉरफोट मिलता है।

$$\underset{\text{Chloroform}}{H-CCl_3} \xrightarrow[-3KCl]{+3KOH} \underset{\text{(Unstable)}}{H-C(OH)_3} \xrightarrow{-H_2O} \underset{\text{Formic acid}}{HCOOH} \xrightarrow[-H_2O]{KOH} \underset{\text{Pot. formate}}{HCOOK}$$

(iv) कार्बिलऐमीन अभिक्रिया (Carbylamine reaction) :

$$C_6H_5NH_2 + CHCl_3 + 3KOH(alc) \xrightarrow{\Delta} C_6H_5N \equiv C + 3KCl + 3H_2O$$

(v) सिल्वर चूर्ण के साथ अभिक्रिया (Reaction with Ag) :

$$CHCl_3 + 2Ag + CHCl_3 \xrightarrow{\Delta} CH \equiv CH + 6AgCl$$

(vi) नाइट्रीकरण (Nitration) :

$$CHCl_3 + HNO_3 \longrightarrow \underset{\text{Chloropicrin}}{Cl_3CNO_2} + H_2O$$

(vii) कीटोनों के साथ अभिक्रिया (Reaction with ketones) : ऐसीटोन के साथ क्लोराफॉर्म क्लोरीटोन देता हैं।

$$\underset{\text{Acetone}}{(CH_3)_2C{=}O} + CHCl_3 \xrightarrow{KOH} \underset{\text{Chloretone}}{(CH_3)_2C(OH)CCl_3}$$

(viii) राइमर-टीमन अभिक्रिया (Reimer Tiemann reaction) :

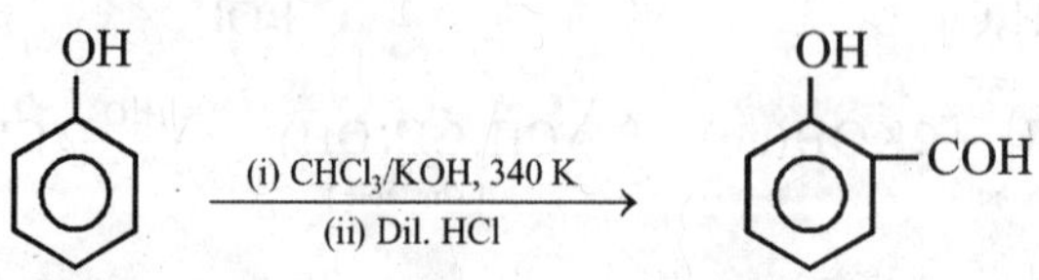

Phenol → Salicyladehyde

आयोडोफॉर्म (Iodoform, CHI_3) :

ऐथिल ऐल्कोहॉल या ऐसीटोन को आयोडीन तथा NaOH या Na_2CO_3 के साथ गर्म करने पर प्राप्त होता हैं।

$$\underset{\text{Ethyl alcohol}}{CH_3CH_2OH} + 4I_2 + 6NaOH \longrightarrow \underset{\text{Iodoform}}{CHI_3} + HCOONa + 5NaI + 5H_2O$$

$$\underset{\text{Acetone}}{CH_3COCH_3} + 3I_2 + 4NaOH \longrightarrow CHI_3 + CH_3COONa + 3NaI + 3H_2O$$

यौगिकों के महत्त्वपूर्ण उद्देश्य (Commercially Important Compounds) :

1. DDT [2, 2-बिस (*p*-क्लोरोफिनाइल)-1, 1, 1-ट्राइक्लोरो ऐथेन

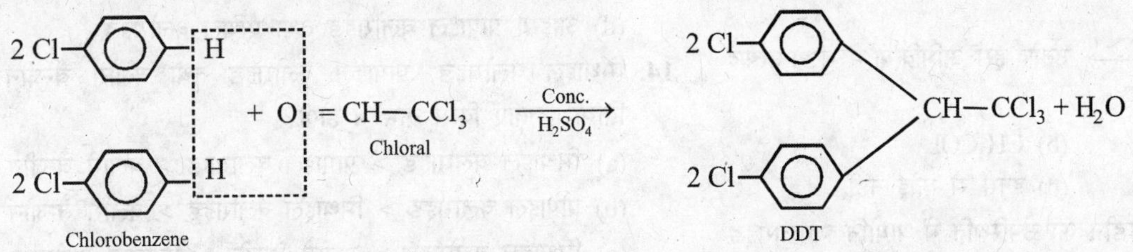

यह सस्ता तथा शक्तिशाली कीटनाशक है। जो मच्छरों को मारने के काम आता है।

2. **बैंजीन हैक्साक्लोराइड (BHC), $C_6H_6Cl_6$ [Benzene hexachloride (BHC), $C_6H_6Cl_6$] :** इसको गैमक्सीन या लिण्डेन या 666 कहते हैं।

$$C_6H_6 + 3Cl_2 \xrightarrow{hv} C_6H_6Cl_6$$

3. **फ्रेऑन (Freons) :** मिथेन तथा ईथेन क्लोरोफ्लोरो यौगिक संयुक्त रूप से फ्रेऑनस कहलाते हैं। इनको आगे इनमें उपस्थित फ्लोरीन अणुओं के आधार पर विभाजित किया जाता है।

CF_4 (Freon-14), CF_3Cl (Freon-13), CF_2Cl_2 (Freon-12), $CFCl_3$ (Freon-11).

Notes

- ईथेनथाइऑल (C_2H_5SH) अपनी भद्दी सुगन्ध के कारण LPG के रिसाव को जाँचने में उसमें डाली जाती है।
- C_2H_5Cl बेहोश करने के काम आता हैं।
- हैलोथेन ($CF_3CHClBr$) बहुतायत में प्रयोग होने वाला सूघने वाला बेहोशी का पदार्थ है।
- फ्रेऑन-14 CF_ϕ है। फ्रेऑन-13 CF_3Cl है। फ्रेऑन-12 CF_2Cl_2 है। फ्रेऑन-11 $CFCl_3$ है।
- क्लोरेटोन यह नींद की दवाई है।
- क्लोरोपिक्रिन कीटनाशक के रूप में तथा आशु गैस के रूप में प्रयोग की जाती है।
- कीटनाशक p-डाइक्लोरी बैंजीन तथा परक्लोरो ईथेन पतंगा प्रतिकर्षक के रूप में प्रयोग किया जाता है। C_2Cl_6 क्लोरोनोलिसिस के द्वारा बनाया जाता है।
- फ्रेऑन्स या क्लोरोफ्लोरोकार्बन को ऐरोसोल तथा फोम (अर्थात् बालों का स्प्रे तथा deodourats में प्रशीतक तथा propellants के रूप में प्रयुक्त किया जाता है। propellants के रूप में इसका प्रयोग अनुचित है, क्योंकि इससे ओजोनपर्त का विनाश होता हैं।
- कार्बन ट्रेटाक्लोराइड को हुक वार्म के लिए कृमिनाशक तथा अग्नि नाशक के रूप में प्रयोग करते हैं।
- वेस्टर्न ऐसिटीलीन ट्रेटाक्लोराइड है तथा ऐसिटीलीन पर क्लोरीन की क्रिया द्वारा प्राप्त होता है। यह एक अच्छा व्यापारिक विलायक है। जिसमें तेल, पेन्टा वार्निश, रबर आदि विलेय हो जाते हैं।
- वेस्ट्रोसोल ट्राइक्लोरोईथीन है तथा इसको ऐसिटिलीन ट्रेटाक्लोराइड (वेस्ट्रोन) द्वारा प्राप्त किया जाता है।

$$Cl_2CH-CHCl_2 \xrightarrow[\text{Catalyst}]{573-773\,K} Cl_2C = CHCl + HCl$$

यह वेस्ट्रोल से अच्छा विलायक है। जो कपड़ो की ड्राइक्लीन करने के काम आता है।

अभ्यास के लिए प्रश्न

1. बैंजीन हैक्सा क्लोराइड में B.H.C. में π-बन्धों की संख्या हैं-
(a) 6 (b) 0
(c) 3 (d) 12

2. DDT का पूरा नाम हैं?
(a) 1, 1, 1-ट्राइक्लोरो-2, 2-बिस(π-क्लोरोफिनाइल) ईथेन
(b) 1, 1-डाइक्लोरो-2, 2-डाइफिनाइल ट्राइमिथाइल ईथेन
(c) 1, 1-डाइक्लोरो-2, 2-डाइफिनाइल ट्राइक्लोरो ईथेन
(d) इनमें से कोई नहीं

3. सिल्वर ऐसिटेट + $Br_2 \xrightarrow{CS_2}$. उत्पाद इस अभिक्रिया में मुख्य उत्पाद होगा?
(a) CH_3-Br (b) CH_3COI
(c) CH_3COOH (d) इनमें से कोई नहीं

4. जब ऐथिल ऐल्कॉहल, पिरीडीन की उपस्थिति में थायोनिल क्लोराइड के साथ क्रिया करते हैं, तो प्राप्त उत्पाद हैं-
(a) $CH_3CH_2Cl + HCl$ (b) $C_2H_5Cl + HCl + SO_2$
(c) $CH_3CH_2Cl + H_2O + SO_2$ (d) $CH_3CH_2Cl + HCl + SO_2$

5. अभिक्रिया $ROH + HX \rightarrow RX + H_2O$ में HX की क्रिया शीलता का घटता क्रम है-
(a) $HI > HBr > HCl > HF$ (b) $HBr > HCl > HI > HF$
(c) $HCl > HBr > HI > HF$ (d) $HF > HBr > HCl > HI$

6. ऐथेनॉल तथा विरंजक चूर्ण से $CHCl_3$ को बनाने में विरंजक चूर्ण देता हैं?
(a) $Ca(OH)_2$ (b) Cl_2
(c) दोनों (a) तथा (b) (d) इनमें से कोई नहीं

7. जब क्लोरल को NaOH के साथ उबालने पर प्राप्त होता है?
(a) CH_3Cl (b) $CHCl_3$
(c) CCl_4 (d) इनमें से कोई नहीं

8. क्लोरोफॉर्म किसके द्वारा प्राप्त हो सकता है-
(a) मिथेनॉल (b) मिथेनॉल
(c) प्रोपेनॉल-1 (d) प्रोपेनॉल-2

9. ऐल्कोहॉल से ऐल्काइल हैलाइड को बनाने के लिए निम्न में से किस अभिकर्मक का उपयोग नहीं हो सकता?
(a) $HCl + ZnCl_2$ (b) NaCl
(c) PCl_5 (d) $SOCl_3$

10. टॉलूईन की क्रिया सूर्य के प्रकाश की उपस्थिति में क्लोरीन से कराने पर उत्पाद बनता है?
(a) *o*-क्लोरो टॉलूईन (b) 2, 5-डाइक्लोरो टॉलूईन
(c) *p*-क्लोरो टॉलूईन (d) बेन्जील क्लोराइड

11. ब्लीचिंग पाउडर ऐथिल ऐल्कोहल के साथ क्रिया करके उत्पाद देता हैं-
(a) $CHCl_3$ (b) CCl_3CHO
(c) CH_3COCH_3 (d) CH_3CHO

12. निम्न में से किसका सामान्य नाम फॉस्जीन है?
(a) CO_2 तथा PH_3 (b) फॉस्फोरिल क्लोराइड
(c) कार्बोनिल क्लोराइड (d) कार्बन ट्रेटा क्लोराइड

13. ईथर के विलयन में दो कार्बनिक क्लोरीन यौगिकों का एक मिश्रण सोडियम धातु के साथ क्रिया करता है? तो आइसोब्यूटेन उत्पाद प्राप्त होता हैं? दो क्लोरीन यौगिक हैं?
(a) मिथाइन क्लोराइड तथा प्रोपाइल क्लोराइड
(b) मिथाइन क्लोराइड तथा ऐथिल क्लोराइड
(c) आइसो प्रोपाइल क्लोराइड तथा मिथाइल क्लोराइड
(d) आइसो प्रोपाइल क्लोराइड तथा ऐथिल क्लोराइड

14. मिथाइल क्लोराइड, प्रोपाइल क्लोराइड तथा क्लोरा बैन्जीन की क्रियाशीलताएँ किस क्रम में होगी?
(a) मिथाइल क्लोराइड > प्रोपाइल क्लोराइड > क्लोरो बैन्जीन
(b) प्रोपाइल क्लोराइड > मिथाइल क्लोराइड > क्लोरो बैन्जीन
(c) मिथाइल क्लोराइड > क्लोरो बैन्जीन > प्रोपाइल क्लोराइड
(d) क्लोरो बैन्जीन > प्रोपाइल क्लोराइड > मिथाइल क्लोराइड

15. जब CCl_4 की क्रिया $AgNO_3$ से की जाती है, तो ?
(a) NO_2 निकलती हैं
(b) AgCl का सफेद अवक्षेप बनता है
(c) $AgNO_3$ में CCl_4 घुल जाता है
(d) कुछ नहीं होता

16. $C_6H_5CH_2Cl + KCN(aq.) \rightarrow X + Y$
X तथा Y यौगिक है?
(a) $C_6H_6 + KCl$ (b) $C_6H_5CH_2CN + KCl$
(c) $C_6H_5CH_3 + KCl$ (d) इनमें से कोई नहीं

17. $CHCl_3$ को जलीय NaOH के साथ उबाला जाता है, तो यह देता है-
(a) CH_3COONa (b) HCOONa
(c) सोडियम ऑक्सेलेट (d) CH_3OH

18. आयोडोफॉर्म की Ag चूर्ण के साथ गर्म करने पर बनता हैं-
(a) ऐसीटिलीन (b) ऐथिलीन
(c) मिथेन (d) ऐथेन

19. निम्न में से किस अभिक्रिया में क्लोरीटॉन बनता हैं-
(a) $CHCl_3 + CH_3COCH_3$ (b) CCl_4 + ऐसिटोन
(c) $CHCl_3 + KOH$ (d) $CHCl_3 + NHO_3$

20. जब क्लोरोफॉर्म को सान्द्र HNO_3 के साथ क्रिया करके देता है-
(a) $CHCl_2NO_2$ (b) CCl_3NO_2
(c) $CHCl_2HNO_3$ (d) इनमें से कोई नहीं

21. $CHCl_3$ के एक नमूने को निश्चेतक की भाँति प्रयोग करने से पहले निम्नलिखित के साथ अभिकृत करके परीक्षण करते हैं-
(a) फेहलिंग विलयन
(b) अमोनिकल Cu_2Cl_2
(c) $AgNO_3$ विलयन
(d) KOH विलयन के साथ उबालने के बाद $AgNO_3$ का विलयन के साथ अभिकृत करके

उत्तरमाला

1. (b)	**2.** (a)	**3.** (a)	**4.** (d)	**5.** (a)	**6.** (c)	**7.** (b)	**8.** (d)	**9.** (b)	**10.** (d)
11. (a)	**12.** (c)	**13.** (c)	**14.** (a)	**15.** (d)	**16.** (b)	**17.** (b)	**18.** (a)	**19.** (a)	**20.** (b)
21. (d)									

हल

2. (a) 1, 1, 1-ट्राइक्लोरो-2, 2-बिस (P-क्लोरोफिनाइल) ईथेन

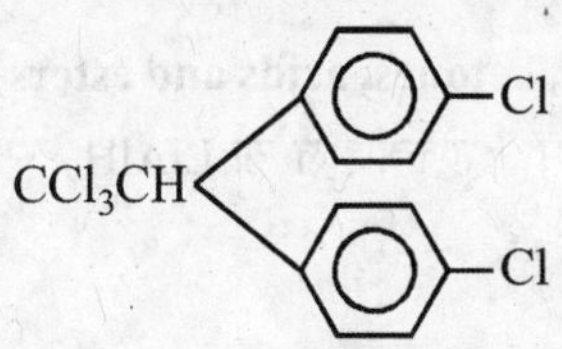

(DDT)

3. (a) $CH_3COOAg + Br_2 \xrightarrow{CS_2} CH_3Br + AgBr + CO_2$

4. (d) $C_2H_5OH + SOCl_2 \xrightarrow{\text{Pyridine}} C_2H_5Cl + SO_2 + HCl$

6. (c) $\underset{\text{Bleaching powder}}{CaCOCl_2} + H_2O \longrightarrow Ca(OH)_2 + Cl_2$

7. (b) $\underset{\text{Chlorol}}{CCl_3CHO} + NaOH \xrightarrow{\text{Boil}} \underset{\text{Chloroform}}{CHCl_3} + HCOONa$

8. (d) $CaOCl_2 + H_2O \longrightarrow Ca(OH)_2 + Cl_2$

$$\underset{\text{2-propanol}}{CH_3-\underset{|}{\underset{OH}{CH}}-CH_3} + Cl_2 \longrightarrow CH_3-\underset{\|}{\underset{O}{C}}-CH_3 + 2HCl$$

$$CH_3-\underset{\|}{\underset{O}{C}}-CH_3 + 3Cl_2 \longrightarrow CCl_3-CO-CH_3 + 3HCl$$

$$\begin{matrix} CCl_3COCH_3 \\ CCl_3COCH_3 \end{matrix} + Ca\begin{matrix} OH \\ OH \end{matrix} \longrightarrow 2CHCl_3 + \begin{matrix} CH_3COO \\ CH_3COO \end{matrix} Ca$$

11. (a) $CaOCl_2 + H_2O \longrightarrow Ca(OH)_2 + Cl_2$

$$CH_3CH_2OH + Cl_2 \longrightarrow CH_3CHO + HCl$$

$$CH_3CHO + Cl_2 \xrightarrow{Ca(OH)_2} CHCl_3 + (CH_3COO)_2Ca$$

12. (c) $COCl_2$ कार्बोनिल क्लोराइड सामान्यत: फॉस्जीन कहलाता हैं।

13. (c) $\underset{\text{Isopropyl chloride}}{CH_3-\underset{|}{\underset{CH_3}{CH}}-Cl} + 2Na + \underset{\text{Methyl chloride}}{Cl-CH_3} \xrightarrow[\text{Ether}]{\text{Dry}}$

$$\underset{\text{Isobutane}}{CH_3-\underset{|}{\underset{CH_3}{CH}}-CH_3} + 2NaCl$$

14. (a) $CH_3-Cl > CH_3-CH_2-Cl >$ 

15. (d) $CCl_4 + AgNO_3 \rightarrow$ कोई अभिक्रिया नहीं

CCl_4 एक सह-संयोजक यौगिक है। इसलिए यह Cl^- आयन प्रदान नहीं करता है?

16. (b) $C_6H_5-CH_2-Cl + KCN(aq) \rightarrow C_6H_5-CH_2-C\equiv N + KCl$

17. (b) $CHCl_3 + 3\,NaOH \xrightarrow{-3HCl} CH\begin{matrix} OH \\ OH \\ OH \end{matrix} \xrightarrow{-H_2O}$

$$HCOOH \xrightarrow[-H_2O]{NaOH} HCOONa$$

18. (a) $CHI_3 + 6Ag + I_3CH \longrightarrow \underset{\text{Acetylene}}{CH\equiv CH} + 6AgI$

20. (b) $\underset{\text{Chloroform}}{CHCl_3} + \text{conc. } HNO_3 \rightarrow \underset{\text{Chloropicrin}}{CCl_3-NO_2} + N_2O$

21. (c,d) क्लोरोफॉर्म का एक शुद्ध नमूना $AgNO_3$ विलयन के साथ AgCl का कोई अवक्षेप नहीं बनता है, क्योंकि इसमें Cl^- (क्लोराइड) आयन उपस्थित नहीं होते हैं। $CHCl_3$ का एक अशुद्ध नमूना (जिसका वायु द्वारा ऑक्सीकरण हो चुका है) $AgNO_3$ विलयन के साथ AgCl का सफेद अवक्षेप देता है, क्योंकि $AgNO_3$ का $\overset{+}{Ag}$, $CHCl_3$ के ऑक्सीकरण से बने HCl के Cl^- आयनों के साथ संयोग करके AgCl का सफेद अवक्षेप उत्पन्न कर देता है।

□□□

Chapter 26 ऑक्सीजन युक्त क्रियात्मक समूह वाले कार्बनिक यौगिक (Organic Compounds with Functional Group Containing Oxygen)

एल्कोहॉल (Alcohols)

1. ऐल्डिहाइडों, कीटोन अम्ल तथा ऐस्टरों के अपचयन द्वारा (By reduction of aldehydes, ketones, acids and esters)

- ऐल्डिहाइड तथा कीटोन का उत्प्रेरिक अपचयन (H_2/Ni या Pt or Pd या Ru) से या सोडियम + ऐल्कोहॉल या $LiAlH_4$ से कराने पर ऐल्कोहॉल प्राप्त होते है।

$$\underset{\text{Aldehyde}}{R-CHO} \xrightarrow[\text{or Na/alcohol}]{H_2/\text{Ni or } LiAlH_4} \underset{1^\circ \text{ Alcohol}}{R-CH_2OH}$$

$$\underset{\text{Ketone}}{R_2C=O} \xrightarrow[\text{or Na/alcohol}]{H_2/\text{Ni or } LiAlH_4} \underset{2^\circ \text{ Alcohol}}{R_2CH-OH}$$

$$\underset{\text{Acid}}{R-COOH} \xrightarrow{LiAlHl_4\text{, or } H_2\text{/Copper chromite}} \underset{1^\circ \text{ Alcohol}}{R-CH_2OH}$$

$$\underset{\text{Ester}}{R-COOR'} \xrightarrow{LiAlHl_4\text{, or Na/alcohol}} RCH_2OH + R'OH$$

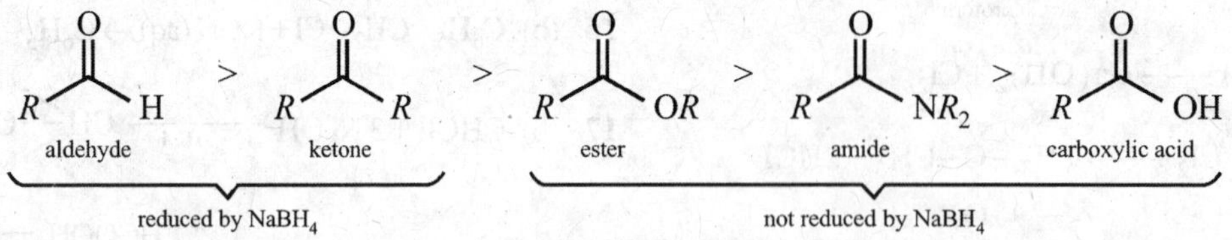

- कार्बोनिल यौगिकों का Na/ऐल्कोहॉल के साथ अपचयन द्वारा ऐल्कोहॉल बनते है। यह क्रिया बूवोब्लॉक अपचयन (Bouveault-Blanc) अभिक्रिया कहलाती है।
- $NaBH_4$ के द्वारा केवल ऐल्डिहाइड तथा कीटोन, ऐल्कोहॉल में परिवर्तित होते हैं। कार्बोक्सिलिक अम्ल, ऐस्टर, अम्ल ऐमाइड या अम्ल क्लोराइड $NaBH_4$ के द्वारा परिवर्तित नहीं होते हैं।

$$CH_3-\overset{O}{\overset{\|}{C}}-CH_2-COOH \xrightarrow{NaBH_4} CH_3-\overset{OH}{\overset{|}{C}H}-CH_2-COOH$$

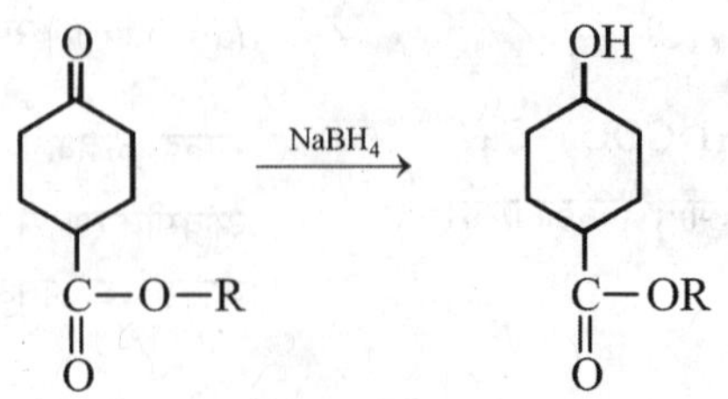

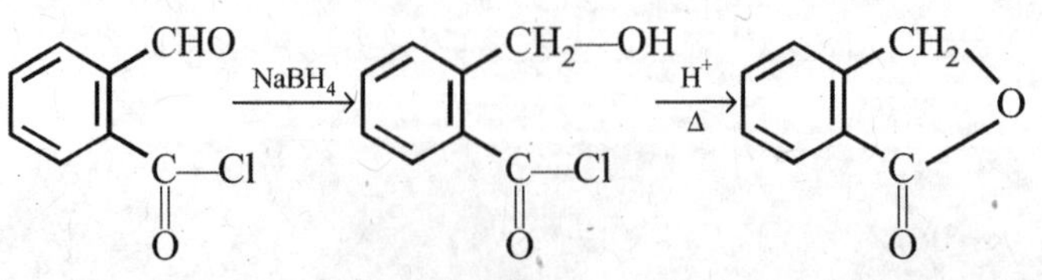

$$CH_3?\ CH{=}CH?\ \overset{O}{\overset{\|}{C}}?\ CH_2?\ \overset{O}{\overset{\|}{C}}?\ CH_3 \xrightarrow[\text{(ii) } H_2O/H^+]{\text{(i) } NaBH_4} CH_3?\ CH{=}CH?\ \overset{O}{\overset{\|}{C}}?\ CH_2?\ \overset{OH}{\overset{|}{C}H}?\ CH_3$$

2. ग्रिगनार्ड अभिकर्मक से प्राथमिक ऐल्कोहॉल का निर्माण (Formation of Primary alcohol from grignard reagent) : ग्रिगनार्ड अभिकर्मक की क्रिया फॉर्मेल्डिहाइड या इपॉक्साइड के साथ कराने पर प्राथमिक ऐल्कोहॉल बनते हैं।

$$R{-}Mg{-}X \xrightarrow[Ag]{O_2} R{-}OMg{-}X \xrightarrow{H_3O^+} R{-}OH$$

$$R{-}Mg{-}X \xrightarrow{HCHO} R{-}CH_2{-}OMg{-}X \xrightarrow{H_3O^+} R{-}CH_2{-}OH$$

$$R{-}Mg{-}X \xrightarrow{CH_2{-}O{-}CH_2} R{-}CH_2{-}CH_2{-}OMgX \xrightarrow{H_3O^+} R{-}CH_2{-}CH_2{-}OH$$

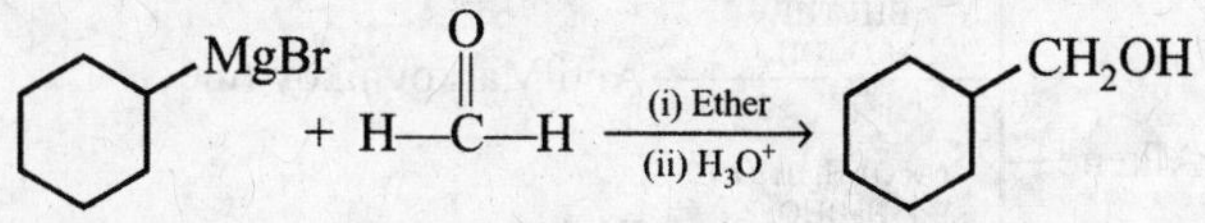

Cyclohexylmagnesium bromide | Formaldehyde | Cyclohexylmethanol (a 1° alcohol)

(a) Aldehyde raction : ग्रिगनार्ड अभिकर्मक की क्रिया ऐल्डिहाइडों (फॉर्मेल्डिहाइड को छोड़कर) के साथ कराने पर द्वितीयक ऐल्कोहॉल बनते हैं।

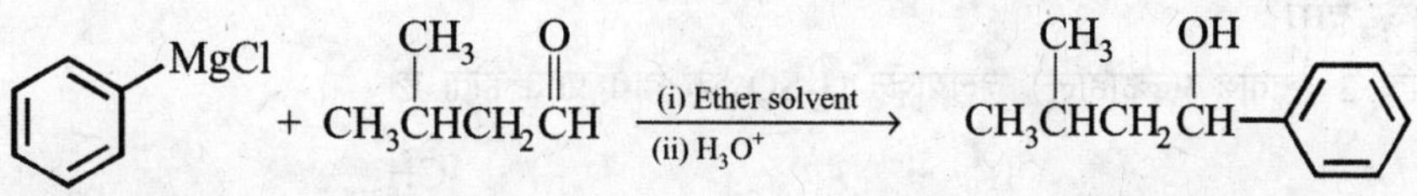

Phenylmagnesium chloride | 3-Methylbutanal | 3-Methyl-1-phenyl-1-1-butanol (a 2° alcohol)

(b) Ketone reaction : ग्रिगनार्ड अभिकर्मक की क्रिया कीटोन के साथ कराने पर तृतीयक ऐल्कोहॉल बनते हैं।

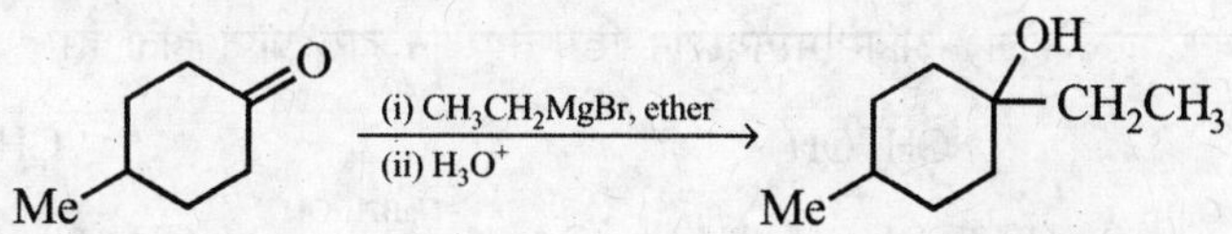

4-methyl cyclohexanone | 1-Ethyl-4-methylcyclohexanol (a 3° alcohol)

Illustration

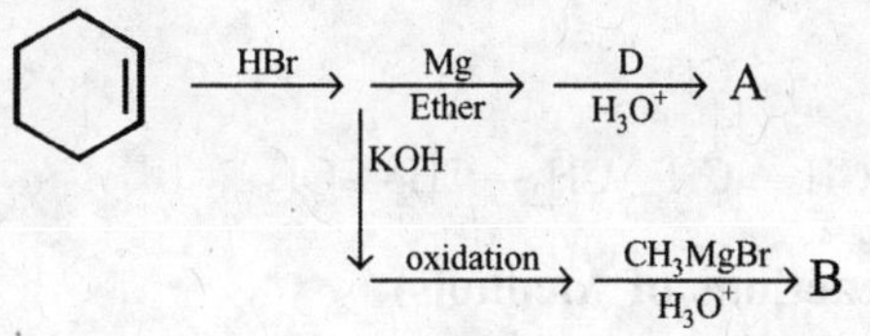

$$B \xrightarrow{H_3PO_4} \xrightarrow[\text{Peroxide}]{HBr} C;$$ What is A, B and C ?

Solution :

(i) 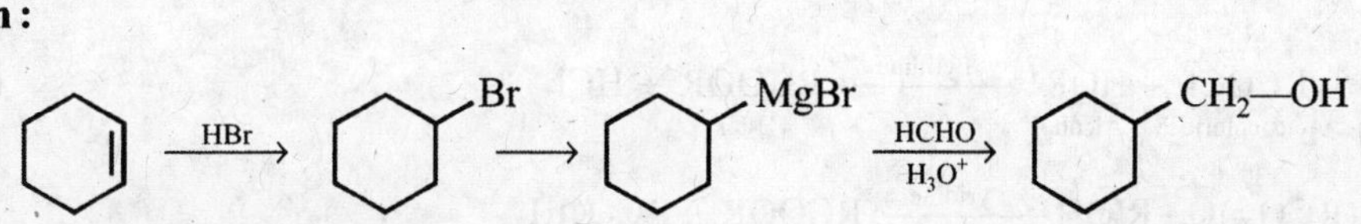

(A)

(ii) 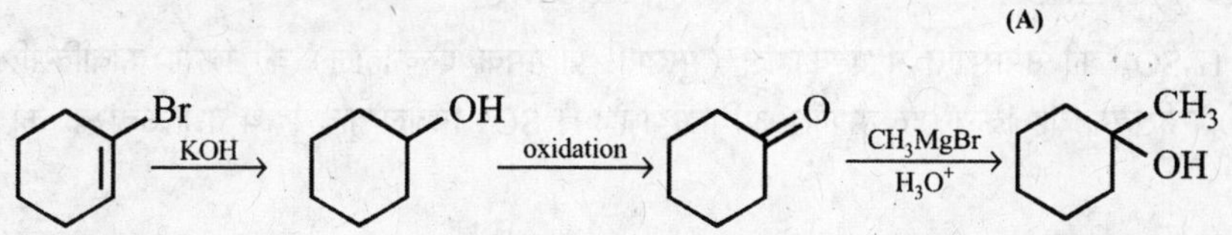

(B)

(iii) 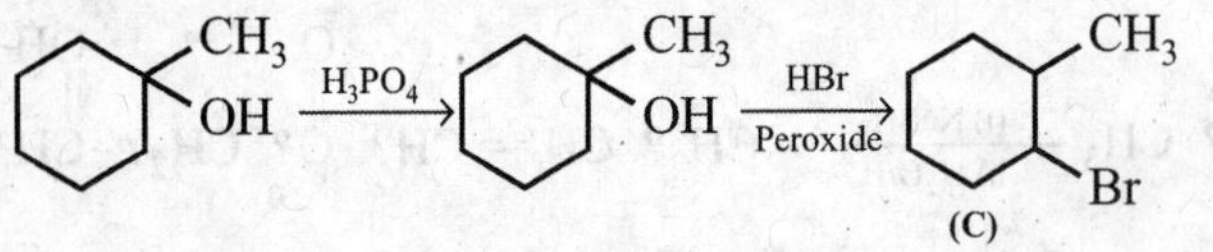

$$CH_3CH_2CH_2CH_2\overset{O}{\overset{\|}{C}}OCH_2CH_3 \xrightarrow[\text{(ii) } H_3O^+]{\text{(i) } 2CH_3MgBr} CH_3CH_2CH_2CH_2\underset{CH_3}{\overset{OH}{C}}CH_3 + CH_3CH_2OH$$

3. Formation of Alcohol from an Alkene

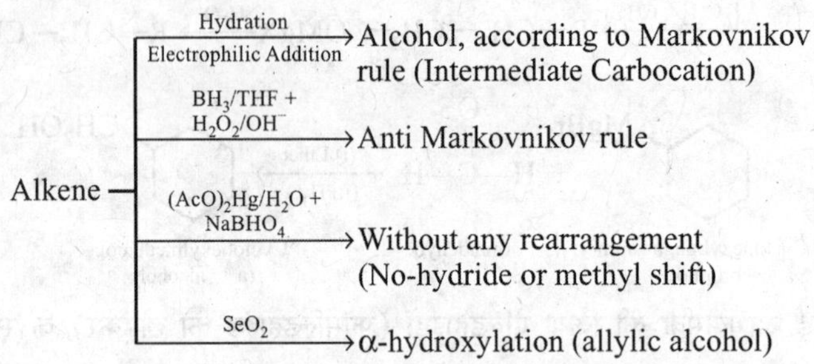

3-मिथाइल ब्यूटीन-1 के द्वारा

(i) 2-मिथाइल ब्यूटेनॉल-2 (तृतीय एल्कोहॉल) जलयोजन H_2SO_4 के द्वारा प्राप्त होता है।

$$CH_3-\overset{CH_3}{\overset{|}{C}H}-CH=CH_2 \xrightarrow{H^+} CH_3-\overset{CH_3}{\overset{|}{C}H}-\overset{+}{C}H-CH_3 \xrightarrow[\text{shift}]{\text{hydride}} CH_3-\overset{CH_3}{\overset{|}{\underset{+}{C}}}-CH_2-CH_3 \xrightarrow{OH^-} CH_3-\overset{CH_3}{\overset{|}{\underset{OH}{\underset{|}{C}}}}-CH_2-CH_3$$

(ii) 3-मिथाइल ब्यूटेनॉल-2 (तृतीयक एल्कोहॉल) ऑक्सीमरक्यूरेशन-डिमरक्यूरेशन द्वारा प्राप्त होता है।

$$CH_3-\overset{CH_3}{\overset{|}{C}H}-CH=CH_2 \xrightarrow[H_2O\ THF]{(ACO)_2Hg} CH_3-\overset{CH_3}{\overset{|}{C}H}-\overset{OH}{\overset{|}{C}H}-CH_2-HgOAl \xrightarrow{NaBH_4/OH^-} CH_3-\overset{CH_3}{\overset{|}{C}H}-\underset{OH}{\underset{|}{C}H}-CH_3$$

(iii) 3-मिथाइल ब्यूटेनॉल-1 (प्राइमरी एल्कोहॉल) हाइड्रोबोरोनीकरण-ऑक्सीकरण से प्राप्त होता है।

$$CH_3-\overset{CH_3}{\overset{|}{C}H}-CH=CH_2 \xrightarrow{BH_3/THF} \left[CH_3-\overset{CH_3}{\overset{|}{C}H}-CH_2-CH_2\right]_3 B \xrightarrow{H_2O_2/OH} CH_3-\overset{CH_3}{\overset{|}{C}H}-CH_2-CH_2-OH$$

4. रासायनिक गुण या ऐलकोहॉल की अभिक्रिया (Chemical Properties or Reactions of Alcohols)

Reactions involving cleavage of O—H bond. अभिक्रियाशीलताका क्रम है 1° > 2° > 3°

(a) ऐसीलीकरण (Acylation) : ऐल्कोहॉल (मुख्यत: प्राथमिक ऐल्कोहॉल) की क्रिया ऐसीड क्लोराइड या ऐसीड एनहाइड्राइडके साथ कराने पर ऐस्टर बनते है।

$$\underset{\text{Acid chloride}}{RCOCl} + \underset{\text{Alcohol}}{HOR'} \xrightarrow{\text{Pyridine}} \underset{\text{Ester}}{RCOOR'} + HCl$$

$$(RCO_2)O + R'OH \xrightarrow{\text{Pyridine}} RCOOR' + RCOOH$$

(b) एस्टरीकरण (Esterification) : सान्द्र H_2SO_4 की उपस्थिति में ऐल्कोहॉल (मुख्यत: प्राथमिक ऐल्कोहॉल) की क्रिया कार्बोक्सिलिक अम्लों के साथ कराने पर एस्टर बनते हैं। H_2SO_4 के बिना यह क्रिया उत्क्रमणीय अभिक्रिया है। H_2SO_4 निर्जलीकृत पदार्थ तथा उत्प्रेरक की तरह कार्य करता है।

$$\underset{\text{Acid}}{RCOOH} + \underset{\text{Alcohol}}{R'OH} \xrightarrow[\text{or conc. } H_2SO_4]{\text{Dry HCl gas}} \underset{\text{Ester}}{RCOOR'} + H_2O$$

क्रियाविधि

Step 1 :

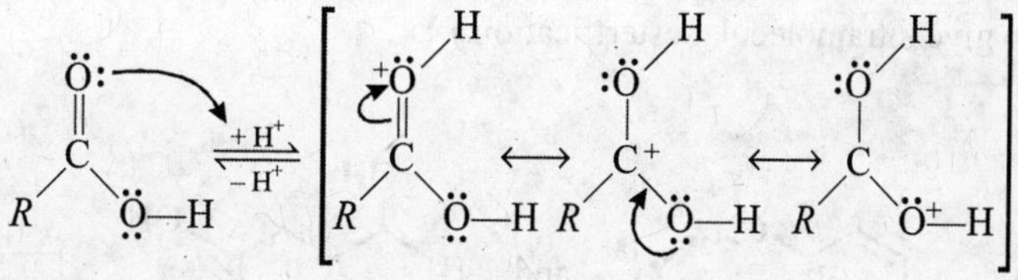

Step 2 : Attack by Alcohol:

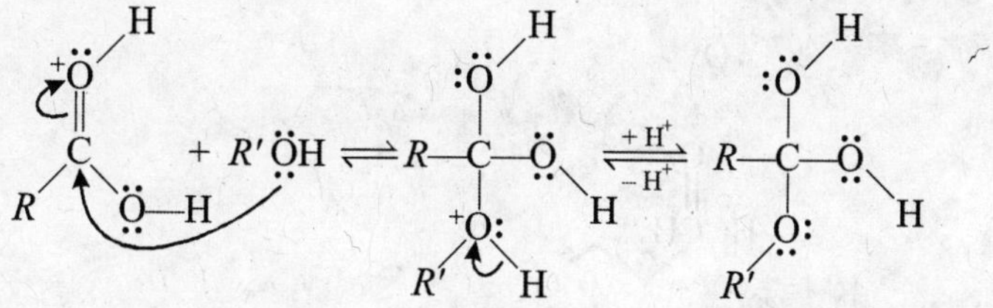

Tetrahedral intermediate

Step 3 : Elimination of water :

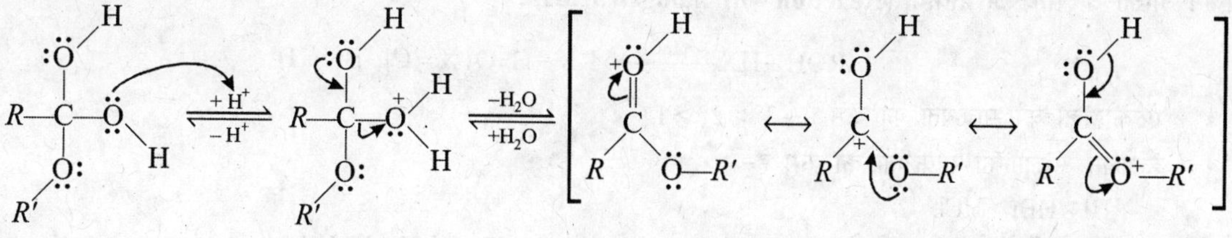

Illustration

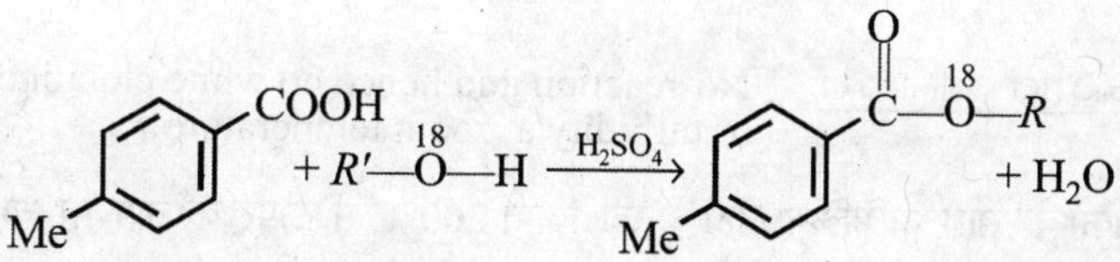

Give the mechanism.

Solution :

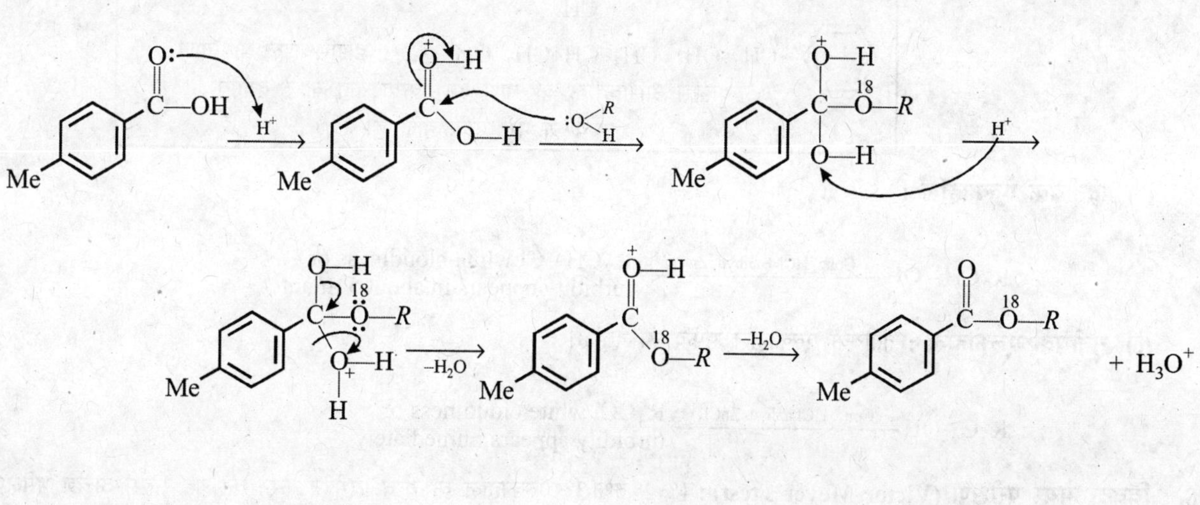

उदाहरण

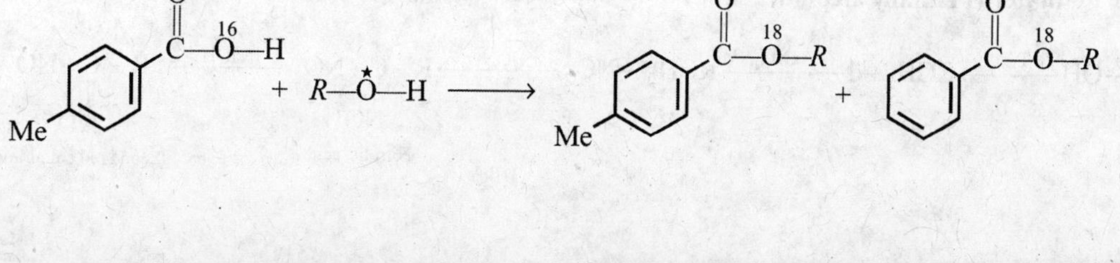

5. अन्तरापरमाणुक एस्टरीकरण (Intramolecular esterification) : α- तथा β-हाइड्रोक्सी कार्बोक्सलिक अम्ल के सिवाय अन्य हाइड्रोक्सी कार्बोक्सलिक अम्ल अम्लीकृत होकर अन्तरापरमाणुक एस्टीकरण अभिक्रिया देते हैं। (Except α- and β-hydroxy carboxylic acid other hydroxy carboxylic acid on acidification give intramolecular esterification.)

उदाहरण

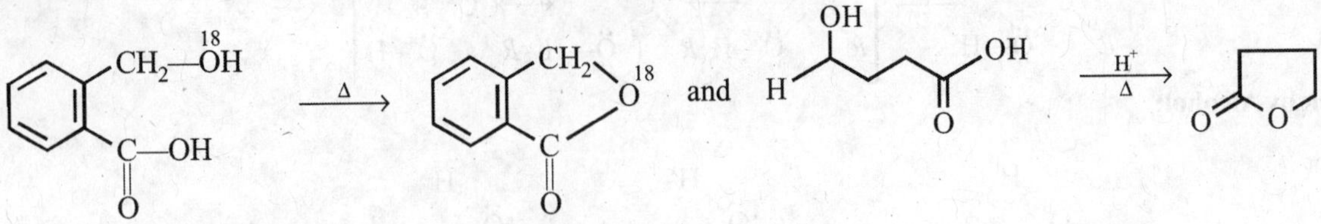

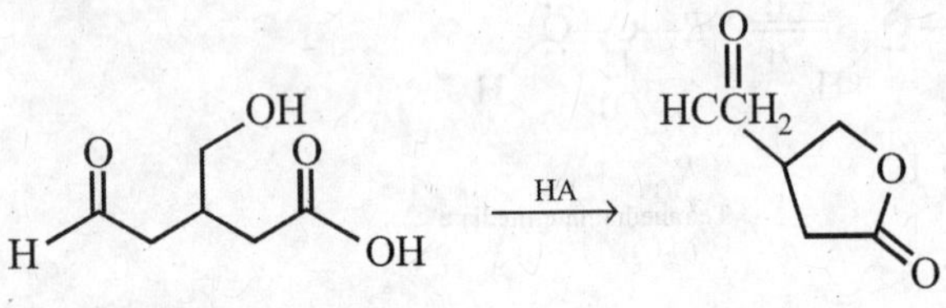

6. हैलोजन अम्लों के साथ अभिक्रिया (Reaction with halogen acids) :

$$ROH + HX \xrightarrow{ZnCl_2} RX + H_2O \, (X = Cl, \, Br \text{ or } I)$$

- ऐल्कोहॉलों की सक्रियता का क्रम है- $3° > 2° > 1°$
- हैलोजन अम्लों की सक्रियता का क्रम है- $HI > HBr > HCl$.

7. 1°, 2° तथा 3° ऐल्कोहॉलों के बीच विभेदन (Distinction between 1°, 2° and 3° Alcohols) :

(a) प्राथमिक ऐल्कोहॉल : प्राथमिक ऐल्कोहॉल लूकास परीक्षण नहीं देते है।

$$R_2CH-OH \xrightarrow{\text{Conc. HCl + anhyd. } ZnCl_2} \text{No reaction and hence no white cloudiness or turbidity at room temperature}$$

प्राइमरी एल्कोहॉल ल्यूकास अभिकर्मक के साथ अभिक्रिया नहीं करता किन्तु 200°C से ऊपर के ताप पर यह ल्यूकास अभिकर्मक के साथ अभिक्रिया करता है।

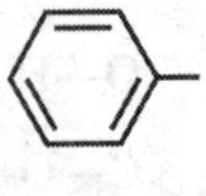 $-CH_2-OH$, $CH_3-\underset{}{CH}(CH_3)-CH_2-OH$ 2, 2 डाइमिथाइल प्रोपीनॉल ल्यूकास अभिकर्मक के साथ अभिक्रिया नहीं करते क्योंकि ये प्राइमरी ऐल्कोहॉल हैं।

(b) द्वितीयक ऐल्कोहॉल :

$$R_2CH-OH \xrightarrow{\text{Conc. HCl + anhyd. } ZnCl_2} R_2CH-Cl \text{ white cloudiness or turbidity appears in about 5 minutes}$$

(c) तृतीयक ऐल्कोहॉल : तृतीयक ऐल्कोहॉल सफेद रंग देते हैं।

$$R_3C-OH \xrightarrow{\text{Conc. HCl anhyd. } ZnCl_2} R_3CCl \text{ white cloudiness or turbidity appears immediately}$$

8. विक्टर मेयर परीक्षण (Victor-Meyer's test) : 1°, 2° तथा 3° ऐल्कोहॉल के बीच विभेदन करने का यह सबसे अच्छा परीक्षण है।

(a) प्राथमिक ऐल्कोहॉल (Primary alcohol) : प्राथमिक ऐल्कोहॉल लाल रंग देता है।

$$RCH_2-OH \xrightarrow{P+I_2} RCH_2-I \xrightarrow{AgNO_2} RCH_2-NO_2 \xrightarrow{HONO} \underset{\text{Nitrolic acid}}{R-\underset{\|}{C}(=NOH)-NO_2} \xrightarrow{NaOH} \underset{\text{(Blood red colouration)}}{R-C(=NO^-Na^+)-NO_2}$$

(b) **द्वितीयक ऐल्कोहॉल (Secondary alcohol) :** द्वितीयक ऐल्कोहॉल नीला रंग देता है।

$$R_2CHOH \xrightarrow{P+I_2} R_2CH-I \xrightarrow{AgNO_2} R_2CH-NO_2 \xrightarrow{HONO} R_2\underset{\substack{|\\ N=O}}{C}-NO_2 \xrightarrow{NaOH} \text{Blue colouration}$$

(c) **तृतीयक ऐल्कोहॉल (Tertiary alcohol) :** तृतीयक ऐल्कोहॉल रंगहीन विलयन देता है।

$$R_3C-OH \xrightarrow{P+I_2} R_3C-I \xrightarrow{AgNO_2} R_3C-NO_2 \xrightarrow{HONO} \text{No reaction} \xrightarrow{NaOH} \text{Colourless}$$

फीनॉल (Phenol)

1. **फीनॉल बनाने की विधि :** डाइएजोनियम लवणों से बैंजीन डाइऐजोनियम क्लोराइड को जल के साथ गर्म करने पर फिनॉल प्राप्त होता है।

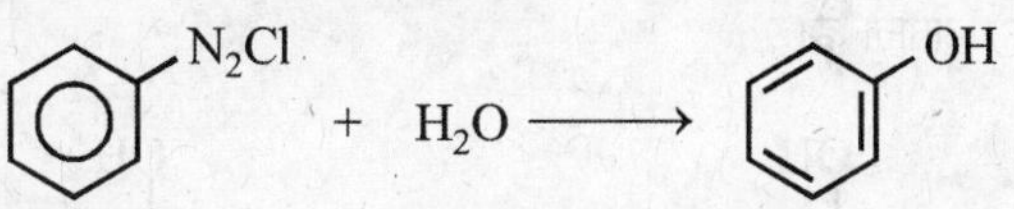

2. **बैंजीन सल्फोनिक अम्ल से :** बैंजीन सल्फोनिक अम्ल के सोडियम लवण को NaOH के साथ गर्म करने पर सोडियम फिनॉक्साइड देते हैं। जिसे अम्लीयकृत करने पर फिनॉल प्राप्त होता है।

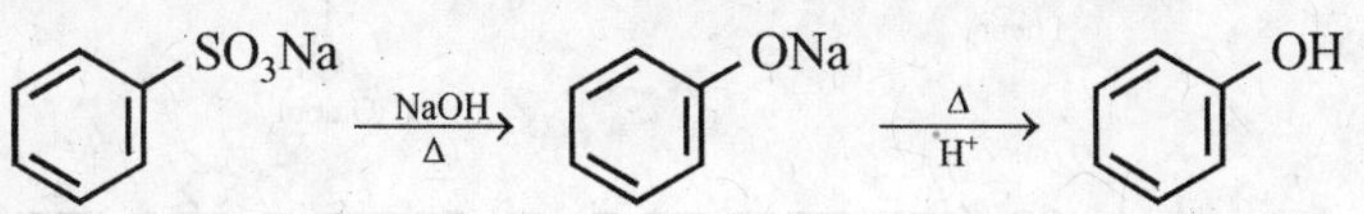

3. **डॉव विधि (Dav's precess) :** इस विधि में क्लोरोबैंजीन को NaOH के साथ उच्च ताप पर 500°C पर तथा उच्च दाब पर क्रिया कराने पर सोडियम फिनॉक्साइड प्राप्त होता है। जिसके अम्लीयकृत होने पर फिनॉल प्राप्त होता है।

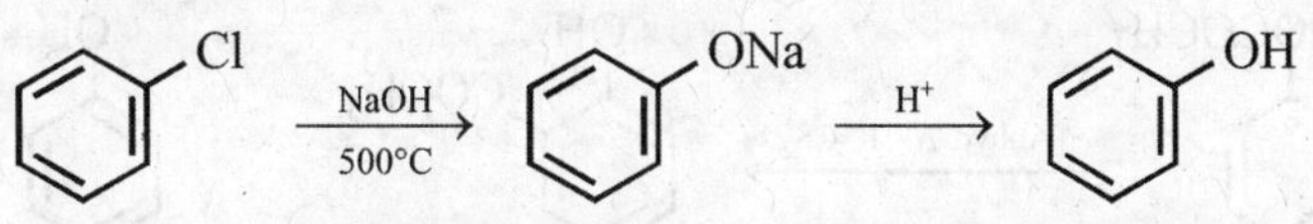

4. **क्यूमीन विधि (Cumene process) :** क्यूमीन (आइसोप्रोपिल बैंजीन) को वायु के साथ क्रिया कराने पर क्यूमीन हाइड्रोपरॉक्साइड बनता है। जिसे तनु H_2SO_4 के साथ गर्म करने पर फिनॉल तथा ऐसीटोन प्राप्त होता हैं।

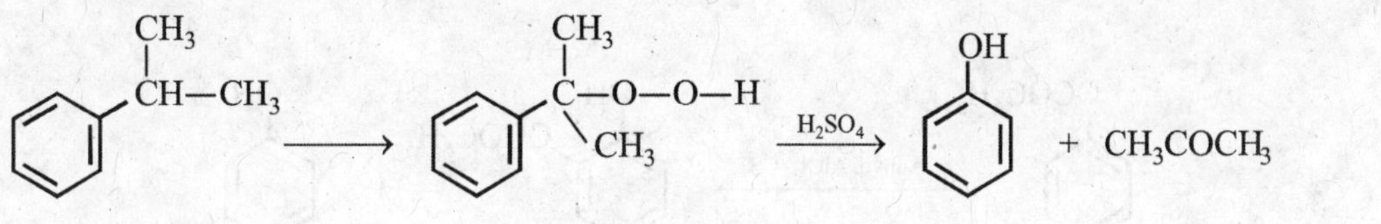

5. **फिनॉल के गुण**

(i) फिनॉल की अम्लीय प्रकृति (Acidic Nature of Phenol) :

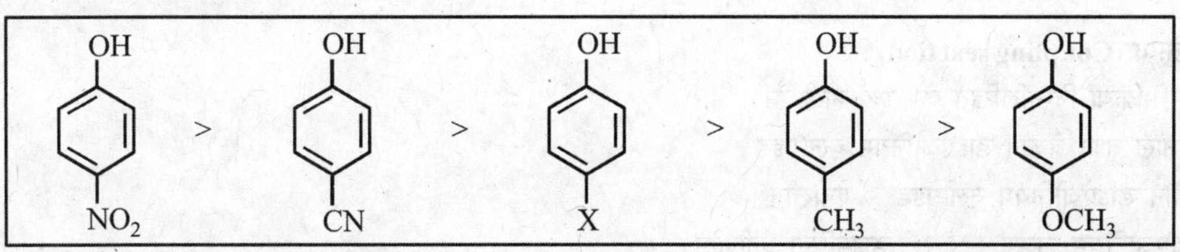

(ii) सभी फिनॉल NaOH में विलेय होते हैं। पिक्रिक अम्ल को छोड़कर अन्य फिनॉल तथा $NaHSO_3$ या Na_2CO_3 में अविलेय हैं।

(iii) $FeCl_3$ के साथ अभिक्रिया (Reaction with $FeCl_3$) : उदासीन $FeCl_3$ विलयन के साथ क्रिया करके फिनॉल बैंगनी रंग का रंगीन संकर आयन देता हैं।

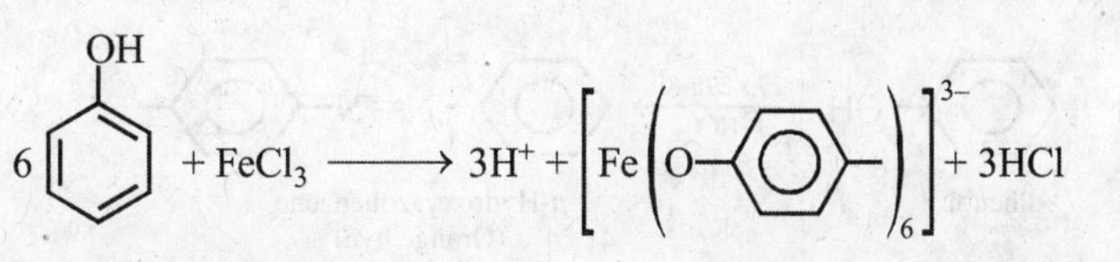

(Violet complex)

(iv) **लिबरमैन नाइट्रोसो अभिक्रिया (Liebermann's nitroso reaction) :** फिनॉल को $NaNO_2$ तथा सान्द्र H_2SO_4 के साथ क्रिया कराने पर यह गहरा हरा या नीला रंग देता है। जो जल के साथ लाल रंग में बदल जाता है। जब ऐल्केलाइन NaOH के साथ बनता है, तो वास्तविक हरा तथा नीला रंग पुन: स्थापित हो जाता है। यह अभिक्रिया लिबरमैन नाइट्रोसो अभिक्रिया के नाम से जानी जाती है तथा फिनॉल के परीक्षण में उपयोग होती है।

(v) **ऑक्सीकरण (Oxidation) :** वायु तथा प्रकाश में रखने पर फिनॉल मन्द ऑक्सीकरण के कारण गुलाबी या लाल या भूरा रंग हो जाता है। यह रंग क्विनॉन तथा फिनो-क्विनॉन के निर्माण के कारण होता है–

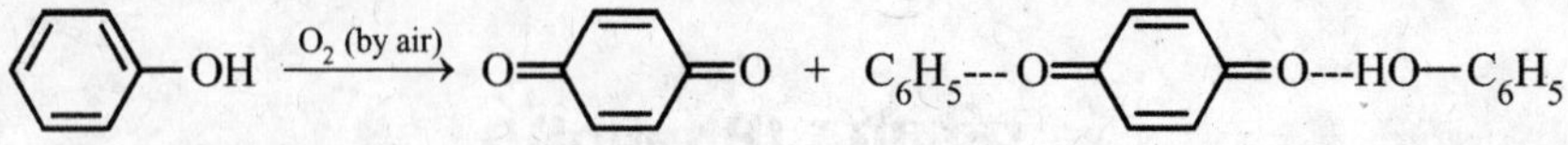

p-Benzoquinone   Phenoquinone (red)

(vi) **एल्ब परसल्फेट ऑक्सीकरण (Elbs persulphate oxidation) :** फनॉल क्षारीय विलयन में पोटैशियम पर सल्फेट के साथ ऑक्सीकृत होने पर 1, 4-डाइहाइड्रोक्सी बैंजीन (क्विनॉल) बनाता है।

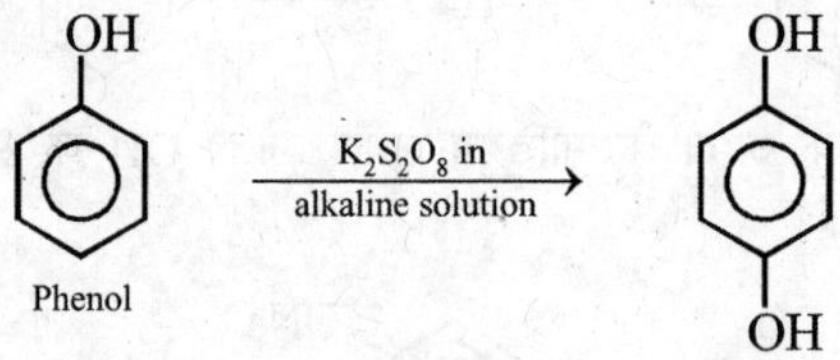

Phenol   Quinol

6. **फ्रीस पुनर्विन्यास (Fries rearrangement) :** CS_2 (विलायक के रूप में) की उपस्थिति में फेनिल एस्टर की निर्जल $AlCl_3$ के साथ क्रिया द्वारा *o*- तथा *p*-हाइड्रोक्सी कीटोन का मिश्रण प्राप्त होता है।

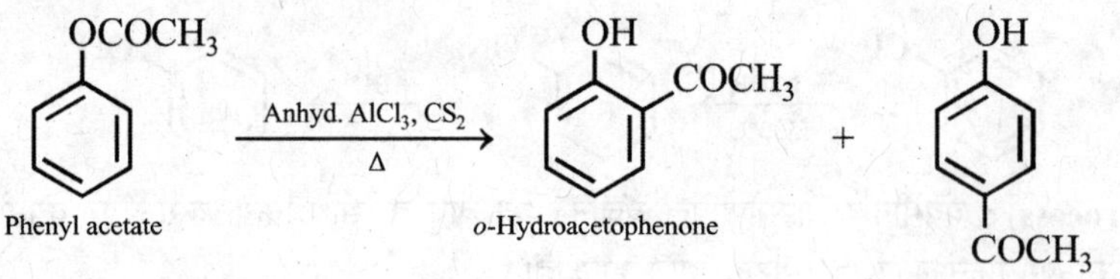

Phenyl acetate   *o*-Hydroacetophenone   *p*-Hydroacetophenone

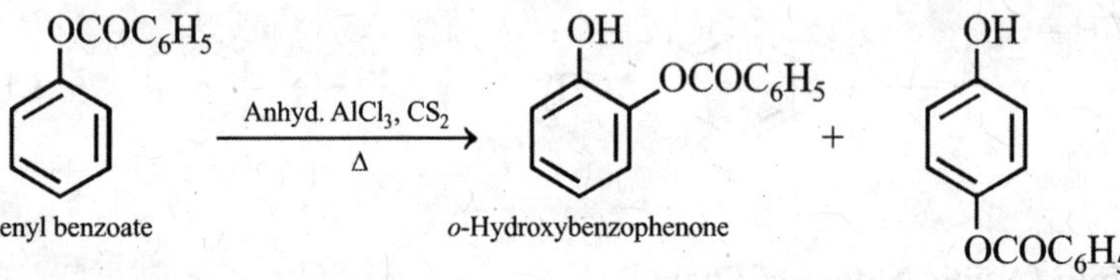

Phenyl benzoate   *o*-Hydroxybenzophenone   *p*-Hydroxybenzophenone

7. **युग्मन अभिक्रिया (Coupling reaction) :**

- युग्मन अभिक्रिया निम्नलिखित के मध्य होती है।
  (A) फिनॉल तथा बैंजीन डाइऐजोनियम क्लोराइड
  (B) बैंजीन डाइऐजीनियम क्लोराइड - ऐनीलीन
  (C) डाइऐजोनियम लवण + N, N, डाइमेथिल ऐनीलीन
  युग्मन अभिक्रिया में ऐजो यौगिक बनते हैं।
- डाइऐजोनियम साल्ट की फिनॉल तथा ऐरोमैटिक ऐमीन के साथ क्रिया कराने पर ऐजो यौगिक प्राप्त होते है। यह अभिक्रिया ठण्डे तथा बर्फीले विलयन में प्रयोग होती है।

Benzene diazonium chloride   Phenol   *p*-Hydroxyazobenzene (Orange dye)

7. राइमर-टीमन अभिक्रिया (Reimer Tiemann reaction) :

- 340 K पर फिनॉल क्लोराफॉर्म के साथ जलीय क्षार की उपस्थिति में अभिक्रिया करते हैं। जल-अपघटन के परिणाम स्वरूप 2-हाइड्रोक्सी बैंजैल्डिहाइड (सैलीसिल्डिहाइड) मुख्य उत्पाद के रूप में प्राप्त होता है।

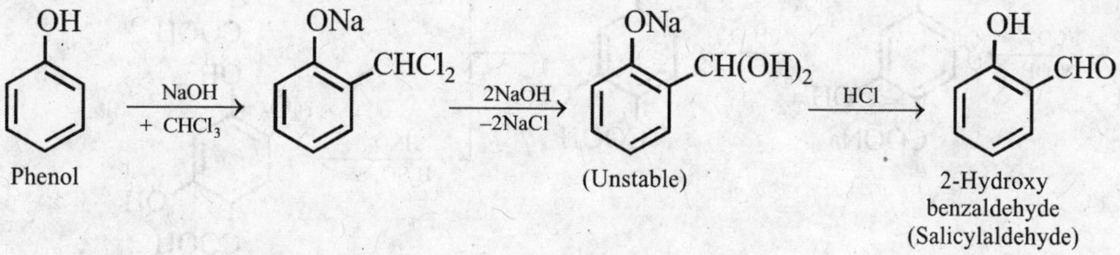

इस अभिक्रिया में p-हाइड्रोक्सी बैंजैल्डिहाइड की कम मात्रा भी प्राप्त होती है।

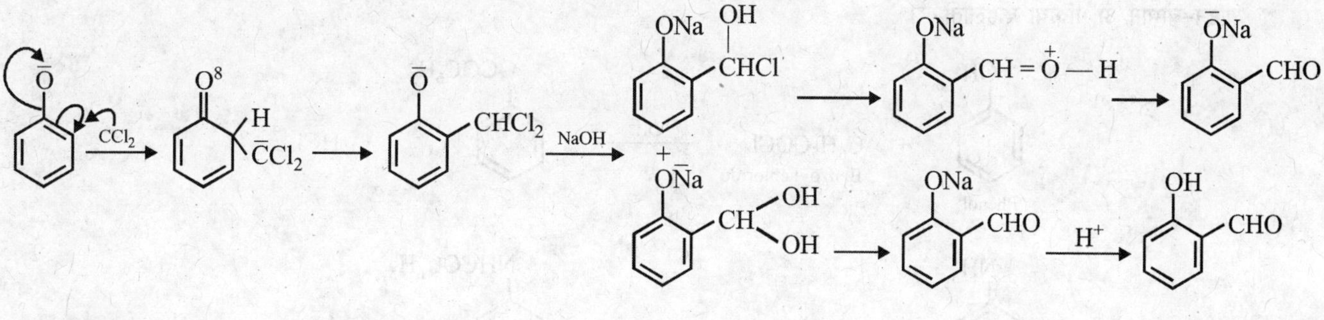

☞ Example

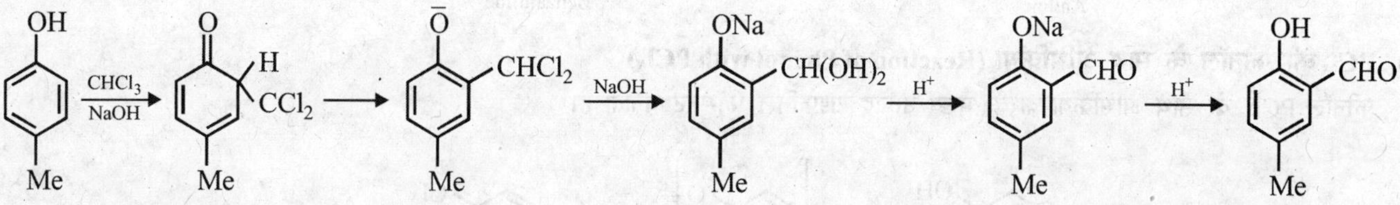

- क्लोरोफॉर्म के स्थान पर यदि कार्बन ट्रेटाक्लोराइड प्रयोग किया जाये तो सैलिसिलिक अम्ल बनता है।

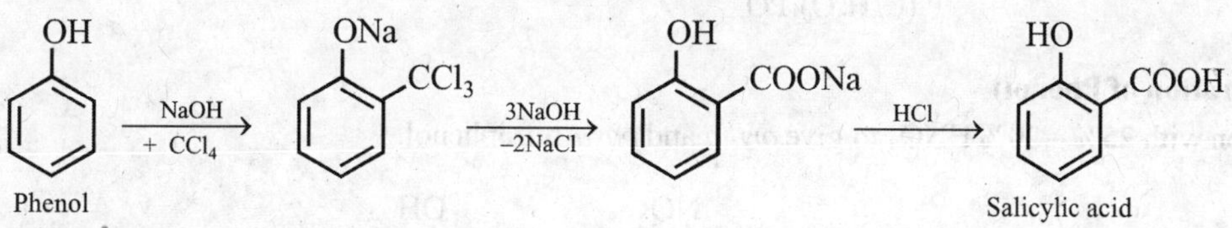

8. कोल्बे अभिक्रिया (Kolbe Reaction) :

उच्च दाब (4–8 वायुमण्डल) व 140°C ताप पर सोडियम फीनॉक्साइड को CO_2 के साथ गर्म करने पर प्राप्त उत्पद का अम्लीय जल-अपघटन करने पर सैलिसिलिक अम्ल बनाता है।

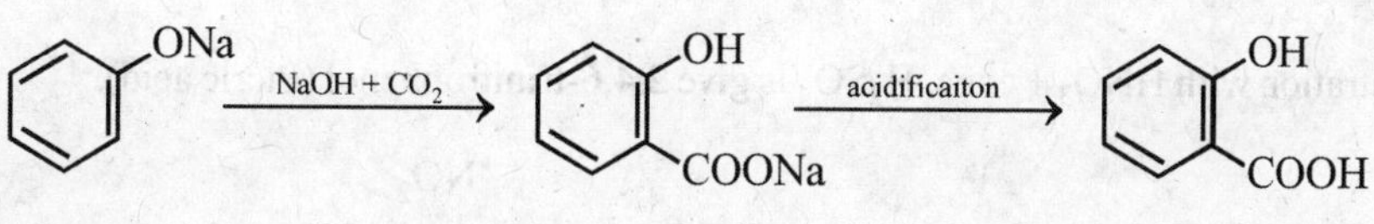

☞ Mechanism

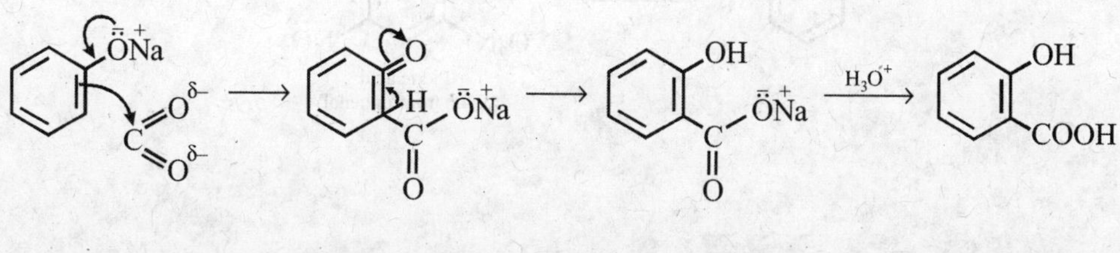

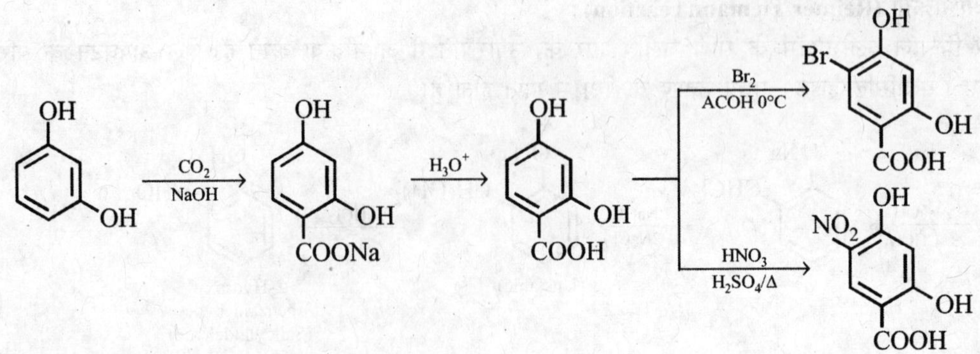

9. शॉटन-बोमान अभिक्रिया (Schotten Baumann reaction) :

- जलीय सोडियम हाइड्रोक्साइड की उपस्थिति में फिनॉल, प्राथमिक या द्वितीयक ऐमीन का बैंजोइल क्लोराइड के साथ बैंजोइलीकरण करना ही शॉटन-बोमान अभिक्रिया कहलाती है।

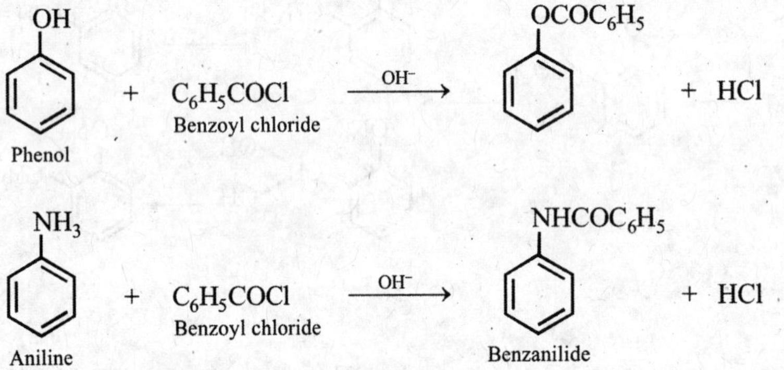

10. PCl_5 की फीनॉल के साथ अभिक्रिया (Reaction of Phenol with PCl_5)

फीनॉल PCl_5 के साथ अभिक्रिया करके मुख्य उत्पाद ट्राइफेनिल फॉस्फेट बनाता है।

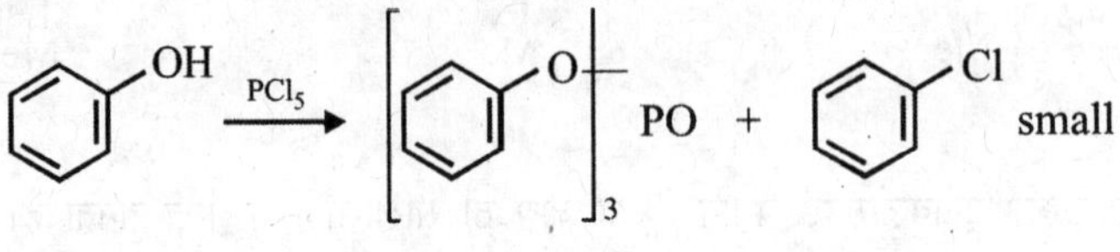

$(C_6H_5O)_3PO$

11. फीनॉल का नाइट्रीकरण (Nitration of Phenol)

Case-1 : Phenol on nitration with 25% – 20% HNO_3 to give *ortho* and *para*-nitrophenol.

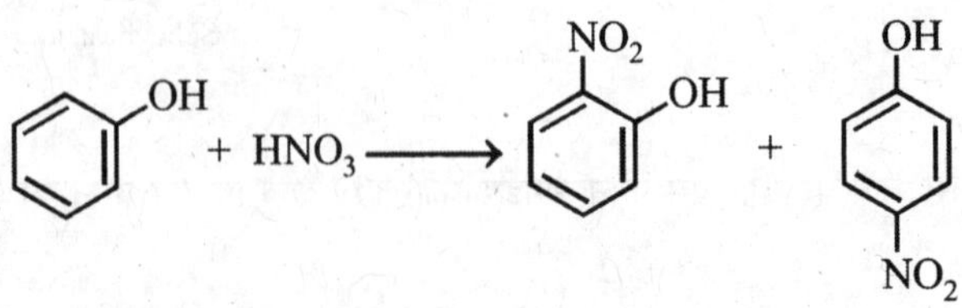

Case-2 : Phenol on nitration with HNO_3 + conc. H_2SO_4 is give 2,4,6-trinitrophenol (Picric acid).

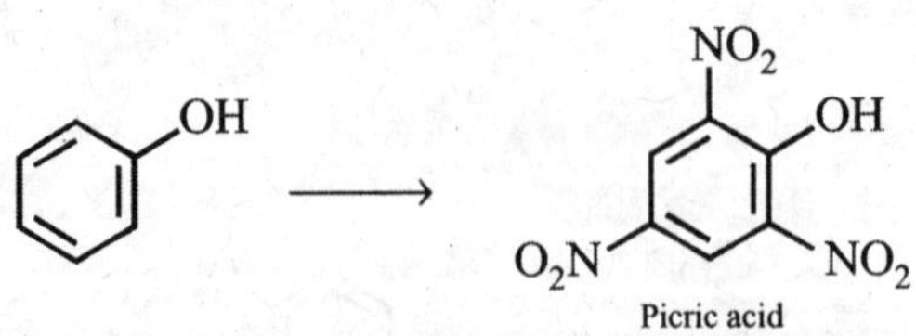

Picric acid
(2,4,6 trinitrophenol)

12. फीनॉल का ब्रोमीनीकरण (Bromination of Phenol)

Phenol react Br_2 in non-polar solvent to give *ortho* and *para*-bromophenol. But react with Br_2 water in polar protic solvent 2,4,6 tri-bromophenol.

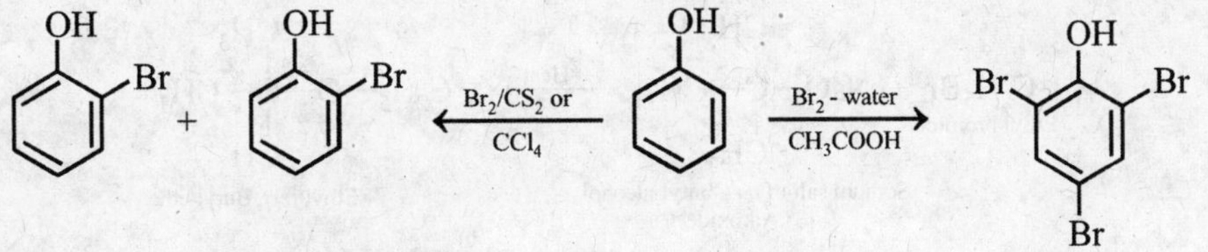

13. फीनॉल का सल्फोनीकरण (Sulphonation of Phenol)

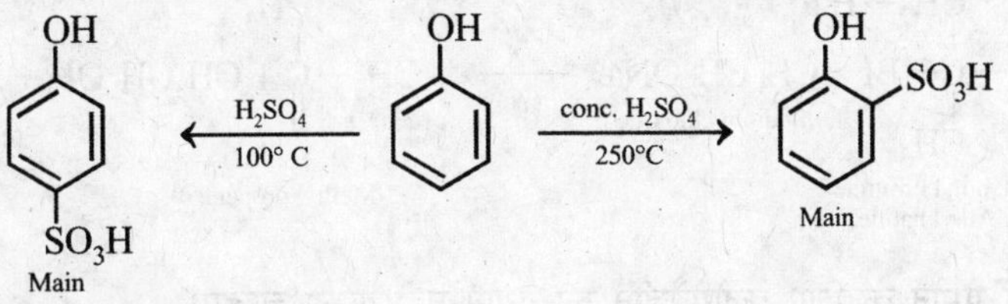

13. फीनॉल फ्रिडलक्राफ्ट अभिक्रिया नहीं देता।

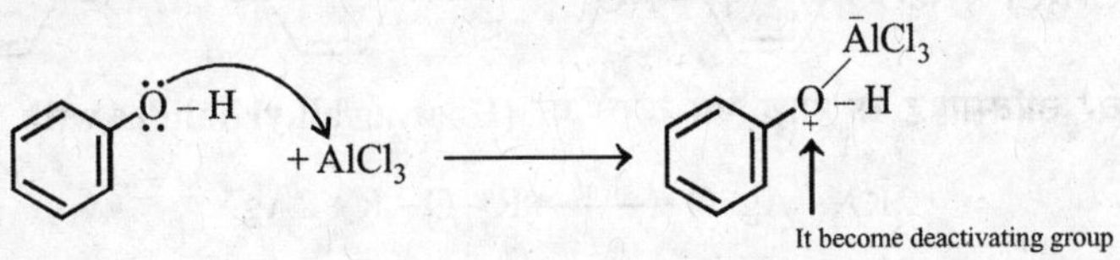

Concept

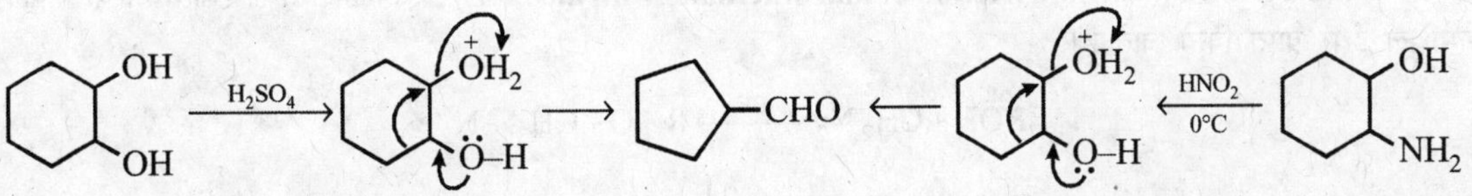

Illustration

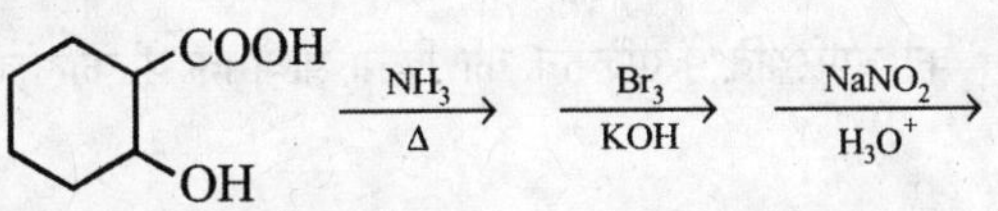

Explain this problem.

Solution :

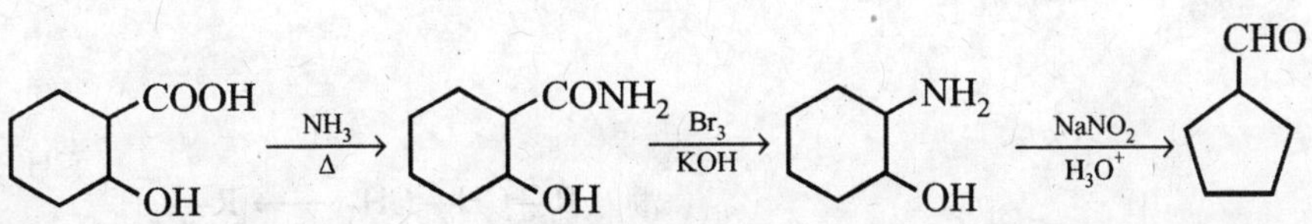

ईथर (Ethers)

1. **विलियमसन संश्लेषण (Williamson synthesis) :** प्राथमिक ऐल्किलहैलाइडों की क्रिया सोडियम या पौटैशियम ऐल्कॉक्साइड के साथ कराने पर ईथर प्राप्त होता है।

$$RONa + X - R' \longrightarrow ROR' + NaX$$

$$\underset{\text{Sodium ethoxide}}{C_2H_5ONa} + \underset{\text{Ethyl iodide}}{C_2H_5I} \longrightarrow \underset{\text{Diethyl ether}}{C_2H_5OC_2H_5} + NaI$$

विलियमसन संश्लेषण एक SN_2 अभिक्रिया है।

प्राथमिक (1°) ऐल्किलहैलाइड की अभिक्रियाशीलता का क्रम है:

$$CH_3 > CH_3CH_2 > CH_3CH_2CH_2.$$

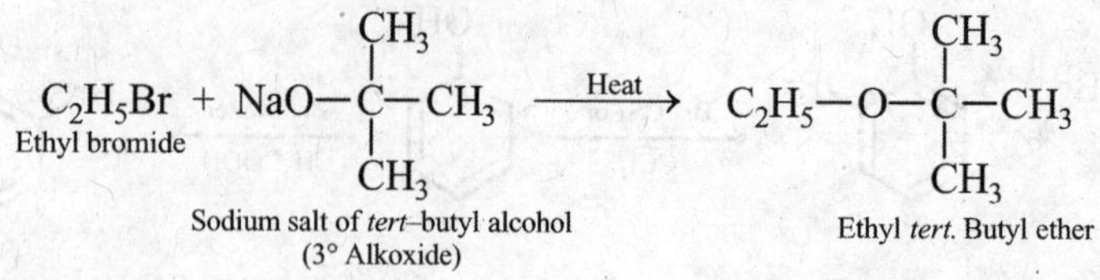

यदि द्वितीयक तथा तृतीयक ऐक्लिहैलाइड को इस अभिक्रिया में प्रयोग किया जाता है। तो मुख्य उत्पाद ऐल्कीन है।

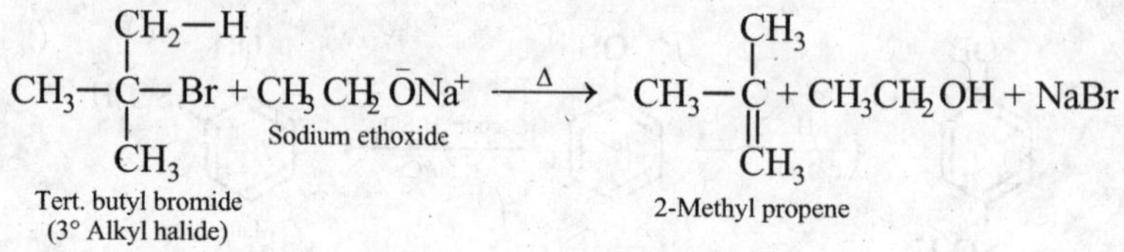

नोट : इस अभिक्रिया में ऐरोमैटिक ऐमीन के लिए क्लोरोबैंजीन को प्रयोग नहीं करना चाहिए।

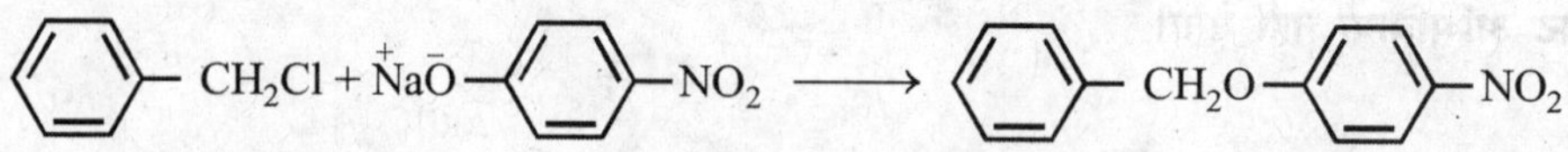

2. ऐल्किलहैलाइडों को शुष्क सिल्वर ऑक्साइड के साथ गर्म करने पर (Heating alkyl halides with dry silver oxide) :

$$2RX + Ag_2O \xrightarrow{Heat} R-O-R + 2AgX$$

$$2C_2H_5I + Ag_2O \xrightarrow{Heat} C_2H_5OC_2H_5 + 2AgI$$

3. ऐल्कोहॉलों के साथ डाइऐजोमिथेन की क्रिया (Action of diazomethane with alcohols) : ऐल्कोहॉल तथा ऐजोमिथेन के संयोग (combination) से ऐल्किलमेथिल ईथर प्राप्त किये जाते हैं।

$$ROH + CH_2N_2 \xrightarrow{BF_3} R-O-CH_3 + N_2$$

$$\underset{\text{Ethyl alcohol}}{C_2H_5OH} + \underset{\text{Diazomethane}}{CH_2N_2} \xrightarrow{BF_3} \underset{\text{Ethyl methyl ether}}{C_2H_5OCH_3} + N_2$$

4. ऐल्कोहॉलों का ऐल्किनों से योग (Addition of alcohols to alkenes) : H_2SO_4 की उपस्थिति में ऐल्किन की क्रिया प्राथमिक ऐल्कोहॉल के साथ कराने पर ईथर प्राप्त होता है।

$$R-CH_2=CH_2 \xrightarrow[H_2SO_4]{R-OH} R-\underset{\underset{OR}{|}}{CH}-CH_3$$

☞ Mechanism

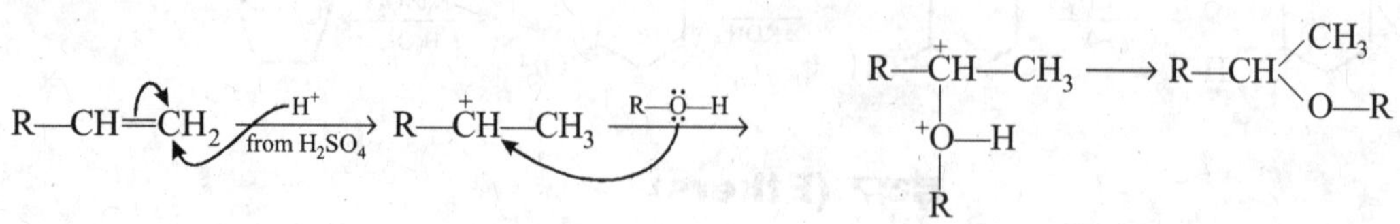

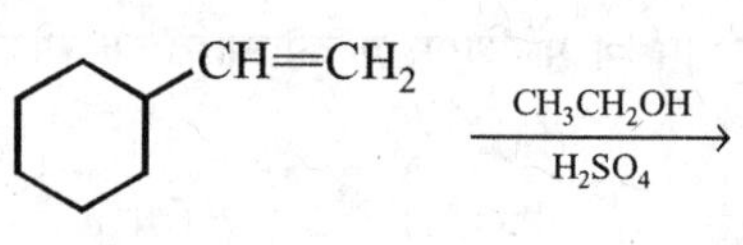

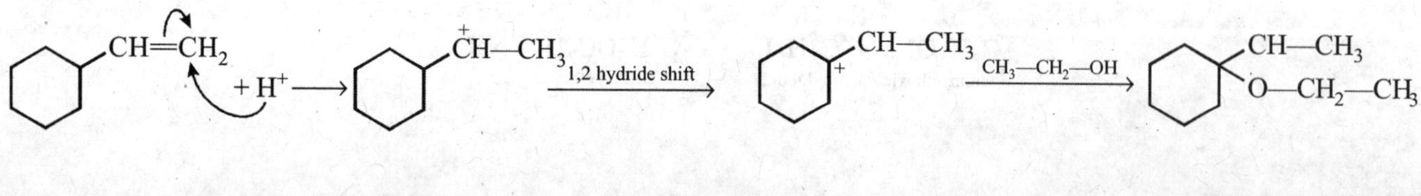

Reaction

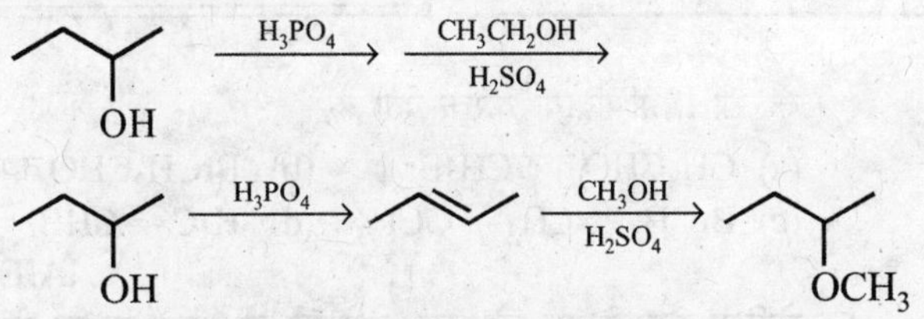

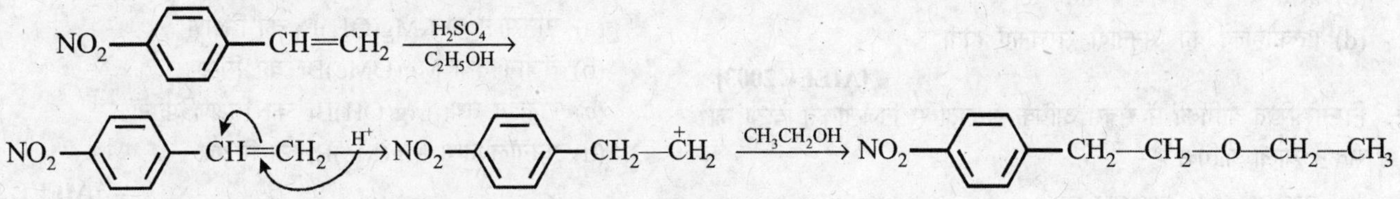

5. ईथर के सामान्य गुण (General Characteristics of Ethers) :

⇨ **ऐल्किल समूह की अभिक्रिया (Reactions due to Alkyl Groups) :**

- **हैलोजनीकरण (Halogenation) :** अंधेरे में ईथर के क्लोरीनीकरण होने पर मोनो-क्लोरो या डाइक्लोरो डाइऐल्किल ईथर प्राप्त होता है।

$$\underset{\text{Diethyl ether}}{CH_3CH_2OCH_2CH_3} \xrightarrow[\text{Dark}]{Cl_2} \underset{(\alpha-\text{Monochlorodiethyl ether})}{CH_3CHClOCH_2CH_3} + \underset{(\alpha,\alpha'-\text{Dichlorodiethyl ether})}{CH_3CHClOCHClCH_3}$$

- सूर्य के प्रकाश में डाइऐथिल ईथर के क्लोरीनीकरण होने पर परक्लोरो डाइऐथिल ईथर प्राप्त होता है।

$$C_2H_5OC_2H_5 + 10Cl_2 \xrightarrow[\text{Light}]{h\nu} \underset{(\text{Perchlorodiethyl ether})}{C_2Cl_5OC_2Cl_5} + 10HCl$$

⇨ **ईथरीय ऑक्सीजन की अभिक्रिया (Reaction due to Ethereal Oxygen) :**

- **परॉक्साइड का निर्माण (Peroxide formation) :**

वायु की उपस्थिति में ईथर से परॉक्साइड बनता है। यह अभिक्रिया ऑक्सीजन के एकाकी युग्म के कारण होती है।

$$C_2H_5\ddot{O}C_2H_5 + \ddot{O}: \longrightarrow C_2H_5\underset{\underset{:\ddot{O}:}{\downarrow}}{\ddot{O}}C_2H_5 \quad \text{or} \quad (C_2H_5O)_2O \longrightarrow O$$

डाइऐथिल ईथर के परॉक्साइड भारी, pungent तैलीय द्रव हैं।

- ईथर में Cu_2O की अल्प मात्रा मिलाने से परॉक्साइड के निर्माण को रोका जा सकता है।
- ईथर लूईस अम्ल BF_3 या ग्रिगनार्ड अभिकर्मक के साथ उप-सहसंयोजी यौगिक बनाते हैं।

$$C_2H_5OC_2H_5 + \underset{\text{Lewis acid}}{BF_3} \longrightarrow \underset{\text{Boron trifluoride etherate}}{(C_2H_5)_2O \longrightarrow BF_3}$$

$$2C_2H_5OC_2H_5 + RMgX \longrightarrow$$

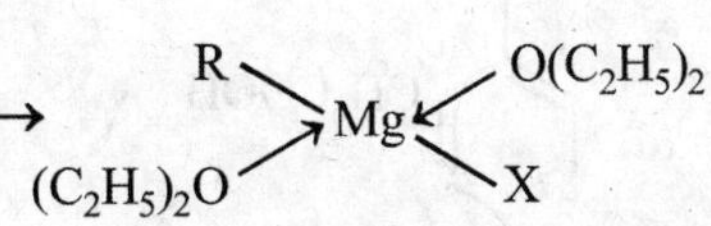

Previous Years Problems

1. एक ईथर उसी अणुसूत्र वाले ऐल्कोहॉल से अधिक वाष्पशील होता है, इसका कारण है-

(a) ईथरों में अन्तर आण्विक H-बन्धों का निर्माण
(b) ऐल्कोहॉलों में अन्तर आण्विक H-बन्धों का निर्माण
(c) ईथरों की द्वि-ध्रुवीय प्रकृति
(d) ऐल्कोहॉलों की अनुनादी संरचनाएँ होती हैं

[AIEEE 2003]

2. निम्नलिखित यौगिकों में सबसे अधिक सरलता से निर्जलीकृत किया जा सकने वाला यौगिक है-

(a) $CH_3CH_2CH(CH_3)CH_2CH_2OH$
(b) $CH_3CH_2CH_2CHCH_3CH(OH)$
(c) $CH_3CH_2C(CH_3)(OH)CH_2CH_3$
(d) $CH_3CH_2CH_2CH_2CH_2OH$

[AIEEE 2004]

3. p-क्रीसॉल क्षारीय माध्यम में क्लोरोफॉर्म से क्रिया करके यौगिक (A) बनाता है, जो HCN से संयोग करके (B) बनाता है। बाद में अम्लीय जल-अपघटन कराने पर चिराल कार्बोक्सिलिक अम्ल बनता है। कार्बोक्सिलिक अम्ल की संरचना है-

(a) 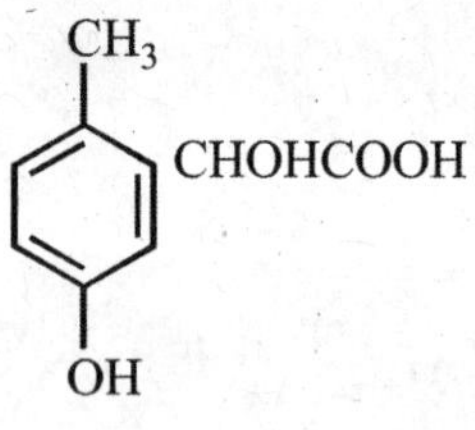
(b) 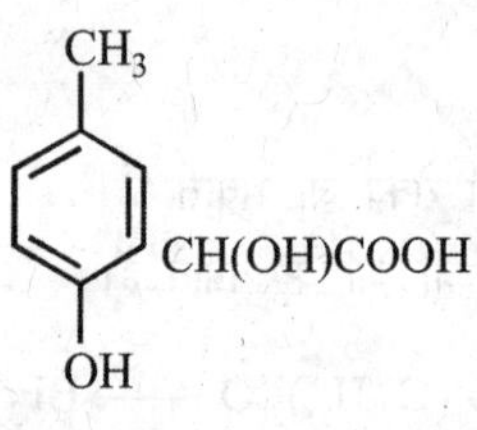
(c) 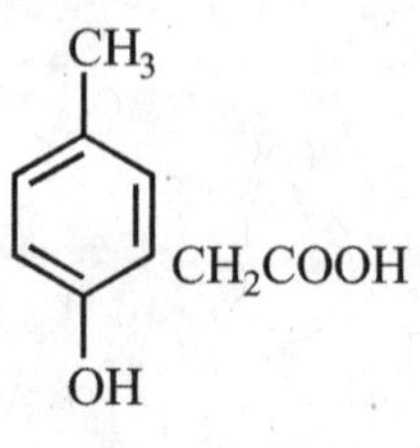
(d) 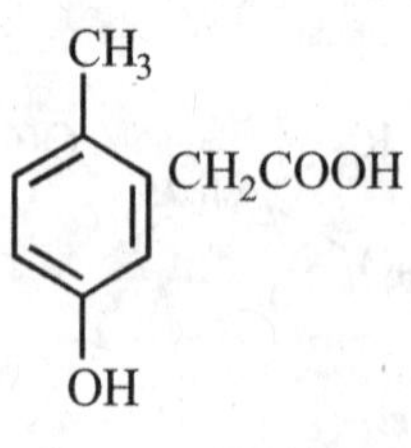

[AIEEE 2005]

4. पेन्ट-3-ईन-2-ऑल को पेन्ट-3-ईन-2-ऑन में परिवर्तित करने हेतु सर्वश्रेष्ठ अभिकर्मक है-

(a) अम्लीय $KMnO_4$
(b) क्षारीय $K_2Cr_2O_7$
(c) ग्लेशियल ऐसीटिक अम्ल में क्रोमिक ऐनहाइड्राइड
(d) पिरीडीनियम क्लोरो क्रोमेट

[AIEEE 2005]

5. HBr कमरे के ताप पर जिलीय परिस्थितियों में $CH_2=CH—OCH_3$ के साथ अभिक्रिया करके देता है-

(a) CH_3CHO तथा CH_3Br (b) $BrCH_2CHO$ तथा CH_3OH
(c) $BrCH_2—CH_2—OCH_3$ (d) $H_3C—CHBr—OCH_3$

[AIEEE 2006]

6. फेनिल मैग्नीशियम ब्रोमाइड, मेथेनॉल से क्रिया करके देता है-

(a) ऐनिसोल तथा Mg(OH)Br का मिश्रण
(b) बैंजीन तथा Mg(OMe)Br का मिश्रण
(c) टॉलूईन तथा Mg(OH)Br का मिश्रण फीनॉल
(d) फीनॉल तथा Mg(Me)Br का मिश्रण

[AIEEE 2006]

7. निम्नलिखित में से कौन I_2 तथा NaOH से अभिक्रिया पर धनात्मक आयोडोफार्म परीक्षण देता है?

(a) $CH_3CH_2CH(OH)CH_2CH_3$
(b) $C_6H_5CH_2CH_2OH$
(c) $CH_3—CH(CH_3)CH_2OH$
(d) PhCHOHCH$_3$

[AIEEE 2006]

8. निम्न यौगिकों की बढ़ती हुई अम्लीय क्षमता का सही क्रम है-

(I) CH_3CO_2H (II) $MeOCH_2CO_2H$
(III) CF_3CO_2H (IV) 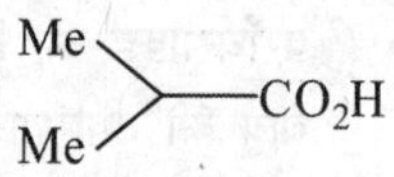

(a) II < IV < I < III (b) IV < I < III < 2
(c) IV < I < II < III (d) I < IV < III < 2

[AIEEE 2006]

9. ब्रोमीन जल से अभिक्रिया करने पर कौन-सी संरचना वाला यौगिक ट्राइब्रोमो व्युत्पन्न देता है?

(a) 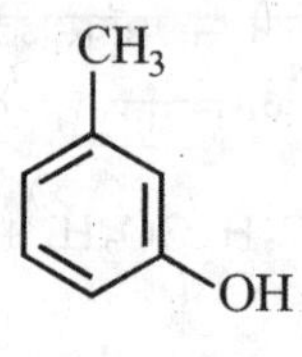
(b) 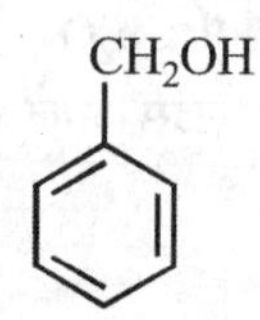
(c) 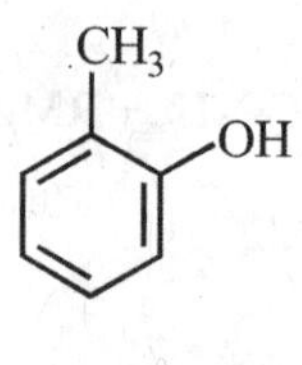
(d) 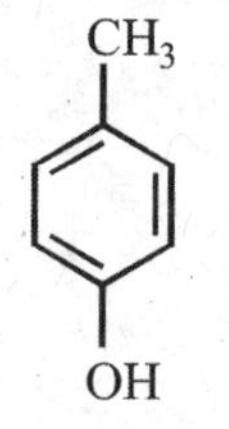

[AIEEE 2006]

10. निम्न अभिक्रिया में,

$$CH_3CH_2OH \xrightarrow{P+I_2} A \xrightarrow[\text{ईथर}]{Mg} B \xrightarrow{HCHO} C \xrightarrow{H_2O} D$$

यौगिक 'D' है-

(a) ब्यूटेनल (b) n-ब्यूटाइल ऐल्कोहॉल
(c) n-प्रपेपाइल ऐल्कोहॉल (d) प्रोपेनल

[AIEEE 2007]

11. फीनॉल पहले सान्द्र सल्फ्यूरिक अम्ल तथा इसके पश्चात् सान्द्र नाइट्रिक अम्ल के साथ अभिक्रिया करके देता है–

(a) 2, 4, 6-ट्राइनाइट्रो बैंजीन (b) o-नाइट्रोफीनॉल
(c) p-नाइट्रोफीनॉल (d) नाइट्रोबैंजीन

[AIEEE 2008]

12. फीनॉल की निम्न के साथ क्रिया द्वारा बैकेलाइट उत्पन्न होता है–

(a) $(CH_2OH)_2$ (b) CH_3CHO
(c) CH_3COCH_3 (d) HCHO

[AIEEE 2008]

उत्तरमाला

1. (b) **2.** (c) **3.** (b) **4.** (d) **5.** (d) **6.** (b) **7.** (d) **8.** (c) **9.** (a) **10.** (c)
11. (*) **12.** (d)

हल

1. (b) ऐल्कोहॉल H-बन्ध प्रदर्शित करते हैं, जबकि ईथर नहीं

$$R—O—H—\underset{}{\overset{H}{\overset{|}{O}}}—R$$

2. (c) इसमें 3° कार्बधनायन (carbocation) का निर्माण होता है, तथा *t*-ऐल्कोहॉलों का निर्जलीकरण सर्वाधिक सरलता से होता है।

3. (b)

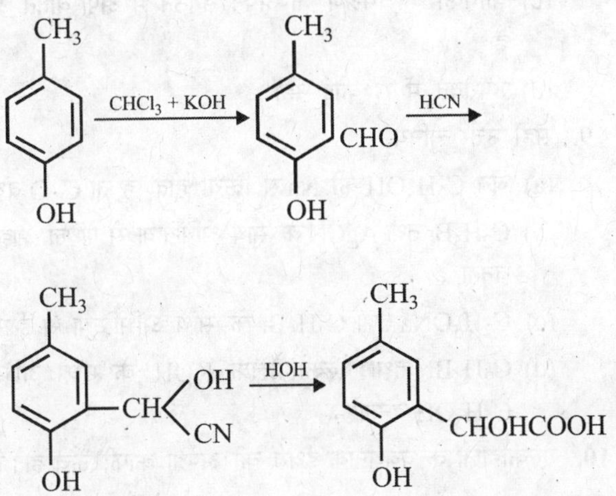

4. (d) यह केवल —OH समूह को ऑक्सीकृत करता है C=C को नहीं।

5. (d) $H_3C—CHBr—OCH_3$

6. (b) $C_6H_5MgBr + HOCH_3 \longrightarrow C_6H_6 + Mg\begin{matrix} Br \\ OCH_3 \end{matrix}$

7. (d) $C_6H_5CHOH—CH_3$ में

$CH_3—\underset{OH}{\underset{|}{CH}}—$लिंकेज होती है।

8. (c) इलेक्ट्रॉन वापस लेने वाले परमाणु (F) की उपस्थिति अम्लीय गुण को बढ़ा देती है। इलेक्ट्रॉन प्रतिकर्षित करने वाला समूह अम्लीय प्रकृति घटा देता है।

9. (a) केवल *m*-क्रीसॉल Br_2-जल के साथ क्रिया करके ट्राइब्रोमो व्युत्पन्न देता है।

10. (c) $CH_3CH_2OH \xrightarrow{P+I_2} \underset{(A)}{CH_3CH_2—I} \xrightarrow{Mg}$

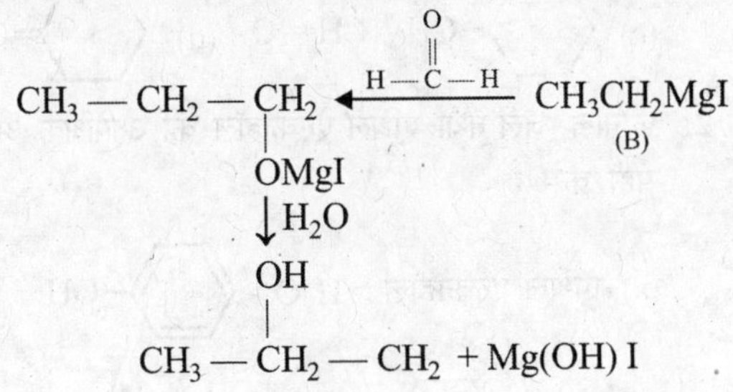

n- प्रोपाइल ऐल्कोहॉल

11. (*)

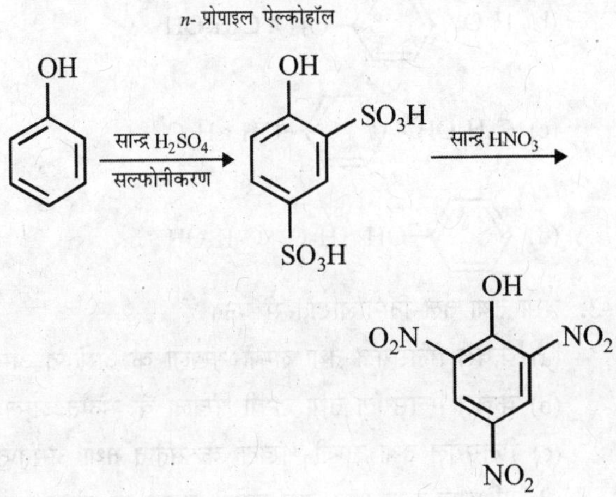

पिक्रिक अम्ल

नोट – इसमें कोई भी विकल्प ठीक नहीं हैं।

12. (d) अम्लीय अथवा क्षारीय माध्यम में, फीनॉल की HCHO के साथ अभिक्रिया के फलस्वरूप बैकेलाइट उत्पन्न होता है।

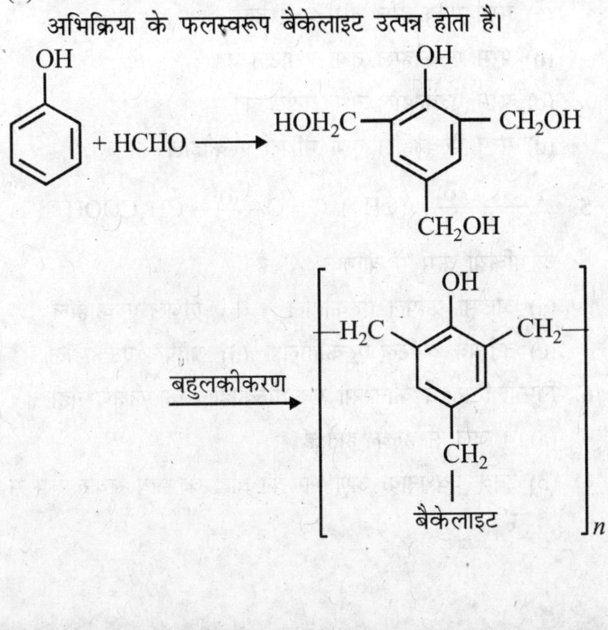

बैकेलाइट

अभ्यास के लिए प्रश्न

1. निम्न अभिक्रिया का अन्तिम क्रियाफल 'A' है-

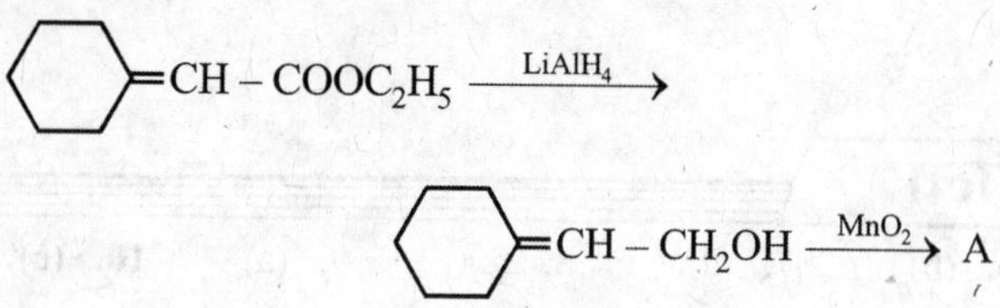

(a) $CH_3(CH_2)_4-COOH$ (b) 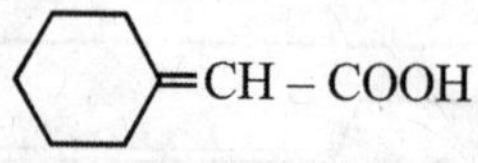

(c) 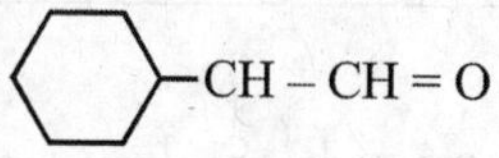 (d) 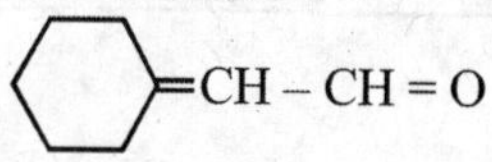

2. फीनोल, जल तथा एथिल ऐल्कोहॉल की आपेक्षिक अम्लीय शक्ति का सही क्रम है

(a) ऐथिल ऐल्कोहॉल > H_2O > 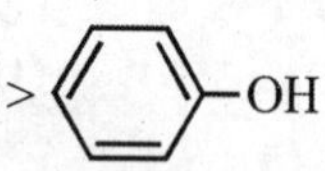

(b) H_2O > 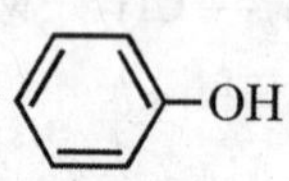 > C_2H_5OH

(c) C_2H_5OH > 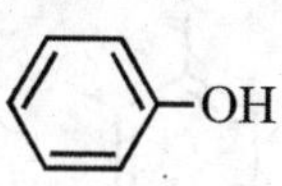 > H_2O

(d) 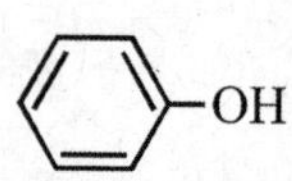 > H_2O > C_2H_5OH

3. वसा तथा तेल निम्नलिखित से बनते हैं

(a) केवल ग्लिसरॉल तथा लम्बी शृंखला के असंतृप्त अम्ल

(b) केवल ग्लिसरॉल तथा लम्बी शृंखला के संतृप्त अम्ल

(c) ग्लिसरॉल तथा लम्बी शृंखला के संतृप्त तथा असंतृप्त अम्ल

(d) एथिलीन ग्लाइकॉल तथा लम्बी शृंखला के संतृप्त तथा असंतृप्त अम्ल

4. शक्ति ऐल्कोहॉल एक मिश्रण है

(a) परम ऐल्कोहॉल तथा ईथर का

(b) परम ऐल्कोहॉल तथा ऐसीटोन का

(c) परम ऐल्कोहॉल तथा पेट्रोल का

(d) परम ऐल्कोहॉल तथा मेथिल ऐल्कोहॉल का

5. $A \xrightarrow[H_2SO_4]{K_2Cr_2O_7} (CH_3)_2C=O \xrightarrow{[O]} CH_3COOH$

अभिक्रिया क्रम में यौगिक 'A' है

(a) आइसो-प्रोपिल ऐल्कोहॉल (b) एथिल ऐल्कोहॉल

(c) तृतीयक ब्यूटिल ऐल्कोहॉल (d) प्रोपिल ऐल्कोहॉल

6. निम्नलिखित में कौन-सा एक ऐल्कोहॉल का लक्षण नहीं है

(a) ये जल से हल्के होते हैं

(b) इनके क्वथनांक अणु भार की वृद्धि के साथ सुचारु रूप से बढ़ते हैं

(c) निम्न सदस्य जल तथा कार्बनिक विलायकों में अविलेय होते हैं परन्तु अणु भार वृद्धि के साथ विलेयता नियमित रूप से बढ़ती है

(d) निम्न सदस्यों में सुगन्ध तथा जलता हुआ स्वाद होता है जबकि उच्चतर सदस्य रंगहीन तथा स्वादहीन होते हैं

7. एक यौगिक सान्द्र H_2SO_4 में विलयशील है। यह CCl_4 में घुलित ब्रोमीन को रंगहीन नहीं करता है परन्तु जलीय सल्फ्यूरिक ऐसिड में घुले क्रोमिक ऐनहाइड्राइड के द्वारा दो सेकण्डों में ऑक्सीकृत हो जाता है तथा विलयन नारंगी से नीला हरा तथा बाद में अपारदर्शी (oppaque) हो जाता है। मूल विलयन में उपस्थित है

(a) एक द्वितीयक ऐल्कोहॉल (b) एक ऐल्कीन

(c) एक ईथर (d) एक प्राथमिक ऐल्कोहॉल

8. एक ऐजियोट्रोपिक मिश्रण (azeotropic mixture) है

(a) अमिश्रणीय यौगिकों का मिश्रण

(b) किन्हीं भी दो द्रवों का मिश्रण

(c) यौगिकों का मिश्रण जो अपने संगठन में अपरिवर्तित आसुत होता है

(d) उपरोक्त में से कोई नहीं

9. सही उत्तर चुनिये

(a) जब C_2H_5OH की Na से क्रिया होती है तो C–O बंध टूटता है

(b) C_2H_5Br तथा AgCN के साथ अभिक्रिया से ऐथिल आइसोसायनाइड बनता है

(c) C_2H_5ONa तथा C_2H_5Br के साथ अभिक्रिया से ईथर बनता है

(d) C_2H_5Br तथा ऐल्कोहॉलिक KOH के मध्य अभिक्रिया से C_2H_5OH बनता है

10. ऐल्कोहॉलों के क्वथनांक ईथरों की अपेक्षा काफी ऊँचे होते हैं, क्योंकि

(a) ईथरों में हाइड्रोजन बंध प्रबलतम होते हैं

(b) R – O – R रेखीय होता है

(c) H-परमाणु केवल कार्बन से जुड़े होते है, ऑक्सीजन से नहीं

(d) संरचना में अन्तर के कारण

11. एक ऐल्कोहॉल (A) के निर्जलीकरण से प्राप्त ऐल्कीन के ओजोनोलिसिस पर दो अणु ऐसिटेल्डिहाइड प्राप्त होते हैं। ऐल्कोहॉल (A) है

(a) $CH_3CH_2CH_2OH$

(b) CH_3CH_2OH

(c) $CH_3-CH=CH-CH_2OH$

(d) $CH_3-CH_2-\underset{\large OH}{\underset{|}{C}H}-CH_3$

12. $C_4H_{10}O_3$ अणु सूत्र का एक यौगिक ऐसीटिल क्लोराइड के साथ क्रिया से 190 अणुभार के एक यौगिक में परिवर्तित हो जाता है। मूल यौगिक में उपस्थित है

(a) एक – OH समूह (b) दो – OH समूह

(c) तीन $-OH$ समूह (d) कोई $-OH$ समूह नहीं

13. क्लोरोपिकरीन को निम्नवत् प्राप्त किया जाता है

(a) पिकरिक अम्ल पर क्लोरीन की क्रिया से

(b) क्लोरोफॉर्म पर नाइट्रिक अम्ल की क्रिया से

(c) कार्बन टेट्राक्लोराइड पर भाप की क्रिया से

(d) क्लोरोबेन्जीन पर नाइट्रिक अम्ल की क्रिया से

14. जब एथेनॉल तथा मेथेनॉल के एक मिश्रण को सान्द्र H_2SO_4 के साथ गर्म करते हैं तो परिणामी कार्बनिक प्रतिफील है

(a) $CH_3OC_2H_5$

(b) CH_3OCH_3 तथा $C_2H_5OC_2H_5$

(c) $CH_3OC_2H_5$ तथा CH_3OCH_3

(d) $CH_3OC_2H_5, CH_3OCH_3$ तथा $C_2H_5OC_2H_5$

15. $R-CH_2-CH_2OH$ का $R-CH_2-CH_2-COOH$ में परिवर्तन निम्नलिखित पदों के क्रम में किया जा सकता है

(a) PBr_3, KCN, H_3O^+ (b) $PBr_3, KCN, H_2/Pt$

(c) KCN, H_3O^+ (d) HCN, PBr_3, H_3O^+

16. ऐथेनॉल से जल की अंतिम न्यूनतम मात्रा को हटाने के लिए निम्न में से कौन-सी सर्वोत्तम विधि है

(a) सोडियम धातु के साथ गर्म करना

(b) इसमें शुष्क HCl गैस प्रवाहित करना

(c) इसे आसुत करना

(d) Mg के साथ क्रिया करना

17. 1-प्रोपेनॉल तथा 2-प्रोपेनॉल के साथ मध्य निम्न द्वारा विभेद किया जा सकता है

(a) क्षारीय $KMnO_4$ द्वारा ऑक्सीकरण के पश्चात् फेहलिंग विलयन से अभिक्रिया

(b) सान्द्र H_2SO_4 द्वारा ऑक्सीकरण के पश्चात् फेहलिंग विलयन से अभिक्रिया

(c) अम्लीय डाइक्रोमेट द्वारा ऑक्सीकरण के पश्चात् फेहलिंग विलयन के साथ अभिक्रिया

(d) कॉपर के साथ गर्म करने से ऑक्सीहजन के पश्चात् फेहलिंग विलयन के साथ अभिक्रिया

18. निम्न में से कौन-सा सही है

(a) किसी भी ऐल्डिहाइड का अपचयन द्वितीयक ऐल्कोहॉल देता है

(b) ऐल्काहॉलीय आयोडीन NaOH के साथ आयोडोफॉर्म देती है

(c) वनस्पति तेल की H_2SO_4 के साथ क्रिया ग्लिसरीन देती है

(d) सुक्रोस की NaCl के साथ क्रिया से प्रतीत शर्करा (invert sugar) मिलती है

19. ऐल्कोहॉल हैलोजन अम्लों के साथ क्रिया करके ऐल्किल हेलाइड देते हैं। निम्नलिखित ऐल्कोहॉलों पर विचार कीजिए

(a) CH_3CH_2OH (b) $(CH_3)_2CHOH$

(c) $(CH_3)_3C-OH$ (d) $C_6H_5CH_2OH$

20. निम्नलिखित में से कौन-सी अभिक्रिया 2-प्रोपेनॉल देती है

(a) $CH_3-CH=CH_2+H_2O \xrightarrow{H^+}$

(b) $CH_3-CH=O+CH_3MgI \xrightarrow{H_2O/H^+}$

(c) $CH_2O+CH_3CH_2MgI \xrightarrow{H_2O/H^+}$

(d) $CH_3-CH=CH_2+B_2H_6 \xrightarrow{H_2O_2/NaOH}$

21. निम्न अभिक्रिया क्रम में

$(CH_3)_2C=CH-CH_3 \xrightarrow[2. H_2O_2/OH^-]{1. B_2H_6}$ 'X';

प्रतिफल "X" क्या है?

(a) $(CH_3)_2CH-CH(OH)-CH_3$

(b) $(CH_3)_2CH-CH_2-CH_3$

(c) $(CH_3)_2C(OH)-CH(OH)-CH_3$

(d) $(CH_3)_2C(OH)-CH_2-CH_3$

उत्तरमाला

1. (d) 2. (d) 3. (c) 4. (c) 5. (a) 6. (c) 7. (d) 8. (c) 9. (b, c) 10. (d)
11. (d) 12. (b) 13. (b) 14. (d) 15. (a) 16. (d) 17. (d) 18. (b) 19. (c) 20. (a)
21. (a)

हल

1. (d) निम्न अभिक्रिया का अन्तिम क्रियाफल 'A' है-

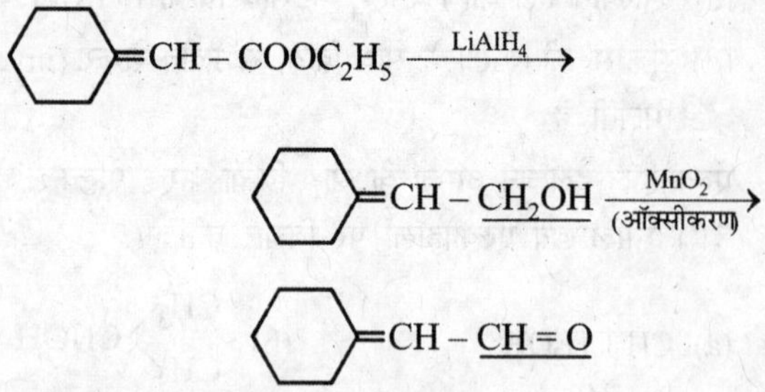

2. (d) फीनोल का संयुग्मी क्षार फीनॉक्साइड आयन ($C_6H_5O^-$) अनुनाद स्थायी है। अत: इसकी अम्लता सर्वाधिक है। C_2H_5OH का संयुग्मी क्षार ($C_2H_5O^-$) सबसे कम स्थायी है।

3. (c) ग्लिसरॉल + लम्बी शृंखला के संतृप्त तथा असंतृप्त अम्ल ⟶ ट्राइग्लिसराइड (वसा तथा तेल)

7. (d) $\underset{\text{प्राथमिक ऐल्कोहॉल}}{R.CH_2OH} + [O] \xrightarrow[\text{(नारंगी)}]{CrO_3/H_2SO_4} R-CHO + \underset{\text{नीला रंग}}{Cr^{3+}}$

12. (b) $-OH$ समूह के ऐसीटिलीकरण के प्रक्रम में $-OH + CH_3COCl \rightarrow -O-COCH_3 + HCl$ एक H-परमाणु के स्थान पर 43 amu द्रव्यमान का एक ऐसीटिल समूह (CH_3–CO–) आ जाता है। दूसरे शब्दों में, प्रत्येक $-OH$ समूह के ऐसीटिलीकरण से द्रव्यमान में 42 इकाई की वृद्धि हो जाती है। अब यौगिक $C_4H_{10}O_3$ का द्रव्यमान = 106 amu जबकि ऐसीटिलीकृत प्रतिफल का द्रव्यमान = 190 amu, अत: यौगिक में $\frac{190-106}{42} = 2-OH$ समूह उपस्थित हैं।

13. (b) $CHCl_3 + HONO_2 \xrightarrow{\Delta} \underset{\text{क्लोरोपिकरीन}}{NO_2CCl_3} + H_2O$

15. (a) $R-CH_2-CH_2OH \xrightarrow{PBr_3} R-CH_2-CH_2Br \xrightarrow[(S_N2)]{KCN}$

$$R-CH_2-CH_2-CN \xrightarrow{H_3O^+} R-CH_2-CH_2-COOH$$

17. (d) $\underset{\text{1-प्रोपेनॉल (प्राथमिक ऐल्कोहॉल)}}{CH_3-CH_2-CH_2-OH} \xrightarrow[300°C]{Cu} \underset{\text{प्रोपेनल}}{CH_3-CH_2-CHO} + H_2$

$\underset{\text{2-प्रोपेनॉल}}{CH_3-CH(OH)CH_3} \xrightarrow[300°C]{Cu} \underset{\text{कीटोन (प्रोपेनोन)}}{CH_3COCH_3} + H_2$

केवल प्रोपेनल, फेहलिंग विलयन के साथ Cu_2O का लाल अवक्षेप उत्पन्न करता है।

18. (b) $\underset{\text{ऐल्कोहॉलिक}}{C_2H_5OH} + \underset{\text{आयोडीन}}{I_2} + NaOH \xrightarrow{\Delta} CHI_3 \downarrow$

□□□

27 Chapter

ऐल्डिहाइड तथा कीटोन (Aldehyde and Ketone)

ऐल्डिहाइड तथा कीटोन का बनना (Preparation of Aldehyde and Ketone)

1. ऐल्काइनस से (From alkynes) :

- ईथाइन को छोड़कर ऐल्काइन अन्य ऐल्काइन के हाइड्रोजनीकरण, ऑक्सीकरण से कीटोन देते है।

$$R-C\equiv CH \xrightarrow[Hg^{++},\ H_2O]{HgSO_4} \underset{\text{Unstable}}{R-\underset{\displaystyle OH}{\underset{|}{C}}=CH_2} \xrightarrow[+\ \text{Tautomerism}]{\text{Resonance}} R-\underset{\displaystyle O}{\underset{\|}{C}}-CH_3$$

$$H-C\equiv CH \xrightarrow[Hg^{++},\ H_2O]{HgSO_4} \underset{\text{Unstable}}{H-\underset{\displaystyle OH}{\underset{|}{C}}=CH_2} \xrightarrow[+\ \text{Tautomerism}]{\text{Resonance}} CH_3CHO$$

Notes

✍ नाकारात्मक प्रेरिक (inductive) प्रभाव की उपस्थिति में टर्मीनल ऐल्काइन ऐल्डिहाइड देता है।

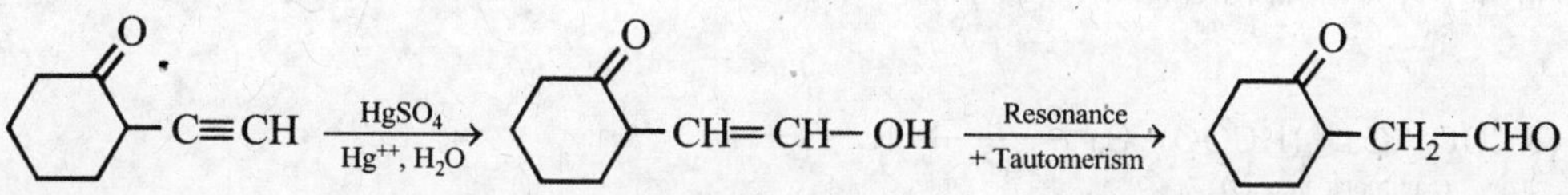

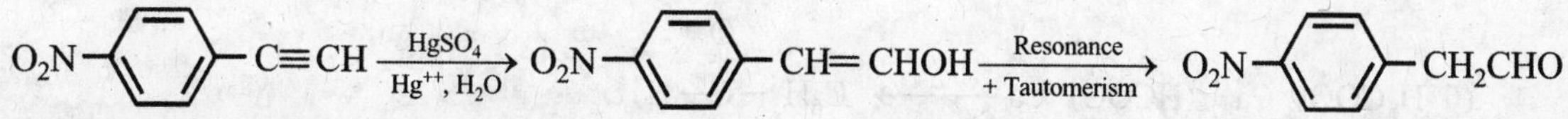

- **हाइड्रोकार्बोनीकरण-ऐल्काइन का ऑक्सीकरण (Hydrocarbonation-oxidation of alkyne) :** टर्मीनल ऐल्काइन R—C ° CH, Ph—C ° CH ऐल्डिहाइड देते है। तथा N या टर्मीनल ऐल्काइन कीटोन देते हैं।

$$R-C\equiv CH \xrightarrow{BH_3} (R-CH=CH-)_3B \xrightarrow{H_2O_2\ /OH^-} R-CH=CH-OH \longrightarrow R-CH_3-CHO$$

2. ऐल्कीनस से (From alkenes) :

(i) ओजोनीकरण (Ozonolysis) : ऐल्कीनस के अपचयित ओजोनीकरण से ऐल्डिहाइड तथा कीटोन देते है।

$$R-CH=CH-R \xrightarrow[(ii)\ H_2O/Zn]{(i)\ O_3} R-CHO+RCHO$$

$$\begin{matrix}R\\R\end{matrix}\!\!>C=C<\!\!\begin{matrix}R'\\R'\end{matrix} \xrightarrow[(ii)\ H_2O/Zn]{(i)\ O_3} R-\overset{\displaystyle O}{\overset{\|}{C}}-R+R'+R'-\overset{\displaystyle O}{\overset{\|}{C}}-R$$

(ii) ओक्सो क्रिया (Oxo Process) : यह विधि टर्मीनल ऐल्किनस को ऐल्डिहाइड में बदलती है।

$$R-CH=CH_2+CO+H_2 \xrightarrow[150^\circ C,\ 300\ \text{atom}]{CO_2\ (CO)_8} R-CH_2-CH_2-CHO$$

मेथेनल, ईथेनल, तथा कीटोन इस विधि के द्वारा नहीं बनते।

(iii) वॉकर क्रिया (Wacker Process) : यह अभिक्रिया ऐल्कीनस को कार्बोनिल यौगिक में बदलती है।

(a) $CH_2=CH_2 \xrightarrow[air/Cu_2Cl_2]{PdCl_2\ /HOH} CH_3-CHO$

(b) $R-CH=CH_2 \xrightarrow[\text{air}/Cu_2Cl_2]{PdCl_2/HOH} R-\overset{O}{\overset{||}{C}}-CH_3$

3. जैम डीहैलाइडस से (From gem dihalides) : जैम डीहैलाइडस के जल-अपघटन से ऐल्डिहाइड तथा कीटोन प्राप्त है।

(a) $R-CHX_2 \xrightarrow{HOH/\overset{\ominus}{O}H} R-CHO$

(b) $R-\underset{X}{\underset{|}{\overset{X}{\overset{|}{C}}}}-R' \xrightarrow{HOH/\overset{\ominus}{O}H} R-\overset{O}{\overset{||}{C}}-R'$

4. कार्बोक्सिलिक अम्ल से (From Carboxylic Acids) : मोनोबेसिक अम्ल का Ca, Ba, Sr या Th लवण में आसवन।

- कैल्सियम फॉरमेट गर्म होने पर फामेल्डिहाइड देता है।

$$(HCOO)_2\,Ca + (HCOO)_2\,Ca \xrightarrow{\Delta} H-\overset{O}{\overset{||}{C}}-H$$

- कैल्सियम फॉरमेट को छोडकर कार्बोक्सिलिक अम्ल के अन्य लवण गर्म होने पर कीटो देते हैं।

$$\underset{\text{(equimolar amount)}}{(RCOO)_2\,Ca + (RCOO)_2\,Ca} \xrightarrow{\Delta} R-\overset{O}{\overset{||}{C}}-R'$$

$$(CH_3-COO)_2\,Ca \xrightarrow{\text{heat}} CH_3-CO-CH_3 + CaCO_3$$

$$(C_6H_5-COO)_2\,Ca \xrightarrow{\text{heat}} C_6H_5COC_6H_5 + CaCO_3$$

- कैल्सियम फॉरमेट, अन्य कार्बोक्सिलिक अम्ल के कैल्सियम लवण के साथ गर्म करने पर ऐल्डिहाइड देता है।

$$\underset{\text{(equimolar amount)}}{(RCOO)_2\,Ca + (HCOO)_2\,Ca} \xrightarrow{\Delta} R-\overset{O}{\overset{||}{C}}-H$$

$$(C_6H_5COO)_2\,Ca + (HCOO)_2\,Ca \xrightarrow{\Delta} C_6H_5-\overset{O}{\overset{||}{C}}-H$$

$$(CH_3-COO)_2\,Ca + (HCOO)_2\,Ca \xrightarrow{\text{heat}} CH_3-CHO$$

5. ऐसिड क्लोराइड से (From Acid Chloride) :

(i) ऐसिड क्लोराइड, डाइएल्किल केडमियम या डाइऐल्किल लिथियम क्यूपरेट के साथ अभिक्रिया करके कीटोन्स देते हैं।

$$R-\overset{O}{\overset{||}{C}}-Cl \xrightarrow{R'_2Cd} R-\overset{O}{\overset{||}{C}}-R'$$

$$R-\overset{O}{\overset{||}{C}}-Cl \xrightarrow{R'_2CuLi} R-\overset{O}{\overset{||}{C}}-R'$$

Example $CH_3-COOH \xrightarrow{PCl_5} CH_3-COCl \xrightarrow{(C_2H_5)_2\,Cd} CH_3-COC_2H_5$

Example

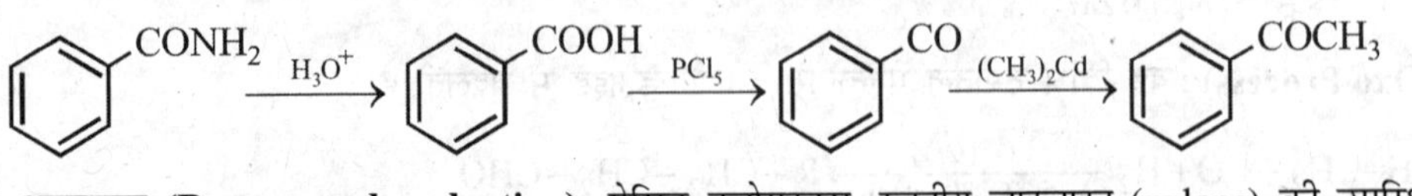

(ii) रोजेनमुन्ड अपचयन (Rosenmunds reduction) : ऐसिड क्लोराइडस, ग्लनीय जाइलाइन (xylene) की उपस्थिति में आंशिक अपचयन से $Pd + BaSO_4$ के द्वारा ऐल्डिहाइड देते हैं।

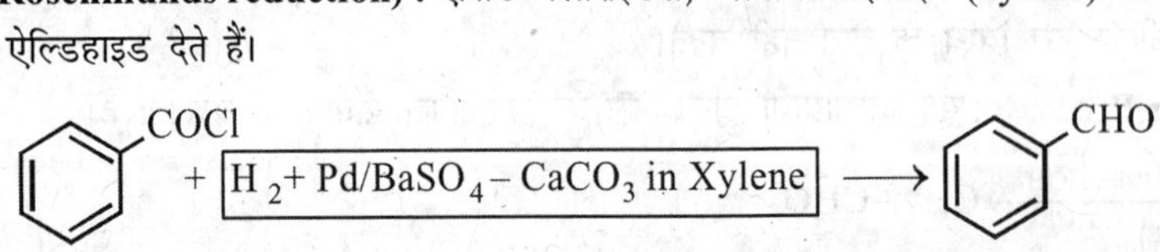

$$RCOCl + \boxed{H_2 + Pd/BaSO_4 - CaCO_3 \text{ in Xylene}} \longrightarrow RCHO$$

Notes

✍ इस अभिक्रिया में $BaSO_4$, $BaSO_4$ अम्ल क्लोराइड के बिना उत्प्रेरक विष की तरह क्रिया करता है तथा च्क के द्वारा ऐल्कोहॉल में अपचयित हो जाता है।

$$R-\overset{O}{\overset{\|}{C}}-Cl \xrightarrow{H_2/Pd} R-CH_2-OH$$

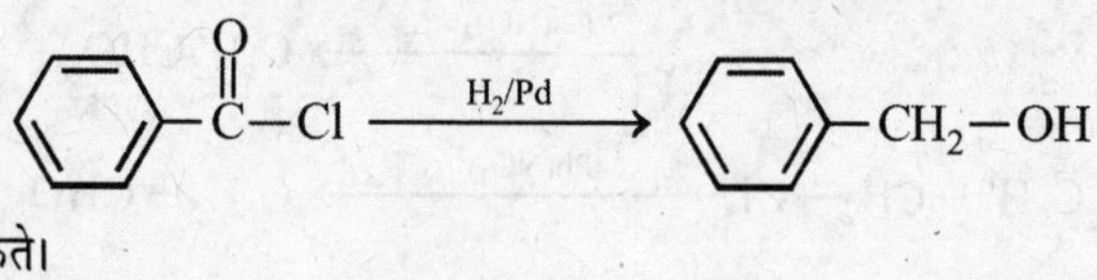

कीटोन इस विधि के द्वारा नहीं बन सकते।

✍ 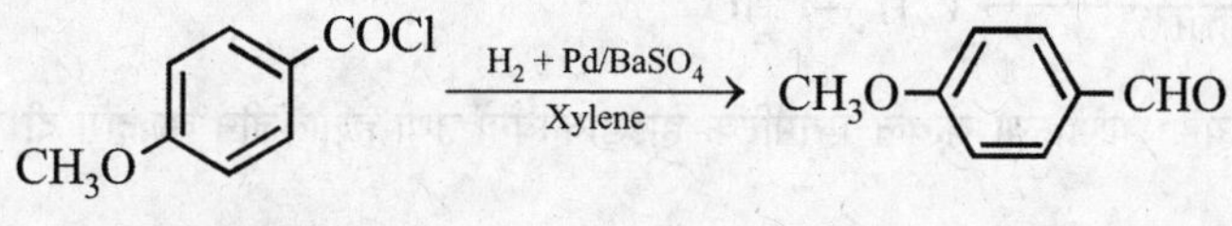

p-aninosyl chloride

Example :

$$\begin{array}{l} CH_2-COOH \\ | \\ CH_2-COOH \end{array} \xrightarrow{PCl_5} \begin{array}{l} CH_2-COCl \\ | \\ CH_2-COCl \end{array} \xrightarrow{Pd/BaSO_4} \begin{array}{l} CH_2-CHO \\ | \\ CH_2-CHO \end{array}$$

Succinic acid

6. सायनाइडस से (स्टेफैन ऐल्डिहाइड संश्लेषण) [From cyanides (Stephen Aldehyde synthesis)] : $SnCl_2/HCl$ के साथ आंशिक अपचयन के द्वारा सायनाइडस, ऐल्डिहाइड में परिवर्तित होते हैं।

$$R-C\equiv N + [SnCl_2 + HCl] \longrightarrow R-CH=NH.HCl \xrightarrow{Hydrolysis} R-CHO + NH_4Cl$$

Example 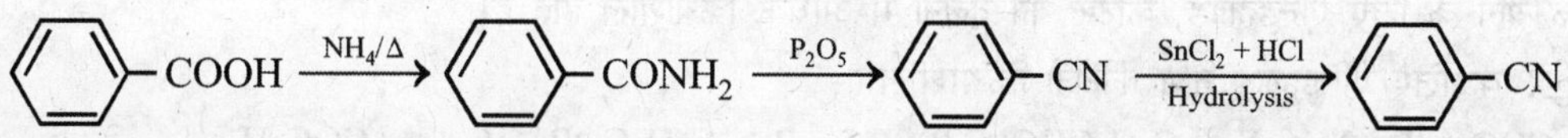

7. ग्रिगनार्ड अभिकर्मक से (From Grignard Reagents) : निम्न अभिक्रियाओं के द्वारा ग्रिगनार्ड अभिकर्मक से कार्बोनिल यौगिक बन सकते है।

- ग्रिगनार्ड अभिकर्मक HCN तथ ऐल्किल फारमेट के साथ क्रिया करके ऐल्डिहाइड देते हैं।

$$R'-Mg-X + HCN \text{ or } HCOOR \xrightarrow{H_3O^+} R-CHO$$

$$CH_3MgBr + HCN \xrightarrow{H_3O^+} CH_3CHO$$

$$CH_3MgBr + HCOOCH_3 \xrightarrow{H_3O^+} CH_3CHO$$

- ग्रिगनार्ड अभिकर्मक, क्लोराइड, ऐस्टर, ऐल्किल सायनाइड तथा ऐसिड एनहाइड्राइड के साथ क्रिया करके कीटोन देते है।

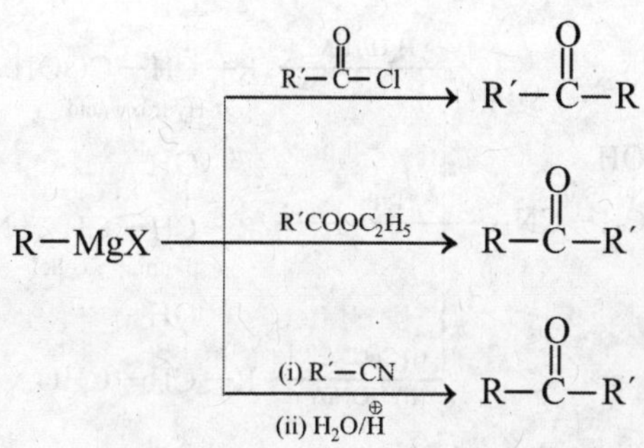

ऐरोमैटिक कार्बोनिल यौगिकों का बनना (Preparation of Aromatic Carbonyl Compounds)

1. मेथिल ऐरिनस से (From Methyl Arenes) : निम्न अभिकर्मकों के द्वारा मेथिल ऐरिनस, ऐल्डिहाइड में परिवर्तित हो जाते हैं।

$$C_6H_5-CH_3 \xrightarrow[\text{(ii) HOH}]{\text{(i) } CrO_2Cl_2} C_6H_5CHO$$

$$C_6H_5-CH_3 \xrightarrow[\text{(ii) } H_2O]{\text{(i) } CrO_3/(CH_3CO)_2O/CH_3COOH} C_6H_5CHO$$

$$C_6H_5-CH_3 \xrightarrow[500°C]{\text{Air/MnO}} C_6H_5CHO$$

2. क्लोरोमेथिल ऐरिनस से (From chloro methyl arenes) : क्लोरोमेथिल ऐरिनस ऑक्सीकरण से ऐरोमैटिक ऐल्डिहाइड प्राप्त होते है।

$$C_6H_5-CH_2-Cl \xrightarrow{Cu(NO_3)_2/\Delta} C_6H_5CHO$$

$$C_6H_5-CH_2-Cl \xrightarrow{Pb(NO_3)_2/\Delta} C_6H_5-CHO$$

$$C_6H_5-CH_2-Cl \xrightarrow[\text{(ii) } H_2O]{\text{(i) } (CH_2)_6N_4/\Delta} C_6H_5-CHO$$

3. गटरमैन-कोच अभिक्रिया (Gattermann-Koch formylation) : यह अभिक्रिया केवल ऐरोमैटिक हाइड्रोकार्बनों तथा हैलोबैंजीन के द्वारा दी जाती है। ऐरोमैटिक ऐल्डिहाइड इस विधि के द्वारा बनाये जाते है।

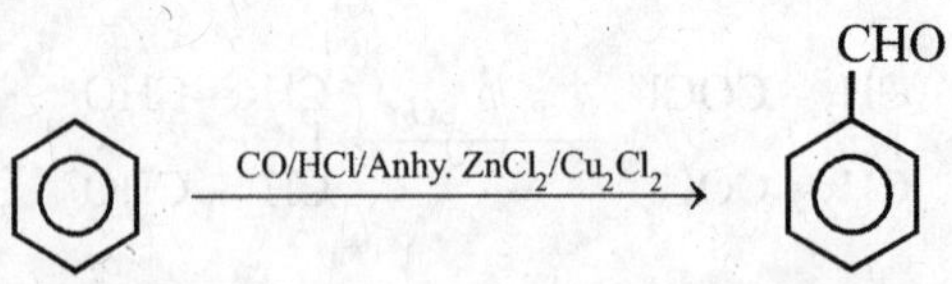

फिनॉल तथा ऐनिलीन यह अभिक्रिया नहीं देते है।

ऐल्डिहाइड तथा कीटोन के गुण (Properties of Aldehyde and Ketone) :

1. ऐल्डिहाइड तथा कीटोन, नाभिक स्नेही अभिक्रिया योगात्मक अभिक्रिया देते है।
2. न्यूक्लियोफिलिक योग के लिए ऐल्डिहाइड, कीटोन की तुलना में अधिक क्रियाशील होते है।
3. HCN या RMgX के लिए ऐल्डिहाइड तथा कीटोनो क्रियाशीलता,
   $HCHO > R-CHO > R-Mg-X > C_6H_5CHO > R-CO-R > C_6H_5COR > C_6H_5-COC_6H_5$
4. **HCN का योग (Addition of HCN)**
   - कार्बोनिल यौगिकों में HCN के योग सायनोहाइड्रिन बनते है। यह अभिक्रिया क्षार के द्वारा उत्प्रेरित होती है।

$$C_2H_5-\overset{\overset{O}{\|}}{C}-H + HCN \xrightarrow{\overset{\ominus}{O}H} C_6H_5-\underset{\underset{H}{|}}{\overset{\overset{OH}{|}}{C}}-CN$$

   - यह अभिक्रिया α–हाइड्रॉक्सी अम्ल, β–ऐमीनों ऐल्कोहॉल तथा α–हाइड्रॉक्सी ऐल्डिहाइड को बनाने के लिए अत्यन्त संश्लेषित महत्त्वपूर्ण अभिक्रिया है।

$$R-\overset{\overset{OH}{|}}{C}H-CN \xrightarrow{H_2O/\overset{\oplus}{H}/\Delta} R-\overset{\overset{OH}{|}}{C}H-COOH \quad \text{(α-Hydroxy acid)}$$

$$R-\overset{\overset{OH}{|}}{C}H-CN \xrightarrow{H_2/Pt} R-\overset{\overset{OH}{|}}{C}H-CH_2-NH_2 \quad \text{(β-amino alcohol)}$$

$$R-\overset{\overset{OH}{|}}{C}H-CN \xrightarrow[\text{(ii) HOH}/\Delta]{\text{(i) } SnCl_2/HCl} R-\overset{\overset{OH}{|}}{C}H-CHO$$

5. **सोडियम बाइसल्फाइड का योग (Addition of Sodium bisulphite) :**
   - सोडियम बाइसल्फाइड का वियोजन निम्न प्रकार होता है।

$$NaHSO_3 \longrightarrow \underset{\text{Electrophile}}{H^{\oplus}} + \underset{\text{Nucleophile}}{\overset{\ominus}{S}O_3Na}$$

- सभी प्रकार के ऐल्डिहाइड (ग्लूकोज को छोड़कर) इस अभिकर्मक के द्वारा योगात्मक अभिक्रिया देते है।

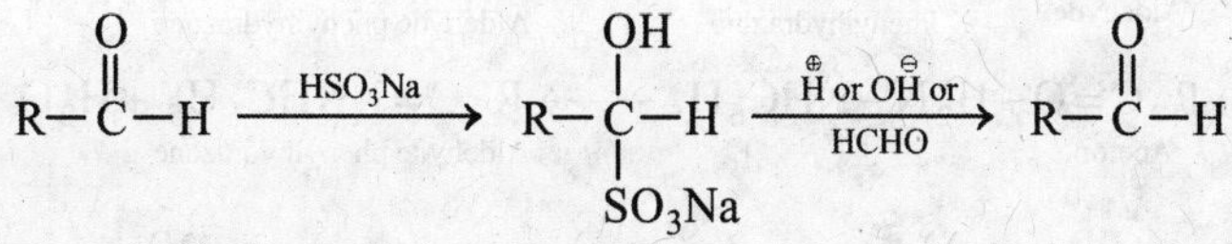

Adduct; white crystalline in nature

- केवल ऐलिफेटिक मेथिल कीटोन, सोडियम बाइसल्फाइट के साथ योगात्मक अभिक्रिया देता है।

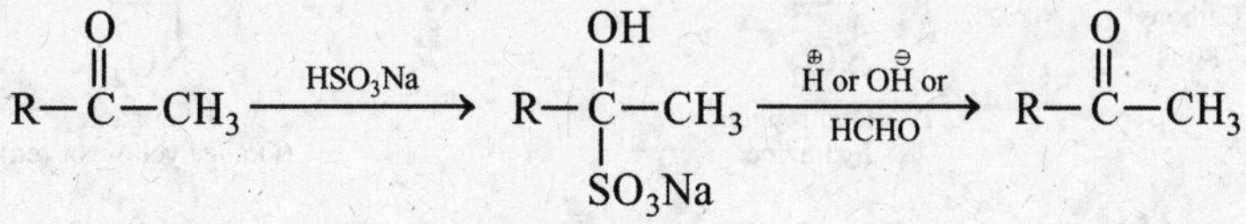

Colourless crystalline product

- $CH_3-CH_2-\overset{O}{\overset{\|}{C}}-C_2H_5$ 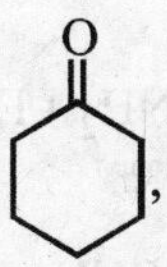, $C_6H_5COC_2H_5$ तथा $C_6H_5COC_6H_5$, $NaHSO_3$ के साथ अभिक्रिया नहीं करते हैं।

- यह अभिकर्मक कीटोन तथा ऐलिफेटिक मेथिल कीटोन के पृथक्करण के लिए प्रयोग होता है।

$$CH_3-CH_2-\overset{O}{\overset{\|}{C}}-CH_2-CH_3 \quad \text{तथा} \quad CH_3-CH_2-CH_2-\overset{O}{\overset{\|}{C}}-CH_3$$

का पृथक्करण $NaHSO_3$ के द्वारा होता है।

$$C_6H_5-\overset{O}{\overset{\|}{C}}-CH_3 \quad \text{तथा} \quad CH_3-CH_2-\overset{O}{\overset{\|}{C}}-CH_2-CH_3$$

का पृथक्करण $NaHSO_3$ के द्वारा होता है।

6. हाइड्रॉक्सिल ऐमीन NH_2OH के साथ क्रिया [Reaction with hydroxylamine (NH_2OH)] : ऐल्डिहाइड तथा कीटोन हाइड्रॉक्सिल ऐमीन के साथ क्रिया करके ऑक्सिम बनाते है।

$$\underset{\text{Aldehyde}}{RCH{=}O} + H_2NOH \longrightarrow \underset{\text{Aldoxime}}{RCH{=}NOH} + H_2O$$

$$\underset{\text{Ketone}}{R_2C{=}O} + H_2NOH \longrightarrow \underset{\text{Ketoxime}}{R_2C{=}NOH} + H_2O$$

$$\underset{\text{Acetaldehyde}}{CH_3CHO} + H_2NOH \longrightarrow \underset{\text{Acetaldoxime}}{CH_3CH{=}NOH} + H_2O$$

$$\underset{\text{Acetone}}{(CH_3)_2C{=}O} + H_2NOH \longrightarrow \underset{\text{Acetone oxime}}{(CH_3)_2C{=}NOH} + H_2O$$

7. हाइड्रेजीन NH_2NH_2 से अभिक्रिया [Reaction with hydrazine (NH_2NH_2)] : ऐल्डिहाइड तथा कीटोन हाइड्रेजीन के साथ अभिक्रिया करके हाइड्रोजोन बनाते है।

$$\underset{\text{Acetaldehyde}}{CH_3CH{=}O} + H_2NNH_2 \longrightarrow \underset{\text{Acetaldehyde hydrazone}}{CH_3CH{=}NNH_2} + H_2O$$

$$\underset{\text{Acetone}}{(CH_3)_2C{=}O} + H_2NNH_2 \longrightarrow \underset{\text{Acetone hydrazone}}{(CH_3)_2C{=}NNH_2} + H_2O$$

8. फेनिल हाइड्रेजीन से अभिक्रिया (Reaction with phenylhydrazine) :

- ऐल्डिहाइड तथा कीटोन फेनिल हाइड्रेजीन के साथ क्रिया करके सम्बंधित फेनिल हाइड्रेजीन बनाते है।

$$\underset{\text{Aldehyde}}{RCH=O} + \underset{\text{Phenylhydrazine}}{H_2N-NHC_6H_5} \longrightarrow \underset{\text{Aldehyde phenylhydrazone}}{RCH=NNHC_6H_5} + H_2O$$

$$\underset{\text{Acetone}}{R_2C=O} + H_2N-NHC_6H_5 \longrightarrow \underset{\text{Aldehyde phenylhydrazone}}{R_2C=NNHC_6H_5} + H_2O$$

- ऐल्डिहाइड तथा कीटोन DNP (2, 4-डाइनाइट्रोफेनिल हाइड्रेजॉइन) के साथ क्रिया करके पीले रंग का हाइड्रेजोन देता है।

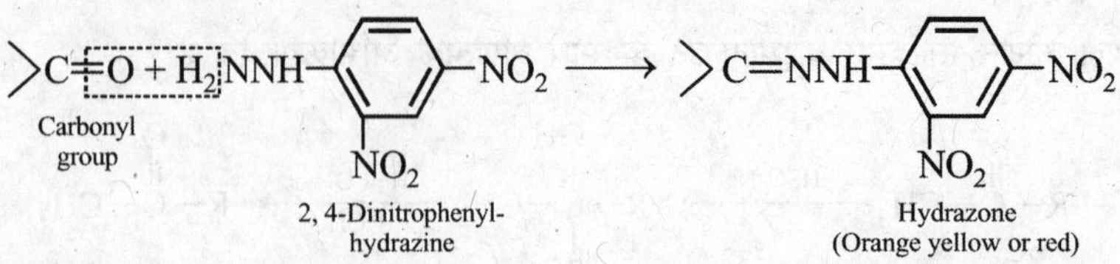

9. सेमीकार्बेजाइड के साथ क्रिया (Reaction with semicarbazide) : ऐल्डिहाइड तथा कीटोन सेमीकार्बेजाइड के साथ क्रिया करके सेमीकार्बेजोन बनते है।

$$\underset{\text{Acetaldehyde}}{RCH=O} + \underset{\text{Semicarbazide}}{H_2NNHCONH_2} \xrightarrow{H^+} \underset{\text{Acetaldehyde semicarbazone}}{CH_3CH=NNHCONH_2} + H_2O$$

$$\underset{\text{Acetone}}{R_2C=O} + \underset{\text{Semicarbazide}}{H_2NNHCONH_2} \xrightarrow{H^+} \underset{\text{Acetone semicarbazone}}{(CH_3)_2C=NNHCONH_2} + H_2O$$

10. अमोनिया के साथ क्रिया (Reaction with ammonia) :

- फॉर्मेल्डिहाइड अमोनिया के साथ अभिक्रिया करके हेक्सामेथिलीन टेट्रामीन बनता है। जिसे हम यूरोट्रोपिन के नाम से जानते है। (मूत्र संक्रमण)

$$\underset{\text{Formaldehyde}}{6HCHO} + 4NH_3 \longrightarrow (CH_2)_6N_4 + 6H_2O$$

$$\underset{\text{Hexamethylene tetramine (Urotropine)}}{(CH_2)_6N_4} \xrightarrow{HNO_3} \text{RDX or Cyclonite}$$

- ऐसीटोन अमोनिया के साथ क्रिया करके डाइऐसीटोमीन देता है।

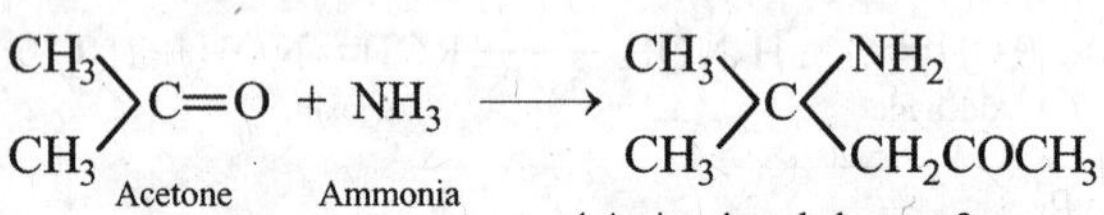

4-Amino-4-methylpentan-2-one (Diacetonamine)

- बैंजल्डिहाइड अमोनिया के साथ क्रिया करके बैंजेडाइन देता है।

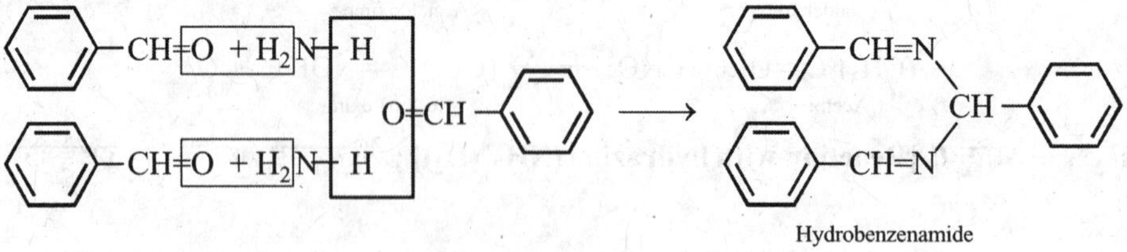

Hydrobenzenamide

11. क्लोरोफॉर्म के साथ संघनन (Condenssation with chloroform) :

- कीटोन क्लोरोफॉर्म, ब्रोमोफॉर्म या आयोडोफॉर्म के साथ कास्टिक पोटाश की उपस्थिति में हैलोहाइड्रोक्सी यौगिक देते है।

$$(CH_3)_2C=O + CHCl_3 \xrightarrow{KOH} \underset{\text{1,1,1-Trichloro-2-methyl propan-2-ol (Chloretone)}}{(CH_3)_2C(OH)CCl_3}$$

- ऐल्डिहाइड हैलोफॉर्म के साथ अभिक्रिया नहीं देते है।

12. sodio-derivatives का बनना (Formation of sodio-derivatives) : कीटोन सोडियम तथा सोडामाइन के साथ ईथर विलियन में sodio-derivatives देते है।

$$CH_3COCH_3 + NaNH_2 \xrightarrow{Ether} CH_3COCH_2Na + NH_3$$

ऐल्डिहाइड $NaNH_2$ के साथ अभिक्रिया नहीं करते हैं।

13. उदासीन या ऐल्केलाइन माध्यम में अपचयन (Reduction in neutral or alkaline medium) : कीटोन Mg-Hg तथा पानी पिनेकॉल (pinacols) के साथ अपचयित हो जाते है।

$$(CH_3)_2C{=}O + 2H + O{=}C(CH_3)_2 \xrightarrow[H_2O]{Mg,\ Hg} (CH_3)_2C(OH){-}C(OH)(CH_3)_2$$

ऐल्डिहाइड पिनेकॉल (pinacols) नहीं देते है।

14. ऐल्डॉल संघनन (Aldol Condensation) :

- ऐल्डिहाइड तथा कीटोन जिनमें α–हाइड्रोजन संतृप्त होते है, कार्बन पर उपस्थित होते हैं। इस अभिक्रियां को

CH_3? CHO (3αH), CH_3? CH_2? CHO (2αH), $(CH_3)_2CH$? CHO (1αH), $C_6H_5CH_2CHO$ (2αH), CH_3? $COCH_3$ (6αH)

देते हैं।

- 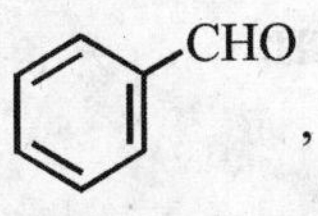 , R – CH = CH – CHO, $(CH_3)_3$ C–CHO यह अभिक्रिया नहीं दी जा सकती।

- यह अभिक्रिया ऐल्डिहाइड या कीटोन के दो अणुओं के बीच तनु NaOH या KOH की उपस्थिति में होती है। दो अणुओं के संघनन से β–हाइड्रॉक्सी ऐल्डिहाइड या β–हाइड्रॉक्सी कीटोन बनते है।

$$CH_3{-}CHO + H{-}CH_2{-}CHO \xrightarrow{dil\ NaOH} CH_3{-}CH(OH){-}CH_2{-}CHO \xrightarrow[-H_2O]{Heat} CH_3{-}CH{=}CH{-}CHO$$

Two molecules of ethanal → 3-Hydroxybutanal → 2-Butenal **(Crotonaldehyde)**

$$CH_3-CH_2-CHO + CH_3-CH_2-CHO \longrightarrow CH_3-CH_2-CH(OH)-CH(CH_3)-CHO$$

3-hydroxy 2-methyl pentanol

$$CH_3-CO-CH_3 + CH_3-CO-CH_3 \xrightarrow{NaOH} CH_3-CH_2-C(OH)(CH_3)-CH_2-CO-CH_3$$

4-hydroxy 4-methyl pentanone-2

Notes

- यदि अभिक्रिया अलग-अलग ऐल्डिहाइड के दो अलग अणु के बीच हो, तो चार उत्पाद प्राप्त होते है।

$$CH_3?\ CHO + CH_3?\ CH_2?\ CHO \xrightarrow{OH^-} 4-product$$

उत्पाद निम्न है

$CH_3-CHOH-CH_2-CHO$ + $CH_3-CH_2-CH(OH)-CH(CH_3)-CHO$ $\quad CH_3-CH(OH)-CH(CH_3)-CHO$

$CH_3-CH_2-CH(OH)-CH_2-CHO$

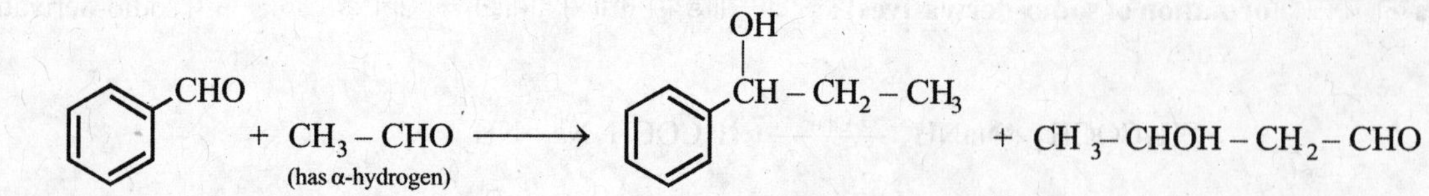

(has no α-hydrogen) (has α-hydrogen) Main

$$(CH_3)_3C-CHO + CH_3-CHO \longrightarrow (CH_3)_3C-CH(OH)-CH_2-CHO$$

(has no α-hydrogen) 3-hydroxy 4,4-dimethyl pentanal

2-methylcyclohexanone reacts preferentially with benzaldehyde to give the mixed aldol product.

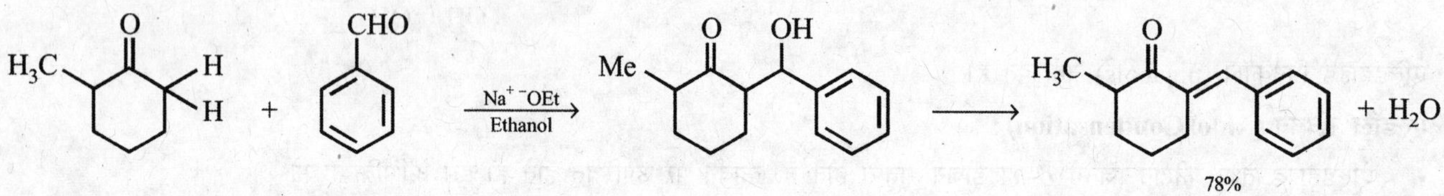

15. अन्तराअणुक एल्डोल संघनन (Intramolecular Aldol Condensation) : एक अणु के इनोलेट आयन तथा एल्डीहाइड या कीटो ग्रुप के बीच अभिक्रिया को अन्तराअणुक एल्डोल संघनन कहते हैं।

Type-1 : (2, 5), (2, 6), (2, 7) तथा (2, 8) डाई-कीटोन अन्तराअणुक एल्डोल संघनन देते हैं।

$$\overset{6}{C}H_3-\overset{5}{C}(=O)-\overset{4}{C}H_2-\overset{3}{C}H_2-\overset{2}{C}(=O)-\overset{1}{C}H_3$$

(2, 5 diketone)

$$CH_3-C(=O)-CH_2-CH_2-CH_2-C(=O)-CH_3$$

(2, 6 diketone)

$$CH_3-C(=O)-(CH_2)_4-C(=O)-CH_3 \qquad CH_3-C(=O)-(CH_2)_5-C(=O)-CH_3$$

Case-1 : 2,5 डाई-कीटोन में अन्तराअणुक एल्डोल संघनन क्रिया के फलस्वरूप 5 कार्बन का चक्रिय का केवल एक उत्पाद बनता है।

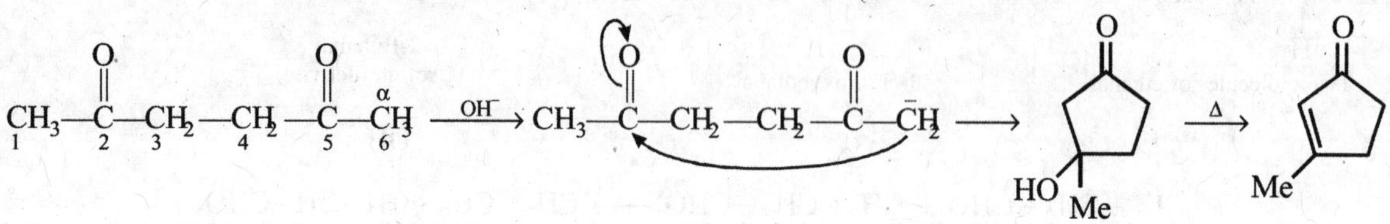

Illustration

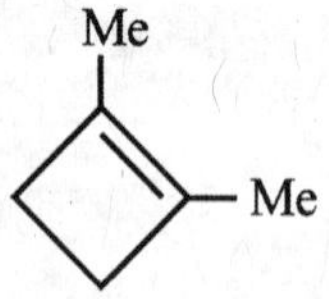 $\xrightarrow{\text{Ozonolysis}} A \xrightarrow{\text{NaOH}} B \xrightarrow{\text{Heat}} C.$ What is *A*, *B* and *C* in this reaction ?

Solution :

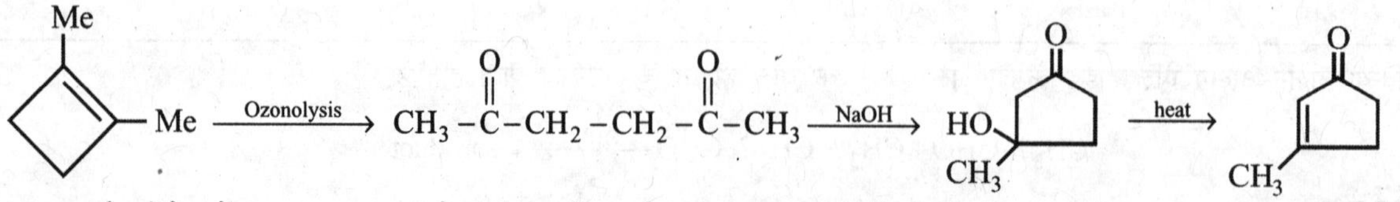

Case 2 : 2,6 डाई-कीटोन में अन्तराअणुक एल्डोल संघनन क्रिया के फलस्वरूप 6 कार्बन का चक्रिय का केवल एक उत्पाद बनता है।

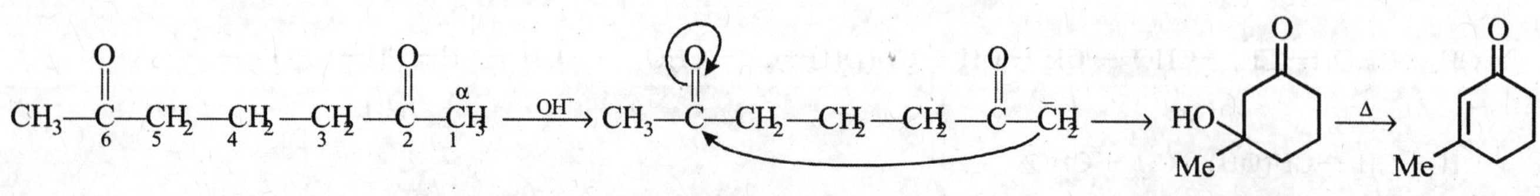

Illustration

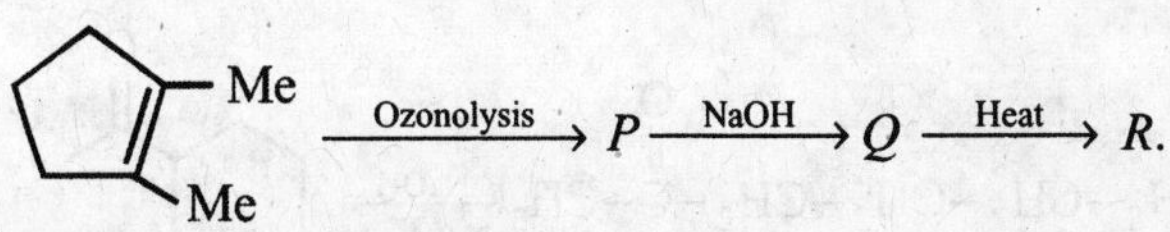

What is P, Q and R in this reaction ?

Solution :

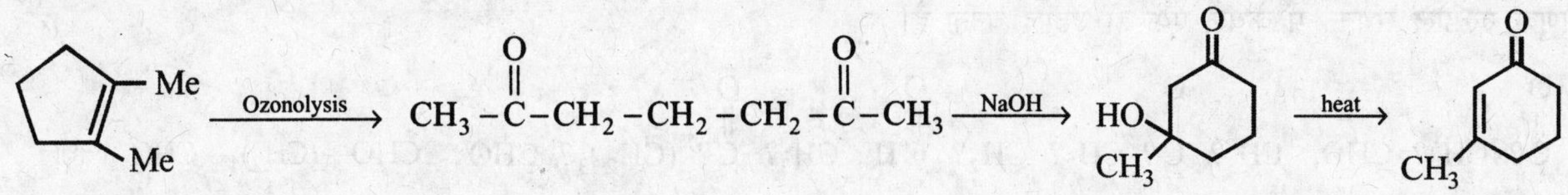

Case 3 : 2,7 डाई-कीटोन में अन्तराअणुक एल्डोल संघनन क्रिया के फलस्वरूप 5 कार्बन का चक्रिय का केवल एक उत्पाद बनता है।

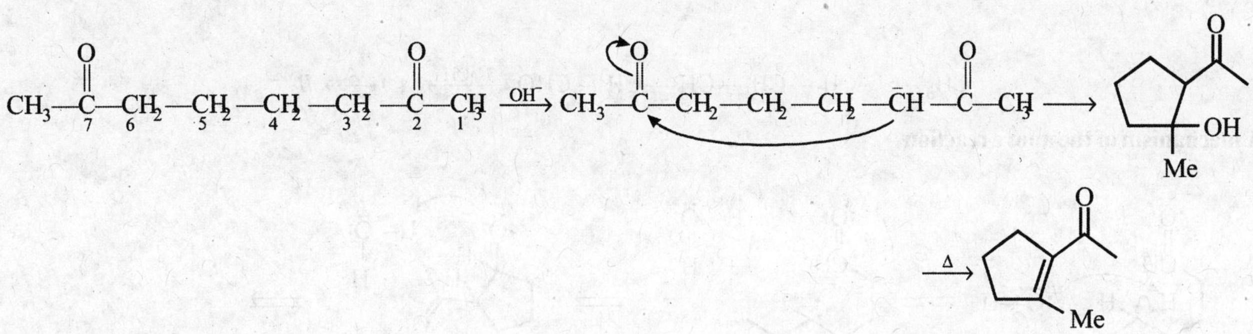

Illustration

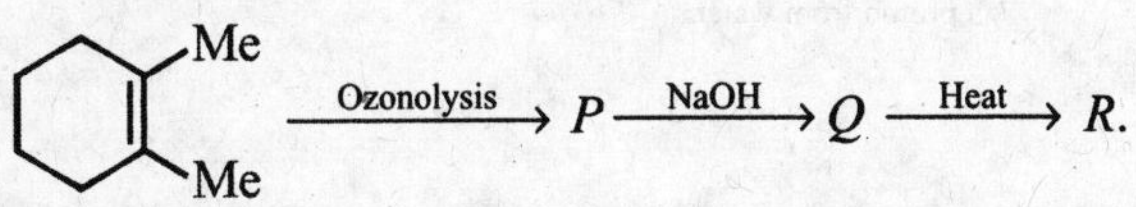

What is P, Q and R in this reaction ?

Solution :

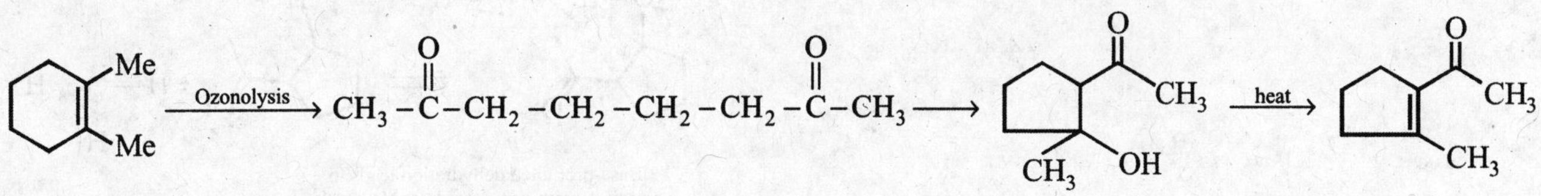

Case 4 : 2,8 डाई-कीटोन में अन्तराअणुक एल्डोल संघनन क्रिया के फलस्वरूप 6 कार्बन का चक्रिय का केवल एक उत्पाद बनता है।

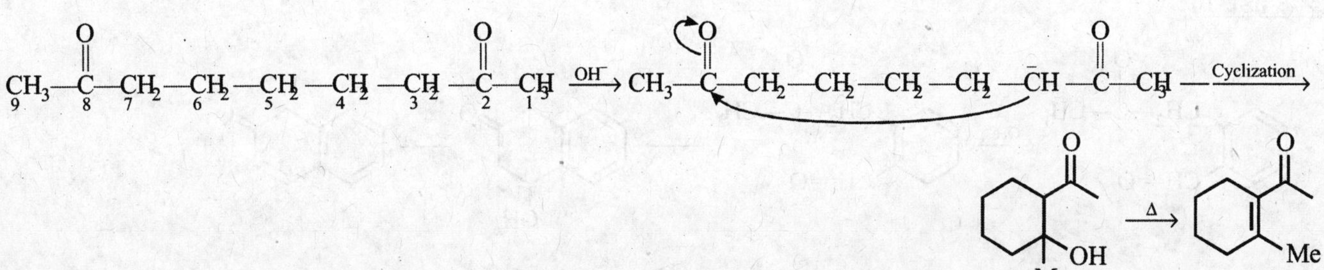

Illustration

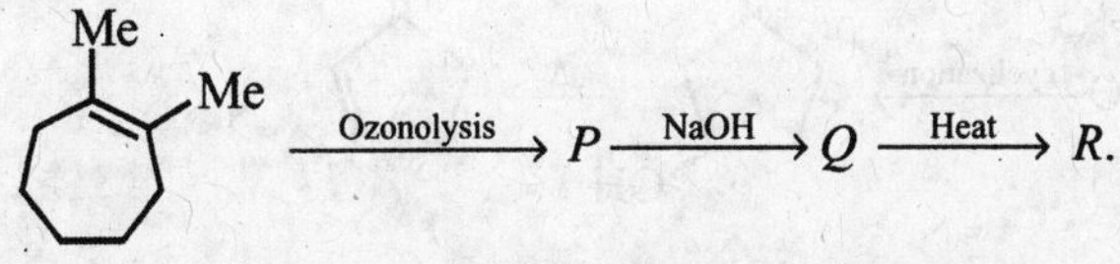

What is P, Q and R in this reaction ?

Solution :

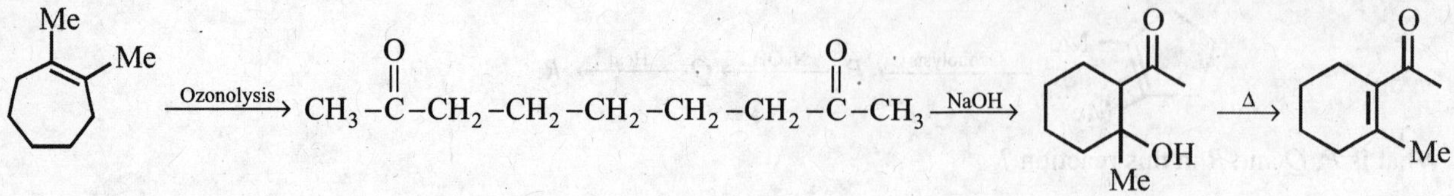

Notes

- अन्तराअणुक एल्डोल संघनन में केवल एक ही उत्पाद बनता है।

$CH_3-\overset{O}{\overset{\|}{C}}-CH_2-CHO$, $CH_3-\overset{O}{\overset{\|}{C}}-CH_2-CH_2-\overset{O}{\overset{\|}{C}}H$, $CH_3-\overset{O}{\overset{\|}{C}}-(CH_2)_3-CHO$, $CHO-(CH_2)_4-CHO$ तथा $CHO-(CH_2)_5-CHO$ उत्पाद अन्तराअणुक एल्डोल संघनन क्रिया देते हैं।

16. कीटो एल्डीहाइड में अन्तराअणुक एल्डोल संघनन क्रिया (Intramolecular Aldol Condensation in Keto-aldehyde) :

$$\underset{7}{CH_3}-\underset{6}{\overset{O}{\overset{\|}{C}}}-\underset{5}{CH_2}-\underset{4}{CH_2}-\underset{3}{CH_2}-\underset{2}{CH_2}-\underset{1}{CHO}\xrightarrow{NaOH}A\xrightarrow{\Delta}B$$

A mechanism of the above reaction

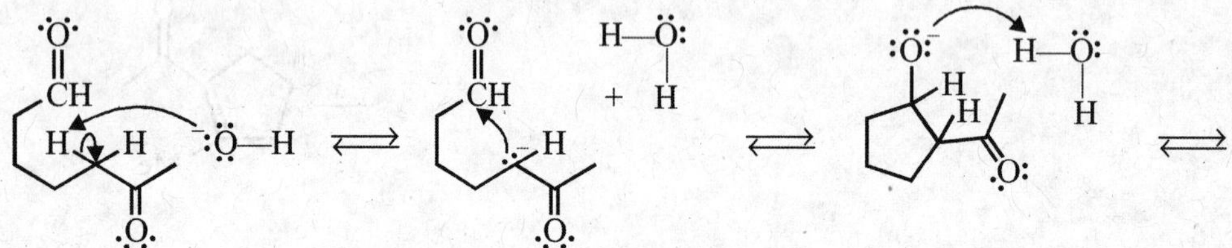

This enolate leads to the main product via an intramolecular aldol reaction.

The alkoxide anion removes a proton from water.

Other enolate anions

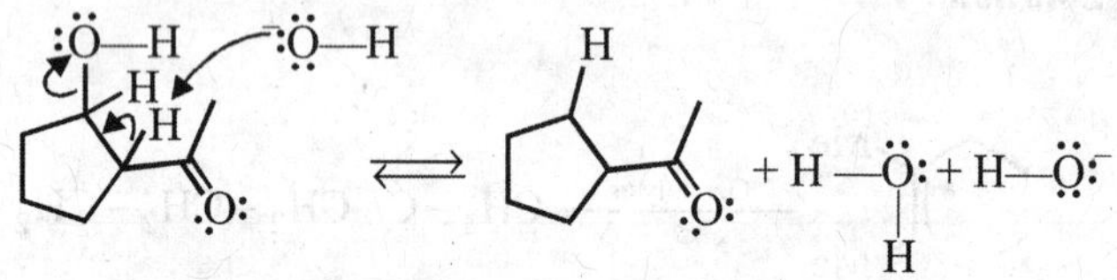

Base-promoted dehydration leads to a product with conjugated double bonds.

उदाहरण

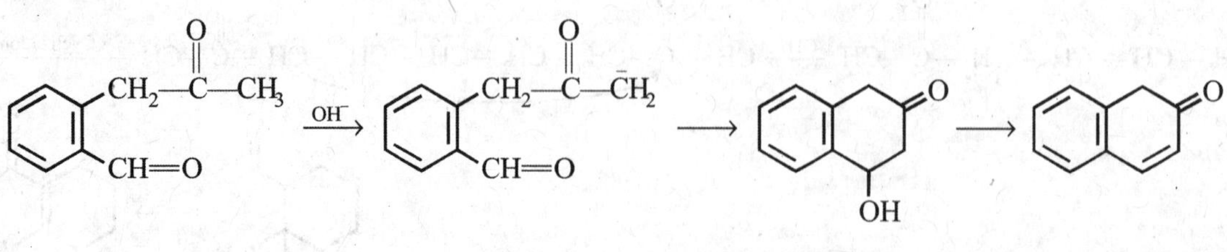

उदाहरण 4-कीटोपेन्टानल में अन्तराअणुक एल्डोल संघनन क्रिया (Intramolecular aldol condensation in 4-ketopentanal).

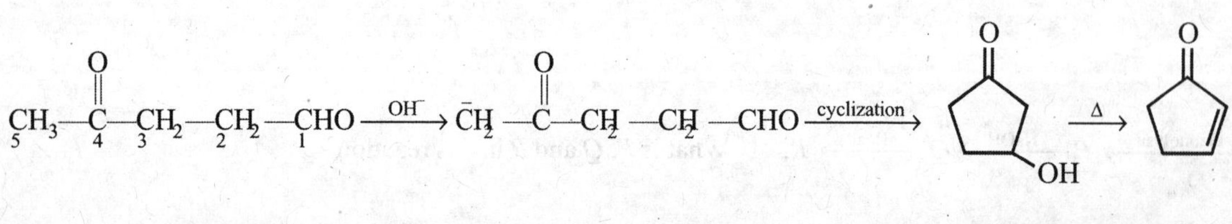

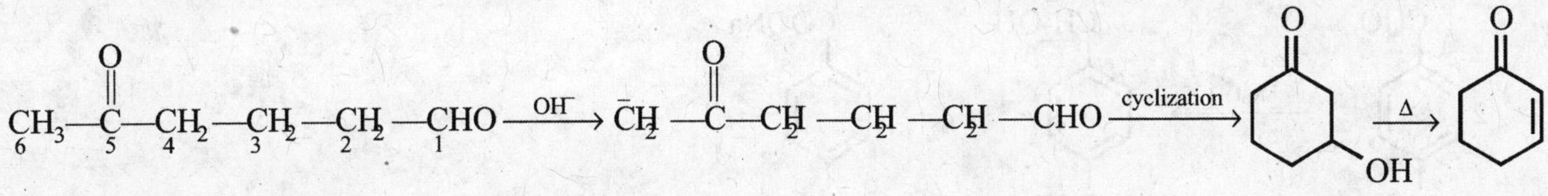

उदाहरण hexan-1,6 dial में अन्तराअणुक एल्डोल संघनन क्रिया (Intramolecular Aldol Condensation reaction in hexan-1,6 dial)

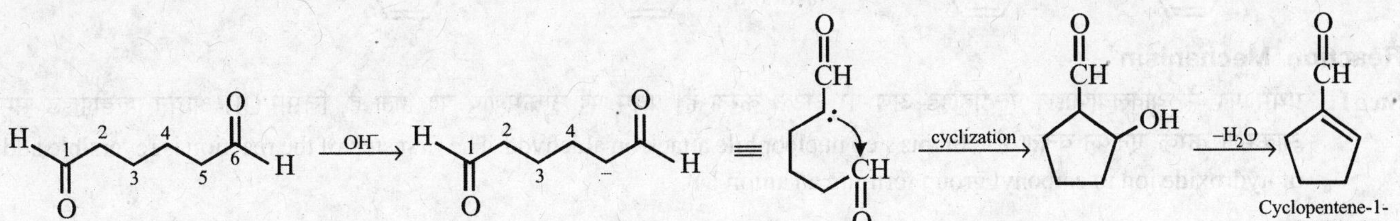

Cyclopentene-1-carbaldehyde

Illustration

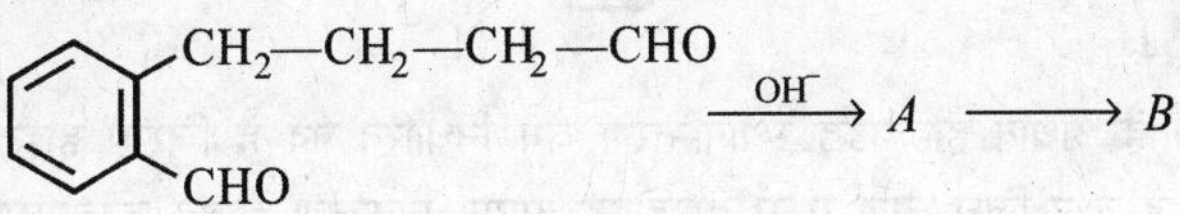

What is *A* and *B* in this reaction ?

Solution :

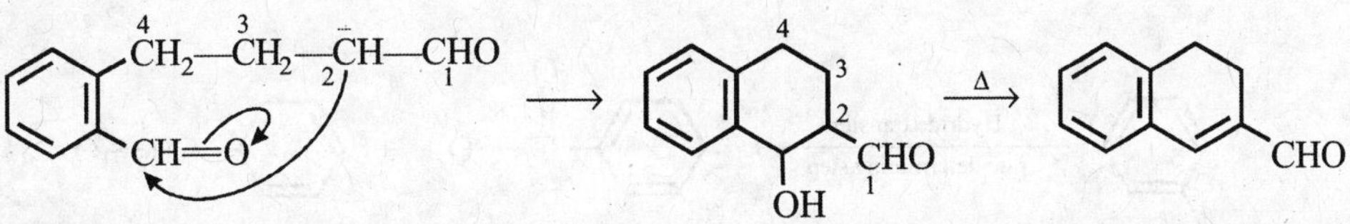

Illustration

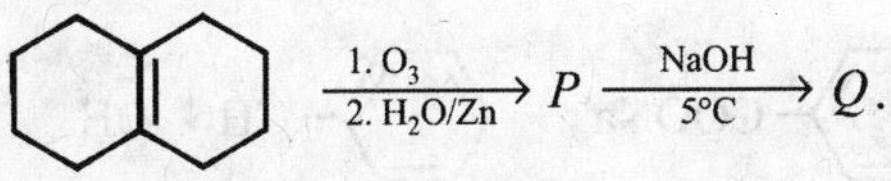

In this reaction, *P* and *Q* will be :

Solution :

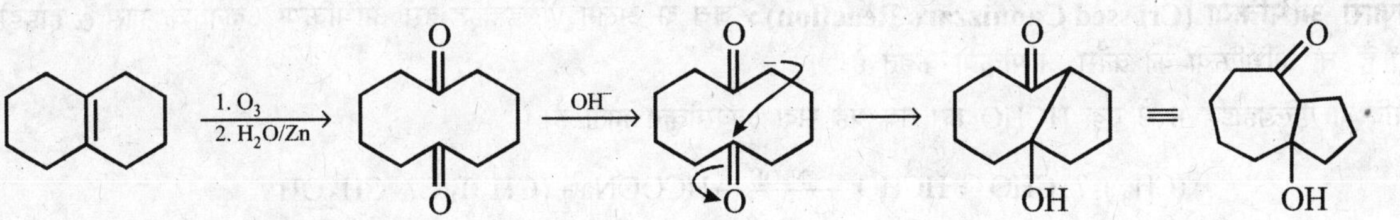

17. कैनीजारो अभिक्रिया (Cannizzaro reaction) :

- ऐल्डिहाइड जिनमें कोई भी α–हाइड्रोजन परमाणु (उदाहरण- बैंजल्डिहाइड, फॉर्मल्डिहाइड) नहीं होता है। वह स्वयं ऑक्सीकृत हो जाते है तथा कॉस्टिक ऐल्कली (caustic alkali) के सान्द्र के विलयन के साथ क्रिया करके अपचयन अभिक्रियाएँ देते है। इस अभिक्रिया में एक अणु का अम्ल में ऑक्सीकरण हो जाता है। जबकि अन्य अणु ऐल्कोहॉल में अपचयित हो जाते है।
- $CH_3CHO, CH_3COCH_3\ CH_3—CH_2—CHO$ कैनीजारो अभिक्रिया नहीं देते है।
- 2-मिथाइल प्रोपेनल α–हाइड्रोजन रखते है, लेकिन कैनीजारो अभिक्रियाएँ देते है।
- $CCl_3 . CHO$ α–हाइड्रोजन नहीं रखते है, लेकिन यह, यह अभिक्रिया नहीं देता है। यह हैलोफॉर्म अभिक्रियाएँ देते है।

1. $\underset{\text{Formaldehyde}}{HCHO + HCHO} \xrightarrow{50\%\ NaOH} \underset{\text{Methyl alcohol}}{CH_3OH} + \underset{\text{Sod. formate}}{HCOO^-Na^+}$

2. 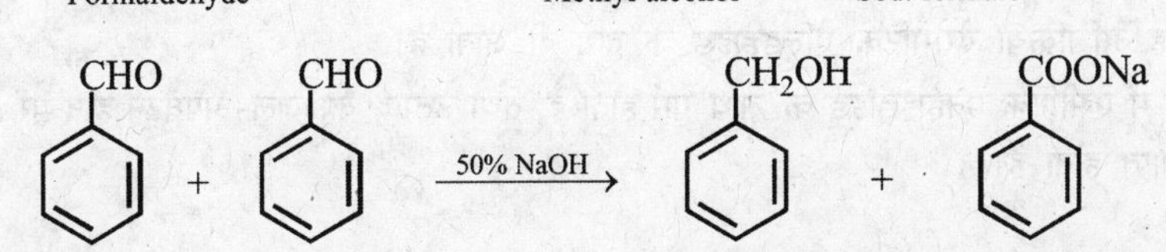

Benzyl alcohol Sod. benzoate

3. 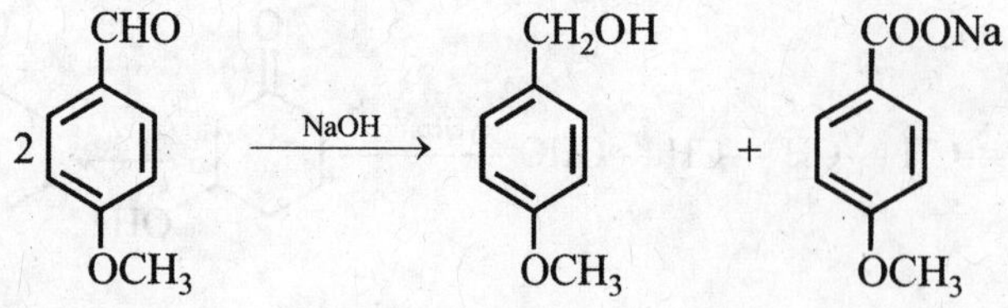

Reaction : 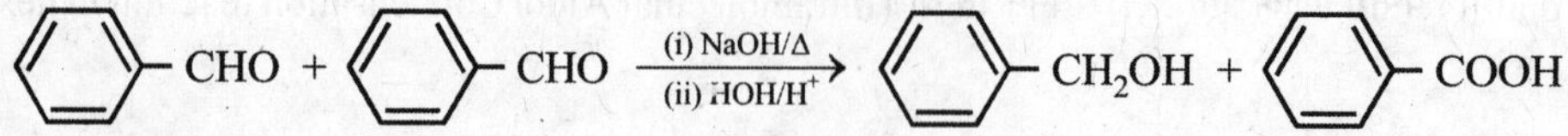

Reaction Mechanism

Step I : प्रथम पद में न्यूक्लियोफाइल एल्डीहाइड अणु पर अटैक करता है। प्रथम पद उत्क्रमणीय पद होता है, जिसमें OH-आयन एल्डीहाइड समूह पर आक्रमण करके एनायन बनाता है। (In this step nucleophile attack on aldehyde. The first step of the reaction is reversible addition of hydroxide ion to carbonyl group forming an anion I.)

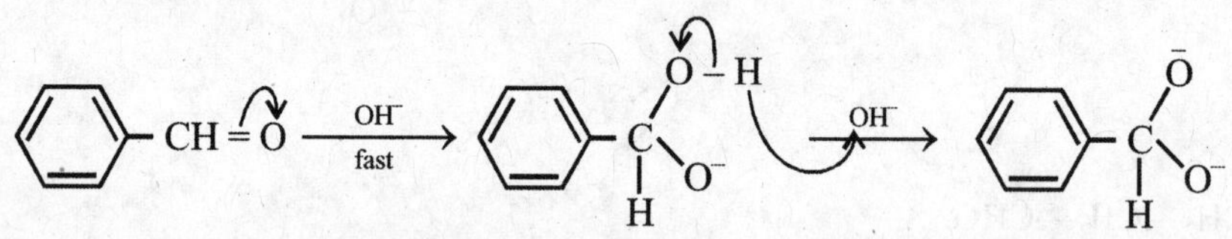

Step II : द्वितीय पद वेद निर्धारण पद है, जिसमें हाइड्राइड स्थानान्तरण होता है अर्थात् हाइड्राइड स्थानान्तरण वेग निर्धारित पद है जिसमें हाइड्राइड आयन एल्डीहाइड के दूसरे अणु पर आक्रमण करके एल्कोक्साइड बनाता है तथा जिस अणु में से हाइड्राइड आयन निकलता है वह कार्बोक्सलिक अम्ल में परिवर्तित हो जाता है।

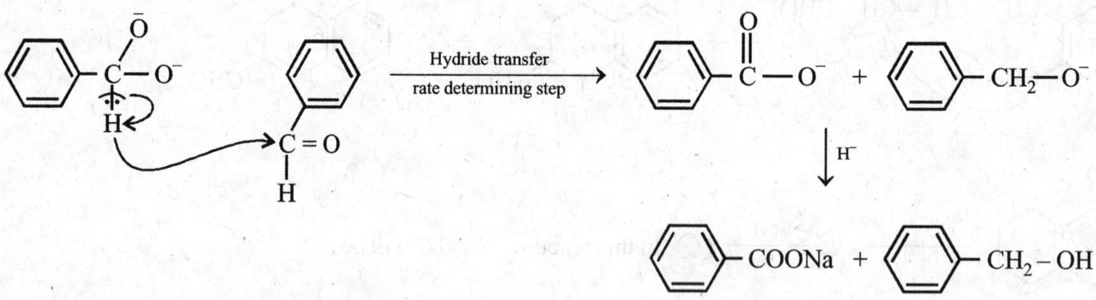

18. क्रॉस कैनीजारो अभिक्रिया (Crossed Cannizzaro Reaction) : जब दो अलग ऐल्डिहाइड इस अभिक्रिया (दोनों के पास α-हाइड्रोजन न हो) में भाग लेते है, तो अभिक्रिया को क्रॉस अभिक्रिया कहते है।

Case I : यदि दो ऐल्डिहाइड में से एक HCHO हो। तब यह सदा ऑक्सीकृत होती है।

$$(CH_3)_3?\ CHO + HCHO \xrightarrow{NaOH} HCOONa + (CH_3)_3C?\ CH_2OH$$

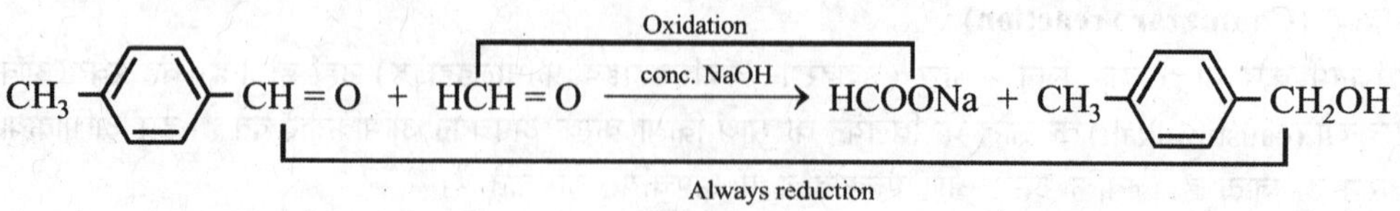

Case-II : यदि दोनों ऐल्डिहाइड अलग हो, लेकिन उनमें से कोई भी HCHO न हो, तब चार उत्पाद प्राप्त होते है।

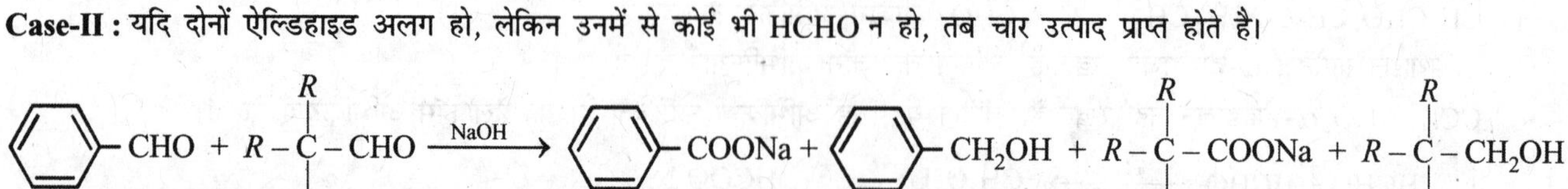

19. पार्किन अभिक्रिया (Perkin's reaction) : यह अभिक्रिया ऐरोमैटिक ऐल्डिहाइड के द्वारा दी जाती है।

- बैंजल्डिहाइड सोडियम ऐसीटेट की उपस्थिति में ऐसीटिक एनहाइड्राइड के साथ गर्म होता है, तथा उत्पाद का जल-अपघटन होने पर α, β–असंतृप्त अम्ल तथा सिनेमिक (cinnamic) अम्ल प्राप्त होता है।

$$C_6H_5-CHO+CH_3-\overset{O}{\overset{\|}{C}}-O-\overset{O}{\overset{\|}{C}}-CH_3 \xrightarrow{CH_3COONa/\Delta} C_6H_5-CH=CH-COOH+CH_3COOH$$

$$C_6H_5CH=O + H_2CHCO-O-COCH_3 \xrightarrow[453\ K,\ -H_2O]{CH_3COONa} C_6H_5CH=CHCO-O-COCH_3 \xrightarrow[H_2O]{Boil} C_6H_5CH=CHCOOH$$

Cinnamic acid

Notes

- $(C_6H_5CO)_2O$ या $(R_2CHCO)_2O$ एनहाइड्राइड इस अभिक्रिया में प्रयोग नहीं होते है।

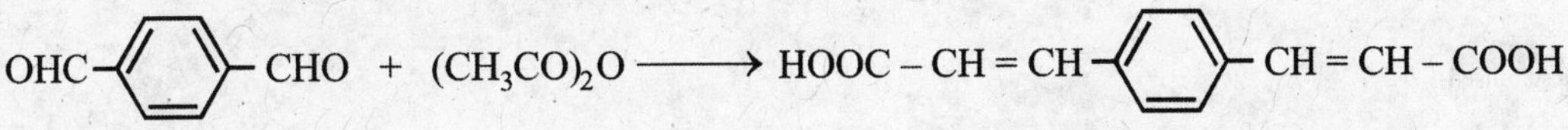

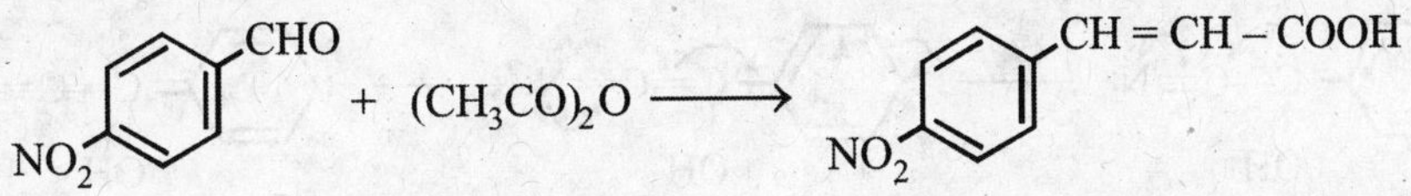

Reaction Mechanism

(i) Base (Sodium salt of carboxylic acid) abstrate a-hydrogen of aliphatic anhydride to form carbanion.

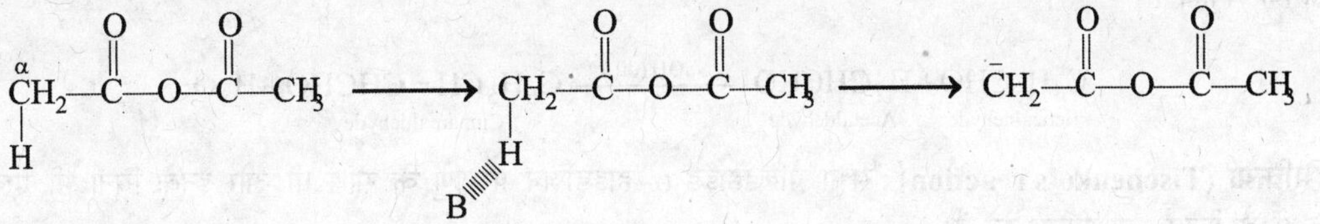

This carbanion attacks on aromatic aldehyde.

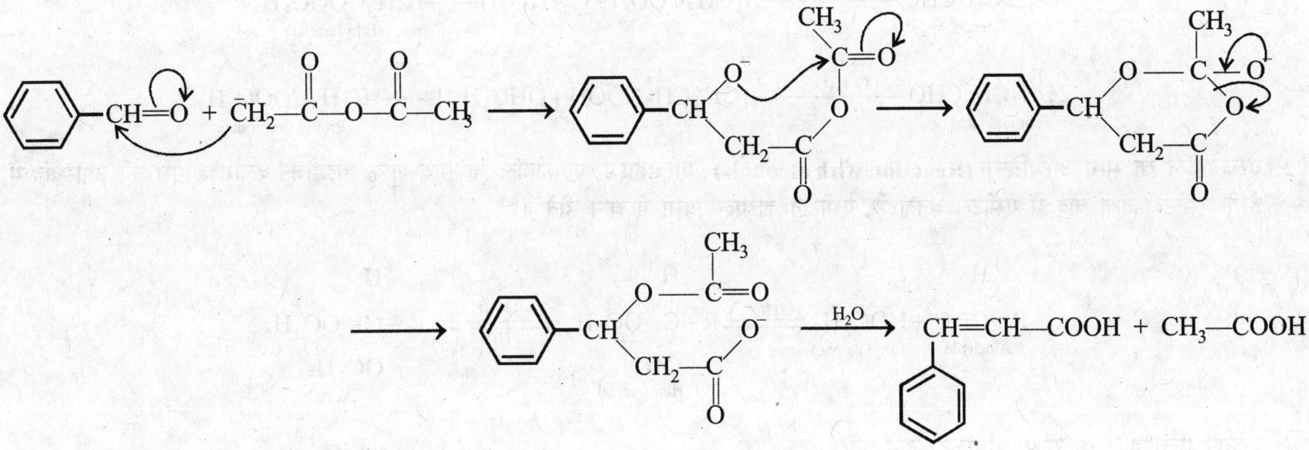

(ii) Reactivity of aromatic aldehyde in Perkein reaction.

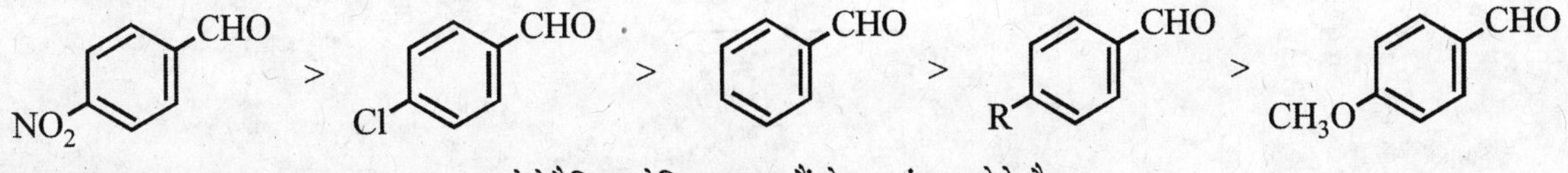

20. बैंजोइन संघनन (Benzoin condensation) : ऐरोमैटिक ऐल्डिहाइड, बैंजोइन संघनन देते है।

- जब ऐरोमैटिक ऐल्डिहाइड को जलीय ऐल्कोकिल पौटेशियम सायनाइड के साथ अभिकृत कराया जाता है, तो बैंजल्डिहाइड के दो अणु जुडकर बैंजोइन बनाते है।

Benzoin

Mechanism

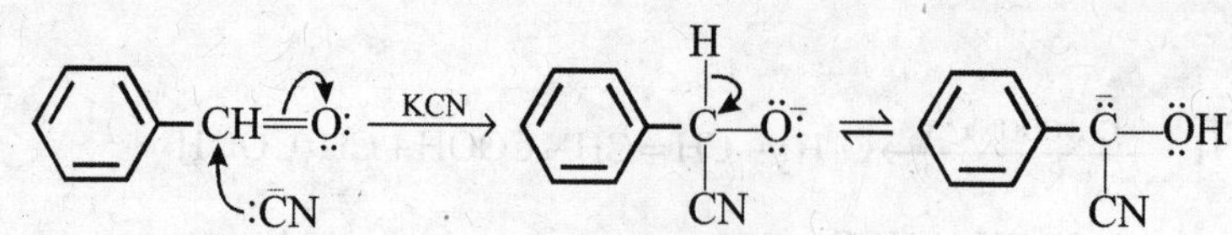

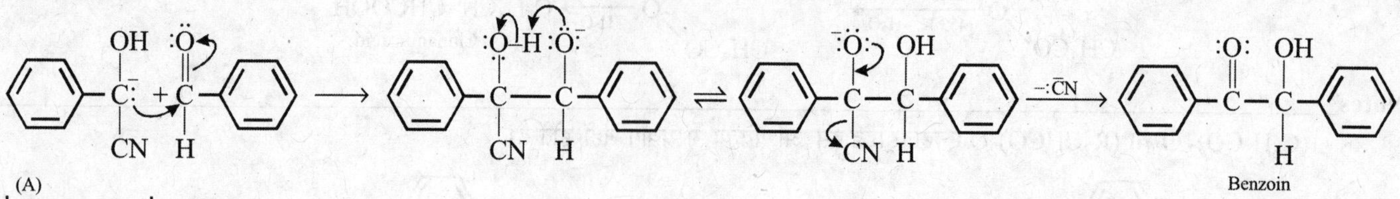

Carbanion (resonance stabilised)

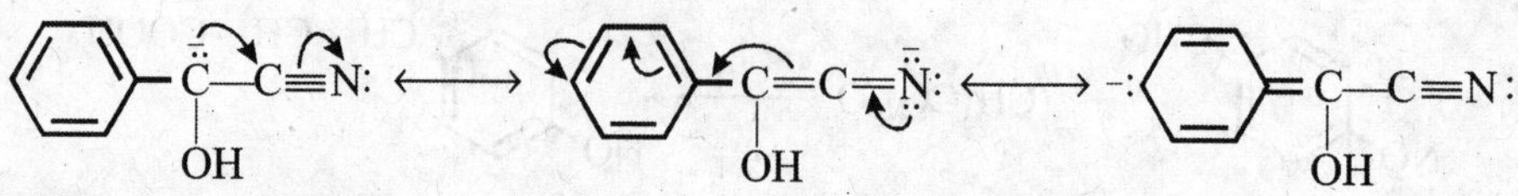

20. क्लेजन संघनन (क्लेजन शिफ्ट अभिक्रिया) [Claisen condensation (also known as Claisen-Schmidt reaction)] : बैंजल्डिहाइड, ऐल्डिहाइड तथा कीटोन के साथ संघनित होकर कमरे के तापमान पर तनु ऐल्केलाइस की उपस्थिति में दो α–हाइड्रोजन परमाणु रखता है, तथा असंतृप्त कार्बोनिल यौगिक बनाता है।

$$\underset{\text{Benzaldehyde}}{C_6H_5CHO} + \underset{\text{Acetaldehyde}}{H_2CHCHO} \xrightarrow[\Delta]{\text{NaOH (dil.)}} \underset{\text{Cinnamaldehyde}}{C_6H_5CH=CHCHO} + H_2O$$

21. टिशेंको अभिक्रिया (Tischenko's reaction) : सभी ऐल्डिहाइड α–हाइड्रोजन परमाणु के साथ भी ओर इनके बिना भी ऐल्युमिनियम ईथॉक्साइड की उपस्थिति में कैनीजारो अभिक्रिया देते है।

$$\underset{\text{Acetaldehyde}}{2CH_3CHO} \xrightarrow{(C_2H_5O)_3\,Al} [CH_3COOH + C_2H_5OH] \longrightarrow \underset{\text{Ethyl acetate}}{CH_3COOC_2H_5}$$

$$\underset{\text{Propionaldehyde}}{2CH_3CH_2CHO} \xrightarrow{(C_2H_5O)_3\,Al} [CH_3CH_2COOH + OHC_3H_7] \longrightarrow \underset{\text{Propyl propionate}}{C_2H_5COOC_3H_7}$$

22. ऐल्कोहॉल के साथ अभिक्रिया (Reaction with alcohols) : ऐल्डिहाइड, ऐल्कोहॉल के साथ शुष्क हाइड्रोजन क्लोराइड गैस की उपस्थिति में पहले हेमी–ऐसीटल तथा बाद में ऐसीटल बनता है, ऐसीटल डाइऐल्कॉक्सी ऐल्केन होते है।

$$\underset{\text{Aldehyde}}{R-\overset{\displaystyle H}{\overset{|}{C}}=O} + \underset{\text{Ethyl alcohol}}{HOC_2H_5} \xrightleftharpoons{HCl} \underset{\text{Hemi-acetal}}{R-\overset{\displaystyle H}{\overset{|}{\underset{\underset{\displaystyle OH}{|}}{C}}}-OC_2H_5} \xrightleftharpoons[HCl]{HOC_2H_5} \underset{\text{Acetal}}{R-\overset{\displaystyle H}{\overset{|}{\underset{\underset{\displaystyle OC_2H_5}{|}}{C}}}-OC_2H_5}$$

कीटोन ऐल्कोहॉल के साथ अभिक्रिया नहीं देते है।

Previous Years Problems

1. $CH_3CH_2COOH \xrightarrow[\text{लाल P}]{Cl_2} (A) \xrightarrow{\text{ऐल्कोहॉल KOH}} (B)$, (B) क्या है?

(a) CH_3CH_2COCl (b) CH_3CH_2CHO
(c) $CH_2=CHCOOH$ (d) $ClCHCH_2 \cdot COOH$

[AIEEE 2002]

2. जब $CH_2=CHCOOH$ को $LiAlH_4$ से अपचयित किया जाता है, तो प्राप्त होने वाला यौगिक है–

(a) $CH_3CH_2CH_2OH$ (b) CH_3CH_2CHO
(c) CH_3CH_2COOH (d) $CH_2=CHCH_2OH$

[AIEEE 2003]

3. सामान्य सूत्र $C_nH_{2n}O_2$ किस मुक्त श्रृंखला यौगिक के लिए हो सकता है?

(a) डाइऑल्स (b) डाइऐल्डिहाइड
(c) डाइकीटोन (d) कार्बोक्सिलिक अम्ल

[AIEEE 2003]

4. अभिक्रिया की दर $-R-\overset{O}{\overset{\|}{C}}-Z + Nu^- \longrightarrow R-\overset{O}{\overset{\|}{C}}-Nu^- + Z^-$

तब तीव्रतम होगी, जब Z है–

(a) $-OCOCH_3$ (b) $-NH_2$
(c) $-OC_2H_5$ (d) $-Cl$

[AIEEE 2004]

5. निम्नलिखित में से कौन-सा यौगिक सोडियम हाइड्रॉक्साइड विलयन से अभिक्रिया करके संगत ऐल्कोहॉल तथा अम्ल देता है–

(a) बैंजोइक अम्ल (b) बैंजेल्डिहाइड
(c) ब्यूटेनॉल (d) फीनॉल

[AIEEE 2004]

6. कार्बोक्सिलिक अम्लों की अम्लीयता पर विचार करें–

(a) PhCOOH (b) o-$NO_2C_6H_4COOH$
(c) p-$NO_2C_6H_4COOH$ (d) m-$NO_2C_6H_4COOH$

[AIEEE 2004]

7. ऐथिल ऐसीटेंट को जलीय सोडियम क्लोराइड के साथ मिश्रित करने पर प्राप्त संतृप्त विलयन का संघटन होगा–

(a) $CH_3Cl + C_2H_5COONa$
(b) $CH_3COONa + C_2H_5OH$
(c) $CH_3COCl + C_2H_5OH + NaOH$
(d) $CH_3COOC_2H_5 + NaCl$

[AIEEE 2004]

8. ऐसीटिल ब्रोमाइड CH_3MgI के आधिक्य से अभिक्रिया तथा उसके बाद NH_4Cl के संतृप्त विलयन से अभिकृत होने पर देता है–

(a) ऐसीटिल आयोडाइड (b) ऐसीटेमाइड
(c) 2-मेथिल 2-प्रोपेनॉल (d) ऐसीटोन

[AIEEE 2004]

9. निम्न में से कौन-सा यौगिक जिंक तथा हाइड्रोक्लोरिक अम्ल से अपचयित होकर संगत हाइड्रोकार्बन देता है?

(a) ब्यूटेन 2-ऑन (b) ऐसीटिक अम्ल
(c) ऐसीटेमाइड (d) ऐथिल

[AIEEE 2004]

10. A — D यौगिकों के साथ HCN के संयोग की दर का बढ़ता हुआ क्रम है–

(I) HCHO (II) CH_3COCH_3
(III) $PhCOCH_3$ (IV) PhCOPh

(a) I < II < III < IV (b) IV < II < III < I
(c) IV < III < II < I (d) III < IV < II < I

[AIEEE 2006]

11. 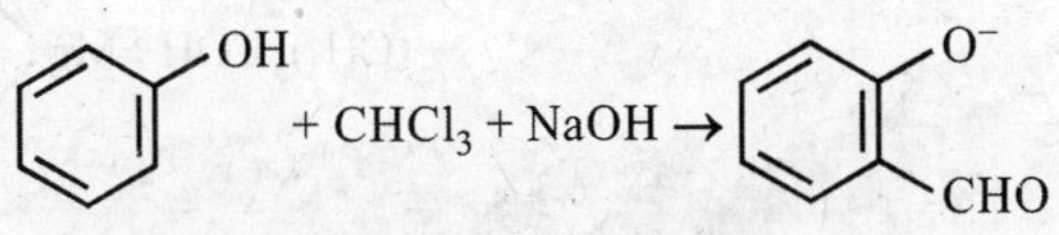

उपरोक्त अभिक्रिया में प्रयुक्त इलेक्ट्रॉ-स्नेही है–

(a) डाइक्लोरोमेथिल धनायन $(\overset{+}{C}HCl_2)$
(b) डाइक्लोरोकार्बीन $(:CCl_2)$
(c) ट्राइक्लोरोमेथिल ऋणायन $(\overset{-}{C}Cl_3)$
(d) फार्मिल धनायन $(\overset{+}{C}HO)$

[AIEEE 2006]

उत्तरमाला

1. (c) **2.** (d) **3.** (d) **4.** (d) **5.** (b) **6.** (a) **7.** (d) **8.** (c) **9.** (a) **10.** (c) **11.** (b)

हल

13. (c) $CH_3CH_2COOH \xrightarrow[\text{लाल P}]{Cl_2} CH_3CHClCOOH$

$$\xrightarrow[-HCl]{\text{ऐल्कोहॉल KOH}} CH_2 = CHCOOH$$

14. (d) $CH_2 = CH \cdot COOH \xrightarrow{LiAlH_4} CH_2 = CHCH_2OH$
द्विबन्ध पर प्रभाव नहीं पड़ता।

15. (d) कार्बोक्सिलिक अम्लों का सामान्य सूत्र $C_nH_{2n+1}COOH$ $(n = 0, 1, 2, 3...)$ या $C_nH_{2n}O_2$ $(n = 1, 2, ...)$ होता है।

16. (d) श्रेष्ठतर मुक्त होने वाले समूह के कारण अम्ल व्युत्पन्नों का सक्रियता क्रम है-
$RCOCl > (RCO)_2O > RCOOR > RCONH_2$

17. (b) यह केनिजारो अभिक्रिया है-
$2C_6H_5CHO + NaOH \longrightarrow C_6H_5COONa + C_6H_5CH_2OH$

18. (a) यह अम्लीय प्रकृति का सही क्रम है (ऑर्थो प्रभाव)

19. (d) $CH_3COOC_2H_5 + NaCl \longrightarrow$ कोई अभिक्रिया नहीं

20. (c) $CH_3COBr + CH_3MgI \longrightarrow (CH_3)_2CO + Mg\begin{smallmatrix}Br\\I\end{smallmatrix}$

$$(CH_3)_2CO + CH_3MgI \longrightarrow (CH_3)_3\,COMgI \xrightarrow[H^+]{NH_4Cl_{aq.}}$$

$$(CH_3)_3\,COH + Mg\begin{smallmatrix}OH\\I\end{smallmatrix}$$

21. (a) $CH_3CH_2COCH_3 \xrightarrow{Zn+HCl} CH_3CH_2CH_2CH_3$;
यह क्लीमेनसन अपचयन हैं।

22. (c)

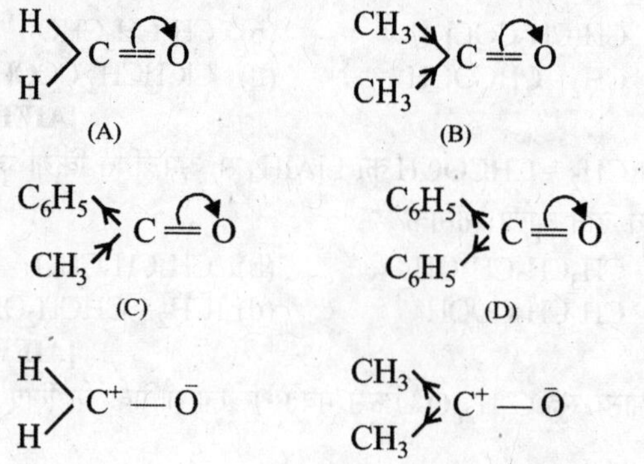

धनात्मक आवेश कम तीव्र है।

धनात्मक आवेश अधिकतम तीव्र है।

C-परमाणु पर धनात्मक आवेश की तीव्रता जितनी अधिक होगी, नाभिक-स्नेही द्वारा आक्रमण किये जाने की प्रवृत्ति उतनी ही अधिक होगी। किन्तु त्रिविम प्रतिरोध के कारण यह प्रवृत्ति घट जाती है।

23. (b) राइमर-टीमैन अभिक्रिया, डाक्लोरोकर्बीन क्रियाविधि द्वारा होती है।

अभ्यास के लिए प्रश्न

1. CH_3MgBr एक कार्बधात्विक यौगिक है, क्योंकि-
(a) Mg — Br बन्ध (b) C — Mg बन्ध
(c) C — Br बन्ध (d) C — H बन्ध

2. जब ऐथेनॉलयुक्त प्राथमिक ऐमीन क्लोरोफॉर्म से अभिक्रिया करता है, तो उत्पाद होगा?
(a) एक *iso* सायनाइड (b) एक ऐल्डिहाइड
(c) एक सायनाइड (d) एक ऐल्कोहॉल

3. C_6H_{5I} तथा $C_6H_5CH_2I$ युक्त बोतलों का स्तर कम हो जाता है। परीक्षण के लिए इन्हें A तथा B का लेबल लगाया जाता है। A तथा B को पृथक-पृथक परखनलियोंमें लिया जाता है तथा NaOH विलयन के साथ उबाला जाता है। प्रत्येक परखनली में अंतिम विलयन तनु HNO_3 द्वारा अम्लीय बनाया जाता है तथा उसके बाद कुछ $AgNO_3$ मिलाया जाता है। पदार्थ B ने पीला अवक्षेप दिया। प्रयोग के लिए निम्न में से कौन-सा कथन सही है?
(a) B, C_6H_5 था (b) HNO_3 का योग आवश्यक था
(c) A, C_6H_5 था (d) A, $C_6H_5CH_2I$ था

4. क्लोरोफॉर्म, ऐल्कोहॉलिक KOH तथा *p*-टॉलूईडीन (toluidine) के साथ अभिक्रिया करके क्या बनाता है?
(a) 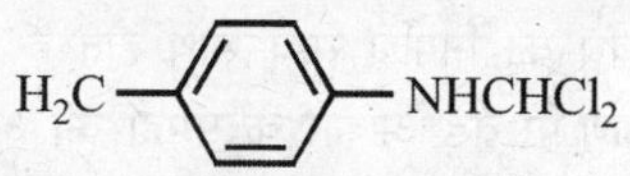
(b) 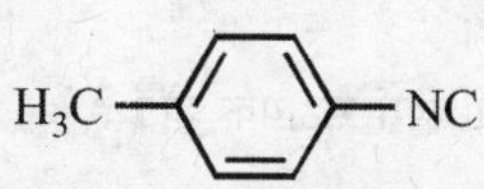
(c) 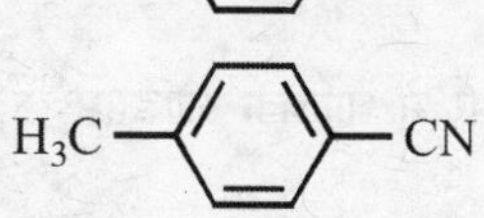
(d) 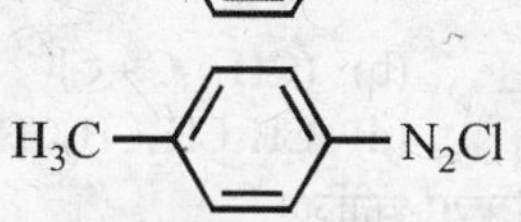

5. क्लोरोबैंजीन को सान्द्र H_2SO_4 की उपस्थिति में क्लोरल के साथ गर्म करने पर बनने वाला यौगिक है?
(a) हेक्साक्लोरोऐथेन (b) DDT
(c) फ्रेऑन (Freon) (d) गैमेक्सीन (Gammaxene)

6. तृतीयक ऐल्किल हैलाइड व्यावहारिक रूप से S_N2 क्रियाविधि के प्रति अक्रिय होते हैं, क्योंकि-
(a) अविलेयता (b) अस्थायित्व
(c) प्रेरणिक प्रभाव (d) त्रिविम प्रतिरोधकता

7. ऐल्किल हैलाइड डाइऐल्किल लीथियम क्यूप्रेट के साथ अभिक्रिया करके देते हैं-
(a) ऐल्कीन (b) ऐल्किल कॉपर हैलाइड
(c) ऐल्केन (d) ऐल्कीनिल हैलाइड

8. 2, 3-डाइक्लोरो ब्यूटेन द्वारा प्रदर्शित की जाने वाली समावयवता है-
(a) अप्रतिबिम्ब समावयवी (b) प्रकाशिक
(c) ज्यामितीय (d) संरचनात्मक

9. 2-ब्रोमोब्यूटेन से HBr के विलोपन के परिणामस्वरूप क्या बनता है?
(a) 1-तथा 2-ब्यूटीन का सममोलर मिश्रण (Equimolar mixture)
(b) प्रधानता ; 2-ब्यूटीन
(c) प्रधानता ; 1-ब्यूटीन
(d) प्रधानता ; 2-ब्यूटाइन

10. नीचे दिये गये यौगिक का IUPAC नाम है-

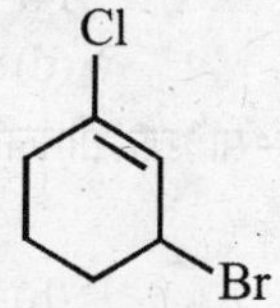

(a) 2-ब्रोमो-6-क्लोरोसाइक्लोहेक्स-1-ईन
(b) 6-ब्रोमो-2-क्लोरोसाइक्लोहेक्सीन
(c) 3-ब्रोमो-1-क्लोरोसाइक्लोहेक्सीन
(d) 1-ब्रोमो-3-क्लोरोसाइक्लोहेक्सीन

11. फ्लोरोबैंजीन (C_6H_5F) को प्रयोगशाला में किस प्रकार संश्लेषित किया जाता सकता है?
(a) फीनॉल को HF तथा KF के साथ गर्म करने पर
(b) ऐनिलीन का डाइऐजोटाइजेशन तथा डाइऐजोनियम लवण को HBF_4 के साथ गर्म करने पर
(c) बैंजीन का F_2 गैस द्वारा सीधे फ्लोरीनीकरण करके
(d) ब्रोमोबैंजीन की NaF विलयन के साथ अभिक्रिया कराकर

12. निम्नलिखित अभिक्रिया में बनने वाले प्रधान की उत्पाद की संरचना है-

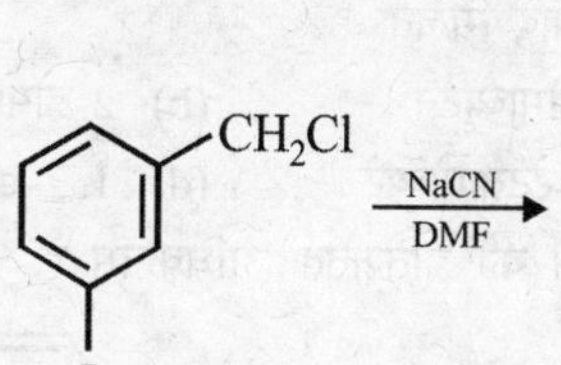

(a) 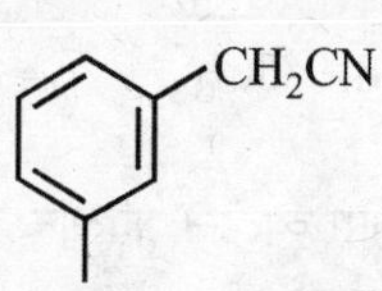
(b) 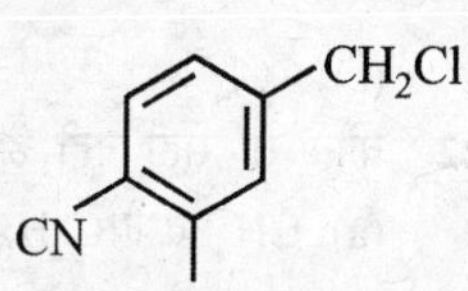
(c) 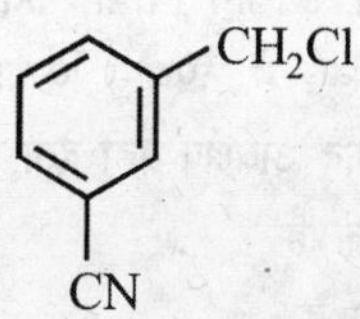
(d) 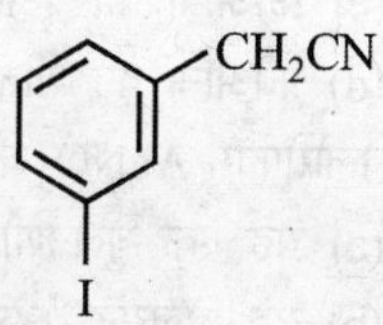

13. *trans* 2-फिनॉइल-1-ब्रोमोसाइक्लोपेंटेन की ऐल्कोहॉलिक KOH से अभिक्रिया पर क्या प्राप्त होगा?
(a) 4-फिनाइलसाइक्लोपेंटेन (b) 2-फिनाइलसाइक्लोपेंटेन
(c) 1-फिनाइलसाइक्लोपेंटेन (d) 3-फिनाइलसाइक्लोपेंटेन

14. टॉलूईन की Cl_2 से $FeCl_3$ की उपस्थिति में क्रिया से प्राप्त होगा-
(a) बैंजॉयल क्लोराइड (b) बैंजाइल क्लोराइड
(c) *o*-तथा *p*-क्लोरोटॉलूईन (d) *m*-क्लोरोटॉलूईन

15. S_N2 क्रियाशीलता का घटता हुआ क्रम है-
(a) $RCH_2X > R_3CX > R_2CHX$
(b) $RCH_2X > R_2CHX > R_3CX$
(c) $R_3CX > R_2CHX > RCH_2X$
(d) $R_2CHX > R_3CX > RCH_2X$
(X = एक हैलोजन)

16. α-D-(+)- ग्लूकोज तथा β-D-(+)- ग्लूकोज हैं-
(a) संरूपी (b) ऐपीमर
(c) ऐनोमर (d) प्रतिबिम्बरूप

17. निम्नलिखित में से कौन-सा एक शीतलीकारक की भाँति प्रयुक्त होता है
(a) CCl_2F_2 (b) CH_3COCH_3
(c) CCl_4 (d) CF_4

18. निम्न अभिक्रिया क्रम में Z को पहचानिये
$$C_2H_5I \xrightarrow{\text{KOH alc.}} X \xrightarrow{Br_2} Y \xrightarrow{KCN} Z$$
(a) $BrCH_2CH_2CN$ (b) CH_3-CH_2-CN
(c) $CN-CH_2-CH_2-CN$ (d) $Br-CH=CH-CN$

19. ऐल्कोहॉलिक KOH में निम्नलिखित के मिश्रण को गर्म करके कार्बिलऐमीन परीक्षण किया जाता है
(a) एक ऐल्किल हेलाइड तथा एक प्राथमिक ऐमीन
(b) क्लोरोफॉर्म तथा सिल्वर पाउडर
(c) एक ऐल्किल सायनाइड तथा एक प्राथमिक ऐमीन
(d) ट्राइहैलोजनीकृत मेथेन तथा एक प्राथमिक ऐमीन

20. जब 1-ब्यूटाइन को HBr के अधिक्य के साथ प्रतिकृत किया जाता है तो क्या उत्पाद मिलता है?
(a) 2, 2-डाइब्रोमोब्यूटेन (b) 2-ब्रोमोब्यूटेन
(c) 1, 1, 2, 2-टेट्रब्रोमोब्यूटेन (d) 1, 2-डाइब्रोमोब्यूटीन

21. किसमें क्लोरीन की प्रतिशतता अधिकतम है
(a) CCl_3CHO (b) 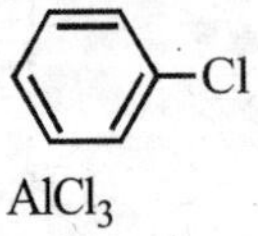
(c) CCl_4 (d) $AlCl_3$

22. कौन-सा सही नहीं है
(a) CH_4 तथा C_2H_6 के क्लोरोफ्लोरो व्युत्पन्न फ्रीऑन कहलाते हैं
(b) फ्रीऑनों को वैल्डिंग में प्रयुक्त करते हैं
(c) फ्रीऑनों को एअर कंडीशनिंग में उपयोग किया जाता है
(d) फ्रीऑनों का शीतलीकारकों के रूप में उपयोग किया जाता है

23. क्लोरोफॉर्म $AgNO_3$ के साथ एक सफेद अवक्षेप नहीं देता है, क्योंकि
(a) यह एक घुलनशील संकुल बनाता है
(b) यह विलयन के साथ अमिश्रणीय है
(c) $AgNO_3$ विलयन का सान्द्रण क्षीण होता है
(d) यह Cl^- आयन देने के लिए आयनित नहीं होता है

24. निम्नलिखित में से कौन-सा ऐथेनॉलिक $AgNO_3$ के साथ तुरन्त सफेद अवक्षेप देगा
(a) $CH_3CH_2CH_2Cl$ (b) $CH_2=CH-CH_2-Cl$
(c) $CH_3-CH=CH-Cl$ (d) $CH_3-CH(Cl)-CH_3$

25. निम्न अभिक्रिया में
$$A \xrightarrow{KCN} B \xrightarrow{[H]} C_2H_5NH_2$$
(a) 'A' C_2H_5I है (b) 'B' CH_3NC है
(c) 'A' CH_3I है (d) 'B' C_2H_5NC है

26. अभिक्रिया $CH_3-C\equiv\bar{C}\overset{+}{Na}+CH_3CH_2-Cl \rightarrow ?$ में प्रतिफल है
(a) प्रोपाइन (b) प्रोपीन
(c) 4-मेथिल पेन्टाइन-2 (d) 2-पेन्टाइन

27. ऐल्किल हेलाइड के बारे में सही कथन क्या है?
(a) ये जल में शीघ्रता से घुल जाते हैं
(b) इनके अणु में कोई ध्रुवी बंध नहीं होता है
(c) ये एक दूसरे के साथ H-बंधों से संयुग्मित रहते हैं
(d) यह सरलता से कार्बनिक विलायकों में घुल जाते हैं

28. S_{N^2} क्रिया-विधि के विषय में सत्य क्या है
(a) अभिक्रिया की कोटि 2 है
(b) अणु से मुक्त होने वाले हैलोजन परमाणु तथा कार्बन के मध्य बंध का टूटना तथा आने वाले न्यूक्लिओफाइल तथा कार्बन परमाणु के मध्य बंध का निर्माण साथ-साथ होते हैं
(c) C–X बंध के परमाणु पर बड़े आकार के समूहों की अनुपस्थिति में S_{N^2} अभिक्रिया होती है।
(d) अध्रुवी विलायक क्रिया-विधि में सहायक होते हैं
(e) उपरोक्त सभी

29. निम्नलिखित में से कौन-सा ईथर में धात्विक सोडियम के साथ गर्म करने पर ऐल्केन नहीं देगा
(a) $CH_3CH_2CH_2Cl$ (b) $(CH_3)_3C-Cl$
(c) $CH_3CH(Cl)CH_3$ (d) $CH_3CH_2CH_2CH_2Cl$

30. अधोलिखित अभिक्रिया पर विचार कीजिए
$$RCO\bar{O}Ag^+ \xrightarrow{Br_2} RBr + AgBr + CO_2$$
इस अभिक्रिया को 'X' अभिक्रिया कहते हैं तथा इसमें Y मध्यवर्ती बनता है। इस कथन में 'X' तथा 'Y' क्रमशः हैं
(a) हेल-फोलार्ड-जेजिंसकी, कार्बऋणायन
(b) सैण्डमेयर, मुक्त मूलक
(c) वॉल्फ; कार्बीन
(d) हुन्स्डीकर; मुक्त मूलक

31. विहाइड्रोहैलोजनीकरण अभिक्रिया के प्रति ऐल्किल हेलाइडों की क्रियाशीलता का क्रम है
(a) $R-F > R-Cl > R-Br > R-I$
(b) $R-F > R-Br > R-Br > R-Cl$
(c) $R-I > R-Cl > R-Br > R-F$
(d) $R-I > R-Br > R-Cl > R-F$

32. $CH_3-C(C_3H_7)(C_2H_5)-Br + aq\,KOH \longrightarrow CH_3-C(C_3H_7)(C_2H_5)-OH$ है -

(a) S_{N^1} (b) S_{N^2}

(c) S_{E^1} (d) S_{E^2}

33. एक कीटोन से सायनोहाइड्रिन का निर्माण उदाहरण है एक -

(a) इलेक्ट्रोफिलिक योग का

(b) न्यूक्लिओफिलिक योग का

(c) न्यूक्लिओफिलिक प्रतिस्थापन का

(d) इलेक्ट्रोफिलिक प्रतिस्थापन का

34. अभिक्रिया

$HCHO + C_6H_5CHO + NaOH \longrightarrow C_6H_5CH_2OH + HCOONa$

कहलाती है

(a) वुट्र्ज-फिटिग अभिक्रिया

(b) अलमान (Ullmann) अभिक्रिया

(c) क्रॉस्ड कैनीजारो अभिक्रिया

(d) सैण्डमेयर अभिक्रिया

35. जब ऐसीटोन को सान्द्र H_2SO_4 के साथ उपचारित करते है तो मेसीटिलीन बनती है जिसका निम्नलिखित सूत्र होता है

(a) $(CH_3)_2C=CHCOCH_3$

(b) $(CH_3)_2C(OH)CH_2COCH_3$

(c) 1, 3, 5-ट्राइमेथिलबेन्जीन

(d) $(CH_3)_2C=CH-CO-CH=C(CH_3)_2$

36. अभिक्रिया क्रम

$$CH\equiv CH \xrightarrow{\text{तनु } H_2SO_4/HgSO_4} A \xrightarrow{NaOH} B \xrightarrow[2.[Ag(NH_3)_2]]{1.\Delta} C$$

में प्रतिफल 'C' है

(a) $CH_3CH(OH)CH_2CHO$ (b) $CH_3CH_2CH(OH)CHO$

(c) $CH_3CH=CH-COOH$ (d) $CH_3CH=CH-CH_2OH$

37. $CaC_2 \xrightarrow{H_2O} A \xrightarrow[2.CH_3I\ (\text{आधिक्य})]{1.\ NaNH_2/NH_3(l)} B \xrightarrow{H_2SO_4/HgSO_4} C$

में प्रतिफल 'C' है

(a) सरल कीटोन (b) 1-ब्यूटेनल

(c) मिश्रित कीटोन (d) *n*-ब्यूटेनॉल

38. $CH\equiv CH \xrightarrow[HgSO_4]{H_2SO_4} X \xrightarrow{LAH} Y \xrightarrow{P_4/Br_2} Z$

इस अभिक्रिया 'Z' है

(a) एथेनॉल (b) ऐथलीन ब्रोमाइड

(c) ऐथिलिडीन ब्रोमाइड (d) एथिल ब्रोमाइड

39. फॉर्मेल्डिहाइड को 50% NaOH विलयन के साथ हिलाने पर यह देता है

(a) अपघटन (b) कैनीजारो अभिक्रिया

(c) यूरोट्रोपीन निर्माण (d) ऐल्डॉल संघनन

40. असत्य कथन कौन-सा है

(a) PhCHO तथा MeCHO का मिश्रण NaOH के साथ अभिकृत कराने पर क्रॉस्ड केनीजारो अभिक्रिया देता है

(b) 2-पेन्टेनॉल तथा 2-पेन्टेनोन दोनों हैलोफॉर्म अभिक्रिया देते हैं

(c) 1-प्रोपेनल को सान्द्र NaOH विलयन के साथ गर्म करने पर एक भूरे रंग का रेजिन बनता है

(d) PhMgBr की MeCHO के साथ क्रिया से बनने वाले पदार्थ का जल-अपघटन करने पर मेथिल फेनिल कार्बिनोल बनता है

41. HCHO तथा $Me_3C.CHO$ का मिश्रण NaOH के साथ अभिक्रिया पर देता है

(a) $CH_3OH + (CH_3)_3C-CH_2OH$

(b) $(CH_3)_3C-CH_2OH + H-COOH$

(c) $HCOOH + (CH_3)_3C-COOH$

(d) $CH_3OH + Me_3C-COOH$

42. अणु सूत्र C_3H_6O के एक कार्बनिक यौगिक ने टॉलन अभिकर्मक के साथ रजत दर्पण परीक्षण नहीं दिया परन्तु हाइड्रॉक्सिल ऐमीन के साथ एक ऑक्जीम (oxime) दिया। यह हो सकता है

(a) $CH_2=CH-CH_2OH$ (b) CH_3CH_2CHO

(c) CH_3COCH_3 (d) $CH_2=CH-OCH_3$

43.

$$CH_3-C(CH_3)=C(CH_3)-CH_3 \xrightarrow{\text{ठण्डा } KMnO_4/KOH} A \xrightarrow{H_2SO_4} B$$

प्रतिफल B है

(a) $CH_3-\overset{O}{\overset{\|}{C}}-CH_3$ (b) $CH_3-C(CH_3)_2-\overset{O}{\overset{\|}{C}}-CH_3$

(c) $CH_3-\overset{O}{\overset{\|}{C}}-CH_2CH_3$ (d) $Me_3C-CO-CMe_3$

44. $CH_3CN \xrightarrow{H_2O/H^+} A \xrightarrow[\Delta]{CaO} B \xrightarrow{Ph_3P=CHCH_3} C$

प्रतिफल 'C' है

(a) $(CH_3)_2C=CH-CH_3$ (b) $C_2H_5CO-CH_2-CH_3$

(c) $CH_3-C(CH_3)=C(CH_3)-CH_3$ (d) $CH_3-C(C_2H_5)=C(C_2H_5)-CH_3$

45. $Ph-C(CH_3)=N-OH \xrightarrow{PCl_5} A$; प्रतिफल 'A' है

(a) $CH_3-\overset{O}{\overset{\|}{C}}-NHPh$ (b) $CH_3-CH_2-\overset{O}{\overset{\|}{C}}-NHPh$

(c) $Ph-\overset{O}{\overset{\|}{C}}-NHMe$ (d) $CH_3-CH_2-NH-CH_2Ph$

46. ऐसीटोन की CH_3MgI से अभिक्रिया और प्राप्त उत्पाद का जल-अपघटन देता है

(a) $CH_3CH_2CH_2OH$ (b) $CH_3CH_2CH_2CH_2OH$

(c) $(CH_3)_2CHOH$ (d) $(CH_3)_3COH$

47. C_6H_5CHO तथा HCHO सोडियम हाइड्रॉक्साइड के साथ अभिक्रिया करके देते हैं

(a) $C_6H_5CH_2OH + HCOONa$ (b) $C_6H_5COONa + CH_3OH$
(c) $C_6H_5COOH + CH_4$ (d) इनमें से कोई नहीं

48. एक ओलीफिनिक यौगिक के ओजोनोलीसिस पर एक-एक अणु फॉर्मेल्डिहाइड, ऐसिटेल्डिहाइड तथा मेथिल ग्लाइऑक्जल $CH_3-\overset{\overset{O}{\|}}{C}-CHO$ प्राप्त होता है। जनक यौगिक है -

(a) $CH_3-CH=CH-CH_2-CH=CH_2$
(b) $CH_3CH=C(CH_3)CH=CH_2$
(c) $CH_3-CH=CH-CH=CH_2$
(d) $CH_2=CH-CH=CH_2$

49. अणु सूत्र $C_9H_{10}O_2$ के एक ऐस्टर (1) को CH_3MgBr के आधिक्य के साथ अभिकृत किया गया तथा इस प्रकार प्राप्त जटिल (Complex) को H_2SO_4 के साथ अभिकृत करने पर एक ओलीफिन (2) प्राप्त हुई। (2) के ओजोनोलीसिस ने अणु सूत्र C_8H_8O का एक कीटेन दिया जो धनात्मक आयोडोफॉर्म परीक्षण दर्शाता है। (1) की संरचना है

(a) $C_6H_5COOC_2H_5$
(b) $C_6H_5COOC_6H_5$
(c) $CH_3O-CH_2-CO-C_6H_5$
(d) $pH_3CO-C_6H_4-COCH_3$

50. असत्य कथन है

(a) ऑक्जलिक अम्ल फेहलिंग विलयन के साथ गर्म किए जाने पर Cu_2O का लाल अवक्षेप देता है
(b) टार्टरिक अम्ल टॉलन अभिकर्मक के साथ रजत दर्पण देता है
(c) सक्सिनिक अम्ल $SOCl_2$ के साथ उपचारित करने पर ऐनहाइड्राइड देता है
(d) मेथिलमैलोनिक अम्ल गर्म करने पर प्रोपिओनिक अम्ल देता है

51. असत्य कथन है

(a) मेलिक अम्ल प्रकाश सक्रिय होता है
(b) ऐडिपिक अम्ल 1, 4-ब्यूटेनडाइकार्बोक्सिलिक अम्ल होता है
(c) पोटेशियम हाइड्रोजन टार्टरेट को टार्टर की क्रीम कहते हैं
(d) सिट्रिक अम्ल बैनेडिक्ट अभिकर्मक के साथ Cu_2O का लाल अवक्षेप देता है

52. निम्नलिखित रासायनिक अभिक्रियाओं में, अन्तिम उत्पाद 'D' है

$$C_2H_5COOH \xrightarrow{CaCO_3} A \xrightarrow{\Delta} B \xrightarrow{NH_2NH_2} C \xrightarrow[160^\circ C]{C_2H_5ONa} D$$

(a) ऐसिटेल्डिहाइडऑक्ज़ीम (b) फॉर्मेल्डिहाइडऑक्ज़ीम
(c) *n*-पेन्टेन (d) ऐसीटोक्ज़ीम

53. निम्नलिखित अभिक्रिया क्रम,

$$A \xrightarrow{PCl_3} B \xrightarrow{KCN} C \xrightarrow{H_2/Ni} CH_3CH_2NH_2$$ में A है

(a) CH_3CH_2Cl (b) CH_3OH
(c) CH_3CN (d) CH_3CH_2OH

54. निम्नलिखित अभिक्रिया क्रम में प्रतिफल D है

$$\begin{matrix}CH_2\\\|\\CH_2\end{matrix} \xrightarrow{Br_2/CCl_4} A \xrightarrow{KCN} B \xrightarrow{H_3O^+} C \xrightarrow{\Delta} D$$

(a) $CH_2\begin{matrix}\diagup COOH\\ \diagdown COOH\end{matrix}$ (b) CH_3CH_2COOH

(c) $\begin{matrix}CH_2CO\\ |\\ CH_2CO\end{matrix}\!\!>O$ (d) CH_2OH-CH_2CN

55. जब ऐथिल ऐसीटेट को ऐथेनॉल में सोडियम एथॉक्साइड के साथ अभिकृत करते हैं तो निम्नलिखित में से कौन-सा एक बनता है

(a) ऐसीटोऐसीटिक ऐस्टर (b) सोडियोऐसीटो-ऐसीटिक ऐस्टर
(c) ऐथिल ब्यूटीरेट (d) मैलोनिक ऐस्टर

56. अणु सूत्र $C_9H_{10}O_2$ के एक ऐस्टर (A) को CH_3MgBr के आधिक्य के साथ अभिकृत किया गया तथा प्राप्त जटिल यौगिक को H_2SO_4 के साथ उपचारित करने पर एक ओलीफिन 'B' प्राप्त हुई। 'B' के ओजोनोलीसिस पर C_8H_8O अणु सूत्र का एक कीटोन प्राप्त हुआ जो कि आयोडोफॉर्म परीक्षण दर्शाता है। 'A' की संरचना है

(a) $C_6H_5COOC_2H_5$ (b) $C_6H_5COOC_6H_5$
(c) $CH_3O-CH_2-CO-C_6H_5$ (d) *p* $CH_3O - C_6H_4 - COOOH$

57. निम्नलिखित में से कौन-से एक ऐस्टर में क्लेजन आत्म संघनन (Chaisen self condensation) नहीं होता है

(a) $CH_3CH_2CH_2CH_2-COOC_2H_5$
(b) $C_6H_5-COOC_2H_5$
(c) $C_6H_5CH_2-COOC_2H_5$
(d) $C_6H_{11}CH_2-COOC_2H_5$

58. निम्न यौगिकों के क्वथनांकों के सही क्रम की पहचान कीजिए

(i) $CH_3CH_2CH_2CHO$
(ii) $CH_3CH_2CH_2COOH$
(iii) $CH_3CH_2CH_2CH_2OH$

(a) (i) > (ii) > (iii) (b) (iii) > (i) > (ii)
(c) (ii) > (iii) > (i) (d) (iii) > (ii) > (i)

59. अभिक्रिया के एक सैट में ऐसीटिक अम्ल उत्पाद 'D' देता है

$$CH_3COOH \xrightarrow{SOCl_2} A \xrightarrow[\text{निर्जल } AlCl_3]{\text{बेन्जीन}} B \xrightarrow{HCN} C \xrightarrow{HOH} D$$

उत्पाद 'D' की संरचना होगी

(a) 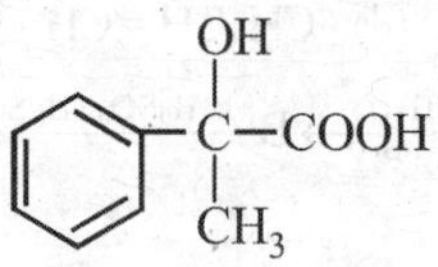

(b) 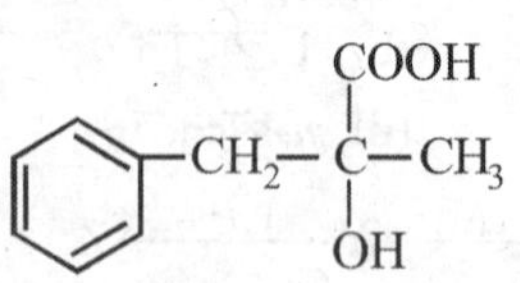

(c) 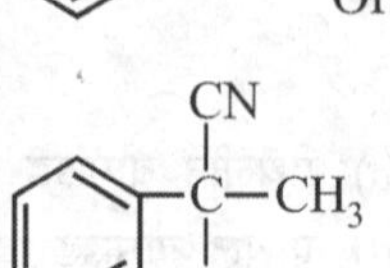

(d) 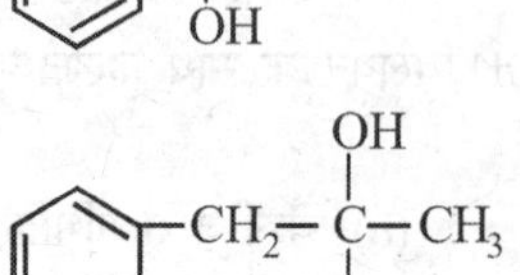

उत्तरमाला

1. (b)	**2.** (a)	**3.** (c)	**4.** (b)	**5.** (b)	**6.** (d)	**7.** (c)	**8.** (b)	**9.** (b)	**10.** (c)
11. (b)	**12.** (d)	**13.** (c)	**14.** (c)	**15.** (b)	**16.** (c)	**17.** (a)	**18.** (c)	**19.** (d)	**20.** (a)
21. (c)	**22.** (b)	**23.** (d)	**24.** (b)	**25.** (c)	**26.** (d)	**27.** (d)	**28.** (e)	**29.** (b)	**30.** (d)
31. (d)	**32.** (a)	**33.** (b)	**34.** (c)	**35.** (c)	**36.** (c)	**37.** (c)	**38.** (d)	**39.** (b)	**40.** (a)
41. (b)	**42.** (c)	**43.** (b)	**44.** (a)	**45.** (a)	**46.** (d)	**47.** (a)	**48.** (b)	**49.** (a)	**50.** (a)
51. (d)	**52.** (c)	**53.** (b)	**54.** (c)	**55.** (b)	**56.** (a)	**57.** (b)	**58.** (c)	**59.** (a)	

हल

1. (b) कार्बधात्विक यौगिकों में कार्बन धातु से सीधे प्रकार (directly) से जुडा होता है।

2. (a) $CHCl_3 + RNH_2 + 3KOH \longrightarrow RNC + 3KCl + 3H_2O$

3. (c) दी गयी प्रक्रिया में B पीला अवक्षेप देता है, तथा इस प्रकार B, $C_6H_5CH_2I$ है। A में, हैलोजन सीधे प्रकार से नाभिक से जुड़ा होता है, तथा प्रतिस्थापित नहीं किया जा सकता।

4. (b)

5. (b) 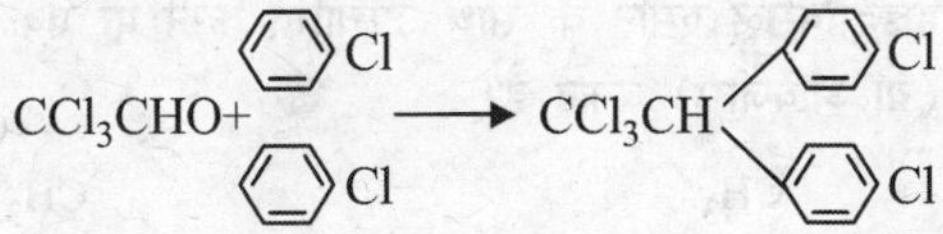

DDT

6. (d) t-ऐल्किल हैलाइडों की सक्रियता संक्रमण अवस्था पर निर्भर करती है, जोकि t-ऐल्किल हैलाइड में अवरोध (hinderance) के साथ घटती है।

7. (c) कोरी-कोरे हाऊस संश्लेषण (Corey-house synthesis)

8. (b) इसमें दो असममित (asymmetric) कार्बन परमाणु होते हैं।

9. (b) प्रधान उत्पाद सैटजेफ नियम के अनुसार बनता है।

10. (c) 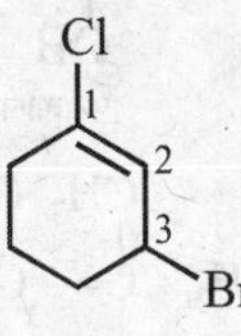

3- ब्रोमो-1-क्लोरोसाइक्लोहेक्सीन

11. (b) 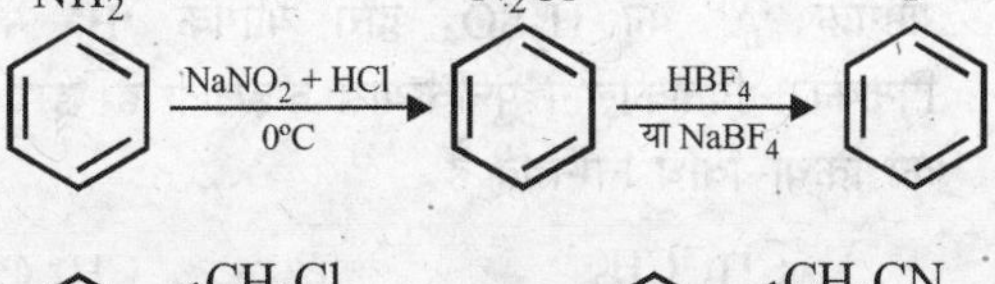

12. (d) 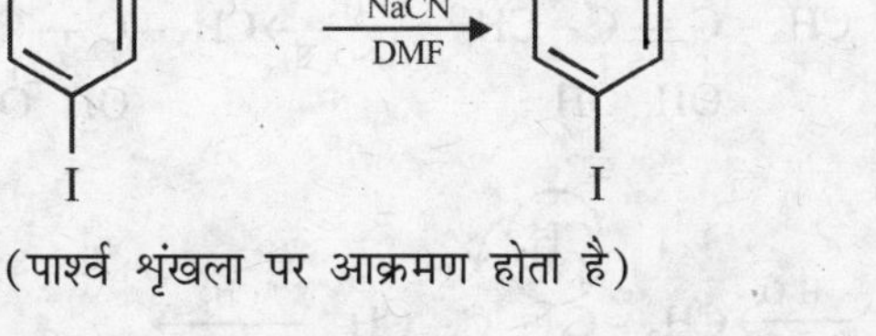

(पार्श्व शृंखला पर आक्रमण होता है)

13. (c) 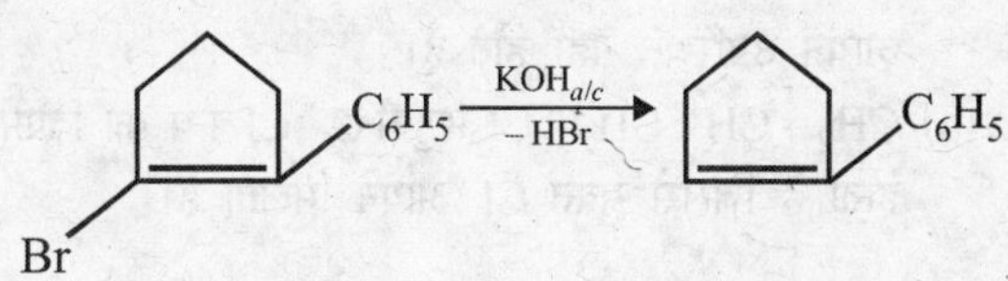

14. (c) 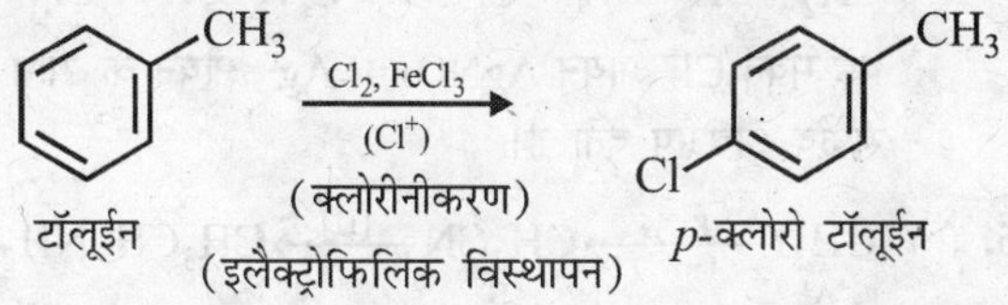

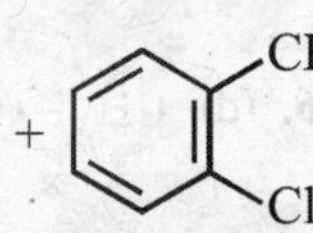

o-क्लोरो टॉलूईन

15. (b) S_N2 अभिक्रिया स्टीरिक प्रभाव (Steric effect) के द्वारा नियंत्रित होती है।

$$\underset{1°}{R-CH_2-X} \qquad \underset{2°}{R_2-CH-X} \qquad \underset{3°}{R_3-C-X}$$

जैसे-जैसे ऐलकाइल समूह बनते हैं S_N2 अभिक्रिया की क्रियाशीलता घटती है।

16. (c) α-D-(+)- ग्लूकोज तथा β-D-(+)-ग्लूकोज ऐनोमर हैं।

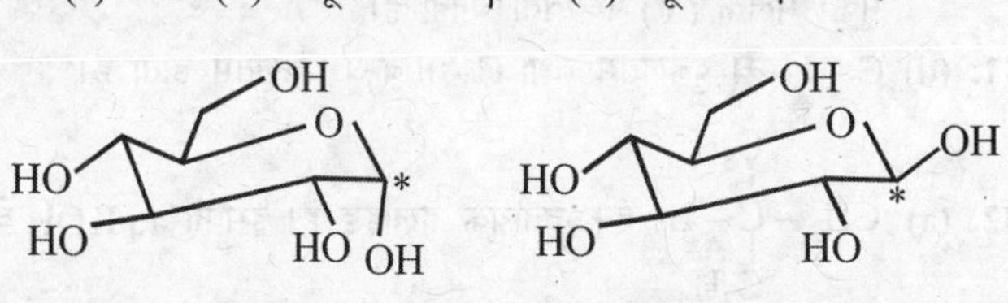

α-ऐनोमर β-ऐनोमर

17. (a) CCl_2F_2 (फ्रीऑन-12) एक शीतलीकारक है।

18. (c) $\underset{(C_2H_5I)}{CH_3-CH_2-I} \xrightarrow[\text{(निराकरण)}]{\text{KOH alc.}} \underset{\text{"X"}}{Cl_2=CH_2} \xrightarrow{Br_2}$

$\underset{\text{"Y"}}{\underset{Br}{CH_2}-\underset{Br}{CH_2}} \xrightarrow[(-2KBr)]{2KCN}$

$\longrightarrow \underset{CN}{CH_2}-\underset{CN}{CH_2}$ या $CN-CH_2-CH_2-CN$

19. (d) ऐल्कोहॉलिक KOH ट्राइहैलोजनीकृत मेथेन + एक प्राथमिक ऐमीन $\xrightarrow{\Delta}$ कार्बिलऐमीन

20. (a) $CH_3-CH_2-C\equiv CH \xrightarrow[\text{(योग)}]{HBr}$

$$CH_3-CH_2-\underset{\underset{Br}{|}}{C}=CH_2 \xrightarrow{HBr} \overset{4}{C}H_3\overset{3}{C}H_2\underset{\underset{Br}{|}}{\overset{\overset{Br}{|}}{\overset{2}{C}}}-\overset{1}{C}H_3$$

2,2–डाइब्रोमोब्यूट

21. (c) CCl_4 में 'Cl' की प्रतिशतता अधिकतम है।

22. (b) फ्रीऑनों को वैल्डिंग में प्रयुक्त नहीं किया जाता है।

23. (d) क्लोरोफॉर्म $(CHCl_3)$ अणु में C तथा Cl के मध्य एक सहसंयोजी बन्ध है जिसका आयनन नहीं होता है। अत: $CHCl_3$ में मुक्त Cl^- आयन उपस्थित नहीं होते हैं।

24. (b) $CH_2=CH-CH_2-Cl$ अणु में C – Cl बन्ध का विषमांगी विघटन होता है जिससे मुक्त Cl^- आयन मिलता है।

$$CH_2=CH-CH_2-Cl\ CH_2=CH-\overset{+}{C}H_2+Cl^-$$

यह मुक्त Cl^- आयन $AgNO_3$ के Ag^+ आयन के साथ AgCl का सफेद अवक्षेप देता है।

25. (c) $\underset{\text{'A'}}{CH_3I} \xrightarrow[(-KI)]{KCN} \underset{\text{"B"}}{CH_3CN} \xrightarrow{[H]} CH_3CH_2NH_2$

26. (d) $CH_3-C\equiv \overset{-}{C}\overset{+}{Na}+BrCH_2CH_3 \xrightarrow[(-NaBr)]{}$

$$\underset{\text{2–पेन्टाइन}}{CH_3-C\equiv C-CH_2CH_3}$$

27. (d) ऐल्किल हेलाइड कार्बनिक विलायकों में घुलनशील होते हैं।

28. (e)

29. (b) $(CH_3)_3C-Cl$ ईथर में Na के साथ गर्म करने पर ऐल्कीन देगा, क्योंकि यह एक 3°-ऐल्किल हेलाइड है।

30. (d) $RCO\bar{O}Ag^+ \xrightarrow{Br_2} RBr+AgBr+CO_2$

इस अभिक्रिया को हुन्सडीकर (X) अभिक्रिया कहते हैं तथा इसमें मुक्त मूलक (Y) मध्यवर्ती बनता है।

31. (d) C – I बन्ध दुर्बलतम तथा C – F बन्ध प्रबलतम होता है।

32. (a) $CH_3-\underset{\underset{C_2H_5}{|}}{\overset{\overset{C_3H_7}{|}}{C}}-Br$ एक तृतीयक हैलाइड है। इसका aq KOH के द्वारा जल अपघटन S_{N^1} क्रियाविधि द्वारा होता है।

33. (b) $R-\overset{\overset{H}{|}}{C}=\bar{O}+\bar{C}N \xrightarrow{HCN} R-\underset{\underset{CN}{|}}{\overset{\overset{H}{|}}{C}}-O^-$

(HCN से न्यूक्लिओफाइल) (मंदगामी पद)

34. (c)

35. (c)

36. (c) $CH\equiv CH \xrightarrow[1\%HgSO_4]{\text{तनु } H_2SO_4} \underset{\text{"A"}}{CH_3CHO} \xrightarrow{\text{तनु NaOH}}$

$$\underset{\text{"B"}}{CH_3CH(OH)CH_2CHO} \xrightarrow[(-H_2O)]{\Delta}$$

$$CH_3-CH=CH-CHO \xrightarrow{[Ag(NH_3)_2]^+}$$

$$\underset{\text{"C"}}{CH_3CH=CH-COOH}$$

37. (c) $CaC_2 \xrightarrow{H_2O} \underset{\text{'A'}}{CH\equiv CH} \xrightarrow[\text{2.}CH_3I\text{ (आधिक्य)}]{1.\ NaNH_2/NH_3(l)}$

$$\underset{\text{'B'}}{CH_3-C\equiv C-CH_3} \xrightarrow{H_2SO_4/HgSO_4} \underset{\text{मिश्रित कीटोन}}{CH_3COCH_2CH_3}$$

38. (d) $CH\equiv CH \xrightarrow[HgSO_4]{H_2SO_4} CH_3CHO \xrightarrow[(LAH)]{LiAlH_4}$

$$CH_3CH_2OH \xrightarrow{P_4/Br_2} CH_3-CH_2-Br$$

39. (b) $HCHO+HCHO \xrightarrow[\text{(कैनिजारो अभिक्रिया)}]{50\%NaOH,\Delta} CH_3OH+HCOONa$

40. (a) PhCHO तथा MeCHO का मिश्रण NaOH के साथ अभिकृत कराने पर क्लोजन संघनन देता है।

41. (b) $\underset{\text{अधिक क्रियाशील}}{HCHO} + \underset{\text{कम क्रियाशील}}{Me_3C.CHO} \xrightarrow{NaOH}$

$$\underset{\text{ऑक्सीकरण प्रतिफल}}{HCOOH} + \underset{\text{अपचयन प्रतिफल}}{Me_3C.CH_2OH}$$

42. (c) कीटोन, टॉलन अभिकर्मक के साथ रजत दर्पण नहीं देते हैं। यह हाइड्रॉक्सिल ऐमीन के साथ उपचारित करने पर एक ऑक्जाइम (या ऑक्जीम) बनाते है।

$$\underset{\text{ऐसीटोन }(C_3H_6O)}{CH_3-\overset{\overset{CH_3}{|}}{C}=O} + H_2NOH \xrightarrow[-H_2O]{} \underset{\text{ऐसीटॉक्जाइम}}{CH_3-\overset{\overset{CH_3}{|}}{C}=N-OH}$$

43. (b) $CH_3-\overset{\overset{CH_3}{|}}{C}=\overset{\overset{CH_3}{|}}{C}-CH_3 \xrightarrow[\text{द्विबन्ध का हाइड्रॉक्सीलीकरण}]{KMnO_4/KOH}$

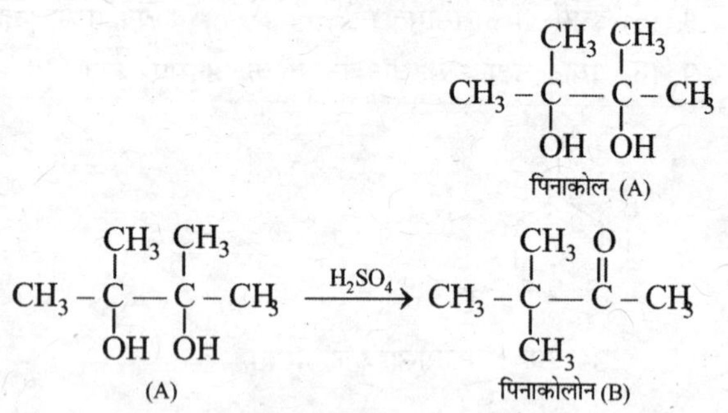

यौगिक 'A' का H_2SO_4 द्वारा यौगिक 'B' में परिवर्तन पिनाकोल-पिनाकोलोन पुनर्विन्यास कहलाता है। इस अभिक्रिया की क्रिया-विधि निम्नवत् है –

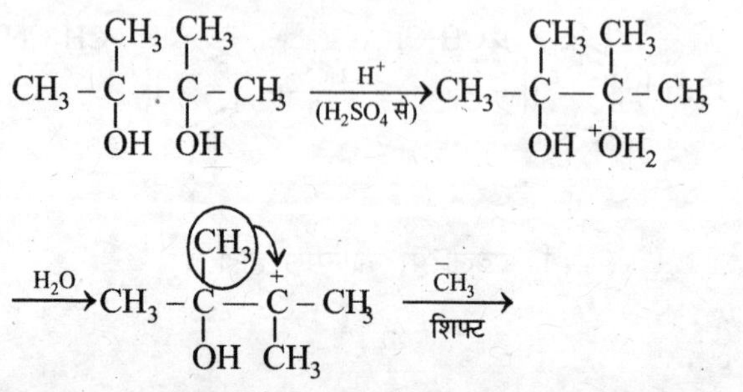

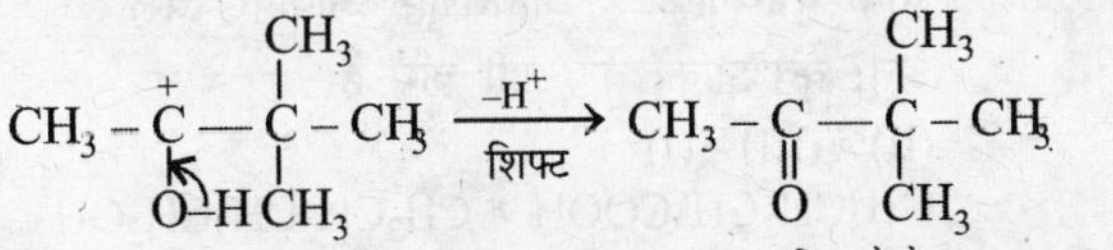

पिनाकोलोन (B)

44. (a) $CH_3-CN \xrightarrow[\text{जल-अपघटन}]{H_2O/H^+} \underset{(A)}{CH_3-COOH} \xrightarrow[\Delta]{CaO}$

$$\underset{(B)}{(CH_3)_2C=O} \xrightarrow[\text{विटिंग अभिक्रिटन}]{Ph_3P=CH-CH_3} \underset{(C)}{(CH_3)_2C=CH-CH_3}$$

45. (a)

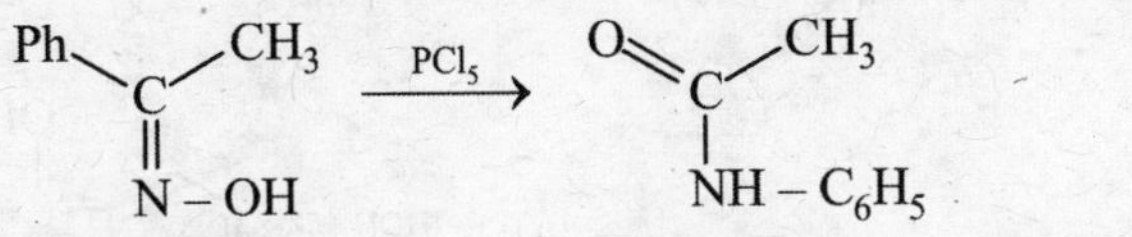

ऐसीफीनोनऑक्जाइम N-फेनिऐसिटामाइड

यह अभिक्रिया बैकमैन पुनर्विन्यास (Backmann rearrangement) कहलाती है। इसकी निम्न क्रिया-विधि है

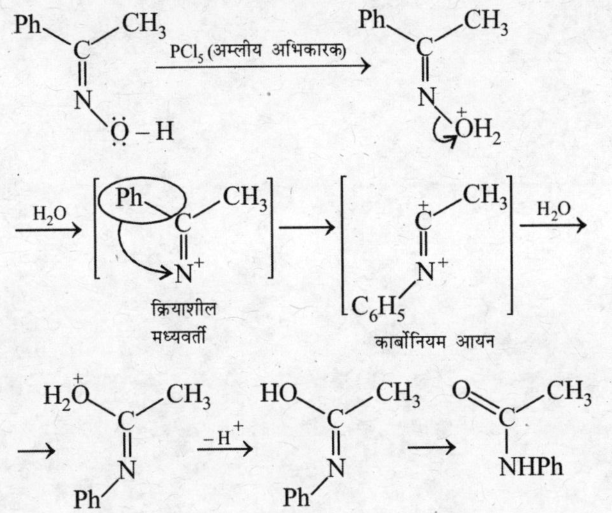

क्रियाशील मध्यवर्ती कार्बोनियम आयन

46. (d)

47. (a)

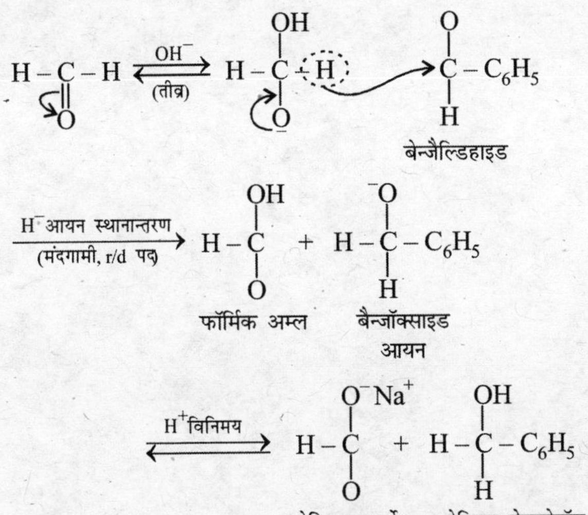

बेन्जैल्डिहाइड

फॉर्मिक अम्ल बैन्जॉक्साइड आयन

सोडियम फार्मेट बेन्जिल ऐल्कोहॉल

48. (b) ओलीफिनिक यौगिक के ओजोनोलीसिस प्रतिफल निम्न हैं

$$\underset{\text{फॉर्मेल्डिहाइड}}{H_2C=O} + \underset{\text{मेथिल ग्लाइऑक्जल}}{O=CH-\overset{CH_3}{\overset{|}{C}}=O} + \underset{\text{ऐसिटेल्डिहाइड}}{O=CH-CH_3}$$

इन अणुओं के आमने-सामने की ऑक्सीजन परमाणुओं को हटाकर द्विबन्ध लगाने पर जनक ऐल्कीन का संरचना सूत्र प्राप्त होगा

$$H_2C=O=CH-\overset{CH_3}{\overset{|}{C}}=CH-CH_3$$

49. (a) $\underset{(C_9H_{10}O_2)}{\underset{(1)}{C_6H_5-\overset{OC_2H_5}{\overset{|}{C}}=O}} \xrightarrow[2.\ H_3O^+]{1.\ CH_3MgBr\ (\text{आधिक्य})} C_6H_5-\overset{CH_3}{\overset{|}{\underset{CH_3}{\underset{|}{C}}}}=OH$

$$\xrightarrow[(-H_2O)]{H_2SO_4} \underset{(2)\ \text{ओलिफिन}}{C_6H_5-\overset{CH_3}{\overset{|}{C}}=CH_2} \xrightarrow{\text{ओजोनोलीसिस}} \underset{C_8H_8O\ (\text{कीटोन})}{C_6H_5-\overset{CH_3}{\overset{|}{C}}=O}$$

आयोडोफॉर्म परीक्षण धनात्मक

50. (a) ऑक्जलिक अम्ल की फेहलिंग विलयन के साथ क्रिया नहीं होती है।

51. (d) सिट्रिक अम्ल की बैनेडिक्ट अभिकर्मक के साथ कोई क्रिया नहीं होती है।

52. (c) $C_2H_5COOH \xrightarrow{CaCO_3} \underset{'A'}{(C_2H_5CO)_2Ca(s)} \xrightarrow{\Delta}$

$$\underset{'B'}{C_2H_5COC_2H_5} \xrightarrow{NH_2NH_2} C_2H_5-\overset{C_2H_5}{\overset{|}{C}}=NNH_2$$

$$\xrightarrow{C_2H_5ONa,160°C} \underset{n-\text{पेन्टेन}}{C_2H_5CH_2C_2H_5}$$

53. (b) $\underset{'A'}{CH_3OH} \xrightarrow{PCl_3} \underset{'B'}{CH_3Cl} \xrightarrow{KCN} \underset{'C'}{CH_3CN}$

$$\xrightarrow{H_2/Ni} CH_3CH_2NH_2$$

54. (c) $\begin{matrix} CH_2 \\ \| \\ CH_2 \end{matrix} \xrightarrow{Br_2/CCl_4} \begin{matrix} CH_2Br \\ | \\ CH_2Br \end{matrix} \xrightarrow{KCN} \underset{'B'}{\begin{matrix} CH_2CN \\ | \\ CH_2CN \end{matrix}} \xrightarrow{H_3O^+}$

$$\begin{matrix} CH_2COOH \\ | \\ CH_2COOH \end{matrix} \xrightarrow{\Delta} \begin{matrix} CH_2CO \\ | \\ CH_2CO \end{matrix}\!\!>O$$

55. (b)

56. (a) $\underset{'A'}{C_6H_5-\overset{O}{\overset{\|}{C}}-OC_2H_5} \xrightarrow{CH_3MgBr} C_6H_5-\overset{CH_3}{\overset{|}{\underset{OMgBr}{\underset{|}{C}}}}=OC_2H_5$

$$\xrightarrow[(-C_2H_5OMgBr)]{} C_6H_5-\overset{\overset{\large CH_3}{|}}{C}=O \xrightarrow[2.\ H_3O^+]{1.\ CH_3MgBr}$$

$$C_6H_5-\underset{\underset{\large CH_3}{|}}{\overset{\overset{\large CH_3}{|}}{C}}-OH \xrightarrow{H_2SO_4} \underset{\text{(B) ओलीफिन}}{C_6H_5-\overset{\overset{\large CH_3}{|}}{C}-CH_2}$$

$$\xrightarrow{\text{ओजोनोलीसिस}} \underset{C_8H_8O}{C_6H_5-\overset{\overset{\large CH_3}{|}}{C}=O} + HCHO$$

57. (b) ऐस्टर $\overset{\alpha}{C_6}H_5-COOC_2H_5$ के अणु में α-H परमाणु उपस्थित नहीं है। क्लेजन संघनन के लिए ऐस्टर में α-H परमाणु उपस्थित होना चाहिए।

58. (c) कार्बोक्सिलिक अम्ल के अणुओं के मध्य प्रबलतम H-बन्ध होते हैं। ऐल्कोहॉल अणुओं के मध्य अन्तराणुक आकर्षण बल (H-बन्ध के कारण) (द्विध्रुव-द्विध्रुव) बलों की अपेक्षा प्रबलतम होते हैं।

चूँकि क्वथनांक $\propto$ अन्तराणुक आकर्षण बल

अतः क्वथनांकों का सही क्रम है

(II) > (III) > (I)

$CH_3CH_2CH_2COOH > CH_3CH_2CH_2CH_2OH > CH_3CH_2CH_2CHO$

59. (a) $CH_3COOH \xrightarrow{SOCl_2} \underset{'A'}{CH_3COCl} \xrightarrow[\text{निर्जल } AlCl_3]{\text{बेन्जीन}}$

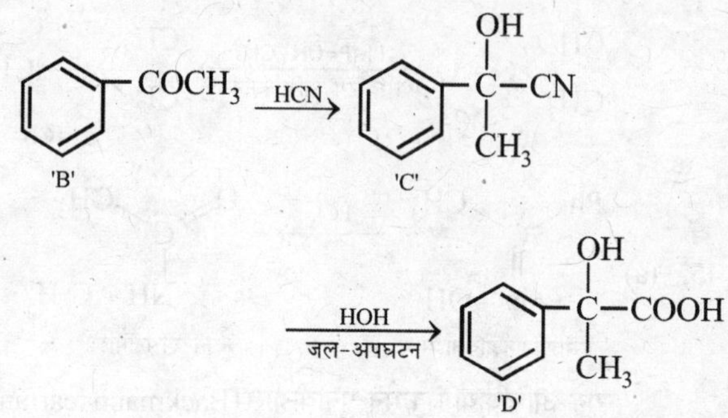

□□□

![28 Chapter]

कार्बोक्सिलिक अम्ल तथा उनके व्युत्पन्न (Carboxylic Acid and their Derivatives)

स्मरणीय बिन्दु

- फार्मिक अम्ल का टोलेन अभिकर्मक, फेहलिंग विलयन तथा $HgCl_2$ में अपचयन होता है। अन्य अम्ल यह गुण प्रदर्शित नहीं करते।
- सोडियम फार्मेट गर्म होने पर सोडियम ऑक्सोलेट देता है।
- सोडियम फार्मेट, सोडालाइम के साथ गर्म होने पर $Na_2CO_3 + H_2$ देता है।
- ईथाइन ऐल्कोहॉल, माइकोडरमा ऐसीटी बेक्टीरिया के द्वारा ऐसीटिक अम्ल में बदल जाता है।
- ऐसीटिक अम्ल $FeCl_3$ के साथ लाल रंग देते है। अन्य अम्ल $FeCl_3$ के साथ लाल रंग नहीं देते है।
- सोडियम ऐलकोक्साइड दबाव के कारण कार्बन मानो-ऑक्साइड के साथ अम्ल के सोडियम लवण देते है।

$$RONa \xrightarrow[H_3O^+]{CO(P)} R-COOH$$

- β-कीटो अम्ल तथा सेलीसिलिक अम्ल गर्म करने पर d-कार्बोआक्सीकरण देते है।

$$RCOCH_2COOH \longrightarrow RCH_3 + CO_2,$$ 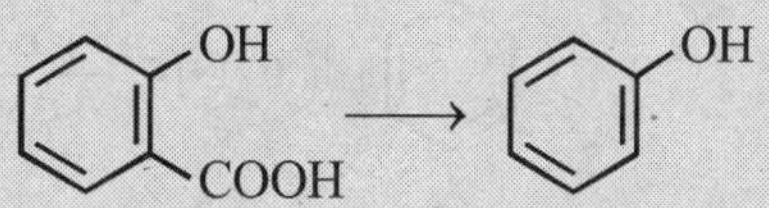

- जलीय $NaHCO_3$ विलयन, बैंजोइक अम्ल तथा अन्य कार्बोक्सिलिक अम्ल CO_2 विकसित करते है। लेकिन फिनॉल के साथ नहीं देते।
- $HCOOH$, C_6H_5COOH तथा $R_3C–COOH$; HVZ अभिक्रिया नहीं देते।
- अम्लीय व्युत्पन्न के क्वथनांक है–

$$RCONH_2 > (RCO)_2O > RCOOH > RCOOR' > RCOCl$$

- ग्रिगनार्ड अभिकर्मक की क्रिया CO_2 के साथ कराने पर योगात्मक उत्पाद मिलता है। जिसके अपघटन पर कार्बोक्सिलिक अम्ल प्राप्त होता है।

$$R-Mg-X + CO_2 \longrightarrow R-CO-O-MgX \xrightarrow{H_3O^+} R-COOH$$

- अम्लीयकृत $KMnO_4$ के साथ $R–CH=CH–R$ तथा $R–C\equiv C–R$ प्रकार के हाइड्रोकार्बनो के ऑक्सीकरण पर RCOOH प्राप्त होता है।
- मार्कोनीकॉफ के अनुसार H_3PO_4 की उपस्थिति में दाब तथा ताप पर ऐल्कीन की क्रिया भाप Co + भाप के साथ के साथ कराने पर कार्बोक्सिलिक अम्ल प्राप्त होता है।

$$CH_2 = CH_3 + CO \xrightarrow{H_2SO_4} CH_3 - CH_2 - COOH$$

- α-हाइड्रोजन रखने वाला कार्बोक्सिलिक अम्ल HVZ अभिक्रिया देता है। α-हैलोजनीकरण HVZ अभिक्रिया कहलाती है।

$$\underset{\text{Propionic acid}}{CH_3CH_2COOH} \xrightarrow[\text{or } SOCl_2]{Br_2/PBr_3} \underset{\text{Acid bromide}}{CH_3CH_2COBr} \xrightarrow{Br_2/\text{Red P}} \underset{\alpha\text{-Bromo acid bromide}}{CH_3\underset{|\atop Br}{CH}COBr} \xrightarrow{HOH} \underset{\alpha\text{-Bromo acid}}{CH_3\underset{|\atop Br}{CH}—COOH}$$

- 1, 3-डाइकार्बोक्सिलिक अम्ल को गर्म करने पर मोनो कार्बोक्सिलिक अम्ल मिलता है तथा 1, 4-डाइकार्बोक्सिलिक अम्ल को गर्म करने पर चक्रीय एनहाइड्राइड मिलता है तथा 1, 6-डाइकार्बोक्सिलिक अम्ल को गर्म करने पर चक्रीय कीटोन मिलता है।

$$CH_2(COOH)_2 \xrightarrow{\Delta} CH_3COOH + CO_2; \quad COOH-(CH_2)_4COOH \xrightarrow{\Delta}$$ 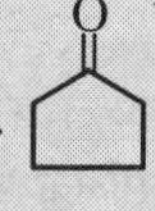

कार्बोक्सिलिक अम्ल (Carboxylic Acids) :

कार्बोक्सिलिक अम्ल, ऐस्टर हाइड्रॉक्सी कीटोन तथा हाइड्रॉक्सी ऐल्डिहाइड का अणुसूत्र समान है। $C_nH_{2n}O$.

1. बनाने की विधियाँ (Methods of Preparation) :

- **सूखी बर्फ के साथ ग्रिगनार्ड अभिकर्मक की क्रिया (By reaction of Grignard reagent with dry ice):** ग्रिगनार्ड अभिकर्मक की क्रिया CO_2 के साथ कराने से प्राप्त योगात्मक उत्पाद का जल-अपघटन कराने पर कार्बोक्सिलिक अम्ल बनता है।

$$RMgX + O{=}C{=}O \xrightarrow[\text{ether}]{\text{Dry}} R{-}\overset{\overset{\displaystyle O}{\|}}{C}{-}OMgX \xrightarrow[-Mg(OH)X]{H^+/H_2O} R{-}COOH$$

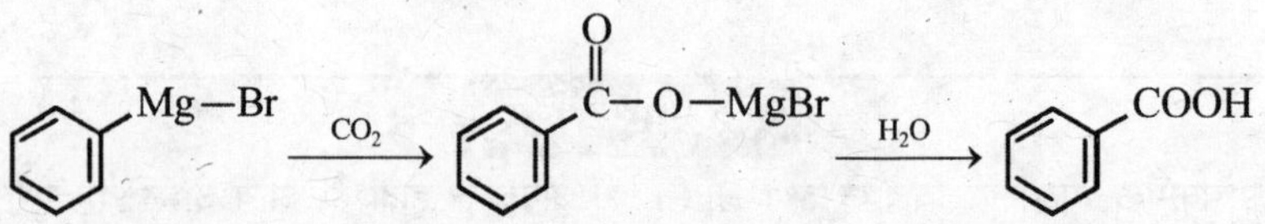

- **ऐल्कील बैंजीन का ऑक्सीकरण (Oxidation of alkylbenzene) :** ऐल्कील बैंजीन के ऑक्सीकरण द्वारा ऐरोमैटिक अम्ल प्राप्त होता है।

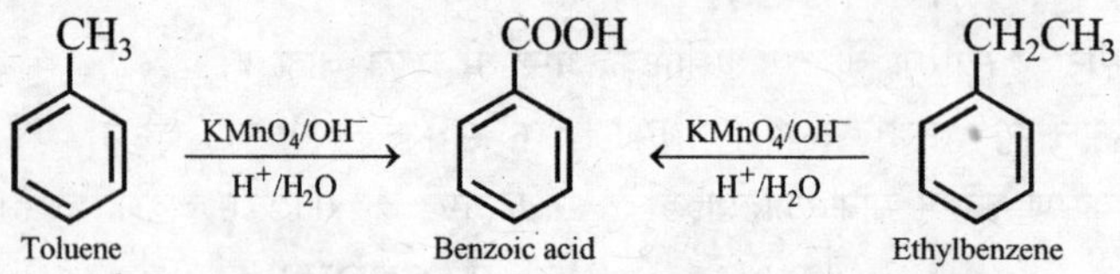

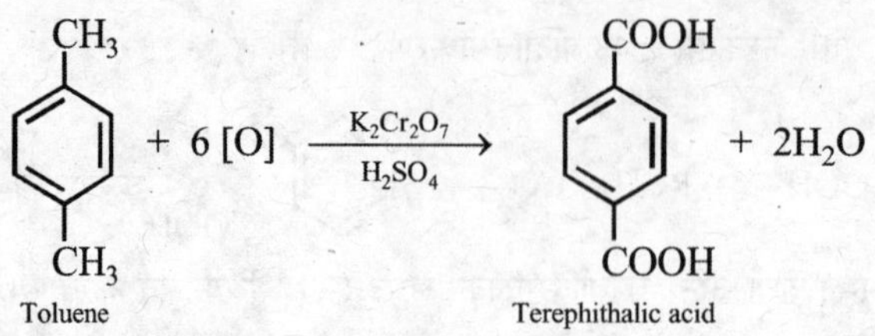

- अम्ल या ऐल्केलाइन द्वारा नाइट्राइल का जल-अपघटन

$$\underset{\text{Ethanenitrile}}{CH_3-C\equiv N} + 2H_2O + HCl \longrightarrow \underset{\text{Ethanoic acid}}{CH_3COOH} + NH_4Cl$$

$$\underset{\text{Benzonitrile}}{C_6H_5-C\equiv N} + 2H_2O + HCl \longrightarrow \underset{\text{Benzoic acid}}{C_6H_5COOH} + NH_4Cl$$

- सोडियम ऐल्कॉक्साइडो (RONa) को Co के साथ दाब तथा ताप पर क्रिया करके कार्बोक्सिलिक का सोडियम लवण देते है। जो अम्लीयकरण पर कार्बोक्सिलिक देता है।

$$RONa + CO \xrightarrow[\text{Heat, 170°C}]{\text{Under prssure}} RCOONa \xrightarrow{H^+} RCOOH$$

2. रासायनिक गुण (Chemical Properties) :

- **हेल-वोलहार्ड-जेलिन्सिकी (H.V.Z) अभिक्रिया (Hell-Vohlard-Zelinsky (H.V.Z) reaction) :** लाल फॉस्फोरस की उपस्थिति में कार्बोक्सिलिक अम्ल तथा फॉमिक अम्ल जुड़कर प्राप्त होते है। क्लोरीन तथा ब्रोमीन के साथ तथा केवल α-क्लोरो α-ब्रोमो अम्ल बनते है।

$$\underset{\text{Propionic acid}}{CH_3CH_2COOH} \xrightarrow[-HBr]{Br_2\,.P} \underset{\text{a-Bromopropionicacid}}{CH_3CHBrCOOH} \xrightarrow[-HBr]{Br_2\ P} \underset{\alpha-\alpha-\text{Dibromopropionic acid}}{CH_3Br_2COOH}$$

कार्बोक्सिलिकअम्ल जिसके पास α-हैलोजन नहीं होते है। HVZ अभिक्रिया नहीं देते है।

HCOOH, 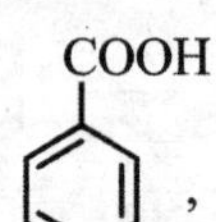 , $R_3C{-}COOH$

- कार्बोक्सिलिकअम्ल की क्रिया कार्बोनेट तथा बाइकार्बोनेट के साथ कराने पर CO_2 विकसित होता है। यह $NaHCO_3$ या Na_2CO_3 से बनता है तथा कार्बोक्सिलिक समूह से नहीं बनता है।

3. ऐसीटिक अम्ल के गुण (Properties of acetic acid) :

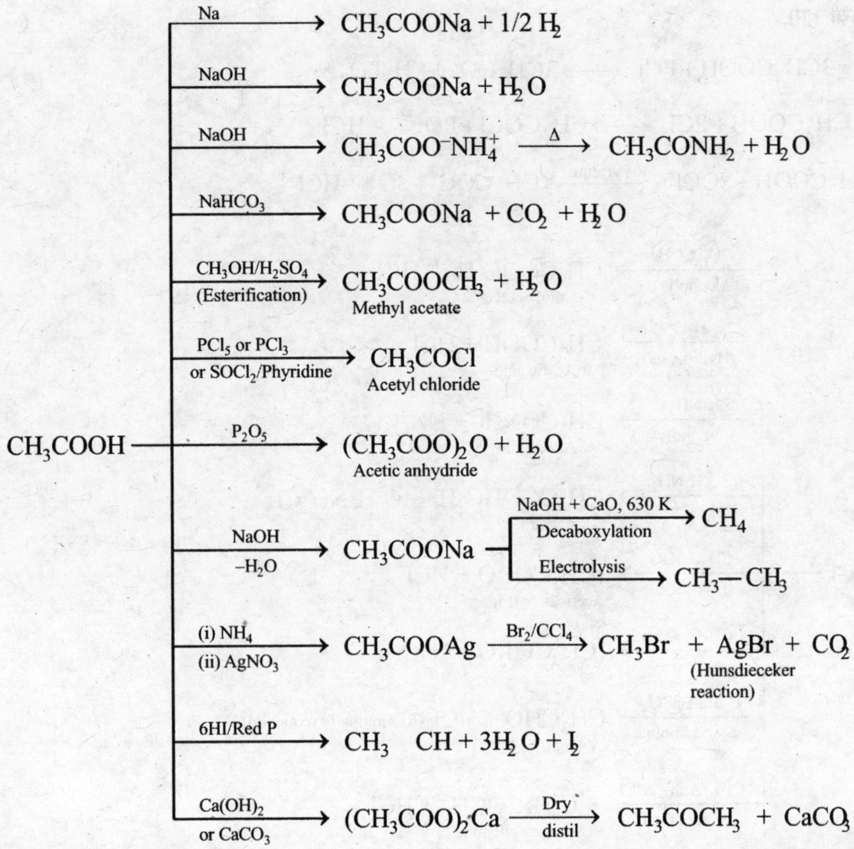

4. फॉर्मिक अम्ल तथा ऐसीटिक अम्ल के बीच विभेदन (Distinction between formic acid and acetic acid)

- PCl_5 के साथ फॉर्मिक अम्ल पहले फॉर्मिल क्लोराइड उत्पन्न करता है। जो अस्थायी होने के कारण गलने पर $CO + HCl$ प्राप्त होता है। ऐसीटिक अम्ल PCl_5 के साथ ऐसीटिल क्लोराइड प्राप्त होता है।

$$HCOOH + PCl_5 \xrightarrow[-POCl_3,\,-HCl]{} \underset{\text{Unstable}}{HOCl} \longrightarrow HCl + CO$$

$$CH_3COOH + PCl_5 \longrightarrow CH_3COCl + POCl_3 + HCl$$

- सोडियम फॉर्मेट को गर्म करने पर सोडियम ऑक्जलेट प्राप्त होता है।
- ऐसीटिक अम्ल $FeCl_3$ के साथ लाल रंग देता है तथा फार्मिक अम्ल $FeCl_3$ के साथ कोई रंग नहीं देता है।

अम्लों के व्युत्पन्न (Acid Derivatives) :

1. हैलोजन के द्वारा —OH भाग —COOH अम्ल के समूह के प्रतिस्थापन से हैलाइड अम्ल (ऐसील हैलाइडस) एनहाइड्राइड्स अम्ल, ऐस्टर तथा ऐमाइड बनते है। —OCOR, OR′ तथा NH_2 क्रम से अम्ल के क्रियात्मक व्युत्पन्न के रूप में जाने जाते है।

$$\underset{\text{(Acid halide)}}{R-\overset{\overset{\displaystyle O}{\|}}{C}-X} \qquad \underset{\text{Acid anhydride}}{R-\overset{\overset{\displaystyle O}{\|}}{C}-O-\overset{\overset{\displaystyle O}{\|}}{C}-R}$$

$$\underset{\text{Ester}}{R-\overset{\overset{\displaystyle O}{\|}}{C}-OR'} \qquad \underset{\text{Acid amide}}{R-\overset{\overset{\displaystyle O}{\|}}{C}-NH_2}$$

2. ऐसाइल प्रतिस्थापत अभिक्रिया के लिए व्युत्पन्नों की क्रियाशीलताओं का क्रम निम्नवत् है।

$$RCOCl > (RCO)_2O > RCOOR' > RCONH_2$$

ऐसिड क्लोराइड (Acid Chlorides) :

1. बनाने की विधियाँ (Methods of Preparation) :

- अम्ल पर PCl_5 या $SOCl_2$ की क्रिया द्वारा

$$3CH_3COOH + PCl_3 \longrightarrow 3CH_3COCl + H_3PO_3$$

$$CH_3COOH + PCl_5 \longrightarrow CH_3COCl + POCl_3 + HCl$$

$$CH_3COOH + SOCl_2 \xrightarrow{\text{Pyridine}} CH_3COCl + SO_2 + HCl$$

2. गुणधर्म (Properties) :

CH_3COCl →

$$\xrightarrow[\text{(Alcoholysis)}]{C_2H_5OH} \underset{\text{Ethyl acetate}}{CH_3COOC_2H_5} + HCl$$

$$\xrightarrow[\text{(Hydrolysis)}]{H_2O} \underset{\text{Acetic acid}}{CH_3COOH} + HCl$$

$$\xrightarrow[\text{(Ammonolysis)}]{2NH_3} \underset{\text{Acetamide}}{CH_3CONH_2} + NH_4Cl$$

$$\xrightarrow{2C_2H_5NH_2} \underset{\text{Acetamide}}{CH_3CONHC_2H_5} + C_2H_5NH_3^+Cl$$

$$\xrightarrow[\text{Pyridine}]{CH_3COOH} \underset{\text{Acetic anhydride}}{(CH_3CO)_2O} + HCl$$

$$\xrightarrow{CH_3COONa} (CH_3CO)_2O + NaCl$$

$$\xrightarrow[+\text{ S or quinoline}]{H_2/Pd\text{-}BaSO_4} \underset{\text{Acetaldehyde}}{CH_3CHO} + HCl \text{ (Rosenmund's reduction)}$$

$$\xrightarrow[\text{(Friedel Craft's)}]{C_6H_6/\text{Anhy. }AlCl_3} \underset{\text{Acetophenone}}{C_6H_5COCH_3} + HCl$$

$$\xrightarrow{(C_2H_5)_2Cd/\text{Ether}} 2CH_3COC_2H_5 + CdCl_2$$

ऐसिड ऐनहाइड्राइड (Acid Anhydrides) :

1. बनाने की विधियाँ (Methods of Preparation) :

- $CH_3COOH + CH_3COOH \xrightarrow[\Delta]{P_2O_5} \underset{\text{Acetic anhydride}}{CH_3COOCOCH_3} + H_2O$
- $CH_3COOH + CH_3COCl \xrightarrow{\text{Pyridine}} CH_3CO.O.COCH_3 + HCl$
- $CH_3COONa + CH_3COCl \xrightarrow{\Delta} CH_3CO.O.COCH_3 + NaCl$

2. गुणधर्म (Properties):

- अधिक वान्डरवॉल्स बल के कारण अम्ल ऐल्डिहाइड का क्वथनांक अधिक होता है। तब वे अम्ल बनते है, जिनसे वे प्राप्त होते है।

$(CH_3CO)_2O$ (Acetic anhydride) →

$$\xrightarrow[\text{(Alcoholysis)}]{C_2H_5OH} \underset{\text{Ethyl acetate}}{CH_3COOC_2H_5} + CH_3COOH$$

$$\xrightarrow[\text{(Hydrolysis)}]{H_2O} 2CH_3COOH$$

$$\xrightarrow[\text{(Ammonolysis)}]{2NH_3} \underset{\text{Acetamide}}{CH_3CONH_2} + \underset{\text{Acetic acid}}{CH_3COH}$$

$$\xrightarrow{CH_3NH_2} \underset{\text{N-Methyl acetamide}}{CH_3CONHCH_3} + CH_3COOH$$

$$\xrightarrow{LiAlH_4/\text{Ether}} \underset{\text{Ethyl alcohol}}{2CH_3CH_2OH}$$

$$\xrightarrow{C_6H_6/\text{Anhy. }AlCl_3} \underset{\text{Acetophenone}}{C_6H_5COCH_3} + CH_3COOH \text{ (Friedel Craft's reaction)}$$

ऐस्टर (Ester) :

1. बनाने की विधियाँ (Methods of Preparation) :

- ऐसीड क्लोराइड तथा ऐसीड एनहाइड

$$CH_3COCl + C_2H_5OH \xrightarrow{\text{Pyridine}} \underset{\text{Ethyl acetate}}{CH_3COOC_2H_5} + HCl$$

$$\begin{matrix} CH_3CO \\ CH_3CO \end{matrix} \rangle O + C_2H_5OH \xrightarrow{H^+} CH_3COOC_2H_5 + CH_3COOH$$

2. गुणधर्म (Properties) :

$\underset{\text{Ethyl acetate}}{CH_3COOC_2H_5}$

$$\xrightarrow[\text{(Saponification)}]{NaOH/H_2O} \underset{\text{Sod. acetate}}{CH_3COONa} + \underset{\text{Ethyl alcohol}}{C_2H_5OH}$$

$$\xrightarrow[\text{Hydrolysis}]{H^+/H_2O} \underset{\text{Acetic acid}}{CH_3COOH} + C_2H_5OH$$

$$\xrightarrow[\text{or } CH_3ONa]{CH_3OH/H^+} CH_3COOCH_3 + C_2H_5OH \text{ (Trans-esterification)}$$

$$\xrightarrow[\text{Ammonolysis}]{2NH_3} CH_3CONH_2 + C_2H_5OH$$

$$\xrightarrow[\text{(Bouveault-Blanc reaction)}]{Na/alcohol} CH_3CH_2OH + C_2H_5OH$$

$$\xrightarrow[\text{(ii) } H^+/H_2O]{\text{(i) } 2CH_3MgX} \underset{3^\circ \text{ Alcohol}}{CH_3-\overset{\overset{CH_3}{|}}{\underset{\underset{CH_3}{|}}{C}}-OH} + Mg(OC_2H_5)X$$

$$\xrightarrow[LiAlH_4]{H_2/\text{copper chromite}} CH_3CH_2OH + C_2H_5OH$$

ऐसीड ऐमाइड (Acid Amides) :

1. बनाने की विधियाँ (Methods of Preparation) :

- अमोनियम लवण के ताप अपघटन के कारण

$$CH_3COONH_4 \xrightarrow{\Delta} CH_3CONH_2 + H_2O$$

- By ammonolysis of acid derivatives

$$CH_3COCl + 2NH_3 \longrightarrow CH_3CONH_2 + NH_4Cl$$

2. रासायनिक गुण (Chemical Properties) :

- ऐमाइड्स की कुछ महत्त्वपूर्ण गुण तथा विश्लेषण नीचे दिये गये हैं।

$\underset{\text{Acetamide}}{CH_3CONH_2}$

$$\xrightarrow[\text{(Acidic hydrolysis)}]{H^+/H_2O} CH_3COOH + NH_4^+$$

$$\xrightarrow[\text{(Basic hydrolysis)}]{NaOH} CH_3COONa + NH_3$$

$$\xrightarrow{2Na} CH_3CONHNa + 1/2\ H_2$$

$$\xrightarrow[\text{Ammonolysis}]{\text{Conc. HCl}} CH_3CONH_2.HCl$$

$$\xrightarrow[\text{(Dehydration)}]{P_2O_5} CH_3C\equiv N + H_3PO_4$$

$$\xrightarrow{LiAlH_4/\text{Dry ether}} CH_3CH_2NH_2$$

$$\xrightarrow[\text{Hofmann bromamide reaction}]{Br_2 + 4KOH} CH_3NH_2 + K_2CO_3 + 2KBr + H_2O$$

यूरिया (NH_2CONH_2) या 1,ऐमीनोमेथेनऐमाइड या कार्बेमाइड

(Urea/(NH_2CONH_2) or 1, aminomethanamide or carbamide) :

1. यूरिया पहला कार्बनिक यौगिक है, जो व्होलर के द्वारा प्रयोगशाला में संश्लेषित हुआ अमोनियम क्लोराइड़ तथा पौटेशियम सायनेट के मिश्रण को गर्म करने पर

$$NH_4Cl + KCNO \xrightarrow[-KCl]{} NH_4CNO \xrightarrow[\text{Rearrangement}]{\Delta} NH_2CONH_2$$

2. **विधियाँ (Preparation) :**

- कार्बोनिल क्लोराइड, ऐल्कील कार्बोनेट्स, क्लोरोफॉरमेट्स या यूरिथेनस पर NH_3 की क्रिया द्वारा यूरिया बनता है।

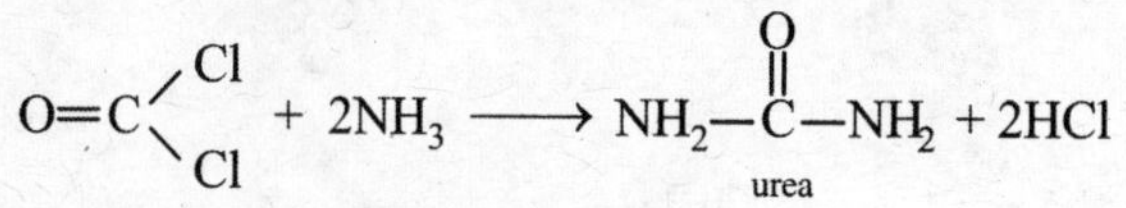

- CO_2 तथा अमोनिया के बीच यह क्रिया कराकर यह बनाया जा सकता है।

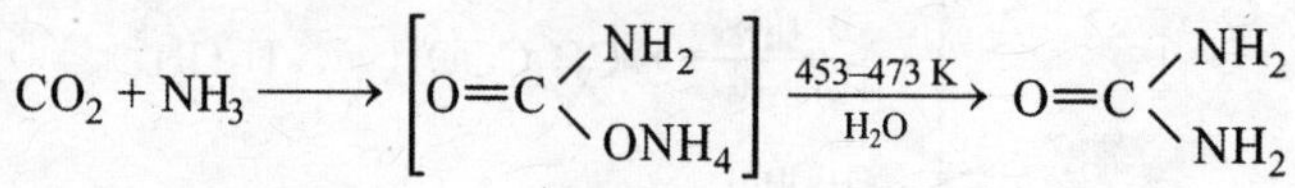

3. **गुणधर्म (Properties) :**

- अमोनिया तथा CO_2 के जल-अपघटन पर यह मिलता है।

$$NH_2CONH_2 + 2H_2O \xrightarrow{H^+ \text{ or } OH^-} 2NH_3 + CO_2$$

- ऐसीड क्लोराइड्स तथा ऐसीड एनहाइड्राइड्स के साथ अभिक्रिया पर अचक्रीय यूरीडीस बनता है।

$$NH_2CONH_2 + CH_3COCl \longrightarrow \underset{\text{Acetyl Urea}}{CH_3CONHCONH_2} + HCl$$

- धुएँदार सल्फयूरिक अम्ल या ओलियम के साथ अभिक्रिया द्वारा सल्फामिक अम्ल मिलता है।

$$NH_2CONH_2 + \underset{\text{Oleum}}{H_2SO_4 + SO_3} \longrightarrow \underset{\text{Sulphamic acid}}{2NH_2-SO_3H} + CO_2$$

- कार्बोक्सिलिकअम्ल तथा उनके व्युत्पन्न के साथ अभिक्रिया द्वारा चक्रीय यूरिडीस मिलता हैं।

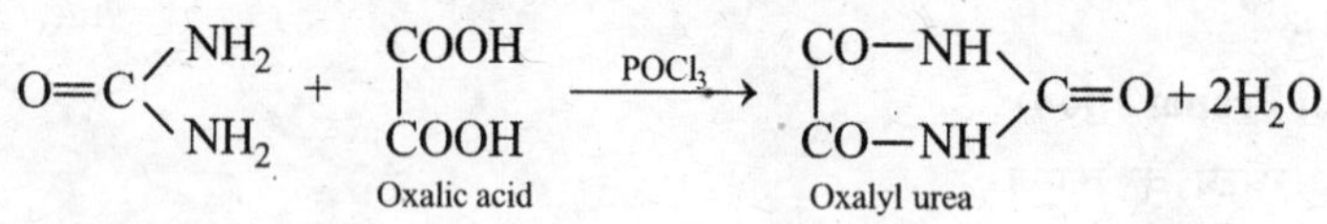

डाइकार्बोक्सिलिक अम्ल (Dicarboxylic Acids) :

1. **रासायनिक गुण (Chemical Properties) :**

- अम्ल को गर्म करने पर एक या बिना मध्यवर्ती कार्बन परमाणु के अन्तर्गत विकार्बोक्सिलीकरण होता है।

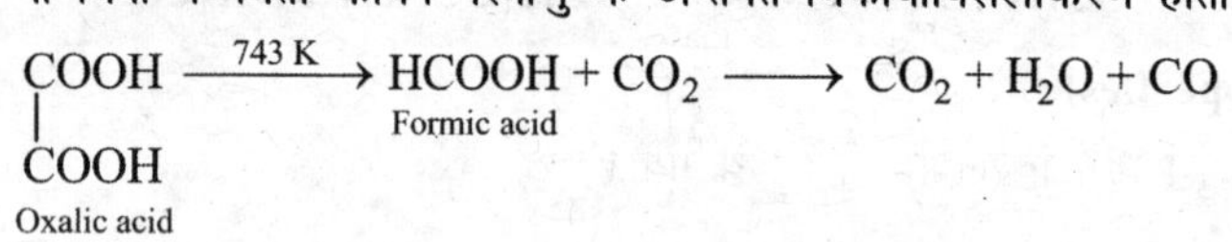

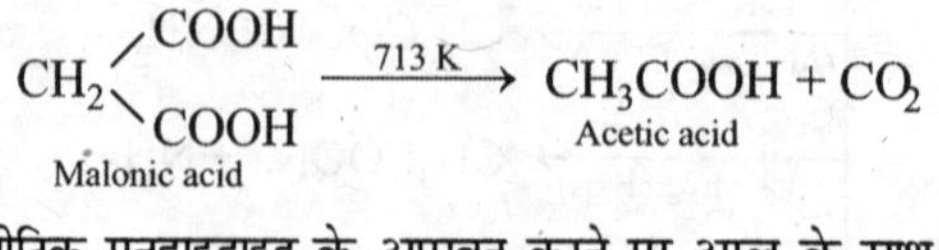

- 573 K पर अकेले गर्म करने पर या ऐसीटिक एनहाइड्राइड के आसवन करने पर अम्ल के साथ दो या तीन मध्यवर्ती कार्बन परमाणु का निर्जलीकरण करने पर एनहाइड्राइड्स प्राप्त होता है।

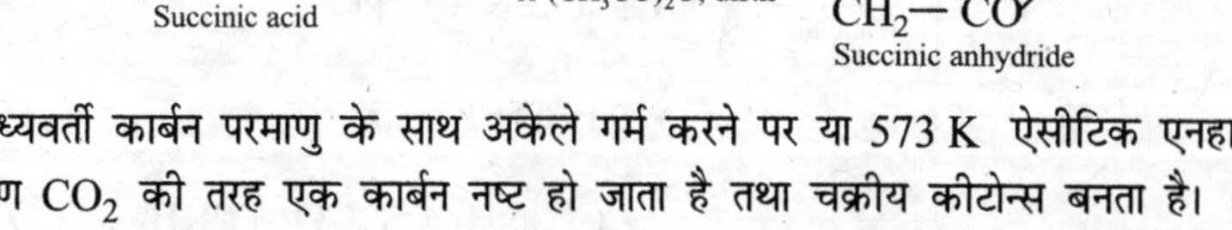

- अम्ल चार या अधिक मध्यवर्ती कार्बन परमाणु के साथ अकेले गर्म करने पर या 573 K ऐसीटिक एनहाइड्राइड के साथ आसवित करने पर सारक्लोडी हाइड्रोजनीकरण CO_2 की तरह एक कार्बन नष्ट हो जाता है तथा चक्रीय कीटोन्स बनता है।

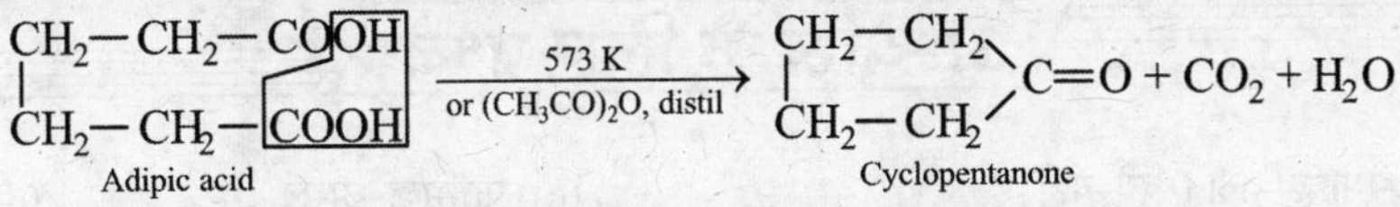

- डाइकार्बोक्सिलिक अम्ल को जब कैल्शियम, बेरियम या थोरियम लवण के साथ गर्म या आसवन करते हैं। चक्रीय कीटीन बनता है।

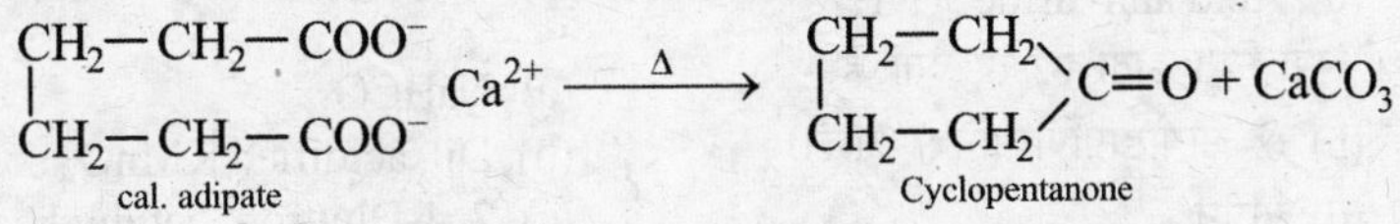

ऑक्सेलिक अम्ल (Oxalic Acid) :

1. गुणधर्म (Properties) :

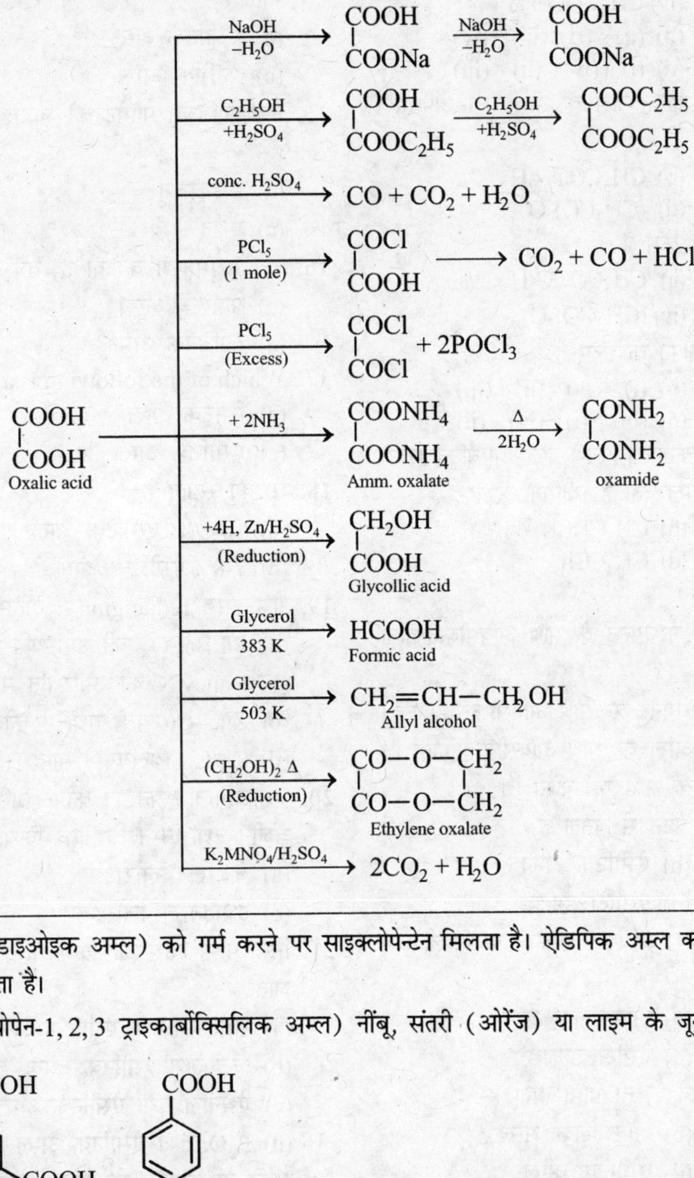

Note

- ऐडिपिक अम्ल (हैक्सेन-1, 6 डाइओइक अम्ल) को गर्म करने पर साइक्लोपेन्टेन मिलता है। ऐडिपिक अम्ल को हैक्सामिथाइलीन डाइऐमीन के साथ क्रिया द्वारा नायलॉन-6, 6 मिलता है।
- सिट्रिक अम्ल (2-हाइड्रोक्सी प्रोपेन-1, 2, 3 ट्राइकार्बोक्सिलिक अम्ल) नींबू, संतरी (ओरेंज) या लाइम के जूस में मिलता है।

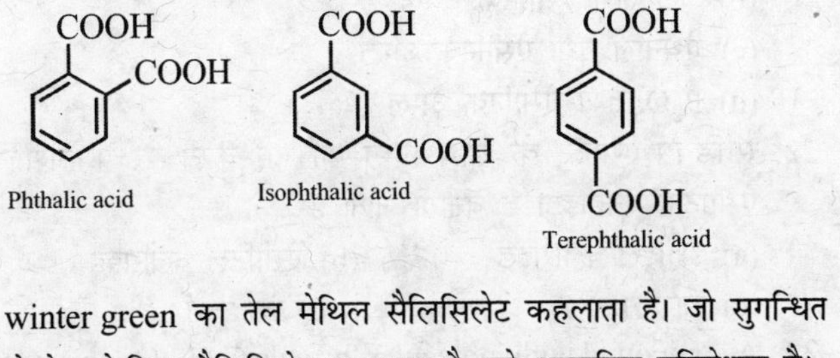

- winter green का तेल मेथिल सैलिसिलेट कहलाता है। जो सुगन्धित तथा स्वाद के समान में उपयोग किया जाता है।
- सेलोल फेनिल सैलिसिलेट कहलाता है, जो आन्तरिक प्रतिरोधक है।

अभ्यास के लिए प्रश्न

1. निम्न में से कौन-सी विधि ऐमाइड बनाने की नहीं है-
(a) Acid + NH_3 (b) Ester + NH_3
(c) Acid halide + NH_3 (d) Acid anhydride + NH_3

2. जब लैक्टिक अम्ल HI के साथ अपचयित होता है, तो देता है-
(a) प्रोपीयोनिक अम्ल (b) α-आयोडोप्रोपीयोनिक अम्ल
(c) β-आयोडोप्रोपीयोनिक अम्ल (d) प्रोपेन

3. क्वथनांक का बढ़ता क्रम है-
(i) CH_3COCl (ii) $(CH_3CO)_2O$
(iii) CH_3CONH_2 तथा (iv) CH_3COOH है
(a) (i) > (iv) > (ii) > (iii) (b) (ii) < (i) < (iii) < (iv)
(c) (iv) > (i) > (ii) > (iii) (d) (i) < (iv) < (ii) < (iii)

4. निम्न यौगिकों में कौन-सा एक यौगिक जल के साथ जल-अपघटित होकर अधिक क्रिया करता है-
(a) CH_3CONH_2 (b) $CH_3COOC_2H_5$
(c) CH_3COCl (d) $(CH_3CO)_2O$

5. निम्न की क्रियाशीलता का बढ़ता क्रम है-
(i) CH_3COCl (ii) $CH_3COOC_2H_5$
(iii) CH_3CONH_2 तथा (iv) $(CH_3CO)_2O$
न्यूक्लियोफिलिक ऐसाइल प्रतिस्थापन के लिए है-
(a) (i) > (iv) > (iii) > (ii) (b) (i) > (iv) > (ii) > (iii)
(c) (iv) > (iii) > (i) > (ii) (d) (iii) > (i) > (iv) > (ii)

6. एक हैलोजन यौगिक 'A' तनु ऐल्कली के साथ जल-अपघटित होकर अम्लीकरण के द्वारा ऐसीटिक अम्ल देता है, यौगिक X है-
(a) $ClCH_2CH_2Cl$ (b) CH_3CHCl_2
(c) $ClCH_2CHCl_2$ (d) CH_3CCl_3

7. ऐसीटिक अम्ल प्राप्त होता है, जब
(a) मेथिल ऐल्कोहॉल, पौटेशियम, परमैगनेट के साथ ऑक्सीकृत होता है।
(b) फॉर्मल्डिहाइड, पौटेशियम, परमैगनेट के साथ ऑक्सीकृत होता है।
(c) ऐसीटोनाइट्राइल तनु मिनरल अम्ल के साथ ऑक्सीकृत होता है।
(d) ग्लिसरॉल सल्फ्यूरिक अम्ल के साथ गर्म करते है।

8. हाइड्रोजन सायनाइड के जल अपघटन से बनता है-
(a) फॉर्मिक अम्ल (b) ऐसीटिक अम्ल
(c) फॉर्मल्डिहाइड (d) ऐसीटिल्डिहाइड

9. फॉर्मिक अम्ल का सोडियम लवण को अधिक गर्म करने पर अम्लीकरण के द्वारा प्राप्त होता है।
(a) फॉर्मिक अम्ल (b) ऑक्सलिक अम्ल
(c) फॉर्मल्डिहाइड (d) ऐसीटल्डिहाइड

10. जब मैलोनिक अम्ल को गर्म करते है, तो प्राप्त होता है-
(a) फॉर्मिक अम्ल (b) ऑक्सेलिक अम्ल
(c) ऐसीटिक एनहाइड्राइड (d) ऐसीटिक अम्ल

11. वह यौगिक जो हाइड्रॉक्सीलेमाइन के साथ क्रिया नहीं करता है-
(a) CH_3COOH (b) CH_3COCH_3
(c) CH_3CHO (d) HCHO

12. निम्न में से कौन-सा अम्ल ऐल्डिहाइड तथा अम्ल को जोड़ने का गुण रखता है-
(a) बैंजोइक अम्ल (b) ऐसीटिक अम्ल
(c) फॉर्मिक अम्ल (d) ऑक्सेलिक अम्ल

13. फॉर्मिक अम्ल को ऐसीटिक अम्ल से किस क्रिया द्वारा अलग कर सकते है-
(a) $NaHCO_3$
(b) Dil. acidified $KMnO_4$ solution
(c) 2, 4-Dinitrophenylhydrazine
(d) Na metal.

14. मरक्यूरिक क्लोराइड किसके द्वारा मरक्यूरस क्लोराइड में ऑक्सीकृत होता है-
(a) ऐसीटिक अम्ल (b) कार्बन टेट्राक्लोराइड
(c) फॉर्मिक अम्ल (d) आमोनिया

15. जब सोडियम फॉर्मेट को सोडालाइम के साथ गर्म करते है, तब बनता है-
(a) हाइड्रोजन (b) ईथाइलीन
(c) ऐथेन (d) मेथेन

16. जब मधुमक्खी काटती है, तब शरीर में मुख्यत: भीतर जाता है-
(a) फार्मिक अम्ल (b) ऐसीटिक अम्ल
(c) कार्बिनक अम्ल (d) हाइड्राक्लोरिक अम्ल

17. Which of the following is a constituent of baking powder ?
(a) सिट्रिक अम्ल (b) टार्टर की क्रीम
(c) ऐसीटिक अम्ल (d) फॉर्मिक अम्ल

18. सिरका रखता है-
(a) 10-20% ऐसीटिक अम्ल (b) 50% ऐसीटिक अम्ल
(c) 7-8% ऐसीटिक अम्ल (d) 100% ऐसीटिक अम्ल

19. रोजेन्डमुड reductgion में ऑक्सीकृत अभिकर्ता प्रयोग होता है-
(a) $Pd/BaSO_4$ की उपस्थिति में H_2
(b) Raney Ni की उपस्थिति में H_2
(c) Zn—Cu युग्म तथा ऐल्कोहॉल
(d) Zn/Hg विलयन + सान्द्र HCl

20. ऐसीटोफिनॉन फ्रीडल क्राफ्ट अभिक्रिया के द्वारा बनाया जाता है, जब बैंजीन तथा निम्न के बीच क्रिया होती है-
(a) बैंजील क्लोराइड (b) बैंजील क्लोराइड
(c) ईथाइनॉल क्लोराइड (d) मेथेनोइल क्लोराइड

21. निम्न में से किस अभिक्रिया के द्वारा ऐसीटिक एनहाइड्राइड अलग किया जाता है-
(a) सोडियम तथा ऐसीटिक अम्ल
(b) जल तथा ऐसीटिक अम्ल
(c) ऐथेनॉल तथा ऐसीटिक अम्ल
(d) P_2O_5 तथा ऐसीटिक अम्ल

22. सोडियम ऐसीटेट के साथ निम्न को गर्म करने पर प्रयोगशाला में ऐसीटिक एनहाइड्राइड बनाया जाता है-
(a) ईथाइल क्लोराइड (b) ऐसीटिल क्लोराइड
(c) सान्द्र H_2SO_4 (d) जिंक चूर्ण

23. A compound with molecular formula $C_4H_{10}O_4$ on acylation with acetic anhydride gives a compound with molecular formula, $C_{12}H_{18}O_8$. How many hydroxyl groups are present in the compound

(a) 1 (b) 2
(c) 3 (d) 4

24. एनहाइड्राइड R′COOCOR को $LiAlH_4$ के साथ अपयचन करने पर प्राप्त होता है-

(a) RCH_2OH तथा R′OH (b) $R'CH_2OH$ तथा ROH
(c) $R'CH_2OH$ तथा RCH_2OH (d) R′OH तथा ROH

25. निम्न में से किस संरचना सूत्र के द्वारा मेथिल ऐथेनोऐट प्रदर्शित किया जाता है-

(a) $CH_3COOC_2H_5$ (b) CH_3COOCH_3
(c) $CH_3COCOCH_3$ (d) $CH_3-O-COCH_2CH_3$

26. सिल्वर ऐसीटेट को जब 2-ब्रोमोप्रोपेन के साथ क्रिया कराया जाता है, तब प्राप्त होता है-

(a) CH_3COOCH_3
(b) $(CH_3)_2CHCOOCH_3$
(c) $CH_3COOH + NaBr + CH_3CH_2CH_3$
(d) $(CH_3)_2CH-OCOCH_3 + AgBr$

27. Which of the following alcohols will be esterified least readily by acetic acid in presence of a trace of conc. H_2SO_4 ?

(a) $CH_3CH_2CH_2CH_2OH$ (b) $(CH_3)_2CHCH_2OH$
(c) $CH_3CHOHCH_2CH_3$ (d) $(CH_3)_3COH$

28. निम्न में से कौन-सा यौगिक अन्त: आणविक हाइड्रोजन बन्ध नहीं बनता है-

(a) CH_3OH (b) $CH_3CH_2NH_2$
(c) $CH_3COOC_2H_5$ (d) $C_6H_5CO_2H$

29. अभिक्रिया

$$RCOOR' + \underset{(Excess)}{R''OH} \xrightarrow{H^+ \text{ or} OH^-} RCOOR'' + R'OH$$

को कहते है-

(a) ऐस्ट्रीकरण (b) ट्रान्स-ऐस्ट्रीकरण
(c) Saponification (d) जल-अपघटन

30. An ester R– COOR′ on catalytic hydrogenation in the presence of cupric oxide and copper chromite gives

(a) RCH_2OH तथा R′OH (b) RHO तथा $R'CO_2H$
(c) RCO_2H तथा R′OH (d) RCH_2OR'

31. ऐथिल प्रोपियोनेट $LiAlH_4$ के साथ अपचयित होने पर देता है-

(a) $2\,CH_3CH_2OH$
(b) $2\,CH_3CH_2CH_2OH$
(c) $CH_3CH_2CH_2OH + CH_3CH_2OH$
(d) $CH_3CH_2COOH + CH_3COOH$

32. ऐल्कीन सायनाइड, ऐमाइड बनता है, जब इसकी क्रिया करायी जाती है-

(a) $H_2O + HCl$ (b) $NaOH + H_2O$
(c) $H_2O_2 + NaOH$ (d) $H_2SO_4 + H_2O$

33. कार्बोक्सिलिक अम्ल को पहचाने के लिए उपयोगी व्युत्पन्न है-

(a) 2, 4-डाइनाइट्रोफिनाइलहाइड्राजोन
(b) ओसाजोन
(c) ऐमाइड
(d) ओक्जाइम

34. जब ईथेनऐमाइड को जलीय NaOH के साथ उबाला जाता है, तो गैस निकलती है-

(a) NH_3 (b) N_2
(c) CO_2 (d) O_2

35. निम्न की क्रियाशीलता का घटता क्रम-

(i) CH_3COCl (ii) $CH_3COOC_2H_5$
(iii) CH_3CONH_2 तथा (iv) $(CH_3CO)_2O$

न्यूक्लियोफिलिक ऐसायल प्रतिस्थापन के लिए है-

(a) (i) > (iv) > (iii) > (ii) (b) (i) > (iv) > (ii) > (iii)
(c) (iv) > (iii) > (i) > (ii) (d) (iii) > (i) > (iv) > (ii)

36. निम्न दिये गये यौगिको में जो जल के द्वारा अधिक जल-अपघटित हो जाता है-

(a) CH_3CONH_2 (b) $CH_3COOC_2H_5$
(c) CH_3COCl (d) $(CH_3CO)_2O$

37. क्वथनांक का बढ़ता क्रम है-

(i) CH_3COCl (ii) $(CH_3CO)_2O$
(iii) CH_3CONH_2 तथा (iv) CH_3COOH is

(a) (i) > (iv) > (ii) > (iii) (b) (ii) < (i) < (iii) < (iv)
(c) (iv) > (i) > (ii) > (iii) (d) (i) < (iv) < (ii) < (iii)

38. सोडियम फॉर्मेट निम्न के साथ गर्म करके देता है-

(a) ऑक्सालिक अम्ल तथा H_2 (b) सोडियम ऑक्सलिक अम्ल H_2
(c) CO_2 तथा NaOH (d) सोडियम ऑक्सिलेट

39. ऐस्टर KOH के साथ गर्म करके देता है उत्पाद ठण्डे तथा सान्द्र HCl के साथ अम्लीयकृत होता है, एक सफेद crystalline अम्ल अलग होता है, ऐस्टर है-

(a) मेथिल ऐसीटेट (b) ऐथिल ऐसीटेट
(c) ऐथिल फॉर्मेट (d) ऐथिल बैंजोऐट

40. निम्न में से कौन-सा अम्ल सबसे अधिक प्रबलतम है-

(a) CH_3OH (b) CH_3CH_2OH
(c) $C_6H_5SO_3H$ (d) C_6H_5COOH

41. निम्न में से किसके साथ अभिक्रिया द्वारा फॉर्मिक अम्ल तथा ऐसीटिक अम्ल पहचाने जाते है-

(a) सोडियम
(b) मरक्यूरिक क्लोराइड
(c) 2, 4-डाइनाइट्रोफिनाइलहाइड्राजाइन
(d) सोडियम ईथोक्साइड

42. निम्न में से कौन-सा ऐस्टर, 2-प्रोपेनोल के साथ ईथेनोईक अम्ल के साथ ऐस्ट्रीकरण के द्वारा प्राप्त किया जाता है-

(a) $(CH_3)_2CHCOOCH_3$ (b) $CH_3COOCH_2CH_3$
(c) $CH_3COOCH(CH_3)_2$ (d) $(CH_3)_2CHCOOCH_2CH_3$

43. फ्राईक्लोरोऐसीटिक अम्ल (A) ट्राइफ्लोरो ऐसीटिक अम्ल (B) ऐसीटिक अम्ल (C) तथा फॉर्मिक अम्ल की तीव्रता का सही घटता क्रम है-

(a) A > B > C > D (b) A > C > B > D
(c) B > A > D > C (d) B > D > C > A

44. निम्न श्रेणी में Z है-

$$CH_3COONH_4 \xrightarrow{\Delta} X \xrightarrow[\Delta]{P_2O_5} Y \xrightarrow{H_2O/H^+} Z$$

(a) $CH_3CH_2CONH_2$ (b) CH_3CN
(c) CH_3COOH (d) $(CH_3CO)_2O$

45. निम्न अभिक्रिया में $C_6H_5COOCH_3 \xrightarrow{LiAlH_4} X$ होगा-

(a) $C_6H_5COOH + CH_3OH$ (b) $C_6H_5CH_2OH + CH_3OH$
(c) $C_6H_5CHO + CH_3COOH$ (d) उपर्युक्त सभी

46. निम्न अभिक्रिया की श्रेणी में अन्तिम उत्पाद (B) है-

$$CH_3Cl \xrightarrow{KCN} (A) \xrightarrow{H^+/H_2O} (B)$$

(a) CH_3COOH (b) HCOOH
(c) CH_3NH_2 (d) CH_3COCH_3

47. Among the give compounds, the most susceptible to nucleophilic attack at the carbonyl group is
(a) MeCOCl (b) MeCHO
(c) MeCOOMe (d) MeCOOCOMe

48. फॉर्मिक अम्ल को जब H_2SO_4 के साथ गर्म किया जाता है, तो प्राप्त होता है-
(a) $(COOH)_2$ (b) CH_3COOH
(c) C_2H_5OH (d) CO

49. P_2O_5 की उपस्थिति में ऐसीटिक अम्ल को गर्म करने पर प्राप्त होता है-
(a) ऐसीटिक एनहाइड्राइड (b) ऐसीटिलीन
(c) परऐसीड (Peracid) (d) अभिक्रिया नहीं करता

50. निम्न में से प्रबलतम अम्ल है-
(a) CF_3COOH (b) CBr_3COOH
(c) CH_3COOH (d) CCl_3COOH

51. निम्न में से किसके कारण निम्नतम कार्बोक्सिलिक अम्ल जल में विलेय है-
(a) कम आणविक भार (b) हाइड्रोजन बन्ध
(c) आयन में विच्छेद (d) सरल जल-अपघटन

52. निम्न में से कौन-सा यौगिक $NaHCO_3$ विलयन के साथ क्रिया करके सोडियम लवण तथा कार्बन-डाई-ऑक्साइड देता है-
(a) ऐसीटिक अम्ल (b) *n*-हैक्सेनॉल
(c) फिनॉल (d) दोनों (b) तथा (c)

53. निम्न में से कौन कार्बोक्सिल समूह प्राप्त नहीं करता है-
(a) पिक्रिक अम्ल (b) एसपेरीन
(c) बैंजोइक अम्ल (d) ऐथेनोइक अम्ल

54. जब यूरिया को धीरे गर्म किया जाता है, तब अमोनिया तथा एक अन्य पदार्थ बनता है वह पदार्थ है-
(a) ब्यूरिट (Biuret) (b) कार्बोनिक अम्ल
(c) सायनिक अम्ल (d) $NH_2CONHNO_2$

55. वह भारी अम्ल जो अपचयन गुण प्रदर्शित करता है-
(a) ऐसीटिक अम्ल (b) ऐथेनोइक अम्ल
(c) ऑक्सलिक अम्ल (d) फॉर्मिक अम्ल

56. ऑक्सलिक अम्ल जब जिंक तथा H_2SO_4 के साथ अपचयित होता है, तो देता है-
(a) ग्लाइऑक्सलिक अम्ल (b) ग्लायोक्सल
(c) ग्लायकोलिक अम्ल (d) ग्लायकोल

उत्तरमाला

1. (a)	2. (a)	3. (d)	4. (c)	5. (b)	6. (d)	7. (c)	8. (a)	9. (b)	10. (d)
11. (a)	12. (c)	13. (b)	14. (c)	15. (a)	16. (a)	17. (b)	18. (c)	19. (a)	20. (c)
21. (d)	22. (b)	23. (d)	24. (c)	25. (b)	26. (d)	27. (d)	28. (c)	29. (b)	30. (a)
31. (c)	32. (c)	33. (c)	34. (a)	35. (b)	36. (c)	37. (d)	38. (b)	39. (d)	40. (c)
41. (b)	42. (c)	43. (c)	44. (c)	45. (b)	46. (a)	47. (a)	48. (a)	49. (a)	50. (a)
51. (b)	52. (a)	53. (a)	54. (a)	55. (d)	56. (c)				

हल

1. (a) $RCOOH + NH_3 \longrightarrow RCOONH_4$

2. (a)
$$\underset{\text{Lactic acid}}{CH_3CHOHCOOH} + 2HI \rightarrow \underset{\text{Propionic acid}}{CH_3CH_2COOH} + H_2O + I_2$$

3. (d) क्वथनांक का बढ़ता क्रम है-
$CH_3COCl < CH_3COOH < (CH_3CO)_2O < CH_3CONH_2$
i.e. (i) < (iv) < (ii) < (iii)

4. (c) निम्न में से अम्ल व्युत्पन्न अर्थात् ऐसीडक्लोराइड अधिक क्रियाशील होता है।

5. (b) निम्न क्रियाशीलता का क्रम है-
$CH_3COCl > (CH_3CO)_2O > CH_3COOC_2H_5 > CH_3CONH_2$
i.e. (i) > (iv) > (ii) > (iii)

6. (d) $CH_3CCl_3 \xrightarrow[\text{(ii) } H^+/H_2O]{\text{(i) } OH^-/H_2O} CH_3C(OH)_3 \xrightarrow[-H_2O]{}$

7. (c) $CH_3CN + 2H_2O \xrightarrow{HCl} CH_3COOH + NH_3$

8. (a) $HCN + H_2O + HCl \longrightarrow HCOOH + NH_4Cl$

9. (b) $$2HCOONa \xrightarrow[-H_2]{\Delta} \begin{matrix} COONa \\ | \\ COONa \end{matrix} \xrightarrow[H_2SO_4]{\text{Dil.}} \underset{\text{Oxalic acid}}{\begin{matrix} COOH \\ | \\ COOH \end{matrix}}$$

10. (d) On heating malonic acid undergoes decarboxylation in accordance with Blanc's rule to form acetic acid
$$CH_2\begin{matrix} \diagup COOH \\ \diagdown COOH \end{matrix} \xrightarrow[-CO_2]{\Delta} CH_3COOH$$

11. (a) हाइड्रोक्सीलैमिनो अम्ल के साथ क्रिया नहीं करता।

12. (c) फॉर्मिक अम्ल, ऐल्डिहाइड तथा अम्ल दोनों के साथ एक जैसा व्यवहार करता है।

13. (b) फॉर्मिक अम्ल $KMnO_4$ विलयन का पीला रंग मुक्त करता है, लेकिन ऐसीडिट अम्ल नहीं करता है।

14. (c) फॉर्मिक अम्ल $HgCl_2$ को Hg_2Cl_2 में बदलता है-

15. (a) $HCOONa + NaOH \xrightarrow{CaO, 630 K} H_2 + Na_2CO_3$

16. (a) मधुमक्खी का काटना शरीर में HCOOH को विभेद करता है।

17. (b) बेकिंग पाऊडर $NaHCO_3$ तथा टार्टर की क्रीम का मिश्रण है अर्थात् पौटेशियम हाइड्रोजन टार्ट्रेट।

18. (c) 7-8% ऐसीटिक अम्ल

19. (a) $Pd/BaSO_4$ की उपस्थिति में H_2

20. (c)

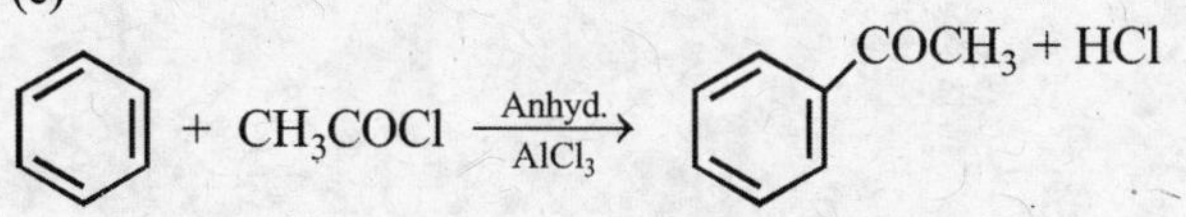

21. (d) $2CH_3COOH \xrightarrow{P_2O_5} (CH_3CO)_2O + H_2O$

22. (b) $CH_3COCl + CH_3COONa \rightarrow CH_3COOCOCH_3 + NaCl$

23. (d) आणविक भार of $C_4H_{10}O_4 = 4 \times 12 + 10 \times 1 + 4 \times 16 = 122$

ऐसीटिक उत्पाद का आणविक भार $= C_{12}H_{18}O_8$

$= 12 \times 12 + 18 \times 1 + 8 \times 16 = 290$

ऐसाइलीकरणके कारण द्रव्यमान में वृद्धि $= 290 - 122 = 168$ a.m.u.

एक OH समूह के ऐसाइलीकरण के कारण द्रव्यमान में वृद्धि $= 42$ a.m.u.

$\therefore$ OH समूह की कुल संख्या $= \frac{168}{42} = 4$

24. (c) $R'COOCOR \xrightarrow{LiAlH_4} R'CH_2OH + RCH_2OH$

25. (b) CH_3COOCH_3

26. (d) $CH_3COOAg + BrCH(CH_3)_2 \longrightarrow CH_3COOCH(CH_3)_2 + AgBr$

27. (d) Cue to presence of CH_3 groups at α–carbon atom of $(CH_3)_3COH$, the approach of the alcohol to the CO group of COOH is hindred and hence esterification of acetic acid by $(CH_3)_3COH$ occurs least readily.

28. (c) $CH_3COOC_2H_5$ ऑक्सीजन परमाणु से जुड़ा हुआ कोई भी हाइड्रोजन नहीं रखता है तथा यह हाइड्रोजन बन्ध नहीं बनाता है।

29. (b) ट्रान्स-ऐस्ट्रीकरण

30. (a) $RCOOR' \xrightarrow{H_2,\ \text{Copper chromite}} RCH_2OH + R'OH$

31. (c) $CH_3CH_2COOCH_2CH_3 \xrightarrow{LiAlH_4} CH_3CH_2CH_2OH + CH_3CH_2OH$

32. (c) $RCN + H_2O \xrightarrow{H_2O_2 - NaOH} RCONH_2$

33. (c) Amides are used to characterize carboxylic acids since all amides except form amide are crystalline solids.

34. (a) $CH_3CONH_2 + NaOH \xrightarrow{Boil} CH_3COONa + NH_3$

35. (b) क्रियाशीता का क्रम है-

$CH_3COCl > (CH_3CO)_2O > CH_3COOC_2H_5 > CH_3CONH_2$

i.e., (i) > (iv) > (ii) > (iii)

36. (c) निम्न में से अम्ल व्युत्नत्र अर्थात् CH_3COCl अधिक क्रियाशील होता है।

37. (d) क्वथनांक का बढ़ता क्रम है-

$CH_3COCl < CH_3COOH < (CH_3CO)_2O < CH_3CONH_2$ *i.e.*, (i) < (iv) < (ii) < (iii)

38. (b) $2HCOONa \xrightarrow{\Delta} \begin{array}{c} COONa \\ | \\ COONa \end{array} + H_2$

39. (d) मेथिल ऐसीटेट तथा ऐथिल ऐसीटेट का जल-अपघटन CH_3COOH देता है, जो एक द्रव है। समरूप ऐथिल फॉर्मेट जल-अपघटन से फॉर्मिक अम्ल देता है, जो भी एक द्रव है। केवल ऐथिल बैंजोएट जल-अपघटन से बैंजोइक अम्ल देता है, जो ठोस है।

40. (c) सल्फोनिक अम्ल, कार्बोक्सिलिक अम्ल की तुलना में अधिक प्रबल है।

41. (b) HCOOH, $HgCl_2$ को Hg_2Cl_2 में बदलता है, लेकिन CH_3COOH नहीं।

42. (c) $CH_3-COOH + HO-CH(CH_3)_2 \longrightarrow CH_3CO-OCH(CH_3)_2 + H_2O$

43. (c) $F_3CCOOH > Cl_3CCOOH > HCOOH > CH_3COOH$, *i.e.*, B > A > D > C

44. (c) $CH_3COONH_4 \xrightarrow[-H_2O]{\Delta} \underset{(X)}{CH_3CONH_2} \xrightarrow[-H_2O]{P_2O_5,\ \Delta} CH_3CN \xrightarrow{H_2O/H^+} CH_3COOH$

45. (b)

$C_6H_5-\overset{\overset{O}{||}}{C}-OCH_3 \xrightarrow{LiAlH_4} C_6H_5-CH_2OH + CH_3OH$

46. (a) $CH_3Cl \xrightarrow{KCN} \underset{(A)}{CH_3CN} \xrightarrow{H^+/H_2O} \underset{(B)}{CH_3COOH}$

47. (a) Amongst aldehydes and the acid derivatives, acid chlorides are the most susceptible to nucleophilic attack due to strong –l-effect and weak + R-effect of the Cl atom as a result of which carbonyl carbon has the highest electron-deficiency. The actual order is : MeCOCl > MeCOOCOMe > MeCOOMe > MeCHO

48. (a) $HCOOH \xrightarrow{H_2SO_4} CO + H_2O$

49. (a) $\underset{\text{Acetic acid}}{2CH_3COOH} \xrightarrow[-H_2O]{P_2O_5} \underset{\text{Acetic anhydride}}{(CH_3CO)_2O}$

50. (a) CF_3COOH is the strongest acid.

51. (b) H-बन्ध के कारण कार्बोक्सिलिक अम्ल तथा H_2O के बीच कार्बोक्सिलिक अम्ल जल में कम विलेय है।

52. (a) ऐसीटिक अम्ल की $NaHCO_3$ के साथ क्रिया कराने पर CO_2 गैस बनती है।

53. (a) 2, 4, 6-ट्राइनाइट्रोफिनॉल, पिक्रिक अम्ल तथा यह –COOH समूह नहीं रखता है।

54. (a) $NH_2CO\boxed{NH_2 + H}NHCONH_2 \longrightarrow \underset{\text{Biuret}}{NH_2CONHCONH_2} + NH_3$

55. (d) HCOOH अपचयित गुण प्रदर्शित करता है।

56. (c) $\underset{\text{Oxalic acid}}{\begin{array}{c} COOH \\ | \\ COOH \end{array}} + 4[H] \xrightarrow{Zn/H_2SO_4} \underset{\text{Glycollic acid}}{\begin{array}{c} CH_2OH \\ | \\ COOH \end{array}} + H_2O$

□□□

29 Chapter
नाट्रोजन युक्त क्रियात्मक समूह वाले यौगिक (Organic Compounds with Functional Groups Containing Nitrogen)

स्मरणीय बिन्दु

- प्राथमिक ऐमीन निम्न के द्वारा बनती है-
  — गैब्रील पेथेलीमाइड प्रक्रिया, हॉफमैन ब्रोमाइड अभिक्रिया तथा सेक्मिड अभिक्रिया।
- अभिक्रिया :

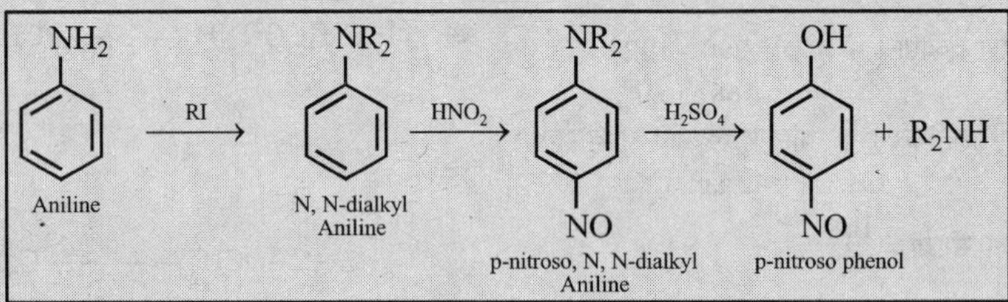

- नाइट्रस अम्ल के साथ ऐमीन की क्रिया

$$HNO_2 \xrightarrow{R-NH_2} R-OH + N_2$$

$$HNO_2 \xrightarrow{R_2NH} \underset{\text{yellow oily liquid}}{R_2N-NO}$$

$$HNO_2 \xrightarrow{R_3N} (R_3\overset{+}{N}H)NO_2 \xrightarrow{\Delta} R-OH + R_2N-NO$$

- ऐमीन की अम्लीय शक्ति (Basic strength of amine) :
  — $R\text{–}NH_2 > NH_3 >$ 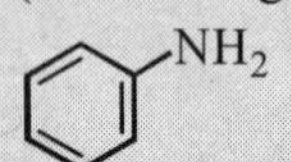 $> R\text{–}CONH_2$ — $(CH_3)_2NH > CH_3\cdot NH_2 > (CH_3)_3N > NH_3$
  — $R\text{–}CH_2\text{–}NH_2 > R\text{–}CH{=}NH > R\text{–}C{\equiv}N$ — $CH_2\text{–}CH_2\text{–}CH_2\text{–}NH_2 > CH_2{=}CH\text{–}CH_2\text{–}NH_2 > CH{\equiv}CH_2\text{–}NH_2$
  — $CH_3O\text{–}C_6H_4\text{–}NH_2 > C_6H_5\text{–}NH_2 > NO_2\text{–}C_6H_4\cdot NH_2$
- तृतीयक ऐमीन निम्न के साथ क्रिया नहीं करती।
  $KMnO_4$, $CHCl_3 + KOH$, CS_2, RCOCl
- **हेन्सबर्ग अभिकर्मक —**
  - बैंजीन सल्फोनिल क्लोराइड ($C_6H_5CO_2Cl$) को हेन्सबर्ग अभिकर्मक के नाम से जाना जाता है।
  - मेथिल ऐमीन को छोड़कर सभी ऐलीफेटिक प्राथमिक ऐमीन evolvation के साथ क्रिया करके एल्कोहॉल HNO_3 तथा नाइट्रोजन के साथ देते है।
  - सभी द्वितीयक ऐमीन, नाइट्रस अम्ल के साथ क्रिया करके, पीला वसीय अम्ल देते है। यह डाइऐल्कील नाइट्रोसोऐमीन के कारण होता है।
  - ऐलीफेटिक तृतीयक ऐमीन HNO_2 के साथ क्रिया करके ट्राइऐल्कील अमोनियम नाइट्रेट देते है। जो जल के साथ गर्म होकर ऐल्कोहॉल तथा नाइट्रोसोऐमीन देते है।
  - सभी ऐलीफेटिक ऐमीन, हॉफमैन मस्टर्ड ऑयल अभिक्रिया देते है। इन अभिक्रिया में प्राथमिक ऐमीन CS_2 के साथ क्रिया करके ऐल्कील डाइथियोकार्बेमिक अम्ल देते है। जो $HgCl_2$ के साथ गर्म होकर ऐल्कील आयसोथायोसायनेट तथा HgS का काला अवक्षेप देते है।
  - गैब्रील थैलीमाइड संश्लेषण, ऐलीफेटिक प्राथमिक ऐमीन को बनाने के लिए प्रयोग होता है। ऐरोमैटिक प्राथमिक ऐमीन इस विधि द्वारा नहीं बन सकता।
  - प्राथमिक, द्वितीयक ऐमीन का मिश्रण, हाफमैन विधि तथा हिन्सबर्ग विधि के द्वारा अलग होता है।

ऐमीन बनाने की सामान्य विधि (General Method Preparation of Amines)

1. **ऐल्कील हैलाइड से (From alkyl halides) :** जब ऐल्कील हैलाइड ऐल्कोहॉलिक अमोनिया के साथ क्रिया करता है, तो 1°, 2° तथा 1° ऐमीन बनते है। यह अभिक्रिया अमोनोलिसिस कहलाती है। अधिकतम अमोनिया की उपस्थिति में 1° ऐमीन का बड़ा उत्पाद बनता है।

$$RX + 2NH_3 \longrightarrow RNH_2 + NH_4X$$

Notes

- **हॉफमैन विधि (Hoffmann method) :** प्राथमिक ऐल्कील हैलाइड अमोनिया के साथ क्रिया करके प्राथमिक, द्वितीयक, तृतीयक तथा टेट्रा ऐल्कील अमोनिया लवण का मिश्रण देते है।

$$R-I \xrightarrow[-HI]{NH_3} R-NH_2 \xrightarrow[-HI]{R-I} R_2NH \xrightarrow[-HI]{R-I} R_3-N \xrightarrow[-HI]{R-I} [R_4-\overset{+}{N}]I^-$$

$$CH_3I \xrightarrow[-HI]{NH_3} CH_3NH_2 \xrightarrow[-HI]{CH_3-I} (CH_3)_2NH \xrightarrow[-HI]{CH_3-I} (CH_3)_3-N \xrightarrow[-HI]{CH_3-I} [(CH_3)_4-\overset{+}{N}]I^-$$

- द्वितीयक तथा तृतीयक हैलाइड के लिए अमोनिया, डीहाइड्रोहैलोजनेटिंग अभिकर्मक की तरह कार्य करता है।

2. **ऐमाइड अम्ल का हॉफमैन degradation (Hoffmann degradation of acid amides) :** ऐमाइड, ऐमीन $Br_2 + NaOH$ या KOH [ऐल्केलाइन हाइपोहैलाइट (NaOBr या KOBr)] के साथ क्रिया करके प्राथमिक ऐमीन देते है. जो एक कार्बन परमाणु ऐमाइड की तुलना में कम रखता है।

$$\underset{\text{Amide}}{RCONH_2} + Br_2 + 4KOH \longrightarrow \underset{1^\circ\ \text{amine}}{RNH_2} + 2KBr + 2H_2O + K_2CO_3$$

$$\underset{\text{Acid amide}}{R-CONH_2} \xrightarrow{KOBr} \underset{\text{N-Bromoamide}}{R-CONH-Br} \longrightarrow \underset{\text{Alkyl isocynate}}{R-N=C=O} \xrightarrow[-K_2CO_3]{2KOH} \underset{\text{Primary amine}}{R-NH_2}$$

Intermediates

यह एक अच्छी प्रयोगशाला विधि है। यह कार्बनिक यौगिक की श्रृंखला के घटते क्रम के लिए प्रयोग होता है।

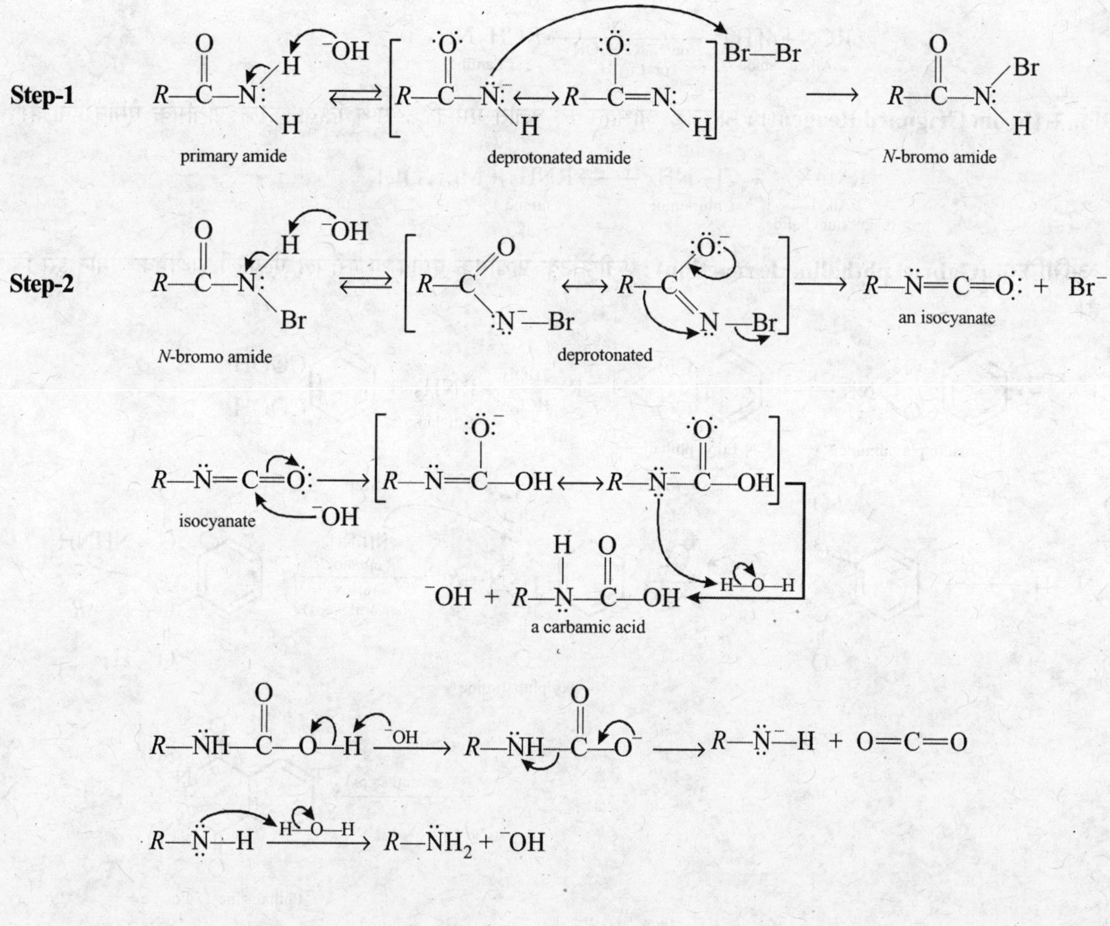

Notes

यदि ऐसीड ऐमाइड drawing समूह के साथ इलैक्ट्रॉन रखता है, तब अन्तिम उत्पाद ब्रोमाइड होगा।

$$CH_3-\underset{\substack{|\\NO_2}}{CH}-CH_2-CONH_2 \xrightarrow[Br_2]{KOH} R-\underset{\substack{|\\NO_2}}{CH}-CH_2-Br$$

उदाहरण

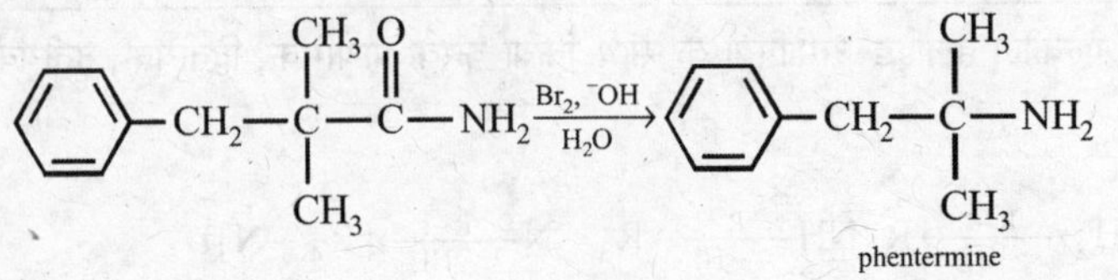

3. सैकमिड अभिक्रिया (Schmidt reaction) : मोनोकार्बोक्सिलिक अम्ल, हाइड्रोजोइक अम्ल के साथ क्रिया करके प्राथमिक ऐमीन देते है।

$$\underset{\text{Acid}}{RCOOH} + \underset{\text{Hydrazoic acid}}{N_3H} \xrightarrow{H_2SO_4} \underset{\text{1° amine}}{RNH_2} + CO_2 + N_2$$

Notes

इस अभिक्रिया में

$$\underset{\text{Carboxylic acid}}{R-COOH} \xrightarrow{N_3H} \underset{\text{acyl azide}}{R-\overset{O}{\overset{\|}{C}}-N_3} \longrightarrow \underset{\text{Alkyl isocynate}}{R-N=C=O} \xrightarrow[CO_2]{H_2O} \underset{\text{Primary amine}}{R-NH_2}$$

(acyl azide, Alkyl isocynate: Intermediates)

4. मेन्डियस अभिक्रिया (Mendius reaction) : ऐल्कील सायनाइड, $Na + C_2H_5OH$ के साथ ऑक्सीकृत होकर प्राथमिक ऐमीन देते है। यह अभिक्रिया मेन्डियस अभिक्रिया कहलाती है।

$$\underset{\text{Alkylcyanide}}{RCN} + 4[H] \xrightarrow[\text{or } Na/C_2H_5OH \text{ or } LiAlH_4]{H_2/Ni} \underset{\text{1° amine}}{RCH_2NH_2}$$

5. ग्रिगनाड अभिकर्मक से (From Grignard Reagent) : ग्रिगनार्ड अभिकर्मक, क्लोरो ऐमीन के साथ क्रिया करके प्राथमिक ऐमीन देता है।

$$\underset{\text{Alkyl magnesium halide}}{RMgX} + \underset{\text{Chloramine}}{Cl-NH_2} \longrightarrow \underset{\text{1° amine}}{RNH_2} + Mg(X)Cl$$

6. गैब्रील थैलीमाइड अभिक्रिया (Gabriel phthalimide reaction) : ऐलीफेटिक प्राथमिक ऐमीन या ऐरीयल ऐल्कली प्राथमिक ऐमीन इस विधि के द्वारा बनायी जाती है।

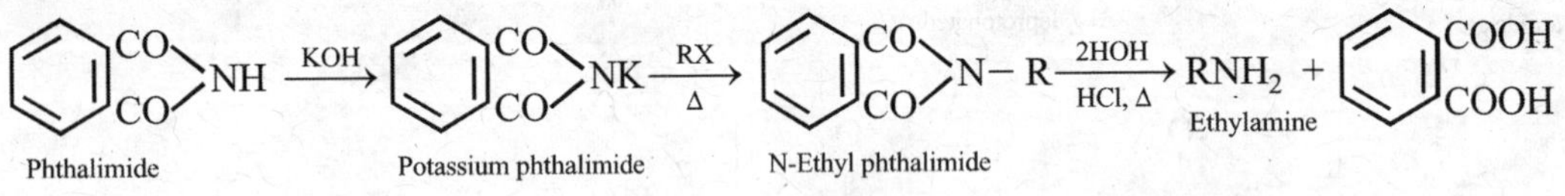

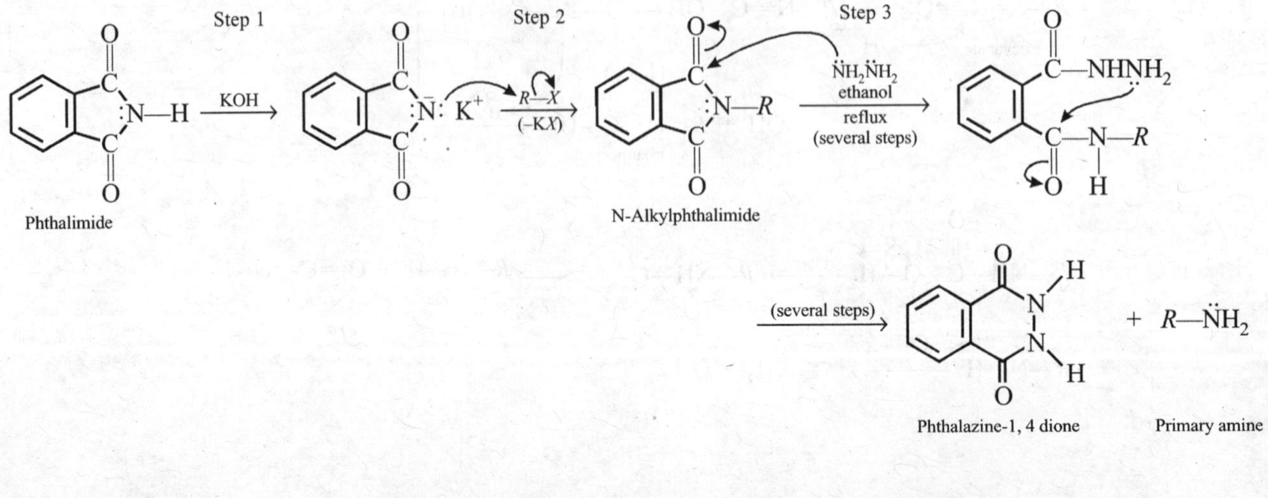

उदाहरण

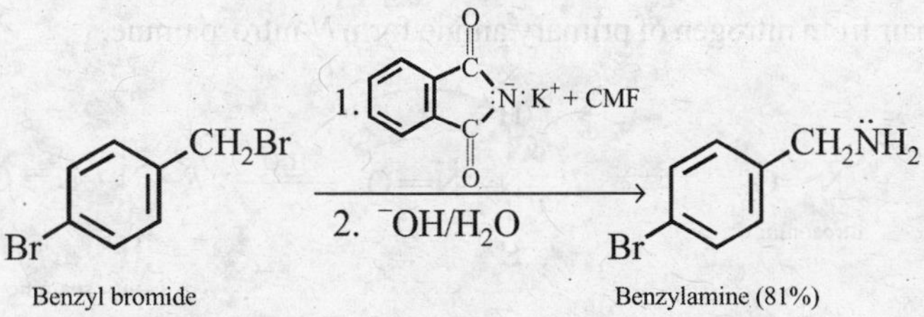

Notes

- ऐरोमैटिक ऐमीन इस विधि के द्वारा नहीं बन सकता क्योंकि ऐरील हैलाइड, पौटेशियम थैलेमाइड के साथ न्यूक्लियोफिलिक प्रतिस्थापन अभिक्रिया नहीं देते है।

Illustration

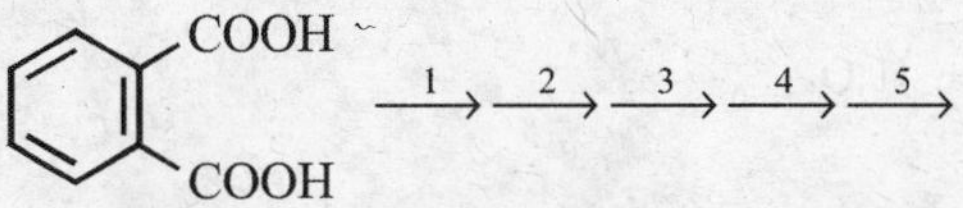

If, 1. $NH_3/300°$, 2. K_2CO_3/HOH, 3. $HC\equiv C—CH_2—Br/DMF$
$4 = HSO_4$, 5. NaOH
Explain this problem.

Solution :

(i)

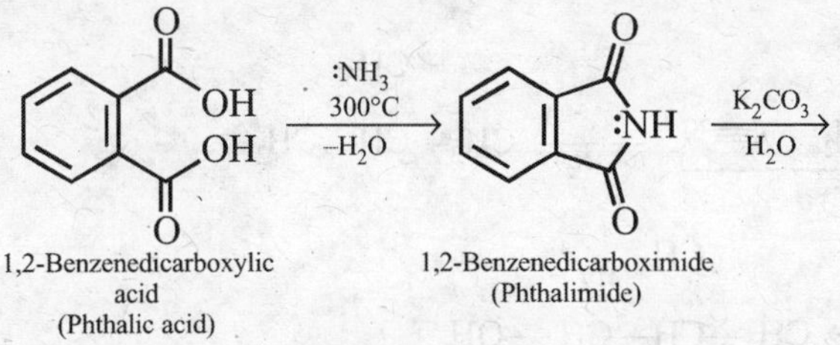

(ii)

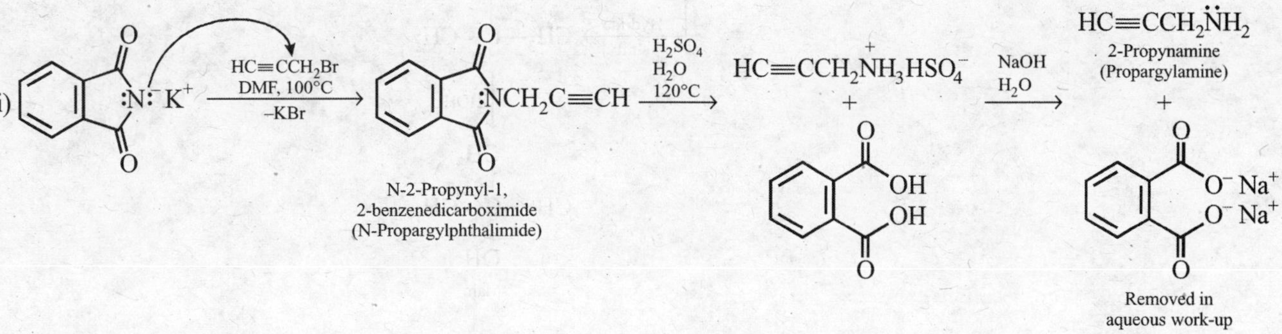

भौतिक गुण (Physical Properties) :

1. नाइट्रोजन परमाणु पर इलेक्ट्रॉन के एकल जोड़े की उपस्थिति के कारण ऐमीन क्षारीय होते है। ऐमीन का क्षारीयता क्रम $2° > 1° > 3°$ है। यह प्रवृति (trend) स्टीरिक फेक्टर के कारण विकसित (develops) होती है।
2. **ऐमीन की विलेयता (Solubility of amines) :** निम्न (Lower) ऐलीफेटिक ऐमीन जल में अधिक विलेय है। लेकिन ऐनीलिन पानी में अविलेय है।

रासायनिक गुण (Chemical Properties) :

1. **नाइट्रस अम्ल के साथ क्रिया (Reaction with nitrous acid) :**
   - मेथिल ऐमीन को छोड़कर अन्य ऐलीफेटिक प्राथमिक ऐमीन, नाइट्रस अम्ल के साथ क्रिया करके ऐल्कोहॉल + नाइट्रोजन (HNO_2 के स्थान पर $NaNO_2$ तथा HCl का मिश्रण भी प्रयोग होता है।) देते है।

$$NaNO_2 + HCl \longrightarrow NaCl + HNO_2$$

$$\underset{1°\ \text{amine}}{RNH_2} + HNO_2 \longrightarrow \underset{\text{Alcohol}}{ROH} + N_2 + H_2O$$

☞ Mechanism

Nitrosonium ion except lone pair from nitrogen of primary amine form *N*-nitrosoamine.

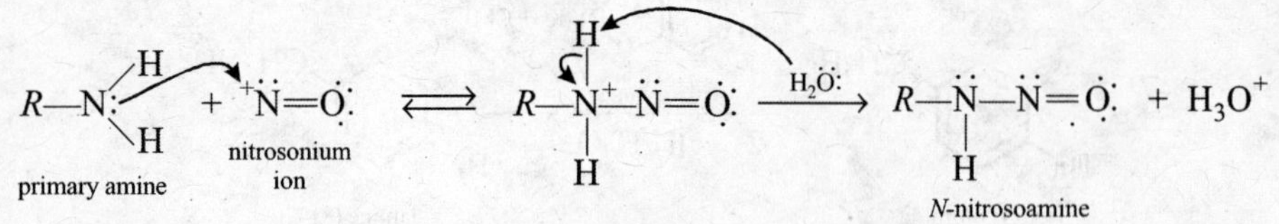

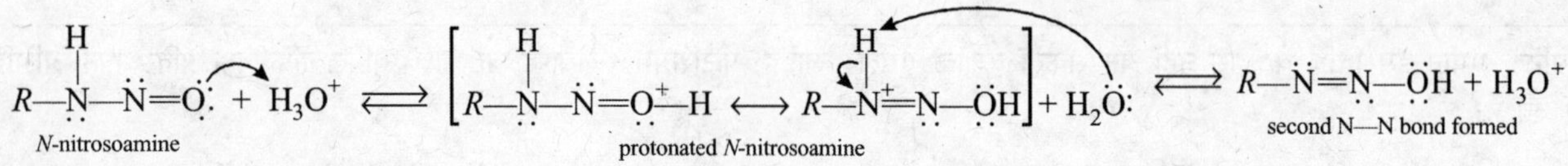

After protonation of the hydroxyl group, dehydration take place and gives the diazonium cation.

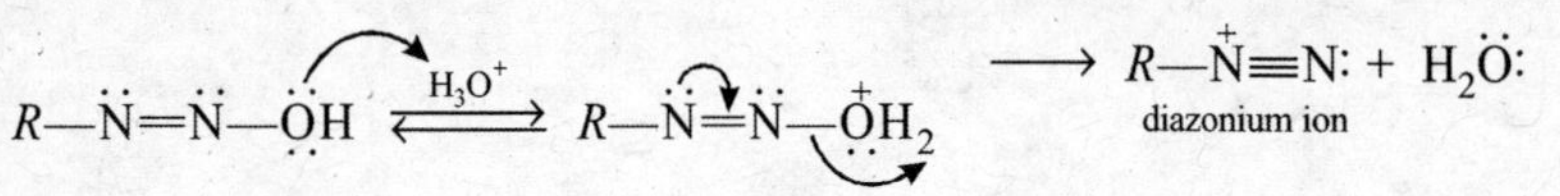

☞ Concept

Net Process :

$$R\text{—}NH_2 \xrightarrow{HNO_2} \underset{\text{unstable}}{R\text{—}\overset{+}{N}\equiv N} \xrightarrow[-N_2]{} R^+ \xrightarrow[\text{Methyl shift}]{\text{Hydride shift or}} R^+ \xrightarrow{H_2O} R\text{—}OH$$

☞ उदाहरण

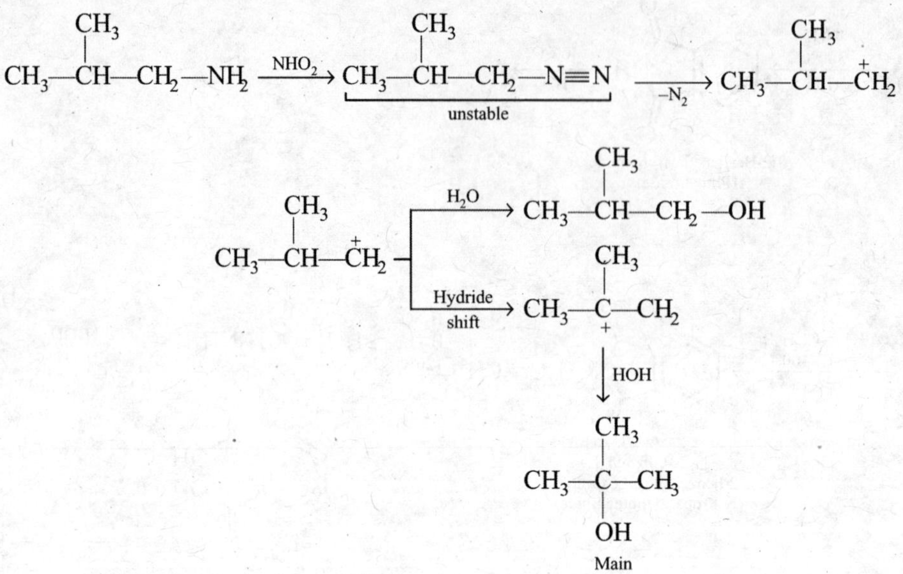

☞ उदाहरण

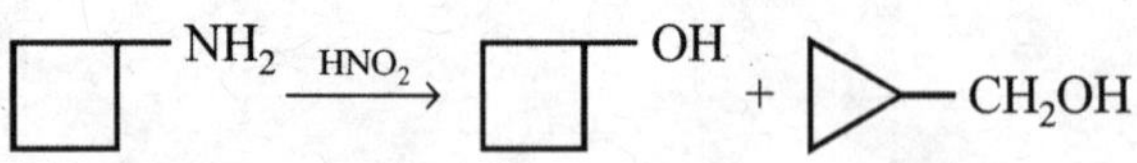

Cycloalkyl amine
⇓
Ring contration

☞ Mechanism

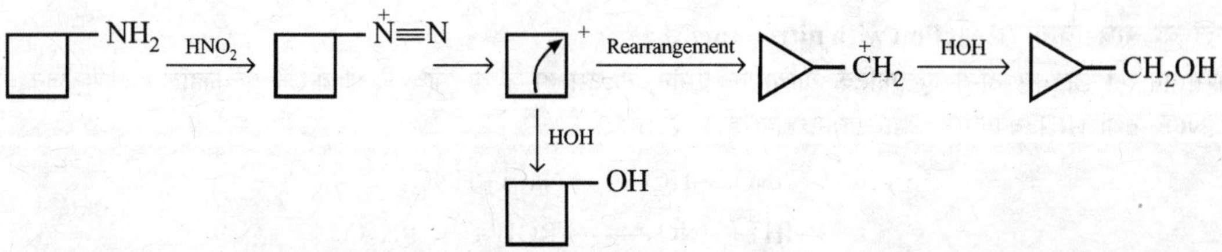

Reaction :

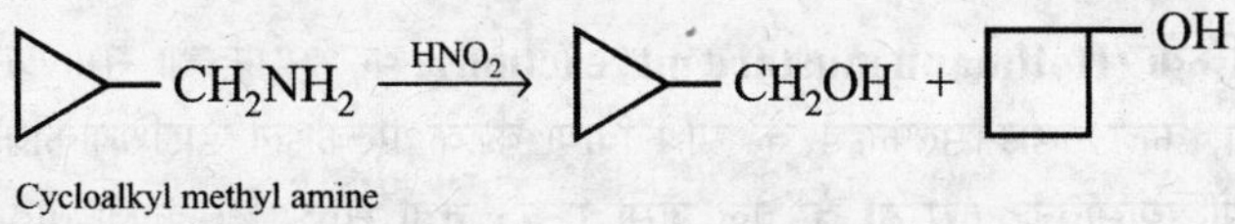

Cycloalkyl methyl amine
⇓
Ring expansion

☞ Mechanism

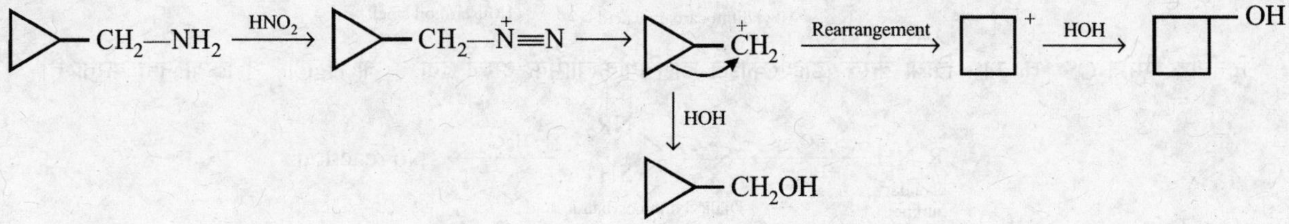

Notes

- मेथिल ऐमीन नाइट्रस अम्ल के साथ क्रिया करके CH_3OCH_3 तथा $CH_3–O–N=O$ देते है।
- ऐरोमैटिक प्राथमिक ऐमीन, नाइट्रस अम्ल के साथ क्रिया करके बैंजीनडाइ ऐजोनियम लवण देते है।

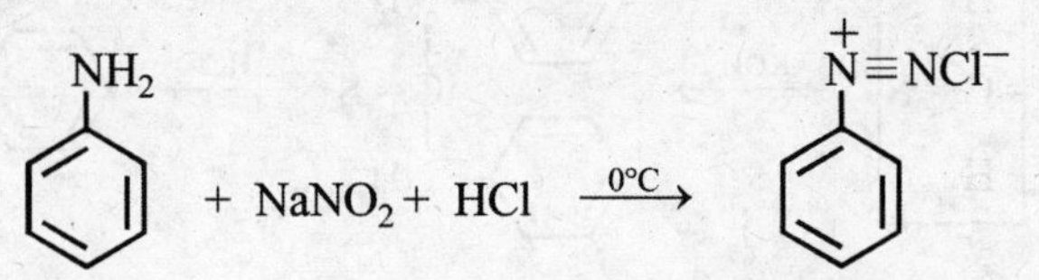

Aniline → Benzenediazonium chloride

- सभी द्वितीयक ऐमीन, नाइट्रास अम्ल के साथ क्रिया करके पीला अवक्षेप देते है। यह N-ऐल्कील नाइट्रोसोऐमीन बनने के कारण होता है।

$$\underset{2^\circ\text{ amine}}{R_2NH} + HNO_2 \longrightarrow \underset{\substack{\text{N-nitrosamine}\\\text{(yellow oily liq.)}}}{R_2NNO} + H_2O$$

- तृतीयक ऐलीफैटिक ऐमीन नाइट्रस अम्ल के साथ क्रिया करके ट्राइऐल्कील अमोनिया नाइट्रेट देता है, जो जल में विलेय है।

$$\underset{3^\circ\text{ amine}}{R_3N} + HNO_2 \longrightarrow \underset{\substack{\text{Trialkyl ammonium}\\\text{nitrite}}}{R_3\overset{+}{N}HNO_2^-}$$

- ऐरोमैटिक तृतीयक ऐमीन नाइट्रस अम्ल के साथ क्रिया करके N, N-डाइऐल्केल-p-नाइट्रोसो ऐनीलिन देता है।

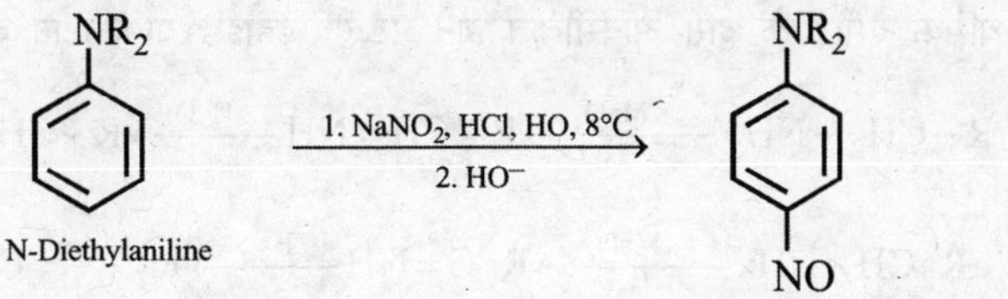

N, N-Diethylaniline → N, N-diethyl-p-nitrosoaniline (95%)

- N, N-डाइऐल्केल-p-नाइट्रोसो ऐनीलिन तनु H_2SO_4 के साथ गर्म होने पर द्वितीयक ऐमीन तथा *p*-नाइट्रोसोफिनॉल देता है।

2. **कार्बिलऐमीन अभिक्रिया (Carbylamine reaction) :** सभी प्राथमिक ऐमीन, क्लोरोफॉर्म + NaOH या KOH के साथ क्रिया करके आयसोसायनाइड देते है, जो कि द्रुगन्ध युक्त होती है।

$$\underset{1^\circ\text{ amine}}{RNH_2} + CHCl_3 + \text{Alc. } 3KOH \longrightarrow \underset{\text{Alkyl isocyanide}}{RNC} + 3KCl + 3H_2O$$

3. **ग्रिगनार्ड अभिक्रिया से क्रिया (Action of Grignard reagent) :** प्राथमिक तथा द्वितीयक ऐमीन ग्रिगनार्ड अभिकर्मक के साथ ऐल्केन देते है, तृतीयक ऐमीन ग्रिगनार्ड अभिकर्मक के साथ अभिक्रिया नहीं करता है।

$$Mg\begin{matrix}\diagup R\\\diagdown X\end{matrix} + \underset{1^\circ\text{ amine}}{HNHR} \longrightarrow \underset{\text{Alkane}}{RH} \longrightarrow Mg\begin{matrix}\diagup NHR\\\diagdown X\end{matrix}$$

4. CS_2 से क्रिया (Action of CS_2) :

- **हॉफमैन मस्टर्ड ऑयल अभिक्रिया (Hoffmann mustard oil reaction) :** यह अभिक्रिया सभी प्राथमिक ऐलीफैटिक ऐमीन के द्वारा दी जाती है। प्राथमिक ऐलीफैटिक ऐमीन, कार्बन-डाइ-सल्फाइड के साथ क्रिया करके ऐल्काइल डाइथियोकार्बेमिक अम्ल देता है जिसे $HgCl_2$ के साथ गर्म करने पर ऐल्काइल आयसोथियोसायनेट (सरसों के तेल जैसी गन्ध) तथा HgS का काला अवक्षेप प्राप्त होता है।

$$\underset{\text{Primary amine}}{RNH_2} \xrightarrow[\text{Heat}]{S=C=S} \underset{\text{Alkyl dithiocarbamic acid}}{S=C\begin{matrix} \diagup NHR \\ \diagdown SH \end{matrix}} \xrightarrow{HgCl_2} \underset{\substack{\text{Alkyl isothiocyanate} \\ \text{(Mustard oil smell)}}}{RNC=S} + \underset{\text{Black ppt.}}{HgS}$$

- द्वितीयक ऐमीन CS_2 के साथ क्रिया करके डाइएल्काइल डाइथियोकार्बोमिक अम्ल देता है जो $HgCl_2$ से क्रिया नहीं करता है।

$$\underset{\text{Secondary amine}}{R_2NH} \xrightarrow[\text{Heat}]{S=C=S} \underset{\text{Dialkyl dithiocarbamic acid}}{S=C\begin{matrix} \diagup NR_2 \\ \diagdown SH \end{matrix}} \xrightarrow{HgCl_2} \text{No reaction}$$

- ऐरोमैटिक प्राथमिक ऐमीन, KOH की उपस्थिति में CS_2 के साथ क्रिया करके N, N-डाइफिनाइलथायोयूरिया देता है, जो सान्द्र HCl के साथ क्रिया करके फिनॉयल आयसोथियोसायनेट देता है।

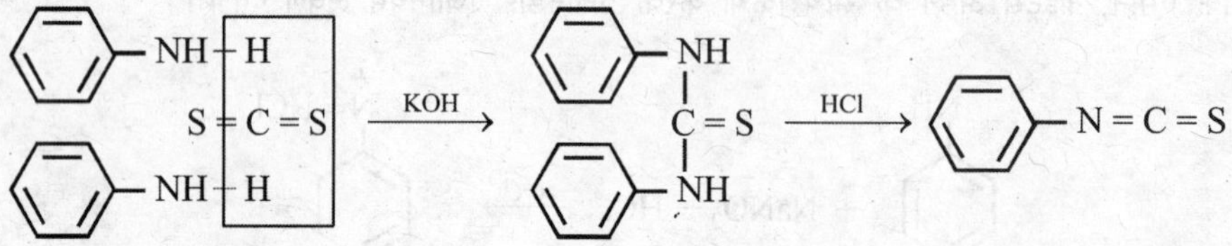

- तृतीयक ऐमीन CS_2 के साथ क्रिया नहीं करते है।

5. ऐरोमैटिक ऐल्डिहाइड के साथ अभिक्रिया (Reaction with aromatic aldehydes)

$$\underset{\text{Benzaldehyde}}{C_6H_5CHO} + RNH_2 \longrightarrow \underset{\text{Schiff's base}}{C_6H_5CH=NR} + H_2O$$

ऐमीन का ऑक्सीकरण (Oxidation of Amine)

1. ऐलीफैटिक प्राथमिक ऐमीन H_2O_2 या H_2SO_5 (कैरो अम्ल) के साथ ऑक्सीकृत होकर नाइट्रो यौगिक देते है।

$$\underset{1^\circ \text{ Amine}}{R-NH_2} \xrightarrow{[O]} \underset{\text{Hydroxylamine}}{RNHOH} \xrightarrow[H_2O]{[O]} \underset{\text{Nitroso compound}}{R-N=O} \xrightarrow{[O]} \underset{\text{Nitro compound}}{R-NO_2}$$

2. ऐलीफैटिक ऐमीन का $KMnO_4$ प्राथमिक ऐमीन के द्वारा ऑक्सीकृत होने पर ऐल्डिहाइड या कीटोन देते है।

$$R-CH_2-NH_2 \xrightarrow[-H_2O]{KMnO_4} R-CH=NH \xrightarrow{H_2O} R-CHO$$

$$R_2CH-NH_2 \xrightarrow[-H_2O]{KMnO_4} R_2C=NH \xrightarrow{H_2O} R_2-C=O$$

3. प्राथमिक ऐमीन जिसमें NH_2 कार्बन के साथ जुड़े हो $KMnO_4$ के साथ नाइट्रो ऐल्केन देते है।

$$\underset{\text{2-Methyl-2-propanamine}}{CH_3-\overset{\overset{CH_3}{|}}{\underset{\underset{CH_3}{|}}{C}}-NH_2} \xrightarrow{KMnO_4} \underset{\substack{\text{2-Methyl-2-nitropropane} \\ (83\%)}}{CH_3-\overset{\overset{CH_3}{|}}{\underset{\underset{CH_3}{|}}{C}}-NO_2}$$

4. द्वितीयक ऐमीन का $KMnO_4$ के साथ ऑक्सीकरण होकर N, N-डाइऐल्केलहाइड्रॉक्सीलिक ऐमीन प्राप्त होता है।

$$\underset{2^\circ \text{Amine}}{R_2NH} \xrightarrow[\text{or } H_2O_2]{H_2SO_5} \underset{\text{N-Hydroxydialkylamine}}{R_2N-OH}$$

5. द्वितीयक ऐमीन का H_2O_2 या H_2SO_5 के साथ ऑक्सीकरण होने पर टेट्राऐल्काइलहाइड्रेजीन प्राप्त होता है।

$$\underset{\text{2° Amine}}{2R_2NH} \xrightarrow{KMnO_4} \underset{\text{Tetra-alkylhydrazine}}{R_2N-NR_2} + H_2O$$

6. ऐलिफेटिक तृतीयक ऐमीन का H_2O_2 या H_2SO_5 के साथ ऑक्सीकरण होने पर ऐमीन ऑक्साइड प्राप्त होता है।

$$\underset{\text{3° Amine}}{R_3N} + [O] \xrightarrow[\text{or } H_2SO_5]{H_2O_2 \text{ or } O_3} \underset{\text{Amine N-oxide}}{R_3N \rightarrow O}$$

तृतीयक ऐमीन का ऑक्सीकरण $KMnO_4$ द्वारा नहीं होता है।

ऐरोमैटिक ऐमीन (Aromatic Amine)

ऐरोमैटिक ऐमीन बनाना (Preparation of Aromatic Amine) :

1. ऐनीलिन निम्न के द्वारा बनता है–

(A) नाइट्रोबैंजीन का अपचयन

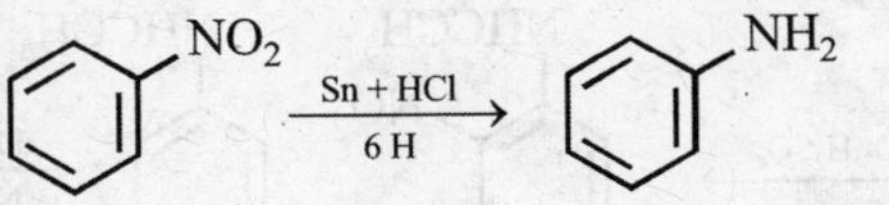

(B) बैंजोइक अम्ल से

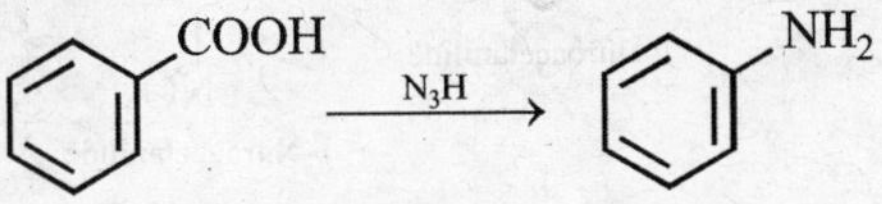

(C) बैंजेमाइड से

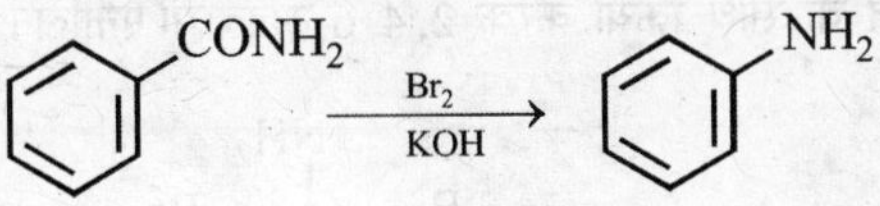

Mechanism

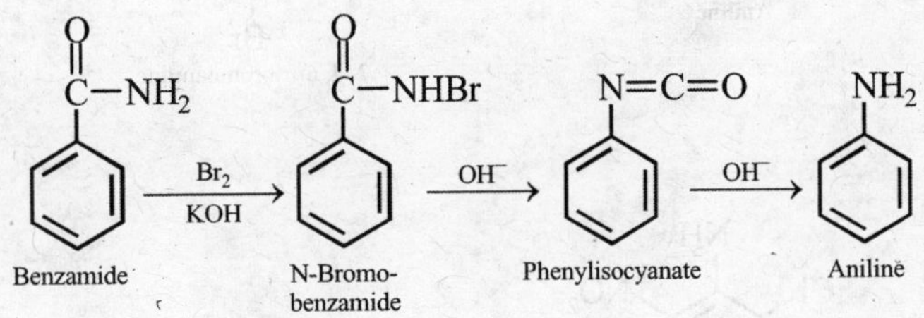

Mechanism

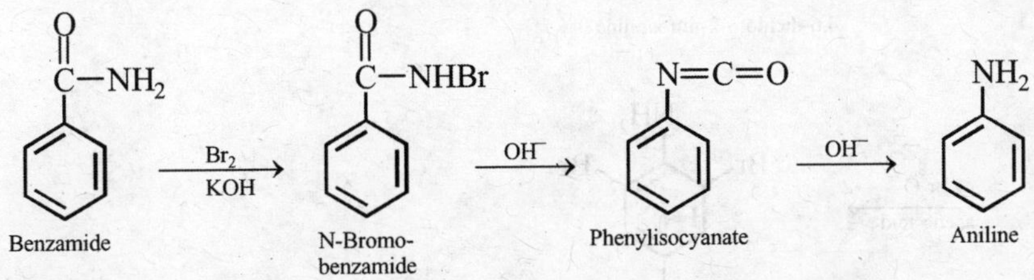

2. **फिनॉल से(From Phenol) :**

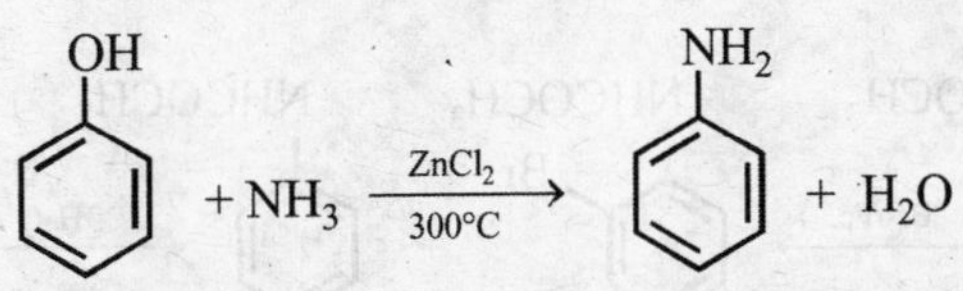

3. **ऐनीलिन का नाइट्रोजनीकरण (Nitration of aniline) :** ऐनीलिन का सीधा नाइट्रोजनीकरण बहुत कठिन है, क्योंकि NH_2 समूह नाइट्रेट के मिश्रण के साथ सरलता से ऑक्सीकृत हो जाता है।

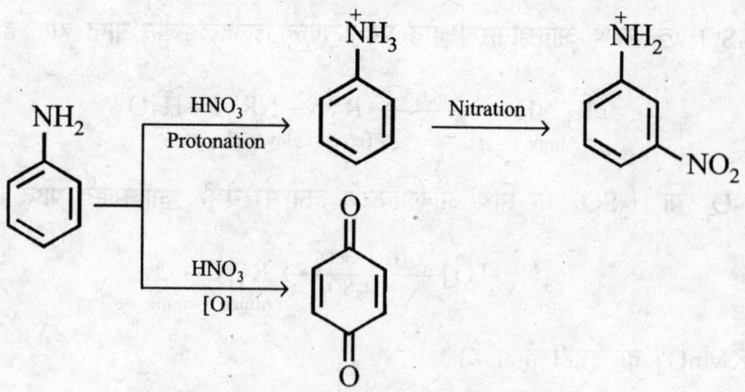

Black tar. mainly contains; *p*-benzoquinone

इस समस्या के निदान के लिए सभी NH_2 समूह को CH_3COCl या ऐसीटिल एनहाइड्राइड के ऐसीलेशन के द्वारा सुरक्षित किया जा सकता है।

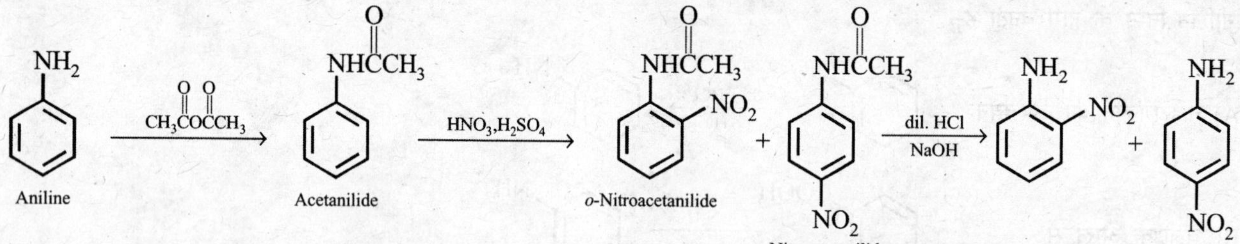

4. ब्रोमीनीकरण (Bromination) : ऐनीलीन ब्रोमीनी जल के साथ क्रिया करके 2, 4, 6-ट्राइब्रोमो ऐनीलिन प्राप्त होता है।

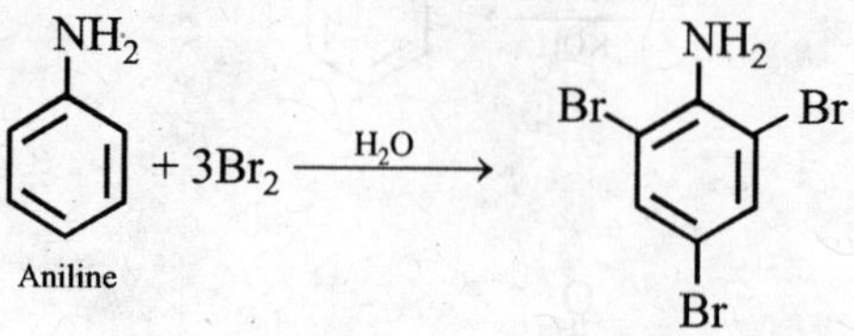

2, 4, 6-tribromoaniline

☞ उदाहरण

(i)

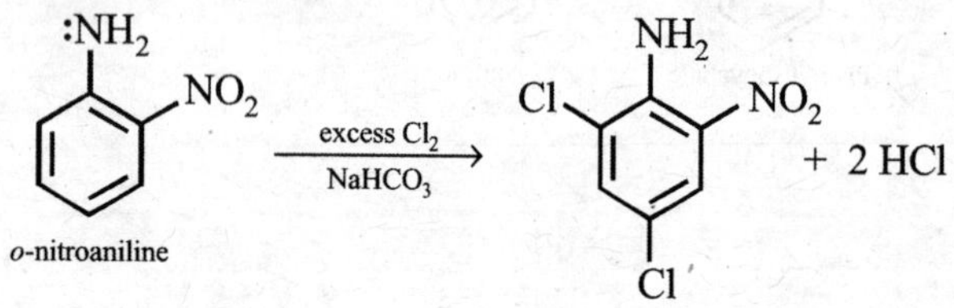

4,6-dichloro-2-nitroaniline

(ii)

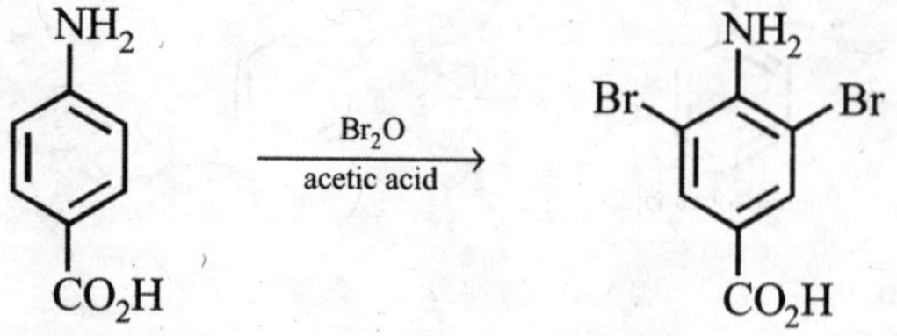

4-Amino-3,5-dibromobenzoic acid

(iii)

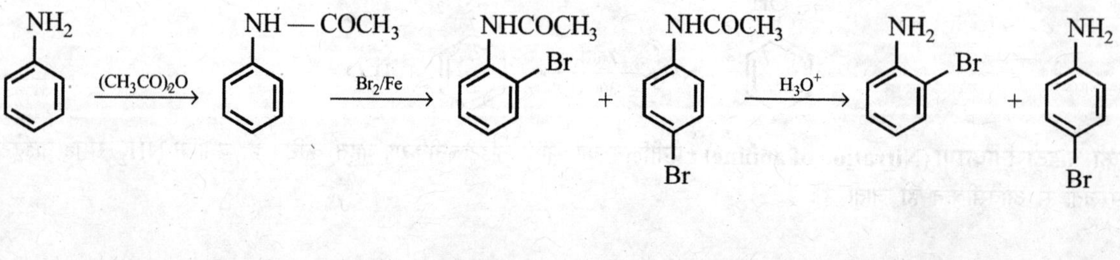

(iv) 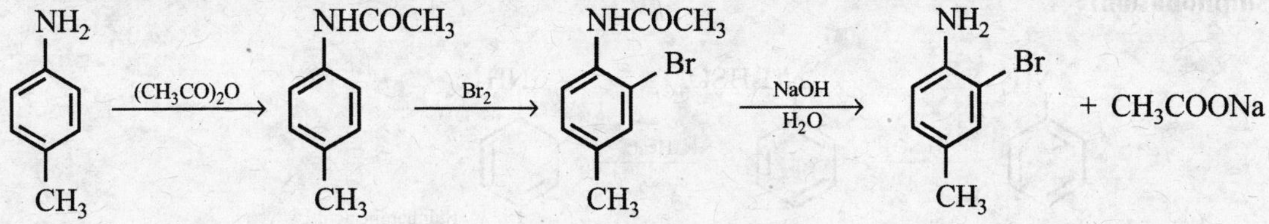

Illustration

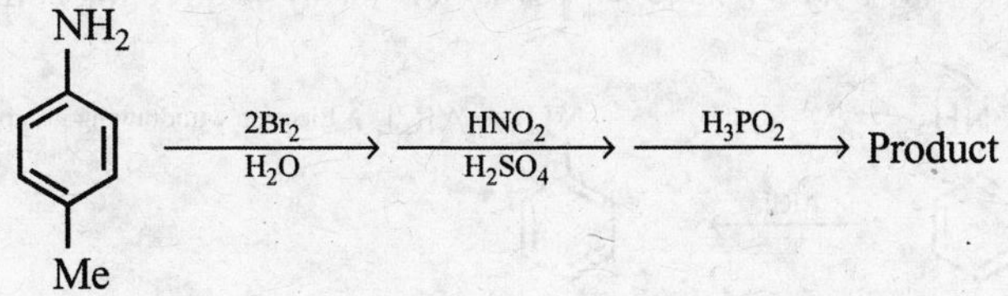

Solution :

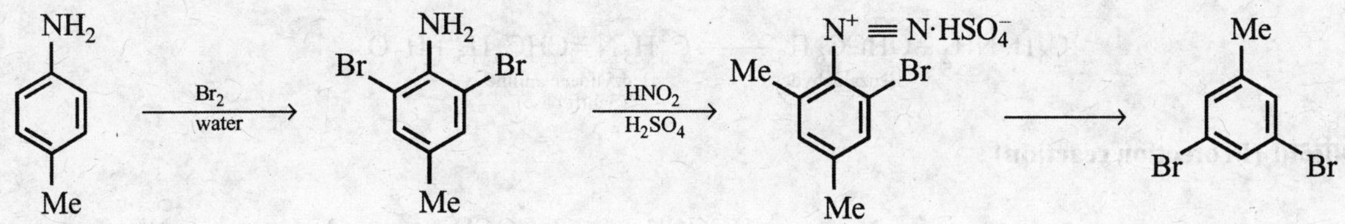

Illustration

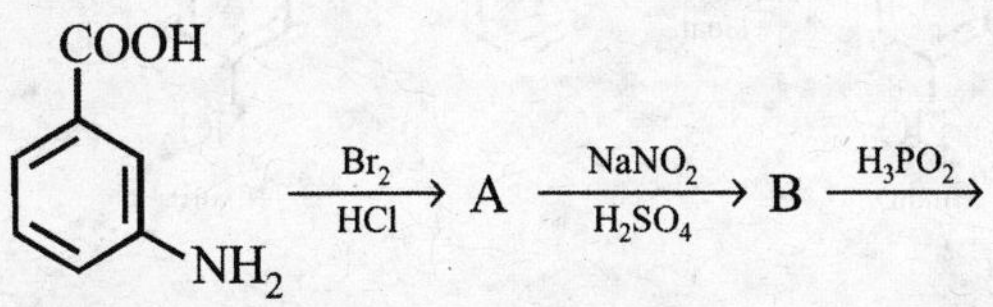

A and B will be :

Solution :

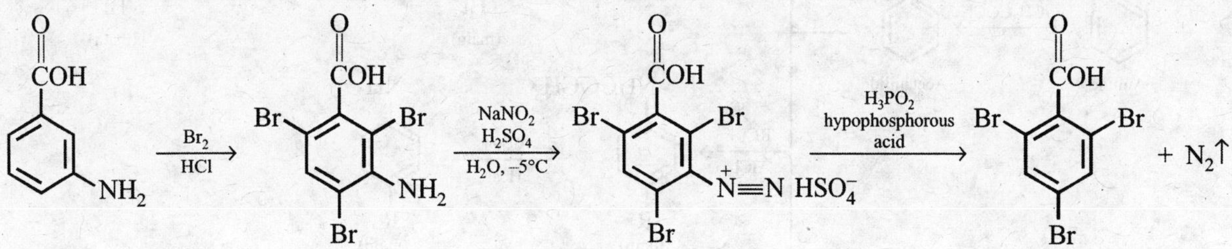

2,4,6-tribromobenzoic acid

उदाहरण

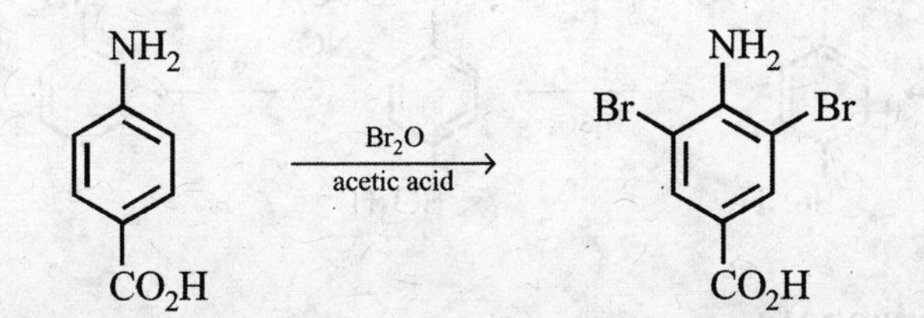

p-Aminobenzoic acid → 4-Amino-3,5-dibromobenzoic acid

उदाहरण

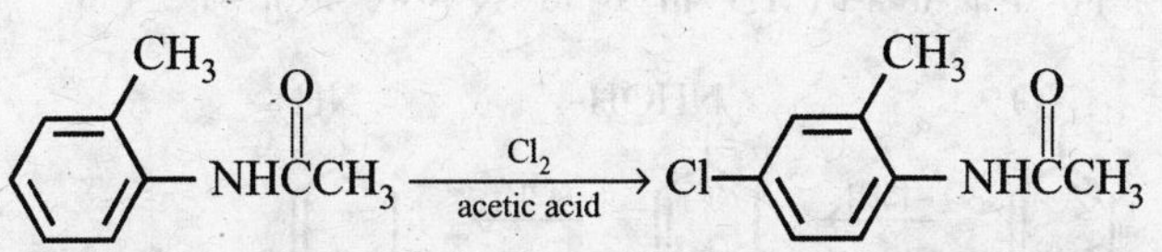

2-Methylacetanilide → 4-Chloro-2-methylacetanilide

5. सल्फोनीकरण (Sulphonation) :

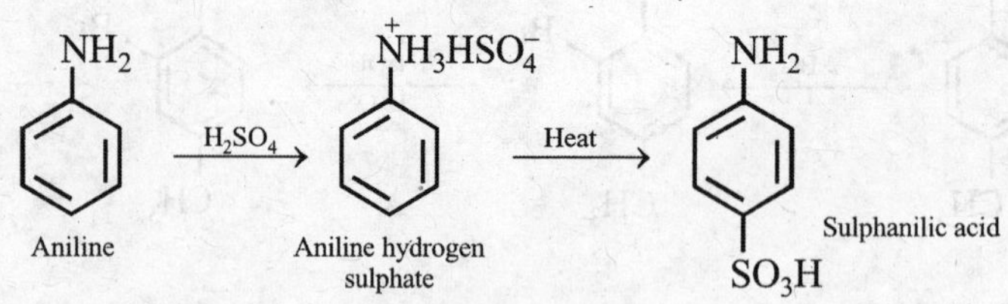

- ऐनीलिन complex formation के कारण फ्रीडल क्राफ्ट अभिक्रिया नहीं देता है। *m*-directing complex समूह का कार्य करता है।

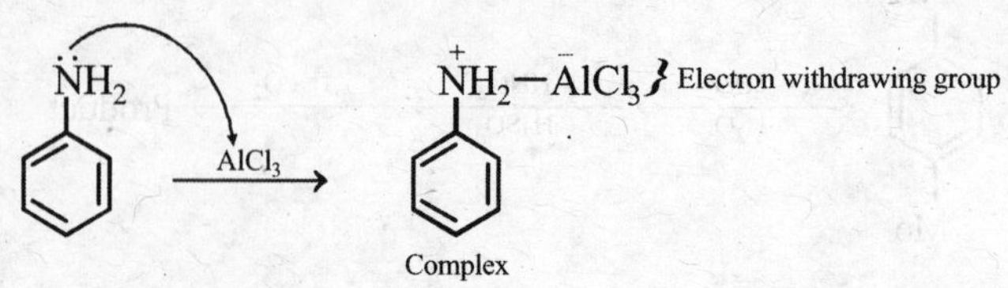

6. ऐल्डिहाइड के साथ क्रिया (Reaction with aldehydes) :

$$\underset{}{C_6H_5NH_2} + \underset{\text{Benzaldehyde}}{OHCC_6H_5} \longrightarrow \underset{\substack{\text{Benzylidene aniline}\\ \text{(Schiff base)}}}{C_6H_5N=CHC_6H_5} + H_2O$$

7. संरक्षा अभिक्रिया (Protection reaction) :

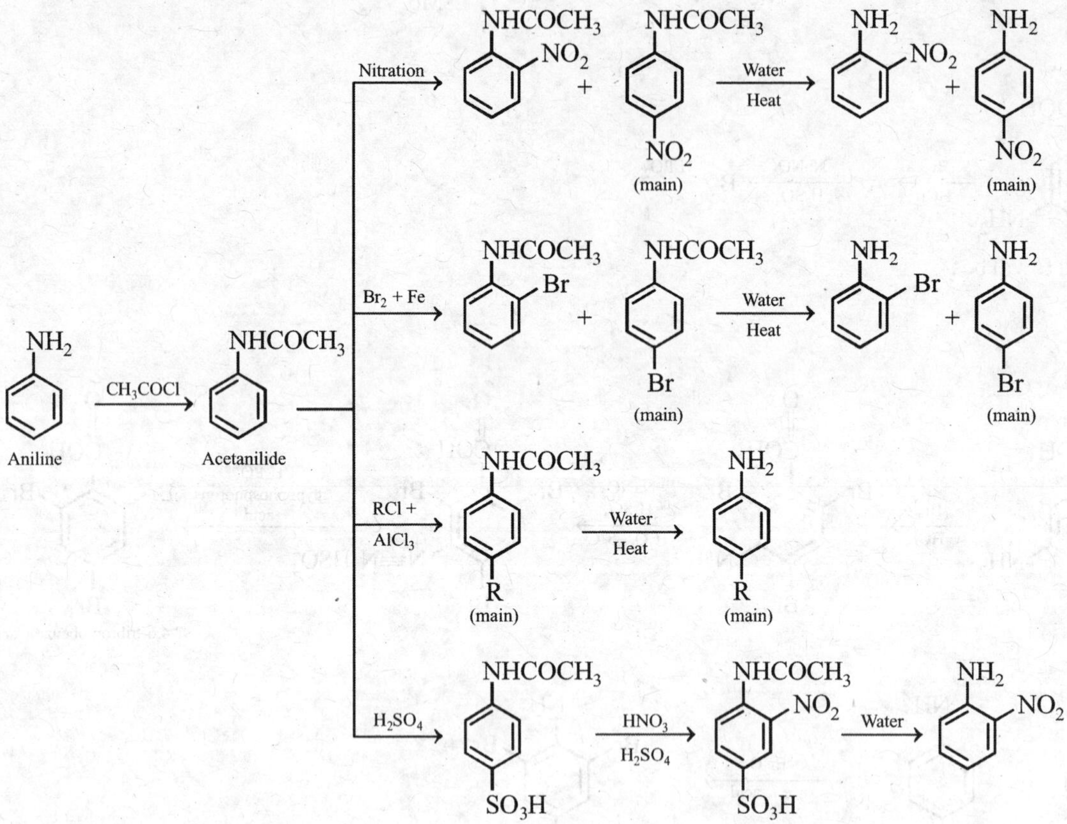

नाइट्रोबेंजन का अपचयन (Reduction of Nitrobenzene) :

1. ऐरोमैटिक नाइट्रोयौगिक की अभिक्रिया अपचयित अभिकर्मक तथा माध्यम (pH) की प्रकृति पर निर्भर करता है।

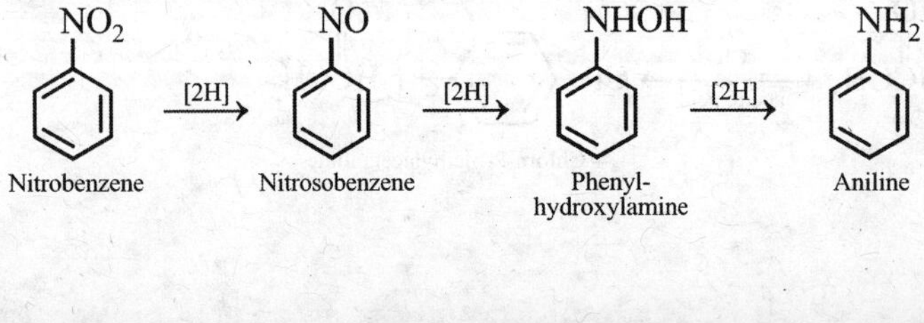

2. **अम्लीय माध्यम में अपचयन(Reduction in Acidic Medium) :** अम्लीय माध्यम (Sn + HCl) या (Fe + HCl) नाइट्रोबैंजीन अपचयित होकर ऐनीलिन देता है।

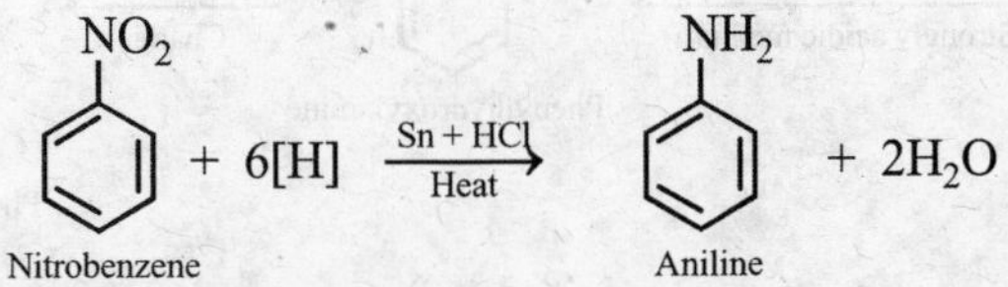

3. **उदासीन माध्यम में अपचयन (Reduction in neutral medium) :**

(i) आयन तथा वाष्प के साथ नाइट्रोबैंजीन, नाइट्रोसोबैंजीन में अपचयित होता है।

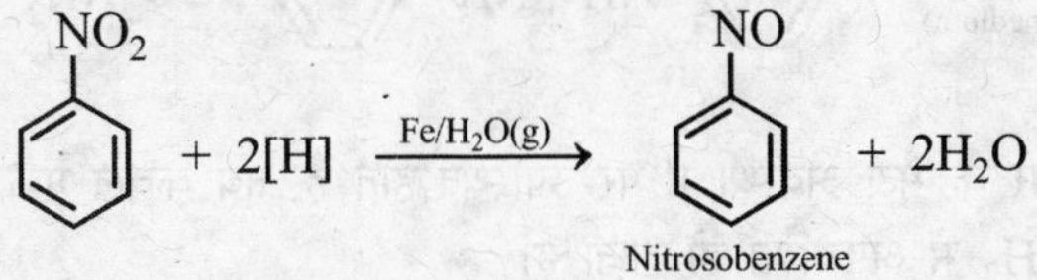

(ii) जिंक तथा अमोनियम क्लोराइड या जिंक तथा कैल्शियम क्लोराइड या ऐल्युमिनियम मरकरी युग्म, नाट्रोबैंजीन को फेनिल हाइड्रोक्सिल ऐमीन में अपचयित करता है।

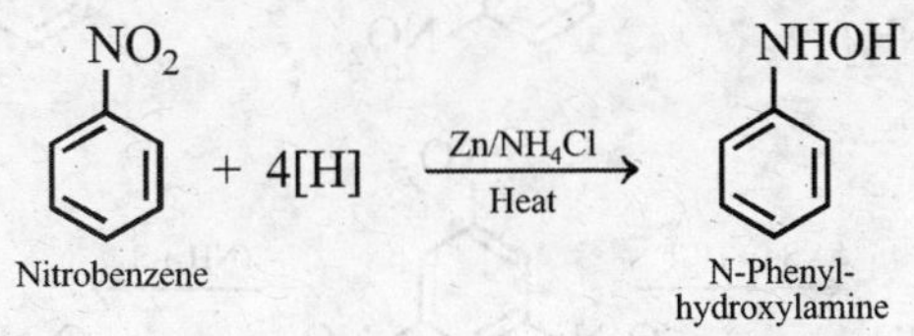

4. **क्षारीय माध्यम में अपचयन (Reduction in alkaline medium) :**

- नाइट्रोबैंजीन CH_3ONa + मेथिल ऐल्कोहॉल या ग्लूकोज + NaOH के साथ अपचयित होकर ऐजोक्सीबैंजीन देता है।

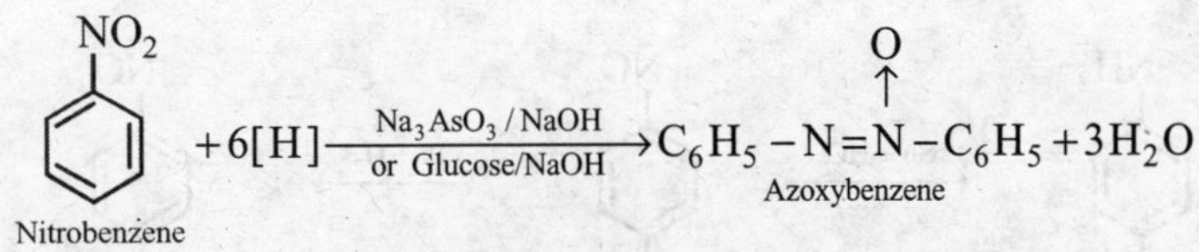

- नाट्रोबैंजीन जिंक धातु + NaOH के साथ ऑक्सीकृत होक ऐजोबैंजीन देता है।

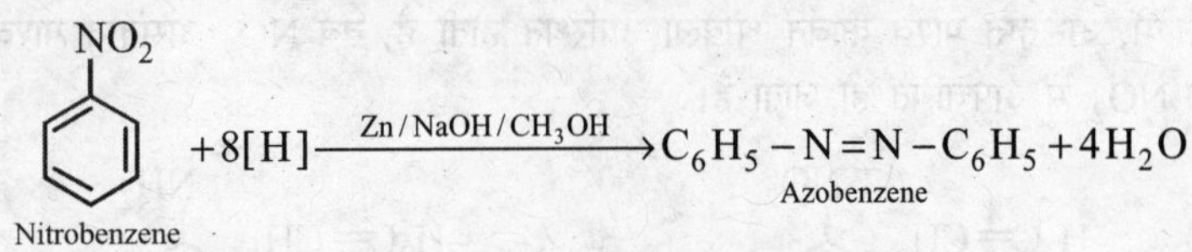

- नाइट्रोबैंजीन जिंक चूर्ण + NaOH के साथ अपचयित होकर हाइड्रोजॉक्सीबैंजीन देता है।

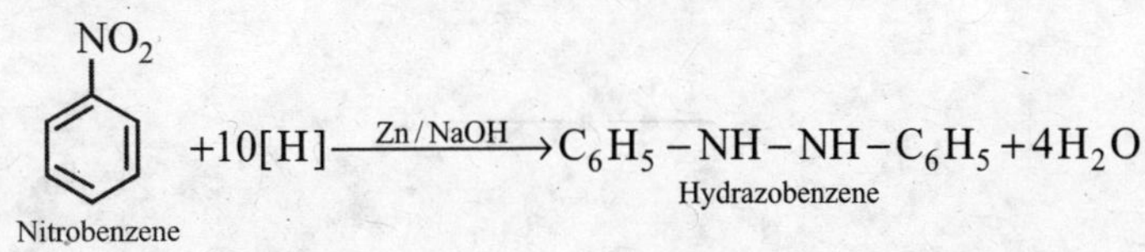

5. **इलैक्ट्रोलेटिक अभिक्रिया (Electrolytic reduction) :**

- नाइट्रोबैंजीन, दुर्बल अम्लीय माध्यम में अपचयित होकर ऐनीलिन देता है।

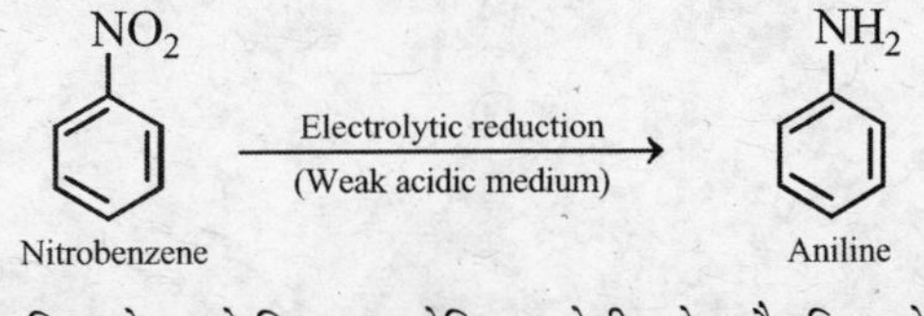

- नाइट्रोबैंजीन प्रबल अम्लीय माध्यम अपचयित होकर फेनिल हाइड्रोक्सिल ऐमीन देता है, जिसको पुन: व्यवस्थित करने पर *p*-ऐमीनोफिनॉल मिलता है।

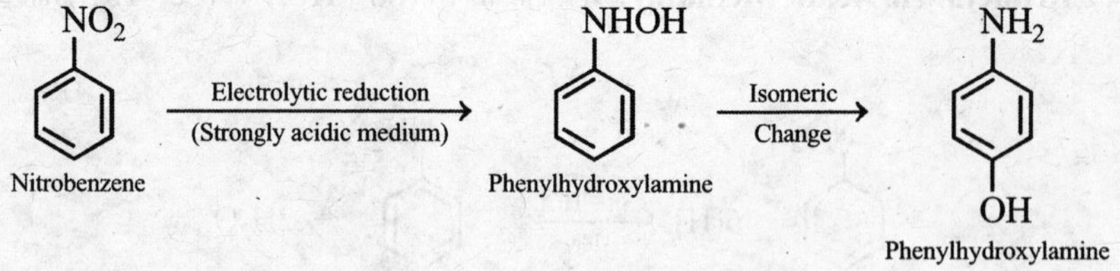

- जब नाइट्रोबैंजीन का इलैक्ट्रोलेटिक अपचयन क्षारीय माध्यम में होता है, तब हाइड्रोजोबैंजीन प्राप्त होता है, जो बैंजीनडाइन में बदलता है।

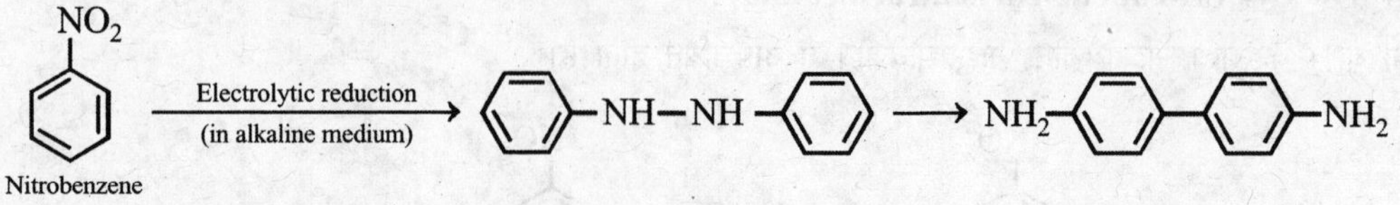

- जब दो या तीन नाइट्रो समूह एक-दूसरे के मैटा अवस्था में पर उपस्थित होते है, तब केवल एक नाइट्रो समूह $(NH_4)_2S$, $(NH_4)_2S_x$, NaHS + CH_3OH या क्षारीय H_2S के द्वारा NH_2 में अपचयित हो जाता है।

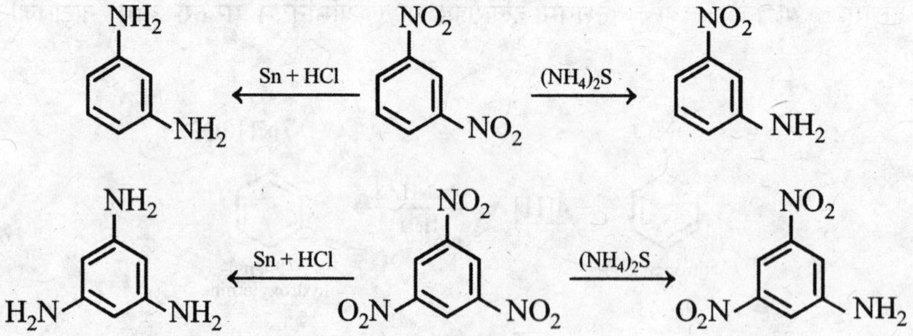

- यदि ऐरोमैटिक नाइट्रो यौगिक में, कार्बोक्सिलिक समूह या ऐस्टर उपस्थित होता है, तब NO_2, Pt + H_2 के द्वारा अपचयित होता है, लेकिन ऐस्टर समूह Sn + HCl के द्वारा अपचयित होता है।

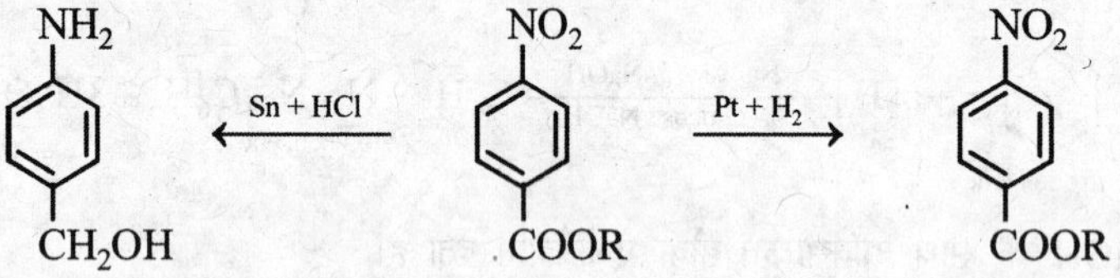

- यदि ऐरोमैटिक नाइट्रोयौगिक में, असंतृप्त पार्श्व कार्बन शृंखला उपस्थित होती है, तब NO_2 असंतृप्त पार्श्व शृंखला के प्रभाव के बिना क्षारीय $FeSO_4$ + NaOH के द्वारा NO_2 में अपचयित हो जाता है।

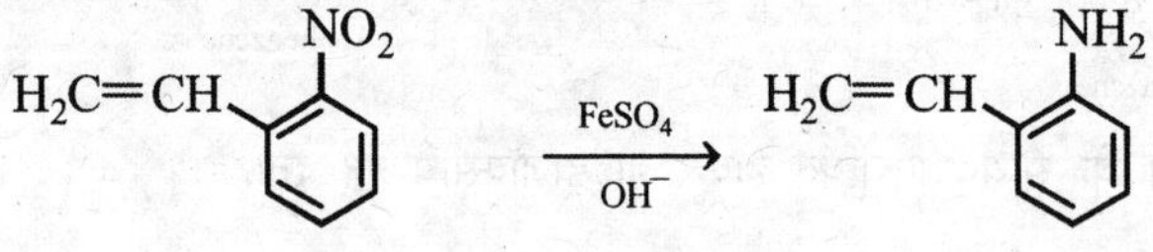

—•—

Previous Years Problems

1. वह क्रियात्मक समूह जो अमीनों अम्लों में पाया जाता हैं, निम्न में से है-

(a) —COOH समूह (b) $-NH_2$ समूह

(c) $-CH_3$ समूह (d) (a) तथा (b) दोनों

[AIEEE 2002]

2. क्षारीय प्रकृति का सही क्रम है-

(a) $NH_3 < CH_3NH_2 < (CH_3)_2NH$

(b) $CH_3NH_2 < (CH_3)_2NH < NH_3$

(c) $CH_3NH_2 < NH_3 < (CH_3)_2NH$

(d) $(CH_3)_2NH < NH_3 < CH_3NH_2$

[AIEEE 2002]

3. अम्लीय माध्यम में जल-अपघटन कराने पर ऐथिल आइसोसायनाइड उत्पन्न करता है-

(a) ऐथेनोइक अम्ल तथा अमोनिया लवण

(b) मेथिलऐमीन लवण तथा ऐथेनोइक अम्ल

(c) ऐथिलऐमीन लवण तथा मेथेनोइक अम्ल

(d) प्रोपेनोइक अम्ल तथा अमोनियम लवण

[AIEEE 2003]

4. निम्न में से प्रबलतम क्षार है-

(a) 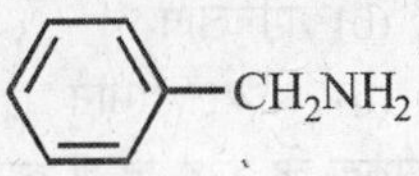 (b) 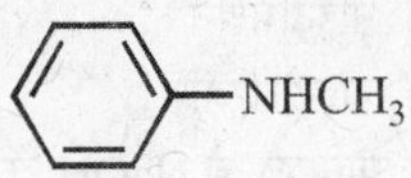

(c) 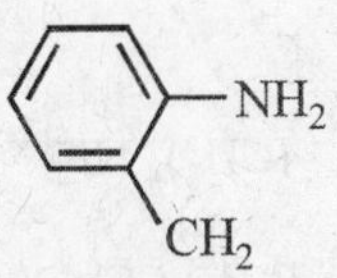 (d) 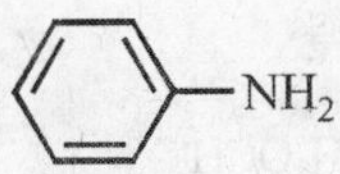

[AIEEE 2004]

5. 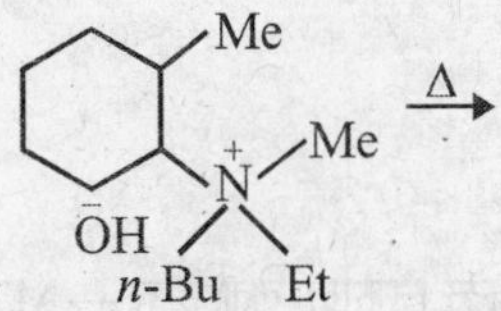

उपरोक्त विलोपन अभिक्रिया में प्रधान उत्पाद के रूप में बनने वाली ऐल्कीन है-

(a) 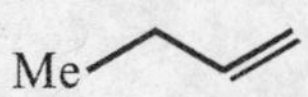 (b) $CH_2=CH_2$

(c) 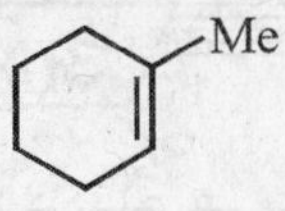 (d) 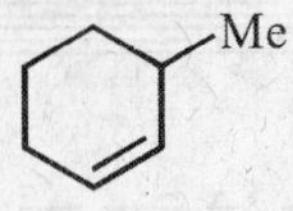

[AIEEE 2006]

6. एक रासायनिक अभिक्रिया

$CH_3CH_2NH_2 + CHCl_3 + 3KOH \longrightarrow (A) + (B) + 3H_2O$ यौगिक (A) व (B) क्रमश : हैं–

(a) C_2H_5CN तथा 3KCl (b) $CH_3CH_2CONH_2$ तथा 3KCl

(c) C_2H_5NC तथा K_2CO_3 (d) C_2H_5NC तथा 3KCl

[AIEEE 2007]

7. बैंजीन चक्र में नाइट्रो समूह की उपस्थिति –

(a) चक्र को इलेक्ट्रोफिलिक विस्थापन की ओर सक्रिय करती है

(b) चक्र को क्षारीय प्रदर्शित करती है

(c) चक्र को न्यूक्लियोफिलिक विस्थापन की ओर निष्क्रिय

(d) चक्र को इलेक्ट्रोफिलिक विस्थापन की ओर निष्क्रिय करती है

[AIEEE 2007]

8. जलीय विलयन में कौन प्रबलतम क्षार है?

(a) ट्राइमेथिलऐमीन (b) ऐनीलिन

(c) डाइमेथिलऐमीन (d) मेथिल ऐमीन

[AIEEE 2007]

उत्तरमाला

1. (b)	**2.** (a)	**3.** (c)	**4.** (a)	**5.** (b)	**6.** (d)	**7.** (d)	**8.** (c)

हल

1. (b) $RCH(NH_2)\cdot CH_2\cdot COOH$ ऐमीनों ऐसिड हैं जिसमें $-NH_2$ तथा —COOH समूह दोनों हैं।

2. (a) $-CH_3$ समूह के +1 प्रभाव के कारण।

3. (c) $C_2H_5NC + H_2O \xrightarrow{H^+} C_2H_5NH_3^+ + HCOOH$

4. (a) बैंजिलऐमीन में -1e^o का एकल युग्म बैंजीन वलय में अनुनाद के लिए प्रवेश कर सकता है।

5. (b) 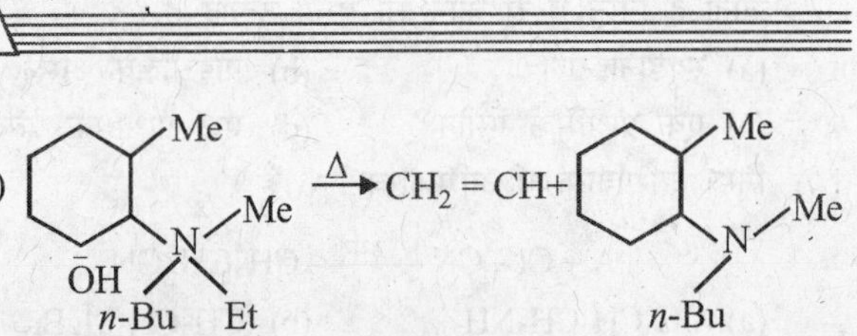

अभिक्रिया कार्बेनायन क्रियाविधि द्वारा होती है।

6. (d) $CH_3CH_2NH_2 + CHCl_3 + KOH \longrightarrow A + B + 3H_2O$

$CH_3Cl_3 + KOH \longrightarrow ; CCl_2 + KCl + H_2O$

क्लोरो कार्बीन

$$CH_3CH_2NH_2 + :CCl_2 \longrightarrow \underset{\text{कार्बिलऐमीन}}{CH_3CH_2NC} + 2HCl$$

7. (d) 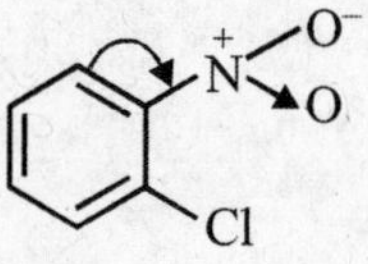

— NO_2 समूह चक्रक से इलेक्ट्रॉन निकाल लेता है व — M प्रभाव दर्शाता है। यह चक्र को इलेक्ट्रॉन की कमी वाला बनाता है तथा इसलिए चक्र को इलेक्ट्राफिलिक विस्थपन के लिए निष्क्रिय बनाता है।

8. (c) जलीय विलयन में क्षारीय क्रम इस प्रकार है-

डाइमेथल ऐमीन > मेथिल ऐमीन > ट्राई मेथिल ऐमीन > ऐनिलीन

2° 1° 3°

अभ्यास के लिए प्रश्न

1. वह यौगिक जो निम्न ताप पर जलीय अम्ल की क्रिया से एक तैलीय (oily) नाइट्रोसेमीन बनाता है
(a) मेथिल ऐमीन (b) ऐथिल ऐमीन
(c) डाइऐथिल ऐमीन (d) ट्राइऐथिल ऐमीन

2. C_6H_5CHO तथा CH_3NH_2 के मध्य अभिक्रिया से बनता है
(a) C_6H_5COOH (b) $C_6H_5-N=NCl+2H_2O$
(c) $C_6H_5-CH=N-CH_3$ (d) $C_6H_5NH_2$

3. हिन्सबर्ग परीक्षण निम्न के मध्य पहचान के लिए प्रयुक्त किया जा सकता है
(a) प्राथमिक तथा द्वितीयक ऐमीन
(b) प्राथमिक, द्वितीयक तथा तृतीयक ऐमीन
(c) प्राथमिक तथा तृतीयक ऐमीन
(d) उपरोक्त सभी

4. नीचे दिये गए अभिक्रिया क्रम में अन्तिम उत्पाद है

ऐसीटामाइड $\xrightarrow{P_2O_5}$ A $\xrightarrow{4H}$ B

(a) अमोनियम ऐसीटेट (b) मेथिल ऐमीन
(c) ऐथिल ऐमीन (d) मेथिल सायनाइड

5. निम्न अभिक्रिया

ऐथिल ऐमीन $\xrightarrow{HNO_2}$ A $\xrightarrow{PCl_5}$ B $\xrightarrow{KCN}$ C

का अन्तिम प्रतिफल है
(a) ऐथिल ऐमीन (b) डाइऐथिल ऑक्जाजेल
(c) मेथिल ऐमीन (d) प्रोपेननाइट्राइल

6. एक प्राथमिक नाइट्रोऐल्के को नाइट्रस अम्ल के साथ अभिकृत किया जाता है निम्न में से कौन-सा मुख्य उत्पाद है
(a) स्यूडोनाइट्रोल (b) नाइट्रोलिक अम्ल
(c) एक प्राथमिक ऐमीन (d) एक प्राथमिक ऐल्कोहॉल

7. निम्न अभिक्रिया में अभिकारक 'A' है

$$A + Cl-CN \xrightarrow{\text{ईथर}} CH_3CH_2CN$$

(a) $CH_3CH_2CH_2NH_2$ (b) CH_3CH_2MgBr
(c) CH_3CONH_2 (d) $CH_3CH_2CONH_2$

8. बेसिक सामर्थ्य का सही क्रम कौन-सा है
(a) $NH_3 > CH_3NH_2 > NF_3$ (b) $CH_3NH_2 > NH_3 > NF_3$
(c) $NF_3 > CH_3NH_2 > NH_3$ (d) $NH_3 > NF_3 > CH_3NH_2$

9. निम्न में से कौन-सा $NaNO_2$ के साथ क्रिया करके ऐल्कोहॉल/फीनोल देता है
(a) $C_6H_5CH_2NHCH_3$ (b) $(CH_3)_2NH$
(c) CH_3NH_2 (d) $C_6H_5NH_2$

10. एक कार्बनिक यौगिक A' अपचयन पर यौगिक 'B' देता है। 'B' को $CHCl_3$ तथा ऐल्काहॉलिक KOH के साथ अभिकृत कराने पर यौगिक 'C' प्राप्त होता है। 'C' उत्प्रेरकीय अपचयन पर N-मेथिल ऐनिलीन देता है
(a) नाइट्रोमेथेन (b) ऐनिलीन
(c) नाइट्रोबेन्जीन (d) मेथिल ऐमीन

11. वह यौगिक जो NaOH के साथ शीघ्रता के साथ क्रिया करके मेथेनॉल बनाता है
(a) CH_3OCH_3 (b) $(CH_3)_4\overset{+}{N}I^-$
(c) $(CH_3)_3\overset{+}{S}I^-$ (d) $(CH_3)_3CCl$

12. $CH_3CH_2Cl \xrightarrow{KCN} X \xrightarrow{Ni/H_2} Y \xrightarrow[\text{ऐनहाइड्राइड}]{\text{ऐसिटिक}} Z$

इस अभिक्रिया क्रम में 'Z' है
(a) $CH_3CH_2CONHCOCH_3$ (b) $CH_3CH_2CH_2NHCOCH_3$
(c) $CH_3CH_2CH_2NHCOCH_3$ (d) $CH_3CH_2CH_2NH_2$

13. मेथिल आइसोसायनेट, जो भोपाल त्रासदी का कारण बना, के औद्योगिक निर्माण के लिए निम्न में से कौन-से रसायन प्रयुक्त किये जाते हैं
(i) मेथिलऐमीन (ii) फॉस्ज़ीन
(iii) फॉस्फीन (iv) डाइमेथिलऐमीन
(a) (i) तथा (iii) (b) (i) तथा (iii)
(c) (i) तथा (iii) (d) (i) तथा (iii)

14. कार्बनिक यौगिकों में नाइट्रो समूह के विषय में निम्न में से कौन-सा कथन सही नहीं है
(a) N परमाणु sp^2 संकरित है
(b) N परमाणु एक $N=O$ बन्ध तथा एक $N \rightarrow O$ बन्ध बनाता है
(c) दोनों नाइट्रोजन-ऑक्सीजन बन्ध लम्बाईयाँ भिन्न-भिन्न होती हैं
(d) यह दो अनुनाद रूपों में रहता है

उत्तरमाला

1. (c) **2.** (c) **3.** (d) **4.** (c) **5.** (d) **6.** (b) **7.** (b) **8.** (b) **9.** (c) **10.** (c) **11.** (b) **12.** (b) **13.** (c) **14.** (c)

हल

1. (c) सभी डाइऐल्किल तथा डाइऐरिल ऐमीन (द्वितीयक ऐमीन) नाइट्रस अम्ल (HNO_2) के साथ क्रिया करके तैलीय (oily) प्रकृति के नाइट्रोसो ऐमीन देते हैं

2. (c) $C_6H_5-CH=O+H_2NCH_3 \xrightarrow[(-H_2O)]{} C_6H_5-CH=N-CH_3$

3. (d) हिन्सबर्ग परीक्षण से प्राथमिक, द्वितीयक तथा तृतीयक ऐमीनों में पहचान की जा सकती है।

4. (c) $\underset{\text{ऐसीटामाइड}}{CH_3CONH_2} \xrightarrow[(-H_2O)]{P_2O_5} \underset{'A'}{CH_3CN} \xrightarrow{4[H]} \underset{'B'\ (\text{ऐथिल ऐमीन})}{CH_3CH_2NH_2}$

5. (d) $CH_3-CN \xrightarrow[(\text{जल अपघटन})]{H_2SO_4\ \text{तनु}} CH_3COOH$

$$\xrightarrow[H_2SO_4\ (\text{ऐस्टीकरण})]{C_2H_5OH} \underset{\text{ऐथिल ऐसीटेट}}{CH_3COOC_2H_5}$$

6. (b) $\underset{\text{प्राथमिक नाइट्रोऐल्केन}}{R-\overset{\alpha}{C}H_2-NO_2}+O=N-OH \xrightarrow[(-H_2O)]{} \underset{\text{नाइट्रोलिक अम्ल}}{R-\underset{\underset{N-OH}{\|}}{C}-NO_2}$

7. (b) $CH_3CH_2MgBr+ClCN \xrightarrow{\text{ईथर}} CH_3CH_2CN+Mg(Cl)Br$

8. (b)

9. (c) CH_3NH_2 को HNO_2 के आधिक्य ($NaNO_2+HCl$) के साथ अभिकृत कराने पर CH_3OH प्राप्त होता है।

10. (c) $\underset{'A'}{C_6H_5NO_2} \xrightarrow[\text{अपचयन}]{Sn/HCl} \underset{'B'}{C_6H_5NH_2} \xrightarrow[KOH_{alc.}]{CHCl_3} \underset{'C'}{C_6H_5NC}$

$$\xrightarrow{H_2/Ni} \underset{N-\text{मेथिलऐनिलीन}}{C_6H_5NHCH_3}$$

11. (b) $(CH_3)_4\overset{+}{N}I^-$ की NaOH के साथ क्रिया से $(CH_3)_4\overset{+}{N}OH^-$ मिलता है जो गर्म करने पर $(CH_3)_3N$ तथा CH_3OH उत्पन्न करता है।

12. (b) $CH_3CH_2Cl \xrightarrow{KCN} \underset{'X'}{CH_3CH_2CN} \xrightarrow{Ni/H_2}$

$$\underset{'Y'}{CH_3CH_2CH_2NH_2} \xrightarrow{(CH_3CO)_2O} \underset{'Z'}{CH_3CH_2CH_2NHCOCH_3}$$

13. (c) $CH_3NH_2+\underset{\text{फॉस्जीन}}{\overset{Cl}{\underset{Cl}{>}}C=O} \rightarrow \underset{\substack{\text{मेथिल आयसोसायनेट} \\ (\text{भोपाल गैस त्रासदी का कारक})}}{CH_3-N=C=O}+2HCl$

14. (c) अनुनाद के कारण दोनों N – O बन्ध लम्बाईयाँ समान होती हैं।

□□□

30 Chapter

जैव-अणु तथा जैविक प्रक्रियाएँ
(Bio-Molecules)

स्मरणीय बिन्दु

- **म्यूटेरोटेशन (Multarotation) :** किसी प्रकाश सक्रिय समायवी के जलीय विलयन का विशिष्ट घूर्णन समय के साथ परिवर्तित होता रहता है तथा एक साम्य मिश्रण बनता है। जिस म्यूटेरोटेशन कहते है।
- केवल अपचायक शर्करा ही म्यूटेरोटेशन को प्रदर्शित करती है।
- ग्लूकोज डेक्स्ट्रो-रोटेटरी (डैक्सट्रोज) होता है। ग्लूकोज अणु में 4 असम्मित कार्बन परमाणु होते हैं। जो 16 समायवी प्रदर्शित करता है।
- ग्लूकोज म्यूटेरोटेशन प्रदर्शित करता है। जो ग्लूकोज अणु की वलय संरचना की व्याख्या करती है।
- α-D-ग्लूकोज तथा β-D-ग्लूकोज ऐनोमेरिक शर्करा कहलाते हैं। C_1 कार्बन परमाणु पर इनकी संरचना भिन्न होती है।
- ग्लूकोज को लाल P+HI के साथ $150^{o}C$ पर गर्म करने पर n-हैक्जेन तथा 2-आयड्रोहैक्जेन बनती है।
- फ्रक्टोज एक अपचायक शर्करा है जो म्यूटेरोटेशन की घटना प्रदर्शित करता है। ग्लूकोज के पास $>C=O$ होता है। किन्तु यह फेलिंग परीक्षण देता है। क्योंकि यह α-ग्लूकोज में परिवर्तित हो जाता हैं।
- सुक्रोज डेक्स्ट्रो-रोटेटरी (डैक्सट्रोज) है। जो जल अपघटन करके α-D-ग्लूकोज तथा D-फ्रक्टोज का मिश्रण देता है। जो प्रतीप शर्करा है, परन्तु प्रतीप शर्करा वामावर्त घूर्णक होती है, क्योंकि प्रतीप शर्करा में उपस्थित फ्रक्टोज का वामावर्त घूर्णन ग्लूकोज के दक्षिणावर्त घूर्णन से अधिक होता है।
- प्रतीप शर्करा सुक्रोज से अधिक मीठी होती है।
- ग्लूकोज तथा सुक्रोज अणु आपस में अपचायक समूह से जुड़े होते हैं। जो सुक्रोज अणु में ग्लाइकोसाइडिक बन्ध बनाते हैं।
- लैक्टोज दुग्ध शर्करा होती है जो केवल दुध में पायी जाती है। यह दक्षिणावर्ति घूर्णक होती है।
- स्टार्च एक पॉलिसैकेराइड्स जो α-D-ग्लूकोज का पॉलिमर होता है।
- ऐमाइलोज α-D-ग्लूकोज की सीधी शृंखला होती है। जो पानी में घूलनशील होता है। तथा आयोडीन के साथ एक नीला रंग उत्पन्न करता है।
- एमाइलोपेक्टिन α-D-ग्लूकोज की शाखा युक्त शृंखला होती है। जो जल में अघुलनशील होती है। जो आयोडीन के साथ लाल या भूरा रंग देती है।
- सेल्यूलोस β-D-ग्लूकोज की सीधी शृंखला होती है।
- कार्बोहाइड्रेट को मोलिस परीक्षण के द्वारा पहचाना जा सकता है।
- विटामिन-C पानी में घुलनशील होता है जो तेजी से मूत्र में विसर्जित हो जाता है। इसलिए इसको मनुष्य के शरीर में एकत्र नहीं कर सकते।
- **अपचायक शर्कराएँ:** सभी मोनोसैकेराइड, सुक्रोज को छोड़कर सभी डाइसैकेराइड अपचायक शर्कराएँ होती है।
- **अनपचायक शर्कराएँ (Non Reducing Sugar) :** सुक्रोज तथा पॉलीसैकेराइड अनपचायक शर्कराएँ होती है।
- विटामिनों का संश्लेषण हमारे शरीर में नहीं होता।
- विटामिन-A को (Anti-infection) विटामिन भी कहते हैं।
- विटामिन-D को कैल्सिफैरॉल तथा सूर्य प्रकाश विटामिन भी कहते है। इसे ऐन्टी रिकेट भी कहते है।
- विटामिन-E को ऐन्जाइम के साथ कार्य नहीं करता।
- विटामिन-B_1 की कमी के कारण बेरी-बेरी रोग हो जाता है। थायामीनपायरोफॉस्फेट कार्बोक्सिलेज ऐन्जाइए का सह-ऐन्जाइम होता है।
- विटामिन-B_2 को राइबोफ्लेविन कहते है। यह सूर्य के प्रकाश की उपस्थिति में नष्ट हो जाता है।
- विटामिन-B_5 को निकोटिनिक अम्ल भी कहते है।
- विटामिन-B_6 को पिराडॉक्सिन भी कहते हैं।
- विटामिन-B_6 ऐमीनो अम्ल की मैटाबोलिजिम से सम्बन्धित होता है।
- विटामिन-B_7 को बायोटीन या विटामिन-H भी कहते हैं।
- विटामिन-B_7 सल्फर बना सहऐन्जाइम होता है।
- विटामिन-B_{12} सब्जियों में नहीं पाया जाता।

ग्लूकोज (अंगूर शर्करा) Glucose (Grape sugar) :

1. ग्लूकोज की खुली संरचना में 4 असम्मित कार्बन परमाणु होते है। इसलिए यह 16 प्रकाश सक्रिय समायवी प्रदर्शित करता है।

$$OHC-\overset{*}{C}HOH-\overset{*}{C}HOH-\overset{*}{C}HOH-\overset{*}{C}HOH-CH_2OH$$

2. ग्लूकोज के पास कोई मेसो रूप नहीं होता। क्योंकि इसको दो बराबर भागों में विभाजित नहीं किया जा सकता। अर्थात् इसके पास सम्मित तल नहीं होता।
3. ग्लूकोज का जलीय विलयन वलय संरचना प्रदर्शित करता है।

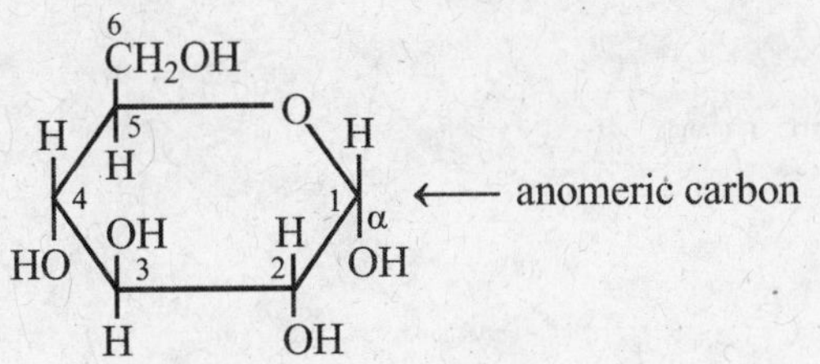

α-D Glucose

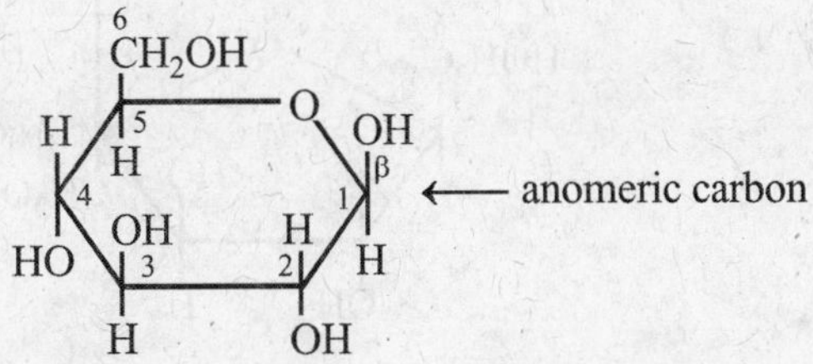

β-D Glucose

4. ग्लूकोज की वलय संरचना में 5 असम्मित परमणु होते है। 5th असम्मित कार्बन परमाणु चलायवता के कारण बनता है।
5. α तथा β-Dग्लूकोज ऐनोमर्स होते हैं। ग्लूकोज $NaHSO_3$ से अभिक्रिया नहीं करता।
6. लूकोज तथा मेथिल ऐल्कोहल के बीच अभिक्रिया से मेथिल ग्लूकोसाइड बनता है। जो ग्लूकोज की वलय संरचना की व्याख्या करता है।

$$\underset{\text{D-Glucose}}{C_6H_{12}O_6} + CH_3OH \xrightarrow{H^+} \underset{\text{Methyl } \alpha\text{- and } \beta\text{- D-glucosides}}{(C_6H_{11}O_5)OCH_3} + H_2O$$

7. ग्लूकोलाइसिस में ग्लूकोज का एक अणु पाइरूविक अम्ल के दो अणुओं में परिवर्तित हो जाता है। ग्लाइकोलाइसिस कोशिकाद्रव्य में होती है।
8. ग्लाइकोलाइसिस में 4 ATP बनते है। किन्तु दो प्रयोग हो जाते है और दो का लाभ होता है।
9. पाइरिक अम्ल ऐसीटाइल सहऐन्जाइम तथा इन्सुलिन की सहायता से माइट्रोकॉन्डिया में प्रवेश करता है।
10. ग्लूकोज से एक अणु से 6,90,000 कैलोरी या लगभग 685 किलो कैलोरी ऊर्जा प्राप्त होती है।
11. ATP एक अणु से 8.9 किलो कैलोरी ऊर्जा प्राप्त होती है।

फ्रैक्टोस (Fructose) :

1. यह सबसे मीठी मोनोसैकराइड है। यह एक कीटों हैक्सोस है जिसे fruit sugar भी कहते है। यह एक लीवियो-रोटेटरी है। फ्रैक्टोस में 3 असम्मित कार्बन परमाणु होत है। अर्थात् इसके 8 प्रकाश सक्रिया समायवी होते है।

$$CH_2OH-\overset{*}{C}HOH-\overset{*}{C}HOH-\overset{*}{C}HOH-CO-CH_2OH$$

2. फ्रैक्टोस की चक्रीय संरचना

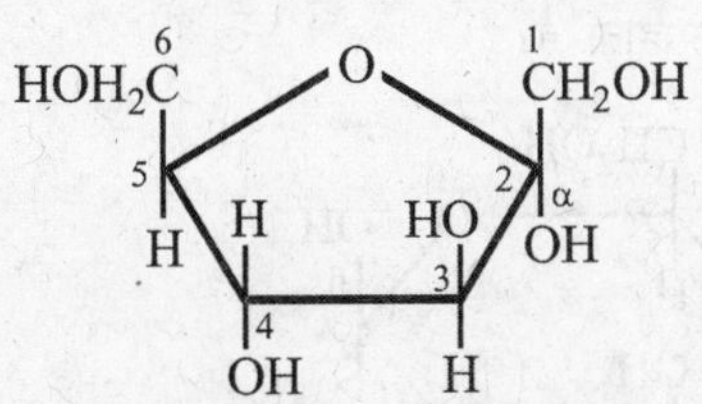

α-D-Fructofuranose

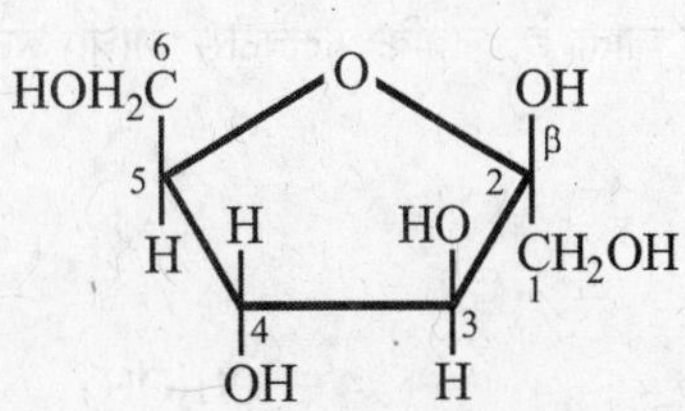

β-D-Fructofuranose

3. फ्रैक्टोस एक अपचायक शर्करा है जो muta rotation प्रदर्शित करता है।

डाइसैकेराइड (disaccharides) :

1. डाइसैकेराइड के जल अपघटन से मोनो-सैकेराइड के दो अणु बनते है जो समान या भिन्न हो सकते है।
2. सुक्रोस को छोड़कर सभी डाइसैकेराइड अपचायक होती है। सुक्रोस अनापचायक शर्करा होती है।
3. डाइसैकेराइड में 2 मोनो-सैकेराइड ग्लाइकोसाइड आवघन के द्वारा जुड़ी होती है।
4. सुक्रोस दक्षिणावृत्ती घूर्णन (dextroatory) है लेकिन प्रवृत्ति घ्रुवण घूर्णन प्रदर्शित नहीं करती। यह जल-अपघटन के समय लवोट्रेट्री (levorotatory)

हो जाता है। अर्थात् विशिष्ट घूर्णन 19.85° से +65.5° होता है।

5. ग्लूकोज का C_1-α सुक्रोस फ्रैक्टोस के C_2-β से जुड़ा होता है।

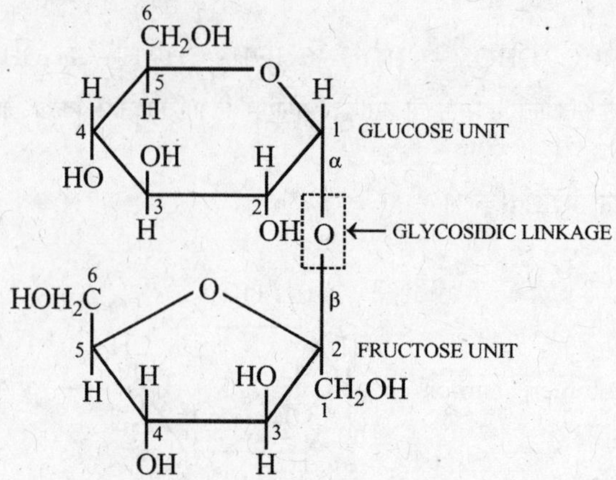

Structure of sucrose

माल्टोस (माल्ट शर्करा) Maltose (Malt sugar) $C_{12}H_{22}O_{11}$:

1. माल्टोस का एक अणु जल-अपघटन के समय D-ग्लूकोज के दो अणु देता है ग्लूकोज की दोनों इकाईयां पायरेनोज (pyranose) अवस्था में होती है।
2. एक ग्लूकोज की C_1 इकाई अन्य की C_4 से जुड़ी होती है।

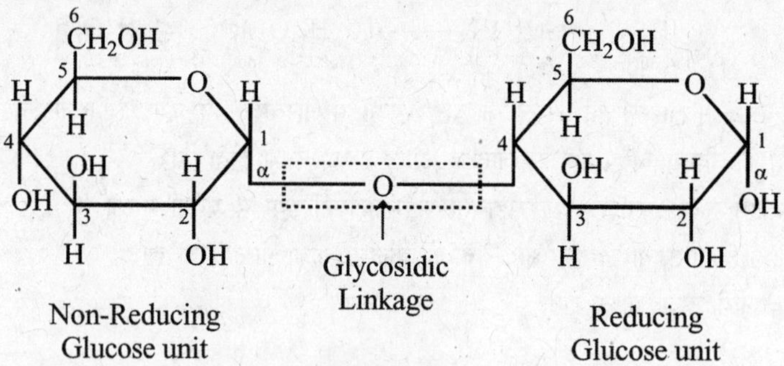

α-D-maltose

लैक्टोस (दुग्ध शर्करा) Lactose (Milk sugar), $C_{12}H_{22}O_{11}$:

1. लैक्टोज 6-9% मनुष्यों के दुध में और 4-6% गाय के दुध में पाया जाता है। यह दुग्ध शर्करा कहलाता है।
2. लैक्टोस के जल-अपघटन से D-ग्लूकोज और D-गैलेक्टोज का समअणुक मिश्रण प्राप्त होता है।
3. दोनों ग्लूकोज तथा गैलेक्टोज पायरेनोज (pyranose) अवस्था में उपस्थित होती है।
4. ग्लूकोज आधा अपचयित हो जाता है, जबकि गैलेक्टोस आधा अनपचायक होता है।

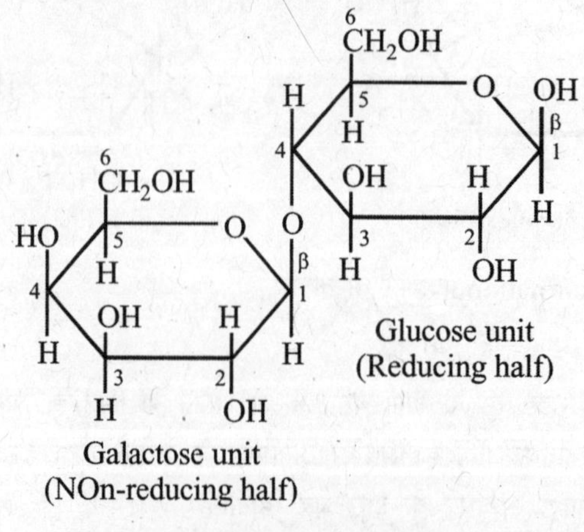

β-D-lactose

स्टार्च, ऐमाइलम [Starch, Amylum $(C_6H_{10}O_5)_n$] :

स्टार्च दो अवयव रोकता है। (i) ऐमाइलोज (जल में घुलनशील) (ii) ऐमालोपेक्टिन (जल में अघुलनशील)

(i) ऐमाइलोज (Amylose) :

— ऐमाइलोज आयोडीन विलयन के साथ नीला रंग देता है।

— यह α-D-ग्लूकोज अणुओं की एक सीधी शृंखला हैं। ऐमाइलोज में C_1 की एक ग्लूकोज इकाई अन्य ग्लूकोज इकाई की C_4 से α-ग्लाइकोसाइडिक आबन्धन के द्वारा जुड़ी होती है।

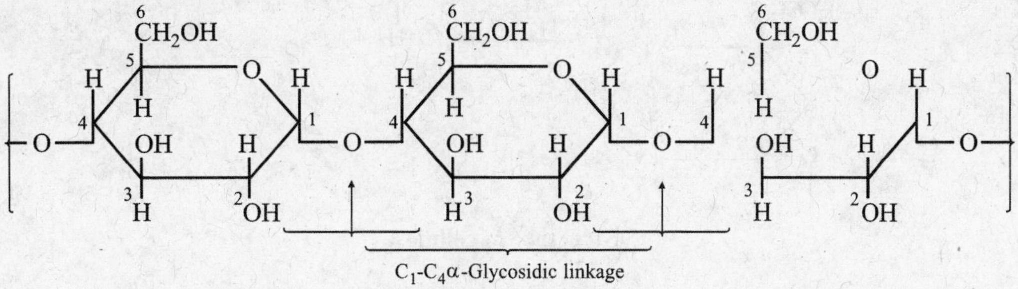

Structure of amylose

(ii) ऐमालोपेक्टिन (Amylopectin) :

— यह α-D-ग्लूकोज की शाखायुक्त बहुलक है।

— ऐमालोपेक्टिन में एक ग्लूकोज का C_1 अन्य ग्लूकोज अणु के C_4 से जुड़ा होता है।

— शाखायुक्त प्रणाली में ग्लूकोज इकाई का C_1 सिरा द्वितीय रेखीय इकाई के अन्य ग्लूकोज के C_6 से जुड़ा होता है।

— ऐमालोपेक्टिन पानी में घुलनशील अवयव है तथा आयोडीन विलयन में नीला रंग नहीं देता है।

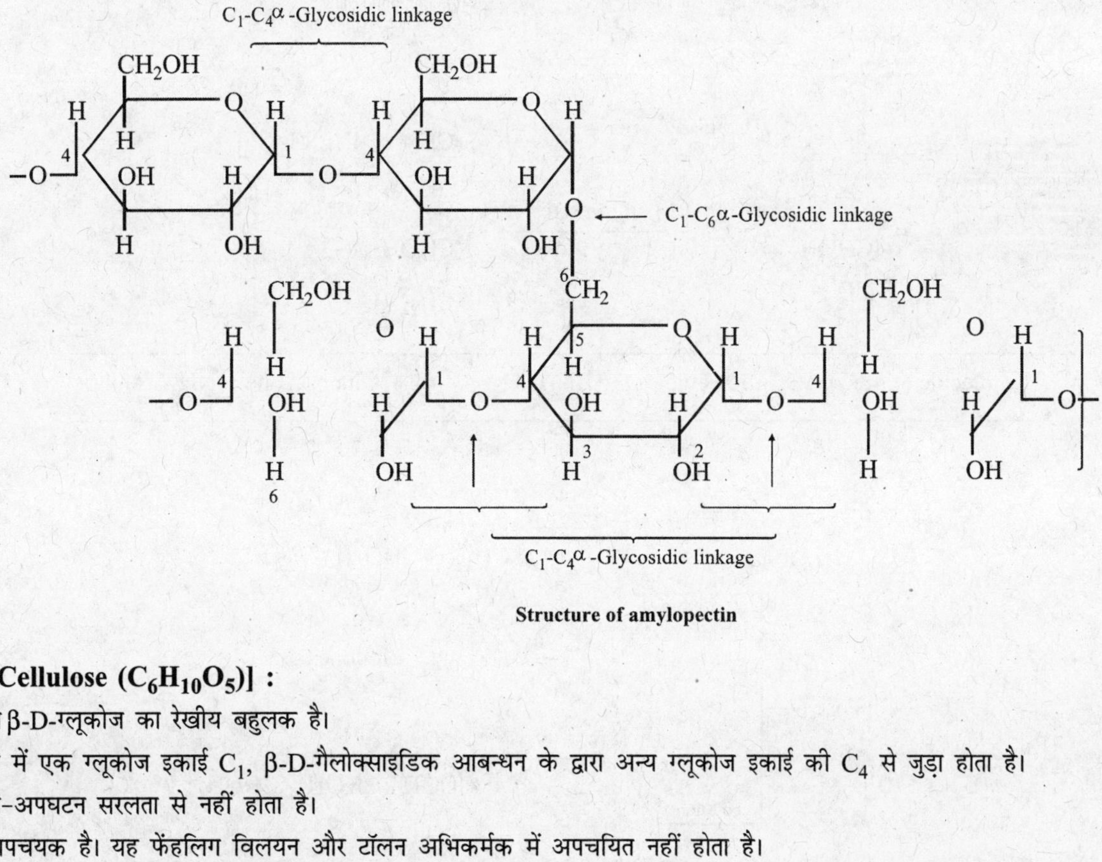

Structure of amylopectin

सैलुलोज [Cellulose $(C_6H_{10}O_5)$] :

1. सैलुलोज β-D-ग्लूकोज का रेखीय बहुलक है।
2. सैलुलोज में एक ग्लूकोज इकाई C_1, β-D-गैलोक्साइडिक आबन्धन के द्वारा अन्य ग्लूकोज इकाई की C_4 से जुड़ा होता है।
3. यह जल-अपघटन सरलता से नहीं होता है।
4. यह अनापचयक है। यह फेंहलिग विलयन और टॉलन अभिकर्मक में अपचयित नहीं होता है।
5. रेखीय संरचना के कारण यह सरलता से रेशेदार पदार्थ में बदल जाता है।
6. यह ओसोजोन (osazone) के रूप में नहीं होता है।

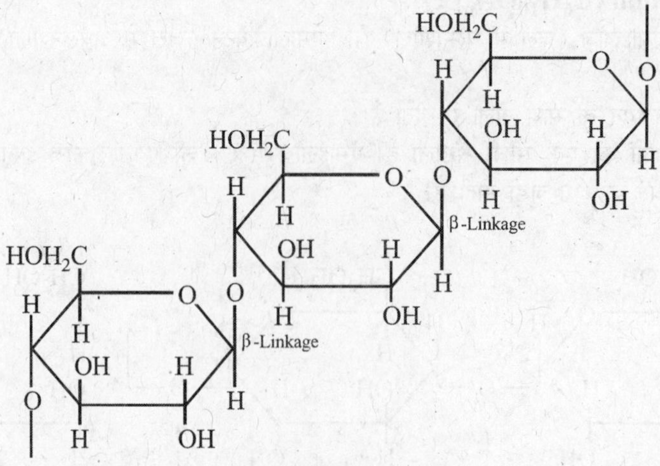

Structure of cellulose

7. फिनाइल-हाइड्राजिन के साथ क्रिया (Reaction with phenylhydrazine) :

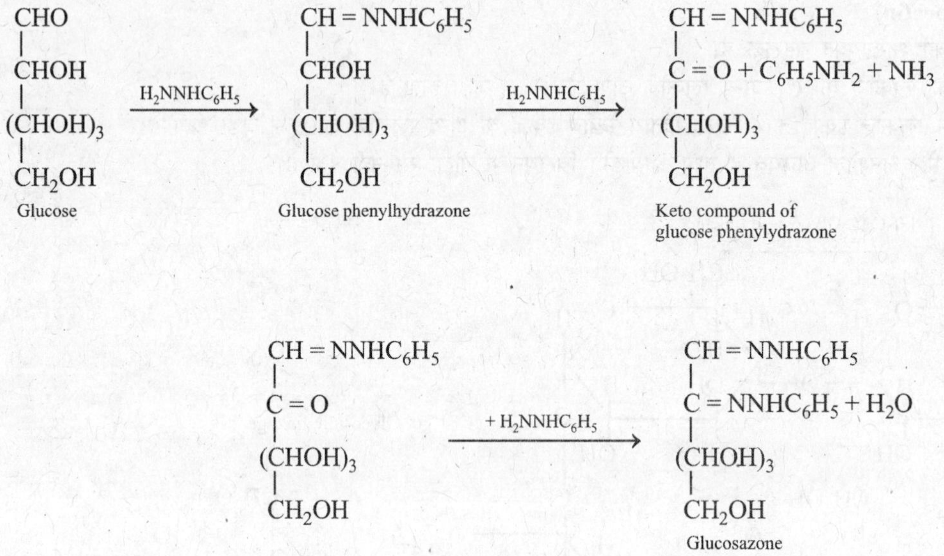

1 molecule of glucose + 3 molecule of $C_6H_5NHNH_2$ $\xrightarrow[-2H_2O]{}$ Glucosazone + NH_3 + aniline

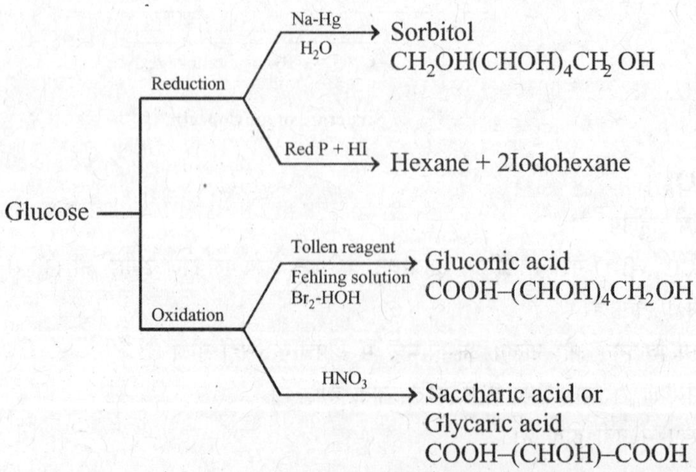

8. **HCN ग्लूकोज की क्रिया (Reaction of glucose with HCN) :** ग्लूकोज HCN के साथ अभिक्रिया करके ग्लाइकोज साइनोहाइड्रीन (cyanohydrin) देता है।

$$\underset{\text{Glucose}}{CH_2OH(CHOH)_4CHO} + HCN \longrightarrow \underset{\text{Glucose cyanohydrin}}{CH_2OH(CHOH)_4CH\begin{matrix}CN \\ OH\end{matrix}}$$

$$\text{Glucose} \xrightarrow{NH_2OH} \underset{\text{Glucose oxine}}{CH_2OH(CHOH)_4CH{=}N{-}OH}$$

$$\text{Glucose} \xrightarrow{PCl_5} CH_2Cl(CHCl)_4CHO$$

$$\text{Glucose} \xrightarrow{CH_3COCl} \underset{\text{Glucose penta acetate}}{CH_2(OCOCH_3)(CHOCOCH_3)_4{-}CHO}$$

These reaction show that Glucose has 5 OH group

ग्लाइकोजन [Glycogen $(C_6H_{10}O_5)_n$] :

1. यह β-ऐमाइलेज ऐन्जाइम के द्वारा माल्टोज के रूप में जल-अपघटित होता है। यह यकृत तथा मांसपेशी में उपस्थित होता है।
2. ग्लाइकोजन को जन्तु स्टार्च भी कहते है, क्योंकि इसकी संरचना ऐमाइलोपेक्टिन के समान होती है।
3. ग्लाइकोजन ऐमाइलोपेक्टिन की तुलना में बहुत अधिक शाखायुक्त होता है।

ऐमीनो अम्ल (Amino Acid) :

1. वे यौगिक जिनमें NH_2 तथा कार्बोक्सिलिक समूह उपस्थिति होता है। ऐमीनो अम्ल कहलाता है। ऐमीनो अम्ल प्रोटीन के एकलक होते है।
2. **α-ऐमीनो अम्ल (α-Amino acid) :**
   - वे ऐमीनो अम्ल जिनमें NH_2 तथा COOH एक ही कार्बन पर जुड़े होते है α-ऐमीनो अम्ल कहते है।
   - ग्लाइसिन के अतिरिक्त सभी α-ऐमीनो अम्ल ऑप्टीकली (optically) सक्रिय होते है। α-ऐमीनो अम्ल aquas state में द्वि-ध्रुवीय आयन रखता है।
   - द्वि-ध्रुवीय संरचना को साधारणतः आन्तरिक नमक या ज्विटर आयन कहते है।

$$R-\overset{\displaystyle NH_2}{\overset{|}{C}H}-COOH \rightleftharpoons \underset{\text{Zwitter ion}}{R-\overset{\displaystyle {}^{+}NH_3}{\overset{|}{C}H}-COO^-}$$

   - α-ऐमीनो अम्ल का आइसोइलेक्ट्रिक बिन्दु (Isoelectric points) ।
   - वह pH जिस पर एक ऐमीनो अम्ल विद्युत क्षेत्र के प्रभाव में किसी भी इलेक्ट्रोड की ओर अभिगमन नहीं करता आइसोइलेक्ट्रिक बिन्दु (Isoelectric points) कहलाता है।
   - आइसोइलेक्ट्रिक बिन्दु (Isoelectric points) पर ऐमीनो अम्ल जल में अल्पतम विलेय होता है।
   - प्रत्येक ऐमीनो अम्ल आइसोइलेक्ट्रिक बिन्दु (Isoelectric points) का गुण रखता है।
   - उदासीन ऐमीनो अम्ल के लिए आइसोइलेक्ट्रिक बिन्दु (Isoelectric points) pH 7 की तुलना में जरा सा कम होता है।
   - अम्लीय ऐमीनो अम्ल के लिए आइसोइलेक्ट्रिक बिन्दु (Isoelectric points) pH 3.0 –5.4 (aspartic acid = 3.0) की तुलना में असत्य होता है।
   - मौलिक ऐमीनो अम्ल के लिए आइसोइलेक्ट्रिक बिन्दु (Isoelectric points) pH 7.6 – 10.8 (lysin = 9.7) की तुलना में असत्य होता है।

पेप्टाइड आबन्ध (Peptides bond) :

1. एक ऐमीनो अम्ल का ऐमीनो समूह एक ऐमाइड बन्ध की तुलना में तथा अन्य का कार्बोक्सिल पेप्टाइड आबन्ध कहलाता है।
2. ऐमीनो अम्ल के ऐन्जाइम पेश करने के द्वारा प्रोटीन जल-अपघटित हो जाता है। जिससे वह रक्त के द्वारा ग्रहण कर लिये जाते है तथा विभिन्न ऊतकों तक पहुँच जाते है।

$$\text{Proteins} \xrightarrow[\text{Proteases}]{\text{Pepsin}} \text{Polypeptides} \xrightarrow[\text{Chemotrypsin}]{\text{Trypsin}} \text{Amino acids}$$

विकृतिकरण (Denaturation) :

1. वह तरीका जिसमें प्रोटीन बिना प्रभाव के भौतिकीय तथा जैवीय गुणों में बदल जाते हैं। ऊष्मा के प्रभाव या रासायनिक अभिकर्मक से इसका रासायनिक संगठन होता है, विकृतिकरण कहलाता है।

2. विकृतिकरण रासायनिक प्रोटीन के प्राथमिक संरचना के बदलने से नहीं होता है। लेकिन यह द्वितीय तथा तृतीय संरचना के बदलने से होता है।

3. विकृतिकरण के विपरीत यह renaturation कहलाता है।

4. प्रोटीन की 2-द्वितीयक संरचना एक विशिष्ठ अवस्था है, b सीट की चुन्नट हाइड्रोजन बन्ध के द्वारा रखी होती है, जबकि N–N तथा C=O समूह निकटवर्ती समूह होता है।

5. पेप्टाइड शृंखला का मुड़ना तृतीयक संरचना है। तृतीयक संरचना का पेप्टाइड अधिक प्रभाव होता है तथा जैवीय गतिविधि का कार्य करते है।

विटामिन (Vitamins) :

1. विटामिन दो प्रकार के होते है।

(i) **जल विलेय विटामिन (Water soluble vitamins) :** विटामिन b सममिश्र (B_1, B_2, B_5, B_6 तथा B_{12}) तथा विटामिन C जल में घुलनशील विटामिन है।

(ii) **वसीय विलेय विटामिन (Fat soluble vitamins) :** इसके अन्तर्गत A, D, E तथा K विटामिन आते है। ये लीवर तथा ऐडीपोज में छूपे रहते है।

2. विटामिन A (Vitamin A) : रेटिनॉल या ब्राइट आई विटामिन (*Retinol or bright eye vitamin*).

- विटामिन A का महत्त्वूपर्ण उदाहरण गारज है-
- पानी की अल्पतम बीमारी - *Xerophthalmia*, रात्रि अन्धता तथा जिरोसिस।

3. विटामिन B_1 (Vitamin B_1) : थियोमाइन, ऐनीयूरीन या ऐन्टीन्यूरीटिक विटामिन।

- पानी की कमी से होने वाली बीमारी – बेरीबेरी

4. विटामिन B_2 (Vitamin B_2) : राइबोफ्लेविन या लेक्टोफ्लेविन

- पानी की कमी से होने वाली बीमारी – जीभ की सामान्य जलन के कारण वृद्धि को रोकता है, अर्थात् जीभ गहरा लाल (*glossitis*) dermatitis तथा *cheilosis* (मुँह तथा होठों के किनारों का फटना) होता है।

5. विटामिन B_6 (Vitamin B_6) : एडरमीन या पिरिडॉक्सिन

- Deficiency disease - Causes specific dermatitis in rats (acrodynia), causes pellagra (shrivelled skin) and anaemia (bloodlessness) in man, affects central nervous system, causes general weakness, convulsions, nervousness.

6. विटामिन B_{12} (Vitamin B_{12}) : सायनोकोबोलेमिन

- विटामिन B_{12} कोबाल्ट है, जो विटामिन रखता है।
- विटामिन B_{12} RBCs परिपक्वन तथा DNA संश्लेषण में सहायता करता है।
- पानी की कमी से होने वाली बीमारी - परनीसियस ऐनाइमिया (हीमोग्लोबिन में RBC की कमी), जीभ तथा मुँह का inflammation करता है।

7. विटामिन B सममिश्र (Vitamin B-Complex) : यह विटामिन का एक समूह है। जो विटामिन B_1, B_2, B_6, B_{12} बायोटिन, फोलिक अम्ल, पेन्टोथेनिक अम्ल तथा निकोर्टनिक अम्ल रखता है।

- Deficiency disease - Beriberi (Vitamin B_1) and pernicious anaemia (Vitamin B_{12}).

8. विटामिन C (Vitamin C) : ऐस्कॉर्बिक अम्ल या ऐन्टीसकोरब्यूटिक विटामिन

- पानी की कमी से बीमारी - स्कर्वी (मसूडो से रक्त बहना), पायरिया (दाँतों का ढीला होना तथा रक्त आना)

9. विटामिन D (Vitamin D) : एरगोकैल्सीफेरोल या ऐन्टीरैक्कीटिक विटामिन या सूर्य प्रकाश विटामिन।

- पानी की कमी से बीमारी - बच्चों में रिकेट्स (हड्डियों की विकृति) तथा बालिग (adult) में ऑस्टिओमेलेशिया (कोमल हड्डी तथा जोड़ों का दर्द)।

10. विटामिन E (Vitamin E) : ऐन्टी–स्टीरिलिटि विटामिन

- पानी की कमी से बीमारी - बाँझपन (Sterility) अर्थात् प्रजनन के लैंगिक शक्ति में कमी आ जाती है।

11. विटामिन K (Vitamin K) : फिल्लोक्यूनॉन या ऐन्टीहीमारेज़ विटामिन

- पानी की कमी से बीमारी - हेमोरेज़, रक्त स्कन्दर की दर धीमी पड़ना।

12. विटामिन Q_{10} (Vitamin Q_{10}) : एरगोकैल्सीफेरोल या ऐन्टीरेकिटक विटामिन या सूर्य प्रकाश विटामिन

- Deficiency disease - Low order of immunity of body against many diseases.

13. विटामिन H (Vitamin H) : बायोटिन

- पानी की कमी से बीमारी - डरमेटिटिस, (त्वचा की बीमारी) पैरालाइसिस तथा बालों का हल्का होना।

——•——

अभ्यास के लिए प्रश्न

1. RNA, DNA से भिन्न हैं, क्योंकि RNA में होता है-
(a) राइबोज शुगर तथा थाईमीन
(b) राइबोज शुगर तथा यूरेसिल
(c) डीऑक्सीराइबोज शुगर तथा थाईमीन
(d) डीऑक्सीराइबोज शुगर तथा यूरेसिल
[AIEEE 2002]

2. सेलुलोज के पूर्ण जल-अपघटन से प्राप्त होता है-
(a) D-ग्लूकोज (b) L-ग्लूकोज
(c) D-फ्रक्टोज (d) D-राइबोज
[AIEEE 2003]

3. DNA की द्विक-कुंडलिनि संरचना किन बलों द्वारा स्थायी होती है?
(a) हाइड्रोजन बन्ध (b) इलेक्ट्रोस्टेटिक आकर्षण
(c) वान्डरवॉल बल (d) द्विध्रुव-द्विध्रुव आकर्षण
[AIEEE 2003]

4. कौन-सा बेस RNA में उपस्थित है, किन्तु DNA में नहीं है?
(a) थाइमीन (Thymine) (b) साइटोसीन (Cytosine)
(c) ग्वानीन (Guanine) (d) यूरेसिल (Uracil)
[AIEEE 2004]

5. इंसुलिन का उत्पादन तथा मनुष्य के शरीर में इसका कार्य डाइबिटीज के स्तर के लिए उत्तरदायी है, यह यौगिक है-
(a) एक ऐन्टिबायोटिक (b) एक हॉर्मोन
(c) एक ऐन्जाइम (d) एक कोऐन्जाइम
[AIEEE 2004]

6. ग्लूकोज के ऐनोमर्स का क्या तात्पर्य है?
(a) ग्लूकोज के वे समावयवी जोकि कार्बन एक तथा चार पर विन्यास पर भिन्न है (C-1 तथा C-4)
(b) (D)-ग्लूकोज तथा (L)-ग्लूकोज का मिश्रण
(c) ग्लूकोज के प्रतिबिम्ब समावयवी
(d) ग्लूकोज के वे समावयवी जोकि कार्बन एक (C-1) पर विन्यास में भिन्न होते हैं
[AIEEE 2006]

7. DNA में उपस्थित पिरिमिडीन क्षार है-
(a) साइटोसीन तथा ऐडिनीन (b) साइटोसीन तथा ग्वानीन
(c) साइटोसीन तथा थायमीन (d) साइटोसीन तथा यूरेसिल
[AIEEE 2006]

8. प्रोटीन की द्वितीयक संरचना बताती है-
(a) α-कुण्डलीदार पृष्ठ
(b) जलविरोधी पारस्परिक क्रिया
(c) α-ऐमीनों अम्ल का क्रम
(d) पॉलीपेप्टाइड पृष्ठ का निश्चित संरूपण
[AIEEE 2007]

उत्तरमाला

1. (b) **2.** (a) **3.** (a) **4.** (d) **5.** (b) **6.** (d) **7.** (b) **8.** (b)

हल

1. (b) RNA में राइबोज शुगर यूरेसिल क्षार के साथ है।

2. (a) सेलुलोज, D-ग्लूकोज इकाईयों से β-ग्लूकोसाइड्स द्वारा सीधी श्रृंखला द्वारा जुड़कर बना पॉलीसैकेराइड है। जल-अपघटन पर यह केवल D-ग्लाइकोज देता है।

4. (d) यूरेसिल RNA में उपस्थित है, जबकि थायमीन DNA में अन्य तीन ऐडिनीन, ग्वानीन तथा साइटोसीन RNA तथा DNA में उभयनिष्ठ हैं।

5. (b) इंसुलिन एक हॉर्मोन है।

7. (b) DNA में साइटोसीन, थायमीन, ऐडिनीन तथा ग्वानीन पिरिमीडीन क्षारों के रूप में होते हैं। RNA में थायमीन के स्थान पर यूरेसिल होता है।

8. (b) प्रथामिक संरचना में ऐमीनों अम्ल पॉलीपेप्टाइड श्रृंखला का क्रम होता है।
द्वितीय संरचना में α-हेलिक्स तथा β-प्लेटिड चादर जैसी संरचना होती है।

□□□